Buch-Updates
Registrieren Sie dieses Buch auf unserer Verlagswebsite. Sie erhalten dann Buch-Updates und weitere, exklusive Informationen zum Thema.

Galileo BUCH UPDATE

Und so geht's

> Einfach **www.galileocomputing.de** aufrufen
<<< Auf das Logo **Buch-Updates** klicken
> Unten genannten **Zugangscode** eingeben

Ihr persönlicher Zugang zu den Buch-Updates 240489081242

Jürgen Wolf

Linux-UNIX-Programmierung

Das umfassende Handbuch

Galileo Press

Liebe Leserin, lieber Leser,

ich freue mich, dass Sie sich für ein Galileo Computing-Buch entschieden haben. Und eigentlich haben Sie sich nicht nur für dieses Buch zur Linux-/UNIX-Programmierung entschieden, sondern gleich für drei Titel aus unserem Programm. Die Begleit-CD dieses Buches hat es nämlich in sich. Neben dem gedruckten Werk erhalten Sie zwei weitere vollständige Bücher im leicht navigierbaren HTML-Format. Einmal unseren Bestseller »Linux. Das distributionsunabhängige Handbuch« und »C von A bis Z«, das ebenfalls aus der Feder von Jürgen Wolf stammt. Beide Bücher liefern Ihnen eine ideale Ergänzung zum vorliegenden Werk. Insgesamt über 3000 Seiten zum Lernen und Nachschlagen – da sollten keine Fragen offen bleiben.

Wenn Sie dennoch einmal kritische Anmerkungen haben, dann freue ich mich, wenn Sie sich an mich wenden. Dieses Buch wurde mit großer Sorgfalt geschrieben, lektoriert und produziert, doch können Fehler leider nie ausgeschlossen werden. Ich freue mich auf Ihre freundliche Rückmeldung!

Viel Freude beim Lesen wünscht

Ihre Judith Stevens-Lemoine
Lektorat Galileo Computing

judith.stevens@galileo-press.de
www.galileocomputing.de
Galileo Press · Rheinwerkallee 4 · 53227 Bonn

Auf einen Blick

Der Name Galileo Press geht auf den italienischen Mathematiker und Philosophen Galileo Galilei (1564–1642) zurück. Er gilt als Gründungsfigur der neuzeitlichen Wissenschaft und wurde berühmt als Verfechter des modernen, heliozentrischen Weltbilds. Legendär ist sein Ausspruch *Eppur se muove* (Und sie bewegt sich doch). Das Emblem von Galileo Press ist der Jupiter, umkreist von den vier Galileischen Monden. Galilei entdeckte die nach ihm benannten Monde 1610.

Gerne stehen wir Ihnen mit Rat und Tat zur Seite:
judith.stevens@galileo-press.de bei Fragen und Anmerkungen zum Inhalt des Buches
service@galileo-press.de für versandkostenfreie Bestellungen und Reklamationen
julia.bruch@galileo-press.de für Rezensions- und Schulungsexemplare

Lektorat Judith Stevens-Lemoine, Anne Scheibe
Fachgutachten Martin Conrad, Jan Engelhardt
Korrektorat Bettina Mosbach, Bonn
Cover Barbara Thoben, Köln
Titelbild zefa visual media
Typografie und Layout Vera Brauner
Herstellung Julia Bach
Satz SatzPro, Krefeld
Druck und Bindung Bercker Graphischer Betrieb, Kevelaer

Dieses Buch wurde gesetzt aus der Linotype Syntax Serif (9/12,75 pt) in FrameMaker.
Gedruckt wurde es auf chlorfrei gebleichtem Offsetpapier.

Bibliografische Information der Deutschen Bibliothek
Die Deutsche Bibliothek verzeichnet diese Publikation in der Deutschen Nationalbibliografie; detaillierte bibliografische Daten sind im Internet über http://dnb.ddb.de abrufbar.

ISBN 978-3-8362-1366-0

3., aktualisierte und erweiterte Auflage 2009

Inhalt

Computer können alle nur denkbaren Aufgaben lösen, ausgenommen die Dinge in dieser Welt, die nun einmal nicht aufgehen.
– J. Magary

Vorwort des Autors

Dies ist jetzt mein drittes Buch, das ich geschrieben habe, und noch nie habe ich zuvor den Umfang eines derartigen Themas unterschätzt. Ein Buch zur Linux-UNIX-Programmierung zu schreiben ist nicht einfach – da die Themenvielfalt unter Linux gewaltig ist und die Weiterentwicklung rasant vorangeht. Natürlich hätte ich ein Buch schreiben können, das allein nur die Systemprogrammierung behandelt. Aber ich wollte eher etwas Vielseitiges schreiben – Themen, auf die jeder Programmierer früher oder später einmal stößt. So habe ich am Ende natürlich zwangsläufig gegen die Zeit geschrieben – das Cover, der Erscheinungstermin waren bereits fertig, und die Fachleser hatten ihre Arbeit beendet, nur ich noch nicht. Zum Glück hatte der Verlag Verständnis, dass ein derart umfangreiches Buch seine Zeit braucht, und mir somit noch einen weiteren Monat zum Schreiben zur Verfügung gestellt (einen Monat, der Ihnen als Leser zugute kommt).

Diese Zeit habe ich genutzt, um ausgiebig die Beispiele im Buch nochmals auf verschiedenen Systemen zu testen. Vorwiegend wurden Linux (SUSE, RedHat) und BSD (FreeBSD) zum Debuggen verwendet.

Wer schon das Buch »C von A bis Z« von mir gelesen hat, kennt mein Motto. Ich versuche immer, Bücher zu schreiben, die sich mit den anderen Werken, die es auf dem Markt gibt, kombinieren lassen. Ich sehe also alle anderen Bücher zur Linux-UNIX-Programmierung nicht als Konkurrenz, sondern empfehle Ihnen, sich auch diese zuzulegen.

Ich will Sie hier gar nicht lange mit meinem Vorwort aufhalten, da Sie wahrscheinlich sehr darauf »brennen«, endlich mit dem Buch loslegen zu können.

Vorwort 2. Auflage

Dass sich die erste Auflage binnen einem Jahr verkauft, hätte ich nicht zu träumen gewagt. Dank der zahlreichen Hinweise, Vorschläge und Rezensionen der Leser habe ich die zweite Auflage überarbeitet, aktualisiert und um zusätzliche 100 Seiten erweitert.

Sollte sich diese Auflage ebenfalls als so erfolgreich erweisen, werde ich natürlich auch die dritte Auflage erweitern. Hierzu werden aber wohl einige Seiten auf die Buch-CD müssen, da der drucktechnische Umfang schon jetzt am Limit des Machbaren ist.

Vorwort 3. Auflage

Nachdem auch die 2. Auflage restlos ausverkauft war, konnten wir nicht mehr nur einen Nachdruck machen, weil das Buch schon drei Jahre alt war und Bücher in der IT-Welt einfach schneller altern. Daher wurde das Buch wieder der Zeit angepasst. Neben einer Aktualisierung wurden natürlich auch wieder einige Fehler beseitigt und es sind wieder neue Seiten hinzugekommen.

Natürlich wurde auch wieder die prallvoll gefüllte Buch-CD überarbeitet und um weiteres Material erweitert. Wie schon im Vorwort der 2. Auflage vorangekündigt, mussten dieses Mal tatsächlich die ersten Kapitel auf die Buch-CD ausgelagert werden. Sie finden entsprechende Hinweise auch im Buch.

Danksagung

Wer denkt, man kann ein solches Buch ganz ohne fremde Hilfe schreiben, der täuscht sich. Hierzu gehören, angefangen vom Verlag bis hin zum privaten Umfeld, eine Menge Personen. Hier könnte ich gleich ein paar Seiten zur Danksagung verwenden – denn es waren (direkt und indirekt) viele Menschen am Gelingen des Buches und, auch nicht zu vergessen, der Buch-CD beteiligt.

Um überhaupt das Buch zu schreiben, stellte natürlich mein privates und familiäres Umfeld die Grundlage dazu dar. Besonders dankbar bin ich meiner Frau und auch meinem Sohn für die Geduld, die mir beide in den letzten acht Monaten entgegengebracht haben.

Zum fachlichen Inhalt des Buches hat Jan Engelhardt sehr viel beigetragen. Jan hat fast das komplette Buch gelesen und eine Menge Verbesserungen eingebracht (und auch weit mehr gemacht, als er hätte tun müssen). Seine Stärken sind u. a. Interna und die Systemprogrammierung von Linux. Außerdem ist Jan maßgeblich am Gelingen des Pronix-Forums beteiligt, wo er seine private Zeit opfert, um anderen Programmierern mit Rat und Tat zur Seite zu stehen.

Ein weiterer Fachleser, der besonders viel zu den Kapiteln Netzwerk- und Datenbankprogrammierung beigetragen hat, ist Martin Conrad. Martin ist ein professioneller Netzwerk- und Datenbankguru, bei dem keine Fragen offen bleiben, die man ihm stellt. Nebenbei hat er mir eine Jail auf seinem (Free)BSD-Rechner zur Verfügung gestellt, womit mir einiges an Arbeit und Fehlern erspart geblieben ist. Weiterhin ist Martin entscheidend an meinem Internetauftritt beteiligt – oder besser: Ohne ihn wäre ich das eine oder andere Mal recht hilflos gewesen. Und – last but not least – Martin hat mir gezeigt, dass eine virtuelle Freundschaft im Internet funktioniert.

Nein, man lebt nicht vom Buch alleine, daher musste auch eine Person in meinem Berufsleben daran glauben – Uwe Kapfer. Auch ihm muss ich für sein Verständnis (und seine Diskretion) danken – und auch für die eine oder andere Partie Minigolf via Bluetooth übers Handy

Ohne einen Verlag gibt es kein Buch. Hier gebührt dem kompletten Verlag mein Dank – besonders dass man mir so viel freie Hand gelassen hat bei dem Buch, was nicht selbstverständlich ist. Besonders muss ich mich bei Judith (Stevens) bedanken, die mir sehr geduldig unzählige Fragen beantwortet hat. Besonders froh war ich auch über das Verständnis, das mir entgegengebracht wurde, weil ich den Abgabetermin nicht einhalten konnte.

Wie schon erwähnt, finden Sie auf der Buch-CD sehr viele extra Dokumentationen und Überraschungen. Dies ist natürlich nur darauf zurückzuführen, dass mir viele Autoren und Redaktionen das O. K. für diverse Artikel gegeben haben. Und das ohne kommerziellen Hintergedanken – das gibt es eben nur in der Open Source Community.

Ebenfalls ein herzliches Dankeschön geht an Piotr Sobolewski (Chefredakteur des Magazins »hakin9«), welcher der Buch-CD ebenfalls drei sehr gute Artikel zum Thema Sicherheit »spendiert« hat.

Ein weiteres Dankeschön für Bücher und Artikel auf der Buch-CD geht jeweils an Thomas Biege (SUSE LINUX AG, Security Support & Auditing) für seinen umfangreichen Artikel »Sicherheitsrelevante Programmierfehler«, Thomas Lange für die IPv6-Übersicht, Florian Frank (Projektleiter von SelfLinux) für die komplette Dokumentation von »SelfLinux«.

Weitere Personen, denen ein Dankeschön gebührt, die zwar nicht direkt mit dem Buch zu tun haben, aber mit der Webseite, sind Frank Habermann (für seinen Mirror der Webseite), Michael Neufeind und Michael Metz für das gute Webhosting (*www.speedpartner.de*) und natürlich alle Mitglieder und Besucher von *www.pronix.de* (insbesondere die aktiven Teilnehmer am Forum).

Jetzt wünsche ich Ihnen viel Spaß mit dem Buch. Sollte Ihnen mal etwas unklar sein, ein Fehler auffallen, oder wollen Sie mir einfach ein Feedback (egal ob positiv oder negativ) schreiben, dann halten Sie sich nicht zurück. Ich freue mich auf jegliche Art von Rückmeldung. Am besten erreichen Sie mich über meine Webseite *www.pronix.de*

Jürgen Wolf

Vorwort der Fachgutachter

Martin Conrad ist freier Programmierer, Systemadministrator und Webdesigner.

Sie haben sicher gerade das Inhaltsverzeichnis durchgeblättert und brennen nun darauf, das Buch kennen zu lernen, um damit zu arbeiten. Da Sie als Linux-User daran gewöhnt sind, zuerst die README-Datei zu lesen, haben Sie sich entschlossen, das Vorwort zu lesen – aber nur kurz, dass hat ja Zeit ...

Und schon habe ich die Chance, Sie ein wenig von Ihrer Wissbegierde abzulenken.

Mit dem Kauf dieses Buches wollen Sie Ihre Kenntnisse über Programmierung unter Linux erweitern, sind aber vielleicht von Zweifeln geplagt:

Ist diese Arbeit eventuell vertane Liebesmüh, weil Softwarepatente und Rechtsstreitigkeiten eventuell Ihre Software oder noch schlimmer, Linux selbst bedrohen?

Diese Frage wird wohl zurzeit all diejenigen beschäftigen, die sich in irgendeiner Weise mit Software befassen. Welches System dabei benutzt wird, ist in meinen Augen eher nebensächlich, da diese Gefahren auch Closed Source Software betreffen würde. Vielleicht hat freie Software ja gerade bei solchen Gefahren eher seine Vorteile. Sicher, viele kleine Programmierer können sich kaum auf Rechtsstreitigkeiten einlassen, da deren Programme umsonst verteilt werden und somit der finanzielle Hintergrund für Rechtsstreitigkeiten fehlt. Außerdem wird kaum ein Entwickler einer Rechtsstreitigkeit erfreut entgegensehen. Dies bedeutet aber sicherlich nicht das Ende, sondern eher eine Umstrukturierung und ein Umdenken. Die Kraft, die hinter freier Software steht, ist nicht zu unterschätzen. Im Open Source-Bereich wurde etwas geschaffen, was zum Beispiel in der Politik undenkbar wäre: Eine riesige Anzahl von Entwicklern, Administratoren und Usern geben ihr Können und Wissen frei weiter. Es wird also meistens nicht programmiert, um auf irgendeine Weise konkurrenzfähig zu sein, oder noch schlimmer, um einen Konkurrenten auszuschalten, sondern einfach, weil man eine Aufgabe lösen möchte und sich dabei an seinen eigenen Kenntnissen erfreut. Es wird also nach vorn geschaut, der Erfolg ist immer fraglich und hat auch nicht einen so großen Stellenwert, wie bei Closed Source Software. Da die Programme meistens kostenlos weitergegeben werden, trifft es den Entwickler eher emotional, wenn sein Erzeugnis keine Erfolge feiert. Linus Torvalds programmierte den ersten Linux Kernel, obwohl die Gefahr bestand, dass er der Einzige sein könnte, der diesen Kernel nutzt.

Diese Einstellung ist wohl eines der Geheimnisse für den Erfolg von Linux. Und diese Freude an der eigenen Kreativität und am eigenen Können lässt sich wohl schwerlich verhindern oder stoppen. Alle, die sich mit freier Software oder mit freien Betriebssystemen beschäftigen, werden allerdings wohl oder übel rechtliche Aspekte stärker in ihre Arbeit einbeziehen müssen, was sicher schwer fallen wird und äußerst unangenehm ist. Die Folge könnte zum Beispiel eine stärkere Organisation der freien Programmierer sein. Der Gedanke und der Erfolg von freier Software – freien Betriebssystemen – ist in meinen Augen nicht mehr aufzuhalten.

Ich wünsche Ihnen viel Spaß und Erfolg bei Ihren Projekten.

Martin Conrad

Als Jan die erste Auflage dieses Buches in den Händen hielt, besuchte er gerade die 12. Klasse des Otto-Hahn-Gymnasiums Göttingen. Danach hatte er vor, mit dem Studium von Chemie und (wer hätte das gedacht) Informatik zu beginnen. Durch den KKI hatte er Kontakt zur GWDG (www.gwdg.de) und dem MPI (www.mpg.de) bekommen und ist dort auch öfters tätig.

Schon in den Zeiten von DOS war mein reges Interesse an der Programmierung vorhanden, jedoch war es damals wegen des großen Anteils an Closed-Source-Programmen kaum möglich, aus Quelltexten zu lernen. So begnügte man sich mit Qbasic und dessen Befehlsreferenz, stößt aber schnell an die Grenzen. Da Windows ohne Compiler mitgeliefert wird, verstummt bei den meisten die Lust, wenn sie einen solchen runterladen oder sogar kaufen müssen.

1999 fand ich zu Linux, da es vom KKI (*www.kki.org*) als günstiges Serverbetriebssystem stadtweit in allen Schulen eingesetzt wird. Viele KKI-Mitglieder stammen aus der GWDG (und umgekehrt), und sind somit damit auch bestens vertraut. Wie schon die UNIX-Vorgänger ist es größtenteils eine Entwicklerplattform.

Anfangs beschäftigte ich mich noch mit den einfachen Sachen wie Perl und Shell-Scripting. Jedoch führte auch bald kein Weg mehr um C, da viele Programme darin verfasst sind. »Viel« gibt es in C selbst nicht, weshalb so einiges auf Systemebene realisiert wird. Was liegt also näher, als die Manual/Infopages, oder im Falle, dass die Dokumentation nicht existiert, gleich den Quellcode zu studieren.

Was habe ich persönlich davon? Man kann ein tieferes Verständnis zu den Dingen erhalten. Essentiell wird das Ganze dann, wenn spezielle Anpassungen her müssen, was öfters im privaten und firmeninternen Rahmen vorkommt.

Jan Engelhardt

Bevor ich Sie in die Tiefen der Linux-Programmierung einweihe, finden Sie hier in der Einführung einige Hinweise, welche Voraussetzungen Sie für dieses Buch erfüllen oder welche Werkzeuge vorhanden sein sollten. Dazu gibt es eine kurze Geschichte der Entwicklung von UNIX zu Linux und der verschiedenen Standards, die es mittlerweile gibt. Bevor es dann richtig losgeht, finden Sie noch eine kleine Übersicht zu den einzelnen Teilen und Kapiteln dieses Buches.

1 Einführung

1.1 Anforderung an den Leser

Um es gleich klarzustellen, bei diesem Buch handelt es sich nicht um eine Einführung in das Betriebssystem Linux. Themen wie die Installation, Konfiguration und Administration von Linux werden Sie in diesem Buch nicht finden. Zwar setze ich diese Themen nicht voraus, aber es könnte recht schwierig werden, wenn Sie, unmittelbar nachdem Sie Linux zum ersten Mal installiert haben, gleich mit diesem Buch anfangen. Ich werde die einzelnen Themen im Buch zwar so ausführlich und einfach wie möglich erklären, nur könnte es sein, dass Ihnen ohne Grundlagenwissen das eine oder andere nicht so klar erscheint.

Sie müssen zwar kein Guru sein, aber der Umgang mit der Kommandozeile und/oder einer grafischen Oberfläche (bzw. IDEs) wie dem KDE- oder GNOME-Desktop sollte Ihnen nicht schwer fallen. Aber keine Sorge, sofern Sie sich jetzt ein wenig unsicher diesbezüglich fühlen, auf der Buch-CD finden Sie hierzu eine Menge weiterer Dokumentationen zum entsprechenden Thema.

Eine weitere Anforderung, die ich an Sie stellen muss, sind gute Kenntnisse in der Programmiersprache C (natürlich `genügt` auch C++, aber das enthält ja C). Eine Einführung in C würde das eigentliche Thema des Buches nur unnötig in den Hintergrund drängen und ginge somit am Titel vorbei. In diesem Buch geht es ausschließlich um die Linux-Programmierung in C und nicht um die Programmierung in C mit Linux. Es gibt mittlerweile unzählige Bücher zur C-Programmierung, daher will ich das Thema hier nicht nochmals aufrollen. Sofern Sie noch keine Kenntnisse in C haben, empfehle ich Ihnen, sich zuerst ein Buch dazu anzuschaffen, um anschließend mit diesem Werk fortfahren zu können. Empfehlen kann ich Ihnen dazu mein Buch »C von A bis Z« (ein bisschen Werbung darf doch sein). Wenn Sie nicht sicher sind, ob Sie ein weiteres Loch in Ihren Geldbeutel reißen sollen: Sie finden dieses Buch (ca. 1100 Seiten stark) komplett auch auf der Buch-CD.

Hinweis

Wohlgemerkt ist dies ein Buch über die Programmierung von Anwendungen im Userspace. Wer den Betriebssystemkern bzw. den Kernel ändern (o. Ä.) möchte, kann dafür andere Literatur zurate ziehen.

1.2 Anforderung an das Betriebssystem

Primär ist die Zielgruppe hierbei auf Linux (SUSE, RedHat, Debian, Mandrake etc.) gerichtet. Ganz klar, Linux ist unter den UNIX-artigen Systemen nun mal der Platzhirsch, womit sich die meisten Anwender – und in diesem Fall die meisten Leser – beschäftigen.

Dennoch ist die Anforderung des Systems hier nicht nur auf Linux alleine bezogen. Das meiste, was hier beschrieben wird, lässt sich häufig auch ohne Probleme auf andere kommerzielle UNIXe wie beispielsweise HP-UX, AIX oder auch auf viele freie BSD-Varianten anwenden. Der Großteil der Beispiele im Buch wurde neben Linux z. B. auch mit einem FreeBSD-System erfolgreich getestet.

Wenn mal etwas bei den »Nicht-Linuxen« nicht funktioniert, dann liegt das Problem nicht selten an einer Kleinigkeit wie z. B. dem Einbinden einer zusätzlichen Headerdatei oder dass sich spezielle Pfadangaben (z. B. für den Compiler- bzw. Linkerlauf) auf dem System woanders befinden (oder diese auch geringfügig anders lauten). Häufig kann man sich mit einem einfachen Aufruf der Manual-Page oder entsprechender Dokumentation selbst behelfen. Natürlich setzt dies immer gute Kenntnisse des Systems voraus – aber das ist und muss einfach eine Grundlage sein, die ich an den Leser stelle. Dies gilt eigentlich generell für Leser, die mit einer Programmiersprache anfangen – am besten lernt man eine »Sprache in dem Land, wo sie auch gesprochen wird und man zu Hause ist«.

1.3 Von UNIX ...

Gerade Privatanwender oder Hobbyprogrammierer bringen gerne beide Pferde (UNIX und Linux) in einen Stall. Ganz verkehrt ist das vielleicht nicht, was die Benutzung angeht, aber lassen Sie mich einfach die Geschichte erzählen, wie es von UNIX zu Linux kam.

Fangen wir am besten damit an, als die Entwicklung von UNIX begann. Ken Thompson hatte es 1969 (wahrscheinlich schon weit früher) satt, ewig mit Lochstreifen, auch »Lochkarten« genannt, Programme oder besser Rechneraufträge zu bearbeiten. UNIX sollte ursprünglich ein Single-User-Betriebssystem werden, als Konkurrent zum ersten Multi-User-System »Multics«. Das große Feature von UNIX war die Trennung von Daten und Code (in Dateien, vorher lag einfach alles irgendwo im Speicher) und eine Dateihierarchie (Verzeichnisse).

Er schrieb also das erste UNIX in Assembler, das auf einer PDP-7-Maschine lief. Wer sich schon mal ein wenig mit Assembler befasst hat, weiß, welcher Aufwand häufig nötig ist, um damit Programme zu schreiben. Das sah auch Thompson so und entwickelte kurz darauf die Programmiersprache B, die auf BCPL basierte. Diese Programmiersprache war auch nicht das

Gelbe vom Ei, daher programmierte Dennis Ritchie zusammen mit Brian Kernighan 1971 aus B die Programmiersprache C. UNIX wurde daraufhin komplett in C umgeschrieben, was sich bis heute nicht grundlegend verändert hat.

Hinweis

Die Homepage von Dennis Ritchie auf *http://www.cs.bell-labs.com/who/dmr/* enthält eine kurze Übersicht über die Entwicklung seines Arbeitsplatzes (Bell Labs/AT&T) und ein paar historische Informationen zu UNIX und C.

Dank der Programmiersprache C erreichte UNIX einen relativ schnellen Entwicklungsgrad und konnte auf immer mehr Plattformen portiert werden. Mit der Zeit entstand ein immer stabilerer Systemkern, und der Reifegrad der Anwendungen konnte sich sehen lassen. Vorwiegend fand UNIX zur damaligen Zeit seinen Einsatz in Universitäten und Hochschulen.

Bevor das erste Ur-UNIX überhaupt seinen Weg zu AT&T (kommt gleich) gefunden hat, wurde dieses von Dennis Ritchie durch die freie Weitergabe des gesamten Quellcodes an Universitäten und Hochschulen verbreitet. Dies sei nur deshalb erwähnt, da immer noch häufig zu lesen ist, dass UNIX auf einem von AT&T entwickelten Entwurf basiere ...! Allerdings waren Thompson, Ritchie und Kernighan Mitarbeiter an den Bell Labs, Inc. (heute Lucent Technologies), einer Tochtergesellschaft von AT&T, die für technische Entwicklungen verantwortlich war. Hier soll aber keine Haarspalterei betrieben werden.

Leider begann allmählich die Zeit (1983) der Kommerzialisierung von UNIX durch die Firma AT&T mit der Einführung von UNIX System V. Die Weiterentwicklung und Vermarktung wurde erfolglos an die Firma USL (UNIX System Laboratories) weitergegeben. 1993 versuchte dann die Firma Novell, Profit aus UNIX zu schlagen, was wiederum nicht so zu laufen schien wie erwartet. Wie bei einem Staffellauf ohne Ende wurde UNIX an die Firma Caldera weitergeleitet. Caldera fusionierte dann mit der Firma SCO (*Santa Cruz Operations*), die sich auf dem Intel-basierten Markt spezialisiert hatte.

Zur damaligen Zeit wurde an der Universität von Berkeley die UNIX-Variante BSD entwickelt. Dass es dabei in einer Zeit des wirtschaftlichen Booms der Computerbranche zu Ärger kommen würde, war vorherzusehen. Durch Streitigkeiten um Lizenzrechte wurde BSD mit der Version 4.4 eingestellt. Von dieser BSD-Variante wurden die heutigen freien Varianten wie FreeBSD, OpenBSD und NetBSD abgeleitet und werden munter als Open Source weiterentwickelt.

Ihnen alle verschiedenen UNIX-Anbieter der damaligen Zeit zu nennen, wäre wohl ein wenig zu viel des Guten und auch sinnlos. Mittlerweile sind eigentlich nur noch drei bedeutende UNIX-Anbieter übrig:

- Solaris von Sun (läuft auf Intel-x86-Architektur und Sun-SPARC RISC-Rechnern)
- HP-UX von HP (läuft auf Intel-/Itanium-Architektur (64 Bit) und HP PA-RISC-Architektur)
- AIX-System von IBM (läuft vorwiegend auf der IBM PowerPC-RISC-Architektur)

Hinweis am Rande

Microsoft selbst hat 1979 auch eine UNIX-Lizenz erworben und versucht, ein Betriebssystem unter dem Namen Xenix auf Prozessoren wie u. a. Intel 8086, Motorola 68000 und Zilog Z8000 zu portieren. Später verlor Microsoft aufgrund von DOS das Interesse an Xenix und übergab die Rechte daran weitestgehend an die neu gegründete und von Microsoft mitfinanzierte SCO.

1.4 ... zu Linux

Richard Stallman als Gründer und Kopf der FSF (*Free Software Foundation*) hat 1984 die Grundlagen für die freie Software mit dem GNU-Projekt geschaffen. Bis 1990 kam dabei eine Menge freier GNU-Software zusammen, die man schon fast als eigenständiges Betriebssystem ansehen konnte. Was noch fehlte, war allerdings ein Kernel, denn die GNU-Software lief bis dahin immer noch auf UNIX. Die Entwicklung des Kernels Hurd wurde zwar begonnen, ging allerdings nur zäh bis gar nicht voran.

Irgendwann in den Neunzigern hatte ein finnischer Programmierer namens Linus Torvalds mit einigen weiteren freiwilligen Entwicklern damit begonnen, einen eigenen Betriebssystem-Kernel zu schreiben. Im Oktober 1991 war dann im Usenet folgendes Posting von Linus Torvalds zu lesen:

> *»Wie ich vor einem Monat erwähnte, arbeite ich an einer freien Version von etwas dem Minix Ähnlichem für AT-386-Rechner. Sie hat jetzt endlich den Punkt erreicht, wo sie sogar brauchbar ist (oder auch nicht, je nachdem, was man braucht), und ich bin bereit, die Quelltexte zur Weiterverbreitung herauszugeben. Es ist lediglich Version 0.02 ..., aber ich habe darauf erfolgreich bash, GCC, gnu-make, gnu-sed, compress usw. laufen lassen.«*

Kurz darauf wurde der Kernel veröffentlicht. Ein Kernel alleine macht allerdings noch lange keinen Sommer, daher benötigte man weitere freie Komponenten. Man griff also zu den bereits erhältlichen Komponenten des GNU-Projekts von Richard Stallman zurück. Die Ziele des GNU-Projekts waren es (und sind es immer noch), ein von Rechten befreites UNIX-kompatibles System zu erstellen. Das GNU-Projekt beinhaltete Komponenten wie einen portablen C-Compiler, C-Bibliotheken, Linker, Debugger und zahlreiche weitere Dienstprogramme. Man legte also beides, den Linux-Kernel und die GNU-Komponenten, zusammen, und daraus wurde GNU/Linux.

Richtig öffentlich wurde der Begriff »GNU/Linux« erst 1994, als Debian diesen als Namen für ihre Distribution verwendete, die auf dem Linux-Kernel und den GNU-Programmen basiert.

Der Siegeszug von Linux scheint ungebremst, doch auch hier ziehen bereits erste dunkle Wolken auf. Die Firma SCO, die im Besitz der USL-Rechte ist, wird wohl versuchen, Lizenzen an Linux-Distributionen einzuklagen. SCO behauptete, dass Linux SCO-Code enthalte. Dass diese Klage erst ca. zehn Jahre nach dem Erscheinen von Linux eingereicht wird, zeigt allerdings, dass die meisten großen Firmen Linux unterschätzt haben. Ganz klar, jetzt will jeder wieder ein großes Stück vom Kuchen haben. Bis dato konnte SCO dem Riesen IBM bezogen auf die

Klage nichts beweisen. Wurde SCO nicht von Microsoft gegründet oder zumindest mitfinanziert ...?

Ein weiteres deutliches Signal der Stärke von Linux ist es, dass mittlerweile auch die großen UNIX-Anbieter wie IBM oder Sun neben ihren UNIX-Varianten auch Linux anbieten. Es ist allerdings nicht meine Absicht, Ihnen die Stärken oder Schwächen von Linux aufzulisten. Sie sind Programmierer und entscheiden daher mit, wie sich Linux in Zukunft weiterentwickeln wird, da Sie ja vorhaben, Programme für Linux zu schreiben. Das ist auch der Sinn des Buchs. O. K. – die Märchenstunde ist zu Ende, und es wird Zeit, etwas zu lernen.

1.5 Der Compiler GCC – eine kurze Einführung

Da in diesem Buch Vorkenntnisse in C erforderlich sind, wissen Sie ja, womit ein Programm geschrieben, übersetzt und ausgeführt wird. Welchen Editor oder gar welche Entwicklungsumgebung Sie dazu verwenden, bleibt letztendlich Ihnen selbst überlassen. Der eine wird seine Programme vielleicht gerne mit *vi* oder dem *emacs* schreiben, und der andere verwendet vielleicht lieber gleich eine Entwicklungsumgebung wie *Kdevelop* oder *Anjuta* – dies ist wohl eher Sache des guten Geschmacks.

Umsteiger von MS Windows werden beim Anblick und der Verwendung von *vi* denken, ihre Tastatur sei kaputt, und echte Linux- bzw. UNIX-Puristen werden sich von der überfüllten Entwicklungsumgebung schnell wieder verabschieden.

Je nachdem, wie Sie den Quellcode erstellen, zum Übersetzen reicht in diesem Buch auch die Kommandozeile aus. Daher werde ich gerade für Umsteiger oder Einsteiger hier eine kurze Einführung mit den wichtigsten Optionen des GNU C-Compilers (GCC) beschreiben. Für mehr Informationen sollten Sie die Manual Pages (bzw. Info-Pages) von GCC lesen (*man gcc*) – oder das Ende des Buchs, wo neben dem Compiler noch einige Werkzeuge erklärt werden.

1.5.1 GCC erhöre uns – der Aufruf

Generell gibt es vier mir bekannte Aufrufmöglichkeiten des GCC, wobei nicht alle funktionieren müssen. Gewöhnlich wird als Aufruf *gcc* verwendet, aber es sind auch noch folgende Syntaxen vorhanden:

- `cc`
- `g++`
- `c++`

In Wahrheit ist der GCC eigentlich nur ein Frontend für die verschiedenen Tools (Preprocessor *cpp*, Compiler *cc1* oder *cc1plus*, Assembler *as*, Linker *collect2, ld*). GCC bestimmt in der Regel anhand der Dateiendung selbst, welchen Compiler er anzuwenden hat. Daher lässt sich GCC sowohl für C, C++ als auch für Assembler-Dateien anwenden. Das ist sogar manchmal sinnvoller, als nur den Assembler `as` oder den Linker `ld` aufzurufen, denn das GCC-Frontend übergibt noch weitere Flags, die in der Regel dazu führen, dass man keine Fehlermeldung(en) beim Ausführen bekommt.

Die Frontends *g++/c++* weisen den Linker *ld* noch an, die STL usw. (`libstdc++.so`) mitzulinken, was beim GCC trotz der Dateiendung nicht passiert und daher immer wieder bei Anfängern in C++ unter Linux zur Verwirrung führt.

Meistens sind *cc* und *c++* bzw. *posix_cc* und *posix_c++* (SUSE-Sonderpakete) nur Alias für *gcc* und *g++*. Wohlgemerkt sind `/usr/bin/gcc` und `/usr/bin/g++` zwei verschiedene Dateien!

1.5.2 Was befiehlst du – Meister?

Wenn Sie den GCC aufrufen, erwartet dieser erst einmal Befehle (Optionen), was er mit dem Quellcode tun soll. Dabei kennt `gcc` unzählige Optionen. Die wichtigsten finden Sie in der folgenden Tabelle zusammengefasst.

Option	Bedeutung
`-o`	(Output) Wollen Sie, dass der Compiler die ausführbare Datei anders benennt als a.out, dann sollten Sie mit dieser Option den Namen der Ausgabedatei angeben.
`-c`	(Compile) Kompilieren ohne zu linken
`-Dname=value`	(Define) Definiert ein Präprozessor-Makro mit dem Namen `name` und dem Wert `value` in der Kommandozeile.
`-Idirname`	(Include-directory) Fügt `dirname` zur Liste der Include-Dateien hinzu, in denen danach gesucht werden soll.
`-Ldirname`	(Library) Fügt `dirname` zur Liste der Verzeichnisse hinzu, in denen nach Bibliotheksdateien gesucht werden soll (`-L` gilt für *.so* und *.a*).
`-static`	Es werden nur statische Bibliotheken zum Linken verwendet.
`-lname`	(Library) Gibt die Bibliothek an, die hinzugelinkt werden soll. Hier die Bibliothek `name` (wird eine *.so*-Datei gefunden, wird diese benutzt, andernfalls *.a*, sollte diese existieren).
`-O`	(Optimize) Den kompilierten Quellcode optimieren
`-On`	(Optimize) Wie das Flag `-O`, nur kann mit n die Optimierungsstufe angegeben werden. Mindestens ist 1 und maximal 3 möglich. Mit der Angabe von 0 wird die Optimierung ausgeschaltet. Es sind auch Level oberhalb 3 möglich, die haben aber keinen Effekt.
`-g`	(Debug) Fügt Standard-Debug-Informationen zum Debuggen hinzu.
`-ggdb`	(Debug gdb) Fügt Debug-Informationen hinzu, die nur der Debugger *gdb* versteht (auch hier gibt es wieder verschiedene Stufen; wer in der Welt der vielen `-g`-Möglichkeiten einfach nur »alles« will, gibt am besten *-ggdb3* an; da hat man alles (laut Manpage).
`-ansi`	Erlaubt nur ANSI C-konforme Konstrukte.
`-pedantic`	Gibt alle Warnungen aus, die vom ANSI C-Standard gefordert werden.
`-pedantic-errors`	Gibt alle Fehler aus, die vom ANSI C-Standard gefordert werden.
`-Wall`	Aktiviert allgemeine sinnvolle Warnungen, die vom gcc-Compiler unterstützt werden.

Tabelle 1.1 gcc-Kommandozeilen-Optionen

Option	Bedeutung
`-p, -pg`	(Profiling) Fügt dem Objektcode Profiling-Informationen hinzu, die vom Profiler gprof ausgewertet werden können. `-pg` gibt Profiling-Informationen für *gprof* aus.
`-v`	Zeigt alle Schritte und Kommandos in der Kommandozeile an, die der Compiler gerade ausführt (siehe da: *cpp*, *cc1*, *as* und *ld*).

Tabelle 1.1 gcc-Kommandozeilen-Optionen (Forts.)

Um jetzt den Aufruf einiger Befehle zu demonstrieren, sei folgendes Listing mit dem Namen `test.c` gegeben:

```
#include <stdio.h>

int main(int argc, char **argv) {

  printf("Hallo Linux!\n");
  return 0;
}
```

Damit aus dem Listing eine ausführbare Datei wird, können Sie diese folgendermaßen übersetzen (kompilieren und linken):

```
$ gcc test.c
```

Allerdings finden Sie dann in Ihrem Verzeichnis standardmäßig die Datei `a.out` (kurz für »Assembler Output«), was die ausführbare Datei sein soll. In der Regel werden Sie Ihrem Programm auch einen Namen geben wollen. Dies können Sie mit der Option `–o` machen:

```
$ gcc -o test test.c
$ ./test
Hallo Linux!
```

FAQ[1]
Hilfe, ich kann mein übersetztes Programm nicht starten? Setzen Sie einen Punkt und ein Slash vor den Programmnamen (`./programmname`).

Ein weiteres Beispiel, eine Kokosnuss, die es zu knacken gilt. Versuchen Sie mal selbst herauszufinden, wie Sie dieses Listing übersetzen können:

```
#include <stdio.h>
#define SECRET 1234

int main(int argc, char **argv) {
   if(HALLO + 1233 == SECRET) {
      printf("Sie haben die Kokosnuss geknackt!\n");
   }
   else {
```

```
      printf("Was auch immer?\n");
   }
   return 0;
}
```

Wenn Sie das Listing wie gewöhnlich übersetzen, wird Ihnen der Compiler nicht freundlich gesinnt sein. Das `HALLO` ist hier syntaktisch falsch, und dennoch kann man das Listing übersetzen. Versuchen Sie es folgendermaßen:

```
$ gcc -o test test.c -DHALLO=1
$ ./test
Sie haben die Kokosnuss geknackt!
```

Mit der Option `-D` haben Sie hier ein eigenes Define-Makro für `HALLO` hinzugefügt. In diesem Fall wird beim Präprozessordurchlauf das Makro `HALLO` durch den Wert 1 ersetzt. Solch ein Beispiel soll aber nicht die Runde machen.

Im nächsten Beispiel sei nochmals ein anderes Listing gegeben:

```
#include <stdio.h>

int main(int argc, char **argv) {
   // Eine Legende ...
   printf("Struuuunnz ...\n");
   return 0;
}
```

Wenn Sie dieses Listing gewöhnlich übersetzen, sollten keine Probleme damit auftreten.

```
$ gcc -o test test.c
$ ./test
Struuuuuunnnz ...
```

Jetzt wollen Sie aber wissen, was der ANSI/ISO-Standard dazu zu sagen hat:

```
$ gcc -o test test.c -ansi
$ ./test
test.c(5):parse error before '/' token
```

Der Slash ist also gemäß dem ANSI/ISO C-Standard (C89, um genau zu sein) hier fehl am Platz. Das wollen Sie aber jetzt genauer wissen:

```
$ gcc -o test test.c -pedantic
test.c(5):warning: C++ style comments are not allowed in ISO C89
```

Aha, der Compiler verwendet hier anscheinend den ISO C89-Standard. Wir haben aber mittlerweile den ISO C99-Standard. Auch das können Sie dem Compiler mit dem Flag `-std` beibringen:

```
$ gcc -o test test.c -pedantic -std=c99
```

Es gibt noch mehrere `-std`, Standard ist hierbei `-std=gnu99`.

Noch ein weiteres Beispiel, und dann will ich es damit belassen. Sollten im Verlaufe des Buches noch weitere Optionen verwendet werden, lasse ich Sie nicht im Stich, versprochen.

```
#include <stdio.h>
#include <math.h>

int main(int argc, char **argv) {
   printf("%lf\n", sqrt(3.123));
   return 0;
}
```

Das Programm verwendet eine mathematische Bibliothek, die Sie häufig unter Linux extra hinzulinken müssen. Eine Bibliothek können Sie mit dem Flag `-l` (kleines L) hinzufügen. Im Beispiel wäre dies:

```
$ gcc -o test test.c -lm
```

FAQ[2]
Wenn ich mathematische Funktionen der Headerdatei *math.h* verwenden will, lässt sich der Quellcode nicht übersetzen. Linken Sie die entsprechende Bibliothek hinzu. Im Fall von *math.h* wäre dies `-lm`.

1.5.3 Klassifikation der Dateitypen

Der GCC akzeptiert eine Menge Dateitypen, die über die Dateiendung klassifiziert werden. Hierzu eine Tabelle zu den gängigen Dateiendungen:

Extension	Dateityp
`.c`	C-Quelldatei
`.C, .cc, .cpp, .cxx`	C++-Quelldatei
`.i`	vom Präprozessor vorverarbeitete C-Quelldatei
`.ii`	vom Präprozessor vorverarbeitete C++-Quelldatei
`.s`	vom Präprozessor vorverarbeitete Assembler-Datei
`.S`	Assembler-Quelldatei
`.o`	Kompilierter Objektcode
`.a, .so`	Kompilierter Bibliothekscode

Tabelle 1.2 Die wichtigsten Dateiendungen für den gcc

1.6 POSIX, X/OPEN und ANSI C

Aufgrund der vielen Systeme zur Zeit der Kommerzialisierung von UNIX wurde eine Benutzervereinigung namens */usr/group* gebildet, um eine Standardbeschreibung für UNIX zu erstellen. Damit daraus auch ein echter Standard wurde, hat man diese Benutzervereinigung in ein Team des IEEE (**I**nstitute of **E**lectrical and **E**lectronics **E**ngineers) übergeben. Dieses Team erhielt den Namen P1003 Working Group und wurde in mehrere Arbeitsteile untergliedert. Aufgabe dieser Gruppe war es, einen Standard für ein UNIX-Betriebssystem zu schaffen, das es erlaubte, verschiedene Programme auf Quellcodeebene zu portieren. 1986 wurde dann ein erstes Dokument mit dem Namen POSIX (P1003.1) veröffentlicht. POSIX ist die Kurzform für **P**ortable **O**perating **S**ystem **I**nterface for Uni**X**. Der POSIX-Standard P1003.1 beinhaltete Standardkomponenten wie den Betriebssystemkern und C-Bibliotheken. Heute halten sich mehr oder weniger alle UNIX-/Linux-Varianten an den POSIX-Standard. Selbst Microsoft Windows bietet eine POSIX-konforme Schnittstelle an, da vor allem in den USA POSIX eine wesentliche Voraussetzung im militärischen und öffentlichen Bereich der IT-Ausschreibungen ist. Natürlich existiert nicht nur ein POSIX-Standard für den Betriebssystemkern und die C-Bibliotheken. Weitere Standardkomponenten finden Sie in der Tabelle aufgelistet.

Standard	Bedeutung
IEEE 1003.1	Betriebssystemkern und C-Bibliotheken
IEEE 1003.1a	System API Erweiterung (symlinks, usw.)
IEEE 1003.1b	Echtzeit-Programmierung und I/O-Erweiterungen
IEEE 1003.1c	Unterstützung von Threads
IEEE 1003.1d	Echtzeit-Erweiterungen
IEEE 1003.1e	Sicherheits-Erweiterungen
IEEE 1003.1f	transparenter Dateizugriff im Netzwerk
IEEE 1003.1g	protokollunabhängige Netzwerk-Schnittstelle, Sockets
IEEE 1003.1h	API für das Fehlermanagement
IEEE 1003.1i	technische Korrekturen für IEEE 1003.1b für Echtzeit-Funktionen
IEEE 1003.1j	fortgeschrittene Echtzeiterweiterungen
IEEE 1003.1k	API für Wechseldatenträger
IEEE 1003.1m	Checkpoint/Neustart
IEEE 1003.1n	Korrekturen für IEEE 1003.1, IEEE 1003.1b, IEEE 1003.1c, IEEE 1003.1i
IEEE 1003.1p	Ressourcen Limits
IEEE 1003.1q	Tracing
IEEE 1003.2	Shell und Kommandos
IEEE 1003.2a	mehr Werkzeuge und Hilfsmittel
IEEE 1003.2b	mehr Werkzeuge
IEEE 1003.2c	Hilfsmittel für die Sicherheit
IEEE 1003.2d	Hilfsmittel für Batch-Verarbeitung
IEEE 1003.2e	Hilfsmittel für Wechseldatenträger
IEEE 1003.3	POSIX Test Suite (mittlerweile auch als IEEE 2003.1, IEEE 2003.1b und IEEE 2003.2 vorhanden).
IEEE 1003.4	Unterstützung für Echtzeit-Betriebssysteme
IEEE 1003.5	ADA-Sprachanbindung für IEEE 1003.1
IEEE 1003.5b	ADA-Sprachanbindung für IEEE 1003.1b (Echtzeit-Programmierung)
IEEE 1003.5c	ADA-Sprachanbindung für IEEE 1003.1g (Sockets)
IEEE 1003.6	Sicherheit

Tabelle 1.3 POSIX-Standardkomponente

Standard	Bedeutung
IEEE 1003.7	Systemadministration (mittlerweile als IEEE 1387.1 bis IEEE 1387.4 vorhanden).
IEEE 1003.8	transparenter Datenzugriff
IEEE 1003.9	FORTAN-Sprachanbindung zu IEEE 1003.1

Tabelle 1.3 POSIX-Standardkomponente (Forts.)

Hinweis

Zwar halten sich noch viele Unix-Derivate an die in der Tabelle 1.3 aufgelisteten Standards. Aber es existieren bereits seit 2001 neuere Versionen von den in IEEE1003.1 (Betriebssystem und C-Bibliotheken) und IEEE1003.2 (Shell und Kommandos) definierten Standards, welche kurz auch als IEEE Std 1003.1-2001 und IEEE Std 1003.2-2001 bezeichnet werden. Diese wiederum wurden 2005 erneut korrigiert. Des Weiteren existieren noch weitere POSIX-Standards von IEEE 1003.10 bis IEEE 1003.18, welche unter anderem auch Standards für sogenannte Superrechner (Hochleistungsrechner) und Rechner mit mehreren Prozessoren enthalten.

Eine ebenfalls wichtige Bedeutung fiel dem X/OPEN-Standard zu. Diese Gruppe hatte sich in Europa gebildet, da es speziell in nicht englischsprachigen Ländern und vor allem in Europa eigene Probleme gab, wie z. B. ein erweiterter Zeichensatz mit Sonderzeichen oder mehrsprachige Fehlermeldungen. Diese Gruppe hat es sich also zum Ziel gemacht, im Betriebssystem auf nationale Anforderungen einzugehen. Dieser Teil ist auch als NLS (Native Language Support) bekannt, der heute unter der Bezeichnung I18n als Technik für die Internationalisierung und unter der Bezeichnung L10N als Technik für die Lokalisierung von Software eingesetzt wird. Heute ist der X/OPEN-Standard in der 5. Auflage aktuell (kurz XPG5).

Ein weiterer sehr bedeutender Standard für die Programmiersprache C wurde mit dem ANSI C-Standard (auch C89 genannt, da 1989 verabschiedet/eingeführt) geschaffen. Dabei handelte es sich ausnahmsweise um keinen UNIX-Standard, sondern um einen Compiler-Standard. Mit einem Standard für Compiler war es nun möglich, portable Programme zu schreiben, die zum größten Teile unabhängig vom Betriebssystem sind. Programme, die diesen Standard einhalten, können somit auf jedes Betriebssystem und jede Plattform portiert werden, wofür ein ANSI C-Compiler erhältlich ist. Der ANSI C-Standard hatte sich aber nicht nur um die Portabilität von C-Programmen gekümmert, sondern hat auch einige eigene Neuerungen einfließen lassen.

Jetzt haben Sie die drei bedeutendsten Standards kennen gelernt. In diesem Buch werden aber noch weitere sehr verbreitete Standards wie System V Release 4 (SVR4), BSD-UNIX (BSD) und natürlich Linux verwendet.

1.7 Übersicht zum Buch

Grob betrachtet, lässt sich dieses Buch in fünf Teilen gliedern – wobei bewusst auf eine solche Zerlegung verzichtet wurde. Das Buch wurde so geschrieben, dass die einzelnen Kapitel zum größten Teil untereinander unabhängig sind. Dennoch dient als Basis für alle Kapitel im Buch das zweite Kapitel: die E/A-Funktionen. Ausgehend von diesem Kapitel, können Sie (fast) mit jedem beliebigen Kapitel weitermachen.

Die ersten neun Kapitel behandeln vorwiegend die Linux-/Unix-(System)Programmierung. Zwar dürfte der Großteil der Leserschaft aus der Linux-Ecke kommen, trotzdem wird ggf. auf die Besonderheiten anderer Unix-ähnlicher Systeme eingegangen.

Kapitel 2 beschreibt die grundlegenden E/A-Funktionen (sowohl der niedrigeren als auch der höheren Ebene) – womit man unbedingt vertraut sein sollte, bevor man sich auf die anderen Kapitel einlässt. In **Kapitel 3** werden die Attribute von Dateien und Verzeichnissen behandelt – dabei wird auch auf die Links und deren Sinn eingegangen. Wie Sie (als normaler Benutzer) auf Systeminformationen zugreifen können – was eine gerne gestellte Frage ist –, erfahren Sie in **Kapitel 4**. **Kapitel 5** behandelt den Zugriff auf die Hardware im System. Wobei hier nicht die (tiefe) Hardware-/Kernelprogrammierung gemeint ist, sondern wie Sie über einfache Gerätedateien (auch wieder als einfacher Benutzer) mit einfachen E/A-Funktionen mit der Hardware kommunizieren können. Als Beispiel wird gezeigt, wie Sie mit einem einfachen Konsolenprogramm Audio-CDs abspielen können. Neu hinzugekommen in der zweiten Auflage ist das **Kapitel 6** welches Ihnen zeigt, wie man auf die zentralen System- und Benutzerdateien (wie bspw. */etc/passwd*) zugreift. Der Titel von **Kapitel 7** (Dämonen, Zombies und Prozesse) mag ein wenig komisch erscheinen, aber das sind nun mal die Fachbegriffe dafür. Speziell bei den Prozessen handelt es sich um ein außerordentlich wichtiges Thema der Systemprogrammierung im Allgemeinen – womit man sich als angehender Linux-/Unix-(System)Programmierer beschäftigen muss. Sie erfahren dabei so ziemlich alles rund um Prozesse – wie man diese erzeugt, killt und wie man daraus einen Zombie (im negativen Sinne gemeint) machen kann. Am Ende erfahren Sie noch, wie Sie einen (Dämon-)Prozess unabhängig von der Steuerung des Terminals im Hintergrund ausführen können. **Kapitel 8** behandelt Signale, die ebenfalls unerlässlich sind, um die Systemprogrammierung zu verstehen. Ausgehend vom **Kapitel 7**, den Prozessen, erfahren Sie in **Kapitel 9**, wie die einzelnen Prozesse via Interprozesskommunikationen (IPC) miteinander kommunizieren können. Dabei werden viele grundlegende IPC-Techniken behandelt. Dass es neben den gewöhnlichen Prozessen noch eine andere Form von leichtgewichtigen und meistens auch schnelleren Prozessen gibt, erfahren Sie im **Kapitel 10** – der (Linux-)Threadprogrammierung.

Damit Sie Ihre Software um Netzwerkfunktionalitäten erweitern können, finden Sie in **Kapitel 11** eine Einführung in die Netzwerkprogrammierung.

Kapitel 12 behandelt die Programmierung von Datenbanken – oder besser die Verwendung von C-APIs, welche die Datenbanken mitliefern. Damit sind Sie in der Lage eigene Client-Anwendungen zu erstellen. Behandelt werden im Buch die Schnittstellen zur MySQL- und PostgreSQL-Datenbank. Für alle, die bisher noch nichts mit Datenbanken am Hut hatten, gibt es zu jeder DB einen Crashkurs – somit sind keinerlei Vorkenntnisse hierzu nötig.

Die nächsten drei Kapitel behandeln die Entwicklung von Benutzerschnittstellen. Denn was nützt eine Software, die keiner bedienen kann? **Kapitel 13** beschreibt die Entwicklung von Programmen für die Konsole. Auch wenn es ein wenig altertümlich erscheint: Konsolenprogramme sind immer noch eines der ersten Projekte, mit denen ein Programmierer beginnt, und immer noch gerne eingesetzte Programme. Behandelt werden dabei `termios`, `terminfo` und `curses`. **Kapitel 14** zeigt Ihnen dann, wie einfach es mit GTK+ ist, ein Programm mit einer grafischen Oberfläche zu versehen. GTK+ hat im Gegensatz zu den `fetten` Bibliotheken wie Qt oder der GNOME-Bibliothek den Vorteil, nicht so speicherintensiv zu sein. Ein weiterer Vorteil von GTK+ ist es, dass Sie Ihre Anwendung auch jenseits der Linuxwelt portieren können. **Kapitel 15** liefert Ihnen dann einen Überblick über weitere gängige GUI-Bibliotheken in der Linux-Unix- und teilweise auch in der Crossplattform-Entwicklung.

Kapitel 16 ist unerlässlich für jeden Programmierer, der Software entwickelt. Der Umgang mit den grundlegenden Werkzeugen während und nach der Entwicklung ist das A und O jeder ernst zu nehmenden Software. In diesem Kapitel werden eine Menge Open-Source-Werkzeuge beschrieben, die Ihnen das Leben erheblich leichter machen können. Behandelt werden dabei: Programmerstellung mit `GNU-GCC` und `MAKE` – Erstellen von statischen und dynamischen Bibliotheken – eigene Pakete mit `RPM` erstellen – Versionsverwaltung mit `RCS` und `CVS` – Programme testen (Zeitmessung mit `TIME`, `GPROF` und `GCOV`) und debuggen (`GNU-GDB`) – Systemaufrufe mit `STRACE` verfolgen – Memory Leaks und unerlaubte Speicherzugriffe (`EFENCE` und `VALGRIND`).

Neu in der dritten Auflage ist das **Kapitel 17** mit einer umfangreichen Einführung in die Shellprogrammierung. Für dieses Kapitel habe ich mich entschieden, weil mir aufgefallen ist, dass viele Programmierer gerne das Rad immer wieder neu erfinden. Häufig werden Lösungen mit aufwändigen Konsolenprogrammen entwickelt, die in der Shellprogrammierung mit ein paar Zeilen erstellt werden.

Im **Anhang A** finden Sie einige Dinge, die Sie in puncto Sicherheit beachten müssen, und in **Anhang B** eine kompakte Funktionsreferenz vieler Funktionen, die im Buch verwendet wurden. Neu in der dritten Auflage ist **Anhang C** mit einer umfangreichen Übersicht (mit Beispielen) zu den Linux-Unix-Kommandos in der Shell. Am Ende – im **Anhang D** – wird die beiliegende Buch-CD, welche ein umfangreiches Bonus-Material bietet, beschrieben.

1.8 Schreibkonventionen

Viele Schreibkonventionen werden in diesem Buch zwar nicht verwendet – aber um jegliche Missverständnisse zu vermeiden, sollte hier dennoch kurz darauf hingewiesen werden.

Als Shell-Prompt des normalen Users in der Kommandozeile wird das `$`-Zeichen verwendet (Prompt bei der Eingabe nicht angeben). Wird diese Eingabe der Kommandozeile **`fett`** geschrieben, handelt es sich um eine Eingabe in der Kommandozeile, die von Ihnen selbst gemacht werden kann (soll).

```
$ Eine Eingabe in der Kommandozeile
```

Folgt dahinter eine Zeile ohne ein `$`-Zeichen und nicht in fetter Schriftart, dann handelt es sich um die erzeugte Ausgabe einer zuvor gemachten Eingabe oder eines von Ihnen erstellten Programms.

```
$ Eine Eingabe in der Kommandozeile
Die erzeugte Ausgabe
```

Finden Sie hingegen ein #-Zeichen als Shell-Prompt, handelt es sich um das Prompt des Superusers (root). Um dieses Kommando auszuführen, benötigen Sie daher auch entsprechende Rechte.

```
$ whoami
nomaler_User
$ su
Passwort: ********
# whoami
root
# exit
$ whoami
normaler_User
```

Hinweis

Ubuntu-Linux geht hier einen anderen Weg. Es gibt zwar auch einen root-Account, aber dieser ist standardmäßig deaktiviert. Hier kann der erste angemeldete User mit seinem Userpasswort vorübergehend root-Rechte erlangen. Dies geschieht, indem Sie hier vor dem auszuführenden Befehl das Kommando `sudo` schreiben. Mehr dazu können Sie unter der Wiki nachlesen: *http://wiki.ubuntuusers.de/sudo*

1.9 Notationsstil

Leider hat man als Buchautor immer mit den drucktechnischen Dingen wie dem Buchumfang und der Zeilenbreite zu kämpfen. Da mich mein Fachleser davon überzeugen konnte, dass ich mit meinem ursprünglichen Stil eine Menge Seiten verschwende, wurden sämtliche Quellcodes im Nachhinein in einen K&R-ähnlichen Stil umgeschrieben. Natürlich wurde weiterhin darauf geachtet, die Übersicht zu wahren.

1.10 Weitere Hilfen

Zwangsläufig wird es Themen im Buch geben, zu denen Sie gerne etwas mehr erfahren hätten. Daher werden Sie während und nach der Lektüre des Buches nicht alleine gelassen. Sie finden ein breites Spektrum an Informationen und zusätzlichen Dokumentationen auf der Buch-CD. Mehr dazu erfahren Sie im Anhang D.

Des Weiteren stehen Ihnen unter Linux und allen anderen UNIXen unzählige Manual Pages (auch nur »Man-Pages« genannt), HowTo's und viele weitere Dokumentationen zur Verfügung. Zwar wird im Verlaufe des Buchs immer wieder auf eine entsprechende Man-Page hingewiesen, doch wird das Lesen dieser Seiten immer noch vernachlässigt.

Und wenn dann Fragen auftauchen, die Sie trotz endloser Wühlerei in den Dokumentationen nicht beantworten können, finden sich immer noch unzählige Foren dazu im Internet. In Bezug auf Linux, die Linux-Programmierung und C finden Sie auch auf meiner Webseite unter *http://www.pronix.de* ein mittlerweile gut besuchtes Forum mit einer netten Community.

Als Programmierer in GNU/Linux bzw. UNIX haben Sie zwei Möglichkeiten zur Auswahl, wenn es um die Ein-/Ausgabe (kurz E/A) von Daten geht. Das wären zum einen die Standard-C-Bibliothek, die Funktionen der höheren Ebene wie printf(), fopen(), fgets() etc. für Sie bereithält, und zum anderen die elementaren E/A-Funktionen der niedrigeren Ebene mit Funktionen wie open(), read() oder write(), die natürlich ebenso genormt sind.

2 E/A-Funktionen

Da dieses Buch keinen Anspruch erhebt, ein Linux-Einsteigerbuch zu sein, sind für dieses Kapitel grundlegende Kenntnisse des Linux-Dateisystems gefragt. Dies schließt mindestens folgende Punkte mit ein:

- Umgang mit Dateien und Verzeichnissen – damit ist der Umgang mit grundlegenden Kommandos zur Verwaltung von Dateien und Verzeichnissen gemeint.
- Zugriffsrechte, Benutzer und Gruppenzugehörigkeit – Sie sollten mit den Hintergründen der Zugriffssicherung von Dateien und Verzeichnissen vertraut sein.
- Linux-Verzeichnisstruktur – »Wo bin ich gerade, und wo finde ich was«-Fragen in der Verzeichnisstruktur sollten Sie schon zu Grabe getragen haben.
- Verwaltung des Dateisystems – Sie sollten wissen, wie Sie auf die Festplatte als auch auf externe Datenträger (CD-ROM etc.) zugreifen können.

2.1 Elementare E/A-Funktionen

Elementare E/A-Funktionen spielen in Linux/UNIX eine bedeutende Rolle u. a. beim Öffnen, Lesen und Schreiben von Dateien. Diese E/A-Funktionen sind allerdings nicht so bequem zu verwenden wie die Standard-E/A-Funktionen, da jeglicher Komfort wie z. B. die Pufferung fehlt.

Hinweis

Die elementaren E/A-Funktionen werden von POSIX.1 und XPG5 vorgeschrieben, nicht aber vom ANSI C-Standard. Ich erwarte zwar in diesem Buch, dass der Leser sich bereits mit der Sprache C auseinander gesetzt hat, aber ich werde auch kurz die Standard-E/A-Funktionen zusammenfassen und vielleicht auf die eine oder andere Besonderheit in Bezug auf Linux hinweisen.

Häufiger werden unter Linux/UNIX die elementaren E/A-Funktionen eingesetzt, da viele von diesen so genannte Systemcalls (auch Syscalls) des Kernels sind und somit mehr die Systemfähigkeiten ausnutzen, weil sie eine Art direkte Schnittstelle zum System bieten. Natürlich sollte auch erwähnt werden, dass die elementaren E/A-Funktionen die Basis für die Standard-E/A-Funktionen darstellen. Also Standardfunktionen wie `printf()`, `fputs()`, `putchar()` oder `putc()` bauen alle auf der niedrigeren Ebene der elementaren Ausgabefunktionen auf, und Funktionen wie `scanf()`, `fgets()`, `getchar()` oder `putc()` verwenden die niedrigere Ebene der elementaren Eingabefunktionen.

Hinweis

Natürlich können Sie sich nicht immer aussuchen, ob Sie jetzt Funktionen der niedrigeren Ebene oder der höheren Ebene verwenden. Manche Fälle lassen sich nur in der niedrigeren Ebene realisieren. Eine Verbindung zu einem Hardware-Gerät benötigt einen Filedeskriptor (mehr dazu gleich), ebenfalls ein geöffnetes Socket oder eine Pipe.

Um Sie jetzt mit den vielen Begriffen nicht zu verwirren, sprechen wir immer nur von zwei verschiedenen Arten der E/A-Funktionen, hierzu eine Tabelle zum Überblick.

E/A-Funktionen	Ebene	Englischer Begriff	Standard
Elementar	niedrige Ebene	Low Level	POSIX.1, XPG5
Standard	höhere Ebene	High Level	ANSI C

Tabelle 2.1 ... um den Überblick zu wahren

Natürlich muss auch erwähnt werden, dass die so genannten Systemcalls, die von einem C-Programm gemacht werden, nicht DEN Systemcall darstellen, der ausgeführt wird. Zum Beispiel stellt die Funktion `open()` nichts anderes als ein Wrapper für `_syscallX(open ...)` dar. Wird ein Systemcall ausgeführt, führt dies zu einem Kontextswitch wo der aufrufende Prozess mit dem Interrupt 0x80 vom User-Level zum Kernel-Level wechselt. Die zusätzlichen Parameter des Interrupts bestimmen dann den korrekten Systemcall.

Im Großen und Ganzen werden Sie als Linux-(System-)Programmierer recht wenig davon mit bekommen, da Ihnen die C-Bibliothek die Arbeiten mit den Systemcalls vollständig abnimmt. Um die Abarbeitung von Systemaufrufen (Systemcalls) besser zu verstehen, müssen Sie sich intensiver mit der Abarbeitung des Kernels befassen.

2.2 Filedeskriptor

Mit den Funktionen der höheren Ebene (High Level) wird auf die Daten mit einem hohen Abstraktionsniveau zugegriffen. Das bedeutet, dass die Daten eines Programms formatiert ausgegeben oder eingelesen werden. Bei der niedrigeren Ebene (Low Level) wird auf einem tieferen Niveau gearbeitet. Der Zugriff auf die Daten erfolgt als eine Folge von unstrukturierten Bytes und bietet somit die Möglichkeit, Bytesequenzen vorgegebener Länge einzulesen oder auszugeben.

Nicht nur die Namen der Funktionen der höheren und der niedrigeren Ebene sind ähnlich, auch ihre Abarbeitung ist es, nur mit einem, aber sehr prinzipiellen Unterschied, der etwas verwirrend ist. Während beim High-Level-Dateizugriff mit einem FILE-Zeiger (Stream) auf die Datei (o. Ä.) zugegriffen wird, geschieht dies auf der niedrigeren Ebene mit einem so genannten Filedeskriptor. Dieser Deskriptor ist kein Zeiger wie bei der höheren Ebene, sondern ein normaler Integer-Wert, der beim Öffnen einer Datei zurückgegeben wird.

Der Filedeskriptor ist ein simpler Integer, der sich in einer bestimmten Tabelle von geöffneten Dateien befindet und der vom Kernel für jeden Prozess bereitgestellt wird. Die Werte 0, 1 und 2 sind vorbelegte Filedeskriptoren und ein Verweis auf die Standardeingabe (`stdin`), Standardausgabe (`stdout`) und Standardfehlerausgabe (`stderr`). Diese drei Streams sind meist mit dem Terminal (TTY) des Anwenders verbunden und können natürlich auch umgeleitet werden.

Sofern Sie einen der drei Standard-Filedeskriptoren verwenden wollen, empfiehlt es sich, eine von POSIX.1 festgelegte Konstante, die in `<unistd.h.>` definiert ist, zu verwenden. Es muss nämlich nicht gegeben sein, dass z. B. `stdin` tatsächlich 0 ist! Zwar ist dieser Fall mir noch nicht untergekommen, aber der Fall ist nicht unmöglich, denn sonst wäre der Standard anders.

Konstante in <unistd.h>	Nummer	Bedeutung
`STDIN_FILENO`	0	Standardeingabe
`STDOUT_FILENO`	1	Standardausgabe
`STDERR_FILENO`	2	Standardfehlerausgabe

Tabelle 2.2 Symbolische Konstanten für die Standard-Filedeskriptoren

2.2.1 Verwaltung für offene Deskriptoren

Damit Sie im Verlauf des Kapitels alles verstehen, folgt eine kurze Beschreibung, wie Linux/UNIX einen geöffneten Filedeskriptor verwaltet. Folgende drei Tabellen verwendet der Kern, um geöffnete Dateien zu verwalten:

Prozesstabelleneintrag

In der Prozesstabelle befindet sich für jeden Prozess ein Eintrag. Dieser Eintrag wird auch *Process Control Block* (PCB) genannt. In einem solchen Eintrag befinden sich Dinge wie:

- Ein Zeiger auf die ...
  - Speicherstelle, wo der ausführbare Code des Programms beginnt (Text)
  - Speicherstelle, wo die benötigten Daten im Speicher beginnen (Daten)
- Prozesszustand (laufend, bereit, blockierend, beendet)
- Befehlszeiger, der die Adresse des nächsten Maschinenbefehls enthält
- Register – Jeder Eintrag muss den Inhalt aller CPU-Register zwischenspeichern, wenn der Prozess vom Arbeitenden in den arbeitsbereiten oder in den blockierenden Zustand versetzt wird.
- Speicherinformationen, welche die vom Prozess genutzten Seiten (Pages) enthalten
- Schedule-Informationen, worin die Prozesspriorität und ein Zeiger auf die Schedule-Warteschlange enthalten sind

Dateitabelleneintrag

In der Dateitabelle befindet sich für jede geöffnete Datei ein Eintrag. Mehrere Einträge in Deskriptortabellen (auch von verschiedenen Prozessen) können wiederum auf den gleichen Eintrag in der Dateitabelle verweisen. Damit ist es auch möglich, dass verschiedene Prozesse nicht nur auf die gleiche Datei zugreifen, sondern sich auch gegenseitig beeinflussen können. Ein Eintrag in der Dateitabelle enthält die Nummer der Inodes (dessen Kopie, die im Hauptspeicher gehalten wird), die aktuelle Position, den Modus (lesen, schreiben, anhängen ...) usw. Natürlich können wiederum mehrere Einträge in der Dateitabelle auf den gleichen Inode verweisen – eine Datei kann auch gleichzeitig gelesen und geschrieben oder von mehreren Prozessen gleichzeitig geschrieben werden. Des Weiteren enthält ein Eintrag in der Dateitabelle einen Zeiger auf die v-node-Tabelle.

v-node-Tabelle

In einer v-node-Tabelle befinden sich Informationen über die Datei und Zeiger auf dateisystemabhängige Funktionen, die auf dieser Datei operieren. Neben den typischen v-node-Informationen findet man in dieser Tabelle auch noch die Inode-Information – wie Eigentümer, Zugriffsrechte, Benutzer- und Gruppennummer, Anzahl der Links usw. –, die beim Öffnen einer Datei in die v-node-Tabelle kopiert wird. Somit stehen auch diese Daten immer sofort zur Verfügung. Nebenbei ist in der v-node auch immer die aktuelle Dateigröße enthalten.

Hinweis

Der Name v-node wurde vom Virtual File System (VFS) abgeleitet und stellt eine übergeordnete Schnittstelle im Kernel zwischen den einzelnen Filesystemen und dem Kernel da.

2.3 Funktionen, die den Filedeskriptor verwenden

Eine große Anzahl von Funktionen verwendet einen Filedeskriptor. In diesem Abschnitt finden Sie eine Beschreibung der wichtigsten Funktionen und einen Überblick zu weniger verwendeten oder erst in einem späteren Kapitel benötigten Funktionen.

2.3.1 Datei öffnen – open()

Es gibt zwei Versionen der Funktionen `open()`, um eine Datei zu öffnen oder eine neue Datei anzulegen. Hier die Syntax dazu:

```
#include <sys/stat.h>
#include <sys/types.h>
#include <fcntl.h>

int open(const char *pfadname, int flags);
int open(const char *pfadname, int flags, mode_t zugriffsrechte);
```

Als Pfadangabe müssen Sie den absoluten oder relativen Pfad der Datei angeben, die geöffnet werden soll. Da der Prototyp in Wirklichkeit korrekt `open(const char *, int ...)` lautet, kann je nach Situation das dritte Argument auch wegfallen.

Hinweis

In der prozessspezifischen Dateitabelle werden dabei die entsprechenden Einträge gemacht und initialisiert. Zum Beispiel wird für die Datei die Position des aktuellen Schreib- oder Lesevorgangs mit 0 vorbelegt (Ausnahme: das `O_APPEND` Flag). Dies ist für den Programmierer nicht unbedingt wichtig zu wissen, aber falls es Sie interessiert, was intern vorgeht, soll dies nicht unerwähnt bleiben.

Der Systemaufruf `open()` liefert als Rückgabewert den Index (Filedeskriptor) des neu angelegten Eintrags in der prozessspezifischen Dateitabelle zurück. Die Einträge 0, 1 und 2 sind dabei bereits beim Start des Programms mit denen des Elternprogramms vorbelegt (siehe 2.1, Filedeskriptor). Im Falle einer Shell ist dies der Terminal, sofern keine Dateiumleitung vorgenommen wurde.

Die maximale Anzahl geöffneter Filedeskriptoren für einen Prozess ist mit der symbolischen Konstante `OPEN_MAX`, die in der Headerdatei `<limits.h>` definiert ist, festgelegt. `OPEN_MAX` ist hierbei das Minimum an Filedeskriptoren, die das Betriebssystem bzw. die C-Bibliothek bereitstellt. Es können natürlich über weiterreichende Funktionen wie `ulimit()`, `rsetlimit()` diese Limits erhöht werden, während `OPEN_MAX` immer gleich bleibt. Weiterhin kann man mit diesen Funktionen die Zahl auch kleiner als `OPEN_MAX` werden lassen; jene Einstellungen gelten dann auch für Subprogramme (Kindprozesse).

Konnte der Systemaufruf `open()` die Datei nicht öffnen, wird der Wert -1 zurückgeliefert. Benötigen Sie weitere Informationen, welcher Fehler aufgetreten ist, so sollten Sie die globale Variable `errno`, die sich in der Headerdatei `<errno.h>` befindet, auswerten. Diesen Fehlerwert können Sie anhand unterschiedlicher Konstanten, die sich ebenfalls in dieser Headerdatei befinden, identifizieren. Oder besser noch, Sie lassen sich die Fehlermeldung mit der Funktion `perror()` (`stdlib.h`) oder `strerror()` (`string.h`) im Klartext ausgeben (mehr dazu etwas später).

Hinweis

Die Fehlervariable `errno` wird in der Regel von allen wichtigen Systemcalls (sofern nicht anders in den Manual Pages »ausgeschildert«) gesetzt und kann daher auch bei allen diesen Funktionen verwendet werden.

Bei der Verwendung von `flags` können mit dem Systemaufruf `open()` folgende Angaben eingesetzt werden:

Flag	Bedeutung
`O_RDONLY`	Öffnen der Datei zum Lesen
`O_WRONLY`	Öffnen der Datei zum Schreiben
`O_RDWR`	Öffnen der Datei zum Lesen und Schreiben

Tabelle 2.3 Bearbeitungsflags beim Öffnen einer Datei

Diese drei Flags können nicht miteinander kombiniert werden und schließen sich gegenseitig aus. Eins dieser Flags, das Sie ausgewählt haben, können Sie aber mit dem bitweisen ODER (|) mit den nachfolgenden Werten kombinieren.

Flag	Bedeutung
O_CREAT	Existiert die Datei noch nicht, wird diese mit den als dritten Parameter angegebenen Zugriffsrechten (minus aktuelle *umask*) erzeugt. Existiert die Datei bereits, so hat O_CREAT keinen weiteren Effekt.
O_APPEND	Die Datei wird zum Schreiben am Ende geöffnet. Der Schreib-/Lesezeiger wird vor jeder Schreiboperation auf die aktuelle Dateigröße gesetzt.
O_EXCL	Wird dieses Flag zusammen mit O_CREAT verwendet, kann die Datei nicht geöffnet werden, wenn diese bereits existiert. Mit diesem Flag können Sie verhindern, dass keine parallelen Schreibzugriffe auf eine Datei gemacht werden.
O_TRUNC	Existiert diese Datei, wird sie komplett geleert (auf 0 Bytes Länge gesetzt). Dies geschieht auch, wenn die Datei nicht zum Schreiben geöffnet wurde (sinnvoll mit O_EXCL).
O_SYNC	Jeder Schreibvorgang auf das Medium wird direkt ausgeführt, und es wird gewartet, bis der Schreibvorgang komplett beendet wurde. Dieses Flag setzt den Pufferungsmechanismus außer Kraft. O_SYNC wird nicht von POSIX.1 unterstützt, wohl aber von SVR4.
O_NONBLOCK	Falls der Pfadname der Name eines FIFO oder einer Gerätedatei ist, wird der Prozess beim Öffnen und bei nachfolgenden I/O-Operationen nicht blockiert. Dieses Flag zeigt seine Wirkung erst bei einer Pipe oder bei nicht blockierenden Sockets, was später behandelt wird.
O_NOCTTY	Falls der Pfadname der Name eines Terminals ist, so sollte dieser nicht der neue Kontrollterminal des Prozesses werden, sofern der aktuelle Prozess kein Kontrollterminal besitzt.

Tabelle 2.4 Weitere Flags für den Systemaufruf open()

Der dritte Parameter des Systemaufrufs open() ist optional und wird nur dann ausgewertet, wenn das Flag O_CREAT gesetzt ist. Mit diesem Parameter können Sie die Zugriffsrechte auf eine Datei erteilen. Auch für die Zugriffsrechte können Sie eine oder mehrere Konstanten, verknüpft mit dem bitweisen ODER, verwenden. Hierzu ein Überblick über die Konstanten, die Sie für die Zugriffsrechte verwenden können.

Konstante	Darstellung in »ls«	Bedeutung
S_ISUID	[--S------]	set-user-ID Bit
S_ISGID	[-----S---]	set-group-ID Bit Für Dateien ohne S_IXGRP führt dies dazu, dass die Datei dem *»mandatory locking«* (Linux only) unterliegen. (Siehe später)
S_ISVTX	[--------T]	sticky Bit (saved-text Bit) Hat unter Linux für Dateien keine Bedeutung mehr.
S_IRUSR	[r--------]	read (user; Leserecht für Eigentümer)
S_IWUSR	[-w-------]	write (user; Schreibrecht für Eigentümer)
S_IXUSR	[--x------]	execute (user; Ausführungsrecht für Eigentümer)

Tabelle 2.5 Überblick über die Konstanten für Zugriffsrechte mit open()

Konstante	Darstellung in »ls«	Bedeutung
S_IRWXU	[rwx------]	read, write, execute (user; Lese-, Schreib-, Ausführungsrecht für Eigentümer)
S_IRGRP	[---r-----]	read (group; Leserecht für Gruppe)
S_IWGRP	[----w----]	write (group; Schreibrecht für Gruppe)
S_IXGRP	[-----x---]	execute (group; Ausführungsrecht für Gruppe)
S_IRWXG	[---rwx---]	read, write, execute (group; Lese-, Schreib-, Ausführungsrecht für Eigentümer)
S_IROTH	[------r--]	read (other; Leserecht für alle anderen Benutzer)
S_IWOTH	[-------w-]	write (other; Schreibrecht für alle anderen Benutzer)
S_IXOTH	[--------x]	execute (other; Ausführungsrecht für alle anderen Benutzer)
S_IRWXO	[------rwx]	read, write, execute (other; Lese-, Schreib-, Ausführungsrecht für alle anderen Benutzer)

Tabelle 2.5 Überblick über die Konstanten für Zugriffsrechte mit open() (Forts.)

Hierzu folgt jetzt ein Listing mit dem Systemaufruf `open()`. Das zweite Argument in der Kommandozeile wird hierbei der Name der neuen Datei.

```
/* make_file.c */
#include <sys/stat.h>
#include <sys/types.h>
#include <fcntl.h>
#include <stdio.h>
#include <stdlib.h>
#include <unistd.h.>

int main(int argc, char **argv) {
  // Zugriffsrechte für die neue Datei: -rw-rw-r--
  mode_t mode = S_IRUSR|S_IWUSR|S_IRGRP|S_IWGRP|S_IROTH;
  const char *new_file;
  int fd; // Filedeskriptor

  // Alle Zugriffsrechte der Einschränkungsmaske erlauben
  umask(0);

  // Zweites Argument der Kommandozeile auswerten
  if(argv[1] == NULL) {
      fprintf(stderr, "Usage: %s datei_zum_oeffnen\n",
         *argv);
      return EXIT_FAILURE;
  }
  new_file = argv[1];
  /*-----------------------------------------------
    Neue Datei erzeugen                    (O_CREAT)
    zum Schreiben                          (O_WRONLY)
    falls Datei existiert, nicht erzeugen (O_EXCL)
    Zugriffsrechte der Datei erteilen      (modus)
```

```
   -------------------------------------------------*/
   fd = open(new_file, O_WRONLY | O_EXCL | O_CREAT, mode);
   if(fd == -1) {
       perror("Fehler bei open ");
       return EXIT_FAILURE;
   }
   return EXIT_SUCCESS;
}
```

Hier das Programm im Einsatz:

```
$ gcc -o make_file make_file.c
./make_file test
$ ls -l test
-rw-rw-r--    1 Juergen   users          0 Oct 14 02:23 test
$ ./make_file test
Fehler bei open : File exists
```

Hinweis

Sofern Sie mit der oktalen Schreibweise der Rechtevergabe vertraut sind, können Sie natürlich diese als Alternative verwenden. Zum Beispiel:

```
fd = open( new_file, O_WRONLY | O_EXCL | O_CREAT, 0644);
```

Außerdem sollten Sie noch wissen, dass bei Verwendung des Flags `O_CREAT` die Zugriffsrechte nicht unbedingt gewährt werden müssen, da die Einschränkungsmaske die Vergabe von Rechten verhindern kann. Aus diesem Grund wurde mithilfe der Funktion `umask()` die Maske zur Wegnahme von Rechtebits auf 0 gesetzt, womit alle Zugriffsrechte in dieser Maske erlaubt werden.

Einschränkungsmaske setzen und abfragen – umask()

Diese Funktion hat jetzt hier zwar nichts mit den Filedeskriptoren am Hut, aber wird recht häufig gerade vor einem `open()`- oder dem gleich folgenden `creat()`-Aufruf verwendet. Mit dieser Funktion können Sie die Einschränkungsmaske für einen aktuellen Prozess erfragen oder neu setzen.

```
#include <sys/stat.h>
#include <sys/types.h>

mode_t umask(mode_t new_mask);
```

Mit dieser Funktion legen Sie die Einschränkungsmaske fest, die beim Anlegen einer neuen Datei (oder auch eines neuen Verzeichnisses) **nicht** zu vergeben bzw. **zu löschen** ist, selbst wenn diese explizit von Funktionen wie `open()` oder `creat()` mit dem `modus`-Argument gefordert wurde. Für das Argument `mask` können alle Konstanten bis auf `S_ISUID`, `S_ISGID` und `S_ISVTX` verwendet werden, die Sie mit `open()` für die Zugriffsrechte verwenden konnten (siehe Tabelle 2.5). Mehrere Werte verknüpfen Sie auch hier mit dem bitweisen ODER-Operator. Im Beispiel zuvor wurde die Einschränkungsmaske auf 0 gesetzt. Somit können hiermit vom Prozess alle Zugriffsrechte für eine Datei gesetzt werden. Natürlich lässt sich auch die oktale Darstellungsweise verwenden.

Wenn Sie z. B. für die Maske mittels `umask()` den (oktalen) Wert 0077 verwenden würden, hätten Sie folgende Einschränkungsmaske:

```
---rwxrwx
```

Damit ist es gegeben, dass beim Setzen der Rechte, unabhängig von den geforderten Rechten, nur die Lese-, Schreib- und Ausführungsrechte des Eigentümers möglich wären. Das heißt, Sie können nur die Zugriffsrechte setzen, die von der Einschränkungsmaske nicht verwendet wurden; in diesem Falle wäre das Resultat `rwx------` (0700). Würden Sie z. B. die Maske 0133 setzen, so hätten Sie folgende Einschränkungsmaske vergeben:

```
--x-wx-wx    (0133)
```

Hiermit ist es nicht möglich, dass der Eigentümer die Datei ausführen kann und die Gruppe und alle anderen Benutzer an ein Schreib- und Ausführungsrecht kommen werden. Beispiel einer solchen Berechnung:

```
--x-wx-wx    (0133) //Einschränkungsmaske von umask()
rw-r--r--    (0644) //Mögliche Rechtevergabe
-------------------
rwxrwxrwx    (0777) //Gesamtsumme der Rechtevergabe immer 777
```

Standardmäßig wird meistens die Einschränkungsmaske 0022 vergeben. Es ist aber auch möglich, mit dem Shell-Builtin-Kommando *umask* die eigene Einschränkungsmaske zu ändern. Innerhalb des o. g. Listings z. B. würde die neu gesetzte *umask* von 0 nur während der Ausführung des Programms (und der Unterprozesse) gültig. Dazu kann man z. B. einen entsprechenden *umask*-Aufruf in einer Startup-Datei wie *.profile* eintragen, so dass beim Start einer entsprechenden Shell die Einschränkungsmaske automatisch gesetzt wird.

2.3.2 Anlegen einer neuen Datei – creat()

In älteren UNIX-Versionen gab es das Flag `O_CREAT` noch nicht, daher wurde folgende Funktion zum Anlegen einer neuen Datei verwendet:

```
#include <sys/stat.h>
#include <sys/types.h>
#include <fcntl.h>

int creat(const char *pfadname, mode_t zugriffsmodus);
```

Auch diese Funktion gibt bei Erfolg den Wert des neuen Filedeskriptors zurück, und bei einem Fehler wird -1 zurückgeliefert.

Da mit `creat()` dasselbe Ziel erreicht wird wie mit der Funktion `open()` und den Flags `O_WRONLY | O_CREAT | O_TRUNC`, ist diese Funktion eigentlich überflüssig. Außerdem kann eine mit `creat()` erzeugte Datei erst mal nur beschrieben werden. Wollen Sie aus der Datei lesen, müssen Sie diese erst mit `close()` schließen und anschließend mit `open()` wieder öffnen. Richten Sie weiterhin das Augenmerk auf `O_TRUNC`. Somit ist `open()` gegenüber `creat()` nicht nur aufgrund seiner Flexibilität der Vorzug zu geben.

2.3.3 Datei schließen – close()

Wenn Sie Ihre Arbeit mit dem Filedeskriptor beendet haben, sollten Sie diesen mit der Funktion `close()` wieder schließen. Bei solchen Anwendungen, wie Sie es im Beispiel von `open()` oben gesehen haben, ist es natürlich nicht unbedingt notwendig, dass Sie den Filedeskriptor schließen, da bei Beendigung eines Prozesses automatisch alle Filedeskriptoren geschlossen werden. Bei dauerhaft laufenden Programmen kann es aber schon mal zu Engpässen mit den maximal geöffneten Filedeskriptoren kommen. Wenn die Grenze von `OPEN_MAX`-Dateien, die gleichzeitig geöffnet wurden, erreicht ist, sollten Sie nicht benötigte Filedeskriptoren freigeben. Die Syntax dazu lautet:

```
#include <unistd.h.>

int close(int fd);
```

Konnte der Filedeskriptor ordentlich geschlossen werden, liefert `close()` den Wert 0 zurück, bei einem Fehler wird -1 zurückgegeben. Wurde für `fd` ein falscher bzw. ungültiger Filedeskriptor verwendet, besitzt `errno` den Wert `EBADF`.

2.3.4 Schreiben von Dateien – write()

Mit dem Systemaufruf `write()` können Zeichen in einer geöffneten Datei geschrieben werden. Voraussetzung, dass mit `write()` auch in eine Datei geschrieben wird, ist, dass diese (logischerweise) auch zum Schreiben geöffnet wurde. Hier die Syntax:

```
#include <unistd.h.>

ssize_t write(int fd, void *puffer, size_t anzahl_bytes);
```

Mit `write()` werden `anzahl_bytes` Zeichen, ab der Adresse `puffer`, in die Datei geschrieben, die mit dem Filedeskriptor `fd` zuvor mit `open()` geöffnet wurde. Als Rückgabewert wird entweder die Anzahl der erfolgreich geschriebenen Zeichen oder bei einem Fehler -1 zurückgegeben. Natürlich erweitert die Funktion `write()` auch den Schreib-/Lesezeiger um die Anzahl der erfolgreich geschriebenen Bytes.

Hinweis

Da mit dem primitiven Datentypen `size_t` nur nicht negative Werte aufgenommen werden können, hat POSIX.1 den primitiven Typ `ssize_t` für vorzeichenbehaftete Werte eingeführt.

Hier ein Beispiel, das die Funktion `write()` im Einsatz demonstriert:

```
/* write_file.c */
#include <sys/stat.h>
#include <sys/types.h>
#include <fcntl.h>
#include <stdio.h>
#include <stdlib.h>
#include <string.h>
#include <unistd.h.>
```

```
int main(int argc, char **argv) {
  /* Zugriffsrechte für die neue Datei: -rw-rw-r-- */
  mode_t mode = S_IRUSR|S_IWUSR|S_IRGRP|S_IWGRP|S_IROTH;
  ssize_t size;
  int fd; /* Filedeskriptor */
  char *str;

  /* Alle Zugriffsrechte der Einschränkungsmaske erlauben */
  umask(0);

  /* Zweites Argument der Kommandozeile auswerten */
  if(argc < 2) {
      fprintf(stderr, "Usage: %s datei_zum_oeffnen\n",
         *argv);
      return EXIT_FAILURE;
  }

  if(argc < 3) { str = "Keine Angaben gemacht\n"; }
  else { str = argv[2]; }
  size = strlen(str);

  /*---------------------------------------------
    Neue Datei erzeugen                (O_CREAT)
    zum Schreiben                      (O_WRONLY)
    Daten am Ende hinzufügen           (O_APPEND)
    Zugriffsrechte der Datei erteilen (modus)
  ---------------------------------------------*/
  fd = open(argv[1], O_WRONLY | O_APPEND | O_CREAT, mode);
  if(fd == -1) {
      perror("Fehler bei open()");
      return EXIT_FAILURE;
  }

  if(write(fd, str, size) != size)
      perror("Fehler bei write()");
  return EXIT_SUCCESS;
}
```

Das Programm im Einsatz:

```
$ gcc -o write_file write_file.c
$ ./write_file test
$ cat test
Keine Angaben gemacht
$ ./write_file test Blopp
$ cat test
Keine Angaben gemacht
Blopp
```

In diesem Beispiel wird immer der Text ans Ende der Datei geschrieben (`O_APPEND`). Als Text kommt entweder das dritte Argument in der Kommandozeile in Frage oder der konstante String, der auf den `dummy` verweist.

Probleme mit der Funktion `write()` können auch auftreten, weil nicht alle Schreiboperationen direkt auf den Datenträger gemacht werden müssen, außer es wurde das Flag `O_SYNC` verwendet. Obwohl `write()` ein Systemaufruf ist, werden die Daten im Falle einer Datei nochmals in einen separaten Pufferbereich innerhalb des Kernels gelegt, bevor sie schließlich auf den Datenträger geschrieben werden. Ein Multitasking-Betriebssystem hat nämlich noch andere Dinge zu tun, als sich sofort um die Ausführung Ihres Programms zu kümmern. Erst wenn der Systemkern Zeit hat, wendet er sich dem Puffer zu und schreibt entsprechende Daten in die Datei. Stürzt aber das System in der Zeit ab (was bei Linux weniger der Fall ist), wenn sich die Daten noch im Puffer befinden, sind diese weg und nicht mehr zu retten. Alternativ kann auch ein ganzes Dateisystem im synchronen Modus gemountet werden, siehe Manual Page von mount(1); praktisch heißt das, dass jedem `open()`-Aufruf implizit `O_SYNC` zugesteckt wird. Es gibt sogar ein `O_ASYNC`-Flag, um auf einem synchronen Dateisystem einige Dateien als asynchron zu markieren.

Tritt beim Schreiben ein Fehler auf, ist es nicht leicht zu bestimmen, was denn falsch gelaufen ist. Ein Rückgabewert von 0 und größer sagt nicht aus, ob auch wirklich alle Daten angekommen sind. In unserem Beispiel eben wurde Folgendes verwendet:

```
if(write(fd, str, size) != size)
    fprintf(stderr, "Fehler bei write ...\n");
```

Das scheint im Großen und Ganzen auch in Ordnung zu sein. Was ist aber, wenn die Daten in `str` so umfangreich sind oder nicht so viele Daten auf einmal geschrieben werden können (wie das bei den Sockets häufig der Fall ist)? Dann wird der Schreibvorgang mit einer Fehlermeldung abgebrochen. Für solch einen Fall sollten (müssen) Sie sich rüsten. Es wird empfohlen, `write()` immer in einer Schleife zu verwenden, die so lange ausgeführt wird, bis alle Daten geschrieben wurden. Ich habe hierzu eine Wrapper-Funktion für `write()` geschrieben, die wie folgt aussieht:

```
#include <unistd.h.>

ssize_t write2(int fd, const void *buffer, size_t count) {
   while (count > 0) {
      ssize_t geschrieben = write(fd, buffer, count);
      if (geschrieben == -1)
         return -1;
      count -= geschrieben;
      buffer += geschrieben;
   }
   return 0;
}
```

Sie können diese Wrapper-Funktion gerne in das Beispiel zuvor einbauen. Diese Funktion kehrt erst zurück, wenn alle Bytes geschrieben wurden oder ein Fehler bei `write()` auftritt.

Hinweis

Wrapper-Funktionen können Sie sich wie einen Strumpf vorstellen, der über die Originalfunktion gezogen wird. Natürlich darf eine solche Funktion nicht denselben Namen wie das Original haben (sie darf natürlich schon, nur wird sich GCC definitiv darüber ärgern).

Wollen Sie außerdem absolut sichergehen, dass `write()` alle Daten mit einem Rutsch in die Datei schreibt, müssen Sie das Flag für synchrones Schreiben (`O_SYNC`) verwenden. Dadurch machen Sie sich allerdings die Zeitvorteile der Funktion `write()` zunichte (allerdings auch abhängig vom Speichermedium). Der Zeitaufwand für das Schreiben erhöht sich dadurch drastisch. Letztendlich müssen Sie entscheiden, ob nun Sicherheit oder Schnelligkeit wichtiger ist.

2.3.5 Lesen von Dateien – read()

Mit dem Systemaufruf `read()` können Zeichen aus einer geöffneten Datei gelesen werden. Voraussetzung natürlich ist auch hier, dass mit `read()` nur aus einer Datei gelesen werden kann, wenn diese (logischerweise) auch zum Lesen geöffnet wurde. Hier die Syntax:

```
#include <unistd.h.>

ssize_t read(int fd, void *puffer, size_t anzahl_bytes);
```

Damit werden `anzahl_bytes` aus der geöffneten Datei vom Filedeskriptor `fd` in die Adresse von `puffer` kopiert. Auch hier ist, wie schon bei `write()`, der Rückgabewert die Anzahl der erfolgreich gelesenen Bytes und im Fehlerfall -1. Steht der Lesezeiger bereits am Dateiende und der Systemaufruf `read()` wird verwendet, wird in diesem Fall der Wert 0 zurückgeliefert – was keinen Fehler darstellt! Es ist ebenfalls kein Fehler, wenn weniger Zeichen gelesen wurden, als mit `anzahl_bytes` angegeben ist, was z. B. passieren kann, wenn wir uns kurz vor dem Dateiende befinden.

Auch bei der Funktion `read()` wird ein Puffermechanismus verwendet, der dafür sorgt, dass der Lesevorgang sehr schnell abgewickelt wird. Das drückt sich darin aus, dass bereits Gelesenes sofort nochmals gelesen werden kann, ohne dass dafür z. B. die CD noch mal angedreht werden müsste. Dieser Puffer (*cachet* Inodes) hat den Vorteil, dass nicht nur beim Lesen mittels `read()` ein Geschwindigkeitsgewinn entsteht, sondern auch beim wiederholten Ausführen eines – sagen wir – 20 MB schweren Programms von einem langsamen (oder künstlich verlangsamten) Gerät.

Die Anzahl von Bytes, die `read()` auf einmal lesen soll, hängt sehr stark von der Geschwindigkeit des Lesevorgangs des Mediums ab. Man spricht dabei auch von Blockgrößen. Als optimale Blockgröße haben sich Speicherblöcke mit 512, 1024 bis hin zu 8192 Bytes erwiesen. Natürlich hängt dies auch von der Menge der Daten ab, die es zu lesen gilt. Es macht durchaus Sinn, die Effizienz der optimalen Größe zu ermitteln. Denn je kleiner die Blockgröße, desto mehr `read()`-Aufrufe müsste man tätigen – und ein Wechsel von Userspace zu Kernelspace kostet viel Zeit. Das liegt zwar im Mikrosekunden-Bereich, aber – die Masse macht's. Für übliche Diskettenlaufwerke, die mit durchschnittlich 29,7 KB/s lesen, reicht somit eine kleine Blockrate (1024 aufwärts), bei z. B. externen USB-Festplatten, die knapp 20 MB/s hergeben, kann man auch schon mal eine Blockgröße von 64 KB oder noch mehr nehmen (kleiner als der auf der Festplatte angegebene Cache sollte sie auf jeden Fall bleiben).

Folgendes Beispiel kopiert die Datei, die Sie als zweites Argument in der Kommandozeile angegeben haben, in die neu erzeugte Datei, die Sie als drittes Argument angegeben haben.

```
/* cpy_file.c */
#include <sys/stat.h>
#include <sys/types.h>
#include <fcntl.h>
#include <stdio.h>
#include <stdlib.h>
#include <unistd.h.>

#define BLOCKSIZE 64 // bytes

// write2() aus obigem Codeblock übernehmen
static ssize_t write2(int, const void *, size_t);

int main(int argc, char **argv) {
  // Zugriffsrechte für die neue Datei: -rw-rw-r--
  mode_t mode = S_IRUSR|S_IWUSR|S_IRGRP|S_IWGRP|S_IROTH;
  char buffer[BLOCKSIZE];
  int fd_r, fd_w; // Filedeskriptoren
  int n;

  // Alle Zugriffsrechte der Einschränkungsmaske erlauben
  umask(0);

  if(argc < 3) {
      fprintf(stderr, "> %s quelldatei zieldatei\n", *argv);
      return EXIT_FAILURE;
  }

  fd_r = open(argv[1], O_RDONLY);
  fd_w = open(argv[2], O_WRONLY | O_EXCL | O_CREAT, mode);
  if(fd_r == -1 || fd_w == -1) {
      perror("Fehler bei open()");
      return EXIT_FAILURE;
  }
  while((n = read(fd_r, buffer, BLOCKSIZE)) > 0)
      if(write2(fd_w, buffer, n) < 0)
          perror("Fehler bei write()");
  return EXIT_SUCCESS;
}
```

Und hier das Programm in Aktion:

```
$ gcc -o cpy_file cpy_file.c
$ ./cpy_file cpy_file.c cpy_file.bak
$ cat cpy_file.bak
/* cpy_file.c */
#include <fcntl.h>
#include <stdio.h>
#include <sys/stat.h>
#include <sys/types.h>
```

```
#include <unistd.h.>

#define BLOCKSIZE 64

int main (int argc, char* argv[])
...
```

Bei diesem Beispiel wurde für die Blockgröße des Puffers eine Größe von 64 Bytes gewählt, womit Lese- und Schreiboperationen durchgeführt werden. Beim letzten Aufruf von `read()` wird man wohl keinen ganzen Block mehr lesen können. Daher wurde auch der Wert der gelesenen Zeichen in der Variable `n` gespeichert, damit auch nur diese Anzahl erfolgreich gelesener Zeichen vom Puffer wieder in die Zieldatei kopiert werden kann.

2.3.6 Schreib-/Lesezeiger positionieren – lseek()

Jede Datei, die Sie öffnen, besitzt auch einen Schreib-/Lesezeiger. Nach jedem Schreib- oder Lesevorgang wird dieser Zeiger um die Anzahl der geschriebenen oder gelesenen Bytes weitergesetzt. In der Regel befindet sich dieser Positionszeiger beim Öffnen einer Datei, sei dies nun zum Schreiben oder zum Lesen, anfangs immer auf 0; abgesehen davon natürlich, wenn die Datei mit dem Flag `O_APPEND` geöffnet wurde.

Die Parameter der Funktion `lseek()` entsprechen dabei denselben wie denen der Funktion `fseek()`, die in der höheren Ebene verwendet wird.

```
#include <sys/types.h>
#include <unistd.h.>

off_t lseek(int fd, off_t position, int indikator);
```

Vom dritten Parameter (`indikator`) hängt es ab, wie der zweite Parameter interpretiert wird. Dabei haben Sie drei Möglichkeiten zur Auswahl.

Konstante	Bedeutung
`SEEK_SET`	Den Schreib-/Lesezeiger vom Anfang der Datei um `abstand` Bytes versetzen. `abstand` darf dabei keine negative Zahl sein.
`SEEK_CUR`	Der Schreib-/Lesezeiger wird relativ zur aktuellen Position der Datei um `abstand` Bytes versetzt. `abstand` darf dabei sowohl eine positive als auch eine negative Zahl sein, wobei negative Zahlen einem Zurücksetzen (Richtung Anfang der Datei) entsprechen.
`SEEK_END`	Den Schreib-/Lesezeiger vom Ende der Datei um `abstand` Bytes »Richtung Dateiende« versetzen. `abstand` darf dabei sowohl eine negative als auch eine positive Zahl sein. Letzteres wird man aber wohl kaum in der Praxis finden, denn was befindet sich schon hinter EOF? Beachten Sie außerdem, dass `lseek()` im Gegensatz zu `fseek()` nicht den EOF-Status bereinigen kann – wozu `fseek()` gerne verwendet wird! Es gibt nämlich keinen EOF-Status bei den Low-Level-Funktionen.

Tabelle 2.6 Mögliche Angaben für »indikator«

Der erste Parameter `fd` ist der Filedeskriptor der geöffneten Datei, wo Schreib- und Lesezeiger versetzt werden sollen. Wenn bei diesem Systemaufruf alles glatt verlief, wird die aktuelle neue Position des Schreib- und Lesezeigers zurückgegeben. Bei einem Fehler wird -1 zurückgeliefert.

Der primitive Datentyp `off_t` wurde vom Datentyp `long` abgeleitet. Somit kann der maximale Wert der Positionierung auf einmal 2 GB betragen.

Hinweis

Auf manchen 32-Bit-Systemen (Linux auf jeden Fall), die das *Large Files System* (LFS) unterstützen, ist es möglich, mit der Funktion `open()` und dem Flag `O_LARGEFILE` Dateien zu öffnen, die größer sind als die o.g. 2 GB. Wird dieses Flag gesetzt, ist der größte Wert, der dargestellt werden kann, ein Objekt vom Typ `off64_t` (primitiver Datentyp, der gewöhnlich den Typen `long long` repräsentiert).

Man kann auch Dateien größer als 2 GB ohne `O_LARGEFILE` öffnen, nur können dann die meisten Operationen nur bis 32 Bit ausgeführt werden.

Hierzu ein Beispiel, das eine (Text-)Datei, die Sie als zweites Argument in der Kommandozeile angeben, rückwärts ausgibt. Mithilfe von `lseek()` wird der Schreib-/Lesezeiger zuerst ans Dateiende, eine Position vor EOF, gesetzt. Anschließend wird mit dem Systemaufruf `read()` ein Zeichen eingelesen und mit auf dem Bildschirm ausgegeben. Damit der Text rückwärts ausgegeben wird, muss die Position des Zeigers immer um eine Stelle bis zum Dateianfang (`pos == 0`) zurückgezählt werden. Ist der Dateianfang erreicht, wird die Funktion beendet. Hier das Beispiel:

```
/* backward.c */
#include <sys/stat.h>
#include <sys/types.h>
#include <fcntl.h>
#include <stdio.h>
#include <stdlib.h>
#include <unistd.h.>

static void bwread(int fd) {
    int rv, nl = 0;
    char ch;

    lseek(fd, -1, SEEK_END);
    while((rv = read(fd, &ch, 1)) == 1) {
        if(ch == '\n' && !nl) { ++nl; }
        else { putc(ch, stdout); }
        if(lseek(fd, -2, SEEK_CUR) < 0) { break; }
    }
    if(nl) { putc('\n', stdout); }
    if(rv == 0) { fprintf(stderr, "EOF unerwartet ...\n"); }
    else if(rv == -1) { perror("Fehler bei read()"); }
    return;
}

int main(int argc, char **argv) {
```

```
    int fd;

    if(argc < 2) {
        fprintf(stderr, "Syntax: %s datei\n", *argv);
        return EXIT_FAILURE;
    }
    if((fd = open(argv[1], O_RDONLY)) < 0) {
        perror("open");
        return EXIT_FAILURE;
    }
    bwread(fd);
    return EXIT_SUCCESS;
}
```

Und hier das Programm im Einsatz:

```
$ cat > test.txt
Pinguine können nicht fliegen.
Sie sind das Produkt eines misslungenen Experiments
von M$. Aber der Tag der Abrechnung naht ;-)
STRG+D
$ gcc -o backward backward.c
$ ./backward test.txt
)-; than gnunhcerbA red gaT red rebA .$M nov
stnemirepxE nenegnulssim senie tkudorP sad dnis eiS
.negeilf thcin nennök eniugniP
```

Das Beispiel berücksichtigt übrigens auch die Position des Newline-Zeichens. Beachten Sie auch, dass hier der Schreib-/Lesezeiger um eine Position vor dem Dateiende platziert wurde. Hätten Sie hierfür 0L angegeben, würde `read()` den Wert 0 zurückgeben, und es würde `EOF unerwartet ...` ausgegeben werden.

2.3.7 Duplizieren von Filedeskriptoren – dup() und dup2()

In manchen Fällen wird es nötig sein, dass Sie einen Filedeskriptor duplizieren müssen. Ein Beispiel hierfür wäre, wenn der Elternprozess mit einem Kindprozess Daten austauschen will und der Kindprozess durch einen neuen Prozess mit einer `exec*()`-Funktion überlagert wird. In solch einem Fall, ohne `dup()` oder `dup2()`, würde das *close-on-exec*-Flag gesetzt werden. Wird dieses Flag gesetzt, werden alle Filedeskriptoren ungültig (da vom neuen Prozess überlagert) – sprich, sie sind nicht mehr vorhanden. Die Kommunikation zwischen dem Eltern- und Kindprozess wäre hiermit auch beendet. Duplizieren Sie hingegeben mit `dup()` oder `dup2()` einen Filedeskriptor, wird das *close-on-exec*-Flag gelöscht, und der neu überlagerte Prozess kann diese/n duplizierten Filedeskriptor/en zur Kommunikation verwenden. Mehr zum *close-on-exec*-Flag in Kürze. Sollte Ihnen das hier Beschriebene noch nicht so klar oder gänzlich unklar sein, ist dies noch nicht so wichtig. Mehr dazu finden Sie in den nächsten Kapiteln zu den Prozessen und den Interprozesskommunikationen.

Für solche und eventuell weitere Anwendungsfälle stehen die Funktionen `dup()` und `dup2()` zur Verfügung.

```
#include <unistd.h.>

int dup(int fd);
int dup2(int fd, int fd2);
```

Als Parameter wird der Funktion `dup()` der Filedeskriptor übergeben, der dupliziert werden soll. Im Falle eines Erfolges erhält man als Rückgabewert die Nummer des Filedeskriptors, der nun auf dieselbe Datei verweist. Bei der Nummer handelt es sich um die kleinste nicht negative Zahl, die noch nicht für einen anderen Filedeskriptor vergeben wurde. Schlägt der Aufruf von `dup()` fehl, wird -1 zurückgegeben.

Beim Aufruf der Funktion `dup2()` hingegen wird der Wert des Zieldeskriptors als zweiter Parameter (`fd2`) angegeben. Wurde `fd2` bereits zuvor geöffnet, wird dieser zuvor noch geschlossen.

Bei beiden Funktionen zeigt der neu zurückgegebene Filedeskriptor auf denselben Dateitabelleneintrag, worin sich u. a. der Schreib-/Lesezeiger befindet. Somit kann man auf einen Deskriptor `lseek()` anwenden und danach von dem anderen (von der neuen Position) lesen.

Hierzu ein Anwendungsbeispiel der beiden Funktionen:

```
/* dup_fd.c */
#include <sys/stat.h>
#include <sys/types.h>
#include <fcntl.h>
#include <stdio.h>
#include <stdlib.h>
#include <string.h>
#include <unistd.h.>

static void test_write(const char *str) {
  write(STDOUT_FILENO, str, strlen(str));
  return;
}

int main(int argc, char **argv) {
  mode_t mode = S_IRUSR|S_IWUSR|S_IRGRP|S_IWGRP|S_IROTH;
  int fd1, fd2, fd3;

  // Alle Zugriffsrechte der Einschränkungsmaske erlauben
  umask(0);
  fd1 = open("file1", O_WRONLY | O_CREAT, mode);
  fd2 = open("file2", O_WRONLY | O_CREAT, mode);
  if(fd1 == -1 || fd2 == -1) {
      perror("Fehler bei open()");
      return EXIT_FAILURE;
  }

  test_write("Zeile 1\n");
  dup2(fd1, STDOUT_FILENO);
  test_write("Zeile 2\n");
```

```
    dup2(fd2, STDOUT_FILENO);
    test_write("Zeile 3\n");
    test_write("Zeile 4\n");
    dup2(fd1, STDOUT_FILENO);
    test_write("Zeile 5\n");
    dup2(fd2, STDOUT_FILENO);
    test_write("Zeile 6\n");
    test_write("Zeile 7\n");
    close(fd1);
    close(fd2);

    fd3 = dup(STDERR_FILENO);
    write(fd3, "Schwerer Fehler ...\n",
        strlen("Schwerer Fehler ...\n"));
    return EXIT_SUCCESS;
}
```

Und hier das Programm im Einsatz:

```
$ gcc -o dup_fd dup_fd.c
$ ./dup_fd
Zeile 1
Schwerer Fehler ...
$ cat file1
Zeile 2
Zeile 5
$ cat file2
Zeile 3
Zeile 4
Zeile 6
Zeile 7
```

In diesem Beispiel wurde vorwiegend der Filedeskriptor für die Standardausgabe dupliziert. Somit wurde die Standardausgabe jeweils in eine der beiden geöffneten Dateien umgeleitet. Am Ende wurde auch noch die Standardfehlerausgabe dupliziert, und mithilfe ihres Filedeskriptors wurde auch eine Ausgabe darauf gemacht.

2.3.8 Ändern oder Abfragen der Eigenschaften eines Filedeskriptors – fcntl()

Zum Ändern oder Abfragen einer offenen Datei können Sie die Funktion `fcntl()` verwenden. Damit lassen sich folgende Anwendungsbeispiele auf eine geöffnete Datei realisieren:

- Setzen oder Abfragen der Flags im Dateitabelleneintrag
- Setzen oder Abfragen von Einträgen in der Prozesstabelle
- Setzen oder Abfragen von Record Lockings (Sperren)
- Duplizieren von Filedeskriptoren

Anhand dieser Aufzählungspunkte wird klar, wie universell diese Funktion ist. Hierzu die Syntaxbeschreibung:

```
#include <sys/types.h>
#include <unistd.h.>
#include <fcntl.h>

int fcntl( int fd, int kommando ... );
```

Als erstes Argument geben Sie den Filedeskriptor an, an dem Sie entsprechende Einstellungen oder Veränderungen vornehmen wollen. Das zweite Argument ist das Kommando, was Sie mit dem entsprechenden Filedeskriptor anstellen wollen. Hierfür gibt eine Reihe von symbolischen Konstanten, die anschließend ausführlich beschrieben werden. Das dritte Argument wird nur dann ausgewertet, wenn Sie vorhaben, einen Filedeskriptor zu duplizieren oder wenn Sie die Einstellung einer offenen Datei verändern wollen. Der Rückgabewert von `fcntl()` ist vom Kommando abhängig, aber im Fehlerfall wird wie gewöhnlich -1 zurückgeliefert.

Jetzt wie versprochen zu den einzelnen Kommandos von `fcntl()` und deren Bedeutung und Anwendungsbeispiele.

F_DUPFD

Verwenden Sie als Kommando `F_DUPFD`, so wird der Filedeskriptor `fd` dupliziert. Bei Erfolg liefert in diesem Fall die Funktion `fcntl()` den kleinstmöglichen positiven Wert des neuen Filedeskriptors zurück.

```
int old_fd, new_fd;
new_fd = fcntl(fd, F_DUPFD, 0);
```

Dieser neue Filedeskriptor besitzt denselben Dateitabelleneintrag wie `fd` (sprich hier `lseek()`, dort `read()`), verwendet aber innerhalb der Prozesstabelle einen eigenen Eintrag für die Filedeskriptor-Flags, wobei das *close-on-exec*-Bit gelöscht ist. Bei gelöschtem *close-on-exec*-Bit bleibt der Filedeskriptor auch bei einem `exec*()`-Aufruf bestehen. Dies ist übrigens dieselbe Funktionalität wie beim Systemaufruf mit `dup2()`.

F_GETFD

Mit `F_GETFD` können Sie überprüfen, ob das *close-on-exec*-Bit gesetzt ist oder nicht. Dies ist momentan auch das einzige Flag des Filedeskriptors, das Sie überprüfen können. Die symbolische Konstante dazu lautet `FD_CLOEXEC`. Ist das Flag gesetzt, liefert `fcntl()` als Rückgabewert 1 zurück, ansonsten wird bei einem Fehler -1 und, wenn nicht gesetzt, 0 zurückgeliefert.

```
if( fcntl ( fd, F_GETFD, FD_CLOEXEC ) == 1 ) {
    /* Close-on-exec-Flag ist gesetzt */
} else {
    /* nicht gesetzt */
}
```

Close-on-exec-Flag

Wenn das Flag nicht gesetzt ist (Standard), bleiben alle bereits geöffneten Filedeskriptoren bei einem durch einen `exec()`-Aufruf neu gestarteten Programm offen. Ist das Flag gesetzt, werden die entsprechenden Filedeskriptoren beim `exec()`-Aufruf geschlossen. Wenn z. B. ein privilegiertes Programm einen neuen Prozess erzeugt, sollten Sie aus sicherheitsrelevanten Gründen alle Filedeskriptoren – auch Verzeichnisse, IPC-Handles und Sockets – schließen. Um hierbei auf Nummer sicher zu gehen, sollten Sie das *close-on-exec*-Flag für die sicherheitsrelevanten Filedeskriptoren direkt nach dem Öffnen setzen (natürlich mit Vorbehalt).

Weiterhin ist das *close-on-exec*-Flag sinnvoll für Anwendungen, die generell nicht wollen, dass ihre geöffneten Dateien nur irgendwie an Subprozesse weitergegeben werden. Als Beispiel hierfür bietet sich der so genannte »PID-Lock« an, wo eine Datei in */var/run/name* erstellt wird, die PID eingeschrieben wird und offen bleibt. Führt man besagtes Programm nochmals aus, so kann die zweite Instanz überprüfen, ob es */var/run/name* gibt und, wenn ja, ob auch der Prozess mit der darin enthaltenen PID z. Z. läuft. Aber zurück zum Thema: Man möchte in der Regel nicht, dass eine Subshell oder sonstige Anwendungen durch `fork()` und/oder `exec()` diesen Lock umgehen, indem die Datei schon geöffnet ist.

F_SETFD

Wie auch schon bei `F_GETFD`, können Sie mit `F_SETFD` die Filedeskriptor-Flags setzen. Als mögliches drittes Argument kommen auch hier nur `FD_CLOEXEC` zum Setzen oder `!FD_CLOEXEC` zum Löschen des Flags in Frage.

```
if(fcntl(fd, F_GETFD, FD_CLOEXEC) == 0) {
    // Close-on-exec ist nicht gesetzt
    if(fcntl(fd, F_SETFD, FD_CLOEXEC) > 0) {
        // Close-on-exec wurde gesetzt
    }
}
```

F_GETFL

Mit dem Kommando `F_GETFL` können Sie die *File Status Flags* erfragen. Folgende Statusmöglichkeiten können Sie hierbei abfragen:

Modus	Bedeutung
O_RDONLY	nur lesen
O_WRONLY	nur schreiben
O_RDWR	lesen und schreiben
O_APPEND	zum Schreiben ans Dateiende öffnen
O_NONBLOCK	kein Blockieren bei FIFOs und Gerätedateien
O_SYNC	nach jedem Schreiben auf die Beendigung des physikalischen Schreibvorgangs warten
O_ASYNC	asynchroner I/O (nur bei Linux und BSD) – Gegenteil zu O_SYNC

Tabelle 2.7 File Status Flags, die mit F_GETFL abgefragt werden können

Wenn Sie den Rückgabewert von `F_GETFL` haben wollen, müssen Sie das mit `fcntl()` ermittelte Flag durch die symbolische Konstante `O_ACCMODE` filtern:

```
flag  = fcntl(fd, F_GETFL, 0);
modus = flag & O_ACCMODE;
```

```
if(modus == O_RDWR) {
// Mit diesem Filedeskriptor ist Lesen und Schreiben möglich
} else if(modus == O_RDONLY) {
    // Mit diesem Filedeskriptor ist nur Lesen möglich
} else if(modus == O_WRONLY) {
    // Mit diesem Filedeskriptor können Sie nur schreiben
}
```

F_SETFL

Mit diesem Kommando können Sie folgende *File Status Flags* mit dem dritten Argument von `fcntl()` setzen: `O_APPEND`, `O_NONBLOCK`, `O_SYNC`, `O_ASYNC`. Um eines dieser *File Status Flags* zu setzen, geht man wie folgt vor:

```
if(fcntl(fd, F_SETFL, O_APPEND) > 0) {
    // Filestatus-Flag O_APPEND gesetzt
} else {
    // Filestatus-Flag O_APPEND konnte nicht gesetzt werden
}
```

F_GETOWN

Hierbei liefert `fcntl()` die PID oder PGID des Prozesses, der im Augenblick die Signale `SIGIO` und `SIGURG` empfängt.

F_SETOWN

Damit legen Sie mit dem dritten Argument die PID oder PGID des Prozesses fest, der die Signale `SIGIO` und `SIGURG` empfängt. Ein positiver Wert legt die PID, ein negativer die GID fest.

Jetzt ist es an der Zeit, ein Listing zu erstellen, das Ihnen einige dieser Kommandos in ihrer Anwendung zeigen soll:

```
/* play_fd.c */
#include <sys/types.h>
#include <fcntl.h>
#include <stdio.h>
#include <stdlib.h>
#include <unistd.h.>

int main(int argc, char **argv) {
  int fd, fdup;
  int flags, modus;
  if(argc < 2) {
      fprintf(stderr, "Usage: %s DATEI\n", *argv);
      exit(EXIT_FAILURE);
  }
  if((fd = open(argv[1], O_RDONLY)) == -1) {
      fprintf(stderr, "Konnte %s nicht öffnen!\n", argv[1]);
      exit(EXIT_FAILURE);
  }
```

```
    if((fdup = fcntl(fd, F_DUPFD, 0)) != -1)
        printf("Fildeskriptor erfolgreich dupliziert\n");

    /* Wir überprüfen die Flags von fd und setzen,
     * falls noch nicht gesetzt, FD_CLOEXEC.
     */
    if((fcntl(fd, F_GETFD, FD_CLOEXEC)) == 1)
        printf("Close-on-exec-Bit ist gesetzt\n");
    else if((fcntl(fd, F_SETFD, FD_CLOEXEC)) < 0)
        printf("Konnte close-on-exec-Bit nicht setzen\n");
    else
        printf("Close-on-exec-Bit wurde gesetzt\n");

    // Wir überprüfen die Filestatus-Flags von fd
    flags = fcntl(fd, F_GETFL, 0);
    modus = flags & O_ACCMODE;
    if(modus == O_RDWR)
        printf("Datei zum Lesen und Schreiben geöffnet\n");
    else if(modus == O_RDONLY)
        printf("Datei nur zum Lesen geöffnet\n");
    else if(modus == O_WRONLY)
        printf("Datei nur zum Schreiben geöffnet\n");

    /* Wir überprüfen weitere Statusflags von fd und
     * ändern, falls nötig, die Flags.
     */
    if(modus == O_APPEND)
        printf("Wir können am Dateiende schreiben\n");

    modus |= O_APPEND;
    if(fcntl(fd, F_SETFL, modus) < 0)
        printf("Konnte Attribut O_APPEND nicht setzen\n");

    if(modus == O_APPEND)
        printf("O_APPEND gesetzt\n");

    flags = fcntl(fd, F_GETFD, 0);
    modus = flags & O_ACCMODE;
    if(modus == O_NONBLOCK) {
        printf("O_NONBLOCK gesetzt\n");
    } else {
        modus |= O_NONBLOCK;
        fcntl(fd, F_SETFL, modus);
        if(modus == O_NONBLOCK)
            printf("O_NONBLOCK erfolgreich gesetzt\n");
        else
            printf("Konnte O_NONBLOCK nicht setzen\n");
    }
    return EXIT_SUCCESS;
}
```

So könnte die Ausgabe aussehen:

```
$ gcc -o play_fd play_fd.c
$ ./play_fd test.txt
Filedeskriptor erfolgreich dupliziert
close-on-exec-Bit wurde gesetzt
Datei nur zum Lesen geöffnet
...O_APPEND gesetzt...
...konnte O_NONBLOCK nicht setzen...
```

2.3.9 Record Locking – Sperren von Dateien einrichten

Wenn zwei oder mehrere Prozesse gleichzeitig auf eine Datei schreibend zugreifen wollen, führt dies unwiderruflich zu Problemen. Meistens kann man dabei mit einem Datensalat rechnen. Ein einfaches Beispiel, das dieses Problem demonstriert:

```
/* trash.c */
#include <sys/stat.h>
#include <sys/types.h>
#include <sys/wait.h>
#include <fcntl.h>
#include <stdio.h>
#include <stdlib.h>
#include <time.h>
#include <unistd.h.>

int main(void) {
  int fd = open("file", O_WRONLY | O_CREAT | O_TRUNC, 0666);
  pid_t pid;
  int x, y;
  if(fd == -1) {
      perror("open()");
      exit(EXIT_FAILURE);
  }

  if((pid = fork()) == -1) {
      perror("fork()");
      exit(EXIT_FAILURE);
  } else if(pid > 0) { // Elternprozess
      srand(time(NULL) ^ getpid());
      for(x = 0; x < 10; ++x) {
          usleep(rand() % 10 * 10000);
          write(fd, "x", 1);
          write(STDOUT_FILENO, "x", 1);
      }
      wait(NULL);
      printf("\n");
  } else { // Kindprozess
      srand(time(NULL) ^ getpid());
      for(y = 0; y < 10; ++y){
```

```
            usleep(rand() % 10 * 10000);
            write(fd, "X", 1);
            write(STDOUT_FILENO, "X", 1);
        }
    }
    return EXIT_SUCCESS;
}
```

Das Programm bei der Ausführung:

```
$ gcc -o trash trash.c
$ ./trash
$ cat file
XxxXxXxXxXXxXxxXxXxX
```

Es ist vorerst gar nicht so wichtig, dass Sie die einzelnen Funktionen des Programms verstehen. Hierbei wird mit dem Systemaufruf `fork()` ein zweiter Prozess gestartet. Zu diesem Thema werden Sie später noch eine Menge erfahren. Wichtig ist nur, dass hier zwei Prozesse gleichzeitig in die Datei `file` schreiben. Ein Prozess schreibt dabei kleine `x`-Buchstaben und der andere große `X` in die Datei. Bei beiden Prozessen wurde eine Zeitverzögerung mit `usleep()` eingebaut. An der Ausgabe der Datei `file` können Sie feststellen, dass hier weder Zucht noch Ordnung herrschte. Denn anstatt

```
XxxXxXxXxXXxXxxXxXxX
```

hätte die Datei `file` eigentlich folgenden Inhalt haben sollen:

```
xxxxxxxxxxXXXXXXXXXX
//oder
XXXXXXXXXXxxxxxxxxxx
```

Stellen Sie sich nun vor, dass wären Daten in einer Datenbank gewesen! Um solche Inkonsistenzen in gemeinsam benutzten Dateien zu vermeiden, gibt es einen POSIX-Mechanismus namens Record Locking.

Mit einem solchen Record Lock ist es möglich, einen beliebigen (zusammenhängenden) Teil einer Datei (natürlich auch eine komplette Datei) zu blockieren. Dabei gibt es so genannte »Shared« und »Exclusive« Locks (Sperren).

- *Shared Locks* – Mehrere Prozesse sperren Teile einer oder der kompletten Datei und greifen z. B. auf gleiche Dateibereiche lesend zu. Erst wenn hierbei die letzte Sperre entfernt wurde, ist ein *Exclusive Lock* möglich, beide Locking-Typen schließen sich somit aus.
- *Exclusive Locks* – Ein Prozess sperrt einen Teil oder eine komplette Datei. Auf den nun gesperrten Bereich ist kein weiterer Lock mehr möglich, der Prozess kann nun schreibend zugreifen.

Sie haben generell zwei Möglichkeiten (Funktionen) zum Erstellen eines Dateilocks:

- `fcntl()` – Dies ist ein BSD-konformer Lock-Mechanismus, der hier auch etwas umfangreicher behandelt wird.
- `lockf()` – (SYSV- und POSIX-konform) Dies ist letztendlich eine einfache, aber häufig ausreichende Schnittstelle zu `fcntl()`.

Advisory Locking und Mandatory Locking

Alle eben benannten Möglichkeiten, eine Datei zu sperren, gehören zu den so genannten *Advisory Locks* (freiwilliges Sperrverfahren; advise = avisieren/benachrichtigen; hier beraten/vorschlagen). Bei diesem Sperrverfahren versucht jeder Prozess, vor dem Zugriff auf einen bestimmten Bereich einer Datei diesen zu sperren. Existiert für diesen Bereich bereits eine Sperre, scheitert der Versuch, die Sperre zu setzen. Der Prozess wartet dann, bis dieser gesperrte Bereich wieder freigegeben wird. Das heißt auch, dass ein für die Datei bearbeitender Prozess selbstständig dafür Sorge tragen muss, dass es für den Fall, dass er schreibend zugreifen will, keinerlei Locks auf diese Datei gibt. Solange sich der Programmierer bei der Erstellung an diesen Test hält, sind alle anderen Aktionen der Programme auf die gesperrte(n) Datei(en) unproblematisch – sprich, diese Art von Sperren hängen im großen Maße von der Disziplin des Programmierers ab.

Auf der anderen Seite gibt es noch das *Mandatory Locking* (verbindliches Sperrverfahren). Der Unterschied zum *Advisory Locking* ist, dass hier nach dem Setzen einer verbindlichen Sperre durch einen Prozess ein Zugriff durch einen anderen Prozess mittels `open()`, `read()` oder `write()` zu einem Fehler führt. *Mandatory Locking* (auch als Kernel Locking bekannt) ist natürlich die ideale Alternative. Das Setzen einer solchen Sperre wird beim *Mandatory Locking* über ein spezielles Setzen des SGID-Bits (in der Kommandozeile mit `chmod g+s-x myfile`) der Dateiattribute realisiert. Das *Mandatory Locking* ist im Gegensatz zum *Advisory Locking* erheblich aufwändiger und damit logischerweise auch langsamer. Das *Mandatory Locking* ist bei Linux-Versionen allerdings erst ab einer Kernel-Version von 2.3.x implementiert. Ebenfalls vorhanden ist dieses Sperrverfahren unter Sun OS 4.1.x, Solaris 2.x, HP-UX 9.x-11.x und IRIX 6.5.

Mandatory Locking unter Linux verwenden

Sofern Sie das anschließende Beispiel unter Linux mit einem verbindlichen Sperrverfahren ausführen wollen, müssen Sie sicherstellen, dass hier das *Mandatory*-Attribut für die Partition aktiviert ist, in der sich die Datei befindet. Hierzu muss praktisch nur ein Eintrag in `/etc/fstab` verändert werden. In der vierten Spalte der entsprechenden Partition muss man nur die `mand`-Option einfügen und dem Kommando `mount` direkt übergeben. Zum Beispiel sieht ein Eintrag bei mir wie folgt aus:

```
# mount
/dev/hda5 on / type ext2 (rw)
```

Ändern Sie nun diese Zeile wie folgt um:

```
/dev/hda5 on / type ext2 (rw,mand)
```

Um diese Änderungen wirksam zu machen, müssen Sie diese Partition eventuell neu mounten (für die root-Partition wird eventuell die Option `-n` nötig):

```
# mount -o remount /dev/hda5
```

oder auch:

```
# mount / -o remount
```

Dieser Zusatzaufwand sollte generell nur unter Linux nötig sein, da viele andere Systeme dieses Locken schon von Haus aus unterstützen.

Sperren von Dateien mit fcntl() einrichten

Der Sinn von Sperren ist es ja, dass immer nur ein Prozess in eine Datei schreiben darf. Dies wird realisiert, indem eine Schreibsperre eingerichtet wird. Sobald der Schreibvorgang beendet wurde, sollte diese Schreibsperre auch wieder aufgehoben werden. All dies lässt sich mit der Funktion `fcntl()` realisieren, die zusätzlich als drittes Argument einen Zeiger auf die Struktur `flock` bekommt:

```
int fcntl( int fd, int kommando, ...
          /* struct flock *flockzeiger */ );
```

Die Struktur `flock` ist wie folgt aufgebaut:

```
struct flock {
   short l_type;        /*  F_RDLCK (Lesesperre)          */
                        /*  F_WRLCK (Schreibsperre)       */
                        /*  F_UNLCK (Sperre aufheben)     */
   off_t l_start;       /*  relatives Offset in Byte,     */
                        /*  abhängig von l_whence         */
   short l_whence       /*  SEEK_SET,SEEK_CUR,SEEK_END    */
   off_t l_len;         /*  Größe der Speicherung in      */
                        /*  Bytes,0=Sperren bis Dateiende */
   pid_t l_pid;         /*  wird bei F_GETLK zurückgegeben */
};
```

Der im `flock`-Record mit `l_type` übergebene Locking-Typ ist somit immer entweder `F_RDLCK` für *Shared Locks* oder `F_WRLCK` für *Exclusive Locks*. Wird versucht, auf eine bereits exklusiv gesperrte Datei einen weiteren Lock zu setzen, kann man durch den `open()`-Befehl selbst entscheiden, ob man auf das Ende des blockierenden Locks warten will oder den Befehl mit einem Fehler abbrechen möchte (bei *Advisory Locking*).

Wollen Sie z. B. die ganze Datei zum Lesen oder Schreiben sperren, was in der Regel am häufigsten zutreffen wird, müssen Sie die Strukturvariablen `l_start` und `l_whence` an den Anfang der Datei setzen:

```
flockzeiger.l_start  = 0;
flockzeiger.l_whence = SEEK_SET;
```

Wenn Sie jetzt noch eine geregelte Sperre immer bis zum Dateiende haben wollen, müssen Sie nur die Strukturvariablen `l_len` auf 0 setzen, die für eine Sperre bis zum Dateiende steht:

```
flockzeiger.l_len  = 0;
```

Die Datei ist somit immer bis zum Dateiende gesperrt, unabhängig davon, ob jetzt neuer Inhalt am Ende angefügt wurde.

Jetzt zu den möglichen Angaben der Kommandos, die als zweites Argument an die Funktion `fcntl()` übergeben werden.

F_GETLK

Mit F_GETLK können Sie überprüfen, ob bereits eine Sperre für die Datei (an einer gewissen Position) spezifiziert wurde. Diese Einstellung wird mithilfe des Filedeskriptors und des Kommandos F_GETLK mit der Funktion fcntl() an eine Adresse vom Typ struct flock übergeben. Anschließend können Sie die Strukturvariable l_type auf folgende symbolische Konstanten auswerten:

Konstante	Bedeutung
F_UNLCK	keine Sperre vorhanden
F_RDLCK	Lesesperre
F_WRLCK	Schreibsperre

Tabelle 2.8 Konstanten, mit denen die Strukturvariable l_type belegt sein kann

In der Praxis sieht das dann in etwa so aus:

```
struct flock sperre = {
  .type = F_RDLCK, .start = 0, .whence = SEEK_SET, .len = 0
 };

fd = open(datei, O_CREAT | O_WRONLY, 0666);
// Sperre abfragen
fcntl(fd, F_GETLK, &sperre);
// Abfrage auswerten
if(sperre.l_type == F_UNLCK) {
    // Datei nicht gesperrt
} else if(sperre.l_type == F_RDLCK) {
    // Lesesperre
} else if(sperre.l_type == F_WRLCK) {
    // Schreibsperre
}
```

Anschließend werden Sie sehen, wie man mit F_SETLK Sperren setzen kann. Natürlich ist es auch möglich, Sperren an verschiedenen Stellen zu positionieren. Um einen solchen Lock mit F_GETLK wiederzubekommen, geht man folgendermaßen vor: Man bereitet einen struct flock so vor, als ob dieser für F_SETLK verwendet werden soll (folgt gleich), d. h. inklusive l_type, l_start und l_whence, und gibt diese für F_GETLK an, womit natürlich geprüft wird, ob bei »l_start/l_whence« ein l_type vorliegt.

F_SETLK

Mit dem Kommando F_SETLK können Sie eine Lese- oder Schreibsperre einrichten und auch wieder entfernen. Einrichten können Sie eine Sperre, indem Sie zuerst die Strukturvariablen von flock mit entsprechenden Werten initialisieren und anschließend als drittes Argument mit dem Funktionsaufruf fcntl() verwenden. Gelingt es nicht, eine Sperre einzurichten, bricht fcntl() ab und setzt die Fehlervariable errno auf EACCES oder EAGAIN.

In der Praxis sieht das Einrichten einer Sperre so aus:

```
sperre.l_start  = 0;
sperre.l_whence = SEEK_SET;
sperre.l_len    = 0;
sperre.l_type   = F_RDLCK;
if(fcntl(fd, F_SETLK, &sperre) == 0) {

   // Lesesperre gesetzt
}

sperre.l_start  = 0;
sperre.l_whence = SEEK_SET;
sperre.l_len    = 0;
sperre.l_type   = F_WRLCK;
if(fcntl(fd, F_SETLK, &sperre) == 0) {
   // Lesesperre gesetzt
}

sperre.l_type = F_UNLCK;
if(fcntl(fd, F_SETLK, &sperre) == 0) {
   // Sperre aufgehoben
}

/* Oder im C99-Stil: ----------------------- */
struct flock sperre = {
   .l_start  = 0,
   .l_whence = SEEK_SET,
   .l_len    = 0,
   .l_type   = F_RDLCK,
};

if(fcntl(fd, F_SETLK, &sperre) == 0) {
   // Lesesperre gesetzt
}
```

F_SETLKW

Mit diesem Kommando wird der Prozess so lange suspendiert, bis er die geforderte Sperre einrichten kann. Es handelt sich hierbei um die blockierende Version des Kommandos `F_SETLK`.

> **Hinweis**
>
> Wenn Sie eine Datei mit einer Schreibsperre (`F_WRLCK`) versehen wollen, muss die Datei auch zum Schreiben geöffnet (`O_WRONLY` oder `O_RDWR`) werden. Und umgekehrt (`F_RDLCK`), wenn Sie einer Datei eine Lesesperre anhängen wollen, muss diese auch im Lesemodus (`O_RDONLY` oder `O_RDWR`) geöffnet werden. Das bedeutet auch, dass Sie nie zwei unterschiedliche Sperrtypen auf ein bestimmtes Byte festlegen können.

Hierzu jetzt ein Listing, das die Sperren in Dateien demonstriert. In diesem Beispiel wurden drei Funktionen geschrieben. Eine, die den Status (`status()`) der Sperre überprüft, eine weitere, die eine Schreibsperre einrichtet (`locki()`), und noch eine dritte, welche die Schreibsperre wieder auflöst (`unlock()`).

```
/* sperre.c */
#include <sys/stat.h>
#include <sys/types.h>
#include <errno.h>
#include <fcntl.h>
#include <stdio.h>
#include <stdlib.h>
#include <string.h>
#include <unistd.h.>
#define FNAME "locki.lck"

static void status(struct flock *lock) {
  printf("Status: ");
  switch(lock->l_type) {
    case F_UNLCK:
      printf("F_UNLCK (Sperre aufgehoben)\n");
      break;
    case F_RDLCK:
      printf("F_RDLCK (PID: %d) (Lesesperre)\n",
         lock->l_pid);
      break;
    case F_WRLCK:
      printf("F_WRLCK (PID: %d) (Schreibsperre)\n",
         lock->l_pid);
      break;
  }
}

static void unlock(int fd, struct flock *lock) {
    memset(lock, 0, sizeof(struct flock));
    lock->l_type = F_UNLCK; /* Sperre aufheben */
    if(fcntl(fd, F_SETLK, lock) < 0)
        perror("Fehler: fcntl(fd, F_SETLK, F_UNLCK)");
    else
        status(lock);
}

static void locki(int fd, struct flock *lock) {
    memset(lock, 0, sizeof(struct flock));
    lock->l_type   = F_WRLCK;  // Schreibsperre
    lock->l_start  = 0;        // kein Offset
    lock->l_whence = SEEK_SET; // vom Anfang der Datei
    lock->l_len    = 0;        // bis zum Ende der Datei
    lock->l_pid    = getpid(); // Prozessnummer der Sperre
    if(fcntl(fd, F_SETLK, lock) < 0)
```

```
        perror("Fehler: fcntl(fd, F_SETLK, F_WRLCK)");
    else
        status(lock);
}


int main(int argc, char **argv) {
    struct flock lock;
    char puffer[100];
    int fd, n;

    fd=open(FNAME, O_WRONLY | O_CREAT | O_APPEND, S_IRWXU);
    memset(&lock, 0, sizeof(struct flock));
    fcntl(fd, F_GETLK, &lock);
    status(&lock);
    printf("\nEingabe machen: ");
    fflush(stdout);
    while((n = read(STDIN_FILENO, puffer, 100)) > 1) {
        locki(fd, &lock);
        write(fd, puffer, n);
        unlock(fd, &lock);
    }
    close(fd);
    return EXIT_SUCCESS;
}
```

Das Programm bei seiner Ausführung:

```
$ gcc -o sperre sperre.c
$ ./sperre
Eingabe machen: Hallo Welt
F_WRLCK (pid: 1072) (Schreibsperre)
F_UNLCK (Sperre aufgehoben)
Hallo nochmals
F_WRLCK (pid: 1072) (Schreibsperre)
F_UNLCK (Sperre aufgehoben)
ENTER
```

Entscheidend sind in diesem Listing folgende Zeilen:

```
    while((n = read(STDIN_FILENO, puffer, 100)) > 1) {
        locki(fd, &lock);
        write(fd, puffer, n);
        unlock(fd, &lock);
    }
```

Nachdem die Daten mit `read()` eingelesen wurden, wird erst eine Schreibsperre mit `locki()` eingerichtet. Somit kann im Augenblick kein anderer Prozess auf die Datei `locki.lck` schreibend zugreifen. Im nächsten Schritt kann also mit `write()` in diese Datei geschrieben werden. Nach dem Schreibvorgang kann die Datei wieder mit `unlock()` zum Schreiben für andere Prozesse freigegeben werden. Um Ihnen die Sperre in der Ausführung zu demonstrieren, bauen Sie jetzt nochmals am besten hinter der Funktion `write()` ein `getchar()` ein:

```
write(fd,puffer,n);
getchar();
```

Übersetzen Sie das Programm, und starten Sie es jetzt erneut:

```
$ gcc -o sperre sperre.c
$ ./sperre
Eingabe machen: Eine sinnvolle Zeile mehr in diesem Buch
F_WRLCK (pid: 1079) (Schreibsperre)
```

Jetzt wartet das Programm wegen dem `getchar()` auf das Drücken der [↵]-Taste. Dem Wunsch kommen Sie jetzt nicht nach, sondern öffnen eine weitere Konsole und starten das Programm erneut:

```
$ ./sperre
Eingabe machen: Was einem so einfällt
Fehler bei : fcntl(fd, F_SETLK, F_WRLCK)(Permission denied)
ENTER
Fehler : fcntl(fd, F_SETLK, F_UNLCK)  (Permission denied)
$ cat > locki.lck
Mal mit cat versuchen, in locki zu schreiben
cat: write error: Permission denied
```

Sie sehen, dass Sie keinen Zugriff auf die Datei `locki.lck` haben, solange der Prozess mit der PID 1079 den Schreibschutz nicht aufhebt. Wechseln Sie also wieder in die andere Konsole, und drücken Sie [↵]. Jetzt wird der Schreibschutz wieder aufgehoben, und in die Datei `locki.lck` kann wieder geschrieben werden.

Das Programm ist natürlich wenig anwenderfreundlich, denn anstatt zu versuchen, einfach einen Schreibschutz zu verhängen, sollten Sie in der Praxis schon zuvor den Status abfragen, bevor Sie irgendwelche Maßnahmen treffen.

Hinweis

Sofern Sie bei dem Beispiel nicht *Mandatory Locking* verwendet haben, wurden mit den *Advisory Locks* schwache Sperren verwendet. Bei diesen schwachen Sperren findet keine Überprüfung statt, ob die Systemfunktionen `open()`, `read()` und `write()` bei Ihrer Ausführung durch eine Sperre verhindert werden konnten. In diesem Fall liegt der weitere Programmablauf bezüglich der Sperren in Ihren Händen.

Wollen Sie sich noch tiefgründiger mit diesem Thema befassen, finden Sie auf der Buch-CD noch zwei Kapitel extra dazu. Und zwar: *Sperren bis zum Dateiende* und *Deadlocks*.

Record Locking – Sperren einrichten mit lockf()

Eine etwas einfachere Methode als über `fcntl()` bietet die SYSV/POSIX-Funktion `lockf()`. Unter Linux ist `lockf()` zwar nur eine Schnittstelle zu `fcntl()`, aber der Standard gibt keine Relation zwischen den beiden vor. Mit `lockf()` ist es nicht möglich (so sehe ich das), zwischen Read und Write Locks zu unterscheiden; hier gibt es nur einen Typ: »Exclusive Locks«. Mit diesen kann man Segmente einer Datei für einen Prozess exklusiv sperren, das funktioniert aber nur so lange, wie alle Prozesse, die auf die Datei zugreifen, `lockf()` bzw. *Exclusive Locks* verwenden. Ein kleines Anwendungsbeispiel:

```
#include <unistd.h.>
lseek(fd, start, SEEK_SET);
lockf(fd, F_LOCK, 0);
```

Wobei `start` den `flockzeiger.l_start` und die 0 den `flockzeiger.l_len` aus obigem `fcntl()`-Unterkapitel entspricht. Mehr dazu entnehmen Sie bitte aus der Manual Page.

2.3.10 Multiplexing E/A – select()

Manchmal ist es nötig, mehrere offene Filedeskriptoren (Kanäle) abzufragen, ob Daten angekommen sind. Ein normales `read()` würde in diesem Fall nicht funktionieren, da dies das Programm so lange blockieren würde, bis eine Eingabe gelesen wurde. Sie könnten zwar `read()` im nicht blockierenden Modus (`O_NONBLOCK`) aufrufen und jeden Filedeskriptor einzeln überprüfen, ob Daten eingetroffen sind (was in der Regel sehr CPU-intensiv ist), oder aber Sie verwenden die Funktion `select()`, die extra dazu konzipiert wurde.

Ein Beispiel in der Praxis wäre ein Server, der mehrere Verbindungsendpunkte über ein FIFO oder eine *named pipe* gleichzeitig bedienen soll – oder gar ein Webserver, wie dieser im Kapitel zur Netzwerkprogrammierung auch erstellt wird. Würden Sie hier z. B. blockierende Funktionen verwenden, kann es recht ineffizient sein und ein wenig dauern, bis Daten eintreffen. Und was ist mit den Verbindungsendpunkten (Filedeskriptoren), an denen schon längst Daten angekommen sind?

Hierzu die Syntax der Funktion `select()` und die dazugehörenden Makros:

```
#include <sys/select.h>

int select(int mp_fd, fd_set *readfds, fd_set *writefds,
           fd_set *exceptfds, struct timeval *timeout);

FD_CLR(int fd, fd_set *set);
FD_ISSET(int fd, fd_set *set);
FD_SET(int fd, fd_set *set);
FD_ZERO(fd_set *set);
```

Die Funktion `select()` wartet bei einer Reihe von Filedeskriptoren darauf, dass sich der Zustand von mindestens einem ändert. Dabei wird zwischen drei unabhängigen Mengen von Filedeskriptoren unterschieden:

- `readfds` – Es wird geprüft, ob Zeichen zum Lesen angekommen sind.
- `writefds` – Es wird geprüft, ob Zeichen geschrieben werden können.
- `exceptfds` – Es wird geprüft, ob ein außergewöhliches Ereignis vorgekommen ist.

Die Makros werden zur Bearbeitung der drei Mengen verwendet. Vor jedem Aufruf von `select()` muss die Menge mit `FD_ZERO()` gelöscht werden. Einen Filedeskriptor zur Menge können Sie mit `FD_SET()` hinzufügen und mit `FD_CLR()`entfernen.

Nachdem Sie alle zu überwachenden Deskriptoren den gewünschten Mengen hinzugefügt haben, können Sie die Funktion `select()` aufrufen. Diese ändert die Mengen, so dass nur noch die Deskriptoren darin vorhanden sind, von denen entweder gelesen oder zu denen geschrieben werden kann bzw. wo etwas passiert ist. Wollen Sie wissen, ob ein Deskriptor noch in der Menge vorhanden ist, können Sie dies mit dem Makro `FD_ISSET()` abfragen.

Neben den Mengen werden zwei weitere Parameter an `select()` übergeben:

- `n` – Hier geben Sie die höchste Nummer (plus 1) des in der Menge vorhandenen Filedeskriptors an. Dabei sind alle drei Mengen gemeint. Es schadet nicht, eine höhere Nummer anzugeben (z. B. gleich `OPEN_MAX`), jedoch braucht der Kernel ein paar Ticks länger, um die größere Anzahl an Deskriptoren zu überprüfen. Verfallen Sie daher nicht darauf, nur `OPEN_MAX` zu verwenden.
- `timeout` – Damit geben Sie an, wie lange `select()` warten soll, bis sich einer der Deskriptoren geregt hat. Geben Sie hierbei `NULL` an, blockiert `select()` so lange, bis dies passiert ist. Geben Sie für beide Werte der Struktur `timeval` 0 an, kehrt `select()` nach dem Überprüfen aller vorhandenen Filedeskriptoren sofort wieder zurück. Hiermit wird praktisch echtes Polling ohne Blockieren erreicht. Die dritte Möglichkeit ist gegeben, wenn Sie eine oder beide Strukturvariablen mit einem Wert initialisieren. `select()` kehrt dann zurück, wenn die mit `timeout` angegebene Zeit abgelaufen ist oder wenn ein Filedeskriptor aus der Menge bereit für eine Ein-/Ausgabe ist (oder `select()` durch ein Signal unterbrochen wurde).

Bei Erfolg gibt `select()` die Anzahl der Filedeskriptoren zurück, deren Status sich geändert hat. Wenn ein Fehler aufgetreten ist, wird -1 zurückgegeben und `errno` entsprechend gesetzt. Die Mengen und `timeout` befinden sich dann in einem undefinierten Zustand (sind z. B. nur teilweise gefüllt), auf deren Inhalt sollte man sich also bei einem Fehler nicht mehr verlassen. (`timeout` soll nach `select()` bis zu einer potenziellen Wiederbelegung für den nächsten `select()`-Aufruf nicht mehr gelesen werden. Siehe Manual –Page.) Wird hingegen 0 zurückgegeben, bedeutet dies, dass kein Filedeskriptor für die Ein-/Ausgabe bereit ist. 0 tritt auch auf, wenn der Timeout abgelaufen ist, bevor ein Filedeskriptor bereit war.

Hinweis

Bei richtiger Anwendung kann mit der Funktion `select()` ein einfaches Multiplexing erzeugt werden. Dies ist ansonsten nur möglich, wenn man noch weitere Prozesse (mit `fork()`) oder Threads startet.

Ein tiefgründiges Listing hierzu würde dem Leser, der noch nicht mit dem Thema vertraut ist, bis zum jetzigen Kapitel ein wenig zu viel abverlangen. Hierauf wird im Kapitel der Netzwerkprogrammierung noch eingegangen. Das folgende Beispiel demonstriert, wie Sie die Standardeingabe »pollen« können. Dabei blockiert `select()` so lange, bis Sie (nach einer Eingabe) die [↵]-Taste gedrückt haben. Wenn die [↵]-Taste nicht binnen fünf Sekunden gedrückt wurde, bricht der eingerichtete *Timeout* `select()` ab. Hier das Listing:

```
/* poll_stdin_time.c */
#include <sys/types.h>
#include <sys/time.h>
```

```
#include <stdio.h>
#include <unistd.h.>

static int poll_stdin_time(int sekunden) {
  struct timeval timeout;
  fd_set read_fds;

  FD_ZERO(&read_fds);
  FD_SET(STDIN_FILENO, &read_fds);
  timeout.tv_sec = sekunden;
  timeout.tv_usec = 0;
  return select( STDIN_FILENO + 1, &read_fds, NULL,
                 NULL, &timeout );
}

/* oder im C99-Standard:
static int poll_stdin_time(int sekunden) {
  struct timeval timeout={.tv_sec = sekunden, .tv_usec = 0};
  fd_set read_fds;

  FD_ZERO(&read_fds);
  FD_SET(STDIN_FILENO, &read_fds);
  return select( STDIN_FILENO + 1, &read_fds, NULL,
                 NULL, &timeout );
}
*/
int main(void) {
    int ret;
    printf("Warte 5 Sek. auf Eingabe (ENTER-Taste)!\n");
    ret = poll_stdin_time(5);
    if(ret == 0)
       printf("Zeit abgelaufen\n");
    else if(ret == 1)
       printf("Danke!!!\n");
    else
       perror("select()");
    return 0;
}
```

Das Listing bei der Ausführung:

```
$ gcc -o poll_stdin_time poll_stdin_time.c
$ ./poll_stdin_time
Warte 5 Sek. auf Eingabe (ENTER-Taste)!
ENTER
Danke!!!
$ ./poll_stdin_time
Zeit abgelaufen
```

2.3.11 Unterschiedliche Operationen – ioctl()

Der `ioctl()`-Systemaufruf ist eine Funktion, die für viele Arten von E/A-Operationen (und nicht nur dafür) einsetzbar ist. Hier die Syntax dazu:

```
#include <unistd.h.>      /* SVR4       */
#include <sys/ioctl.h>  /* Linux, BSD */

int ioctl( int fd, int operation ...);
```

Als erstes Argument geben Sie den Filedeskriptor an, auf den die Operation durchgeführt werden soll, die als zweites Argument angegeben wird. Schlägt der Systemaufruf fehl, gibt `ioctl()` den Wert -1 zurück. Zu den wirklich unzählig vielen Operationen möchte ich Sie vorerst auf die Man-Pages (*ioctl_list(2)*) verweisen. Auf die Funktion `ioctl()` wird noch intensiver im Kapitel zu den Devices eingegangen.

Sie können mit dieser Funktion praktisch auf einfachste Weise auf die Hardware im System zugreifen, ohne direkt auf Hardware-Ebene programmieren zu müssen. Hierzu ein einfaches Beispiel, das demonstriert, wie Sie auf Ihr CD-ROM-Laufwerk zugreifen und die CD auswerfen (Eject) können.

```
/* openCD.c */
#include <sys/ioctl.h>
#include <sys/stat.h>
#include <sys/types.h>
#include <fcntl.h>
#include <stdio.h>
#include <unistd.h.>
#include <linux/cdrom.h>

/* Bitte anpassen, falls notwendig */
#define CDROM "/dev/cdrom"

int main(int argc, char **argv) {
    int fd, rc;
    if((fd = open(CDROM, O_RDONLY)) < 0) {
        fprintf(stderr, "Konnte %s nicht öffnen\n",CDROM);
        return 1;
    }
    if((rc = ioctl(fd, CDROMEJECT)) != 0) {
      perror("Konnte CD-ROM nicht auswerfen\n");
      return 1;
    }
    close(fd);
    return 0;
}
```

Im Beispiel wird davon ausgegangen, dass sich das CD-ROM-Laufwerk an einem IDE-Anschluss befindet (`/dev/hdc`). Sofern Sie über einen SCSI- oder sonstigen Anschluss das CD-ROM-Laufwerk betreiben, passen Sie die symbolische Konstante bitte Ihren Bedürfnissen an.

Hinweis

`ioctl()` ist nur Bestandteil von SVR4 und BSD, nicht aber von POSIX.1.

2.3.12 Lesen und Schreiben mehrerer Puffer – writev() und readv()

Spezielle Lese- und Schreibfunktionen stehen Ihnen mit den POSIX-Funktionen `readv()` und `writev()` zur Verfügung. Mit diesen Funktionen ist es möglich, mehrere nicht zusammenhängende Puffer auf einmal zu schreiben oder zu lesen. Es liegt somit auf der Hand, dass ein einzelner `writev()`- oder `readv()`-Aufruf wesentlich schneller ist als zwei oder mehrere `write()`- oder `read()`-Aufrufe.

Das Prinzip dieser Funktion ist recht einfach und würde sich auch relativ leicht selbst nachbilden lassen. Beim Lesen mit `writev()` werden Daten in einem speziellen Puffer (genauer in der Struktur `iovec`) gesammelt und dann mit einem Rutsch mit `writev()` in eine Datei geschrieben.

Ähnlich ist dies auch bei der Funktion `readv()`. Hierbei werden die einzelnen Daten aus einer Datei gelesen und nacheinander auf die einzelnen Puffer verteilt. Hierzu die Syntax dieser beiden Funktionen:

```
#include <sys/uio.h>

ssize_t readv( int fd, const struct iovec *iov,
               int anz_iov );
ssize_t writev( int fd, const struct iovec *iov,
                int anz_iov );
```

Als erstes Argument übergeben Sie diesen Funktionen einen geöffneten Filedeskriptor. Das zweite Argument ist die Adresse eines Arrays, genauer eines Strukturarrays mit dem Datentyp `struct iovec`, der wie folgt aussieht:

```
struct iovec {
    void *iov_base; // Anfangsadresse des Puffers
    size_t iov_len; // Länge des Puffers
};
```

Mit dieser Struktur ist es dann möglich, Daten unterschiedlichen Typs (da `void*`) und Länge auf einmal zu schreiben bzw. zu lesen.

Beide Funktionen geben die Anzahl erfolgreich gelesener bzw. geschriebener Bytes zurück. Bei einem Fehler wird -1 zurückgeliefert. Erreicht `readv()` das Dateiende oder sind keine Daten mehr zum Lesen vorhanden, wird 0 zurückgegeben.

Hierzu ein einfaches Beispiel, das demonstriert, wie Sie den Puffer mit Daten füllen und auf einmal in eine Datei schreiben können.

```
/* write_vec.c */
#include <sys/stat.h>
#include <sys/types.h>
#include <sys/uio.h>
```

```
#include <fcntl.h>
#include <stdio.h>
#include <stdlib.h>
#include <string.h>
#include <unistd.h.>
#define MAX 3 // Anzahl der Elemente

int main(int argc, char **argv) {
  mode_t mode = S_IRUSR|S_IWUSR|S_IRGRP|S_IWGRP|S_IROTH;
  const char *str[] = {"Ein Teststring\n", "Noch einer\n",
    "Der Letzte im Bunde\n"};
  struct iovec vec[MAX];
  ssize_t length = 0;
  int fd, i;


  //unlink("test");
  umask(0);
  fd = open("test", O_WRONLY | O_CREAT | O_EXCL, mode);
  if(fd == -1) {
      perror("open()");
      return EXIT_FAILURE;
  }
  // Einzelne Daten in die Struktur legen
  for(i = 0; i < MAX; ++i) {
      vec[i].iov_base = (void *)str[i];
      vec[i].iov_len  = strlen(str[i]);
      length += strlen(str[i]);
  }
  // Jetzt in die Datei schreiben
  if(writev(fd, vec, MAX) != length) {
      perror("writev()");
      return EXIT_FAILURE;
  }
  close(fd);
  return EXIT_SUCCESS;
}
```

Das Programm bei seiner Ausführung:

```
$ gcc -o write_vec write_vec.c
$ ./write_vec
$ cat test
Ein Teststring
Noch einer
Der Letzte im Bunde
```

2.3.13 Übersicht zu weiteren Funktionen, die den Filedeskriptor verwenden

Die Low-Level-Funktionen im Kapitel zuvor wurden zwar schon recht flott durchgenommen, aber jetzt ist es an der Zeit, noch ein wenig mehr auf das Gaspedal zu treten. Die wichtigsten kennen Sie jetzt zumindest ansatzweise und wissen, wozu diese zu verwenden sind – was auch zur Voraussetzung der weiteren Kapitel nötig ist. Aber schließlich wollen Sie noch mehr lernen, als nur die trockene Theorie zu pauken. Außerdem hat Linux noch eine ganze Menge mehr zu bieten.

fsync()

Verwenden Sie beim Systemaufruf `open()` das Flag `O_SYNC`, wird bei jedem Schreiben aller sich noch in Puffercaches befindlichen Daten auf die Beendigung des Schreibvorgangs gewartet. Gleiches gilt für nachträgliches Setzen des Flags `O_SYNC` mit `fcntl()`. Wollen Sie allerdings nicht, dass auf jeden Schreibvorgang gewartet wird, sondern nur dann, wenn Sie es wollen (z. B. bei extrem kritischen Daten), können Sie die Funktion `fsync()` verwenden. Damit wird nur zum Zeitpunkt des Aufrufs einmal so verfahren, vorausgesetzt, Sie haben die Datei nicht im `O_SYNC`-Modus geöffnet. Hierzu die Syntax der Funktion:

```
#include <unistd.h.>

int fsync(int fd) ;
```

Die Funktion `fsync()` benötigt als Argument den Filedeskriptor, auf dem die Aktion ausgeführt werden soll. Ist der Aufruf erfolgreich, wird 0 zurückgegeben, ansonsten bei einem Fehler -1.

ftruncate()

Um eine Datei zu *beschneiden*, steht Ihnen die Funktion `ftruncat()` zur Verfügung.

```
#include <sys/types.h>
#include <unistd.h.>

int ftruncate( int fd, off_t cut );
```

Damit wird die Datei mit dem Filedeskriptor auf `cut` Bytes *beschnitten*. Hat die Datei mehr als `cut` Bytes, wird diese Datei gekürzt. Der Rest der Datei ist somit nicht mehr verfügbar. Hat die Datei weniger als `cut` Bytes, ist das Verhalten systemabhängig. In SVR4 z. B. wird die Datei um `cut` Bytes verlängert. Bei BSD hingegen passiert in diesem Fall gar nichts. Linux füllt die Datei mit Null-Bytes auf (also ähnlich wie bei SVR4), jedoch beansprucht eine solch erweiterte Datei (noch) keinen weiteren Festplattenplatz:

```
ftruncate(fd, 1048576 * 100);
```

Angenommen, man würde eine Datei unter 100 MB mit diesem Befehl bearbeiten, so würde »*ls*« die 100 MB anzeigen, »*du*« jedoch immer noch den tatsächlichen verbrauchten Platz. Dies ist möglich, da per Definition ein Erweitern über `ftruncate()` mit Null-Bytes gepaddet wird. Da Sie dies wissen, können Sie diese Bytes auch einsparen, bis sie mit etwas anderem gefüllt werden. Diese Technik nennt sich »Sparse Files« (die einzige Möglichkeit, eine »478-GB«-Datei auf einem 20-GB-Datenträger anzulegen). Dabei können solche »Lücken« nicht nur am Dateiende existieren, z. B. durch:

```
/* fangen wir mit irgendeiner 0-bytigen Datei an */
ftruncate(fd, 0);
```

```
ftruncate(fd, 1048576 * 100);
lseek(fd, 1048576, SEEK_SET);
putc('x', fd);
```

Somit hätten Sie von 0–1048575 und von 1048577 (in Wirklichkeit 1048576 + ein bisschen weiter) bis zum Dateiende eine Lücke.

Hinweis

Oben genannte 478 GB sind natürlich Wahnsinn und sollten allein dem Zweck dienen, die Funktionalität von `ftruncate()` zu erläutern. *Kids, don't do this at home*, denn auch eine Datei von tatsächlicher Größe 0 belegt ein paar administrative Inodes, die beim Löschen erst durchsucht und analysiert werden müssen.

Bei einem Fehler liefert diese Funktion -1 und bei Erfolg 0 zurück.

Der Aufruf der Funktion im Stile

```
ftruncate(fd , 0);
```

kommt einem Aufruf der Funktion `open()` mit dem Flag `O_TRUNC` gleich. In beiden Fällen wird der Inhalt der Datei gelöscht. `ftruncate()` ist jedoch vorzuziehen, wenn die Datei nur einmal geöffnet werden kann (z. B. aus speziellen Locking-Gründen oder Race Conditions).

Mit Race Conditions ist z. B. gemeint, wenn man ein Gerät (wie /dev/dsp) nur einmal öffnen kann (gilt nur für OSS, nicht ALSA), man es aber nicht riskieren kann, den `fd` zu verlieren, weil andere potenzielle Anwendungen `open()`versuchen.

truncate()

Nebst `ftruncate()` gibt es auch noch `truncate()`, das als ersten Parameter statt eines Deskriptors einen Dateinamen erwartet.

fstat() und fchmod(), chmod()

Das Erfragen von Dateiattributen können Sie mit der Funktion `fstat()` realisieren. Die Funktion wird in einem extra vorgesehenen Kapitel (Kapitel 3) behandelt. Es wird dann zwar die Version der höheren Ebene verwendet, aber außer dem ersten Argument, was bei der niedrigeren Ebene ein Filedeskriptor und bei der höheren Ebene ein Pfadname ist, besteht dabei kein Unterschied. Hierzu die Syntax der Funktion:

```
#include <sys/types.h>
#include <sys/stat.h>

int fstat(int fd, struct stat *sb);
```

Verlief der Funktionsaufruf erfolgreich, wird 0, ansonsten bei einem Fehler -1 zurückgegeben.

Um die Zugriffsrechte einer Datei zu ändern, stehen Ihnen die Funktionen `fchmod()` und `chmod()` zur Verfügung.

```
#include <sys/types.h>
#include <sys/stat.h>

int fchmod(int fd, mode_t mode);
int chmod(const char *name, mode_t mode);
```

Damit ändern Sie die Zugriffsrechte auf dem offenen Filedeskriptor, die Sie mit `mode` angeben. Dabei können Sie zum Verändern der Zugriffsrechte dieselben Konstanten und dieselbe Vorgehensweise verwenden, die Sie bereits bei der Funktion `open()` (Abs. 2.3.1) kennen gelernt haben. Beim erfolgreichen Verändern der Rechte wird 0, ansonsten bei einem Fehler -1 zurückgegeben. `chmod()` funktioniert genauso wie `fchmod()`, nur wird als erstes Argument der Dateiname (eventuell mitsamt Pfad) anstatt eines Filedeskriptors angegeben.

Hinweis

Natürlich dürfen echte `chmod`'er anstatt der symbolischen Konstanten auch die oktale Version der Zugriffsrechte verwenden, z. B.: `fchmod(fd, 0644)`

fileno()

Benötigen Sie zu einem offenen `FILE`-Stream einen Filedeskriptor, können Sie die Funktion `fileno()` verwenden:

```
#include <stdio.h>

int fileno(FILE *fp);
```

Bei erfolgreicher Ausführung von `fileno()` erhalten Sie den Integer-Filedeskriptor zum Stream. `fp`. `fileno()` ist z. B. erforderlich, falls eine Datei mit `fopen()` geöffnet wurde, um den Stream für Funktionen einzusetzen, die einen Filedeskriptor benötigen.

Bei `fileno()` handelt es sich natürlich um eine Funktion der höheren Ebene (High Level).

fdopen()

Die Funktion `fdopen()` ist das Gegenstück der Funktion `fileno()`. Damit erhalten Sie aus einem geöffneten Filedeskriptor einen `FILE`-Stream. Die Syntax hierzu:

```
#include <stdio.h>

FILE *fdopen(int fd, const char *modus);
```

Als `modus`, wie die Datei geöffnet wird, können dieselben Modi wie bei der Funktion `open()` verwendet werden.

`fdopen()` wird gewöhnlich auf Filedeskriptoren verwendet, die von Funktionen, die Pipes und Kommunikationskanäle in Netzwerken einrichten, zurückgegeben werden. Das kommt daher, weil einige Funktionen (`open()`, `dup()`, `dup2()`, `fcntl()`, `pipe()` ...) in Netzwerken nichts mit Streams anfangen können und Filedeskriptoren benötigen. Um aber wieder aus Deskriptoren einen Stream (`FILE`-Zeiger) zu erzeugen, ist die Funktion `fdopen()` erforderlich.

Im Gegensatz zu fileno(), der »nur« den FD-Integer zurückgibt, erstellt fdopen() ein neues FILE-Objekt, weshalb man fdopen() nur einmal aufrufen sollte, da es ja die Parallelfunktion zu fopen() ist.

2.4 Standard-E/A-Funktionen

Um mit der Linux-Programmierung zu beginnen, habe ich Sie zu Beginn des Buches bereits darauf hingewiesen, dass die Voraussetzung in der Programmiersprache C gegeben sein muss. Und jedes gute Einsteiger-Buch zur C-Programmierung behandelt die grundlegenden Standard-E/A-Funktionen, und somit setze ich voraus, dass Sie damit schon vertraut sind. Daher werden Sie auf den folgenden Seiten nur eine Schnellübersicht zu den einzelnen Funktionen erhalten.

Die Funktionen, die hierbei beschrieben werden, sind in der Headerdatei <stdio.h> definiert und größtenteils von ANSI C vorgeschrieben. Der Vorteil dieser Funktionen gegenüber den elementaren ist, dass diese auch auf Betriebssystemen jenseits von Linux/UNIX vorhanden sind und Sie sich daher relativ wenig um Low-Level-E/A kümmern müssen, da mit optimal eingestellten Puffern gearbeitet wird.

2.4.1 Der FILE-Zeiger

Der große Unterschied zwischen den elementaren und den Standard-E/A-Funktionen liegt darin, dass die Standardfunktionen einen Zeiger vom Typ FILE statt eines Filedeskriptors verwenden. Dabei handelt es sich um eine Struktur, die in etwa wie folgt aussieht:

```
typedef struct _iobuf {
  char*  _ptr;
  int    _cnt;
  char*  _base;
  int    _flag;
  int    _file;
  int    _charbuf;
  int    _bufsiz;
  char*  _tmpfname;
} FILE;
```

Darin sind Informationen enthalten wie:

- Anfangsadresse des Puffers
- Puffergröße
- aktueller Pufferzeiger
- Filedeskriptor
- Position des Schreib-/Lesezeigers
- Fehlerflag
- EOF-Flag

Wie Sie sicherlich bemerkt haben, verwenden die Standard-E/A-Funktionen auch einen Filedeskriptor. Daraus lässt sich schließen (Sie wissen es bereits), dass die Standardfunktionen auf den elementaren Funktionen aufgebaut sind.

Hinweis

Bei dem FILE-Zeiger spricht man auch von einem Datenstrom (englisch: *stream*).

Natürlich gibt es auch hierbei die drei vordefinierten Standardstreams, die jeder Prozess automatisch bereitstellt:

- `FILE* stdin` – Standard-engabestrom Iist voreingestellt auf die Tastatur.
- `FILE* stdout` – Standardausgabestrom ist voreingestellt auf den Monitor.
- `FILE* stderr` – Standardausgabestrom für Fehlermeldungen ist voreingestellt auf den Monitor.

2.4.2 Öffnen und Schließen von Dateien

Hier die Funktionen zum Öffnen und Schließen unter der Verwendung des `FILE`-Zeigers:

```
FILE *fopen(const char *pfad, const char *mode);
FILE *fdopen(int fd, const char *mode);
FILE *freopen(const char *pfad, const char *mode, FILE *stream);
int fclose(FILE *stream);
```

Abgesehen von der Funktion `fdopen()` (es wurde bereits darüber geschrieben) sind alle Funktionen Teil des ANSI C-Standards. Bei allen Funktionen, mit Ausnahme von `fclose()`, wird im Falle eines Fehlers `NULL`, ansonsten der `FILE`-Zeiger zurückgeben.

Die Funktion `fopen()` öffnet eine Datei, die mit `pfad` angegeben wurde, im Modus `mode`. Die einzelnen Modi finden Sie in der gleich folgenden Tabelle aufgelistet.

Mit der Funktion `freopen()` können Sie eine Datei mit einem bereits existierenden Stream öffnen. Dabei wird versucht, erst diesen Stream (drittes Argument) zu schließen. Fehler beim Schließen werden dabei ignoriert! Anschließend wird versucht, diesen Stream der Datei `pfad` zuzuordnen. `freopen()` wird vorwiegend eingesetzt, um die Streams `stdin`, `stdout` und `stderr` umzuleiten.

Mit `fclose()` schließen Sie die Datei wieder. Zuvor werden alle noch nicht geschriebenen Daten im Ausgabepuffer in die entsprechende Datei geschrieben. Der Eingabepuffer hingegen wird geleert.

Hierzu jetzt die versprochene Tabelle mit den entsprechendegin Modi, die bei den eben erwähnten Funktionen für den Parameter `mode` verwendet werden können.

mode	Lesen	Schreiben	Position	Inhalt gelöscht	Datei erzeugen	Binär/Text
r	ja	nein	Anfang	nein	nein	Text
r+	ja	ja	Anfang	nein	nein	Text

Tabelle 2.9 Modi zum Öffnen für den FILE-Zeiger

mode	Lesen	Schreiben	Position	Inhalt gelöscht	Datei erzeugen	Binär/Text
w	nein	ja	Anfang	ja	ja	Text
w+	ja	ja	Anfang	ja	ja	Text
a	nein	ja	Ende	nein	ja	Text
a+	ja	ja	Ende	nein	ja	Text
rb	ja	nein	Anfang	nein	nein	Binär
rb+, r+b	ja	ja	Anfang	nein	nein	Binär
wb	nein	ja	Anfang	ja	ja	Binär
wb+, w+b	ja	ja	Anfang	ja	ja	Binär
ab	nein	ja	Ende	nein	ja	Binär
ab+, a+b	ja	ja	Ende	nein	ja	Binär

Tabelle 2.9 Modi zum Öffnen für den FILE-Zeiger (Forts.)

2.4.3 Formatierte Ausgabe

Zur formatierten Ausgabe auf einem Stream steht Ihnen die ganze `printf()`-Familie zur Verfügung. Mit diesen Funktionen dürfte auch niemand Probleme haben, wenn er nur geringe Erfahrungen in C hat. Hier der Überblick zu den nötigsten `printf`-Varianten und deren Bedeutung:

Syntax	Bedeutung
`int printf( const char *format, ... );`	Formatiert das Schreiben auf `stdout`.
`int fprintf( FILE *stream, const char *format, ... );`	Formatiert das Schreiben in einem Stream.
`int sprintf( char *string, const char *format, ... );`	Formatiert das Schreiben in einen String.
`int snprintf( char *string, size_t size, const char format, ... );`	Formatiert das Schreiben in einen String mit Längenbegrenzung (`size`).

Tabelle 2.10 printf()-Varianten zur formatierten Ausgabe

Alle Funktionen geben die Anzahl der erfolgreich geschriebenen Zeichen oder bei einem Fehler einen negativen Wert zurück. Außerdem wird empfohlen, `sprintf()` zu vermeiden, da diese Funktion keine Längenüberprüfung vornimmt und somit anfällig für Buffer Overflows (und dadurch Stack Smashes) ist. Verwenden Sie stattdessen die `n`-Version `snprintf()`, sofern diese vorhanden ist. Sollte dies nicht der Fall sein, so empfiehlt sich ein »portables printf«, das Sie Ihrem Projekt hinzufügen können.

Neben diesen `printf`-Versionen gibt es noch die `v`-Versionen, womit der Funktion eine in der Länge variable Argumentenliste übergeben wird. Hier also die `v`-Versionen von `printf`:

Syntax	Bedeutung
`int vprintf( const char *format, va_list ap );`	Formatiert das Schreiben auf `stdout` mit Argumentenzeiger.
`int vfprintf( FILE *stream, const char *format, va_list ap );`	Formatiert das Schreiben in einem Stream mit Argumentenzeiger.
`int vsprintf( char *string, const char *format, va_list ap );`	Formatiert das Schreiben in einen String mit Argumentenzeiger.
`int vsnprintf( char *string, size_t size, const char format, va_list ap );`	Formatiert das Schreiben in einen String mit Argumentenzeiger inklusive einer Längenbegrenzung (`size`).

Tabelle 2.11 Weitere printf()-Versionen mit <stdarg.h>

Bei den `v`-Versionen der `printf`-Familie müssen Sie die Headerdatei `<stdarg.h>` mit einbinden. Auch bei diesen `printf`-Versionen wird die Anzahl der erfolgreich geschriebenen Zeichen oder bei einem Fehler ein negativer Wert zurückgegeben.

Hinweis

Es ist noch anzumerken, dass es außerhalb des ANSI C-Standards noch eine Reihe weiterer `printf()` gibt wie z. B. `asprintf()`, `vasprintf()`, `asnprintf()`, `vasnprintf()`.

2.4.4 Formatierte Eingabe

Das Gegenstück zur `printf`-Familie ist die `scanf`-Familie, die zur formatierten Eingabe aus einem Stream konzipiert wurde. Auch hierbei gibt es verschiedene Versionen, die normale, die `f`-Versionen und die `s`-Verisonen.

Hinweis

Funktionen, die mit `f` beginnen, beziehen sich auf einen beliebigen Stream. Die Funktionen mit `s` stehen für die String-Versionen, und `v` steht für den Argumentenlistenzeiger. Die Versionen ohne eine Bezeichnung verwenden in der Regel den Standardstream, was bei `scanf()` `stdin` und bei `printf()` `stdout` wäre. Man sieht also, die Leute vom ANSI C-Komitee haben sich schon etwas bei der Namenskonvention gedacht. Natürlich können `f`-Versionen auch für die Standardstreams verwendet werden.

Hier ein Überblick zu den `scanf`-Versionen zur formatierten Eingabe:

Syntax	Bedeutung
`int scanf( const char *format, ... );`	Formatiertes Lesen von `stdin`

Tabelle 2.12 scanf()-Varianten zur formatierten Eingabe

Syntax	Bedeutung
`int fscanf( FILE *stream, const char *format,... );`	Formatiertes Lesen aus einem beliebigen Stream
`int sscanf( const char *string, const char *format, ... );`	Formatiertes Lesen aus einem String

Tabelle 2.12 scanf()-Varianten zur formatierten Eingabe (Forts.)

Alle Funktionen geben die Anzahl der gelesenen Zeichen oder bei einem Fehler EOF zurück.

2.4.5 Binäres Lesen und Schreiben

Als wahrer Zwitter lassen sich die Funktionen `fread()` und `fwrite()` bezeichnen, da diese Funktionen weder zu 100 % in die höhere noch in die niedrigere Ebene zu passen scheinen. Die Daten werden dabei im Binärmodus mit einer festen Satzstruktur bearbeitet. Damit können Sie mit `fread()` und `fwrite()` ganze Speicherblöcke lesen bzw. schreiben. Hier die Syntax dazu:

```
#include <stdio.h>

size_t fread(void *ptr, size_t blkgroesse,
             size_t blkanzahl, FILE *stream);

size_t fwrite(const void *ptr, size_t blkgroesse,
               size_t blkanzahl, FILE *stream);
```

Beide Funktionen geben bei Erfolg die Anzahl der gelesenen bzw. geschriebenen Blöcke (nicht Bytes) zurück. Das erste Argument ist der Puffer, aus dem gelesen oder in dem geschrieben werden soll. Mit dem zweiten Argument geben Sie die Blockgröße an, die gelesen bzw. geschrieben werden soll. Das dritte Argument erwartet die Anzahl der Blöcke mit Blockgröße, und das letzte Argument ist der Stream, woraus gelesen bzw. wohin geschrieben werden soll. Eine Fehlerüberprüfung sollten Sie mit den Funktionen `feof()` und `ferror()` einrichten, um zu erfahren, was schief gelaufen ist.

2.4.6 Zeichen- und zeilenweise Ein-/Ausgabe

Zur zeichen- und zeilenweisen Ein-/Ausgabe ist eine Menge Funktionen vorhanden. Diese Funktionen gibt es in zwei Geschmacksrichtungen, eine Sorte, die mit Zeichen handelt, und die andere, die mit Strings arbeitet. Hier die Syntax dieser Funktionen:

```
#include <stdio.h>

int fgetc( FILE *stream );
char *fgets(char *s, int size, FILE *stream );
int getc( FILE *stream );
int getchar(void );
char *gets( char *s );
```

```
int ungetc( int c, FILE *stream );

int fputc( int c, FILE *stream );
int fputs( const char *s, FILE *stream );
int putc( int c, FILE *stream );
int putchar( int c );
int puts( char *s );
```

Jede Funktion, die ein `int` liefert, gibt bei einem Fehler einen negativen Wert (EOF) zurück. Die Funktionen, die einen Zeiger auf ein `char` liefert, geben entweder die Anfangsadresse eines Strings zurück oder bei einem Fehler `NULL`. In der folgenden Tabelle sind diese Funktionen und ihre Eigenschaften nochmals zusammengefasst.

Funktion	E/A	Größe	Stream	Newline
`fgetc`	Eingabe	Zeichen	alle	–
`fgets`	Eingabe	Zeile	alle	behalten
`getc`	Eingabe	Zeichen	alle	–
`getchar`	Eingabe	Zeichen	stdin	–
`gets`	Eingabe	Zeile	stdin	entfernt
`ungetc`	weder noch	Zeichen	alle	–
`fputc`	Ausgabe	Zeichen	alle	–
`fputs`	Ausgabe	Zeile	alle	ohne
`putc`	Ausgabe	Zeichen	alle	–
`putchar`	Ausgabe	Zeichen	stdout	–
`puts`	Ausgabe	Zeile	stdout	mit

Tabelle 2.13 Zeichen- und zeilenweise E/A-Funktionen

Es wird außerdem empfohlen, ganz auf die Funktion `gets()` zu verzichten und stattdessen die Funktion `fgets()` zu verwenden. `gets()` hat keine Längenbegrenzung und ist somit auch für den Buffer Overflows anfällig. Beachten Sie außerdem, dass `fgets()` das Newline-Zeichen anders behandelt als `gets()`. Weil beim Einlesen von der Standardeingabe mit `fgets()` auch das `'\n'`-Zeichen mit eingelesen wird, verwenden einige Programmierer, sei es aus Faulheit oder mangelndem Wissen, die Funktion `gets()` – die kein Newline-Zeichen anfügt.

2.4.7 Status der Ein-/Ausgabe überprüfen

Mit den Funktionen `feof()` und `ferror()` können Sie den aktuellen Status eines Streams überprüfen. Hier die Syntax dazu:

```
#include <stdio.h>

int feof( FILE *stream );
int ferror( FILE *stream );
void clearerr( FILE *stream );
```

Die Funktion `feof()` gibt einen Wert ungleich 0 zurück, wenn das EOF-Flag gesetzt ist. Ebenso gibt die Funktion `ferror()` einen Wert ungleich 0 zurück, wenn das Fehlerflag gesetzt ist. Wollen Sie einen der beiden Funktionen nochmals auf einem Stream verwenden, müssen Sie das EOF-Flag bzw. das Fehlerflag mit der Funktion `clearerr()` wieder löschen.

2.4.8 Stream positionieren

Das Positionieren des Dateizeigers funktioniert in der Regel ähnlich wie bei der niedrigeren Ebene. Im Prinzip verwendet man dabei auch die niedrigere Ebene, um den Schreib-/Lesezeiger zu versetzen. Hier ein Überblick über die Funktionen.

Syntax	Bedeutung
`int fseek( FILE *stream, long offset, int wie );`	Schreib-/Lesezeiger positionieren
`long ftell( FILE *stream );`	Position des Schreib-/Lesezeigers abfragen
`void rewind( FILE *stream );`	Schreib-/Lesezeiger wieder zurück an den Anfang positionieren
`int fgetpos( FILE *stream, fpos_t *pos );`	Position des Schreib-/Lesezeigers abfragen (2. Möglichkeit)
`int fsetpos(FILE *stream, fpos_t *pos );`	Schreib-/Lesezeiger positionieren (2. Möglichkeit)

Tabelle 2.14 Dateiposition

Die Funktion `fseek()` funktioniert analog wie die Funktion `lseek()` der niedrigeren Ebene, nur dass hierbei statt eines Filedeskriptors ein FILE-Zeiger verwendet wird. Auch hierbei hängt es vom dritten Parameter ab, wie der zweite Parameter interpretiert werden soll. Dabei sind die gleichen Konstanten zu verwenden wie schon bei der Funktion `lseek()`:

Konstante	Bedeutung
SEEK_SET	Den Schreib-/Lesezeiger vom Anfang der Datei um `abstand` Bytes versetzen. `abstand` darf dabei keine negative Zahl sein.
SEEK_CUR	Den Schreib-/Lesezeiger von der aktuellen Position der Datei um `abstand` Bytes versetzen. `abstand` darf dabei sowohl eine positive als auch eine negative Zahl sein.
SEEK_END	Den Schreib-/Lesezeiger vom Ende der Datei um `abstand` Bytes versetzen. `abstand` darf dabei sowohl eine positive als auch eine negative Zahl sein.

Tabelle 2.15 Konstanten für »wie«

Hinweis

Auch wenn `fseek()` hier dieselben Konstanten verwendet wie die Low-Level-Funktion `lseek()`, sollten Sie niemals Low-Level und High-Level-Funktionen in einer Anwendung vermischen, sofern man nicht Vorkehrungen dazu getroffen hat (z. B. durch `fflush()`), denn wie vorher erläutert, positioniert `fseek()` aufgrund der Pufferung nicht sofort.

Der erste Parameter ist der `FILE`-Zeiger der geöffneten Datei, wo der Schreib-/Lesezeiger versetzt werden soll. Bei Erfolg gibt `fseek()` 0, ansonsten bei einem Fehler ungleich 0 zurück.

Mit `ftell()` können Sie die aktuelle Position des Schreib-/Lesezeigers abfragen. Zurückgegeben wird dabei entweder die aktuelle Position in Bytes oder bei einem Fehler -1. Die aktuelle

Position wird dabei vom Dateianfang zurückgegeben. `fseek()` und `ftell()` unterstützen trotz des o. g. `LARGEFILE`-Supports nur 32 Bit (wegen ihrer Prototypen). Dagegen kann `ftello()` / `fseeko()` helfen.

Mit der Funktion `rewind()` können Sie den Schreib-/Lesezeiger wieder auf den Dateianfang zurücksetzen, aber `fseek(fp, 0, SEEK_SET)` macht dasselbe und passt besser zu den anderen `fseek()` in Ihrer Anwendung.

Eine zweite Möglichkeit zur Positionierung des `FILE`-Zeigers haben Sie mit `fsetpos()`. Dabei können Sie den Schreib-/Lesezeiger auf die Position des Zeigers `pos` setzen. Diese Adresse sollten Sie allerdings zuvor mit der Funktion `fgetpos()` ermittelt haben. Diese Funktion setzt ebenfalls die EOF- und Fehlerflags zurück.

Mit `fgetpos()` ermitteln Sie die Position des aktuellen Schreib-/Lesezeigers. Dieser Wert befindet sich anschließend in der Adresse des Zeigers `pos`. Diesen Zeiger sollten Sie dann nur noch verwenden, um mit der Funktion `fsetpos()` den Schreib-/Lesezeiger wieder auf seinen ursprünglichen Wert zurückzusetzen.

Beide Funktionen, `fgetpos()` und `fsetpos()`, geben bei Erfolg 0 und bei einem Fehler ungleich 0 zurück.

2.4.9 Puffer kontrollieren

Dem Programmierer stehen drei grundlegende Möglichkeiten zur Einstellung des Puffers der Standard-E/A-Funktionen zur Verfügung, ungepuffert, zeilengepuffert und voll gepuffert. Des Weiteren gibt es noch die Möglichkeit, alle Inhalte eines nicht geleerten Puffers in eine Datei zu übertragen. Hier die Funktionen, womit Sie den Puffer kontrollieren können:

```
#include <stdio.h>

int fflush(FILE *stream);
int setbuf(FILE *stream, char *buf);
int setvbuf(FILE *stream, char *buf, int mode, size_t size);
```

Die Funktion `setbuf()` wird nur noch aus Kompatibilitätsgründen erhalten und soll daher hier nicht näher erläutert werden. Mit der Funktion `setvbuf()` können Sie einen expliziten Puffer einstellen. Dazu müssen Sie nur für den Parameter `mode` eine der folgenden Konstanten einsetzen:

Puffertyp (modus)	Bedeutung
_IOLBF	Datei wird zeilenweise gepuffert.
_IONBF	Ein-/Ausgabe wird gar nicht gepuffert.
_IOFBF	Ein-/Ausgabe wird voll gepuffert.

Tabelle 2.16 Konstanten für die Einstellung des Puffers mit setvbuf()

Natürlich gilt, wenn für `mode` die Konstante `_IONBF` gesetzt wird, werden die Argumente `buf` und `size` ignoriert. Ansonsten geben Sie bei den Konstanten `_IOLBF` und `_IOFBF` mit `buf` die Pufferadresse und mit `size` die Puffergröße an. Verwenden Sie für `buf` den `NULL`-Zeiger, stellt die Funktion einen eigenen Puffer mit entsprechender Größe zur Verfügung. Diese Größe kann entweder der Wert von `st_blksize` der Struktur `stat` oder die Konstante `BUFSIZ` der Headerdatei `<stdio.h>` sein.

Bei alten BSD-Programmen kann es vorkommen, dass Sie die Funktionen `setlinebuf()` und `setbuffer()` sichten. Diese Funktionen gelten als veraltet, und es wird ebenfalls geraten, die Funktion `setvbuf()` zu verwenden.

Voreingestellte Puffer

Der ANSI C-Standard schreibt Folgendes für die Pufferung vor:

- `stderr` darf niemals voll gepuffert werden.
- `stdin` und `stdout` dürfen nur dann voll gepuffert sein, wenn diese nicht auf ein interaktives Gerät (z. B. Tastatur) zeigen.
- In SVR 4 hingegen sind noch folgende Vorschriften implementiert:
- Normale Streams, die auf ein Terminal eingestellt sind, sind immer zeilengepuffert. Wenn sich diese Streams auf kein Terminal beziehen, wird Vollpufferung verwendet.
- `stderr` ist immer ungepuffert (siehe »ANSI C« oben, Punkt 1).

Flushing

Um den Inhalt von einem (möglicherweise nicht geleertem) Puffer zu leeren, können Sie die Funktion `fflush()` verwenden. Wenden Sie `fflush()` auf einen Stream an, aus dem gelesen wird, liegt ein undefiniertes Verhalten vor. Ebenfalls können Sie `fflush()` mit dem `NULL`-Zeiger als Argument aufrufen. In diesem Fall werden alle Ausgabepuffer, woraus nicht gelesen wird, übertragen.

Es gibt außerdem folgende Möglichkeiten, wie ein Puffer automatisch entleert wird. Wenn:

- der Puffer voll ist,
- der Stream geschlossen wird (`fclose`),
- das Programm normal beendet wird,
- eine neue Zeile geschrieben wird und der Stream zeilengepuffert ist.

2.4.10 Datei löschen und umbenennen

Mit der Funktion `remove()` können Sie eine Datei entfernen, und mit `rename()` können Sie eine Datei umbenennen. Hier die Syntax der beiden Funktionen:.

```
#include <stdio.h>

int remove( const char *pfad );
int rename( const char *pfad_alt, const char *pfad_neu );
```

Beide Funktionen erwarten als erstes Argument den Pfadnamen einer existierenden Datei. Bei der Funktion `rename()` wird als zweites Argument angegeben, durch welchen Namen `pfad_alt` ersetzt werden soll. Bei Erfolg geben beide Funktionen 0 und bei einem Fehler -1 zurück.

Hinweis

Auf Dateien verhält sich `remove()` identisch zur Funktion `unlink()`, und auf Verzeichnissen ist `remove()` mit `rmdir()` äquivalent.

2.4.11 Temporäre Dateien erstellen

Zum Erstellen von temporären Dateien können Sie entweder die ANSI C-Funktionen `tmpfile()` und `tmpnam()` verwenden oder die in UNIX implementierten Funktionen `mkstemp()` und `mktemp()`.

```
#include <stdio.h>
FILE *tmpfile(void);
char *tmpnam(char *s);

#include <unistd.h.>
int mkstemp(char *template) ;
char *mktemp(char *template) ;
```

Die Funktion `tmpfile()` öffnet eine temporäre Datei. Mit `tmpnam()` kann ein Dateiname erstellt werden, der als Name für die temporäre Datei verwendet wird. Wird die Funktion `tmpnam()` mit dem `NULL`-Zeiger als Argument verwendet, wird die Datei in einem `static`-Speicherbereich untergebracht (was nicht thread-safe ist), und die Adresse wird als Funktionswert wiedergegeben. Das bedeutet, dass nachfolgende Aufrufe der Funktion `tmpnam()` dieselbe Adresse einnehmen. Aus diesem Grund sollte zuerst umkopiert werden, um die alte Adresse nicht zu überschreiben. Wird `tmpnam()` ohne den `NULL`-Zeiger aufgerufen, wird für `s` ein Adressbereich adressiert, der `L_tmpnam` Zeichen aufnehmen kann. `L_tmpnam` ist ebenso in der Headerdatei `<stdio.h>` deklariert.

Die Funktion `mktemp()` erzeugt einen eindeutigen, temporären Dateinamen. Dieser Name wird aus `template` erzeugt. Dazu müssen die letzten sechs Buchstaben des Parameters `template` XXXXXX sein, diese werden dann durch eine Zeichenfolge ersetzt, die diesen Dateinamen eindeutig macht. Die Funktion `mktemp()` gibt bei Erfolg einen Zeiger auf `template` zurück. Bei einem Fehler ist der Rückgabewert `NULL`. Der Fehlercode `EINVAL` wird zurückgegeben, wenn die letzten sechs Buchstaben von `template` nicht XXXXXX waren.

Es besteht allerdings ein (und nicht nur dieses) Sicherheitsloch bei dieser Funktion. Zwischen der Zeit, wo der Pfadname konstruiert und die Datei mit `open()` geöffnet wird, kann ein anderer Prozess eine Datei oder einen Link mit demselben Namen erzeugen. Um dieses Problem zu umgehen, sollten Sie den so erzeugten temporären Dateinamen beim Öffnen mit `open()` mit dem Flag `O_EXCL` öffnen oder gleich die Funktion `mkstemp()` verwenden. Das Flag `O_EXCL` garantiert Ihnen, dass diese Datei nur dann erzeugt wird, wenn der Name noch nicht existiert.

Die Funktion `mkstemp()` – **die einzige sicherere Alternative** – erzeugt einen temporären Dateinamen und öffnet diese Datei mittels `open()` und dem Flag `O_EXCL` gleich für Sie. Bei Erfolg gibt Ihnen diese Funktion einen Filedeskriptor zum Lesen und Schreiben auf diese temporäre Datei zurück. Dank des Flags `O_EXCL` ist sichergestellt, dass die so erzeugte temporäre Datei wirklich einzigartig ist. Die geöffnete Datei verwendet den Modus 0600 und ist standardmäßig nur dem Eigentümer vorbehalten. Wenn andere User darauf zugreifen sollen (dürfen), müssen Sie das ändern (z. B. mit fchmod(), fchown()). mkstemp() liefert bei einem Fehler -1 zurück, wenn die Datei nicht erzeugt oder geöffnet werden kann.

2.5 Mit Verzeichnissen arbeiten

In gewisser Weise stellen die Aktionen auf Verzeichnisse auch eine Art Ein-/Ausgabe dar. Sie können ein neues Verzeichnis anlegen oder löschen, in ein Verzeichnis wechseln oder daraus lesen. Da Linux (und UNIX) ja in gewisser Weise nicht zwischen Dateien und Verzeichnisse unterscheidet, gelten hier auch ähnliche Zugriffsrechte, wie Sie diese schon bei den Dateien kennen gelernt haben. Nur hat man mit den Zugriffsrechten für ein Verzeichnis »vier Rechte« (rwxt), eine Datei nur zwei »rw« (das »x« von der Datei kann man sich immer selbst hinzufügen – außer SUID-Dateien –, indem man die Datei ins Homeverzeichnis kopiert. Beim Verzeichnis haben Sie: lesen (r), Datei anlegen/löschen (w), ins Verzeichnis reingehen (x), Datei bedingt löschen (t/!t). Lesen ist nur möglich, wenn man in ein Verzeichnis eintreten kann, weshalb oben »rx« steht.

2.5.1 Ein neues Verzeichnis anlegen – mkdir()

Um ein neues Verzeichnis anzulegen, können Sie die Funktion mkdir() verwenden.

```
#include <sys/types.h>
#include <sys/stat.h>

int mkdir(const char *pfadname, mode_t modus);
```

Damit legen Sie ein neues Verzeichnis mit dem Namen pfadnamen und dem Modus mode (abzüglich aktuelle umask) an (».« und »..« sind sowieso Pseudo-Einträge und daher immer präsent; sie müssen also nicht erstellt werden). Sehr wichtig ist es auch, dass Sie beim Modus entsprechende Execute-Bits setzen (müssen), um überhaupt auf das Verzeichnis zugreifen zu können. Hierzu nun ein kleines Listing zur Demonstration:

```
/* mymkdir.c */
#include <sys/types.h>
#include <sys/stat.h>
#include <stdio.h>
#include <stdlib.h>
#include <string.h>
#include <errno.h>

int main(int argc, char **argv) {
   mode_t mode = S_IRWXU;

   if(argc < 2) {
        printf("USAGE: %s neues_verzeichnis\n",*argv);
        return EXIT_FAILURE;
     }
```

```
   // Alle Zugriffsrechte der Einschränkungsmaske erlauben
   umask(0);
   if( (mkdir( argv[1], mode)) != -1 )
      printf("Verzeichnis \"%s\" erfolgreich erstellt\n",
         argv[1]);
   else
      printf("Konnte Verzeichnis nicht erstellen (%s)\n",
         strerror(errno));
   return EXIT_SUCCESS;
}
```

Das Programm bei der Ausführung:

```
$ gcc -o mymkdir mymkdir.c
$ ./mymkdir
usage: mymkdir neues_verzeichnis
$ ./mymkdir test
Verzeichnis "test" erfolgreich erstellt
$ ls -ld test
drwx------    2 tot      users          48 2003-10-28 23:31 test
$ ./mymkdir test
Konnte Verzeichnis nicht erstellen (File exists)
```

Sofern versucht wird, ein Verzeichnis zu erstellen, das bereits existiert, wird dies fehlschlagen (wie Sie bei der Ausführung des Programms sehen konnten). errno wird dann auf einen entsprechenden Wert gesetzt. Mehr zu errno erfahren Sie am Ende des Kapitels.

Hinweis

Wollen Sie beim Erstellen eines Verzeichnisses bestimmte Zugriffsrechte vergeben, müssen Sie natürlich auch hier, wie bei den Dateien, die Einschränkungsmaske berücksichtigen bzw. entsprechend setzen (siehe umask()).

2.5.2 In ein Verzeichnis wechseln – chdir(), fchdir()

Wollen Sie während der Programmausführung in ein anderes Verzeichnis wechseln, so lässt sich dies mit den Funktionen chdir() bzw. fchdir() bewerkstelligen.

```
#include <unistd.h>

int chdir(const char *pfad);
int fchdir(int fd);
```

Bei Erfolg geben beide Funktionen 0, ansonsten bei einem Fehler -1 zurück. fchdir() erwartet im Gegensatz zu chdir(), anstatt eines relativen oder absoluten Pfadnamens, einen Filedeskriptor. Mit diesen Funktionen kann allerdings nur immer das aktuelle Arbeitsverzeichnis des Prozesses gewechselt werden. Sobald sich das Programm beendet, wird automatisch wieder in das Elternverzeichnis zurück gewechselt, von wo der Prozess gestartet wurde.

Hinweis

fchdir() ist kein Standard von POSIX und wird nur von SVR4 und 4.4BSD angeboten. Für »wird nur von ... angeboten« gilt jedoch, dass es auch in der GNU C-Bibliothek (GLIBC) und somit auch für Linux verfügbar ist ...!

Hierzu, erweitert, das Beispiel des vorherigen Abschnitts. Es soll in das neu erstellte Verzeichnis mit chdir() gewechselt werden.

```
/* mychdir.c */
#include <sys/types.h>
#include <sys/stat.h>
#include <stdio.h>
#include <unistd.h.>
#include <stdlib.h>
#include <string.h>
#include <errno.h>
#define MAX 256

int main(int argc, char **argv) {
   mode_t mode = S_IRWXU;
   char wd[MAX];

   if(argc < 2) {
         printf("USAGE: %s neues_verzeichnis\n",*argv);
         return EXIT_FAILURE;
      }
   // Alle Zugriffsrechte der Einschränkungsmaske erlauben
   umask(0);
   if( (mkdir( argv[1], mode)) != -1 )
      printf("Verzeichnis \"%s\" erfolgreich erstellt\n",
         argv[1]);
   else
      printf("Konnte Verzeichnis nicht erstellen (%s)\n",
         strerror(errno));

   if( (chdir(argv[1]) ) == -1)
      printf("Konnte das Verzeichnis nicht wechseln\n");

   if( NULL != getcwd(wd, MAX) )
      printf("Neues Arbeitsverzeichnis: %s\n",wd);
   return EXIT_SUCCESS;
}
```

Das Beispiel im Einsatz:

```
$ gcc -o mychdir mychdir.c
$ ./mychdir test
Verzeichnis "test" erfolgreich erstellt
Neues Arbeitsverzeichnis: /home/tot/test
```

```
$ pwd
/home/tot
```

In diesem Beispiel wurde auch gleich die Funktion `getcwd()` verwendet. Damit lässt sich ermitteln, in welchem Arbeitsverzeichnis sich der laufende Prozess gerade befindet. Gleiches erreichen Sie in der Kommandozeile mit `pwd`, wie eben demonstriert. Hier die Syntax zu `getcwd()`:

```
#include <unistd.h.>

char *getcwd(char *puffer, size_t size);
```

Damit wird an die Speicheradresse `puffer` der Pfadname des aktuellen Arbeitsverzeichnisses geschrieben. Die Größe des Puffers wird mit `size` angegeben. Bei einem Fehler gibt diese Funktion den `NULL`-Zeiger zurück.

2.5.3 Ein leeres Verzeichnis löschen – rmdir()

Zum Löschen eines bereits leeren Verzeichnisses können Sie die Funktion `rmdir()` verwenden.

```
#include <unistd.h.>

int rmdir(const char *pfadname);
```

Konnte das Verzeichnis `pfadname` gelöscht werden, gibt diese Funktion 0, ansonsten bei einem Fehler –1 zurück. Wenn Grundkenntnisse unter Linux/UNIX vorhanden sind, wissen Sie, dass das Verzeichnis erst dann gelöscht werden kann, wenn es leer ist. Absolut »leer« heißt, es dürfen nur noch die Einträge `.` und `..` enthalten sein. Löschen Sie ein Verzeichnis mit der Funktion `rmdir()`, während ein anderer Prozess auf dieses Verzeichnis zugreift und eine Datei anlegen will, so schlägt das Anlegen der Datei fehl (trotzdem aber existiert das Verzeichnis immer noch auf der Festplatte, da ja ein Programm drauf zugreift). Denn wenn der Linkzähler des Verzeichnisses auf 0 steht, sind die beiden Verzeichnislinks `.` und `..` bereits gelöscht. Daher ist es nicht mehr möglich, eine Datei anzulegen. Dennoch kann ein Prozess immer noch Dateien aus dem einen Verzeichnis namens */tmp/abc/** offen haben, während */tmp/abc* schon längst mit *rm -Rf* gelöscht wurde!

Hinweis
».« und »..« sind Pseudo-Einträge, die nicht gelöscht werden können.

2.5.4 Format eines Datei-Eintrags in struct dirent

Nachdem Sie erfahren haben, wie Sie ein Verzeichnis erstellen, in dieses wechseln und dieses wieder löschen können, werden Sie sich wohl gefragt haben, wie so ein Eintrag einer Datei in einem Verzeichnis aussieht. POSIX schreibt diese Struktur vor und sollte in der Headerdatei `dirent.h` definiert sein. Diese Struktur benötigen Sie, wenn Sie Informationen zu einem Verzeichniseintrag benötigen. Die Struktur könnte folgendermaßen aussehen:

```
struct dirent {
   ino_t d_ino;
   unsigned char d_type;
   unsigned char d_namlen;
   char d_name[NAME_MAX+1];
};
```

Wobei die einzige Komponente, die auf wirklich jedem POSIX-System vorhanden ist, die Strukturvariable `d_name` ist. Diese Komponente ist ein `\0`-terminierter Dateiname mit einer Größe von `NAME_MAX+1` Zeichen. Die Konstante `NAME_MAX` ist in der Regel mit einem Wert von mindestens 255 definiert. Dies hängt davon ab, welche Länge für Dateinamen auf dem System zulässig ist.

Bei der Strukturvariablen `d_ino` handelt es sich um die Inode-Nummer (darauf wird noch eingegangen), und `d_namlen` (wie gesagt, nicht POSIX) beinhaltet die aktuelle Länge des Eintrags in `d_name` ohne das Stringendezeichen.

Die Strukturvariable `d_type` beinhaltet die Art der Datei. Dabei sind folgende Konstanten möglich:

- `DT_UNKNOWN` – unbekannt
- `DT_REG` – normale Datei
- `DT_DIR` – ein Verzeichnis
- `DT_FIFO` – eine benannte Pipe oder ein FIFO
- `DT_SOCK` – ein Socket
- `DT_CHR` – zeichenorientierte Gerätedatei
- `DT_BLK` – blockorientierte Gerätedatei

Diese symbolischen Konstanten sind bis jetzt nur unter BSD vorhanden. Dies können Sie am besten selbst mit einer bedingten Kompilierung wie folgt überprüfen:

```
#include <dirent.h>

#ifdef _DIRENT_HAVE_D_TYPE
   #define HAVE_D_TYPE 1  /* Let's rock */
#else
   #define HAVE_D_TYPE 0  /* ansonsten bleibt nur struct stat */
#endif
```

Ist die symbolische Konstante `_DIRENT_HAVE_D_TYPE` gesetzt, können Sie die Strukturvariable `d_type` verwenden. Ansonsten müssen Sie die Art der Datei wie üblich über `st_mode` aus der `struct stat` ermitteln (siehe Kapitel 3). Kann die Art der Datei nicht mit `d_type` ermittelt werden, wird die Strukturvariable auf `DT_UNKNOWN` gesetzt. In absehbarer Zukunft dürften aber alle Systeme auf `d_type` zugreifen können (Ausnahme: Old-Timer-Betriebssysteme, die nicht mehr mit Updates erneuert werden können).

Hinweis

Müssen Sie die Strukturvariable `d_type` in einen `st_mode`-Wert der Struktur `stat` konvertieren oder umgekehrt, dann sollten Sie sich die Makros `IFTODT()` und `DTTOIF()` ansehen, die ebenfalls in der Headerdatei `<dirent.h>` definiert sind.

Benötigen Sie außerdem weitere Attribute, wie z. B. die Größe oder die letzte Veränderung einer Datei, so möchte ich Sie hierzu auf das Kapitel der Dateiattribute verweisen (Kapitel 3).

2.5.5 Einen Verzeichnisstream öffnen – opendir()

Um einen Stream zu einem Verzeichnis zu erhalten, schreibt POSIX vor, den `DIR`-Datentyp zu verwenden, der eine interne Struktur darstellt, auf den die noch folgenden Funktionen ebenfalls zugreifen. Wer hier Ähnlichkeiten mit dem `FILE`-Stream oder einem Filedeskriptor sieht, liegt gar nicht so falsch. Früher wurden Verzeichnisse auch auf diese Art gelesen. Man verwendete z. B. `open()` oder `fopen()` zum Öffnen des Arbeitsverzeichnisses (.) und hatte anschließend die Struktur `dirent` mit `read()` oder `fread()` ausgelesen. Dies hat dann in etwa wie folgt ausgesehen:

```
#include <sys/types.h>
#include <dirent.h>
#include <stdio.h>
#include <stdlib.h>

int main(void) {
    FILE *fp;
    struct dirent *dir;
    int n;
    /* Veraltete Methode-sollte nicht mehr funktionieren! */
    if ((fp = fopen(".", "r")) == NULL) {
           perror("current directory");
           exit(EXIT_FAILURE);
       }
    while((n=fread(dir, sizeof(struct dirent), 1, fp)) >0) {
           if (dir->d_ino == 0)
               continue;
           printf("%.*s\n", NAME_MAX+1, dir->d_name);
       }

    fclose(fp);
    return EXIT_SUCCESS;
}
```

Da allerdings mit der Zeit immer mehr neue Systeme und somit auch immer unterschiedlichere und systemabhängigere Verzeichnisformate entwickelt wurden, musste man sich eine einheitlichere Lösung suchen. Kurzum, es sprang POSIX ein und schrieb die Funktionen `opendir()`, `readdir()`, `rewinddir()` und `closedir()` vor. Neu hinzugekommen sind auch die Funktionen `telldir()` und `seekdir()`. Wobei die letzten beiden Funktionen »nur« BSD-konform sind. Sicherlich hätte man sich diesbezüglich einen ANSI C-Standard gewünscht, aber dies ist, wegen der vielen unterschiedlichen Verzeichnisformate auf den Systemen, ein recht hoffnungsloses Unterfangen.

Hier die Syntax zur Funktion `opendir()`:

```
#include <dirent.h>
#include  <sys/types.h>

DIR *opendir(const char *dirname);
```

Die Funktion gibt bei Erfolg den `DIR`-Zeiger auf das geöffnete Verzeichnis `dirname` zurück. Bei einem Fehler wird der `NULL`-Zeiger zurückgegeben. Welcher Fehler aufgetreten ist, können Sie mit der Fehlervariablen `errno` auswerten.

Der Typ `DIR` ist intern als Filedeskriptor implementiert, und die `opendir()`-Funktion stellt im Prinzip nichts anderes als die elementare Funktion `open()` dar. Sicherlich ist Ihnen ein paar Seiten zuvor die Funktion `fchdir()` aufgefallen, die einen Filedeskriptor als Argument erwartet. Um aus einem `DIR`-Zeiger einen Filedeskriptor zu machen, bietet Ihnen die GNU C Library die Funktion `dirfd()` an.

```
int dirfd(DIR *dirstream);
```

Diese Funktion gibt den Filedeskriptor des `DIR`-Streams zurück, den Sie zuvor mit `opendir()` geöffnet haben:

```
DIR *dp;
int fd;

dp = opendir( dirname );
if( dp != NULL ) {
      fd = dirfd( dp );
      if( fd == -1 )
         exit(EXIT_FAILURE);
   }
if( (fchdir(fd) ) == -1)
     printf("Konnte das Verzeichnis nicht wechseln\n");
```

Bei einem Fehler gibt die Funktion `dirfd()` den Wert -1 zurück. `dirfd()` ist nicht Bestandteil von POSIX, sondern lediglich von BSD und SVR4.

2.5.6 Lesen aus dem DIR-Stream – opendir() und Schließen des DIR-Streams – closedir()

Wenn Sie jetzt den `DIR`-Stream zuvor mit `opendir()` geöffnet haben, können Sie aus diesem mit der Funktion `readdir()` lesen. Hier die Syntax dazu:

```
#include <dirent.h>
#include  <sys/types.h>

struct dirent *readdir(DIR *dirstream);
```

Damit wird immer der nächste Eintrag der Verzeichnisdatei vom DIR-Stream gelesen. Bei Erfolg wird ein Zeiger auf die Struktur dirent zurückgegeben oder bei einem Fehler NULL. Gewöhnlich wird die Funktion readdir() in einer Schleife eingesetzt, die so lange durchlaufen wird, bis nichts mehr zum Lesen vorhanden ist, also NULL.

Hinweis

Beachten Sie bitte, dass nicht auf jedem System das Arbeitsverzeichnis (.) und das Elternverzeichnis (..) mit ausgegeben werden. Linux fällt nicht darunter, denn was zu viel ist, kann man noch im Programm wegfiltern, was zu wenig ist, kann man sich nicht holen.

Hierzu ein einfaches Listing, womit das aktuelle Arbeitsverzeichnis ausgelesen und ausgegeben wird. Des Weiteren wird versucht, sofern die symbolische Konstante _DIRENT_HAVE_D_TYPE gesetzt ist, zu ermitteln, ob es sich dabei um eine normale Datei oder um ein Verzeichnis handelt. Sofern bei Ihrem System _DIRENT_HAVE_D_TYPE gesetzt ist, aber (noch) nicht unterstützt wird, ist die Strukturvariable d_type auf DT_UNKNOWN gesetzt. Zum Ermitteln von Dateitypen und weiteren Attributen folgt extra ein Kapitel (Kapitel 3).

Hinweis

readdir() gibt nicht alphabetisch zurück, auch wenn das bei einer Ausgabe mit folgendem Listing so erscheinen mag. Zurückgegeben wird es so, wie das Dateisystem es abgelegt hat. Wer natürlich Dateien in alphabetischer Reihenfolge anlegt, kann sie durchaus auch im alphabetischen Zustand wieder holen. *»ls«* ist Ausnahme, da das Programm immer sortiert (Ausnahme: Option -f).

```
/* list_wd.c */
#include <stddef.h>
#include <stdio.h>
#include <stdlib.h>
#include <sys/types.h>
#include <dirent.h>

int main (void) {
  DIR *dp;
  struct dirent *ep;
  static int files = 0;

  dp = opendir (".");
  if (dp != NULL) {
      while ((ep = readdir (dp)) != NULL) {
#ifdef _DIRENT_HAVE_D_TYPE
           switch(ep->d_type) {
              case DT_REG     : printf("Normale Datei : ");
                                break;
              case DT_DIR     : printf("Verzeichnis   : ");
                                break;
              /* ... */
              case DT_UNKNOWN : printf("???         : ");
```

```
                                break;
                }
#endif
            printf("%s\n", ep->d_name);
            files++;
         }
      closedir (dp);
    }
  else
      perror ("Kann Verzeichnis nicht öffnen");
  printf("--- Insg. %d Dateien im Verzeichnis ---\n",files);
  return EXIT_SUCCESS;
}
```

Das Programm bei der Ausführung:

```
$ gcc -o list_wd list_wd.c
$ ./list_wd
???         : .
???         : ..
???         : .qt
???         : .ddd
???         : .kde
???         : .xim
???         : dir1
???         : dir2
???         : .netscape
???         : test
???         : Documents
...
...
??         : projects
???         : .xtalkrc
???         : out.txt
???         : Verzeichnisse.doc
???         : evolution
???         : .xsession-errors
--- Insg. 116 Dateien im Verzeichnis ---
```

In diesem Fall ist die symbolische Konstante `_DIRENT_HAVE_D_TYPE` zwar gesetzt, aber immer auf `DT_UNKNOWN`.

Hinweis

Dateien, die mit einem Punkt beginnen, sind unter Linux/UNIX in der Regel nicht sichtbar (also mit »*ls*«), werden aber mit `readdir()` natürlich gelesen. Umsteiger von Windows können dies mit dem Attribut »Hidden -> Versteckt« vergleichen.

Hinweis

Die Funktion readdir() eignet sich nicht zur Programmierung von Threads, da mehrere Threads, die denselben Verzeichnisstream verwenden, den Rückgabewert überschreiben. Bei den Threads werden die Funktion readdir_r() oder eben das libHX-Pendant empfohlen.

Um einen DIR-Stream ordnungsmäßig nach der Verwendung wieder freizugeben, wird die Funktion closedir() eingesetzt.

```
#include <dirent.h>
#include  <sys/types.h>

int closedir( DIR *dirstream );
```

Konnte der Stream erfolgreich geschlossen werden, wird 0, ansonsten bei einem Fehler -1 zurückgegeben.

2.5.7 Positionieren des DIR-Streams

Ebenfalls wie schon bei den elementaren und Standard-E/A-Funktionen gibt es auch für den DIR-Zeiger eine Möglichkeit, die Position zu verändern.

Wollen Sie den DIR-Stream wieder an den Anfang setzen, so dass readdir() wieder beim ersten Verzeichniseintrag anfängt zu lesen, können Sie die Funktion rewinddir() benutzen.

```
#include <sys/types.h>
#include <dirent.h>

void rewinddir( DIR *dirstream );
```

Die aktuelle Position des DIR-Streams können Sie mit der Funktion telldir() ermitteln.

```
#include <sys/types.h>
#include <dirent.h>

off_t telldir (DIR *dirstream) ;
```

Es wird empfohlen, den Rückgabewert später wieder mit der Funktion seekdir() zum Zurücksetzen dieser Position zu verwenden. Die Syntax zu seekdir():

```
#include <sys/types.h>
#include <dirent.h>

void seekdir (DIR *dirstream, off_t pos);
```

Damit setzen Sie den DIR-Zeiger auf die Position von pos. pos muss ein Wert sein, den Sie zuvor mit der Funktion telldir() ermittelt haben oder der im Gültigkeitsbereich liegt. Welche Werte jedoch gültig sind, verrät uns auch nicht die Man-Page.

Beide Funktionen, telldir() und seekdir(), sind nicht POSIX-konform und nur in BSD4.3 vorhanden.

2.5.8 Komplettes Verzeichnis einlesen – scandir()

Eine Funktion auf einer etwas höheren Ebene ist `scandir()`. Wobei man gleich anmerken muss, dass diese Funktion auch nicht dem POSIX-Standard entspricht. Aber da diese doch auf jedem Linux-System vorhanden ist, sollte sie hier erwähnt werden. Hierzu die Syntax:

```
#include <dirent.h>

int scandir( const char *dirname, struct dirent **namelist,
             int (*selector) (const struct dirent *),
             int (*cmp) (const void *, const void *)   ) ;
```

Mit dieser Funktion lesen Sie die Einträge des Verzeichnisses `dirname` ein. Als Ergebnis finden Sie alle Einträge eines Verzeichnisses in `*namelist`, einem Array von Zeigern des Typs `struct dirent`. Die Funktion nimmt die dynamische Speicherreservierung für `*namelist` automatisch vor. Freigeben müssen Sie den Speicherplatz allerdings wieder selbst mittels `free()`. Bei einem Programm, das sich nach dem Einlesen der Verzeichniseinträge gleich wieder beendet, ist es nicht so schlimm, wenn Sie den Speicher nicht mehr freigeben, da dieser bei Beendigung automatisch wieder freigegeben wird (verfallen Sie aber bloß nicht in diese Gewohnheit bei Programmen, die länger als »trivial« sind!). Bei dauerhaft laufenden Programmen schaffen Sie ein klassisches Speicherleck (engl. Memory Leak), wenn Sie den zugeteilten Speicher nicht wieder freigeben.

Die Einträge in `*namelist` werden außerdem von der Funktion `cmp` sortiert. Da diese Funktion zwei Argumente vom Typ `struct dirent **` vergleichen muss, sind die Funktionen `strcmp()` oder `strcoll()` nicht direkt dafür geeignet. Sie sollten stattdessen die implementierten Funktionen `alphasort()` oder `versionsort()` verwenden. Mehr zu den Sortierfunktionen finden Sie in den entsprechenden Manual-Pages. Im anschließenden Beispiel werden Sie `alphasort()` verwenden, womit die einzelnen Einträge alphabetisch sortiert werden.

Wollen Sie nur bestimmte Verzeichniseinträge bearbeiten oder ausgeben lassen, können Sie mit der Funktion `selector` eine eigene Funktion verwenden und selbst entscheiden, welche Einträge ausgewählt werden. Es werden dabei nur die Einträge ausgewählt, bei denen nicht 0 zurückgegeben wird. Diese Einträge befinden sich dann ebenfalls in `*namelist`. Natürlich müssen Sie sich auch hierbei keine Gedanken bezüglich der Speicherreservierung machen, aber wiederum schon um das Freigeben des Speichers!

Der Rückgabewert der Funktion `scandir()` ist die Anzahl der erfolgreichen Einträge, die in `*namelist` platziert wurden. Bei einem Fehler wird -1 zurückgegeben. Da hier mehrere Fehler auftreten können (wie z. B. kein Zugriff auf das Verzeichnis oder keine Speicherreservierung mit `malloc ...` möglich), sollten Sie die globale Fehlervariable `errno` abfragen.

Genug der großen Worte. Lassen Sie uns zur Tat schreiten. Das folgende Beispiel demonstriert, wie Sie mit der Funktion `scandir()` ein komplettes Verzeichnis mit nur einem Funktionsaufruf einlesen können. Nach dem Funktionsaufruf befinden sich alle Verzeichniseinträge in `namelist`. Wenn Sie das Programm ohne Argumente aufrufen, wird das aktuelle Arbeitsverzeichnis eingelesen. Ansonsten können Sie als zweites Argument das Verzeichnis angeben, das Sie stattdessen einlesen wollen. Anschließend werden die eingelesenen Einträge ausgegeben und der Speicher ordentlich wieder freigegeben. Hier das Beispiel:

```
/* scan_dir.c */
#include <sys/types.h>
#include <sys/stat.h>
#include <stdio.h>
#include <stdlib.h>
#include <string.h>
#include <dirent.h>
#include <unistd.h.>
#define MAX 255

int main (int argc, char **argv) {
   int num_entries, i;
   struct dirent **namelist, **list;
   const char *ptr = NULL;
   char wd[MAX];

   if (argc < 2)
      ptr = ".";
   else
      ptr = argv[1];

   if ( (  num_entries =
           scandir( ptr, &namelist, 0, alphasort)) < 0) {
      fprintf (stderr, "Unerwarteter Fehler\n");
      exit (EXIT_FAILURE);
    }
   chdir (ptr);
   getcwd (wd, MAX);
   printf ("Anzahl der Einträge in %s: %d\n",
      wd, num_entries);
   if (num_entries) {
      printf ("Die Einträge:\n");
      for(i=0, list=namelist; i<num_entries; i++, list++) {
         printf (" %s\n", (*list)->d_name);
         free (*list);
      }
      free (namelist);
      printf ("\n");
   }
   printf ("\n");
   return EXIT_SUCCESS;
}
```

Oder mit einem WP (*Walking Pointer*):

```
   ...
   if(num_entries > 0) {
       struct dirent **travp = list;
       printf("Die Einträge:\n");
       while(num_entries--) {
           printf("\t" "%s\n", (**travp).d_name);
```

```
            free(*travp);
            ++travp;
        }
        free(namelist);
    }
...
```

Das Programm im Einsatz:

```
$ gcc -o scan_dir scan_dir.c
$ ./scan_dir /usr
Anzahl der Einträge in /usr: 14
Die Einträge:
 .
 ..
 X11
 X11R6
 bin
 games
 i486-suse-linux
 include
 lib
 local
 sbin
 share
 src
 tmp
```

Und jetzt noch die zweite Möglichkeit! Sie wählen selbst aus, welche Verzeichniseinträge ausgegeben werden sollen. Hierzu habe ich mir erlaubt, die von POSIX zur Verfügung gestellten Funktionen der Headerdatei `<regex.h>` zu verwenden. Diese Funktionen können zum Suchen von regulären Ausdrücken verwendet werden.

Hinweis

Mehr zum Thema reguläre Ausdrücke oder gar, wie man diese selbst programmiert, finden Sie in meinem Buch »C von A bis Z«, das sich auch auf der Buch-CD befindet.

In der Headerdatei `<regex.h>` werden Ihnen folgende vier Funktionen zur Verfügung gestellt: `regcomp()`, `regexec()`, `regerror()` und `regfree()`. Mit der Funktion `regcomp()` müssen Sie die Zeichenkette (den regulären Ausdruck) erst in die Variable `regex_t` übersetzen. Anschließend können Sie diesen regulären Ausdruck mit der Funktion `regexec()` und dem zu durchsuchenden Text (hier Verzeichniseinträge) anwenden. Am Ende wird die nicht mehr benötigte Variable `regex_t` mit `regfree()` wieder freigegeben. Mit `regerror()` können Sie eventuelle Fehlermeldungen zu den Funktionen `regcomp()` und `regexec()` ausgeben lassen. Ich hoffe, Sie verzeihen mir, dass ich dieses Kapitel ein wenig schneller abgehandelt habe, aber die regulären Ausdrücke sind hier nicht das Thema.

Mit dem nun folgenden Beispiel können Sie als drittes Argument einen regulären Ausdruck angeben, der auf das Verzeichnis, das Sie als zweites Argument angeben, verwendet wird. Stimmt der reguläre Ausdruck mit einem Eintrag im Verzeichnis überein, wird dieser mit der eigenen Selector-Funktion wieder (automatisch) dynamisch in `*namelist` geschrieben. Wichtig ist dabei, dass nur die Einträge in `*namelist` geschrieben werden, wo die Funktion (im Beispiel: `my_select`) einen Wert größer als 0 zurückliefert. Hierzu das Listing:

```
/* find_dir.c */
#include <sys/types.h>
#include <sys/stat.h>
#include <stdio.h>
#include <stdlib.h>
#include <string.h>
#include <dirent.h>
#include <regex.h>
#include <unistd.h.>
#define MAX 255

static int search = 0;
static regex_t regexpr;

static int my_select (const struct dirent *dp) {
   if(search == 0)
      return 1;
   if (regexec(&regexpr, dp->d_name, 0, NULL, 0) == 0)
      return 1;
   else
      return 0;
}

int main (int argc, char **argv) {
   int num_entries, i;
   struct dirent **namelist, **list;
   const char *ptr = NULL;
   char wd[MAX];

   if (argc < 2)
      ptr = ".";
   else
      ptr = argv[1];
   if(argc == 3) {
     if (regcomp(&regexpr, argv[2], REG_EXTENDED)) {
        printf("Problem beim Ausdruck %sn", argv[2]);
        return EXIT_FAILURE;
     }
     search = 1;
    }

   if ( ( num_entries =
          scandir(ptr, &namelist, my_select, 0)) < 0) {
```

```
        fprintf (stderr, "Unerwarteter Fehler\n");
        exit (EXIT_FAILURE);
    }
    chdir (ptr);
    getcwd (wd, MAX);
    printf ("Anzahl der Einträge in %s: %d\n",
        wd, num_entries);
    if (num_entries) {
        printf ("Die Einträge:\n");
        for(i=0, list=namelist; i<num_entries; i++, list++){
            printf (" %s\n", (*list)->d_name);
            free (*list);
        }
        free (namelist);
        printf ("\n");
    }
    printf ("\n");
    regfree(&regexpr);
    return EXIT_SUCCESS;
}
```

Das Programm bei der Ausführung:

```
$ gcc -o find_dir find_dir.c
$ ./find_dir /usr/include ^std
Anzahl der Einträge in /usr/include: 4
Die Einträge:
 stdio.h
 stdio_ext.h
 stdint.h
 stdlib.h
```

Hier wurden zum Beispiel alle Einträge im Verzeichnis `/usr/include` ausgegeben, die mit der Zeichenkette *std* beginnen. Das Zeichen ^ bedeutet dabei so viel wie »beginne am Anfang«.

2.5.9 Ganze Verzeichnisbäume durchlaufen – ftw()

Manches Mal reicht es nicht aus, in nur einem Verzeichnis etwas auszulesen bzw. etwas zu suchen. Wollen Sie tiefer in die Verzeichnisse vordringen, können Sie entweder eine rekursive Funktion mit den bereits bekannten Funktionen `opendir()` und `readdir()` schreiben oder aber auf die XPG4-konforme Funktion, die auf vielen Linux-Systemen vorhanden ist, nämlich `ftw()` (*file tree walk*), zurückgreifen. Zwar ruft sich die Funktion `ftw()` intern ebenfalls mehrmals rekursiv auf, aber es handelt sich immerhin um eine erprobte Bibliotheksfunktion.

Sofern Sie natürlich möglichst portabel bleiben müssen, bleibt Ihnen nichts anderes übrig, als `opendir()` und `readdir()` zu verwenden, da der POSIX-Standard eben weiter verbreitet ist als der XPG4-Standard.

Hinweis

Wer auf einem *BSD-System arbeitet, findet hier mit `fts()` (*traverse a file hierarchy*) eine – man mag fast schon sagen – interessantere Routine als `ftw()`. Es wird gar erwartet, dass diese Routinen zukünftig in POSIX.1 aufgenommen werden. Mehr dazu finden *BSD-Anhänger in der entsprechenden Manual Page von `fts()`.

Wie dem auch sei, im Gegensatz zu vielen anderen Büchern will ich hier nicht den üblichen Weg vorstellen, sondern die Funktion `ftw()`.

Hier die Syntax von `ftw()`:

```
#include <ftw.h>

int ftw( const char *dir,
         int (*fn)(const char *file, const  struct stat *sb,
         int flag), int nopenfd   );
```

Mit dieser Funktion beginnen Sie mit dem Durchforsten eines kompletten Verzeichnisbaums, angefangen bei `dir`. Für jeden gefundenen Eintrag im Verzeichnis `dir` (und allen Unterverzeichnissen) wird die Funktion `fn()` mit dem kompletten Pfadnamen, einem Zeiger auf die Struktur `stat` (siehe Kapitel 3) und einem Flag, das folgenden Wert haben kann:

- `FTW_F` – Eintrag ist eine normale Datei.
- `FTW_D` – Eintrag ist ein Verzeichnis.
- `FTW_DNR` – Eintrag ist ein nicht lesbares Verzeichnis (meist mangelnde Zugriffsrechte).
- `FTW_SL` – Eintrag ist ein symbolischer Link.
- `FTW_NS` – Fehler bei `stat`, obwohl der Eintrag kein symbolischer Link ist.

Damit die Funktion `ftw()` nicht alle für einen Prozess vorhandenen Filedeskriptoren für die offenen Verzeichnisse verwendet, können Sie mit dem Argument `nopenfd` die maximale Anzahl gleichzeitig geöffneter Verzeichnisse angeben. Sobald die Suchtiefe dann höher ist als `nopenfd`, bremst `ftw()`, da es einige Verzeichnisse schließt, um neue zu ändern. Diese müssen hinterher wieder geöffnet werden, um an der Stelle, an der `ftw()` aufgehört an, weiterzumachen.

Die Funktion `ftw()` können Sie stoppen, indem Sie bei der Funktion `fn()` einen Wert ungleich 0 zurückgeben. 0 heißt weitermachen und ungleich 0 stopp. Ansonsten macht `ftw()` so lange weiter, bis alle Verzeichnisse und deren Einträge durchforstet sind. Tritt ein Fehler auf, wird -1 zurückgegeben.

In dem folgenden Listing soll ein komplettes Verzeichnis mitsamt seinen Unterverzeichnissen ausgegeben werden. Es werden dabei alle Einträge angezeigt. Das Programm wurde mit Absicht relativ einfach und kurz gehalten. Tritt z. B. das Flag `FTW_F` in Erscheinung, sollten Sie die Strukturvariable `st_mode` von `stat` abfragen, ob es sich denn um eine normale Datei (`S_IFREG`), eine zeichenorientierte Gerätedatei (`S_IFCHR`), eine blockorientierte Gerätedatei (`S_IFBLK`), ein FIFO (`S_IFIFO`), einen symbolischen Link (`S_IFLNK`) oder ein Socket (`S_IFSOCK`) handelt. Natürlich können Sie auch weitere Attribute der einzelnen Einträge von der Struktur `stat` abfragen. Mehr zu `stat` im nächsten Kapitel. Hier das komplette Listing:

```
/* ftwalk.c */
#include <sys/types.h>
#include <sys/stat.h>
#include <ftw.h>
#include <dirent.h>
#include <string.h>
#include <stdio.h>
#include <stdlib.h>

static int dir_deep(const char *);

static int dir_deep(const char *pfad) {
   int deep = 0;
   char *ptr = (char *)pfad;
   while(ptr=strchr(ptr, '/')) {
      ptr++;
      deep++;
   }
   return deep;
}

static int
fn(const char *pfadname, struct stat *attribut, int flag) {
   static int first = 1;
   static int deep;
   int i;
   const char *ptr = pfadname;

   if(!first) {
      for( i = 1; i<=dir_deep(pfadname) - deep; i++)
         printf("%2c|",' ');
      printf("---[%s",strrchr(pfadname, '/')+1);
   }
   else {
      deep=dir_deep(pfadname);
      printf("[%s",pfadname);
      first = 0;
   }
   switch(flag) {
      case FTW_F   : printf("]\n");    break;
      case FTW_D   : printf("/]\n");   break;
      case FTW_DNR : printf("/-]\n");  break;
      default      : printf("???]\n"); break;
   }
   return 0;
```

```
   /* Wollen Sie ftw() stoppen, geben Sie 1 zurück */
   //return 1;
}

int main(int argc, char **argv) {
   const char *ptr = NULL;

   if(argc < 2)
      ptr = ".";
   else
      ptr = argv[1];

   if( ftw( ptr, fn, 16) == 0 )
      return EXIT_SUCCESS;
   else
      printf("Fehler bei ftw() ...!\n");
   return EXIT_SUCCESS;
}
```

Das Programm bei der Ausführung:

```
$ gcc -o ftwalk ftwalk.c
$ ./ftwalk /home | less
[/home/]
   |  |---[tot/]
   |  |  |---[.qt/]
   |  |  |  |---[qtrc]
   |  |  |  |---[qt_plugins_3.1rc]
   |  |  |  |---[.qt_plugins_3.1rc.lock]
   |  |  |  |---[.qtrc.lock]
   |  |  |---[.ddd/]
   |  |  |  |---[log]
   |  |  |  |---[init]
   |  |  |  |---[tips]
   |  |  |  |---[themes/]
   |  |  |  |---[history]
   |  |  |  |---[sessions/]
   |  |  |---[.kde/]
...
...
   |  |  |  |---[private/]
   |  |  |  |  |---[config.xmldb]
   |  |  |---[.xsession-errors]
   |  |  |---[.xsession]
   |  |  |---[.xserverrc.secure]
   |  |  |---[.dvipsrc]
   |  |  |---[.mailcap]
   |  |  |---[.fonts.cache-1]
```

Da die Ausgabe kompletter Verzeichnisse recht umfangreich werden kann, wurde hier eine Pipe durch *less* verwendet. Damit wird die Ausgabe des Programms `ftwalk` auf *less* umgeleitet, und Sie können bequem die Ausgabe nach unten und oben scrollen. Mit »q« können Sie *less* vorzeitig wieder beenden.

2.6 Fehlerbehandlung

Gewöhnlich überprüft man bei vielen Funktionen durch den Rückgabewert, ob diese erfolgreich ausgeführt wurden. Bei den meisten Funktionen der Bibliotheken werden dabei im Falle eines Fehlers -1, ein `NULL`-Zeiger oder eine symbolische Konstante zurückgegeben. Dieser Rückgabewert sagt Ihnen zwar, dass ein Fehler aufgetreten ist, aber nicht genau welcher Fehler. Dabei sind die Bibliotheksfunktionen sehr viel auskunftsfreudiger, als man annehmen würde. Tritt z. B. bei der Funktion `open()` ein Fehler auf, gibt es mindestens zehn verschiedene Fehler, die dabei erscheinen können. Um herauszufinden, warum eine Funktion fehlschlug, müssen Sie einen Blick auf den Fehlercode der Variablen `errno` werfen. Diese Variable ist in der Headerdatei `<errno.h>` definiert. Außer dass Sie damit die Art des Fehlers ermitteln können, können Sie hiermit sogar theoretisch den Fehler umgehen. Viele Bibliotheksfunktionen können diese Variable (`errno`) auf einen positiven Wert setzen, wenn ein Funktionsaufruf fehlschlug.

Tipp für eine eigene Fehlerbehandlung

Nur -1 und 0 für Fehler/Erfolg zu verwenden ist häufig eine Verschwendung. Funktionen, die einen Status zurückgeben, geben 1 für Erfolg, 0 für Fehler (z. B. Suchwort nicht gefunden) und negativ für *Hard Error* aus (`errno` durch Syscalls, z. B. konnte kein temporärer Speicher für eine Kopie des Suchwortes eingeholt werden). Der Vorteil liegt darin, dass nur eine statt zwei (Rückgabewert und `errno`) Variablen verbraucht werden.

Auf Linux-Systemen finden Sie die Definitionen aller Fehlercodes in der Headerdatei `<errno.h>`. Alle dieser Fehlercodes haben neben der (positiven) Nummer einen symbolischen Namen, die mit dem Präfix `E` beginnen.

Auf alle diese Fehlercodes jetzt einzugehen, wäre wohl etwas zu viel des Guten und ist im Prinzip auch hier nicht sinnvoll. Wenn Sie z. B. für die Funktion `open()` die Fehlercodes wissen wollen (müssen), sollten Sie die Man-Pages dazu verwenden. Ziemlich am Ende finden Sie hierbei die möglichen Fehlercodes von `errno` und deren Bedeutungen.

`errno` wird beim Programmstart standardmäßig auf 0 (`ESUCCESS`) gesetzt, da es keinen (echten) Fehlercode mit dieser Nummer gibt. Zur Rekonstruktion von Fehlern kann es recht sinnvoll sein, `errno` nach einem Fehler wieder auf 0 (oder eben auch `ESUCCESS`) zu setzen oder den Wert in eine lokale Variable zu kopieren. Dies deshalb, weil `errno` nach jedem misslungenen Systemaufruf von einem neuen Fehlercode überschrieben werden kann.

Hierzu ein einfaches Listing, mit dem Sie überprüfen können, ob eine Datei existiert oder nicht. Wenn Sie z. B. eine Datei öffnen wollen, die nicht existiert, wird der Fehlercode `ENOENT` zurückgeliefert. Somit könnten Sie praktisch anschließend eine solche Datei erzeugen.

```
/* filetest.c */
#include <stdio.h>
#include <stdlib.h>
#include <errno.h>
#define TRUE  1
#define FALSE 0
#define BOOL int

static int if_exist_file( const char *filename ) {
   FILE *f = fopen( filename, "r" );
   if( errno != ENOENT ) {
         fclose(f);
         return TRUE; /* Datei existiert */
      }
   else
      return FALSE; /* Datei existiert nicht */
}

int main(void) {
   BOOL ex = if_exist_file( "testfile" );
   if( ex )
      printf("'testfile' existiert\n");
   else
      printf("'testfile' existiert nicht\n");
   return EXIT_SUCCESS;
}
```

Das Programm bei der Ausführung:

```
$ gcc -o filetest filtest.c
$ ./filetest
'testfile' existiert nicht
$ cat > testfile
Hallo Welt
STRG+D
$ ./filetest
'testfile' existiert
```

Eine andere Möglichkeit, den Fehlercode zu verwenden, ohne diesen genauer zu analysieren, wäre die Verwendung der Funktion `perror()`:

```
void perror (const char *message);
```

Diese Funktion gibt eine Nachricht auf die Standardfehlerausgabe (`stderr`) aus, die den Fehler beschreibt. Wenn Sie die Funktion mit einer Nachricht (`message`) aufrufen – anstatt mit `NULL` oder einem leeren String –, wird `message` plus einem Doppelpunkt und Leerzeichen noch vor dem eigentlichen String ausgegeben, der den Fehler beschreibt. `perror()` fügt der Ausgabe ein Newline-Zeichen und den Doppelpunkt an. Hierzu das vorherige Beispiel, mit der Funktion `perror()` und ohne `errno`.

```
/* filetest2.c */
#include <stdio.h>
```

```
#include <stdlib.h>
#define TRUE  1
#define FALSE 0
#define BOOL int

static int if_exist_file( const char *filename ) {
   FILE *f = fopen( filename, "r" );
   if( f != NULL ) {
         fclose(f);
         return TRUE; /* Datei existiert */
      }
   else
      return FALSE; /* Datei existiert nicht */
}

int main(void) {
   BOOL ex = if_exist_file( "testfile" );
   if( ex )
      printf("'testfile' existiert\n");
   else
      perror("'testfile'");
   return EXIT_SUCCESS;
}
```

Das Programm bei der Ausführung:

```
$ gcc -o filetest2 filtest2.c
$ ./filetest2
'testfile' existiert
$ rm testfile
$ ./filetest
'testfile' : No such file oder directory
```

2.7 Ausblick

Zusammengefasst lässt sich zu diesem Kapitel sagen, dass Sie hier die grundlegenden Funktionen für den weiteren Verlauf des Buchs kennen gelernt haben. Natürlich könnte ich hier noch eine Menge weiterer Funktionen hinzufügen – aber der Umfang des Buchs ist ohnehin schon recht beachtlich. Neben den Manual Pages kann ich Ihnen für weitere Recherchen auch noch die Dokumentation der »Glibc« empfehlen, die Sie auch auf der Buch-CD finden.

Im Kapitel zuvor wurden Sie häufig auf dieses Kapitel verwiesen. Hier werden nun die Attribute vorgestellt, die eine jede Datei und jedes Verzeichnis im Inode speichert.

3 Attribute von Dateien und Verzeichnissen

3.1 Struktur stat

Die einzelnen Attribute zu einer Datei oder einem Verzeichnis können Sie aus der Struktur `stat` herauslesen. Die einzelnen Strukturvariablen von `stat` sind das Thema der nun folgenden Seiten.

Die Struktur `stat` ist in der Headerdatei `<sys/stat.h>` definiert und besitzt gewöhnlich (wird nicht fest vorgeschrieben) die in der Tabelle aufgelisteten Strukturvariablen.

Variable	Bedeutung	POSIX
`st_dev`	Gerätenummer (Device-Nummer) des Dateisystems, auf dem sich die Datei/das Verzeichnis befindet.	ja
`st_ino`	Inode-Nummer	ja
`st_mode`	Dateimodus (Dateityp und Zugriffsrechte)	ja
`st_nlink`	Anzahl fester Links auf die Datei	ja
`st_uid`	UID des Dateieigentümers	ja
`st_gid`	GID des Dateieigentümers	ja
`st_rdev`	Geräte-ID (nur für Spezialdateien)	nein
`st_size`	Größe der Datei in Bytes	ja
`st_atime`	Datum des letzten Zugriffs	ja
`st_mtime`	Datum der letzten Veränderung	ja
`st_ctime`	Datum der Inode-Änderung	ja
`st_blksize`	Eingestellte Blockgröße	nein
`st_blocks`	Anzahl der verwendeten `st_blksize`-Blöcke	nein

Tabelle 3.1 Strukturvariablen in »struct stat« und deren Bedeutung

Sie haben drei Versionen, womit Sie die Dateiattribute der Struktur `stat` erfragen können. Hier die Syntax:

```
#include <sys/types.h>
#include <sys/stat.h>
```

```
int stat(const char *pfadname, struct stat *buf);
int fstat(int fd, struct stat *buf);
int lstat(const char *pfadname, struct stat *buf);
```

Alle drei Versionen geben bei einem Fehler -1 und bei Erfolg des Funktionsaufrufs 0 zurück. Bei allen drei Funktionen müssen Sie die Adresse einer Variablen vom Typ `struct stat` übergeben. Nach dem Funktionsaufruf befinden sich dann die entsprechenden Informationen (siehe Tabelle 3.1) zur betreffenden Datei in den einzelnen Strukturvariablen.

Bei der Funktion `stat()` geben Sie dabei die Datei mit `pfadnamen` an. Die Funktion `lstat()` ist ähnlich wie `stat()`, nur mit dem Unterschied, wenn es sich bei der Datei um einen symbolischen Link handeln sollte, dann werden die Attribute des symbolischen Links anstatt die der Datei nach `buf` geschrieben. Die Funktion `fstat()` ist die Variante der niedrigeren Ebene, die als erstes Argument einen bereits geöffneten Filedeskriptor erwartet.

3.1.1 Dateiart und Zugriffsrechte einer Datei erfragen – st_mode

Die Strukturvariable `st_mode` kann gleich für zwei Abfragen verwendet werden. Zum einen erfragt man mit ihr, um was für eine Dateiart es sich handelt, und zum anderen, welche Zugriffsrechte diese Datei besitzt.

Die Dateiart können Sie mit den in der Tabelle aufgelisteten Makros abfragen. Jedes dieser Makros liefert 1 zurück, wenn die Bedingung zutrifft, oder 0, falls nicht.

Makro	Bedeutung
S_ISREG()	Reguläre Datei
S_ISDIR()	Verzeichnis
S_ISCHR()	Zeichenorientierte Gerätedatei
S_ISBLK()	Blockorientierte Gerätedatei
S_ISFIFO()	FIFO (benannte Pipe)
S_ISLINK()	Symbolischer Link (nicht bei POSIX.1 oder SVR4)
S_ISSOCK()	Socket (nicht bei POSIX.1 oder SVR4)

Tabelle 3.2 Makros in <sys/stat.h> für die Dateiart – st_mode

Wie schon erwähnt, können Sie über die Strukturvariable `st_mode` auch die einfachen Zugriffsrechte der drei Benutzerklassen (`rwx|rwx|rwx`), die es unter Linux/UNIX gibt, ermitteln. Hier die Tabelle mit den einzelnen Konstanten, womit Sie die Zugriffsrechte überprüfen können.

Konstante	Bedeutung	Benutzerklasse
S_IRUSR	read (Leserecht)	Dateieigentümer
S_IWUSR	write (Schreibrecht)	Dateieigentümer
S_IXUSR	execute (Ausführungsrecht)	Dateieigentümer
S_IRGRP	read (Leserecht)	Gruppe des Dateieigentümers

Tabelle 3.3 Zugriffsrechte der drei Benutzerklassen in <sys/stat.h>

Konstante	Bedeutung	Benutzerklasse
S_IWGRP	write (Schreibrecht)	Gruppe des Dateieigentümers
S_IXGRP	execute (Ausführungsrecht)	Gruppe des Dateieigentümers
S_IROTH	read (Leserecht)	Alle anderen Benutzer
S_IWOTH	write (Schreibrecht)	Alle anderen Benutzer
S_IXOTH	execute (Ausführungsrecht)	Alle anderen Benutzer

Tabelle 3.3 Zugriffsrechte der drei Benutzerklassen in <sys/stat.h> (Forts.)

»Alle anderen« heißt auch wirklich alle anderen, die nicht in der Gruppe sind. So gesehen gibt es im Dateimodus 0705 immer eine gelackmeierte Benutzergruppe.

Verändern können Sie die Zugriffsrechte mit der Funktion `chmod()` oder dem gleichnamigen Befehl in einer Shell.

Das folgende Listing demonstriert nun, wie Sie ein komplettes Verzeichnis (hier das Arbeitsverzeichnis) auslesen und die Dateiart und Zugriffsrechte (Linux-/UNIX-gerecht) mithilfe der Funktion `stat()` und der Strukturvariablen `st_mode` ermitteln können.

```
/* my_stat.c */
#include <sys/stat.h>
#include <sys/types.h>
#include <unistd.h.>
#include <stdio.h>
#include <string.h>
#include <errno.h>
#include <dirent.h>
#include <stdlib.h>

int main (int argc, char **argv) {
  DIR *dir;

  struct dirent *dirzeiger;
  const char *rwx = "rwxrwxrwx";
  int bits[]= {
     S_IRUSR,S_IWUSR,S_IXUSR,/*Zugriffsrechte User*/
     S_IRGRP,S_IWGRP,S_IXGRP,/*Zugriffsrechte Gruppe*/
     S_IROTH,S_IWOTH,S_IXOTH /*Zugriffsrechte der Rest*/
  };

  /* Arbeitsverzeichnis öffnen */
  if((dir=opendir(".")) == NULL) {
    fprintf(stderr,"Fehler bei opendir: %s\n",
       strerror(errno));
    return (EXIT_FAILURE);
  }

  /* Das komplette Verzeichnis auslesen */
  while((dirzeiger=readdir(dir)) != NULL) {
```

```
    struct stat attribut;
    int i;
    char l_rwx[10];
    l_rwx[9] = '\0';

    if(stat(dirzeiger->d_name, &attribut) == -1) {
      fprintf(stderr,"Fehler bei stat: %s\n",
         strerror(errno));
      return (EXIT_FAILURE);
    }
    /* Dateiart erfragen */
    if( S_ISREG(attribut.st_mode) )
      printf("Reguläre Datei            : ");
    else if( S_ISDIR(attribut.st_mode) )
      printf("Verzeichnis               : ");
    else if( S_ISCHR(attribut.st_mode) )
      printf("zeichenorient. Gerätedatei : ");
    else if( S_ISBLK(attribut.st_mode) )
      printf("blockorient. Gerätedatei : ");
    else if( S_ISFIFO(attribut.st_mode) )
      printf("FIFO oder named Pipe     : ");
    else
      printf("Unbekannte Datei          : ");
    /* Dateinamen ausgeben */
    printf("%-20s [",dirzeiger->d_name);
    /* Einfache Zugriffsrechte erfragen */
    l_rwx[0]='\0';
    for(i=0; i<9; i++) { /*Wenn nicht 0, dann gesetzt*/
      l_rwx[i]=(attribut.st_mode & bits[i]) ? rwx[i] : '-';
    }
    l_rwx[9]='\0';
    printf("%s]\n",l_rwx);
  }
  closedir(dir);
  return EXIT_SUCCESS;
}
```

Das Programm bei der Ausführung:

```
$ gcc -o my_stat my_stat.c
$ ./my_stat
Verzeichnis          : .                   [rwxrwx---]
Verzeichnis          : ..                  [rwxrwx---]
Verzeichnis          : bin                 [rwxrwx---]
Reguläre Datei       : dir1.c              [rwx------]
Verzeichnis          : etc                 [rwxrwx---]
Reguläre Datei       : file                [rwxr-xr-x]
Reguläre Datei       : file1.txt           [rw-r--r--]
Verzeichnis          : lib                 [rwxrwx---]
Verzeichnis          : mails               [rwx------]
Reguläre Datei       : my_stat.c           [rwx------]
```

```
Reguläre Datei          : my_stat          [rwxr-xr-x]
Reguläre Datei          : out.txt          [rw-r--r--]
Reguläre Datei          : reformime        [rwx------]
Verzeichnis             : sbin             [rwxrwx---]
Reguläre Datei          : test             [rwxrwxrwx]
Reguläre Datei          : test.txt         [rwx------]
Reguläre Datei          : testfile.txt     [rwx------]
Verzeichnis             : tmp              [rwxrwx---]
Reguläre Datei          : Unbenannt2.cpp   [rwx------]
Verzeichnis             : usr              [rwxrwx---]
Verzeichnis             : var              [rwxrwx---]
```

Sollten Sie Probleme mit den Makros `S_IS*` haben, dann arbeiten Sie vermutlich mit einem älteren UNIX-/Linux-System, das die Makros noch nicht unterstützt. In solch einem Fall müssen Sie die Konstanten `S_IF*` als Bitmask verwenden, z. B.:

```
if(attribut.st_mode & S_IFREG)
   printf("Reguläre Datei\n");
else if(attribut.st_mode & S_IFDIR)
   printf("Directory\n");
```

3.1.2 User-ID-Bit und Group-ID-Bit – st_uid und st_gid

Wollen Sie den Eigentümer und den Gruppeneigentümer einer Datei ermitteln, können Sie die Strukturvariablen `st_uid` (Eigentümer) und `st_gid` (Gruppeneigentümer) abfragen. Hierzu ein kurzes Listing:

```
/* ugid.c */
#include <stdio.h>
#include <stdlib.h>
#include <errno.h>
#include <sys/stat.h>
#include <sys/types.h>
#include <string.h>
int main(int argc, char **argv) {
   struct stat attribut;

   if(argc < 2)
      printf("usage: %s datei(en)\n", *argv);

   while(*++argv != NULL) {
      if(stat(*argv,&attribut) < 0) {
           fprintf(stderr, "stat(): %s\n", strerror(errno));
           return EXIT_FAILURE;
        }
      printf("%-18s\n",*argv);
      printf("USER-ID  : %d\n"   ,attribut.st_uid);
      printf("GROUP-ID : %d\n\n" ,attribut.st_gid);
    }
   return EXIT_SUCCESS;
}
```

Das Programm bei seiner Ausführung:

```
$ gcc -o ugid ugid.c
$ ./ugid ugid.c
ugid.c
USER-ID     :  1003
GROUP-ID    :  513
```

3.1.3 Inode ermitteln – st_ino

Ich setze zwar voraus, dass Sie wissen, was ein Inode ist, aber für den Fall der Fälle hier eine kurze Erklärung dazu. Ein Inode (Information Node = Informationsknoten) ist ein Eintrag in einer bestimmten Tabelle einer Partition, die Informationen zu einer Datei enthält. Dies sind Informationen über den Besitzer, die Zugriffsrechte, die Größe und vor allem auch über die Position einer Datei, wo diese auf der Partition gespeichert ist.

Wird z. B. eine Datei angelegt, werden alle Informationen zu dieser Datei in einem freien Inode geschrieben, dessen Nummer sich im Verzeichnis der Datei befindet. Das heißt, der Inode selbst befindet sich nicht im selben Verzeichnis wie die Datei, sondern nur die dazugehörende Inode-Nummer. Linux/UNIX trennt die Verwaltung von Informationen und der eigentlichen Datei. Somit kann es für einen Inode mehrere Dateinamen im System geben (siehe Abschnitt 3.1.4).

Hinweis

Sie werden es wahrscheinlich geahnt haben: Die meisten Informationen der Struktur `stat` werden aus diesem Inode gelesen.

Jetzt wissen Sie, was die Inode-Nummer bedeutet, und somit auch, was Sie mit `st_ino` für Informationen erhalten. Ein Listing dazu kann ich mir ersparen, da die Ermittlung von `st_ino` genauso abläuft wie im Listing zuvor (siehe Abschnitt 3.1.2).

3.1.4 Linkzähler – st_nlink

Ein Link ist unter Linux/UNIX eine einfache Möglichkeit, einen Alias für eine Originaldatei anzulegen. Damit können Sie auf ein und dieselbe Datei unter mehreren Namen und an einer anderen Stelle, als sich die Originaldatei befindet, zugreifen. Es gibt viele Gründe, so etwas zu tun. Zum Beispiel befindet sich eine Datei oder eine Anwendung im tiefsten Dschungel der Verzeichnishierarchie, und Sie wollen nicht immer wieder einen ellenlangen Text in die Kommandozeile eingeben. Dafür können Sie in Ihrem Arbeitsverzeichnis einen Link (= Verbindung) zu dieser Datei anlegen. Sie können dabei (fast) beliebig viele Links anlegen.

Ein Beispiel. Sie wollen ein Programm aus Ihrem `/home`-Verzeichnis aufrufen, das sich im Pfad `/opt/kde/bin/` befindet. Anstatt das Programm jedes Mal mit folgendem Aufruf zu starten:

```
/opt/kde/bin/programmname
```

können Sie hierzu einen Link zu diesem Programm erstellen. In der Kommandozeile können Sie dabei folgendermaßen vorgehen:

```
$ ln /opt/kde/bin/programmname programmname
```

Von jetzt an können Sie aus Ihrem /home-Verzeichnis auf das Programm mit programmname zugreifen. Natürlich müssen Sie den Programmnamen dabei nicht einbehalten. Sie können genauso gut einen anderen Namen dafür verwenden:

```
$ ln /opt/kde/bin/programmname neuer_name
```

Hinweis

Eine Datei existiert so lange, bis der letzte Link auf diese Datei gelöscht wurde.

Man unterscheidet generell zwischen einem harten Link und einem symbolischen Link. Mit einem symbolischen Link kann man im Gegensatz zu harten Links auch partitionsübergreifend Dateien verlinken. Des Weiteren können symbolische Links auch auf ein Verzeichnis zeigen, was bei harten Links nicht möglich ist. Symbolische Links erkennen Sie bei der Ausgabe von Verzeichnissen mit ls -l an einem Pfeil und einem l (für Link) als erstes Zeichen der Ausgabe:

```
$ ls -l
lrwxrwxrwx 1 juergen users 10 Nov  6 00:13 hallo -> /var/hallo
```

Die »Größe« eines Symlinks ist immer die Länge seines Ziels, also dem Textstring hinter »->« in ls.

Wollen Sie aus Ihrem Programm heraus einen harten oder einen symbolischen Link erstellen, bieten sich dazu zwei Funktionen an:

```
#include <unistd.h.>

int link(const char *name, const char *linkname);
int symlink(const char *pfadname, const char *symlink);
```

Beide Funktionen geben bei Erfolg 0, ansonsten bei einem Fehler -1 zurück. Mit der Funktion link() erzeugen Sie einen harten Link linkname auf die existierende Datei name. Mit symlink() erzeugen Sie einen symbolischen Link mit dem Namen symlink auf pfadname.

Es muss erwähnt werden, dass st_nlink keinen symbolischen Link mitzählt. Dies liegt daran, dass Symlinks selbst einen Inode besitzen und somit außer dem Zielnamen (der ja nicht immer existieren muss) keine Beziehung zu der referenzierten Datei haben. Weiterhin referenziert ein Symlink eine potenzielle Datei, während ein *dentry* (Verzeichniseintrag) einen Inode referenziert, inkl. gleicher Inodes für mehrere *dentries*. Ein Symlink dagegen ist ein *dentry* mit eigenständigem Inode.

Anders als beim harten Link kann es passieren, dass der symbolische Link ins Nichts zeigt (auch genannt »Dangling Symlink«). Linux überprüft nicht, ob ein symbolischer Link noch gültig ist, das müssen die Anwendungen machen. Das ist eigentlich auch logisch. Denn haben Sie z. B. einen symbolischen Link auf einem anderen Rechner über ein Netzwerk gesetzt, würde dies bedeuten, dass dieser Rechner dauerhaft überprüft werden muss. Einen symbolischen Link kann man eher mit der »grausamen« Verknüpfung von MS-Systemen vergleichen. Wollen Sie abfragen, auf welche Originaldatei oder welches Verzeichnis der symbolische Link verweist, so können Sie dies mit der Funktion `readlink()` in Erfahrung bringen.

```
#include <unistd.h.>

int readlink(const char *sym_link, char *buf, int buf_size);
```

Gibt diese Funktion -1 zurück, ist etwas nicht in Ordnung mit dem symbolischen Link (siehe z. B. `/proc/2/exe`). Natürlich sagt ein Rückgabewert von 0 noch nichts über die Existenz der referenzierten Datei aus. Somit bleibt bei den symbolischen Links immer ein wenig Ungewissheit übrig. Die Funktion `readlink()` terminiert den String `buf` übrigens nicht. Aber da die Funktion als Rückgabewert die Anzahl der gelesenen Bytes zurückgibt, sollte dies kein Problem sein.

Ob eine Datei/ein Verzeichnis, die/das durch einen Symlink referenziert wird, nun tatsächlich existiert, kann man entweder mit einem `stat()` nach `readlink()` oder einem `open()` überprüfen. Existiert die Zieldatei nicht, wird in beiden Fällen (`stat`/`open`) `ENOENT` in `errno` zurückgegeben.

Natürlich gibt es noch viel mehr zu den Links zu sagen, aber dies ist nicht im Sinne eines Buchs zur Programmierung. Dazu seien entsprechende Manual Pages oder eines der vielen guten Linux-Bücher empfohlen (oder ein Blick auf den Inhalt der Buch-CD).

Hierzu nun ein Listing, das die Anzahl von Links (`st_nlink`) einer Datei überprüft, die Sie als erstes Argument in der Kommandozeile übergeben. Anschließend wird jeweils ein harter und ein symbolischer Link zu dieser Datei erzeugt und die Anzahl von Links ausgegeben. Worauf der symbolische Link verweist, wird mit `readlink()` ebenso ausgegeben. Am Ende werden der harte und der symbolische Link mit `unlink()` gelöscht. Hier das Listing:

```
/* my_link.c */
#include <stdio.h>
#include <stdlib.h>
#include <string.h>
#include <errno.h>
#include <sys/stat.h>
#include <sys/types.h>
#include <unistd.h.>
#define HARD_LINK "hard_link"
#define SYM_LINK  "sym_link"
#define MAX 255

static int attribute( const char *name ) {
  struct stat st;
  if(stat(name , &st) < 0) {
    fprintf(stderr, "Fehler bei stat: %s\n",
       strerror(errno));
    return -1;
  }
```

```
  printf("Anzahl Links  : %d\n",st.st_nlink);
  return 1;
}

int main(int argc, char **argv) {
  const char *ptr;
  char buf[MAX];
  int n;

  if(argc < 2) {
    printf("usage: %s datei\n", argv[0]);
    return EXIT_FAILURE;
  }

  ptr = argv[1];
  /* Anzahl der Links erfragen */
  if( attribute( ptr ) < 0)
    return EXIT_FAILURE;

  /* Einen harten Link erzeugen */
  if((link(ptr, HARD_LINK)) == -1) {
    printf("Konnte keinen Hardlink erstellen\n");
    return EXIT_FAILURE;
  }
  printf("Nach dem Funktionsaufruf von link()\n");
  /* Wieder die Anzahl der Links erfragen */
  if(attribute( ptr ) < 0)
    return EXIT_FAILURE;

  if((symlink(ptr, SYM_LINK)) == -1) {
    printf("Konnte keinen sym. Link erstellen\n");
    return EXIT_FAILURE;
  }
  printf("Nach dem Funktionsaufruf von symlink()\n");
  /* Wieder die Anzahl der Links erfragen */
  if(attribute( ptr ) < 0)
    return EXIT_FAILURE;
  /* Namen anzeigen, worauf der symbolische Link verweist */
  n=readlink(SYM_LINK, buf, MAX);

  printf("Der symbolische Link \"%s\"  zeigt auf"
         " \"%.*s\"\n",SYM_LINK, n, buf);
  /* Links wieder entfernen */
  unlink(HARD_LINK);
  unlink(SYM_LINK);
  return EXIT_SUCCESS;
}
```

Das Programm bei der Ausführung:

```
$ gcc -o my_link my_link.c
$ ./my_link test_file
Anzahl Links  : 1
Nach dem Funktionsaufruf von link()
Anzahl Links  : 2
Nach dem Funktionsaufruf von symlink()
Anzahl Links  : 2
Der symbolische Link "sym_link" zeigt auf "test_file"
```

3.1.5 Größe der Datei – st_size

Mit der Strukturvariablen `st_size` können Sie sich die Größe einer Datei in Bytes ermitteln lassen. Bei regulären Dateien erhalten Sie dabei die Anzahl von Bytes, die in die Datei geschrieben wurden. Diese Größe muss sich nicht auf den reinen physikalischen Speicherplatz beziehen, da dieser in der Regel immer ein Vielfaches der Blockgröße ist (Gleiches gilt auch umgekehrt, siehe den Abschnitt über `ftruncate()` in Kapitel 2). Bei Verzeichnissen ist der Wert abhängig vom Filesystem, und bei symbolischen Links enthält `st_size` die Länge in Bytes (nicht immer, siehe `/proc/xxx/fd`, wo alle 64 lang sind), die der Dateiname belegt (ohne abschließendes `\0`), auf den der symbolische Link verweist. In SVR4 enthält `st_size` außerdem bei den Pipes die Anzahl der zu lesenden Bytes.

Hinweis

Der Speicherplatz wird bei einem Filesystem nicht in Bytes, sondern immer in Blöcken von Bytes angegeben. Die Blockgröße hängt vom Filesystem ab. In SVR4 und BSD haben Sie dabei die Möglichkeit, die beiden Strukturvariablen `st_blocks` und `st_blksize`, die in der Struktur `stat` definiert sind, zu verwenden. Aus der Multiplikation von `st_blocks * st_blksize` bekommen Sie dann den physikalischen Speicher, den das Dateisystem für die Datei wirklich belegt. Wollen Sie wissen, wie viele Blöcke eine Datei belegt, können Sie auch das Kommando *du* verwenden (oder `st_blocks` inspizieren).

Hierzu ein Beispiel:

```
/* file_size.c */
#include <stdio.h>
#include <stdlib.h>
#include <string.h>
#include <errno.h>
#include <sys/stat.h>
#include <sys/types.h>
#include <unistd.h.>

static int filesize( const char *name ) {
   struct stat st;
   if(stat(name , &st) < 0) {
      fprintf(stderr, "Fehler bei stat: %s\n",
         strerror(errno));
      return -1;
   }
```

```
   printf("Größe in st_size  : %d Bytes\n",(int)st.st_size);
   return 1;
}

int main(int argc, char **argv) {
   const char *ptr;

   if(argc < 2) {
         printf("usage: %s datei\n",argv[0]);
         return EXIT_FAILURE;
      }
   ptr = argv[1];
   /* Größe der Datei abfragen */
   if( filesize( ptr ) < 0)
      return EXIT_FAILURE;
   return EXIT_SUCCESS;
}
```

Das Programm bei seiner Ausführung:

```
$ gcc -o file_size file_size.c
$ ./file_size file_size.c
Größe in st_size: 643 Bytes
---[Linux]---
$ du -h file_size.c
4,0K    file_size.c
---[BSD]---
$ du -h file_size.c
2,0K    file_size.c
```

Zur Demonstration, wie viel physikalischen Speicher die Datei (hier `file_size.c`) tatsächlich verwendet, wurde das Kommando *du* der Option `-h` verwendet.

3.1.6 st_atime, st_mtime, st_ctime

Für Zeitdaten stehen Ihnen in der Struktur `stat` gleich drei Variablen zur Verfügung:

- `st_atime` = Zeit des letzten Lesezugriffs (dazu gehören nicht `stat()`, `open()`)
- `st_mtime` = Zeit des letzten Schreibzugriffs
- `st_ctime` = Zeit der letzten Inode-Änderung (z. B. `chmod()`)

Und auch hierzu ein Listing:

```
/* file_times.c */
#include <stdio.h>
#include <stdlib.h>
#include <string.h>
#include <errno.h>
#include <sys/stat.h>
#include <sys/types.h>
#include <unistd.h.>
```

```
#include <time.h>

static int file_times(const char *name) {
   struct stat st;
   if(stat(name , &st) < 0) {
      fprintf(stderr, "Fehler bei stat: %s\n",
         strerror(errno));
      return -1;
   }
   printf("Letzter Zugriff          : %s",
      ctime( &st.st_atime ));
   printf("Letzte Änderung (Inhalt) :%s",
      ctime( &st.st_mtime ));
   printf("Letzte Änderung (Inode)  : %s",
      ctime( &st.st_ctime ));
   return 1;
}

int main(int argc, char **argv) {
   const char *ptr;

   if(argc < 2) {
         printf("usage: %s datei\n",argv[0]);
         return EXIT_FAILURE;
      }
   ptr = argv[1];
   /* Größe der Datei abfragen */
   if( file_times( ptr ) < 0)
      return EXIT_FAILURE;
   return EXIT_SUCCESS;
}
```

In diesem Beispiel wurde außerdem die Standardfunktion `ctime()` verwendet, die in der Headerdatei `<time.h>` definiert ist, womit aus dem Zeitformat `time_t`, aus dem die Strukturvariablen `st_atime`, `st_mtime` und `st_ctime` gebildet sind (primitive Datentypen), in einen String konvertiert wird. Hier das Programm bei der Ausführung:

```
$ gcc -o file_times file_times.c
$ ./file_times file_times.c
Letzter Zugriff          : Tue Nov  4 23:28:36 2003
Letzte Änderung (Inhalt) : Fri Nov  7 00:10:36 2003
Letzte Änderung (Inode)  : Tue Nov  4 23:28:36 2003
$ touch file_times.c
$ ./file_times file_times.c
Letzter Zugriff          : Fri Nov  7 00:23:56 2003
Letzte Änderung (Inhalt) : Fri Nov  7 00:23:56 2003
Letzte Änderung (Inode)  : Fri Nov  7 00:23:56 2003
```

Wollen Sie die Zugriffs- und/oder Modifikationszeit verändern, können Sie dies mit der Funktion `utime()` realisieren.

```
#include <sys/types.h>
#include <utime.h>

int utime(const char *pfad, const struct utimbuf *time_ptr);
```

Bei Erfolg gibt diese Funktion 0, ansonsten bei einem Fehler -1 zurück. Die Struktur `utimbuf` sieht wie folgt aus:

```
struct utime {
   time_t actime;  /* access time -> st_atime       */
   time_t modtime  /* modification time -> st_mtime */
};
```

Damit können Sie die Zugriffs- und Modifikationszeit auf mindestens den 01. Januar 1970, 01:00:00 Uhr, zurücksetzen. In der Praxis:

```
/* backward.c */
#include <stdio.h>
#include <stdlib.h>
#include <errno.h>
#include <sys/stat.h>
#include <sys/types.h>
#include <unistd.h.>
#include <utime.h>

int main(int argc, char **argv) {
   const char *ptr;
   struct utimbuf zeit;

   if(argc < 2) {
         printf("usage: %s datei\n",argv[0]);
         return EXIT_FAILURE;
      }
   ptr = argv[1];
   zeit.actime = 0;
   zeit.modtime =0;
   /* Größe der Datei abfragen */
   if( utime( ptr, &zeit ) < 0) {
      perror("uptime");
      return EXIT_FAILURE;
   }
   return EXIT_SUCCESS;
}
```

Das Programm bei der Ausführung:

```
$ gcc -o backward backward.c
$ ./file_times file_times.c
Letzter Zugriff          : Fri Nov  7 00:23:56 2003
Letzte Änderung (Inhalt) : Fri Nov  7 00:23:56 2003
Letzte Änderung (Inode)  : Tue Nov  4 23:28:36 2003
$ ./backward file_times.c
```

```
$ file_times file_times.c
Letzter Zugriff          : Thu Jan  1 01:00:00 1970
Letzte Änderung (Inhalt) : Thu Jan  1 01:00:00 1970
Letzte Änderung (Inode)  : Tue Nov  4 23:28:36 2003
```

Das /proc-(Pseudo-)Filesystem beinhaltet eine Menge Informationen zu Ihrem System. Ob Sie nun Informationen zum aktuellen Prozess, zur Hardware in Ihrem System oder zum Kernel benötigen, all dies finden Sie im /proc-Filesystem.

4 Zugriff auf Systeminformationen

Da der Kernel den kompletten Rechner verwaltet, besitzt dieser auch eine Menge Informationen zum System, auf dem dieser läuft. Diese Informationen werden vom Kernel in Pseudo-Dateien und Pseudo-Verzeichnissen angelegt. All diese Dateien liegen im `/proc`-Verzeichnis. Auf die Einträge im `/proc`-Verzeichnis können Sie wie auf gewöhnliche Dateien zugreifen; meistens allerdings nur lesend. Dieses (Pseudo-)Dateisystem belegt keinerlei Plattenplatz und befindet sich im Hauptspeicher (RAM). Sie können sich gerne einen Überblick zum `/proc`-Verzeichnis verschaffen.

```
$ ls -l /proc | less
```

Auf alle diese Informationen können Sie (fast) ohne weiteres lesend zugreifen. Wollen Sie z. B. den aktuellen Kernel Ihres Systems ermitteln und ausgeben lassen, können Sie auf die Datei `/proc/version` zugreifen:

```
$ cat /proc/version
Linux version 2.6.27-7-generic (buildd@palmer)
(gcc version 4.3.2 (Ubuntu 4.3.2-1ubuntu11))
#1 SPM Tue Jan 4 19:33:20 UTC 2009
```

Schon erhalten Sie die aktuelle Kernel-Version, das Datum, an dem dieser kompiliert wurde, und die Version des zugehörigen Compilers als String zurück.

4.1 Informationen aus dem /proc-Verzeichnis herausziehen

Als Programmierer dürfte Sie in erster Linie interessieren, wie Sie mit Ihrem Programm an diese Informationen kommen. Als Beispiel dient hier die Speicherauslastung des Systems. Hierbei soll lediglich ermittelt werden, wie viel RAM insgesamt auf Ihrem System zur Verfügung steht. Diese Informationen erhalten Sie aus `/proc/meminfo`:

```
$ cat /proc/meminfo
MemTotal:        514296 kB
MemFree:          10428 kB
Buffers:         122940 kB
Cached:          120112 kB
SwapCached:        1152 kB
Active:          337336 kB
```

```
Inactive:       122512 kB
HighTotal:           0 kB
HighFree:            0 kB
LowTotal:       514296 kB
LowFree:         10428 kB
SwapTotal:      409616 kB
SwapFree:       385128 kB
...
```

Uns interessiert hier der Wert »MemTotal«. Der einfachste Weg, diesen Wert auszulesen, ist es, `/proc/meminfo` mit `fopen()` zu öffnen, in einen Puffer einzulesen und nach der Stringfolge »MemTotal« zu suchen. Anschließend kann der Wert mit der `sscanf()` aus dem Puffer in eine dafür vorgesehene Variable übergeben werden. Hier das mögliche Beispiel:

```
/* memory.c */
#include <stdio.h>
#include <stdlib.h>
#include <string.h>
#include <errno.h>

static long get_mem_total (void) {
   FILE *fp;
   char buffer[1024];
   size_t bytes_read;
   char *match;
   long mem_tot;

   if((fp = fopen("/proc/meminfo", "r")) == NULL) {
      perror("fopen()");
      exit(EXIT_FAILURE);
   }

   bytes_read = fread (buffer, 1, sizeof (buffer), fp);
   fclose (fp);
   if (bytes_read == 0 || bytes_read == sizeof (buffer))
      return 0;
   buffer[bytes_read] = '\0';
   /* Suchen nach der Stringfolge "Memtotal" */
   match = strstr (buffer, "MemTotal");
   if (match == NULL) /* Nicht gefunden */
      return 0;
   sscanf (match, "MemTotal: %ld", &mem_tot);
   return (mem_tot/1024); /* 1MB = 1024KB */
}

int main (void) {
  long memory = get_mem_total();
  if(memory == 0)
     printf("Konnte RAM nicht ermitteln\n");
  else
```

```
    printf("Vorhandener Arbeitsspeicher: %ldMB\n" ,memory);
  return EXIT_SUCCESS;
}
```

Das Programm bei der Ausführung:

```
$ gcc -o memory memory.c
$ ./memory
Vorhandener Arbeitsspeicher: 249MB
```

So oder so ähnlich können Sie in der Regel bei allen Informationen vorgehen, die Sie im /proc-Verzeichnis finden und benötigen. Sie sollten allerdings darauf achten, dass sich der Name des Eintrags im /proc-Verzeichnis bei neueren Kernel-Versionen ändern könnte. So könnte vielleicht in absehbarer Zeit aus /proc/meminfo /proc/more_meminfo (nur ein Beispiel) werden. Bedenken Sie dies, wenn Sie Ihr Programm auf dem Stand der Zeit halten wollen.

4.2 Hardware-/Systeminformationen ermitteln

Viele Einträge im /proc-Filesystem erlauben Ihnen, Informationen zur Hardware des Systems zu ermitteln. Das sind interessante Informationen für Systemadministratoren und auch für den Programmierer von Programmen. Hier einige häufig verwendete Einträge im Überblick.

Hinweis

Bei diesem Buch handelt es sich nicht um ein Buch zur Erklärung von Hardware. Sollten Sie keinerlei Kenntnisse vom Innenleben Ihres PC haben, dann wäre zusätzliche Literatur recht sinnvoll.

4.2.1 CPU-Informationen – /proc/cpuinfo

/proc/cpuinfo beinhaltet Informationen zur CPU (Prozessor) oder zu den CPUs, die auf Ihrem System laufen. Ausgegeben wird dabei die Anzahl der Prozessoren. Ist der Wert von »processor« wie im Beispiel 0, so kann dies bedeuten, dass es sich um ein Single-Prozessor-System handelt.

Hinweis

Auf SMP (Multi-CPU-Maschinen) ist der Wert von processor ... nicht direkt 0, sondern es wird für jeden Prozessor einzeln »processor, vendor_id« etc. angezeigt, weshalb »*auf 0 gesetzt*« nicht ganz korrekt ist.

Weitere Daten finden Sie zu der CPU-Familie, dem Modell, der Frequenz, der Revision und noch einigem mehr. Hierzu ein Ausschnitt aus meinem System:

```
$ cat /proc/cpuinfo
processor       : 0
vendor_id       : GenuineIntel
```

```
cpu family      : 15
model           : 2
model name      : Intel(R) Pentium(R) 4 CPU 1.60GHz
stepping        : 4
cpu MHz         : 1594.865
cache size      : 512 KB
fdiv_bug        : no
hlt_bug         : no
f00f_bug        : no
coma_bug        : no
fpu             : yes
fpu_exception   : yes
cpuid level     : 2
wp              : yes
flags           : fpu vme de pse tsc msr pae mce cx8 sep mtrr pge mca cmov pat
  pse36 clflush dts acpi mmx fxsr sse sse2 ss ht tm
bogomips        : 3185.04
```

Für mehr Informationen zur CPU sei die Dokumentation zu *cpuid* des Intel Architecture Software Developers Manual, Volume 2, empfohlen.

4.2.2 Geräteinformationen – /proc/devices

Hier sind Informationen zu allen verfügbaren Geräten (zeichen- und blockorientiert) wie der Festplatte, dem Diskettenlaufwerk, der seriellen und parallelen Schnittstelle usw. aufgelistet.

4.2.3 Speicherauslastung – /proc/meminfo

(S. o. unter 4.1.) In dieser Pseudo-Datei kann der aktuelle Speicherstatus ausgelesen werden. Angezeigt werden der vorhandene und der belegte Speicher (sowohl der physikalische als auch der Swap-Speicher). Ebenfalls lässt sich ermitteln, wie viel davon für geteilten Speicher (Shared Memory), Puffer und Caches belegt ist, die der Kernel benutzt.

4.2.4 Weitere Hardware-Informationen zusammengefasst

Es gibt natürlich noch eine Menge mehr Informationen zur Hardware im `/proc`-Verzeichnis, die allerdings zum Teil auch von der Konfiguration des Systems abhängt. Hierzu eine kleine Zusammenfassung zu weiteren gängigen Einträgen im `/proc`-Verzeichnis.

Verzeichniseintrag	Bedeutung
`/proc/dma`	Liste von belegten DMA-Kanälen, die für einen Treiber reserviert sind, und der Name des Treibers
`/proc/interrupts`	Liste der benutzten Interrupts mit Anzahl der passierten Interrupts seit Systemstart, Typ des Interrupts und Angabe, durch welche Module dieser Interrupt verwendet wird

Tabelle 4.1 Systeminformationen im /proc-Verzeichnis

Verzeichniseintrag	Bedeutung
`/proc/ioports`	Eine Liste aller belegten IO-Ports für die Ein-/Ausgabe wie die Festplatte, Ethernet, Soundkarte, Modem, USB etc. (gemappte Hardware-Speicherbereiche finden sich in `/proc/iomem`).
`/proc/stat`	Allgemeine Informationen über den Status der Prozessoren. Diese Informationen werden vom Programm procinfo verwendet und übersichtlich aufgelistet.
`/proc/uptime`	Anzahl der Sekunden, seitdem das System gestartet ist, und wie lange davon die CPU mit dem *Nichts*tun (HLT) (Leerlaufzeit = engl. *idle*) verbracht hat
`/proc/scsi/`	Unterverzeichnis mit Informationen zu SCSI-Geräten
`/proc/scsi/scsi`	Sofern Sie eine SCSI-Schnittstelle besitzten, finden Sie hier eine Auflistung aller Geräte.
`/proc/ide/`	Unterverzeichnis mit Informationen zu IDE-Geräten
`/proc/apm`	Informationen zum Advanced Power Management (z. B. ein Text wie »AC offline« bedeutet, dass ein Notebook im Batteriebetrieb läuft)
`/proc/mounts`	Liste aller »gemounteten« Dateisysteme
`/proc/net/`	Unterverzeichnis zu Netzwerkinformationen
`/proc/loadavg`	Duchschnittliche Systemauslastung (eine Minute, drei Minuten, fünf Minuten, aktive Prozesse/Anzahl Prozesse, und zuletzt benutzte PID)

Tabelle 4.1 Systeminformationen im /proc-Verzeichnis (Forts.)

Das folgende Listing soll Ihnen jetzt demonstrieren, wie einfach es ist, aus dem System nützliche Informationen zur Hardware ausgeben zu lassen. Das Beispiel stellt eine einfache Schnittstelle dar, die es zu erweitern gilt. Damit haben Sie schon die Grundlage für ein Systemprogramm zur Hand. Sollte es ein Konsolenprogramm werden, dann müssten Sie die Ausgabe benutzerfreundlich anpassen; ebenfalls dann, wenn Sie nur einzelne Informationen ausgeben wollen. Natürlich können Sie über das Programm auch ein grafisches Frontend ziehen. Denn auch die Systemprogramme von KDE oder GNOME machen nichts anderes, als die Daten aus dem `/proc`-Filesystem zu lesen und entsprechend auszugeben.

```
/* myinfo.c */
#include <stdio.h>
#include <stdlib.h>
#include <string.h>
#include <errno.h>
#define BUF 4096 /* Anpassen */

enum { CPU, DEV, DMA, INT, IOP, MEM, VERS, SCSI, EXIT };

static const char *info[] = {
   "/proc/cpuinfo", "/proc/devices", "/proc/dma",
   "/proc/interrupts", "/proc/ioports", "/proc/meminfo",
   "/proc/version", "/proc/scsi/scsi"
 };

static void get_info (const int inf) {
   FILE *fp;
```

```
   char buffer[BUF];
   size_t bytes_read;

   if((fp = fopen(info[inf], "r")) == NULL) {
      perror("fopen()");
      return;
   }
   bytes_read = fread (buffer, 1, sizeof (buffer), fp);
   fclose (fp);
   if (bytes_read == 0 || bytes_read == sizeof (buffer))
      return;
   buffer[bytes_read] = '\0';

   printf("%s",buffer);
   printf("Weiter mit ENTER");
   getchar();
   return;
}

int main (void) {
   int auswahl;
   do {
      printf("Wozu benötigen Sie Informationen?\n\n");
      printf("-%d- Prozessor\n", CPU);
      printf("-%d- Geräte\n", DEV);
      printf("-%d- DMA\n", DMA);
      printf("-%d- Interrupts\n", INT);
      printf("-%d- I/O-Ports\n", IOP);
      printf("-%d- Speicher\n", MEM);
      printf("-%d- Version\n", VERS);
      printf("-%d- SCSI\n", SCSI);
      printf("-%d- Programmende\n", EXIT);
      printf("\nIhre Auswahl : ");
      do{ scanf("%d",&auswahl); } while(getchar() != '\n');

      switch(auswahl) {
         case CPU : get_info(CPU);   break;
         case DEV : get_info(DEV);   break;
         case DMA : get_info(DMA);   break;
         case INT : get_info(INT);   break;
         case IOP : get_info(IOP);   break;
         case MEM : get_info(MEM);   break;
         case VERS: get_info(VERS);  break;
         case SCSI: get_info(SCSI);  break;
         case EXIT: printf("Bye\n"); break;
         default  : printf("Falsche Eingabe?\n");
      }
   } while(auswahl != EXIT);
   return EXIT_SUCCESS;
}
```

Das Programm im Einsatz:

```
$ ./myinfo
Wozu benötigen Sie Informationen?

-0- Prozessor
-1- Geräte
-2- DMA
-3- Interrupts
-4- I/O-Ports
-5- Speicher
-6- Version
-7- SCSI
-8- Programmende

Ihre Auswahl : 7
Attached devices:
Host: scsi0 Channel: 00 Id: 00 Lun: 00
  Vendor: VMware,  Model: VMware Virtual S Rev: 1.0
  Type:    Direct-Access    ANSI  SCSI revision: 02
Host: scsi2 Channel: 00 Id: 00 Lun: 00
  Vendor: MATSHITA Model: DVD-RAM UJ-850S  Rev: 1.60
  Type:    CD-ROM             ANSI  SCSI revision: 05
Weiter mit ENTER
```

Hinweis

Fragen zum Löschen des Bildschirms in einem Terminal werden in Kapitel 13, »Terminal E/A und Benutzerschnittstellen für die Konsole«, beantwortet.

4.3 Prozessinformationen

Neben Hardware-Informationen können Sie aus dem `/proc`-Filesystem auch Informationen zu den einzelnen Prozessen ermitteln. Auch Programme wie `ps` oder `top` nutzen diese Möglichkeit, um Ihnen Informationen zu einem Prozess zu liefern. Den Prozessen und deren Verwaltung ist extra noch ein Kapitel gewidmet. Das `/proc`-Filesystem beinhaltet für jeden Prozess extra ein Unterverzeichnis. Der Name des Verzeichnisses entspricht der Prozess-ID. Lassen Sie sich am besten das `/proc`-Verzeichnis ausgeben:

```
$ ls -l /proc | less
dr-xr-xr-x    3 root     root      0 2003-11-13 23:46 1
dr-xr-xr-x    3 root     root      0 2003-11-13 23:46 12
dr-xr-xr-x    3 root     root      0 2003-11-13 23:46 1201
dr-xr-xr-x    3 root     root      0 2003-11-13 23:46 1278
dr-xr-xr-x    3 bin      root      0 2003-11-13 23:46 1303
...
dr-xr-xr-x    4 root     root      0 2003-11-13 23:47 tty
-r--r--r--    1 root     root      0 2003-11-13 23:47 uptime
```

```
-r--r--r--    1 root    root    0 2003-11-13 23:47 version
dr-xr-xr-x    3 root    root    0 2003-11-13 23:47 video
```

Diese Verzeichnisse werden als Prozessverzeichnisse bezeichnet, da sich diese auf die Prozess-ID (PID) beziehen (komischerweise taucht es in den 2.6er-Sources als »TGID« auf ...) und Informationen zu diesem Prozess beinhalten. Eigentümer und Gruppe eines jeden solchen PID-Verzeichnisses werden auf die ID des Benutzers, der den Prozess ausführt, gesetzt. (Eine nachträgliche Änderung über `setuid()` ändert nur den Eigentümer des Verzeichnisses, nicht den der Dateien.) Nach Beendigung des Prozesses wird der Eintrag im `/proc`-Verzeichnis ebenfalls wieder gelöscht. Während der Ausführung eines Prozesses können Sie aus dem Verzeichnis die nun folgenden nützlichen Informationen dazu erhalten:

```
#include <unistd.h.>
int main(void) { setuid(25); while(1); }
```

Im Hintergrund ausführen (»`./a.out &`«) und reingucken:

```
# ./a.out &
[1] 2275
# ls -l /proc/2275/
insgesamt 0
-r--r--r--  1 tot  users  0 2004-08-14 02:36  cmdline
-r--------  1 tot  users  0 2004-08-14 02:36  environ
lrwxrwxrwx  1 tot  users  0 2004-08-14 02:36  exe->./a.out
dr-x------  2 tot  users  0 2004-08-14 02:36
fd-rw------ 1 tot  users  0 2004-08-14 02:36  mapped_base
-r--r--r--  1 tot  users  0 2004-08-14 02:36  maps
-rw-------  1 tot  users  0 2004-08-14 02:36  mem
-r--r--r--  1 tot  users  0 2004-08-14 02:36  mounts
lrwxrwxrwx  1 tot  users  0 2004-08-14 02:36  root -> /

-r--r--r--  1 tot  users  0 2004-08-14 02:36  stat
-r--r--r--  1 tot  users  0 2004-08-14 02:36  statm
-r--r--r--  1 tot  users  0 2004-08-14 02:36  status
```

Gilt auch für `seteuid()` und `setreuid()`.

4.3.1 /proc/$pid/cmdline

Sie finden z. B. ein Verzeichnis mit der ID 2167 und wollen wissen, was in der Kommandozeile des Prozesses steht, dann müssen Sie nur `cmdline` abfragen:

```
$ cat /proc/2167/cmdline
anjuta
```

Der Prozess mit der ID 2167 ist also das Programm (die Entwicklungsumgebung) *Anjuta* bei der Ausführung. Wollen Sie alle Prozesse ausgeben lassen, können Sie dies auch folgendermaßen machen:

```
# cat /proc/[0-9]*/cmdline
```

Da die Ausgabe allerdings zu wünschen übrig lässt, sollten Sie hierfür das Kommando `strings` einsetzen:

```
# strings -f /proc/[0-9]*/cmdline
```

Und schon bekommen Sie alle zu den Prozess-IDs gehörenden Namen ausgegeben. Mit `cmdline` können Sie eine einzelne Zeile des Prozesses ausgeben, worin der Name (oder auch das Kommando) des Programms mit allen Argumenten enthalten ist.

Falls *strings* bei Ihnen nicht machen will, was es soll, können Sie auch folgende Eingabe verwenden:

```
# grep -Ha "" /proc/[0-9]*/cmdline | tr '\0' " "
```

4.3.2 /proc/$pid/environ

Jeder Prozess hat außerdem auch eine Prozessumgebung. Welche Umgebungsvariablen für welchen Prozess gesetzt sind, können Sie mit `environ` im `/proc`-Verzeichnis der Prozess-ID erfragen. Hier soll weiterhin der Prozess mit der ID 2167, die Entwicklungsumgebung *Anjuta*, beobachtet werden:

```
$ strings -f /proc/2167/environ
/proc/2167/environ: LESSKEY=/etc/lesskey.bin
/proc/2167/environ:MANPATH=/usr/local/man:/usr/share/man:/..
/proc/2167/environ:INFODIR=/usr/local/info:/usr/share/...
/proc/2167/environ: NNTPSERVER=news
...
/proc/2167/environ: KDE_FULL_SESSION=true
/proc/2167/environ: KDE_MULTIHEAD=false
/proc/2167/environ: SESSION_MANAGER=local/linux:/tmp/.IC...
/proc/2167/environ: KDE_STARTUP_ENV=linux;1068759934;528706;1890
```

Wenn es auch hier wieder nicht mit *strings* klappen sollte, dann sollten Sie es mit Folgendem probieren:

```
# tr '\0' '\n' < /proc/2167/environ
```

4.3.3 /proc/self

Wollen Sie die aktuelle Prozess-ID Ihres eigenen Programms ermitteln, so können Sie `/proc/self` auswerten. Bei diesem Eintrag handelt es sich um einen symbolischen Link des aktuell laufenden Prozesses. Das aktuelle Programm sollten Sie aber nicht mit der Shell verwechseln (versuchen Sie selbst: `ls -dl /proc/self` und `ls -dl /proc/$$`). Diesen symbolischen Link können Sie mit der Funktion `readlink()` auslesen. Hier ein Listing, das demonstriert, wie Sie die Prozess-ID des aktuell laufenden Programms ermitteln können:

```
/* my_getpid.c */
#include <stdio.h>
#include <stdlib.h>
#include <string.h>
#include <sys/types.h>
#include <unistd.h>

int main (void) {
```

```
    char buf[64];
    int pid;

    memset(buf, '\0', sizeof(buf));
    readlink("/proc/self", buf, sizeof(buf) - 1);
    sscanf(buf, "%d", &pid);
    printf("Meine Prozess-ID lautet: %d\n", pid);
    return EXIT_SUCCESS;
}
```

Das Programm bei seiner Ausführung:

```
$ gcc -o my_getpid my_getpid.c
$ ./my_getpid
Meine Prozess-ID lautet: 2256
```

Hinweis

Das Beispiel stellt natürlich nur eine Demonstration dar. In der Praxis werden Sie auf die Funktion `getpid()` für die Ermittlung der Prozess-ID des laufenden Programms zurückgreifen.

4.3.4 /proc/$pid/fd/

Ein weiterer Eintrag ist `fd`, ein Unterverzeichnis, das alle Einträge von Filedeskiptoren beinhaltet, die ein Prozess geöffnet hat. Jeder Eintrag darin ist ein symbolischer Link, der auf eine bestimmte Datei lesend oder schreibend zurückgreift. Natürlich sind hierbei auch immer die Standard-Filedeskriptoren (0, 1, 2) enthalten (es sei denn, sie wurden geschlossen, was viele Dämonen etc. tun!). Öffnen Sie eine Konsole, und geben Sie `ps` ein:

```
$ ps
 PID TTY          TIME CMD
 1988 pts/1    00:00:00 bash
 2827 pts/1    00:00:00 ps
```

Wollen Sie jetzt wissen, welche Filedeskiptoren *bash* offen hat, machen Sie Folgendes:

```
$ ls -l /proc/1988/fd/
insgesamt 0
lrwx------ 1 tot   users   64 2003-11-14 00:50 0->/dev/pts/1
lrwx------ 1 tot   users   64 2003-11-14 00:50 1->/dev/pts/1
lrwx------ 1 tot   users   64 2003-11-14 00:50 2->/dev/pts/1
```

Hierbei können Sie die drei Standard-Filedeskriptoren als symbolischen Link auf dem Pseudo-Terminal `pts/1` wieder erkennen. Sie können jetzt ohne weiteres auf diese Filedeskriptoren zugreifen:

```
$ echo "Ein Beweis gefällig?" > /proc/1988/fd/1
Ein Beweis gefällig?
```

Hier wurde die Standardausgabe von `echo` auf die eigentliche Standardausgabe des Pseudo-Terminals »geleitet«.

4.3.5 /proc/$pid/statm

Informationen zur Speicherbelegung eines Prozesses werden im `statm`-File hinterlegt. Wollen Sie z. B. die Speicherbelegung der Entwicklungsumgebung *Anjuta* ermitteln, gehen Sie folgendermaßen vor:

```
$ cat /proc/2167/statm
2671 2670 1678 302 0 2368 992
```

Sie bekommen dabei sieben verschiedene Zahlen zurück. Hier die Bedeutung der einzelnen Zahlen von links nach rechts:

- Gesamte Programmgröße in Kilobyte
- Größe von Speicherteilen in Kilobyte
- Anzahl von »geshareten« Seiten (so genannte Pages)
- Anzahl Seiten von Programmcode
- Anzahl Seiten von Stack/Daten
- Anzahl Seiten von Bibliotheksprogrammcode
- Anzahl von unsauberen Seiten

Es gibt noch weitere nützliche Informationen zu den Prozessen, die Sie jetzt in der folgenden Tabellen aufgelistet finden. `$pid` ersetzen Sie bitte für eine echte Prozess-ID.

Verzeichniseintrag	Bedeutung
`/proc/$pid/status`	Darin finden Sie die formatierten Informationen, die Sie ebenfalls mit `/proc/$pid/stat` (allerdings nicht formatiert) ermitteln können. Dies sind Informationen wie die Prozess-ID, die reale und effektive User- und Group-ID, Speicherverbrauch, Bitmasken usw.
`/proc/$pid/stat`	Siehe `/proc/$pid/status`. Dies ist eine etwas kompaktere Datei, die sich besser als »status« mit `sscanf()` oder `fscanf()` verwenden lässt.
`/proc/$pid/cwd`	Ein symbolischer Link zum aktuellen Arbeitsverzeichnis des Prozesses
`/proc/$pid/exe`	Ein Verweis auf die ausführbare Programmdatei
`/proc/$pid/root`	Ein Link zum Root-Verzeichnis, das als Wurzelverzeichnis für den Prozess gilt (siehe `chroot()`)
`/proc/$pid/maps`	Beinhaltet Speicher-Mappings zu den verschiedenen laufenden Dateien und Bibliotheken, die mit diesem Prozess zusammenhängen. Die Datei kann sehr lang werden, wenn ein umfangreicher Prozess ausgeführt wird.

Tabelle 4.2 Prozessinformationen in den individuellen PID-Verzeichnissen

4.4 Kernel-Informationen

Viele Einträge im `/proc`-Verzeichnis geben auch Informationen zum laufenden Kernel aus. Der Ort der Kernel-Informationen ist unterschiedlich, viele liegen im `/proc`-Verzeichnis selbst und weitere in den Unterverzeichnissen wie `/proc/sys` oder `/proc/sys/kernel`.

Hierzu einige häufig benötigte Informationen, die in viele Anwendungen integriert sind:

```
$ cat /proc/sys/kernel/ostype
Linux
$ cat /proc/sys/kernel/osrelease
2.6.27-7-generic
$ cat /proc/sys/kernel/version
#1 SMP Tue Jan 4 19:33:20 UTC 2009
$ cat /proc/sys/kernel/ctrl-alt-del
0
```

Zuerst wurde abgefragt, was für ein Betriebssystem genau hier läuft (`ostype`), dann die Version des Kernels (`osrelease`) und wann dieser Kernel kompiliert wurde (`version`). Bei der letzten Abfrage wird überprüft, ob `ctrl-alt-del` gesetzt ist. Damit können Sie beeinflussen, ob *init* bei der Tastenkombination [Ctrl]+[Alt]+[Del] eine Aktion ausführen soll. Steht »`ctrl-alt-del`« auf 1, wird bei Tastendruck sofort ein BIOS-Reboot angeordnet. Steht »`ctrl-alt-del`« allerdings auf 0, wird *init* dazu angehalten, das System ordentlich herunterzufahren Wollen Sie diesen Parameter verändern, müssen Sie sich schnell als Superuser darstellen:

```
$ su
Password:********
# echo 1 >> /proc/sys/kernel/ctrl-alt-del
# exit
exit
$ cat /proc/sys/kernel/ctrl-alt-del
1
```

Ein weiteres Beispiel. Sie haben eine CD-ROM eingelegt und gemountet. Nachdem Sie die Daten von der CD-ROM gelesen haben, werfen Sie die CD-ROM ordnungsgemäß mit *umount* wieder aus und fahren anschließend das System herunter. Jetzt benötigen Sie aber die CD-ROM für einen Bekannten. Somit müssen Sie den PC leider nochmals anschalten. Wäre doch nett, wenn beim Ausgeben der CD-ROM die CD ausgeworfen wird. Für solche Fälle ist der Eintrag in `/proc/sys/dev/cdrom/autoeject` zuständig. Der Wert ist mit der Voreinstellung 0 versehen. Folgendermaßen können Sie dabei vorgehen, um den Wert auf 1 zu setzen:

```
$ mount /media/cdrom
$ cat /proc/sys/dev/cdrom/autoeject
0
$ su
Password:********
# echo 1 >> /proc/sys/dev/cdrom/autoeject
# exit
exit
$ cat /proc/sys/dev/cdrom/autoeject
1
$ umount /media/cdrom
```

Beim Aushängen des CD-ROM-Laufwerkes müsste jetzt die CD ausgeworfen werden. Dieses nette Feature zeigt allerdings schon recht früh seine Schattenseiten, z. B. wenn die Hardwareerkennung oder das Installationsprogramm das Device mehrmals öffnet und schließt.

Besonders fies auf engem Raum, wo Ihr CD-Laufwerk leiden wird, wenn es sich nicht vollständig öffnen kann.

Sie hacken übrigens damit nicht im System herum. Viele dieser Kernel-Parameter wurden bewusst so implementiert, damit Sie den Bedürfnissen der Anwender angepasst werden können, um ein höchstes Maß an Flexibilität zu erreichen. Da dabei in der Regel Superuser-Rechte benötigt werden, sind diese Einstellungen meistens für den Systemadministrator vorgesehen. Daher macht es relativ wenig Sinn, wenn Sie in Ihrer Anwendung, die Sie schreiben, versuchen, die Kernel-Parameter zu verändern. Dies würde bedeuten, dass Ihre Anwendung im Superuser-Modus laufen müsste. Bedenken Sie, dass dies nicht immer möglich ist – und auch nicht sein sollte.

Für administrative Zwecke soll hierfür jedoch eine solche Anwendung erstellt werden. Aber wie schon erwähnt, Sie benötigen Superuser- Rechte (bzw. root-Rechte) für dieses Programm, sollten Sie etwas verändern wollen. Versucht der normale Anwender, etwas zu verändern, bekommt er ein »Permission denied« zurückgegeben. Hier das Beispiel mit anschließender Erläuterung.

```
/* kernelinf.c */
#include <stdio.h>
#include <stdlib.h>
#include <errno.h>
#include <sys/stat.h>
#include <sys/types.h>
#include <unistd.h.>
#include <string.h>
#define BUF 4096

enum { EJECT, FILE_MAX, SHARED_MAX  };
enum { CDINFO, OS, RELEASE, VERSION };

static const char *sys[] = {
  /* Bei umount CD auswerfen */
  "/proc/sys/dev/cdrom/autoeject",
  /* max. Anzahl geöffneter Dateien pro Prozess */
  "/proc/sys/fs/file-max",
  /*max. Größe geteilter Speicher (Shared Memory) */
  "/proc/sys/kernel/shmmax"
};

static const char *info[] = {
  "/proc/sys/dev/cdrom/info",   /* Infos zur CD-ROM        */
  "/proc/sys/kernel/ostype",    /* Welches Betriebssystem  */
  "/proc/sys/kernel/osrelease"  /* Kernel-Version          */
  "/proc/sys/kernel/version"    /* Kernel von wann         */
};

static char *get_info (const char *inf) {
  FILE *fp;
  static char buffer[BUF];
```

```
  size_t bytes_read;

  fp = fopen (inf, "r");
  if (fp == NULL) {
    perror("fopen()");
    return NULL;   /* Fehler beim Öffnen */
  }
  bytes_read = fread (buffer, 1, sizeof (buffer), fp);
  fclose (fp);
  if (bytes_read == 0 || bytes_read == sizeof (buffer))
    return NULL;
  buffer[bytes_read] = '\0';
  return buffer;
}


static void set_sys (const char *sys, unsigned long set) {
  FILE *fp;
  char buf[32];

  fp = fopen (sys, "w");
  if (fp == NULL) {
    perror ("fopen()");
    printf ("Weiter mit ENTER\n");
    getchar ();
    return;
  }
  sprintf(buf, "%ld", set);
  fprintf (fp, "%s", buf);
  fclose (fp);
  return;
}

int main (int argc, char **argv) {
  int auswahl;
  unsigned int file_max;
  unsigned long shared_max;

  do {
    printf ("Aktueller Zustand\n");
    printf ("Betriebssystem : %s", get_info (info[OS]));
    printf ("Kernel-Version  : %s",
       get_info (info[RELEASE]));
    printf ("Datum          : %s",
       get_info (info[VERSION]));
    printf ("-----------------------------------\n");
    printf ("Verändern können Sie Folgendes ...\n");
    printf ("-0- Bei \"umount\"  CD auswerfen"
            " Aktuell:%s", get_info (sys[EJECT]));
    printf ("-1- Max. Anzahl geöffneter Dateien pro"
```

```
            " Prozess     Aktuell:%s",
              get_info (sys[FILE_MAX]));
    printf ("-2- Max. Größe des geteilten Speichers"
            " (KB)     Aktuell %s",
              get_info (sys[SHARED_MAX]));
    printf ("-----------------------------------\n");
    printf ("Informationen bekommen Sie zu ...\n");
    printf ("-3- CD-ROM\n");
    printf ("-----------------------------------\n");
    printf ("-4- ENDE\n");
    printf ("Ihre Auswahl bitte (0-4) : ");

    do { scanf ("%d", &auswahl); } while (getchar ()!='\n');
    switch (auswahl) {
    case EJECT:
      if (strncmp ("0", get_info (sys[EJECT]),1) == 0)
        set_sys (sys[EJECT], 1); /* Setzen      */
      else                       /* Zurücksetzen */
        set_sys (sys[EJECT], 0);
      break;
    case FILE_MAX:
      printf ("Welcher Wert soll gesetzt werden : ");
      do{ scanf("%d", &file_max); } while (getchar()!='\n');
      set_sys (sys[FILE_MAX], file_max);
      break;
    case SHARED_MAX:
      printf ("Welcher Wert soll gesetzt werden : ");
      do { scanf("%ld", &shared_max); }
      while (getchar()!='\n');
      set_sys (sys[SHARED_MAX], shared_max);
      break;
    case 3:
      printf ("%s", get_info (info[CDINFO]));
      printf ("Weiter mit ENTER\n");
      getchar ();
      break;
    case 4:
      printf("Programm wird beendet\n");
      break;
    default:
      printf ("Unbekannte Eingabe\n");
    }
  } while (auswahl != 4);
  return EXIT_SUCCESS;
}
```

Das Programm bei der Ausführung:

```
$ gcc -o kernelinf kernelinf.c
$ ./kernelinf
Aktueller Zustand
```

```
Betriebssystem : Linux
Kernelversion  : 2.6.27-7-generic
Datum          : #1 SMP Tue Jan 4 19:33:20 UTC 2009
-----------------------------------
Verändern können Sie folgendes ...
-0- Bei "umount"  CD auswerfen Aktuell:0
-1- Max. Anzahl geöffneter Datei pro Prozess  Aktuell:49594
-2- Max. Größe des geteiltem Speicher (KB)    Aktuell 33554432
-----------------------------------
Informationen bekommen Sie zu ...
-3- CD-ROM
-----------------------------------
-4- ENDE
Ihre Auswahl bitte (0-4) :
```

Neben dem Auswerfen der CD-ROM bei *umount* können hier noch die maximale Anzahl gleichzeitig geöffneter Dateien pro Prozess und die maximale Größe des geteilten Speichers (Shared Memory) verändert werden. Diese Veränderungen können aber wie bereits erwähnt nur mit speziellen Rechten vorgenommen werden. Informationen zum CD-ROM-Laufwerk, was es alles kann, können wieder für alle Anwender aufgelistet werden.

Bitte beachten Sie, dass diese Art von Veränderungen der Kernel-Parameter nur für den laufenden Betrieb gültig ist. Sobald Sie das System herunterfahren und wieder starten, sind die Werte wieder auf ihren Ursprungszustand gestellt. Wollen Sie eine dauerhafte Veränderung bewirken, müssen Sie sich die Datei `sysctl.conf` im Verzeichnis `/etc` vornehmen. Diese Datei können Sie auch mit dem gleichnamigen Kommando `sysctl` verändern. Wollen Sie z. B. mit `sysctl` autoeject verändern, gehen Sie wie folgt vor (root-Rechte):

```
# sysctl -w dev.cdrom.autoeject=0
dev.cdrom.autoeject = 0
# sysctl -w dev.cdrom.autoeject=1
dev.cdrom.autoeject = 1
```

Auf die Angaben von `/proc/sys` können Sie dabei verzichten, und anstelle eines Slashs wird ein Punkt verwendet.

Wollen Sie wissen, mit welchem Befehl der Kernel beim Booten gestartet wurde, können Sie ihn mit `cmdline` erfragen:

```
$ cat /proc/cmdline
root=/dev/hda6 vga=0x0314  hdc=ide-scsi hdclun=0 splash=silent
```

Oder Linux 2.6 mit LILO 22.3.4:

```
auto BOOT_IMAGE=2.6.4-HX ro root=301
```

Zu den verschiedenen Bootoptionen sei hier der Verweis auf die *bootparam(7)* Manual Page gegeben. Es gibt noch weitaus mehr zu den Kernel-Informationen zu sagen, aber das würde den Rahmen des Buches bei weitem sprengen und am Thema der Linux-Programmierung vorbeigehen.

4.4.1 /proc/locks

Mit dieser Datei werden alle Dateien angezeigt, die im Augenblick vom Kernel gesperrt werden (vgl. Kapitel 2 über `flock()` und `lockf()`). Diese Ausgabe enthält interne Kernel-Debugging-Daten und kann daher logischerweise je nach System stark variieren.

```
1: FLOCK ADVISORY WRITE 807 03:05:308731 0 EOF c2ac0 c0248 c2a220
2: POSIX ADVISORY WRITE 708 03:05:308720 0 EOF c2a1c c2ac4 c02548
```

In der ersten Spalte besitzt jeder Lock eine einmalige Zahl gefolgt vom Typ des Locks. Mögliche Ausgaben sind hier FLOCK (meist bei älteren UNIX-Datei-Locks mit dem Systemaufruf `flock()`) und POSIX (bei neueren POSIX-Locks mit dem Systemaufruf `lockf()`).

Der Wert ADVISORY der dritten Spalte bedeutet, dass ein weiterer Datenzugriff für andere Benutzer möglich ist, aber keine weiteren Lock-Versuche mehr erlaubt sind. Ein anderer Wert hierfür wäre MANDATORY, was bedeutet, dass hier keine Datenzugriffe mehr möglich sind, solange der Lock vorhanden ist. In der vierten Spalte befinden sich die Lese- oder Schreibrechte (READ, WRITE) des Eigentümers. Die fünfte Spalte enthält die PID des Lock-Eigentümers. Die ID der gelockten Datei finden Sie in der sechsten Spalte mit folgendem Format:

```
MAJOR-DEVICE:MINOR-DEVICE:INODE-NUMBER
```

Die Spalten sechs und sieben zeigen Anfang und Ende der gelockten Region. Im Beispiel gilt die Sperre vom Anfang 0 bis zum Ende (EOF) der Datei. Die letzten Spalten zeigen auf Kernel-interne Datenstrukturen für spezielle Debugging-Funktionen.

4.4.2 /proc/modules

In `/proc/modules` finden Sie eine Liste von allen Modulen, die vom System geladen wurden. Auch hierbei hängt die Ausgabe von den Einstellungen des Systems ab.

```
$ cat /proc/modules
isofs 40100 1 - Live 0xe0c36000
udf 88356 0 - Live 0xe0c94000
crc_itu_t 10112 1 udf, Live 0xe0bff000
btusb 19736 0 - Live 0xe0c23000
nls_iso8859_1 12032 1 - Live 0xe0c1f000
nls_cp437 13696 1 - Live 0xe0c09000
vfat 18816 1 - Live 0xe0c03000
fat 57376 1 vfat, Live 0xe0c0f000
ipv6 263972 15 - Live 0xe0c52000
....
....
```

In der ersten Spalte befindet sich jeweils der Name des geladenen Moduls, gefolgt von der Speichergröße in Bytes. In der dritten Spalte wird angezeigt, wie oft das Modul gerade benutzt wird (*usage count*). In der letzten Spalte finden Sie die Module, die benötigt werden, damit andere Module funktionieren. Zum Beispiel benötigt das Modul *cdrom* das Modul *ide-cd*, um ordentlich ausgeführt zu werden. »`autoclean`« gibt an, ob sich das Modul nach einer gewissen Zeit selbst deaktiviert, »`unused`«, dass es nicht benutzt wird.

4.5 Filesysteme

Weitere Informationen, die Sie im /proc-Verzeichnis finden, sind die über verschiedene Filesysteme und welche dabei eingehängt (»gemountet«) sind. Das Verzeichnis /proc/filesystems z. B. listet alle Filesysteme auf, die dem Kernel bekannt sind und womit dieser arbeiten kann. Einige davon sind intern und können nicht gemountet werden, auch wenn sie hier aufgelistet werden. Dazu zählt z. B. *pipefs*; wobei diese Auflistung nicht vollständig ist. Denn es gibt noch viele Filesysteme, die nachgeladen werden können und gerade nicht aktiv sind. Andere wiederum sind nur statisch gelinkt und werden erst bei Bedarf aktiviert.

4.5.1 /proc/mounts

Was alles gerade eingehängt ist, finden Sie in /proc/mounts verzeichnet, z. B.:

```
rootfs / rootfs rw 0 0
/dev/root / reiserfs rw 0 0
proc /proc proc rw 0 0
sysfs /sys sysfs rw 0 0
devpts /dev/pts devpts rw 0 0
tmpfs /dev/shm tmpfs rw 0 0
/dev/hda2 /C vfat rw,nodiratime,fmask=0022,dmask=0022,codepage=cp437 0 0
usbdevfs /proc/bus/usb usbdevfs rw 0 0
/dev/hdb /F iso9660 ro,nosuid,nodev 0 0
```

Die Ausgabe von /proc/mount entspricht (fast) exakt der Ausgabe von /etc/mtab, nur dass /etc/mtab von *mount* verwaltet wird und somit nur Dateisysteme auflistet, die mit */bin/mount* eingehängt worden sind, nicht jedoch z. B. der Systemcall mount().

In der ersten Spalte einer jeden Zeile finden Sie das Gerät und in der zweiten Spalte den dazugehörenden Mountpoint. Der Dateisystemtyp wird in der dritten Spalte aufgelistet. Ob darauf nur lesend (ro) oder auch schreibend (rw) zugegriffen werden kann, wird – nebst anderen möglichen Optionen – in der vierten Spalte angezeigt. Die letzten beiden Spalten sind Dummy-Werte, damit das /proc/mount-Format exakt dem von /etc/mtab entspricht.

4.6 Weiterführendes

Zum /proc-Verzeichnis könnten noch viele Seiten geschrieben werden, aber irgendwo muss Schluss sein. Sie wissen jetzt, wenn Sie bestimmte Informationen für Ihr Programm oder auch zur Administration benötigen, wo und wie Sie an diese Informationen herankommen. Weitere Informationen zum /proc-Verzeichnis finden Sie auf der Manual Page »*man 5 proc*«.

Dass Linux frei im Quellcode ist (Open Source), weiß – denke ich – schon jeder. Daher hierzu einige Anwendungen, deren Quellcode zu studieren sinnvoll erscheint, da diese kräftig Gebrauch vom /proc-Verzeichnis machen.

Anwendung	Beschreibung
mount	Informationen über gemountete Datenträger
ps	Informationen über Prozesse
top	Auslastung der CPU
xload	Durchschnittliche Auslastung des Systems
xosview	Durchschnittliche Auslastung des Systems, der CPU, des Speicherbedarf, Interrupts ...

Tabelle 4.3 Anwendungen, die vom /proc-Verzeichnis profitieren

Damit auch einfach autorisierte Prozesse Zugriff auf die Hardware-Komponenten des Systems haben, können die Devices (Gerätedateien) verwendet werden.

5 Devices – eine einfache Verbindung zur Hardware

Damit das Betriebssystem mit der Hardware kommunizieren kann (vereinfacht ausgedrückt), wird in Linux (wie in den meisten anderen Betriebssystemen auch) ein Gerätetreiber dafür verwendet. Unter Linux ist dieser Treiber immer ein Teil des Kernels und kann entweder statisch hinzugelinkt oder auf Anfrage als Kernel-Modul nachgeladen werden. Da ein Gerätetreiber ein Teil des Kernels ist, kann aus Sicherheitsgründen nicht direkt darauf mit einem normal laufenden Prozess zugegriffen werden. Um aber jetzt dennoch auf Hardware-Komponenten wie u. a. Festplatte, CD-ROM, Soundkarte oder der seriellen bzw. parallelen Schnittstelle zugreifen zu können, wurde unter UNIX ein Mechanismus eingeführt, womit recht problemlos mit einem Gerätetreiber über eine Hardware-Gerätedatei kommuniziert werden kann. Diese »Datei« können Sie mit einem gewöhnlichen Prozess öffnen und auf sie lesend und schreibend zugreifen – sprich, Sie können über normale Datei-E/A-Operationen mit dem Gerätetreiber dank dieser »Datei« so kommunizieren, als handle es sich um eine gewöhnliche Datei.

5.1 Die Gerätedateitypen

Die Einträge der Gerätedateien – auch als Devices bekannt – finden Sie im Verzeichnis `/dev`. Ein `ls -l /dev` verschafft Ihnen einen ersten Überblick und stiftet vielleicht zugleich auch ein wenig Verwirrung über diese Gerätedateien, die es zu entflechten gilt. Es wird hierbei zwischen zwei Devices-Typen unterschieden – zu erkennen am ersten Buchstaben der Auflistung der Gerätedatei(en) (`b` oder `c`):

- *character device* (`c`) – hierbei handelt es sich um Hardwaregeräte, mit der eine fortlaufende Folge von Datenbytes gelesen oder geschrieben wird. Dies sind Hardware-Komponenten wie Soundkarte, Tapes, Terminalgeräte, serielle oder parallele Schnittstelle(n), Maus, USB-Schnittstelle usw.
- *block device* (`b`) – Blockgeräte sind Devices, mit denen feste ganze Blöcke (anstatt Bytes) gelesen oder geschrieben werden können. Dabei wird erst ein Puffer aufgefüllt, bevor der ganze Datenblock an den Treiber gesendet wird. Daher sind blockorientierte Geräte auch meistens etwas schneller als zeichenorientierte, da gewartet werden muss, bis ein Block voll ist. Zu den Blockgeräten gehören z. B. die Festplatte, Diskette oder das CD-ROM-/

DVD-Laufwerk. Ein zeichenorientiertes Gerät hat mehr Aufwand, weil nach jedem `read/write` bereits eine Art *flush* stattfindet.

Hinweis

Es kann gefährlich werden, wenn Sie direkt auf Blockgeräte wie die Festplatte schreibend zugreifen. Sie müssen bedenken, dass alle Operationen wie bei einer Datei ausgeführt werden können; also auch Dinge wie `lseek()`, um den Schreibzeiger zu positionieren.

Wenn Sie hier nicht genau wissen, was Sie tun, dann lassen Sie die Finger davon. Die Folge kann sein, dass Sie den kompletten Inhalt Ihrer Festplatte unbrauchbar machen – sprich, auch Linux. Zwar verbieten die meisten Linux-Systeme einem normalen Prozess solch einen Zugriff – aber aus experimentellen Gründen versucht man es (erfahrungsgemäß) gerne als `root`. Bei Blockgeräten sollten Sie also immer zweimal nachdenken, was Sie tun!

5.2 Die Gerätedateinummern

Für Sie als Programmierer und auch für den Anwender stellt eine solche Gerätedatei im Verzeichnis `/dev` eine Schnittstelle zum eigentlichen Treiber der dazugehörenden Gerätedatei dar. Jegliche Aktion mit der Gerätedatei (schreiben, lesen, teilweise auch steuern) wird dann an den zuständigen Treiber weitergeleitet.

Damit eine Gerätedatei weiß, welcher Treiber für sie zuständig ist, enthält diese eine Nummer – die *major* Nummer – die Treibernummer des Systems. Zum Beispiel ist die *major* Nummer der ersten IDE-Festplatte 3:

```
---[Linux]---
$ ls -l /dev/hda /dev/hda1
brw-rw----    1 root     disk    3,    0 2003-03-14 14:07 /dev/hda
brw-rw----    1 root     disk    3,    1 2003-03-14 14:07 /dev/hda1
---[*BSD]---
$ ls -l /dev/ad0 /dev/ad0s1
crw-r----- 1 root operator 116, 0x00010002 Aug 19 /dev/ad0
crw-r----- 1 root operator 116, 0x00020002 Aug 19 /dev/ad0s1
```

Wenn Sie sich das komplette `/dev`-Verzeichnis auflisten lassen, fällt Ihnen sicherlich auch auf, dass viele Gerätedateien über die gleiche *major* Nummer verfügen. Dabei interagieren die Gerätedateien über den gleichen Treiber mit dem Betriebssystem. Dabei muss es nicht sein, dass eine andere *major* Nummer ein anderes Gerät bezeichnet. Bestes Beispiel: Die serielle Schnittstelle verfügt über mehrere Gerätenummern – obwohl es sich um ein und dieselbe Schnittstelle handelt. Der Unterschied ist also nicht das Gerät, sondern, wie schon erwähnt, der Treiber. Mit einem Treiber wird z. B. auf den Terminal zugegriffen, während mit dem anderen Treiber auf das Modem zugegriffen wird.

Jetzt haben Sie zwar für ein Gerät mit der *major* Nummer einen Treiber, aber häufig gibt es von einem Gerät der gleichen Bauart mehrere, die im Einsatz sind. Bestes Beispiel sind mehrere Festplatten oder Partitionen in Ihrem Rechner. Da die Festplatten zwar alle denselben Treiber verwenden, müssen diese dennoch voneinander unterschieden werden. Um dies zu realisieren, wurde die *minor* Nummer gleich mit eingeführt. Die *minor* Nummer befindet sich gleich rechts neben der *major* Nummer. Anhand dieser Nummer weiß der Treiber jetzt, welche Festplatte oder Partition er bedienen soll.

5.3 Zugriff auf die Gerätedateien

Wie schon erwähnt, erfolgt der Zugriff auf Gerätedateien (dank Integration im Dateisystem) über die gewöhnlichen Datei-E/A-Funktionen. Natürlich lässt sich dies auch via Shell mit einer Dateiumleitung erledigen. Wollen Sie z. B. einen Text an die Gerätedatei des Druckers senden, so gehen Sie einfach folgendermaßen vor (entsprechende Zugriffsrechte vorausgesetzt):

```
$ cat textdatei.txt > /dev/lp0
```

Selbiges in einem C-Programm angewandt, sieht so aus:

```
int fd;
fd = open("/dev/lp0", O_WRONLY);
if(fd >= 0)
   write(fd, buf, buf_size);
close(fd);
```

Zum Öffnen und Schließen einer Gerätedatei werden somit `open()` und `close()` und zum Lesen und Schreiben die Funktionen `read()` und `write()` verwendet.

Mit der Möglichkeit, bestimmte Gerätedateien zu öffnen und schreibend bzw. lesend darauf zuzugreifen, können Sie nur einen Bruchteil dessen machen, wozu der Treiber imstande ist. Denn neben dem Schreiben und Lesen ist es auch möglich, ein Gerät in seiner spezifischen Art zu steuern. Dies können Sie mit dem Funktionsaufruf `ioctl()` (*Input-Output-Control*) erledigen. Erst damit können Sie den Treiber unter Linux direkt ansprechen. Hierfür müssen Sie allerdings den entsprechenden Befehlssatz für den entsprechenden Treiber kennen. Zuerst die Syntax zu `ioctl()`:

```
#include <sys/ioctl.h>

int ioctl(int fd, int request ... );
```

Als ersten Parameter geben Sie den geöffneten Filedeskriptor an, mit dem Sie eine Gerätedatei geöffnet haben, und der zweite Parameter ist der entsprechende Befehl, der natürlich von der Gerätedatei abhängt, die geöffnet wurde. Sie können z. B. nicht für eine Festplatte den Befehl zum Auswerfen einer CD-ROM verwenden (groteskes Beispiel, es macht aber deutlich, worauf ich hinauswill). Im Fehlerfall liefert `ioctl()` -1, ansonsten bei Erfolg 0 zurück.

Beachten Sie allerdings, dass es sich hier um keinen Standard handelt. Argumente, Rückgabewerte und Semantik von `ioctl()` variieren je nach dem entsprechenden Gerätetreiber (der Aufruf wird als ein Allheilmittel für alle Operationen benutzt, die nicht sauber in das UNIX-Stream-E/A-Modell passen). Siehe `ioctl_list(2)` für eine Liste von vielen der bekannten `ioctl`-Aufrufe. Die Funktion `ioctl()` erschien in Version 7 von AT&T UNIX.

Die entsprechenden Befehlssätze für eine bestimmte Gerätedatei, um damit den entsprechenden Treiber zu steuern, finden Sie unter *man ioctl_list* – was allerdings mittlerweile keine vollständige Liste mehr darstellt. Wie Sie diese Befehle anwenden, werde ich Ihnen anhand eines Beispiels mit dem CD-ROM-Laufwerk demonstrieren.

5.4 Gerätenamen

Die Gerätenamen sind mittlerweile über die Systeme hinweg recht ähnlich geworden. Mittlerweile besitzen viele Einträge (die zum Standard einer normalen PC-Ausrüstung gehören) zum CD-ROM-Laufwerk, Diskettenlaufwerk, Modem oder zur Maus einen symbolischen Link mit einem aussagekräftigen Namen. Zur Übersicht sollen hier dennoch einige block- und zeichenorientierte Gerätedateien und deren Bedeutung aufgelistet werden:

Device	Name	Major	Minor
erstes Diskettenlaufwerk	/dev/fd0	2	0
zweites Diskettenlaufwerk	/dev/fd1	2	1
erster IDE-Controller (Hauptgerät)	/dev/hda (/dev/ad0)	3	0
erster IDE-Controller (erste Partition) (Hauptgerät)	/dev/hda1 (/dev/ad0s1a)	3	1
erster IDE-Controller (zweites Gerät)	/dev/hdb (/dev/ad1)	3	64
erster IDE-Controller (erste Partition) (zweites Gerät)	/dev/hdb1 (/dev/ad1s1a)	3	65
zweiter IDE-Controller (Hauptgerät)	/dev/hdc (/dev/ad2)	22	0
zweiter IDE-Controller (zweites Gerät)	/dev/hdd (/dev/ad3)	22	64
erstes SCSI-Laufwerk	/dev/sda (/dev/da0)	8	0
erstes SCSI-Laufwerk (erste Partition)	/dev/sda1 (/dev/da0s1a)	8	1
zweites SCSI-Laufwerk	/dev/sdb (/dev/da1)	8	16
zweites SCSI-Laufwerk (erste Partition)	/dev/sdb1 (/dev/da1s1a)	8	17
erstes SCSI-CDROM Laufwerk	/dev/sr0 (/dev/cd0)	11	0
zweites SCSI-CDROM Laufwerk	/dev/sr1 (/dev/cd1)	11	1

Tabelle 5.1 Blockorientierte Gerätedateien

Hinweis

Die Angaben in den Klammern stellen die Bezeichnungen der Gerätenamen unter FreeBSD da. Wobei FreeBSD ein anderes System verwendet als z. B. Linux. Hier gibt es in den Partitionen zusätzlich noch so genannte Slices. So bedeutet die Angabe von `/dev/ad0s1a` => 1. Partition im 1. Slice der ersten IDE-Platte oder `/dev/ad0s1b` => 2. Partition im 1. Slice der ersten IDE-Platte. Bei SCSI-Laufwerken ist das ähnlich, wie. `/dev/da1s2d` => 4. Partition im 2. Slice der 2. SCSI-(Wechsel-)Platte.

Device	Name	Major	Minor
1. Parallelport	`/dev/lp0` oder `/dev/par0`	6	0
2. Parallelport (falls vorhanden)	`/dev/lp1` oder `/dev/par1`	6	1
High-Level-Parallelport	`/dev/parport0`	99	0
erste serielle Schnittstelle	`/dev/ttyS0`	4	64
zweite serielle Schnittstelle	`/dev/ttyS1`	5	65
IDE-Tape-Laufwerk	`/dev/ht0`	37	0
erstes SCSI-Tape-Laufwerk	`/dev/st0`	9	0
Systemkonsole	`/dev/console`	5	1
erster viruteller Terminal	`/dev/tty1`	4	1
1. Soundkarte	`/dev/dsp0`	14	

Tabelle 5.2 Zeichenorientierte Gerätedateien

5.5 Spezielle Gerätedateien

Es befinden sich auch einige spezielle Einträge im `/dev`-Verzeichnis, die mit keiner Hardware verbunden sind. Hier einige der bekanntesten:

- `/dev/null` – wird gerne verwendet, um unerwünschte Ausgaben auf die Standardausgabe zu beseitigen. Dabei wird einfach die Ausgabe mit `programmname > /dev/null` umgeleitet. Kurz: wird als Müllschlucker verwendet :-)
- `/dev/zero` – dabei handelt es sich um eine sehr lange Gerätedatei gefüllt mit 0 Bytes. `/dev/zero` wird besonders gerne verwendet als eine andere Art der Speicherreservierung mit `mmap()`. Damit ist es möglich, zwischen zwei verwandten Prozessen zu kommunizieren. Der Vorteil an dieser Methode ...

  ```
  if((fd=open("/dev/zero", O_RDWR)) < 0) {
    /* Fehler */
  }
  memoin=mmap(0,8192 ... );
  ```

  ... ist der, dass keine neue Datei mit dem Memory-Mapped-Aufruf `mmap()` erstellt werden muss (mehr zum Systemaufruf `mmap()` finden Sie im Anhang bei der Funktionsreferenz).

  Folgendes geschieht durch diesen Aufruf und ist zu beachten:

  - Der Speicherbereich, der eingerichtet wird, ist namenlos.
  - Die Größe des Speicherbereichs wird mit dem zweiten Argument übergeben.

- Dieser Speicherbereich wird mit 0 initialisiert.
- Und WICHTIG! Wenn verwandte Prozesse ebenfalls auf diesen Speicherbereich zugreifen sollen, so müssen Sie das Flag `MAP_SHARED` angeben.

Natürlich kann `/dev/zero` auch als 2. Müllschlucker (im Falle des Schreibens) oder – als »sehr lange Gerätedatei« – als eine Gerätedatei, die unendlich viele binäre Nullen zurückgibt, verwendet werden.

- `/dev/full` – wird verwendet, um ein Programm beim Abspeichern einer Datei darauf zu testen, was passiert, wenn kein Platz mehr zum Speichern vorhanden ist. Jeder Kopiervorgang in die Datei `/dev/full` setzt `errno` auf `ENOSPC`, z. B.:

```
$ cp datei /dev/full
cp: Schreiben von "/dev/full":
Auf dem Gerät ist kein Speicherplatz mehr verfügbar
```

- `/dev/random` und `/dev/urandom` – wird zum Erzeugen von Zufallszahlen verwendet. `/dev/random` besteht aus reinen Zufallsquellen (also Maus, ansatzweise Tastatur, CPU-Temperatur oder Mainboard-Spannung etc.), wohingegen `/dev/urandom` wegen der Dauerverfügbarkeit auch aus weniger sicheren Datenquellen bezogen wird. `/dev/random` blockiert im Gegensatz zu `/dev/urandom` ggf. den Prozess, wenn keine Aktion mit der Tastatur oder der Maus stattfindet. Mit `/dev/urandom` hingegen wird die Erzeugung einer Zufallszahl nicht blockiert, da im Falle keiner Aktion ein Algorithmus zur Erzeugung der Zufallszahl verwendet wird. Zum besseren Verständnis wenden Sie einfach `od` auf beide Gerätedateien wie jeweils folgt an:

```
$ od -t u1 /dev/random
$ od -t u1 /dev/urandom
```

- `/dev/pts/*` – virtuelle Konsolen, die durch das Öffnen von `/dev/ptmx` entstehen (z. B. über `xterms`).

5.6 Gerätedateien in der Praxis einsetzen

Auf den folgenden Seiten will ich Ihnen nun zeigen, wie Sie die Gerätedatei in der Praxis einsetzen können; also neben dem Lesen und Schreiben auch das Steuern des Treibers durch die Gerätedatei. Das Ziel des Abschnitts ist es, Ihnen ein Gefühl dafür zu geben, wie Sie die entsprechenden Informationen ermitteln können, um den unübersichtlichen Haufen von Gerätedateien steuern zu können.

Als Beispiel wird das CD-ROM-Laufwerk verwendet, da zum einen fast jeder Leser so etwas besitzen dürfte, und zum anderen lässt es sich damit relativ leicht nachvollziehen, da hierfür keine speziellen Hardware-Kenntnisse nötig sind. Es soll hierbei ein Listing erstellt werden, womit Sie die Lade öffnen können, um eine Musik-CD einzulegen. Weiterhin soll es möglich sein, die Track-Informationen einzulesen und auch wieder auszugeben. Die Musik soll ebenfalls wiedergegeben werden, mitsamt der Anzeige, welcher Track gerade läuft und wo gerade gelesen wird (zeitmäßig gesehen).

Das Ganze hört sich schlimmer an, als es ist, und lässt sich relativ einfach mit den Treiberbefehlen der Gerätedatei über `ioctl()` steuern. Das CD-ROM-Laufwerk lässt sich gewöhnlich von Haus aus über den Mountpoint `/dev/cdrom` oder auch `/media/cdrom` ansprechen. Wenn dies bei Ihnen nicht der Fall ist, wäre es sinnvoll, selbst einen symbolischen Link zum CD-ROM-Laufwerk zu legen. In der Tabelle zu den Gerätedateien können Sie das Verzeichnis für Ihr CD-ROM-Laufwerk herauslesen.

Außerdem benötigen Sie mindestens Leserechte auf das CD-ROM-Laufwerk. Sofern diese bei Ihnen nicht vorhanden sind, sollten Sie dieses Recht mittels `chmod a+r /dev/hdc` (`/dev/hdc/` sei hier der Pfad zur Gerätedatei) setzen oder von Ihrem Administrator setzen lassen.

Zuerst müssen Sie die Informationen zu den Treiberbefehlen des CD-ROM-Laufwerks suchen. Einen ersten Überblick hierzu können Sie sich, wie schon erwähnt, unter *man ioctl_list* verschaffen. Folgende Informationen können hierbei schon ermittelt werden:

```
$ man ioctl_list
...
// <include/linux/cdrom.h>
0x00005301  CDROMPAUSE          void
0x00005302  CDROMRESUME         void
0x00005303  CDROMPLAYMSF        const struct cdrom_msf *
0x00005304  CDROMPLAYTRKIND     const struct cdrom_ti *
0x00005305  CDROMREADTOCHDR     struct cdrom_tochdr *
0x00005306  CDROMREADTOCENTRY   struct cdrom_tocentry *
0x00005307  CDROMSTOP           void
0x00005308  CDROMSTART          void
0x00005309  CDROMEJECT          void
0x0000530A  CDROMVOLCTRL        const struct cdrom_volctrl *
0x0000530B  CDROMSUBCHNL        struct cdrom_subchnl *
0x0000530C  CDROMREADMODE2      const struct cdrom_msf *
...
0x00005312  CDROMRESET          void
0x00005313  CDROMVOLREAD        struct cdrom_volctrl *
0x00005314  CDROMREADRAW        const struct cdrom_msf *
0x00005315  CDROMREADCOOKED     const struct cdrom_msf *
0x00005316  CDROMSEEK           const struct cdrom_msf *
...
```

In der ersten Spalte finden Sie den Hexwert für den Treiber. Als Mensch liest man gerne, und daher finden Sie in der zweiten Spalte die symbolische Konstante dazu. In der dritten Spalte finden Sie außerdem den entsprechenden Datentyp oder die Struktur, worauf sich der Befehl bezieht – sprich das dritte Argument für die Funktion `ioctl()`. Dies ist schon ein guter Überblick. Aber um einen Blick in die Headerdatei für den Linux CD-ROM-Treiber kommen Sie nicht mehr herum, wenn Sie die einzelnen Strukturvariablen verwenden wollen. Wo Sie diese finden können, ist gleich zu Beginn bei der Manual Page mit `<include/linux/cdrom.h>` angegeben. Sie müssen also ins Verzeichnis Ihrer `include`-Dateien gehen. Meistens ist dies `/usr/include` oder `/usr/local/include`. Darin finden Sie jetzt außer den Befehlen noch alles, was Sie für die weitere Verwendung benötigen – vor allem auch eine kurze Beschreibung der einzelnen Befehle, was man ja bei *man ioctl_list* schmerzlich vermisst.

Hinweis

Das folgende Beispiel lässt sich nur mit einem Linux-Rechner übersetzen und ausführen. Sofern Sie ein ähnliches Beispiel auf Systemen wie SunOS, NetBSD, OpenBSD oder FreeBSD erstellen wollen, benötigen Sie hierzu die Headerdatei `sys/cdio.h` anstatt `linux/cdrom.h`.

Leider gibt es hierbei einige (geringfügige) Differenzen, so dass ich mir hier nicht mit einer bedingten Kompilierung behelfen kann. Natürlich finden Sie als BSD-Leser auf der Buch-CD ein entsprechendes Listing (`bsd_cdrom.c`), das auf allen BSD- und eventuell (ungetestet) auch auf SunOS-Systemen laufen sollte.

5.6.1 CD auswerfen und wieder schließen

Bevor Sie das CD-ROM-Laufwerk steuern können, müssen Sie die entsprechende Gerätedatei zum Lesen öffnen. Der Übersichtlichkeit halber wurden die einzelnen Aktionen in kleine Routinen gepackt, womit Sie diese jederzeit für Ihre Zwecke verwenden können. Am Ende des Kapitels finden Sie die einzelnen Routinen nochmals als komplettes Listing wieder.

```
...
#define CDROM "/dev/cdrom"
...
static int open_cdrom (void) {
   int fd = open (CDROM, O_RDONLY | O_NONBLOCK);
   if (fd == -1) {
      if (errno == ENOMEDIUM)
         printf ("Keine CD im Laufwerk!\n");
      else
         perror ("Fehler bei open()");
      exit (EXIT_FAILURE);
   }
   return fd;
}
```

Damit die Funktion `open()` nicht blockiert, wenn Sie mal keine CD im Laufwerk haben, muss das Flag `O_NONBLOCK` verwendet werden. Die Funktion gibt den Filedeskriptor `cdrom` für die anschließende weitere Steuerung mit `ioctl()` zurück.

Nachdem Sie die Gerätedatei zum Lesen geöffnet haben, können Sie die ersten Steuerbefehle ausführen. Hierzu werden erst einmal die einfachsten Kommandos, die keine weiteren Parameter in `ioctl()` mehr benötigen, verwendet, zum einen das Auswerfen der CD, zum anderen – falls technisch möglich – das Einfahren des Caddys. Gerade bei Laptops ist das Zurückfahren des CD-Fachs nicht möglich. Dafür bekommen Sie – wenn technisch nicht möglich – eine Meldung zurück, dies doch selbst zu tun.

```
static void open_tray (int cdrom) {
   if (ioctl (cdrom, CDROMEJECT) == -1) {
      perror ("Eject yourself");
      exit (EXIT_FAILURE);
   }
```

```
}

/* Funktioniert nicht überall */
static void close_tray (int cdrom) {
   if (ioctl (cdrom, CDROMCLOSETRAY) == -1) {
      printf ("CD-Tray bitte von Hand schließen\n");
   }
}
```

5.6.2 CD-ROM-Fähigkeiten

Benötigen Sie die Fähigkeiten des CD-ROM-Laufwerks, dann können Sie dies mithilfe des Kommandos `CDROM_GET_CAPABILITY` ermitteln. In diesem Fall liefert `ioctl()` als Rückgabewert einen Integer zurück, dessen einzelne Bit-Werte es gilt auszulesen. In unserem Beispiel ermitteln wir zwar nur, um was für ein Laufwerk es sich handelt – sprich CD-R, CD-RW, DVD etc. –, aber Sie können gerne weitere Fähigkeiten, die alle mit dem Präfix `CDC_` beginnen, zur Überprüfung verwenden und auswerten. Sie müssen lediglich den Rückgabewert von `ioctl()` mit dem bitweisen UND-Operator und der entsprechenden symbolischen `CDC_`-Konstante als Bedingung verwenden. Ist die Bedingung wahr, dann trifft Entsprechendes zu.

```
static void capability_cdrom (int cdrom) {
   const char *j[] = {"nein", "ja"};
   int caps = ioctl (cdrom, CDROM_GET_CAPABILITY);
   if (caps == -1) {
      perror ("CDROM_GET_CAPABILITY");
      return;
   }
   printf ("CDROM-Fähigkeiten:\n"
      "\tCD-R    : %s\n"
      "\tCD-RW   : %s\n"
      "\tDVD     : %s\n"
      "\tDVD-R   : %s\n"
      "\tDVD-RAM : %s\n",
      j[!!(caps & CDC_CD_R)],
      j[!!(caps & CDC_CD_RW)],
      j[!!(caps & CDC_DVD)],
      j[!!(caps & CDC_DVD_R)],
      j[!!(caps & CDC_DVD_RAM)]);
}
```

5.6.3 Audio-CD abspielen – komplett und einzelne Tracks – Pause, Fortfahren und Stopp

Um das Inhaltsverzeichnis der CD einzulesen, können Sie die Kommandos `CDROMTOCHDR` und `CDROMREADTOCENTRY` verwenden (TOC = Table Of Contents). Verwenden Sie `ioctl()` mit `CDROMTOCHDR`, wird als dritter Parameter eine Adresse vom Typ `struct cdrom_tochdr` erwartet. Diese Struktur sieht in der Headerdatei `cdrom.h` wie folgt aus:

```
/* Struktur wird bei CDROMREADTOCHDR mit ioctl() erwartet */
struct cdrom_tochdr {
   __u8   cdth_trk0;   /* start track */
   __u8   cdth_trk1;   /* end track */
};
```

Wenn Sie das Kommando mit `ioctl()` verwenden, wird in der Struktur `cdrom_tochdr` der erste (`cdth_trk0`) und der letzte (`cdth_trk1`) Track eingetragen. Somit können Sie mit dem Auslesen des letzten Tracks schon ermitteln, wie viele Tracks sich auf der Audio-CD befinden.

Das zweite Kommando `CDROMREADTOCENTRY` hingegen benötigt als dritten Parameter für `ioctl()` eine Struktur vom Typ `cdrom_tocentry`, die folgendermaßen in der Headerdatei `cdrom.h` definiert ist.

```
/* Struktur wird bei CDROMREADTOCENTRY mit ioctl() erwartet */
struct cdrom_tocentry {
   __u8    cdte_track;
   __u8    cdte_adr  : 4;
   __u8    cdte_ctrl : 4;
   __u8    cdte_format;
   union   cdrom_addr cdte_addr;
   __u8    cdte_datamode;
};
```

Auf jeden Fall angeben müssen Sie in dieser Struktur den Track (`cdte_track`) und das Format der Ausgabe (`cdte_format`). Beim Format geben Sie `CDROM_MSF` (MSF = Minute, Sekunde, Frame) an. Möglich wäre auch `CDROM_LBA` (Logical Block Address), was eine Adresse, die durch eine Integerzahl dargestellt wird, zurückgeben würde. `cdte_ctrl` können Sie z. B. verwenden, um herauszufinden, ob es sich bei dem Track um einen Audio- oder Datentrack handelt. Hierzu müssen Sie nur wieder den bitweisen UND-Operator mit der Konstante `CDROM_DATA_TRACK` überprüfen. Ist der Ausdruck wahr, handelt es sich um einen Datentrack, ansonsten ist es ein Audiotrack.

Hinweis

Eine Sekunde besteht aus 75 Frames. Ein Frame ist 2352 Bytes lang.

Da wir uns für die Minuten, Sekunden und Framelänge der CD-ROM mit `CDROM_MSF` interessieren, benötigen Sie `union cdrom_addr cdte_addr` – was allerdings nicht mehr auf den ersten Blick ersichtlich ist. Die Union `cdrom_addr` wiederum beinhaltet eine Struktur mit dem Namen `struct cdrom_msf msf`, die das beinhaltet, wonach Sie suchen. Hier die beiden Strukturen:

```
union cdrom_addr {
   struct cdrom_msf0 msf;
   int lba;
};

struct cdrom_msf0 {
   __u8 minute;
```

```
    __u8 second;
    __u8 frame;
};
```

Hinweis

Sofern Ihnen die Dokumentation der Gerätedatei nicht mehr weiterhilft, müssen Sie, ausgehend von den Angaben des Kommandos in `ioctl()`, die Angaben einer Struktur selbst systematisch absuchen. Ein *Greenhorn* verfängt sich bei umfangreicheren Gerätedateien dabei recht schnell im Netz der Spinne.

Hier die Funktion, die das Inhaltsverzeichnis einer Audio-CD auslesen soll.

```
static void content_cdrom (int cdrom) {
   struct cdrom_tochdr tochdr;
   struct cdrom_tocentry tocentry;
   int track;

   if (ioctl (cdrom, CDROMREADTOCHDR, &tochdr) == -1) {
      perror ("Kann den Header nicht holen");
      exit (EXIT_FAILURE);
   }
   printf ("\nInhalt %d Tracks:\n", tochdr.cdth_trk1);

   track = tochdr.cdth_trk0;
   while (track <= tochdr.cdth_trk1) {
      tocentry.cdte_track = track;
      tocentry.cdte_format = CDROM_MSF;
      if (ioctl (cdrom, CDROMREADTOCENTRY, &tocentry)==-1) {
         perror ("Kann Inhalt der CD nicht ermitteln");
         exit (EXIT_FAILURE);
      }
      printf ("%3d: %02d:%02d:%02d (%06d) %s%s\n",
         tocentry.cdte_track,
         tocentry.cdte_addr.msf.minute,
         tocentry.cdte_addr.msf.second,
         tocentry.cdte_addr.msf.frame,
         tocentry.cdte_addr.msf.frame +
         tocentry.cdte_addr.msf.second * 75 +
         tocentry.cdte_addr.msf.minute * 75 * 60 - 150,
         (tocentry.cdte_ctrl & CDROM_DATA_TRACK)
            ? "data " : "audio",
         CDROM_LEADOUT == track ? " (leadout)" : "");
      track++;
   }
}
```

Im nächsten Schritt soll die Audio-CD abgespielt werden. Zur Auswahl steht, entweder die komplette CD oder nur einen bestimmten Track abzuspielen. Auch hierzu benötigen Sie das Kommando `CDROMREADTOCENTRY`, um den Inhalt der CD bzw. bestimmte Tracks abzuspielen.

Die Struktur cdrom_tocentry benötigen Sie, um den Anfang des ersten Tracks (cdte_track), das Format (CDROM_MSF) und das Ende des letzten bzw., im Falle einer Einzelauswahl, das Ende des nächsten Tracks anzuzeigen. Den letzten Track können Sie übrigens auch mit der symbolischen Konstante CDROM_LEADOUT angeben.

Abgespielt wird diese Position dann mit dem Kommando CDROMPLAYMSF und der Struktur cdrom_msf als dritten Parameter von ioctl().

```
/* Struktur wird bei CDROMPLAYMSF mit ioctl() erwartet */
struct cdrom_msf {
   __u8   cdmsf_min0;    /* start minute */
   __u8   cdmsf_sec0;    /* start second */
   __u8   cdmsf_frame0;  /* start frame  */
   __u8   cdmsf_min1;    /* end minute   */
   __u8   cdmsf_sec1;    /* end second   */
   __u8   cdmsf_frame1;  /* end frame    */
};
```

Bevor Sie also ioctl() und das Kommando CDROMPLAYMSF auf die Struktur loslassen, müssen Sie zuerst die Anfangsposition an den einzelnen Strukturvariablen übergeben – was alle Strukturvariablen mit der ..0 am Ende beinhaltet (cdmsf_min0, cdmsf_sec0, cdmsf_frame0) – und die Endposition, was alle Strukturvariablen (wer hätte das gedacht) mit einer ..1 am Ende beinhaltet (cdmsf_min1, cdmsf_sec1, cdmsf_frame1). Hier die Funktion dazu:

```
static void play_cdrom ( int cdrom, int flag ) {
   struct cdrom_tocentry tocentry;
   struct cdrom_msf play;
   int track = flag;
   int lead  = flag;

   if(flag == FULL) {
      track = 1;
      lead  = CDROM_LEADOUT;
   }
   else {
      track = flag;
      lead  = flag+1;
   }

   /* Anfang des ersten Liedes */
   tocentry.cdte_track = track;
   tocentry.cdte_format = CDROM_MSF;
   if (ioctl (cdrom, CDROMREADTOCENTRY, &tocentry) == -1) {
      perror ("Kann den Inhalt der CD nicht ermitteln\n");
      exit (EXIT_FAILURE);
   }

   play.cdmsf_min0   = tocentry.cdte_addr.msf.minute;
   play.cdmsf_sec0   = tocentry.cdte_addr.msf.second;
   play.cdmsf_frame0 = tocentry.cdte_addr.msf.frame;
```

```
    /* Ende des letzten Liedes */
    tocentry.cdte_track  = lead;
    tocentry.cdte_format = CDROM_MSF;
    if (ioctl (cdrom, CDROMREADTOCENTRY, &tocentry) == -1) {
       perror ("Kann den Inhalt der CD nicht ermitteln\n");
       exit (EXIT_FAILURE);
    }

    play.cdmsf_min1   = tocentry.cdte_addr.msf.minute;
    play.cdmsf_sec1   = tocentry.cdte_addr.msf.second;
    play.cdmsf_frame1 = tocentry.cdte_addr.msf.frame;

    if (ioctl (cdrom, CDROMPLAYMSF, &play) == -1) {
       perror ("Kann CD nicht abspielen");
       exit (EXIT_FAILURE);
    }
}
```

Wollen Sie die CD stoppen, eine Pause einbauen und den Track wieder aufnehmen, so müssen Sie nur die Kommandos `CDROMSTOP`, `CDROMPAUSE` und `CDROMRESUME` ohne weitere Parameter mit `ioctl()` aufrufen.

```
static void stop_cdrom (int cdrom) {
   if (ioctl (cdrom, CDROMSTOP) == -1) {
      perror ("Kann CD nicht anhalten");
      return;
   }
}

static void pause_cdrom (int cdrom) {
   if (ioctl (cdrom, CDROMPAUSE) == -1) {
      perror ("Kann PAUSE nicht setzen");
      return;
   }
}

static void resume_cdrom (int cdrom) {
   if (ioctl (cdrom, CDROMRESUME) == -1) {
      perror ("Kann CD nicht mehr fortfahren");
      return;
   }
}
```

5.6.4 Aktuellen Status der Audio-CD ermitteln

Nachdem Sie eventuell die Audio-CD gestartet haben, möchten Sie sicherlich auch wissen, welcher Track gerade abgespielt wird oder wie lange der Track oder die CD insgesamt schon abgespielt wurde – oder ob die CD überhaupt gerade gespielt wird, falls jemand gerade Pause gedrückt hat, etc.

Den Status einer laufenden Audio-CD können Sie mit dem Kommando CDROMSUBCHNL und der Struktur cdrom_subchnl als dritten Parameter für ioctl() ermitteln.

```
/* Struktur wird bei CDROMSUBCHNL mit ioctl() erwartet */
struct cdrom_subchnl {
   __u8  cdsc_format;
   __u8  cdsc_audiostatus;
   __u8  cdsc_adr:   4;
   __u8  cdsc_ctrl:  4;
   __u8  cdsc_trk;
   __u8  cdsc_ind;
   union cdrom_addr cdsc_absaddr;
   union cdrom_addr cdsc_reladdr;
};
```

Bevor Sie ioctl() aufrufen, sollten Sie zuvor noch das Format (cdsc_format=CDROM_MSF) angeben. Nach dem Aufruf von ioctl() beinhaltet cdsc_audiostatus den aktuellen Status der Audio-CD. Dies können folgende symbolische Konstanten sein:

```
/* Audio-Status ermitteln wird nicht unterstützt */
#define CDROM_AUDIO_INVALID 0x00
/* Audio-CD wird gerade abgespielt */
#define CDROM_AUDIO_PLAY 0x11
/* Audio-CD wurde angehalten (Pause) */
#define CDROM_AUDIO_PAUSED 0x12
/* Audio-CD wurde komplett abgespielt */
#define CDROM_AUDIO_COMPLETED 0x13
/* Audio-CD abspielen wurde wegen Fehler unterbrochen */
#define CDROM_AUDIO_ERROR 0x14
/* Kein besonderer Status vorhanden */
#define CDROM_AUDIO_NO_STATUS 0x15
```

Über die Strukturvariable cdsc_absaddr können Sie dann die absolute Zeit und über cdsc_reladdr die relative Zeit der Audio-CD ermitteln. Auch hier finden Sie wieder die entsprechenden Werte über den Umweg zur Union cdrom_addr. Hier die Funktion dafür:

```
static void get_audio_status (int cdrom) {
   struct cdrom_subchnl sub;

   printf ("Audio status: ");
   fflush (stdout);
   sub.cdsc_format = CDROM_MSF;
   if (ioctl (cdrom, CDROMSUBCHNL, &sub))
      printf ("FAILED\n");
   else {
      switch (sub.cdsc_audiostatus) {
      case CDROM_AUDIO_INVALID:
         printf ("invalid\n");
         break;
      case CDROM_AUDIO_PLAY:
         printf ("playing");
         break;
```

```
      case CDROM_AUDIO_PAUSED:
         printf ("paused");
         break;
      case CDROM_AUDIO_COMPLETED:
         printf ("completed\n");
         break;
      case CDROM_AUDIO_ERROR:
         printf ("error\n");
         break;
      case CDROM_AUDIO_NO_STATUS:
         printf ("no status\n");
         break;
      default:
         printf ("Oops: unknown\n");
      }
      if (sub.cdsc_audiostatus == CDROM_AUDIO_PLAY ||
          sub.cdsc_audiostatus == CDROM_AUDIO_PAUSED) {
         printf (" at: %02d:%02d abs/ %02d:%02d track %d\n",
            sub.cdsc_absaddr.msf.minute,
            sub.cdsc_absaddr.msf.second,
            sub.cdsc_reladdr.msf.minute,
            sub.cdsc_reladdr.msf.second, sub.cdsc_trk);
      }
   }
}
```

5.6.5 Das komplette Listing

Sie haben nun gesehen, wie einfach es ist, mit `ioctl()` und den entsprechenden Kommandos auf die Treiberschnittstelle der Hardware über die Gerätedatei zuzugreifen. Allerdings haben Sie leider auch gemerkt, dass dies recht mühsam werden kann, wenn man den ganzen Strukturen folgen muss. Aber so, wie Sie hierbei vorgegangen sind, werden Sie in der Regel immer vorgehen müssen. Aufgrund des enormen Umfangs der Gerätedateien ist das immer noch eine recht undokumentierte Geschichte.

Hier nun nochmals die einzelnen Funktionen, eingebaut in einem kompletten Listing:

```
/* cdrom.c */
#include <stdio.h>
#include <unistd.h.>
#include <sys/ioctl.h>
#include <fcntl.h>
#include <stdlib.h>
#include <linux/cdrom.h>
#include <errno.h>

/* Bitte ggf. Anpassen */
#define CDROM "/dev/cdrom"
#define FULL   0 /* komplette Audio-CD abspielen */
```

```
static int open_cdrom (void) {
   int fd = open (CDROM, O_RDONLY | O_NONBLOCK);
   if (fd == -1) {
      if (errno == ENOMEDIUM)
         printf ("Keine CD im Laufwerk!\n");
      else
         perror ("Fehler bei open()");
      exit (EXIT_FAILURE);
   }
   return fd;
}

static void open_tray (int cdrom) {
   if (ioctl (cdrom, CDROMEJECT) == -1) {
      perror ("Eject yourself");
      exit (EXIT_FAILURE);
   }
}

/* Funktioniert nicht überall */
static void close_tray (int cdrom) {
   if (ioctl (cdrom, CDROMCLOSETRAY) == -1) {
      printf ("CD-Tray bitte von Hand schließen\n");
   }
}

static void capability_cdrom (int cdrom) {
   const char *j[] = {"nein", "ja"};
   int caps = ioctl (cdrom, CDROM_GET_CAPABILITY);
   if (caps == -1) {
      perror ("CDROM_GET_CAPABILITY");
      return;
   }
   printf ("CDROM-Fähigkeiten:\n"
      "\tCD-R    : %s\n"
      "\tCD-RW   : %s\n"
      "\tDVD     : %s\n"
      "\tDVD-R   : %s\n"
      "\tDVD-RAM : %s\n",
      j[!!(caps & CDC_CD_R)],
      j[!!(caps & CDC_CD_RW)],
      j[!!(caps & CDC_DVD)],
      j[!!(caps & CDC_DVD_R)],
      j[!!(caps & CDC_DVD_RAM)]);
}

static void get_audio_status (int cdrom) {
   struct cdrom_subchnl sub;
   printf ("Audio-Status: ");
   fflush (stdout);
```

```
    sub.cdsc_format = CDROM_MSF;
    if (ioctl (cdrom, CDROMSUBCHNL, &sub))
       printf ("FAILED\n");
    else {
       switch (sub.cdsc_audiostatus) {
       case CDROM_AUDIO_INVALID:
          printf ("invalid\n");
          break;
       case CDROM_AUDIO_PLAY:
          printf ("playing");
          break;
       case CDROM_AUDIO_PAUSED:
          printf ("paused");
          break;
       case CDROM_AUDIO_COMPLETED:
          printf ("completed\n");
          break;
       case CDROM_AUDIO_ERROR:
          printf ("error\n");
          break;
       case CDROM_AUDIO_NO_STATUS:
          printf ("no status\n");
          break;
       default:
          printf ("Oops: unknown\n");
       }
       if (sub.cdsc_audiostatus == CDROM_AUDIO_PLAY ||
           sub.cdsc_audiostatus == CDROM_AUDIO_PAUSED) {
          printf (" at: %02d:%02d abs/ %02d:%02d track %d\n",
             sub.cdsc_absaddr.msf.minute,
             sub.cdsc_absaddr.msf.second,
             sub.cdsc_reladdr.msf.minute,
             sub.cdsc_reladdr.msf.second, sub.cdsc_trk);
       }
    }
}

static void content_cdrom (int cdrom) {
   struct cdrom_tochdr tochdr;
   struct cdrom_tocentry tocentry;
   int track;

   if (ioctl (cdrom, CDROMREADTOCHDR, &tochdr) == -1) {
      perror ("Kann den Header nicht holen");
      exit (EXIT_FAILURE);
   }
   printf ("\nInhalt %d Tracks:\n", tochdr.cdth_trk1);

   track = tochdr.cdth_trk0;
   while (track <= tochdr.cdth_trk1) {
```

```
      tocentry.cdte_track = track;
      tocentry.cdte_format = CDROM_MSF;
      if (ioctl (cdrom, CDROMREADTOCENTRY, &tocentry)==-1) {
         perror ("Kann den Inhalt der CD nicht ermitteln");
         exit (EXIT_FAILURE);
      }
      printf ("%3d: %02d:%02d:%02d (%06d) %s%s\n",
           tocentry.cdte_track,
           tocentry.cdte_addr.msf.minute,
           tocentry.cdte_addr.msf.second,
           tocentry.cdte_addr.msf.frame,
           tocentry.cdte_addr.msf.frame +
           tocentry.cdte_addr.msf.second * 75 +
           tocentry.cdte_addr.msf.minute * 75 * 60 - 150,
         (tocentry.cdte_ctrl & CDROM_DATA_TRACK) ?
         "data " : "audio",
         CDROM_LEADOUT == track ? " (leadout)" : "");
      track++;
   }

}
static void play_cdrom ( int cdrom, int flag ) {
   struct cdrom_tocentry tocentry;
   struct cdrom_msf play;
   int track = flag;
   int lead  = flag;

   if(flag == FULL) {
      track = 1;
      lead  = CDROM_LEADOUT;
   }
   else {
      track = flag;
      lead  = flag+1;
   }
   /* Anfang des ersten Liedes */
   tocentry.cdte_track = track;
   tocentry.cdte_format = CDROM_MSF;
   if (ioctl (cdrom, CDROMREADTOCENTRY, &tocentry) == -1) {
      perror ("Kann den Inhalt der CD nicht ermitteln\n");
      exit (EXIT_FAILURE);
   }

   play.cdmsf_min0 = tocentry.cdte_addr.msf.minute;
   play.cdmsf_sec0 = tocentry.cdte_addr.msf.second;
   play.cdmsf_frame0 = tocentry.cdte_addr.msf.frame;

   /* Ende des letzten Liedes */
   tocentry.cdte_track = lead;
   tocentry.cdte_format = CDROM_MSF;
```

```
    if (ioctl (cdrom, CDROMREADTOCENTRY, &tocentry) == -1) {
       perror ("Kann den Inhalt der CD nicht ermitteln\n");
       exit (EXIT_FAILURE);
    }
    play.cdmsf_min1 = tocentry.cdte_addr.msf.minute;
    play.cdmsf_sec1 = tocentry.cdte_addr.msf.second;
    play.cdmsf_frame1 = tocentry.cdte_addr.msf.frame;

    if (ioctl (cdrom, CDROMPLAYMSF, &play) == -1) {
       perror ("Kann CD nicht abspielen");
       exit (EXIT_FAILURE);
    }
}

static void stop_cdrom (int cdrom) {
   if (ioctl (cdrom, CDROMSTOP) == -1) {
      perror ("Kann CD nicht anhalten");
      return;
   }
}

static void pause_cdrom (int cdrom) {
   if (ioctl (cdrom, CDROMPAUSE) == -1) {
      perror ("Kann PAUSE nicht setzen");
      return;
   }
}

static void resume_cdrom (int cdrom) {
   if (ioctl (cdrom, CDROMRESUME) == -1) {
      perror ("Kann CD nicht mehr fortfahren");
      return;
   }
}

int main (void) {
   int fd_cdrom;
   int select;
   int track;

   fd_cdrom = open_cdrom();
   do{
      printf("-1- CD-Tray öffnen\n");
      printf("-2- CD-Tray schließen\n");
      printf("-3- CDROM-Fähigkeiten\n");
      printf("-4- Audio-CD abspielen (komplett)\n");
      printf("-5- Einzelnen Track abspielen\n");
      printf("-6- <PAUSE> Audio-CD abspielen\n");
      printf("-7- <FORTFAHREN> Audio-CD abspielen\n");
      printf("-8- <STOP> Audio-CD abspielen\n");
```

```
      printf("-9- Aktuellen Status ermitteln\n");
      printf("-10- CD-Inhalt ausgeben\n");
      printf("-11- Programmende\n");
      printf("\nIhre Auswahl : ");
      scanf("%d",&select);

      switch( select ) {
         case 1: open_tray( fd_cdrom ); break;
         case 2: close_tray( fd_cdrom ); break;
         case 3: capability_cdrom (fd_cdrom); break;
         case 4: play_cdrom (fd_cdrom, FULL); break;
         case 5: printf("Welchen Track wollen Sie hören: ");
                 scanf("%d",&track);
                 play_cdrom( fd_cdrom, track); break;
         case 6: pause_cdrom( fd_cdrom ); break;
         case 7: resume_cdrom( fd_cdrom ); break;
         case 8: stop_cdrom( fd_cdrom ); break;
         case 9: get_audio_status( fd_cdrom );break;
         case 10: content_cdrom( fd_cdrom ); break;
         case 11: printf("Bye\n"); break;
         default : printf("Häh!\n");
      }
   } while( select != 11 );
   stop_cdrom( fd_cdrom );
   close (fd_cdrom);
   return 0;
}
```

Das Programm bei der Ausführung:

```
$ gcc -o cdrom cdrom.c
$ ./cdrom
-1- CD-Tray öffnen
-2- CD-Tray schließen
-3- CDROM-Fähigkeiten
-4- Audio-CD abspielen (komplett)
-5- Einzelnen Track abspielen
-6- <PAUSE> Audio-CD abspielen
-7- <FORTFAHREN> Audio-CD abspielen
-8- <STOP> Audio-CD abspielen
-9- Aktuellen Status ermitteln
-10- CD-Inhalt ausgeben
-11- Programmende

Ihre Auswahl : ...
```

Gerade als Programmierer von Programmen sollten Sie sich auch mit den zentralen Benutzerdateien auskennen. Gewöhnlich finden Sie diese Dateien im Verzeichnis /etc unter dem Namen /etc/passwd, /etc/shadow oder /etc/group. Meldet sich z. B. ein neuer Anwender beim System an, wird die Datei /etc/passwd benötigt. Aber auch Kommandos wie »who«,» ls –l« oder »finger« benötigen Daten aus der Datei /etc/passwd. Neben der Möglichkeit, Informationen zu Benutzer- bzw. Gruppendateien zu beschaffen, gibt es auch noch die entsprechenden Netzwerkdateien /etc/service, /etc/networks, /etc/protocols und /etc/hosts. Wie Sie an die entsprechenden Informationen programmiertechnisch herankommen, erfahren Sie in diesem Kapitel.

6 System- und Benutzerdateien

6.1 Die Datei /etc/passwd

Alle Benutzer werden gewöhnlich zentral über die Datei */etc/passwd* verwaltet. Laut POSIX.1 wird diese Datei als Benutzerdatenbank bezeichnet. Neben dem Namen des Benutzers enthält diese Datei einige Kenndaten. Hierbei finden Sie allerdings nicht nur die Kenndaten der normalen Benutzer, sondern auch die vom Superuser root und Standard- und Systembenutzer. Mit `cat` können Sie sich die Datei ansehen:

```
you@host > cat /etc/passwd
root:x:0:0:root:/root:/bin/bash
daemon:x:1:1:daemon:/usr/sbin:/bin/sh
...
tot:x:1000:1000:J.Wolf,,,:/home/tot:/bin/bash
john:x:1001:1001:John Wolf,Augsburg,,:/home/john:/bin/bash
```

Jede Zeile dieser Datei beinhaltet einen Benutzer. Die einzelnen Doppelpunkte dienen als Trennzeichen zwischen den einzelnen Feldern. Somit hat eine solche Zeile folgende Syntax:

```
Benutzername:Passwort:UID:GID:Info:Heimatverzeichnis:Shell
```

- Benutzername – Unter diesem Namen kann sich der Benutzer am System anmelden. Daher sollte dieser Name eindeutig sein. Da die Datei von oben nach unten abgearbeitet wird, wird bei einem doppelten Eintrag immer der erste Eintrag verwendet, der gefunden wird.
- Passwort – Bei älteren Systemen befand sich beim zweiten Feld früher das verschlüsselte Passwort. In der Regel sollte man allerdings heutzutage ein »x« dort stehen sehen. Dies bedeutet, dass das Passwort in */etc/shadow* steht (verschlüsselt). Der Grund ist ganz einfach, da viele Programme auf die Datei */etc/passwd* zurückgreifen müssen, weil hier auch die Shell und der Pfadname zum Heimatverzeichnis vermerkt sind, heißt das Leserecht für

alle. Zwar sind die Passwörter immer noch verschlüsselt, aber jetzt bestand hier die Möglichkeit, ein Passwort zu entschlüsseln. Auch wenn dies im Augenblick nicht sehr einfach zu knacken ist, die Angriffsfläche ist nun mal da – daher auch die Auslagerung nach */etc/shadow*. Diese Datei ist nicht mehr für jedermann lesbar. Befindet sich in diesem Feld ein »*« (für nobody), dann erfolgt die Anmeldung ohne Passwortanfrage.

- UID – Die Benutzernummer des Benutzers. Der Wert dieser Nummer sollte in Praxis größer als 100 (auf vielen Systemen mittlerweile auch größer als 1000) sein, weil die Zahlen darunter für den Systembenutzer vorgesehen sind. Aus technischen Gründen sollte die UID allerdings nicht größer als 64000 sein. Die UID 0 ist natürlich weiterhin dem Superuser root vorbehalten.
- GID – Die Gruppennummer des Benutzers. Auch hierbei sollte die Zahl nicht größer als 64000 sein.
- Info – Hier werden ggf. weitere Informationen zum Benutzer hinterlegt, wie z. B. der vollständige Name, die Adresse usw. – das Feld kann also mit einem beliebigen Text gefüllt werden. Gewöhnlich gibt man hier den vollständigen Namen des Benutzers an. Mehrere Angaben werden durch ein Komma getrennt.
- Heimatverzeichnis – Hier steht das Heimatverzeichnis des Benutzers bzw. das Startverzeichnis nach dem Login. Die Angabe erfolgt immer über eine absolute Pfadangabe und sollte natürlich im Dateisystem liegen, das zum Zeitpunkt der Anmeldung auch eingebunden ist. Natürlich sollte der Benutzer des Heimatverzeichnisses auch der Besitzer dessen sein. Die Angabe des Heimatverzeichnisses wird in der Variablen `HOME` abgelegt und steuert somit auch das Verhalten des Kommandos `cd`, wenn dies ohne Parameter aufgerufen wird. Natürlich wird hierdurch auch das Tilde-Zeichen ~ beeinflusst.
- Shell – Auch wenn hier gewöhnlich eine Shell steht, die nach der Anmeldung des Benutzers gestartet werden kann, können Sie hierbei auch jedes beliebige andere Startprogramm verwenden (vom Sinn abgesehen). Alle erlaubten Programme, die gestartet werden können, müssen in der Datei */etc/shells* eingetragen sein. Wird dieses Feld leer gelassen, wird standardmäßig die Bourne-Shell (/bin/sh) verwendet – was unter Linux wieder nur ein symbolischer Link zur Bash ist.

Somit können Sie die folgende Zeile wie folgt interpretieren:

```
john:x:1001:1001:John Wolf,Augsburg,,:/home/john:/bin/bash
```

Der Benutzername lautet »john«, das Passwort steht verschlüsselt in */etc/shadow*, die UID und die GID lauten 1001, als zusätzliche Angaben wurde hier der Namen »John Wolf« und »Augsburg« angegeben. Das Heimatverzeichnis lautet */home/john* und das Startprogramm (die Shell) ist die Bash (Bourne-Again-Shell).

6.1.1 Die Datei /etc/passwd auswerten

Die einzelnen Felder der Datei */etc/passwd* sind in der Struktur `struct passwd` enthalten, die in der Headerdatei `<pwd.h.>` definiert ist.

Strukturvariable	Bedeutung
char *pw_name	Benutzername
char *pw_passwd	Verschlüsseltes Passwort (nicht POSIX.1)
uid_t pw_uid	Benutzernummer UID
gid_t pw_gid	Gruppennummer GID
char *pw_gecos	Kommentarfeld (nicht POSIX.1)
char *pw_dir	Startverzeichnis nach dem Login
char *pw_shell	Loginshell

Tabelle 6.1 Die Struktur »struct passwd« der Headerdatei <pwd.h.>

6.1.2 getpwuid und getpwnam – einzelne Abfrage von /etc/passwd

Mit den beiden Funktionen `getpwname()` und `getpwuid()` können Sie einen Eintrag der Passwortdatei */etc/passwd* erfragen. Beide Funktionen sind POSIX.1-konform. Dies ist die Syntax:

```
#include <pwd.h.>
#include <sys/types.h>

struct passwd *getpwnam(const char * name);
struct passwd *getpwuid(uid_t uid);
```

Die Funktion `getpwnam()` gibt bei Erfolg einen Zeiger auf eine Struktur `passwd` zurück, die den Inhalt einer Zeile in `/etc/passwd` mit dem Benutzernamen `name` enthält (erstes Feld in */etc/passwd*).

Die Funktion `getpwuid()` hingegeben gibt einen Zeiger auf eine Struktur zurück, die eine Zeile in */etc/passwd* enthält, die der User-ID `uid` entspricht.

Beide Funktionen geben bei einem Fehler `NULL` zurück, wenn kein passender Eintrag in */etc/passwd* gefunden wurde oder ein anderer Fehler aufgetreten ist. Konnte nicht ausreichend Speicher für eine `passwd`-Struktur alloziiert werden, wird `errno` auf `ENOMEM` gesetzt.

Hier die Funktion `getpwnam()` bei der Ausführung. Wollen Sie `getpwuid()` verwenden, brauchen Sie nur den entsprechenden Codeabschnitt auszukommentieren und die Kommentare um `getpwuid()` zu entfernen.

```
/* pasname.c */
#include <stdio.h>
#include <stdlib.h>
#include <sys/types.h>
#include <pwd.h.>
#include <string.h>

int main(int argc, char *argv[]) {
   struct passwd *pas_ptr;

   if( argc != 2 ) {
      fprintf(stderr, "Usage: %s Name\n", argv[0]);
```

```
      exit (EXIT_FAILURE);
   }

   /* Alternativ mit getpwuid() :                              */
   /* pas_ptr=getpwuid( strtoul(argv[1], NULL, 10) );          */

   pas_ptr=getpwnam(argv[1]);
   if(pas_ptr == NULL) {
      printf("Konnte nichts über %s ermitteln\n", argv[1]);
      exit (EXIT_FAILURE);
   }

   printf("Folgende Angaben wurden ermittelt: \n");
   printf("Benutzername     : %s\n", pas_ptr->pw_name);
   printf("Benutzernummer   : %d\n", pas_ptr->pw_uid);
   printf("Gruppennummer    : %d\n", pas_ptr->pw_gid);
   printf("Kommentar        : %s\n", pas_ptr->pw_gecos);
   printf("Loginverzeichnis : %s\n", pas_ptr->pw_dir);
   printf("Loginshell       : %s\n", pas_ptr->pw_shell);

   return EXIT_SUCCESS;
}
```

Das Programm bei der Ausführung:

```
you@host > gcc -Wall -o pasname pasname.c
you@host > ./pasname john
Folgende Angaben wurden zu john ermitteln:
Benutzername     : john
Benutzernummer   : 1001
Gruppennummer    : 1001
Kommentar        : John Wolf,Augsburg,,
Loginverzeichnis : /home/john
Loginshell       : /bin/bash
you@host > ./pasname tot
Folgende Angaben wurden zu tot ermittelt:
Benutzername     : tot
Benutzernummer   : 1000
Gruppennummer    : 1000
Kommentar        : J.Wolf,,,
Loginverzeichnis : /home/tot
Loginshell       : /bin/bash
```

Hinweis

Bei BSD-UNIX wird bei den Funktionen `getpwnam()` und `getpwuid()` das verschlüsselte Passwort automatisch aus */etc/shadow* gelesen und in die Strukturvariable `pw_passwd` geschrieben, wenn das Programm vom Superuser (UID=0) gestartet wurde.

6.1.3 getpwent, setpwent und endpwent – komplette Abfrage von /etc/passwd

Wollen Sie alle Daten in */etc/passwd* erfragen, stehen Ihnen die drei Funktionen `getpwent()`, `setpwent()` und `endpwent()` zur Verfügung.

```
#include <pwd.h.>
#include <sys/types.h>

struct passwd *getpwent(void);
void setpwent(void);
void endpwent(void);
```

Die Funktion `getpwent()` liefert einen Zeiger auf die Struktur `passwd` zurück, die den Inhalt einer Zeile in */etc/passwd* beinhaltet. Beim ersten Aufruf von `getpwent()` wird immer der erste Eintrag zurückgegeben. Jeder weitere Aufruf liefert dann den nächsten Eintrag (Zeile) in */etc/passwd* zurück. Beachten Sie bitte außerdem, dass nach jedem erneuten Aufruf von `getpwent()` der alte Inhalt in der Struktur `passwd` mit dem neuen überschrieben wird. Tritt ein Fehler auf oder sind alle Einträge gelesen worden, gibt `getpwent()` `NULL` zurück. Konnte kein Speicher für die Struktur `passwd` alloziiert werden, wird `errno` auf `ENOMEM` gesetzt.

Die Funktion `setpwent()` öffnet die Datei */etc/passwd*, wenn diese nicht bereits geöffnet wurde, und setzt den Dateizeiger auf den Anfang der Passwortdatei. `setpwent()` muss nicht unbedingt vor einem `getpwent()`-Aufruf verwendet werden.

Wenn Sie mit `getpwent()` fertig sind, können Sie mit `endpwent()` die Datei */etc/passwd* wieder ordentlich schließen. Dies garantiert Ihnen bei einem erneuten Aufruf von `getpwent()`, dass */etc/passwd* wieder neu geöffnet wird und sich der Dateizeiger am Anfang dieser Passwortdatei befindet.

Hierzu sind die Funktion `getpwent()` und `endpwent()` im Einsatz. Im Beispiel wird die Funktion `getpwnam()` nachgebildet.

```
/* pasname2.c */
#include <stdio.h>
#include <stdlib.h>
#include <sys/types.h>
#include <pwd.h.>
#include <string.h>

struct passwd *getpasswd(const char *loginname) {
   struct passwd *pas_ptr;

   while( pas_ptr=getpwent() ) {
      if( strcmp(pas_ptr->pw_name, loginname) == 0) {
         endpwent();
         return pas_ptr;
      }
   }
   endpwent();
   return NULL;
```

```
}

int main(int argc, char *argv[]) {
   struct passwd *pas_ptr;

   if( argc != 2 ) {
      fprintf(stderr, "Usage: %s Name\n", argv[0]);
      exit (EXIT_FAILURE);
   }

   pas_ptr=getpasswd(argv[1]);
   if(pas_ptr == NULL) {
      printf("Konnte nichts über %s ermitteln\n", argv[1]);
      exit (EXIT_FAILURE);
   }

   printf("Folgendes wurde zu %s ermittelt: \n", argv[1]);
   printf("Benutzername     : %s\n", pas_ptr->pw_name);
   printf("Benutzernummer   : %d\n", pas_ptr->pw_uid);
   printf("Gruppennummer    : %d\n", pas_ptr->pw_gid);
   printf("Kommentar        : %s\n", pas_ptr->pw_gecos);
   printf("Loginverzeichnis : %s\n", pas_ptr->pw_dir);
   printf("Loginshell       : %s\n", pas_ptr->pw_shell);

   return EXIT_SUCCESS;
}
```

Die Ausführung des Programms entspricht exakt der von »pasname.c«, das im Beispiel zuvor demonstriert wurde.

6.2 Die Datei /etc/shadow

Wie bereits erwähnt, speicherten ältere Linux-/UNIX-Versionen die Passwörter noch direkt in der Datei */etc/passwd* im zweiten Feld. Hatte ein Anwender Zugriff auf diese Datei, wurde häufig ein so genannter Wörterbuchangriff gemacht, um dieses Passwort zu entschlüsseln. Hierzu wurde dazumal das Kommando `crypt` zum Entschlüsseln verwendet. Hatte der Anwender dabei ein einfaches Passwort aus Buchstaben verwendet, war es in der Tat möglich, das Passwort zu knacken. Hierauf soll aber nicht näher eingegangen werden.

Fakt ist, dass eben eine Angriffsfläche vorhanden war, die mit der Passwortdatei */etc/shadow* beseitigt wurde. Da der Eigentümer und die Gruppe dieser Datei root ist, ist diese auch nicht mehr zum Lesen zu öffnen. Der Eintrag in die Datei erfolgt nach demselben Schema wie schon in der Datei */etc/passwd*. Ein Eintrag steht jeweils in einer Zeile, und die einzelnen Felder wiederum werden durch einen Doppelpunkt getrennt. Die Syntax:

```
Name:Pass:DOC:MinTag:MaxTag:Warn:DeaktivIn:DeaktivSeit:Frei
```

- Name – Der Benutzername, der im ersten Feld steht, verknüpft diesen Eintrag mit einem gleichnamigen Eintrag in der Datei */etc/passwd*. Somit sollten für alle Einträge in der Datei */etc/passwd* auch Einträge in der Datei */etc/shadow* existieren.
- Pass – Hier steht das verschlüsselte Passwort des Benutzers. Befindet sich hier ein »*« oder »!«, bedeutet dies, dass kein Passwort eingetragen ist – was aus Gründen der Datensicherheit vermieden werden sollte.
- DOC (*Day of last change*) – Hier steht der Tag, an dem das Datum seit dem 1.1.1970 verändert wurde. Dieser Tag (eine Integer-Zahl) wird zur Überprüfung der Lebensdauer von Passwörtern verwendet.
- MinTag – Der frühestmögliche Zeitpunkt (in Tagen), wann der Benutzer sein Passwort ändern kann.
- MaxTag – Der spätmöglichste Termin (in Tagen), wann der Benutzer sein Passwort ändern muss.
- Warn – Hier wird eingetragen, wie viele Tage vor Ablauf des Passwortes (siehe »MaxTage«) der Benutzer eine Warnung bei der Anmeldung auf dem Bildschirm angezeigt bekommt.
- Deaktiv – Hier wird eingetragen, wie viele Tag das Passwort nach Ablauf von »MaxTage« noch gülig ist. Danach kann sich der Benutzer nicht mehr anmelden.
- DeaktivSeit – Hier findet man die Anzahl von Tagen, seit ein Passwort gesperrt wurde (deaktiv ist).
- Frei – Ein freies Feld für eventuell spätere Erweiterungen. Hat jetzt noch keine Bedeutung.

Hierzu ein einfaches Beispiel aus meiner */etc/shadow*-Datei:

```
john:$1$oLLnoOfp$MQch.ycZRIzUZ0JYnaXRB/:12952:0:99999:7:::
```

Der Benutzer heißt hier »john«, das verschlüsselte Passwort lautet »1oLLnoOfp$MQch.ycZRIzUZ0JYnaXRB/«, das Passwort wurde am 12952. Tag nach 1.1.1970 das letzte Mal verändert und kann frühestens in 0 Tagen (also heute) und muss spätestens in 99999 Tagen (ca. 274 Jahren) geändert werden – in dem Fall also immer. 14 Tage (sofern Sie diesen Tag überleben) vor Ablauf des Passwortes soll eine Warnung ausgegeben werden. Die anderen Werte wurden vom Administrator nicht definiert und sind leer.

6.2.1 Die Datei /etc/shadow auswerten

Die einzelnen Felder der Datei */etc/shadow* sind in der Struktur struct spwd enthalten und in der Headerdatei `<shadow.h>` definiert.

Strukturvariable	Bedeutung
`char *sp_namp`	Benutzername (Loginname)
`char *sp_pwdp`	Verschlüsseltes Passwort
`long int sp_lstchg`	Datum der letzten Änderung (seit dem 1.1.1970)
`long int sp_min`	Nächste Änderung frühestens möglich in sp_min Tagen
`long int sp_max`	Spätestens muss eine Änderung gemacht werden in sp_max Tagen.

Tabelle 6.2 Die Struktur »spwd« in der Headerdatei <shadow.h>

Strukturvariable	Bedeutung
`long int sp_warn`	Anzahl Tage, die der Benutzer gewarnt werden soll, bevor das Passwort abläuft.
`long int sp_inact`	Anzahl nach sp_max, wenn der Account deaktiviert wird
`long int sp_expire`	Anzahl Tage nach dem 1.1.1970, seit der Account deaktiviert bzw. gesperrt wurde
`unsigned long int sp_flag`	Wird noch nicht verwendet.

Tabelle 6.2 Die Struktur »spwd« in der Headerdatei <shadow.h> (Forts.)

6.2.2 getspent, setspent und endspent – komplette Abfrage von /etc/shadow

Wie auch schon bei der Datei */etc/passwd* stehen Ihnen bei der Datei */etc/shadow* entsprechende Funktionen zur Verfügung, wo Sie alle Daten in */etc/shadow* erfragen können.

```
#include <shadow.h>

struct spwd *getspent(void);
void setspent(void);
void endspent(void);
```

Die Funktion `getspent()` liefert einen Zeiger auf die Struktur `spwd` zurück, die den Inhalt einer Zeile in */etc/shadow* beinhaltet. Auch hier wird beim ersten Aufruf immer der erste Eintrag der Datei */etc/shadow* zurückgeliefert. Jeder weitere Aufruf von `getspent()` holt sich immer die nächste Zeile der Datei */etc/shadow*. Nach jedem Aufruf von `getspent()` wird der alte Inhalt in der Struktur von neuem überschrieben. Der Rückgabewert ist bei einem Fehler oder dem Ende der Datei */etc/shadow* `NULL`.

Wollen Sie sichergehen, dass `getspent()` wirklich vom Anfang der Datei */etc/shadow* beginnt, müssen Sie die Funktion `setspent()` aufrufen. Hiermit wird der Lesezeiger auf den Anfang der Datei */etc/shadow* gesetzt.

Wenn Sie mit `getspent()` fertig sind, können Sie mit `endspent()` die Datei */etc/shadow* wieder schließen. Dies garantiert Ihnen bei einem erneuten Aufruf von `getspent()`, dass */etc/shadow* wieder neu geöffnet wird und sich der Dateizeiger am Anfang dieser Datei befindet.

Hierzu ein einfaches Beispiel von `getspent()` und `endspent()`. Sie geben über der Kommandozeile einen entsprechenden Benutzer ein, wovon Sie die Passwortinformationen aus der */etc/shadow*-Datei ermitteln können. Da */etc/shadow* eine Datei ist, die nur vom Benutzer und der Gruppe root gelesen werden kann, benötigen Sie für dieses Programm auch die entsprechende Superuser-Rechte.

```
/* read_shadow.c */
/* Programm benötigt Superuser-Rechte  */

#include <stdio.h>
#include <stdlib.h>
#include <sys/types.h>
```

```
#include <shadow.h>
#include <string.h>
#include <time.h>

struct spwd *getshadow(const char *loginname) {
   struct spwd *shadow_ptr;

   while( shadow_ptr=getspent() ) {
      if( strcmp(shadow_ptr->sp_namp, loginname) == 0) {
         endspent();
         return shadow_ptr;
      }
   }
   endspent();
   return NULL;
}

int main(int argc, char *argv[]) {
   struct spwd *shadow_ptr;

   if( argc != 2 ) {
      fprintf(stderr, "Usage: %s Name\n", argv[0]);
      exit (EXIT_FAILURE);
   }

   shadow_ptr=getshadow(argv[1]);
   if(shadow_ptr == NULL) {
      printf("Konnte nichts über %s ermitteln\n", argv[1]);
      exit (EXIT_FAILURE);
   }

   printf("Folgendes wurde zu %s ermittelt: \n", argv[1]);
   printf("Benutzername                : %s\n",
      shadow_ptr->sp_namp);
   printf("Passwort (verschlüsselt)     : %s\n",
      shadow_ptr->sp_pwdp);
   printf("Tag der letzten Änderung    : %li Tage\n",
      shadow_ptr->sp_lstchg);
   printf("Nächste Änderung möglich    : %li Tage\n",
      shadow_ptr->sp_min);
   printf("Nächste Änderung fällig     : %li Tage\n",
      shadow_ptr->sp_max);
   printf("Warnung, wenn Passwort fällig %li Tage zuvor!\n",
      shadow_ptr->sp_warn);
   printf("Konto nach %li Tagen vor Ablauf der Frist sperren!\n",
      shadow_ptr->sp_inact);

   return EXIT_SUCCESS;
}
```

Das Programm bei der Ausführung:

```
you@host > sudo ./read_shadow tot
Passwort:*******
Folgendes wurde zu tot ermittelt:
Benutzername              : tot
Passwort (verschlüsselt)   : 134520844
Tag der letzten Änderung  : 12928 Tage
Nächste Änderung möglich  : 0 Tage
Nächste Änderung fällig   : 99999 Tage
Warnung, wenn Passwort fällig 7 Tage zuvor!
Konto nach -1 Tagen vor Ablauf der Frist sperren!
```

Eine Ausgabe von -1 wie in der letzten Zeile zeigt an, dass dieser Wert nicht verwendet wird.

Natürlich gibt es auch eine entsprechende Funktion wie `getpwnam()` bei */etc/passwd* für */etc/shadow* mit `getspnam()`. Die Syntax:

```
#include <shadow.h>

struct spwd *getspnam(const char *name);
```

Die Funktion `getspnam()` gibt ebenfalls einen Zeiger auf eine Struktur `spwd` zurück, die den Inhalt einer Zeile in */etc/shadow* mit dem Benutzernamen `name` enthält. Ansonsten bei einem Fehler oder wenn der Name nicht gefunden werden konnte, gibt diese Funktion `NULL` zurück. Hierzu das Beispiel zu `getspnam()`:

```
/* read_shadow2.c */
/* Programm benötigt Superuser-Rechte  */

#include <stdio.h>
#include <stdlib.h>
#include <sys/types.h>
#include <shadow.h>
#include <string.h>
#include <time.h>

int main(int argc, char *argv[]) {
   struct spwd *shadow_ptr;
   if( argc != 2 ) {
      fprintf(stderr, "Usage: %s Name\n", argv[0]);
      exit (EXIT_FAILURE);
   }

   shadow_ptr=getspnam(argv[1]);
   if(shadow_ptr == NULL) {
      printf("Konnte nichts über %s ermitteln\n", argv[1]);
      exit (EXIT_FAILURE);
   }

   printf("Folgendes wurde zu %s ermittelt: \n", argv[1]);
```

```
   printf("Benutzername                : %s\n",
      shadow_ptr->sp_namp);
   printf("Passwort (verschlüsselt)     : %s\n",
      shadow_ptr->sp_pwdp);
   printf("Tag der letzten Änderung    : %li Tage\n",
      shadow_ptr->sp_lstchg);
   printf("Nächste Änderung möglich    : %li Tage\n",
      shadow_ptr->sp_min);
   printf("Nächste Änderung fällig     : %li Tage\n",
      shadow_ptr->sp_max);
   printf("Warnung, wenn Passwort fällig %li Tage zuvor!\n",
      shadow_ptr->sp_warn);
   printf("Konto nach %li Tagen vor Ablauf der Frist sperren!\n",
      shadow_ptr->sp_inact);

   return EXIT_SUCCESS;
}
```

Bei der Ausführung entspricht das Programme exakt dem von »read_shadow.c«. Natürlich benötigen Sie auch hierzu wieder die Superuser-Rechte, um die Datei */etc/shadow* lesen zu können.

Hinweis

Neben den hier vorgestellten Funktionen bietet die `<shadow.h >`-API noch einige Funktionen mehr an. Ein Aufruf von z. B. »man getspent« bringt die weiteren Routinen zum Vorschein.

6.3 Die Datei /etc/group

In der Datei */etc/group* werden die Gruppennummern und Gruppennamen einander zugeordnet. In der Datei */etc/passwd* wird mit der GID ja praktisch schon eine Standardgruppe für den Benutzer festgelegt. Mit */etc/group* können weitere Gruppenzugehörigkeiten eines Benutzers definiert werden. Ein Eintrag in der Datei */etc/group* sieht wie folgt aus:

```
Gruppenname:Passwort:Gruppennummer:Mitglied1,...
```

- Gruppenname – der Name der Gruppe
- Passwort – Bei älteren Systemen steht hier ein verschlüsseltes Passwort. Befindet sich hier ein »x«, dann bedeutet dies, dass das Passwort (verschlüsselt) in */etc/gshadow* abgelegt ist. Die Datei */etc/gshadow* ist das Gruppengegenstück von dem, was bei */etc/shadow* für die Benutzer gilt. Natürlich kann auch hier ein Passwort entfallen – dann finden Sie hier ein »*« oder »!« wieder. Etwas Besonderes gibt es aber dann doch noch: Wenn ein Passwort eingerichtet ist, können auch Nichtmitglieder dieser Gruppe Zugang zu den Daten der Gruppe erhalten, wenn diese das Passwort kennen. Richten Sie hingegen kein Passwort ein, so können nur Benutzer auf Daten einer Gruppe zugreifen, wenn diese auch wirklich in der Gruppe eingetragen sind.

- Gruppennummer (GID) – die Gruppennummer der Gruppe
- Mitglieder – Hier werden die Mitglieder der Gruppe eingetragen. Mehrere Mitglieder werden durch ein einfaches Komma getrennt.

In der Praxis reichen der Gruppenname und die Gruppennummer für einen Eintrag in */etc/group* aus. Soll aber ein Benutzer in mehr als einer Gruppe (abgesehen von der Standardgruppe) Mitglied sein, muss dieser in die entsprechende Gruppe eingetragen werden. Ebenfalls sollten Sie einen Eintrag in */etc/group* machen, wenn Sie wollen, dass mehrere Mitglieder in einer Gruppe zusammengehören sollen. Solange Sie also nur wollen, dass ein Benutzer in seiner Standardgruppe bleibt, ist kein Eintrag in */etc/group* notwendig (weil dieser ja in */etc/passwd* vorhanden ist). Dieser Eintrag ist erst nötig, wenn ein Benutzer in weiteren Gruppen Mitglied sein soll. Hier ein Beispiel eines solchen Eintrags:

```
cdrom:x:24:tot,john,jack
```

Hier sehen Sie eine Gruppe mit dem Namen »CD-ROM« (ich denke, die Bedeutung spricht für sich) mit der GID 24. Zugriff auf das CD-ROM-Laufwerk hat gewöhnlich nur root. Das »x« zeigt an, dass ein Passwort in */etc/gshadow* abgelegt ist. Im Beispiel befindet sich in */etc/gshadow* ein »*«, womit für diese Gruppe also kein Passwort nötig ist. Allerdings bedeutet dies auch, dass nur Mitglieder dieser Gruppe Zugang zu ihr haben. Die Mitglieder dieser Gruppe hier lauten »tot«, »john« und »jack«.

Hinweis

Die Gruppendatei */etc/group* wird in POSIX.1 als Gruppendatenbank (Group Database) bezeichnet.

6.3.1 Die Datei /etc/group auswerten

Die einzelnen Felder der Datei */etc/group* sind in der Struktur `struct group` enthalten und in der Headerdatei `<grp.h>` definiert.

Strukturvariable	Bedeutung
`char *gr_name`	Gruppenname
`char *gr_passwd`	Verschlüsseltes Passwort (nicht POSIX.1)
`gid_t gr_gid`	Gruppennummer (GID)
`char **gr_mem`	Liste von Mitgliedern der Gruppe

Tabelle 6.3 Die Struktur group in der Headerdatei <grp.h>

6.3.2 getgrnam und getgrgid – einzelne Einträge aus /etc/group abfragen

Mit den beiden Funktionen `getgrnam()` und `getgruid()` können Sie einen Eintrag der Datei */etc/group* erfragen. Die Syntax:

```
#include <grp.h>
#include <sys/types.h>
```

```
struct group *getgrnam(const char *name);
struct group *getgrgid(gid_t gid);
```

Die Funktion `getgrnam()` liefert einen Zeiger auf eine Struktur `group` zurück, welche die Gruppeninformation zur Gruppe `name` enthält. Diese Information wird natürlich aus der Datei */etc/group* gelesen.

Die Funktion `getgrgid()` liefert ebenfalls einen Zeiger auf eine Struktur `group` zurück, welche die Gruppeninformation zur Gruppe mit der Gruppennummer `gid` enthält. Auch diese Information wird aus der Datei */etc/group* gelesen.

Beide Funktionen geben bei einem Fehler, oder wenn kein passender Eintrag in `/etc/group` gefunden wurde, `NULL` zurück. Konnte kein Speicher für die Struktur `group` reserviert werden, wird `errno` auf `ENOMEM` gesetzt.

Natürlich gilt auch hier, nach einem erneuten Funktionsaufruf wird der alte Inhalt der Struktur überschrieben.

Hierzu soll als Beispiel die Funktion `getgrnam()` verwendet werden, die alle Informationen zu einem bestimmten Gruppennamen (zweites Argument) zurückliefert.

```
/* groupname.c */
#include <stdio.h>
#include <stdlib.h>
#include <sys/types.h>
#include <grp.h>
#include <string.h>

int main(int argc, char *argv[]) {
   struct group *group_ptr;
   int i=0;

   if( argc != 2 ) {
      fprintf(stderr, "Usage: %s Name\n", argv[0]);
      exit (EXIT_FAILURE);
   }

   group_ptr=getgrnam(argv[1]);
   if(group_ptr == NULL) {
      printf("Konnte nichts über %s ermitteln\n", argv[1]);
      exit (EXIT_FAILURE);
   }

   printf("Folgendes wurde zu %s ermittelt: \n", argv[1]);
   printf("Gruppenname              : %s\n",
      group_ptr->gr_name);
   printf("Passwort (verschlüsselt) : %s\n",
      group_ptr->gr_passwd);
   printf("Gruppennummer            : %d\n",
      group_ptr->gr_gid);
   printf("Mitglieder dieser Gruppe : \n");
```

```
   while( group_ptr->gr_mem[i] != NULL )
      printf("\tName       : %s\n", group_ptr->gr_mem[i++]);

   return EXIT_SUCCESS;
}
```

Das Programm bei der Ausführung:

```
you@host > ./groupname cdrom
Folgende Angaben wurden zu cdrom ermittelt:
Gruppenname                : cdrom
Passwort (verschlüsselt)  : x
Gruppennummer              : 24
Mitglieder dieser Gruppe :
        Name       : tot
        Name       : hal
you@host > ./groupname dialout
Folgende Angaben wurden zu dialout ermittelt:
Gruppenname                : dialout
Passwort (verschlüsselt)  : x
Gruppennummer              : 20
Mitglieder dieser Gruppe :
        Name       : tot
        Name       : cupsys
```

6.3.3 getgrent, setgrent und endgrent – alle Einträge in /etc/group abfragen

Natürlich gibt es auch hier, wie schon bei den Dateien */etc/passwd* und */etc/shadow*, eine Funktion, um alle Einträge nacheinander aus der Gruppendatei */etc/group* zu erfragen.

```
#include <grp.h>
#include <sys/types.h>

struct group *getgrent(void);
void setgrent(void);
void endgrent(void);
```

Alle diese Funktionen machen schon dasselbe wie die Gegenstücke für die */etc/passwd*- und */etc/shadow*-Datei, nur dass sich diese eben auf die Datei */etc/group* beziehen.

Die Funktion `getgrent()` liefert einen Zeiger auf einen Struktur `group` zurück, welche die Gruppeninformationen aus */etc/group* enthält. Beim ersten Aufruf wird der erste Eintrag der Datei */etc/group* zurückgegeben. Bei jedem weiteren Aufruf erfolgt der jeweils nächste Eintrag. Mit `setgrent()` können Sie wieder den Dateizeiger auf den Anfang der Datei */etc/group* zurücksetzen. Mit der Funktion `endgrent()` schließen Sie die Datei */etc/group* wieder.

Ein Beispiel kann ich mir hierzu ersparen, da die Vorgehensweise immer dieselbe ist, wie dies jetzt schon mehrmals, nur eben mit anderen Funktionen und Dateien, demonstriert wurde.

6.4 uname – Informationen zum lokalen System erfragen

Mithilfe der POSIX.1-konformen Funktion `uname()` können Sie sich Information zum lokalen System erfragen. Die Syntax:

```
#include <sys/utsname.h>

int uname(struct utsname *buf);
```

Diese Funktion gibt die Systeminformationen in `buf` zurück. Die Struktur `utsname` ist in der Headerdatei `<sys/utsname.h>` wie folgt definiert:

Strukturvariablen	Bedeutung
`char sysname[]`	Betriebssystemname
`char nodename[ ]`	Knotennamen in einem Netzwerk
`char release[ ]`	Aktueller Release-Name
`char version[ ]`	Aktueller Versions-Name des Release
`char machine[ ]`	Name der Hardware die auf dem System läuft
`char domainname[ ]` oder `char domainname[ ]`	Name der Domain vom Knotenpunkt im Netzwerk (nicht POSIX.1)

Tabelle 6.4 Die Struktur utsname in der Headerdatei <sys/utsname.h>

Die Größe der Arrays wird nicht von POSIX.1 vorgeschrieben und ist systemabhängig. Der einfachste Weg, eine Überschreibung zu vermeiden, ist die Verwendung von `sizeof()`, womit die maximale Länge des Arrays ermittelt wird.

Bei Erfolg wird 0 und im Fehlerfall -1 zurückgegeben. Ist im Falle eines Fehlers `errno` mit `EFAULT` gesetzt, ist `buf` nicht gültig. Hierzu die Funktion `uname()` im Einsatz:

```
/* utsname.c */
#include <stdio.h>
#include <stdlib.h>
#include <sys/types.h>
#include <sys/utsname.h>
#include <string.h>

int main(int argc, char *argv[]) {
   struct utsname uts_info;

   if( uname(&uts_info) < 0 ) {
      fprintf(stderr, "Fehler bei uname()\n");
      exit (EXIT_FAILURE);
   }

   printf("Folgende Angaben wurden ermittelt: \n");
   printf("Betriebssystem   : %s\n", uts_info.sysname);
   printf("Knotenname       : %s\n", uts_info.nodename);
   printf("Release          : %s\n", uts_info.release);
```

```
   printf("Version        : %s\n", uts_info.version);
   printf("Architektur    : %s\n", uts_info.machine);
#define __USE_GNU
   printf("Domainname     : %s\n", uts_info.__domainname);

   return EXIT_SUCCESS;
}
```

Das Programm bei der Ausführung:

```
$ ./utsname
Folgende Angaben wurden ermittelt:
Betriebssystem   : Linux
Knotenname       : desktop
Release          : 2.6.27-7-generic
Version          : #1 SMP Tue Jan 4 19:33:20 UTC 2009
Architektur      : i686
Domainname       : (none)
```

6.5 Das Verzeichnis /etc/skel und Network Information Service (NIS)

Im engeren Zusammenhang mit den eben beschriebenen Dateien sollen hier noch ein paar Zeilen zu */etc/skel* und NIS (Network Information Service) verloren werden.

Zwar hat das Verzeichnis */etc/skel* nichts mit der Benutzerverwaltung zu tun, aber mit dieser Datei haben Sie die Möglichkeit, ein Template an Konfigurationsdateien, die ein neuer Benutzer erhalten soll, festzulegen. Wenn Sie einen neuen Benutzer einrichten, kann durch ein Kopieren des Verzeichnisses */etc/skel* dem Benutzer eine vorgefertigte Umgebung bereitgestellt werden. Der Vorteil daran ist, Sie müssen dieses Verzeichnis nur einmal anlegen und können dann viele Benutzer schnell und einfach einrichten. Gewöhnlich wird dieses Verzeichnis standardmäßig angelegt und kann den Bedürfnissen angepasst werden.

Bei einem größeren Linux- und UNIX-Netzwerk, wo auf viele gemeinsame Ressourcen zurückgegriffen werden muss, muss man sicherstellen, dass die Benutzer- und Gruppenkennung aller Rechner in diesem Netzwerk dieselben sind. Hierfür ist NIS (*Network Information Service*) verantwortlich. NIS ist praktisch ein Datenbanksystem, das den Zugriff auf */etc/passwd*, */etc/shadow*, */etc/group* und */etc/gshadow* in einem zusammengeschlossenen Netzwerk ermöglicht.

6.6 Dateien für Netzwerkinformationen

Zwar werden die entsprechenden Funktionen erst im Kapitel zur Netzwerkprogrammierung behandelt, doch soll auch jetzt hier schon ein Überblick zu den Informationsdateien im Netzwerk (BSD-Netzwerk-Software) gemacht werden. Die Art, Netzwerkdateien zu erfragen, ist schon dieselbe, wie Sie dies aus den Benutzer- und Gruppendateien her kennen.

- */etc/service* – Hier befinden sich Dienste, die von den Netzwerkservern angeboten werden. Die entsprechenden Informationen dieser Datei sind in der Struktur servent in der Headerdatei `<netdb.h>` definiert. Erfragen können Sie einen Eintrag dieser Datei mit den Funktionen `getservbyname()` und `getservbyport()`.
- */etc/networks* – Hier findet man Informationen über die Netzwerke. Die entsprechenden Informationen sind in der Struktur `netent` in der Headerdatei `<netdb.h>` definiert. Einträge dieser Datei lassen sich mittels `getnetbyname()` und `getnetbyaddr()` ermitteln.
- */etc/protocols* – Hier findet man Einträge zu den Netzwerkprotokollen. Diese Informationen sind in der Struktur `protoent` in der Headerdatei `<netdeb.h>` definiert. Die einzelnen Einträge lassen sich mit `getprotobyname()` und `getprotobynumber()` herauslesen.
- */etc/host* – Hier sind die Benutzer eingetragen, die über Netz Zugriff auf den lokalen Rechner haben. Die Informationen sind in der Struktur `hostent` in der Headerdatei `<netdb.h>` definiert und können mit den Funktionen `gethostbyname()` und `gethostbyaddr()` abgefragt werden.

In diesem Kapitel wird ein enorm wichtiges und garantiert immer zu kurz ausfallendes Thema (trotz des erhöhten Umfangs) behandelt: der Prozess (oder die Prozesse).

7 Dämonen, Zombies und Prozesse

Da das Thema recht wichtig und interessant ist, habe ich mich entschlossen, bei den Grundlagen anzufangen. Denn selbst in vielen Grundlagenbüchern wird das Thema häufig viel zu kurz abgehandelt. Und als Programmierer genügt es einfach nicht, nur zu wissen, wie und mit welcher Funktion man einen neuen Prozess erzeugen kann, sondern man muss auch wissen, was man da eigentlich erzeugt (und warum man es überhaupt erzeugt und wie man es hinterher auch wieder »loswird«). Mit diesem Wissen ausgerüstet (aber nicht vorausgesetzt), können Sie anschließend mit Threads fortfahren.

7.1 Was ist ein Prozess?

Vereinfacht ausgedrückt ist ein Prozess zunächst nichts anderes als ein Programm bei seiner Ausführung. Diesem Programm steht die komplette Verwaltungseinheit des Betriebssystems zur Verfügung, so als wäre dies das einzige Programm, das gerade laufen würde. In der Hardware läuft in der Tat auch nur ein Prozess pro CPU, aber natürlich weiß – entgegen dem, was viele andere Bücher sagen – ein Prozess, dass es andere gibt, `/proc` ist ein Beispiel dafür. Vereinfacht heißt dies, dass dem Programm die komplette Rechenleistung des Prozessors zur Verfügung steht. Natürlich ist diese alleinige Verfügbarkeit zeitlich begrenzt, denn sonst würde es sich ja nicht um ein Multitasking-Betriebssystem handeln. Gewöhnlich werden auf einem Betriebssystem mehrere Programme gleichzeitig ausgeführt. Auch dann, wenn Sie noch gar kein Programm gestartet haben, laufen viele Dienste – und je nach Einstellung auch Programme im Hintergrund (Dämonprozesse) – ab. Ob Sie jetzt gleichzeitig Texte verfassen, E-Mails verschicken oder etwas aus dem Internet herunterladen, jede Anwendung bekommt eine gewisse Rechenzeit der CPU zur Verfügung gestellt. Bei Linux auf AMD-/Intel-CPUs (x86) ist dies meist 1/100s bzw. 1/1000s (bei 2.6), bevor die CPU die Rechenzeit einem anderen Prozess widmet. Somit hat es den Anschein, als würden quasi alle Prozesse gleichzeitig ausgeführt werden. Ein wirkliches gleichzeitiges Ablaufen von mehreren Prozessen ist natürlich nur dann möglich, wenn auch mehrere CPUs im Rechner vorhanden sind – genauer: Pro CPU wäre ein Prozess möglich.

7.2 Prozesskomponente

Wie schon erwähnt, steht dem Prozess eine ganze Verwaltungseinheit des Prozessors zur Verfügung. Zu solch einer Umgebung gehören Dinge wie die geöffneten Dateien, Registerinhalte der CPU, Speicherbelegung, das Arbeitsverzeichnis, die Umgebungsvariablen und noch einiges mehr.

Ein Prozess besteht aus einem Adressraum und den Kenndaten eines Prozesses, der intern eine Datenstruktur im Kernel darstellt, worin verschiedene Informationen über den Prozess aufgezeichnet werden.

Der Adressraum eines Prozesses wird dabei in Benutzerdaten und Systemdaten aufgeteilt (auch User- und Kernelspace genannt) Zu den Systemdaten gehören prozessspezifische Daten und der Systemstack. Der Adressraum von Benutzerdaten wird in die folgenden Segmente aufgeteilt (nicht nur Linux):

- Textsegment (`.text`) – Darin befindet sich der ausführbare Programmcode, der auch von mehreren Programmen gleichzeitig verwendet werden kann (Shared Libraries). Außerdem ist das Textsegment schreibgeschützt; denn könnte man den Code dynamisch ändern, würde dies auch andere Prozesse, die sich das Textsegment teilen, betreffen.
- Datensegment – Darin befinden sich die Benutzerdaten eines Prozesses. Das Datensegment wird außerdem nochmals in einen initialisierten (wiederum in schreibgeschützt (`.rodata`) bzw. nicht schreibgeschützt (`.data`)) und einen nicht initialisierten Bereich (`.bss`) aufgeteilt. Das Datensegment beinhaltet außerdem den Heap (siehe auch »C von A bis Z« auf der Buch-CD).
- Stacksegment (`/`) – In diesem Bereich befinden sich alle lokalen Variablen einer Funktion, wenn diese aufgerufen wird.
- Shared-Memory-Segment(e) – Dieser Bereich kann bei Bedarf hinzukommen und als von mehreren Prozessen geteilter Speicherbereich verwendet werden, die gemeinsam darauf zugreifen können.

Zu den Kenndaten eines Prozesses gehören Dinge wie:

- Prozessnummer vom Prozess (`PID`) und Elternprozess (`PPID`)
- Gruppen- und Benutzernummer (`GID`, `UID`) vom »Prozesseigentümer«
- effektiver Benutzer und Gruppe (`EGID`, `EUID`)
- *Filesystem effective user and group* (kernel-intern) (`FSUID`, `FSGID`), z. B. bei NFS, wo UID-Mappings entstehen können
- Prozesspriorität (`PRI`)
- gewünschte Priorität (`NICE`)
- physikalische Adresse im Speicher oder Blockadresse im Auslagerungsbereich
- Zustand des Prozesses
- Ort, von wo aus der Prozess gestartet wurde (Kontrollterminal ...) (`(C)TTY`)
- verbrauchte Rechenzeit des Prozesses (`TIME`)
- Kommando, womit der Prozess gestartet wurde (`CMD`)

7.2.1 Prozessnummer (PID)

Jeder Prozess besitzt eine systemweit eindeutige fortlaufende Prozessnummer (*Process Identification (Number)* == `PID`). Das Betriebssystem stellt dabei sicher, dass systemweit keine Nummer zweimal vorkommt, es sei denn, dies wird explizit von einem Programm gefordert (siehe `clone(2)` und `!CLONE_PID`, aber das scheint seit der Linux-Kernel-Version 2.5.16 wieder entfernt worden zu sein).

Stehen bei der Vergabe von fortlaufenden Prozessnummern keine Nummern mehr zur Verfügung, wird wieder bei 0 angefangen. Vergebene Prozessnummern werden übersprungen. Standardmäßig hat der Kernel Platz für 32768 verschiedene Prozesse, aber auf großen Systemen kann man auch größere Tabellen bis zu 262144 finden. Natürlich belegt das mehr RAM, der nicht geswappt werden kann, weshalb eine Erhöhung auf Heimsystemen keinen Sinn macht.

7.2.2 Prozessnummer des Vaterprozesses (PPID)

Die Prozessnummer des übergeordneten Prozesses (*Parent Process Identification (Number)* == `PPID`) gibt an, von welchem Prozess der aktuelle Prozess (`PID`) gestartet wurde. Man spricht dabei auch vom Elternprozess. Die Prozesse mit der Prozessnummer 0 und 1 haben unter Linux eine besondere Bedeutung und werden noch extra behandelt.

7.2.3 Benutzer- und Gruppennummer eines Prozesses (UID, EUID, GID, EGID)

Bei einem Prozess gibt es drei Arten von Benutzer- und Gruppennummern:

- die effektive Benutzer- und Gruppennummer (`EUID`, `EGID`)
- die reale Benutzer- und Gruppennummer (`UID`, `GID`)
- die Filesysteme `UID/GID`, die bei NFS-Mapping auftreten. Sie sind meist kernel-intern (`FSUID`, `FSGID`, siehe `setfsuid()`).

Die effektive Benutzer- bzw. Gruppennummer wird bei der Überprüfung von Zugriffsrechten auf Dateien verwendet. Die reale Benutzer- bzw. Gruppennummer hingegen ist die Nummer, die der aufrufende Benutzer eines Prozesses besitzt.

Ist bei einem aufrufenden Programm das Ausführungsrecht auf `x` (`rw`**x**) eingestellt, so wird beim Start des Programms (Prozesses) die effektive und reale Benutzer- und Gruppennummer auf die jeweilige Nummer des Aufrufers gesetzt. Steht aber an der Stelle des Ausführungsrechtes anstatt `x` ein `s` (für *set user ID* = `SUID`), dann wird die Benutzernummer des Dateieigentümers als effektive Benutzernummer verwendet, während die reale Benutzernummer die des Aufrufers bleibt. Damit können bestimmte Funktionen auf Dateien ausgeführt werden, die sonst nur dem Programmbesitzer gestattet sind, während der aufrufende Benutzer eigentlich keine Rechte darauf hat. Damit wird veranlasst, vom Programm kontrollierte Veränderungen von geschützten Dateien vorzunehmen. Setzt man mit dem `s`-Attribut des Benutzers auch noch das `s`-Attribut für die Gruppe, so wird die Gruppennummer der Programmdatei als effektive Gruppennummer bei der Programmausführung gesetzt. Dies gilt natürlich auch, wenn das Benutzerattribut »s« (`SUID`) nicht gesetzt ist und nur das Gruppenattribut `s (SGID)`.

Man benötigt also die realen und effektiven Nummern, um die Identität und Berechtigung eines Prozesses zu unterscheiden. Ich gebe zu, dass das Thema sehr trocken ist (zumindest in der Theorie). Daher sei für weitere Informationen das HowTo zu »Secure Programming for Linux and UNIX« empfohlen (siehe Buch-CD).

7.2.4 Prozessstatus

Ein Prozess kann sich in den folgenden Zuständen befinden:

Status	Bedeutung
läuft gerade (running)	Der Prozess wird gerade ausgeführt.
lauffähig (runnable)	Der Prozess kann ausgeführt werden.
schlafend (sleeping)	Der Prozess wartet darauf, dass er ein Stück Rechenzeit bekommt.
angehalten (stopped) bzw. traced	Der Prozess wurde unterbrochen/angehalten.
Zombie	Ein Prozess, der beendet, aber noch nicht aus der Tabelle entfernt wurde.

Tabelle 7.1 Mögliche Zustände eines Prozesses

Ist ein Prozess lauffähig, heißt dies noch lange nicht, dass er automatisch CPU-Zeit bekommt. Er wird erst dann ausgeführt, wenn ihm CPU-Zeit gewährt wird.

Bekommt ein Prozess Rechenzeit zur Verfügung gestellt, blockiert jedoch ein Systemcall (z. B. Pipe voll durch `write()`), wird der Prozess erst mal »schlafen gelegt«. Genauer gesagt, er wird in der Prioritätenliste etwas herabgelassen, und es wird später noch einmal geschaut, ob die Pipe immer noch voll ist. Nur das Eintreffen eines Signals kann dieses Warten unterbrechen (sofern der Systemcall dies erlaubt). Im genannten Beispiel würde `write()` umgehend -1 zurückgegeben und `errno` auf `EINTR` gesetzt.

Sie können einen Prozess aber auch anhalten, was dem Schlafen eines Prozesses ähnlich ist. Anhalten können Sie einen Prozess, indem Sie diesem das Signal `STOP` schicken. Ein ähnlich lautendes Signal, `TSTP`, wird den »Vordergrund«prozessen geschickt – was meist die Shell und das aktuelle Kommando sind –, wenn die Tastenkombination zum Anhalten gedrückt wird, in der Regel [Strg]+[Z]. In diesem Falle sendet die Shell dann `STOP` an den aktuellen Prozess. Mit dem Signal `CONT` können Sie einen Prozess wieder fortlaufen lassen. Der Unterschied zum angehaltenen Prozess im Gegensatz zum Schlafenden ist der, dass der angehaltene Prozess den Status so lange beibehält, bis ein anderer Prozess diesen Status aufhebt.

Ein Zombie ist ein Prozess, der sich längst beendet hat bzw. beendet wurde, aber noch nicht aus der Prozesstabelle ausgetragen worden ist (das muss nämlich der Elternprozess machen). Zombie-Prozesse verbrauchen keine Rechenleistung oder sonstigen Speicher, sondern sind nur noch als Prozesseintrag enthalten. Darauf wird noch näher eingegangen. Vereinfacht: Sie brauchen eine PID. Wenn Sie dabei vergessen, `wait()` oder `waitpid()` (später erklärt) aufzurufen, könnten Sie sich wundern, warum irgendwann (bei einem langlebigeren Programm) keine PIDs mehr frei sind.

7.2.5 Prozesspriorität

Damit, wie es sich für ein Multitasking-Betriebssystem gehört, jeder Prozess zu seiner Arbeit kommt und Zeit von der CPU zur Verfügung stehen hat, ist eine Steuerung nötig. Für die Steuerung aller Prozesse ist der Scheduling-Algorithmus zuständig. Dabei wird unter Linux ein prioritätsgesteuerter Algorithmus verwendet. Dabei bekommt der Prozess die CPU als Nächstes zugesprochen, der eine höhere Priorität besitzt. Ruft z. B. ein Prozess eine Systemfunktion auf, so hat dieser eine höhere Priorität. Prozesse wechseln somit immer vom Userspace in den Kernelspace (und dann wieder zurück), niemals umgekehrt. Der Kernel ist praktisch als Rasthof zu sehen: Man kommt rein, bleibt aber nicht für immer (man verbringt mehr Zeit im Userspace als im Kernelspace ... meistens). Der Beweis, dass diese These (vom User- in Kernelspace) richtig ist: Wären Interrupts deaktiviert, würde man nie in den Kernelspace wechseln können. Dagegen braucht man nichts weiter, um vom Kernelspace in den Userspace zu wechseln.

Da also »normale Prozesse« immer zwischen User- und Kernelspace wechseln, gibt es keine »normalen« Prozesse. Ausnahme: Kernel-Threads, Kthreads (*kswapd* etc.). Linux kennt zwei Prioritätsklassen, die Systemprozesse, worauf Sie keinerlei Einfluss haben, und die Timesharing-Prozesse. Mittlerweile gibt es eine dritte Prioritätsklasse, nämlich die Echtzeitprozesse (Real-Time). Diese werden bei besonders zeitkritischen Prozessen eingesetzt, womit diese dann eine höhere Priorität als die Timesharing-Prozesse besitzen.

7.2.6 Timesharing-Prozesse

Alle gewöhnlichen Prozesse sind somit Timesharing-Prozesse. Beim Timesharing wird versucht, die CPU-Zeit möglichst gleichmäßig auf alle anderen Prozesse unter Beachtung der Priorität zu verteilen. Damit es keine Ungerechtigkeiten gibt, wird die Priorität der Prozesse nach einer gewissen Zeit neu berechnet. Beeinflussen können Sie die Scheduling-Priorität mit dem Kommando *nice* oder *renice*. Wenn Sie z. B. die Prozesse mit *ps -l* auflisten lassen, finden Sie darin einen Wert `NI` (nice). Diesen Wert können Sie mit einer Priorität belegen. -20 bedeutet die höchste und +19 die niedrigste Priorität. Wollen Sie z. B. dem Prozess `ein_prozess`, der die PID 1234 besitzt, eine tiefere Priorität vergeben, können Sie wie folgt vorgehen:

```
$ renice +10 1234
1234: Alte Priorität: 0, neue Priorität: 10
```

Um dem Prozess eine höhere Priorität zuzuweisen (egal ob man ihn vorher runtergesetzt hat), braucht man Superuser-Rechte. Man kann sich selbst degradieren, aber nicht wieder aufsteigen. Dazu fehlt dem Linux-Kernel ein Feld in der Prozesstabelle, das es erlauben würde, wieder bis zur Originalpriorität aufzusteigen. Inwiefern ein solches Feld Sinn macht, ist fraglich, denn ein Prozess, der seine Priorität wieder erhöhen will, zählt sowieso schon als besonders.

Zwar sind die beiden Kommandos *nice* und *renice* noch Relikte aus Zeiten, wo es noch keine Monster-CPU im GHz-Bereich gab. Aber dennoch haben diese Kommandos durchaus ihre Daseinsberechtigung, wenn z. B. der Superuser nachträglich manuell Prozessen Rechenzeit zuteilen will, wenn ein ausgesuchter Prozess etwas schneller fertig sein soll als ein anderer (natürlich zulasten der anderen Anwendungen).

Oder ein weiteres Beispiel: Es würde sonst »etwas« (knapp doppelt so lange) dauern, bis man etwas fertig kompiliert hat, wenn auf derselben Priorität noch ein Prozess mit gleicher CPU-Beanspruchung läuft. Als Beispiel nehme man Seti@Home (*http://seti.alien.de/*) – und da erscheint es logisch, dass die Scheduling-Priorität auf *Nice* 20 statt *Nice* 0 laufen sollte.

Scheduling-Priorität in einer Anwendung setzen bzw. abfragen – setpriority() und getpriority()

Wollen Sie die Scheduling-Priorität eines Prozesses, einer Prozessgruppe abfragen bzw. setzen oder einen Benutzer mit Ihrer Anwendung (in welcher Häufigkeit der Prozess über den Prozessor verfügen darf) abfragen, stehen Ihnen folgende zwei Systemcalls zur Verfügung:

```
#include <sys/time.h>
#include <sys/resource.h>

int getpriority(int which, int who)
int setpriority(int which, int who, int prio)
```

Mit `setpriority()` können Sie ähnlich wie mit dem Systemkommando *nice* die Priorität eines Prozesses verändern. Natürlich sollte klar sein, dass das Heraufsetzen der Priorität weiterhin dem Superuser überlassen bleibt. Aber Achtung: Das Systemkommando *nice*, also */usr/bin/nice*, setzt den Nice-Wert auf den angegebenen Wert, während der Syscall `nice(2)` den Nice-Wert um dessen Argument *erhöht*. Als normaler User können Sie lediglich die Priorität heruntersetzen oder mittels `getpriority()` erfragen. Wobei `who` angibt, wie `which` interpretiert werden soll. Dabei stehen Ihnen folgende Makros zur Verfügung:

- `PRIO_PROCESS` – `who` ist eine `PID`.
- `PRIO_PGRP` – `who` ist eine Prozessgruppe.
- `PRIO_USER` – `who` ist eine `UID`.

Zum Setzen der Priorität mithilfe des dritten Argumentes von `setpriority()` wird ein Wert zwischen -20 und 20 erwartet, der dann auf den aktuellen Nice-Wert hinzuaddiert wird. Auch hier gilt, dass Sie mit einem negativen Wert (bspw. -10) die Priorität erhöhen und mit einem positiven diese verringern (wie schon bei *nice*). Beide Funktionen geben bei Erfolg 0 zurück, ansonsten wird -1 bei einem Fehler zurückgegeben (wobei Sie dabei `errno` überprüfen sollten), der im Falle, dass man nicht berechtigt ist, den Nice-Wert zu verändern, `EACCES` sein sollte (häufigster Fehler).

Hierzu folgt ein einfaches Beispiel, das zunächst die Priorität mittels `getpriority()` überprüft und diese dann mit `setpriority()` um 10 verringert. Anschließend wird die Priorität nochmals überprüft und versucht, diese um den Wert 10 zu erhöhen, was gewöhnlich nur dem Superuser gestattet ist.

```
/* prio.c */
#include <unistd.h.>
#include <stdio.h>
#include <stdlib.h>
#include <sys/time.h>
#include <sys/resource.h>
```

```
int main (void) {
   printf("Priorität:%d\n",
      getpriority(PRIO_PROCESS, getpid()));

   printf("Priorität um 10 reduzieren\n");
   if (setpriority (PRIO_PROCESS, getpid (), 10) == -1) {
      perror ("Fehler bei setpriority()");
      exit (EXIT_FAILURE);
   }
   printf("Priorität:%d\n",
      getpriority(PRIO_PROCESS, getpid()));

    printf("Priorität um 10 erhöhen (root-only)\n");
    if (setpriority (PRIO_PROCESS, getpid (), -10) == -1) {
      perror ("Fehler bei setpriority()");
      exit (EXIT_FAILURE);
   }
   printf("Priorität:%d\n",
      getpriority(PRIO_PROCESS, getpid()));
   return EXIT_SUCCESS;
}
```

Das Programm bei der Ausführung:

```
$ gcc -o prio prio.c
$ ./prio
Priorität:0
Priorität um 10 reduzieren
Priorität:10
Priorität um 10 erhöhen (root-only)
Fehler bei setpriority(): Permission denied
$ su
Password: ********
# ./prio
Priorität:0
Priorität um 10 reduzieren
Priorität:10
Priorität um 10 erhöhen (root-only)
Priorität:-10
```

Prozess-Warteschleifen – sched_yield()

Sollten Sie in Ihrer Anwendung Warteschleifen benötigen, empfiehlt es sich, diese mithilfe von Signalen zu realisieren (siehe nächstes Kapitel). Meistens werden solche Warteschleifen verwendet, um zu warten (J), bis ein bestimmtes Ereignis eintrifft. Ein primitives Beispiel hierzu – ohne jede Funktionalität:

```
/* eventloop1.c */
#include <stdio.h>
#include <stdlib.h>
```

```
static int event_loop( void ) {
   int ereignis = 0;
   /* Eine Ereignisschleife */
   if( ereignis )
      return 1;
   else
      return 0;
}

int main(void) {
  int loop = 0;
  while( !loop )
     loop = event_loop();
  return EXIT_SUCCESS;
}
```

Wenn Sie das Beispiel ausführen, wird »gepollt« ohne Ende – sprich sinnlos Rechenzeit verbraten. Wenn nichts los ist, könnten in dieser Zeit andere Prozesse vielleicht wichtigere Aufgaben erledigen.

In solch einem Beispiel können Sie, wie eben schon erwähnt, die Signale oder die Funktion `sched_yield()`verwenden.

```
#include <sched.h.>

int sched_yield(void);
```

Eingebaut in eine Warteschleife, sorgt diese Funktion dafür, dass die Ausführung der Anwendung unterbrochen und dieser Prozess an das Ende der Liste der auszuführenden Prozesse verschoben wird. Der Rückgabewert ist bei Erfolg 0, ansonsten bei Fehler -1. Ist der aktuelle Prozess der einzige Prozess in der höchsten Prioritätenliste während der Laufzeit, wird dieser gleich unmittelbar nach dem Aufruf von `sched_yield()` weiter ausgeführt. Außerdem hängt das »Verschieben an das Ende der Liste der auszuführenden Prozesse« auch davon ab, mit welcher Priorität die anderen Prozesse in der Prozessliste unterwegs sind. Ob das Scheduling mit `sched_yield()` überhaupt zur Verfügung steht, können Sie dadurch überprüfen, ob die Konstante `_POSIX_PRIORITY_SCHEDULING` in der Headerdatei `unistd.h.` definiert ist.

```
/* eventloop2.c */
#include <stdio.h>
#include <stdlib.h>
#include <unistd.h.>
#include <sched.h.>
#ifndef _POSIX_PRIORITY_SCHEDULING
   #error "sched_yield() ist hier nicht vorhanden"
#endif

// aus dem Beispiel eventloop1.c zu entnehmen
static int event_loop( void );
int main() {
  int loop = 0;
  while( !loop ) {
```

```
    loop = event_loop();
    sched_yield();
  }
  return EXIT_SUCCESS;
}
```

Ab der Kernel-Version von 2.6.x hat sich das Verhalten von `sched_yield()` erheblich verändert. Benutzt ein Prozess diesen Systemaufruf, kann dieser jetzt erwarten, für sehr lange Zeit inaktiv zu sein.

Hinweis

Wollen Sie noch tiefer ins Detail des *Prozess-Schedulings* einsteigen, sollten Sie sich Literatur zum Linux-Kernel beschaffen.

7.2.7 Prozessauslagerung

Reicht der echte Hauptspeicher (RAM) nicht mehr im System für einen neuen Prozess aus, muss ein anderer zuerst in einem so genannten Swap-Bereich ausgelagert werden. Zum Swapping werden externe Medien, wie Festplatten u. Ä., als ein langsames RAM zum Hin- und Herschaufeln der Daten verwendet. Für das Auslagern der Prozesse ist unter Linux der Dämon *kswapd* verantwortlich. Natürlich sorgt auch hierbei wieder ein vernünftiger Algorithmus dafür, dass dieses Swapping nicht wild und planlos ausgeführt wird, auch wenn die Festplatte des Anwenders mal wieder endlos »rödelt«.

Außerdem wird nicht das ganze Programm in den Hauptspeicher gelegt, sondern nur ein Teil. Dazu wird das Programm in kleine Stücke, so genannte Pages, zerlegt. Es befinden sich in der Regel auch nur die Pages im Hauptspeicher, mit denen auch wirklich gearbeitet wird. Muss wegen Speicherknappheit ausgelagert werden, so werden nur einzelne Pages verlegt. Beim Einlagern der Pages werden auch nicht wieder alle ausgelagerten Seiten eingelesen, sondern nur die, die im Augenblick benötigt werden. Man spricht dabei vom Demand Paging (Seite auf Anfrage). Der Bereich, in den diese Pages ausgelagert werden, wird als Paging-Bereich (Paging Area) bezeichnet. Damit ist die maximale Programmgröße vom virtuellen Adressraum des Rechners und des Kernels abhängig. Der virtuelle Adressraum erstreckt sich beim x86 bekanntlich auf 4 GB, bei 64-Bit-CPUs bis auf 16 EB. Auf neue Techniken wie PAE, die helfen sollen, die 4 GB zu erweitern, soll hier nicht weiter eingegangen werden.

In Kernel 2.4 gab es eine Option, wie viel vom 4-GB-Adressraum dem User- und Kernelspace zustand, meist war es ein 3-GB/1-GB-Split, der die maximale Prozessgröße (Text-, Datensegment etc.) bestimmte. Es gab auch 2/2 und 3.5/0.5, in 2.6 ist diese Option jedoch nicht mehr wählbar. Stattdessen scheint 3/1 (für x86) fest eincodiert worden zu sein.

7.2.8 Steuerterminal

Den meisten Prozessen ist außerdem ein Steuerterminal zugeordnet. Prozesse, denen kein Steuerterminal (`CTTY`) zugeordnet ist, sind in der Regel Dämonprozesse oder »verloren gegangene« Prozesse. Wer z. B. ein Perl-Skript startet und das *xterm* dazu beendet, kann u. U. (muss nicht immer sein) erreichen, dass Perl ohne CTTY weiterläuft. Wird z. B. ein Prozess aus einer Shell gestartet, so wird der Terminal der Shell in der Regel auch der Steuerterminal.

7.3 Prozesse überwachen – ps, top, kpm

Das Kommando ps liefert Ihnen Informationen über den Status von aktiven Prozessen und ist eines der wichtigsten Tools für den Systemadministrator. Mit ps lassen sich die aktuelle PID, die UID, der Steuerterminal, der Speicherbedarf eines Prozesses, die CPU-Zeit, der aktuelle Status des Prozesses und noch eine Menge mehr anzeigen. Das Kommando ist leider über die vielen Jahre hinweg etwas unübersichtlich geworden und besitzt unüberschaubar viele Optionen, wobei einige ohne ein führendes Minuszeichen, andere mit dem führenden Minuszeichen und wiederum weitere Optionen mit zwei führenden Minuszeichen aufgerufen werden. Da ich Ihnen hier keine Kommandoreferenz liefern will, seien Ihnen für die einzelnen Optionen die Manual Pages von ps ans Herz gelegt. Das Kommando ps steht für eine Abkürzung von *print process status*. Ich will Ihnen hier nur kurz die Bedeutungen der Ausgabe von ps erklären. Im Beispiel wird die Option -lf verwendet, womit Sie eine vollständige und ausführliche Informationsliste erhalten. Mit »ps x« werden die Prozesse angezeigt, die kein CTTY haben.

Hinweis

In Wirklichkeit gibt es keine echten, d. h. antiken Terminals mehr; jedoch ist ein Terminal eigentlich nur die Bezeichnung für »Ein- und Ausgabegerät«. Selbst z. B. ein Telefon wäre – und eigentlich *ist* – ein Terminal, mit Ein- und Ausgabe (Sprechen/Hören). Abbildungen von echten antiken Terminals finden Sie z. B. hier: *http://www.schrotthal.de/dec/terminal/*.

Geben Sie z. B. in einem *Xterm* folgendes *ps*-Kommando ein:

```
$ ps x -lf
F S UID  PID  PPID C PRI NI ADDR SZ WCHAN  STIME TTY   TIME CMD
...
```

Sie erhalten eine ganze Palette von Informationen zu den laufenden Prozessen auf Ihrem Rechner. Einige dieser Spalten mit Überschriften und deren Bedeutung können Sie der folgenden Tabelle entnehmen.

Zeichen	Bedeutung
S oder auch STAT	Prozesszustand: S – sleeping (Prozess schläft) D – Prozess ist in einem ununterbrechbaren Schlaf I – idle (Prozess wird gerade erzeugt) L – locked (eine Seite im Hauptspeicher wurde gesperrt) O – Prozess, der gerade die CPU beansprucht R – running (Prozess wartet auf den Prozessor)

Tabelle 7.2 Bedeutung einiger Spalten bei der Ausgabe mit ps

Zeichen	Bedeutung
S oder auch STAT (Forts.)	Z – Zombie (Prozess wurde beendet, aber Elternprozess hat noch nicht aufgeräumt) X – Prozess wartet auf freien Speicher T – Unterbrochen (gestoppt) W – Prozess ist ausgelagert
UID	UID des Prozessbesitzers (mit der Option -f wird der Name angegeben)
PID	Prozessnummer
PRI	Priorität (große Nummer = kleinerer Nice-Wert)
NI	nice-Wert
SZ bzw. VSZ	virtuelle Prozessgröße in Seiten (KB, auf Pages aufgerundet)
ADDR	Speicheradresse des Prozesses
WCHAN	Funktion im Kernelspace, in welcher der Prozess sich gerade befindet. Ist der Prozess im Userspace, ist dieses Feld leer
STIME	Wann der Prozess gestartet wurde, in *HH:MM:SS*
TIME	Wie lange der Prozess bereits die CPU benötigt (MM:SS), wobei die Minuten/Sekunden der Zeit entsprechen, die der Prozess gebraucht hätte, hätte er die CPU die ganze Zeit mit 100 % beansprucht
TTY	Steht bei TTY ein ? ist kein Steuerterminal mit dem Prozess assoziiert. In den meisten Fällen handelt es sich dabei um einen Dämonprozess.
CMD	Kommandoname des Prozesses

Tabelle 7.2 Bedeutung einiger Spalten bei der Ausgabe mit ps (Forts.)

Weitere gängige Überschriften und deren Bedeutung (z. B. mit ps aux) sind:

Zeichen	Bedeutung
USER	Prozesseigentümer
%CPU	CPU-Belastung (Decaying Average-Modell) des Prozesses in Prozent
%MEM	Speicherbelastung des Prozesses in Prozent des physikalischen Speichers
VSZ	virtuelle Prozessgröße in KB
RSS	Anzahl von KB-Pages im Speicher (physikalischer RAM, nicht Swap)

Tabelle 7.3 Weitere Bedeutungen der Ausgabe von ps

Das %CPU-Feld mag nicht immer stimmen (es ist möglich, dass zwei Prozesse mit je 80 % aufgelistet werden, was auf einem Uniprozessor nicht möglich ist), das liegt an dem mathematischen Algorithmus, der hier angewandt wird. Wie schon dessen Name »Decaying Average« sagt, ist dieser Wert ein Durchschnitt über die Zeit. *top* zeigt die Prozentwerte, wie man es erwartet, also mit einem »punktgenauen« Algorithmus auf die letzten drei (einstellbaren) Sekunden.

Wie schon bereits zu Beginn erwähnt, ist das Kommando ps mittlerweile ein ziemlicher Dschungel geworden, so dass es sinnvoll sein kann, sich intensiver mit diesem Kommando auseinander zu setzen.

Da `ps` nur den momentanen Prozesszustand ausgibt, lässt sich eigentlich schwer sagen, was genau passiert. Wollen Sie die Prozesse aktiv und dauerhaft überwachen, dann ist das Kommando *top* Ihr Freund. Gewöhnlich aktualisiert *top* alle drei Sekunden die Anzeige und benötigt somit auch relativ wenige Systemressourcen. Außerdem können Sie mit diesem Überwachungsprogramm auch Signale senden und ein *renice* ausführen. Drücken Sie einfach während der Ausführung von *top* [h] für mehr Informationen.

Natürlich stehen Ihnen auch komfortablere Programme zur Prozessüberwachung mit einer grafischen Oberfläche zur Verfügung. Bei GNOME wäre dies z. B. *gtop* und bei KDE *ktop* und *ksysguard*. Die grafischen Frontends sind natürlich auch wesentlich einfacher zu bedienen und bieten auch weit mehr Komfort. Damit lassen sich verrückt spielende Prozesse mit einem Mausklick »killen«, sofern solche verrückten Prozesse *top* oder ihren grafischen Brüdern noch ein bisschen Prozessorzeit überlassen.

Hinweis

Da X einiges an Ressourcen verwendet, ist man natürlich mit *top* im Pseudoterminal wesentlich schneller unterwegs ...

7.4 Lebenszyklus eines Prozesses

Wenn Sie die vergangenen Seiten mit einer etwas lockereren Haltung gelesen haben, dann sollten Sie jetzt wieder etwas aufmerksamer weiterlesen. Es folgt zwar noch ein wenig Theorie, diese fällt allerdings jetzt mehr in den Bereich Systemprogrammierung als in den der Administration.

Um einen neuen Prozess zu erzeugen, wird der Systemaufruf `fork()` verwendet. Dieser neu erzeugte Prozess ist dann eine Kopie des aufrufenden Prozesses. Er enthält dieselben Daten, offene Dateien, Lese-/Schreibzeiger, Instruktionszeiger der CPU und auch dieselbe Priorität. Der Prozess, der einen neuen erzeugt (mittels `fork()`), wird Elternprozess genannt. Da das Geschlecht von Prozessen ungeklärt ist – es gibt sogar Dämonen und Zombies –, bleiben wir bei einem Pluralneutrum (»Elternprozess«). Der neu erzeugte Prozess (die Kopie des Elternprozesses) wird somit als Kindprozess bezeichnet.

Der neu erzeugte und gestartete Kindprozess (genauer: `fork()`) liefert dem Elternteil bei Erfolg gleich seine Prozessnummer (PID) zurück. Der Kindprozess hingegen bekommt die 0 von `fork()` zurückgegeben. Jetzt laufen beide Prozesse unabhängig voneinander und asynchron weiter.

Soll ein nicht identischer neuer Prozess gestartet werden, können Sie nach der Erzeugung dieses Prozesses im Kindprozess einen `exec`-Systemaufruf machen. Bei einem `exec`-Aufruf werden die einzelnen Segmente (s. o.) des aufrufenden Prozesses durch die des neuen Prozesses ersetzt. Der überlagerte neue Prozess behält allerdings die PID des aufrufenden Prozesses und alle Filedeskriptoren, bei denen nicht das *close-on-exec*-Flag gesetzt wurde (siehe Kapitel 2). Diese Art, aus einer Anwendung eine andere Anwendung (Prozess) zu starten, wird häufig verwendet. Es gibt mehrere Formen der `exec`-Familie, die sich nur geringfügig voneinander unterscheiden. Die wohl bekannteste Funktion ist `system()`, die den ganzen Prozess einheitlich macht; aber dazu siehe mehr unten.

Beim Starten des Systems werden vom Kernel einige Prozesse selbstständig erzeugt. Der wichtigste davon ist *init* (mit der PID 1), der Ursprung aller Prozesse. *init* ist verantwortlich für die Ausführung von Startup-Skripten. Alle anderen, nicht vom Kernel erzeugten Prozesse sind Kindprozesse von *init*. Einen Überblick über die »Prozesshierarchie« können Sie sich mit dem Kommando *pstree* oder einem der vielen grafischen Frontends verschaffen.

```
$ pstree -p | less
init(1)-+-atd(632)
        |-bdflush(5)
        |-cardmgr(1201)
        |-cron(1540)
        |-kalarmd(1967)
        |-kdeinit(1882)-+-artsd(1906)
        |               |-kdeinit(1914)
        |               |-kdeinit(1942)-+-bash(1949)
        |               |               `-bash(1951)---pstree(2586)
        |               |-kdeinit(1947)
        |               |-kdeinit(1959)
        |               |-kdeinit(2246)
...
```

init spielt eine große Rolle in der Prozessverwaltung. Ein Prozess, der sich freiwillig beendet, benutzt `exit()`. Ein Prozess, der nicht freiwillig beendet wird, z. B. durch ein Signal, ruft zuerst den libc-Sighandler (sofern nicht ein anderer eingerichtet wurde) auf (der dann z. B. »Segmentation Fault« printet, bevor er abbricht) und dann das Unterstrich-`_exit()`. `_exit()` ist allein für den Switch zum Kernelspace verantwortlich und beachtet nicht die Schließung von `stdin` etc.

Wird der Elternprozess vor dem Kindprozess beendet, so übernimmt *init* die Patenschaft für das Waisenkind. Beendet sich der Kindprozess (bzw. wird beendet), so werden alle Ressourcen, wie z. B. noch offene Dateien oder belegter Speicher, freigegeben. Die weitere Beendigung des Prozesses wird wieder in die Hand des Elternteils, was auch *init* sein kann, gegeben. An den Elternprozess wird das Signal `SIGCHLD` gesendet, das signalisiert, dass der Prozess beendet wurde. Dies allein trägt jedoch den beendeten Prozess noch nicht aus der Tabelle aus, dafür muss der Elternprozess noch die Funktion `wait()` aufrufen.

Wird der Elternprozess partout nicht über den Verbleib seines Kindes in Kenntnis gesetzt (wurde z. B. »vergessen«, `wait()` aufzurufen) und beendet sich dieser, wird der Kindprozess als Zombie bezeichnet.

Hinweis

Zombie ist der Zustand, den ein Prozess hat, nachdem dieser sich beendet hat, aber **noch** nicht durch den Elternprozess ge»wait«et() wurde. Man kann daher nicht sagen, dass ein Prozess vergessen wurde, nur weil `wait()` *noch* nicht aufgerufen wurde.

Der Cron-Dämon z. B. klappert alle prozessbezogenen Ereignisse nur in 60s-Intervallen ab, weshalb man dort des Öfteren `defunct` sieht.

In der Liste des *ps*-Kommandos finden Sie einen Zombie-Zustand als `<defunct>` und im »`STAT`«-Feld mit »`Z`« gekennzeichnet. Das bedeutet im Klartext, dass der Prozess beendet, jedoch noch nicht aufgeräumt wurde (s. o.).

Natürlich ist dies jetzt nicht die gesamte Theorie zu den Prozessen. Insbesondere Themen wie die Kommunikation und Synchronisation von Prozessen wurden noch nicht angesprochen. Dem werden wir uns in einem anderen Kapitel zuwenden (Signale, Kapitel 7, und IPC, Kapitel 8). Da Sie jetzt Kenntnisse zu den Prozessen besitzen, will ich mit der Praxis beginnen.

7.5 Umgebungsvariablen eines Prozesses

Jeder Prozess besitzt seine eigene Umgebung mit vordefinierten Variablen. Diese Variablen werden meistens bei der Anmeldung der Shell vorbelegt. Die *bash* durchläuft dabei beim Start (Startup-Routine) die Dateien */etc/bash.bashrc*, */etc/bash.bashrc.local*, vielleicht auch welche aus */etc/profile.d/*, *~/.bash_profile* und *~/.bash_rc* (~ = Home-Verzeichnis). Einige dieser Variablen können vom Anwender geändert und den eigenen Bedürfnissen angepasst werden. Auf andere wiederum können Sie nur lesend zugreifen. Einen Überblick zu den gesetzten Variablen Ihrer aktuellen Umgebung (z. B. der Shell) können Sie sich mit den Kommandos `env` oder `printenv` auflisten lassen. In dieser Umgebung steht beschrieben, wo das aktuelle Heimverzeichnis liegt (`HOME`), der Terminaltyp (`TERM`), der Suchpfad für Kommandos (`PATH`), welche Shell verwendet wird (`SHELL`), den Loginnamen des aktuellen Benutzers (`LOGNAME`) und noch eine Menge mehr. Die Bedeutung der einzelnen Umgebungsvariablen hier aufzuzählen wäre etwas zu umfangreich und hängt zum Teil auch vom System und Anwender ab. Für mehr Informationen sollten Sie unter `info env` nachblättern.

Wollen Sie jetzt die Umgebungsvariablen Ihres neu erstellten Prozesses ausgeben lassen, dann können Sie dazu einen Zeiger auf die Umgebungsvariablenliste namens `environ` verwenden. Dabei handelt es sich um eine globale Variable, die wie die Argumentenliste `argv` der `main`-Funktion verwendet werden kann. In dieser Liste befinden sich Strings, die mit `\0` abgeschlossen sind. Hierzu das Beispiel, das die gesamte Umgebung des eigenen Prozesses ausgibt:

```
/* environ1.c */
#include <stdio.h>
#include <stdlib.h>
#include <unistd.h.>

/* Wird in keiner (modernen) Headerdatei portabel */
/* definiert, daher manuelle Einbindung          */
extern char **environ;

int main(void) {
   int i=0;
   while(environ[i]!= NULL) {
      printf("%s\n", environ[i++]);
```

```
    }
    return EXIT_SUCCESS;
}
```

Oder alternativ:

```
/* environ2.c */
#include <stdio.h>
#include <stdlib.h>
#include <unistd.h.>

int main(int argc, char **argv, char **envp) {
    while(*envp != NULL) {
        printf("%s\n", *envp++);
    }
    return EXIT_SUCCESS;
}
```

Und so kann es aussehen:

```
$ gcc -o environ environ.c
$ ./environ
LESSKEY=/etc/lesskey.bin
NNTPSERVER=news
INFODIR=/usr/local/info:/usr/share/info:/usr/info
MANPATH=/usr/local/man:/usr/share/man:/usr/X11R6/
KDE_MULTIHEAD=false
HOSTNAME=linux
XKEYSYMDB=/usr/X11R6/lib/X11/XKeysymDB
HOST=linux
TERM=xterm
SHELL=/bin/bash
...
```

7.5.1 Einzelne Umgebungsvariablen abfragen

Wollen Sie einzelne Umgebungsvariablen der Liste abfragen, dann können Sie die Funktion `getenv()` verwenden. `getenv()` wird auch recht häufig in der CGI-Programmierung mit C verwendet (mehr dazu finden Sie im Buch »C von A bis Z« im Handel oder auf der Buch-CD).

```
#include <stdlib.h>

char *getenv(const char *name);
```

Diese Funktion gibt einen Zeiger auf den zu `name` gehörenden Wert zurück oder im Falle, dass es die Variable nicht gibt, `NULL`. Hierzu ein Beispiel, wie Sie einzelne Umgebungsvariablen einer Anwendung erfragen können:

```
/* get_env.c */
#include <stdio.h>
#include <stdlib.h>
#define MAX 255
```

```
int main (void) {
  char name[MAX];

  printf("Umgebungsvariable: ");
  scanf("%254s",name);
  printf("Wert       : %s\n", getenv(name));
  return EXIT_SUCCESS;
}
```

Das Programm bei der Ausführung:

```
$ gcc -o get_env get_env.c
$ ./getenv
Umgebungsvariable: LOGNAME
Wert             : tot
$ ./get_env
Umgebungsvariable: HOME
Wert             : /home/tot
$ ./get_env
Umgebungsvariable: SHELL
Wert             : /bin/bash
$ ./get_env
Umgebungsvariable: Irgendwas
Wert             : (null)
```

7.5.2 Umgebungsvariable verändern oder hinzufügen – putenv() und setenv()

Wollen Sie eine neue Umgebungsvariable für den laufenden Prozess setzen oder eine bereits existierende verändern, können Sie die Funktionen `putenv()` und `setenv()` dazu verwenden. Zuerst die Syntax von `putenv()`:

```
#include <stdlib.h>

int putenv( char *name_wert );
```

Mit `putenv()` wird der String `name_wert`, der die Form `name=wert` haben muss, in die Liste der Umgebungsvariablen eingetragen. Ein bereits existierender String `name_wert` wird zuvor noch aus der Liste entfernt und durch den neuen ersetzt. Bei Erfolg gibt diese Funktion 0, ansonsten ungleich 0 zurück. Als Beispiel wird unsere Anwendung von zuvor erweitert. Eine bereits existierende Umgebungsvariable in der Liste wird durch den neuen Wert ersetzt, und eine neue Umgebungsvariable wird neu in die Liste hinzugefügt.

```
/* put_env.c */
#include <stdio.h>
#include <stdlib.h>
#include <string.h>
#define MAX 255

static int put_env( const char *name, const char *wert) {
  static char buffer[MAX+MAX];
```

```
    strcpy( buffer, name );
    strcat( buffer, "=");
    strcat( buffer, wert);
    return putenv( strdup(buffer) );
}

int main(void) {
   char name[MAX], neu_wert[MAX];

   printf("Umgebungsvariable: ");
   scanf("%254s",name);
   printf("Wert             : %s\n", getenv(name));

   printf("Wert ändern/setzen durch : ");
   scanf("%254s",neu_wert);
   if( put_env( name, neu_wert ) != 0 )
      printf("Konnte neuen Wert nicht setzen\n");

   printf("Neuer Wert (%s): %s\n", name, getenv(name));
   return EXIT_SUCCESS;
}
```

Das Programm bei der Ausführung:

```
$ gcc -o put_env put_env.c
$ ./put_env
Umgebungsvariable: HOME
Wert             : /home/tot
Wert ändern/setzen durch : /home/tot/test_dir
Neuer Wert (HOME): /home/tot/test_dir
$ echo $HOME
/home/tot
$ ./put_env
Umgebungsvariable: NEUE_VAR
Wert             : Unbekannt
Wert ändern/setzen durch : mein_wert
Neuer Wert (NEUE_VAR)    : mein_wert
```

Mit der Ausgabe von `echo $HOME` wurde nur demonstriert, dass sich die Veränderung der aktuellen Umgebungsvariablen allein auf den aktuell laufenden Prozess (und Unterprozesse) bezieht. In diesem Beispiel wäre dies der Prozess `put_env`. Bei Beendigung und erneutem Starten des Prozesses sind wieder die »alten« Umgebungsvariablen gesetzt.

Sicherlich fällt Ihnen in diesem Beispiel die Verwendung von `strdup()` in der Funktion `put_env()` auf. Dass dies nötig ist, liegt an der Eigenheit von `putenv()`, wie mir mein Fachgutachter mit folgendem Listing bewiesen hat:

```
/* put_env2.c */
#include <stdio.h>
#include <stdlib.h>
```

```
int main (void) {
   char buf[] = "key=value";
   putenv(buf);
   printf("buf=%p, getenv=%p (%s)\n",
      buf, getenv("key"), getenv("key"));
   printf("heap  test: %p\n", malloc(1));
   printf("stack test: %p\n", &buf);
   return EXIT_SUCCESS;
}
```

Das Listing wurde gleich mit mehreren C-Bibliotheken auf verschiedenen Betriebssystemen getestet.

	glibc 2.3.3	msvcrt.dll	btcpp/tiny
buf	0xbfffeff0	0x73fdf0	0xffec
getenv	0xbfffeff4	0x8608d4	0x1c60
heap test	0x804a158	0x8609c0	0x1c6a
stack test	0xbfffeff0	0x73fdf0	0xffec

Tabelle 7.4 Ergebnis von putenv() mit mehreren Bibliotheken

Es zeigt ganz grob, welche Werte sich wo befinden (Heap/Stack), und man kann eindeutig erkennen, dass mit der GNU libc keine eigenständige Kopie gemacht wird.

Würden Sie daher dort kein `strdup()` (oder auch eine eigenständige Kopieoperation) verwenden, könnten die Folgen fatal sein, wenn Sie mit einer Funktion fertig wären! Denn `putenv()` nimmt einfach den Parameter und fügt ihn hinzu. Diesen *Flaw* gibt es bei `setenv()` (in der GNU libc) nicht. Also am besten: `putenv(strdup(puffer))` oder `setenv()` verwenden.

Den Aufwand mit der Funktion `put_env()` eben im Listing hätten Sie sich auch sparen können, indem Sie gleich auf die Funktion `setenv()` zurückgreifen (BSD4.3):

```
#include <stdlib.h>

int setenv (const char *name,
            const char *wert,
            int schreibschutz);
```

Damit setzen Sie die Umgebungsvariable `name` mit dem `wert`. Das Zusammenbasteln der beiden Strings und dem '='-Zeichen dazwischen entfällt somit. Ob ein existierender Name überschrieben werden soll, können Sie mit `schreibschutz` festlegen. Setzen Sie den Wert auf 1, wird eine bereits existierende Umgebungsvariable durch die neue ersetzt. Geben Sie `schreibschutz` hingegen den Wert 0, bleibt die alte Definition in der Liste erhalten. Der Rückgabewert der Funktion ist auch hier bei einem Fehler ungleich 0 und wenn alles glatt verlief 0. Hierzu `setenv()` im Einsatz:

```
/* set_env.c */
#include <stdio.h>
#include <stdlib.h>
#include <string.h>
```

```
#define MAX 255
/* Vorhandene Variable nicht überschreiben */
#define PROTECT_ON  0
/* überschreiben ... */
#define PROTECT_OFF 1

int main (void) {
  char name[MAX], neu_wert[MAX];

  printf("Umgebungsvariable: ");
  scanf("%254s",name);
  printf("Wert        : %s\n", getenv(name));

  printf("Wert ändern/setzen durch : ");
  scanf("%254s",neu_wert);
  if( setenv( name, neu_wert, PROTECT_OFF ) != 0 )
     printf("Konnte neuen Wert nicht setzen\n");

  printf("Neuer Wert (%s) : %s\n", name, getenv(name));
  return EXIT_SUCCESS;
}
```

Die Ausführung des Programms entspricht exakt der im Beispiel zuvor (`put_env.c`).

7.5.3 Löschen von Umgebungsvariablen – unsetenv() und clearenv()

Wollen Sie einen Namen aus der Liste der Umgebungsvariablen entfernen, können Sie `unsetenv()` verwenden.

```
#include <stdlib.h>

void unsetenv( const char *name );
```

Ein nicht existierendes `name` wird nicht als Fehler bewertet und ignoriert. Ein Beispiel zu `unsetenv()`:

```
/* unset_env.c */
#include <stdio.h>
#include <stdlib.h>
#include <string.h>
#define MAX 255

int main (void) {
  char name[MAX];

  printf("Umgebungsvariable: ");
  scanf("%254s",name);
  printf("Wert      : %s\n", getenv(name));
  unsetenv(name);
  printf("Neuer Wert (%s) : %s\n", name, getenv(name));
  return EXIT_SUCCESS;
}
```

Das Programm bei der Ausführung:

```
$ gcc -o unset_env unset_env.c
$ ./unsetenv
Umgebungsvariable: HOME
Wert             : /home/tot
Neuer Wert (HOME): (null)
```

Wollen Sie die komplette Liste mit den Umgebungsvariablen eines Prozesses löschen, dann ist die Funktion `clearenv()` dafür gedacht. Nachträglich können Sie später wieder neue Umgebungsvariablen mit den Funktionen `putenv()` und `setenv()` eintragen. Hier die Syntax zu `clearenv()`:

```
#include <stdlib.h>

int clearenv( void );
```

Bei Erfolg gibt auch diese Funktion 0, ansonsten bei einem Fehler ungleich 0 zurück, wobei fraglich ist, was denn ein möglicher Fehler sein könnte, da Glibc in jedem Falle 0 zurückgibt.

Hinweis

Früher (und heute zum Teil immer noch) wurden die Umgebungsvariablen zur Interprozesskommunikation zwischen den Prozessen derselben Familie verwendet. Da ja ein mit `fork()` neu erzeugter Prozess dieselben Umgebungsvariablen von seinem Elternprozess erbt, ist dies ohne weiteres möglich.

7.6 Ressourcenlimits eines Prozesses

Wenn ein Prozess an ein bestimmtes Limit stößt, wird in der Regel ein Signal gesendet, oder der Systemaufruf, der versucht, ein Limit zu überschreiten, schlägt fehl. Jeder neu erzeugte oder aufgerufene Prozess erbt seine Limitwerte vom Elternprozess. Dieser Mechanismus wird bereitgestellt, um Prozesse mit gezielten Beschränkungen bezüglich ihres Ressourcenverbrauchs belegen zu können. Diese Limits lassen sich aber auch verändern. Es werden dabei zwei Arten von Limits unterschieden:

- Soft-Limit – aktueller Wert des Ressourcenlimits eines Prozesses
- Hard-Limit – maximaler Wert des Ressourcenlimits eines Prozesses

Definiert sind diese beiden Limits in der Struktur `rlimit`, die folgendermaßen aussieht:

```
struct rlimit {
   rlim_t rlim_cur; /* Soft-Limit */
   rlim_t rlim_max; /* Hard-Limit */
}
```

Ist bei der Abfrage der Limits die Konstante `RLIM_INFINITY` angegeben, so bedeutet dies, dass kein Limit für diese Ressource festgelegt ist. Wenn Sie ein Ressourcenlimit verändern wollen, müssen Sie folgende Regeln beachten:

- Ein Hard-Limit kann nur von Prozessen mit Superuser-Rechten hochgesetzt werden, egal ob das Limit zuvor reduziert wurde oder nicht. Für das Heruntersetzen sind hingegen keine Superuser-Rechte nötig.
- Beim Verändern des Soft-Limits muss der neue Wert immer kleiner oder gleich dem des Hard-Limits sein.

Ein Ressourcenlimit können Sie mit der Funktion `getrlimit()` erfragen, verändern können Sie ein Limit mit dem Gegenstück `setrlimit()`. Hier die Syntax der beiden Funktionen:

```
#include <sys/resource.h>
#include <sys/time.h>
#include <unistd.h.>

int getrlimit(int ressource, struct rlimit *limit);
int setrlimit(int ressource, const struct rlimit *limit);
```

Beide Funktionen geben bei Erfolg 0, ansonsten bei einem Fehler ungleich 0 zurück (wie bei so vielen C-Funktionen). Als erstes Argument erwarten diese Funktionen eine entsprechende Ressource, die erfragt bzw. gesetzt werden soll. Das zweite Argument ist ein Zeiger auf die Struktur `rlim`. Für `resource` können Sie folgende vordefinierte Konstanten angeben:

Ressource	Bedeutung	vorhanden in ...
RLIMIT_CPU	CPU-Zeit in Millisekunden. Ist das Limit überschritten, wird das Signal SIGXCPU gesendet.	SVR4 und BSD
RLIMIT_CORE	Größe der Core-Datei in Bytes. 0 bedeutet, dass keine Core-Datei angelegt wird.	SVR4 und BSD
RLIMIT_DATA	Größe des gesamten Datensegments (Datensegment, Stack und Heap) in Bytes	SVR4 und BSD
RLIMIT_FSIZE	Max. Größe einer Datei, die beschrieben werden kann. Beim Überschreiten des Soft-Limits wird das Signal SIGXFSZ gesendet.	SVR4 und BSD
RLIMIT_LOCKS	Max. Anzahl Sperren, die mit flock() und fcntl() eingerichtet werden können	SVR4, BSD und Linux ab 2.4
RLIMIT_MEMLOCK	Max. Anzahl der Speicherseiten, die vor einer Auslagerung geschützt werden können	Linux und BSD
RLIMIT_NOFILE	Max. Anzahl von gleichzeitig geöffneten Dateien. Bei BSD ist dies die Konstante RLIMIT_OFILE.	SVR4 (und BSD)
RLIMIT_NPROC	Max. Anzahl von Kindprozessen minus 1 für diesen Prozess	BSD
RLIMIT_RSS	Maximum Resident Set Size (RSS == physikalische Speicherseiten) in KByte. Übersteigt der Prozess dieses Limit, kümmert sich der Kernel darum und nimmt dem Prozess überfälligen Speicher weg.	BSD
RLIMIT_STACK	Max. Stackgröße in Bytes	SVR4 und BSD

Tabelle 7.5 Übersicht der Ressourcenlimits

Natürlich gilt auch hier, dass eine Veränderung der Ressourcenlimits nur vom Anfang bis zum Ende der Lebenszeit eines Prozesses gilt. Das folgende Listing demonstriert, wie Sie die aktuellen Ressourcenlimits des aktuell laufenden Prozesses mit `getrlimit()` abfragen können. Da sich `setrlimit()` ähnlich anwenden lässt, sollte es kein Problem für Sie sein, diese nachträglich als Übung zu implementieren.

```
/* my_limit.c */
#include <stdio.h>
#include <stdlib.h>
#include <sys/time.h>
#include <sys/resource.h>

static void limits( int resource ) {
   struct rlimit l;

   if( getrlimit( resource, &l ) < 0 ) {
      printf("keine Angaben\n");
      return;
   }
   printf("Soft-Limit: ");
   (l.rlim_cur == RLIM_INFINITY)?
   printf("kein Limit  "):
   printf("%ld  ",l.rlim_cur);
   printf("Hard-Limit: ");
   (l.rlim_max == RLIM_INFINITY)?
   printf("kein Limit\n"):
   printf("%ld  \n",l.rlim_max);
}

int main( void ) {
   unsigned int i;
   const int limit[] = {
      RLIMIT_CPU, RLIMIT_CORE, RLIMIT_DATA, RLIMIT_FSIZE,
      /* RLIMIT_LOCKS,*/ RLIMIT_MEMLOCK,
      RLIMIT_NOFILE, /* bei BSD RLIMIT_OFILE */
      RLIMIT_NPROC, RLIMIT_RSS, RLIMIT_STACK,
    };
  const char *s_limit[] = {
      "RLIMIT_CPU", "RLIMIT_CORE", "RLIMIT_DATA",
      "RLIMIT_FSIZE", /* "RLIMIT_LOCKS",*/ "RLIMIT_MEMLOCK",
      "RLIMIT_NOFILE", /* bei BSD RLIMIT_OFILE */
      "RLIMIT_NPROC", "RLIMIT_RSS", "RLIMIT_STACK",
   };

   for( i = 0; i< sizeof(limit)/sizeof(long); i++) {
      printf("%s = ",s_limit[i]);
      limits( limit[i] );
   }
    return EXIT_SUCCESS;
}
```

Das Programm bei der Ausführung (hier im Jail einer BSD-Maschine):

```
$ gcc -o my_limit my_limit.c
$ ./my_limit
RLIMIT_CPU     = Soft-Limit:kein Limit  Hard-Limit:kein Limit
RLIMIT_CORE    = Soft-Limit:kein Limit  Hard-Limit:kein Limit
RLIMIT_DATA    = Soft-Limit:536870912   Hard-Limit:536870912
RLIMIT_FSIZE   = Soft-Limit:kein Limit  Hard-Limit:kein Limit
RLIMIT_MEMLOCK= Soft-Limit:kein Limit  Hard-Limit:kein Limit
RLIMIT_NOFILE = Soft-Limit:7322        Hard-Limit:7322
RLIMIT_NPROC   = Soft-Limit:3661        Hard-Limit:3661
RLIMIT_RSS     = Soft-Limit:kein Limit  Hard-Limit:kein Limit
RLIMIT_STACK   = Soft-Limit:67108864    Hard-Limit:67108864
```

Wollen Sie hingegen die Ressourcenbenutzung eines Prozesses abfragen, können Sie sich die Funktion `getrusage()` ansehen, die ebenfalls in der Headerdatei `sys/resource.h` definiert ist. Die Funktion stammt ursprünglich aus BSD und ist unter Linux noch nicht komplett implementiert. Viele Komponenten geben noch 0 zurück. Mehr dazu entnehmen Sie bitte der Manual Page zu `getrusage()`.

7.6.1 Mehr Sicherheit mit Ressourcenlimits

Ein weiterer positiver Beigeschmack wird Ihnen beim Setzen der Limits gratis mitgeliefert. Zum Beispiel können durch das Limitieren von Filedeskriptoren und der Memorygröße DoS-Attacken (DoS = Denial of Service) eingedämmt werden. Ebenso kann es in einigen Fällen hilfreich sein, die Größe der Core-Files auf 0 zu setzen, wodurch eventuelle Freigaben von vertraulichen Informationen verhindert werden können, wie dies vor ein paar Jahren bei einem FTP-Dämon auf Solaris der Fall war. Hier hatte der FTP-Server eine Datei zur Authentifizierung eines Benutzers in den Speicher geladen. Hacker hatten dann den Prozess durch Signale zum Absturz gebracht, und es wurde eine Core-Datei mit u. a. dem Inhalt der geschützten Daten angelegt, die jetzt munter ausgelesen werden konnten.

7.7 Prozesserkennung

Zum Ermitteln der eigenen Prozess-ID (`PID`) oder der ID des Prozesses (Elternprozess), der den Start veranlasst hat, stehen Ihnen die Funktionen `getpid()` und `getppid()` zur Verfügung. Wird die reale oder effektive User-ID benötigt, kann dies mit `getuid()` und `geteuid()` erfragt werden. Für reale oder effektive Gruppen-IDs sind die Funktionen `getgid()` und `getegid()` vorhanden.

```
#include <sys/types.h>
#include <unistd.h.>

pid_t getpid(void);
pid_t getppid(void);
pid_t getuid(void);
pid_t geteuid(void);
```

```
pid_t getgid(void);
pid_t getegid(void);
```

Das folgende Beispiel demonstriert Ihnen, wie Sie all diese Prozesskenndaten ausgeben können.

```
/* proz_dat.c */
#include <stdio.h>
#include <stdlib.h>
#include <unistd.h.>
#include <sys/types.h>

int main( void ) {
   printf("Ich bin Nummer %d\n", getpid());
   printf("Mein Elternprozess hat die Nummer %d\n",
      getppid());
   printf("Die User-ID effektiv : %d --> real: %d\n",
      geteuid(),getuid());
   printf("Die Group-ID effektiv: %d --> real: %d\n",
      getegid(),getgid());
   return EXIT_SUCCESS;
}
```

Das Programm bei der Ausführung:

```
$ gcc -o proz_dat proz_dat.c
$ ./proz_dat
Ich bin Nummer 3186
Mein Elternprozess hat die Nummer 1952
Die User-ID effektiv : 500 --> real: 500
Die Group-ID effektiv: 100 --> real: 100
```

Wollen/müssen Sie die realen und effektiven User- und Group-IDs verändern, können Sie folgende Funktionen verwenden:

```
#include <unistd.h.>
#include <sys/types.h>

int setuid(uid_t uid);
int setgid(gid_t gid);
```

`setuid()` bzw. `setgid()` setzen die effektive User- bzw. Gruppen-ID des aktuellen Prozesses. Wird diese Funktion durch den Superuser aufgerufen, dann werden auch die reale und die gesicherte (Saved Set-User-ID) User- bzw. Gruppen-ID gesetzt.

Unter Linux ist `setuid()` bzw. `setgid()`, wie unter SYSV, mit `SAVED_IDS` implementiert. Dies erlaubt einem `setuid()`- bzw. `setgid()`-Programm (für Nicht-Superuser), alle Gruppenprivilegien abzugeben, einige nicht privilegierte Arbeiten zu erledigen und dann, auf sichere Art und Weise, die originale effektive User- bzw. Gruppen-ID zurückzuerhalten.

Wenn es sich um den Superuser oder um ein Programm handelt, bei dem das Set-UID-Bit bzw. das Set-GID-Bit auf root gesetzt ist, ist besondere Sorgfalt notwendig. Die `setuid()`-

bzw. setgid()-Funktion überprüft die effektive UID bzw. GID des aufrufenden Prozesses, und wenn es die des Superusers ist, werden alle diesen Prozess betreffenden User- bzw. Gruppen-IDs auf uid bzw. gid gesetzt. Nachdem dies geschehen ist, ist es für das Programm unmöglich, wieder Superuser-Privilegien zu erhalten.

Bei Erfolg wird 0, ansonsten bei einem Fehler -1 zurückgegeben. errno wird bei einem entsprechenden Wert (meistens EPERM) gesetzt.

7.8 Erzeugung von Prozessen – fork()

Meistens wird zum Erzeugen eines neuen Prozesses der Systemaufruf fork() verwendet:

```
#include <unistd.h.>
#include  <sys/types.h>

pid_t fork(void);
```

fork() liefert bei Erfolg dem Elternprozess die Prozess-ID (PID) des Kindprozesses zurück. Dieser hingegen bekommt die Nummer 0 zurückgeliefert. Um seine eigene PID zu finden, ist dann getpid() nötig. Ein typischer Codeausschnitt der Prozessgenerierung sieht häufig so aus:

```
switch( pid=fork() ) {
  case -1:   /* Fehler bei fork() */
     break;
  case  0:   /* Hier befinden Sie sich im Kindprozess   */
     break;
  default:   /* Hier befinden Sie sich im Elternprozess */
     break;
}
```

Oder so:

```
if((pid = fork()) < 0) {
    fprintf(stderr, "Fehler... %s\n", strerror(errno));
}
else if(pid == 0) {
    /* Kindprozess */
}
else {
    /* Elternprozess */
}
```

Daraus lässt sich auch herauslesen, dass ein Kindprozess nur einen Elternprozess, aber der Elternprozess mehrere Kindprozesse haben kann. Der neue Kindprozess ist nun eine identische Kopie des Elternprozesses. Beide besitzen u. a. dieselben Daten, denselben Befehlszähler, die offenen Dateien, dieselbe User-ID und dasselbe Arbeitsverzeichnis.

Der Unterprozess (Kindprozess) sollte an seinem logischen Ende im Code möglichst irgendwo ein exit() haben, sonst macht er unterhalb des switch/if weiter wie der Elternprozess!

Gewöhnlich werden aber nicht gleich das Daten-, das Stacksegment und der Heap kopiert. Denn nicht selten wird ein Kindprozess erzeugt und mit einer Überlagerung eines exec-Funktionsaufrufes mit anderweitigen Daten und Code versorgt. Daher wird häufig im Kernel das *Copy on write*-Verfahren angewandt. Das bedeutet, dass erst dann wirklich eine Kopie einer Page der Datensegmente erfolgt, wenn in diese geschrieben wird. Dadurch erspart man sich häufig zeitaufwändiges Kopieren, was bei knappem RAM zum Swapping führen kann.

Nicht kopiert wird hingegen das Textsegment, das von beiden Prozessen gleichermaßen benutzt wird. Beide Prozesse arbeiten mit unterschiedlichen Befehlszeigern.

Dazu am besten ein Beispiel, das Sie zum einen verwirren sollte, aber zum anderen die Prozesse, wenn verstanden, in einem ganz anderen Licht erscheinen lassen. Hierzu das Listing:

```
/* child.c */
#include <unistd.h.>
#include <sys/types.h>
#include <stdio.h>
#include <stdlib.h>
static int global_var = 1;

int main (void) {
   pid_t pid;
   int lokal_var = 1;

   switch (pid = fork ()) {
   case -1:
      printf ("Fehler bei fork()\n");
      break;
   case 0:
      sleep (1);   /* Kurze Pause */
      printf ("--- Im Kindprozess ---\n");
      printf ("global_var = %d Speicheradresse : %p\n",
              global_var, &global_var);
      printf ("lokal_var  = %d Speicheradresse : %p\n",
              lokal_var, &lokal_var);
      ++global_var;
      ++lokal_var;
      printf ("--- Im Kindprozess ---\n");
      printf ("global_var = %d Speicheradresse : %p\n",
              global_var, &global_var);
      printf ("lokal_var  = %d Speicheradresse : %p\n",
              lokal_var, &lokal_var);
      break;
   default:
      printf ("--- Im Elternprozess ---\n");
      printf ("global_var = %d Speicheradresse : %p\n",
              global_var, &global_var);
      printf ("lokal_var  = %d Speicheradresse : %p\n",
              lokal_var, &lokal_var);
      sleep (2);
```

```
      printf ("--- Im Elternprozess ---\n");
      printf ("global_var = %d Speicheradresse : %p\n",
               global_var, &global_var);
      printf ("lokal_var  = %d Speicheradresse : %p\n",
               lokal_var, &lokal_var);
      break;
   }
   return EXIT_SUCCESS;
}
```

Das Programm bei der Ausführung:

```
$ gcc -o child child.c
$ ./child
--- Im Elternprozess (2152) ---
global_var = 1 Speicheradresse : 0x804976c
lokal_var  = 1 Speicheradresse : 0xbffff380
--- Im Kindprozess (2153) ---
global_var = 1 Speicheradresse : 0x804976c
lokal_var  = 1 Speicheradresse : 0xbffff380
--- Im Kindprozess (2153) ---
global_var = 2 Speicheradresse : 0x804976c
lokal_var  = 2 Speicheradresse : 0xbffff380
--- Im Elternprozess (2152) ---
global_var = 1 Speicheradresse : 0x804976c
lokal_var  = 1 Speicheradresse : 0xbffff380
```

Wie Sie bereits erfahren haben, wird beim Erzeugen eines neuen Prozesses eine Kopie erstellt (s. o.). Somit dürfte Ihnen auch klar sein, dass der neue Kindprozess ein Ebenbild des Elternprozesses ist, was Ihnen auch an der Ausgabe der Adressen bestätigt wird. Nachdem aber jetzt im Kindprozess die lokale sowie die globale Variable inkrementiert wird, werden Sie jetzt (sofern Sie keine Erfahrung diesbezüglich haben) sicherlich die Frage stellen, warum dies beim anschließenden Elternprozess nicht verändert wurde? Nein, es handelt sich hierbei nicht um ein Pufferungs- oder Synchronisationsproblem. Wie ist es also möglich, dass trotz derselben Adresse die Werte im Elternprozess unverändert bleiben? Und genau hierbei haben viele Anfänger der Linux-Programmierung ein Problem, das gar nicht kompliziert ist.

Nehmen Sie am besten diese Seiten des Buches zur Hand und legen diese auf den Kopierer (*Copyright-Rechte* bitte beachten), und machen Sie zwei Kopien. Beide Kopien sehen, abhängig vom Kopierer, jetzt exakt gleich aus. Jetzt nehmen Sie eine Kopie zur Hand und bessern den Rechtschreibfehler *Copyright-Rechte* im Buch aus (in der Hoffnung, dass dies nicht schon von den fleißigen Lektoren gemacht wurde), hierbei kann ich auch gleich überprüfen, ob Sie überhaupt noch bei der Sache sind. Jetzt haben Sie ein Blatt mit der korrigierten Fassung und eines ohne Korrektur. Zugegeben, das ist weit hergeholt, aber das Prinzip, worauf ich hinauswill, ist, dass eine Kopie eines Prozesses bedeutet, dass Sie einen weiteren Prozess erzeugt haben, der ebenfalls einen eigenen Adressraum (virtueller Speicher) besitzt. Letztendlich handelt es sich eben um zwei eigene Prozesse, was Ihnen die Ausgabe der Prozess-ID (`PID`) auch bestätigt.

7.8.1 Pufferung

Einen nicht ganz unbedeutenden Seiteneffekt muss ich hierbei noch ansprechen. Verwenden Sie das Beispiel von oben, und leiten Sie die Ausgabe in eine Datei um.

```
$./child > out.txt
```

Wenn Sie nun die Datei `out.txt` betrachten, wird Ihnen auffallen, dass die Reihenfolge der Ausgabe nicht mehr der entspricht, wie die, die auf der Konsole zurückgegeben wurde. Das Problem, das für sich eigentlich gar keines ist, ist die Pufferung der Daten. Da Sie hier die Ausgabe in eine Datei umleiten, wird aus Performance-Gründen die Vollpufferung verwendet. Wir haben hier aber auch zwei Pufferungen, da ja zwei Prozesse vorhanden sind. Jeder Prozess hat seinen eigenen Puffer. Somit schreiben sowohl Kind- als auch Elternprozess zuerst jeder in seinen eigenen Puffer, bis dieser voll ist (mindestens `BUFSIZ` Bytes) oder bis sich der Prozess beendet. Erst dann wird von zwei separaten Puffern in die Datei `out.txt` geschrieben. Wollen Sie so etwas vermeiden, können Sie entweder den unbequemen Weg mit der Funktion `write()`, die ja ungepuffert arbeitet, gehen oder den etwas bequemeren mit der Standardfunktion `fflush()`. Ein `fflush(stdout)` leert den Puffer der Ausgabe sofort und schreibt diesen gleich in die Datei. Im Listing sind dies vier Zeilen, die hinzugefügt werden müssen:

```
/* child2.c */
#include <unistd.h.>
#include <sys/types.h>
#include <stdio.h>
#include <stdlib.h>

static int global_var = 1;

int main (void) {
   pid_t pid;
   int lokal_var = 1;

   switch (pid = fork ()) {
   case -1:
      printf ("Fehler bei fork()\n");
      break;
   case 0:
      sleep (1);   /* Kurze Pause */
      printf ("--- Im Kindprozess (%d) ---\n",getpid());
      printf ("global_var = %d Speicheradresse : %p\n",
               global_var, &global_var);
      printf ("lokal_var  = %d Speicheradresse : %p\n",
               lokal_var, &lokal_var);
      fflush(stdout);
      ++global_var;
      ++lokal_var;
      printf ("--- Im Kindprozess (%d) ---\n",getpid());
      printf ("global_var = %d Speicheradresse : %p\n",
               global_var, &global_var);
```

```
      printf ("lokal_var  = %d Speicheradresse : %p\n",
               lokal_var, &lokal_var);
      fflush(stdout);
      break;
   default:
      printf ("--- Im Elternprozess (%d) ---\n",getpid());
      printf ("global_var = %d Speicheradresse : %p\n",
               global_var, &global_var);
      printf ("lokal_var  = %d Speicheradresse : %p\n",
               lokal_var, &lokal_var);
      fflush(stdout);
      sleep (2);
      printf ("--- Im Elternprozess (%d) ---\n",getpid());
      printf ("global_var = %d Speicheradresse : %p\n",
               global_var, &global_var);
      printf ("lokal_var  = %d Speicheradresse : %p\n",
               lokal_var, &lokal_var);
      fflush(stdout);
      break;
   }
   return EXIT_SUCCESS;
}
```

Hinweis

Über die Reihenfolge der Ausgabe von Eltern- bzw. Kindprozess haben Sie hier noch keinen Einfluss, abgesehen von der primitiven Methode mittels `sleep()`, die allerdings nicht die Prozesse synchronisiert, sondern aufhält. Für die Ausgabe der Reihenfolge ist ein bestimmter Algorithmus vorhanden, der hier allerdings nicht von Interesse ist. Wie Sie Prozesse aufeinander abstimmen (synchronisieren) können, erfahren Sie im Kapitel über Interprozesskommunikation (IPC) und die Signale.

Natürlich sollte Ihnen auch klar sein, dass die Kopie dem Kindprozess entspricht, wenn der Kindprozess selbst einen weiteren Prozess erzeugt, da ja in diesem Fall der Kindprozess der Elternprozess und der Elternprozess vom Kindprozess des Großelternprozesses des neu erzeugten Prozesses vom Kindprozess ist. Dann haben Sie bereits drei Generationen von Prozessen. Das Beispiel dazu zum besseren Verständnis:

```
/* child3.c */
#include <unistd.h.>
#include <sys/types.h>
#include <stdio.h>
#include <stdlib.h>

static int global_var = 1;

int main (void) {
   pid_t pid;
   int lokal_var = 1;
```

```
   switch (pid = fork ()) {
   case -1:
      printf ("Fehler bei fork()\n");
      break;
   case 0:
      sleep (1);   /* Kurze Pause */
      printf ("--- Im Kindprozess (%d) ---\n",getpid());
      printf ("global_var = %d Speicheradresse : %p\n",
               global_var, &global_var);
      printf ("lokal_var  = %d Speicheradresse : %p\n",
               lokal_var, &lokal_var);
      fflush(stdout);
      ++global_var;
      ++lokal_var;
      if(fork() == -1)
         printf("Fehler bei fork() (2)\n");
      else {
         printf ("--- Im (Kind-)Kindprozess(%d) ---\n",
            getpid());
         printf ("global_var = %d Speicheradresse : %p\n",
                  global_var, &global_var);
         printf ("lokal_var  = %d Speicheradresse : %p\n",
                  lokal_var, &lokal_var);
         break;
      }
      break;
   default:
      printf ("--- Im Elternprozess (%d) ---\n",getpid());
      printf ("global_var = %d Speicheradresse : %p\n",
               global_var, &global_var);
      printf ("lokal_var  = %d Speicheradresse : %p\n",
               lokal_var, &lokal_var);
      fflush(stdout);
      break;
   }
   return EXIT_SUCCESS;
}
```

Das Beispiel bei der Ausführung:

```
$ gcc -o child3 child3.c
$ ./child3
--- Im Elternprozess (2512) ---
global_var = 1 Speicheradresse : 0x804982c
lokal_var  = 1 Speicheradresse : 0xbffff380
 --- Im Kindprozess (2513) ---
global_var = 1 Speicheradresse : 0x804982c
lokal_var  = 1 Speicheradresse : 0xbffff380
--- Im (Kind-)Kindprozess (2516) ---
global_var = 2 Speicheradresse : 0x804982c
```

```
lokal_var  = 2 Speicheradresse : 0xbffff380
--- Im (Kind-)Kindprozess (2513) ---
global_var = 2 Speicheradresse : 0x804982c
lokal_var  = 2 Speicheradresse : 0xbffff380
```

Nach der Freude, dies verstanden zu haben, folgt bei dieser Ausgabe wohl gleich wieder Ernüchterung. Natürlich will ich Sie nicht dem Knock-out überlassen. Auch für dieses Beispiel gilt wieder der Satz vom Anfang: Mit `fork()` erzeugen Sie eine Kopie des aktuellen Prozesses. Und der `fork()`-Aufruf im Kindprozess (hier mit der PID 2513) erzeugt nun mal mit dem `fork()`-Aufruf eine Kopie von sich selbst, und diese beinhaltet ja im Code einen weiteren `fork()`-Aufruf, womit automatisch und logischerweise ein weiterer Prozess gestartet wird. Dies kann bei mehreren `fork()`-Aufrufen hintereinander sehr komplex und unübersichtlich werden. Hierzu ein Beispiel:

```
/* child4.c */
#include <unistd.h.>
#include <sys/types.h>
#include <stdio.h>
#include <stdlib.h>
#define MAX 4094

int main (void) {
   char log[MAX];
   printf("1.fork()\n");   fflush(stdout);
   fork();
   printf("2.fork()\n");   fflush(stdout);
   fork();
   printf("3.fork()\n");   fflush(stdout);
   fork();
   sleep(2);
   snprintf(log, MAX, "PID:%d PPID:%d\n",
      getpid(), getppid());
   printf("%s",log);
   fflush(stdout);
   return EXIT_SUCCESS;
}
```

So sieht's aus:

```
$ gcc -o child4 child4.c
$ ./child4
1.fork()
2.fork()
3.fork()
3.fork()
2.fork()
3.fork()
3.fork()
PID:2873 PPID:2866
PID:2866 PPID:1958
PID:2870 PPID:2867
```

```
PID:2867 PPID:1
PID:2872 PPID:2871
PID:2871 PPID:1
PID:2869 PPID:2868
PID:2868 PPID:1
```

Sie sehen hier, dass der erste `fork()`-Aufruf nur einmal, der zweite zweimal und der dritte bereits viermal aufgerufen wird.

7.8.2 Was wird vererbt und was nicht?

Hiermit möchte ich die Gelegenheit wahrnehmen aufzulisten, was die Kinder alles so von ihren Eltern vererbt bekommen.

Das bekommen die Kinder von ihren Eltern ...

... alle offenen Filedeskriptoren. Daher sollten Sie stets darauf achten, wenn beide Prozesse um eine Datei schreibend ringen. Aber darauf wird in der Interprozesskommunikation noch ausführlich eingegangen.

- Arbeits- und Wurzelverzeichnis
- Dateierstellungsmaske
- Signalmaske und Handler
- `UID`, `EUID`, `GID`, `EGID`, Prozessgruppen-, Session-, Setuser- und Setgroup-ID etc.
- Steuerterminal (`CTTY`)
- Umgebungsvariablen
- Ressourcenlimits
- Shared-Memory-Segmente (sofern verwendet)

... und das bekommen die Kinder NICHT von ihren Eltern vererbt ...

- Prozess-ID (`PID`) und Elternprozess-ID (`PPID`)
- die Dateisperren (Lockings)
- Zeitschaltuhren, die z. B. mit `alarm()` gesetzt wurden
- noch nicht ausgeführte Signale (hängende Signale)
- Die Zeiten `utime`, `stime`, `cutime` und `ustime` werden beim Kindprozess auf 0 gesetzt.

7.8.3 Einen Prozess mit veränderter Priorität erzeugen

Auf das Verändern und Abfragen der Prozesspriorität wurde bereits ausführlich eingegangen. Wollen Sie jetzt einen Prozess mit verringerter (oder eventuell erhöhter) CPU-Priorität ausführen, müssen Sie lediglich mit `fork()` einen neuen Kindprozess starten, mit der Funktion `setpriority()` im Elternprozess entsprechende Prioritäten vergeben und diesen mithilfe einer `exec*`-Funktion (mehr zu den `exec*`-Funktionen in Kürze) überlagern. Beachten Sie allerdings, dass ein Erhöhen der Priorität nur mit Superuser-Rechten möglich ist.

Im folgenden Beispiel wird das Programm mit dem Makro PROGRAMM im Kindprozess mithilfe von execvp() überlagert und im Elternprozess mit der Funktion setpriority() auf die Priorität gesetzt, die mit dem Makro PRIORITY angegeben wird. Passen Sie die Angaben der beiden Makros PROGRAMM und PRIORITY bitte Ihren Bedürfnissen an. Im Beispiel wird *find* mit der niedrigsten Priorität ausgeführt. Natürlich können dabei weitere Argumente aus der Kommandozeile für *find* mit übergeben werden, die ebenfalls ausgewertet und verwendet werden.

```
/* prio_child.c */
#include <stdlib.h>
#include <unistd.h.>
#include <sys/types.h>
#include <sys/time.h>
#include <sys/resource.h>

/* Bitte anpassen */
#define PROGRAM "/usr/bin/find"
/* Bitte anpassen */
#define PRIORITY 19
/* Max. Argumente aus der Kommandozeile */
#define MAX_ARGS 1024

int main (int argc, char **argv) {
   int i;
   pid_t pid;
   char *args[MAX_ARGS + 1] = { PROGRAM, NULL };

   seteuid (getuid ());  /* Privilegien entfernen */
    /* Argumente kopieren */
    for (i = 1; i < argc && i < MAX_ARGS; i++)
      args[i] = argv[i];
   args[i] = NULL;

   /* Neuen Prozess für PROGRAMM erzeugen */
   pid = fork ();
   if (pid == 0) {
      /* neuen Prozess PROGRAMM starten */
      execvp (PROGRAM, args);
   }
   else {
      /* Privilegien wieder einführen */
      seteuid (0);
      /* Priorität für PROGRAMM (pid) auf PRIORITY setzen */
      setpriority (PRIO_PROCESS, pid, PRIORITY);
   }
   return EXIT_SUCCESS;
}
```

Das Programm bei der Ausführung:

```
$ gcc -o prio_child prio_child.c
$ ./prio_child /home -name child\*
/home/tot/Kap6/child
/home/tot/Kap6/child2.c
/home/tot/Kap6/child3.c
/home/tot/Kap6/child4.c
/home/tot/Kap6/child2
/home/tot/Kap6/child3
/home/tot/Kap6/child4
/home/tot/Kap6/child.c
/home/tot/backups/21_April_04/Listings/kap5/child1.c
/home/tot/backups/21_April_04/Listings/kap5/child2.c
/home/tot/backups/21_April_04/Listings/kap5/child3.c
/home/tot/backups/21_April_04/Listings/kap5/child.c
```

7.9 Warten auf einen Prozess

Wenn es nötig ist, auf die Beendigung eines Prozesses zu warten, z. B. einer Server-Client-Anwendung, dann stehen zu diesem Zweck die beiden Funktionen `wait()` und `waitpid()` zur Verfügung. Beendet sich der Elternprozess vor dem Kindprozess, entsteht ein »verwaister« Kindprozess. Dessen nimmt sich der *init*-Prozess an, der (Urgroß-)Vater aller Prozesse. Hier ein Beispiel, worauf ich hinauswill:

```
/* waise.c */
#include <unistd.h.>
#include <sys/types.h>
#include <stdio.h>
#include <stdlib.h>

int main (void) {
   pid_t pid;

   switch (pid = fork ()) {
   case -1:
      printf ("Fehler bei fork()\n");
      break;
   case 0:
      printf ("--- Im Kindprozess (%d) ---\n",getpid());
      printf("Elternprozess : %d\n", getppid());
      sleep(2);
      printf ("--- Im Kindprozess (%d) ---\n",getpid());
      printf("Elternprozess : %d\n", getppid());
      break;
   default:
      printf ("--- Im Elternprozess (%d) ---\n",getpid());
      sleep(1);
```

```
      printf(" --- Elternprozess endet vorzeitig ---\n");
      exit(0);  /* Sofort beenden */
   }
   return EXIT_SUCCESS;
}
```

Das Programm bei der Ausführung:

```
$ gcc -o waise waise.c
$ ./waise
--- Im Kindprozess (3356) ---
Elternprozess : 3355
--- Im Elternprozess (3355) ---
 --- Elternprozess endet vorzeitig ---
 --- Im Kindprozess (3356) ---
Elternprozess : 1
```

Die Ausgabe zeigt, wie nach vorzeitiger Beendigung des Elternprozesses *init* (`PPID` = 1) der neue Elternprozess geworden ist.

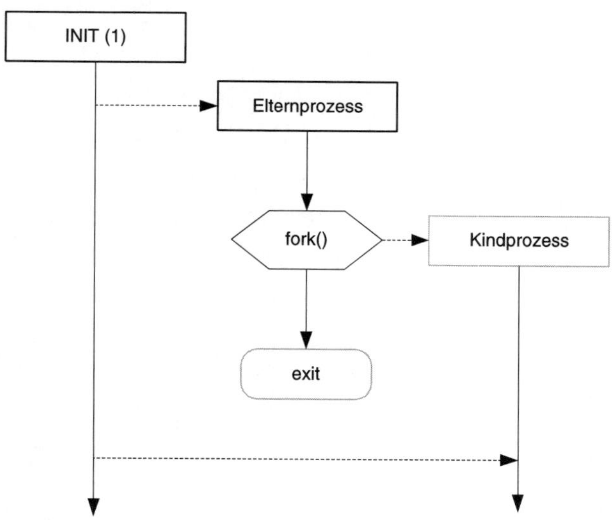

Abbildung 7.1 Elternprozess beendet sich vor dem Kindprozess.

Anders hingegen sieht die Sache schon aus, wenn sich der Kindprozess verabschiedet, ohne dass der Elternprozess davon in Kenntnis gesetzt wurde. Ein Beispiel zu diesem Fall:

```
/* zombie.c */
#include <unistd.h>
#include <sys/types.h>
#include <stdio.h>
#include <stdlib.h>

int main (void) {
   pid_t pid;

   switch (pid = fork ()) {
```

```
    case -1:
       printf ("Fehler bei fork()\n");
       break;
    case 0:
       printf("--- Im Kindprozess (%d) ---\n",getpid());
       printf("Elternprozess : %d\n", getppid());
       printf("--- Kindprozess beendet sich ---\n");
       exit(0);
    default:
       printf("--- Im Elternprozess (%d) ---\n",getpid());
       printf("--- Beenden mit <STRG>+<C> ---\n");
       while(1); /* Endlosschleife */
    }
    return EXIT_SUCCESS;
}
```

Das Programm bei der Ausführung:

```
$ gcc -o zombie zombie.c
$ ./zombie
--- Im Kindprozess (3457) ---
Elternprozess : 3456
--- Kindprozess beendet sich ---
--- Im Elternprozess (3456) ---
--- Beenden mit <STRG>+<C> ---
```

Öffnen Sie nun eine weitere Konsole, und lassen Sie sich die laufenden Prozesse mit `ps` bzw. in einer X-Konsole mit `ps x` anzeigen:

```
$ ps f
...
 PID TTY       STAT   COMMAND
 3456 pts/2     R      0:04 ./zombie
 3457 pts/2     Z      0:00    \_ [zombie] <defunct>
 3458 pts/1     R      0:00 ps
...
```

Der Kindprozess, der sich beendet hat, ohne dass der Elternprozess sich bereits darum gekümmert hat, wird als Zombie bezeichnet. Der Zustand wird hier bei `ps` mit `Z` angezeigt. Bei den verwaisten Prozessen, die zuvor besprochen wurden, übernahm `init` die Aufgabe, die Sie jetzt in solch einem Fall selbst übernehmen müssen. Wenn Sie schon Kinder auf die Welt bringen, müssen Sie auch dafür geradestehen. *Init* macht nämlich nichts anderes mit dem Waisenprozess, als eine `wait()`-Funktion aufzurufen, um auf den Beendigungsstatus zu warten.

Hierzu die Syntax der beiden Funktionen, womit Sie auf die Beendigung des Kindprozesses warten können:

```
#include <sys/types.h>
#include <sys/wait.h>

pid_t wait( int *status );
pid_t waitpid( pid_t pid, int *status, int optionen );
```

Die Funktion wait() wartet, bis sich ein Kindprozess beendet, und gibt dessen PID als Rückgabewert zurück. Bei Fehler wird -1 zurückgegeben. Die Funktion waitpid() hingegen wartet auf einen bestimmten Kindprozess mit der in pid als erstes Argument angegebenen Prozess-ID. Sofern beim Argument status nicht der NULL-Zeiger angegeben wurde, wird hier die Statusinformation zu dem beendeten Prozess gespeichert. Um diesen Status auszuwerten, sind in der Headerdatei <sys/wait.h> folgende Makros definiert:

Makro	Bedeutung
WIFEXITED(status)	Ist TRUE, wenn sich ein Kindprozess normal beendet hat. Wollen Sie dabei den genauen Rückgabewert vom Kindprozess erfragen, dann können Sie dies mit dem Makro WEXITSTATUS(status) abfragen.
WIFSIGNALED(status)	Ist TRUE, wenn der Kindprozess durch ein Signal terminiert wurde, das dieser nicht abgefangen hat.
WTERMSIG(status)	Damit können Sie die Nummer des Signals erfahren, die den Prozessabbruch bewirkt hat.
WCOREDUMP(status)	In BSD und SVR4 können Sie damit erfahren, ob das Signal, das den Kindprozess abgebrochen hat, eine Core-Datei angelegt hat.
WIFSTOPPED(status)	Ist TRUE, wenn ein Kindprozess angehalten wurde.
WSTOPSIG(status)	Die Nummer des Signals, die den Kindprozess gestoppt hat.

Tabelle 7.6 Makros in <sys/wait.h>

Um den Status auszuwerten, schreibt man am besten extra eine Funktion dazu. Hierzu ein Beispiel mit der Funktion wait(). Es wird ein Kindprozess erzeugt und abgefragt, wie dieser beendet werden soll (normal oder anormal). Der Elternprozess wartet in der Zwischenzeit auf den Kindprozess mit wait(). Sobald sich der Kindprozess beendet, fährt auch der Elternprozess mit der Auswertung des Status über die Beendigung des Kindprozesses mit der selbst geschriebenen Funktion child_status() fort. Auf den Status WCOREDUMP() wurde aus Portabilitätsgründen verzichtet. Sofern auf Ihrem System vorhanden, können Sie dies gerne selbst nachholen. Hier das Beispiel dazu:

```
/* wait.c */
#include <unistd.h>
#include <sys/wait.h>
#include <sys/types.h>
#include <stdio.h>
#include <stdlib.h>
#include <signal.h>
#include <errno.h>

static void child_status (int status) {
   if (WIFEXITED (status)) {
      printf ("Kind normal beendet mit Rückgabewert %d\n",
         WEXITSTATUS(status));
   }
   else if (WIFSIGNALED (status)) {
      printf ("Kind mit Signalnummer %d beendet\n",
         WTERMSIG(status));
```

```
      /* WCOREDUMP könnte hier stehen */
   }
   else if (WIFSTOPPED (status)) {
      printf ("Kind wurde angehalten mit Signalnummer %d\n",
         WSTOPSIG(status));

      /* I.d.R. wird dies SIGSTOP sein, aber es gibt */
      /* ja auch noch das ptrace()-Interface.        */
   }
}

int main (void) {
   pid_t pid;
   int status;
   int end;

   switch (pid = fork ()) {
   case -1:
      perror("fork()");
      return EXIT_FAILURE;
   case 0:
      printf (" --- Im Kindprozess ---\n");
      printf ("Wie wollen Sie den Prozess beenden?\n\n");
      printf ("- 1 - WIFEXITED   (normal)\n");
      printf ("- 2 - WIFSIGNALED (anormal)\n");
      printf ("Ihre Auswahl : ");
      scanf ("%d", &end);
      if (end == 1)
         exit (66);
      else if (end == 2)
         abort ();  /* Entspricht kill(0, SIGABRT); */
      else
         printf ("Was den nun? ->%d<- ???\n", end);
      break;     /* Normale Beendigung mit 0 */
   default:      /* Elternprozess wartet auf Kind mit pid */
      if (wait (&status) != pid) {
         perror("wait()");
         return EXIT_FAILURE;
      }
      /* Status vom Kind auswerten */
      child_status (status);
   }
   return EXIT_SUCCESS;
}
```

Das Programm bei der Ausführung:

```
$ gcc -o wait wait.c
$ ./wait
 --- Im Kindprozess ---
Wie wollen Sie den Prozess beenden?
```

```
 - 1 - WIFEXITED   (normal)
 - 2 - WIFSIGNALED (abnormal)
Ihre Auswahl : 1
Kindprozess normal beendet mit Rückgabewert 66
$ ./wait
 --- Im Kindprozess ---
Wie wollen Sie den Prozess beenden?

 - 1 - WIFEXITED   (normal)
 - 2 - WIFSIGNALED (abnormal)
Ihre Auswahl : 2
Kindprozess mit Signalnummer 6 beendet
```

Zu den Signalen erfahren Sie in Kapitel 6 noch mehr. Also erspare ich mir hierzu erst einmal eine Erläuterung.

Mit `wait()` können Sie allerdings nur auf die Beendigung des nächsten Prozesses warten. Wollen Sie hingegen auf die Beendigung eines bestimmten Prozesses warten, dann ist `waitpid()` Ihr Fall. Mit dem ersten Argument von `waitpid()` legen Sie fest, worauf Sie warten wollen. Dazu haben Sie vier Möglichkeiten:

pid	Bedeutung
`-1`	auf beliebigen Prozess warten – äquivalent zu `wait()`
`pid`	auf die Beendigung von `pid` warten
`0`	auf Beendigung warten, deren Prozessgruppen-ID gleich der Prozessgruppen-ID des aufrufenden Prozesses ist
`< -1`	auf Beendigung warten, deren Prozessgruppen-ID dem absoluten Wert von `pid` entspricht

Tabelle 7.7 Mögliche Angaben für das erste Argument von waitpid()

Des Weiteren können Sie über das dritte Argument, `optionen`, das Verhalten von `waitpid()` beeinflussen. Folgende Konstanten können dabei verwendet werden:

Konstante	Beschreibung
`WNOHANG`	Der aufrufende Prozess wird nicht blockiert, wenn der Prozess »`pid`« noch nicht beendet wurde bzw. noch nicht im Zombie-Status ist. `waitpid()` liefert in diesem Fall 0 zurück.
`WUNTRACED`	Status des angehaltenen Kindprozesses, der mit `pid` spezifiziert wurde. Das Makro `WIFSTOPPED` liefert 1 zurück, wenn es sich beim Rückgabewert um die PID des angehaltenen Kindprozesses handelt.

Tabelle 7.8 Zusätzliche Optionen für das dritte Argument von waitpid()

Unter SVR4 gibt es außerdem noch die Optionen `WNOWAIT` und `WCONTIUED`, die hier nicht besprochen werden. Geben Sie hingegen 0 an, wird keine Option gesetzt.

Das folgende Listing zu `waitpid()` zeigt die Funktion mit der Option `WNOHANG` im Einsatz. Diese Option sorgt dafür, dass der Elternprozess nicht, wie z. B. mit `wait()`, zwingend auf die Beendigung des Kindprozesses warten muss. Somit können Sie im Elternprozess ebenfalls weitere Anweisungen ausführen.

```
/* waitpid.c */
#include <unistd.h>
#include <sys/wait.h>
#include <sys/types.h>
#include <stdio.h>
#include <stdlib.h>
#include <errno.h>

int main (void) {
   pid_t pid;
   switch (pid = fork ()) {
   case -1:
      perror("fork()");
      return EXIT_FAILURE;
   case 0:
      printf (" --- Im Kindprozess ---\n");
      sleep (5);
      printf(" --- Kindprozess ist fertig ---\n");
      break;
   default:
        if (waitpid (pid, NULL, WNOHANG) != 0) {
           perror("waitpid()");
           return EXIT_FAILURE;
        }
        // Hier könnte weiterer Code ausgeführt werden
        printf (" --- Elternprozess blockiert nicht ---\n");
   }
   return EXIT_SUCCESS;
}
```

Das Programm bei der Ausführung:

```
$ gcc -o waitpid waitpid.c
$ ./waitpid
--- Im Kindprozess ---
--- Elternprozess blockiert nicht ---
--- Kindprozess ist fertig ---
```

7.10 Die exec-Familie

Die Funktionen der exec-Familie wurden in diesem Kapitel schon des Öfteren erwähnt. Häufig finden Sie diese Anwendung, indem mit fork() ein neuer Kindprozess erzeugt und, mit Aufruf einer exec-Funktion durch das neue angegebene Programm, komplett ersetzt wird. Außerdem bewirkt ein exec-Aufruf auch keine Änderung der PID, da ja kein neuer Prozess erzeugt wird, sondern eben nur die Segmente des aktuellen Prozesses durch die Segmente des neuen Prozesses überschrieben werden. Es gibt sechs verschiedene exec-Funktionen, die sich nur geringfügig anhand der Parameter voneinander unterscheiden. Allerdings basieren alle exec-Funktionen auf der Funktion execve(), die einen Systemaufruf darstellt. Hierzu die Syntax der vorhandenen exec-Funktionen:

```
#include <unistd.h>

extern char **environ;

/* Bibliotheksfunktionen */
int execl(const char *path, const char *arg, ...);
int execlp(const char *file, const char *arg, ...);
int execle(const char *path, const char *arg , ...,
            char *const envp[]);
int execv(const char *path, char *const argv[]);
int execvp(const char *file, char *const argv[]);

/* Systemaufruf */
int execve(const char *filename, char *const argv [],
           char *const envp[]);
```

Alle Funktionen geben im Falle eines Fehlers -1 zurück, ansonsten gibt es bei Ausführung keine Rückkehr mehr zum aufrufenden Programm. Es ist daher überflüssig, den Rückgabewert zu überprüfen; man kann gleich mit der Fehlerroutine weitermachen. Die einzelnen Funktionen unterscheiden sich anhand der Endungen, wobei jeder der vier Buchstaben folgende Bedeutung hat:

Buchstabe	Bedeutung
e	Es wird eine Environmentliste (Umgebungsvariablen) als Vektor erwartet.
l	Es werden die Kommandozeilenargumente in Form einer Liste erwartet.
v	Es werden die Kommandozeilenargumente in Form eines Vektors erwartet.
p	Es wird ein Dateiname und nicht ein Pfadname als Argument zum Aufruf des Programms erwartet.

Tabelle 7.9 Bedeutung der Endungen von exec-Funktionen

Damit es bei den vielen verschiedenen Versionen einfacher fällt, will ich Ihnen zu jeder dieser Funktionen einen kurzen Codeausschnitt zu deren Anwendung geben.

7.10.1 execl()

Das folgende Listing soll den Inhalt des aktuellen Arbeitsverzeichnisses mit `ls -l /home/user` ausgeben.

```
/* execl.c */
#include <stdio.h>
#include <unistd.h>
#include <dirent.h>
#define MAX 255

int main (void) {
   char wd[MAX];

   wd[MAX - 1] = '\0';
```

```
    if(getcwd(wd, MAX - 1) == NULL)
       printf ("Konnte Arbeitsverzeichnis nicht"
               " ermitteln\n");
    else
       return execl ("/bin/ls", "ls", "-l", wd, NULL);
}
```

Das zweite Argument wird in der Prozesstabelle als Prozessname ausgegeben. Würden Sie also z. B. Folgendes angeben:

```
execl ("/bin/ls", "whoami", "-l", wd, NULL);
```

würde trotzdem das Arbeitsverzeichnis aufgelistet werden und nicht das Programm `whoami`, weil es *whoami* im aktuellen Verzeichnis nicht gibt. Als Prozessname, mit `ps` bzw. `ps x`, würden Sie hier allerdings den Namen `whoami` aufgelistet bekommen.

7.10.2 execve()

Das folgende Listing ruft die Anwendung `printenv` auf und verändert die Umgebungsvariablen von diesem Prozess.

```
/* exec2.c */
#include <stdio.h>
#include <unistd.h>

int main (void) {
    char *args[] = {"printenv", NULL};
    char *env[] =  {
       "SHELL=/bin/bash",
       "LOGNAME=a_username",
       "OSTYPE=L1NuX", NULL
    };
    return execve("/usr/bin/printenv", args, env);
}
```

7.10.3 execv()

```
/* exec3.c */
#include <stdio.h>
#include <unistd.h>

int main (void) {
   char *argumente[4] = { "ls", "-l", "/usr/bin", NULL };
   return execv ("/bin/ls", argumente);
}
```

Was hier geschieht, sollte eigentlich ersichtlich sein. Das Beispiel ist ähnlich wie mit `execve()`, nur dass hier keine Environmentvariablen mitgegeben werden. Stattdessen wird das aktuelle Environment übergeben.

7.10.4 execle()

Diese exec-Funktion ist ähnlich wie execve(), nur dass die Argumente in Listenform getrennt mit NULL gefolgt von den Umgebungsvariablen in Vektorform erfolgen.

```
/* exec4.c */
#include <stdio.h>
#include <unistd.h>

int main (void) {
   char *environment[4];

   environment[0] = "SHELL=/bin/csh";
   environment[1] = "LOGNAME=heino";
   environment[2] = "OSTYPE=LiNuX";
   environment[3] = NULL;

   return execle( "/usr/bin/printenv", "printenv",
                  NULL, environment );
}
```

7.10.5 execlp()

Besonderheit von lp ist, dass das erste Argument zu execlp() nicht ein absoluter Dateiname sein muss, wie dies bei der Listenform von execle() der Fall ist.

```
/* exec5.c */
#include <stdio.h>
#include <stdlib.h>
#include <unistd.h>

int main (void) {
   return execlp("/bin/ls","ls","-l",getenv("HOME"),NULL);
}
```

7.10.6 execvp()

Ähnlich wie eben execlp(), nur werden die Argumente als Vektor übergeben.

```
/* exec6.c */
#include <stdio.h>
#include <stdlib.h>
#include <unistd.h>

int main (void) {
   char *argumente[4];
   argumente[0] = "ls";
   argumente[1] = "-l";
   argumente[2] = getenv("HOME");
```

```
   argumente[3] = NULL;

   return execvp ("/bin/ls", argumente);
}
```

7.10.7 Kindprozesse mit exec-Aufruf überlagern

Jetzt will ich Ihnen das Beispiel zeigen, wie Sie einen neuen Prozess erzeugen und diesen mittels eines `exec`-Aufrufs zu einem vom Elternprozess unabhängigen Prozess machen können. Dazu soll als Beispiel nicht wieder irgendein Kommando gestartet werden, sondern ein von Ihnen selbst geschriebenes Programm. Hierzu verwenden Sie folgendes Beispiel:

```
/* my_programm.c */
#include <stdio.h>
#include <stdlib.h>

int main(int argc, char **argv) {
   int i;

   printf("Progammname : %s\n", argv[0]);
   for( i=1; i < argc; i++)
      printf("Argumente %d : %s\n", i, argv[i]);
   return EXIT_SUCCESS;
}
```

So weit dürfte das Listing nichts Neues mehr für Sie sein. Übersetzen Sie das Beispiel mit:

```
$ gcc -o my_programm my_programm.c
```

Jetzt zum Listing, wo die Segmente eines neu erzeugten Prozesses, von dem eben erstellten Programm `my_programm`, überschrieben werden.

```
/* exec_child.c */
#include <unistd.h>
#include <sys/wait.h>
#include <sys/types.h>
#include <stdio.h>
#include <stdlib.h>
#include <errno.h>
/* Pfad zum Programm ggf. anpassen */
#define  PROGRAMM "./my_programm"

int main (void) {
   pid_t pid;

   switch (pid = fork ()) {
   case -1:
      perror("fork()");
      return EXIT_FAILURE;
   case 0:
       execlp (PROGRAMM, PROGRAMM, "Hallo", "Welt", NULL);
```

```
         printf("Wird niemals mehr erreicht ...\n");
         break;
      default:
         if (waitpid (pid, NULL, 0) != pid) {
            perror ("waitpid()");
            return EXIT_FAILURE;
         }
      }
      return EXIT_SUCCESS;
}
```

Passen Sie die Konstante PROGRAMM bitte Ihrem Pfadnamen an. Jetzt können Sie auch dieses Listing übersetzen und starten:

```
$ gcc -o exec_child exec_child.c
$ ./exec_child
Progammname : /home/tot/my_programm
Argumente 1 : Hallo
Argumente 2 : Welt
```

Hiermit wurde im Kindprozess der komplette Prozess von dem Programm my_programm überschrieben und als Prozess ohne Wiederkehr ausgeführt. Der Programmname hier ist natürlich nicht verbindlich und entspricht nur dem Namen, der als Prozesseintrag verwendet wird. Würden Sie den exec-Aufruf folgendermaßen realisieren:

```
execlp (PROGRAMM, "wasistdas", "Hallo", "Welt", NULL);
```

würde der Programmname "wasistdas" lauten. Sie können diese Art von exec-Aufrufen jetzt gerne mit den anderen exec-Funktion testen und ausprobieren.

7.11 Kommandoaufrufe aus dem Programm – system()

Mit der Funktion system() können Sie aus Ihrem eigenen Programm ein anderes Programm starten. Damit können Sie alle Aufrufe starten, die Sie sonst auch in der Shell starten können. Außer Kommandos der Shell und anderen Anwendungen sind dabei auch Metazeichen wie '*', '|', '<' oder '>' zu beachten. Ein Dateiname darf aus allen Zeichen mit Ausnahme von '\0' (Stringende) und '/' (Verzeichnisoperator) bestehen. Es können Newlines und sonstige Steuerzeichen vorkommen. Es sind also auch Dateiexpansionen, Pipes, Umleitungen etc. möglich. Die Funktion system() ist eine Mischung aus fork(), exec*() und waitpid() und kann auch dafür eingesetzt werden. Hier die Syntax dazu:

```
#include <stdlib.h>

int system(const char *kommando);
```

Beim Aufruf der Funktion wird eine Shell (/bin/sh) in einem eigenen Prozess gestartet und führt kommando aus. Danach wartet system() auf die Beendigung des (Kind-)Prozesses. So lange bleibt der aufrufende Prozess allerdings auch blockiert. Wenn die Shell nicht gestartet werden konnte, wird als Fehler der Wert 127 zurückgegeben. Bei fehlerfreier Ausführung gibt `system()` 0 zurück, ansonsten den Rückgabewert der Shell. Hierzu ein Beispiel, das mithilfe des `system()`-Aufrufs im Verzeichnis `/usr/include` nach allen Dateien sucht, die mit der Zeichenfolge `'std'` beginnen.

```
/* my_find.c */
#include <stdlib.h>
#include <stdio.h>

int main (void) {
   printf("Vor dem system()-Aufruf\n");
   system("find /usr/include -name 'std*'");
   printf("Nach dem system()-Aufruf\n");
   return  EXIT_SUCCESS;
}
```

Das Programm bei der Ausführung:

```
$ gcc -o my_find my_find.c
$ ./my_find
Vor dem system()-Aufruf
/usr/include/g++/ext/stdio_filebuf.h
/usr/include/g++/stdexcept
/usr/include/bits/stdio-lock.h
/usr/include/bits/stdio.h
/usr/include/bits/stdio_lim.h
/usr/include/linux/stddef.h
/usr/include/stdio.h
/usr/include/stdio_ext.h
/usr/include/stdint.h
/usr/include/stdlib.h
Nach dem system()-Aufruf
```

7.12 Dämonprozesse

Als Dämonprozesse werden Prozesse bezeichnet, die ihre Arbeit unabhängig von der Steuerung des Terminals im Hintergrund ausführen – sprich den Prozessen ist nicht unbedingt ein Controlling Terminal (`CTTY`) zugeordnet. Auf Ihrem Rechner laufen mindestens ein gutes Dutzend solcher Prozesse. Einige sehr bekannte Dämonen sollen hier nicht unerwähnt bleiben – ohne näher darauf einzugehen (für weitergehende Informationen verwenden Sie bitte entsprechende Manual Pages).

- *cron* – Mit dem cron-Dämon können Sie andere Prozesse (vor allem auch Dämonprozesse) zu einer von Ihnen bestimmten Zeit starten. Der »kleine Bruder« von *cron* ist *atd*, der Einmalprozesse behandelt, während *cron* vorwiegend für wiederkehrende Ereignisse genutzt wird.
- *xinetd* – Dies ist ein Dämon, der andere Netzwerkdämonen startet. (Wird daher auch »Superdämon« genannt.) Wird mit xinetd.conf, /etc/xinet.d/* gesteuert.
- *lpd*, *cupsd* – der Drucker-Dämon

- *syslogd, blogd* – Dämon zum Protokollieren von Systemmeldungen von anderen Dämonen
- *klogd* – Dämon, der Kernel-Meldungen protokolliert
- *ftpd, httpd, named, dhcpd, smbd, sshd, NFS* – verschiedene Netzwerkdämonen

Hinweis

Eigentlich ist es nicht richtig, von »Dämonen« zu sprechen, da es normalerweise »*daemons*« lauten müsste. *daemons* ist ein Abkürzung für **d**isk **a**nd **e**xecution **mon**itor**s**. Aber hierzulande hat sich der Dämon schon als solcher bildhaft eingeprägt, so dass wir weiterhin bei diesem bleiben.

7.12.1 Wie ein Prozess zum Dämon wird ...

Nachdem Sie gelernt haben, Zombies nicht zu vergessen, werden Sie jetzt einen Dämon erzeugen. Wenn Ihr Nachbar Sie fragt, was Sie den ganzen Tag vor der Kiste machen, erzählen Sie ihm das doch einmal. Bevor Sie erfahren werden, wie Sie programmtechnisch einen eigenen Dämonprozess erzeugen können (ist ganz leicht), sollten Sie sich erst Gedanken machen, wie Sie den Dämon starten wollen. Dafür gibt es ausnahmsweise keine Funktion in C. Angestrebt ist hierfür ein Dämonprozess, der möglichst unabhängig vom Terminal ist und auch so konzipiert sein muss. Denn trifft z. B. ein Unterbrechungssignal in einem Terminal ein, von dem der Dämonprozess gestartet wurde, darf der Dämon davon nicht beeinflusst werden. Somit stehen Ihnen folgende Möglichkeiten zur Verfügung, einen Dämonprozess zu starten – deren Anwendung Sie selbst einschätzen und in Erfahrung bringen müssen.

- Sie können selbst von einem Terminal aus einen Dämonprozess im Vorder- oder Hintergrund starten. Dies eignet sich zum Beispiel hervorragend für Probeläufe des Dämons, aber nur bedingt für den Dauereinsatz in einem Mehrbenutzersystem.
- Sie können den Dämonprozess auch vom *cron*-Dämon starten lassen. Ein Dämon ruft also einen Dämon auf. Sie können natürlich auch den *at*-Befehl verwenden, um den Dämon erst zu einem bestimmten Zeitpunkt zu starten.
- Über das Netzwerk können Sie den (x)inetd-Superserver verwenden. Dieser wartet auf Netzwerkanforderungen – die Sie ihm stellen –, worauf dieser tatsächlich den entsprechenden Dämonprozess startet.
- Last but not least – das Systeminitialisierungsskript, das beim Booten des Systems sämtliche Dämonen startet. Dieses Skript finden Sie häufig im Verzeichnis */etc*, */etc/rc*, */etc/init.d* usw. – das hängt von der Linux-Distribution ab.

7.12.2 Dämon, sprich mit uns ...

Wenn Sie sich entschieden haben, wie Sie den Dämon starten wollen, müssen Sie noch wissen, wann Ihr Dämon etwas zu sagen hat, wo Sie die Nachrichten »ausgeben« können. Da ein Dämonprozess kein Ausgabeterminal hat, fällt der normale Weg über die Standardausgabe aus. Für solche Zwecke ist der *syslog*-Dämon zuständig. Der *syslog*-Dämon wird gewöhnlich ebenfalls beim Booten des Systems über das Initialisierungsskript gestartet und erst wieder beendet, wenn Sie das System (oder *syslogd* separat) herunterfahren.

7.12.3 Protokollieren von Dämonen – syslog()

Um an die Informationen des *syslogd* zu kommen, müssen Sie die Funktion `syslog()` verwenden. `syslog()` ist zwar keine POSIX-konforme Funktion, doch bieten heute die meisten Linux-/Unix-Systeme diese Funktion an.

```
#include <syslog.h>

void syslog(int priority, const char *message, ...);
```

Das erste Argument `priority` ist eine Kombination aus dem `level` und `facility`. Dabei kann eine Log-Nachricht einen `level` zwischen einschließlich 0 und 7 haben. Wird kein `level` angegeben, wird standardmäßig `LOG_NOTICE` (Level 5) verwendet. Es folgen die möglichen `level` einer Log-Nachricht.

Level	Konstante	Bedeutung
0	LOG_EMERG	System ist unbrauchbar.
1	LOG_ALERT	Dringend irgendwelche Aktionen einleiten
2	LOG_CRIT	Kritische Nachrichten
3	LOG_ERR	Normaler Fehler
4	LOG_WARNING	Warnung
5	LOG_NOTICE	Normale, bedeutende Nachricht (Standard)
6	LOG_INFO	Normale Nachricht
7	LOG_DEBUG	Unwichtige Nachricht

Tabelle 7.10 Priorität der Nachricht

Der zweite Teil der Kombination von `priority` ist `facility`, die zur Identifizierung des Prozesstyps dient, der die Log-Nachricht verschickt hat. Wird hier kein Wert verwendet, gilt als Standardeinstellung `LOG_USER`. Hier ein Überblick zu den `facility`s der Log-Nachrichten.

facility	Bedeutung
LOG_AUTH	Autorisierung
LOG_AUTHPRIV	Autorisierung (privat)
LOG_FTP	FTP-Dämon
LOG_KERN	Kernel-Nachrichten
LOG_USER	Nachricht von Usern
LOG_MAIL	E-Mail-Subsystem
LOG_DAEMON	Verschiedene Dämonen
LOG_SYSLOG	syslog-interne Nachrichten
LOG_LPR	Drucker-Subsystem
LOG_NEWS	News-Subsystem
LOG_UUCP	UUCP-Subsystem

Tabelle 7.11 Identifizierung, wer die Log-Nachricht verschickt hat

facility	Bedeutung
LOG_CRON	Cron-Dämon
LOG_LOCAL0...7	Reserviert für lokale Verwendung (Eigenbedarf)

Tabelle 7.11 Identifizierung, wer die Log-Nachricht verschickt hat (Forts.)

Da bei weitem nicht für jedes Programm und jeden Dämon eine extra Konstante zugewiesen werden kann (aus Platzgründen innerhalb des *level integers*), versehen die meisten Anwendungen ihre Log-Einräge sowieso mit dem eigenen Namen, z. B. mit `openlog()`, siehe unten.

Mit dem Parameter `message` geben Sie die Nachricht bei `syslog()` als eine `printf()`-typische Formatzeichenkette an.

Wenn ein Prozess die Funktion `syslog()` aufruft, wird ein Unix Domain Datagram Socket angelegt und mittels `connect()` mit dem Pfadnamen des angelegten Sockets (meistens `/var/run/log`) verbunden. Das Socket bleibt bis zum Ende des Prozesses offen oder bis `closelog()` aufgerufen wird.

Optional kann auch die Funktion `openlog()` vor dem ersten Aufruf von `syslog()` aufgerufen werden:

```
#include <syslog.h>

void openlog(const char *ident, int option, int facility);
```

Mit `ident` legen Sie eine Zeichenkette fest, gewöhnlich der Programmname, die als Indikator für erzeugte Syslog-Nachrichten dient. Folgende `option`en und deren Bedeutung können Sie verwenden (es kann auch eine ODER-Verknüpfung für mehrere Optionen verwendet werden).

Options	Bedeutung
LOG_CONS	Ausgabe erfolgt direkt auf die Konsole, sollte ein Fehler mit der Verbindung zum Dämon auftreten.
LOG_NDELAY	Verbindung zum Login-Dämon wird sofort aufgebaut (das ist ja implizit bei einer Verbindung). Nicht, wie normalerweise, wenn die erste Nachricht geschrieben wurde.
LOG_PERROR	Die Nachricht wird außer an den *syslog*-Dämon noch zusätzlich an den Fehlerkanal (`stderr`) geschickt.
LOG_PID	Wird ein Programm mehrfach gestartet, ist es sinnvoll, diese Option zu verwenden, da jede *syslog*-Nachricht eine PID enthält. Sie können damit genau ermitteln, welcher Prozess diese Nachricht geschickt hat. Beispielsweise wenn Sie mit `fork()` einen Kindprozess zur Erledigung bestimmter Aufgaben erzeugen.

Tabelle 7.12 Optionen für openlog()

Da beim Aufruf von `openlog()` gewöhnlich kein Unix Domain Socket angelegt wird (sondern erst beim ersten `syslog()`-Aufruf), können Sie mit der Option `LOG_NDELAY` ein Socket beim Aufruf von `openlog()` erzeugen. Die Syslog-Typen für den Parameter `facility` haben Sie bereits kennen gelernt (`LOG_KERN`, `LOG_USER`, `LOG_MAIL`, `LOG_DAEMON` ...).

In der Praxis könnte somit ein `openlog()`-Aufruf folgendermaßen aussehen:

```
openlog("lpd-daemon", LOG_PID, LOG_LPR);
```

Hier dient als Kennung »`lpd-daemon`«. Es wird außerdem immer die Prozess-ID mit ausgegeben (`LOG_PID`), und als Einrichtung wird das Druckersystem verwendet.

Wenn die Anwendung das Senden der Log-Nachrichten beendet hat, wird `closelog()` aufgerufen.

```
#include <syslog.h>

void closelog( void );
```

7.12.4 syslog() in der Praxis

Ihnen das ganze Thema zum *syslogd* zu präsentieren, würde hier zu weit gehen. Hierfür sei ein umfassender Blick in die entsprechende Manual Page empfohlen. Aber dennoch will ich Ihnen das Konzept anhand eines einfachen Beispiels demonstrieren. Zu diesem Zwecke benötigen Sie allerdings vollen Zugriff auf den Rechner als *root*. Sofern Sie (noch) nicht ganz bewandert im Umgang mit Linux sind, rate ich Ihnen, diesen Text zur Sicherheit erst zu lesen. Machen Sie ggf. ein Backup von der Datei `/etc/syslog.conf`.

Öffnen Sie zuerst die Datei `/etc/syslog.conf` mit einem Editor. In meinem Fall gehe ich wie folgt vor:

```
$su
Passwort:*******
# mcedit /etc/syslog.conf
...
# Mail logging
mail.=debug;mail.=info;mail.=notice  -/var/log/mail/info
mail.=warn                           -/var/log/mail/warnings
mail.err                             -/var/log/mail/errors
...
```

Sie bekommen nun die komplette Datei in `/etc/syslog.conf` zu Gesicht. In gekürzter Form soll hier der Log-Eintrag für Mail verwendet werden, z. B. der Eintrag:

```
mail.=debug;mail.=info;mail.=notice
```

Dies bedeutet nun, falls der *syslog*-Dämon eine Nachricht mit der Priorität `LOG_DEBUG`, `LOG_INFO` oder `LOG_NOTICE` und `facility=LOG_MAIL` erhält, wird diese in die Datei `/var/log/mail/info` geschrieben.

Liest *syslog* die Nachricht mit der Priorität `LOG_WARNING`, wie dies in der nächsten Zeile mit `mail.=warn` angegeben ist, wird die Ausgabe in `/var/log/mail/warnings` geschrieben.

Hierzu soll nun ein eigener Typ erstellt werden, der eine einfache Textausgabe auf ein Terminal macht. In diesem Fall auf `/dev/tty1` – passen Sie die Angabe bitte Ihren Bedürfnissen an. Ein einfaches »`tty`« auf der Kommandozeile gibt Ihnen Auskunft darüber, welches Ihr aktueller Terminal ist. Eine eigene Routine können Sie mit `LOG_LOCALx` (`x` ist 0 bis 7) verwenden.

Nach einer Neuinstallation sollte hierfür noch keiner dieser Einträge belegt sein. Schreiben Sie nun ans Ende der Datei `/etc/syslog.conf` folgenden Eintrag, und speichern Sie die Datei anschließend ab:

```
#Testroutine,
local0.=notice                              -/dev/tty1
```

Das Programm, das zur Identifizierung des Prozesstyps jetzt `LOG_LOCAL0` und die Priorität `LOG_NOTICE` verschickt, kann seine Ausgabe auf das Terminal `/dev/tty1` machen. In der Praxis sollten Sie nur Nachrichten mit höchster Priorität (`LOG_EMERG`) auf ein Terminal ausgeben – worüber Sie letztendlich selbst entscheiden. Idealer ist es, in jedem Fall, die Nachricht in eine Log-Datei zu schreiben, je nach Priorität der Nachricht. Wie Sie die `syslog.conf`-Datei dementsprechend konfigurieren, entnehmen Sie bitte der Manual Page zu *syslogd*. Jetzt ein Programmbeispiel, das die eben eingerichtete Identifizierung `LOG_LOCAL0` mit der Priorität `LOG_NOTICE` verwendet.

```
/* logging.c */
#include <stdio.h>
#include <stdlib.h>
#include <unistd.h>
#include <syslog.h>

int main(int argc, char **argv) {
   openlog( "logging",
            LOG_PID | LOG_CONS | LOG_NDELAY, LOG_LOCAL0 );
   /* Viel Code */
   /*  Etwas ist passiert -> Schick es an /dev/tty1 */
   syslog(LOG_NOTICE, "Hallo Welt mit syslog\n");
   /* Ende */
   closelog();
   return EXIT_SUCCESS;
}
```

Vorher müssen Sie den *syslog*-Dämon neu starten, damit die neue Konfiguration in `syslog.conf` übernommen wird. Dies können Sie folgendermaßen erledigen (`su`):

```
# kill -SIGTERM `cat /var/run/syslogd.pid`
# syslogd
```

Oder einfacher:

```
# kill -HUP `pidof syslogd`
```

Jetzt können Sie das Listing übersetzen und starten. Von wo Sie die Anwendung starten, ist letztendlich egal. Auf jeden Fall sollten Sie jetzt im Terminal `/dev/tty1` (in X zu erreichen mit der Tastenkombination [Strg]+[Alt]+[F1]) etwa folgende Ausgabe erhalten haben:

```
[Datum] [Uhrzeit] test2[12345]: Hallo Welt mit syslog
```

Die Ausgabe haben Sie lediglich mit dem Aufruf

```
syslog(LOG_NOTICE, "Hallo Welt mit syslog\n");
```

aktiviert. In der Praxis kann `syslog()` auf der Suche nach Fehlern in Programmen (insbesondere in Programmen, die kein Terminal haben) sehr helfen – was übrigens auch mit dem Debugger *GDB* möglich ist. Sie können zum Beispiel überwachen, wer gerade wann auf ein bestimmtes Programm zugreift (und wieder Murks gemacht hat):

```
openlog("myprogramm", LOG_PID | LOG_CONS, LOG_LOCAL0);
if( (strcmp(nam1, login_name)) == 0)
  syslog(LOG_NOTICE, "Bing hat sich gerade eingeloggt");
else if( (strcmp(nam2, login_name)) == 0)
  syslog(LOG_NOTICE, "Bong hat sich gerade eingeloggt");
```

Bedenken Sie aber, wenn Sie dies auf dem Bildschirm ausgeben wollen, wer das eventuell auch lesen könnte. Linux selbst gibt normalerweise Nachrichten auf dem Bildschirm nur mit der allerhöchsten Priorität aus. Natürlich und vor allem anderen können Sie den *syslog*-Dämon zum Log(gen) eines selbst geschriebenen Dämons verwenden.

7.12.5 Den Dämon, den ich rief ...

Jetzt, da Sie wissen, wie Sie der Ausgabe von Dämonen Herr werden, sind Sie so weit, selbst welche zu beschwören. Einen fast kompletten Dämonprozess können Sie in den folgenden sieben Schritten einrichten (programmiertechnisch gesehen):

- `fork()` – Erst starten Sie mit `fork()` einen neuen Kindprozess, worauf Sie anschließend den Elternprozess beenden. Da die Shell nun »glaubt«, dass sich der Elternprozess beendet hat, »denkt« diese, dass die Anwendung fertig ist, und es wird der Kindprozess automatisch im Hintergrund ausgeführt. Die weiteren Schritte beziehen sich jetzt auf den »Kindprozess«.
- `setsid()` – Als Nächstes legen Sie mit der Funktion `setsid()` eine neue Session (Sitzung) an. Damit wird der Prozess Sessionführer der Session und der Prozessgruppenführer einer neuen Gruppe. Anschließend hat der Prozess kein Terminal (`CTTY`) mehr. Die Syntax zu `setsid()`:

  ```
  #include <unistd.h>

  pid_t setsid(void);
  ```
- Signal `SIGHUP` ignorieren – Da wir jetzt gleich nochmals einen Kindprozess starten und den Elternprozess beenden, müssen Sie das Signal `SIGHUP` ignorieren, da der zu beendende Prozess der Sessionführer ist und allen anderen Prozessen in der aktuellen Session ein `SIGHUP`-Signal senden würde. Zwei weitere Signale, die ein Dämon nicht erhalten sollte, sind `SIGINT` und `SIGWINCH`.
- `fork()` die Zweite – Mit einem erneuten `fork()`-Aufruf gehen Sie sicher, dass der Elternprozess der erste Kindprozess ist, der beendet wird. Dadurch sorgt man dafür, dass ein Dämon nicht automatisch ein Steuerterminal erhält, falls dieser eins öffnen würde. Gerade unter SVR4 kann der Sessionführer ein Terminal öffnen, so dass dieses Terminal zum Steuerterminal wird – genau das wollen Sie ja bei Dämonprozessen vermeiden.
- `chdir()` (und `chroot()`) – Das Arbeitsverzeichnis des Prozesses sollte nun auf das Root-Verzeichnis abgeändert werden – wobei es hierbei auch Dämonen gibt, die ein anderes Arbeitsverzeichnis verwenden.

- `umask()` – Die Dateimodus-Erstellungsmaske müssen Sie jetzt auf 0 setzen. Damit stellen Sie sicher, wenn der Dämon eine Datei anlegen sollte, dass die Berechtigungsbits der geerbten Dateimodus-Erstellungsmaske keine Auswirkungen auf die neue Datei haben. Manchmal ist aber eine gewisse *umask* erwünscht ..., es muss also nicht unbedingt `umask(0)` sein, sondern kann auch `umask(022)` sein – natürlich vom Dämon selbst zu setzen.
- Schließen aller geöffneten Filedeskriptoren mit `close()`. Ein Elternprozess könnte Ihnen nämlich noch einen störenden Filedeskriptor vererbt haben. Und zur Sicherheit schließen Sie in einer Schleife alle Filedeskriptoren. Wobei hier das Problem entsteht, wie viele Filedeskriptoren verwendet werden. So müssen Sie die Anzahl fast selbst festlegen, da die geöffnete Anzahl unendlich sein kann. Gute Werte sind 32, 64 oder 128 Filedeskriptoren – auch wenn diese nicht offen sind. Eventuell können Sie auch die symbolische Konstante `_SC_OPEN_MAX` (falls vorhanden) oder `OPEN_MAX` aus `stdio.h` (garantiert vorhanden) verwenden.
- *syslogd* mit `openlog()` aufrufen

Hierzu das Listing, das die einzelnen Schritte demonstriert. Im Beispiel wird auch davon ausgegangen, dass Sie die Schritte im Kapitel zuvor mit dem *syslog*-Dämon und der Funktion `syslog()` gemacht haben und sich in der Datei `/etc/syslog.conf` folgender Eintrag befindet:

```
#Testroutine,
local0.=notice                          -/dev/tty1
```

Über Sinn und Unsinn der Ausgabe auf eine Konsole wurde bereits gesprochen. Sie können gerne auch testweise andere Einträge in der Datei `/etc/syslog.conf` machen. Eine gute Dokumentation können Sie auf der Manual Page von `syslogd(8)` und `syslog.conf(5)` nachlesen. Sollten Sie ein anderes Terminal zur Ausgabe verwendet haben, dann verwenden Sie eben dies. Das anschließende Listing startet einen Dämon – legt sich für 15 Sekunden schlafen und beendet diesen wieder – nicht sehr sinnvoll. Alle Ausgaben werden im Beispiel auf das Terminal gemacht, das Sie in der Datei `/etc/syslog.conf` eingetragen haben.

```
/* daemon.c */
#include <stdio.h>
#include <unistd.h>
#include <syslog.h>
#include <sys/types.h>
#include <sys/stat.h>
#include <signal.h>
#include <stdlib.h>

typedef void (*sighandler_t)(int);

static sighandler_t
handle_signal (int sig_nr, sighandler_t signalhandler) {
   struct sigaction neu_sig, alt_sig;

   neu_sig.sa_handler = signalhandler;
   sigemptyset (&neu_sig.sa_mask);
   neu_sig.sa_flags = SA_RESTART;
```

```
   if (sigaction (sig_nr, &neu_sig, &alt_sig) < 0)
      return SIG_ERR;
   return alt_sig.sa_handler;
}

static void start_daemon (const char *log_name, int facility) {
   int i;
   pid_t pid;

   /* Elternprozess beenden, somit haben wir einen Waisen */
   /* dessen sich jetzt vorerst init annimmt             */
   if ((pid = fork ()) != 0)
      exit (EXIT_FAILURE);

   /* Kindprozess wird zum Sessionführer. Misslingt  */
   /* dies, kann der Fehler daran liegen, dass der   */
   /* Prozess bereits Sessionführer ist              */
   if (setsid() < 0) {
      printf("%s kann nicht Sessionführer werden!\n",
         log_name);
      exit (EXIT_FAILURE);
   }
   /* Signal SIGHUP ignorieren */
   handle_signal (SIGHUP, SIG_IGN);
   /* Oder einfach: signal(SIGHUP, SIG_IGN) ... */
   /* Das Kind terminieren */
   if ((pid = fork ()) != 0)
      exit (EXIT_FAILURE);

   /* Gründe für das Arbeitsverzeichnis:
    * + core-Datei wird im aktuellen Arbeitsverzeichnis
    *   hinterlegt.
    * + Damit bei Beendigung mit umount das Dateisystem
    *   sicher abgehängt werden kann
    */
   chdir ("/");

   /* Damit wir nicht die Bitmaske vom Elternprozess    */
   /* erben bzw. diese bleibt, stellen wir diese auf 0  */
   umask (0);

   /* Wir schließen alle geöffneten Filedeskriptoren ... */
   for (i = sysconf (_SC_OPEN_MAX); i > 0; i--)
      close (i);

   /* Da unser Dämonprozess selbst kein Terminal für  */
   /* die Ausgabe hat....                             */
   openlog ( log_name,
             LOG_PID | LOG_CONS| LOG_NDELAY, facility );
}
```

```
int main (int argc, char **argv) {
   int time   = 15;

   start_daemon ("meinDaemon", LOG_LOCAL0);
   while (1) {
      /* Enlosschleifen: Hier sollte nun der Code für den
       * Daemon stehen, was immer er auch tun soll.
       * Bspw. E-Mails abholen, versenden (was kein
       * Verweis sein soll, um mit dem Spammen anzufangen);
       * Bei Fehlermeldungen beispielsweise:
       * if(dies_ist_passiert)
       *    syslog(LOG_WARNING, "dies_ist_Passiert");
       * else if(das_ist_Passiert)
       *    syslog(LOG_INFO, "das_ist_Passiert");
       */
      syslog( LOG_NOTICE, "Daemon gestartet ...\n");
      sleep(time);
      syslog( LOG_NOTICE,
              "Daemon läuft bereits %d Sekunden\n", time );
      break;
   }
   syslog( LOG_NOTICE, "Daemon hat sich beendet\n");
   closelog();
   return EXIT_SUCCESS;
}
```

Das Programm bei der Ausführung:

```
$ gcc -o daemon daemon.c
$ ./daemon
```

Ein Blick auf das Terminal (bei mir `/dev/tty1`):

```
Mar 10 07:06:26 linux meinDaemon[2684]: Daemon gestartet ...
Mar 10 07:06:41 linux meinDaemon[2684]: Daemon läuft bereits 15 Sekunden
Mar 10 07:06:41 linux meinDaemon[2684]: Daemon hat sich beendet
```

Während der Ausführung dürfen Sie gerne die Prozessüberwachung auflisten. Sie finden den Dämonprozess für gewöhnlich mit folgendem Eintrag in der Prozesstabelle:

```
$ ps xj
 PPID   PID  PGID   SID TTY   TPGID STAT  UID  TIME COMMAND
...
    1  2691  2690  2690 ?        -1 S     500  0:00 ./daemon
...
```

Sie erkennen den Dämon speziell daran, dass dieser kein Steuerterminal (`TTY=?`) und als Erkennung des Elternprozesses die `PPID` 1 (init) hat.

7.13 Rund um die Ausführung von Prozessen

Jetzt haben Sie zwar eine Menge zu den Prozessen erfahren, aber häufig fehlt es noch ein wenig am Detail. Hiermit ist nicht mehr der programmtechnische Aspekt gemeint, sondern alles rund um die Ausführung von Prozessen. Hier war die Rede von einem Hintergrundprozess, dann wieder von einem *init*-Skript oder einem *cron*-Job. Eine Menge Know-how, das man hier einfach nicht als gotgegeben stehen lassen kann, weshalb darauf in den nächsten Seiten bis zum Schluss dieses Kapitels eingegangen werden soll.

7.13.1 Einen Dämon beim Booten mit einem init-Skript starten

Sobald der Kernel gestartet wurde, kann dieser erst nur lesend auf die Root-Partition zugreifen. Der erste Prozess, den der Kernel dann startet, ist »init« (*/sbin/init*), der Prozess mit der Prozessidentifikation (PID) 1. »init« wurde bereits in diesem Kapitel erwähnt und ist somit der Elternteil aller noch folgenden Prozesse. »init« kümmert sich beim Start zunächst um die Konfigurationen des Systems und das Ausführen vieler Dämonprozesse.

Hinweis

Hier muss gleich darauf hingewiesen werden, dass ich über »init« keine 100 %ige Aussagen machen lassen. Hier kochen die jeweiligen Distributionen häufig ihr eigenes Süppchen. Die Unterschiede beziehen sich wieder insbesondere auf die Verzeichnisse, wo sich die Init-Dateien befinden, und darauf, welche Konfigurationsdateien hierbei berücksichtigt werden. Natürlich soll das auch heißen, dass die Init-Pakete verschiedener Distributionen gewöhnlich gänzlich inkompatibel sind und nicht untereinander ausgetauscht werden können. Daher folgt hier zunächst ein allgemeiner Überblick über den Init-Prozess (genauer System-V-init).

Nachdem der Kernel »init« gestartet hat, wertet »init« zuallererst die Konfigurationsdatei */etc/inittab* aus. Anschließend führt »init« ein Shellskript zur Systeminitialisierung aus. Der Pfad und der Name des Shellskripts ist wieder abhängig von der Distribution. Als Nächstes wird mit `rc` ein weiteres Shellskript gestartet, das sich wiederum abhängig von der Distribution auf unterschiedlichen Verzeichnissen befinden kann.

`rc` startet jetzt die einzelnen Shellskripts, die sich in den Verzeichnissen *rc[n].d* befinden, wobei *n* hier für den Runlevel steht. Die Skriptdateien (auch Startup-Skripte genannt) in diesem Verzeichnis wiederum starten jetzt die Dämonen (Systemdienste). Der Ort der *rc[n].d*-Verzeichnisse ist wieder stark abhängig von der Distribution, aber meistens sollten Sie diese unter */etc* oder */etc/init.d* finden.

Runlevel

»init« verwendet gewöhnlich sieben Runlevels, wobei jeder Runlevel jeweils eine Gruppe von Diensten beinhaltet, die das System beim Starten oder Beenden ausführen soll. Es gibt in */etc/inittab* auch einen »default runlevel«, der wiederum von den Distributionen abhängt. Welcher Runlevel jetzt welche Dienste startet, ist von symbolischen Links in den Verzeichnissen *rc[n].d* abhängig. Diese symbolischen Links verweisen meistens auf die Startup-Skripte der

Dienste, die in */etc/init.d* abgelegt werden. Hierzu nun ein kurzer Überblick der unterschiedlichen Runlevels und auf deren Bedeutung (bei den gängigsten Distributionen zumindest):

Runlevel	Bedeutung
0	Dieser Runlevel hält das System komplett an (Shutdown mit Halt).
1 oder S	Dies stellt den Single-User-Modus (Einzelbenutzermodus) dar.
2 oder M	Multi-User-Modus (Mehrbenutzermodus) ohne Netzwerk.
3	Multi-User-Modus (Mehrbenutzermodus) mit einem Netzwerk, aber ohne einen X-Start.
4	Dieser Runlevel wird gewöhnlich nicht verwendet und steht somit zur freien Verfügung dar.
5	Multi-User-Modus (Mehrbenutzermodus) mit einem Netzwerk und einem grafischen Login (X-Start). Nach dem Login wird gewöhnlich die grafische Oberfläche gestartet.
6	Dieser Runlevel startet das System neu (Shutdown mit Reboot).

Tabelle 7.13 Runlevels und deren Bedeutung

Bei den Runlevels 0 und 6 handelt es sich um spezielle Fälle, in denen sich ein System nicht lange aufhalten wird. In diesem Runlevel wird das System heruntergefahren bzw. neu gestartet. Generell werden am häufigsten die Runlevels 2 und 3, die Mehrbenutzer-Levels und 5, womit eine X-Anmeldeprozedur (mit z. B. xdm, kdm, gdm etc) gestartet wird, verwendet. Runlevel 1 bzw. S sind häufig unterschiedlich bei den Systemen definiert. Runlevel 4 wird nicht benutzt.

Runlevel 1

Im Runlevel 1 bzw. S, dem Einzelbenutzermodus, werden gewöhnlich alle Mehrbenutzer- und Anmeldeprozesse beendet. Somit geht man sicher, dass das System mit geringem Aufwand ausgeführt wird. Natürlich bietet Runlevel 1 einen vollen root-Zugriff auf das System. Damit ein System in Runlevel 1 auch nach einem root-Passwort abfragt, wurde der Runlevel S entwickelt. Unter System-V-init gibt es keinen echten Runlevel S, es dient daher hierbei nur dazu, eben das root-Passwort abzufragen. Dieser Runlevel ist gewöhnlich dazu gedacht, dass Administratoren diverse Patches einspielen können.

Die Datei /etc/inittab

In */etc/inittab* steht, was »init« in den entsprechenden Runlevels zu tun hat, da »init« beim Start des Systems immer von Runlevel 0 bis zum »default runlevel« durchläuft. Damit der Übergang von einem Level zum nächsten reibungslos abläuft, führt »init« die in */etc/inittab* angegebenen Aktionen aus. Dasselbe geschieht natürlich auch im umgekehrten Fall, beim Herunterfahren bzw. Neustarten des Systems.

Die Verwendung von *inittab* alleine macht noch keinen Sommer, weshalb man hierbei noch zusätzliche Schichten in Form eines Skripts für das Wechseln der Runlevels eingebaut hat. Dieses Skript (rc zu finden meistens unter */etc/init.d/rc* oder */etc/rc.d/rc*) wird gewöhnlich aus *inittab* aufgerufen. Dieses Skript (rc) führt wiederum weitere Skripte in einem vom Runlevel abhängigen Verzeichnis aus, um das System in seinen neuen (Runlevel-)Zustand zu bringen.

Startup-Skripte erstellen und ausführen

Zuerst müssen Sie suchen, wo sich die Kopien der Startup-Skripte befinden. Meistens sollte dies im Verzeichnis */etc/init.d* sein:

```
$ ls -l /etc/init.d/
insgesamt 308
-rwxr-xr-x  1 root root  2570 2005-03-02 18:45 acpid
-rwxr-xr-x  1 root root  1098 2005-02-24 10:29 acpi-support
-rwxr-xr-x  1 root root 11038 2005-03-25 23:08 alsa
-rwxr-xr-x  1 root root  1015 2004-11-26 12:36 anacron
-rwxr-xr-x  1 root root  1388 2005-03-01 04:11 apmd
-rwxr-xr-x  1 root root  1080 2005-02-18 11:37 atd
-rw-r--r--  1 root root  2805 2005-01-07 19:35 bootclean.sh
-rwxr-xr-x  1 root root  1168 2004-10-29 18:05 cron
...
```

Jede dieser Dateien in */etc/init.d* ist meistens ein Shellskript, das für einen Dämon oder sonstige Konfiguration im System verantwortlich ist. Um zu erfahren, wie diese Skripte arbeiten, rufen Sie doch am besten eines auf, z. B. den cron-Dämon:

```
# /etc/init.d/cron
 * Usage: /etc/init.d/cron start|stop|restart|reload|force
```

Hier haben Sie versucht, das Skript »cron«, das für die Ausführung und Beendung des cron-Dämons verantwortlich ist, aufzurufen. Sie bekommen hierbei die möglichen Argumente mit, wie Sie das Skript aufrufen können. Neben »start« und »stop« finden Sie hierbei häufig auch noch »restart«, was im Prinzip dasselbe bewirkt wie ein »stop« mit anschließendem »start«. Des Weiteren findet man gewöhnlich auch eine Option »reload«, die den Dienst nicht beendet, sondern ihn auffordert, seine Konfiguration neu einzulesen (meist per Signal `SIGHUP`).

Damit das Beispiel nicht allzu schwer wird, werden wir einen einfachen Dämon erstellen, der nichts anderes macht, als sich in einer Endlosschleife alle 15 Sekunden schlafen zu legen. Wie man Dämonen schreibt, wurde ja schon ein Kapitel zuvor demonstriert. Hier das Programm (Dämon), das wir automatisch mit einem Startup-Skript beim Booten des Systems starten wollen und beim Herunterfahren wieder beenden:

```
/* mydaemon.c */
#include <stdio.h>
#include <unistd.h>
#include <syslog.h>
#include <sys/types.h>
#include <sys/stat.h>
#include <signal.h>
#include <stdlib.h>

typedef void (*sighandler_t)(int);

static sighandler_t
handle_signal (int sig_nr, sighandler_t signalhandler) {
   struct sigaction neu_sig, alt_sig;
```

```
   neu_sig.sa_handler = signalhandler;
   sigemptyset (&neu_sig.sa_mask);
   neu_sig.sa_flags = SA_RESTART;
   if (sigaction (sig_nr, &neu_sig, &alt_sig) < 0)
      return SIG_ERR;
   return alt_sig.sa_handler;
}

static void start_daemon (const char *log_name,
                          int facility) {
   int i;
   pid_t pid;

   /* Elternprozess beenden, somit haben wir einen Waisen  */
   /* dessen sich jetzt vorerst init annimmt               */
   if ((pid = fork ()) != 0)
      exit (EXIT_FAILURE);

  /* Unser Kindprozess wird zum Sessionführer. Misslingt   */
  /* dies, kann der Fehler daran liegen, dass der Prozess  */
  /* bereits Sessionführer ist                             */
   if (setsid() < 0) {
      printf("%s kann nicht Sessionführer werden!\n",
                log_name);
      exit (EXIT_FAILURE);
   }
   /* Signal SIGHUP ignorieren */
   handle_signal (SIGHUP, SIG_IGN);
   /* Oder einfach: signal(SIGHUP, SIG_IGN) ... */
   /* Das Kind terminieren */
   if ((pid = fork ()) != 0)
      exit (EXIT_FAILURE);

   /* Gründe für das Arbeitsverzeichnis:
    * + core-Datei wird im aktuellen Arbeitsverzeichnis
    *   hinterlegt.
    * + Damit bei Beendigung mit umount das Dateisystem
    *   sicher abgehängt werden kann
    */
   chdir ("/");

   /* Damit wir nicht die Bitmaske vom Elternprozess       */
   /* erben bzw. diese bleibt, stellen wir diese auf 0     */
   umask (0);

   /*Wir schließen alle geöffneten Filedeskriptoren....    */
   for (i = sysconf (_SC_OPEN_MAX); i > 0; i--)
      close (i);

   /* Da unser Dämonprozess selbst kein Terminal für       */
```

```
   /* die Ausgabe hat....                              */
   openlog (log_name, LOG_PID | LOG_CONS| LOG_NDELAY,
            facility);
}

int main (int argc, char **argv) {
   int time   = 15;

   start_daemon ("mydaemon", LOG_LOCAL0);
   while (1) {
      /* Enlosschleifen: Hier sollte nun der Code für den
       * Daemon stehen, was immer er auch tun soll. */
      sleep(time);
   }
   syslog( LOG_NOTICE, "Daemon hat sich beendet\n");
   closelog();
   return EXIT_SUCCESS;
}
```

Das Programm übersetzen:

```
$ gcc -o mydaemon mydaemon.c
```

Natürlich muss es sich hierbei nicht zwangsläufig um ein binäres Programm handeln, Sie können natürlich auch Shell- oder Perl-Skripte mit den Startup-Skripten starten. Als Nächstes sollten Sie das Programm »mydaemon« nach */usr/sbin* (oder auch */usr/local/sbin*) kopieren. Für diese Aktion benötigen Sie wohl die Superuser-root-Rechte.

```
# cp mydaemon /usr/sbin
# ls -l /usr/sbin/my*
-rwxr-xr-x  1 root root 12992 /usr/sbin/mydaemon
```

Jetzt folgt das Startup-Skript, womit Sie diesen Dämon *mydaemon* beim Booten starten und beim Shutdown wieder beenden können. Hierbei handelt es sich um ein recht einfach erstelltes Shellskript. Sofern Sie weitere Optionen wie hier mit `start`, `stop` und `restart` benötigen, müssen Sie einfach nur den Quellcode von anderen Startup-Skripten ansehen (welche im Prinzip immer ähnlich aufgebaut sind).

Hinweis

Mehr zu den Grundlagen der Shellprogrammierung finden Sie in diesem Buch ab Kapitel 17.

Folgendermaßen sieht nun das Startup-Skript (»start_i_daemon«) aus, mit dem Sie *mydaemon* starten, beenden und neu starten können:

```
#!/bin/sh
case "$1" in
   start)
        echo "Starte mydaemon  "
        var=`/usr/sbin/mydaemon`
        echo "....[DONE]"
```

```
        ;;
    stop)
        echo "Stoppe mydaemon  "
        var=`killall /usr/sbin/mydaemon`
        echo "....[DONE]"
        ;;
    restart)
        var=`killall /usr/sbin/mydaemon`
        var=`/usr/sbin/mydaemon`
        echo "....[DONE]"
        ;;
    *)
        echo "Usage: $0 {start|stop|restart}"
        exit 1
        ;;
esac
```

Dieses Startup-Skript »start_i_daemon« sollten Sie jetzt in das Verzeichnis */etc/init.d* verschieben und ausführbar machen.

```
# mv start_i_daemon /etc/init.d
# chmod u+x /etc/init.d/start_i_daemon
```

Theoretisch können Sie diesen Dienst jetzt auch schon von Hand starten und wieder beenden.

```
# /etc/init.d/start_i_daemon
Usage: /etc/init.d/start_i_daemon {start|stop|restart}
# /etc/init.d/start_i_daemon start
Starte mydaemon....[DONE]
# /etc/init.d/start_i_daemon restart
Stoppe mydaemon....[DONE]
Starte mydaemon....[DONE]
# /etc/init.d/start_i_daemon stop
Stoppe mydaemon....[DONE]
```

Damit das Ganze aber jetzt auch automatisch beim Booten bzw. Beenden des Systems in einem bestimmten Runlevel passiert, benötigt das von »init« gestartete Master-Kontrollskript (rc) weitere Informationen, welche Prozesse ausgeführt werden sollen. Das Master-Kontrollskript sieht hierzu in einem der Verzeichnisse *rc[n].d* (z. B. *rc1.d*; *rc2.d* ... *rc6.d*) nach, wann bei welchem Runlevel ein Prozess gestartet wird. *n* steht hier wieder für den entsprechenden Runlevel. Ein Blick auf mein System (Ubuntu Linux) im Verzeichnis *rc2.d* (bei mir der »default runlevel«) sieht wie folgt aus:

```
# ls -l /etc/rc2.d/
lrwxrwxrwx  1 root root 17 K11anacron -> ../init.d/anacron
lrwxrwxrwx  1 root root 17 S05vbesave -> ../init.d/vbesave
lrwxrwxrwx  1 root root 18 S10sysklogd -> ../init.d/sysklogd
lrwxrwxrwx  1 root root 15 S11klogd -> ../init.d/klogd
lrwxrwxrwx  1 root root 14 S12alsa -> ../init.d/alsa
lrwxrwxrwx  1 root root 13 S14ppp -> ../init.d/ppp
lrwxrwxrwx  1 root root 16 S19cupsys -> ../init.d/cupsys
```

```
lrwxrwxrwx  1 root root 15 S20acpid -> ../init.d/acpid
lrwxrwxrwx  1 root root 14 S20apmd -> ../init.d/apmd
...
```

Hierbei fällt gleich auf, dass alle Einträge hier symbolische Links auf die Startup-Skripte, die im *init.d*-Verzeichnis liegen, sind. Dies sieht in den anderen Runlevels genauso aus. Bei allen symbolischen Links fällt außerdem der Anfangsbuchstabe »S« oder »K« gefolgt von einer Nummer und dem eigentlichen Dienst auf (z. B. K11anacron). Die Bedeutung ist hierbei folgende: Steigt »init« einen Runlevel höher, werden alle Startup-Skripte, die mit »S« beginnen, ausgeführt, also mit dem Argument »start«. Genauso sieht dies in der umgekehrten Reihenfolge aus, wenn »init« von einem höheren Runlevel in den nächst niedrigeren wechselt, werden alle Startup-Skripte ausgeführt, die mit »K« beginnen. Gewöhnlich bedeutet dies, dass die Skripte mit dem Argument »stop« ausgeführt werden. Die Nummern haben eine Art Prioritätsbedeutung. Die Skripte im Runlevel-Verzeichnis werden bei der Option »start« in alphabetischer Reihenfolge ausgeführt und bei »stop« in umgekehrter Reihenfolge. Somit bedient man sich einer Nummerierung, um die Reihenfolge der Ausführung zu beeinflussen.

In diesem Verzeichnis (hier z. B. */etc/rc2.d* = Runlevel 2) wollen wir nun auch unser Startup-Skript einfügen, das unseren Dämon »mydaemon« (beim Booten) starten soll. Hierzu müssen Sie ebenfalls einen symbolischen Link in das entsprechende Verzeichnis setzen (hier nach */etc/init.d/*). Weitere symbolische Links werden Sie auch im Runlevel 0 (*/etc/rc0.d*) und 6 (*/etc/rc6.d*) eintragen müssen. Da viele Systeme zwischen einem Shutdown und einem Reboot unterscheiden, sollte man immer auch einen Eintrag in Runlevel 6 machen, um sicherzugehen, dass sich der Dämon beim Neustart auch beendet hat. Hierzu nun die Einträge (symbolischen Links) für die */etc/rc[n].d*-Verzeichnisse:

```
# ln -s /etc/init.d/start_i_daemon \
> /etc/rc2.d/S23start_i_daemon
# ln -s /etc/init.d/start_i_daemon \
> /etc/rc0.d/k23start_i_daemon
# ln -s /etc/init.d/start_i_daemon \
> /etc/rc6.d/k23start_i_daemon
```

Mit der ersten Zeile weisen Sie das System nun an, dass das Startup-Skript */etc/init.d/start_i_daemon* den Dämon »mydaemon« mit dem Argument »start« ausführen wird, wenn es im Runlevel 2 angelangt ist. Mit der zweiten Zeile legen Sie fest, dass mit */etc/init.d/start_i_daemon* der Dämon »mydaemon« beim Herunterfahren des Systems mit dem Argument »stop« beendet wird, wenn es in das Runlevel 0 gekommen ist. Selbiges machen Sie auch mit der dritten Zeile, nur eben für den Neustart des Systems im Runlevel 6.

Wenn Sie jetzt das System beenden und wieder hochfahren, können Sie in der Startup-Sitzung (sofern diese sichtbar ist) Ihren Dienst beim Starten beobachten. Hier werden Sie irgendwann eine Zeile wie

```
Starte mydaemon....[DONE]
```

wiederfinden. Beim Beenden bzw. Neustarten des Systems ergibt sich selbige Meldung, nur dass eben »mydaemon« beendet wurde. Ein Blick mit dem Kommando `pstree` zeigt auch, dass »mydaemon« von »init« gestartet wurde, also »init« der Elternprozess davon ist.

7.13.2 Hintergrundprozesse und Jobkontrolle

Wollen Sie einen Prozess im Hintergrund setzen, müssen Sie dem Kommando oder Programm am Ende das Amperesand-Zeichen (&) hinzufügen, z. B.:

```
$ sleep 10 &
[1] 7538
```

In diesem Beispiel haben Sie das Kommando `sleep` mit dem Argument 10 aufgerufen und im Hintergrund ausgeführt. Würden Sie dieses Beispiel ohne das Amperesand-Zeichen ausführen, also normal im »Vordergrund«, müssten Sie hier zehn Sekunden oder überhaupt immer auf das Ende des Prozesses warten, bis Ihnen der Eingabeprompt der Shell wieder zur Verfügung steht. Dadurch dass Sie einen Prozess im Hintergrund ausführen, können Sie ohne weiteres weitere Prozesse »parallel« starten.

Jobverwaltung

Damit Sie Prozesse, die Sie in den Hintergrund gestellt haben, auch noch kontrollieren, gibt es eine Jobverwaltung (Job-Control-System). Damit können Sie z. B. Prozesse, die Sie in den Hintergrund gestellt haben, wieder nach »vorne« holen und ggf. wieder in den Hintergrund schicken. Dies kann z. B. sinnvoll sein, wenn ein Prozess die kompletten Systemressourcen (besonders die CPU) aufbraucht oder etwa eine Eingabe vom Benutzer erwartet. Wenn Sie einen Hintergrundprozess starten, wird eine Nummer zwischen eckigen Klammern und die Prozessidentifikationsnummer angezeigt. Bei der Nummer zwischen den eckigen Klammern handelt es sich um die Jobnummer.

```
$ sleep 10 &
[1] 8204
$ sleep 10 &
[2] 8205
```

Hier haben Sie zweimal das Kommando `sleep` im Hintergrund gestartet. Der Prozess mit der Nummer 8204 hat dabei die Jobnummer 1 und 8205 die Jobnummer 2. Damit Sie sich einen Überblick zu allen sich im Hintergrund befindlichen Prozessen verschaffen können, wird das Kommando `jobs` verwendet:

```
$ jobs
[1]-  Running                 sleep 10 &
[2]+  Running                 sleep 10 &
```

Hier können Sie an »Running« erkennen, dass beide Prozesse im Hintergrund noch aktiv sind. Eine halbe Minute später sieht dies schon ganz anders aus:

```
$ jobs
[1]-  Done                    sleep 10
[2]+  Done                    sleep 10
```

`jobs` sagt uns hier mit »Done«, dass die beiden ehemaligen Hintergrundprozesse ihre Arbeit verrichtet haben. Jetzt wollen wir nochmals `sleep` aufrufen und dann aber mit der Tastenkombination Strg+Z für Stopp (Signal `SIGTSTP`) den Prozess anhalten.

```
$ sleep 10
Strg+Z
[1]+  Stopped                 sleep 10
```

Ein Blick in die Jobverwaltung zeigt uns mit »Stopped«, dass der Prozess angehalten wurde:

```
$ jobs
[1]+  Stopped                 sleep 10
```

Häufig wird ein Prozess gestoppt, wenn die Ausführung verdächtig lange dauert oder der Prozess den Rechner erheblich ausbremst. Auch ein Blick in der Prozessliste zeigt uns den gestoppten Prozess anhand des »T« (für Traced):

```
$ ps -l | grep sleep
0 T  1000 8461 7042 0 76  0-831 finish pts/2 00:00:00 sleep
```

Um dem gestoppten Prozess doch noch sein »Happy End« zu gönnen, stehen Ihnen mehrere Möglichkeiten zur Verfügung. Sie senden dem gestoppten Prozess das Signal `SIGCONT`, womit dieser seine Ausführung, wenn möglich, fortsetzt. Hierbei benötigen Sie nicht zwangsläufig die PID des Prozesses, sondern können auch das Prozentzeichen, gefolgt von der Jobnummer, verwenden. In unserem Beispiel wäre dies:

```
$ kill -SIGCONT %1
$ jobs
[1]+  Done                    sleep 10
```

Hiermit haben Sie den angehaltenen Job mit der Nummer 1 wieder fortgesetzt. Wollen Sie den angehaltenen Prozess hingegen nicht mehr fortsetzen, sondern komplett beenden, dann müssen Sie nur stattdessen die Signale `SIGCONT`, `SIGTERM` oder, wenn es damit nicht mehr klappt, `SIGKILL` senden.

Wieder zurück in die Vergangenheit, der Prozess `sleep` befindet sich wieder im gestoppten Zustand. Die nächste Möglichkeit, den Prozess weiter auszuführen, wäre es, diesen mit dem Kommando `bg` (für background) und der entsprechenden Jobnummer (mit vorangestelltem Prozentzeichen) wieder in den Hintergrund zu schicken, wo dieser weiter ausgeführt wird.

```
$ bg %1
[1]+ sleep 10 &
```

Geben Sie `bg` ohne das Prozentzeichen an, wird der einzige Job, der möglich ist, in den Hintergrund geschickt. Verwenden Sie das Prozentzeichen ohne Jobnummer, bezieht sich die Angabe immer auf den aktuellen Job (current job).

Jetzt nochmals zurück in die Vergangenheit, und `sleep` ist wieder angehalten. Eine weitere Möglichkeit, den Prozess weiter auszuführen, wäre es, das Kommando `fg` (für foreground) zu verwenden. Die Verwendung von `fg` entspricht exakt der von `bg`. Auch hierbei gibt man nach dem Prozentzeichen die entsprechende Jobnummer an von dem Prozess, von dem man will, dass dieser im Vordergrund weiter ausgeführt wird. `fg` entspricht demselben Anwendungsfall wie schon die Verwendung des Signals `SIGCONT`.

```
$ fg %1
sleep 10
```

Hier nochmals ein Überblick der Funktionen der Jobverwaltung:

Jobbefehl	Bedeutung
`fg` *%jobnr*	Holt sich einen Job in den Vordergrund, wo dieser weiterläuft.
`bg` *%jobnr*	Schiebt einen angehaltenen Job in den Hintergrund, wo dieser weiterläuft.
[Strg]+[Z]	Hält einen sich im Vordergrund aufhaltenden Prozess auf (suspendiert diesen).
`kill` *%jobnr*	Beendet einen Prozess.
`kill -SIGCONT` *%jobnr*	Setzt die Ausführung eines angehaltenen Prozesses fort (egal ob im Hinter- bzw. Vordergrund).

Tabelle 7.14 Kommandos zur Jobverwaltung

Mit dem folgenden Beispiel soll die Anwendung von `fg` etwas deutlicher demonstriert werden:

```
/* atest.c */
#include <stdio.h>
#include <stdlib.h>

int main(void) {
   int wert;

   printf("Bitte Wert eingeben: ");
   scanf("%d", &wert);
   printf("Der Wert lautet: %d\n", wert);
   return EXIT_SUCCESS;
}
```

Das Programm bei der Ausführung (im Hintergrund):

```
$ gcc -o atest atest.c
$ ./atest &
Bitte Wert eingeben:
[1] 10240

[1]+  Stopped                 ./atest
$ jobs
[1]+  Stopped                 ./atest
$ fg %1
./atest
10 [↵]
Der Wert lautet: 10
$
```

Hier hat sich das im Hintergrund gestartete Programm »atest« von selbst angehalten, weil sich darin eine Eingabeaufforderung für den Benutzer befand. Anschließend wurde das Programm mit `fg` in den Vordergrund geholt, um dieser Eingabeaufforderung nachzukommen, und das Programm wurde bis zum Ende fortgesetzt.

Hinweis

Zwar werden wohl die meisten mit der Korn-Shell (ksh) oder der Bourne-again-Shell (bash) arbeiten, aber sofern Sie mit der Ur-Shell, der Bourne-Shell (sh), arbeiten, sollte gesagt sein, dass die »echte« Bourne-Shell keine Jobkontrolle bietet. Unter Linux ist ein Aufruf der Bourne-Shell nichts anderes als ein symbolischer Link zur Bash.

7.13.3 Prozesse zeitgesteuert ausführen (cron-Jobs)

Häufiger werden Sie die Programme, die Sie schreiben, auch zeitgesteuert ausführen wollen und nicht immer von Hand. Für solche Aufgaben wurde der cron-Dämon geschaffen. Hierbei definieren Sie einmal eine Aufgabe und delegieren diese dann an den cron-Dämon. Dies wird mit einem Eintrag in der crontab-Datei gemacht. Da es besonders bei Heimrechnern nicht immer möglich ist, dass ein entsprechender cron-Job ausgeführt wird (hierzu muss der PC immer an sein), gibt es auch noch einen Dämon namens »anacron«, der versäumte cron-Jobs nachholt.

Einmal gestartet (gewöhnlich von »init« mit einem Startup-Skript) liest der cron-Dämon standardmäßig jede Minute die crontab-Datei ein und schaut, ob ein Job für ihn vorhanden ist. Bevor Sie erfahren, wie Sie Ihr Programm zu einer bestimmten Zeit starten können, hierzu noch einige Anmerkungen. Bedenken Sie bitte, wenn Sie einen Prozess über cron starten, dass keine Verbindung mehr zum Bildschirm und zu der Tastatur besteht. Sie müssen sich vor Augen halten, dass eine Benutzereingabeaufforderung sowie eine Ausgabe auf dem Bildschirm recht sinnlos in Ihrem Programm sind. In beiden Fällen sollten Sie die Ein- bzw. Ausgabe(n) umleiten. In der Praxis lässt man sich häufig die Ausgabe per E-Mail an den Eigentümer der crontab senden.

Die Einträge der crontab-Datei vom Superuser root befinden sich meistens im */etc*-Verzeichnis. Die crontab-Dateien für den Benutzer sollten sich im Verzeichnis */var/spool/cron* befinden. Zum Bearbeiten der crontab-Datei genügt gewöhnlich ein einfaches `crontab` mit der Option `-e` (für edit). Hiermit wird `crontab` mit dem Standardeditor (meistens `vi`) gestartet. Beim ersten Aufruf (als normaler Nutzer) wird die crontab-Datei leer sein.

Einen Eintrag in die crontab-Datei macht man mit der folgenden Syntax:

Minuten	Stunden	Tage	Monate	Wochentage	[User]	Befehl
0–59	0–23	1–31	1–12	0–7	Name	programm

Tabelle 7.15 Ein Eintrag in die crontab-Datei

Praktisch besteht jede einzelne Zeile aus sechs (bzw. sieben) Spalten, worin ein Auftrag festgelegt wird. Jede Spalte wird durch ein Leerzeichen bzw. ein Tabulator-Zeichen voneinander getrennt. In der ersten Spalte werden hierbei die Minuten (0–59), in der zweiten die Stunden (0–23), in der dritten die Tage (1–31), in der vierten die Monate (1–12), in der fünften die Wochentage (0–7; 0 und 7 stehen hierbei für Sonntag) und in der sechsten Spalte das Kommando bzw. Skript angegeben, das zum gegebenen Zeitpunkt ausgeführt werden soll. In der Syntax finden Sie hierbei noch eine Spalte User (die sechste), die allerdings beim normalen

User entfällt. Diese Spalte ist dem root vorbehalten, worin dieser einen cron-Job für bestimmte User einrichten kann. Somit besteht eine Zeile (Auftrag) einer crontab-Datei für den normalen Benutzer aus sechs und für den root aus sieben Spalten.

Natürlich können Sie auch Kommentare bei der crontab-Datei hinzufügen. Diese werden mit dem für das Shellskript üblichen # eingeleitet. Sie können bei den Zeitangaben anstatt Zahlen auch einen Stern (*) verwenden, was für »Erster und Letzter« steht – also »immer«. Somit würde folgender Eintrag das Programm »meinProgramm« jede Minute ausführen:

```
# Führt das Programm jede Minute aus
* * * * * $HOME/meinProgramm
```

Es sind auch Zahlenbereiche erlaubt, z. B. ein Bereich wird mit einem Bindestrich von einem anderen getrennt. Die Zahlen zwischen den Bereichen sind immer inklusive. Somit bedeutet folgender Eintrag, dass das Programm »meinProgramm« jeden Tag um 10, 11, 12, 13 und 14 Uhr ausgeführt wird:

```
0 10-14 * * * $HOME/meinProgramm
```

Es können aber auch Listen verwendet werden, womit Nummern oder auch ein Zahlenbereich von Nummern durch Kommata getrennt werden:

```
0 10-12,16,20-23 * * * $HOME/meinProgramm
```

Hier würde jeden Tag um 10, 11, 12, 16, 20, 21, 22 und 23 Uhr das Programm »meinProgramm« ausgeführt. Hierbei muss darauf geachtet werden, dass keine Leerzeichen in der Liste vorkommen dürfen, da das Leerzeichen ja das Trennzeichen für den nächsten Eintrag ist.

Es sind außerdem Aufträge in bestimmten Schritten möglich. Somit könnten Sie anstatt der Angabe, alle vier Stunden ein bestimmtes Programm auszuführen, mit

```
0 0,4,8,12,16,20 * * * $HOME/meinProgramm
```

dies mit 0-23/4 oder */4 verkürzen:

```
0 */4 * * * $HOME/meinProgramm
```

Hierzu einige Beispiele zum besseren Verständnis:

```
# Jeden Tag um 11 Uhr das Skript meinProgramm ausführen
0 11 * * * $HOME/meinProgramm
# Jeden Dienstag und Freitag um 23 Uhr das
# Programm meinProgramm ausführen
0 23 * * 2,5 $HOME/meinProgramm
# Jeden zweiten Tag das Programm meinProgramm
# um 23 Uhr ausführen
0 23 * * 0-6/2 $HOME/meinProgramm
# Achtung: Das Programm wird jeden 15. eines
# Monats UND jeden Samstag um 23 Uhr ausgeführt
0 23 15 * 6 $HOME/meinProgramm
```

Gewöhnlich wird Ihre crontab-Datei auf Dauer immer umfangreicher. Sofern Sie crontab zur Fernwartung einsetzen, können Sie sich die Ausgabe Ihres Skripts per E-Mail zuschicken lassen. Hierzu müssen Sie die Variable MAILTO (per Standard meist auf user@host gesetzt) in crontab mit Ihrer E-Mail-Adresse versehen. Mit einem leeren MAILTO ("") können Sie dies wieder abschalten. Hierzu soll eine einfache crontab-Datei erstellt werden:

```
$ crontab -e

[ ---vi startet--- ]
# Alle zwei Minuten die Ausgabe von meinProgramm
# an testdatei hängen
*/2 * * * * $HOME/meinProgramm >> $HOME/testdatei

[ --- Abspeichern und Quit (:wq)--- ]
crontab: installing new crontab
$
```

Weitere Optionen zu crontab finden Sie in der folgenden Tabelle:

Aufruf	Bedeutung
crontab -e	Die crontab-Datei editieren
crontab -l	Alle cron-Jobs auflisten
crontab -r	Alle cron-Jobs löschen

Tabelle 7.16 Optionen für crontab und deren Bedeutung

Hinweis

Bitte beachten Sie, dass es drei Versionen von cron-Dämonen gibt (BSD, SYSV und Linux), so dass es hier und da zu einigen Differenzen kommen kann. Die Manual Page verschafft Ihnen die absolute Sicherheit.

7.14 Zusammenfassung und Ausblick

Jetzt können Sie zwar mehrere Aufgaben einer Anwendung in mehrere Prozesse aufteilen – aber für die (echte) Praxis fehlt Ihnen hierzu noch die Kenntnis, wie Sie Daten zwischen den Prozessen austauschen können. Eine recht primitive Form der Kommunikation zwischen den Prozessen ist die Verwendung von Signalen, die im nächsten Kapitel behandelt werden. Richtig einsteigen in die Interprozesskommunikation (kurz IPC) werden Sie allerdings erst im übernächsten Kapitel. Dann werden Sie verschiedene Techniken kennen lernen, mit denen es möglich wird, dass zwei Prozesse mit unterschiedlichen Speicherbereichen Daten untereinander austauschen können.

Signale sind zwar das älteste Mittel zur Kommunikation zwischen den Prozessen, aber häufig immer noch ein ausreichendes und einfaches Mittel zum Zweck.

8 Signale

8.1 Grundlage zu den Signalen

Signale sind asynchrone Ereignisse und bewirken eine Unterbrechung auf der Prozessebene. Genauer, es handelt sich um Interrupt-Anforderungen auf der Prozessebene. Teilweise abhängig vom System gibt es ca. 30 Signale. Auflisten können Sie diese mit `kill -l` auf der Konsole. Bei mir (unter SUSE-Linux) sieht dies wie folgt aus:

```
$ kill -l
 1) SIGHUP      2) SIGINT      3) SIGQUIT      4) SIGILL
 5) SIGTRAP     6) SIGABRT     7) SIGBUS       8) SIGFPE
 9) SIGKILL    10) SIGUSR1    11) SIGSEGV     12) SIGUSR2
13) SIGPIPE    14) SIGALRM    15) SIGTERM     17) SIGCHLD
18) SIGCONT    19) SIGSTOP    20) SIGTSTP     21) SIGTTIN
22) SIGTTOU    23) SIGURG     24) SIGXCPU     25) SIGXFSZ
26) SIGVTALRM  27) SIGPROF    28) SIGWINCH    29) SIGIO
30) SIGPWR     31) SIGSYS     35) SIGRTMIN    36) SIGRTMIN+1
...
61) SIGRTMAX-3  62) SIGRTMAX-2  63) SIGRTMAX-1  64) SIGRTMAX
```

Wie Sie richtig erkannt haben, fehlen einige. Warum, das ist mir nicht bekannt, aber SIG16 steht (stand) für »Stack fault«. 32–34 sind total unbelegt, während 35–63 unbelegt sind, aber noch einen halben Namen haben. Auf anderen Systemen wiederum (wie z. B. BSD) ist die Reihenfolge der einzelnen Signalnummern und deren Konstanten ein wenig anders. Daher empfiehlt es sich, schon im Voraus zu sagen, dass man immer die symbolischen Konstanten, anstatt der Nummern, verwenden sollte.

Für Signale gibt es viele Anwendungsmöglichkeiten auf der Prozessebene. Signale können u. a. zur Prozesssynchronisation verwendet werden, um vordefinierte Aktionen auszuführen, Prozesse zu beenden oder zu unterbrechen. Die Signale lassen sich in drei verschiedene Kategorien einordnen:

- Systemsignale (Hardware- und System»fehler«) (ILL, TRAP, BUS, FPE, KILL, SEGV, XCPU, XFSZ, IO)
- Gerätesignale (HUP, INT, PIPE, ALRM, CHLD, CONT, STOP, TTIN, TTOU, URG, WINCH, IO)
- Benutzerdefinierte Signale (QUIT, ABRT, USR1, USR2, TERM)

Tritt z. B. eines dieser Signale auf, wird es zuerst im entsprechenden Prozesstabelleneintrag hinterlegt (*pending signal*). Bekommt der Prozess, für den dieses Signal bestimmt war, dann die CPU und ist dieser an der Reihe, seine Befehle abzuarbeiten, so wird in einer Tabelle von Zeigern auf Funktionen in der Task-Struktur des Kernels nachgesehen, wie auf dieses Signal reagiert werden kann. Die Signalnummer wird dabei als Index dieser Struktur verwendet.

Wenn ein Prozess jetzt ein bestimmtes Signal empfängt, kann Folgendes passieren. Wurde für den Prozess, der ein Signal empfangen hat, eine entsprechende Verarbeitungsroutine angelegt, so wird diese ausgeführt. Mit dieser Verarbeitungsroutine fangen Sie quasi das Signal mit Ihrem Prozess auf. Wurde diese Verarbeitungsroutine ausgeführt, setzt der Prozess seine Ausführung dort fort, wo das Signal empfangen wurde.

Ansonsten führt der Kernel die Standardaktion des Signals für den Prozess aus. Diese Standardaktion hängt vom jeweiligen Signal ab. Meist ist dies die Beendigung des Prozesses. Einige Signale erzeugen auch einen Core-Dump (Speicherabbild eines Prozesses), der zum Debuggen verwendet werden kann.

Einige Signale werden von der C-Bibliothek vorbelegt. Daran ist nichts weiter besonders; diese Funktionen geben nur einen – auch noch landesspezifischen – String aus, welches Signal empfangen wurde, und beenden sich dann auch. Beweis:

```
$ export LANG=french
$ perl -e 'while(1){}' &
[1] 13206
$ kill -HUP %%
$
[1]+ Fin de la connexion (raccroché)  perl -e 'while(1){}'
```

Außer einer eigenen Routine zum Abfangen des Signals und der Standardaktion des Kernels können Sie auch dafür sorgen, dass die Signale gar nicht beim Prozess ankommen. Dies geschieht, indem Sie ein Signal einfach ignorieren.

Hinweis

Laut POSIX ist das weitere Verhalten von Prozessen undefiniert, wenn die Signale `SIGFPE`, `SIGILL` oder `SIGSEGV` ignoriert werden und diese auch nicht durch einen manuellen Aufruf von `kill()` oder `raise()` ausgelöst wurden.

Somit haben Sie also drei Möglichkeiten, um auf ein Signal zu reagieren (siehe Abbildung 8.1):

- Eintragen einer selbst geschriebenen Funktion
- Ignorieren des Signals (funktioniert nicht mit jedem Signal, z. B. SIGKILL und SIGSTOP)
- die voreingestellte Standardaktion verwenden

Auftreten können Signale entweder durch Programmfehler (unerlaubter Speicherzugriff mit einem Zeiger, ungültige Instruktionen, Division durch null ...) oder werden durch den Benutzer selbst ausgelöst. Signale können z. B. mit der Tastenkombination [Strg]+[C] (`SIGINT`) oder [Strg]+[Z] (`SIGTSTP`) zur Beendigung bzw. zum Anhalten des Programms gesendet werden. Ebenso können diese vom Administrator mit *kill* an den Prozess gesendet werden. Aber auch andere Prozesses können einem Prozess ein Signal senden. Dadurch ist, wenn auch sehr beschränkt, eine einfache Interprozesskommunikation möglich.

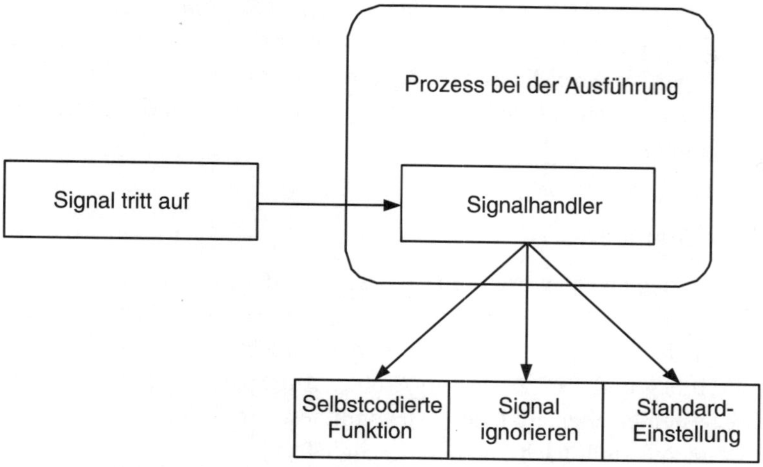

Abbildung 8.1 Mögliche Reaktionen beim Auftreten eines Signals

STOP/TSTP

[Strg]+[Z] generiert `TSTP` für die aktuelle *bash*, die dann `SIGSTOP` auf den aktuell laufenden Prozess anwendet. Denn schickt man `STOP` einfach an das aktuelle Programm, so nimmt *bash* davon keine Kenntnis.

8.1.1 Signalmaske

Ein gerne verwendeter, aber häufig missverstandener Begriff – die Signalmaske. Für jeden Prozess, der gestartet wird, wird solch eine Signalmaske angelegt. Darin werden die Signale gehalten, die gerade blockiert werden. Für jedes Signal steht dem Prozess ein Bit zur Verfügung. Ist dieses Bit gesetzt, dann wird das entsprechende Signal gerade blockiert.

8.1.2 Signale und fork()

Erzeugen Sie einen neuen Kindprozess, erbt dieser automatisch alle eingerichteten Signalhandler des Elternprozesses. Somit stehen dem Kindprozess dieselben Aktionen wie dem Elternprozess zur Verfügung.

Ein Tipp noch dazu, wie Sie Zombieprozesse verhindern können, ohne die Funktionen `wait()` oder `waitpid()` zu verwenden. Vermeiden können Sie diese, indem Sie das Signal `SIGCHLD` im Elternprozess ignorieren. Damit sagen Sie diesem, dass Sie nicht mehr an dem Kindprozess interessiert sind. Damit werden auch keine Nachrichten mehr für den Kindprozess aufgehoben. Allerdings funktioniert dieser Trick nicht auf jedem System.

Sie haben also zwei Möglichkeiten: entweder sich nicht um die Kinder kümmern (`SIGCHLD` ignorieren) oder eine Notiz erhalten (über das Signal). Im Signalhandler muss man dann natürlich – wenn man daran interessiert ist – am Zombie `wait()` aufrufen.

8.1.3 Signale und exec

Da der Adressraum mit einem Aufruf der `exec`-Familie ja vollkommen neu belegt wird, liegt es auf der Hand, dass im Gegensatz zum `fork()`-Aufruf keine eigenen Routinen mehr vorhanden sind. Die zu ignorierenden Signale hingegen bleiben auch nach dem `exec`-Aufruf erhalten. Für alle anderen Signale wird wieder die Standardaktion eingerichtet. Das auch daher, weil die C-Bibliothek sowieso ihre eigenen installiert, wenn man sie lädt. Und das passiert ja unweigerlich bei jedem Programm.

8.1.4 Übersicht zu den Signalen

Jetzt haben Sie zwar einiges zu den Signalen erfahren, so dass es an der Zeit ist, die einzelnen Signale, die Sie mit `kill -l` auflisten können, näher zu erläutern. Es muss allerdings dazu erwähnt werden, dass die Signale und Nummern zum Teil systemabhängig sind. Die hier verwendete Übersicht gilt für Intel- und PPC-Prozessorsysteme. Auf Sparc- und Alpha- oder MIPS-Prozessor basierende Systeme haben auf jeden Fall zumindest zum Teil eine andere Signalnummer. Die Tabellen sind aufgeteilt nach Themen der Signale.

Name	Nr.	Aktion	verfügbar	Bedeutung
`SIGFPE`	8	Core & Ende	POSIX	Problem bei einer Gleitkommaoperation (z. B. Teilung durch null)
`SIGILL`	4	Core & Ende	POSIX	Ungültige Instruktion wurde ausgeführt.
`SIGBUS`	7	Core & Ende		Fehler auf dem System-Bus
`SIGSYS`	31	Core & Ende		Ungültiges Argument bei System-Call
`SIGEMT`		Ende		Emulations-Trap
`SIGTRAP`	5	Core & Ende		Unterbrechung (Einzelschrittausführung)
`SIGIOT`		Core & Ende		wie `SIGABRT`
`SIGABRT`	6	Core & Ende	POSIX	Abnormale Beendigung
`SIGSEGV`	11	Core & Ende	POSIX	Speicherzugriff auf unerlaubtes Speichersegment

Tabelle 8.1 Signale, die meist bei Programmfehlern auftreten

Name	Nr.	Aktion	verfügbar	Bedeutung
`SIGTERM`	15	Ende	POSIX	Programme, die `SIGTERM` abfangen, bieten meistens einen »Soft Shutdown« an.
`SIGINT`	2	Ende	POSIX	Interrupt der Dialogstation ([Strg]+[C])
`SIGHUP`	1	Ende	POSIX	Abbruch einer Dialogstationsleitung bzw. Neuladen der Konfiguration für Dämonen
`SIGKILL`	9	Ende	POSIX	das Signal `kill`
`SIGQUIT`	3	Core & Ende	POSIX	das Signal `quit` von einer Dialogstation

Tabelle 8.2 Signale, die den Prozess beenden

Name	Nr.	Aktion	verfügbar	Bedeutung
SIGALRM	14	Ende	POSIX	Zeituhr ist abgelaufen – alarm().
SIGVTALRM	26	Ende	BSD, SVR4	Der virtuelle Wecker ist abgelaufen.
SIGPROF	27	Ende		Timer zur Profileinstellung ist abgelaufen.

Tabelle 8.3 Signale, die bei Beendigung eines Timers auftreten – Alarm

Name	Nr.	Aktion	verfügbar	Bedeutung
SIGIO	29	Ignoriert	BSD, SVR4	Socket E/A ist möglich.
SIGURG	23	Ignoriert	BSD, SVR4	Dringender Socketstatus ist eingetreten.
SIGPOLL		Ende	SVR4	Ein anstehendes Ereignis bei Streams wird signalisiert.

Tabelle 8.4 Asynchrone E/A-Signale

Name	Nr.	Aktion	verfügbar	Bedeutung
SIGCHLD	17	Ignoriert	POSIX	Der Kindprozess wurde beendet oder angehalten.
SIGTTIN	21	Anhalten	POSIX	Prozess wollte aus einem Hintergrundprozess der Kontrolldialogstation lesen.
SIGTTOU	22	Anhalten	POSIX	Prozess wollte in einem Hintergrundprozess der Kontrolldialogstation schreiben.
SIGCLD		Ignoriert		wie SIGCHLD
SIGSTOP	19	Anhalten	POSIX	Der Prozess wurde angehalten.
SIGTSTP	20	Anhalten	POSIX	Der Prozess wurde »von Hand« mit STOP anghalten.
SIGCONT	18	Ignoriert	POSIX	Ein angehaltener Prozess soll weiterlaufen.

Tabelle 8.5 Signale zur Prozesskontrolle

Name	Nr.	Aktion	verfügbar	Bedeutung
SIGPIPE	13	Ende	POSIX	Es wurde in eine Pipe geschrieben, woraus niemand liest. Es wurde versucht, in eine Pipe mit O_NONBLOCK zu schreiben, woraus keiner liest.
SIGLOST		Ende		Eine Dateisperre ging verloren.
SIGXCPU	24	Core & Ende	BSD, SVR4	Maximale CPU-Zeit wurde überschritten.
SIGXFSZ	25	Core & Ende	BSD, SVR4	Maximale Dateigröße wurde überschritten.

Tabelle 8.6 Signale, die bei Fehlern einer Operation ausgelöst werden

Name	Nr.	Aktion	verfügbar	Bedeutung
SIGUSR1 SIGUSR2	10, 12	Ende	POSIX	Frei zur eigenen Benutzung
SIGWINCH	28	Ignoriert	BSD	Window-Größe hat sich verändert.

Tabelle 8.7 Die restlichen Signale

Hinweis

Noch mehr zu den Signalen und wie Sie damit in der Shell(-Programmierung) umgehen können lesen Sie in Abschnitt 17.15.

8.2 Das neue Signalkonzept

Da ich davon ausgehen kann (muss), dass Sie bereits C kennen und schätzen gelernt haben, kennen Sie vermutlich auch die ANSI C-Funktion zur Behandlung von Signalen. Keine Sorge, ob Sie bereits mit dieser Funktion vertraut sind oder nicht, ist hier nicht von Bedeutung. Wenn Sie mit dem Thema vertraut sind, werden Sie sich vermutlich fragen, wozu ein *neues* Signalkonzept? Für diejenigen, die das *alte* Konzept kennen, sei der folgende Abschnitt gedacht. Alle anderen können diesen getrost überfliegen bzw. überspringen.

8.2.1 Wozu ein »neues« Signalkonzept?

Das alte Signalkonzept hat schon einige Jahre auf dem Buckel und krankte eigentlich schon immer ein wenig. Versuchen Sie z. B., einen aktuellen Signalstatus abzufragen, ohne diesen zu verändern. So kam es manchmal vor, dass der Signalstatus zur Abfrage verändert werden musste, nur um anschließend einen neuen Signalhandler einzurichten. Somit wird `signal()` zweimal hintereinander aufgerufen.

Ein weiteres Manko war, dass es nicht möglich war, ein Signal kurz zu blockieren. Man behalf sich immer damit, indem man in einer Schleife ein bestimmtes Flag abgefragte, ob es sich verändert hat oder nicht. Falls nicht, wurde im Prozess einfach die Funktion `pause()` aufgerufen, um auf die Ankunft des Signals zu warten. Nun konnte es passieren, dass dieses Signal genau in der Schleife und vor dem `pause()`-Aufruf eintraf. Somit blieb der Prozess in einer Endlosschleife sitzen. Zugegeben, dass dieser Fehler auftrat, war sehr unwahrscheinlich, doch wenn er auftrat, war es kaum noch möglich, diesen Fehler nachzuvollziehen.

8.3 Signalmenge initialisieren

Zum Initialisieren von Signalen aus der Signalmenge werden die Funktionen `sigemptyset()` und `sigfillset()` verwendet. Eine dieser beiden Funktionen muss aufgerufen werden, da die Signalmenge mit Werten initialisiert werden muss. Hier die Syntax dazu:

```
#include <signal.h>

int sigemptyset(sigset_t *sig_set);
int sigfillset(sigset_t *sig_set);
```

`sigemptyset()` entfernt alle vorhandenen Signale aus der Signalmenge, auf die der Zeiger `sig_set` zeigt. Bei `sigset_t` handelt es sich um einen primitiven Datentypen in der Struktur `sigaction`, der zur Manipulation von Signalmengen verwendet wird. Mit der Funktion segfillset() hingegen fügen Sie alle vorhandenen Signale, auf die sig_set zeigt, zur Signalmenge hinzu. Beide Funktionen geben bei Erfolg 0 und bei einem Fehler -1 zurück.

8.4 Signalmenge hinzufügen oder löschen

Um zu der zuvor initialisierten Signalmenge einzelne Signale hinzuzufügen bzw. zu löschen, wird die Funktion sigaddset() und sigdelset() verwendet.

```
#include <signal.h>

int sigaddset(sigset_t *sig_set, int signal_nummer);
int sigdelset(sigset_t *sig_set, int signal_nummer);
```

Wie man am Namen herauslesen kann, dient die Funktion sigaddset() dazu, einzelne Signale mit signal_nummer an die Signalmenge zu übergeben, auf die sig_set zeigt. Im Gegensatz dazu kann mit der Funktion sigdelset() ein einzelnes Signal signal_nummer aus der Signalmenge, auf die der Zeiger sig_set zeigt, entfernt werden. Auch hier ist bei ordnungsgemäßer Ausführung der Rückgabewert 0 und bei einem Fehler -1.

8.5 Signale einrichten oder erfragen

Die Funktion sigaction() hat im Prinzip denselben Effekt wie die »alte« signal()-Funktion, nur dass Sie mit dieser Funktion mehr Kontrolle und Handlungsmöglichkeiten mit den Signalen haben. Sie können mit dieser Funktion ein Signal mit einem Signalhandler einrichten oder den eingerichteten Signalhandler abfragen – oder auch beides zusammen.

Die Struktur sigaction wird für die gleichnamige Funktion verwendet und beinhaltet Informationen, wie das Signal behandelt wird. In dieser Struktur sind folgende Strukturvariablen enthalten:

- sighandler_t sa_handler – Hier befindet sich die Adresse der Funktion (Signalhandler), die beim Auftreten des Signals aufgerufen werden soll. Dabei können aber auch die konstanten Werte SIG_DFL (für Standardaktion) und SIG_IGN (zum Ignorieren des Signals) verwendet werden.
- sigset_t sa_mask – Hier werden die Signale angegeben, die blockiert werden sollen, während der Signalhandler ausgeführt wird.
- sa_flags – Hier können Sie einige zusätzliche Flags, so genannte Signaloptionen, angeben.

Hierzu die Syntax der Funktion sigaction():

```
int sigaction (int sig_nr,
               const struct sigaction *handler_neu,
               struct sigaction *handler_alt);
```

Mit dem ersten Argument geben Sie das Signal an, wozu Sie einen Signalhandler einrichten oder erfragen wollen. Mit dem zweiten Argument geben Sie den neu einzurichtenden Signalhandler an. Wird hierbei NULL angegeben, wird kein neuer Signalhandler eingerichtet. Mit dem dritten Argument können Sie den aktuellen Signalhandler erfragen. Sind Sie daran nicht interessiert, können Sie NULL angeben.

Hier noch einige Angaben, die Sie bei der Strukturvariablen sa_flags machen können. Es können mit dem bitweisen ODER-Operator mehrere Optionen miteinander verknüpft werden. Folgende gängige Optionen können für den Signalhandler gesetzt werden:

- SA_NOCLDSTOP (POSIX, SVR4, BSD) – Wird ein Kindprozess angehalten, soll das Signal SIGCHLD nicht generiert werden, sondern nur, wenn der Kindprozess sich beendet.
- SA_RESTART (SVR4, BSD) – Wird ein Systemaufruf (Systemcall) durch dieses Signal unterbrochen, wird dieser automatisch neu gestartet.
- SA_ONESHOT – Der Signalhandler wird nach dessen Ausführung wieder zurückgesetzt. Dies entspricht dem SYSV-Stil.

Es gibt noch mehr dieser Signaloptionen, die aber zum einen Teil nur für SVR4 und zum anderen Teil nur für Linux vorhanden sind. Dies wären SA_ONSTACK (SVR4, BSD), SA_NOCLDWAIT (SVR4), SA_NODEFER (SVR4), SA_RESETHAND (SVR4), SA_SIGINFO (SVR4), SA_NOMASK (Linux).

Das folgende Beispiel demonstriert Ihnen die meisten hier vorgestellten Funktionen. Dabei wurde außerdem zur Demonstration die Funktion signal() mit der Funktion sigaction() nachgebildet. Mit einer weiteren Funktion können Sie einzelne Signale der Menge hinzufügen (signal_add()), und mit einer anderen Funktion können einzelne Signale entfernt (signal_del()) werden. Ebenso wurde eine Funktion hinzugefügt, mit der Sie den Status eines Signals ermitteln können (check_signal()).

```
/* sig.c */
#include <stdio.h>
#include <stdlib.h>
#include <signal.h>
#include <unistd.h>

typedef void (*sighandler_t)(int);

static sighandler_t
my_signal(int sig_nr, sighandler_t signalhandler) {
   struct sigaction neu_sig, alt_sig;

   neu_sig.sa_handler = signalhandler;
   sigemptyset (&neu_sig.sa_mask);
   neu_sig.sa_flags = SA_RESTART;
   if (sigaction (sig_nr, &neu_sig, &alt_sig) < 0)
      return SIG_ERR;
   return alt_sig.sa_handler;
}

static sighandler_t
signal_add (int sig_nr, sighandler_t signalhandler) {
   struct sigaction add_sig;
```

```
    if (sigaction (sig_nr, NULL, &add_sig) < 0)
        return SIG_ERR;
    add_sig.sa_handler = signalhandler;
    sigaddset (&add_sig.sa_mask, sig_nr);
    add_sig.sa_flags = SA_RESTART;
    if (sigaction (sig_nr, &add_sig, NULL) < 0)
        return SIG_ERR;
    return add_sig.sa_handler;
}

static sighandler_t signal_del (int sig_nr) {
    struct sigaction del_sig;

    if (sigaction (sig_nr, NULL, &del_sig) < 0)
        return SIG_ERR;
    del_sig.sa_handler = SIG_DFL;
    sigdelset (&del_sig.sa_mask, sig_nr);
    del_sig.sa_flags = SA_RESTART;
    if (sigaction (sig_nr, &del_sig, NULL) < 0)
        return SIG_ERR;
    return del_sig.sa_handler;
}

static void check_signal (int sig_nr) {
    struct sigaction check_sig;

    if (sigaction (sig_nr, NULL, &check_sig) < 0)
        return;
    printf("Aktion beim Auftreten von Signal %d: ", sig_nr);
    if (check_sig.sa_handler == SIG_DFL)
        printf ("Standardaktion (default)\n");
    else if (check_sig.sa_handler == SIG_IGN)
        printf ("wird ignoriert\n");
    else
        printf ("Eine Routine wird aufgerufen\n");
}

static void check_sig (int signr) {
    int nr;
    if (signr == SIGINT) {
        printf ("SIGINT ausgelöst\n");
        printf ("-1- Signal aus Maske entfernen\n");
        printf ("-2- Signal ignorieren\n");
        printf ("-3- SIGALRM in 5 Sekunden auslösen\n");
        printf ("-4- Programm beenden\n");
        printf ("Ihre Wahl : ");
        scanf ("%d", &nr);
        switch (nr) {
        case 1:
            signal_del (SIGINT);
```

```
            printf ("SIGINT wurde entfernt\n");
            break;
         case 2:
            return;
         case 3:
            alarm (5);
            break;
         case 4:
            raise (SIGKILL);
            break;
         default:
            printf ("Unbekannte Eingabe\n");
            break;
         }
   }
   else if (signr == SIGALRM) {
      printf ("SIGALRM ausgelöst\n");
      raise (SIGKILL);
   }
}

int main (void) {
   my_signal (SIGINT, check_sig);
   signal_add (SIGALRM, check_sig);
   signal_add (SIGABRT, SIG_IGN);

   check_signal (SIGINT);
   check_signal (SIGALRM);
   check_signal (SIGABRT);
   check_signal (SIGFPE); /* Standardaktion von SIGFPE */
   while (1) ;
   return EXIT_SUCCESS;
}
```

Das Programm bei seiner Ausführung:

```
$ gcc -o sig sig.c
$ ./sig
Für Signal 2 wurde eine Routine eingerichtet
Für Signal 14 wurde eine Routine eingerichtet
Signal 6 wird ignoriert
Für Signal 8 ist die Standardaktion eingerichtet
[Strg]+[C]
SIGINT ausgelöst
-1- Signal aus Maske entfernen
-2- Signal ignorieren
-3- SIGALRM in 5 Sekunden auslösen
-4- Programm beenden
Ihre Wahl : 3
SIGALRM ausgelöst
Getötet
```

```
$ ./sig
Für Signal 2 wurde eine Routine eingerichtet
Für Signal 14 wurde eine Routine eingerichtet
Signal 6 wird ignoriert
Für Signal 8 ist die Standardaktion eingerichtet
[Strg]+[C]
SIGINT ausgelöst
-1- Signal aus Maske entfernen
-2- Signal ignorieren
-3- SIGALRM in 5 Sekunden auslösen
-4- Programm beenden
Ihre Wahl : 2
[Strg]+[C]
SIGINT ausgelöst
-1- Signal aus Maske entfernen
-2- Signal ignorieren
-3- SIGALRM in 5 Sekunden auslösen
-4- Programm beenden
Ihre Wahl : 1
SIGINT wurde entfernt
[Strg]+[C]
```

8.5.1 Einen Signalhandler einrichten, der zurückkehrt

Stellen Sie sich vor, Ihr Programm befindet sich in einer Schleife und arbeitet gerade wichtige Befehle ab – z. B. das Abspeichern wichtiger Daten. Plötzlich tritt ein Signal auf, der Signalhandler wird aufgerufen und bricht das Programm mitsamt Schreibvorgang ab. Also sollten Sie den Signalhandler so einrichten, dass dieser zur Ausführung des kritischen Codeausschnitts zurückkehren kann, und erst wenn alle Befehle in dem Schleifendurchgang abgelaufen sind, soll der Schleifendurchlauf abgebrochen werden.

Um einen Handler zu realisieren, der wieder normal zum Programm zurückkehrt, benötigen Sie eine globale Variable. Diese Variable sollte dann beim Aufrufen des Signalhandlers entsprechend verändert und im Programmablauf eben entsprechend überprüft werden. Als Datentyp sollten Sie für einen solchen Fall `sig_atomic_t` verwenden, eine atomare Variable.

Atomare Variable oder atomare Operation

Wenn Sie z. B. eine Variable auf einem System um eins erhöhen wollen, wo zwei CPUs arbeiten, kann es passieren, dass ein Wert um den Wert zwei anstatt wie beabsichtigt um den Wert eins erhöht wird, wenn der Code auf beiden Prozessoren ausgeführt wird. Auf der CPU-Ebene läuft dieser Vorgang ja wie folgt ab: Wert vom Speicher, in den Prozessorregister kopieren; Wert erhöhen; Wert wieder vom Register in den Speicher schieben. Nun stellen aber die Prozessoren einen Mechanismus (sofern der Systemkern dies auch unterstützt) zur Verfügung, mit dem die Operationen atomar bearbeitet werden. Das bedeutet, dass bei Verwendung einer atomaren Operation verhindert wird, dass andere Prozessoren im System arbeiten, solange der aktuelle Prozessor mit der Ausführung der atomaren Operation beschäftigt ist.

Dies wird durch spezielle Lock-Anweisungen erreicht. Es bleibt allerdings anzumerken, dass atomare Operationen auf manchen Systemen wesentlich langsamer ausgeführt werden als »normale« Operationen.

Hierzu ein einfaches Beispiel: Es werden ein Signalhandler für das Signal SIGINT und eine globale Variable eingerichtet. Im Programm selbst wird in zwei rechenintensiven Schleifen jeweils *Ping* und *Pong* ausgegeben. Wird das Signal SIGINT ausgelöst, während *Ping* ausgegeben wird, so wird der Signalhandler aufgerufen, und der dekrementiert die globale Variable. Die dekrementierte globale Variable wird als Bedingung der Schleife verwendet – ist diese 0, wird die Schleife im nächsten Durchlauf abgebrochen.

```
/* ping_pong.c */
#include <signal.h>
#include <stdio.h>
#include <stdlib.h>
#include <unistd.h>

typedef void (*sighandler_t)(int);

/* Flag kontrolliert die Beendigung der Hauptschleife */
volatile sig_atomic_t sigint = 1;

static sighandler_t
my_signal (int sig_nr, sighandler_t signalhandler) {
   struct sigaction neu_sig, alt_sig;

   neu_sig.sa_handler = signalhandler;
   sigemptyset (&neu_sig.sa_mask);
   neu_sig.sa_flags = SA_RESTART;
   if (sigaction (sig_nr, &neu_sig, &alt_sig) < 0)
      return SIG_ERR;
   return alt_sig.sa_handler;
}

/* Der Signalhandler */
static void catch_sigint (int sig_nr) {
   sigint--;
   /* brauchen wir nicht unbedingt, der Kernel arbeitet */
   /* neuerdings nach dem BSD-Schema statt SYSV.        */
   /* Der Handler bleibt eingerichtet.                  */
   my_signal (sig_nr, catch_sigint);
}

int main (void) {
   int i = 90000000, j, k;
   my_signal (SIGINT, catch_sigint);

   /* Damit ist es möglich, dass die Anweisungen in der */
   /* Schleife noch fertig arbeiten, ohne dass bei      */
```

```
   /* Eintreffen des Signals SIGINT das Programm abrupt */
   /* unterbrochen wird. Im Beispiel wird kein Ping     */
   /* ohne seinen Pong ausgegeben.                      */
   while (sigint) {
      j = i;
      k = i;
      while (--j) ;
      while (--k) ;
      printf ("Ping-");
      j = i;
      k = i;
      while (--j) ;
      while (--k) ;
      printf ("Pong\n");
   }
   return EXIT_SUCCESS;
}
```

8.6 Signal an den eigenen Prozess senden – raise()

Wollen Sie dem eigenen Prozess ein Signal senden, können Sie dies mit der Funktion `raise()` machen, die ja in diesem Kapitel in einem Listing bereits verwendet wurde. Die Syntax zu `raise()` lautet:

```
#include <signal.h>

int raise(int sig_nr);
```

Damit senden Sie dem laufenden Prozess das Signal, das Sie mit `sig_nr` angegeben haben. Bei Erfolg liefert diese Funktion 0, ansonsten bei einem Fehler -1. `raise()` ist äquivalent zu:

```
kill(getpid(), sig_nr);
```

8.7 Signale an andere Prozesse senden – kill()

Mit der Funktion `kill()` können Sie Signale an andere Prozesse senden. Richtig eingesetzt, kann mit dieser Funktion aber auch mehr erreicht werden, als wie gewöhnlich in der Konsole Prozesse zu beenden. Ein Beispiel, das hier gleich demonstriert werden soll, wäre das Synchronisieren von zwei Prozessen (Eltern- und Kindprozess). Zuerst die Syntax von `kill()`:

```
int kill (pid_t pid, int sig_nr) ;
```

Damit senden Sie das Signal `sig_nr` an einen Prozess, der mit `pid` spezifiziert wird. Eine Besonderheit ist es, wenn Sie hier für das Signal `sig_nr` die 0 verwenden. Damit können Sie überprüfen, ob an den Prozess oder die Prozessgruppe mit der `pid` überhaupt ein Signal geschickt werden kann. Kann kein Signal an den Prozess geschickt werden, liefert `kill()` als Rückgabewert -1 zurück – was auch für jeden anderen Fehler der Funktion zutrifft. Bei Erfolg gibt `kill()` immer 0 zurück. Häufig wird -1 zurückgegeben, weil der Prozess mit der `pid` gar nicht mehr existiert.

Bei der Angabe von `pid` werden vier mögliche Angaben unterschieden:

pid-Angabe	Bedeutung
`pid > 0`	Das Signal geht an den Prozess mit der Prozess-ID `pid`.
`pid == 0`	Das Signal erhalten alle Prozesse, welche die PGID (*process group identification (number)*) des aktuellen Prozesses tragen (dazu gehört natürlich auch der aktuelle Prozess).
`pid < -1`	Das Signal erhalten alle Prozesse, deren PGID gleich dem absoluten Wert von `pid` ist.
`pid == -1`	Alle Prozesse mit Ausnahme von *init* erhalten das Signal. Dass man dafür Superuser-Rechte benötigt, leuchtet ein.

Tabelle 8.8 Mögliche Angaben für pid bei kill() und deren Bedeutung

Um ein Signal an andere Prozesse zu schicken, muss man natürlich auch entsprechende Rechte für den Prozess haben. Der Superuser darf logischerweise an alle Prozesse Signale senden. Bei allen anderen muss beim Sender die reale oder effektive User-ID identisch mit der realen oder effektiven User-ID des Empfängers sein. Ein spezieller Fall ist das Signal `SIGCONT`, das von jedem gesendet werden kann, der Teil derselben Session des Empfängers ist.

8.8 Zeitschaltuhr einrichten – alarm()

Mit der Funktion `alarm()` können Sie eine Zeitschaltuhr einrichten, die nach dem Ablaufen das Signal `SIGARLRM` sendet.

```
#include <unistd.h>

unsigned int alarm(unsigned int sekunden);
```

Wenn die Sekunden abgezählt wurden und für das Signal kein Signalhandler eingerichtet wurde, beendet sich der Prozess standardmäßig mit dem Kommentar »Der Wecker klingelt« (bzw. »Alarm Clock«, wenn nicht gerade Deutsch eingestellt ist). Folgt noch vor dem Ablaufen eines `alarm()`-Befehls ein weiterer, so wird der alte `alarm()`-Befehl überschrieben und vom neuen ersetzt.

8.9 Prozesse stoppen, bis ein Signal eintritt – pause()

Wollen Sie einen Prozess bis zum Eintreffen eines Signals stoppen, so kann dies mit `pause()` realisiert werden. Die Syntax:

```
#include <unistd.h>

int pause(void);
```

Die Funktion wird häufig missverstanden und falsch eingesetzt. Mit `pause()` wird ein Prozess so lange suspendiert, bis ein Signal eintrifft. Der so suspendierte Prozess kann nur mithilfe eines Signalhandlers und (»oder«) der anschließenden Beendigung des Prozesses selbst beendet werden. Sie werden in der Praxis mit der Funktion `sigsuspend()` besser beraten sein. Mehr dazu in Kürze.

8.10 Prozesse für eine bestimmte Zeit stoppen – sleep() und usleep()

Muss ein Prozess nur für eine gewisse Zeit oder bis zum Eintreffen eines Signals suspendiert werden, können die Funktionen `sleep()` bzw. `usleep()` dazu verwendet werden.

```
#include <unistd.h>

unsigned int sleep(unsigned int sekunden);
void usleep(unsigned long mikrosekunden);
```

Damit wird ein Prozess jeweils in den Parametern der angegebenen Zeiten angehalten. Bei `sleep()` handelt es sich um Sekunden und bei `usleep()` um Mikrosekunden. Wird ein suspendierter Prozess durch ein Signal vorzeitig beendet und mit einem Signalhandler abgefangen, gibt `sleep()` als Rückgabewert die Anzahl der nicht geschlafenen Sekunden zurück.

Hinweis

Weitere Möglichkeiten zum zeitlichen Suspendieren von Prozessen haben Sie noch mit den Funktionen `select()` und `nanosleep()`.

Die maximale Präzision, die bei der Suspension erreicht werden kann, hängt vom System und von der Methodik ab. Auf den meisten Linux-Systemen ist dies 1/100s, bei einigen 64-Bit-Rechnern auch 1/1024s. Wer es noch präziser braucht, kann dies über `sched_setpriority()` (und dann `nanosleep()`) realisieren, jedoch heißt eine Präzision, die genauer ist als der Standardwert (1/100s), dass während der Suspension andere Prozesse nicht ans Laufen kommen! Eine Anwendung, die also periodisch weniger als 1/100s mittels der Sleep-Funktionen auf ein Ereignis warten würde, würde die CPU kaum noch freigeben. Busy Loops (z. B. eine `while()`-Schleife) blockieren zwar nicht, jedoch ist die zeitliche Länge einer solchen Schleife natürlich abhängig von der Prozessorgeschwindigkeit und -auslastung, weshalb sie für eine Suspension generell nicht geeignet ist. Anders ausgedrückt: Es gibt keine perfekte Lösung, außer dass man manuell den Kernel auf 1/1000s hochstellen kann, wie es standardmäßig in 2.6 jetzt gemacht worden ist.

8.11 Signalmaske erfragen oder ändern – sigprocmask()

Die Menge der Signale eines Prozesses, die im Augenblick blockieren, wird als Signalmaske bezeichnet. Jeder neue Prozess, der erzeugt wird, erbt die Signalmaske von seinem Elternprozess. Mit der Funktion `sigprocmask()` können Sie diese Signalmaske erfragen oder verändern. Die Syntax zu `sigprocmask()` lautet:

```
#include <signal.h>

int sigprocmask (int how,
                 const sigset_t *sig_mask,
                 sigset_t *sig_mask_old);
```

Mit how geben Sie an, wie Sie die Signalmaske ändern wollen. Dazu können Sie folgende Angabe machen:

Konstante	Bedeutung
SIG_BLOCK	Zur Signalmaske des Prozesses werden die Signale aus sig_mask hinzugefügt.
SIG_UNBLOCK	Von der Signalmaske des Prozesses werden die Signale aus sig_mask entfernt.
SIG_SETMASK	Eine NEUE Signalmaske wird mit den Signalen belegt, die in sig_mask angegeben sind.

Tabelle 8.9 Parameter, die angeben, wie die Signalmaske geändert werden soll

Bei den beiden Argumenten sig_mask und sig_mask_old gilt es, drei Fälle zu unterscheiden:

Angabe	Bedeutung
sig_mask != NULL sig_mask_old !=NULL	Damit wird die aktuelle Signalmaske in die Adresse von sig_mask_old geschrieben. Anschließend wird die Signalmaske sig_mask entsprechend dem Argument how geändert. Somit kann der Zustand sig_mask_old jederzeit wieder hergestellt werden.
sig_mask != NULL sig_mask_old = NULL	Damit wird die Signalmaske sig_mask entsprechend how geschrieben.
sig_mask == NULL sig_mask_old != NULL	Damit kann die aktuelle Signalmaske erfragt werden. Die aktuelle Signalmaske befindet sich dann in der Adresse von sig_mask_old. Das Argument how hat dabei keinerlei Bedeutung.

Tabelle 8.10 Signalmaske erfragen, setzen oder beides auf einmal

Ein Beispiel zu sigprocmask() finden Sie in Abschnitt 8.13, »Prozesse synchronisieren«.

8.12 Prozess während einer Änderung der Signalmaske stoppen – sigsuspend()

Mit der Funktion sigsuspend() können Sie sicherstellen, dass Sie einen bestimmten Codeabschnitt ausführen können, ohne dass dabei durch ein eintreffendes Signal etwas gestört wird. Hierzu die Syntax:

```
#include <signal.h>
int sigsuspend(const sigset_t *set_signal_maske);
```

Diese Funktion ersetzt die aktuelle Prozesssignalmaske mit set_signal_maske und suspendiert den Prozess so lange, bis ein Signal eintrifft, das abgefangen wird oder den Prozess beendet. Wenn das Signal abgefangen wurde, beendet sich sigsuspend() nach der Abarbeitung des Signalhandlers mit dem Rückgabewert -1, und die Signalmaske wird wieder auf den ursprünglichen Wert gesetzt, der vor dem Aufruf von `sigsuspend()` vorlag.

8.13 Prozesse synchronisieren

Wollen Sie, dass zwei Prozesse abwechselnd ihre Arbeit verrichten, müssen Sie diese synchronisieren. Wenn Sie dies nicht tun und zwei Prozesse schreiben abhängig voneinander etwas in eine Datei, bekommen Sie einen Datensalat, denn nunmehr ist es abhängig vom Prozess-Scheduler, in welcher Reihenfolge und wie lange ein Prozess die CPU bekommt. Die Reihenfolge lässt sich, wenn auch in der Praxis nicht so üblich, mit Signalen lösen. Wie schon versprochen, soll hier demonstriert werden, wie Sie den Eltern- und Kindprozess mit Signalen synchronisieren können. Dazu werden gewöhnlich die Signale `SIGUSR1` und `SIGUSR2` mittels `kill()` an den entsprechenden Prozess gesendet. Ebenso finden Sie hier die Anwendung der Funktionen `sigprocmask()` und `sigsuspend()`.

```
/* sig_sync.c */
#include <signal.h>
#include <stdio.h>
#include <stdlib.h>
#include <unistd.h>
#include <errno.h>
#define MAX 5

typedef void (*sighandler_t)(int);

static volatile sig_atomic_t flag = 0;
static sigset_t mask_neu, mask_alt, mask_null;
static void sig_func(int);

static sighandler_t
my_signal (int sig_nr, sighandler_t signalhandler) {
   struct sigaction neu_sig, alt_sig;

   neu_sig.sa_handler = signalhandler;
   sigemptyset (&neu_sig.sa_mask);
   neu_sig.sa_flags = SA_RESTART;
   if (sigaction (sig_nr, &neu_sig, &alt_sig) < 0)
      return SIG_ERR;
   return alt_sig.sa_handler;
}

static void start_sync(void) {
   my_signal( SIGUSR1, sig_func );
   my_signal( SIGUSR2, sig_func );

   sigemptyset(&mask_null);
```

```
   sigemptyset(&mask_neu);

   sigaddset(&mask_neu, SIGUSR1 );
   sigaddset(&mask_neu, SIGUSR2 );

   if( sigprocmask(SIG_BLOCK, &mask_neu, &mask_alt) < 0 ) {
      printf("Fehler bei sigprocmask() ...\n");
      exit(EXIT_FAILURE);
   }
}

static void sig_func( int sig_nr ) {
   start_sync();
   flag = 1;
}

static void kind2eltern( pid_t pid ) {
   kill( pid, SIGUSR1 );
}

static void eltern2kind( pid_t pid ) {
   kill( pid, SIGUSR2 );
}

static void kind_wartet( void) {
   while( !flag )
      sigsuspend(&mask_null);
   flag = 0;
   if( sigprocmask(SIG_BLOCK, &mask_alt, NULL) < 0 ) {
      printf("Fehler bei sigprocmask() ...\n");
      exit(EXIT_FAILURE);
   }
}

static void eltern_warten(void ) {
   while( !flag )
      sigsuspend(&mask_null);
   flag = 0;
   if( sigprocmask(SIG_BLOCK, &mask_alt, NULL) < 0 ) {
      printf("Fehler bei sigprocmask() ...\n");
      exit(EXIT_FAILURE);
   }
}

int main (void) {
   pid_t pid;
   int j, i;

   start_sync();
```

```
    if( (pid=fork()) <0) {
       perror("fork()");
       return EXIT_FAILURE;
    }
    else if(pid == 0) {
       for(i = 0; i < MAX; i++) {
          kind_wartet();
          printf("Kind \n");
          kind2eltern(getppid());
       }
       printf("--- Kind Ende ---\n");
       exit(EXIT_SUCCESS);
    }
    for(j = 0; j < MAX; j++) {
       printf("Eltern \n");
       eltern2kind(pid);
       eltern_warten();
    }
    printf("--- Eltern Ende ---\n");
    return EXIT_SUCCESS;
}
```

Das Programm bei der Ausführung:

```
$ gcc -o sig_sync sig_sync.c
$ ./sig_sync
Eltern
Kind
Eltern
Kind
Eltern
Kind
Eltern
Kind
Eltern
Kind
--- Eltern Ende ---
--- Kind Ende ---
```

Zugegeben, zu den Signalen lässt sich noch eine Menge mehr schreiben. Aber irgendwo muss man Schluss machen. Sofern Sie des Englischen mächtig sind, empfehle ich Ihnen dazu die Dokumentation der GNU C Library, in der Sie eine Menge mehr Informationen und auch Code zu den Signalen und deren Behandlung finden. Eine weitere lebensnotwendige Lektüre wären die Manual Pages (*man sigsetops*, *man sigaction*, *man sigsetjmp*, *man sigaltstack*).

Wenn Prozesse untereinander kommunizieren, aufeinander warten oder Daten und Ressourcen austauschen müssen, werden so genannte Interprozesskommunikationen verwendet.

9 IPC – Interprozesskommunikation

Dass Linux ein Multitasking-System ist, dürften/sollten Sie (spätestens seit dem Kapitel über Prozesse) bereits erfahren und verstanden haben. Dazu gehört auch, dass die meisten der vielen Prozesse, die nebeneinander herlaufen, so gut wie nichts voneinander darüber wissen, welche Daten diese z. B. enthalten. Realisiert wird das Ganze durch einen Speicherschutz. Dieser dient zum Schutz des Betriebssystems, denn würde ein Prozess auf die Speichersegmente eines anderen Prozesses zugreifen, so beeinträchtigt dies nur die Stabilität der Programme (Absturz/Programmierfehler) oder gar des Gesamtsystems. Voraussetzung (hardwaremäßig) ist dafür eine Speicherverwaltungseinheit (MMU). In der Regel ist diese Voraussetzung bis auf wenige Ausnahmen auf allen Betriebssystemen gegeben. Ausnahmen stellen meistens so genannte embedded Systeme dar, auf denen häufig nur einzelne Anwendungen laufen.

Hinweis

Dieser Speicherschutz wird allerdings (besonders bei x86-Prozessoren) immer häufiger unterlaufen. Einige Viren nutzen z. B. den Fehler einiger Anwendungen bzw. des Betriebssystems aus, um einen Buffer Overflow zu erzeugen, um den Speicherschutz (schlimmstenfalls) ganz außer Kraft zu setzen.

Dennoch gibt es Anwendungsfälle, wo man sich gerne einen »Tunnel« zu einem anderen Prozess graben muss. Einige Gründe hierfür wären:

- Mehrere Prozesse müssen spezielle Daten gemeinsam verwenden.
- Die Prozesse sind untereinander abhängig und müssen aufeinander warten.
- Daten müssen von einem Prozess zu einem anderen weitergereicht werden.
- Die Verwendung von Systemressourcen muss koordiniert werden.

Für solche Anwendungsfälle wurden bereits im System V (SysV) schon vor längerer Zeit zuverlässige und bewährte Techniken entwickelt, die heute in vielen UNIXen (u. a. auch Linux) implementiert sind. Diese Mechanismen werden unter dem Begriff »Interprozesskommunikation« (kurz IPC) zusammengefasst. Da auch der Betriebssystemkern selbst (vor allem auf Mehrprozessorsystemen) mit Problemen, die eben aufgezählt wurden, zu kämpfen hat, wurden einige dieser Mechanismen in den Kernel implementiert.

9.1 Unterschiedliche Interprozesskommunikations-Techniken im Überblick

Eine Technik, wenn auch sehr beschränkt, haben Sie bereits ein Kapitel zuvor anhand der Signale kennen gelernt. Im folgenden Abschnitt sollen die wichtigsten Interprozesskommunikations-Mechanismen erläutert werden. Viele dieser Techniken werden Sie im Verlaufe des Kapitels bzw. des Buchs noch näher kennen lernen.

9.1.1 (Namenlose) Pipes

Pipes, wie auch FIFOs (named Pipes), sind die einzigen beiden IPCs, die garantiert auf jedem System vorhanden sind. Sie sind sowohl POSIX-, SVR4-, XPG3- als auch BSD-konform.

Eine Pipe ist ein unidirektionaler Kommunikationskanal zwischen zwei verwandten Prozessen (sie kann auch innerhalb eines einzigen Prozesses genutzt werden – inwiefern das sinnvoll ist, ist eine andere Frage). Sie haben Pipes sicherlich schon des Öfteren in der Konsole verwendet. Beispielsweise:

```
$ ps ax | less
```

Hiermit haben Sie in der Shell zwei Prozesse gestartet. Ein Prozess führt das Kommando *ps ax* aus und schreibt das Ergebnis gewöhnlich an die Standardausgabe. Durch die Pipe (|) wird allerdings diese Standardausgabe an den Prozess *less* weitergeleitet. *less* liest hierbei die Daten von der Standardeingabe ein und gibt aus, was ihm das Kommando *ps* durch die Pipe so schickt. Natürlich erfolgt die Ausgabe mit dem gewöhnlichen Komfort, den *less* ihnen auch sonst bietet.

Wenn die Daten in beide Richtungen ausgetauscht werden sollen, muss eine zweite Pipe dazu verwendet werden. Sie dürfen sich eine Pipe gerne wie ein Rohr vorstellen, wo die Daten in die eine Seite (Prozess A) hineingesteckt werden und bei Prozess B wieder herauskommen.

Eine Pipe dient außer zur Kommunikation zwischen zwei Prozessen hervorragend zur Flusskontrolle. Dies daher, weil eine Pipe nur eine bestimmte Menge an Daten aufnehmen kann (normalerweise 4 KB, 8 KB oder AIX 32 KB; siehe Konstante `PIPE_BUF` in `limits.h` oder auch ***ulimit -p***). Ist die Pipe (bzw. deren Puffer) voll, wird ein Prozess mindestens so lange angehalten, bis mindestens ein Byte aus der vollen Pipe gelesen wurde und wieder Platz vorhanden ist, um die Pipe wieder mit Daten zu befüllen. Andersherum dasselbe Bild, ist die Pipe leer, wird der lesende Prozess so lange angehalten, bis der schreibende Prozess etwas in diese Pipe schickt.

Es gibt also eine Schreibseite und eine Leseseite bei einer Pipe. Somit ist also nur eine Kommunikation in einer Richtung möglich (half-duplex). Sie können sich das Beispiel oben so vorstellen:

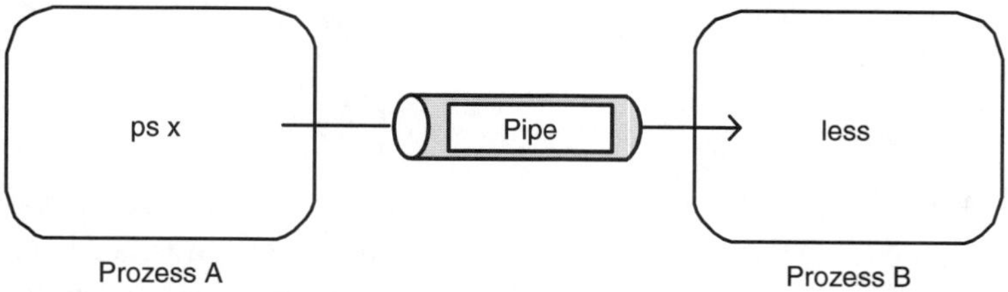

Abbildung 9.1 Kommunikation zwischen zwei Prozessen über eine Pipe

9.1.2 Benannte Pipes (FIFO-Pipes)

Mit den Pipes können Sie allerdings nur mit den Prozessen kommunizieren, die miteinander verwandt sind. Also nur zwischen geforkten Prozessen. Mit FIFOs (benannten Pipes) haben Sie nun die Möglichkeit, mit einem völlig fremden Prozess zu kommunizieren (Daten austauschen), da solche Pipes über einen Dateinamen angesprochen werden können.

> **Hinweis**
>
> Ich verwende hier vorwiegend den Begriff FIFO statt »benannte Pipe«, da hierbei gerne ein Durcheinander im Gehirn mit der namenlosen Pipe entsteht.

Intern (wenn man den Kernel betrachtet) ist ein FIFO (FIFO = *First In First Out*) tatsächlich nichts anderes als die Implementierung einer namenlosen Pipe. Der Systemaufruf `mkfifo()` bedeutet also nichts anderes, als dass eine Pipe als Filesystem-Objekt repräsentiert wird. Wer mittels `pipe()` eine Pipe erstellt, kreiert auch eine Datei wie mit `mkfifo()`! Diese sieht man zwar nicht, weil sie in einem Dateisystem versteckt ist, das man nicht mounten kann – aber wer in */proc/1234567/fd* nachgesehen hat, sieht bei einigen »pipe:[*1692*]« mit `pipe()`-generierten Pipes. Ähnliches gilt übrigens auch für Sockets (TCP, auch `PF_UNIX`) (»socket:[456789]«). FIFOs werden wie erwartet mit z. B. */dev/initctl* angezeigt (siehe */proc/1/fd/*). `PF_UNIX`-Sockets werden ebenfalls als socket:[]-Objekt dargestellt, auch wenn diese eigentlich einen Dateinamen besitzen.

Auf der Shell lässt sich ein FIFO folgendermaßen erstellen:

```
$ mkfifo fifo1
```

Bei einem Blick ins aktuelle Arbeitsverzeichnis finden Sie das FIFO unter folgendem Eintrag:

```
$ ls -l
prw-r--r--    1 tot      users       0 2003-12-07 10:53 fifo1
```

Am `p` am Anfang erkennen Sie das FIFO. Sie könnten jetzt etwas in das FIFO schreiben:

```
[tty1]
$ echo Der erste Eintrag in das FIFO > fifo1
[tty2]
$ echo Der zweite Eintrag in das FIFO > fifo1
```

Beide Dialogstationen blockieren im Augenblick und warten, bis die Daten im FIFO ausgelesen werden. Wir öffnen eine dritte Konsole und lesen ihn aus:

```
[tty3]
$ cat fifo1
Der zweite Eintrag in das FIFO
Der erste Eintrag in das FIFO
```

Natürlich müssen Sie auch die Zugriffsrechte für das FIFO vergeben, wer in dieses FIFO etwas schreiben und wer aus ihm lesen darf. FIFOs sind auch eine halbduplexe IPC, was bedeutet, dass auch bei FIFOs, wie schon bei namenlosen Pipes, kein mehrfaches Auslesen möglich ist. Benannte Pipes werden daher auch nur dort eingesetzt, wo eine »Einbahnstraße« gewünscht ist.

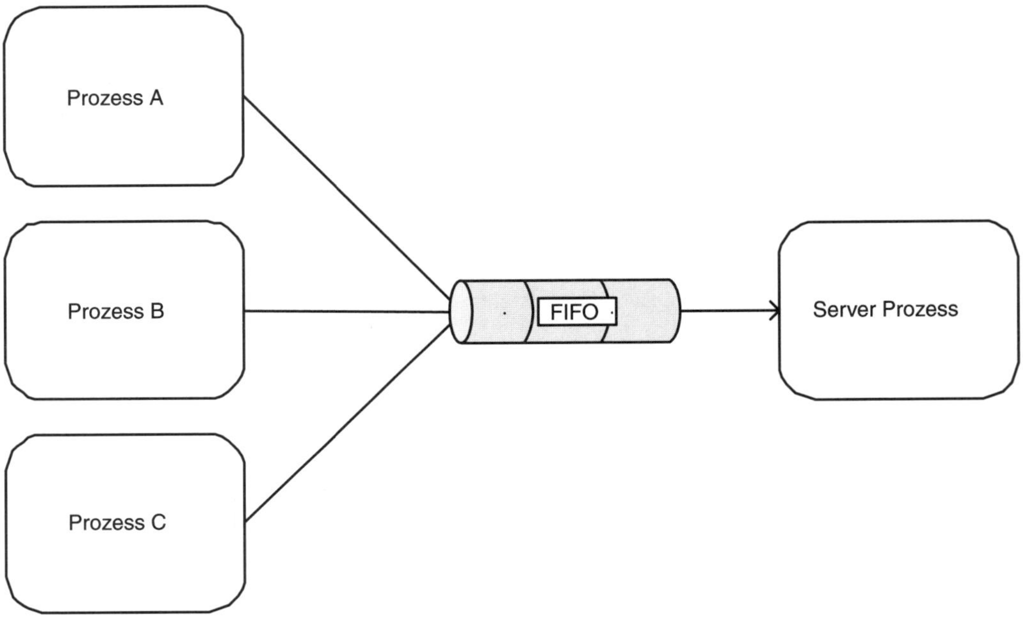

Abbildung 9.2 Kommunikationsmodell eines FIFO (First In First Out)

9.1.3 Message Queue (Nachrichtenspeicher)

Mit diesem Mechanismus können Sie zwischen mehreren Prozessen Nachrichten austauschen. Die Nachrichten werden dabei von einem Prozess an einen Speicher (der Message Queue = Nachrichtenschlange) geschickt und können dort von einem anderen Prozess abgeholt werden. Die Größe und Anzahl der Nachrichten werden vom System festgelegt. Die Nachricht selbst besteht aus einem Text und einem Nachrichtentyp – wobei es für den Nachrichtentyp keine festen Regeln gibt, so dass es dem Programmierer überlassen bleibt, welche Funktion dem Nachrichtentyp zugeordnet werden soll. Die Nachrichten werden in der Reihenfolge, in der diese eintreffen, auch wieder ausgelesen. Fordert ein Prozess eine Nachricht an, so kann über eine Option angegeben werden, dass dieser entweder so lange angehalten wird, bis eine Nachricht eingeht, oder sofort zur Programmausführung zurückkehrt und eventuell einen Fehlercode ausgibt.

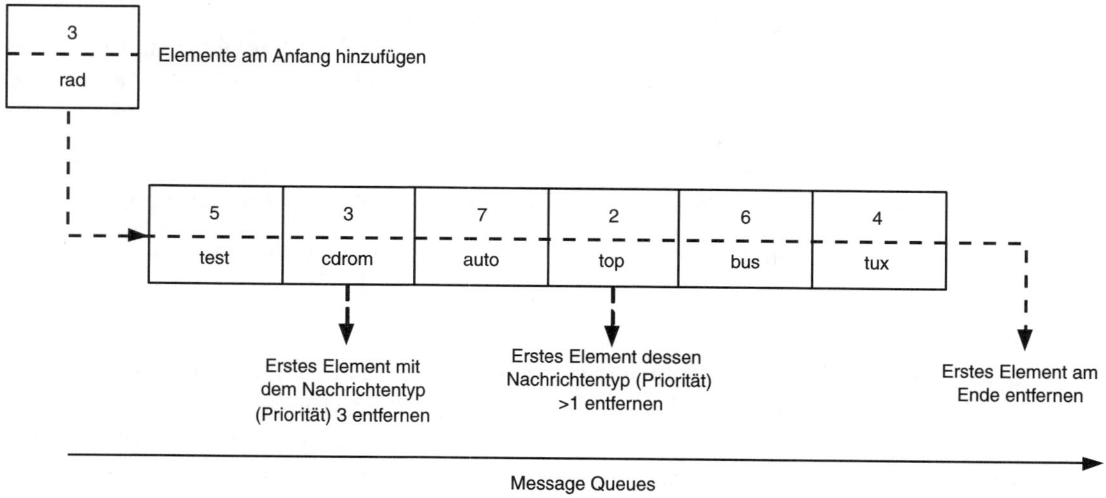

Abbildung 9.3 Prinzip der Message Queue

9.1.4 Semaphore

Semaphore sind Zugriffsvariablen, auf die nur mit bestimmten Funktionen zugegriffen werden kann. Ein Semaphor kann mehrere Werte annehmen und ist nicht von binärer Natur. Mit den Prozessen können Sie ein Semaphor abfragen und überprüfen, ob dieses einen bestimmten Wert hat. Es ist auch möglich, dass mit einer Funktion auf mehrere Semaphore gleichzeitig zugegriffen wird. Gewöhnlich verwendet man Semaphore zur Synchronisation beim Zugriff auf kritische Betriebsmittel/Datenstrukturen oder einen kritischen Codeausschnitt. Wenn z. B. der gemeinsame Speicher (*Shared Memory*) von zwei oder mehreren Prozessen gleichzeitig verwendet wird, muss verhindert werden, dass diese gleichzeitig schreiben oder dass ein Prozess liest, während ein anderer zur gleichen Zeit schreibt.

Das Prinzip ist recht einfach. Will man mit einem Semaphor einen bestimmten Abschnitt schützen, wird ein vorhandener Zähler getestet, ob der Wert größer als 0 ist, und anschließend dekrementiert. Ist der Wert nicht größer als 0, wird der Prozess in einen Wartezustand versetzt, da sich scheinbar ein anderer Prozess gerade in diesem kritischen Codeausschnitt befindet. Wenn ein Prozess einen kritischen Codebereich verlassen will, muss dieser wiederum den Zähler inkrementieren, damit der kritische Bereich für andere Prozesse wieder zur Verfügung steht.

9.1.5 Shared Memory (gemeinsamer Speicher)

Mit dem Shared-Memory-Mechanismus können Sie mit mehreren Prozessen auf einen gemeinsamen Datenspeicherbereich zugreifen. Um dies zu realisieren, muss zuerst ein Prozess diesen gemeinsamen Datenspeicher anlegen. Anschließend müssen alle anderen Prozesse, die ebenfalls darauf zugreifen sollen, mit diesem Datenspeicher bekannt gemacht werden. Dies geschieht, indem der Speicherbereich im Adressraum der entsprechenden Prozesse eingefügt wird. Ebenfalls muss hierbei den Prozessen mitgeteilt werden, wie diese auf den Speicherbereich zugreifen können (lesend/schreibend). Wurde all dies erledigt, kann der

Datenspeicherbereich wie ein gewöhnlicher Speicherbereich verwendet werden. Da die Struktur der Speicherverwaltungseinheit von der Kernelkonfiguration abhängig ist, so dass die Größe und Aufteilung variieren kann, sollte man vorsichtig sein, wenn man einen allzu großen gemeinsamen Speicher verwendet.

Leider wurde mit dem Shared Memory IPC keine explizite Synchronisation zur Verfügung gestellt, weshalb man diese Kontrolle selbst noch mit z. B. Sperren oder Semaphoren herstellen muss.

9.1.6 STREAMS

STREAMS (nicht zu verwechseln mit den Streams der Standard-E/A-Funktionen) wurden ursprünglich unter Unix als Teil von als Network Support Services bezeichneten Funktionen eingeführt. Da sich STREAMS aber auch hervorragend zur Kommunikation zwischen Prozessen einsetzen lassen, sollten diese nicht unerwähnt bleiben. Ein Stream ist eine Art Treiber im Kernel, der allerdings keinem physikalischen Gerät zugeordnet wird. Es handelt sich dabei um eine Schnittstelle zwischen der Applikation und dem Betriebssystem zum Austausch von Daten. Die Datenströme stehen bei den Streams in beiden Richtungen zur Verfügung und sind somit Vollduplex. Auf STREAMS können neben den dafür implementierten Funktionen `putmsg`, `getmsg` und `poll` auch die Systemfunktionen `open`, `close`, `read`, `write` und `ioctl` verwendet werden. Ein STREAM-Mechanismus wird aus folgenden Komponenten aufgebaut:

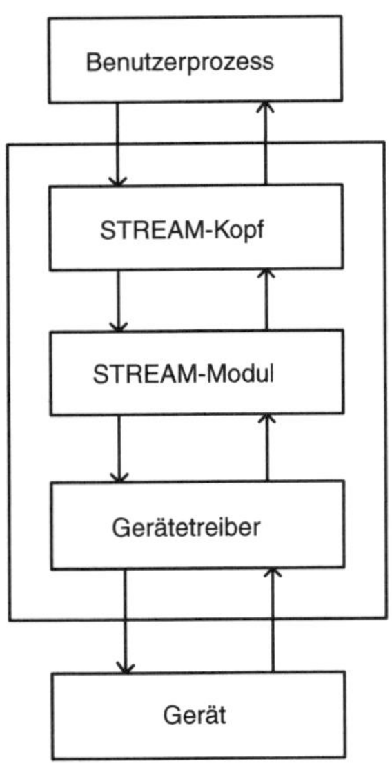

Abbildung 9.4 Kommunikationsmodell eines STREAMS

- STREAM-Kopf – Hier werden die Systemaufrufe der Message bzw. der Messages in Byte-Streams und Returnwerte verarbeitet. Ein Message-STREAM kann Daten oder/und Statusinformationen enthalten. Der Kopf beinhaltet wie jede STREAM-Komponente eine Lese- und eine Schreib-Queue.
- STREAM-Module – STREAM -Module sind optional. Es gibt eine Menge vorhandener Module, deren Aufgabe es u. a. sein kann, Transformationen der Nachrichten durchzufüh-

ren. Eingetragen werden die Module mit der Funktion `ioctl()`. Natürlich können (fast) beliebig viele Steuermodule eingetragen werden – wobei die Eintragung eines neuen Moduls nach dem Stack-Prinzip vorgeht.

- STREAM-End – Besteht aus Gerätetreibern, was ein Gerätetreiber sein kann, ein Pseudotreiber, ein Terminalgerätetreiber oder ein Multiplexer.

Die STREAMS werden allerdings im Buch nicht behandelt.

9.1.7 Sockets

Da die Netzwerkprogrammierung ein eigenes Kapitel erhält, sei das Socket hier nur kurz der Vollständigkeit halber erwähnt. Sockets wurden im Berkeley-Unix-System (BSD) als Kommunikation zwischen verschiedenen Rechnern über ein Netzwerk eingeführt. Allerdings ist es mit den Sockets ebenso wie mit STREAMS möglich, eine Kommunikation zwischen Prozessen auf demselben Rechner auszuführen. Sockets können zur Kommunikation verschiedenste Protokolle benutzen, z. B. TCP/IP, UDP/IP oder Unix Domain Sockets.

9.1.8 Lock Files (Sperrdateien)

Eine recht primitive Form der IPC sind so genannte Lock Files (Sperrdateien), nicht zu verwechseln mit den Dateisperren (Record Locking). Dabei werden mehrere Prozesse mithilfe einer einfachen (Sperr-)Datei synchronisiert. Es wird praktisch eine Datei (meist im Verzeichnis */tmp*) angelegt, worauf ein Prozess nur Schreibrechte hat. Die Synchronisation erfolgt jetzt durch einen anderen Prozess, der ebenfalls versucht, dieselbe Datei mit Schreibrechten anzulegen. Schlägt dieser Versuch fehl, existiert gerade eine entsprechende Datei. Dieses Fehlschlagen stellt praktisch die Sperre für den Prozess dar. Jetzt wartet der abgewiesene Prozess eine gewisse Zeit (meistens mit einem simplen `sleep`-Aufruf), bevor dieser erneut versucht, eine Datei mit entsprechenden Namen und mit Schreibrechten anzulegen. Die Freigabe dieser Sperre erfolgt dann durch den entsprechenden Prozess, der diese Datei erzeugt hat, über das Freigeben der Sperrdatei mit `unlink()`.

So toll sich dies in der Theorie anhören mag, in der Praxis ist diese Form der IPC nur bedingt tauglich. Zum einen ist das Problem, sobald der Superuser hier mitspielen will, funktioniert die Synchronisation nicht mehr, da dieser immer schreiben darf. Und zum anderen wird hier mit dem aktiven Warten durch das Verschwenden von Prozessorzyklen (mit z. B. `sleep()`) nicht garantiert, welcher Prozess als nächster Zugriff auf die Sperrdatei hat. So kann es passieren, dass ein Prozess eventuell nie zum Zuge kommt.

9.1.9 Dateisperren (Record Locking)

Ebenso wie mit den eben vorgestellten Sperrdateien kann man auch mit den Dateisperren eine IPC einrichten. Auf die Dateisperren (*Record Locking*) wurde bereits eingegangen, weshalb das Thema hier nur kurz angerissen wird.

Man unterscheidet generell zwischen Pflichtsperren (*Mandatory Locks*) und Kooperationssperren (*Advisory Locks*). Bei den Pflichtsperren werden die Zugriffsrechte einer Datei so gesetzt, dass hierbei jeder `read()`- und `write()`-Systemaufruf prüfen muss, ob dieser unter den gegenwärtig gesetzten Sperren seinen lesenden oder schreibenden Zugriff durchführen kann. Dieser Vorgang verlangsamt logischerweise den Zugriff.

Mit den Kooperationssperren hingegen verwendet man eine Funktionsbibliothek mit Zugriffsfunktionen, die Ihnen z. B. Informationen zu einer Sperre liefern und/oder den Zugriff auf gemeinsame Datenbestände »regeln«. Im Wesentlichen werden diese Sperren mit dem Systemaufruf `fcntl()` oder der Bibliotheksfunktion `lockf()` geregelt. Beide Funktionen wurden bereits in Kapitel 2 erwähnt und z. T. verwendet.

Zwar ist diese Form der IPC immer noch besser als die Sperrdateien, aber auch hierbei gibt es einige Nachteile zu beklagen. Zum einen sind die Sperrarten wenig genormt – POSIX z. B. kennt keine *Mandatory Locks*. Des Weiteren funktionieren die Sperren nicht bei `open()`- und `unlink()`-Aufrufen. Und das Schlimmste: Ist ein Anwender nicht gut gelaunt, kann dieser mit Absicht durch Setzen und Halten einer Lesesperre auf die komplette Datei den schreibenden Zugriff aller anderen Anwender blockieren.

9.2 Gründe für IPC

Falls Ihnen der Sinn von IPCs noch nicht ganz klar geworden ist, sollen noch einige Gründe und Begriffe genannt werden, welche Probleme mithilfe der Interprozesskommunikation vermieden werden können:

- Gleichzeitiger Zugriff – solange alle Prozesse aus einer Datei lesen, besteht kaum eine Gefahr. Sobald aber einer der Prozesse diese Datei verändern will, entstehen so genannte Konkurrenzsituationen (*Race Conditions*). Diese Probleme können mit Hilfe von Prozesssynchronisation behoben werden.
- Zugriffsdisziplinen – Will man vermeiden, dass mehrere User auf die Daten schreiben können, richtet man eine so genannte Warteschlange ein (nach dem Motto »one writer, many readers«). Man richtet dazu zwei Warteschlangen ein, eine für das Lesen und eine andere für das Schreiben. Diese Zugriffsdisziplin kann man aber auch mit Hilfe von Sperren erreichen. Eine gemeinsame Sperre für die Leser, da ja mehrere gleichzeitig lesen dürfen, und eine exklusive Sperre für den Schreiber. Dies verhindert, dass jemand dazwischenfunkt.
- Verhungern von Prozessen – Durch ein Einrichten von Zugriffsdisziplinen kann es passieren, dass ein Prozess ewig in der Warteschlange steht und dabei nie zum Zuge (Schreiben) kommt. Daher sollte man Prioritäten in der Warteschlange einrichten.
- Flusskontrolle – Da man nicht genau sagen kann, welcher von den Prozessen seine Daten zuerst an den Zielrechner schickt und wieder zurück, verwendet man so genannte Server-Client-IPCs. Das heißt, man verwendet einen oder mehrere Clients und einen Server. Der Client stellt die Anfrage an den Server, und der Server antwortet. Der oder die Clients müssen nun auf die Antwort des Servers warten, bis sie weitermachen können. Dadurch entsteht eine Flusskontrolle. Natürlich sollte man auch hier bei gleichzeitigem Zugriff eine Prioritätswarteschlange verwenden.
- Deadlocks – Klassischer Deadlock: Prozess A greift auf Datei A zu und wartet auf Freigabe von Datei B. Zur gleichen Zeit greift Prozess B auf Datei B zu und wartet auf die Freigabe

von Datei A. Beide Prozesse warten nun auf die Freigabe des jeweils anderen Prozesses und geben derweil ihre eigene Datei nicht frei. Deadlocks können vermieden werden, wenn man die Ressourcen durchnummeriert und diese nur in aufsteigender Form anfordert. Ist eine Anforderung nicht erfolgreich, sollten außerdem alle Ressourcen sofort wieder freigegeben werden.

Sie sehen schon, eine Menge Probleme, die auftreten können, für die Sie mittels Interprozesskommunikation verantwortlich sind.

9.3 Pipes

Die Pipes sind neben den Sockets eine der am häufigsten verwendeten Interprozesskommunikations-Techniken – zugleich auch die älteste und die erste Technik. Daher macht es auch Sinn, diese hier ausführlicher zu beschreiben.

Hinweis

Um hier nicht immer extra dazuzuschreiben, dass hier von namenlosen Pipes die Rede ist, sei erwähnt, dass die benannten Pipes (FIFOs) erst im Abschnitt 9.3.10 zu ihrem Einsatz kommen.

9.3.1 Eigenschaften von Pipes

Eine Pipe besitzt immer eine der folgenden zwei grundlegenden Eigenschaften:

- Bei einer Pipe können Daten immer nur in eine Richtung fließen. Ein Prozess kann praktisch immer nur in eine Pipe schreiben oder aus einer Pipe lesen. Will man anstatt der Halbduplex-Verbindung eine Vollduplex-Verbindung erstellen, benötigt man dazu zwei Pipes zwischen den Prozessen.
- Pipes können nur von Prozessen eingerichtet werden, die gemeinsame Vorfahren besitzen. Gewöhnlich wird eine Pipe eingerichtet, indem ein Elternprozess eine Pipe erzeugt und einen Kindprozess mittels `fork()` kreiert, der ja dabei ebenfalls diese Pipe erbt. Anschließend steht einer guten Kommunikation zwischen dem Elternprozess und dem Kindprozess nichts mehr im Wege.

9.3.2 Pipes einrichten – pipe()

Eine Pipe wird mit folgendem Systemaufruf eingerichtet:

```
#include <unistd.h>

int pipe( int fd[2] );
```

Mit dieser Funktion erzeugt man bei Erfolg eine Pipe mit folgenden Grundzuständen:

- `fd[0]` ist der Filedeskriptor zum Lesen.
- `fd[1]` ist der Filedeskriptor zum Schreiben in die Pipe.

Bei Erfolg liefert diese Funktion 0, ansonsten bei einem Fehler -1 zurück – wobei `errno` auf einen entsprechenden Fehlercode gesetzt wird.

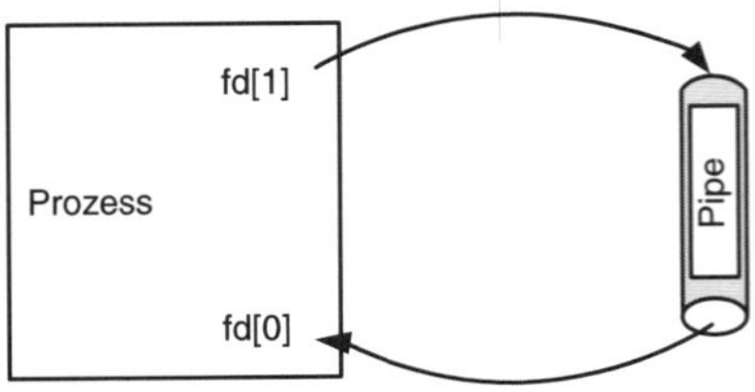

Abbildung 9.5 Erzeugen einer Pipe

Hinweis

Wer es wieder genau wissen will, nach dem Systemaufruf `pipe()` werden zwei Einträge der globalen Dateitabelle belegt, deren Indexwerte an `fd[0]` und `fd[1]` zurückgegeben werden. Beide Einträge in dieser globalen Dateitabelle zeigen aber auf denselben Inode, dessen Referenzzähler hiermit um zwei hochgezählt wird.

Diese Pipe eignet sich allerdings höchstens für Selbstgespräche, da ja noch kein weiterer Prozess existiert, mit dem kommuniziert werden soll. Gewöhnlich wird nach dem Erstellen einer Pipe ein Kindprozess mittels `fork()` erzeugt. Da der Kindprozess die Pipe des Elternprozesses vererbt bekommt, sieht der Kommunikationsweg schon ein wenig nützlicher aus.

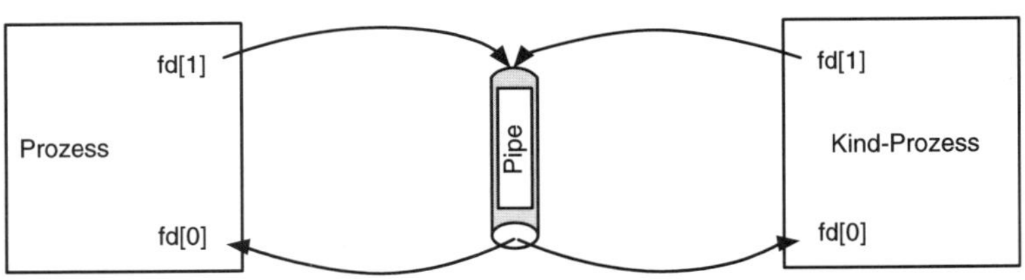

Abbildung 9.6 Ein weiterer Prozess mit fork() wird erzeugt.

Jetzt müssen Sie den beiden Prozessen noch klar machen, wer was machen soll. Dies geschieht, indem Sie mit den Filedeskriptoren der Pipe durch Öffnen bzw. Schließen der Kanäle bestimmen, welcher Prozess in die Pipe schreiben und welcher aus dieser lesen soll. Dafür haben Sie bei zwei Prozessen mit jeweils zwei Filedeskriptoren (`fd[0]` und `fd[1]`) logischerweise auch zwei Möglichkeiten:

- Elternprozess liest, Kindprozess schreibt – Elternprozess schließt die Schreibseite (`fd[1]`) der Pipe und Kindprozess schließt die Leseseite (`fd[0]`).

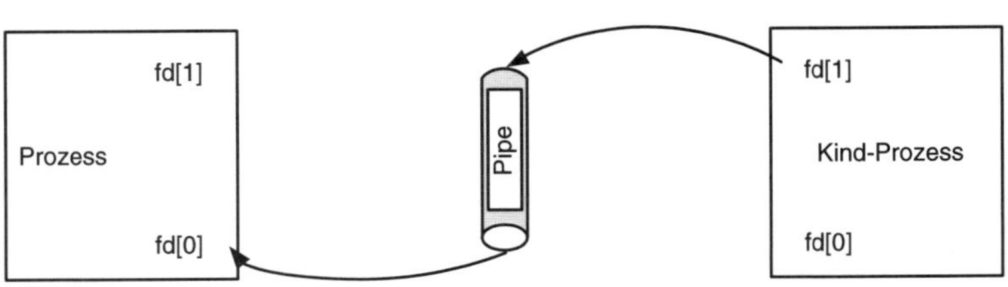

Abbildung 9.7 Daten fließen vom Kindprozess zum Elternprozess.

- Elternprozess schreibt, Kindprozess liest – Elternprozess schließt die Leseseite (`fd[0]`) der Pipe, und Kindprozess schließt die Schreibseite (`fd[1]`).

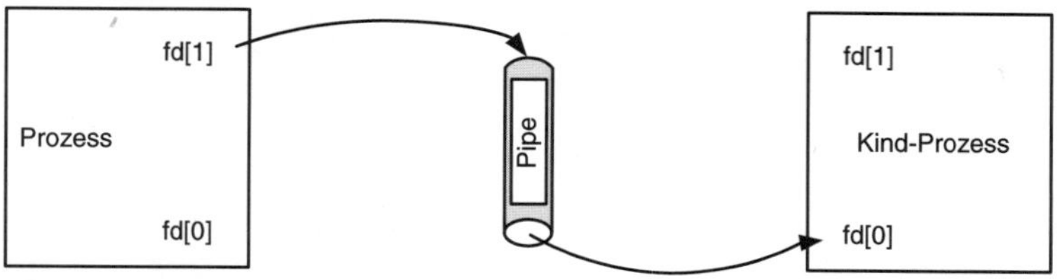

Abbildung 9.8 Daten fließen vom Elternprozess zum Kindprozess.

Hinweis

Das Schließen der »überflüssigen« Filedeskriptoren wäre hier zwar nicht zwingend notwendig gewesen, nur liefert ein `read()` mit einer unvollständigen Anzahl zu lesender Bytes bzw. bei einer leeren Pipe nur dann EOF zurück, wenn alle schreibenden Filedeskriptoren geschlossen wurden.

Notizen zu einer Pipe

- Schreibt einer der Prozesse in eine Pipe, die zum Lesen bestimmt war, wird das Signal `SIGPIPE` ausgelöst. Sofern Sie dieses Signal nicht abfangen, wird das Programm aufgrund der Standardaktion dieses Signals beendet.
- Wenn alle Daten aus der Leseseite einer Pipe ausgelesen wurden, liefert `read()` EOF zurück.
- Die maximale Anzahl der Daten, die in eine Pipe geschickt werden können, sind mit der Konstante `PIPE_BUF` (in `limits.h`) definiert.
- Wollen Sie die Dateiart einer Pipe mittels `fstat()` oder `stat()` mit der Strukturkomponenten `st_mode` aus `stat()` ermitteln, muss auf ein FIFO mit dem Makro `S_ISFIFO` überprüft werden.

Hierzu soll ein einfaches Beispiel verwendet werden. Sie starten einen Prozess und geben als erstes Argument in der Kommandozeile eine Datei an, die gelesen werden soll. Anschließend erzeugen Sie eine Pipe und mittels `fork()` einen Kindprozess. Der Elternprozess schließt die Leseseite der Pipe, liest aus der Datei und schreibt anschließend diese Daten in die Schreibseite der Pipe. Der Kindprozess hingegen schließt die Schreibseite der Pipe und liest mittels `read()` aus der Leseseite der Pipe die Daten ein und gibt diese anschließend auf dem Bildschirm aus. Zugegeben, dies ist ein umständlicher Weg, Daten zu lesen und auszugeben, nur lässt sich damit recht einfach nachzuvollziehen, wie eine Pipe funktioniert. Hierzu das Beispiel:

```
/* pipe1. c */
#include <unistd.h>
#include <sys/wait.h>
#include <stdio.h>
#include <sys/types.h>
#include <fcntl.h>
#include <stdlib.h>
```

```
#include <limits.h>

int main (int argc, char **argv) {
   int fd[2], fd1, n;
   pid_t pid;
   char puffer[PIPE_BUF];

   if (argc != 2) {
      printf("Usage: %s Datei\n", *argv);
      exit (EXIT_FAILURE);
   }
   if ((fd1 = open (argv[1], O_RDONLY)) < 0) {
      perror ("open");
      exit (EXIT_FAILURE);
   }
   /*Wir erstellen eine Pipe*/
   if (pipe (fd) < 0) {
      perror ("pipe");
      exit (EXIT_FAILURE);
   }
   /*Wir erzeugen einen neuen Prozess*/
   if ((pid = fork ()) < 0) {
      perror ("fork");
      exit (EXIT_FAILURE);
   }
   else if (pid > 0) {    /*Elternprozess */
      close (fd[0]);    /*Leseseite schließen */
      /* Datei auslesen (PIPE_BUF Bytes) */
      n = read (fd1, puffer, PIPE_BUF);
      /* In die Schreibseite der Pipe schreiben */
      if ((write (fd[1], puffer, n)) != n) {
         perror ("write");
         exit (EXIT_FAILURE);
      }
      /* Warten auf den Kindprozess */
      if ((waitpid (pid, NULL, 0)) < 0) {
         perror ("waitpid");
         exit (EXIT_FAILURE);
      }
   }
   else {         /*Kindprozess */
      close (fd[1]);    /*Schreibseite schließen */
      /* Leseseite der Pipe auslesen (PIPE_BUF Bytes) */
      n = read (fd[0], puffer, PIPE_BUF);
      /* Daten auf Standardausgabe schreiben */
      if ((write (STDOUT_FILENO, puffer, n)) != n) {
         perror ("write");
         exit (EXIT_FAILURE);
```

```
        }
    }
    exit (EXIT_SUCCESS);
}
```

9.3.3 Eigenschaften von elementaren E/A-Funktionen bei Pipes

Da sich die Systemaufrufe `write()`, `read()` oder `close()` bei Pipes anders als sonst üblich verhalten, folgt hierzu eine kurze Erläuterung.

- `read()` – `read()` wird so lange blockiert (vorausgesetzt es wurden nicht die Flags `O_NONBLOCK` und `O_NDELAY` verwendet), bis sich wieder genügend Daten in der Pipe befinden. Schreibt kein Prozess mehr in die Pipe, bleibt `read()` so lange stecken, bis der schreibende Prozess den Systemaufruf `close()` verwendet hat. Dieses *Steckenbleiben* von `read()` eignet sich prima zum Synchronisieren von Prozessen. Wurde `O_NDELAY` gesetzt und ist die Pipe fürs Schreiben geöffnet worden, aber momentan leer, liefert `read()` 0 (nicht EOF) zurück. Außerdem wird immer vom Ende des Puffers der Pipe gelesen (hierbei ist auch keine Verschiebung mit `lseek()` möglich).
- `write()` – `write()` schreibt die Daten immer ans Ende des Pipe-Puffers. Ist die Pipe voll, wird der schreibende Prozess so lange blockiert, bis wieder genügend Platz zum Schreiben vorhanden ist. Dieses Verhalten könnten Sie abschalten, indem Sie das Flag `O_NONBLOCK` (und auch `O_NDELAY`) mit z. B. der Funktion `fcntl()` verhängen. In diesem Fall liefert der schreibende Prozess bei einem vollen Puffer 0 zurück. Aber gewöhnlich betreibt man eine Pipe blockierend. Ein Schreiben innerhalb der `PIPE_BUF`-Grenze ist außerdem immer atomar, sprich, kein anderer Prozess kann dieses schreiben noch unterbrechen, geschweige denn selbst in die Pipe schreiben. Versucht ein Prozess, in eine Pipe zu schreiben, die noch von keinem anderen Prozess zum Lesen geöffnet wurde, wird dem Prozess das Signal `SIGPIPE` (*broken pipe*) gesendet, was standardmäßig den Abbruch des schreibwütenden Prozesses bedeutet.

Hinweis

Diese Eigenschaften treffen natürlich sowohl für die namenlosen als auch für die benannten Pipes (FIFOs) zu.

9.3.4 Standard-E/A-Funktionen mit pipe

Natürlich ist es auch möglich, auf Pipes mit den Standard-E/A-Funktionen zuzugreifen. Dazu müssen Sie nur den mit dem `pipe()`-Aufruf erhaltenen Filedeskriptoren mithilfe der Funktion `fdopen()` einen Dateizeiger (`FILE *`) zuteilen. Natürlich müssen Sie `fdopen()` mit dem richtigen Modus verwenden. Denn es ist nicht möglich, Folgendes zu verwenden:

```
FILE *f;
f = fdopen(fd[0], "w"); /* falsch */
```

Richtig ist dagegen:

```
FILE *rd, *wr;
rd = fdopen(fd[0], "r");
wr = fdopen(fd[1], "w");
```

Beachten Sie, wenn Sie zwei Pipes erstellen, um mit einem Kindprozess Daten auszutauschen, sind »reading« und »writing« dort umgekehrt, d. h. *parentRead* = *childWrite* und *parentWrite* = *childRead*. Geben Sie Ihrem Dateizeiger einfach einen aussagekräftigen Namen, um Verwechslungen auszuschließen.

Das jetzt folgende Beispiel soll die Verwendung einer Pipe mit den Standard-E/A-Funktionen demonstrieren. Auch hierbei werden wieder (wie schon im Listing zuvor) eine Pipe und ein Kindprozess erzeugt. Eine Datei, die Sie als erstes Argument in der Kommandozeile angeben, wird ebenso versucht anzulegen. Im Elternprozess schließen Sie die Leseseite und weisen der Schreibseite mittels `fdopen()` einen `FILE`-Stream zu. Mittels `fgets()` wird nun etwas von der Standardeingabe eingelesen und mittels `fputs()` in die Schreibseite der Pipe geschrieben. Im Kindprozess wird zunächst die Schreibseite der Pipe geschlossen, und der `FILE`-Stream wird mittels `fdopen()` der Leseseite der Pipe zugewiesen. Anschließend wird mit `fgets()` (aus der Pipe) gelesen und mit `fputs()` in die geöffnete Datei geschrieben.

```
/* pipe2.c */
#include <unistd.h>
#include <sys/wait.h>
#include <stdio.h>
#include <sys/types.h>
#include <fcntl.h>
#include <stdlib.h>
#include <limits.h>

int main (int argc, char **argv) {
   int fd[2];
   pid_t pid;
   char puffer[PIPE_BUF];
   FILE *reading, *writing, *newfile;

   if (argc != 2) {
      printf("Usage: %s Datei\n", *argv);
      exit (EXIT_FAILURE);
   }
   if ((newfile = fopen (argv[1], "a+")) < 0) {
      perror ("fopen");
      exit (EXIT_FAILURE);
   }
   /*Wir erstellen eine Pipe*/
   if (pipe (fd) < 0) {
      perror ("pipe");
      exit (EXIT_FAILURE);
   }
```

```
   /*Wir erzeugen einen neuen Prozess*/
   if ((pid = fork ()) < 0) {
      perror ("fork");
      exit (EXIT_FAILURE);
   }
   else if (pid > 0) {    /*Elternprozess */
      close (fd[0]);   /*Leseseite schließen */
      if ((writing = fdopen (fd[1], "w")) == NULL) {
         perror ("fdopen");
         exit (EXIT_FAILURE);
      }
      /* PIPE_BUF Bytes lesen */
      fgets (puffer, PIPE_BUF, stdin);
      /*Wir schreiben in die Pipe */
      fputs (puffer, writing);
   }
   else {      /*Kindprozess */
      close (fd[1]);   /*Schreibseite schließen */
      if ((reading = fdopen (fd[0], "r")) == NULL) {
         perror ("fdopen");
         exit (EXIT_FAILURE);
      }
      /* Wir lesen aus der Pipe (PIPE_BUF Bytes) */
      fgets (puffer, PIPE_BUF, reading);
      fputs (puffer, newfile);
   }
   exit (EXIT_SUCCESS);
}
```

Das Programm bei der Ausführung:

```
$ gcc -o pipe2 pipe2.c
$ ./pipe2 new_file.txt
Hallo Welt in durch die Pipe
$ cat new_file.txt
Hallo Welt in durch die Pipe
```

9.3.5 Pipes in einen anderen Prozess umleiten

Am Anfang des Kapitels zu den Pipes haben Sie ein Listing geschrieben, das aus einer Datei im Kindprozess etwas gelesen hat. Das Gelesene haben Sie dann in die Pipe geschrieben, und der Elternprozess hat dies ausgelesen und es an die Standardausgabe auf dem Bildschirm weitergeleitet. Bei etwas längeren Texten wurde diese Ausgabe allerdings etwas unübersichtlich, da der komplette Text auf einmal ausgegeben wurde. Jetzt können Sie entweder eine Funktion schreiben, mit welcher der Anwender z. B. alle 23 Zeilen aufgefordert wird, eine Taste zu drücken, damit die nächsten 23 Zeilen gelesen werden, oder Sie verwenden gleich die Betriebsmittel, die Ihnen dafür zur Verfügung stehen. Hierfür stehen Ihnen z. B. Programme wie *less*, *pg*, *nl*, *tail*, oder *more* zur Verfügung, womit Sie sich zeilen- bzw. seitenweise durch den Text hangeln können. Dies wird im nun folgenden Listing anhand des Pagers *less* demonstriert.

```
/* pipe3.c */
#include <unistd.h>
#include <sys/wait.h>
#include <stdio.h>
#include <sys/types.h>
#include <fcntl.h>
#include <stdlib.h>
#include <limits.h>
#define EXIT(s) {fprintf(stderr, "%s",s); exit(EXIT_FAILURE);}

// Wenn nicht ausreichend dimensioniert =>
// vergrößern oder ggf. dynamisch machen
#define BUF PIPE_BUF * 8

enum{ ERROR = -1, SUCCESS };

int main (int argc, char **argv) {
   int fd[2];
   pid_t pid;
   FILE *pipe_writer, *file;
   char puffer[PIPE_BUF];

   if (argc != 2) {
     fprintf(stderr, "Usage: %s DateiZumLesen\n",*argv);
     exit(EXIT_FAILURE);
   }
   if ((file = fopen (argv[1], "r")) == NULL)
      EXIT ("Fehler bei fopen ...\n");
   if (pipe (fd) == ERROR)
      EXIT ("Fehler bei pipe ...\n");
   if ((pid = fork ()) == ERROR)
      EXIT ("Fehler bei fork ...\n");
   if (pid > 0) {      /*Elternprozess */
      close (fd[0]);    /*Wir schließen die Leseseite */
      if ((pipe_writer = fdopen (fd[1], "w")) == NULL)
         EXIT ("Fehler bei fdopen ...\n");
      fread (&puffer, PIPE_BUF, 1, file);
      /* Wir schreiben in die Pipe */
      fputs (puffer, pipe_writer);
      fclose (pipe_writer);
      /*Mit dem Schließen der Schreibseite */
      /*teilen wir dem Kindprozess das Ende */
      /*des Schreibens in die Pipe mit */
      if (waitpid (pid, NULL, 0) == ERROR)
         EXIT ("Fehler bei waitpid ... \n");
      exit (EXIT_SUCCESS);
   }
   else {        /*Kindprozess liest aus der Pipe mit less */
      sleep (1);
```

```
      close (fd[1]);    /*Schließen der Schreibseite */
      if (fd[0] != STDIN_FILENO) {/*muss überprüft werden */
         /*duplizieren Standardeingabe */
         if (dup2 (fd[0], STDIN_FILENO) != STDIN_FILENO)
            EXIT ("Fehler bei dup2 ...\n");
         close (fd[0]);    /*Wird nicht mehr benötigt */
      }
      if (execl ("/usr/bin/less", "less", NULL) == ERROR) ;
      EXIT ("Fehler bei execl ...\n");
   }
   return EXIT_SUCCESS;
}
```

Entscheidend im Kindprozess ist das Duplizieren des Filedeskriptors. Wie Sie bei den Funktionen `dup()` und `dup2()` bereits erfahren haben, bleibt mithilfe der `dup()`-Funktion das *close-on-exec*-Flag ungesetzt, was dem anschließenden `exec`-Aufruf zu Gute kommt (bzw. nötig dafür ist). Sie verbinden praktisch mit der Funktion `dup2()` den Standardeingabekanal mit dem Pipekanal `fd[0]`. Wichtig ist in einem solchen Fall, wenn Sie den Kindprozess überlagern, die Reihenfolge: `fork()`, `close()`, `dup()` (oder `dup2()`), `exec()`. Somit kommuniziert der aktuell laufende Elternprozess mit dem Programm `less` und gibt den Text zum Scrollen `less`-typisch auf dem Bildschirm aus.

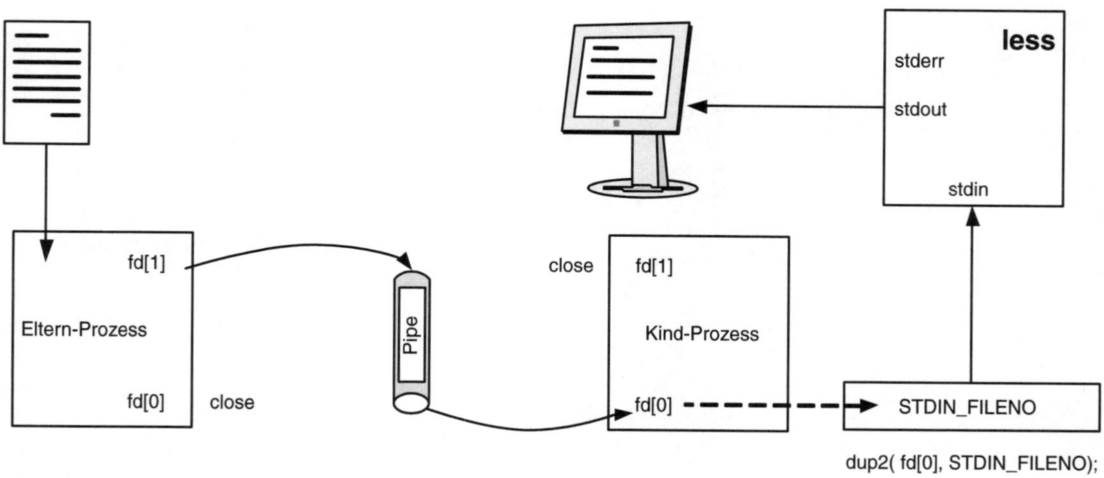

Abbildung 9.9 Pipes in einen anderen Prozess umleiten

Hinweis

Wenn die Datei zum Lesen mehr als `PIPE_BUF * 8` Bytes hat, wird natürlich auch nicht mehr ausgegeben. In diesem Fall müssen Sie entweder die Größe des Puffers erhöhen oder (besser) das ganze Beispiel dynamisch machen. Dies sei hier erwähnt, da sich die Größe von `PIPE_BUF` auf den verschiedenen Systemen doch erheblich unterscheidet. Selbiges gilt natürlich auch für alle anderen Beispiel, welche die symbolische Konstante `PIPE_BUF` verwenden.

9.3.6 Filterprogramm erstellen mithilfe einer Pipe

Pipes eignen sich außerdem (vor allem auch) ideal für Filterprogramme. Zum Beispiel für einen Druckerfilter, um einen Text formatiert auszugeben oder alle Buchstaben groß-/kleinzuschreiben. Hierzu soll ein eigener kleiner Filter geschrieben werden, der bestimmte Wörter ausfiltert und dabei aus dem ursprünglichen Originaltext die Zeichenfolge xxx ausgibt.

```
/* filter.c */
#include <stdio.h>
#include <unistd.h>
#include <string.h>
#include <stdlib.h>
#define MAX 255

/* Filterwörter können angepasst werden */
const char *filterwords[] = {
    "und", "oder", "aber", "ein", NULL
};
const char token[] = " ";

static void output (char *puffer) {
   int i = 0, len;
   static int merker = 0;
   char *p, tmp[20];
   /* Trennen die einzelnen Wörter */
   p = strtok (puffer, token);
   while (p != NULL) {
      i = 0;
      merker = 0;
      while (filterwords[i] != NULL) {
         /* Wir vergleichen alle Wörter, die wir */
         /* ausfiltern wollen, mit dem aktuellen */
         /* Wort, das auf das p zeigt             */
         if (strstr (p, filterwords[i]) != NULL) {
            len = strlen (filterwords[i]);
            /* Länge des zu ersetzenden Wortes zählen */
            memset (tmp, 'x', len);
            tmp[len] = 0;
            /* Jetzt schreiben wir len x in das Array tmp */
            /* Nun geben wir len x auf den Bildschirm aus */
            fputs (tmp, stdout);
            fputs (" ", stdout);   /*Leerzeichen */
            /*Merker, ob schon etwas ausgegeben wurde */
            merker = 1;
         }
         i++;
      }
      if (merker == 0) {
         /*Normale Ausgabe, da nichts gefiltert wurde */
         fputs (p, stdout);
```

```
            fputs (" ", stdout);    /*Leerzeichen */
         }
         p = strtok (NULL, token);
      }
}

int main (void) {
   char pufferin[MAX];
   while (fgets (pufferin, MAX, stdin) != NULL)
      output (pufferin);
   return EXIT_SUCCESS;
}
```

Hier wurden folgende Filterwörter verwendet:

```
const char *filterwords[] = {
   "und" , "oder", "aber", "ein", NULL
};
```

Diese Wörter werden alle mit xxx ausgegeben. Dieses Programm können Sie beliebig anpassen, z. B. zur Vermeidung von *Kraftausdrücken* in Diskussionsforen. Wenn Sie eine ganze Datenbank von Ausfilterungswörtern erstellen wollen, rate ich Ihnen zu einer dynamischen Struktur in Form von Binary Trees oder Hashes. Sie könnten so ähnlich aufgebaut auch ein Fremdsprachenübersetzungsprogramm schreiben.

Hinweis

Ich möchte Ihre Euphorie hier jetzt nicht stoppen, ein tolles Filterprogramm zu schreiben. Aber schauen Sie sich zuerst um, ob dies nicht bereits vor Ihnen jemand getan hat. Es gibt bestimmt schon eine Lösung für Ihr Problem. Gerne erstellt (und immer wieder neu erfunden) werden so genannte Konverterprogramme wie *html2text*, *html2ps* und noch mehr. Suchen Sie am besten im Internet erst nach *[format]2[format]*-Programmen, sofern Sie ein solches erstellen wollen. Und außerdem eignen sich doch die Pipes prima, um ein solches Programm »dazwischenzuhängen«.

Jetzt müssen Sie nur noch das Listing aus dem Abschnitt »Pipes in einen anderen Prozess umleiten« anpassen:

```
/* pipe3b.c */
#include <unistd.h>
#include <sys/wait.h>
#include <stdio.h>
#include <sys/types.h>
#include <fcntl.h>
#include <stdlib.h>
#include <limits.h>
#define EXIT(s) {fprintf(stderr, "%s",s); exit(EXIT_FAILURE);}

// Wenn nicht ausreichend dimensioniert =>
// vergrößern oder ggf. dynamisch machen
#define MAX PIPE_BUF * 8
```

```
enum{ ERROR = -1, SUCCESS };

int main (int argc, char **argv) {
   int fd[2];
   pid_t pid;
   FILE *pipe_writer, *file;
   char puffer[MAX];

   if (argc != 2) {
     fprintf(stderr, "Usage: %s DateiZumLesen\n", *argv);
     exit(EXIT_FAILURE);
   }
   if ((file = fopen (argv[1], "r")) == NULL)
      EXIT ("Fehler bei fopen ...\n");
   if (pipe (fd) == ERROR)
      EXIT ("Fehler bei pipe ...\n");
   if ((pid = fork ()) == ERROR)
      EXIT ("Fehler bei fork ...\n");
   if (pid > 0) {     /*Elternprozess */
      close (fd[0]);   /*Wir schließen die Leseseite */
      if ((pipe_writer = fdopen (fd[1], "w")) == NULL)
         EXIT ("Fehler bei fdopen ...\n");
      fread (&puffer, MAX, 1, file);
      /* Wir schreiben in die Pipe */
      fputs (puffer, pipe_writer);
      /*Mit dem Schließen der Schreibseite */
      /*teilen wir dem Kindprozess das Ende */
      /*des Schreibens in die Pipe mit */
      fclose (pipe_writer);
      if (waitpid (pid, NULL, 0) == ERROR)
         EXIT ("Fehler bei waitpid ...\n");
      exit (EXIT_FAILURE);
   }
   else {        /*Kindprozess liest aus der Pipe mit less */
      sleep (1);
      close (fd[1]);   /*Schließen der Schreibseite */
      if (fd[0] != STDIN_FILENO) {/*muss überprüft werden */
          /*duplizieren Standardeingabe*/
         if (dup2 (fd[0], STDIN_FILENO) != STDIN_FILENO)
            EXIT ("Fehler bei dup2......\n");
         close (fd[0]);
      }
      if (execl ("./filter", "filter", NULL) == ERROR) ;
      EXIT ("Fehler bei execl ...\n");
   }
   return EXIT_SUCCESS;
}
```

Das Filterprogramm bei der Ausführung:

```
$ gcc -o filter filter.c
$ gcc -o pipe3b pipe3b.c
$ ./pipe3b test.txt
Flusskontrolle
Da man nicht genau sagen kann, welcher von den Prozessen xxx Daten zuerst an den
Zielrechner verschickt xxx wieder zurück, verwendet man xxx so genannte Server-
Client-IPCs. Das heißt, man verwendet xxx xxxx mehrere Clienten und xxxx xxxx
Server. Der Client stellt die Anfrage an den Server xxx der Server antwortet.
Der xxxx die
...
```

9.3.7 Einrichten einer Pipe zu einem anderen Prozess – popen()

Die Funktion `popen()` nimmt Ihnen im Gegensatz zu den Beispielen mit dem Systemaufruf `pipe()` eine Menge Schreibarbeit ab. Die Syntax zu `popen()` lautet:

```
FILE *popen(const char *command, const char *wie);
```

Der Parameter `command` entspricht hier einem Funktionsaufruf von `system()`. Intern wird dabei aber trotzdem eine Pipe angelegt. Ob Sie mit diesem Prozess lesen oder schreiben wollen, legen Sie mit dem Parameter `wie` fest. `"r"` steht für Lesen aus der Pipe und `"w"` für Schreiben. Im Fehlerfall liefert `popen()` `NULL` ansonsten bei Erfolg den `FILE`-Zeiger zurück. Somit nimmt Ihnen die Funktion `popen()` folgende Arbeiten gegenüber der Funktion `pipe()` ab:

- `pipe()`-Aufruf
- `fork()`-Aufruf (Erzeugung eines Kindprozesses)
- schließen nicht verwendeter Seiten des Kind-/Elternprozesses
- die Überlagerung des Prozesses mit einer `exec`-Funktion

Jetzt soll Ihnen mit der Funktion `popen()` anhand eines Beispiels demonstriert werden, das im Abschnitt zuvor verwendet wurde, wo Sie Ihr selbst geschriebenes Filterprogramm verwendet haben. Sie werden erkennen, dass die neue Version nun wesentlich kürzer und einfacher zu erstellen ist.

```
/* popen1.c */
#include <unistd.h>
#include <sys/wait.h>
#include <stdio.h>
#include <sys/types.h>
#include <fcntl.h>
#include <stdlib.h>
#include <limits.h>

#define EXIT(s) { fprintf(stderr, "%s",s); exit(EXIT_FAILURE); }
#define MAX PIPE_BUF * 8

enum { ERROR = -1, SUCCESS };
```

```
int main (int argc, char **argv) {
   FILE *pipe_writer, *file;
   char puffer[MAX];
   if (argc != 2) {
     fprintf(stderr, "Usage: %s DateiZumLesen\n", *argv);
     exit(EXIT_FAILURE);
   }
   if ((file = fopen (argv[1], "r")) == NULL)
      EXIT ("Fehler bei fopen ...\n");
   if ((pipe_writer = popen ("./filter", "w")) == NULL)
      EXIT ("Fehler bei popen ...\n");
   while (fgets(puffer, MAX, file) != NULL) {
      if (fputs (puffer, pipe_writer) == EOF)
         EXIT ("Fehler bei fputs ...\n");
   }
   pclose (pipe_writer);
   return EXIT_SUCCESS;
}
```

An dieser Stelle soll die Funktion `popen()` nochmals etwas genauer erklärt werden. Als erstes Argument der Funktion `popen()` geben Sie das Programm/Kommando an, das den Kindprozess überlagern soll. Als zweites Argument wird der Modus angegeben, wobei Sie wie schon bei dem klassischen Pipe-Aufruf (`pipe()`) zwei Möglichkeiten haben:

- `"w"` – Die geschriebenen Daten in der Pipe werden an die Standardeingabe von `command` weitergegeben.
- `"r"` – Die gelesenen Daten aus der Pipe stammen aus der Standardausgabe des Programms/Kommandos `command`.

Der Modus für `popen()` kann leider nicht `"rw"`, `"r+"` oder `"w+"` sein. Um die Pipe wieder zu schließen, muss folgende Funktion verwendet werden:

```
int pclose(FILE *pipe_zeiger);
```

Diese Funktion wartet auf die Beendigung des Prozesses, den Sie in `command` angegeben haben. Konnte die Pipe nicht geschlossen werden, wird -1 zurückgegeben.

Achtung

Wenn Sie bei der Funktion `popen()` eine Benutzereingabe für das erste Argument erlauben, seien Sie auf der Hut. Sie sollten die Eingabe auf jeden Fall überprüfen und vor jedes Sonderzeichen ein Escape-Zeichen setzen. Tun Sie dies nicht, kann ein böswilliger Anwender das System gefährden, indem dieser spezielle für die Shell reservierte Metazeichen verwendet. Selbiges gilt übrigens auch für den `system()`-Aufruf.

9.3.8 Mail versenden mit Pipes und Sendmail

Eine Mail aus einer Anwendung zu versenden ist nun mit den Pipes kein großes Problem mehr. Ich verwende für das folgende Beispiel das *sendmail* für das Versenden von Mails, da es bei den meisten Systemen als Dämon im Hintergrund läuft oder zumindest bei der Distribution dabei ist. *sendmail* ist eigentlich für ein solches Beispiel unterfordert. Natürlich setzt dieses Beispiel voraus, dass Sie *sendmail* installiert und richtig konfiguriert haben.

Da *sendmail* im Grunde eher ein Monster als ein Dämon ist, ist das Konfigurieren eine ziemliche umfangreiche und komplizierte Geschichte. Aber auch ohne jegliche Konfiguration können Sie zu Testzwecken *sendmail* verwenden. Senden Sie die E-Mails doch einfach an das lokale Postfach (z. B. benutzername@localdomain oder benutzername@linux) – das Sie auch mit einigen Klicks z. B. mit *Kmail* einrichten und somit empfangen können. Generell werden Sie wahrscheinlich auf Ihrem lokalen System die Zugriffsrechte anpassen müssen, um als normaler Benutzer und nicht als Superuser auf *sendmail* zugreifen zu können. *sendmail* selbst sollte sich im Pfad */usr/sbin/sendmail* befinden – am besten ermittelt man diesen Pfad mit dem *which*-Kommando wie im folgenden Listing geschehen.

Damit mir *sendmail* auch im User-Bereich zur Verfügung steht, habe ich mir mit einem harten Link beholfen:

```
# ln -v /usr/sbin/sendmail /usr/bin/sendmail
Erzeugen der harten Verknüpfung "/usr/bin/sendmail"
zu "/usr/sbin/sendmail"
# which sendmail
/usr/sbin/sendmail
# exit
exit
$ which sendmail
/usr/bin/sendmail
```

Hier das Listing, um via Pipe auf *sendmail* zuzugreifen:

```
/* popen2.c */
#include <unistd.h>
#include <sys/wait.h>
#include <stdio.h>
#include <sys/types.h>
#include <fcntl.h>
#include <stdlib.h>
#include <string.h>
#include <errno.h>

#define BUF1 255
#define BUF2 8192

static void
sendmail ( const char *to, const char *from,
           const char *subject,
           /*const char *cc, const char *bcc, */
           const char *inhalt ) {
   FILE *pipe, *pfad;
   char pfad_sendmail[BUF1];

   /* Wir ermitteln den Pfad zu sendmail            */
   pfad = popen ("which sendmail", "r");
```

```
   if (pfad == NULL) {
      perror("popen()");
      exit (EXIT_FAILURE);
   }
   fscanf (pfad, "%s", pfad_sendmail);
   pclose (pfad);
   strcat (pfad_sendmail, " -n -oi -t");

   /*Der Pfad ist meistens /usr/sbin/sendmail */
   pipe = popen (pfad_sendmail, "w");
   if (pipe == NULL) {
      fprintf (stderr,
          "Konnte keine Verbindung zu sendmail aufbauen!n");
      exit (EXIT_FAILURE);
   }

   /* In sendmail schreiben ... */
   fprintf(pipe, "From:%s" "To:%s", from, to);
   /* if(cc != NULL){ fprintf(pipe, "Cc: %s\n", cc); }    */
   /* if(bcc != NULL){ fprintf(pipe, "Bcc: %s\n", bcc); } */
   if(subject != NULL) {
      fprintf(pipe, "Subject:%s", subject);
   }

   /* Extra-Newline vorher ist hier wichtig ...-v */
   if(inhalt != NULL) { fprintf(pipe, "\n%s\n", inhalt); }
   pclose (pipe);
   printf ("Mail wurde versendet an : %s\n", to);
   return;
}

int main (int argc, char **argv) {
   char to[BUF1], from[BUF1], sub[BUF1],
        inhalt[BUF2], puffer[BUF1];

   printf ("Mail To   : ");
   fgets (to, BUF1, stdin);
   printf ("Mail from : ");
   fgets (from, BUF1, stdin);
   printf ("Betreff   : ");
   fgets (sub, BUF1, stdin);
   sub[strlen(sub)-1] = '\0';
   inhalt[0] = '\0';
   printf ("Inhalt    (beenden mit STRG+D) \n>");
   while (fgets (puffer, BUF1-1, stdin) != NULL) {
      if( strlen(inhalt) + strlen(puffer) < BUF2 ) {
            strcat (inhalt, puffer);
            printf (">");
      }
      else
```

```
            break;
        }
        inhalt[BUF2] = '\0';
        sendmail (to, from, sub, inhalt);
        return EXIT_SUCCESS;
}
```

Das Programm bei seiner Ausführung:

```
$ ./popen2
Mail to    : tot@linux
Mail from : me@mydomain.de
Betreff    : Eine Mail von mir für mich
Inhalt     (beenden mit STRG+D)
>E-Mail wird via Pipe an mein eigenes lokales Postfach
>geschickt. Wird bspw. K-Mail hiermit richtig konfiguriert,
>kann man hiermit seine eigenen E-Mails über sendmail
>empfangen.
>
>Gruss
>Jürgen Wolf
>Mail wurde versendet an : tot@linux

You have new mail in /var/spool/mail/tot
```

In diesem Beispiel werden zwei Pipes verwendet, eine zum Ermitteln des Pfades von *sendmail* und die zweite zum Versenden der Mail mittels *sendmail*. Wenn Sie eine Flat Rrate oder Standleitung ins Internet haben, können Sie ja noch eine Funktion für *fetchmail* schreiben. *fetchmail* dient zum Abholen von Mails. Filtern Sie dann mithilfe der Pipe die Zeile *from* aus, und schicken Sie eine Mail an den Absender mit der Information zurück, dass Sie die Mail erhalten haben (Autoresponder). Verwenden Sie den *cron*-Dämon, und lassen Sie stündlich Ihre Mails abholen.

9.3.9 Drucken über eine Pipe mit lpr

Unter Linux werden Geräte genauso wie Dateien angesprochen. Somit können Sie, wenn der Drucker sich beispielsweise am parallelen Port befindet, eine Datei mit dem Aufruf

```
$ cat datei.txt > /dev/lp0
```

oder

```
$ cat datei.txt > /dev/lp1
```

ausdrucken lassen. Dies erweist sich allerdings als nicht sonderlich komfortabel und sicher. Beim Systemstart wird daher der Druckerdämon *lpd* aufgerufen, der sich um die Umsetzung der Druckeraufträge kümmert. Mit dem Druckertool *lpr* können Sie dann Ihre Texte komfortabler aufrufen. Beim Aufruf von *lpr* ruft der Druckerdämon *lpd* einen neuen Prozess mit `fork()` auf. Aus diesem Prozess wird anschließend ein Kinderdämon (*lpr*), der dann die Arbeit zum Drucken übernimmt. Somit können Sie mit dem Aufruf

```
$ lpr datei.txt
```

den Text, der sich in *datei.txt* befindet, ausdrucken. Die unzähligen Optionen, die Sie hierbei mit *lpr* verwenden können, entnehmen Sie bitte der Manual Page. Weitere interessante Druckertools wären:

- *lpq* – gibt Auskunft zur Druckerwarteschlange.
- *lprm* – löscht Druckaufträge.
- *lpc* – für den Administrator (root); damit kann das ganze Druckersystem gesteuert werden.

Dies soll nur ein kurzer Überblick zum Drucken unter Linux sein. Nach den Abschnitten zuvor sollte Ihnen das Drucken über eine Pipe nicht mehr allzu schwer fallen. Hier das Beispiel dazu.

```
/* printme.c */
#include <stdio.h>
#include <unistd.h>
#include <stdlib.h>
#include <string.h>
#include <errno.h>
#define BUF 8192

static void an_den_drucker (const char *text) {
   FILE *p;
   /*Pipe zum Tool lpr erstellen zum Schreiben auf lpr*/
   p = popen ("lpr", "w");
   if (p == NULL) {
      perror("popen()");
      exit (EXIT_FAILURE);
   }
   /*An den Drucker schreiben */
   printf ("Sende Auftrag an den Drucker ...\n");
   fprintf (p, "%s", text);
   fflush (p);
   pclose (p);
   return;
}

int main (void) {
   char puffer[BUF], inhalt[BUF];
   inhalt[0] = '\0';
   printf ("Bitte Text zum Drucken schreiben "
           " (Beenden mit STRG+D)!\n-> ");
   while (fgets (puffer, BUF, stdin) != NULL) {
      if( strlen(inhalt) + strlen(puffer) < BUF ) {
            strcat (inhalt, puffer);
            printf ("->");
      }
      else
            break;
   }
   inhalt[BUF] = '\0';
```

```
    an_den_drucker (inhalt);
    return EXIT_SUCCESS;
}
```

Natürlich können Sie nun auch andere Texte mittels

```
$ echo Hallo Welt | ./printme
```

an den Drucker senden. Was in diesem Programmbeispiel noch fehlen würde, ist ein Filterprogramm, das die Druckerausgabe formatiert oder das beispielsweise die Ausgabe nach dem Alphabet sortiert ausgibt, etwa bei einer Dateiverwaltung. So etwas sollten Sie allerdings jetzt mit den Kenntnissen der Pipes ohne Problem selbst implementieren können.

Zum Abschluss soll hier noch das Listing zum Versenden von E-Mails mittels *sendmail* erweitert werden. Jede Mail, die versendet wird, soll auf einen Drucker mitprotokolliert und ausgegeben werden.

```
/* printme2.c */
#include <unistd.h>
#include <stdio.h>
#include <stdlib.h>
#include <string.h>
#include <errno.h>

#define BUF1 254
#define BUF2 8192

static void an_den_drucker (const char *);
static void sendmail (const char *, const char *,
                      const char *, const char *);

static void
sendmail ( const char *to, const char *from,
           const char *subject,
           /* const char *cc, const char *bcc, */
           const char *inhalt ) {
   FILE *pipe, *pfad;
   char pfad_sendmail[BUF1];
   char protokoll[BUF2+BUF2];

   protokoll[0] = '\0';
   /*Wir ermitteln den Pfad zu sendmail */
   pfad = popen ("which sendmail", "r");
   if (pfad == NULL) {
      perror("popen()");
      exit (EXIT_FAILURE);
   }

   fscanf (pfad, "%s", pfad_sendmail);
   pclose (pfad);
   strcat (pfad_sendmail, " -n -oi -t");
```

```
   /*Der Pfad ist meistens /usr/sbin/sendmail */
   pipe = popen (pfad_sendmail, "w");
   if (pipe == NULL) {
      perror("popen()");
      exit (EXIT_FAILURE);
   }

   /* In sendmail schreiben ... */
   fprintf(pipe, "From:%s" "To:%s", from, to);
   strcat(protokoll, "From: ");
   strcat(protokoll, from);
   strcat(protokoll, "\nTo: ");
   strcat(protokoll, to);
   /* if(cc != NULL) {
       fprintf(pipe, "Cc: %s\n", cc);
       strcat(protokoll, "\nCc: ");
       strcat(protokoll, cc);
   }*/
   /* if(bcc != NULL) {
       fprintf(pipe, "Bcc: %s\n", bcc);
       strcat(protokoll, "\nBcc: ");
       strcat(protokoll, bcc);
   }*/
   if(subject != NULL) {
       fprintf(pipe, "Subject:%s", subject);
       strcat(protokoll, "\nSubject: ");
       strcat(protokoll, subject);
   }
   strcat(protokoll, "\n\n");
   if(inhalt != NULL) {
       fprintf(pipe, "\n%s\n", inhalt);
       strcat(protokoll, inhalt);
       strcat(protokoll, "\n");
   }
   pclose (pipe);
   printf ("Mail wurde erfolgreich versendet an: %s\n", to);
   an_den_drucker (protokoll);
   return;
}

static void an_den_drucker (const char *text) {
   FILE *p;
   /* Pipe zum Tool lpr erstellen zum Schreiben auf lpr */
   p = popen ("lpr", "w");
   if (p == NULL) {
      perror("popen()");
      exit (EXIT_FAILURE);
   }
```

```
    /*An den Drucker schreiben */
    printf ("Sende Auftrag an den Drucker ...\n");
    fprintf (p, "%s", text);
    pclose (p);
    return;
}

int main (int argc, char **argv) {
    char to[BUF1], from[BUF1], sub[BUF1],
         inhalt[BUF2], puffer[BUF1];

    printf ("Mail To    : ");
    fgets (to, BUF1, stdin);
    printf ("Mail from : ");
    fgets (from, BUF1, stdin);
    printf ("Betreff    : ");
    fgets (sub, BUF1, stdin);
    sub[strlen(sub)-1] = '\0';
    inhalt[0] = '\0';

    printf ("Inhalt    (beenden mit STRG+D) \n>");
    while (fgets (puffer, BUF1, stdin) != NULL) {
       if( strlen(inhalt) + strlen(puffer) < BUF2 ) {
             strcat (inhalt, puffer);
             printf (">");
       }
       else
             break;
    }
    inhalt[BUF2] = '\0';
    sendmail (to, from, sub, inhalt);
    return EXIT_SUCCESS;
}
```

Mit Pipes könnte man praktisch jedes beliebige Programm einhängen. Voraussetzung ist natürlich, dass bei dem Endanwender dieses Programm ebenso installiert ist. Im nächsten Abschnitt werden Sie sehen, wie Sie mit den benannten Pipes (FIFOs) eine Art Faxempfangsprogramm erstellen können.

9.3.10 Benannte Pipes – FIFOs

Mit den namenlosen Pipes, die Sie bisher verwendet haben, konnten Sie nur mit den Prozessen kommunizieren, die miteinander verwandt waren. Mit FIFOs (benannten Pipes) haben Sie nun die Möglichkeit, mit einem völlig fremden Prozess zu kommunizieren (Daten austauschen). Der Systemaufruf `mkfifo()` bedeutet also nichts anderes, als dass eine Pipe als Filesystem-Objekt repräsentiert wird (aber das hatten wir ja schon abgeklärt).

Auf der Konsole lässt sich ein FIFO folgendermaßen erstellen:

```
$ mkfifo fifo1
```

Jetzt befindet sich im aktuellen Verzeichnis ein FIFO, in das Sie etwas schreiben können – z. B.:

```
$ echo hallo welt > fifo1
```

Auslesen können Sie dieses FIFO wieder mit einem einfachen:

```
$ cat fifo1
```

Natürlich müssen Sie auch die Zugriffsrechte des FIFO entsprechend vergeben, wer in dieses FIFO etwas schreiben darf und wer aus ihm lesen kann. FIFOs sind auch eine halbduplexe IPC, was bedeutet, dass auch mit FIFOs, wie schon bei den Pipes, kein mehrfaches Auslesen möglich ist.

FIFOs arbeiten ebenfalls wie Pipes nach dem Prinzip *First In First Out*. Das heißt, dass die Daten, die zuerst geschrieben wurden, auch wieder als Erstes ausgegeben werden. Mit FIFOs werden häufig die typischen Client-Server-Anwendungen geschrieben, wie das folgende Bild zeigt.

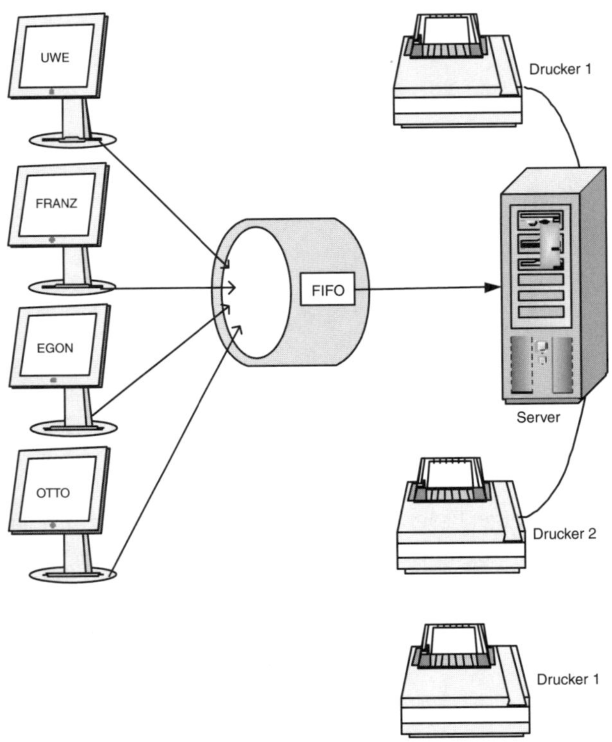

Abbildung 9.10 Typisches Client-Server-Beispiel mittels eines FIFO

Bei diesem Beispiel (Abb. 9.10) können Sie einen typischen Anwendungsfall für ein FIFO sehen. Vier Clients, in diesem Fall Uwe, Otto, Franz und Egon, wollen auf zwei Drucker zugreifen. Alle vier Clients schicken nun eine Schreibanforderung an den Drucker. Diese Schreibaufforderung wird zuerst von dem FIFO angenommen und der Reihe nach, wie die Anforderungen eingetroffen sind, sortiert. Der Server liest nun aus diesem FIFO, bearbeitet diese Anforderungen der Reihe nach und leitet sie an den entsprechenden Drucker weiter.

Wenn jetzt aber z. B. Uwe und Egon ein 100 Seiten starkes Skript ausdrucken lassen, sollte der Server natürlich an Otto und Franz eine Meldung zurückschicken, dass sich der Auftrag in der Warteschlange befindet und momentan kein Drucker mehr frei ist. Der Server schickt also eine Antwort an den Client, entweder eine Bestätigung des Auftrags oder eine Warteaufforderung.

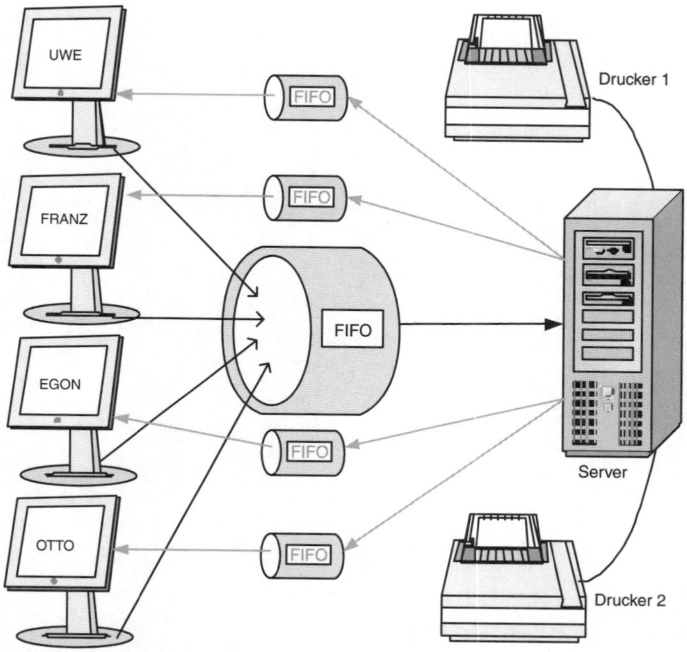

Abbildung 9.11 Server antwortet den Clients.

Hier können Sie erkennen, dass der Server in ein FIFO schreibt und die Clients diesmal aus einem FIFO lesen. Dies sollte erst einmal veranschaulichen, worum es bei FIFOs überhaupt geht.

Um ein FIFO zu erstellen, steht Ihnen die folgende Funktion zur Verfügung:

```
#include <sys/types.h>
#include <sys/stat.h>

int mkfifo(const char *pfadname, mode_t mode);
```

Damit legen Sie eine Datei mit `pfadname` an – wobei es sich allerdings nicht um eine normale Dateiart, sondern eben um ein FIFO handelt. Für das Argument `modus` stehen dieselben Konstanten wie schon bei der Funktion `open()` zur Verfügung (Kapitel 2). Wenn Sie das FIFO erzeugt haben, können Sie damit, wie bei einer normalen Datei, die elementaren E/A-Funktionen (`open()`, `read()`, `write()` etc.) verwenden. Konnte das FIFO erfolgreich angelegt werden, wird 0, ansonsten bei einem Fehler -1 zurückgegeben.

Dazu ein einfaches Beispiel, das zeigt, wie ein FIFO erzeugt wird und dass es sich bei dem FIFO nicht um eine normale Datei handelt. Dies wird mit der Funktion `stat()` und dem Makro `S_ISFIFO` überprüft.

```
/* fifo1.c */
#include <stdio.h>
#include <unistd.h>
#include <sys/types.h>
#include <sys/stat.h>
#include <fcntl.h>
#include <stdlib.h>
#include <errno.h>
#define FIFO "fifo0001"

int main (void) {
   struct stat attribut;
   /*Wir erzeugen ein FIFO*/
   if ((mkfifo (FIFO, S_IRUSR | S_IWUSR)) == -1) {
      /* FIFO bereits vorhanden - kein fataler Fehler */
      if(errno == EEXIST)
         perror ("mkfifo()");
      else {
         perror("mkfifio()");
         exit (EXIT_FAILURE);
      }
   }
   if (stat (FIFO, &attribut) == -1) {
      perror ("stat()");
      exit (EXIT_FAILURE);
   }
   printf("Dateiart von %s ermitteln ...\n",FIFO);
   if (S_ISREG (attribut.st_mode))
      printf ("Reguläre Datei\n");
   else if (S_ISDIR (attribut.st_mode))
      printf ("Verzeichnis\n");
#ifdef S_ISSOCK
   else if (S_ISSOCK (attribut.st_mode))
      printf ("Socket\n");
#endif
   else if (S_ISFIFO (attribut.st_mode))
      printf ("FIFO\n");
   else
      printf ("Unbekannte Dateiart\n");
   return EXIT_SUCCESS;
}
```

Das Programm bei der Ausführung:

```
$ gcc -o fifo1 fifo1.c
$ ./fifo1
Dateiart von fifo0001 ermitteln ...
FIFO
```

Im nächsten Beispiel soll ein FIFO erstellt werden, das zum Lesen und Schreiben verwendet wird. Dazu öffnen Sie ein erzeugtes FIFO zuerst mittels `open()`, um anschließend darin etwas zu schreiben und wieder auszulesen. Wichtig ist dabei auch das Setzen der Zugriffsrechte. Wird dies vergessen, kann/wird es passieren, dass Sie keinen Zugriff auf das FIFO haben.

Hinweis

In der Regel wird man Zugriff haben, da man das FIFO ja erstellt hat (und dieses somit dem aktuellen Benutzer gehört). Sicher muss man darauf achten, da die umask den `O_RDWR`-Modus fehlschlagen lassen kann (z. B. umask 0222).

Hier das Beispiel:

```
/* fifo2.c */
#include <stdio.h>
#include <unistd.h>
#include <sys/types.h>
#include <sys/stat.h>
#include <fcntl.h>
#include <stdlib.h>
#include <string.h>
#include <errno.h>
#define FIFO "fifo0001.1"

int main (void) {
   int fd_fifo;      /*Handle für das FIFO */
   char puffer[] = "Dieser Text ist für das FIFO\n";
   char buf[100];
   int n;

   /*Alle Zugriffsrechte der Dateikreierungsmaske erlauben*/
   umask(0);
   /* Wir erzeugen das FIFO*/
   if ((mkfifo (FIFO, 0666)) == -1) {
      /* FIFO bereits vorhanden - kein fataler Fehler */
      if(errno == EEXIST)
         perror ("mkfifo()");
      else {
         perror("mkfifio()");
         exit (EXIT_FAILURE);
      }
   }
   /* FIFO zum Lesen und Schreiben öffnen */
   if ((fd_fifo = open (FIFO, O_RDWR)) == -1) {
      perror ("open()");
      exit (EXIT_FAILURE);
   }
   n = write (fd_fifo, puffer, strlen (puffer));
   if (read (fd_fifo, &buf, n ) == -1) {
      perror ("read()");
      exit(EXIT_FAILURE);
   }
```

```
   buf[n] = '\0';
   printf ("Gelesen aus dem FIFO : %s\n", buf);
   return EXIT_SUCCESS;
}
```

Wenn alles ordnungsgemäß ablief, wird der String »Dieser Text ist für das FIFO« ausgegeben.

Natürlich muss man auf Deadlocks und volle Pipes achten, denn `write(fd, string, 8192)` blockiert (sofern die Pipegröße mittels *ulimit* nicht hochgesetzt wurde).

Auf einigen Systemen kann es sein, dass die Funktion `mkfifo()` nicht vorhanden ist. Sollte dies bei Ihnen der Fall sein, muss man anstatt `mkfifo()` die Funktion `mknod()` verwenden. Die Syntax dazu lautet:

```
int mknod(char *pfadname, int mode, int dev);
```

Als `pfadname` geben Sie auch hier die reguläre Unix-Verzeichnisangabe und den Namen des FIFO an. Für `mode` müssen Sie hier die Konstante `S_IFIFO` aus der Headerdatei `<sys/stat.h>` mit den Zugriffsrechten verwenden. Der Parameter `dev` wird nicht benötigt. Die Verwendung von `mknod()` sieht so aus:

```
if( mknod ( "/tmp/fifo0001.1",
            S_IFIFO|S_IRUSR|S_IWUSR, 0 ) == - 1) {
   /* Kann kein FIFO erzeugen --- Fehler */
}
```

Der Rückgabewert bei Erfolg ist 0 und bei Fehler -1. Das erzeugte FIFO kann anschließend ebenso verwendet werden wie ein mit `mkfifo()` erzeugtes FIFO.

Hinweis

Häufig wird ein Fehler zurückgegeben, weil beim Anlegen eines FIFO dieses bereits existiert. Hier ist es sinnvoll, die Fehlervariable `errno` zu überprüfen.

Was bei einem FIFO zu beachten ist

Bevor Sie ein Client-Server-Beispiel programmieren werden, müssen Sie noch einiges wissen, worauf Sie beim Zugriff auf FIFOs achten müssen:

- Wenn Sie beim Öffnen des FIFO mit `open()` nicht den Modus `O_NONBLOCK` verwenden, wird die Öffnung des FIFO sowohl zum Schreiben als auch zum Lesen blockiert (nicht bei `O_RDWR`). Beim Schreiben wird so lange blockiert, bis ein anderer Prozess das FIFO zum Lesen geöffnet hat. Beim Lesen wiederum wird ebenfalls so lange blockiert, bis ein anderer Prozess in das FIFO schreibt.
- Das Flag `O_NONBLOCK` kann nur bei Lesezugriffen verwendet werden. Wird mit `O_NONBLOCK` versucht, das FIFO mit Schreibzugriff zu öffnen, führt dies zu einem Fehler beim Öffnen.
- Wenn Sie ein FIFO zum Schreiben mit `close()` oder `fclose()` schließen, bedeutet dies für das FIFO zum Lesen ein EOF.
- Wie schon bei den Pipes gilt, falls mehrere Prozesse auf dasselbe FIFO schreiben, muss darauf geachtet werden, dass niemals mehr als `PIPE_BUF` Bytes auf einmal geschrieben wer-

den. Dies daher, damit die Daten nicht durcheinander gemischt werden. Die Anzahl der Bytes und gleichzeitig geöffneter FIFOs können Sie mit dem folgenden Listing ermitteln:

```
/* fifo_buf.c */
#include <stdio.h>
#include <unistd.h>
#include <sys/types.h>
#include <sys/stat.h>
#include <fcntl.h>
#include <stdlib.h>
#include <errno.h>

int main (void) {
   /*Wir erzeugen das FIFO*/
   if ((mkfifo ("fifo0001", S_IRUSR | S_IWUSR)) == -1) {
      /* FIFO bereits vorhanden - kein fataler Fehler */
      if(errno == EEXIST)
         perror ("mkfifo()");
      else {
         perror("mkfifio()");
         exit (EXIT_FAILURE);
      }
   }
   printf("Es können max. %ld Bytes in das FIFO geschrieben"
          "werden\n", pathconf ("fifo0001", _PC_PIPE_BUF));
   printf ("Außerdem können max %ld FIFOs geöffnet sein\n",
            sysconf (_SC_OPEN_MAX));
   return EXIT_SUCCESS;
}
```

Jetzt möchte ich Ihnen noch ein Beispiel zeigen, wie sich Eltern- und Kindprozess miteinander über ein FIFO unterhalten können. Der Kindprozess soll etwas in das FIFO schreiben, was der Elternprozess dann ausliest. Ein einfaches Server-Client-Beispiel (Eltern/Kind) eben.

```
/* fifo4.c */
#include <stdio.h>
#include <unistd.h>
#include <sys/types.h>
#include <sys/stat.h>
#include <fcntl.h>
#include <stdlib.h>
#include <string.h>
#include <sys/wait.h>
#include <errno.h>

#define FIFO "/tmp/fifo0001.1"

int main (void) {
   int r_fifo, w_fifo;
   char puffer[] =
      "Der Text für das FIFO an den Elternprozess\n";
```

```
   char buf[100];
   pid_t pid;

   if ((mkfifo (FIFO, S_IRUSR | S_IWUSR)) == -1) {
      /* FIFO bereits vorhanden - kein fataler Fehler */
      if(errno == EEXIST)
         perror ("mkfifo()");
      else {
         perror("mkfifio()");
         exit (EXIT_FAILURE);
      }
   }
   pid = fork ();
   if (pid == -1) {
      perror ("fork()");
      exit (EXIT_FAILURE);
   }
   else if (pid > 0) { /*Elternprozess liest aus dem FIFO */
      if ((r_fifo = open (FIFO, O_RDONLY)) < 0) {
         perror ("open()");
         exit (EXIT_FAILURE);
      }
      /*Wir warten auf das Ende vom Kindprozess */
      while (wait (NULL) != pid);
      /*Lesen aus dem FIFO */
      read (r_fifo, buf, strlen (puffer));
      buf[strlen(puffer)] = '\0';
      printf(" --- Elternprozess ---\n");
      printf ("%s", buf);
      close (r_fifo);
   }
   else {       /*Kindprozess schreibt in das FIFO */
      printf(" --- Kindprozess ---\n");
      if ((w_fifo = open (FIFO, O_WRONLY)) < 0) {
         perror ("open()");
         exit (EXIT_FAILURE);
      }
      /*Schreiben in das FIFO */
      write (w_fifo, puffer, strlen (puffer));
      close (w_fifo);   /* EOF */
      exit (EXIT_SUCCESS);
   }
   printf(" --- Ende ---\n");
   return EXIT_SUCCESS;
}
```

Das Programm bei der Ausführung:

```
$ gcc -o fifo4.c fifo4.c
$ ./fifo4
```

```
 --- Kindprozess ---
 --- Elternprozess ---
Der Text für das FIFO an den Elternprozess
 --- Ende ---
```

Kommunikation zwischen zwei nicht verwandten Prozessen

Jetzt ist es an der Zeit, Ihnen ein echtes Client-Server-Beispiel zu zeigen. Als Aufgabenstellung sei folgendes bekannte Bild gegeben:

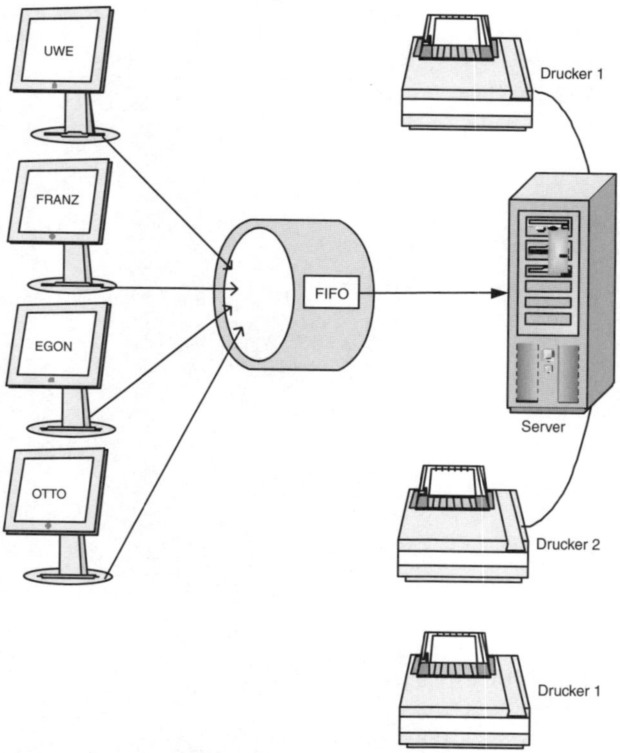

Abbildung 9.12 Vier Anwender und zwei Drucker ...

Kurz und bündig, hier sind vier Anwender, die auf zwei Drucker zugreifen wollen. Sollten im Fall der Fälle alle vier Anwender zur gleichen Zeit drucken wollen, was ja rein praktisch nicht geht, soll das FIFO das Problem für uns übernehmen und eine Warteschlange einrichten. Zugegeben, das Problem löst ja im echten Leben normalerweise der Druckerdämon *lpd*, aber zum Verständnis ist dies genau das Richtige. Dieses Beispiel setzt auch voraus, dass der Drucker fix und fertig konfiguriert ist. Ich denke, dass ein Drucker heutzutage zur Standardausrüstung eines einfachen PC-Anwenders gehört.

Hinweis

Das folgende Beispiel funktioniert natürlich nur, wenn ein Drucker als Ziel für `lpr` eingerichtet wurde. Mehr dazu finden Sie natürlich auf der entsprechenden Manual-Page oder auf der Webseite: *http://en.wikipedia.org/wiki/Line_Printer_Daemon_protocol*

```
/* polling_fifo.c */
#include <stdio.h>
#include <unistd.h>
#include <sys/types.h>
#include <sys/stat.h>
#include <fcntl.h>
#include <stdlib.h>
#include <errno.h>
#define BUF 4096

static void an_den_drucker (const char *text) {
   FILE *p;
   /*Pipe zum Tool lpr erstellen zum Schreiben auf lpr*/
   p = popen ("lpr", "w");
   if (p == NULL) {
      perror ("popen()");
      exit (EXIT_FAILURE);
   }
   /*An den Drucker schreiben */
   printf ("Sende Auftrag an den Drucker ...\n");
   fprintf (p, "%s", text);
   pclose (p);
}

int main (void) {
   char puffer[BUF], inhalt[BUF];
   int fd;

   inhalt[0] = '\0';
   umask(0);
   if (mkfifo ("fifo1.1", 0666) < 0) {
      /* FIFO bereits vorhanden - kein fataler Fehler */
      if(errno == EEXIST)
         printf ("Versuche, vorh. FIFO zu verwenden\n");
      else {
         perror("mkfifio()");
         exit (EXIT_FAILURE);
      }
   }
   /*Empfänger liest nur aus dem FIFO */
   fd = open ("fifo1.1", O_RDONLY);
   if (fd == -1) {
      perror ("open()");
      exit (EXIT_FAILURE);
   }
   while (1) {      /*Endlosschleife */
      if ( read (fd, puffer, BUF) )
         an_den_drucker (puffer);
      sleep (2);
```

```
   }
   return EXIT_SUCCESS;
}
```

Übersetzen Sie das Listing, und starten Sie es als einen Hintergrundprozess:

```
$ gcc -o polling_fifo polling_fifo.c
$ ./polling_fifo&
[1] 3146
```

Das Programm läuft nun in einer Endlosschleife und liest etwas aus dem FIFO, sofern dort etwas steht. Ansonsten wird der Prozess durch die Funktion `read()` blockiert. Das Programm `polling_fifo` dient also als Empfänger oder auch als Server, wenn Sie so wollen. Jetzt soll das FIFO auch etwas zum Lesen bekommen, z. B. mit:

```
$ echo hallo Welt > fifo1.1
$ cat datei.txt > fifo1.1
```

Sie können aus beliebig (nicht ganz) vielen Fenstern und Terminals Nachrichten in das FIFO schreiben. Das Programm liest anschließend aus dem FIFO und leitet das Gelesene mithilfe einer Pipe an den Drucker weiter.

Man könnte das Ganze als eine Art Faxempfangsprogramm in einem lokalen Netzwerk sehen. Da nicht jeder mit der Kommandozeile vertraut ist, soll noch ein weiteres Programm geschrieben werden, mit dem Sie Daten in dieses FIFO schreiben können, also das Sendeprogramm (Client). Jeder, der nun auf seinem Rechner dieses Programm hat, kann auf dieses FIFO schreiben (sofern die Zugriffsrechte richtig gesetzt sind). Natürlich ist auch ohne dieses Programm ein Senden, wie oben mit der Ausgabeumleitung auf das FIFO demonstriert, möglich.

```
/* sender.c */
#include <stdio.h>
#include <unistd.h>
#include <sys/types.h>
#include <sys/stat.h>
#include <fcntl.h>
#include <stdlib.h>
#include <string.h>
#include <errno.h>
#define BUF 4096

int main (void) {
   char puffer[BUF], inhalt[BUF];
   int fd;

   inhalt[0] = '\0';
   /*Der Sender schreibt nur in das FIFO */
   fd = open ("fifo1.1", O_WRONLY);
   if (fd == -1) {
      perror ("open()");
      exit (EXIT_FAILURE);
   }
   printf ("Bitte geben Sie Ihre Nachricht für das FIFO ein"
```

```
            " (Mit STRG+D beenden)\n>");
        while (fgets (puffer, BUF, stdin) != NULL) {
        if( strlen(inhalt) + strlen(puffer) < BUF ) {
              strcat (inhalt, puffer);
              printf (">");
        }
        else
              break;
     }
     inhalt[BUF] = '\0';
     write (fd, inhalt, strlen (inhalt) + 1);
     return EXIT_SUCCESS;
}
```

Das Programm bei der Ausführung:

```
$ gcc -o sender sender.c
$ ./polling_fifo&
[1] 3195
$ ./sender
Bitte geben Sie Ihre Nachricht für das FIFO ein
(Mit STRG+D beenden)
Hallo Fifo!
[Strg]+[D]
```

Jetzt sollte Ihr Drucker losrattern und »Hallo Fifo!« ausdrucken.

Solche FIFOs in einfacher Richtung sind oft ausreichend zur Datenerfassung für Statistiken, z. B. wie diese in der Abrechnung der Mobilkommunikation eingesetzt werden – nur dass dort um einiges mehr Clients etwas in das FIFO schreiben und der Server damit wohl recht stark beschäftigt ist. Wenn man bedenkt, was das für den Server bedeutet, wenn die Telefoneinheiten im Sekundentakt berechnet werden! Kaum zu glauben, dass man das noch richtig bewerkstelligen kann.

Der Empfänger antwortet dem Sender

Wie es sich für eine ordentliche Serveranwendung gehört, sollten Sie dem Empfänger (Client) seine Anfrage auch bestätigen. Folgendes Bild (siehe Abbildung 9.13) zeigt einen solchen Vorgang.

Die erste Frage beim Betrachten des Bildes dürfte wohl folgende sein: Wie sollen die einzelnen Clients wissen, welche Antwort für sie bestimmt ist?

Zuerst muss sich jeder einzelne Client (Sender) ein eigenes FIFO einrichten, aus dem dieser eine Antwort vom Server lesen kann. Damit der Server auch weiß, wohin mit der Antwort, muss jeder Client dem Server eine eindeutige Identifikation mitschicken. Am besten sind Sie in einem solchem Fall mit der PID des Prozesses beraten. Mit dieser PID soll der Client das Antwort-FIFO erstellen. Hat ein Client beispielsweise die PID 1001, erstellt dieser ein FIFO namens *fifo.1001*, wohin der Server dann anschließend seine Antwort zurückschickt.

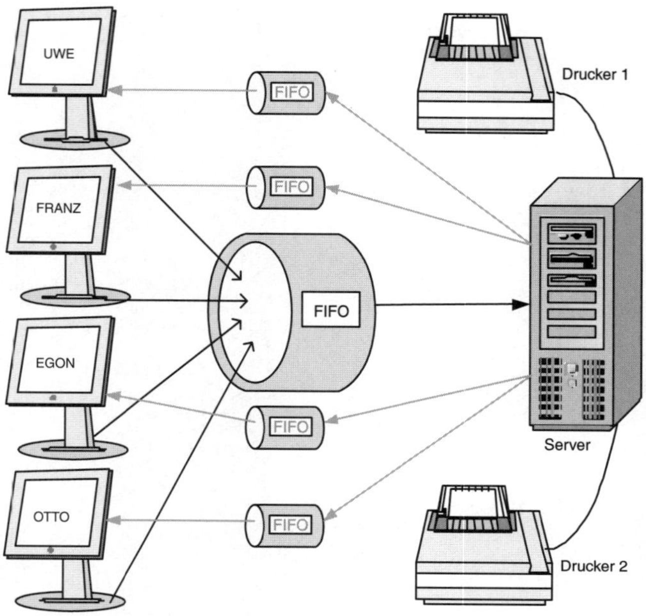

Abbildung 9.13 Antwort vom Server

Für das Beispiel soll als Erstes die Client-Anwendung erstellt werden:

```
/* client.c */
#include <stdio.h>
#include <unistd.h>
#include <sys/types.h>
#include <sys/stat.h>
#include <fcntl.h>
#include <stdlib.h>
#include <string.h>
#include <errno.h>
#define BUF 4096

int main (void) {
   char puffer[BUF], inhalt[BUF], delete_fifo[BUF];
   int fd, fdx;

   sprintf (puffer, "fifo.%d", getpid ());
   inhalt[0] = '\0';
   /*Erste Zeile der Nachricht enthält die PID */
   sprintf (inhalt, "%d\n", getpid ());

   /*Alle Zugriffsrechte der Dateikreierungsmaske erlauben*/
   umask(0);
   if (mkfifo (puffer, O_RDWR | 0666) < 0) {
      /* FIFO bereits vorhanden - kein fataler Fehler */
      if(errno == EEXIST)
         printf ("Versuche; vorh. FIFO zu verwenden\n");
```

```
      else {
         perror("mkfifio()");
         exit (EXIT_FAILURE);
      }
   }
   fd = open ("fifo1.1", O_WRONLY);
   fdx = open (puffer, O_RDWR);
   if (fd == -1 || fdx == -1) {
      perror ("open()");
      exit (EXIT_FAILURE);
   }

   strcmp (delete_fifo, puffer);
   printf ("Bitte geben Sie Ihre Nachricht ein"
           " (Mit STRG+D beenden)\n>");
   while (fgets (puffer, BUF, stdin) != NULL) {
      if( strlen(inhalt) + strlen(puffer) < BUF ) {
            strcat (inhalt, puffer);
            printf (">");
      }
      else
            break;
   }
   inhalt[BUF] = '\0';
   write (fd, inhalt, BUF);
   if (read (fdx, puffer, BUF))
      printf ("%s\n", puffer);
   /*Antwort-FIFO wieder löschen */
   unlink (delete_fifo);
   return EXIT_SUCCESS;
}
```

Da der Server (gewöhnlich) selbst genügend zu tun hat und dieser möglichst das tun soll, wofür er gedacht ist, nimmt der Client auch selbst wieder das Saubermachen (das Löschen des FIFO) in die Hand.

Jetzt folgt noch die Server-Anwendung, die alle Nachrichten von den Clients annimmt und an den Drucker über eine namenlose Pipe weiterleitet. Anschließend wertet der Server die erste Zeile der Nachricht aus und sendet eine Bestätigung an den Client, der ihm diese Nachricht geschickt hat. In der ersten Zeile befindet sich die PID des Clients. Hierzu der Quellcode der Server-Anwendung:

```
/* server.c */
#include <stdio.h>
#include <unistd.h>
#include <sys/types.h>
#include <sys/stat.h>
#include <fcntl.h>
#include <stdlib.h>
#include <string.h>
#include <errno.h>
```

```
#define BUF 4096
#define TEXT "Habe Ihre Anfrage soeben erhalten\n"

static void an_den_drucker (const char *text) {
   FILE *p;
   /*Pipe zum Tool lpr erstellen zum Schreiben auf lpr*/
   p = popen ("lpr", "w");
   if (p == NULL) {
      perror ("popen()");
      exit (EXIT_FAILURE);
   }
   /*An den Drucker schreiben */
   printf ("Sende Auftrag an den Drucker ...\n");
   fprintf (p, "%s", text);
   fflush (p);
   pclose (p);
   return;
}

int main (void) {
   char puffer[BUF], inhalt[BUF], antwort[BUF], pid[6];
   int r_fd, w_fd, n, i;

   inhalt[0] = '\0';
   /*Alle Zugriffsrechte der Dateikreierungsmaske erlauben*/
   umask(0);
   if (mkfifo ("fifo1.1", O_RDWR | 0666) < 0) {
      /* FIFO bereits vorhanden - kein fataler Fehler */
      if(errno == EEXIST)
         printf ("Versuche, vorh. FIFO zu verwenden\n");
      else {
         perror("mkfifio()");
         exit (EXIT_FAILURE);
      }
   }
   /*Empfänger liest nur aus dem FIFO */
   r_fd = open ("fifo1.1", O_RDONLY);
   if (r_fd == -1) {
      perror ("open(1)");
      exit (EXIT_FAILURE);
   }
   while (1) {       /*Endlosschleife */
      if (read (r_fd, puffer, BUF) != 0) {
         an_den_drucker (puffer);
         /*PID des aufrufenden Prozesses ermitteln */
         n = 0, i = 0;
         while (puffer[n] != '\n')
            pid[i++] = puffer[n++];
         pid[++i] = '\n';
         strcpy (antwort, "fifo.");
         strncat (antwort, pid, i);
```

```
         w_fd = open (antwort, O_WRONLY);
         if (w_fd == -1) {
            perror ("open(2)");
            exit (EXIT_FAILURE);
         }
         write (w_fd, TEXT, sizeof(TEXT));
         close (w_fd);
      }
      sleep(1);
   }
   return EXIT_SUCCESS;
}
```

Das Beispiel im Einsatz:

```
$ gcc -o client client.c
$ gcc -o server server.c
$./server&
[1] 2047
$ ./client
Bitte geben Sie Ihre Nachricht ein (Mit STRG+D beenden)
Hallo, eine Nachricht an das FIFO
[Strg]+[D]
Sende Auftrag an den Drucker ...
Habe Ihre Anfrage soeben erhalten
$
[andere Konsole]
$ ./client
Bitte geben Sie Ihre Nachricht ein (Mit STRG+D beenden)
Noch eine Nachricht :-)
[Strg]+[D]
Habe Ihre Anfrage soeben erhalten
```

9.4 System-V-Interprozesskommunikation

Die drei Interprozesskommunikations-Techniken (Semaphor, Message Queue und Shared Memory) des Systems V nutzen zwar unterschiedliche Konzepte, alle drei verwenden allerdings dieselben systemweiten Ressourcen, die von mehreren Prozessen gemeinsam genutzt werden können. Somit ist mit ihnen eine Kommunikation zwischen nicht verwandten Prozessen möglich. Dabei werden über Systemaufrufe verschiedene Funktionen zur Verfügung gestellt.

9.4.1 Gemeinsamkeiten der SysV-Mechanismen

Damit Prozesse, die unabhängig voneinander sind, untereinander kommunizieren können, wird eine Kennzahl verwendet, die jeder SysV-IPC-Struktur beim Anlegen zugeordnet wird. Dabei handelt es sich um eine vom Kernel intern erzeugte, eindeutige Kennung in Form einer nicht negativen Zahl.

Um die Kennung selbst müssen Sie sich nicht kümmern, wohl aber um den Schlüssel. Der Schlüssel, häufig auch als »magische Nummer« bezeichnet, ist nötig, damit auch nicht verwandte Prozesse über diese Kennung miteinander kommunizieren können. Der Schlüssel wird vom Kernel mit der Kennung verbunden.

Um nichts durcheinander zu bringen! Ich spreche hier von einem Schlüssel (*Key*) und einer Kennung (*Identifiers*), also zwei verschiedenen Dingen. Dies sei hier erwähnt, da häufig beides als ein und dasselbe verwendet wird.

Wichtig ist auf jeden Fall die »magische« Nummer. Dieser Schlüssel, den Sie einrichten müssen, ist vom (primitiven) Datentyp `key_t` (`long`), der in der Headerdatei `<sys/types.h>` definiert ist. Sie können diesen Schlüssel jetzt selbst z. B. als symbolische Konstante definieren oder aber dynamisch mit der Funktion `ftok()` erzeugen lassen. Beim dynamischen Erzeugen haben Sie den Vorteil, dass die Nummer wirklich eindeutig auf dem System ist, was ja bei einer konstanten Angabe nicht gegeben ist. Die Syntax dieser Funktion sieht wie folgt aus:

```
# include <sys/types.h>
# include <sys/ipc.h>

key_t ftok(const char *pathname, int proj_id);
```

Bitte beachten Sie, dass diese Funktion nur XPG4-konform ist. Diese Funktion generiert aus dem `pathname` (der existieren muss) und den letzten 8 Bits von `proj_id`, wofür Sie auch ein `char`-Zeichen verwenden können, einen eindeutigen SysV-Schlüssel, der anschließend für die Funktionen `msgget()`, `semget()` oder `shmget()` verwendet werden kann. Bei einem Fehler gibt diese Funktion -1 zurück. Anwenden lässt sich die Funktion zum Erstellen einer »magischen« Nummer folgendermaßen:

```
/* key_ftok.c */
#include <stdio.h>
#include <stdlib.h>
#include <sys/types.h>
#include <sys/ipc.h>

int main(void) {
   key_t key1, key2;

   key1 = ftok(".", 'a');
   key2 = ftok("/usr/include", 'x');

   printf("key1: %d key2: %d\n",key1, key2);
   return EXIT_SUCCESS;
}
```

Das Programm bei seiner Ausführung:

```
$ gcc -Wall -o key_ftok key_ftok.c
$ ./key_ftok
key1: 1627795980 key2: 2013677230
```

Ebenfalls für die Zugriffsrechte wurde ein einziges Privilegiensystem für die IPC-Objekte verwendet, das ähnlich wie das Zugriffsrechtesystem auf dem Dateizugriff ist. Dabei besitzt jedes Objekt eine Benutzer- und Gruppenidentifikation, die sich danach richtet, unter welcher UID/GID der Prozess läuft, mit dem das Objekt erzeugt wurde. Es können Lese- und Schreibrechte für den Benutzer (User), für die Gruppe (Group) und für alle anderen (Other) gesetzt werden, wie bei einer normalen Datei auch. Die Zugriffsrechte, wie auch die Kennung und der Schlüssel, sind in der Struktur `ipc_perm` in der Headerdatei `<sys/ipc.h>` definiert und können mit den entsprechenden IPC-Funktionen `msgctl()`, `semctl()` oder `shmctl()` vom Erzeuger des Objektes oder vom Superuser verändert werden.

9.4.2 Ein Objekt einrichten, eine Verbindung herstellen und das Objekt wieder löschen

Ganz klar, um eines der SysV-IPCs zur realisieren, muss erst ein entsprechendes Objekt erzeugt werden. Erzeugt werden diese mit den entsprechenden `..get()`-Funktionen (`msgget()`, `semget()` oder `shmget()`). Dabei müssen Sie als Flag entweder `IPC_PRIVATE` setzen, womit Sie eine Verbindung zu einem bereits existierenden Schlüssel (`key_t`) einrichten, oder Sie geben als Flag `IPC_CREAT` an, um ein noch nicht existierendes Objekt mit dem Schlüssel zu erzeugen.

Da der erste Prozess meistens der Serverprozess ist, können alle anderen Prozesse (Client) mit den entsprechenden `..get()`-Funktionen ohne die Angabe von `IPC_CREAT`, aber mit der Angabe des Schlüssels, eine Verbindung zum Objekt herstellen.

Gelöscht wird ein Objekt mit den entsprechenden IPC-`..ctl()`-Funktionen (`msgctl()`, `semctl()` oder `shmctl()`), wobei hier den Funktionen das Kommando `IPC_RMID` (*IPC ReMoveIdentifiers*) mitgegeben wird. Natürlich setzt dies entsprechende Zugriffsrechte für das Löschen voraus.

9.4.3 Datenaustausch zwischen nicht verwandten Prozessen

Sie haben zwei Möglichkeiten, um ein Objekt zur Kommunikation zwischen zwei Prozessen zu verwenden. Eine Möglichkeit ist, dass Sie ein neues Objekt erstellen, in dem der Schlüssel mit `IPC_PRIVATE` angegeben und diese Kennung in einer Datei abgespeichert wird. Alle anderen Prozesse können dann diese Kennung aus der Datei lesen und mit den anderen Prozessen kommunizieren. Der Nachteil liegt auf der Hand – jeder Prozess muss erst eine Datei öffnen und aus dieser lesen – was eher ineffizient ist. Daher ist die zweite Möglichkeit die bessere: Man verwendet einfach eine gemeinsame Headerdatei für alle Prozesse, worin sich der Schlüssel befindet. Über den anschließend vom Serverprogramm erzeugten Schlüssel können nun alle Clientprogramme miteinander kommunizieren. Das setzt aber voraus, dass alle Clients diese Headerdatei zur Übersetzungszeit kennen. Somit bleibt die erste Möglichkeit die einzige, zwischen *wirklich* nicht verwandten Prozessen eine Verbindung herzustellen.

Nachdem nun die wichtigsten Gemeinsamkeiten der drei SysV-IPCs erläutert wurden, sollen jetzt die einzelnen IPCs behandelt werden.

9.5 Semaphore

Um es gleich von vornherein klarzustellen, die Semaphore nach System V haben nichts mit den Kernel-Semaphoren zu tun. Rein theoretisch könnten Sie Semaphore selbst nachbilden. Hierzu würden eine globale Variable und eine Funktion ausreichen. Will man nun einen kritischen Codebereich für andere Prozesse sperren, müsste die Funktion die globale Variable auf 0 setzen. Alle anderen Prozesse, die jetzt ebenfalls in diesen kritischen Bereich kommen, müssen nun warten, bis die globale Variable wieder einen positiven Wert bekommt (1). Dies ist natürlich nur rein theoretisch gesehen.

Meistens werden Semaphore binärer Natur verwendet (wie eben beschrieben). Das sind Semaphore, die man für gewöhnlich verwendet, um kritische Ressourcen zu schützen. Dazu reichen die zwei Zustände (bi) 1 und 0 aus. Es lassen sich aber auch allgemeine Semaphore verwenden – die dann allerdings die Werte 0, 1, 2, 3 ... n annehmen können. Der höchste Wert zeigt dann an, wie viele Prozesse den kritischen Bereich noch verwenden.

In System V sind die Semaphore mittlerweile mehr als nur globale Variablen geworden. Um mit diesen Semaphoren zu arbeiten, steht dem Entwickler ein ganzer Satz an Funktionen zur Verfügung. Es ist damit auch möglich, nicht nur auf einem, sondern auf einem ganzen Satz von Semaphoren Operationen durchzuführen.

9.5.1 Lebenszyklus eines Semaphors

Der Titel ist ein wenig zweischneidig und soll Ihnen mehr oder weniger den üblichen Weg bzw. die Verwendung eines Semaphors zeigen. Hier die einzelnen Schritte.

- Zuerst wird ein Semaphor erzeugt, oder, falls es existiert, das bereits erzeugte wird geöffnet. Beides geschieht mit der Funktion `semget()`. Ein erzeugtes Semaphor sollte zu Beginn gleich auf einen positiven Wert (1) gesetzt werden – was die Funktion `semctl()` erledigt. Für alle anderen Prozesse, die ein bereits erzeugtes Semaphor verwenden, sollte dies unbedingt unterbleiben. Denn würde jeder Prozess das Semaphor auf einen positiven Wert setzen, so würde vielleicht ein Prozess, der auf einen anderen Prozess wartet, der gerade in einem kritischen Codeausschnitt arbeitet, ebenfalls Zugriff auf den kritischen Codeausschnitt bekommen.
- Wird jetzt eine Sperre für einen kritischen Codebereich benötigt, wird das Semaphor auf den Wert 0 gesetzt – dies erledigen Sie mit der Funktion `semop()`.
- Wurde jetzt ein weiterer Prozess gestartet, der nun ebenfalls auf diesen kritischen Bereich zugreifen will, wird das Semaphor überprüft, das für die Synchronisation des Bereichs verantwortlich ist. Ist der Wert des Semaphors positiv, so kann der Prozess auf diesen Bereich zugreifen. Dabei dekrementiert logischerweise der Prozess dieses Semaphor, so dass hier wiederum kein anderer Prozess zugreifen kann. Ist hingegen das Semaphor gleich 0, wartet der Prozess so lange, bis der kritische Codebereich freigegeben wird – genauer, bis der Wert des Semaphors wieder positiv (1) ist.
- Ist ein Prozess mit dem kritischen Codebereich fertig, muss der Wert des Semaphors wieder auf 1 gesetzt werden, um es den anderen Prozessen zu gestatten, ebenfalls auf diesen Bereich zuzugreifen. Dies wird ebenfalls wieder mit der Funktion `semop()` gemacht.

Diesen einfachen Vorgang will ich Ihnen nun anhand eines Listings mit anschließender Erklärung demonstrieren:

```
/* sem.c */
#include <stdio.h>
#include <unistd.h>
#include <stdlib.h>
#include <sys/types.h>
#include <sys/stat.h>
#include <sys/ipc.h>
#include <sys/sem.h>
#define LOCK      -1
#define UNLOCK     1
#define PERM 0666      /* Zugriffsrechte */
#define KEY  123458L

static struct sembuf semaphore;
static int semid;

static int init_semaphore (void) {
   /* Testen, ob das Semaphor bereits existiert */
   semid = semget (KEY, 0, IPC_PRIVATE);
   if (semid < 0) {
      /* ... existiert noch nicht, also anlegen        */
      /* Alle Zugriffsrechte der Dateikreierungsmaske */
      /* erlauben                                     */
      umask(0);
      semid = semget (KEY, 1, IPC_CREAT | IPC_EXCL | PERM);
      if (semid < 0) {
         printf ("Fehler beim Anlegen des Semaphors ...\n");
         return -1;
      }
      printf ("(angelegt) Semaphor-ID : %d\n", semid);
      /* Semaphor mit 1 initialisieren */
      if (semctl (semid, 0, SETVAL, (int) 1) == -1)
         return -1;
   }
   return 1;
}

static int semaphore_operation (int op) {
   semaphore.sem_op = op;
   semaphore.sem_flg = SEM_UNDO;
   if( semop (semid, &semaphore, 1) == -1) {
      perror(" semop ");
      exit (EXIT_FAILURE);
   }
   return 1;
}
```

```
int main (void) {
   int res;

   res = init_semaphore ();
   if (res < 0)
      return EXIT_FAILURE;

   printf ("Vor dem kritischen Codeausschnitt ...\n");
   semaphore_operation ( LOCK );
   /* Kritischer Codeausschnitt */
   printf ("PID %d verwendet Semaphor %d\n",
      getpid(), semid);
   printf ("Im kritischen Codeabschnitt ...\n");
   sleep (10);
   semaphore_operation ( UNLOCK );
   printf ("Nach dem kritischen Codeausschnitt ...\n");
   //semctl (semid, 0, IPC_RMID, 0);
   return EXIT_SUCCESS;
}
```

Das Programm bei der Ausführung:

```
tty1 $ gcc -o sem sem.c
tty1 $ ./sem
Semaphor-ID : 1048577
Vor dem kritischen Codeausschnitt ...
PID 3582 verwendet Semaphor 1048577
Im kritischen Codeabschnitt ...
[inzwischen vor Ablauf der 10 Sekunden in eine weitere Konsole]
tty2 $ ./sem
Semaphor-ID : 1048577
Vor dem kritischen Codeausschnitt ...
[Wartet auf Freigabe des Semaphors von PID 3582]
[ inzwischen tty0 ]
Nach dem kritischen Codeausschnitt ...
$ tty1
[Jetzt ist das Semaphor frei für tty1]
PID 3583 verwendet Semaphor 1048577
Im kritischen Codeabschnitt ...
[nach 10 Sek.]
Nach dem kritischen Codeausschnitt ...
```

Sie können hierzu jetzt beliebig viele Prozesse starten. Es kann aber immer nur ein Prozess in dem kritischen Codebereich zugreifen. Einen Schönheitsfehler hat dieses Beispiel allerdings dann doch noch. Geben Sie in der Kommandozeile Folgendes ein:

```
$ ipcs
Schlüssel shmid      Besitzer Rechte  Bytes   nattch   Status
0x0000000 131074     tot      777    196608    2        dest
0x0000000 1971978243 root     644    110592    2        dest
0x0000000 1975975940 root     644    110592    2        dest
```

```
0x0000000 1981513733 root      644    110592     2          dest
----- Semaphorfelder -----
Schlüssel  SemID       Besitzer   Rechte      nsems
0x0001e242 1048577     tot        666         1
----- Nachrichtenwarteschlangen -----
Schlüssel  msqid       Besitzer   Rechte      used-bytes    messages
```

Hier sind momentan nur die *Semaphorfelder* von Interesse. Das Semaphor bleibt also nach Beendigung aller Prozesse erhalten. Von »Hand« können Sie dieses folgendermaßen entfernen (die ID sei 1048577):

```
$ ipcrm -s 1048577
```

Das dürfte aber bei sehr vielen angelegten Semaphoren ein Problem werden. Die folgende (auskommentierte) Zeile würde diesen Vorgang zwar für Sie übernehmen:

```
//semctl (semid, 0, IPC_RMID, 0);
```

hätte aber zur Folge, dass nach Beendigung des ersten Prozesses das Semaphor gelöscht wird, und alle anderen Prozesse hätten diesbezüglich kein Semaphor mehr zur Verfügung. Daher verwendet man auch hier in der Praxis das Server-Client-Prinzip. Der Server erzeugt ein Semaphor und kümmert sich auch wieder darum, dass dies beseitigt wird. Die Clients greifen nur auf dieses eine Semaphor zu. Aber jetzt erst zu den Beschreibungen der einzelnen Funktionen im Listing.

Zuerst benötigen Sie, um ein Semaphor anzulegen, die magische Nummer, die hier einfach mit `123458L` definiert wurde. Anhand dieser Nummer werden die Semaphore eindeutig im System identifiziert.

9.5.2 Ein Semaphor öffnen oder erstellen – semget()

Die erste Funktion, die im Listing aufgerufen wurde, war `init_semaphore()`. Zuerst wird versucht, mit der Funktion `semget()` ein bereits erstelltes Semaphor zu öffnen.

```
#include <sys/ipc.h>
#include <sys/types.h>
#include <sys/sem.h>

int semget(key_t key, int n_sems, int flag);
```

Als erstes Argument bekommt `semget()` die magische Nummer. Das zweite Argument entspricht der Anzahl der Semaphore im Satz, und mit dem letzten Argument können die Zugriffsprivilegien vergeben werden. Bei den Flags können Sie im Prinzip drei Angaben machen, was ebenso auf die Message Queues und die Shared Memories zutrifft.

- `IPC_PRIVATE` – Öffnen eines privaten Schlüssels
- `IPC_CREAT` – Damit wird ein noch nicht existierender Schlüssel erzeugt.
- `IPC_EXCL` – Dieses Flag wird in der Regel mit dem bitweisen ODER-Operator hinter `IPC_CREAT` angefügt. Damit gehen Sie sicher, dass wirklich ein neues Objekt (Semaphor) angelegt wird und nicht ein bereits existierendes mit derselben Kennung. Existiert bereits

eine Kennung, bricht die entsprechende Funktion – hier semget() – mit einem Fehler ab (errno == EEXIST).

Beim ersten semget()-Aufruf geben Sie als erstes Argument den magischen Schlüssel an, als zweites Argument 0, was bedeutet, dass Sie eine bereits existierende Semaphormenge öffnen wollen. Als letztes Argument geben Sie IPC_PRIVATE an – also das Öffnen eines bereits existierenden Schlüssels. Bei erfolgreichem Funktionsaufruf gibt semget() die Semaphor-ID zurück, die Sie in der Konsole mit dem Tool *ipcs* ermitteln können. Schlägt die Funktion hingegen fehl, was beim ersten Aufruf der Fall sein sollte, so gibt semget() -1 zurück. Somit springt das Programmbeispiel mit seiner Ausführung in die if-Verzweigung.

Darin wird nun versucht, eine neue Semaphormenge zu erstellen:

```
semid = semget (KEY, 1, IPC_CREAT | IPC_EXCL | PERM);
```

Auch hier wird als erstes Argument die magische Kennung übergeben, als zweites Argument die Anzahl der Semaphormenge (1). Und zu guter Letzt die Flags IPC_CREAT, IPC_EXCL und, sehr wichtig, die Zugriffsrechte auf die Semaphore. Vergessen Sie die Zugriffsrechte oder setzen Sie diese falsch, werden Sie keinen Zugriff auf die Semaphormenge haben. Zurückgegeben wird hier bei Erfolg die Semaphor-ID.

9.5.3 Abfragen, ändern oder löschen der Semaphormenge – semctl()

Im nächsten Schritt setzen Sie den Wert der Semaphorvariablen auf den Wert 1. Dieser Vorgang ist ebenfalls von Bedeutung. Würden Sie die Semaphore gleich zu Beginn auf -1 setzen, dann müssen dies die Clientprogramme bzw. das Programm, das auf die Semaphormenge zugreifen will, ebenso berücksichtigen. Gewöhnlich setzt man den Wert allerdings auf 1. Ein negatives Setzen der Semaphorvariablen zu Beginn entspricht etwa dem Sinn bei einer Bahnschranke, die nur öffnet, wenn ein Auto durchfahren will, was ja gewöhnlich umgekehrt ist.

Das Setzen, aber auch Abfragen oder Löschen einer Semaphormenge lässt sich alles mit der Funktion semctl() realisieren:

```
#include <sys/types.h>
#include <sys/ipc.h>
#include <sys/sem.h>

int semctl(int semphoren_ID, int sem_num,
           int kommando, union semun arg);
```

Als erstes Argument legen Sie die Semaphore fest, worauf sich semctl() beziehen soll. Die ID dazu haben Sie als Rückgabewert der Funktion semget() erhalten. Mit dem zweiten Argument spezifizieren Sie einen bestimmten Semaphorwert aus der Menge. sem_num ist auch bei einigen der kommando-Angaben von Bedeutung. Bevor auf die einzelnen Kommandos und deren Bedeutung eingegangen wird, zuerst noch die union semun, die wie folgt definiert ist:

```
#if defined(__GNU_LIBRARY__) && !defined(_SEM_SEMUN_UNDEFINED)
/* union semun is defined by including <sys/sem.h> */
#else
/* according to X/OPEN we have to define it ourselves */
```

```
  union semun {
    int val;                  /* Werte für  SETVAL        */
    struct semid_ds *buf;     /* Puffer IPC_STAT, IPC_SET */
    unsigned short *array;    /* Array für GETALL, SETALL */
                              /* Linux specific part:     */
    struct seminfo *__buf;    /* Puffer für IPC_INFO      */
      };
#endif
```

Jetzt zu den einzelnen gängigen Kommandos, die als drittes Argument angegeben werden können, und deren Bedeutung. Für mehr Details sollten Sie allerdings die Manual Page lesen, da eine ausführlichere Erklärung weit über den Rahmen des (ohnehin schon umfangreichen) Kapitels hinausgehen würde.

Kommando	Bedeutung
IPC_STAT	Hiermit kann die Struktur semid_ds angefragt werden. Der Inhalt befindet sich anschließend in der Adresse von buf.
IPC_SET	Hiermit können Eigentümer und die Zugriffsrechte gesetzt werden.
IPC_RMID	Löschen einer Semaphormenge
GETVAL	Hiermit fragen Sie den Wert der Semaphorvariablen ab.
SETVAL	Hiermit können Sie den Wert der Semaphorvariablen setzen.
GETPID	Gibt die PID des Prozesses zurück, der zuletzt auf die Semaphorvariablen zugegriffen hat.
GETNCNT	Abfragen der Prozesse, die warten, bis die Semaphorvariable größer als 0 wird
GETZCNT	Abfragen der Prozesse, die warten, bis die Semaphorvariable gleich 0 ist
GETALL	Abfragen der Werte aller Semaphorvariablen
SETALL	Setzen aller Semaphorvariablen
IPC_INFO	(nur Linux) Damit lassen sich Informationen zur entsprechenden Semaphor erfragen.

Tabelle 9.1 Kommandoangaben für die Funktion semctl()

Der Rückgabewert der Funktion semctl() ist entweder bei Erfolg 0 oder, wurde eines der GET..-Kommandos verwendet, dann eben ein entsprechender Wert. Bei einem Fehler gibt semctl() -1 zurück.

Somit hätten Sie die Semaphore für den eigentlichen Arbeitsvorgang eingerichtet; wobei der weitere Vorgang keine Bäume mehr ausreißen dürfte.

9.5.4 Operationen auf Semaphormengen – semop()

Eine Operation können Sie mit der Funktion semop()durchführen – wobei mit durchführen das Verändern der Semaphorvariablen gemeint ist.

```
#include <sys/types.h>
#include <sys/ipc.h>
#include <sys/sem.h>

int semop(int semid, struct sembuf sem_array[], size_t n_op);
```

Mit dem ersten Argument legen Sie wieder fest, auf welcher Semaphormenge die Operationen mit der Funktion semop() durchgeführt werden sollen. sem_array ist eine Adresse eines Arrays von Semaphoroperationen. Folgende Elemente sind in dieser Struktur enthalten:

```
struct sembuf {
   unsigned short sem_num;  /* Semaphornummer der Menge  */
   short sem_op;            /* Semaphoroperation         */
   short sem_flg;           /* Flags: IPC_NOWAIT,SEM_UNDO  */
  }
```

Mit dem dritten Argument von semop() geben Sie die Anzahl der Elemente im Array sem_array an, was durchaus mehr als, wie hier im Beispiel demonstriert, ein Element sein kann.

Für die Angabe von sem_op in der Struktur sembuf sind folgende drei Fälle zu unterscheiden:

- sem_op > 0 – Ist sem_op größer als 0, also 1, wird die Ressource für alle anderen Prozesse freigegeben.
- sem_op < 0 – Ist die Semaphorvariable kleiner als 0, also -1, dann ist der kritische Bereich für alle anderen Prozesse gesperrt. Will jetzt ein weiterer Prozess auf diese Ressource zugreifen, hängt dies davon ab, ob sem_flag, das dritte Element der Struktur sembuf, auf IPC_NOWAIT gesetzt wurde. Ist dies der Fall, schlägt der Funktionsaufruf semop() fehl. Ist IPC_NOWAIT nicht gesetzt, wartet der Prozess so lange, bis die Ressource wieder freigegeben wurde.
- sem_op == 0 – Wird die Semaphorvariable auf 0 gesetzt, kehrt semop() sofort wieder zurück. Wenn die Semaphorvariable ungleich 0 ist, hängt dies wiederum von sem_flag und IPC_NOWAIT ab. Ist IPC_NOWAIT gesetzt, beendet sich semop() mit einem Fehler. Ansonsten wartet der Prozess so lange, bis entweder sem_op gleich 0 ist oder das Semaphor gelöscht wurde.

Hilfreich ist auch das Flag SEM_UNDO. Wird nämlich ein Prozess vorzeitig beendet, wird damit sichergestellt, dass mithilfe eines undo-Zählers das vom Prozess gesetzte Semaphor wieder zurückgesetzt wird.

Anders als im Beispiel gesehen können Sie sembuf auch wie folgt mit Werten initialisieren:

```
struct sembuf semaphore_lock[1]   = { 0, -1, SEM_UNDO };
struct sembuf semaphore_unlock[1] = { 0, 1,  SEM_UNDO };
...
/* Ressource sperren */
semop(semid, &semaphore_lock[0], 1);
...
/* Ressource freigeben */
semop(semid, &semaphore_unlock[0], 1 );
```

Um in diesem Beispiel die Funktion semaphore_operation() komplett zu machen, sollten Sie noch eine weitere symbolische Konstante 0 als ZERO definieren, womit Sie alle drei Möglichkeiten der Semaphorvariablen ausgeschöpft hätten. Mit

```
semaphore_operation ( LOCK );
```

sperren Sie einen kritischen Bereich. `LOCK` ist als -1 definiert. Und mittels

```
semaphore_operation ( UNLOCK );
```

geben Sie die Ressource wieder frei, da `UNLOCK` als 1 definiert wurde.

9.5.5 Semaphore im Vergleich mit Sperren

Semaphore sind den Sperren ja nicht unähnlich, weshalb ein Vergleich hier lohnt. Auf beiden Seiten hat man einen Vorteil. Die Verwendung von Sperren (Record Locking) gestaltet sich wesentlich einfacher. Dafür ist der Geschwindigkeitsvorteil ganz klar auf der Seite der Semaphore. Somit bleibt es letztendlich dem Entwickler selbst überlassen, wofür er sich entscheidet.

9.6 Message Queues

Message Queues sind erst einmal nichts anderes als Nachrichten, die in Form einer verketteten Liste verwaltet werden. Jede dieser Message Queues hat eine eindeutige Kennung, woran diese auch von anderen Prozessen identifiziert werden können. Sie können sich die Message Queues gerne als ein Art Mailbox für Prozesse vorstellen. Prozesse können dabei Daten in der Message Queue ablegen, die von anderen Prozessen wieder abgeholt werden. Diese Daten bleiben übrigens auch nach Beendigung des Erzeugers in der Message Queue.

Außer der normalen Warteschlange nach dem FIFO-Prinzip können Sie die Nachrichten auch mit einer Priorität versehen. Der Prozess, der dann diese Nachricht aus der Schlange (Queue) abholen will, kann dann die Nachrichten folgendermaßen abholen:

- Nachricht mit der Priorität N – Dabei holt sich der Prozess die erste Nachricht in der Warteschlange mit der Priorität N, auch wenn diese als letzte eingefügt wurde.
- Nachrichten ab einer Priorität N – Hierbei ist der Prozess nicht nur an einer Nachricht der Priorität N interessiert, sondern an allen Nachrichten mit der gleichen und einer höheren Priorität.

Das folgende Bild demonstriert Ihnen den simplen Vorgang:

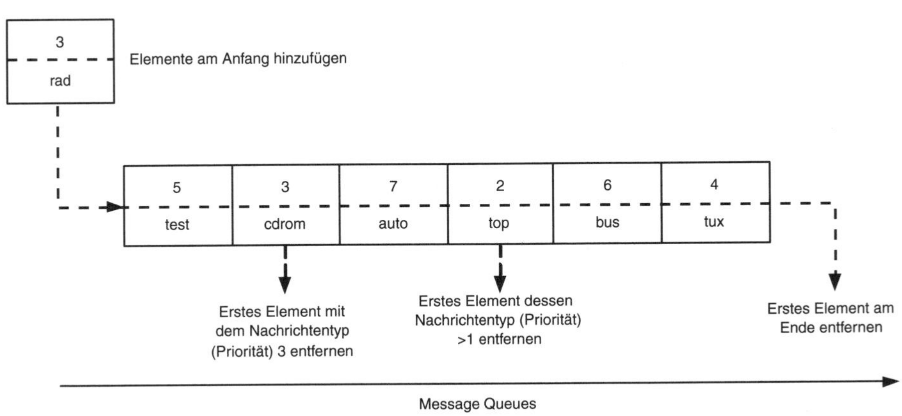

Abbildung 9.14 Prinzip einer Message Queue

Die Funktionen zur Verwendung der Message Queues sind denen der Semaphoren und dem anschließenden Shared Memory recht ähnlich.

9.6.1 Eine Message Queue öffnen oder erzeugen – msgget()

Wenn Sie eine existierende Message Queue erzeugen oder eine bereits existierende öffnen wollen, müssen Sie die Funktion `msgget()` dazu verwenden. Hier die Syntax zu dieser Funktion:

```
#include <sys/types.h>
#include <sys/ipc.h>
#include <sys/msg.h>

int msgget(key_t key, int flag);
```

Als ersten Parameter benötigt `msgget()` wieder die »magische« Nummer und als zweiten Parameter den oder die Flags. Für die Flags gilt auch hier dasselbe wie bei den Semaphoren:

- `IPC_PRIVATE` – Öffnen eines privaten Schlüssels
- `IPC_CREAT` – Damit wird ein noch nicht existierender Schlüssel erzeugt.
- `IPC_EXCL` – Dieses Flag wird in der Regel mit dem bitweisen ODER-Operator hinter `IPC_CREAT` angefügt. Damit gehen Sie sicher, dass wirklich ein neues Objekt (eine Message Queue) angelegt wird und nicht ein bereits existierendes mit derselben Kennung. Existiert bereits eine Kennung, bricht die entsprechende Funktion – hier `msgget()` – mit einem Fehler ab (`errno = EEXIST`).

Des Weiteren, nicht zu verachten, sollten Sie bei den Flags auch die entsprechenden Zugriffsrechte setzen, damit Sie überhaupt Zugriff auf die Message Queue haben. Der Rückgabewert der Funktion `msgget()` ist bei Erfolg die ID der Message Queue, die Sie bei den weiteren Funktionen benötigen, oder bei einem Fehler -1.

9.6.2 Nachrichten versenden – msgsnd()

Um eine Nachricht an eine existierende Message Queue zu versenden, steht Ihnen die Funktion `msgsnd()` zur Verfügung:

```
#include <sys/types.h>
#include <sys/ipc.h>
#include <sys/msg.h>

int msgsnd(int msg_id, const void *buf,
           size_t m_len, int flag);
```

Damit schicken Sie eine Nachricht an die Message Queue mit der ID `msg_id`, die Sie von der Funktion `msgget()` erhalten haben. Das Argument `buf` beinhaltet die Adresse des Message-Typs, gefolgt von dem eigentlichen Message-Text. Häufig verwendet man für `buf` eine Struktur wie folgt:

```
struct my_nachricht {
   long nachrichten_typ;     /* Message-Typ  */
   char nachricht[MSG_LEN];  /* Message Text */
}
```

Das würde bedeuten, als Argument für `buf` wird die Adresse der selbst definierten Struktur `my_nachricht` übergeben. Die erste Variable der Struktur `nachrichten_typ` ist nur dann von Bedeutung, wenn Sie die Nachrichten mit der Funktion `msgrcv()` in einer anderen Reihenfolge empfangen wollen. Hier geben Sie also die Priorität der Nachricht an. Mit `nachricht` geben Sie in der Struktur `my_nachricht` den eigentlichen Inhalt der Nachricht an.

Mit dem dritten Parameter der Funktion `msgsnd()` geben Sie die Textlänge der Nachricht von `buf` an. In diesem Fall wäre es die Textlänge der Strukturvariablen `nachricht` – also `MSG_LEN` Bytes.

Mit dem letzten Parameter können Sie das Flag `IPC_NOWAIT` setzen, wenn Sie wollen, dass eine Message Queue nicht, wie es standardmäßig der Fall ist, blockiert, wenn diese voll ist. In dem Fall kehrt `msgsnd()` sofort mit einem Fehler (`errno == EAGAIN`) zurück.

Wenn die Nachricht mit der Funktion `msgsnd()` erfolgreich verschickt werden konnte, wird 0, ansonsten bei einem Fehler -1 zurückgegeben.

9.6.3 Eine Nachricht empfangen – msgrcv()

Um eine gesendete Nachricht aus einer Message Queue zu empfangen, steht Ihnen die Funktion `msgrcv()` zur Verfügung:

```
#include <sys/types.h>
#include <sys/ipc.h>
#include <sys/msg.h>

int msgrcv(int msg_id, void *buf,
           size_t msg_len, long typ, int flag);
```

Die Funktion ist ähnlich aufgebaut wie die Funktion zum Senden einer Nachricht. Als erstes Argument bekommt `msgrcv()` die ID einer Message Queue. In der Adresse des zweiten Parameters befindet sich der Message-Typ und die Nachricht als Text. Mit `msg_len` geben Sie auch hier die Textlänge an, die aus dem Nachrichtentext gelesen werden soll. Mit `typ` legen Sie die Priorität fest, in welcher Reihenfolge die Nachrichten aus einer Message Queue gelesen werden sollen. Folgende Angaben können hierfür gemacht werden:

- `typ == 0` – Erste Nachricht aus einer Message Queue wird gelesen (nach dem FIFO-Prinzip).
- `typ == N` – Erste Nachricht wird aus einer Message Queue gelesen, die den Typ `N` hat. Das Gegenteil erreichen Sie mit dem Flag `MSG_EXCEPT`.
- `typ < 0` – Erste Nachricht aus einer Message Queue wird empfangen, deren Typ der kleinste Wert ist, der kleiner oder gleich dem absoluten Wert von `typ` ist.

Auch hier kann das Flag `IPC_NOWAIT` als letztes Argument angegeben werden. Damit können Sie verhindern, dass `msgrcv()` blockiert und auf das Eintreffen einer entsprechenden Nachricht wartet – was auch die Standardeinstellung ist. Allerdings bricht beim Setzen des Flags

IPC_NOWAIT die Funktion msgrcv() mit einem Fehler ab (errno == ENOMSG). Bei erfolgreicher Ausführung gibt die Funktion msgrcv() die der empfangenen Nachricht zurück oder bei einem Fehler -1.

9.6.4 Abfragen, ändern oder löschen einer Message Queue – msgctl()

Will man den Zustand einer Message Queue abfragen, verändern oder gar löschen, steht hierfür die Funktion msgctl() zur Verfügung:

```
#include <sys/types.h>
#include <sys/ipc.h>
#include <sys/msg.h>

int msgctl(int msg_id, int kommando, struct msqid_ds *buf);
```

Das Argument msg_id ist wie gehabt die ID einer Message Queue, auf die sich die Operation mit msgctl() beziehen soll. Mit kommando legen Sie die auszuführende Aktion auf einer Message Queue fest. Dabei können folgende Angaben gemacht werden (entsprechende Rechte vorausgesetzt):

Kommando	Bedeutung
IPC_STAT	Abfragen des Status in einer Message Queue. Dabei werden die Informationen in den Puffer buf, der vom Typ struct msqid_ds ist, geschrieben.
IPC_SET	Setzen der UID/GID-Zugriffsrechte und der maximalen Größe einer Message Queue. Dabei werden Variablen in der Struktur msqid_ds beschrieben.
IPC_RMD	Eine Message Queue löschen
IPC_INFO	(nur Linux) Zusätzliche Informationen zu einer Message Queue

Tabelle 9.2 Kommandoangaben für msgctl()

Mehr zu den einzelnen Variablen der Struktur msqid_ds können Sie der Headerdatei <bits/msq.h> entnehmen. In dieser Struktur befindet sich der momentane Status der Message Queue. In diesem Buch wird diese Struktur nicht benötigt. Hier nur ein kurzer Überblick dazu:

```
struct msqid_ds {
    struct ipc_perm msg_perm;
    struct msg *msg_first; // Erste Nachricht in der Queue
    struct msg *msg_last;  // Letzte Nachricht in der Queue
    time_t msg_stime;      // Letzter msgsnd()-Aufruf (Zeit)
    time_t msg_rtime;      // Letzter msgrcv()-Aufruf (Zeit)
    time_t msg_ctime;      // Letzte Änderungen (Zeit)
    struct wait_queue *wwait;
    struct wait_queue *rwait;
    ushort msg_cbytes;
    ushort msg_qnum;      // Anzahl der Nachrichten in Queue
    ushort msg_qbytes;    // Max. Anzahl Bytes der Queue
    ushort msg_lspid;     // PID vom letzten msgsnd()-Aufruf
    ushort msg_lrpid;     // PID vom letzten msgrcv()-Aufruf
};
```

Mit dem folgenden Beispiel möchte ich Ihnen ein einfaches Server-Client-Prinzip mithilfe einer Message Queue demonstrieren. Sie können sich das Prinzip wie bei einer Mailingliste vorstellen. Zuerst erzeugen Sie einen Server, der die eingehenden Nachrichten der Clients empfängt. Um es einfach zu halten, werden als Nachrichtentyp die Kennung der Message-Queue-ID und als Text lediglich »Login« verwendet. Alle anderen bereits in den Server eingeloggten User bekommen vom Server Bescheid, wenn sich ein neuer User (Client) angemeldet hat. Der neu gestartete Prozess bekommt lediglich seine Message-Queue-ID und das Login bestätigt.

Zuerst benötigen Sie hierzu die gemeinsame Headerdatei:

```
/* msq_header.h */
#include <stdlib.h>
#include <signal.h>
/* Magische Nummer */
#define KEY 1234L
/* Begrenzung der Nachricht */
#define MSG_LEN 1024
/* Zugriffsrechte */
#define PERM 0666
#undef signal

/* Datentypen zum Senden und Empfangen der Nachrichten */
typedef struct {
   long prioritaet;
   char message[MSG_LEN];
} client2server;

typedef struct {
   long prioritaet;
   char message[MSG_LEN];
} server2client;

struct id_verwaltung {
   int id;
   struct id_verwaltung *next;
 };

struct id_verwaltung *id_first = NULL;

static void mq_verwaltung_add( int i ) {
   struct id_verwaltung *ptr;
   if( id_first == NULL) {
      id_first = malloc(sizeof( struct id_verwaltung ));
       if( id_first == NULL )
         exit(EXIT_FAILURE);
      id_first->id = i;
       id_first->next = NULL;
   }
   else {
```

```
        ptr = id_first;
        while(ptr->next != NULL)
           ptr=ptr->next;
        ptr->next = malloc(sizeof( struct id_verwaltung ));
        ptr = ptr->next;
        ptr->id = i;
        ptr->next = NULL;
    }
}

static void mq_verwaltung_remove( int i ) {
   struct id_verwaltung *ptr_tmp;
   struct id_verwaltung *ptr;
   if(id_first == NULL)
      return;
   if( id_first->id == i ) {
      ptr = id_first->next;
      free(id_first);
      id_first = ptr;
      printf("User %d hat sich ausgeloggt\n",i);
      return;
   }
   ptr = id_first;
   while(ptr->next != NULL) {
      ptr_tmp = ptr->next;
      if( ptr_tmp->id == i ) {
         ptr->next = ptr_tmp->next;
         free(ptr_tmp);
         printf("User %d hat sich ausgeloggt\n",i);
         break;
      }
      ptr=ptr_tmp;
   }
}

typedef void (sigfunk) (int);

sigfunk * signal (int sig_nr, sigfunk signalhandler) {
   struct sigaction neu_sig, alt_sig;

   neu_sig.sa_handler = signalhandler;
   sigemptyset (&neu_sig.sa_mask);
   neu_sig.sa_flags = SA_RESTART;
   if (sigaction (sig_nr, &neu_sig, &alt_sig) < 0)
      return SIG_ERR;
   return alt_sig.sa_handler;
}
```

Die Daten, die in der Nachrichtenwarteschlange miteinander ausgetauscht werden, werden damit festgelegt:

```
typedef struct {
   long prioritaet;
   char message[MSG_LEN];
} client2server;

typedef struct {
   long prioritaet;
   char message[MSG_LEN];
} server2client;
```

Außerdem wurde mit den Funktionen `msq_verwaltung_add()` und `msq_verwaltung_remove()` eine dynamisch verkettete Liste erstellt, worin alle vorhandenen Client-Message-Queue-IDs aufgezeichnet und wieder entfernt werden. Dies dient anschließend dazu, dass der Server keine Nachrichten an einen nicht mehr existierenden Client verschickt. Das neue Signalkonzept wurde auch implementiert, das anschließend von einem Clientprozess zur Beendigung mit der Tastenkombination [Strg]+[C] für Aufräumarbeiten verwendet wird.

Als Erstes das Serverprogramm:

```
/* server_msq.c */
#include <sys/types.h>
#include <sys/ipc.h>
#include <sys/msg.h>
#include <sys/stat.h>
#include <stdio.h>
#include <unistd.h>
#include "msq_header.h"

static int setup_server( key_t key, int flag ) {
   int res;
   res = msgget( key, flag );
   if( res < 0 ) {
      printf("Serverfehler beim Einrichten Message "
             "Queues\n");
      return -1;
   }
   return res;
}

static void verteilen( const char *str, int p ) {
   int res;
   server2client s2c;
   struct id_verwaltung *ptr = id_first;

   s2c.prioritaet = p;
   sprintf(s2c.message,"%s",str);

   while(ptr != NULL) {
      res = msgsnd(ptr->id, &s2c, MSG_LEN, 0);
      if( res < 0 )
```

```
            printf("Konnte Nachricht an Client MQ %d nicht"
                   " zustellen ...\n",ptr->id);
         else
            printf("Nachricht an Client MQ %d zugestellt\n",
                   ptr->id);
         ptr=ptr->next;
      }
}

int main(void) {
   int server_id, res;
   client2server c2s;
   char puffer[MSG_LEN];
   int client_id;

   server_id = setup_server( KEY, PERM  | IPC_CREAT );
   if( server_id < 0 )
      return EXIT_FAILURE;
   printf("Server läuft ...\n");
   while(1) {
      /* Nachricht empfangen */
      res = msgrcv( server_id, &c2s, MSG_LEN, 0, 0 );
      if( res < 0 ) {
         printf("Fehler beim Empfangen einer Nachricht?\n");
         return EXIT_FAILURE;
      }
      /*Nachricht auswerten */
      if( c2s.prioritaet == 1 ) {
         /* Message Queues aus der Verwaltung entfernen */
         sscanf(c2s.message,"%d",&client_id);
         mq_verwaltung_remove( client_id );
      }
      else {
         sscanf(c2s.message,"%d:%s",&client_id, puffer);
         /* client_id eventuell zur Liste hinzufügen */
         mq_verwaltung_add( client_id );
         /* Allen anderen User einen Hinweis schicken */
         verteilen( puffer, client_id );
      }
   }
   printf(" --- Server-Ende ---\n");
   return EXIT_SUCCESS;
}
```

Der Server erzeugt erst eine Message Queue mit `msgget()`. Anschließend werden in einer Endlosschleife Daten (falls vorhanden) von den Clients empfangen, die an die Message Queue des Servers etwas geschickt haben. Hat ein Client eine Nachricht gesendet, wird erst noch überprüft, ob dies mit der Priorität 1 geschehen ist. Dies würde bedeuten, dass sich der Client mit Strg+C beendet hat. Somit wird diese Message Queue (mit entsprechender ID) aus der Liste entfernt. Ansonsten wird die Nachricht mit `sscanf()` ausgelesen, falls es eine neue Message Queue-ID war, in die Verwaltung eingefügt, und alle anderen eingeloggten Prozesse werden mit der Funktion `verteilen()` benachrichtigt.

Hinweis

Die Client Message Queues können auch untereinander ohne den Server kommunizieren.

Jetzt zum Client-Programm:

```
/* client_msq.c */
#include <sys/types.h>
#include <sys/ipc.h>
#include <sys/msg.h>
#include <sys/stat.h>
#include <stdio.h>
#include <unistd.h>
#include "msq_header.h"

static int ende = 1;

static int setup_client (key_t key, int flag) {
   int res;
   res = msgget (key, flag);
   if (res == -1) {
      printf ("Client-Fehler beim Einrichten"
              " der Message Queues...\n");
      return -1;
   }
   return res;
}

/* Der Client will sich beenden */
static void shutdown_msq (int signr) {
      ende = 0;
}

int main (void) {
   int server_id, client_id;
   int res;
   client2server c2s;
   server2client s2c;
   /* Signalhandler für STRG+C einrichten */
   signal (SIGINT, shutdown_msq);

   /* Eine Message Queue zum Server */
   server_id = setup_client (KEY, 0);
```

```
    if (server_id < 0)
       return EXIT_FAILURE;
    /* Eine Message Queue für den Client */
    client_id = setup_client (IPC_PRIVATE, PERM | IPC_CREAT);
    if (client_id < 0)
       return EXIT_FAILURE;
    /* Eine Nachricht an den Server versenden */
    c2s.prioritaet = 2;
    sprintf (c2s.message, "%d:Login", client_id);
    res = msgsnd (server_id, &c2s, MSG_LEN, 0);
    if (res == -1) {
       printf ("Konnte keine Nachricht versenden ...\n");
       return EXIT_FAILURE;
    }
    /* Bestätigung des Servers oder Rundschreiben */
    /* von anderen Clients empfangen              */
    res = msgrcv (client_id, &s2c, MSG_LEN, 0, 0);
    if (res == -1) {
       printf ("Fehler beim Erhalt der Nachricht ...\n");
       return EXIT_FAILURE;
    }
    /*Bestätigung oder Rundschreiben auslesen und ausgeben*/
    printf ("%ld: %s\n", s2c.prioritaet, s2c.message);

    while (ende) {
   /* Hier könnte der wichtige Code zur Kommunikation  */
   /* zwischen  den Prozessen geschrieben werden.      */
   /* In diesem Beispiel werden nur die neu erstellten */
   /* Message Queues als neue User ausgegeben. Die     */
   /* Schleife wartet auf das Signal SIGINT == STRG+C  */

       /* Bestätigung oder Rundschreiben empfangen */
       res= msgrcv (client_id, &s2c, MSG_LEN, 0, IPC_NOWAIT);
       if (res != -1) {
          printf ("(%s) von User mit der Message-Queue-ID: "
                  " %ld\n", s2c.message, s2c.prioritaet);
       }
       /* Dauerndes Pollen belastet unnötig die CPU      */
       /* - Eine Bremse (siehe top mit und ohne usleep() */
       usleep( 1000 );
    }
    /* STRG+C also das Signal SIGINT wurde ausgelöst ... */
    c2s.prioritaet = 1;
    sprintf (c2s.message, "%d", client_id);
    res = msgsnd (server_id, &c2s, MSG_LEN, 0);
    if (res == -1) {
       printf ("Konnte keine Nachricht versenden ...\n");
       return EXIT_FAILURE;
    }
```

```
   /* Message Queues entfernen */
   msgctl (client_id, IPC_RMID, NULL);
   return EXIT_SUCCESS;
}
```

Der Client erzeugt sich zuerst eine eigene Message Queue und richtet anschließend eine Verbindung zur Server Message Queue ein. Anschließend sendet (`msgsnd()`) der Client eine Nachricht an den Server (praktisch die Anmeldung) und wartet mit `msgrcv()` auf die Antwort. Anschließend geht es in die Endlosschleife, die mithilfe des Signals `SIGINT` ([Strg]+[C]) und der Funktion `shutdown_msq` beendet werden kann. In der Schleife selbst könnten Sie jetzt wichtige Arbeiten, die für eine Message Queue üblich sind, ausführen. Hier wurde der Einfachheit halber nur jeder neu eingeloggte Client als Nachricht empfangen und ausgegeben. Außerdem wird nach Beendigung mit [Strg]+[C] die Message Queue des Clients mit `msgctl()` entfernt.

Das Programm bei der Ausführung in einer Beispielsitzung:

```
---[tty1]---
$ gcc -o server_msq server_msq.c
$ gcc -o client_msq client_msq.c
$ ./server_msq
Server läuft ...
---[tty2 -> andere Konsole]---
$ ./client_msq
524291: Login
---[tty1 währenddessen]---
$ ./server_msq
Server läuft ...
Nachricht an Client MQ 524291 zugestellt
---[tty3 -> andere Konsole]---
$ ./client_msq
557060: Login
---[tty1 währenddessen]---
$./server_msq
Server läuft ...
Nachricht an Client MQ 524291 zugestellt
Nachricht an Client MQ 524291 zugestellt
Nachricht an Client MQ 557060 zugestellt
---[tty2 währenddessen]---
$ ./client_msq
524291: Login
(Login) von User mit der Message-Queue-ID: 557060
---[tty3]---
$ ./client_msq
557060: Login
[Strg]+[C]
$
---[tty1 währenddessen]---
$./server_msq
Server läuft ...
```

```
Nachricht an Client MQ 524291 zugestellt
Nachricht an Client MQ 524291 zugestellt
Nachricht an Client MQ 557060 zugestellt
User 557060 hat sich ausgeloggt
---[tty2]---
$./client_msq
524291: Login
(Login) von User mit der Message-Queue-ID: 557060
[Strg]+[C]
$
---[tty1]---
$./server_msq
Server läuft ...
Nachricht an Client MQ 524291 zugestellt
Nachricht an Client MQ 524291 zugestellt
Nachricht an Client MQ 557060 zugestellt
User 557060 hat sich ausgeloggt
User 524291 hat sich ausgeloggt
```

Sie können das Beispiel gerne anhand mehrerer Clients testen.

9.7 Shared Memory

Shared Memory ist ein vom Kernel verwalteter Speicherbereich, der von mehreren Prozessen gelesen und beschrieben werden kann. Es muss dabei lediglich beachtet werden, dass die einzelnen Prozesse untereinander abgeglichen, also synchronisiert werden müssen. Außerdem ist diese Form der Interprozesskommunikation die schnellste von allen, da kein Kopieren von Clientprogrammen zum Serverprogramm (oder auch umgekehrt) nötig ist, weil ein gemeinsamer Speicherbereich verwendet wird. Damit es nicht vorkommt, dass mehr als ein Prozess aus diesem Segment lesend und vor allem nicht schreibend zugreift, verwendet man häufig dazu Sperren (Record Locks) oder Semaphore. Ein solches Shared-Memory-Segment existiert auch nach der Beendigung seines Erzeugers, sofern nicht das Flag `IPC_RMID` angegeben wurde.

9.7.1 Ein Shared-Memory-Segment erstellen oder öffnen – shmget()

Wollen Sie ein Shared-Memory-Segment erzeugen oder ein bereits existierendes öffnen, dann müssen Sie die Funktion `shmget()` verwenden:

```
#include <sys/types.h>
#include <sys/ipc.h>
#include <sys/shm.h>

int shmget(key_t key, int size, int flag);
```

Als erstes Argument erhält diese Funktion, wie schon bei den anderen SysV-Interprozesskommunikationen, die »magische« Nummer `key`. Mit `size` geben Sie die Mindestgröße des neu anzulegenden Shared-Memory-Segmentes an. Gewöhnlich sind hierfür die Limits für die Mindestgröße in der symbolischen Konstante SHMMIN mit 1 und die max. Größe in SHMMAX mit 131072 angegeben. Wollen Sie hingegen ein bereits existierendes Segment öffnen, dann kann für size der Wert 0 angegeben werden. Auch bei den Flags gilt dasselbe wie schon bei den Message Queues und den Semaphoren:

- IPC_PRIVATE – Öffnen eines privaten Schlüssels
- IPC_CREAT – Damit wird ein noch nicht existierender Schlüssel erzeugt.
- IPC_EXCL – Dieses Flag wird in der Regel mit dem bitweisen ODER-Operator hinter IPC_CREAT angefügt. Damit gehen Sie sicher, dass wirklich ein neues Objekt (ein Shared-Memory-Segment) angelegt wird und nicht ein bereits existierendes mit derselben Kennung. Existiert eine Kennung bereits, bricht die entsprechende Funktion – hier shmget() – mit einem Fehler ab (errno = EEXIST).

Auch hierbei sollten Sie bei den Flags die entsprechenden Zugriffsrechte setzen, damit Sie überhaupt Zugriff auf ein Shared-Memory-Segment haben. Der Rückgabewert der Funktion shmget() ist bei Erfolg die ID des gemeinsamen Speicherbereichs, die Sie bei den weiteren Funktionen benötigen, oder bei einem Fehler -1.

9.7.2 Ein Shared-Memory-Segment abfragen, ändern oder löschen – shmctl()

Mit der Funktion shmctl() können Sie den Status eines Shared-Memory-Segmentes abfragen oder ändern. Aber auch zum Löschen eines Segments wird diese Funktion verwendet. Hier die Syntax:

```
#include <sys/types.h>
#include <sys/ipc.h>
#include <sys/shm.h>

int shmctl(int shm_id, int kommando, struct shmid_ds *buf);
```

Das erste Argument ist die ID des Shared-Memory-Segmentes, worauf sich die folgende Operation beziehen soll. Diese Kennung haben Sie bei Erfolg als Rückgabewert der Funktion shmget() erhalten. Mit kommando legen Sie die Aktion des durchzuführenden Kommandos fest. Hierbei können folgende Angaben gemacht werden (entsprechende Zugriffsrechte vorausgesetzt):

- IPC_STAT – Status des Shared-Memory-Segmentes abfragen. Der Status befindet sich in der Adresse der Struktur shmid_ds (drittes Argument von shmctl), die von jedem Shared-Memory-Segment angelegt wird.
- IPC_SET – Setzen der GID/UID und Zugriffsrechte, die sich in der Struktur shmid_ds in der Adresse buf befinden.
- IPC_RMID – Löschen eines Shared-Memory-Segments
- SHM_LOCK – Sperren eines Shared-Memory-Segments (nur Superuser)
- SHM_UNLOCK – Aufheben einer Sperre (logischerweise auch nur Superuser)
- IPC_INFO – (nur Linux) Damit können Informationen eines Shared-Memory-Segments erfragt werden.

Hinweis

Das Abfragen und Setzen der einzelnen SysV-Interprozesskommunikationen mit den ...`ctl()`-Funktionen wurde recht kurz und oberflächlich behandelt – was Ihnen aber, wenn Sie das Prinzip verstanden haben, kein allzu großes Problem bereiten sollte, weil es fast analog zu den bereits vorgestellten IPC-Mechanismen funktioniert. In der Regel läuft es immer nach demselben Schema ab. Als erstes Argument geben Sie die Kennung an, als zweites Argument das Kommando, und das letzte Argument ist meistens die Adresse einer für das SysV-Konzept entsprechenden Struktur, worauf sich das Kommando bezieht.

Bei Erfolg gibt diese Funktion 0, ansonsten bei einem Fehler -1 zurück.

9.7.3 Ein Shared-Memory-Segment anbinden (attach) – shmat()

Im nächsten Schritt müssen Sie das erzeugte Shared-Memory-Segment an einen Prozess anbinden. Dies erledigen Sie mit der Funktion `shmat()`:

```
#include <sys/types.h>
#include <sys/ipc.h>
#include <sys/shm.h>

void *shmat(int shm_id, const void *adresse, int flag);
```

Als erstes Argument benötigen Sie wieder die ID des Segmentes, an die Sie den Adressraum anbinden wollen. Mit `adresse` geben Sie an, an welcher Adresse im Shared-Memory-Segment Sie »sich anbinden« wollen. Es sei hierbei aus Portabilitätsgründen empfohlen, dass Sie das dem Kernel überlassen und hierfür `NULL` angeben. Sollten Sie die Adresse dennoch selbst angeben wollen, dann sei hierfür die Manual Page empfohlen. Geben Sie als Flag `SHM_RDONLY` an, wird das Segment nur zum Lesen angebunden, ansonsten zum Lesen und Schreiben.

Hinweis

Nach einem `fork()`-Aufruf wird das Shared-Memory-Segment auch an den Kindprozess weitervererbt und kann dabei ebenso verwendet werden. Bei einem `exec()`-Aufruf hingegen weiß der neue Prozess nichts mehr von dem Segment. Und bei einem `exit()`-Aufruf werden alle angebundenen Segmente vom Prozess losgelöst.

Bei Erfolg gibt die Funktion `shmat()` die Anfangsadresse des Shared-Memory-Segmentes zurück oder bei einem Fehler -1.

9.7.4 Ein Shared-Memory-Segment loslösen – shmdt()

Wenn ein Shared-Memory-Segment nicht mehr von einem Prozess benötigt wird, sollte man die Anbindung wieder aufheben. Das Loslösen (detach) wird mit der Funktion `shmdt()` erledigt:

```
#include <sys/types.h>
#include <sys/ipc.h>
```

```
#include <sys/shm.h>

int shmdt(void *adresse);
```

Damit lösen Sie die Adresse des Shared-Memory-Segmentes, die Sie als Rückgabewert der Funktion `shmat()` erhalten haben. Loslösen ist übrigens nicht mit löschen (`IPC_RMID`) gleichzusetzen, da das Segment ja noch von anderen Prozessen benutzt werden könnte und somit eine Löschung nicht dem Wunsch des Programmierers entspräche. Bei Erfolg gibt `shmdt()` 0, ansonsten bei einem Fehler -1 zurück.

9.7.5 Client-Server-Beispiel – Shared Memory

Im Folgenden soll auch hierzu wieder ein einfaches Client-Server-Beispiel vorgestellt werden. Ein Server richtet ein Shared-Memory-Segment ein und wartet auf eine Nachricht von einem Clientprozess, der in dieses Shared-Memory-Segment etwas schreibt, und gibt diese Nachricht aus. Der Clientprozess wird mit der ID des Shared-Memory-Segments gestartet, das der Server erzeugt hat. Um es einfach zu halten, wird eine einfache Zeichenkette dazu verwendet. Zusätzlich verwenden die Prozesse Semaphore zum Sperren eines kritischen Codebereichs – weshalb hierfür eine eigene Headerdatei mit den Funktionen der Semaphoren verwendet wird. In dieser Headerdatei wird des Weiteren die Funktion `signal()` mit dem neuen Signalkonzept definiert, die zur Behandlung benötigt wird, wenn der Server mit `SIGINT` unterbrochen wird.

Zuerst die gemeinsame Headerdatei:

```
/* shm_header.h */
#include <stdio.h>
#include <sys/types.h>
#include <sys/ipc.h>
#include <sys/sem.h>
#include <sys/shm.h>
#include <stdlib.h>
#include <errno.h>
#include <string.h>
#include <signal.h>

#define SHMDATASIZE 1024
#define BUFFERSIZE (SHMDATASIZE - sizeof(int))

#define SN_EMPTY 0
#define SN_FULL  1


/* ---------- Bei BSD-Unixen auskommentieren ----------- */
#if defined(__GNU_LIBRARY__) && !defined(_SEM_SEMUN_UNDEFINED)
/* union semun is defined by including <sys/sem.h> */
#else
/* according to X/OPEN we have to define it ourselves */
   union semun {
     int val;                /* Werte für  SETVAL        */
```

```
      struct semid_ds *buf;     /* Puffer IPC_STAT, IPC_SET */
      unsigned short *array;    /* Array für GETALL, SETALL */
                                /* Linux specific part:     */
      struct seminfo *__buf;    /* Puffer für IPC_INFO      */
        };
#endif
/* ------------------------------------------------------- */

static void locksem   (int semid, int semnum);
static void unlocksem (int semid, int semnum);
static void waitzero  (int semid, int semnum);
static int safesemget (key_t key, int nsems, int semflg);
static int safesemctl (int semid, int semnum,
                       int cmd, union semun arg);
static int safesemop  (int semid, struct sembuf *sops,
                       unsigned nsops);

static int DeleteSemid = 0;
static int DeleteShmid = 0;

static void locksem (int semid, int semnum) {
   struct sembuf sb;
   sb.sem_num = semnum;
   sb.sem_op = -1;
   sb.sem_flg = SEM_UNDO;
   safesemop (semid, &sb, 1);
   return;
}

static void unlocksem (int semid, int semnum) {
   struct sembuf sb;
   sb.sem_num = semnum;
   sb.sem_op = 1;
   sb.sem_flg = SEM_UNDO;
   safesemop (semid, &sb, 1);
}

static void waitzero (int semid, int semnum) {
   struct sembuf sb;
   sb.sem_num = semnum;
   sb.sem_op = 0;
   sb.sem_flg = 0;

   safesemop (semid, &sb, 1);
   return;
}

static int safesemget (key_t key, int nsems, int semflg) {
   int retval;
   retval = semget (key, nsems, semflg);
```

```
   if (retval == -1)
      printf ("Semaphor-Schlüssel %d, nsems %d konnte"
              " nicht erstellt werden", key, nsems);
   return retval;
}

static int
safesemctl (int semid, int semnum, int cmd, union semun arg) {
   int retval;
   retval = semctl (semid, semnum, cmd, arg);
   if (retval == -1)
      printf ("Fehler: Semaphor mit ID %d, semnum %d, "
              "Kommando %d\n", semid, semnum, cmd);
   return retval;
}

static int
safesemop (int semid, struct sembuf *sops, unsigned nsops) {
   int retval;
   retval = semop (semid, sops, nsops);
   if (retval == -1)
      printf ("Fehler: Semaphor mit ID %d (%d Operation)\n",
              semid, nsops);
   return retval;
}

typedef void (*sighandler_t)(int);

static sighandler_t
my_signal(int sig_nr, sighandler_t signalhandler) {
   struct sigaction neu_sig, alt_sig;

   neu_sig.sa_handler = signalhandler;
   sigemptyset (&neu_sig.sa_mask);
   neu_sig.sa_flags = SA_RESTART;
   if (sigaction (sig_nr, &neu_sig, &alt_sig) < 0)
      return SIG_ERR;
   return alt_sig.sa_handler;
}
```

Jetzt zur Server-Implementierung:

```
/* server_shm.c */
#include "shm_header.h"
static void delete (void) {
   int res;
   printf ("\nServer wird beendet - Lösche Semaphor %d.\n",
           DeleteSemid);
   if (semctl (DeleteSemid, 0, IPC_RMID, 0) == -1) {
      printf ("Fehler beim Löschen des Semaphors.\n");
   }
```

```
   /* Wenn Serverprozess beendet wird - */
   /* Segment automatisch löschen       */
   res = shmctl (DeleteShmid, IPC_RMID, NULL);
   if (res == -1)
      printf ("Fehler bei shmctl() shmid %d, Kommando %d\n",
          DeleteShmid, IPC_RMID);
   return;
}

static void sigdelete (int signum) {
   exit(EXIT_FAILURE);
}

static void server (void) {
   union semun sunion;
   int semid, shmid;
   int res;
   void *shmdata;
   char *buffer;

   /* Ein Semaphor erstellen */
   semid = safesemget (IPC_PRIVATE, 2, SHM_R | SHM_W);
   DeleteSemid = semid;
   /* Semaphor beim Beenden entfernen */
   atexit (&delete);
   /* Signalhandler einrichten */
   my_signal (SIGINT, &sigdelete);

   /* Semaphor initialisieren */
   sunion.val = 1;
   safesemctl (semid, SN_EMPTY, SETVAL, sunion);
   sunion.val = 0;
   safesemctl (semid, SN_FULL, SETVAL, sunion);

   /* Ein Shared-Memory-Segment einrichten */
   shmid = shmget (IPC_PRIVATE, SHMDATASIZE,
             IPC_CREAT | SHM_R | SHM_W);
   if (shmid == -1)
      printf ("Fehler bei key %d, mit der Größe %d\n",
             IPC_PRIVATE, SHMDATASIZE);

    DeleteShmid = shmid;

   /* Shared-Memory-Segment anbinden */
   shmdata = shmat (shmid, NULL, 0);
   if (shmdata == (void *) -1)
      printf ("Fehler bei shmat(): shmid %d\n", shmid);

   /* Kennung am Anfang des Segments schreiben */
   *(int *) shmdata = semid;
```

```
   buffer = shmdata + sizeof (int);

   printf ("Server läuft mit Shared-Memory-ID %d\n", shmid);

   while (1) {
      printf ("Warte ...");
      fflush (stdout);
      /* Sperren und Warten */
      locksem (semid, SN_FULL);
      printf ("\n... fertig.\n");
        /* Ein Client hat etwas geschrieben */
      printf ("Nachricht erhalten: %s\n", buffer);
      /* Sperre aufheben */
      unlocksem (semid, SN_EMPTY);
   }
   return;
}

int main (int argc, char **argv) {
   server ();
   printf("--- Server-Ende ---\n");
   return EXIT_SUCCESS;
}
```

Als Letztes die Client-Implementierung:

```
/* client_shm.c */
#include "shm_header.h"

static void clientwrite (int shmid, int semid, char *buffer) {
   printf ("Warte ...");
   fflush (stdout);
   /* Sperre setzen - Client will schreiben */
   locksem (semid, SN_EMPTY);
   printf ("\n... fertig\n");
   printf ("Eingabe machen: ");
   fgets (buffer, BUFFERSIZE, stdin);
   unlocksem (semid, SN_FULL);
   return;
}

static void client (int shmid) {
   int semid;
   void *shmdata;
   char *buffer;
   /* Shared-Memory-Verbindung zu Server */
   shmdata = shmat (shmid, NULL, 0);
   if (shmdata == (void *) -1) {
      printf ("Fehler bei shmat(): shmid %d\n", shmid);
      return;
   }
```

```
    semid = *(int *) shmdata;
    buffer = shmdata + sizeof (int);
    printf("Client: Shared-Memory-ID: %d, Semaphor-ID: %d\n",
             shmid, semid);
    while (1) {
       char input[3];
       printf ("\n\nMenu\n1. Eine Nachricht verschicken\n");
       printf ("2. Client-Ende\n");
       fgets (input, sizeof (input), stdin);
       switch (input[0]) {
       case '1':
          clientwrite (shmid, semid, buffer);
          break;
       case '2':
          exit (EXIT_FAILURE);
          break;
       }
    }
    return;
}

int main (int argc, char **argv) {
   if (argc < 2) {
      printf ("Aufruf: %s Shared-Memory-ID\n", *argv);
   }
   else {
      client (atoi (argv[1]));
   }
   return EXIT_SUCCESS;
}
```

Das Programm bei der Ausführung:

```
$ gcc -o server_shm server_shm.c
$ gcc -o client_shm client_shm.c
$./server_shm
Server läuft mit Shared-Memory-ID 360939526
Warte ...
---[andere Konsole bspw. tty1]---
$./client_shm 360939526
Client: Shared-Memory-ID: 360939526, Semaphor-ID: 12345

Menu
1. Eine Nachricht verschicken
2. Client-Ende
1
Warte ...
... fertig
Eingabe machen: Hallo, das geht durch den gemeinsamen Speicher
```

```
Menu
1. Eine Nachricht verschicken
2. Client-Ende
---[beim Server]---
$./server_shm
Server läuft mit Shared-Memory-ID 360939526
Warte ...
... fertig.
Nachricht erhalten: Hallo, das geht durch den gemeinsamen Speicher

Warte ...
---[andere Konsole bspw. tty2]---
$./client_shm 360939526
Client: Shared-Memory-ID: 360939526, SemaphorID: 12345

Menu
1. Eine Nachricht verschicken
2. Client-Ende
1
Warte ...
... fertig
Eingabe machen: Eine weitere Nachricht

Menu
1. Eine Nachricht verschicken
2. Client-Ende
---[beim Server]---
$./server_shm
Server läuft mit Shared-Memory-ID 360939526
Warte ...
... fertig.
Nachricht erhalten: Hallo, das geht durch den gemeinsamen Speicher
Warte ...
... fertig.
Nachricht erhalten: Eine weitere Nachricht

Warte ...
[Strg]+[C]
Server wird beendet - Lösche Semaphor 12345
```

Neben den Prozessen existiert noch eine andere Form der Programmausführung, die Linux unterstützt – die Threads, die auch als »leichtgewichtige« Prozesse bekannt sind.

10 Threads

Mit der Thread-Programmierung können Sie Anwendungen schreiben, die erheblich schneller und parallel ablaufen. Sie erhalten in diesem Kapitel einen Einblick in die Thread-Programmierung unter Linux und erfahren, wie Sie diese Kenntnisse in der Praxis einsetzen können.

Hinweis

Die Beispiele im Buch verwenden Linux-Threads und sind somit nicht ohne weiteres auf anderen UNIXen lauffähig. Die BSD-Threads z. B. arbeiten zum Teil ähnlich. Es kann aber sein, dass das eine Programm läuft und ein anderes nicht und daher auf die Linux-Threads verlinkt werden muss. Voraussetzung sind also Linux-Threads. Speziell unter (Free)BSD müssen Sie die Linux-Threads aus den Ports installieren und das Programm folgendermaßen übersetzen:

```
$ gcc -o thserver thserver.c  \
  -I/usr/local/include/pthread/linuxthreads \
  -L/usr/local/lib -llthread -llgcc_r
```

10.1 Unterschiede zwischen Threads und Prozessen

Prozesse wurden ja bereits ausführlich erklärt. Sie wissen, wie Sie eigene Prozesse mittels `fork()` kreieren können, und mit Interprozesskommunikationen (IPC) haben Sie erfahren, wie man einzelne Prozesse synchronisiert. Den Aufwand, den Sie bei den Interprozesskommunikationen gemacht haben, entfällt bei den Threads fast komplett.

Ein weiterer Nachteil bei der Erstellung von Prozessen gegenüber Threads ist der enorme Aufwand, der mit der Duplizierung des Namensraumes gemacht wird – den man mit den Threads nicht hat, da diese in einem gemeinsamen Adressraum ablaufen. Somit stehen den einzelnen Threads dasselbe Codesegment, Datensegment, der Heap und alle anderen Zustandsdaten, die ein »gewöhnlicher« Prozess besitzt, zur Verfügung – was somit auch die Arbeit beim Austausch von Daten und bei der Kommunikation untereinander erheblich erleichtert. Weil aber kein Speicherschutzmechanismus unter den Threads vorhanden ist, bedeutet dies auch, wenn ein Thread abstürzt, reißt dieser alle anderen Threads mit.

Im ersten Moment besteht somit vorerst gar kein Unterschied zwischen einem Prozess und einem Thread, denn letztendlich besteht ein Prozess mindestens aus einem Thread. Ferner endet ein Prozess, wenn sich alle Threads beenden. Somit ist der EINE Prozess (dieser eine Prozess ist der erste Thread, auch »Main Thread« bzw. »Haupt-Thread« genannt) verantwortlich für die gleichzeitige Ausführung mehrerer Threads – da doch Threads auch nur innerhalb eines Prozesses ausgeführt werden. Der gravierende Unterschied zwischen den Threads und den Prozessen besteht darin, dass Threads unabhängige Befehlsfolgen innerhalb eines Prozesses sind. Man könnte auch sagen, Threads sind in einem Prozess gefangen oder verkapselt – im goldenen Käfig eingeschlossen.

Natürlich müssen Sie dabei immer im Auge behalten, wenn Threads denselben Adressraum verwenden, dass sich alle Threads den statischen Speicher und somit auch die globalen Variablen miteinander teilen. Ebenso sieht dies mit den geöffneten Dateien (z. B. Filedeskriptoren), Signalhandler- und Einstellungen, Benutzer- und Gruppenkennung und dem Arbeitsverzeichnis aus. Daher sind auch in der Thread-Programmierung gewisse Synchronisationsmechanismen nötig und auch vorhanden.

10.2 Thread-Bibliotheken

Zwar werden im Buch hier nur die Linux-Threads behandelt, dennoch sollten hier weitere Bibliotheken nicht unerwähnt bleiben. Mitte der 90er-Jahre hat die Entwicklung von zahlreichen Thread-Bibliotheken begonnen, wobei sich letztendlich die Bibliothek von Xavier Leroy im Jahre 1997 unter dem Namen Pthread-Lib durchgesetzt hat. Diese Bibliothek wurde von Ulrich Drepper in Glibc2 an die Standardbibliothek angebunden und ist somit auf jedem Linux-System vorhanden. Nachdem Linux jetzt endlich für Mehrprozessorsysteme interessant wurde, wurden die Klagen über die Linux-Thread-Bibliothek lauter. Da es immer wieder Probleme mit Signalen, der hierarchischen Beziehung zwischen Threads, der immer noch nicht ganz implementierten POSIX-Konformität und noch andere Sorgen gab, war man auf der Suche nach neuen Thread-Bibliotheken.

- Einen interessanten Ansatz bietet die von Ralf S. Engelschall begonnene Bibliothek GNU Pth, die bereits seit 1999 als offizielles GNU-Projekt gestartet wurde. Das »Gute« an dieser Bibliothek ist, dass sie sich als eine möglichst portable Bibliothek für nicht präemptives Multitasking eignet.
- Programmierer von Intel und IBM habe GNU Pth anschließend als Einstiegspunkt verwendet, um daraus die Next Generation Posix Thread (NGPT) zu entwickeln, die vor allem die Skalierung auf Mehrprozessorsysteme erhöhen sollte.
- Als Dritte im Bunde kann man die Bibliothek von Red Hat mit Native Posix Thread Library hervorheben, die gar eine Veränderung des Kernels nötig machte. Dabei wurden u. a. neue Systemaufrufe, ein erweiterter clone()-Aufruf und vor allem ein funktionierendes Signalhandling eingebaut.

Es sind zwar noch weitere Bibliotheken zu den Threads in der Entwicklung, aber diese hier scheinen mir am interessantesten. Da einige dieser Thread-Bibliotheken noch recht neu sind und da es immer noch ein wenig an Dokumentation dazu fehlt, macht es relativ wenig Sinn, Ihnen diese hier zu demonstrieren. Daher soll hier auf die altbewährte Linux-Thread-Bibliothek zurückgegriffen werden.

10.3 Kernel- und User-Threads

Es gibt zwei Implementierungen von Threads, zum einen die Kernel-Threads, zum anderen die User-Threads. Die User-Threads sind in einer Bibliothek implementiert, die im Speicherbereich des Benutzers ablaufen. Damit ist es möglich, Threads auch auf Betriebssystemen zu verwenden, die keine Threads unterstützen. Der Nachteil an den User-Threads ist aber, dass die einzelnen Threads eines Prozesses nicht auf unterschiedlichen Prozessoren bei Multiprozessorrechnern laufen. Kernel-Threads hingegen sind bereits im Betriebssystem integrierte Thread-Unterstützungen. Dabei wird das Scheduling des Betriebssystems verwendet. So ist es möglich, die einzelnen Threads eines Prozesses auf verschiedenen Prozessoren laufen zu lassen. Linux-Threads, die in diesem Kapitel verwendet werden, unterstützen sowohl Kernel- als auch User-Threads.

Ein wenig überraschend ist es doch, dass die User-Theads, sofern man nicht an die Multiprozessorprogrammierung appelliert, einen gewissen Vorteil gegenüber der Kernel-Implementierung besitzen. Threads, die vom Kernel verwendet werden, setzen doch einige Grenzen, etwa was die Anzahl der gleichzeitigen Benutzer angeht. Aber noch ein wenig überraschender ist, dass User-Threads effizienter als Kernel-Threads ablaufen, da diese keinen extra Befehl (Software-Interrupt) zum Umschalten auf einen anderen Thread vom Kernel benötigen.

10.4 Scheduling und Zustände von Threads

Auch bei der Thread-Programmierung ist (wie bei den Prozessen) ein Scheduler entweder in der Thread-Bibliothek oder dem Betriebssystem vorhanden, der bestimmt, wann welcher Thread Prozessorzeit erhält. Auch hier kann die Zuteilung wie schon bei den Prozessen prioritäts- und zeitgesteuert erfolgen. Bei zeitgesteuerten Threads bedeutet dies, dass jedem Thread eine bestimmte Zeit (des Prozessors oder der Prozessoren) zur Verfügung steht, ehe dieser automatisch unterbrochen wird und anschließend ein anderer Thread an der Reihe ist. Sind die Threads prioritätsgesteuert, so erhält der Thread mit der höchsten Priorität vom Scheduler den Zuschlag. Außerdem wird ein laufender Thread abgebrochen, wenn ein Thread mit einer höheren Priorität ausgeführt wird. Bitte beachten Sie außerdem, wenn Sie das rein prioritätsgesteuerte Scheduling für die Thread-Programmierung verwenden, dass ein Thread mit höchster Priorität den Prozessor für eine uneingeschränkte Zeit verwenden und somit alle anderen Threads von der Arbeit ausschließen kann.

Bei einer User-Level-Thread-Implementierung steht Ihnen nur ein prioritätsgesteuertes Scheduling zur Verfügung, da ein zeitgesteuertes die Verwendung von Systemcalls erfordert. Beide Scheduling-Arten hingegen stehen Ihnen zur Verfügung, wenn die Thread-Bibliothek im Kernel des Betriebssystems implementiert wurde.

Anhand der folgenden Abbildung können Sie die Zustände erkennen, in denen sich ein Thread befinden kann. Bei genauerer Betrachtung fällt auf, dass sich die Threads, abgesehen von den weiteren Unterzuständen, nicht wesentlich von den Prozessen unterscheiden.

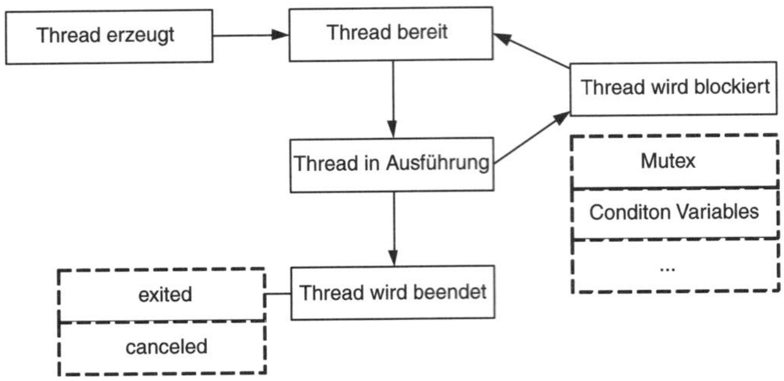

Abbildung 10.1 Zustände von Threads

- Bereit – Der Thread wartet, bis ihm Prozessorzeit zur Verfügung steht, um seine Arbeit auszuführen.
- Ausgeführt – Der Thread wird im Augenblick ausgeführt – bei Multiprozessorsystemen können hierbei mehrere Threads gleichzeitig ausgeführt werden (pro CPU ein Thread).
- Wartet – Der Thread wird im Augenblick blockiert und wartet auf einen bestimmten Zustand (z. B. Bedingungsvariable, Mutex-Freigabe etc).
- Beendet – Ein Thread hat sich beendet oder wurde abgebrochen.

10.5 Die grundlegenden Funktionen zur Thread-Programmierung

Hinweis

Einen Hinweis gleich zu Beginn der Thread-Programmierung – alle Funktionen aus der `pthread`-Bibliothek geben bei Erfolg 0, ansonsten bei einem Fehler -1 zurück.

10.5.1 pthread_create – einen neuen Thread erzeugen

Einen neuen Thread kann man mit der Funktion `pthread_create` erzeugen:

```
#include <pthread.h>

int pthread_create( pthread_t *thread,
                    const pthread_attr_t *attribute,
                    void *(*funktion)(void *),
                    void *argumente );
```

Wenn Sie sich die Funktion betrachten, dürfte Ihnen die Ähnlichkeit zur Funktion `clone()` auffallen (siehe Manual Page), worauf sich `pthread_create()` unter Linux ja auch beruft. Jeder Thread bekommt eine eigene Identifikationsnummer (ID) vom Datentyp `pthread_t`, die in der Variablen des ersten Parameters `thread` abgelegt wird. Anhand dieser ID werden alle anderen Threads voneinander unterschieden. Mit dem zweiten Parameter `attribute` können Sie bei dem neu zu startenden Thread Attribute setzen wie die Priorität, die Stackgröße und noch einiges mehr. Auf die einzelnen Attribute wird noch eingegangen. Geben Sie hierfür

NULL an, werden die Standardattribute für den Thread vorgenommen. Mit dem dritten Parameter geben Sie die »Funktion« für einen Thread selbst an. Hierbei geben Sie die Anfangsadresse einer Routine an, die der Thread verwenden soll. Wenn sich die hier angegebene Funktion beendet, bedeutet dies auch automatisch das Ende des Threads. Argumente, die Sie dem Thread mitgeben wollen, können Sie mit dem vierten Parameter argumente übergeben. Meistens wird dieser Parameter verwendet, um Daten an Threads zu übergeben. Hierzu wird in der Praxis häufig die Adresse einer Strukturvariablen herangezogen.

Nach dem Aufruf von pthread_create() kehrt diese Funktion sofort wieder zurück und fährt mit der Ausführung hinter pthread_create() fort. Der neu erzeugte Thread führt sofort asynchron seine Arbeit aus. Jetzt würden praktisch zwei Threads gleichzeitig ausgeführt, der Haupt-Thread und der neue Thread, der vom Haupt-Thread mit pthread_create() erzeugt wurde. Welcher der beiden Threads hierbei zunächst mit seiner Ausführung beginnt, ist nicht festgelegt (selbes Verhalten wie bei fork).

10.5.2 pthread_exit – einen Thread beenden

Beenden können Sie einen Thread auf unterschiedliche Weise. Meistens werden Threads mit der Funktion pthread_exit() beendet:

```
#include <pthread.h>

void pthread_exit( void * wert );
```

Diese Funktion beendet nur den Thread, indem Sie diese aufrufen. Mit dem Argument wert geben Sie den Exit-Status des Threads an. Diesen Status können Sie mit pthread_join() ermitteln (folgt in Kürze). Natürlich darf auch hierbei, wie eben C-üblich, der Rückgabewert kein lokales Speicherobjekt vom Thread sein, da dieses (wie eben bei Funktionen auch) nach der Beendigung des Threads nicht mehr gültig ist.

Neben der Möglichkeit, einen Thread mit pthread_exit() zu beenden, sind noch folgende Dinge zu beachten:

- Ruft ein beliebiger Thread die Funktion exit() auf, werden alle Threads, einschließlich des Haupt-Threads, beendet (also das komplette Programm). Genauso sieht dies aus, wenn Sie dem Prozess das Signal SIGTERM oder SIGKILL senden.
- Ein Thread, der mittels pthread_create() erzeugt wurde, lässt sich auch mit return *[wert]* beenden. Dies entspricht exakt dem Verhalten von pthread_exit(). Der Rückgabewert kann hierbei ebenfalls mit pthread_join() ermittelt werden.

Exit-Handler für Threads einrichten

Wenn Sie einen Thread beenden, können Sie auch einen Exit-Handler einrichten. Dies wird in der Praxis recht gerne verwendet, um z. B. temporäre Dateien zu löschen, Mutexe freizugeben oder eben sonstige »Reinigungsarbeiten« zu machen. Ein solcher eingerichteter Exit-Handler wird dann automatisch bei Beendigung eines Threads mit z. B. pthread_exit() oder return automatisch ausgeführt. Das Prinzip ist ähnlich, wie Sie es von der Standardbibliotheksfunktion atexit() kennen sollten. Auch hierbei werden bei mehreren Exit-Handlern die einzelnen Funktionen in umgekehrter Reihenfolge (da Stack) der Einrichtung ausgeführt. Hier die Funktionen dazu:

```
#include <pthread.h>

void pthread_cleanup_push( void (*function)(void *),
                           void *arg );
void pthread_cleanup_pop( int exec );
```

Eine solche Funktion richten Sie also mit der Funktion `pthread_cleanup_push()` ein. Als ersten Parameter übergeben Sie dabei die Funktion, die ausführt werden soll, und als zweiten Parameter die Argumente für den Exit-Handler (falls nötig). Den zuletzt eingerichteten Exit-Handler können Sie wieder mit der Funktion `pthread_cleanup_pop()` vom Stack entfernen. Geben Sie allerdings einen Wert ungleich 0 als Parameter `exec` an, so wird diese Funktion zuvor noch ausgeführt, was bei einer Angabe von 0 nicht gemacht wird.

Etwas, was mich hier schon zur Weißglut gebracht hat, ist, dass die beiden Funktionen `pthread_cleanup_push()` und `pthread_cleanup_pop()` als Makros implementiert sind. Was nicht so schlimm wäre, wenn `pthread_cleanup_push()` eine sich öffnend geschweifte Klammer enthält und `pthread_cleanup_pop()` eine sich schließende. Dies bedeutet, Sie müssen beide Funktionen im selben Anweisungsblock ausführen. Daher müssen Sie immer ein _push und ein _pop verwenden, auch wenn Sie wissen, dass eine _pop-Stelle nie erreicht wird.

10.5.3 pthread_join – auf das Ende eines Threads warten

Bevor Sie sich dem ersten Listing widmen können, benötigen Sie noch die Kenntnisse zur Funktion `pthread_join()`.

```
#include <pthread.h>

int pthread_join( pthread_t thread, void **thread_return );
```

`pthread_join()` hält den aufrufenden Thread (meistens den Haupt-Thread), der einen Thread mit `pthread_create()` erzeugt hat, so lange an, bis der Thread mit der ID `thread` vom Typ `pthread_t` beendet wurde. Der Exit-Status (bzw. Rückgabewert) des Threads wird an die Adresse von `thread_return` geschrieben. Sind Sie nicht am Rückgabewert interessiert, können Sie hier auch `NULL` verwenden. `pthread_join()` ist also das, was Sie bei den Prozessen mit `waitpid()` kennen.

Ein Thread, der sich beendet, wird eben so lange nicht »freigegeben« bzw. als beendeter Thread anerkannt, bis ein anderer Thread `pthread_join()` aufruft. Diesen Zusammenhang können Sie bei den Prozessen mit »Zombie-Prozessen« vergleichen. Daher sollte man für jeden erzeugten Thread einmal `pthread_join()` aufrufen, es sei denn, man hat einen Thread »abgehängt« (aber dazu in Kürze mehr).

10.5.4 pthread_self – die ID von Threads ermitteln

Die Identifikationsnummer eines auszuführenden Threads können Sie sich mit der Funktion `pthread_self()` erfragen.

```
#include <pthread.h>

pthread_t pthread_self(void);
```

Als Rückgabewert erhalten Sie die Thread-ID vom Datentyp `pthread_t`.

Hierzu soll nun ein einfaches Beispiel erstellt werden, das alle bisher vorgestellten Funktionen in klarer Weise demonstrieren soll.

```
/* thread1.c */
#include <stdio.h>
#include <stdlib.h>
#include <pthread.h>
/* insg. MAX_THREADS Threads erzeugen */
#define MAX_THREADS 3
#define BUF 255

/* Einfache Daten für die Wertübergabe an den Thread */
struct data {
   int wert;
   char msg[BUF];
};

/* Ein einfacher Exit-Handler für Threads, der  *
 * pthread_cleanup_push und pthread_cleanup_pop *
 * in der Praxis demonstrieren soll             */
static void exit_handler_mem( void * arg ) {
   printf("\tExit-Handler aufgerufen ...");
   struct data *mem =  (struct data *)arg;
   /* Speicher freigeben */
   free(mem);
   printf("Speicher freigegeben\n");
}

/* Die Thread-Funktion */
static void mythread (void *arg) {
   struct data *f = (struct data *)arg;
   /* Exit-Handler einrichten - wird automatisch nach *
    * pthread_exit oder Thread-Ende aufgerufen        */
   pthread_cleanup_push( exit_handler_mem, (void*)f );
   /* Daten ausgeben */
   printf("\t-> Thread mit ID:%ld gestartet\n",
      pthread_self());
   printf("\tDaten empfangen: \n");
   printf("\t\twert = \"%d\"\n", f->wert);
   printf("\t\tmsg  = \"%s\"\n", f->msg);
   /* Den Exit-Handler entfernen, aber trotzdem ausführen, *
    * da als Angabe 1 anstatt 0 verwendet wurde            */
   pthread_cleanup_pop( 1 );
   /* Thread beenden - Als Rückgabewert Thread-ID verwenden.
    * Alternativ kann hierfür auch:
```

```
     * return(void) pthread_self();
     * verwendet werden */
    pthread_exit((void *)pthread_self());
}

int main (void) {
    pthread_t th[MAX_THREADS];
    struct data *f;
    int i;
    static int ret[MAX_THREADS];
    /* Haupt-Thread gestartet */
    printf("\n-> Main-Thread gestartet (ID:%ld)\n",
       pthread_self());
    /* MAX_THREADS erzeugen */
    for (i = 0; i < MAX_THREADS; i++) {
       /* Speicher für Daten anfordern u. m. Werten belegen*/
       f = (struct data *)malloc(sizeof(struct data));
       if(f == NULL) {
          printf("Konnte keinen Speicher reservieren ...!\n");
          exit(EXIT_FAILURE);
       }
       /* Zufallszahl zwischen 1 und 10 (Spezial) */
       f->wert =  1+(int) (10.0*rand()/(RAND_MAX+1.0));
       snprintf (f->msg, BUF, "Ich bin Thread Nr. %d", i+1);
       /* Jetzt Thread erzeugen */
       if(pthread_create(&th[i], NULL, &mythread, f) != 0) {
          fprintf (stderr, "Konnte Thread nicht erzeugen\n");
          exit (EXIT_FAILURE);
       }
    }
    /* Auf das Ende der Threads warten */
    for( i=0; i < MAX_THREADS; i++)
       pthread_join(th[i], &ret[i]);
    /* Rückgabewert der Threads ausgeben */
    for( i=0; i < MAX_THREADS; i++)
        printf("<-Thread %ld ist fertig\n", ret[i]);
    /* Haupt-Thread ist jetzt auch fertig */
    printf("<- Main-Thread beendet (ID:%ld)\n",
       pthread_self());
    return EXIT_SUCCESS;
}
```

Das Programm bei der Ausführung:

```
$ gcc -o thread1 thread1.c -lpthread
$ ./thread1

-> Main-Thread gestartet (ID:-1209412512)
        -> Thread mit ID:-1209414736 gestartet
        Daten empfangen:
                wert = "9"
```

```
                msg  = "Ich bin Thread Nr. 1"
        Exit-Handler aufgerufen ... Speicher freigegeben
        -> Thread mit ID:-1217807440 gestartet
        Daten empfangen:
                wert = "4"
                msg  = "Ich bin Thread Nr. 2"
        Exit-Handler aufgerufen ... Speicher freigegeben
        -> Thread mit ID:-1226200144 gestartet
        Daten empfangen:
                wert = "8"
                msg  = "Ich bin Thread Nr. 3"
        Exit-Handler aufgerufen ...Speicher freigegeben
<-Thread -1209414736 ist fertig
<-Thread -1217807440 ist fertig
<-Thread -1226200144 ist fertig
<- Main-Thread beendet (ID:-1209412512)
```

Hinweis am Rand

Bevor sich jemand über die Warnmeldung des Compilers wundert, noch ein Satz zum Casten von `void *`. In der Programmiersprache C ist ein Casten von oder nach `void *` nicht nötig. Aber wen die Warnmeldung stört, der kann dies gerne trotzdem nachholen.

Dieses Beispiel demonstriert auch auf einfache Weise, wie Sie Daten an einen neu erzeugten Thread übergeben können (hier mit der Struktur `data`). Ebenfalls gezeigt wurde hier die Verwendung eines Exit-Handlers, der nur den im Haupt-Thread angeforderten Speicherbereich freigibt. Zugegeben, das ließe sich auch im Thread »mythread« einfacher realisieren, aber zu Anschauungszwecken sind solch einfache Codebeispiele immer noch am besten. Im Beispiel wurden außerdem drei Threads »mythread« erzeugt, die im Prinzip alle dasselbe machen, nämlich eine einfache Ausgabe der Daten, die an die Threads übergeben wurden. Hierbei muss nochmals explizit darauf hingewiesen werden, dass die Ausführung, in welcher Reihenfolge die Threads starten, nicht vorgegeben ist, auch wenn dies hier einen anderen Anschein macht. Hierzu werden Synchronisationsmechanismen erforderlich. Jeder Thread wurde hier mit `pthread_exit()` und der eignen Thread-ID als Rückgabewert beendet. Genauso gut kann dies natürlich auch mit `return` gemacht werden. Der Rückgabewert von den einzelnen Threads wird im Haupt-Thread von `pthread_join()` erwartet und ausgegeben. Der Haupt-Thread beendet sich am Ende erst, wenn alle Threads fertig sind.

Würden Sie in diesem Beispiel `pthread_join()` weglassen, so würde sich der Haupt-Thread noch vor den anderen Threads beenden. Dies bedeutet, dass alle anderen Threads zwar noch laufen, aber auf nun nicht mehr gültige Strukturvariablen zugreifen würden.

Rückgabewert von Threads

Zwar wurde schon auf den Rückgabewert von Threads eingegangen, aber hierbei wurden nur Thread-spezifische Daten zurückgegeben (hier die Thread-ID). Aber genauso wie schon bei der Wertübergabe an Threads können Sie hierbei auch ganze Strukturen zurückgeben, was in der Praxis auch häufig so der Fall ist. Hierzu ein ähnliches Beispiel wie schon »thread1.c«, nur dass jetzt die Daten der Struktur aus dem Thread zurückgegeben und im Haupt-Thread mit `pthread_join()` »abgefangen« und anschließend ausgegeben werden. Auf die Verwendung eines Exit-Handlers wurde der Übersichtlichkeit halber zuliebe verzichtet.

```
/* thread2.c */
#include <stdio.h>
#include <stdlib.h>
#include <pthread.h>
/* insg. MAX_THREADS Threads erzeugen */
#define MAX_THREADS 3
#define BUF 255

/* Einfache Daten für die Wertübergabe an den Thread */
struct data {
   int wert;
   char msg[BUF];
};

/* Die Thread-Funktion */
static void *mythread (void *arg) {
   struct data *f= (struct data *)arg;
   /* Zufallszahl zwischen 1 und 10 (Spezial) */
   f->wert =  1+(int) (10.0*rand()/(RAND_MAX+1.0));
   snprintf (f->msg, BUF, "Ich bin Thread Nr. %ld",
      pthread_self());
   /* Thread beenden - Als Rückgabewert Strukturdaten
    * verwenden - Alternativ auch pthread_exit( f );  */
   return arg;
}

int main (void) {
   pthread_t th[MAX_THREADS];
   int i;
   struct data *ret[MAX_THREADS];

   /* Haupt-Thread gestartet */
   printf("\n-> Main-Thread gestartet (ID:%ld)\n",
      pthread_self());
   /* Speicher reservieren */
   for (i = 0; i < MAX_THREADS; i++){
      ret[i] = (struct data *)malloc(sizeof(struct data));
      if(ret[i] == NULL) {
         printf("Konnte keinen Speicher reservieren ...!\n");
         exit(EXIT_FAILURE);
      }
   }
   /* MAX_THREADS erzeugen */
   for (i = 0; i < MAX_THREADS; i++) {
      /* Jetzt Thread erzeugen */
      if(pthread_create(&th[i],NULL,&mythread,ret[i]) !=0) {
```

```
            fprintf (stderr, "Konnte Thread nicht erzeugen\n");
            exit (EXIT_FAILURE);
        }
    }
    /* Auf das Ende der Threads warten */
    for( i=0; i < MAX_THREADS; i++)
        pthread_join(th[i], (void **)&ret[i]);

    /* Daten ausgeben */
    for( i=0; i < MAX_THREADS; i++) {
        printf("Main-Thread: Daten empfangen: \n");
        printf("\t\twert = \"%d\"\n", ret[i]->wert);
        printf("\t\tmsg  = \"%s\"\n", ret[i]->msg);
    }
    /* Haupt-Thread ist jetzt auch fertig */
    printf("<- Main-Thread beendet (ID:%ld)\n",
        pthread_self());
    return EXIT_SUCCESS;
}
```

Das Programm bei der Ausführung:

```
$ gcc -o thread2 thread2.c -lpthread
$ ./thread2

-> Main-Thread gestartet (ID:-1209412512)
Main-Thread: Daten empfangen:
                wert = "9"
                msg  = "Ich bin Thread Nr. -1209414736"
Main-Thread: Daten empfangen:
                wert = "4"
                msg  = "Ich bin Thread Nr. -1217807440"
Main-Thread: Daten empfangen:
                wert = "8"
                msg  = "Ich bin Thread Nr. -1226200144"
<- Main-Thread beendet (ID:-1209412512)
```

10.5.5 pthread_equal – die ID von zwei Threads vergleichen

Um einen Thread mit einem anderen Thread zu vergleichen, kann die Funktion `pthread_equal()` verwendet werden. Dies wird häufig verwendet, um sicherzugehen, dass nicht ein Thread gleich derselbe ist. Ein Wert ungleich 0 wird zurückgegeben, wenn beide Threads gleich sind, und 0 wird zurückgegeben, wenn die Threads eine unterschiedliche Identifikationsnummer (ID) besitzen.

Das folgende Beispiel erzeugt drei Threads mit derselben »Funktion«, hierbei soll jeder Thread wiederum eine andere Aktion ausführen. Im Beispiel ist dies zwar nur die Ausgabe eines Textes, aber in der Praxis könnten Sie hierbei neue Funktionen aufrufen. Für die ersten drei Threads wird jeweils eine bestimmte Aktion festgelegt. Alle anderen Threads führen nur noch die `else`-Aktion aus. Dies ist z. B. sinnvoll, wenn Sie in Ihrer Anwendung Vorbereitungen treffen wollen (im Beispiel eben drei Vorbereitungen) so wie Dateien anlegen, Müll beseitigen, eine Server-Verbindung herstellen und noch vieles mehr. Sind diese Vorbereitungen getroffen, wird immer mit der gleichen Funktion fortgefahren. Damit der Vergleich von Threads mit `pthread_equal()` auch funktioniert, wurden die Thread-IDs, die beim Anlegen mit `pthread_create()` erzeugt worden sind, in globale Variablen gespeichert – und sind daher auch für alle Threads »sichtbar«. Hier das Beispiel, dessen Ausgabe eigentlich auch einiges erklärt.

```
/* thread3.c */
#include <stdio.h>
#include <stdlib.h>
#include <unistd.h>
#include <pthread.h>
#define MAX_THREADS 5
#define BUF 255

/* Globale Variable mit Thread-IDs *
 * für alle Threads sichtbar       */
static pthread_t th[MAX_THREADS];

static void aktion(void *name) {
   while( 1 ) {
      if(pthread_equal(pthread_self(),th[0])) {
         printf("\t->(%ld): Aufgabe \"abc\" Ausführen \n",
            pthread_self());
         break;
      }
      else if(pthread_equal(pthread_self(),th[1])) {
         printf("\t->(%ld): Aufgabe \"efg\" Ausführen \n",
            pthread_self());
         break;
      }
      else if(pthread_equal(pthread_self(),th[2])) {
         printf("\t->(%ld): Aufgabe \"jkl\" Ausführen \n",
            pthread_self());
         break;
      }
      else {
         printf("\t->(%ld): Aufgabe \"xyz\" Ausführen \n",
            pthread_self());
         break;
      }
   }
   pthread_exit((void *)pthread_self());
}

int main (void) {
   int i;
   static int ret[MAX_THREADS];
```

```
   printf("->Haupt-Thread (ID:%ld) gestartet...\n",
      pthread_self());
   /* Threads erzeugen */
   for (i = 0; i < MAX_THREADS; i++) {
      if (pthread_create (&th[i],NULL,&aktion,NULL) != 0) {
         printf ("Konnte keinen Thread erzeugen\n");
         exit (EXIT_FAILURE);
      }
   }
   /* Auf die Threads warten */
   for (i = 0; i < MAX_THREADS; i++)
      pthread_join (th[i], &ret[i]);
   /* Rückgabe der Threads auswerten */
   for (i = 0; i < MAX_THREADS; i++)
      printf("\t<-Thread %ld mit Arbeit fertig\n", ret[i]);
   printf("->Haupt-Thread (ID:%ld) fertig ...\n",
      pthread_self());
   return EXIT_SUCCESS;
}
```

Das Programm bei der Ausführung:

```
$ gcc -o thread3 thread3.c -lpthread
$ ./thread3
->Haupt-Thread (ID:-1209412512) gestartet...
        ->(-1209414736): Aufgabe "abc" Ausführen
        ->(-1217807440): Aufgabe "efg" Ausführen
        ->(-1226200144): Aufgabe "jkl" Ausführen
        ->(-1234592848): Aufgabe "xyz" Ausführen
        ->(-1242985552): Aufgabe "xyz" Ausführen
        <-Thread -1209414736 mit Arbeit fertig
        <-Thread -1217807440 mit Arbeit fertig
        <-Thread -1226200144 mit Arbeit fertig
        <-Thread -1234592848 mit Arbeit fertig
        <-Thread -1242985552 mit Arbeit fertig
->Haupt-Thread (ID:-1209412512) fertig ...
```

Sie können daran erkennen, dass die ersten drei Threads jeweils »abc«, »efg« und »jkl« ausführen. Alle noch folgenden Threads führen dann »xyz« aus. Zugegeben, das lässt sich eleganter mit den Synchronisationsmechanismen der Thread-Bibliothek lösen, aber das Beispiel demonstriert den Sachverhalt der Funktion `pthread_equal()` recht gut.

10.5.6 pthread_detach – einen Thread unabhängig machen

Das Gegenteil von `pthread_join()` stellt die Funktion `pthread_detach()` dar. Mit dieser Funktion legen Sie fest, dass nicht mehr auf die Beendigung des Threads gewartet werden soll.

```
#include <pthread.h>

int pthread_detach( pthread_t thread );
```

Sie lösen hiermit praktisch den Thread mit der ID `thread` von der Hauptanwendung los. Sie können diesen Vorgang gerne mit den *Daemon*-Prozessen vergleichen. Dass dieser Thread dann selbstständig ist, ist nichts Magisches, im Grunde »markieren« Sie den Thread damit nur, so dass bei seinem Beenden der Exit-Status und die Thread-ID gleich freigegeben werden. Ohne `pthread_detach()` würde dies erst der Fall nach einem `pthread_join`-Aufruf sein. Natürlich bedeutet die Verwendung von `pthread_detach()`, dass hierbei auch kein `pthread_join()` mehr auf das Ende des Threads reagiert.

Hinweis

Ein Thread, der mit `pthread_detach()` oder dem Attribut `PTHREAD_CREATE_DETACHED` von den anderen Threads losgelöst wurde, kann nicht mehr mit `pthread_join()` abgefangen werden. Der Thread läuft praktisch ohne äußere Kontrolle weiter.

Ein typischer Codeausschnitt, wie Sie einen Thread von den anderen loslösen können, sieht wie folgt aus:

```
pthread_t a_thread;
int ret;
...
/* Einen neuen Thread erzeugen */
ret = pthread_create( &a_thread, NULL,
                      thread_function, NULL);
/* bei Erfolg den Thread abhängen ... */
if (ret == 0) {
   pthread_detach(a_thread);
}
```

10.6 Die Attribute von Threads und das Scheduling

Wie Sie bereits im Abschnitt zuvor erfahren haben, kann man auch das Attribut `PTHREAD_CREATE_DETACHED` zum Abhängen (*detached*) von Threads verwenden. Hierzu können die folgenden Funktionen verwendet werden:

```
#include <pthread.h>

int pthread_attr_init( pthread_attr_t *attribute );
int pthread_attr_getdetachestate( pthread_attr_t *attribute,
                                  int detachstate );
int pthread_attr_setdetachestate( pthread_attr_t *attribute,
                                  int detachstate );
int pthread_attr_destroy( pthread_attr_t *attribute );
```

Mit der Funktion `pthread_attr_init()` müssen Sie zunächst das Attributobjekt `attr` initialisieren. Dabei werden auch gleich die voreingestellten Attribute gesetzt. Um beim Thema »detached« und »joinable« zu bleiben, ist die Voreinstellung hier `PTHREAD_CREATE_JOINABLE`, hiermit wird also der Thread nicht von den anderen losgelöst und erst freigegeben, wenn ein

Thread nach dem Exit-Status diese Threads fragt (mit pthread_join()). Mit der Funktion pthread_attr_getdetachestate() können Sie das »detached«-Attribut erfragen, und mit pthread_attr_setdetachedstate() wird es gesetzt. Neben dem eben erwähnten PTHREAD_CREATE_JOINABLE, was ja auch die Standardeinstellung eines erzeugten Threads ist, können Sie hierbei auch PTHREAD_CREATE_DETACHED verwenden. Das Setzen von PTHREAD_CREATE_DETACHED entspricht exakt dem Verhalten der Funktion pthread_detach() (siehe Abschnitt 10.5.6) und kann auch stattdessen verwendet werden – da es erheblich kürzer ist. Benötigen Sie das Attributobjekt attr nicht mehr, können Sie es mit pthread_attr_destroy() löschen. Somit machen die Funktionen wohl erst Sinn, wenn Sie bereits mit pthread_detach() einen Thread ausgehängt haben und diesen eventuell wieder zurückholen (PTHREAD_CREATE_JOINABLE) müssen.

Bedeutend wichtiger im Zusammenhang mit den Attributen von Threads erscheint hier schon das Setzen der Prozessorzuteilung (Scheduling). Laut POSIX gibt es drei verschiedene solcher Prozesszuteilungen (*Scheduling Policies*):

- SCHED_OTHER – Die normale Priorität wie bei einem gewöhnlichen Prozess. Der Thread wird beendet, entweder wenn seine Zeit um ist und er wartet, bis er wieder am Zuge ist, oder wenn ein anderer Thread oder Prozess gestartet wurde, der mit einer höheren Priorität ausgestattet ist.
- Echtzeit (SCHED_FIFO) – Dies sind Echtzeitprozesse. Sie werden in jedem Fall SCHED_OTHER-Prozessen vorgezogen. Auch können sie nicht von normalen Prozessen unterbrochen werden. Es gibt drei Möglichkeiten, Echtzeitprozesse zu unterbrechen:

  a.) Er wandert in eine Warteschlange und wartet auf ein externes Ereignis.

  b.) Er verlässt freiwillig die CPU (z. B. mit sched_yield()).

  c.) Er wird von einem anderen Echtzeitprozess mit einer höheren Priorität verdrängt.
- Echtzeit (SCHED_RR) – Dies sind Round-Robin-Echtzeitprozesse. Beim Round-Robin-Verfahren hat jeder Prozess die gleiche Zeitspanne zur Verfügung. Ist diese verstrichen, so kommt der nächste Prozess an die Reihe. Unter Linux werden diese Prozesse genauso behandelt wie die Echtzeitprozesse, mit dem Unterschied, dass diese an das Ende der *run-queue* gesetzt werden, wenn sie den Prozessor verlassen.

Jetzt habe ich hier Echtzeitoperationen ins Spiel geworfen und sollte daher hierzu einen kurzen Exkurs machen, damit man die Echtzeitstrategie nicht mit »jetzt –gleich sofort« vergleicht. Die Abarbeitung von Daten in der Echtzeit kann einfach nicht sofort ausgeführt werden, sondern auch hier muss man sich damit begnügen, dass diese innerhalb einer vorgegebenen Zeitspanne abgearbeitet werden. Allerdings müssen solche Echtzeitoperationen auch unterbrechbar sein, um auf plötzliche unvorsehbare Ereignisse reagieren zu können. Daher unterscheidet man hier zwischen »weichen« und »harten« Echtzeitanforderungen. Die Anforderungen hängen vom Anwendungsfall ab, so kann man bei einem Computerspiel jederzeit »weiche« Echtzeitanforderungen setzen – was bei Maschinenanforderungen wohl eher katastrophal sein kann. Hier muss innerhalb einer vorgegebenen Zeit reagiert werden. Der Hauptbereich von Echtzeitanwendungen ist immer noch:

- Multimedia – Audio, Video
- Steuerung, Regelung – Maschinen-, Robotersteuerung

Damit eine solche Zuteilungsstrategie auch funktioniert, muss das System diese auch unterstützen. Dies ist gegeben, wenn bei Ihnen die Konstante _POSIX_THREAD_PRIORITY_SCHEDULING definiert ist. Beachten Sie außerdem, dass die Echtzeit-Zuteilungsstrategien SCHED_FIFO und SCHED_RR nur vom Superuser root ausgeführt werden können.

Verändern bzw. erfragen der Zustellungsstrategie können Sie mit den folgenden Funktionen:

```
int pthread_setschedparam( pthread thread, int policy,
                           const struct sched_param *param);
int pthread_getschedparam( pthread thread, int policy,
                           struct sched_param *param);
```

Mit diesen Funktionen setzen (*set*) oder ermitteln (*get*) Sie die Zustellungsstrategie eines Threads mit der ID thread vom Typ pthread_t. Die Strategie legen Sie mit dem Parameter policy fest. Hierbei kommen die bereits beschriebenen Konstanten SCHED_OTHER, SCHED_FIFO und SCHED_RR in Frage. Mit dem letzten Parameter der Struktur sched_param, die sich in der Headerdatei <bits/sched.h> befindet:

```
/* Struktur sched_param */
struct sched_param {
   int sched_priority;
};
```

legen Sie die gewünschte Priorität fest.

Das folgende Beispiel soll Ihnen zeigen, wie einfach es ist, die Zuteilungsstrategie und die Priorität zu verändern. Sie finden hierbei zwei Funktionen, eine, womit Sie die Strategie und Priorität abfragen können, und eine weitere, womit Sie diese Werte neu setzen können. Allerdings benötigen Sie für das Setzen Superuser-root-Rechte, was im Beispiel ebenfalls ermittelt wird.

```
/* thread4.c */
#include <stdio.h>
#include <stdlib.h>
#include <unistd.h>
#include <pthread.h>
#define MAX_THREADS 3
#define BUF 255

/* Funktion ermittelt die Zuteilungsstrategie *
 * und Priorität eines Threads */
static void getprio( pthread_t id ) {
   int policy;
   struct sched_param param;

   printf("\t->Thread %ld: ", id);
   if((pthread_getschedparam(id, &policy, &param)) == 0  ) {
      printf("Zuteilung: ");
      switch( policy ) {
         case SCHED_OTHER :  printf("SCHED_OTHER; "); break;
         case SCHED_FIFO  :  printf("SCHED_FIFO; ");  break;
```

```
         case SCHED_RR     : printf("SCHED_RR; ");    break;
         default           : printf("Unbekannt; ");  break;
      }
      printf("Priorität: %d\n", param.sched_priority);
   }
}

/* Funktion zum Setzen der Zuteilungsstrategie *
 * und Prioriät eines Threads */
static void setprio( pthread_t id, int policy, int prio ) {
   struct sched_param param;

   param.sched_priority=prio;
   if((pthread_setschedparam( pthread_self(),
                              policy, &param)) != 0  ) {
      printf("Konnte Zuteilungsstrategie nicht ändern\n");
      pthread_exit((void *)pthread_self());
   }
}

static void thread_prio_demo(void *name) {
   int policy;
   struct sched_param param;
   /*Aktuelle Zuteilungsstrategie und Priorität erfragen */
   getprio(pthread_self());
   /* Ändern darf hier nur der root */
   if( getuid() != 0 ) {
      printf("Verändern geht nur mit Superuser-Rechten\n");
      pthread_exit((void *)pthread_self());
   }
   /* Neue Zuteilungsstrategie und Priorität festsetzen */
   setprio(pthread_self(), SCHED_RR, 2);
   /* Nochmals abfragen, ob erfolgreich verändert ... */
   getprio(pthread_self());
   /* Thread-Ende */
   pthread_exit((void *)pthread_self());
}

int main (void) {
   int i;
   static int ret[MAX_THREADS];
   static pthread_t th[MAX_THREADS];

   printf("->Haupt-Thread (ID:%ld) gestartet ...\n",
      pthread_self());
   /* Threads erzeugen */
   for (i = 0; i < MAX_THREADS; i++) {
      if (pthread_create ( &th[i],NULL, &thread_prio_demo,
                           NULL) != 0) {
         printf ("Konnte keinen Thread erzeugen\n");
```

```
         exit (EXIT_FAILURE);
      }
   }
   /* Auf die Threads warten */
   for (i = 0; i < MAX_THREADS; i++)
      pthread_join (th[i], &ret[i]);
   /* Rückgabe der Threads auswerten */
   for (i = 0; i < MAX_THREADS; i++)
      printf("\t<-Thread %ld mit Arbeit fertig\n", ret[i]);
   printf("->Haupt-Thread (ID:%ld) fertig ...\n",
      pthread_self());
   return EXIT_SUCCESS;
}
```

Das Programm bei der Ausführung:

```
$ gcc -o thread4 thread4.c -lpthread
$ ./thread4
->Haupt-Thread (ID:-1209412512) gestartet...
        ->Thread -1209414736: Zuteilung: SCHED_OTHER; Priorität: 0
!!! Verändern geht nur mit Superuser-Rechten!!!
        ->Thread -1217807440: Zuteilung: SCHED_OTHER; Priorität: 0
!!! Verändern geht nur mit Superuser-Rechten!!!
        ->Thread -1226200144: Zuteilung: SCHED_OTHER; Priorität: 0
!!! Verändern geht nur mit Superuser-Rechten!!!
        <-Thread -1209414736 mit Arbeit fertig
        <-Thread -1217807440 mit Arbeit fertig
        <-Thread -1226200144 mit Arbeit fertig
->Haupt-Thread (ID:-1209412512) fertig ...
$ su
Password:********
# ./thread4
->Haupt-Thread (ID:-1209412512) gestartet ...
->Thread -1209414736: Zuteilung: SCHED_OTHER; Priorität: 0
->Thread -1209414736: Zuteilung: SCHED_RR; Priorität: 2
->Thread -1217807440: Zuteilung: SCHED_OTHER; Priorität: 0
->Thread -1217807440: Zuteilung: SCHED_RR; Priorität: 2
->Thread -1226200144: Zuteilung: SCHED_OTHER; Priorität: 0
->Thread -1226200144: Zuteilung: SCHED_RR; Priorität: 2
        <-Thread -1209414736 mit Arbeit fertig
        <-Thread -1217807440 mit Arbeit fertig
        <-Thread -1226200144 mit Arbeit fertig
->Haupt-Thread (ID:-1209412512) fertig ...
```

Selbiges (Zuteilungsstrategien und Priorität) können Sie übrigens mit folgenden Funktionen auch über Attributobjekte (`pthread_attr_t`) setzen bzw. erfragen:

```
#include <pthread.h>

/* Zuteilungsstrategie verändern bzw. erfragen */
int pthread_attr_setschedpolicy( pthread_attr_t *attr,
                                 int policy);
```

```
int pthread_attr_getschedpolicy( const pthread_attr_t *attr,
                                 int *policy);

/* Priorität verändern bzw. erfragen */
int pthread_attr_setschedparam(
   pthread_attr_t *attr, const struct sched_param *param );
int pthread_attr_getschedparam(
   const pthread_attr_t *attr, struct sched_param *param );
```

Wollen Sie außerdem festlegen bzw. abfragen, wie ein Thread seine Attribute (Zuteilungsstrategie und Priorität) vom Erzeuger-Thread übernehmen soll, stehen Ihnen folgende Funktionen zur Verfügung:

```
#include <pthread.h>

int pthread_attr_setinheritsched(
   pthread_attr_t *attr, int inheritsched );
int pthread_attr_getinheritsched(
   const pthread_attr_t *attr, int *inheritsched );
```

Mit den beiden Funktionen `phtread_attr_getinheritsched()` und `phtread_attr_setinheritsched()` können Sie abfragen bzw. festlegen, wie der Thread die Attribute vom »Eltern«-Thread übernimmt. Dabei gibt es zwei Möglichkeiten – `PTHREAD_INHERIT_SCHED`, was bedeutet, dass der Kind-Thread die Attribute (mitsamt Zuteilungsstrategie und der Priorität) des Eltern-Threads übernimmt, und `PTHREAD_EXPLICIT_SCHED` bedeutet, eben nichts zu übernehmen, sondern das zu verwenden, was in `attr` als Zuteilungsstrategie und Priorität festgelegt ist. Wurden die Attribute des »Eltern«-Threads nicht verändert, so ist der Kind-Thread dennoch (logischerweise) mit denselben Attributen wie der »Eltern«-Thread ausgestattet – da Standardattribute.

10.7 Threads synchronisieren

In vielen Fällen, eigentlich bei Threads fast immer, werden ja mehrere parallel laufende Prozesse benötigt, die gemeinsame Daten verwenden und/oder austauschen. Einfachstes Beispiel, ein Thread schreibt gerade etwas in eine Datei, während ein anderer Thread daraus etwas liest. Selbes Problem haben Sie auch beim Zugriff auf globale Variablen. Wenn mehrere Threads darauf zugreifen müssen und Sie hierbei keine Vorkehrungen getroffen haben, ist nicht vorherzusagen, welcher Thread die Variable gerade bearbeitet. Sind hierbei z. B. mathematische Arbeiten auf mehreren Threads aufgeteilt, kann man mit fast 100 %iger Sicherheit sagen, dass das Ergebnis nicht richtig sein wird.

Hierfür sei folgendes einfaches Beispiel gegeben. Zwei Threads greifen auf eine globale Variable zu – hier auf einen geöffneten `FILE`-Zeiger. Ein Thread wird erzeugt, um etwas in diese Datei zu schreiben, und ein weiterer Thread soll diese wieder auslesen. Ein simples Beispiel, wie es scheint, nur dass es hierbei schon zu Synchronisationsproblemen (*Race Conditions*) kommt. Aber testen Sie selbst.

```
/* thread5.c */
#include <stdio.h>
#include <stdlib.h>
#include <unistd.h>
#include <pthread.h>

#define MAX_THREADS 2
#define BUF 255
#define COUNTER 10000000

/* Globale Variable */
static FILE *fz;

static void open_file(const char *file) {
   fz = fopen( file, "w+" );
   if( fz == NULL ) {
      printf("Konnte Datei %s nicht öffnen\n", file);
      exit(EXIT_FAILURE);
   }
}

static void thread_schreiben(void *name) {
   char string[BUF];

   printf("Bitte Eingabe machen: ");
   fgets(string, BUF, stdin);
   fputs(string, fz);
   fflush(fz);
   /* Thread-Ende */
   pthread_exit((void *)pthread_self());
}

static void thread_lesen(void *name) {
   char string[BUF];
   rewind(fz);
   fgets(string, BUF, fz);
   printf("Ausgabe Thread %ld: ", pthread_self());
   fputs(string, stdout);
   fflush(stdout);
   /* Thread-Ende */
   pthread_exit((void *)pthread_self());
}

int main (void) {
   static pthread_t th1, th2;
   static int ret1, ret2;

   printf("->Haupt-Thread (ID:%ld) gestartet ...\n",
      pthread_self());
   open_file("testfile");
```

```
    /* Threads erzeugen */
    if (pthread_create( &th1, NULL,
                        &thread_schreiben, NULL)!=0) {
       fprintf (stderr, "Konnte keinen Thread erzeugen\n");
       exit (EXIT_FAILURE);
    }
    /* Threads erzeugen */
    if (pthread_create(&th2,NULL,&thread_lesen,NULL) != 0) {
       fprintf (stderr, "Konnte keinen Thread erzeugen\n");
       exit (EXIT_FAILURE);
    }

    pthread_join(th1, &ret1);
    pthread_join(th2, &ret2);

    printf("<-Thread %ld fertig\n", th1);
    printf("<-Thread %ld fertig\n", th1);
    printf("<-Haupt-Thread (ID:%ld) fertig ...\n",
       pthread_self());
    return EXIT_SUCCESS;
}
```

Das Programm bei der Ausführung:

```
$ gcc -o thread5 thread5.c -lpthread
$ ./thread5
->Haupt-Thread (ID:-1209412512) gestartet...
Bitte Eingabe machen: Ausgabe Thread -1217807440: Hallo, das ist ein Test
<-Thread -1209414736 fertig
<-Thread -1209414736 fertig
<-Haupt-Thread (ID:-1209412512) fertig ...
$ cat testfile
Hallo, das ist ein Test
```

Bei der Eingabe können Sie schon erkennen, dass der Thread »thread_lesen« schon mit seiner Ausgabe begonnen hat und sich schon wieder beendet hat, bevor Sie etwas von der Tastatur eingeben konnten. Richtig ausgeführt sollte hier folgende Ausgabe bei der Programmausführung entstehen:

```
$ ./thread5
->Haupt-Thread (ID:-1209412512) gestartet ...
Bitte Eingabe machen: Hallo Welt
Ausgabe Thread -1217807440: Hallo Welt
<-Thread -1209414736 fertig
<-Thread -1209414736 fertig
<-Haupt-Thread (ID:-1209412512) fertig ...
```

Zugegeben, als echter C-Guru würde Ihnen jetzt hier schon etwas einfallen, z. B. eine »pollende« Schleife mit einem `sleep()` um den Lese-Thread herumzubauen, die immer wieder abfragt, ob `fgets()` etwas eingelesen hat. Na ja, das wäre wohl nicht im Sinne des Erfinders, und wenn Sie wirklich die Threads für Echtzeitanwendungen verwenden wollen, ist das wohl auch das Ende Ihrer Programmiererkarriere, wenn die Weichenschaltung einer U-Bahn »in einer pollenden Schleife« warten muss, bevor diese gestellt werden kann! Und außerdem gibt es für solche Fälle einige Synchronisationsmöglichkeiten, die Ihnen die Thread-Bibliothek anbietet.

10.7.1 Mutexe

Wenn Sie mehrere Threads starten und diese quasi parallel ablaufen, können Sie nicht erkennen, wie weit welcher Thread gerade mit der Verarbeitung von Daten ist. Wenn mehrere Threads beispielsweise an ein und derselben Aufgabe abhängig voneinander arbeiten, wird eine Synchronisation erforderlich. Genauso ist dies erforderlich, wenn Threads globale Variablen oder die Hardware wie z. B. die Tastatur (`stdin`) verwenden, da sonst ein Thread diese Variable einfach überschreiben würde, bevor sie noch verwendet wird.

Um Threads zu synchronisieren, haben Sie zwei Möglichkeiten, zum einen mit so genannten Locks, die Sie in diesem Kapitel mit den Mutexen durchgehen werden, und zum anderen mit einem Monitor. Mit dem Monitor werden so genannte Condition-Variablen verwendet.

Hinweis

Der Begriff »Mutex« steht für »Mutual Exclusion Device« (= gegenseitiger Ausschluss). Ein Mutex ist somit ohne Besitzer oder gehört genau einem Thread.

Die Funktionsweise von Mutexen ähnelt den Semaphoren bei den Prozessen. Genauer noch: Ein Mutex ist nichts weiter als ein Semaphor, was wiederum nur eine atomare Operation auf eine Variable ist. Trotzdem lassen sich diese aber wesentlich einfacher erstellen. Das Prinzip ist simpel. Ein Thread arbeitet mit einer globalen oder statischen Variablen, die für alle anderen Threads von einem Mutex blockiert (gesperrt) wird. Benötigt der Thread diese Variable nicht mehr, gibt er diese frei.

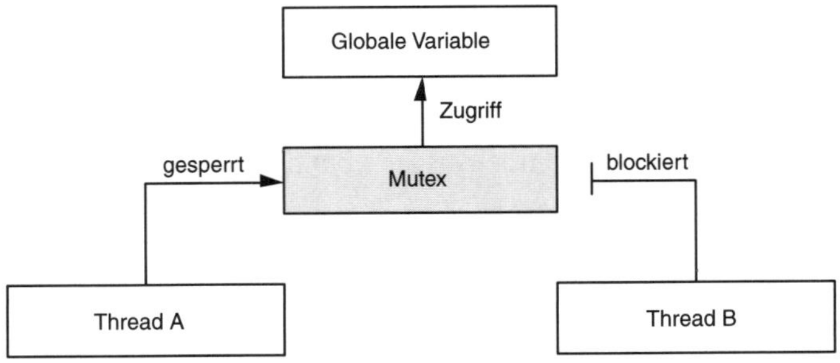

Abbildung 10.2 Nur ein Thread kann einen Mutex sperren.

Anhand dieser Erklärung dürfte auch klar sein, dass man selbst dafür verantwortlich ist, keinen Deadlock zu erzeugen. In folgenden Fällen könnten auch bei Threads Deadlocks auftreten:

- Threads können Ressourcen anfordern, obwohl sie bereits Ressourcen besitzen.
- Ein Thread gibt seine Ressource nicht mehr frei.
- Eine Resource ist frei oder im Besitz eines »exklusiven« Threads.

Im Falle eines Deadlocks kann keiner der beteiligten Threads seine Arbeit mehr fortsetzen, und somit ist meist keine normale Beendigung mehr möglich. Datenverlust kann die Folge sein.

Statische Mutexe

Um eine Mutex-Variable als statisch zu definieren, müssen Sie diese mit der Konstante PTHREAD_MUTEX_INITIALIZER initialisieren. Folgende Funktionen stehen Ihnen zur Verfügung, um Mutexe zu sperren und wieder freizugeben:

```
#include <pthread.h>

int pthread_mutex_lock(pthread_mutex_t *mutex);
int pthread_mutex_trylock(pthread_mutex_t *mutex);
int pthread_mutex_unlock(pthread_mutex_t *mutex);
```

Mit pthread_mutex_lock() sperren Sie einen Mutex. Wenn hierbei z. B. ein Thread versucht, mit demselben Mutex ebenfalls eine Sperre einzurichten, so wird dieser so lange blockiert, bis der Mutex von einem anderen Thread wieder mittels pthread_mutex_unlock() freigegeben wird.

Die Funktion pthread_mutex_trylock() ist ähnlich wie pthread_mutex_lock(), nur dass diese Funktion den aufrufenden Thread nicht blockiert, wenn ein Mutex durch einen anderen Thread blockiert wird. pthread_mutex_trylock() kehrt stattdessen mit dem Fehlercode (errno) EBUSY zurück und macht mit der Ausführung des aufrufenden Threads weiter.

Das folgende Beispiel ist dasselbe, wie Sie es schon vom Listing »thread5.c« her kennen, nur dass jetzt das Synchronisationsproblem mithilfe eines Mutex behoben wird. Zuerst wird global der Mutex mit der Konstante PTHREAD_MUTEX_INITIALIZER statisch initialisiert, und anschließend werden im Beispiel die Sperren dort gesetzt und wieder freigegeben, wo dies sinnvoll ist.

```
/* thread6.c */
#include <stdio.h>
#include <stdlib.h>
#include <unistd.h>
#include <pthread.h>

#define MAX_THREADS 2
#define BUF 255
#define COUNTER 10000000

static FILE *fz;

/* Statische Mutex-Variable */
pthread_mutex_t fz_mutex=PTHREAD_MUTEX_INITIALIZER;

static void open_file(const char *file) {
   fz = fopen( file, "w+" );
   if( fz == NULL ) {
      printf("Konnte Datei %s nicht öffnen\n", file);
```

```
      exit(EXIT_FAILURE);
   }
}

static void thread_schreiben(void *name) {
   char string[BUF];

   printf("Bitte Eingabe machen: ");
   fgets(string, BUF, stdin);
   fputs(string, fz);
   fflush(fz);

   /* Mutex wieder freigeben */
   pthread_mutex_unlock( &fz_mutex );

   /* Thread-Ende */
   pthread_exit((void *)pthread_self());
}

static void thread_lesen(void *name) {
   char string[BUF];

   /* Mutex sperren */
   pthread_mutex_lock( &fz_mutex );
   rewind(fz);
   fgets(string, BUF, fz);
   printf("Ausgabe Thread %ld: ", pthread_self());
   fputs(string, stdout);
   fflush(stdout);

   /* Mutex wieder freigeben */
   pthread_mutex_unlock( &fz_mutex );

   /* Thread-Ende */
   pthread_exit((void *)pthread_self());
}


int main (void) {
   static pthread_t th1, th2;
   static int ret1, ret2;

   printf("->Haupt-Thread (ID:%ld) gestartet ...\n",
      pthread_self());
   open_file("testfile");

   /* Mutex sperren */
   pthread_mutex_lock( &fz_mutex );
```

```
    /* Threads erzeugen */
    if( pthread_create( &th1, NULL, &thread_schreiben,
                        NULL)!=0) {
       fprintf (stderr, "Konnte keinen Thread erzeugen\n");
       exit (EXIT_FAILURE);
    }
    /* Threads erzeugen */
    if(pthread_create(&th2,NULL, &thread_lesen, NULL) != 0) {
       fprintf (stderr, "Konnte keinen Thread erzeugen\n");
       exit (EXIT_FAILURE);
    }
    pthread_join(th1, &ret1);
    pthread_join(th2, &ret2);

    printf("<-Thread %ld fertig\n", th1);
    printf("<-Thread %ld fertig\n", th1);
    printf("<-Haupt-Thread (ID:%ld) fertig ...\n",
       pthread_self());
    return EXIT_SUCCESS;
}
```

Das Programm bei der Ausführung:

```
$ gcc -o thread6 thread6.c -lpthread
$ ./thread6
->Haupt-Thread (ID:-1209412512) gestartet ...
Bitte Eingabe machen: Hallo Welt mit Mutexe
Ausgabe Thread -1217807440: Hallo Welt mit Mutexe
<-Thread -1209414736 fertig
<-Thread -1209414736 fertig
<-Haupt-Thread (ID:-1209412512) fertig ...
```

Natürlich können Sie den Lese-Thread mit `pthread_mutex_trylock()` als eine nicht blockierende Mutex-Anforderung ausführen. Hierzu müssten Sie nur die Funktion »thread_lesen« ein wenig umändern. Hier ein solcher möglicher Ansatz:

```
static void thread_lesen(void *name) {
   char string[BUF];

   /* Versuche Mutex zu sperren */
   while( (pthread_mutex_trylock( &fz_mutex )) == EBUSY) {
      sleep(10);
      printf("Lese-Thread wartet auf Arbeit ...\n");
      printf("Bitte Eingabe machen: ");
      fflush(stdout);
   }
   rewind(fz);
   fgets(string, BUF, fz);
   printf("Ausgabe Thread %ld: ", pthread_self());
   fputs(string, stdout);
   fflush(stdout);
```

```
   /* Mutex wieder freigeben */
   pthread_mutex_unlock( &fz_mutex );

   /* Thread-Ende */
   pthread_exit((void *)pthread_self());
}
```

Hierbei wird versucht, alle zehn Sekunden den Mutex zu sperren. Solange `EBUSY` zurückgegeben wird, ist der Mutex noch von einem anderen Thread gesperrt. Während dieser Zeit könnte der wartende Thread ja andere Arbeiten ausführen (es gibt immer was zu tun). Das Programm bei der Ausführung mit `pthread_mutex_trylock()`:

```
$ gcc -o thread7 thread7.c -lpthread
$ ./thread7
->Haupt-Thread (ID:-1209412512) gestartet ...
Bitte Eingabe machen: Lese-Thread wartet auf Arbeit ...
Bitte Eingabe machen: Lese-Thread wartet auf Arbeit ...
Bitte Eingabe machen: Hallo Mutex, Du bist frei
Ausgabe Thread -1217807440: Hallo Mutex, Du bist frei
<-Thread -1209414736 fertig
<-Thread -1209414736 fertig
<-Haupt-Thread (ID:-1209412512) fertig ...
```

Dynamische Mutexe

Wenn Sie Mutexe in einer Struktur verwenden wollen, was durchaus eine gängige Praxis ist, können Sie dynamische Mutexe verwenden. Dies sind dann Mutexe, für die zur Laufzeit mit z. B. `malloc()` Speicher angefordert wird. Für dynamische Mutexe stehen folgende Funktionen zur Verfügung:

```
#include <pthread.h>

int  pthread_mutex_init(
   pthread_mutex_t  *mutex,
   const  pthread_mutex_attr_t *mutexattr );
int pthread_mutex_destroy(pthread_mutex_t *mutex);
```

Mit `pthread_mutex_init()` initialisieren Sie das Mutex `mutex`. Mit dem Parameter `mutexattr` können Sie Attribute für das Mutex verwenden. Wird hierbei `NULL` angegeben, werden die Standardattribute verwendet. Auf die Attribute von Mutexen wird in Kürze eingegangen. Freigeben können Sie einen solchen dynamisch angelegten Mutex wieder mit `pthread_mutex_destroy()`. Hierzu nochmals dasselbe Beispiel wie eben mit »thread6.c«, nur mit dynamisch angelegtem Mutex.

```
/* thread8.c */
#include <stdio.h>
#include <stdlib.h>
#include <unistd.h>
#include <errno.h>
#include <pthread.h>
#define BUF 255
```

```
struct data {
   FILE *fz;
   char filename[BUF];
   pthread_mutex_t mutex;
};

static void thread_schreiben(void *arg) {
   char string[BUF];
   struct data *d=(struct data *)arg;

   printf("Bitte Eingabe machen: ");
   fgets(string, BUF, stdin);
   fputs(string, d->fz);
   fflush(d->fz);

   /* Mutex wieder freigeben */
   pthread_mutex_unlock( &d->mutex );
   /* Thread-Ende */
   pthread_exit((void *)pthread_self());
}

static void thread_lesen(void *arg) {
   char string[BUF];
   struct data *d=(struct data *)arg;

   /* Mutex sperren */
   while( (pthread_mutex_trylock( &d->mutex )) == EBUSY) {
      sleep(10);
      printf("Lese-Thread wartet auf Arbeit ...\n");
      printf("Bitte Eingabe machen: ");
      fflush(stdout);
   }
   rewind(d->fz);
   fgets(string, BUF, d->fz);
   printf("Ausgabe Thread %ld: ", pthread_self());
   fputs(string, stdout);
   fflush(stdout);
   /* Mutex wieder freigeben */
   pthread_mutex_unlock( &d->mutex );
   /* Thread-Ende */
   pthread_exit((void *)pthread_self());
}

int main (void) {
   static pthread_t th1, th2;
   static int ret1, ret2;
   struct data *d;

   /* Speicher für die Struktur reservieren */
   d = malloc(sizeof(struct data));
```

```
   if(d == NULL) {
      printf("Konnte keinen Speicher reservieren ...!\n");
      exit(EXIT_FAILURE);
   }

   printf("->Haupt-Thread (ID:%ld) gestartet ...\n",
      pthread_self());

   strncpy(d->filename, "testfile", BUF);
   d->fz = fopen( d->filename, "w+" );
   if( d->fz == NULL ) {
      printf("Konnte Datei %s nicht öffnen\n", d->filename);
      exit(EXIT_FAILURE);
   }

   /* Mutex initialisieren */
   pthread_mutex_init( &d->mutex, NULL );
   /* Mutex sperren */
   pthread_mutex_lock( &d->mutex );

   /* Threads erzeugen */
   if(pthread_create (&th1,NULL,&thread_schreiben,d) != 0) {
      fprintf (stderr, "Konnte keinen Thread erzeugen\n");
      exit (EXIT_FAILURE);
   }

   /* Threads erzeugen */
   if (pthread_create (&th2,NULL, &thread_lesen, d) != 0) {
      fprintf (stderr, "Konnte keinen Thread erzeugen\n");
      exit (EXIT_FAILURE);
   }
   pthread_join(th1, &ret1);
   pthread_join(th2, &ret2);

   /* Dynamisch angelegten Mutex löschen */
   pthread_mutex_destroy( &d->mutex );

   printf("<-Thread %ld fertig\n", th1);
   printf("<-Thread %ld fertig\n", th1);
   printf("<-Haupt-Thread (ID:%ld) fertig ...\n",
      pthread_self());
   return EXIT_SUCCESS;
}
```

Das Programm bei der Ausführung kann ich mir hier ersparen, da es exakt dem Beispiel »thread6.c« entspricht, nur dass hierbei eben ein dynamischer Mutex statt eines statischen verwendet wurde.

Mutex-Attribute

Mit den folgenden Funktionen können Sie Mutex-Attribute verändern oder abfragen:

```
#include <pthread.h>

int pthread_mutexattr_init( pthread_mutexattr_t *attr );
int pthread_mutexattr_destroy( pthread_mutexattr_t *attr );
int pthread_mutexattr_settype( pthread_mutexattr_t *attr,
                               int kind );
int pthread_mutexattr_gettype(
   const  pthread_mutexattr_t  *attr,   int *kind );
```

Mit dem Mutex-Attribut legen Sie fest, was passiert, wenn ein Thread versuchen sollte, einen Mutex nochmals zu sperren, obwohl dieser bereits mit `pthread_mutex_lock()` gesperrt wurde. Mit der Funktion `pthread_mutexattr_init()` initialisieren Sie zunächst das Mutex-Attributobjekt `attr`. Zunächst wird hierbei die Standardeinstellung (`PTHREAD_MUTEX_FAST_NP`) verwendet. Ändern können Sie dieses Attribut mit `pthread_mutexattr_settype()`. Damit setzen Sie die Attribute des Mutex-Attributobjekts auf `kind`. Folgende Konstanten können Sie hierbei für `kind` verwenden:

- `PTHREAD_MUTEX_FAST_NP` (Standardeinstellung) – `pthread_mutex_lock()` blockiert den aufrufenden Thread für immer. Also ein Deadlock.
- `PTHREAD_MUTEX_RECURSIVE_NP` – `pthread_mutex_lock()` blockiert nicht und kehrt sofort erfolgreich zurück. Wird ein Thread mit diesem Mutex gesperrt, so wird ein Zähler für jede Sperrung um den Wert 1 erhöht. Damit die Sperrung eines rekursiven Mutex aufgehoben wird, muss dieser ebenso oft freigegeben werden, wie er gesperrt wurde.
- `PTHREAD_MUTEX_ERRORCHECK_NP` – `pthread_mutex_lock()` kehrt sofort wieder mit dem Fehlercode `EDEADLK` zurück, also ähnlich wie mit `pthread_mutex_trylock()`, nur dass hier eben `EBUSY` zurückgegeben wird.

Hinweis

Da die Variablen hierbei mit dem Suffix `_NP` (*non-portable*) verbunden sind, sind diese nicht mit dem POSIX-Standard vereinbar und somit nicht geeignet für portable Programme.

10.7.2 Condition-Variablen (Bedingungsvariablen)

Bedingungsvariablen werden dazu verwendet, auf das Eintreffen einer bestimmten Bedingung zu warten bzw. die Erfüllung oder den Eintritt einer Bedingung zu zeigen. Bedingungsvariablen werden außerdem mit den Mutexen verknüpft. Dabei wird beim Warten auf eine Bedingung eine Sperre zu einem dazu verknüpften Mutex freigegeben (natürlich musste zuvor eine Sperre auf den Mutex erfolgt sein).

Andersherum sollte vor einem Eintreffen auf einer Bedingung eine Sperre auf den verknüpften Mutex erfolgen, so dass nach dem Warten auf diesen Mutex auch die Sperre auf den Mutex wieder vorhanden ist. Erfolgte keine Sperre vor dem Signal, wartet ein Thread wieder, bis eine Sperre auf den Mutex möglich ist.

Statische Bedingungsvariablen

Für die Bedingungsvariablen wird der Datentyp pthread_cont_t verwendet. Damit eine solche Bedingungsvariable überhaupt als statisch definiert ist, muss diese mit der Konstante PTHREAD_COND_INITIALIZER initialisiert werden. Hier die Funktionen, womit Sie mit Condition-Variablen operieren können:

```
#include <pthread.h>

int pthread_cond_signal( pthread_cond_t *cond );
int pthread_cond_broadcast( pthread_cond_t *cond );
int pthread_cond_wait( pthread_cond_t *cond,
                       pthread_mutex_t *mutex );
int pthread_cond_timedwait( pthread_cond_t   *cond,
                            pthread_mutex_t *mutex,
                            const struct timespec *abstime);
```

Bevor Sie zunächst die Funktion pthread_cond_wait() verwenden, müssen Sie beim aufrufenden Thread das Mutex mutex sperren. Mit einem anschließenden pthread_cond_wait() wird der Mutex dann freigegeben, und der Thread wird mit der Bedingungsvariablen cond, bis zum Eintreffen einer bestimmten Bedingung, blockiert. Bei einem erfolgreichen Aufruf von pthread_cond_wait() wird auch für den Mutex automatisch die Sperre wieder eingerichtet – oder einfach, es herrscht wieder der Zustand wie vor dem pthread_cond_wait-Aufruf.

Threads, die auf die Bedingungsvariable cond warten, können Sie mit phtread_cond_signal() wieder aufwecken und weiter ausführen. Bei mehreren Threads, die auf die Bedingungsvariable cond warten, bekommt der Thread mit der höchsten Priorität den Zuschlag.

Wollen Sie hingegen alle Threads aufwecken, die auf die Bedingungsvariable cond warten, können Sie die Funktion pthread_cond_signal() verwenden.

Natürlich gibt es auch noch eine Funktion, womit Sie, im Gegensatz zu phtread_cond_wait(), nur eine gewisse Zeit auf die Bedingungsvariable cond warten, bevor sie zum aufrufenden Thread zurückkehrt und wieder automatisch die Sperre von Mutex einrichtet – pthread_cond_timewait(). Als Zeit können Sie hierbei abstime verwenden, womit Sie eine absolute Zeit in Sekunden und Nanosekunden angeben, die seit dem 1.1.1970 vergangen sind.

```
struct timespec {
   time_t tv_sec;   // Sekunden
   long   tv_nsec;  // Nanosekunden
};
```

Hierzu ein recht einfaches Beispiel, das rein die Funktionalität von Bedingungsvariablen und vor allem deren Verwendung demonstriert.

```
/* thread9.c */
#include <stdio.h>
#include <pthread.h>
#include <unistd.h>
#include <stdlib.h>
```

```
#define THREAD_MAX 3

pthread_mutex_t mutex=PTHREAD_MUTEX_INITIALIZER;
pthread_cond_t cond = PTHREAD_COND_INITIALIZER;

static void *threads (void *arg) {
   printf("\t->Thread %ld wartet auf Bedingung\n",
      pthread_self());

   pthread_mutex_lock(&mutex);
   pthread_cond_wait(&cond, &mutex);

   printf("\t->Thread %ld hat Bedingung erhalten\n",
      pthread_self());

   printf("\t->Thread %ld: Sende wieder die "
          "Bedingungsvariable\n", pthread_self());
   pthread_cond_signal(&cond);
   pthread_mutex_unlock(&mutex);
   return NULL;
}

int main (void) {
   int i;
   pthread_t th[THREAD_MAX];

   printf("->Main-Thread %ld gestartet\n", pthread_self());
   for(i=0; i<THREAD_MAX; i++)
      if (pthread_create (&th[i],NULL, &threads, NULL)!=0) {
         printf ("Konnte keinen Thread erzeugen\n");
         exit (EXIT_FAILURE);
      }
   printf("->Main-Thread: habe soeben %d Threads erzeugt\n",
      THREAD_MAX);

   /* Kurz ruhig legen, damit der Main-Thread als Erstes die
    * Bedingungsvariable sendet */
   sleep(1);
   printf("->Main-Thread: Sende die Bedingungsvariable\n");
   pthread_cond_signal(&cond);

   for(i=0; i<THREAD_MAX; i++)
      pthread_join (th[i], NULL);
   printf("->Main-Thread %ld beendet\n", pthread_self());
   pthread_exit(NULL);
}
```

Das Programm bei der Ausführung:

```
$ gcc -o thread9 thread9.c -lpthread
$ ./thread9
```

```
->Main-Thread -1209416608 gestartet
->Main-Thread: habe soeben 3 Threads erzeugt
        ->Thread -1209418832 wartet auf Bedingung
        ->Thread -1217811536 wartet auf Bedingung
        ->Thread -1226204240 wartet auf Bedingung
->Main-Thread: Sende die Bedingungsvariable
        ->Thread -1209418832 hat Bedingung erhalten
        ->Thread -1209418832: Sende wieder die Bedingungsvariable
        ->Thread -1217811536 hat Bedingung erhalten
        ->Thread -1217811536: Sende wieder die Bedingungsvariable
        ->Thread -1226204240 hat Bedingung erhalten
        ->Thread -1226204240: Sende wieder die Bedingungsvariable
->Main-Thread -1209416608 beendet
```

Sie sehen hierbei, dass, sobald der Haupt-Thread eine Bedingungsvariable »sendet«, eine Kettenreaktion der weiteren Threads entsteht. Hier werden die Threads, entsprechend wie sie in der Queue angelegt wurden, abgearbeitet.

Dazu ein simples Beispiel. In diesem Beispiel wartet der Thread Nummer 2 auf die Condition-Variable von Thread 1. Thread 1 weist einem globalen Zahlenarray `werte` zehn Werte zu, die Thread 2 anschließend berechnet. Dies ist natürlich auch wieder ein primitives Beispiel und soll nur die Funktion von Condition-Variablen demonstrieren.

```
/* thread10.c */
#include <stdio.h>
#include <pthread.h>
#include <unistd.h>
#include <stdlib.h>

static int werte[10];
pthread_mutex_t mutex=PTHREAD_MUTEX_INITIALIZER;
pthread_cond_t cond = PTHREAD_COND_INITIALIZER;

static void thread1 (void *arg) {
   int ret, i;

   printf ("\t->Thread %ld gestartet ...\n",
      pthread_self ());
   sleep (1);
   ret = pthread_mutex_lock (&mutex);
   if (ret != 0) {
      printf ("Fehler bei lock in Thread:%ld\n",
         pthread_self());
      exit (EXIT_FAILURE);
   }

   /* Kritischer Codeabschnitt */
   for (i = 0; i < 10; i++)
      werte[i] = i;
   /* Kritischer Codeausschnitt Ende */
```

```
    printf ("\t->Thread %ld sendet Bedingungsvariable\n",
       pthread_self());
    pthread_cond_signal (&cond);

    ret = pthread_mutex_unlock (&mutex);
    if (ret != 0) {
       printf ("Fehler bei unlock in Thread: %ld\n",
          pthread_self ());
       exit (EXIT_FAILURE);
    }
    printf ("\t->Thread %ld ist fertig\n",pthread_self());
    pthread_exit ((void *) 0);
}

static void thread2 (void *arg) {
    int i;
    int summe = 0;

    printf ("\t->Thread %ld wartet auf Bedingungsvariable\n",
       pthread_self ());
    pthread_cond_wait (&cond, &mutex);
    printf ("\t->Thread %ld gestartet ...\n",
       pthread_self ());
    for (i = 0; i < 10; i++)
       summe += werte[i];
    printf ("\t->Thread %ld fertig\n",pthread_self());
    printf ("Summe aller Zahlen beträgt: %d\n", summe);
    pthread_exit ((void *) 0);
}

int main (void) {
    pthread_t th[2];

    printf("->Main-Thread %ld gestartet\n", pthread_self());

    pthread_create (&th[0], NULL, thread1, NULL);
    pthread_create (&th[1], NULL, thread2, NULL);

    pthread_join (th[0], NULL);
    pthread_join (th[1], NULL);

    printf("->Main-Thread %ld beendet\n", pthread_self());
    return EXIT_SUCCESS;
}
```

Das Programm bei der Ausführung:

```
$ gcc -o thread10 thread10.c -lpthread
$ ./thread10
->Main-Thread -1209416608 gestartet
        ->Thread -1209418832 gestartet ...
```

```
        ->Thread -1217811536 wartet auf Bedingungsvariable
        ->Thread -1209418832 sendet Bedingungsvariable
        ->Thread -1209418832 ist fertig
        ->Thread -1217811536 gestartet ...
        ->Thread -1217811536 fertig
Summe aller Zahlen beträgt: 45
->Main-Thread -1209416608 beendet
```

Hinweis

In diesem und auch in vielen anderen Beispielen wurde das eine oder andere Mal auf eine Fehlerüberprüfung verzichtet, was man in der Praxis natürlich tunlichst vermeiden sollte. Allerdings würde ein »perfekt« geschriebenes Programm zu viele Buchseiten in Anspruch nehmen.

Dynamische Bedingungsvariablen

Natürlich steht Ihnen hierzu auch die Möglichkeit zur Verfügung, Bedingungsvariablen dynamisch anzulegen, wie dies häufig mit Datenstrukturen der Fall ist. Hierzu stehen Ihnen die folgenden Funktionen zur Verfügung:

```
#include <pthread.h>

int pthread_cond_init( pthread_cond_t *cond,
                       pthread_condattr_t *cond_attr );
int pthread_cond_destroy( pthread_cond_t *cond );
```

Mit `pthread_cond_init()` initialisieren Sie die Bedingungsvariable `cond` mit den über `attr` festgelegten Attributen (hierauf wird im nächsten Abschnitt eingegangen). Verwenden Sie für `attr` `NULL`, werden die standardmäßig voreingestellten Bedingungsvariablen verwendet. Freigeben können Sie die dynamisch angelegte Bedingungsvariable `cond` wieder mit der Funktion `pthread_cond_destroy()`.

Hierzu dasselbe Beispiel wie schon im Beispiel »thread10.c« zuvor, nur eben als dynamische Variante.

```
/* thread11.c */
#include <stdio.h>
#include <pthread.h>
#include <unistd.h>
#include <stdlib.h>

struct data {
   int werte[10];
   pthread_mutex_t mutex;
   pthread_cond_t cond;
};

static void thread1 (void *arg) {
   struct data *d=(struct data *)arg;
   int ret, i;
```

```
    printf ("\t->Thread %ld gestartet ...\n",
       pthread_self ());
    sleep (1);
    ret = pthread_mutex_lock (&d->mutex);
    if (ret != 0) {
       printf ("Fehler bei lock in Thread:%ld\n",
          pthread_self());
       exit (EXIT_FAILURE);
    }

    /* Kritischer Codeabschnitt */
    for (i = 0; i < 10; i++)
       d->werte[i] = i;
    /* Kritischer Codeausschnitt Ende */

    printf ("\t->Thread %ld sendet Bedingungsvariable\n",
       pthread_self());
    pthread_cond_signal (&d->cond);

    ret = pthread_mutex_unlock (&d->mutex);
    if (ret != 0) {
       printf ("Fehler bei unlock in Thread: %ld\n",
          pthread_self ());
       exit (EXIT_FAILURE);
    }
    printf ("\t->Thread %ld ist fertig\n", pthread_self());
    pthread_exit ((void *) 0);
}

static void thread2 (void *arg) {
    struct data *d=(struct data *)arg;
    int i;
    int summe = 0;

    printf ("\t->Thread %ld wartet auf Bedingungsvariable\n",
       pthread_self ());
    pthread_cond_wait (&d->cond, &d->mutex);
    printf ("\t->Thread %ld gestartet ...\n",
       pthread_self ());
    for (i = 0; i < 10; i++)
       summe += d->werte[i];
    printf ("\t->Thread %ld fertig\n",pthread_self());
    printf ("Summe aller Zahlen beträgt: %d\n", summe);
    pthread_exit ((void *) 0);
}

int main (void) {
    pthread_t th[2];
    struct data *d;
```

```
   /* Speicher für die Struktur reservieren */
   d = malloc(sizeof(struct data));
   if(d == NULL) {
      printf("Konnte keinen Speicher reservieren ...!\n");
      exit(EXIT_FAILURE);
   }

   /* Bedingungsvariablen initialisieren */
   pthread_cond_init(&d->cond, NULL);

   printf("->Main-Thread %ld gestartet\n", pthread_self());

   pthread_create (&th[0], NULL, thread1, d);
   pthread_create (&th[1], NULL, thread2, d);

   pthread_join (th[0], NULL);
   pthread_join (th[1], NULL);

   /* Bedingungsvariable freigeben */
   pthread_cond_destroy(&d->cond);

   printf("->Main-Thread %ld beendet\n", pthread_self());
   return EXIT_SUCCESS;
}
```

Hierzu noch ein typisches Anwendungsbeispiel. Wir simulieren ein Programm, das Daten empfängt, und erzeugen dabei zwei Threads. Jeder dieser beiden Threads wird mit `pthread_cond_wait()` in einen Wartezustand geschickt und wartet auf das Signal `pthread_cond_signal()` vom Haupt-Thread. Ein einfaches Server-Client-Prinzip also. Der Haupt-Thread simuliert dann, er würde zwei Datenpakete an einen Client-Thread verschicken. Der Client-Thread simuliert anschließend, er würde die Datenpakete bearbeiten. Im Beispiel wurden statische Bedingungsvariablen verwendet. Die Ausgabe und der Ablauf des Programms sollten den Sachverhalt außerdem von selbst erklären:

```
/* thread12.c */
#define _MULTI_THREADED
#include <pthread.h>
#include <stdio.h>
#include <stdlib.h>
#include <unistd.h>
#define NUMTHREADS 2

static void checkResults (const char *string, int val) {
   if (val) {
      printf ("Fehler mit %d bei %s", val, string);
      exit (EXIT_FAILURE);
   }
}
```

```
static pthread_mutex_t dataMutex =
   PTHREAD_MUTEX_INITIALIZER;
static pthread_cond_t DatenVorhandenCondition =
   PTHREAD_COND_INITIALIZER;
static int DatenVorhanden = 0;
static int geteilteDaten  = 0;

static void *theThread (void *parm) {
   int rc;
   // Datenpaket in zwei Verarbeitungsschritten
   int retries = 2;

   printf ("\t->Client %ld: gestartet\n", pthread_self ());
   rc = pthread_mutex_lock (&dataMutex);
   checkResults ("pthread_mutex_lock()\n", rc);

   while (retries--) {
      while (!DatenVorhanden) {
         printf ("\t->Client %ld: Warte auf Daten ...\n",
            pthread_self ());
         rc = pthread_cond_wait ( &DatenVorhandenCondition,
                                  &dataMutex);
         if (rc) {
            printf ("Client %ld: pthread_cond_wait()"
                    " Fehler rc=%d\n", rc, pthread_self ());
            pthread_mutex_unlock (&dataMutex);
            exit (EXIT_FAILURE);
         }
      }
      printf("\t->Client %ld: Daten wurden gemeldet --->\n"
             "\t----> Bearbeite die Daten, solange sie "
             "geschützt sind (lock)\n", pthread_self ());
      if (geteilteDaten == 0) {
         DatenVorhanden = 0;
      }
   }//Ende while(retries--)

   printf ("Client %ld: Alles erledigt\n",
      pthread_self ());
   rc = pthread_mutex_unlock (&dataMutex);
   checkResults ("pthread_mutex_unlock()\n", rc);
   return NULL;
}

int main (int argc, char **argv) {
   pthread_t thread[NUMTHREADS];
   int rc = 0;
   // Gesamtanzahl der Datenpakete
   int anzahlDaten = 4;
   int i;
```

```
   printf ("->Main-Thread %ld gestartet ...\n");
   for (i = 0; i < NUMTHREADS; ++i) {
      rc=pthread_create (&thread[i], NULL, theThread, NULL);
      checkResults ("pthread_create()\n", rc);
   }

   /* Server-Schleife */
   while (anzahlDaten--) {
      sleep (3); // Eine Bremse zum "Mitverfolgen"
      printf ("->Server: Daten gefunden\n");

      /* Schütze geteilte (shared) Daten und Flags */
      rc = pthread_mutex_lock (&dataMutex);
      checkResults ("pthread_mutex_lock()\n", rc);
      printf ("->Server: Sperre die Daten und gib eine "
              "Meldung an Consumer\n");
      ++geteilteDaten;      /* Füge "shared" Daten hinzu  */
      DatenVorhanden = 1;   /* ein vorhandenes Datenpaket */
      /* Client wieder aufwecken */
      rc = pthread_cond_signal (&DatenVorhandenCondition);
      if (rc) {
         pthread_mutex_unlock (&dataMutex);
         printf ("Server: Fehler beim Aufwecken von "
                 "Client, rc=%d\n", rc);
         exit (EXIT_FAILURE);
      }
      printf("->Server: Gibt die gesperrten Daten"
             " wieder frei\n");
      rc = pthread_mutex_unlock (&dataMutex);
      checkResults ("pthread_mutex_lock()\n", rc);
   }//Ende while(anzahlDaten--)

   for (i = 0; i < NUMTHREADS; ++i) {
      rc = pthread_join (thread[i], NULL);
      checkResults ("pthread_join()\n", rc);
   }
   printf ("->Main-Thread ist fertig\n");
   return EXIT_SUCCESS;
}
```

Das Programm bei der Ausführung:

```
$ gcc -o thread12 thread12.c -lpthread
$ ./thread12
->Main-Thread -1073743916 gestartet...
        ->Client -1209418832: gestartet
        ->Client -1209418832: Warte auf Daten ...
        ->Client -1217811536: gestartet
        ->Client -1217811536: Warte auf Daten ...
->Server: Daten gefunden
```

```
->Server: Sperre die Daten und gib eine Meldung an Consumer
->Server: Gibt die gesperrten Daten wieder frei
        ->Client -1209418832: Daten wurden gemeldet --->
        ----> Bearbeite die Daten, solange sie geschützt sind (lock)
        ->Client -1209418832: Daten wurden gemeldet --->
        ----> Bearbeite die Daten, solange sie geschützt sind (lock)
Client -1209418832: Alles erledigt
->Server: Daten gefunden
->Server: Sperre die Daten und gib eine Meldung an Consumer
->Server: Gibt die gesperrten Daten wieder frei
        ->Client -1217811536: Daten wurden gemeldet --->
        ----> Bearbeite die Daten, solange sie geschützt sind (lock)
        ->Client -1217811536: Daten wurden gemeldet --->
        ----> Bearbeite die Daten, solange sie geschützt sind (lock)
Client -1217811536: Alles erledigt
->Server: Daten gefunden
->Server: Sperre die Daten und gib eine Meldung an Consumer
->Server: Gibt die gesperrten Daten wieder frei
->Server: Daten gefunden
->Server: Sperre die Daten und gib eine Meldung an Consumer
->Server: Gibt die gesperrten Daten wieder frei
->Main-Thread ist fertig
```

Condition-Variablen-Attribute

Für die Attribute von Bedingungsvariablen stehen Ihnen folgende Funktionen zur Verfügung:

```
#include <pthread.h>

int pthread_condattr_init( pthread_condattr_t *attr );
int pthread_condattr_destroy( pthread_condattr_t *attr );
```

Allerdings machen diese Funktionen noch keinen Sinn, da Linux-Threads noch keine Attribute für Bedingungsvariablen anbieten. Diese Funktionen wurden dennoch implementiert, um den POSIX-Standard zu erfüllen.

10.7.3 Semaphore

Threads können auch mit Semaphoren synchronisiert werden. Wie Sie bereits aus dem Kapitel zur Interprozesskommunikation erfahren haben, sind Semaphore nichts anderes als nicht negative Zählvariablen, die man beim Eintritt in einen kritischen Bereich dekrementiert und beim Verlassen wieder inkrementiert. Hierzu stehen Ihnen folgende Funktionen zur Verfügung:

```
#include <semaphore.h>

int sem_init( sem_t *sem, int pshared, unsigned int value );
int sem_wait( sem_t * sem );
int sem_trywait( sem_t * sem );
int sem_post( sem_t * sem );
```

```
int sem_getvalue( sem_t * sem, int * sval );
int sem_destroy( sem_t * sem );
```

Alle Funktionen geben bei Erfolg 0 oder bei einem Fehler -1 zurück. Mit der Funktion `sem_init()` initialisieren Sie das Semaphor `sem` mit dem Anfangswert `value`. Geben Sie für den zweiten Parameter `pshared` einen Wert ungleich 0 an, kann das Semaphor gemeinsam von mehreren Prozessen und deren Threads verwendet werden, oder aber, wenn gleich 0 verwendet wird, das Semaphor kann nur »lokal« für die Threads des aktuellen Prozesses verwendet werden.

Die Funktion `sem_wait()` wird zum Suspendieren eines aufrufenden Threads verwendet. `sem_wait()` wartet so lange, bis der Zähler `sem` einen Wert ungleich 0 besitzt. Sobald der Wert von `sem` ungleich 0 ist, also z. B. um 1 inkrementiert wurde, kann der suspendierende Thread mit seiner Ausführung fortfahren. Des Weiteren dekrementiert `sem_wait`, wenn diese Funktion »aufgeweckt« wurde, den Zähler des Semaphors wieder um 1. Im Gegensatz zu `sem_wait()` blockiert `sem_trywait()` nicht, wenn `sem` gleich 0 ist, und kehrt sofort mit dem Rückgabewert -1 zurück.

Den Zähler des Semaphors `sem` können Sie mit der Funktion `sem_post()` um 1 erhöhen. Wollen Sie also einen anderen Thread, der mit `sem_wait()` suspendiert wurde, aufwecken, müssen Sie nur `sem_post()` aus einem anderen Thread aufrufen. `sem_post()` ist eine nicht blockierende Funktion.

Wollen Sie überprüfen, welchen Wert das Semaphor gerade hat, können Sie die Funktion `sem_getvalue()` verwenden. Mit der Funktion `sem_destroy()` löschen Sie das Semaphor `sem` wieder.

Das folgende Beispiel entspricht dem Listing "thread10.c", nur dass hier anstatt Bedingungsvariablen und Mutexen eben ein Semaphor verwendet wird. Mithilfe der Semaphore lässt sich eine Synchronisation (meiner Meinung nach) erheblich einfacher realisieren.

```
/* thread13.c */
#include <stdio.h>
#include <pthread.h>
#include <unistd.h>
#include <stdlib.h>
#include <semaphore.h>

static int werte[10];
sem_t sem;

static void thread1 (void *arg) {
   int ret, i, val;

   printf ("\t->Thread %ld gestartet ...\n",
      pthread_self ());

   /* Kritischer Codeabschnitt */
   for (i = 0; i < 10; i++)
      werte[i] = i;
```

```
    /* Kritischer Codeausschnitt Ende */

    /* Semaphor um 1 inkrementieren */
    sem_post(&sem);
    /* Aktuellen Wert ermitteln */
    sem_getvalue(&sem, &val);
    printf("\t->Semaphor inkrementiert (Wert: %d)\n", val);

    printf ("\t->Thread %ld ist fertig\n\n",pthread_self());
    pthread_exit ((void *) 0);
}

static void thread2 (void *arg) {
    int i;
    int summe = 0;

    /* Semaphor suspendiert, bis der Wert ungleich 0 ist */
    sem_wait(&sem);

    printf ("\t->Thread %ld gestartet ...\n",
       pthread_self ());
    for (i = 0; i < 10; i++)
       summe += werte[i];

    printf ("\t->Summe aller Zahlen beträgt: %d\n", summe);
    printf ("\t->Thread %ld fertig\n\n",pthread_self());
    pthread_exit ((void *) 0);
}

int main (void) {
    pthread_t th[2];
    int val;

    printf("->Main-Thread %ld gestartet\n", pthread_self());
    /* Semaphor initialisieren */
    sem_init(&sem, 0, 0);
    /* Aktuellen Wert abfragen */
    sem_getvalue(&sem, &val);
    printf("->Semaphor initialisiert (Wert: %d)\n\n", val);

    /* Mit Absicht anders herum */
    pthread_create (&th[1], NULL, thread2, NULL);
    pthread_create (&th[0], NULL, thread1, NULL);

    pthread_join (th[0], NULL);
    pthread_join (th[1], NULL);

    /* Aktuellen Wert abfragen */
    sem_getvalue(&sem, &val);
    printf("->Semaphor (Wert: %d)\n", val);
```

```
    /* Semphor löschen */
    sem_destroy(&sem);
    printf("->Semaphor gelöscht\n");
    printf("->Main-Thread %ld beendet\n", pthread_self());
    return EXIT_SUCCESS;
}
```

Das Programm bei der Ausführung:

```
$ gcc -o thread13 thread13.c -lpthread
$ ./thread13
->Main-Thread -1209416608 gestartet
->Semaphor initialisiert (Wert: 0)

        ->Thread -1217811536 gestartet ...
        ->Thread -1209418832 gestartet ...
        ->Summe aller Zahlen beträgt: 45
        ->Thread -1209418832 fertig

        ->Semaphor inkrementiert (Wert: 0)
        ->Thread -1217811536 ist fertig

->Semaphor (Wert: 0)
->Semaphor gelöscht
->Main-Thread -1209416608 beendet
```

10.7.4 Weitere Synchronisationstechniken im Überblick

Neben den hier vorgestellten Synchronisationsmechanismen bietet Ihnen die phtread-Bibliothek noch drei weitere an, worauf hier allerdings nur kurz eingegangen werden soll.

- *RW-Locks* – Mit RW-Locks (Read-Write-Locks) können Sie es einrichten, dass mehrere Threads aus einem (shared) Datenbereich lesen, aber nur ein Thread zum selben Zeitpunkt darin etwas schreiben darf (one-writer, many-reader). Alle Funktionen dazu beginnen mit dem Präfix pthread_rwlock_.
- *Barrier* – Als Barrier bezeichnet man einen Punkt, der als (unüberwindbare) Barriere verwendet wird, die erst überwunden werden kann, wenn eine bestimmte Anzahl von Threads an diese Barriere kommt, eben das Prinzip der hohen Mauer bei den Pfadpfindern, die man nur im Team (mit einer gewissen Anzahl von Personen) überwinden kann. Solange eine gewisse Anzahl von Threads nicht vorhanden ist, müssen eben alle Threads vor der Barriere warten. Soll z. B. ein bestimmter Thread erst ausgeführt werden, wenn viele andere Threads parallel mehrere Teilaufgaben erledigt haben, sind Barriers eine prima Synchronisationsmöglichkeit. Alle Funktionen zu den Barriers beginnen mit dem Präfix pthread_barrier_.
- *Spinlocks* – Spinlocks sind nur für Multiprozessorsystemen interessant. Das Prinzip ist dasselbe wie bei den Mutexen, nur dass – anders als bei den Mutexen – ein Thread, der auf einen Spinlock wartet, nicht die CPU freigibt, sondern eine so genannte »busy Loop« (Schleife) ausführt, bis der Spinlock frei ist. Dadurch bleibt ein Kontexwechsel (*Contex*

Switch) erspart. *Contex Switch*: Beim Kontexwechsel wird der Thread blockiert, und alle Informationen, die für das Weiterlaufen benötigt werden, müssen gespeichert werden. Bei vielen Kontexwechseln ist dies ein Menge ersparter Zeit, die man mit Spinlocks gewinnen kann. Alle Funktionen zu den Spinlocks beginnen mit dem Präfix `pthread_spin_`.

10.8 Threads abbrechen (canceln)

Wird ein Thread abgebrochen bzw. beendet, wurde bisher auch der komplette Thread beendet. Doch auch hierbei ist es möglich, auf eine Abbruchaufforderung zu reagieren. Hierzu sind drei Möglichkeiten vorhanden:

- `PTHREAD_CANCEL_DISABLE` – Damit legen Sie fest, dass ein Thread nicht abbrechbar ist. Dennoch bleiben Abbruchaufforderungen von anderen Threads nicht unbeachtet. Diese bleiben bestehen, und es kann ggf. darauf reagiert werden, wenn man den Thread wieder in einen abbrechbaren Zustand mittels `PTHREAD_CANCEL_ENABLE` setzt.
- `PTHREAD_CANCEL_DEFERRED` – Diese Abbruchmöglichkeit ist die Standardeinstellung bei den Threads. Bei einem Abbruch fährt der Thread so lange fort, bis der nächste Abbruchpunkt erreicht wurde. Man spricht von einem »verzögerten« Abbruchpunkt. Einen solchen »Abbruchpunkt« stellten u.a. Funktionen wie `pthread_cond_wait()`, `pthread_cond_timewait()`, `pthread_join()`, `pthread_testcancel()`, `sem_wait()`, `sigwait()`, `open()`, `close()`, `read()`, `write()` und noch viele weitere mehr da.
- `PTHREAD_CANCEL_ASYNCHRONOUS` – Hiermit wird der Thread gleich nach dem Eintreffen einer Abbruchaufforderung beendet. Hierbei handelt es sich um einen asynchronen Abbruch.

Hierzu die Funktionen, womit Sie einem anderen Thread einen Abbruch senden können und wie Sie die Abbruchmöglichkeiten selbst festlegen.

```
#include <pthread.h>

int pthread_cancel( pthread_t thread );
int pthread_setcancelstate( int state, int *oldstate );
int pthread_setcanceltype( int type, int *oldtype );
void pthread_testcancel( void );
```

Mit der Funktion `pthread_cancel()` schicken Sie dem Thread mit der ID `thread` einen Abbruchaufforderung. Ob der Thread gleich abbricht oder erst beim nächsten Abbruchpunkt, hängt davon ab, ob hier `PTHREAD_CANCEL_DEFERRED` (Standard) oder `PTHREAD_CANCEL_ASYNCHRONOUS` verwendet wird. Bevor sich der Thread beendet, werden noch, falls verwendet, alle Exit-Handler-Funktionen ausgeführt.

Mit der Funktion pthread_setcancelstate() legen Sie fest, ob der Thread auf eine Abbruchaufforderung reagieren soll (`PTHREAD_CANCEL_ENABLE` = Default) oder nicht (`PTHREAD_CANCEL_DISABLE`). Im zweiten Parameter `oldstate` können Sie den zuvor eingestellten Wert für den Thread in der übergebenen Adresse sichern – oder, falls nicht benötigt, `NULL` angeben.

Die Funktion pthread_setcanceltype() hingegen legt über den Parameter type fest, ob der Thread verzögert (PTHREAD_CANCEL_DEFERRED = Default) oder asynchron (PTHREAD_CANCEL_ASYNCHRONOUS) beendet werden soll. Auch hier können Sie den alten Zustand des Threads in der Adresse oldtype sichern oder NULL verwenden.

Mit der Funktion pthread_testcancel() können Sie überprüfen, ob eine Abbruchaufforderung anliegt. Lag eine Abbruchbedingung vor, dann wird der Thread tatsächlich auch beendet. Sie können damit praktisch auch einen eigenen Abbruchpunkt festlegen.

Hier zunächst ein einfaches Beispiel zu pthread_cancel().

```
/* thread14.c */
#include <stdio.h>
#include <pthread.h>
#include <stdlib.h>
#include <time.h>

pthread_t t1, t2, t3;
static int zufallszahl;

static void cancel_test1 (void) {
   /* Pseudo-Synchronisation, damit nicht ein Thread
      beendet wird, der noch gar nicht läuft. */
    sleep(1);
   if (zufallszahl > 25) {
      pthread_cancel (t3);
      printf ("(%d) : Thread %ld beendet %ld\n",
         zufallszahl, pthread_self(), t3);
   printf ("%ld zuende\n", pthread_self());
   pthread_exit ((void *) 0);

  }
}

static void cancel_test2 (void) {
   sleep(1);  // Pseudo-Synchronisation
   if (zufallszahl <= 25) {
      pthread_cancel (t2);
      printf ("(%d) : Thread %ld beendet %ld\n",
         zufallszahl, pthread_self(), t2);
     printf ("%ld zuende\n", pthread_self());
     pthread_exit ((void *) 0);

    }
}

static void zufall (void) {
   srand (time (NULL));
   zufallszahl = rand () % 50;
   pthread_exit (NULL);
}
```

```
int main (void) {
    if ((pthread_create (&t1, NULL, zufall, NULL)) != 0) {
       fprintf (stderr, "Fehler bei ptread_create ...\n");
       exit (EXIT_FAILURE);
    }
    if((pthread_create(&t2, NULL, cancel_test1, NULL))!=0) {
         fprintf (stderr, "Fehler bei ptread_create...\n");
         exit (EXIT_FAILURE);
    }
    if((pthread_create(&t3, NULL, cancel_test2, NULL))!=0) {
         fprintf (stderr, "Fehler bei ptread_create ...\n");
         exit (EXIT_FAILURE);
   }
   pthread_join (t1, NULL);
   pthread_join (t2, NULL);
   pthread_join (t3, NULL);
   return EXIT_SUCCESS;
}
```

Hier werden drei Threads erzeugt. Einer der Threads erzeugt eine Zufallszahl, die anderen zwei Threads reagieren entsprechend auf diese Zufallszahl. Je nachdem, ob die Zufallszahl kleiner bzw. größer als 25 ist, beendet der eine Thread den anderen mit `pthread_cancel()`. Wenn Sie das Programm ausführen, wird trotzdem, nach Beendigung einer der beiden Threads mit `pthread_cancel()`, zweimal ausgegeben:

```
Thread n beendet
```

Wie kann das sein, wo Sie doch mindestens einen Thread beendet haben? Das ist die zweite Bedingung zur Beendigung von Threads, nämlich die Reaktion auf die Abbruchanforderungen. Die Standardeinstellung lautet hier ja `PTHREAD_CANCEL_DEFERRED`. Damit läuft der Thread noch bis zum nächsten Abbruchpunkt, in unserem Fall `pthread_exit()`. Wenn Sie einen Thread sofort abbrechen wollen bzw. müssen, müssen Sie mit `pthread_setcanceltype()` die Konstante `PTHREAD_CANCEL_ASYNCHRONOUS` setzen, z. B. in der main-Funktion mit:

```
if ((pthread_setcanceltype( PTHREAD_CANCEL_ASYNCHRONOUS,
                            NULL))!= 0) {
    fprintf(stderr, "Fehler bei pthread_setcanceltype\n");
    exit (EXIT_FAILURE);
}
```

In der Praxis kann man aber von asynchronen Abbrüchen abraten, da diese an jeder Stelle auftreten können. Wird z. B. pthread_mutex_lock() aufgerufen und tritt hier der Abbruch ein, nachdem das Mutex gesperrt wurde, hat man schnell einen Deadlock erzeugt. Einen asynchronen Abbruch sollte man in der Praxis nur verwenden, wenn die Funktion »asynchronsicher« ist, was mit `pthread_cancel()`, `pthread_setcancelstate()` und `pthread_setcanceltype()` nicht allzu viele Funktionen sind. Wenn Sie schon asynchrone Abbrüche verwenden müssen, dann eben immer wenn ein Thread keine wichtigen Ressourcen beinhaltet (wie reservierter Speicherplatz (Memory Leaks), Sperren etc.).

Ein besonders häufiger Anwendungsfall von `PTHREAD_CANCEL_DISABLE` sind kritische Codebereiche, die auf keinen Fall abgebrochen werden dürfen. Zum Beispiel ist dies sinnvoll bei wichtigen Einträgen in Datenbanken, bei komplexen Maschinensteuerungen. Am besten realisiert man solche Codebereiche, indem man den kritischen Abschnitt als unabbrechbar einrichtet und gleich danach den alten Zustand wiederherstellt.

```
int oldstate;

/* Thread als unabbrechbar einrichten */
if ((pthread_setcancelstate( PTHREAD_CANCEL_DISABLE,
                             &oldstate))!= 0) {
    fprintf(stderr, "Fehler bei pthread_setcancelstate\n");
    exit (EXIT_FAILURE);
}

/* ---------------------------------------- */
/* Hier kommt der kritische Codebereich rein */
/* ---------------------------------------- */

/* Alten Zustand des Threads wieder herstellen */
if ((pthread_setcancelstate(oldstat, NULL))!= 0) {
    fprintf(stderr, "Fehler bei pthread_setcancelstate\n");
    exit (EXIT_FAILURE);
}
```

Ein einfaches Beispiel hierzu:

```
/* thread15.c */
#include <stdio.h>
#include <pthread.h>
#include <stdlib.h>
#include <time.h>

static void cancel_test (void) {
   int oldstate;

   /* Thread als unabbrechbar einrichten */
   if ((pthread_setcancelstate( PTHREAD_CANCEL_DISABLE,
                                &oldstate))!= 0) {
       printf("Fehler bei pthread_setcancelstate\n");
       exit (EXIT_FAILURE);
   }

   printf("Thread %ld im kritischen Codeabschnitt\n",
      pthread_self());
   sleep(5); // 5 Sekunden warten

   /* Alten Zustand des Threads wieder herstellen */
   if ((pthread_setcancelstate(oldstate, NULL))!= 0) {
       printf("Fehler bei pthread_setcancelstate\n");
       exit (EXIT_FAILURE);
   }
```

```
   printf("Thread %ld nach dem kritischen Codeabschnitt\n",
      pthread_self());
   pthread_exit ((void *) 0);
}

int main (void) {
   pthread_t t1;
   int *abbruch;

   printf("Main-Thread %ld gestartet\n", pthread_self());

   if((pthread_create(&t1, NULL, cancel_test, NULL)) != 0) {
      fprintf (stderr, "Fehler bei pthread_create ...\n");
      exit (EXIT_FAILURE);
   }
   /* Abbruchaufforderung an den Thread */
   pthread_cancel(t1);
   pthread_join (t1, &abbruch);
   if( abbruch == PTHREAD_CANCELED )
      printf("Thread %ld wurde abgebrochen\n", t1);
   printf("Main-Thread %ld beendet\n", pthread_self());
   return EXIT_SUCCESS;
}
```

Das Programm bei der Ausführung:

```
$ gcc -o thread15 thread15.c -lpthread
$ ./thread15
Main-Thread -1209416608 gestartet
Thread -1209418832 im kritischen Codeabschnitt
Thread -1209418832 nach dem kritischen Codeabschnitt
Thread -1209418832 wird abgebrochen
Main-Thread -1209416608 beendet
```

Ohne das Setzen von `PTHREAD_CANCEL_DISABLE` am Anfang des Threads »cancel_test« würde das Beispiel keine fünf Sekunden mehr warten und auch nicht mehr ausgeben »Thread –1209418832 nach dem kritischen Codeabschnitt« – am besten testen Sie dies, indem Sie das Verändern des Cancel-Status auskommentieren oder eben anstatt `PTHREAD_CANCEL_DISABLE` die Konstante `PTHREAD_CANCEL_ENABLE` verwenden.

10.9 Erzeugen von Thread-spezifischen Daten (TSD-Data)

Bei einem Aufruf von Funktionen werden die lokalen Daten auf dem Stack abgelegt und auch wieder abgeholt. Bei den Threads kann man ja solch langlebige Daten entweder mit zusätzlichen Argumenten an die einzelnen Threads weitergeben oder aber in globalen Variablen speichern. Wenn Sie aber z. B. vorhaben, eine Bibliothek für den Multithread-Gebrauch zu schreiben, ist dies nicht mehr möglich, da man ja hierbei die Argumentzahl nicht mehr verändern kann, damit auch ältere Programme ohne Threads diese Bibliothek verwenden können und man auch nicht weiß, wie viele Threads die Bibliotheksfunktionen nutzen werden, kann man nun mal keine Aussage darüber machen, wie groß die globalen Daten sein sollen.

Das Ganze vielleicht noch etwas vereinfacht erklärt, es ist einfach nicht möglich, dass globale und statische Variablen unterschiedliche Werte in den verschiedenen Threads haben können. Aus diesem Grund wurden »Schlüssel« eingeführt – oder auch Thread-spezifische Daten (kurz TSD-Data). Dabei handelt es sich um eine Art Zeiger, der immer auf die Daten verweist, die dem Thread gehören, der eben einen entsprechenden »Schlüssel« benutzt. Beachten Sie allerdings, dass hierbei immer mehrere Threads den gleichen »Schlüssel« benutzen – nicht jeder Thread einen extra »Schlüssel«!

Dabei bekommt jeder Thread einen privaten Speicherbereich mit einem eigenen Schlüssel zugeteilt. Dies kann man sich gerne als ein Array von `void`-Zeigern vorstellen, auf die der Thread mit »seinem« Schlüssel zugreifen kann.

Hierzu die Funktionen, womit Sie Thread-spezifische Daten erzeugen bzw. die damit arbeiten können.

```
#include <pthread.h>

int pthread_key_create(
   pthread_key_t *key, void (*destr_function) (void*) );
int pthread_key_delete( pthread_key_t key );
int pthread_setspecific(
   pthread_key_t key, const void *pointer );
void * pthread_getspecific(pthread_key_t key);
```

Mit `pthread_key_create()` erzeugen Sie einen neuen TSD-Schlüssel mit der Speicherstelle `key` des Schlüssels und (als zweites Argument) entweder `NULL` oder die Funktion, um den Speicher der Daten wieder freizugeben, eine Exit-Handler-Funktion, wenn Sie so wollen.

Mit der Funktion `pthread_setspecific()` können Sie Daten mit dem TSD-Schlüssel assoziieren. Sie legen damit praktisch die TSD-Daten für den TSD-Schlüssel `key` über den Zeiger `pointer` fest.

Mit der Funktion `pthread_getspecific()` kann man die Daten aus dem TSD-Schlüssel auslesen.

Mit dem folgenden Beispiel werden `MAX_THREADS` Threads erzeugt, von denen jeder Thread eine Thread-eigene Datei mittels TDS-Daten erzeugt. Im Beispiel wird hierbei nur protokolliert, dass der Thread gestartet und wieder beendet wurde. Zwischen den beiden Zeilen sollten Sie die eigentliche Arbeit des Threads eintragen. Fehler oder sonstige Meldungen dieser Arbeit können Sie ebenfalls wieder mit »thread_write« in die für den Thread vorgesehene Datei schreiben. Dass diese Funktion »nur« mit einem einfachen String aufgerufen werden kann, ist dem TSD-Schlüssel zu verdanken, der in der Funktion »thread_write« mittels `pthread_getspecific()` eingelesen wird. Ein simples Grundgerüst eben, womit Sie ohne großen Aufwand Thread-eigene Logdateien verwenden können.

```
/* thread17.c */
#include <pthread.h>
#include <stdio.h>
```

```
#include <stdlib.h>
#define MAX_THREADS 3

/* TSD-Datenschlüssel */
static pthread_key_t tsd_key;

/* Schreibt einen Text in eine Datei für
 * jeden aktuellen Thread */
void thread_write (const char* text) {
  /* TSD-Daten lesen */
  FILE* th_fp = (FILE*) pthread_getspecific (tsd_key);
  fprintf (th_fp, "%s\n", text);
}

/* Am Ende den Zeiger auf die Datei(en) schließen */
void thread_close (void* th_fp) {
  fclose ((FILE*) th_fp);
}

void* thread_tsd (void* args) {
  char th_fpname[20];
  FILE* th_fp;

  /* Einen Thread-spezifischen Dateinamen erzeugen */
  sprintf(th_fpname,"thread%d.thread",(int) pthread_self());
  /* Die Datei öffnen  */
  th_fp = fopen (th_fpname, "w");
  if( th_fp == NULL )
    pthread_exit(NULL);
  /* TSD-Daten zu TSD-Schlüssel festlegen */
  pthread_setspecific (tsd_key, th_fp);

  thread_write ("Thread wurde gestartet ...\n");

  /* Hier kommt die eigentliche Arbeit des Threads hin */

  thread_write("Thread ist fertig ...\n");
  pthread_exit(NULL);
}

int main (void) {
  int i;
  pthread_t threads[MAX_THREADS];

  /* Einen neuen TSD-Schlüssel erzeugen - Beim Ende eines
   * Threads wird die Funktion thread_close ausgeführt   */
  pthread_key_create (&tsd_key, thread_close);
  /* Threads erzeugen */
  for (i = 0; i < MAX_THREADS; ++i)
    pthread_create (&(threads[i]), NULL, thread_tsd, NULL);
```

```
  /* Auf die Threads warten  */
  for (i = 0; i < MAX_THREADS; ++i)
    pthread_join (threads[i], NULL);
  return EXIT_SUCCESS;
}
```

Das Programm bei der Ausführung:

```
$ gcc -o thread17 thread17.c -lpthread
$ ./thread17
$ ls *.thread
thread-1209418832.thread  thread-1217811536.thread  thread-1226204240.thread
$ cat thread-1209418832.thread
Thread wurde gestartet ...

Thread ist fertig ...
```

10.10 pthread_once – Codeabschnitt einmal ausführen

In den Beispielen bisher haben Sie häufig mehrere Threads gestartet. Manchmal tritt aber eine Situation ein, wo man gewisse Vorbereitungen treffen muss – z. B. eine bestimmte Datei anlegen, weil mehrere Threads darauf zugreifen müssen oder man eine Bibliotheksroutine entwickelt. Ist es nicht möglich, solche Vorbereitungen beim Start des Haupt-Threads zu treffen, sondern muss man dies in einem der Neben-Threads machen, benötigt man einen Mechanismus, wo eine Funktion exakt nur einmal ausgeführt wird, egal wie oft und von welchem Thread aus diese aufgerufen wurde. Ein einfaches Beispiel, worauf ich hinauswill:

```
/* thread18.c */
#include <pthread.h>
#include <stdio.h>
#include <stdlib.h>
#define MAX_THREADS 3

void thread_once(void) {
   printf("Funktion thread_once() aufgerufen\n");
}

void* thread_func (void* args) {
   printf("Thread %ld wurde gestartet\n", pthread_self());
   thread_once();
   printf("Thread %ld ist fertig gestartet\n",
      pthread_self());
   pthread_exit(NULL);
}

int main (void) {
  int i;
  pthread_t threads[MAX_THREADS];
```

```
    /* Threads erzeugen */
    for (i = 0; i < MAX_THREADS; ++i)
      pthread_create (&(threads[i]), NULL, thread_func, NULL);
    /* Auf die Threads warten  */
    for (i = 0; i < MAX_THREADS; ++i)
      pthread_join (threads[i], NULL);
    return EXIT_SUCCESS;
}
```

Das Programm bei der Ausführung:

```
$ gcc -o thread18 thread18.c -lpthread
$ ./thread18
Thread -1209418832 wurde gestartet
Funktion thread_once() aufgerufen
Thread -1209418832 ist fertig gestartet
Thread -1217811536 wurde gestartet
Funktion thread_once() aufgerufen
Thread -1217811536 ist fertig gestartet
Thread -1226204240 wurde gestartet
Funktion thread_once() aufgerufen
Thread -1226204240 ist fertig gestartet
```

Beabsichtigt war in diesem Beispiel, dass die Funktion »thread_once« nur einmal aufgerufen wird. Aber wie das für Thread-Programme eben üblich ist, wird die Funktion bei jedem Thread aufgerufen. Hier kann man zwar mit den Thread-spezifischen Synchronisationen nachhelfen, aber die Thread-Bibliothek bietet Ihnen hier mit der Funktion `pthread_once()` eine Funktion an, die einen bestimmten Code nur ein einziges Mal ausführt.

```
#include <pthread.h>

pthread_once_t once_control = PTHREAD_ONCE_INIT;
int  pthread_once(
pthread_once_t  *once_control, void (*init_routine) (void));
```

Vor der Ausführung von `pthread_once()` muss man eine statische Variable mit der Konstante `PTHREAD_ONCE_INIT` initialisieren, bevor man diese an `pthread_once()` (erster Parameter) übergibt. Als zweites Argument übergeben Sie `pthread_once()`, die Funktion, die den einmal auszuführenden Code enthält. Wird dieser einmal auszuführende Code ausgeführt, wird dies in der Variablen `once_control` vermerkt, so dass diese Funktion kein zweites Mal mehr ausgeführt werden kann. Hierzu das Beispiel »thread18.c« nochmals mit `phtread_once()`:

```
/* thread19.c */
#include <pthread.h>
#include <stdio.h>
#include <stdlib.h>
#define MAX_THREADS 3

static pthread_once_t once = PTHREAD_ONCE_INIT;

void thread_once(void) {
   printf("Funktion thread_once() aufgerufen\n");
```

```
}

void* thread_func (void* args) {
   printf("Thread %ld wurde gestartet\n", pthread_self());
   pthread_once(&once, thread_once);
   printf("Thread %ld ist fertig gestartet\n",
      pthread_self());
   pthread_exit(NULL);
}

int main (void) {
  int i;
  pthread_t threads[MAX_THREADS];
  /* Threads erzeugen */
  for (i = 0; i < MAX_THREADS; ++i)
    pthread_create (&(threads[i]), NULL, thread_func, NULL);
  /* Auf die Threads warten  */
  for (i = 0; i < MAX_THREADS; ++i)
    pthread_join (threads[i], NULL);
  return EXIT_SUCCESS;
}
```

Das Programm bei der Ausführung:

```
$ gcc -o thread19 thread19.c -lpthread
$ ./thread19
Thread -1209418832 wurde gestartet
Funktion thread_once() aufgerufen
Thread -1209418832 ist fertig gestartet
Thread -1217811536 wurde gestartet
Thread -1217811536 ist fertig gestartet
Thread -1226204240 wurde gestartet
Thread -1226204240 ist fertig gestartet
```

Jetzt wird die mit `pthread_once()` eingerichtete Funktion tatsächlich nur noch einmal ausgeführt.

10.11 Thread-safe (thread-sichere Funktionen)

Die Thread-Programmierung kann nur mit Bibliotheken realisiert werden, die als thread-sicher (thread-safe) gelten. Denn auch die Bibliotheken müssen die parallele Ausführung erlauben, um nicht ins Straucheln zu geraten. Mit der Einführung von Glibc 2.0 wurden die Linux-Threads in den Bibliotheken implementiert und müssen nicht extra besorgt werden. Somit ist `strcmp()` – auch wenn schon über 15 Jahre alt – thread-safe.

`readdir()` hingegen ist z. B. nicht thread-safe. Das Problem mit `readdir()` ist, wenn mehrere Threads denselben `DIR`-Zeiger verwenden, dass sie immer den aktuellen Rückgabewert vom zuvor erhaltenen Thread überschreiben. Als Alternative für Funktionen, die nicht als thread-safe gelten (auch wenn es nicht sehr viele sind), wurden thread-sichere Schnittstellen, die in der Regel mit der Endung _r (reentrante-Funktionen) gekennzeichnet wurden, eingeführt. Die thread-sichere Alternative zu readdir() lautet somit readdir_r().

Die Endung _r zeigt Ihnen außerdem nicht nur, dass die Funktion thread-sicher ist, sondern auch, dass diese Funktion keinen internen statischen Puffer verwendet (der beim Aufruf derselben Funktion in mehreren Threads jedes Mal überschrieben wird). Hierzu eine kurze Liste zu einigen gängigen Reentrante-Funktionen, deren genauere Syntax und Verwendung Sie bitte der entsprechenden Man-Page entnehmen.

nicht thread-sicher	thread-sicher	Bedeutung
getlogin	getlogin_r	Loginname ermitteln
ttyname	ttyname_r	Terminalpfadname ermitteln
readdir	readdir_r	Verzeichniseinträge lesen
strtok	strtok_r	String anhand Tokens zerlegen
asctime	asctime_r	Zeitfunktion
ctime	ctime_r	Zeitfunktion
gmtime	gmtime_r	Zeitfunktion
localtime	localtime_r	Zeitfunktion
rand	rand_r	(Pseudo-)Zufallszahlen generieren
getpwuid	getpwuid_r	Eintrag in */etc/passwd* erfragen (via UID)
getpwnam	getpwnam_r	Eintrag in */etc/passwd* erfragen (via Loginname)
getgrgid	getgrgid_r	Eintrag in */etc/group* erfragen (via GID)
getgrnam	getgrnam_r	Eintrag in */etc/group* erfragen (via Gruppenname)

Tabelle 10.1 Nicht thread-sichere Funktionen und die Alternativen

10.12 Threads und Signale

Signale lassen sich auch mit den Threads realisieren, nur muss man hierbei Folgendes beachten:

- Signale, die von der Hardware gesendet werden, bekommt immer der Thread, der das Hardware-Signal gesendet hat.
- Jedem Thread kann eine eigene Signalmaske zugeordnet werden. Allerdings gelten Signale, die mit sigaction() eingerichtet wurden, prozessweit für alle Threads.

Zur Verwendung von Signalen mit den Threads werden folgende Funktionen benötigt:

```
#include <pthread.h>
#include <signal.h>

int pthread_sigmask( int how, const sigset_t  *newmask,
                     sigset_t  *old_mask );
int pthread_kill( pthread_t thread, int signo );

int sigwait( const sigset_t *set, int *sig );
```

```
int sigwaitinfo( const sigset_t *set, siginfo_t *info );
int sigtimedwait( const  sigset_t  *set,  siginfo_t *info,
                  const struct timespec timeout );
```

Mit der Funktion `pthread_sigmask()` können Sie eine Thread-Signalmaske erfragen oder ändern. Im Prinzip entspricht diese Funktion der von `sigprocmask()`, nur eben auf Threads und nicht Prozesse bezogen. Abgesehen von den Signalen `SIGKILL` und `SIGSTOP` können Sie auch hierzu alle bekannten Signale verwenden. Schlägt die Funktion `pthread_sigmask()` fehl, wird die Signalmaske des Threads nicht verändert.

Ich empfehle Ihnen, für die Funktion `pthread_sigmask()` das Kapitel der Signale nochmals (falls nötig) durchzulesen – da das Prinzip ähnlich wie zwischen den Prozessen funktioniert. Als erstes Argument für `how` wird eine Angabe erwartet, wie Sie die Signale verändern wollen. Mögliche Konstanten hierfür sind `SIG_BLOCK`, `SIG_UNBLOCK` und `SIG_SETMASK`. Als zweites Argument ist ein Zeiger auf einen Satz von Signalen nötig, der die aktuelle Signalmaske ergänzt, sie entfernt oder die Signalmaske ganz übernimmt. Hierfür kann auch `NULL` angegeben werden. Der dritte Parameter ist ein Zeiger auf die aktuelle Signalmaske. Hiermit können Sie entweder die aktuelle Signalmaske abfragen oder, wenn Sie mit dem zweiten Parameter eine neue Signalmaske einrichten, die alte Signalmaske sichern. Aber auch der dritte Parameter kann `NULL` sein. Wenn ein Thread einen weiteren Thread erzeugt, erbt dieser ebenfalls die Signalmaske. Wollen Sie also, dass alle Threads diese Signalmaske erben, sollten Sie vor der Erzeugung der Threads im Haupt-Thread die Signalmaske setzen.

Mit der Funktion `pthread_kill()` senden Sie dem Thread `thread` das Signal `signo`. Hierbei sollte man noch die Besonderheiten mit den Signalen `SIGKILL`, `SIGTERM` und `SIGSTOP` erläutern. Diese drei Signale gelten weiterhin prozessweit – senden Sie z. B. mit `phtread_kill()` das Signal `SIGKILL` an einen Thread, wird der komplette Prozess beendet, nicht nur der Thread. Ebenso sieht dies mit dem Signal `SIGSTOP` aus – hier wird der ganze Prozess (mit allen laufenden Threads) angehalten, bis ein anderer Prozess (nicht Thread) `SIGCONT` an den angehaltenen Prozess sendet.

Mit `sigwait()` halten Sie einen Thread so lange an, bis eines der Signale aus der Menge `set` gesendet wird. Die Signalnummer wird noch in `sig` geschrieben, bevor der Thread seine Ausführung fortsetzt. Wurde dem Signal ein Signalhandler zugeteilt, wird nichts in `sig` geschrieben.

Hierzu ein einfaches Beispiel, das Ihnen die Verwendung von Signalen in Verbindung mit Threads demonstriert.

```
/* thread20 */
#include <stdio.h>
#include <pthread.h>
#include <signal.h>

pthread_t tid2;

void int_handler(int dummy) {
   printf("SIGINT erhalten von TID(%d)\n", pthread_self());
}
```

```
void usr1_handler(int dummy) {
   printf("SIGUSR1 erhalten von TID(%d)\n", pthread_self());
}

void *thread_1(void *dummy) {
   int sig, status, *status_ptr = &status;
   sigset_t sigmask;

   /* Kein Signal blockieren - SIG_UNBLOCK */
   sigfillset(&sigmask);
   pthread_sigmask(SIG_UNBLOCK, &sigmask, (sigset_t *)0);
   sigwait(&sigmask, &sig);

   switch(sig) {
      case SIGINT: int_handler(sig); break;
      default    : break;
   }
   printf("TID(%d) sende SIGINT an %d\n",
      pthread_self(), tid2);
   /* blockiert von tid2 */
   pthread_kill(tid2, SIGINT);
   printf("TID(%d) sende SIGUSR1 an %d\n",
      pthread_self(), tid2);
   /* nicht blockiert von tid2 */
   pthread_kill(tid2, SIGUSR1);

   pthread_join(tid2, (void **)status_ptr);
   printf("TID(%d) Exit-Status = %d\n", tid2, status);

   printf("TID(%d) wird beendet\n", pthread_self());
   pthread_exit((void *)NULL);
}

void *thread_2(void *dummy) {
   int sig;
   sigset_t sigmask;

   /* Alle Bits auf null setzen */
   sigemptyset(&sigmask);
   /* Signal SIGUSR1 nicht blockieren ... */
   sigaddset(&sigmask, SIGUSR1);
   pthread_sigmask(SIG_UNBLOCK, &sigmask, (sigset_t *)0);
   sigwait(&sigmask, &sig);

   switch(sig) {
      case SIGUSR1: usr1_handler(sig); break;
      default     : break;
   }
   printf("TID(%d) wird beendet\n", pthread_self());
```

```
   pthread_exit((void *)99);
}

int main(void) {
   pthread_t tid1;
   pthread_attr_t attr_obj;
   void *thread_1(void *), *thread_2(void *);
   sigset_t sigmask;
   struct sigaction action;

   /* Signalmaske einrichten - alle Signale im *
    * Haupt-Thread blockieren */
   sigfillset(&sigmask);       /* Alle Bits ein ...*/
   pthread_sigmask(SIG_BLOCK, &sigmask, (sigset_t *)0);

   /* Setup Signal-Handler für SIGINT & SIGUSR1 */
   action.sa_flags = 0;
   action.sa_handler = int_handler;
   sigaction(SIGINT, &action, (struct sigaction *)0);
   action.sa_handler = usr1_handler;
   sigaction(SIGUSR1, &action, (struct sigaction *)0);

   pthread_attr_init(&attr_obj);
   pthread_attr_setdetachstate( &attr_obj,
                                PTHREAD_CREATE_DETACHED );
   pthread_create(&tid1, &attr_obj, thread_1, (void *)NULL);
   printf("TID(%d) erzeugt\n", tid1);
                                       - 10 -
   pthread_attr_setdetachstate( &attr_obj,
                                PTHREAD_CREATE_JOINABLE);
   pthread_create(&tid2, &attr_obj, thread_2, (void *)NULL);
   printf("TID(%d) erzeugt\n", tid2);

   sleep(1); // Kurze Pause ...

   printf("Haupt-Thread(%d) sendet SIGINT an TID(%d)\n",
      pthread_self(), tid1);
   pthread_kill(tid1, SIGINT);
   printf("Haupt-Thread(%d) sendet SIGUSR1 an TID(%d)\n",
      pthread_self(), tid1);
   pthread_kill(tid1, SIGUSR1);

   printf("Haupt-Thread(%d) wird beendet\n",
      pthread_self());
   // Beendet nicht den Prozess!!!
   pthread_exit((void *)NULL);
}
```

Das Programm bei der Ausführung:

```
$ gcc -o thread20 thread20.c -lpthread
$ ./thread20
TID(-1209418832) erzeugt
TID(-1217815632) erzeugt
Haupt-Thread(-1209416608) sendet SIGINT an TID(-1209418832)
Haupt-Thread(-1209416608) sendet SIGUSR1 an TID(-1209418832)
Haupt-Thread(-1209416608) wird beendet
SIGUSR1 erhalten von TID(-1209418832)
SIGINT erhalten von TID(-1209418832)
TID(-1209418832) sende SIGINT an -1217815632
TID(-1209418832) sende SIGUSR1 an -1217815632
SIGUSR1 erhalten von TID(-1217815632)
TID(-1217815632) wird beendet
TID(-1217815632) Exit-Status = 99
TID(-1209418832) wird beendet
```

Dieses Beispiel beinhaltet drei Threads (inklusive dem Haupt-Thread). Im Haupt-Thread wird die Signalmaske eingerichtet, so dass alle Signale im Haupt-Thread blockiert (`SIGBLOCK`) werden. Als Nächstes werden Signalhandler für `SIGINT` und `SIGUSR1` eingerichtet. »thread_1« wird von den Threads abgehängt erzeugt (*detached*), und »thread_2« wird nicht von den anderen Threads abgehängt. Dann werden im Haupt-Thread die Signale `SIGINT` und `SIGUSR1` an den »thread_1« gesendet, und der Haupt-Thread beendet sich.

»thread_1« (da abgehängt, gerne auch *Daemon*-Thread) hebt die Blockierung der Signale auf (`SIG_UNBLOCK`) und wartet auf Signale. Im Beispiel wurde ja bereits zuvor `SIGINT` und `SIGUSR1` vom Haupt-Thread gesendet, was die Ausgabe des Signalhandlers auch bestätigt. Sobald also »thread_1« seine Signale bekommen hat, sendet es die Signale `SIGINT` und `SIGUSR1` an »thread_2« und wartet (mittels `pthread_join()`), bis sich »thread_2« beendet, und gibt den Exit-Status von »thread_2« aus, bevor sich »thread_1« ebenfalls beendet.

»thread_2« hingegen hebt nur die Blockierung für `SIGUSR1` auf – alle anderen Signale werden ja durch die Weitervererbung des Haupt-Threads weiterhin blockiert. Anschließend wartet »thread_2« auf das Signal. Trifft `SIGUSR1` ein, wird der Signalhandler ausgeführt und der Thread mit einem Rückgabewert beendet (auf den »thread_1« ja mit `pthread_join()` wartet).

10.13 Zusammenfassung und Ausblick

Thread ist sicherlich ein ziemliches Schlagwort in den letzten Jahren geworden, und viele Programmierer sind in zwei Lager gespalten – in die Befürworter und die Gegner von Threads. Zugegeben, Threads haben je nach Anwendungsfall auch ihre Macken. Gerade in der Netzwerkprogrammierung sorgen Threads bezüglich der Skalierbarkeit immer wieder für Diskussionsstoff. Das Problem besteht darin, dass es bei Threads häufig ein hartes Limit der gleichzeitigen Threads gibt.

Wie dem auch sei, trotzdem lassen sich die Hersteller von namhafter Software wie den Serveranwendungen BIND, Apache etc. nicht aufhalten, Thread-Unterstützung in ihre Software einzubauen.

Ob Sie nun Threads in Ihre Software einbauen wollen oder nicht, müssen Sie letztendlich selbst entscheiden und hängt größtenteils auch von der Art der Software ab. Am besten wäre es sicherlich, wenn Sie Ihre Software mit Thread-Unterstützung anbieten – sprich, der Anwender kann diese bei Bedarf aktivieren bzw. testen.

Mit diesem Kapitel haben Sie auf jeden Fall ein fundiertes Polster an Wissen, so dass Sie Software mit Thread-Unterstützung schreiben können. Aber wie auch bei fast jedem Thema eines Buches gibt es immer noch einiges mehr, das man zu den Threads noch hätte schreiben können. Aber immerhin, im Gegensatz zur ersten Auflage des Buches wurde der Umfang des Kapitels hier verdoppelt.

Kenntnisse zur Netzwerkprogrammierung gehören heutzutage zu den Grundlagen eines ambitionierten Software-Entwicklers. Dank guter Bibliotheken ist es kein allzu kompliziertes Unterfangen mehr, Ihre Software mit einer Netzwerkfunktionalität auszustatten.

11 Netzwerkprogrammierung

11.1 Einführung

Die Netzwerkprogrammierung ist ein sehr beliebtes, aber leider noch relativ selten anzutreffendes Thema in der Computerliteratur zu Linux. Dies liegt allerdings auch daran, dass alleine die Implementierung der Netzwerkfunktionalität in den Kernel zu dem komplexeren und vor allem umfangreichsten Teil gehört. Es fällt einem schwer, einen Einstieg in dieses umfangreiche Thema zu finden. Somit kann ein Buch, wie Sie es in den Händen halten, bezüglich der Themenvielfalt nicht mehr als eine Einführung und ein Überblick zur Netzwerkprogrammierung sein – aber vielleicht wollen Sie ja gerade dies bekommen.

Sicherlich haben Sie selbst schon Anwendungen wie `telnet` zum Einloggen auf einem anderen Computer, `ftp` zum Übertragen von Daten aller Arten zwischen zwei Rechnern, E-Mail-Programme zum Empfangen und Versenden von Mails oder den Webbrowser zum Durchforsten des World Wide Webs verwendet. Vermutlich reizt es Sie nun selbst, ähnliche Anwendungen zu entwickeln.

Linux/UNIX bietet Ihnen dazu eine Menge Programm- und Funktionsbibliotheken an, womit Sie selbst verteilte Anwendungen mit Netzwerkfunktionalität schreiben können. Somit könnten Sie praktisch eine Anwendung, die bisher nur für einen Standort verfügbar war, umschreiben, damit diese nun von mehreren Rechnern aus ausgeführt werden kann. Wollen Sie z. B. ein Spiel mit einer Multiplayer-Funktion ausstatten oder Ihre Kaffeemaschine zu Hause vom Büro aus starten? Egal was Sie vorhaben, mit der Netzwerkprogrammierung haben Sie ungeahnt viele interessante Möglichkeiten, und vor allem lernen Sie hierbei ein garantiert zukunftsorientiertes Know-how.

Hinweis

Der Großteil der Beispiele wurde auf einem Linux- und einem (Free)BSD-Rechner erstellt und erfolgreich getestet. Gewöhnlich sollten diese Beispiele auch auf anderen UNIX-artigen Rechnern funktionieren. Dennoch ist es nicht auszuschließen, dass hier und da eine kleine Modifikation nötig ist. Sofern dies zutrifft, würde ich mich über eine Nachricht von Ihnen sehr freuen.

11.2 Aufbau von Netzwerken

Um es Ihnen gleich deutlich zu machen, Sie erfahren in diesem Kapitel einiges zur Netzwerkprogrammierung. Grundkenntnisse zum Thema Netzwerke allgemein wären hier auf jeden Fall von Vorteil (aber nicht unbedingt vonnöten). Ich werde zwar versuchen, die Themen so umfangreich und detailliert wie möglich aufzurollen, dennoch kann nicht auf jedes einzelne Thema – speziell die Grundlagen – bis ins Detail eingegangen werden.

11.2.1 ISO/OSI und TCP/IP – Referenzmodell

Dass die Kommunikation zwischen verschiedenen Rechnern (mit unterschiedlicher Hardware) auf den verschiedenen Betriebssystemen nicht mit einem *Rutsch* zu realisieren ist, dürfte wohl selbst dem Laien klar sein. Für diese Zwecke wurde daher das Problem in mehrere kleine Schichten aufgeteilt. Dabei baut jede Schicht auf die Fähigkeiten der darunter liegenden Schicht auf. Dazu wurde das ISO/OSI-Schichtenmodell entworfen. Es muss natürlich erwähnt werden, dass dieses Schichtenmodell keine Norm ist, das heißt, die Entwickler von Hard- und Software müssen sich nicht unbedingt daran halten. Aber gewöhnlich unterstützen alle Hersteller mittlerweile u. a. das OSI-Schichtenmodell. Denn was nützt dem Anwender eine Netzwerkkarte, die sich nicht mit anderen Netzwerkkarten in einem Netzwerk verständigen kann. Irgendwie muss man ja einiges auf den gleichen Nenner bringen. Des Weiteren ist das OSI-Schichtenmodell auch nur ein Modell, das die Rechnerkommunikation veranschaulichen soll.

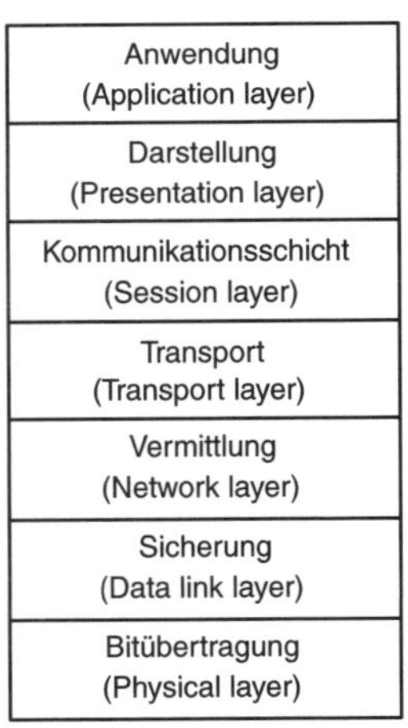

Abbildung 11.1 OSI-Schichtenmodell

Hierzu sollen die in Abbildung 11.1 dargestellten Schichten ein wenig genauer erläutert werden:

- **Schicht 1:** Physical Layer (Bitübertragungsschicht) – Die Aufgabe dieser Schicht besteht aus der Übertragung der Daten in Form von einzelnen Bits, die gewöhnlich über ein Kabel (oder auch über Funk) erfolgt. Beim Sender erhält diese Schicht die Daten von der darüber liegenden Schicht und beim Empfänger werden die Daten eben an die darüber liegende Schicht weitergegeben.

- **Schicht 2:** Data Link Layer (Sicherungsschicht) – Bei dieser Schicht wird sichergestellt, dass die Übertragung von Daten korrekt ist. Entdeckt diese Schicht einen Bitübertragungsfehler zwischen zwei Rechnern, so muss dieser Fehler von der Sicherungsschicht behoben werden.
- **Schicht 3:** Network Layer (Vermittlungsschicht) – Die Vermittlungsschicht ist dafür verantwortlich, dass alle Rechner, die verbunden sind, miteinander kommunizieren können. Die Hauptaufgabe besteht darin, die direkte Verbindung auszuwählen und sie zu einer festen Verbindung zusammenzusetzen, um den eigentlichen Zielrechner zu erreichen.
- **Schicht 4:** Transport Layer (Transsportschicht) – Wurde mit der Schicht 3 eine feste Verbindung zwischen zwei vernetzten Rechnern hergestellt, ist die Transportschicht für die Kommunikation zweier Anwendungsprozesse verantwortlich – wobei jeweils ein Prozess auf einem der verbundenen Rechner läuft.

Die nun noch folgenden drei Schichten können Sie auch gerne in einer Schicht zusammenfassen (was andere Schichtenmodelle auch tun). Alle oben genannten Schichten zählen zum Anwendungsprozess.

- **Schicht 5:** Session Layer (Kommunikationsschicht) – Durch diese Schicht werden zwei Prozesse, die miteinander kommunizieren, erst einmal strukturiert. Hierbei können so genannte Synchronisationspunkte gesetzt werden, wodurch bei einem auftretenden Fehler beide Prozesse wieder auf einen von ihnen bekannten Zustand wiederhergestellt werden können.
- **Schicht 6:** Presentation Layer (Präsentationsschicht) – In der Darstellungsschicht werden die Anwendungsdaten in ein lesbares Format gebracht (kodiert). Dabei werden die unterschiedlichen Größenangaben verschiedener Bytelängen wie z. B. eine Integer-Variable berücksichtigt – die ja auf den verschiedenen Systemen unterschiedlich »groß« sein kann. Sie werden es sicherlich erahnen, diese Schicht spielt in den noch folgenden Abschnitten eine wichtige Rolle.
- **Schicht 7:** Application Layer (Anwendungsschicht) – In der Anwendungsschicht werden Ihnen häufig verwendete Dienste wie die Datenübertragung oder Funktionsaufrufe zur Verfügung gestellt.

Aufgliedern lassen sich die einzelnen Schichten recht einfach. Schicht 1 und 2 dienen vorwiegend der Hardware wie den Netzwerkkarten oder dem Netzwerkadapter und dem Kabel. Ab der Schicht 3 dreht sich alles rund um die Software. Die Datenübertragung zwischen Soft- und Hardware wird mit so genannten Device Drivers erledigt. Ein Device Driver ist eine Software, die als Schnittstelle zwischen der eigentlichen Software und der Hardware fungiert. Die eigentliche Netzwerkprogrammierung, die Sie in der Praxis verwenden, finden Sie in den Schichten 4 bis 7. Sie geschieht mit den Funktionsbibliotheken, die Ihnen zur Verfügung stehen.

Es ist nicht immer notwendig, dass auf einem Rechner alle sieben Schichten benötigt werden. Bei einem Rechner, der nur die Aufgabe hat, Datenpakete an einen anderen Rechner zu verschicken, sind die ersten drei Schichten völlig ausreichend. Solche Vermittlungsrechner sind sehr häufig in Intranets anzutreffen.

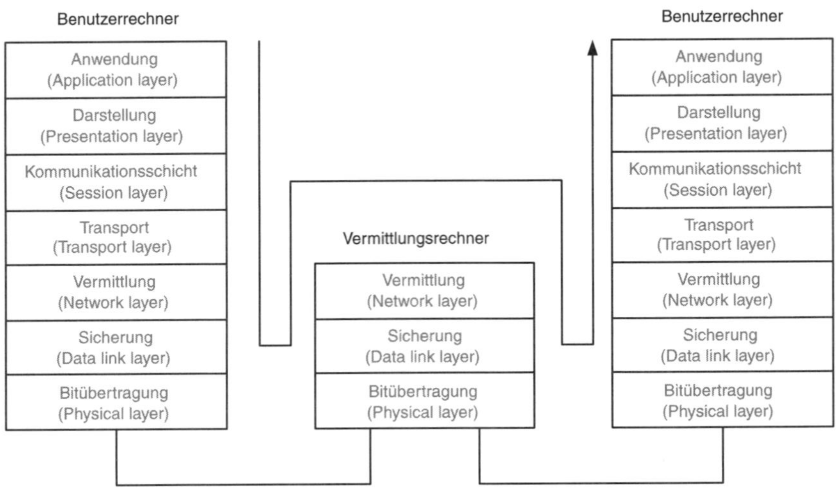

Abbildung 11.2 Schichten, die ein Vermittlungsrechner benötigt

Da die Aufteilung des ISO/OSI-Schichtenmodells für viele Dinge zu detailliert ist, wird in der Praxis ein etwas einfacher strukturiertes Referenzmodell verwendet – das TCP/IP-Schichtenmodell. Im Gegensatz zum OSI-Schichtenmodell ist dies in nur vier Schichten aufgeteilt.

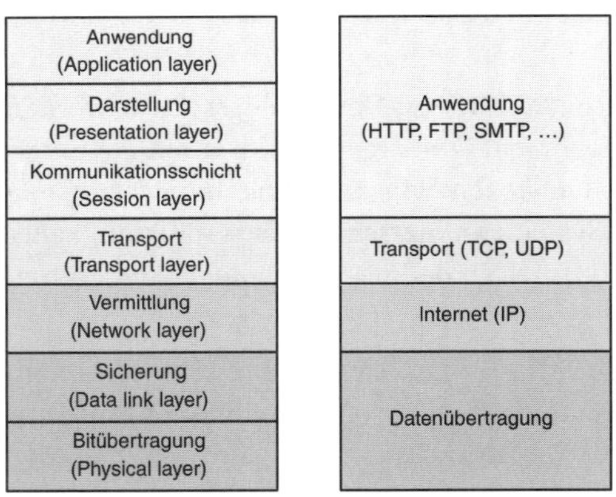

Abbildung 11.3 Aus dem OSI-Schichtenmodell wird das TCP/IP-Schichtenmodell.

Dieses Referenzmodell deckt den Großteil der Kommunikation ab, die über das Internet abläuft.

11.2.2 Das World Wide Web (Internet)

Das Internet ist nicht wie häufig angenommen ein Netzwerk, sondern eine Ansammlung von mehreren Computer-Netzwerken weltweit. Dass diese Netzwerke so gut miteinander harmonieren, verdanken sie dem TCP/IP-Protokoll. Das TCP/IP-Protokoll bietet Dienste wie das WWW (http), FTP, SMTP usw. an. Aufteilen lässt sich das TCP/IP-Protokoll in zwei Teile, in das Internet Protocol (IP) und in die darüber liegenden Transportprotokolle. Die bekanntesten Transportprotokolle sind erstens das TCP, das eine zuverlässige Übertragung des IP-Bytestroms garantiert, und zweitens das UDP, das zwar keine zuverlässige Übertragung garantiert, aber dafür um einiges schneller als TCP ist. Beide Transportprotokolle werden Sie in diesem Buch noch häufiger einsetzen.

Das IP-Protokoll siedelt im OSI-Modell an Schicht 3 der Vermittlungsschicht an, und TCP und UDP arbeiten auf der Transportschicht – wobei es beim TCP eigentlich keine Kommunikations- und Darstellungsschicht mehr gibt. Es wird bei TCP alles in einer Anwendungsschicht zusammengefasst (wie beim TCP/IP-Schichtenmodell (Abb. 11.3) dargestellt).

Im Internet wird jede Netzwerkkarte im Rechner mit einer eigenen IP-Adresse versehen. Dabei kann ein Rechner durchaus mehrere IP-Adressen besitzen, sofern auch mehrere Netzwerkkarten eingebaut sind (man kann auch mehrere IPs für eine Karte haben). Die IP-Adresse hat eine Speichergröße von vier Bytes (bei IPv4). Jedes dieser Bytes kann dabei eine dezimale Zahl von 0 bis 255 darstellen (da ja ein Byte eine dezimale Zahl von 0 bis 255 fassen kann). Getrennt werden diese Dezimalzahlen von einem Punkt. Eine IP-Adresse könnte daher wie folgt aussehen: 129.154.53.98

Einige dieser Adressen sind allerdings für bestimmte Zwecke reserviert. Aufgeteilt wird diese IP-Adresse in einen Netzwerk- und in einen Hostteil. Je nachdem, ob es sich um ein A-, B- oder C-Klassennetz handelt, wird der Netzwerkteil von dem ersten Byte, den ersten zwei oder ersten drei Bytes gekennzeichnet. Die restlichen Bytes stehen immer dem Rechner (Host) selbst zur Verfügung. Somit muss in einem physikalischen Netz die Bytefolge des Netzteils immer gleich sein – der Hostanteil hingegen muss zur eindeutigen Identifikation unterschiedlich sein. So sind z. B. 192.11.55.1 und 192.11.55.2 beides IP-Adressen im gleichen physikalischen Netzwerk, aber mit unterschiedlichem Hostteil, was bedeuten kann, dass es sich hierbei um zwei verschiedene Rechner oder in einem Rechner um zwei verschiedene Netzwerkkarten (oder gar um eine Netzwerkkarte mit zwei IPs) handelt.

Wenn Sie also eine Nachricht oder Daten an einen Rechner verschicken oder von diesem Daten empfangen wollen, benötigen Sie lediglich die IP-Adresse dieses Rechners. Dass Computer gut mit Zahlen umgehen können, ist bekannt, aber wenn Sie statt der Adresse www.pronix.de die Adresse 213.131.254.130 eingeben müssten, wäre das Internet wohl nicht mehr so erfolgreich. Wie es nun auch für die IP-Notation Regeln gibt, gibt es auch für die Namensnotation gewisse Regeln. Nur stehen dann zwischen den Punkten keine Dezimalzahlen, sondern Namen.

Damit aus dem Namen auch wieder eine echte IP-Adresse wird, werden die lokale Netzdatenbank und übergeordnete Domain Name Services (DNS) verwendet. Dabei fragen DNS-Clients beim DNS-Server nach den Adressauflösungen (Name –zu IP) oder, falls benötigt, auch nach den Reverse Mappings (IP –zu Name).

Viele dieser Punkte werden zwangsläufig im passenden Moment und zum passenden Thema genauer erläutert.

11.3 TCP/IP – Aufbau und Struktur

Bei TCP/IP spricht man von einem verbindungsorientierten Protokoll – was bedeutet, dass vor der Übertragung von Daten erst eine Verbindung zu einem anderen Gerät aufgebaut werden muss. Einen Teil der Arbeit übernimmt dabei IP (Internet Protocol), was Dinge wie die Adressierung, das Überwachen oder das Versenden von Datenpaketen wären. Wie Sie schon erfahren haben, orientiert sich TCP/IP nur zum Teil an das ISO/OSI-Schichtenmodell – da bei TCP/IP lediglich vier Schichten existieren (Abbildung 11.3):

- Netzwerkschicht
- Internetschicht
- Transportschicht
- Anwendungsschicht (HTTP, FTP, Telnet ...)

Hierzu folgt nun eine kurze Beschreibung der einzelnen Schichten im TCP/IP-Referenzmodell.

11.3.1 Netzwerkschicht (Datenübertragung)

Diese Schicht ist bei TCP/IP nicht unbedingt vorgeschrieben. Die Schicht ist verantwortlich, dass die Informationen von einem Rechner zur Gegenstelle übertragen werden – was auch die physikalische Übertragung einschließt. Weitere Aufgabe wäre das Aufteilen der Daten in einzelne Frames, und für den Fall, dass ein Fehler bei der Übertragung auftritt, muss diese Schicht für eine Neuübertragung sorgen. Wenn man den Kernel betrachtet, wird diese Schicht durch den Gerätetreiber der Netzwerkkarte realisiert.

11.3.2 Internetschicht

Diese Schicht entspricht derselben Schicht, die beim OSI-Schichtenmodell die Vermittlungsschicht darstellt. Das Protokoll, das in dieser Schicht am häufigsten anzutreffen ist, ist das IP-Protokoll. Der Eckpfeiler des IP-Protokolls ist, dass jedes Endgerät (Netzwerkknoten) direkt angesprochen werden kann – weshalb auch jeder Knoten über eine spezifische IP-Adresse verfügt –, wofür das IP-Protokoll selbst verantwortlich ist. Solch eine Adresse setzt sich aus dem Netzwerk selbst und dem entsprechenden Netzwerkknoten zusammen. So will man sichergehen, dass keine Netzwerkknoten zweimal auf der Welt existieren. Vom IP-Protokoll gibt es im Internet mittlerweile zwei Varianten, IPv4 und IPv6. Wenn hier gewöhnlich von IP-Verbindungen gesprochen wird, ist meistens IPv4 damit gemeint. IPv6 wird wohl in (noch ungewisser) Zukunft IPv4 ablösen. Eine weitere bedeutungsvolle Aufgabe des IP-Protokolls ist die Aufteilung des Netzwerkes in so genannte Subnetzwerke. Dabei werden verschiedene Adressklassen unterstützt (nicht zu vergleichen mit den Netzwerkklassen), die je nach Anforderung mehrere Millionen Rechner enthalten können.

11.3.3 Transportschicht (TCP, UDP)

Auch die Transportschicht ist mit der gleichnamigen Schicht des OSI-Referenzmodells zu vergleichen. Das wichtigste Protokoll dieser Schicht ist das TCP-Protokoll. Dieses Protokoll ist verantwortlich dafür, dass Daten zwischen zwei Rechnern fehlerfrei übertragen werden können – eine Ende-zu-Ende-Verbindung (man verzeihe die Eindeutschung – im Original heißt dies Peer-to-Peer-Verbindung (kurz P2P)). Die Schicht garantiert quasi den höheren Schichten eine fehlerfreie Übertragung der Daten. Dabei packt TCP eine bestimmte Anzahl von zu versendenden Bytes zu einem Datenpaket zusammen und überträgt diese Daten anschließend mithilfe des IP-Protokolls. Solch ein Paket besteht immer u. a. aus einer Sequenznummer, womit gesichert wird, dass die Daten in der richtigen Reihenfolge eingehen und doppelt versendete Datenpakete ignoriert werden. Es existiert aber auch das Protokoll UDP (User Data Protocol), das im Gegensatz zum TCP-Protokoll keine Flusskontrolle verwendet. Es ist daher auch nicht gesichert, dass die Daten fehlerfrei ankommen. Das UDP-Protokoll wird häufig bei Spieleservern verwendet, wo z. B. eine Nichtübertragung einer Spielerbewegung meist nicht weiter schlimm ist, da das nächste UDP-Paket sowieso wieder die korrekte Position enthält – die Abweichung, die andere Spieler wahrnehmen, ist somit relativ niedrig, sofern der Client nicht zu viel *laggt*. Natürlich nutzen nicht alle Spiele nur UDP. Wichtig bei der Transportschicht ist auch die Portnummer; denn jede Anwendung, die Daten aus einer IP-Schicht haben will, muss eine eindeutige Portnummer verwenden, um auf dem Zielsystem eindeutig identifiziert zu werden (oder kurz gesagt: IP kennt keine Ports). Ports sind Diensten zugeordnet. Die Kommunikation zwischen einem Webbrowser und einem Server verläuft z. B. über Port 80 (auf Serverseite); FTP verwendet den Port 21. Damit ist es möglich, dass mehrere Dienste auf dem gleichen Computer gleichzeitig ausgeführt werden können, obwohl diese dieselbe IP-Adresse besitzen. Die Portnummer wird üblicherweise mit einem Doppelpunkt von der IP-Adresse getrennt (wie 192.168.2.4:80). Um also die verschiedenen Dienste zu verwenden, ist die Angabe der IP-Adresse kombiniert mit der Portnummer nötig – was zusammengefasst als Socket bezeichnet wird.

Wobei generell die niedrigeren Ports (<1025) so genannte Standardports sind, die nur vom *root* geöffnet werden können (sollten). Gewöhnliche Clientanwendungen mit niedrigeren Privilegien verwenden meistens einen höheren (>1024) freien Port zum Arbeiten. Also gilt Client: (>1024) => Server: (<1025). Und auch dies nur im RFC empfohlenen Fall, weil immer mehr mit Port-Forwarding gearbeitet wird, um einen Serverdienst nicht als *root* starten zu müssen. Dies musste an dieser Stelle erwähnt werden, weil Ports meistens immer die Stelle sind, worüber Systeme angegriffen werden, und man so mit auf den Weg bekommt, dass niedere Ports als *root* verheerend sein können (Berechtigungssystem).

11.3.4 Anwendungsschicht

In der Anwendungsschicht läuft (wie der Name schon sagt) die eigentliche Kommunikation zwischen zwei Anwendungen ab. Da sich ein Webclient und ein Webserver anders unterhalten als ein Mailclient und ein Mailserver, wurden einige Standardprotokolle entwickelt – die gewöhnlich in Request for Comments(RFC)-Dokumenten festgelegt wurden.

Hinweis

RFCs sind eine Reihe von technischen Dokumentationen zum Internet, die ihren Ursprung zu ARPA-NET-Zeiten 1969 hatten. Einen gewaltigen Fundus zur RFC-Sammlung finden Sie im Internet unter *http://www.ietf.org/* (The Internet Engineering Task Force).

Anwendungen, die sich über ein solches Protokoll unterhalten wollen, müssen es logischerweise auch implementieren. Folgende Anwendungsprotokolle gehören zu den empfohlenen des TCP-Transports:

- Telnet – Damit ist das Einloggen in ein Terminal über das Netzwerk möglich. Telnet stellt dabei eine Verbindung vom Telnet-Server zum Telnet-Client her – wobei beim Client der Terminal des Servers nur emuliert wird (*Port 23; RFC 854 und RFC 855*).
- FTP (File Transfer Protocol) – Dateiübertragung zwischen verschiedenen Rechnersystemen (*Port 20 (data) und Port 21 (command); RFC 959*), wobei Port 20 nur im aktiven Modus zutrifft. Hinter FWs und Routern wird der passive Modus genutzt, was fast zum Normalfall geworden ist.
- SMTP (Simple Mail Transfer Protocol) – Dieses Protokoll wird vorwiegend zur Übertragung von E-Mails verwendet (*Port 25; RFC 821, 822 und 1651*).

Weitere empfohlene Protokolle für den UDP-Transport sind:

- NTP (Network Time Protocol) – Das Protokoll wird vorwiegend zur Zeitsynchronisation zwischen zwei Computern verwendet (*Port: 123; RFC 1305*).
- SNMP (Simple Network Management Protocol) – Das Protokoll wird vorwiegend zur Verwaltung und Überwachung von Netzwerkgeräten verwendet (*RFC 1065, 1066 und 1067*).

Von beiden Transportprotokollen UDP und TCP wird folgendes Protokoll zum Transport verwendet:

- DNS (Domain Name Service) – Dabei handelt es sich um einen der wichtigsten Dienste im Internet. Dank dieses Protokolls können Sie eine URL im Internet beim Namen (www.pronix.de) anstatt mit der IP-Adresse (213.131.254.130) erreichen (*Port 53; RFC 1034 und 1035*).

Weitere häufig verwendete Protokolle wären außerdem:

- HTTP (TCP) (Hypertext Transfer Protocol) – DAS Protokoll des WWW, womit Hypermedia-Informationen übertragen werden (oder einfacher: HTML-Seiten). Das Protokoll wird von Webbrowsern verwendet, um auf Webserver zuzugreifen (*Port 80; RFC 2616 und 2617*).
- POP3 (TCP) (Post Office Protocol Version 3) und IMAP (TCP) – Das Protokoll wird vorwiegend von Mailclients verwendet, um eine E-Mail vom Mailserver abzuholen (*Port 110/ IMAP: 143; RFC 1081, 1082, 1225, 1460, 1725 und 1939, IMAP: xxxx*).
- SSH (Secure Shell) – Über das Internet auf einem entfernten Computer einloggen – verschlüsselte und daher sicherere Alternative zu Telnet (*Port 22*).
- HTTPS – HTTPS (*Hypertext Transfer Protocol Secure*) ist ein Netzwerkprotokoll, das eine gesicherte HTTP-Verbindung zwischen Rechnern ermöglicht. Hierbei werden die Daten über SSL/TLS verschlüsselt, damit sie abhörsicher sind. HTTPS-Verbindungen laufen über TCP. Der Standardport für HTTPS-Verbindungen ist 443. Rein technisch gesehen ist HTTPS über TCP gleich HTTP über SSL über TCP.

11.4 TCP Socket

Sockets sind spezielle Strukturen, die als Schnittstelle zur Netzwerkimplementierung für Anwendungen entwickelt wurden. Diese werden weltweit als Industriestandard eingesetzt, sind im POSIX-Standard definiert und deshalb auch in Linux implementiert.

Aus Ihrer Sicht als Programmierer ist ein Socket nichts anderes als ein Filedeskriptor, womit Sie neben den Standardfunktionen auch auf eine erweiterte Palette von speziellen Funktionen zurückgreifen können. Der Austausch von Daten ist bei den Sockets unabhängig von den verwendeten Protokollen und Adressfamilien – was die Verwendung der einzelnen API-Funktionen erheblich erleichtert.

Beim Anlegen eines Sockets wird grundsätzlich zwischen einer stream- und datagrammbasierten Kommunikation unterschieden. Streambasierte Protokolle wie z. B. das TCP-Protokoll sind Streaming-Protokolle mit Sequencing und Fehlerkontrolle. Datagrammbasierte Protokolle wie z. B. UDP hingegen sind paketorientierte Protokolle und bieten kein Sequencing oder keine Fehlerkontrolle an.

Hinweis

Man spricht vom Sequencing, wenn ein Protokoll sicherstellt, dass die Daten in der Reihenfolge empfangen werden, in der diese gesendet wurden. Verwendet ein Protokoll eine Fehlerkontrolle, dann können Sie sicher sein, dass keine beschädigten Daten ankommen. Beschädigte Daten werden von diesem Protokoll verworfen und erneut angefordert.

Bei einem Streaming-Protokoll wie dem TCP wird mit einzelnen Bytes in einer größeren Folge von Blöcken gearbeitet. Beim paketorientierten Protokoll wie z. B. dem UDP werden zum Versand oder zum Empfangen Pakete verwendet.

Außerdem ist es wichtig, dass Sie zwischen verbindungsorientierten und verbindungslosen Protokollen unterscheiden. TCP ist im Gegensatz zu UDP ein verbindungsorientiertes Protokoll. Das bedeutet, dass TCP erst eine Verbindung zwischen zwei Endpunkten herstellt, ehe die Kommunikation stattfinden kann. In der Regel ist es nicht möglich, sich in eine solche Verbindung einzuklinken (nichts ist allerdings unmöglich, Network Sniffing ist eine Möglichkeit der des Einklinkens, zwar nur *read-only*, aber immerhin). Bei einem verbindungslosen Protokoll wird eine solche Verbindung nicht benötigt.

Um den Überblick zu wahren, hier nochmals TCP und UDP im Vergleich:

- TCP – verbindungsorientiert; mit Sequencing; mit Fehlerkontrolle; streaming-orientiert; Stream-Protokoll
- UDP – verbindungslos; ohne Sequencing; ohne Fehlerkontrolle; paketorientiert; Datagrammprotokoll

11.5 Kommunikationsmodell

In der Abbildung 11.4 sehen Sie das Kommunikationsmodell, auf dem die Sockets aufgebaut sind. Damit zwei Prozesse über eine TCP-Verbindung miteinander kommunizieren können, muss erst einmal ein Socket angelegt oder geöffnet werden. Anschließend kann über dieses Socket eine Verbindung zum anderen Prozess aufgebaut werden, der auf diese Verbindung wartet. Wenn die Verbindung erst einmal steht, können mit normalen Standardfunktionen Daten an das Socket übergeben werden, die dann über die TCP-Verbindung an den anderen

Prozess übertragen werden. Der andere Prozess kann wiederum diese Daten vom Socket lesen. Das Prinzip stellt ja für Sie nichts Neues mehr dar, sofern Sie das Kapitel »Interprozesskommunikation« gelesen haben. Es ist also auch nichts anderes als eine Kommunikation zwischen zwei Prozessen, die nicht vom Standardort des Rechners abhängig sind.

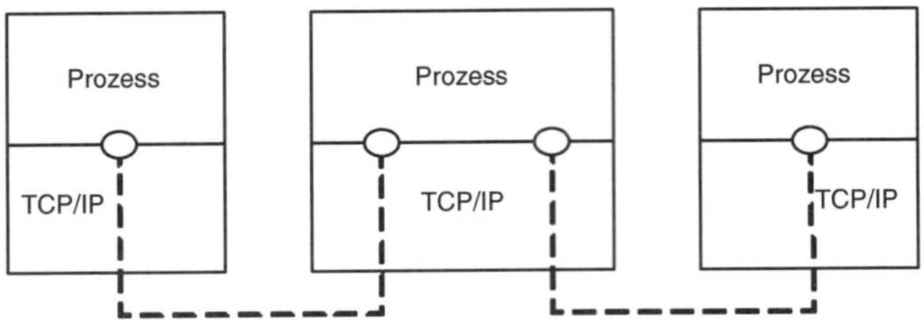

Abbildung 11.4 Kommunikationsmodell von Sockets

11.6 Grundlegende Funktionen zum Zugriff auf die Socket-Schnittstelle

Um auf eine TCP-Verbindung bzw. auf die Sockets zugreifen zu können, stellt Ihnen das Betriebssystem mittels Systemaufrufen eine Menge Funktionen zur Verfügung. Im folgenden Abschnitt will ich Ihnen die grundlegenden Funktionen zum Verbindungsaufbau, zur Datenübertragung und zum Beenden einer solchen Verbindung vorstellen.

11.6.1 Ein Socket anlegen – socket()

EinSocket können Sie mit der Funktion `socket()` anlegen:

```
#include <sys/types.h>
#include <sys/socket.h>

int socket (int family, int type, int protocol);
```

Mit dem ersten Parameter geben Sie die Protokollfamilie an, die Sie verwenden wollen. Gewöhnlich werden Sie meistens hierbei `AF_INET` für die Internet-Familie (TCP/IP) angeben oder – sofern Sie Sockets zur Interprozesskommunikation innerhalb eines Unix-Rechners verwenden wollen – `AF_UNIX`.

Adressfamilie	Protokollfamilie	Bedeutung
AF_INIX, AF_UNIX, AF_LOCAL	PF_UNIX, PF_LOCAL	Lokale Kommunikation (IPC)
AF_INET	PF_INET	IPv4 Internet-Protokoll (TCP/IP)
AF_INET6	PF_INET6	IPv6 Internet-Protokoll
AF_IPX	PF_IPX	IPX – Novell-Protokoll
AF_NETLINK	PF_NETLINK	Kernel User Interface Device Netlink(7)

Tabelle 11.1 Protokollfamilie für den ersten Parameter von socket()

Adressfamilie	Protokollfamilie	Bedeutung
AF_X25	PF_X25	ITU-T X.25/ISO-8208-Protokoll x25(7)
AF_AX25	PF_AX25	Amateur Radio AX.25-Protokoll
AF_ATMPCV	PF_ATMPVC	Access to raw ATM PVCs
AF_APPLETALK	PF_APPLETALK	AppleTalk DDS
AF_PACKET	PF_PACKET	*Low-Level-Packet*-Schnittstelle

Tabelle 11.1 Protokollfamilie für den ersten Parameter von socket() (Forts.)

Hinweis

Unter BSD 4.x werden für die Protokollfamilien die Konstanten PF_* verwendet, während die Konstanten AF_* für die Adressfamilien verwendet werden. Allerdings sollte Sie das nicht verwirren, denn in der BSD-Dokumentation ist zu lesen, dass die Protokollfamilie dasselbe ist wie die Adressfamilie.

Mit dem zweiten Parameter spezifizieren Sie den Typ des Sockets. Gewöhnlich gibt man hier entweder SOCK_STREAM (Streaming-Protokoll) an, womit TCP als Transportprotokoll verwendet wird, oder den Typ SOCK_DGRAM (Datagrammprotokoll) für UDP als Transportprotokoll. Natürlich können hierbei noch weitere Angaben gemacht werden – die allerdings in der Praxis recht selten benötigt werden. Hier für den Fall der Fälle ein Überblick über die verschiedenen möglichen Angaben zum Typ des Sockets, die nicht alle bei den Protokollfamilien implementiert sein müssen.

Socket-Typ	Bedeutung
SOCK_STREAM	Damit wird festgelegt, dass über eine (zuverlässige) Zwei-Wege-Verbindung Datenströme übertragen werden (TCP).
SOCK_DGRAM	Jedes Datenpaket (mit einer festen Länge) wird einzeln betrachtet (Datagramm-Transportprotokoll – UDP).
SOCK_SEQPACKET	Damit haben Sie einen verlässlichen Übertragungspfad für Datagramme mit fester Länge, nur muss der Empfänger ein ganzes Paket mit jedem Funktionsaufruf lesen.
SOCK_RAW	Damit haben Sie Zugriff auf interne Netzwerkprotokolle und Schnittstellen (nur IP).
SOCK_RDM	Bietet eine Datagrammschicht, die das Sortieren der Pakete nicht garantiert.
SOCK_PACKET	veraltet, stattdessen PF_PACKET benutzen (siehe *man packet(7)*)

Tabelle 11.2 Typ des Sockets wird als zweiter Parameter von socket() verwendet.

Mit dem dritten Parameter von socket() können Sie das zu benutzende Protokoll auswählen. Geben Sie hierfür 0 an, was meistens in der Praxis auch der Fall ist, wird das Standardprotokoll für den jeweiligen Socket-Typ ausgewählt, z. B. wird bei SOCK_STREAM das TCP-Protokoll und bei SOCK_DGRAM das UDP-Protokoll verwendet. Da es allerdings ohnehin zu jedem Socket einer Protokollfamilie nur ein einziges Protokoll gibt, ist klar, warum gewöhnlich 0 angegeben wird.

Bei Erfolg gibt die Funktion `socket()` den Socket-Deskriptor zurück. Ansonsten wird bei einem Fehler -1 zurückgegeben. Mit diesem Socket-Deskriptor (eine positive Ganzzahl) können Sie das Socket von nun an verwenden.

Natürlich haben Sie mit dem Anlegen eines Sockets noch lange keine Verbindung erstellt. Sie haben lediglich festgelegt, mit welchem Protokoll das Socket arbeitet. Sie können sich das gerne wie das Installieren einer Stromsteckdose vorstellen. In aller Welt gibt es viele verschiedene Formen und Normen.

Socket-Deskriptor

Bei der Syntax von `socket()` war die Rede von einem Socket-Deskriptor, den diese Funktion zurückgibt. Die erste Frage, die sich wohl stellt, dürfte sein, inwiefern sich dieser Socket-Deskriptor von einem Filedeskriptor unterscheidet? Und in der Tat ist der Unterschied auf den ersten Blick nicht groß. Sobald Sie einen Socket erzeugt haben, können Sie mithilfe des `int`-Wertes z. B. mit den elementaren Funktionen wie u. a. `read()`, `write()` usw. darauf zurückgreifen. Dennoch gibt es ein paar geringfügige Dinge, die man zwischen einem Socket- und Filedeskriptor unterscheidet:

- Im Gegensatz zum Filedeskriptor kann aus einem Socket-Deskriptor nicht jederzeit gelesen bzw. geschrieben werden. Die Ein- bzw. Ausgabe ist bei den Socket-Deskriptoren nur möglich, wenn sich das Socket im richtigen Zustand befindet.
- Sie können kein `lseek` auf einen Socket-Deskriptor ausführen lassen.
- Die Einstellungen bzw. Attribute, die man mit `ioctl()` setzen bzw. abfragen kann, von Socket-deskriptoren (im Gegensatz zu Filedeskriptoren) sind anders.
- Sockets kann man eine Adresse zuweisen, was bei Dateien und Pipes nicht geht.

11.6.2 Verbindungsaufbau – connect()

Wollen Sie jetzt mit einem Prozess eine Verbindung zu einem anderen Prozess aufbauen und haben bereits ein Socket erzeugt, kann die Funktion `connect()` aufgerufen werden.

```
#include <sys/types.h>
#include <sys/socket.h>

int connect ( int sockfd,
              struct sockaddr *adresse,
              socklen_t addressen_laenge );
```

Gewöhnlich wird der `connect()`-Aufruf vom Clientprogramm ausgeführt, um eine Verbindung zum Server herzustellen. Der erste Parameter gibt das Socket an, über das Sie auf die Verbindung zugreifen wollen. Der zweite Parameter `adresse` enthält die Anfangsadresse der Struktur `sockaddr`, worin sich die IP-Adresse des Rechners und die Portnummer befinden. Diese Struktur ist wie folgt definiert:

```
#include <sys/socket.h>
#include <netinet/in.h>
```

```
struct sockaddr_in {
    unsigned short int  sin_family;  /* AF_INET     */
    unsigned short int  sin_port;    /* Portnummer  */
    struct in_addr      sin_addr;    /* IP-Adresse  */
};
```

Mit dem letzten Parameter in `connect()` geben Sie den Speicherbedarf des zweiten Parameters an. Bei erfolgreicher Verbindung gibt diese Funktion 0, ansonsten bei einem Fehler -1 zurück.

Hinweis

Wenn Sie UDP anstatt TCP verwenden, können Sie auf einen Aufruf von `connect()` verzichten. Dann allerdings müssen Sie die entsprechende Adressinformation bei den Funktionen `sendto()` zum Senden und `recvfrom()` zum Empfangen von Daten ergänzen.

Die Socket-Adressstruktur etwas genauer

Da die meisten Funktionen mit Sockets die Adresse einer Socket-Adressstruktur als Argument erwarten, soll hierauf etwas näher eingegangen werden, da diese Struktur schon häufiger zu Missverständnissen geführt hat. Häufig finden Sie die Struktur `sockaddr_in` in der Headerdatei `<netinet/in.h>` wie folgt definiert:

```
struct sockaddr_in {
   uint8_t         sin_len;      // Länge der Struktur
   sa_family_t     sin_family;   // AF_INET
   in_port_t       sin_port;     // 16-Bit-Portnummer
   struct in_addr  sin_addr;     // 32-Bit-IPv4-Adresse
   char            sin_zero[];   // nicht verwendet
}

struct in_addr {
   in_addr_t  s_addr;            // 32-Bit-IPv4-Adresse
}
```

Im Gegensatz zur zuvor gezeigten Struktur finden Sie hierbei außerdem noch `sin_len` und `sin_zero`, die allerdings beide nicht dem POSIX-Standard entsprechen und daher ggf. vermieden werden sollten. Die verschiedenen Datentypen finden Sie in `<sys/types.h>` und `<bits/types.h>` definiert.

In der Praxis sollte man zunächst diese Struktur immer mit Nullen füllen, was gewöhnlich mit `memset()` oder `bzero()` gemacht wird.

```
struct sockaddr_in addr;
...
/* Vor der Verwendung mit Nullen füllen */
memset(&addr, 0, sizeof(addr));
...
```

An dieser Stelle folgt nun ein recht häufiger Stolperstein, über den viele Anfänger fallen. Denn beim genaueren Betrachten der Syntax aller Socket-Funktionen fällt immer auf, dass hierbei die Rede von einer Struktur namens `sockaddr` und nicht `sockaddr_in` ist, z. B.:

```
int connect(int s, struct sockaddr *serv_addr, int addrlen);
```

Die Syntax dieser Struktur sieht wie folgt aus:

```
struct sockaddr {
   uint8_t       sa_len;  // Länge der Struktur - nicht POSIX
   sa_family_t   sa_family;   // Adressfamilie AF....
   char          sa_data[14]; // Protokollspezifische Adresse
}
```

Diese Struktur wurde so implementiert, dass diese unabhängig von der verwendeten Adressfamilie ist, was allerdings auch bedeutet, dass diese Struktur recht umständlich auszufüllen ist. Daher gibt es für IP-Anwendungen die Struktur `sockaddr_in`, womit die IP-Adresse und Portnummer getrennt eingetragen werden. Zum Glück sind diese beiden Strukturen im Speicher kompatibel, so dass eine einfache Typenumwandlung ausreicht, wenn Sie keine Warnung vom Compiler erhalten möchten.

```
struct sockaddr_in addr;
...
connect( fd, (struct sockaddr *)&addr, sizeof(addr));
```

Ähnlich sieht übrigens auch die Syntax zur Socket-Adressstruktur `sockaddr_in6` für IPv6 aus, die ebenfalls in der Headerdatei `<netinet/in.h>` definiert ist:

```
struct sockaddr_in6 {
   uint8_t          sin6_len;          // Länge der Struktur
   sa_family_t      sin6_family;       // AF_INET6
   in_port_t        sin6_port;         // 16-Bit-Portnummer
   struct in6_addr sin6_addr;          // 128-Bit-IPv6-Adresse
   // Priorität in der Netzwerk-Byteanordnung
   uint32_t         sin6_flowinfo;
}

struct in6_addr {
   uint8_t  s6_addr[16];               // 128-Bit-IPv6-Adresse
}              // unter Linux findet man hier eine union ...
```

Sofern Sie also wieder etwas mit den Socket-Adressstrukturen durcheinander bringen sollten, so beziehen Sie sich am besten auf dieses Kapitel.

11.6.3 Socket mit einer Adresse verknüpfen – bind()

Um dem zuvor erzeugten Socket mitzuteilen, zu welchem Port dieses gehört, wird die Funktion `bind()` verwendet.

```
#include <sys/types.h>
#include <sys/socket.h>
```

```
int bind ( int sockfd,
           struct sockaddr *adresse,
           socklen_t adressen_laenge );
```

Erst durch den `bind()`-Aufruf nämlich macht der `connect()`-Aufruf Sinn. Denn damit wird »unser« Socket an einem Port befestigt, dessen Nummer beim `connect()`-Aufruf angegeben wird. Die Funktion von `bind()` lässt sich recht einfach erklären. Wenn Sie einen Bekannten anrufen wollen, haben aber aus Versehen die falsche Nummer eingegeben, kann es passieren, dass Sie entweder keinen Anschluss unter dieser Nummer bekommen oder aber den falschen Gesprächspartner. Der erste und der dritte Parameter hat somit dieselbe Bedeutung wie bei der Funktion `connect()`, und der zweite Parameter enthält die IP-Adresse und Portnummer, zu denen das Socket von nun an gehört. Bei Erfolg gibt auch hier die Funktion `bind()` 0, ansonsten bei einem Fehler -1 zurück.

`bind()` ist für Clients nicht unbedingt notwendig, da dann automatisch eine Ausgangs-IP-Adresse und ein Ausgangsport genommen wird. Ausgangs-IP, da je nach Zieladresse per `connect()` (z. B. 134.76.13.21 oder 192.168.201.1) auf 134.76 oder 192.168:1025 (auch noch beliebiger freier Port) gebunden wird. Bei Serveranwendungen hingegen ist `bind()` nötig, sonst ist das Socket ja nicht zu erreichen.

11.6.4 Auf Verbindungen warten – listen() und accept()

Diese Funktion ist nur serverseitig sinnvoll. Mit der Funktion `listen()` setzen Sie das Socket in einen passiven Modus und teilen dem System mit, dass der (Server-)Prozess bereit ist, über dieses Socket eine Verbindung einzugehen. Damit wartet der Prozess quasi auf eine Verbindung (er lauscht am Socket). Natürlich ist es auch möglich, über einen Socket mehrere eintreffende Verbindungswünsche gleichzeitig entgegenzunehmen. Dabei wird eine Warteschlange eingerichtet, wo die neuen Verbindungswünsche hinten angefügt werden.

```
#include <sys/types.h>
#include <sys/socket.h>

int listen ( int sockfd, int warteschlange );
```

Mit dem ersten Parameter geben Sie das Socket an, das »belauscht« werden soll. Als zweiten Parameter geben Sie die maximale Anzahl von Verbindungen an, die gleichzeitig entgegengenommen werden können. Wobei natürlich niemals mehr als eine Anfrage (Request) gleichzeitig abgearbeitet werden kann. Jede weitere Verbindung (ein `connect()` vom Client) wird also vorerst noch auf einen Stapel (Warteschlange) gelegt, dessen Größe über `listen()` festgesetzt wird. Die Clientanwendung wird meistens dazu genötigt, so lange zu warten, bis der Server wieder frei ist. Dieser Vorgang wird auch als *cachen* bezeichnet. Die Anzahl der Verbindungen, die gleichzeitig *gecachet* werden können, geben Sie also mit dem zweiten Parameter von `listen()` an. Bei Erfolg gibt `listen()` 0, ansonsten bei einem Fehler -1 zurück.

Mit der Funktion `accept()` können Sie schließlich die noch wartenden oder eintreffenden Verbindungsaufbauwünsche bearbeiten.

```
#include <sys/types.h>
#include <sys/socket.h>
```

```
int accept ( int sockfd,
             struct sockaddr *adresse,
             socklen_t *adressen_laenge );
```

Durch einen erfolgreichen `accept()`-Aufruf wird ein neuer Socket-Deskriptor erzeugt, über den der aufrufende Prozess die Datenübertragung durchführen kann. Der neue Socket-Deskriptor, der von der Funktion `accept()` zurückgegeben wird, erbt alle Eigenschaften des Sockets, das zuvor mit `listen()` »belauscht« wurde. Ein erfolgreicher Aufruf von `accept()` führt auf der Gegenseite auch zu einem erfolgreichen Aufruf von `connect()` – was somit eine erfolgreiche TCP-Verbindung darstellen würde.

Als ersten Parameter erhält `accept()` das Socket, das beim Erzeugen mittels `socket()` erstellt wurde. Der zweite Parameter enthält die Adresse des Partnerprozesses, und der dritte Parameter enthält die Länge (Speicherbedarf) des zweiten Parameters. Bei einem Fehler gibt `accept()` -1 und bei Erfolg, wie schon erwähnt, den Socket-Deskriptor des akzeptierten Sockets zurück.

11.6.5 Senden und empfangen von Daten (1) – write() und read()

Zum Senden und Empfangen von Daten können Sie auf die ganz gewöhnlichen Standardfunktionen zurückgreifen. Mit `write()` können Sie Daten an ein Socket verschicken, und mit `read()` können Sie die Daten wieder aus dem Socket lesen. Da die Funktionen `read()` und `write()` bereits ausführlich behandelt wurden, kann ich mir hier eine weitere Erklärung ersparen. Hier nochmals die Syntax der beiden Funktionen:

```
#include <unistd.h>

ssize_t write( int socketfd, const void *data,
               size_t data_len);
ssize_t read( int socketfd, void *data, size_t data_len );
```

Bitte beachten Sie außerdem, dass sich `read()` und `write()` bei TCP-Sockets anders verhalten. Bei normalen Daten können Sie (fast) beliebig angeben, wie viele Daten Sie auf einmal lesen oder schreiben wollen. Bei der Netzwerkprogrammierung sind diesbezüglich (Puffer-)Begrenzungen gesetzt. Ist diese bestimmte Puffergrenze erreicht, bricht der Lese- bzw. Schreibvorgang ab und muss erneut ausgeführt werden, um die noch vorhandenen Bytes zu lesen oder zu schreiben (das ist auch normalerweise bei `read()` der Fall, wenn z. B. ein Gerätetreiber in */dev* weniger zurückgibt als `data_len`). Sie müssen praktisch den Rückgabewert von `read()` überprüfen, ob tatsächlich schon alle `n` Bytes (dritter Parameter) gelesen wurden – sonst kann (wird) es passieren, dass nicht alles gelesen wird. Mit `write()` verläuft dies recht ähnlich.

11.6.6 Senden und empfangen von Daten (2) – send() und recv()

Sofern Sie nicht unter Linux oder einem Unix arbeiten, können Sie auch die Funktionsaufrufe `send()` zum Versenden von Daten und `recv()` zum Einlesen von Daten anstatt `write()` und `read()` verwenden. Der Hauptvorteil der Funktion `send()` und `recv()` liegt in der Portierung auf andere Systeme (z. B. MS Windows), wo die Funktionen `read()` und `write()` ausschließlich nur auf Dateien anwendbar sind. Die Funktionen `send()` und `recv()` unterscheiden sich von `read()` und `write()`, abgesehen von der Syntax, lediglich durch eine Angabe eines weiteren vierten Parameters. Zuerst die Syntax zu `send()`:

```
#include <sys/types.h>
#include <sys/socket.h>

ssize_t send ( int socketfd, const void *data,
               size_t data_len, unsigned int flags );
```

Mit dem ersten Parameter geben Sie das Socket an, mit dem die Daten gesendet werden sollen. Im zweiten Parameter befinden sich die Daten, die gesendet werden sollen, und im dritten die Länge dieser Daten. Im letzten Parameter können noch Flags gesetzt werden. Gewöhnlich wird hierfür jedoch 0 angegeben. Über genauere Angaben zu den Flags lesen Sie bitte die entsprechende Manual Page. Die Funktion `send()` gibt die Anzahl der gesendeten Zeichen zurück oder bei einem Fehler -1.

Das Gegenstück zur Funktion `send()` ist die Funktion `recv()`:

```
#include <sys/types.h>
#include <sys/socket.h>

ssize_t recv ( int socketfd, void *data ,
               size_t data_len, unsigned int flags );
```

Als erster Parameter wird der Socket erwartet, aus dem die Daten empfangen werden sollen. Die Daten selbst werden in den Speicher bei `data` gelesen. Die Länge für `data` müssen Sie mit `data_len` angeben. Mit `data_len` geben Sie die Anzahl der zu lesenden Bytes an. Dabei ist die Angabe von `data_len` enorm wichtig, denn eine Angabe, die mehr Speicher beinhaltet, als für `data` zur Verfügung steht, kann unweigerlich mit einem Buffer Overflow ausgenutzt werden kann. Auch hier wird für das Flag gewöhnlich 0 eingegeben. Mehr Informationen zu den Flags erhalten Sie auch hier unter *man 2 recv*. Die Funktion `recv()` gibt die Anzahl der empfangenen Bytes zurück oder bei einem Fehler -1.

Im Falle von `send()` und `recv()` gilt dieselbe Aussage wie schon bei `write()` und `read()`. Sie können sich auch hier nicht darauf verlassen, dass `send()` alle Daten auf einmal losschickt, sondern müssen auch hier durch Überprüfen des Rückgabewertes abklären, ob ein erneuter Funktionsaufruf nötig ist.

11.6.7 Verbindung schließen – close()

Die Funktion `close()` können Sie dazu verwenden, um eine Verbindung des Sockets, unter der Angabe des Socket-Deskriptors, wieder zu schließen. Diese Funktion kennen Sie auch bereits aus Kapitel 2, weshalb hierzu nicht mehr viel zu sagen ist.

```
#include <unistd.h>

int close ( int sockfd );
```

11.7 Aufbau eines Clientprogramms

Jetzt haben Sie zwar einige grundlegende Funktionen kennen gelernt – aber dies hilft Ihnen relativ wenig, wenn Sie nicht wissen, wie Sie diese in der Praxis einsetzen können. Da die meisten Netzwerkprogramme auf das so genannte Server-/Clientprinzip aufbauen, soll Ihnen hier ein einfaches Beispiel demonstriert werden.

Zuerst soll mit der Clientanwendung begonnen werden. Als Client wird gewöhnlich das Programm bezeichnet, das die Verbindung initiiert hat. Als Server hingegen wird die Anwendung bezeichnet, die den Verbindungsaufbauwunsch entgegennimmt.

Wichtig! Sie benötigen die Adresse und die Portnummer des Servers. Dabei stehen Ihnen u. a. folgende Möglichkeiten zur Verfügung:

- Angabe über Kommandozeilenargumente (`./client 123.12.32.1:8080`)
- Abfrage in der Anwendung (Konsole oder GUI, falls vorhanden)
- Feste Angabe im Quelltext
- Nutzung einer Datenbank

Welche Art und Möglichkeit Sie dabei verwenden, hängt immer vom jeweiligen Anwendungsfall ab und wie flexibel Ihr Programm sein muss. Darüber sollten Sie sich immer zuerst Gedanken machen.

Jetzt zur Programmierung einer Clientanwendung. Zuerst müssen Sie einen Socket erstellen. Egal ob Client- oder Serveranwendung – wenn eine Kommunikation zustande kommen soll, benötigen Sie immer ein Socket für jeden Prozess (unsere Steckdose eben).

```
int create_socket;
...
if ((create_socket = socket (AF_INET, SOCK_STREAM, 0)) > 0)
    printf ("Socket wurde angelegt\n");
```

Im nächsten Schritt, wenn die Clientanwendung erfolgreich ein Socket anlegen konnte, wird versucht, eine Verbindung zu einem anderen Rechner mit `connect()` aufzubauen. Für den Verbindungsaufbau wird eine Endpunktadresse benötigt. Diese wird als zweiter Parameter der Funktion `connect()` mit der Struktur `sockaddr` angegeben:

```
struct sockaddr {
   sa_family_t  sa_family; // Adressfamilie, AF_xxx
   char sa_data[14];       // 14 Bytes für Protokolladresse
};
```

Diese Struktur lässt sich allerdings recht unbequem ausfüllen (gemeint sind damit Portnummer und Internetadresse in der Strukturvariablen `sa_data`), weshalb es für IP-Anwendungen eine spezielle Struktur dafür gibt:

```
struct sockaddr_in {
    sa_family_t sin_family;          // Addressfamilie
    unsigned short int sin_port;     // Portnummer
    struct in_addr sin_addr;         // Internet-Adresse
};
```

sockaddr_in ermöglicht es Ihnen, die IP-Adresse sowie die Portnummer getrennt einzutragen. Im Speicher sind diese beiden Strukturen kompatibel, es reicht also eine einfache Typumwandlung, um connect() die gewünschten Informationen zu übergeben. Näheres zu den Strukturen sockaddr und sockaddr_in entnehmen Sie bitte Abschnitt 11.6.2.

Beim Ausfüllen der Struktur sockaddr muss allerdings auf die verschiedenen Architekturen Rücksicht genommen werden, denn auf den verschiedenen Architekturen gibt es unterschiedliche Anordnungen der Bytes zum Speichern von Zahlen. So wird die Anordnung gewöhnlich zwischen *Big Endian* und *Little Endian* unterschieden. Man spricht dabei gerne vom *Zahlendreher*. Beim *Big Endian* wird das höchstwertige Byte an der niedrigsten Adresse gespeichert, das zweithöchste an der nächsten Adresse und so weiter. Bei der Anordnung von *Little Endian* ist dies genau umgekehrt. Dabei wird das niedrigstwertige Byte an der niedrigsten Stelle gespeichert, das zweitniedrigste an der nächsten Stelle usw.

Da man sich mit *Big Endian* (auch als *Network Byte Order* bezeichnet) auf eine einheitliche Datenübertragung geeinigt hat, brauchen Sie sich keine Gedanken um verschiedene Architekturen zu machen.

Um jetzt aus einer lokal verwendeten Byte-Reihenfolge (*Host Byte Order*) eine *Network-Byte-Order*-Reihenfolge und umgekehrt zu konvertieren, stehen Ihnen die folgenden Funktionen zur Verfügung:

```
#include <netinet/in.h>

// Rückgabe : network-byte-order
// Parameter: host-byte-order
unsigned short int htons(unsigned short int hostshort);

// Rückgabe : network-byte-order
// Parameter: host-byte-order
unsigned long int htonl(unsigned long int hostlong);

// Rückgabe  :  host-byte-order
// Parameter : network-byte-order
unsigned short int ntohs(unsigned short int netshort);

// Rückgabe :  host-byte-order
// Parameter : network-byte-order
unsigned long int ntohl(unsigned long int netlong);
```

Dies mag jetzt für denjenigen, der sich noch nicht mit architekturspezifischen Problemen befassen musste, ein wenig verwirrend sein, doch sollte man sich davon nicht abschrecken lassen.

Weiter geht es mit der Clientanwendung. Nach dem Anlegen des Sockets wird es Zeit, eine Verbindung mit dem Server herzustellen:

```
#include <arpa/inet.h>
#include <netinet/in.h>
#include <sys/socket.h>
```

```
...
struct sockaddr_in address;
...
address.sin_family = AF_INET;
address.sin_port = htons (15000);
inet_aton (argv[1], &address.sin_addr);

if (connect ( create_socket,
              (struct sockaddr *) &address,
              sizeof (address) ) == 0)
   /* connect() war erfolgreich */
```

Hinweis

Die Funktion `inet_aton()` konvertiert die IP-Adresse, die Sie als zweites Argument in der Kommandozeile (und somit ist es ein String) angeben, von der punktierten Darstellung in einen nummerischen Wert. Mehr dazu später.

Wenn bisher alles glatt verlaufen ist, sind Sie jetzt mit dem Server verbunden und können von nun an miteinander kommunizieren – sprich, Sie können mit `send()` oder `write()` Daten an den Server senden oder mit `recv()` oder `read()` Daten empfangen – je nach Anwendung.

Am Ende der Datenübertragung müssen Sie die Verbindung mittels `close()` wieder schließen. Das ist alles, mehr ist nicht für die Clientanwendung nötig.

11.7.1 Zusammenfassung Clientanwendung und Quellcode

Nochmals eine kurze Zusammenfassung, was zum Clientteil gehört:

- einen Socket erzeugen – `socket()`
- Verbindung zum Server herstellen – `connect()`
- Kommunikation mit dem Server – hängt vom Anwendungsfall ab
- Verbindung wieder beenden – `close()`

Hierzu der Quellcode der Clientanwendung:

```
/* client.c */
#include <sys/types.h>
#include <sys/socket.h>
#include <netinet/in.h>
#include <arpa/inet.h>
#include <unistd.h>
#include <stdlib.h>
#include <stdio.h>
#include <string.h>
#define BUF 1024

int main (int argc, char **argv) {
  int create_socket;
```

```
  char *buffer = malloc (BUF);
  struct sockaddr_in address;
  int size;

  if( argc < 2 ){
     printf("Usage: %s ServerAdresse\n", *argv);
     exit(EXIT_FAILURE);
  }

  printf ("\e[2J");
  if ((create_socket=socket (AF_INET, SOCK_STREAM, 0)) > 0)
    printf ("Socket wurde angelegt\n");

  address.sin_family = AF_INET;
  address.sin_port = htons (15000);
  inet_aton (argv[1], &address.sin_addr);

  if (connect ( create_socket,
               (struct sockaddr *) &address,
               sizeof (address)) == 0)
    printf ("Verbindung mit dem Server (%s) hergestellt\n",
       inet_ntoa (address.sin_addr));
  do {
      size = recv(create_socket, buffer, BUF-1, 0);
      if( size > 0)
         buffer[size] = '\0';
      printf ("Nachricht erhalten: %s\n", buffer);
      if (strcmp (buffer, "quit\n")) {
         printf ("Nachricht zum Versenden: ");
         fgets (buffer, BUF, stdin);
         send(create_socket, buffer, strlen (buffer), 0);
       }
  } while (strcmp (buffer, "quit\n") != 0);
  close (create_socket);
  return EXIT_SUCCESS;
}
```

Hinweis

Beachten Sie, dass für *BSD beim Kompilieren immer die Headerdatei `sys/types.h` noch vor `sys/socket.h` inkludiert werden muss, sonst gibt es einen Fehler beim Kompilieren. Dies nur für den Fall, dass ich es vergessen sollte zu erwähnen und Sie unter *BSD eine seltsame Fehlermeldung erhalten.

11.8 Aufbau des Serverprogramms

Jetzt benötigen Sie die Verbindung zur Gegenseite, zum Server. Der Unterschied zum Clientprogramm besteht im Wesentlichen nur darin, wie eine Verbindung zustande kommt.

Daher wird ein Server immer in einen Wartezustand versetzt, um Verbindungswünsche von Clientprogrammen entgegenzunehmen. Die Datenübertragung hingegen verläuft genauso wie beim Client.

Das Serverprogramm muss auch zunächst herausfinden, an welchem Port es auf Verbindungswünsche warten soll. In unserem Beispiel wird die Portnummer erst fest im Quellcode einkompiliert. Ansonsten könnten Sie hierfür die Funktion `getservbyname()` zur Ermittlung eines Ports mittels dessen Namen verwenden (mehr dazu später).

Zuerst müssen Sie auch beim Server ein Socket mit `socket()` erzeugen, um überhaupt mit den Clientprogrammen kommunizieren zu können. (Oder: Was nützt der Rasierapparat ohne eine Stromsteckdose?)

Anschließend ist es an der Zeit, dem Betriebssystem mit der Funktion `bind()` mitzuteilen, welchem Port das Socket zugewiesen werden soll. Wenn hierbei ein Datenpaket empfangen wird, weiß das System anhand der Portnummer, für welches Socket das Paket gedacht ist. Sie können sich die Portnummer hierbei als Durchwahl einer Telefonnummer vorstellen, wie dies bei größeren Firmen der Fall ist. Hat eine Firma z. B. die Nummer 12345 und Herr Huber die Nummer 134, dann wäre die komplette Nummer mit Durchwahl 12345-134, und Herr Huber ist am Apparat. Umgesetzt auf die Socket-Programmierung ist die IP-Adresse die Nummer zur Firma und die Durchwahl die Nummer des Ports. Zurück zum Thema. Die Aufgabe von `bind()` ist es, das neu erzeugte Socket mit dem Port zu binden. Mit der Funktion `bind()` geben Sie die Endpunktadresse (IP-Adresse: Portnummer) an, unter der das Socket erreichbar sein soll. Das heißt, dass ein Socket, das mit `bind(192.168.201.1, 8000)` gebunden wurde, NIE aus dem Internet ansprechbar ist, während es mit `bind(134.76.13.21, 8000)` NIE aus dem internen Netzwerk erreichbar ist. Aber mit `bind(INADDR_ANY, 8000)` ist es überall erreichbar. An welche Adresse richtet sich dann die Anfrage? Für solch einen Fall (was meistens immer der Fall ist) wird die Konstante `INADDR_ANY` anstelle einer festen IP-Adresse verwendet. Dadurch wird der Server angewiesen, Verbindungen für jede IP-Adresse anzunehmen (die dem Server auch gehört).

```
struct sockaddr_in address;
...
address.sin_family = AF_INET;
address.sin_addr.s_addr = INADDR_ANY;
address.sin_port = htons (15000);

if (bind ( create_socket,
           (struct sockaddr *) &address,
           sizeof (address)) == 0)
  printf ("Binding Socket erfolgreich\n");
```

Jetzt, da der Server bereit ist, auf eingehende Verbindungswünsche zu reagieren, können Sie mit der Funktion `listen()` eine Warteschlange einrichten, um mehreren Verbindungswünschen Einlass zu gewähren. Anschließend wird die Funktion `accept()` aufgerufen. Die Adressinformationen über den Client befinden sich danach im zweiten Parameter der Funktion `accept()`. Diese benötigen Sie, damit Sie überhaupt wissen, mit wem Sie es zu tun haben. Wichtig hierbei ist, dass die Verbindung von nun an über das neu erstellte Socket, das accept() als Rückgabewert bei Erfolg liefert, abgewickelt wird. Das *»alte«* Socket steht weiterhin für die weiteren Verbindungsaufbauwünsche zur Verfügung. Allerdings können Sie mit der jetzigen Codeform nur eine Verbindung zur gleichen Zeit bearbeiten. Wie Sie theoretisch mehrere Verbindungen parallel abarbeiten können, erfahren Sie ein paar Seiten später (geht auch mit einer CPU). Gewöhnlich werden Sie auch wollen, dass der Server sich nach einem Durchlauf nicht beendet. Daher sollten Sie hierfür accept() meistens in eine Endlosschleife verpacken, womit der Server dauerhaft Verbindungswünsche eingehen kann.

11.8.1 Zusammenfassung: Serveranwendung und Quellcode

Zusammengefasst besteht eine Serveranwendung gewöhnlich aus den folgenden Einzelteilen:

- einen Socket erzeugen – socket()
- den eigenen Port festlegen – bind()
- auf Verbindungswünsche warten – listen()
- Verbindung annehmen – accept()
- Kommunikation – was auch immer (Daten empfangen oder versenden)
- Verbindung schließen – close()

Hierzu der Quellcode des Servers:

```
/* server.c */
#include <sys/types.h>
#include <sys/socket.h>
#include <netinet/in.h>
#include <arpa/inet.h>
#include <unistd.h>
#include <stdlib.h>
#include <stdio.h>
#include <string.h>
#define BUF 1024

int main (void) {
  int create_socket, new_socket;
  socklen_t addrlen;
  char *buffer = malloc (BUF);
  ssize_t size;
  struct sockaddr_in address;
  const int y = 1;

  printf ("\e[2J");
  if ((create_socket=socket (AF_INET, SOCK_STREAM, 0)) > 0)
    printf ("Socket wurde angelegt\n");

  setsockopt( create_socket, SOL_SOCKET,
              SO_REUSEADDR, &y, sizeof(int));

  address.sin_family = AF_INET;
```

```
  address.sin_addr.s_addr = INADDR_ANY;
  address.sin_port = htons (15000);
  if (bind ( create_socket,
             (struct sockaddr *) &address,
             sizeof (address)) != 0) {
    printf( "Der Port ist nicht frei - belegt!\n");
  }
  listen (create_socket, 5);
  addrlen = sizeof (struct sockaddr_in);

  while (1) {
     new_socket = accept ( create_socket,
                           (struct sockaddr *) &address,
                           &addrlen );
     if (new_socket > 0)
      printf ("Ein Client (%s) ist verbunden ...\n",
         inet_ntoa (address.sin_addr));
     do {
        printf ("Nachricht zum Versenden: ");
        fgets (buffer, BUF, stdin);
        send (new_socket, buffer, strlen (buffer), 0);
        size = recv (new_socket, buffer, BUF-1, 0);
        if( size > 0)
           buffer[size] = '\0';
        printf ("Nachricht empfangen: %s\n", buffer);
     } while (strcmp (buffer, "quit\n") != 0);
     close (new_socket);
  }
  close (create_socket);
  return EXIT_SUCCESS;
}
```

Jetzt wird es Zeit, das Client-Server-Beispiel zu testen. Hier die Client-Server-Anwendung bei der Ausführung. Da ich davon ausgehe, dass Sie dieses Beispiel auf dem lokalen Rechner testen wollen, sollten Sie den Client mit der IP-Adresse Ihres Heimrechners starten – was gewöhnlich 127.0.0.1 (localhost) ist. Falls Sie die Serveranwendung allerdings woanders eingerichtet haben als die Clientanwendung, so geben Sie hierfür eben die entsprechende IP-Adresse des Servers an. Sie unterhalten sich im Beispiel quasi über dieselbe IP-Adresse (127.0.0.1).

```
[tty1]$ gcc -o client client.c
[tty1]$ gcc -o server server.c
[tty1] $ ./server
Socket wurde angelegt
---[Terminal wechseln]---
[tty2]$ ./client 127.0.0.1
Socket wurde angelegt
Verbindung mit dem Server (127.0.0.1) hergestellt
---[tty1]---
```

```
Socket wurde angelegt
Der Client 127.0.0.1 ist verbunden ...
Nachricht zum Versenden: Hallo Client
---[tty2]---
Socket wurde angelegt
Verbindung mit dem Server (127.0.0.1) hergestellt
Nachricht erhalten: Hallo Client
Nachricht zum Versenden: Hallo Server
---[tty1]---
Socket wurde angelegt
Der Client 127.0.0.1 ist verbunden ...
Nachricht zum Versenden: Hallo Client
Nachricht empfangen: Hallo Server
Nachricht zum Versenden: Beende dich mit quit
---[tty2]---
Socket wurde angelegt
Verbindung mit dem Server (127.0.0.1) hergestellt
Nachricht erhalten: Hallo Client
Nachricht zum Versenden: Hallo Server
Nachricht erhalten: Beende dich mit quit
Nachricht zum Versenden: quit
$
---[tty1]---
Socket wurde angelegt
Der Client 127.0.0.1 ist verbunden ...
Nachricht zum Versenden: Hallo Client
Nachricht empfangen: Hallo Server
Nachricht zum Versenden: Beende dich mit quit
Nachricht empfangen: quit
[tty3] $ ./client 127.0.0.1
Socket wurde angelegt
Die Verbindung wurde "accepted" mit dem Server 127.0.0.1
---[tty1]---
...
Nachricht zum Versenden: Beende dich mit quit
Nachricht empfangen: quit
Der Client 127.0.0.1 ist verbunden ...
Nachricht zum Versenden:
...
```

Hinweis

Mit der Funktion `setsockopt()` richten Sie das Socket so ein, dass mehrere Prozesse (Clients) denselben Port teilen – sprich: Mehrere Clients können innerhalb kürzester Zeit mit dem Server in Verbindung treten. Außerdem lösen Sie damit auch das Problem, dass der Server beim Neustart seinen lokalen Port erst nach zwei Minuten Wartezeit wieder benutzen kann. Dies werden Sie in fast allen Beispielen wieder finden. Mehr zur Funktion `setsockopt()` finden Sie in Abschnitt 11.16.1.

Sie haben hier praktisch eine einfache Client-Server-Anwendung erstellt, womit Sie einfachen Text miteinander austauschen können. Natürlich habe ich es mir bei diesem Beispiel sehr leicht gemacht. Für solch ein Beispiel hätten Sie sich kein Buch kaufen müssen – aber zur Einführung ist dies genau das Richtige. Daher soll jetzt auf den folgenden Seiten noch tiefer in die Materie vorgedrungen werden. Jetzt haben Sie zwar eine Menge Sitzfleisch für das Kapitel aufwenden müssen – dafür haben Sie sich allerdings die Grundlagen zur Netzwerkprogrammierung gelegt. Daher wird auf den folgenden Seiten der *Praxis-Anteil* wieder gesteigert.

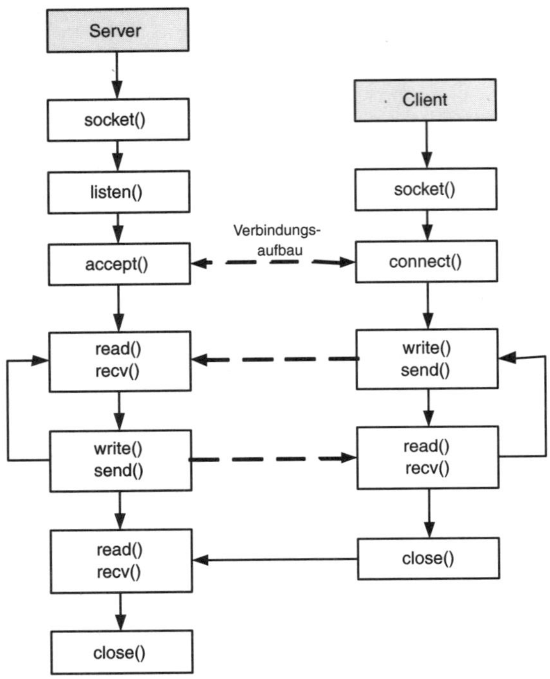

Abbildung 11.5 Grundlegendes Client-Server-Prinzip bei den TCP-Sockets

11.9 IP-Adressen konvertieren, manipulieren und extrahieren

Bevor Sie noch tiefer in die Welt der Netzwerkprogrammierung einsteigen können, benötigen Sie noch das Wissen einiger Funktionen, die auf den vorherigen Seiten noch nicht oder ungenügend behandelt wurden.

11.9.1 inet_aton(), inet_pton() und inet_addr()

Mit den Funktionen `inet_aton()` und `inet_addr()` konvertieren Sie den String in der punktierten Dezimaldarstellung (z. B. »127.0.0.1«) in eine 32-Bit-Internet-Adresse. Die Funktion `inet_addr()` ist veraltet und wird deshalb hier nicht mehr behandelt. Die Syntax zu `inet_aton()`:

```
#include <sys/socket.h>
#include <netinet/in.h>
```

```
#include <arpa/inet.h>

int inet_aton(const char *ptr, struct in_addr *inp);
```

Hiermit wird aus der punktierten Stringdarstellung `ptr` eine 32-Bit-Adresse konvertiert. Der Wert dieser 32-Bit-Adresse befindet sich anschließend in der Adresse der Struktur `in_addr`. Diese Struktur ist ja auch Teil der Struktur, die zur IP-Socket-Adresse verwendet wird. Hier nochmals die Struktur zur Erinnerung:

```
struct sockaddr_in {
  /* Adressfamilie normalerweise AF_INET  */
  short int          sin_family;
  /* Port der Verbindung                  */
  unsigned short int sin_port;
  /* Adresse, zu der verbunden werden soll */
  struct in_addr     sin_addr;
  /* Fuelldaten, um auf 14 Bytes zu kommen */
  unsigned char      sin_zero[8];
};
```

Die Struktur `in_addr`, die von vielen der folgenden Funktionen ebenfalls verwendet wird, ist in der Headerdatei `<netinet/in.h>` folgendermaßen definiert:

```
struct in_addr{
     unsigned long int sin_addr;
}
```

Bei einem Fehler gibt die Funktion `inet_aton()` 0, ansonsten bei Erfolg einen Wert ungleich 0 zurück.

Zukunftsweisend ist hier noch die Funktion `inet_pton()`, die im Gegensatz zu `inet_aton()` auch noch andere Adressen als IPv4 wandelt:

```
#include <arpa/inet.h>
#include <sys/socket.h>
#include <sys/types.h>

int inet_pton(int af, const char *src, void *dst);
```

Für `af` geben Sie die Adressfamilie wie schon bei `socket()` an, für `src` den String der punktierten Darstellung und mit `dst` einen Zeiger auf die Zielstruktur, die je nach Adressfamilie variiert. In der Praxis:

```
struct in_addr addr;
inet_pton(AF_INET, "127.0.0.1", &addr);
```

11.9.2 inet_ntoa() und inet_ntop()

Soll im Gegenzug aus der 32-Bit-Darstellung der IP-Adresse wieder eine punktierte Darstellung zum String *gemacht* werden, steht Ihnen die Funktion `inet_ntoa()` zur Verfügung:

```
#include <sys/socket.h>
#include <netinet/in.h>
```

```
#include <arpa/inet.h>

char *inet_ntoa( struct in_addr in );
```

Damit wird die übergebene 32-Bit-Adresse als Parameter, die als *network-byte-order* vorliegen muss, in eine punktierte Dezimaldarstellung als String konvertiert. Der String wird als Rückgabewert der Funktionen in einem statischen Puffer abgelegt. Bei einem Fehler wird `NULL` zurückgegeben.

Die Funktion `inet_ntoa()` ist nicht thread-safe, da sie einen statischen Puffer verwendet! Daher – wieder die zukunftssicherere Alternative – `inet_ntop()`:

```
#include <arpa/inet.h>
#include <sys/socket.h>
#include <sys/types.h>

const char *inet_ntop( int af, const void *src,
                       char *dst, socklen_t cnt );
```

Für `af` geben Sie wieder die Adressfamilie wie schon bei `socket()` an, für `src` die 32-Bit-Darstellung der IP-Adresse und mit `dst` einen Zeiger auf einen String, in dem der konvertierte Wert mit `cnt` Bytes kopiert wird. In der Praxis:

```
char buf[16];
...
inet_ntop(AF_INET, &addr, buf, 16);
```

11.9.3 inet_network()

Um aus einer IP-Adresse (punktierte Dezimaldarstellung in Form eines Strings) eine Netzwerknummer zu machen, können Sie die Funktion `inet_network()` verwenden:

```
#include <sys/socket.h>
#include <netinet/in.h>
#include <arpa/inet.h>

in_addr_t int inet_network( const char * ptr );
```

Damit konvertieren Sie die punktierte String-Dezimaldarstellung der IP-Adresse `ptr` in die Netzwerknummer. Diese Netzwerknummer wird bei Erfolg als Rückgabewert von `inet_network()` in *host-byte-order* zurückgegeben. Bei einem Fehler wird -1 zurückgegeben.

Netzwerknummer

Die Netzwerknummer ist der Netzanteil einer IP-Adresse. Die IP-Adressen werden wiederum in eine IP-Netzklasse unterteilt. Dies ist eine Unterteilung in einen Netz- und einen Host-Anteil. Die Netzklasse ist abhängig von der Anzahl der Computer, die z. B. in einer Firma an das Internet angeschlossen sind. Generell werden in der Praxis die Klassen A, B und C verwendet. Die Klasse C teilt die Adresse in N.N.N.H (N – Netz, H – Host) und enthält so 255 Adressen. Mit der Klasse B sind 255 mal 255 Adressen möglich, weil zwei Byte für den Hostanteil verwendet werden (N.N.H.H). Und die Klasse A wird kaum noch verwendet, da sie mit 16581375 adressierbaren Computern (N.H.H.H) ein sehr großes Stück aus dem knappen Adressraum herausschneidet.

11.9.4 inet_netof()

Um aus einer nummerischen 32-Bit-IP-Adresse eine Netzwerknummer zu machen, können Sie die Funktion `inet_netof()` verwenden:

```
#include <sys/socket.h>
#include <netinet/in.h>
#include <arpa/inet.h>

in_addr_t int inet_netof( struct in_addr in );
```

Damit konvertieren Sie die nummerische 32-Bit-Darstellung der IP-Adresse, die als Parameter angegeben wird, in die Netzwerknummer. Diese Netzwerknummer wird bei Erfolg als Rückgabewert von `inet_netof()` in *host-byte-order* zurückgegeben. Bei einem Fehler wird -1 zurückgegeben.

11.9.5 inet_lnaof()

Um den lokalen Teil aus einer nummerischen 32-Bit-IP-Adresse zu extrahieren, steht Ihnen die Funktion `inet_lnaof()` zur Verfügung:

```
#include <sys/socket.h>
#include <netinet/in.h>
#include <arpa/inet.h>

in_addr_t inet_lnaof( struct in_addr in );
```

Damit ermitteln Sie die Adresse des lokalen Teils (z. B. 127.0.0.1 -> der lokale Teil = 0.0.0.1) des Rechners. Die Funktion gibt diesen Wert in Form eines 32-Bit-Wertes in *host-byte-order* zurück. Bei Fehler wird -1 zurückgegeben.

11.9.6 inet_makeaddr()

Um aus dem lokalen Teil eines Rechners und einer Netzwerknummer eine richtige nummerische IP-Adresse zu machen, können Sie die Funktion `inet_makeaddr()` verwenden:

```
#include <sys/socket.h>
#include <netinet/in.h>
#include <arpa/inet.h>

struct in_addr inet_makeaddr( int net, int host );
```

Damit wird aus der Netzwerknummer `net` und der Adresse des lokalen Rechnerteils (`host`) eine vollständige nummerische 32-Bit-IP-Adresse zurückgeliefert. Die Werte `net` und `host` müssen in *host-byte-order* übergeben werden.

Hierzu ein Listing mit allen Funktionen bei der Ausführung:

```
/* addr.c */
#include <sys/types.h>
#include <sys/socket.h>
#include <netinet/in.h>
```

```
#include <arpa/inet.h>
#include <stdio.h>
#include <stdlib.h>
#include <netdb.h>

static void ip_adressen (const char *ip_addr) {
  struct in_addr ip;
  char *ip_str;

  if (inet_aton (ip_addr, &ip) == 0)
    return;
  printf ("\n  *** Gesamtteil der IP-Adresse *** \n");
  printf ("IP-Adresse (argv[1])                 : %s\n",
     ip_addr);
  printf ("IP-Adresse als 32-Bit Wert - inet_aton() : %d\n",
     ip.s_addr);
  ip_str = inet_ntoa (ip);
  if (ip_str == NULL)
    return;
  printf ("IP-Adresse String mit inet_ntoa()     : %s\n",
     ip_str);
}

static void ip_netzwerk (const char *ip_addr) {
  struct in_addr ip, net_ip;
  unsigned long int net, net_num;

  if (inet_aton (ip_addr, &ip) == 0)
    return;
  net = inet_netof (ip);
  if (net <= 0)
    return;
  /* Netzwerkteil */
  printf ("\n  *** Netzwerkteil der IP-Adresse *** \n");
  printf ("Netzwerknummer der IP-Adresse mit "
          "inet_netof()  : %lu\n", net);
  net_ip.s_addr = net_num = ntohl (inet_netof (ip) << 8);
  printf ("--->%s", inet_ntoa (net_ip));
  printf ("--> (als 32-Bit-Wert) : %ld\n", net_num);
  net_ip = inet_makeaddr (htonl (net_num), 0);
  printf ("inet_makeaddr()->(als 32-Bit-Wert) : %d\n",
     net_ip.s_addr);
}

static void ip_lokal (const char *ip_addr) {
  struct in_addr ip, lokal_ip;
  unsigned long int lokal_num;

  if (inet_aton (ip_addr, &ip) == 0)
    return;
```

```
  printf ("\n  *** Lokaler Teil der IP-Adresse *** \n");
  lokal_ip.s_addr = lokal_num = ntohl (inet_lnaof (ip));
  printf ("--->%s", inet_ntoa (lokal_ip));
  printf ("--> (als 32-Bit-Wert) : %ld\n", lokal_num);
  lokal_ip = inet_makeaddr (0, htonl (lokal_num));
  printf ("inet_makeaddr()->(als 32-Bit-Wert) : %d\n",
     lokal_ip.s_addr);
}

static void ip_zusammen (const char *ip_addr) {
  struct in_addr ip, lokal_ip, net_ip, zusammen_ip;
  unsigned long int lokal_num, net_num;

  if (inet_aton (ip_addr, &ip) == 0)
    return;
  printf ("\n  *** Lokale Teile und Netzwerkteil "
          "zusammensetzen *** \n");
  lokal_ip.s_addr = lokal_num = ntohl (inet_lnaof (ip));
  printf ("Lokaler Teil: ");
  printf ("%20s = ", inet_ntoa (lokal_ip));
  printf ("(als 32-Bit-Wert) : %ld\n", lokal_num);
  printf ("Netzwerkteil: ");
  net_ip.s_addr = net_num = ntohl (inet_netof (ip) << 8);
  printf ("%20s = ", inet_ntoa (net_ip));
  printf ("(als 32-Bit-Wert) : %ld\n", net_num);
  zusammen_ip=inet_makeaddr( htonl (net_num),
                             htonl (lokal_num));
  printf("Alles wieder mit inet_makeaddr zusammengefügt: ");
  printf ("\n%s = %d\n", inet_ntoa (zusammen_ip),
     zusammen_ip.s_addr);
}

int main (int argc, char **argv) {
  char *ptr;
  if (argc != 2)
     printf ("Verwendung %s IP-Adresse\n", *argv);
  else {
     ptr = argv[1];
     ip_adressen (ptr);
     ip_netzwerk (ptr);
     ip_lokal (ptr);
     ip_zusammen (ptr);
  }
  return EXIT_SUCCESS;
}
```

Das Programm bei der Ausführung:

```
$ gcc -o addr addr.c
$ ./addr 213.131.254.130
```

```
 *** Gesamtteil der IP-Adresse ***
IP-Adresse (argv[1])                       : 213.131.254.130
IP-Adresse als 32-Bit Wert mit inet_aton() : 2197717973
IP-Adresse String mit inet_ntoa()          : 213.131.254.130

 *** Netzwerkteil der IP-Adresse ***
Netzwerknummer der IP-Adresse mit inet_netof()  : 13992958
--->213.131.254.0--> (als 32-Bit-Wert) : 16679893
mit inet_makeaddr() --> (als 32-Bit-Wert) : 16679893

 *** Lokaler Teil der IP-Adresse ***
--->0.0.0.130--> (als 32-Bit-Wert) : 2181038080
mit inet_makeaddr() --> (als 32-Bit-Wert) : 2181038080

 *** Lokale Teile und Netzwerkteil zusammensetzen ***
Lokaler Teil:            0.0.0.130 = (als 32-Bit-Wert) : 2181038080
Netzwerkteil:        213.131.254.0 = (als 32-Bit-Wert) : 16679893
Alles wieder mit inet_makeaddr() zusammengefügt:
213.131.254.130 = 2197717973
```

11.10 Namen und IP-Adressen umwandeln

Zwar wissen Sie jetzt, dass im Internet alles über IP-Nummern erreichbar ist, aber wenn Sie sich mit diesen Nummern durchs WWW hangeln müssten, wäre das Internet wohl heute nicht so erfolgreich. Deshalb wird an die Nummern noch zusätzlich ein Name, bestehend aus Host- und Domainname (und eventuell einer Top-Level-Domain (TLD)), vergeben (`hostname.domainname.tld`; z. B. `www.pronix.de`).

Der Domainname ist der Name, womit Sie eine Webseite (z. B. `pronix.de`) im Internet ansprechen. Ein Domainname wird von hinten nach vorne aufgelöst. Somit steht das `de` für die Top-Level-Domain (wie der Name sagt, das, was ganz vorne steht). Die Top-Level-Domain bezeichnet die Herkunft und/oder die Zugehörigkeit (.com; .gov; .net etc.), was hier mit `de` für Deutschland steht. Nach der Top-Level-Domain folgt der eigentliche Domainname, der im Beispiel `pronix` lautet.

Der Hostname ist somit die niedrigste Instanz eines Domainnamens, da dieser ja von hinten nach vorne aufgelöst wird (aber der erste Teil in der Leseweise). Gewöhnlich lautet im Internet der Hostname `www` (`www.pronix.de`) – allerdings spricht nichts dagegen, diesen auch anders zu benennen. Es wird nämlich nur empfohlen, weil sich viele Anwender an das `www` gewöhnt haben. Genauso gut können Sie auch `abc.pronix.de` verwenden.

Die Vorteile, Namen anstatt Nummern zu verwenden, sind eindeutig:

- Einfacher les- und verwendbar.
- Die Nummern können verändert werden, und der Name kann trotzdem gleich bleiben, wie dies z. B. im Fall der Umstellung von IPv4 auf IPv6 ohne weiteres möglich wäre/ist. Es müssen lediglich dem Namen entsprechende Nummern zugeteilt werden.

- Mehrere Nummern können auch zu einem Ziel führen. Geben Sie z. B. www.pronix.de an und die Nummer lautet 193.129.2.1 – aber die Seite ist überlaufen –, so ist es ohne Problem möglich, auf eine andere IP-Nummer zu wechseln, die zur selben Adresse führt. Also mehrere Nummern können für den gleichen Host vergeben werden (wie dies z. B. bei Webhostern der Fall ist).

11.10.1 Name-Server

Einfach ausgedrückt ist ein Name-Server ein Rechner, der für die Umsetzung von Rechnernamen zur IP-Nummer verantwortlich ist. Im Internet z. B. ist dies vergleichbar mit einem Telefonbuch, wo der Name des Teilnehmers in die Telefonnummer aufgelöst wird. Der Dienst, der Ihnen diese Arbeit im Internet abnimmt, wird als Domain Name System (DNS) bezeichnet. Bei kleineren Netzwerken wie z. B. dem Intranet werden die lokalen IP-Nummern meistens in Form einer Tabelle in einer Datei (*/etc/hosts*) hinterlegt. Größere Netzwerke, wie das Internet eines ist, halten diese Daten meistens in eigenen Datenbanken. Der Name des lokalen Name-Servers finden Sie in der Datei */etc/resolv.conf*. Kennt dieser Name-Server keinen Namen und die dazugehörende IP-Adresse, fragt dieser im Internet bei anderen Name-Servern nach.

11.10.2 Informationen zum Rechner im Netz – gethostbyname und gethostbyaddr

Wenn der Client den Dienst eines Servers verwenden will, muss jenem natürlich dessen IP-Adresse bekannt sein. Meistens gibt ein Endanwender aber als Adresse den Rechnernamen anstatt der IP-Adresse an, da dieser einfacher zu merken ist. Damit also ein Client aus dem Rechnernamen (z. B. `www.google.de`) eine IP-Adresse (216.239.59.99) erhält, wird die Funktion `gethostbyname()` verwendet.

```
#include <netdb.h>

struct hostent *gethostbyname( const char *rechnername );
```

Die Funktion `gethostbyname()` gibt bei Erfolg einen Zeiger auf `struct hostent` des gefundenen Rechners zurück, ansonsten bei einem Fehler `NULL`.

Um aus einem Rechnernamen eine IP-Adresse und weitere Informationen zu ermitteln, steht (wie bereits erwähnt) der Name-Server zur Verfügung – dieser Rechner ist für die Umsetzung zwischen Rechnernamen und IP-Nummern zuständig. Selbst auf Ihrem Rechner finden Sie, wie schon erwähnt, solche Einträge der lokalen IP-Nummern in der Datei */etc/hosts* hinterlegt. Im Internet hingegen werden diese Daten in einer eigenen Datenbank gehalten. Um solche Informationen zu den einzelnen Rechnern zu erhalten, ist in der Headerdatei `<netdb.h>` folgende Struktur definiert:

```
struct hostent {
    char *  h_name;
    char ** h_aliases;
    short   h_addrtype;
    short   h_length;
```

```
    char ** h_addr_list;
};
```

Kurze Beschreibung der einzelnen Strukturvariablen:

Strukturvariable	Bedeutung
h_name	Offizieller Name des Rechners im Netz
h_aliases	Ein Stringarray, worin sich eventuelle Aliasnamen befinden. Das letzte Element ist immer NULL.
h_addrtyp	Hier steht der Adresstyp, was gewöhnlich AF_INET für IPv4 oder AF_INET6 für IPv6 ist.
h_length	Hier befindet sich die Länge der nummerischen Adresse (4 oder 16) in Bytes.
h_addr_list	Hierbei handelt es sich um ein Array von Zeigern auf die Adressen von IPv4-/IPv6-Nummern in der Netzwerk-Byte-Reihenfolge (network byte order).

Tabelle 11.3 Die Strukturvariablen in struct hostent

Benötigen Sie hingegen von einer IP-Adresse Informationen zu einem Rechner, können Sie die Funktion gethostbyaddr() verwenden. Diese Funktion gibt bei Erfolg ebenfalls einen Zeiger auf die Struktur hostent des gefundenen Rechners zurück oder bei einem Fehler NULL.

Hinweis

Dies wird allerdings nur funktionieren, wenn es sich um einen FQDN (Fully Qualified Domain Name) handelt, da sonst die Name-Server keinen Namen aus der IP auflösen können. FQDN ist ein eindeutiger Name eines Internet-Hosts. Er setzt sich aus dem Hostnamen und dem Namen der Domain zusammen. Mithilfe des FQDN kann per DNS die IP-Adresse des Hosts ermittelt werden. Mit *linux.pronix.de* wäre z. B. *linux* der Hostname und *pronix.de* der Domainname.

```
#include <netdb.h>
struct hostent *gethostbyaddr( const char *ip_addr,
                               int len, int type );
```

Mit dem ersten Parameter geben Sie die IP-Adresse des Zielrechners an. Mit dem zweiten wird die Länge dieser Adresse angegeben, und der letzte Parameter gibt den Typ der Adresse an, der auch hier meistens AF_INET für IPv4 bzw. AF_INET6 für IPv6 ist.

Beachten Sie bitte, dass beide Funktionen (gethostbyname() und gethostbyaddr()) nur einen statischen Speicherbereich für den Rückgabewert reservieren. Jeder nachfolgende Funktionsaufruf überschreibt diesen Speicherplatz wieder. GNU bietet auch gethostbyname_r() und gethostbyaddr_r() für Thread-safe-Aktionen an.

Hinweis

Die Funktionen gethostbyname() und gethostbyaddr() benutzen für ihre Anfragen den Name-Server named, die Datei */etc/hosts* und den Network Information Service (NIS oder YP). Was davon und in welcher Reihenfolge benutzt wird, bestimmt die order-Zeile in der Datei */etc/host.conf*. Siehe dazu auch resolv.

Das Standardverhalten ist, zuerst den Name-Server zu befragen und danach die Datei */etc/hosts* zu durchsuchen.

Wenn ein Fehler auf der Suche nach einem Rechner mit den Funktionen `gethostbyaddr()` und `gethostbyname()` auftritt, sollten Sie die Funktion `herror()` aufrufen, die ähnlich wie `perror()` ist, um eine sinnvolle Fehlermeldung zu erhalten, warum ein Fehler aufgetreten ist. Die `herror()`-Funktion gibt die zum aktuellen Wert von `h_errno` gehörende Fehlermeldung auf `stderr` aus.

```
#include <netdb.h>
extern int h_errno;

void herror ( const char *string );
```

Die Variable `h_errno` kann folgende Werte annehmen:

Fehlerwert	Bedeutung
0	Kein Fehler aufgetreten.
HOST_NOT_FOUND	Der angegebene Rechner ist unbekannt.
NO_ADDRESS	Der angegebene Name ist gültig, aber es existiert dazu keine IP-Adresse.
NO_RECOVERY	Ein nicht behebbarer Name-Server-Fehler ist aufgetreten.
TRY_AGAIN	Beim zuständigen Name-Server ist ein vorübergehender Fehler aufgetreten. Versuchen Sie es später nochmals.
NO_DATA	Name ist keiner Adresse zugeordnet.

Tabelle 11.4 Mögliche Werte der Fehlervariablen h_errno

Falls also auf Ihrem System keine Funktion wie `herror()` vorhanden ist, können Sie mit den Fehlercodes von `h_error` ohne Probleme eine eigene Fehlerausgaberoutine nachimplementieren.

Das folgende Beispiel soll demonstrieren, wie Sie Informationen zu einem Rechner durch Angabe eines Rechnernamens oder einer IP-Adresse aus der Struktur `hostent` herausfinden können.

```
/* hostent.c */
#include <sys/types.h>
#include <sys/socket.h>
#include <netinet/in.h>
#include <arpa/inet.h>
#include <stdio.h>
#include <stdlib.h>
#include <netdb.h>

int main(int argc, char **argv) {
  struct hostent *host;
  struct in_addr ip, **ip_ptr;
  char **ptr;
```

```
  if( argc != 2 )
    printf("Usage: %s (Rechnername oder IP-Adresse)\n",
       *argv);
  else {
    /* Argument als IP-Adresse ...? */
    if( inet_aton( argv[1], &ip ) != 0 )
      host=gethostbyaddr( (const void *)&ip,
                          sizeof(ip),AF_INET );
    /* Argument als Rechnername */
    else
      host = gethostbyname( argv[1] );
    if( host == NULL ) {
       herror("Konnte Rechner nicht finden");
       return EXIT_FAILURE;
    }
    printf("Hostname    : %s\n", host->h_name);
    printf("Aliase      :\n");
    ptr=host->h_aliases;
    while( *ptr != NULL ) {
       printf("\t%s\n", *ptr++);
    }
    printf("IP-Adressen :\n");
    ip_ptr = (struct in_addr **)host->h_addr_list;
    while(*ip_ptr != NULL) {
       printf("\t%s\n", inet_ntoa( **ip_ptr++));
    }
  }
  return EXIT_SUCCESS;
}
```

Das Programm bei der Ausführung:

```
$ gcc -o hostent hostent.c
$ ./hostent google.de
Hostname    : google.de
Aliase      :
IP-Adressen :
        216.239.33.100
        216.239.37.100
        216.239.39.100
$ ./hostent www.pronix.de
Hostname    : www.pronix.de
Aliase      :
IP-Adressen :
        194.150.178.34
$ ./hostent 194.150.178.34
Hostname    : goliath.speedpartner.de
Aliase      :
IP-Adressen :
        194.150.178.34
```

```
$ ./hostent www.microsoft.com
Hostname    : www.microsoft.com.nsatc.net
Aliase      :
        www.microsoft.com
IP-Adressen :
        207.46.19.30
```

Hinweis
Wie schon einmal erwähnt, wird die Funktion `gethostbyname()` vorwiegend bei Clientanwendungen verwendet, um aus der Angabe eines Rechnernamens eine IP-Adresse zu machen.

11.10.3 Service-Informationen – getservbyname() und getservbyport()

Eine weitere Information, die eine Clientanwendung häufig benötigt, ist die Nummer des Ports, der den gewünschten Service verwendet. Oder wissen Sie auf Anhieb zu allen Portnummern den entsprechenden Service? Natürlich könnten Sie in */etc/services* nachschauen und die Nummer dann fest einkompilieren. Wie schon bei den Informationen zu den Rechnern im Netz gibt es auch hierfür eine Struktur in der Headerdatei `<netdb.h>`, worin die Informationen zu den entsprechenden Diensten stehen.

```
struct servent {
     char *s_name;
     char **s_aliases;
     int  s_port;
     char *s_proto;
  };
```

Eine kurze Beschreibung der einzelnen Strukturvariablen:

Strukturvariable	Bedeutung
`s_name`	Offizieller Servicename
`s_aliases`	Ein Stringarray mit eventuellen Aliasnamen zum Service, falls vorhanden. Das letzte Element in der Liste ist NULL.
`s_port`	Die Portnummer zum Servicenamen
`s_proto`	Der Name des verwendeten Protokolls

Tabelle 11.5 Die Strukturvariablen in servent und deren Bedeutung

Hier die Syntax zu `getservbyname()`:

```
#include <netdb.h>

struct servent *getservbyname ( const char *name,
                                const char *proto );
```

Bei Angaben des Dienstes `name` und des Protokolls `proto` liefert Ihnen diese Funktion bei Erfolg eine Adresse auf die Information in `struct servent`. Bei einem Fehler wird `NULL` zurückgegeben.

Ähnlich verhält es sich mit der Funktion `getservbyport()` (im Vergleich mit `getservbyname()`). Nur liefert `getservbyport()` zum Dienst mit der Portnummer `port` (network-byte-order) und dem Protokoll `proto` die `struct servent`-Informationen zurück.

```
#include <netdb.h>

struct servent *getservbyport(int port, const char *proto);
```

Hierzu ein Beispiel, das die Funktion `getservbyname()` demonstriert. Da meistens Informationen abgefragt werden, die das TCP-Protokoll betreffen, könnten Sie auch das zweite Argument der Funktion `getserbyname()` gleich mit der Stringkonstante `"tcp"` belegen.

```
/* servent.c */
#include <sys/types.h>
#include <sys/socket.h>
#include <netinet/in.h>
#include <arpa/inet.h>
#include <stdlib.h>
#include <stdio.h>
#include <netdb.h>

int main (int argc, char **argv) {
  struct servent *service_info;
  char **ptr;

  if( argc != 3) {
    printf("Usage: %s dienst protokoll\n", *argv);
    return EXIT_FAILURE;
  }
  service_info = getservbyname( argv[1], argv[2] );
  if( service_info == NULL ) {
    herror("Konnte den Service nicht finden\n");
    return EXIT_FAILURE;
  }
  printf("Service   : %s\n", service_info->s_name);
  printf("Port      : %d\n", ntohs( service_info->s_port) );
  printf("Aliase    : \n");
  ptr = service_info->s_aliases;
  while(*ptr != NULL) {
     printf("%s\n", *ptr++);
  }
  printf("Protokoll : %s\n", service_info->s_proto);
  return EXIT_SUCCESS;
}
```

Das Programm bei der Ausführung:

```
$ gcc -o servent servent.c
$ ./servent http tcp
Service   : http
Port      : 80
```

```
Aliase    :
(null)
Protokoll : tcp
$ ./servent ftp tcp
Service   : ftp
Port      : 21
Aliase    :
(null)
Protokoll : tcp
$ ./servent pop3 tcp
Service   : pop3
Port      : 110
Aliase    :
(null)
Protokoll : tcp
```

Dasselbe Beispiel auch mit der Funktion `getservbyport()`. Als Protokoll verwenden Sie hierbei gewöhnlich TCP. Beim Beispiel werden entsprechende Informationen von den Ports 1 bis 100 (ohne den Alias) ausgegeben:

```
/* servent2.c */
#include <sys/types.h>
#include <sys/socket.h>
#include <netinet/in.h>
#include <arpa/inet.h>
#include <stdio.h>
#include <stdlib.h>
#include <netdb.h>

int main (int argc, char **argv) {
  struct servent *service_info;
  int port = 0;

  while (port++ < 100) {
    service_info = getservbyport (htons (port), "tcp");
    if (service_info == NULL)
       printf ("Port %d : Keine Infos\n", port);
    else {
       printf ("Service : %10s ", service_info->s_name);
       printf ("Port    : %3d ",
          ntohs (service_info->s_port));
       printf ("Protokoll : %5s\n", service_info->s_proto);
    }
  }
  return EXIT_SUCCESS;
}
```

Das Programm bei der Ausführung:

```
$ gcc -o servent2 servent2.c
$ ./servent2
```

```
Service :     tcpmux Port    : 1  Protokoll :   tcp
Service : compressnet Port   : 2  Protokoll :   tcp
Service : compressnet Port   : 3  Protokoll :   tcp
Port 4  : Keine Infos
Service :        rje Port   :  5  Protokoll :   tcp
Port 6  : Keine Infos
Service :       echo Port   :  7  Protokoll :   tcp
Port 8  : Keine Infos
Service :    discard Port   :  9  Protokoll :   tcp
Port 10 : Keine Infos
Service :     systat Port   :  11  Protokoll :  tcp
Port 12 : Keine Infos
Service :    daytime Port   :  13  Protokoll :  tcp
Port 14 : Keine Infos
Service :    netstat Port   :  15  Protokoll :  tcp
...
...
Service :  swift-rvf Port   :  97 Protokoll :   tcp
Service :    tacnews Port   :  98 Protokoll :   tcp
Service :   metagram Port   :  99 Protokoll :   tcp
Service :    newacct Port   : 100 Protokoll :   tcp
```

11.11 Der Puffer

Sockets zeigen in Verbindung mit den Funktionen `read()` und `write()` häufig ein (wer es noch nicht kennt) seltsames Verhalten, das sich von der normalen Datei-I/O dieser Funktionen unterscheidet. Mit `read()` und `write()` können bei den Sockets erst einmal weniger Bytes ein- bzw. ausgegeben werden wie angenommen. Das *Problem* ist, dass der Kernel für das Socket eine bestimmte Puffergröße vorgibt. Das bedeutet, wenn der Puffer voll ist, liest `read()` bzw. schreibt `write()` aus diesem bzw. in diesen Puffer – selbst wenn noch nicht alle gewünschten Daten ausgelesen bzw. geschrieben wurden.

Wie Sie sicher wissen, übernimmt bei den Standard-C-Funktionen wie `fgets()`, `fputs()` ... das System die Aufgabe der Pufferung. Sie mussten sich nie selbst darum kümmern. Bei den elementaren Funktionen wie `read()` oder `write()` müssen Sie sich selbst darum kümmern.

Welche Puffergröße Sie hierfür verwenden, bleibt Ihnen überlassen und kommt auch auf den Anwendungsfall an. Allerdings macht ein byteweiser Puffer genauso wenig Sinn wie ein überdimensional großer Puffer. Es hat sich bewährt, eine Puffergröße von 512 oder 1024 KB zu verwenden. Selbiges gilt natürlich auch für `send()` und `recv()`, sofern diese Funktionen nicht mit dem Flag `MSG_WAITALL` aufgerufen werden.

Solange Sie Daten in Form eines `char`-Arrays mit einfachem Text übertragen, dürften Sie keine Probleme mit der Pufferung bekommen, sofern Sie einen String ordentlich mit `\0` abschließen. Was ist aber, wenn Sie binäre Dateien übertragen wollen? Hier ist oft der Hund begraben – denn bei binären Dateien können Sie sich nicht darauf verlassen, dass diese Datei mit `\0` abgeschlossen wird. In solch einem Fall müssen Sie sich selbst um das letzte Zeichen kümmern. Daher wurde ja schon im ersten Beispiel der Socket-Programmierung folgendes Konstrukt verwendet:

```
size = recv(create_socket, buffer, BUF-1, 0);
if( size > 0)
    buffer[size] = '\0';
```

Der Puffer ist Ihr wichtigstes Kommunikationswerkzeug, mit dem Sie Daten austauschen können. Sie sollten daher immer bedenken, wenn Sie etwas darin hineinschreiben, wie dies auf der anderen Seite wieder herauskommt, und eventuell auch überprüfen, was herauskommt. Denn wenn häufig etwas nicht klappt, dann ist es die Art und Weise, wie die Daten beim Empfänger ankommen. Nicht selten ist es ein nicht terminierter String, der für Zeichensalat sorgt.

11.12 Standard-E/A-Funktionen verwenden

Auch wenn es vielleicht den Anschein macht, man könne Sockets nur in Verbindung mit elementaren E/A-Funktionen verwenden, so täuscht dies. Selbstverständlich lassen sich auch Standard-E/A-Funktionen wie `fscanf()` oder `fprintf()` bei den Sockets verwenden. Hierbei genügt es, sich einen `FILE`-Zeiger mit der Funktion `fdopen()` zu einem Socket-Deskriptor zur Verfügung stellen zu lassen.

Wollen Sie einen `FILE`-Zeiger zum Lesen und Schreiben öffnen, sei dazu geraten, zwei getrennte `FILE`-Zeiger zu verwenden. Der Grund ist einfach, wenn Sie nur einen `FILE`-Zeiger verwenden (z. B. mit `"r+"` geöffnet), muss nach jeder Ausgabeoperation eine Funktion wie `fflush()`, `fseek()`, `fsetpos()` oder `rewind()` aufgerufen werden, bevor eine Eingabeoperation ausgeführt wird. Umgekehrt ist dies dasselbe. Das Problem an diesen Funktionen ist, dass diese wiederum auf die elementare Funktion `lseek()` zurückgreifen. Aber es wurde bereits erwähnt, dass es nicht gestattet ist, `lseek()` auf Socket-Deskriptoren zu verwenden.

Daher sollten Sie für das Lesen und für das Schreiben jeweils einen eigenen `FILE`-Zeiger verwenden. Hierzu ist es allerdings notwendig, den Socket-Deskriptor mit `dup()` zu duplizieren, da man mit unterschiedlichen Streams auch unterschiedliche Deskriptoren verwenden sollte. Ein weiterer Vorteil vom Duplizieren ist, dass Sie somit jederzeit nur einen der `FILE`-Zeiger schließen können, was ohne zu duplizieren nicht möglich ist.

```
int sockfd;
FILE *lese_fz;
FILE *schreib_fz;

sockfd = socket(PF_INET, SOCK_STREAM, 0);

/* FILE-Zeiger für das Schreiben */
schreib_fz = fdopen(sockfd, "w");
if( schreib_fz == NULL ) {
   /* Fehler .... */
}
```

```
/* FILE-Zeiger für das Lesen */
lese_fz =fdopen(dup(sockfd), "r");
if( lese_fz == NULL ) {
   /* Fehler ... */
}
```

Wollen Sie jetzt z. B. den `FILE`-Stream der Leseseite schließen, können Sie dies wie folgt machen:

```
fclose(lese_fz);
```

Ähnlich verläuft dies auch, wenn Sie die Schreibseite schließen wollen, nur sollten Sie hierbei zuvor noch `fflush()` aufrufen, womit alle noch im Puffer befindlichen Daten geschrieben werden:

```
fflush(schreib_fz);
fclose(schreib_fz);
```

Sofern Sie hierbei mit `fork()` einen Kindprozess erzeugt haben und sich nicht sicher sind, ob ein anderer Prozess hierbei noch auf einen offenen Socket-Deskriptor zugreift, sollten Sie außerdem noch zusätzlich beim Schließen die Funktion `shutdown()` verwenden. Beim Schließen der Leseseite wäre dies:

```
shutdown( fileno(lese_fz), SHUT_RD );
fclose(lese_fz);
```

Und beim Schließen der Schreibseite:

```
fflush(schreib_fz);
shutdown( fileno(schreib_fz), SHUT_RDWR);
fclose(schreib_fz);
```

11.12.1 Pufferung von Standard-E/A-Funktionen

Natürlich muss man sich bei der Verwendung von Standard-E/A-Funktionen auch wieder Gedanken um die Pufferung der Daten machen. Denn wenn hier die Zeilen- bzw. Vollpufferung eingestellt ist, wird immer erst in das Socket geschrieben, wenn ein *Newline*-Zeichen vorkommt oder der Puffer voll ist. Besonders wenn Sie etwas in den Puffer schreiben, hat sich ein anschließendes `fflush()` schon immer bewährt, so dass die Daten im Puffer sofort geschrieben wurden. Natürlich können Sie hier auch die Pufferung des Streams mit den Funktionen `setbuf()` bzw. `setvbuf()` verändern.

11.13 Parallele Server

Für einige Anwendungen mag ein Beispiel, wie das erste Client-Server-Beispiel, das Sie in diesem Kapitel geschrieben haben, reichen. Der Server wird gestartet, und jeweils ein Client kann mit diesem kommunizieren. Alle anderen Clientprogramme, die ebenfalls mit dem Server kommunizieren wollen, müssen warten. Bei manchen Client-Server-Anwendungen kann dies sogar so gewollt sein. Den Server, den Sie bisher kennen, nennt man einen iterativen Server.

Wenn aber die Bearbeitung der Clientanfragen mehr Zeit in Anspruch nimmt oder mehrere Anfragen *gleichzeitig* (nach dem Multitasking-Prinzip) abgearbeitet werden müssen, dann ist es nicht sehr sinnvoll, wenn sich der Server immer nur mit einem Client beschäftigt.

Wenn Sie mehrere Clients gleichzeitig bedienen wollen, müssen Sie einen parallelen Server schreiben. Dies können Sie unter Linux recht einfach mittels `fork()` erledigen. Dabei legt der Server für jede Clientbedienung einen eigenen Kindprozess an. Und das ist einfacher, als Sie vielleicht denken werden. Parallele Server können Sie aber auch mit *pthread* entwickeln – aber dazu kommen wir noch.

Im folgenden Beispiel soll ein einfaches Netzwerkprogramm entwickelt werden, womit Sie Daten in einem Netzwerk kopieren können. Der Server wartet dabei auf eine Anforderung eines Clients. Zunächst liest der Server den Namen des zu kopierenden Programms aus, das ihm der Client gesendet hat, dann wird in einem entsprechenden Verzeichnis der Serveranwendung (hier lokal beim Server) eine Datei mit dem Namen angelegt. Anschließend schickt der Client dem Server den Inhalt der Datei zum Kopieren. Kopiert werden können dabei alle Dateien, auch ausführbare Dateien und Grafiken. Die Serveranwendung kann auf jedem beliebigen Rechner laufen. Das Beispiel ist eigentlich recht simpel und entspricht im Prinzip dem einfachen Kopiervorgang auf dem lokalen Rechner (abgesehen davon, dass hierbei Sockets verwendet werden).

Bevor ich Ihnen diesen Vorgang anhand eines parallelen Servers zeige, folgt erst die lineare einfache Version, die im nächsten Schritt erst parallelisiert werden soll.

Hier die Serveranwendung, die am Port `1234` auf eine Anfrage wartet:

```
/* server.c */
#include <stdio.h>
#include <stdlib.h>
#include <string.h>
#include <sys/types.h>
#include <netinet/in.h>
#include <sys/socket.h>
#include <arpa/inet.h>
#include <sys/stat.h>
#include <fcntl.h>
#include <unistd.h>
#include <errno.h>
#define  MAX_ZEICHEN  16384
#define  PORT_NUMMER  1234

int main (void) {
  int sockfd, connfd, fd, j, n, ngesamt;
  struct sockaddr_in adresse;
  socklen_t adrlaenge = sizeof (struct sockaddr_in);
  char puffer[MAX_ZEICHEN];
  char path_file[MAX_ZEICHEN];
  const int y = 1;

  if ((sockfd = socket (PF_INET, SOCK_STREAM, 0)) < 0) {
```

```
      printf ("Fehler bei socket() ... (%s)\n",
         strerror(errno));
      exit (EXIT_FAILURE);
   }
   printf("Socket erfolgreich angelegt\n");
   adresse.sin_family = AF_INET;
   adresse.sin_port = htons (PORT_NUMMER);
   memset (&adresse.sin_addr, 0, sizeof (adresse.sin_addr));

   setsockopt( sockfd, SOL_SOCKET,
               SO_REUSEADDR, &y, sizeof(int) );

   if (bind ( sockfd,
              (struct sockaddr *) &adresse,
              sizeof (adresse) ) ) {
      printf ("Fehler bei bind() ... (%s)\n",
         strerror(errno));
      exit (EXIT_FAILURE);
   }

   printf("Server ist bereit und wartet ...\n");
   if (listen (sockfd, SOMAXCONN) != 0) {
      printf ("Fehler bei listen() ... (%s)\n",
         strerror(errno));
      exit (EXIT_FAILURE);
   }
   while ((connfd = accept ( sockfd,
                             (struct sockaddr *) &adresse,
                             &adrlaenge)) >= 0) {
      printf (" ... Daten empfangen\n");
      /* Dateiname */
      j = 0;
      while ((n = read (connfd, &puffer[j], 1)) > 0) {
         if (puffer[j] == '\n') {
            puffer[j] = 0;
            break;
         }
         j++;
      }
      if (n < 0) {
         printf ("Fehler bei read() ...\n");
         exit (EXIT_FAILURE);
      }
      printf ("Dateiname \"%s\" wird kopiert nach ",
         puffer);
      strcpy( path_file, getenv("HOME"));
      strcat( path_file, "/tmp/");
      strcat( path_file, puffer );
      printf("%s\n",path_file);
```

```
        /* Datei zum Lesen öffnen */
        if (( fd = open( path_file,
              O_WRONLY | O_CREAT | O_TRUNC, 0644 ) ) < 0 ) {
           printf ("... kann %s nicht öffnen (%s)\n",
              puffer, strerror(errno));
           close (connfd);
           continue;
        }
        /* Datei aus dem Socket lesen und in lokale */
        /* Kopie schreiben                          */
        ingesamt = 0;
        while((n=read (connfd, puffer, sizeof (puffer))) > 0) {
           if (write (fd, puffer, n) != n) {
              printf("Fehler bei write()...(%s)\n",
                 strerror(errno));
              exit (EXIT_FAILURE);
           }
           ingesamt += n;
        }
        if (n < 0) {
            printf ("Fehler bei read() ...\n");
            exit (EXIT_FAILURE);
        }
        printf (".beendet (%d Bytes)\n", ngesamt);
        close (fd);
        close (connfd);
     }
     if (connfd < 0) {
         printf ("Fehler bei accept() ...\n");
         exit (1);
     }
     close (sockfd);
     exit (EXIT_SUCCESS);
}
```

Als Nächstes die Clientanwendung, die eine Anforderung an den Server stellt und den Namen und anschließend den Inhalt der zu kopierenden Datei sendet.

```
/* client.c */
#include <stdio.h>
#include <stdlib.h>
#include <string.h>
#include <sys/types.h>
#include <sys/socket.h>
#include <netinet/in.h>
#include <netdb.h>
#include <arpa/inet.h>
#include <sys/stat.h>
#include <fcntl.h>
#include <unistd.h>
#include <errno.h>
```

```
#define  MAX_ZEICHEN 16384
#define  PORT_NUMMER   1234

int main (int argc, char **argv) {
  int sockfd, i, n, fd;
  ssize_t name_len;
  struct sockaddr_in adresse;
  struct in_addr inadr;
  struct hostent *rechner;
  char puffer[MAX_ZEICHEN];
  char *help;

  if (argc < 3) {
     printf ("Usage: %s rechner datei(en)\n", *argv);
     exit (EXIT_FAILURE);
  }
  if (inet_aton (argv[1], &inadr))
     rechner = gethostbyaddr ( (const void*) &inadr,
                                sizeof (inadr),
                                AF_INET );
  else
     rechner = gethostbyname (argv[1]);
  if (rechner == NULL) {
    herror ("Fehler beim Suchen des Rechners\n");
    exit (EXIT_FAILURE);
  }

  adresse.sin_family = AF_INET;
  adresse.sin_port   = htons (PORT_NUMMER);
  memcpy ( &adresse.sin_addr,
           rechner->h_addr_list[0],
           sizeof (adresse.sin_addr) );

  for (i = 2; i < argc; i++) {
     if ((sockfd = socket (PF_INET, SOCK_STREAM, 0)) < 0) {
        printf("Fehler bei socket() ...(%s)\n",
           strerror(errno));
        exit (EXIT_FAILURE);
     }
     if (connect ( sockfd,
                   (struct sockaddr *) &adresse,
                   sizeof (adresse) ) ) {
        printf("Fehler bei connect() ...(%s)\n",
           strerror(errno));
        exit (EXIT_FAILURE);
     }
     /* Datei, die kopiert wird, soll zum Lesen öffnen */
     if ((fd = open (argv[i], O_RDONLY)) < 0) {
        printf ("kann Datei (%s) nicht oeffnen (%s)\n",
           argv[i], strerror(errno));
```

```
            continue;
         }

         strcpy (puffer, argv[i]);
         strcat (puffer, "\n");
         /* Server benötigt den Dateinamen ohne Pfadangabe */
         help = strrchr(puffer,'/');
         if( help == NULL )
            help = puffer;
         else
            *(help++);
         name_len = strlen (help);

         /* Dateinamen an den Server */
         if (write (sockfd, help, name_len) != name_len) {
            printf ("Konnte \"%s\" nicht versenden?\n",
               argv[i]);
            close (fd);
            close (sockfd);
            continue;
         }
         /* Inhalt der Datei auslesen und an Server senden */
         while ((n = read (fd, puffer, sizeof (puffer))) > 0) {
            /* puffer[n] = 0 ist sehr wichtig, wenn die zu */
            /* versendende Datei keine lesbare Datei ist   */
            /* (Ausführbare Datei, Grafik ...) - ohne      */
            /* würde nur Datensalat entstehen              */
            puffer[n]= 0;
            if (write (sockfd, puffer, n) != n) {
               printf("Fehler bei write()...(%s)\n",
                  strerror(errno));
               exit (EXIT_FAILURE);
            }
         }
         if (n < 0) {
            printf ("Fehler bei read() ...\n");
            exit (EXIT_FAILURE);
        }
        close (sockfd);
        sleep(2); /* Kurze Unterbrechung ggf. entfernen */
     }
     printf("Datei(en) erfolgreich versendet\n");
     exit (EXIT_SUCCESS);
}
```

Jetzt das Programm bei der Ausführung. Bitte beachten Sie dabei, welche Adresse Sie angeben, um mit der Serveranwendung in Kontakt zu treten. Sollten Sie Ihre Serveranwendung erst auf dem lokalen Rechner testen (was meistens der Fall sein dürfte), dann ist die IP-Adresse 127.0.0.1 oder der Name »localhost«. Ansonsten, wenn Sie die Serveranwendung extern testen wollen, geben Sie die entsprechende IP-Adresse bzw. den Domainnamen an. Nach der

Angabe, wo sich die Serveranwendung (IP-Adresse bzw. Domainname) befindet, können Sie als weitere Argumente in der Kommandozeile Dateien (mitsamt Pfad) angeben, die dann an den Server geschickt werden sollen.

```
$ gcc -o server server.c
$ gcc -o client client.c
[Rechner mit der Serveranwendung]
$ ./server
Socket erfolgreich angelegt
Server ist bereit und wartet ..
[Rechner mit der Clientanwendung]
$ ./client localhost home/tot/libproc_DE.pdf \
  home/sicherheit/Race_Conditions.pdf ~/Yast2.tif test.c
Datei(en) erfolgreich versendet
[Rechner mit der Serveranwendung]
...Daten empfangen
Dateiname "libproc_DE.pdf"  wird kopiert nach /home/tot/tmp/libproc_DE.pdf
..beendet (341518 Bytes)
 ...Daten empfangen
Dateiname "Race_Conditions.pdf"  wird kopiert nach
/home/tot/tmp/Race_Conditions.pdf
..beendet (3886508 Bytes)
 ...Daten empfangen
Dateiname "Yast2.tif"  wird kopiert nach /home/tot/tmp/Yast2.tif
..beendet (845658 Bytes)
 ...Daten empfangen
Dateiname "test.c"  wird kopiert nach /home/tot/tmp/test.c
..beendet (6512 Bytes)
```

So weit, so gut. Solange Sie alleine diese Client-Server-Anwendung ausführen, dürften Sie recht zufrieden damit sein. Was aber, wenn Sie diese Serveranwendung als eine Art Backup-Server-Programm in einem großen Unternehmen einsetzen wollen, wo in Stoßzeiten zu Feierabend bis zu hundert solcher Clientanfragen anstehen? Und dabei handelt es sich meistens nicht nur um ein paar KB große Dateien. Sie benötigen also einen parallelen Server, der mehrere Anfragen gleichzeitig abarbeitet.

Lassen wir das ganze Netzwerkzeugs außer Acht – um die Gedanken nicht allzu sehr zu strapazieren. Ein paralleler Server ist hierbei ja nichts anderes als ein neuer Prozess, der die Arbeit verrichtet. Was benötigen Sie also, um einen vernünftigen Prozess vom Start bis zum Ende zu erstellen? Bevor Sie jetzt zurückblättern, hier die einzelnen Punkte:

1. Einen Signalhandler für das Signal `SIGCHLD` einrichten. Der Signalhandler muss auch `waitpid()` verwenden, um Zombies zu vermeiden.
2. Mit `fork()` einen neuen Kindprozess starten
3. Kindprozess beenden

Um mir die anschließende Erklärung zu erleichtern und Ihnen eine trockene Theorie zu ersparen, folgt hierzu die Client-Server-Anwendung des vorherigen Beispiels, wobei die Clientanwendung dieselbe geblieben ist, weshalb ich mir eine Auflistung hier ersparen kann.

Sie können also dieselbe Clientanwendung wie im iterativen Server-Beispiel zuvor verwenden. Hierzu die parallele Serveranwendung mit anschließender Erklärung:

```
/* pserver.c */
#include <stdio.h>
#include <stdlib.h>
#include <string.h>
#include <sys/types.h>
#include <netinet/in.h>
#include <sys/socket.h>
#include <arpa/inet.h>
#include <sys/stat.h>
#include <fcntl.h>
#include <unistd.h>
#include <signal.h>
#include <sys/types.h>
#include <sys/wait.h>
#include <errno.h>
#define  MAX_ZEICHEN 16384
#define  PORT_NUMMER  1234

typedef void (*sighandler_t)(int);

static sighandler_t
my_signal(int sig_nr, sighandler_t signalhandler) {
   struct sigaction neu_sig, alt_sig;

   neu_sig.sa_handler = signalhandler;
   sigemptyset (&neu_sig.sa_mask);
   neu_sig.sa_flags = SA_RESTART;
   if (sigaction (sig_nr, &neu_sig, &alt_sig) < 0)
      return SIG_ERR;
   return alt_sig.sa_handler;
}

static void no_zombie (int signr) {
  pid_t pid;
  int ret;

  while ((pid = waitpid (-1, &ret, WNOHANG)) > 0)
    printf ("Child-Server mit pid=%d hat sich beendet\n",
       pid );
  return;
}

int main (void) {
  int sockfd, connfd, fd, j, n, ngesamt;
  struct sockaddr_in adresse;
  const int y = 1;
  size_t adrlaenge = sizeof (struct sockaddr_in);
```

```
char puffer[MAX_ZEICHEN];
char path_file[MAX_ZEICHEN];
pid_t pid;

if ((sockfd = socket (PF_INET, SOCK_STREAM, 0)) < 0) {
   printf ("Fehler bei socket() ...(%s)\n",
      strerror(errno));
   exit (EXIT_FAILURE);
}
printf ("Socket erfolgreich angelegt\n");
adresse.sin_family = AF_INET;
adresse.sin_port = htons (PORT_NUMMER);
memset (&adresse.sin_addr, 0, sizeof (adresse.sin_addr));

setsockopt( sockfd, SOL_SOCKET,
            SO_REUSEADDR, &y, sizeof(int) );

if (bind ( sockfd,
           (struct sockaddr *) &adresse,
           sizeof (adresse) ) ) {
   printf ("Fehler bei bind() ...(%s)\n",
      strerror(errno));
   exit (EXIT_FAILURE);
}
printf ("Server ist bereit und wartet ...\n");
if (listen (sockfd, 5) ) {
   printf ("Fehler bei listen() ...(%s)\n",
      strerror(errno));
   exit (EXIT_FAILURE);
}
my_signal (SIGCHLD, no_zombie);

while(1) {
   connfd = accept ( sockfd,
                     (struct sockaddr *) &adresse,
                     &adrlaenge );
   if( connfd < 0 ) {
      if( errno == EINTR )
         continue;
      else {
         printf("Fehler bei accept() (%s)\n",
            strerror(errno));
         exit(EXIT_FAILURE);
      }
   }
   printf (" ...Daten empfangen\n");

   /* Neuen Kindprozess-Server starten */
   if ((pid = fork ()) == 0) {
      close (sockfd);
```

```
        /* Dateiname */
        j = 0;
        while ((n = read (connfd, &puffer[j], 1)) > 0) {
           if (puffer[j] == '\n') {
              puffer[j] = 0;
              break;
           }
           j++;
        }
        if (n < 0) {
           printf ("Fehler bei read() ...\n");
           exit (EXIT_FAILURE);
        }
        printf("(%d): Dateiname \"%s\"  wird kopiert nach ",
           getpid(),puffer);
        strcpy (path_file, getenv ("HOME"));
        strcat (path_file, "/tmp/");
        strcat (path_file, puffer);
        printf ("%s\n", path_file);

        /* Datei zum Lesen öffnen */
        if ((fd = open ( path_file,
              O_WRONLY | O_CREAT | O_TRUNC, 0644 ) ) < 0 ) {
           printf ("... kann %s nicht öffnen\n", puffer);
           close (connfd);
           continue;
        }
        /* Datei aus dem Socket lesen und in lokale */
        /*  Kopie schreiben                         */
        ingesamt = 0;
        while((n=read(connfd, puffer, sizeof (puffer)))>0) {
           if (write (fd, puffer, n) != n) {
              printf ("Fehler bei write() ...\n");
              exit (EXIT_FAILURE);
           }
           ingesamt += n;
        }
        if (n < 0) {
           printf ("Fehler bei read() ...\n");
           exit (EXIT_FAILURE);
        }
        printf ("..beendet (%d Bytes)\n", ingesamt);
        close (fd);
        exit(EXIT_SUCCESS);
        /* Ende Kindprozess */
     } //Ende fork()
     close (connfd);
  }//Ende while(1)
  close (sockfd);
  exit (EXIT_SUCCESS);
}
```

Wenn Sie den Server jetzt starten und mehrere Clientanwendungen zum Kopieren, merken Sie, dass neben einer etwas geänderten Ausgabe die Datenübertragung über verschiedene Rechner wesentlich schneller vor sich geht (natürlich sollten Sie `sleep()` aus der Clientanwendung entfernen). Natürlich interessiert es Sie erst einmal, was hier hinter den Kulissen vor sich geht.

Wenn der Server bereit ist und mit `listen()` am Socket *lauscht*, fällt erst auf, dass hier ein Signalhandler eingerichtet wurde:

```
static void no_zombie (int signr) {
   pid_t pid;
   int ret;

   while ((pid = waitpid (-1, &ret, WNOHANG)) > 0)
      printf ("Child-Server mit pid=%d hat sich beendet\n",
         pid);
   return;
}
...
...
/* in main() */
my_signal (SIGCHLD, no_zombie);
...
```

Bei der Signalbehandlung geht es primär darum, Zombieprozesse auf dem Server zu beenden. Denn anders als auf einem Einzelplatzrechner, auf dem einem wohl die Prozesse nicht so schnell ausgehen, kann eine stetig anwachsende Zombiefraktion auf einem Server dafür sorgen, dass kein Platz mehr für neue Prozesseinträge vorhanden ist. Wie Sie das vermeiden, haben Sie ja bereits mit `waitpid()` gesehen. Dabei wird `waitpid()` in einer Schleife aufgerufen, womit der Status von jedem beendeten Kindprozess geholt wird. Mit der Option `WNOHANG` geben Sie an, dass `waitpid()` nicht blockiert, solange es noch unbeendete Kindprozesse gibt. Bitte beachten Sie auch, dass das Einrichten des Signalhandlers nur einmal erfolgt, denn wie Sie im Kapitel über Prozesse erfahren haben, erbt ja der Kindprozess auch alle eingerichteten Signalhandler. Dies sorgt häufig für Missverständnisse. Gewöhnlich wird der Signalhandler nach dem Aufruf von `listen()` und vor `accept()` eingebaut.

Der Vorgang zum Einrichten eines typischen parallelen Servers sieht gewöhnlich so aus:

```
   while(1) {
      connfd = accept ( sockfd,
                        (struct sockaddr *) &adresse,
                        &adrlaenge );
      if( connfd < 0 ) {
         if( errno == EINTR )
            continue;
         else {
            printf("Fehler bei accept() ...\n");
            exit(EXIT_FAILURE);
         }
      }
```

```
        printf (" ...Daten empfangen\n");

        /* Neuen Kindprozess-Server starten */
        if ((pid = fork ()) == 0) {
           close (sockfd);

           /* Arbeit des Kindprozesses steht hier */

           close(connfd);
           exit(EXIT_SUCCESS);
           /* Ende Kindprozess */
        }
      /* Elternprozess */
      close (connfd);
   }
```

Sobald ein Client mit `connect()` eine Verbindung zum Server herstellt, kehrt die Funktion `accept()` zurück.

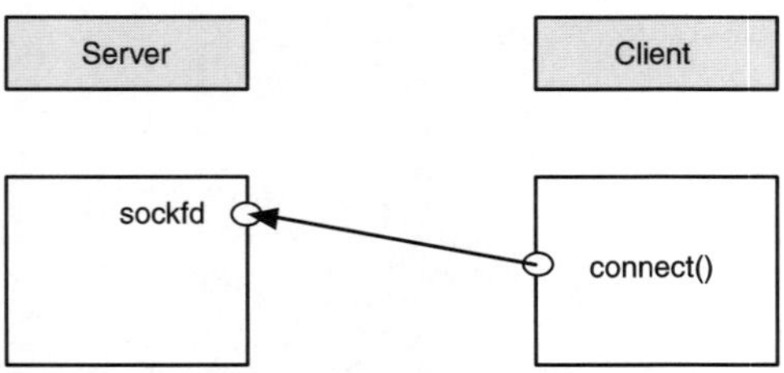

Abbildung 11.6 Der Client baut mit connect() eine Verbindung auf.

In Abbildung 11.6 können Sie den Zustand sehen, wenn der Client mit `connect()` ein Verbindung zum Server anfordert. Direkt nach dieser Anforderung kehrt die Funktion `accept()` zurück – wie folgende Abbildung demonstriert:

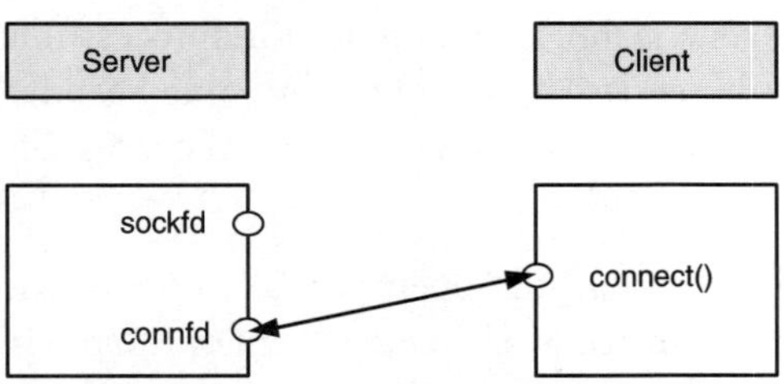

Abbildung 11.7 Server bestätigt die Verbindung.

Jetzt kann der Server mit `fork()` einen neuen Kindprozess aufrufen, um dem Client zu dienen (siehe Abbildung 11.8).

Im nächsten Schritt kann der (Server-)Kindprozess das horchende Socket schließen und der Elternprozess das verbundene Socket – das ja wie das horchende Socket bei `fork()` mit dupliziert wurde (siehe Abbildung 11.9).

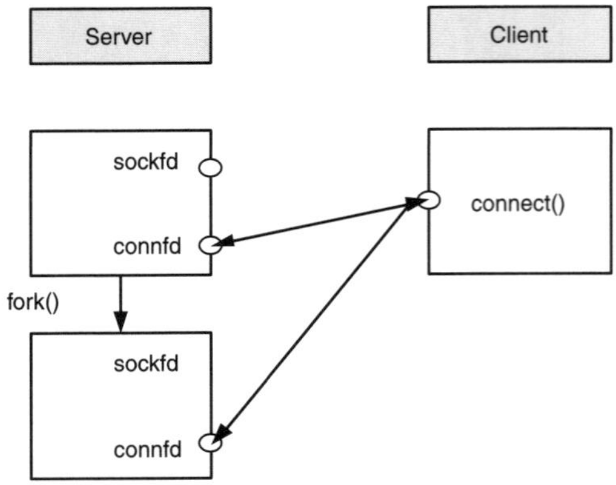

Abbildung 11.8 Ein neuer Serverprozess wird erzeugt.

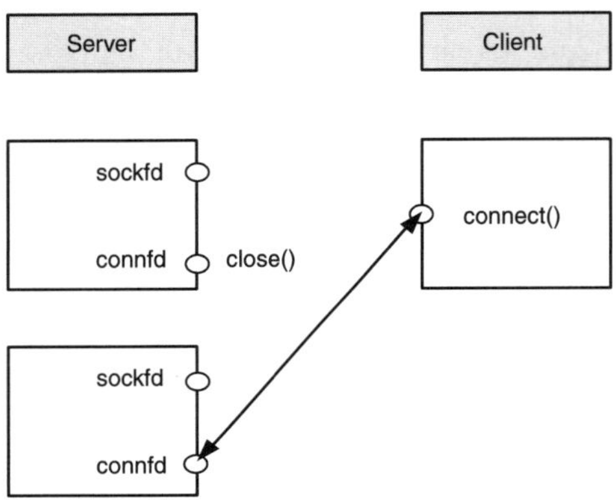

Abbildung 11.9 Nicht mehr benötigte Sockets schließen

Jetzt haben Sie den gewünschten Status, dass der Kindprozess die Anforderungen des Client abarbeiten kann, und der Elternprozess kann sich wieder dem horchenden Socket mittels `accept()` widmen, um neue Anforderungen entgegenzunehmen. Wenn der Kindprozess mit der Abarbeitung des Clients fertig ist, schließt auch dieser das Socket mit `close()` und beendet sich selbst (`exit()`). Durch die Beendigung des Kindprozesses mittels `exit()` wird der Signalhandler aktiviert, da dabei das Signal `SIGCHLD` gesendet wird.

Das war im Grunde auch schon alles, mehr ist nicht nötig, um einen parallelen Server zu erstellen. Etwas Wichtiges sollte aber noch erwähnt werden. Nach `accept()` überprüfen wir ja auf die Fehlervariable `EINTR`. Dies wurde deshalb gemacht, weil `accept()` ein so genannter *langsamer* Systemaufruf ist. Dies bedeutet, `accept()` kann für immer blockieren und muss nicht (unmittelbar) zurückkehren. Es gibt somit auch keine Garantie, dass `accept()` zurückkehrt, wenn kein Client eine Verbindung mit dem Server aufbaut. Damit kann der Zustand auftreten, dass ein Prozess von einem langsamen Systemaufruf blockiert wird und dieser Prozess ein Signal abfängt und der Signalhandler mit seiner Ausführung fertig ist und somit `accept()` den Fehler `EINTR` zurückgibt – obwohl eigentlich kein akuter Fehler vorliegt. Es ist zwar durchaus möglich, dass manche Systeme solche unterbrochenen Systemaufrufe selbstständig neu starten, aber verlassen können Sie sich nicht darauf, wenn Ihre Anwendung auf mehreren Systemen laufen soll. Daher wird ja auch `SA_RESTART` in den Flags benutzt.

Sie haben jetzt gesehen, wie einfach es unter Linux/Unix ist, aus einem laufenden iterativen Server einen parallelen Server zu machen. Ein einfaches `fork()` genügt, und der neue Prozess übernimmt alle Variablen und offenen Socket-Deskriptoren. Ein Manko hat diese Vorgehensweise allerdings bei der Skalierbarkeit. Ein übliches Betriebssystem ist in der Regel für bis zu hundert laufende Prozesse optimiert. Nun kann es aber vorkommen, bei stark frequentierten Servern, wo ein paar tausend Clients gleichzeitig eine Anfrage starten, dass eine Menge an bedeutendem Systemspeicher benötigt wird. Zwangsläufig wird der Server dann zum Swappen von Speicher gezwungen, was die Performance erheblich einbremsen kann. Unter Solaris z. B. dauert außerdem eine neue Prozesserzeugung mittels `fork()` erheblich lange. Und ein weiterer Nachteil an unserem Modell ist bisher, wenn ein Client eine Verbindung zum Server aufgebaut hat und sich für längere Zeit nicht mehr »meldet«, sollte der Server dem Client ein Timeout senden.

Des Weiteren kommt hinzu, dass der Kontextwechsel zwischen den einzelnen Prozessen (Wechsel vom einem zum anderem Prozess) ebenfalls ein ziemlich langsamer Vorgang ist – wobei es allerdings auch einen Support speziell für die Hardware gibt. Selbst der Speicherbedarf eines leeren Prozesses ist im Linux-System ziemlich groß (nicht wirklich, libc.so.6 ist doch ein Shared Object und wird daher nur einmal im System geladen sein) – was allerdings die Schuld der Glibc und nicht von Linux ist. Es kann sich daher lohnen, eine eigene Bibliothek dazu zu entwickeln (was häufig auch gemacht wird).

Mein Ziel ist es übrigens nicht, hier etwas schlecht zu reden, sondern Sie zum Denken anzuregen, wenn Sie eine Netzwerkanwendung schreiben. Für einfache und gewöhnliche Server, wie diese z. B. im Intranet verwendet werden, werden Sie wahrscheinlich niemals an die Grenzen des Systems stoßen (vorausgesetzt, der Server ist »nicht« entsprechend bestückt). Daher werden Sie jetzt auf den folgenden Seiten noch einige *flottere* Techniken kennen lernen.

Aber ein Beispiel, das gerne in der Praxis eingesetzt wird, soll hier nicht unerwähnt bleiben. Denn häufig lohnt es sich, schon mehrere Serverprozesse im Voraus zu erzeugen und in dem Moment, wo eine Connection stattfindet, im Background einen neuen Server zu starten, der wiederum die nächste Anfrage bearbeiten kann. Diese Technik wird übrigens auch beim Webserver Apache eingesetzt (genannt Apache-MPM prefork). Sie ist für Angebote geeignet, die aus Kompatibilitätsgründen mit nicht thread-sicheren Bibliotheken Threading vermeiden müssen. Sie ist außerdem das geeignetste MPM (Multi-Processing-Modul), um jede Anfrage isoliert zu bearbeiten, so dass Probleme mit einem einzelnen Prozess keinen anderen beeinflussen.

Datenformat

Häufig müssen Sie sich auch bei der Übertragung von Daten um das vorliegende Format von Daten kümmern. Wollen Sie z. B. Ganzzahlen oder Gleitkommazahlen an den Server verschicken oder der Server an den Client, dann sind die Funktionen `sscanf()` und `sprintf()` bzw. `snprintf()` bestens dafür geeignet. Ebenso sieht es mit der Übergabe von binären Strukturen aus. Auch hierbei wird gerne auf die Konvertierung in einen String zum Versenden der Daten zurückgegriffen. Sicherlich werden Sie sich fragen, warum Sie dabei so vergehen sollten? Wenn Sie nicht sicher sein können, auf was für einen Rechner die Daten übertragen werden, kann es zu Problemen kommen, wenn ein Client Daten im *Little Endian*-Format schickt, der Server aber auf einem *Big Endian*-System läuft. Wenn es sich dabei z. B. um Integer handelt, sind Probleme vorprogrammiert. Dasselbe Problem könnte auftreten, wenn Sie einen Wert vom Datentyp `int` versenden, der auf Ihrem System 64 Bit besitzt, aber auf dem Zielrechner nur 32 Bit. Sie wissen also nie genau, welche Größe die Datentypen `int`, `long` und `short` auf der Gegenseite haben. Zwar gibt es (seit der Einführung des C99-Standards) die unabhängigen Typen wie z. B. `int8_t`, `int16_t` etc. und `uint8_t` etc. in der Headerdatei `stdint.h`, was aber recht wenig nützt, weil dieser Standard von einigen Compiler-Herstellern (insbes. auf Windows-Systemen) überhaupt nicht beachtet wird (mehr zum C99-Standard siehe Anhang).

Daher die Empfehlung: Um Probleme zu vermeiden, senden Sie nummerische Daten immer im Textformat an die Gegenseite. Natürlich setzt dies voraus, dass die Gegenseite denselben Zeichensatz verwendet. Wenn Sie einen String an einen Rechner schicken, worauf sich nur japanische Schriftarten befinden, kommt nichts dabei raus. Der Nachteil: Es wird Bandbreite verschwendet. Eine 64-Bit-Nummer z. B. kann nämlich über 20 Zeichen lang sein, während im Binärformat gerade mal acht Zeichen dafür benötigt werden.

11.14 Syncrones Multiplexing – select()

Bisher kennen Sie drei Möglichkeiten, Clients zu bearbeiten. Die »normale« Server-Client-Lösung, die für nur eine Clientanfrage ausgelegt ist, die Verwendung von mehreren Prozessen und die Lösung mit der Thread-Programmierung. Welche davon eignet sich allerdings am besten, wenn man mehrere Clients gleichzeitig bearbeiten will, wie dies z. B. bei einem Webserver, Chat-Programmen, einem Spieleserver usw. benötigt wird.

Die einfache Server-Client-Lösung, die nur für einen Client ausgelegt war, fällt schon mal flach, da alle anderen Clients, die eine Anfrage an den Server stellen, in eine Warteschlange gesteckt werden und warten müssen, bis der Server wieder für Verbindungswünsche frei ist.

Die Threads sind eine weitere interessante Lösung, allerdings, wenn hier das Thema »Portabilität« ins Spiel kommt, schneiden auch die Threads relativ schlecht ab. Zwar gibt es für alle Plattformen Thread-Bibliotheken, nur sind diese leider nur bedingt portabel. Und in der Netzwerkprogrammierung ist das Thema »Portabilität« schon ein groß geschriebenes Thema.

Also wäre die Verwendung von mehreren Prozessen (mittels `fork()`) eine interessante Lösung. Hierbei wird für jeden Client ein neuer (Server-)Prozess erzeugt und gestartet, jeder Client bekommt praktisch einen eigenen Server. Voraussetzung hierfür ist allerdings, dass Sie sich mit der Systemprogrammierung der entsprechenden Plattform auskennen. Schließlich müssen die einzelnen Prozesse auch kontrolliert werden.

Natürlich gibt es hier nebenbei noch weitere Möglichkeiten, mehrere Clients zu behandeln. Allerdings sind dies immer wieder Dinge, die stark von der Plattform der Entwicklung abhängen.

Und trotzdem gibt es eine Lösung, womit man auch mehrere Plattformen zufrieden stellen kann, nämlich die Funktion `select()`. Mit `select()` lassen sich recht komfortabel mehrere

Clients behandeln – und das auch auf verschiedenen Plattformen wie MS Windows und Linux-/Unix-Systemen. Also ein sehr geeigneter Kandidat für portable Lösungen.

Das Problem bei einem Server, wie Sie ihn bisher verwendet haben, ist, dass dieser immer nur auf einen Socket-Deskriptor gewartet hat und auch immer über einen Socket-Deskriptor Daten empfangen bzw. versendet wurden. Wurde beim Server z. B. `revc()` aufgerufen, blockierte dieser Aufruf den Socket-Deskriptor so lange, bis der Client wirklich Daten an diesen gesendet hat. Klar, man kann das Blockieren auch damit umgehen, indem man den Socket-Deskriptor als nicht blockierend einrichtet (z. mit `fcntl()`). Allerdings sollte man bedenken, dass hierbei ständig überprüft wird, ob an einem Socket Daten vorliegen – das heißt, es wird in einer Schleife dauerhaft »gepollt« – was die CPU unnötig belastet. Mit der Funktion `select()` können Sie den Socket-Deskriptor so einrichten, dass nur dann CPU-Zeit benötigt wird, wenn auch wirklich Daten an einem Socket-Deskriptor vorliegen.

Hinweis

Dieser Abschnitt sollte nicht den Eindruck erwecken, die Funktion `select()` sei eine Routine, die sich nur zur Netzwerkprogrammierung eignet. `select()` kann überall dort eingesetzt werden, wo auch Deskriptoren verwendet werden bzw. synchrones Multiplexing verwendet werden soll. Des Weiteren lassen sich mit `select()` auch hervorragend so genannte Timeouts einrichten.

Hier also die Syntax zur entsprechenden `select()`-Funktion:

```
/* entsprechend nach POSIX 1003.1-2001 */
#include <sys/select.h>

/* entsprechend nach früheren Standards */
#include <sys/time.h>
#include <sys/types.h>
#include <unistd.h>

int select( int n, fd_set *readfds, fd_set *writefds,
            fd_set *exceptfds, struct timeval *timeout );
```

Mit dem ersten Parameter `n` geben Sie die Größe der folgenden Menge an. Hierfür wird gewöhnlich der Wert des höchsten (Socket-)Deskriptors plus eins angegeben. Sie sollten sich allerdings nicht darauf verlassen, dass hier automatisch eine aufsteigende und lückenlose Reihenfolge für die (Socket-)Deskriptoren vergeben wird. Welche Nummer der nächste (Socket-) Deskriptor verwendet, entscheidet immer noch das System. Daher empfiehlt es sich, jeden gesetzten (Socket-)Deskriptor mit dem zu vergleichen, der rein theoretisch der höchste ist.

Die nächsten drei Parameter sind Zeiger auf die `fd_sets`, die zum Lesen, Schreiben oder auf Ausnahmen getestet werden. Sofern Sie einen der Parameter nicht verwenden wollen, können Sie hierfür `NULL` angeben. Drei getrennte Sets sind nötig, da man ja nicht alle (Socket-)Deskriptoren auf Lesen oder Schreiben testen möchte.

Der am häufigsten verwendete Parameter (wie es auch im anschließenden Beispiel der Fall ist) ist `readfds`. Mit diesem Parameter wird überprüft, ob auf den (Socket-)Deskriptoren Daten zum Lesen vorhanden sind. Das Gegenstück dazu ist der Parameter `writefds` – hiermit können Sie die Beschreibbarkeit von (Socket-)Deskriptoren überprüfen – sprich, ob ein Deskriptor bereit ist, eine Ausgabe anzunehmen (diese wird z. B. gerne bei Pipes verwendet). Der dritte fd_set-Parameter exceptfds wird weitaus seltener verwendet. Dieser kann verwendet werden, um zu überprüfen, ob bei einen (Socket-)Deskriptor irgendwelche besonderen Zustände (Ausnahmen) vorliegen. Dies wird z. B. bei Out-of-band-Daten (MSG_OOB) verwendet (siehe Manual Page zu send() und/oder recv()).

Nach dem Aufruf von select() wird diese Menge in Teilmengen der Filedeskriptoren verteilt, welche die Bedingungen erfüllen.

Mit dem letzten Parameter können Sie ein Timeout, eine Zeit im Format von Sekunden (tv_sec) und Mikrosekunden (tv_usec), einrichten. Diese Zeit wird dann abgewartet, bis eine bestimmte Bedingung eintritt. Sind Sie daran nicht interessiert, können Sie auch hier NULL angeben. Es gibt aber auch einen Nachteil, wenn sich select() vorzeitig verabschiedet (vor Ablauf der festgelegten Zeit). select() gibt keine Auskunft darüber, wie lange denn tatsächlich gewartet wurde. Dazu muss extra eine Funktion wie z. B. gettimeofday() aufgerufen werden.

Die Funktion gibt die Anzahl der Filedeskriptoren zurück, die Ihre Bedingung erfüllt haben (einfach die Anzahl der (Socket-)Deskriptoren, die bereit sind). Wenn die Zeit abgelaufen ist (Timeout), wird 0 und bei einem Fehler des Funktionsaufrufs select() -1 zurückgegeben.

Ein Problem bei select() ist, dass es mit Bitfeldern arbeitet – was somit abhängig vom Betriebssystem ist. Die Bitfeldgröße bei BSD z. B. beträgt 256 und unter Linux 1024. Somit können auf BSD nur die ersten 256 und unter Linux 1024 Deskriptoren angesprochen werden. Wie viele Deskriptoren Sie denn nun tatsächlich pro Prozess verwenden können, ist mit der symbolischen Konstante FD_SETSIZE definiert. Natürlich macht es jetzt wenig Sinn, alle (Socket-)Deskriptoren zu überwachen. Zum Glück müssen Sie sich eigentlich recht wenig um diese Menge kümmern, da Ihnen der Datentyp fd_set die Arbeit zum Speichern der (Socket-)Deskriptoren abnimmt und einige Makros den Zugriff darauf erleichtern. Hier die Makros, um die Mengen zu bearbeiten:

```
FD_ZERO(fd_set *set);
FD_SET(int element, fd_set *set);
FD_CLR(int element, fd_set *set);
FD_ISSET(int element, fd_set *set);
```

Die Makros lassen sich recht schnell erklären. FD_ZERO() macht aus der Menge set eine leere Menge, FD_SET() fügt element der Menge set hinzu, und FD_CLR() entfernt element aus der Menge set. Mit FD_ISSET() können Sie überprüfen, ob element in der Menge set vorkommt (genauer: gesetzt ist).

Das folgende Beispiel, ein einfacher TCP-Echo-Server, soll Ihnen die Funktion select() demonstrieren. Nach dem Starten des Servers dürfen Sie gerne mehrere Clients gleichzeitig starten und dem Server Nachrichten zukommen lassen. Sie werden feststellen, dass der Server keinen Client blockiert und somit ohne Problem mehrere Clients »gleichzeitig« handeln kann (echtes Multiplexing eben) – genauer FD_SETSIZE Clients. Sobald auch hier ein Client die Zeichenfolge »quit« sendet, entfernt der Server den Client (genauer: den (Socket-)Deskriptor) aus der Menge. Die Netzwerkfunktionen um select() herum wurden in extra Funktionen »ausgelagert«, damit Sie den Überblick zu den eigentlichen Funktionen rund um `select()` behalten können. Hierzu der Server »multi_server.c«:

```
/* multi_server.c */
#include <stdlib.h>
#include <stdio.h>
#include <string.h>
#include <errno.h>
#include <sys/types.h>
#include <sys/socket.h>
#include <netinet/in.h>
#include <netdb.h>
#include <arpa/inet.h>
#include <unistd.h>
#define BUF 1024

#define socket_t int

/* Funktion gibt aufgetretene Fehler aus und
 * beendet die Anwendung */
void error_exit(char *error_message) {
    fprintf(stderr, "%s: %s\n", error_message,
       strerror(errno));
    exit(EXIT_FAILURE);
}

 int create_socket( int af, int type, int protocol ) {
    socket_t sock;
    const int y = 1;
    /* Erzeuge das Socket */
    sock = socket(af, type, protocol);
    if (sock < 0)
        error_exit("Fehler beim Anlegen eines Sockets");
    setsockopt( sock, SOL_SOCKET,
                SO_REUSEADDR, &y, sizeof(int));
    return sock;
}

/* Erzeugt die Bindung an die Serveradresse
 * (genauer an einen bestimmten Port) */
void bind_socket(socket_t *sock, unsigned long adress,
                 unsigned short port) {
   struct sockaddr_in server;

   memset( &server, 0, sizeof (server));
   server.sin_family = AF_INET;
   server.sin_addr.s_addr = htonl(adress);
   server.sin_port = htons(port);
   if (bind( *sock, (struct sockaddr*)&server,
             sizeof(server)) < 0 )
```

```
      error_exit("Kann das Socket nicht \"binden\"");
}

/* Teile dem Socket mit, dass Verbindungswünsche
 * von Clients entgegengenommen werden */
void listen_socket( socket_t *sock ) {
  if(listen(*sock, 5) == -1 )
      error_exit("Fehler bei listen");
}

/* Bearbeite die Verbindungswünsche von Clients
 * Der Aufruf von accept() blockiert so lange,
 * bis ein Client Verbindung aufnimmt */
void accept_socket(socket_t *socket, socket_t *new_socket){
   struct sockaddr_in client;
   int len;

   len = sizeof(client);
   *new_socket = accept( *socket,(struct sockaddr *)&client,
                         &len );
   if (*new_socket  == -1)
      error_exit("Fehler bei accept");
}

/* Daten empfangen via TCP */
void TCP_recv( socket_t *sock, char *data, size_t size) {
    int len;
    len = recv (*sock, data, size, 0);
    if( len > 0 || len != -1 )
       data[len] = '\0';
    else
       error_exit("Fehler bei recv()");
}

/* Socket schließen */
void close_socket( socket_t *sock ){
    close(*sock);
}

int main (void) {
  socket_t sock1, sock2, sock3;
  int i, ready, sock_max, max=-1;
  int client_sock[FD_SETSIZE];
  fd_set gesamt_sock, lese_sock;
  char *buffer = (char*) malloc (BUF);

  sock_max = sock1 = create_socket(AF_INET, SOCK_STREAM, 0);

  bind_socket( &sock1, INADDR_ANY, 15000 );
  listen_socket (&sock1);
```

```
for( i=0; i<FD_SETSIZE; i++)
   client_sock[i] = -1;
FD_ZERO(&gesamt_sock);
FD_SET(sock1, &gesamt_sock);

for (;;) {
  /* Immer aktualisieren */
  lese_sock = gesamt_sock;
  /* Hier wird auf die Ankunft von Daten oder
   * neuer Verbindungen von Clients gewartet */
  ready=select(sock_max+1, &lese_sock, NULL, NULL, NULL);
  /* Eine neue Clientverbindung ... ? */
  if( FD_ISSET(sock1, &lese_sock)) {
     accept_socket( &sock1, &sock2 );
     /* Freien Platz für (Socket-)Deskriptor
      * in client_sock suchen und vergeben */
     for( i=0; i< FD_SETSIZE; i++)
        if(client_sock[i] < 0) {
           client_sock[i] = sock2;
           break;
        }
     /* Mehr als FD_SETSIZE Clients sind nicht möglich */
     if( i == FD_SETSIZE )
        error_exit("Server überlastet - zu viele Clients");
     /* Den neuen (Socket-)Deskriptor zur
      * (Gesamt-)Menge hinzufügen */
     FD_SET(sock2, &gesamt_sock);
     /* select() benötigt die höchste
      * (Socket-)Deskriptor-Nummer */
     if( sock2 > sock_max )
        sock_max = sock2;
     /* höchster Index für client_sock
      * für die anschließende Schleife benötigt */
     if( i > max )
        max = i;
     /* ... weitere (Lese-)Deskriptoren bereit? */
     if( --ready <= 0 )
        continue; //Nein ...
  } //if(FD_ISSET ...

  /* Ab hier werden alle Verbindungen von Clients auf
   * die Ankunft von neuen Daten überprüft */
  for(i=0; i<=max; i++) {
     if((sock3 = client_sock[i]) < 0)
        continue;
     /* (Socket-)Deskriptor gesetzt ... */
     if(FD_ISSET(sock3, &lese_sock)){
        /* ... dann die Daten lesen */
        TCP_recv (&sock3, buffer, BUF-1);
```

```
          printf ("Nachricht empfangen: %s\n", buffer);
          /* Wenn quit erhalten wurde ... */
          if (strcmp (buffer, "quit\n") == 0) {
             /* ... hat sich der Client beendet */
             //Socket schließen
             close_socket (&sock3);
             //aus Menge löschen
             FD_CLR(sock3, &gesamt_sock);
             client_sock[i] = -1;        //auf -1 setzen
             printf("Ein Client hat sich beendet\n");
          }
          /* Noch lesbare Deskriptoren vorhanden ... ? */
          if( --ready <= 0 )
             break; //Nein ...
       }
    }
  } // for(;;)
  return EXIT_SUCCESS;
}
```

Jetzt noch der Quellcode zum Client:

```
/* client.c */
#include <stdlib.h>
#include <stdio.h>
#include <string.h>
#include <errno.h>
#include <sys/types.h>
#include <sys/socket.h>
#include <netinet/in.h>
#include <netdb.h>
#include <arpa/inet.h>
#include <unistd.h>
#define BUF 1024

#define socket_t int

/* Funktion gibt aufgetretene Fehler aus und
 * beendet die Anwendung */
void error_exit(char *error_message) {
    fprintf(stderr, "%s: %s\n", error_message,
       strerror(errno));
    exit(EXIT_FAILURE);
}

 int create_socket( int af, int type, int protocol ) {
    socket_t sock;
    const int y = 1;
    /* Erzeuge das Socket */
    sock = socket(af, type, protocol);
```

```
    if (sock < 0)
        error_exit("Fehler beim Anlegen eines Sockets");
    setsockopt( sock, SOL_SOCKET,
                SO_REUSEADDR, &y, sizeof(int));
    return sock;
}

/* Baut die Verbindung zum Server auf */
void connect_socket(socket_t *sock, char *serv_addr,
                    unsigned short port) {
   struct sockaddr_in server;
   struct hostent *host_info;
   unsigned long addr;

   memset( &server, 0, sizeof (server));
   if ((addr = inet_addr( serv_addr )) != INADDR_NONE) {
       /* argv[1] ist eine nummerische IP-Adresse */
       memcpy( (char *)&server.sin_addr,
               &addr, sizeof(addr));
   }
   else {
      /* Für den Fall der Fälle: Wandle den Servernamen
       * z.B. "localhost" in eine IP-Adresse um */
       host_info = gethostbyname( serv_addr );
       if (NULL == host_info)
           error_exit("Unbekannter Server");
       memcpy( (char *)&server.sin_addr, host_info->h_addr,
               host_info->h_length);
   }
   server.sin_family = AF_INET;
   server.sin_port = htons( port );
   /* Baue die Verbindung zum Server auf */
   if (connect( *sock, (struct sockaddr *)&server,
                sizeof( server)) < 0)
      error_exit( "Kann keine Verbindung zum Server "
                  " herstellen");
}

/* Daten versenden via TCP */
void TCP_send( socket_t *sock, char *data, size_t size) {
   if(send( *sock, data, size, 0) == -1 )
      error_exit("Fehler bei send()");
}

/* Socket schließen */
void close_socket( socket_t *sock ){
    close(*sock);
}

int main (int argc, char **argv) {
```

```
  socket_t sock;
  char *buffer = (char *)malloc (BUF);

  if( argc < 2 ){
     printf("Usage: %s ServerAdresse\n", *argv);
     exit(EXIT_FAILURE);
  }

  sock = create_socket(AF_INET, SOCK_STREAM, 0);
  connect_socket(&sock, argv[1], 15000);

  do {
      buffer[0] = '\0';
      printf ("Nachricht zum Versenden: ");
      fgets (buffer, BUF, stdin);
      TCP_send (&sock, buffer, strlen (buffer));
  } while (strcmp (buffer, "quit\n") != 0);
  close_socket (&sock);
  return EXIT_SUCCESS;
}
```

Die Programme bei der Ausführung:

```
[ tty1 ]
$ gcc -o multi_server multi_server.c
$ gcc -o client client.c
$ ./multi_server
[ tty2 ]
$ ./client localhost
Nachricht zum Versenden: Hallo Server von tty2
Nachricht zum Versenden:
[ tty3 ]
$ ./client 127.0.0.1
Nachricht zum Versenden: Hallo Server von tty3
Nachricht zum Versenden:

[ tty1 ]
$ ./multi_server
Nachricht empfangen: Hallo Server von tty2

Nachricht empfangen: Hallo Server von tty3
[ tty2 ]
$ ./client localhost
Nachricht zum Versenden: Hallo Server von tty2
Nachricht zum Versenden: Ich beende mich jetzt dann
Nachricht zum Versenden: quit
$
[ tty3 ]
$ ./client 127.0.0.1
Nachricht zum Versenden: Hallo Server von tty3
Nachricht zum Versenden: Ich auch bye!
```

```
Nachricht zum Versenden: quit
$

[ tty1 ]
$ ./multi_server
Nachricht empfangen: Hallo Server von tty2

Nachricht empfangen: Hallo Server von tty3

Nachricht empfangen: Ich beende mich jetzt dann

Nachricht empfangen: quit

Ein Client hat sich beendet
Nachricht empfangen: Ich auch, bye!

Nachricht empfangen: quit

Ein Client hat sich beendet
...
...
```

Zugegeben, das Beispiel war noch sehr theoretisch, daher ein Fall aus dem echten Leben der Netzwerkprogrammierung. Das beste Beispiel in diesem Fall dürfte wohl ein HTTP-Webserver sein. Das folgende Listing zeigt Ihnen das Grundgerüst eines solchen Webservers. Im Großen und Ganzen entspricht dieses auf den ersten Blick etwas komplexere Beispiel einem typischen Aufbau eines parallelen Servers, wie Sie diesen bereits in diesem Kapitel gesehen haben. Sie finden in diesem Beispiel viele netzwerktypische Techniken, weshalb es sich lohnen kann, sich umfassend damit zu beschäftigen. Der Quellcode ist, sofern dies nötig ist, gut dokumentiert.

Hinweis

Sofern Sie mit Begriffen eines Webservers wie Request-Header oder Response-Header überhaupt nichts anzufangen wissen, empfehle ich Ihnen das Kapitel zur CGI-Programmierung in C zu lesen, das Sie in dem Buch »C von A bis Z« finden (auch zu finden auf der Buch-CD).

```
/* http_server.c */
#include <unistd.h>
#include <stdio.h>
#include <stdlib.h>
#include <string.h>
#include <errno.h>
#include <sys/types.h>
#include <sys/socket.h>
#include <netinet/in.h>
#include <arpa/inet.h>
#include <signal.h>
#include <time.h>
```

```
#include <sys/stat.h>
#include <sys/wait.h>
#include <sys/ioctl.h>

#define bool int
#define true  1
#define false 0
#define SERVER_PORT     2001
#define BUFFER_SIZE     2048

typedef void (*sighandler_t)(int);

static sighandler_t
my_signal(int sig_nr, sighandler_t signalhandler) {
   struct sigaction neu_sig, alt_sig;

   neu_sig.sa_handler = signalhandler;
   sigemptyset (&neu_sig.sa_mask);
   neu_sig.sa_flags = SA_RESTART;
   if (sigaction (sig_nr, &neu_sig, &alt_sig) < 0)
      return SIG_ERR;
   return alt_sig.sa_handler;
}

/* String anhand bestimmter Tokens zerlegen */
static int
GetToken(char *buf, int n, char *token, int toklen, char delim) {
  int len;
  int i = 0;
  int k;

  for( k=1; k<=n;k++) {
    token[0] = 0;
    len = 0;
    while(buf[i] == delim || buf[i] == ' ' || buf[i] == 0 ||
          buf[i] == '\t' || buf[i] == '\r' ||
          buf[i] == '\n') {
      i++;
    }
    while(buf[i]!=delim && buf[i]!=' ' && buf[i]!='\0' &&
          buf[i]!='\t' && buf[i]!=10 && buf[i]!=13) {
      token[len++]  =  buf[i++];
      if(len > toklen - 1) {
        return -1;
      }
    }
    token[len] = 0;
  }
  return len;
}
```

```
/* Ganze Blöcke von size Bytes Größe an den */
/* Socket (Client) senden                    */
static int SendBlock(int soc,unsigned char *buf, int size) {
  unsigned char *r;
  int len = 0;
  r = buf;

  while( size > 0 ) {
    if((len = send(soc, r, size, 0)) == -1) {
      return -1;
    }
    size -= len;
    r += len;
  }
  return 0;
}

/* Variable Anzahl Bytes an Socket (den Client) schicken */
static int SendBuf(int soc, char *buf) {
  char *r = NULL;
  int len = 0;
  int rlen = strlen(buf);
  r = buf;

  while( rlen > 0 ) {
    if((len = send(soc, r, strlen(r), 0)) == -1) {
      return -1;
    }
    rlen -= len;
    r += len;
  }
  return 0;
}

/* Den Response-Header an den Client senden; z.B.:
   HTTP/1.1 200 OK
   Date: Wed, 29 Jun 2004 00:38:10 GMT
   Server: Apache/2.0.12 (Unix) PHP/5.0.3 mod_ssl/2.8.3 ...
   Last-Modified: Wed, 15 Jun 2004 12:53:23 GMT
   Content-Length: 3752
   Connection: close
   Content-Type: text/html
   ...
*/
static void
SendHTTPHeader( int soc, int code, const char *phase,
                int length, time_t *pftime ) {
  char msg[255] = {0};
  struct tm *ptm, *pftm;
  time_t stime;
```

```
  sprintf(msg, "HTTP/1.1%d %s\r\n", code, phase);
  SendBuf(soc, msg);
  time(&stime);
  ptm = gmtime(&stime);
  strftime( msg, 255,
            "Date: %a, %d %b %Y %H:%M:%S %Z\r\n", ptm );
  SendBuf(soc, msg);
  SendBuf(soc, "Server: http_server 0.1\r\n");

  if(pftime != NULL) {
    pftm = gmtime(pftime);
    strftime( msg, 255, "Last-Modified: "
              "%a, %d %b %Y %H:%M:%S %Z\r\n", pftm);
    SendBuf(soc, msg);
  }

  SendBuf(soc, "Accept-Ranges: none\r\n");
  sprintf(msg, "Content-Length: %d\r\n", length);
  SendBuf(soc, msg);
  SendBuf(soc, "Connection: Keep-Alive\r\n");
  SendBuf(soc, "Content-Type: text/html\r\n");
  SendBuf(soc, "\r\n");
}

static int httpd(int soc) {
  int returnval = 0;
  char buf[512] ={0};
  char method[255] = {0};
  char uri[512] = {0};
  char headline[1024] = {0};
  char request_header[BUFFER_SIZE] = {0};
  char *r = NULL;
  char hTitle[32] = {0};
  char hValue[128] = {0};
  FILE *fd;

  bool isFirst = true;
  /* Aus Deskriptor einen FILE-Stream machen */
  fd = fdopen(soc, "r");
  printf("-----------Request-Header Client------------\n");
  /* Request-Header des Clients auslesen */
  while(1) {    /* Request-Header zeilenweise einlesen */
    r = fgets(buf, BUFFER_SIZE, fd);
    /* ... Request-Header des Clients fertig, wenn ... */
    if( *r == '\r' && *(r+1) == '\n') {
      break;
    }
    printf("ClientRequest: %s", r);
```

```
/* Als Erstes wird immer die Methode der Anfrage gesendet */
/* meistens ist die Methode GET oder POST                 */
/* Diese Methode wollen wir entsprechend mit GetToken()   */
/* präpariert in dem char-Array method speichern.         */
    if(isFirst) {
      strcpy(headline, r);
      GetToken(headline, 1, method, 255, 0);
      isFirst = false;
    }
    /*  Keep-Alive? */
    else {
      strcat(request_header, r);
      GetToken(r, 1, hTitle, 32, ':');
      if(strcmp(hTitle, "Connection") == 0 ) {
        GetToken(r, 2, hValue, 128, ' ');
        if(strcmp(hValue, "Keep-Alive") == 0 ) {
          printf("Client benötigt keep alive\r\n");
          returnval = 1;
        } else {
          printf("Client benötigt kein keep alive\r\n");
          returnval = -1;
        }
      }
    }
  }
  printf("Fertig mit dem Lesen des Request-Headers...\r\n");
  printf("-----------------------------------------\n");
  fflush(stdout);
  /* Wurde die Methode GET gesendet - */
  /* Beispiel unterstützt nur diese   */
  if((strcmp(method,"GET")==0)||(strcmp(method,"get")==0)) {
    char dir[255];
    char path[512] = {0};
    FILE *file;
    struct stat fst;

    GetToken(headline, 2, uri, 1024, 0);
    GetToken(uri, 1, dir, 255, '/');
    printf("Folgende Datei wurde vom Client"
           " angefordert %s\n",uri);
    sprintf(path, ".%s", uri);
    file = fopen(path, "r");
    if(file == NULL) {
    /* Ausgabe an den Browser, falls Datei nicht vorhanden */
      char error404[] =
        "<HTML><HEAD><TITLE>404 Not Found</TITLE>"
        "</HEAD><BODY><H1>Nicht gefunden</H1>"
        "Die angeforderte URL konnte nicht auf"
        " diesem Server gefunden werden."
        "<P><HR><I>http_server0.1<I></BODY>"
```

```
      "</HTML>\r\n\r\n";
    printf("404 Nachricht\r\n");
    SendHTTPHeader( soc, 404, "FILE NOT FOUND.",
                    strlen(error404)+1, NULL );
    SendBlock( soc, error404, strlen(error404)+1 );
    fflush(stdout);
    SendBuf(soc, "\r\n\r\n");
    return -1;

  } else {
    /* Server-Response erzeugen-Die Antwort des Servers */
    unsigned char *blob = NULL;
    stat(path, &fst);
    printf("Datei existiert ...\r\n");
    fflush(stdout);
    /* Den Response-Header an den Client schicken */
    SendHTTPHeader( soc, 200, "OK", fst.st_size,
                    &(fst.st_mtime) );
    /* Speicher für d. angeforderte Dokument anfordern */
    blob = (unsigned char *)malloc(fst.st_size);
    /* Komplettes Dokument in blob einlesen */
    fread(blob, fst.st_size, 1, file);
    /* Komplettes Dokument an den Client senden */
    SendBlock(soc, blob, fst.st_size);
    /* ...fertig - aufräumen */
    fclose(file);
    printf("Alle Daten gesendet ...\r\n");
    fflush(stdout);
    SendBuf(soc, "\r\n\r\n");
    free(blob);
  }
 }
 return returnval;
}

int main(int argc, char *argv[]) {
  int soc, soc_cli;
  socklen_t srv_len, cli_len;
  int ret = -1;
  struct sockaddr_in srv_addr, cli_addr;
  const int y = 1;

  /* 1. Typischer Vorgang einer Serveranwendung:    */
  /*    +   Einen Socket erzeugen - socket()        */
  /*    + Den eigenen Port festlegen - bind()       */
  /*    + Auf Verbindungswünsche warten - listen()  */
  /*    + Verbindung annehmen - accept()            */
  soc = socket(AF_INET, SOCK_STREAM, 0);
  srv_addr.sin_family = AF_INET;
  srv_addr.sin_addr.s_addr = htons(INADDR_ANY);
```

```
srv_addr.sin_port = htons(SERVER_PORT);
srv_len = sizeof(srv_addr);
setsockopt( soc, SOL_SOCKET, SO_REUSEADDR,
            &y, sizeof(int));
ret = bind(soc, (struct sockaddr *)&srv_addr, srv_len);
if(ret != 0) {
  printf("Fehler: binding server socket\r\n");
  return EXIT_FAILURE;
}
ret = listen(soc, 5);
if(ret != 0) {
  printf("Fehler: listening server socket\r\n");
  return EXIT_FAILURE;
}
/* SIGCHLD ignorieren */
my_signal(SIGCHLD, SIG_IGN);

while(1) {
  int pid;
  fd_set fdlist, testfd;
  int result = 0;
  int rlen = 0;
  printf("Warte auf Clientverbindung...\r\n");
  cli_len = sizeof(cli_addr);
  soc_cli = accept( soc,
                    (struct sockaddr *)&cli_addr,
                    (socklen_t*)&cli_len );
  /* Parallelen Server erzeugen */
  pid = fork();
  switch(pid) {
    /* Kindprozess kümmert sich um den neuen Client */
    /* (z.B. Browser)                               */
  case 0:
    if(soc_cli != -1) {
      printf("Client verbunden mit socket %d\r\n",
         soc_cli);
      /* Menge in fdlist auf null setzen */
      FD_ZERO(&fdlist);
      /* Den Client-Socket der Menge hinzufügen */
      FD_SET(soc_cli, &fdlist);
      while(1) {
        testfd = fdlist;
        /* Sind auf der Deskriptor(en)-Menge */
        /* testfd Daten zum Lesen vorhanden? */
        result = select( FD_SETSIZE, &testfd,
                         NULL, NULL, NULL );
        /* Fehler bei select() */
        if(result <= 0) {
          break;
        }
```

```
          /* Prüfen, ob das Bit für soc_cli in */
          /* testfd gesetzt ist ...            */
          if(FD_ISSET(soc_cli, &testfd)) {
            ioctl(soc_cli, FIONREAD, &rlen);
            if(rlen == 0) {
              /* Bit für soc_cli aus der Menge */
              /* fdlist wieder löschen         */
              FD_CLR(soc_cli, &fdlist);
              break;
            }
            /* Die Anforderung des Clients */
            /* bearbeiten                  */
            result = httpd(soc_cli);
            if(result < 0) {
              break;
            }
          }
        }
        printf("Client socket %d beendet\r\n", soc_cli);
        fflush(stdout);
        close(soc_cli);
      } else {
        printf("Fehler:accepting client's connection.\r\n");
      }
      exit(EXIT_SUCCESS);
      break;
    case -1:
      printf("Fehler bei fork() (%s)\r\n", strerror(errno));
      break;
    default:
      /* Elternprozess benötigt den verbundenen Socket */
      /* nicht mehr, da sich der Kindprozess damit     */
      /* beschäftigt                                   */
      close(soc_cli);
      break;
    }
  }
  return EXIT_SUCCESS;
}
```

Das Programm bei der Ausführung:

```
$ gcc -o http_server http_server.c
```

Erstellen Sie nun eine HTML-Datei. Speichern Sie diese Datei im selben Verzeichnis, in dem Ihr Webserver ausgeführt wird. Hier wird die Datei mit dem Namen index.html gespeichert.

```
$ ./http_server
Waiting for client connecting...
```

Öffnen Sie jetzt einen Webclient (Ihren Lieblings-Webbrowser, wenn Sie wollen), und geben Sie folgende Adresse ein:

```
http://localhost:2001/index.html
```

Jetzt müssten Sie den Inhalt der Datei index.html in Ihrem Browser lesen können.

Abbildung 11.10 Erfolgreich mit dem http_server verbunden

Für den Fall, dass Sie eine nicht vorhandene Datei anfordern, wird die servertypische 404-Nachricht (File not found) zurückgegeben.

Abbildung 11.11 Ein nicht vorhandenes Dokument wurde angefordert.

Außerdem können Sie die Ausgabe Ihres Webservers bei der Arbeit in der Konsole betrachten:

```
$ ./http_server
Warte auf Clientverbindung...
Client verbunden mit socket 4
------------Request-Header Client--------------
ClientRequest: GET /index.html HTTP/1.1
ClientRequest: Host: localhost:2001
ClientRequest: User-Agent: Mozilla/5.0 (X11; U; Linux i686;
```

```
ClientRequest: Accept:text/xml,application/xml,appl ...
ClientRequest: Accept-Encoding: gzip,deflate, compress ...
ClientRequest: Accept-Charset: ISO-8859-1, utf-8;q=0.66, ...
ClientRequest: Keep-Alive: 300
ClientRequest: Connection: keep-alive
Client benötigt kein keep alive
ClientRequest: If-Modified-Since: Sat, 08 May 2004 23:23:26
ClientRequest: Cache-Control: max-age=0
Fertig mit dem Lesen des Request-Headers...
-----------------------------------------------
Folgende Datei wurde vom Client angefordert /index.html
Datei existiert ...
Alle Daten gesendet ...
Client-socket-4-Verbindung beendet
Warte auf Client-Verbindung ...
Client verbunden mit socket 4
Warte auf Clientverbindung ...
-------------Request-Header Client---------------
ClientRequest: GET /icnzgtfhjkldex.html HTTP/1.1
ClientRequest: Connection: Keep-Alive
Client benötigt keep alive
ClientRequest: Pragma: no-cache
ClientRequest: Cache-control: no-cache
ClientRequest: Accept: text/*, image/jpeg, image/png, image/...
ClientRequest: Accept-Encoding: x-gzip, x-deflate, gzip, defla...
ClientRequest: Accept-Charset: iso-8859-15, utf-8;q=0.5, *;q=0.5
ClientRequest: Accept-Language: de, DE, en
ClientRequest: Host: localhost:2001
Fertig mit dem Lesen des Request-Headers ...
-----------------------------------------------
Folgende Datei wurde vom Client angefordert /icnzgtfhjkldex.html
404 Nachricht
Client-socket-4-Verbindung beendet
```

Keep Alive

Bei HTTP/1.0 waren alle Verbindungen nicht persistent, d. h., der Server hat die Verbindung zum Client (z. B. nach dem Liefern einer HTML-Datei) abgebrochen. Wenn der Client eine persistente Verbindung aufbauen wollte, musste dieser den Connection-Header mit Keep Alive bestücken. In HTTP/1.1 ist dies jetzt umgekehrt der Fall. Die Verbindungen sind hierbei immer persistent, außer der Client schickt einen Connection-Header mit close.

Eine Zeile, in der Sie sicherlich hängen geblieben sind, war wohl die folgende Zeile:

```
ioctl(soc_cli, FIONREAD, &rlen);
```

Damit lässt sich ganz bequem herausfinden, wie viele ungelesene Bytes in einem Filedeskriptor (hier Socket) noch verfügbar sind. Die Anzahl befindet sich anschließend in `rlen`. Im Beispiel wird, wenn keine Bytes mehr verfügbar sind, der Filedeskriptor (hier Socket) aus der Menge `fdlist` mit dem Makro `FD_CLR()` wieder entfernt.

Hinweis zu \r\n

Sicherlich ist Ihnen im Listing bei den Ausgaben des Servers auch das \r\n am Ende aufgefallen. Im Prinzip ist es allerdings egal, ob Sie hierbei \n oder \r\n verwenden – vorausgesetzt natürlich, die Clientsoftware spricht dasselbe Protokoll wie der Server. Gewöhnlich werden Serverdämonen so programmiert, dass diese \r\n und \n kennen.

11.15 POSIX-Threads und Netzwerkprogrammierung

Wenn sich `fork()` dazu eignet, einen parallelen Server zu entwickeln, dann müssten ja die Threads als Leichtgewichte sensationell im Vergleich zu den normalen Prozessen sein. Das Thema »Threads« wurde ja bereits in Kapitel 9 behandelt. Mit Threads würde man sich praktisch eine Menge Hauptspeicher sparen können, da ja das »aufwändige« Kopieren vom Eltern- in den Kindprozess entfallen würde und man auf Interprozesskommunikationen zum Austausch von Informationen zwischen Eltern- und Kindprozess verzichten könnte. Die Threads können ja als Leichtgewichtprozesse bis zu 100 Mal schneller sein als herkömmliche neue Prozesse, die mit `fork()` erzeugt wurden.

Bei all dem Hurra über Threads in der Netzwerkprogrammierung muss allerdings einiges beachtet werden, wenn man die Threads tatsächlich zur Socket-Programmierung verwenden will. Da wäre zum Beispiel die Anzahl der gleichzeitigen Threads. Wenn Threads also bei einem Server eingesetzt werden sollen, der mehrere tausend Clients bedienen soll, dann sind sie schon nicht mehr dafür geeignet.

Thread-Limit umgehen

Ein interessanter Vorschlag hierzu wäre: Man greift zur Extremlösung (die aber auch wunderbar funktioniert): Man forkt den Hauptprozess (Elternprozess) direkt nach dem `listen()` mehrmals, und jeder der Subprozesse (Kindprozess) erstellt dann ein paar Threads. Somit kommt man auch um das Limit gleichzeitiger Threads pro Prozess ...

Des Weiteren sind die Threads in der Netzwerkprogrammierung noch verhältnismäßig »jung«, so dass in puncto Zuverlässigkeit und Erfahrung noch recht wenige Kenntnisse vorhanden sind.

Hinweis

Thread-sichere Versionen von Funktionen enden gewöhnlich mit der Endung `_r`. Aber dies ist kein Standard und somit für Netzwerkanwendungen, die ja gewöhnlich möglichst portabel sein sollten, eher ungeeignet.

Als Programmbeispiel soll auch hierzu wieder der Server verwendet werden, mit dem sich Dateien über das Netzwerk kopieren lassen. Allzu viel müssen Sie dabei im Gegensatz zum Beispiel des parallelen Servers mit `fork()` gar nicht ändern, um die Serveranwendung multithreading-fähig zu machen. Die Clientanwendung hingegen muss nicht verändert werden.

Hierfür können Sie wieder dieselbe wie gehabt verwenden. Hier nun der Server, der Threads anstatt Prozesse verwendet, um einzelne Dateien über ein Netzwerk zu kopieren.

Hinweis

Das Programm verwendet Linux-Threads und ist somit nicht unbedingt auf anderen Unixen lauffähig. Voraussetzung sind Linux-Threads. Speziell unter FreeBSD müssen Sie die *linuxthreads* aus den *ports* installieren und das Programm folgendermaßen übersetzen:

```
$ gcc -o thserver thserver.c \
  -I/usr/local/include/pthread/linuxthreads \
  -L/usr/local/lib -llthread -llgcc_r
```

```
/* thserver.c */
#include <stdio.h>
#include <stdlib.h>
#include <string.h>
#include <sys/types.h>
#include <sys/socket.h>
#include <arpa/inet.h>
#include <netinet/in.h>
#include <sys/stat.h>
#include <fcntl.h>
#include <unistd.h>
#include <errno.h>
#include <pthread.h>
#define  MAX_ZEICHEN  16384
#define  PORT_NUMMER  1234

static void * threading_socket( void *);
static void copy (int);

pthread_t th;

static void *threading_socket (void *arg) {
  pthread_detach (pthread_self ());
  copy ((int) arg);
  close ((int) arg);
  return NULL;
}

static void copy (int connfd) {
  int  fd;
  ssize_t j, n, ngesamt;
  char puffer[MAX_ZEICHEN];
  char path_file[MAX_ZEICHEN];

  printf (" ... Daten empfangen\n");
  /* Dateiname */
  j = 0;
```

```
  while ((n = read (connfd, &puffer[j], 1)) > 0) {
    if (puffer[j] == '\n') {
        puffer[j] = 0;
        break;
    }
    j++;
  }
  if (n < 0) {
      printf ("Fehler bei read() ...\n");
      exit (EXIT_FAILURE);
  }

  printf ("Dateiname \"%s\"  wird kopiert nach ", puffer);
  strcpy (path_file, getenv ("HOME"));
  strcat (path_file, "/tmp/");
  strcat (path_file, puffer);
  printf ("%s\n", path_file);

  /* Datei zum Lesen öffnen */
  if ((fd = open ( path_file,
                 O_WRONLY | O_CREAT | O_TRUNC, 0644)) < 0) {
    printf ("... kann %s nicht öffnen (%s)\n",
       puffer, strerror(errno));
    close (connfd);
  }
  /* Datei aus dem Socket lesen und in lokale Kopie schreiben */
  ngesamt = 0;
  while ((n = read (connfd, puffer, sizeof (puffer))) > 0) {
    if (write (fd, puffer, n) != n) {
        printf ("Fehler bei write() ...(%s)\n",
           strerror(errno));
        exit (EXIT_FAILURE);
    }
    ingesamt += n;
  }
  if (n < 0) {
      printf ("Fehler bei read() ...\n");
  }
  printf ("... beendet (%d Bytes)\n", ingesamt);
  close (fd);
  close (connfd);
  return;
}

int main (void) {
  int sockfd, connfd;
  struct sockaddr_in adresse;
  size_t adrlaenge = sizeof (struct sockaddr_in);
  const int y = 1;
```

```
  if ((sockfd = socket (PF_INET, SOCK_STREAM, 0)) < 0) {
     printf ("Fehler bei socket() ...(%s)\n",
        strerror(errno));
     exit (EXIT_FAILURE);
  }
  printf ("Socket erfolgreich angelegt\n");

  adresse.sin_family = AF_INET;
  adresse.sin_port = htons (PORT_NUMMER);
  memset (&adresse.sin_addr, 0, sizeof (adresse.sin_addr));

  setsockopt( sockfd, SOL_SOCKET,
              SO_REUSEADDR, &y, sizeof(int));

  if (bind ( sockfd,
             (struct sockaddr *) &adresse,
             sizeof (adresse) ) ) {
     printf ("Fehler bei bind() ...(%s)\n",
        strerror(errno));
     exit (EXIT_FAILURE);
  }
  printf ("Server ist bereit und wartet ...\n");

  if (listen (sockfd, 5)) {
     printf ("Fehler bei listen() ...(%s)\n",
        strerror(errno));
     exit (EXIT_FAILURE);
  }
  while (1) {
    connfd = accept ( sockfd,
                      (struct sockaddr *) &adresse,
                      &adrlaenge );
    if (connfd < 0) {
      if (errno == EINTR)
         continue;
      else {
         printf ("Fehler bei accept() ...\n");
         exit (EXIT_FAILURE);
      }
    }
    pthread_create(&th, NULL, &threading_socket, connfd);
  }
  exit (EXIT_SUCCESS);
}
```

Ein Abdrucken des Programms bei der Ausführung kann ich mir hierbei ersparen, da sich nicht allzu viel im Gegensatz zu den Beispielen zuvor geändert hat. Außer in der Schleife des Servers hat sich auch nicht allzu viel im Listing verändert, nur dass das Beispiel jetzt ein wenig modularer aufgebaut ist.

```
while (1) {
  connfd = accept ( sockfd,
                    (struct sockaddr *) &adresse,
                    &adrlaenge );
  if (connfd < 0) {
    if (errno == EINTR)
       continue;
    else {
       printf ("Fehler bei accept() ...\n");
       exit (EXIT_FAILURE);
    }
  }
  pthread_create(&th, NULL, &threading_socket, connfd);
}
```

Hier wird ähnlich vorgegangen wie bei der Prozesserzeugung mittels `fork()` – mit dem Unterschied, wenn `accept()` zurückkehrt, dass hier ein Thread mit `pthread_create()` erzeugt wird anstatt ein neuer Prozess mit `fork()`. Jede Clientanfrage startet von nun an einen neuen Thread, und zwar den Thread `threading_socket()`. Zusätzlich übergeben Sie dem Thread als Argument den Deskriptor für das verbundene Socket (`connfd`).

```
static void * threading_socket (void *arg) {
   pthread_detach (pthread_self ());
   copy ((int) arg);
   close ((int) arg);
   return NULL;
}
```

In der Thread-Funktion `threading_socket()` wird der Thread mittels `pthread_detach()` ausgehängt, das heißt, der Haupt-Thread wartet nicht mehr auf die Rückkehr des von ihm angelegten Threads. Im nächsten Schritt wird dann die Funktion `copy()` aufgerufen, mit welcher der Kopiervorgang zwischen dem Client und dem Server-Thread abgearbeitet wird. Der Vorgang entspricht auch hier wieder demselben Code, den Sie schon im Beispiel des parallelen Servers mit `fork()` zuvor im Kindprozess kennen gelernt haben. Der Autor hat hierbei lediglich ein *Copy & Paste* gemacht. Als Argument übergeben Sie auch hier der Funktion den Deskriptor für das verbundene Socket. Wichtig ist dann, dass Sie vor der Rückkehr der Funktion `threading_socket()` das Socket mit `close()` schießen, da Threads ja alle Socket-Deskriptoren gemeinsam mit dem Main-Thread verwenden. Bei `fork()` ging dieser Vorgang ja nach Beendigung des Kindprozesses automatisch vor sich, da, wenn sich ein Prozess beendet, alle offenen Deskriptoren automatisch geschlossen werden.

11.16 Optionen für Sockets setzen bzw. erfragen

Natürlich ist es auch möglich, das Verhalten von Sockets über Optionen zu verändern bzw. abzufragen. Eine Option setzen können Sie mit der Funktion `setsockopt()` und erfragen mit `getsockopt()`; wobei die Optionen zum Setzen bzw. Lesen zum Teil sehr unterschiedliche Datentypen besitzen. Einige Optionen erwarten nur einen binären Wert, womit eine Option gesetzt oder eben nicht gesetzt werden kann, andere Optionen hingegen erwarten ganze Strukturen als Optionswerte. Daher sind diese beiden Funktionen relativ flexibel und nicht an spezielle Werte bzw. Größen gebunden.

11.16.1 setsockopt()

Zum Setzen von bestimmten Optionen steht Ihnen die Funktion `setsockopt()` zur Verfügung:

```
#include <sys/types.h>
#include <sys/socket.h>
int setsockopt( int s, int level, int optname,
                const void *optval, socklen_t optlen );
```

Mit dieser Funktion setzen Sie Optionen für das Socket `s`. Mit `level` geben Sie die Schicht der Paketverarbeitung an, auf die sich die Option beziehen soll. Als Schicht sind folgende Angaben möglich:

```
SOL_SOCKET, IPPROTO, IPPROTO_ICMPV6, IPPROTO_IPV6, IPROTO_TCP
```

Mit dem Parameter `optname` geben Sie die Option an, die gesetzt werden soll. Dazu finden Sie anschließend eine Tabelle mit allen vorhandenen Optionen. Der Parameter `optval` ist ein Zeiger auf eine Adresse, an ihm sind die Optionswerte gespeichert. `optlen` gibt an, wie groß der Optionsblock ist, der neu geschrieben werden soll.

11.16.2 getsockopt()

Um die Optionen eines Sockets zu erfragen, steht die Funktion `getsockopt()` zur Auswahl:

```
#include <sys/types.h>
#include <sys/socket.h>
int getsockopt( int s, int level, int optname,
                void *optval, socklen_t *optlen );
```

Die Bedeutung der einzelnen Parameter entspricht bis auf `optlen` exakt der von `setsockopt()`. `optlen` ist hierbei ein Zeiger auf eine Variable vom Typ `socklen_t` (was ein primitiver Datentyp für `int` ist) und liefert die Länge des Blocks zurück, der von `getsockopt()` in `optval` geschrieben wurde.

Beide Funktionen geben bei erfolgreicher Ausführung 0, ansonsten bei einem Fehler -1 zurück. Ein Beispiel zu dieser Funktion erspare ich mir vorerst, da die Funktionen im Laufe des Kapitels das eine oder andere Mal verwendet werden (und bereits verwendet wurden), insbesondere `setsockopt()`.

11.16.3 Socket-Optionen

Hierzu eine Auflistung aller Socket-Optionen, die Sie setzen oder erfragen können (ohne Anspruch auf Vollzähligkeit). In der ersten Spalte finden Sie die Optionen, die Sie für einen bestimmten Level verwenden können. Nach einer Kurzbeschreibung der Option finden Sie eine Markierung, ob die Option auf `getsockopt()` und/oder `setsockopt()` angewendet werden kann. In der letzten Spalte finden Sie den Datentyp, der für den vierten Parameter (`optval`) beider Funktionen unter Angabe der entsprechenden Option verwendet wird.

Level: SOL_SOCKET

Name	Bedeutung	get	set	Datentyp
SO_BROADCAST	Senden von Broadcast-Datagrammen	x	x	int
SO_DEBUG	Debug-Tracing aktivieren	x	x	int
SO_DONTROUTE	Routing-Tabelle umgehen	x	x	int
SO_ERROR	Fehler aufnehmen und löschen	x		int
SO_LINGER	Beim Schließen warten, ob noch Daten kommen	x	x	struct linger
SO_OOBINLINE	Out-of-Band-Daten inline lassen	x	x	size_t
SO_RCVBUF	Empfangsgröße des Puffers	x	x	size_t
SO_SNDBUF	Größe des Puffers beim Senden	x	x	int
SO_RCVTIMEO	Empfangen eines Timeout	x	x	struct timeval
SO_SNDTIMEO	Senden eines Timeout	x	x	struct timeval
SO_REUSEPORT	Lokale Adresse wieder verwenden	x	x	int
SO_REUSEADDR	Lokale Adresse wieder verwenden	x	x	int
SO_TYPE	Socket-Type entgegennehmen	x		int
SO_USELOOPBACK	Routing-Socket nimmt eine Kopie dessen entgegen, was dieses verschickt hat.	x	x	int
SO_KEEPALIVE	Tests in bestimmten Zeitabständen, wenn die Verbindung noch aktiv ist.	x	x	int

Tabelle 11.6 Optionen für das Level SOL_SOCKET

Hinweis

`SO_REUSEPORT` gibt es nicht für Linux (bzw. es ist als »to add« in Glibc **und** dem Kernel eingetragen. Siehe */usr/src/linux-2.6.4/include/asm/socket.h*).

Level: IPPROTO_IP

Name	Bedeutung	get	set	Datentyp
IP_HDRINCL	IP-Header mit Daten	x	x	int
IP_OPTIONS	IP-Header-Optionen	x	x	
IP_RECVDSTADDR	Ziel-IP-Adresse wird zurückgegeben.	x	x	int
IP_RECVIF	Schnittstellenindex zurückgeben	x	x	int
IP_TOS	*Type-of-Service*	x	x	int
IP_TTL	*Time-to-Live*	x	x	int

Tabelle 11.7 Optionen für das Level IPPROTO_IP

Hinweis

Mit IP_OPTIONS können Sie die IPv4-Header-IP-Optionen setzen bzw. abfragen. Allerdings müssen Sie sich hierbei näher mit den Quell-Routen-Optionen für IPv4 befassen, um diese Konstante und dessen Datentyp zu verwenden.

Level: IPPROTO_IP (Multicast)

Name	Bedeutung	get	set	Datentyp
IP_MULTICAST_IF	Schnittstelle (ausgehend) angeben	x	x	struct in_addr
IP_MULTICAST_TTL	TTL (ausgehend) angeben	x	x	u_char
IP_MULTICAST_LOOP	Loopback angeben	x	x	u_char
IP_ADD_MEMBERSHIP	Beitreten einer Multicast-Gruppe		x	struct ip_mreq
IP_DROP_MEMBERSHIP	Verlassen einer Multicast-Gruppe		x	struct ip_mreq

Tabelle 11.8 Optionen für das Level IPPROTO_IP (Multicast)

Level: IPPROTO_IPV6

Name	Bedeutung	get	set	Datentyp
IPV6_ADDRFORM	Socket-Adressformat ändern	x	x	int
IPV6_CHECKSUM	Prüfsummenfeld (Offset) Raw Sockets	x	x	int
IPV6_DSTOPTS	Zieloptionen empfangen	x	x	int
IPV6_HOPLIMIT	Unicast-Hop-Limit empfangen	x	x	int
IPV6_HOPOPTS	Hop-by-Hop-Optionen empfangen	x	x	int
IPV6_NEXTHOP	Next-Hop-Adresse angeben	x	x	struct sockaddr
IPV6_PKTINFO	Paketinformationen empfangen	x	x	int
IPV6_PKTOPTIONS	Paketoptionen angeben	x	x	

Tabelle 11.9 Optionen für das Level IPPROTO_IPV6

Level: IPPROTO_IPV6 (Multicast)

Name	Bedeutung	get	set	Datentyp
IPV6_MULTICAST_IF	Schnittstelle (ausgehend) angeben	x	x	struct in6_addr
IPV6_MULTICAST_HOPS	Hops-Limit (ausgehend) angeben	x	x	u_int
IPV6_MULTICAST_LOOP	Loopback angeben	x	x	u_int
IPV6_ADD_MEMBERSHIP	Beitreten einer Multicast-Gruppe		x	struct ipv6_mreq
IPV6_DROP_MEMBERSHIP	Verlassen einer Multicast-Gruppe		x	struct ipv6_mreq

Tabelle 11.10 Optionen für das Level IPPROTO_IPV6 (Multicast)

Level: IPPROTO_TCP

Name	Bedeutung	get	set	Datentyp
TCP_KEEPALIVE	Sekunden zwischen Keep-alive	x	x	int
TCP_MAXRT	max. Wiederholungszeit d. Übertragung	x	x	int
TCP_MAXSEG	max. Segmentgröße	x	x	int

Tabelle 11.11 Optionen für das Level IPPROTO_TCP

Zugegeben, die Tabellen hätte ich mir auch ersparen können, da ein Blick auf die Manual Pages Ihnen selbiges und noch einige Optionen mehr gezeigt hätte. Des Weiteren werden für einige Leser viele dieser Optionen auch nach diesem Kapitel spanische Dörfer bleiben. Aber dennoch erschien es mir aus Referenzgründen wichtig, Ihnen einen Großteil dieser Optionen hier abzudrucken, auch wenn davon auf den kommenden Seiten kaum Gebrauch gemacht wird.

Grob gesehen, lassen sich diese Optionen in vier Kategorien einteilen: generische Socket-Optionen, IPv4-, IPv6- und TCP-Optionen.

In der Praxis werden allerdings am häufigsten die generischen Optionen `SO_KEEPALIVE`, `SO_RCVBUF`, `SO_SNDBUF` und `SO_REUSEADDR` verwendet. Daneben wird für Broadcasting und Multicast-Anwendungen häufig gerne die Option `SO_BROADCAST` eingesetzt. Die generischen Optionen (alle, die mit `SO_` beginnen) werden sehr gut in den Manual Pages von `getsockopt()` und `setsockopt()` beschrieben.

11.17 UDP

Neben dem bisher kennen gelernten TCP bieten viele Unix-Systeme und -Netze mit UDP noch ein weiteres Transportprotokoll an. Da dieses Transportprotokoll einen verbindungslosen und unzuverlässigen Übertragungsdienst anbietet, wird es in der Praxis auch wesentlich seltener eingesetzt. Wenn mit UDP z. B. ein Anwender einem anderen Anwender eine Nachricht sendet, so ist nicht sichergestellt, dass diese Nachricht je ihr Ziel erreicht. Des Weiteren ist auch nicht, wie bei TCP (wo die Pakete ggf. sortiert werden), garantiert, in welcher Reihenfolge die einzelnen Pakete am Ziel angekommen. Allerdings bewirkt diese Unzuverlässigkeit, dass mit der Übertragung mit UDP ein höherer Datendurchsatz erreicht wird, als dies bei TCP der Fall ist. Dies ist z. B. bei Anwendungen wie Internet-Spielen (Spieleservern) recht interessant. Dabei ist es nicht so schlimm, wenn ein UDP-Paket unterwegs verloren geht, weil das nächste Paket ja eh wieder die richtige Position enthält. Sofern der Client nicht zu sehr laggt, fällt den anderen Spielern das relativ selten auf. Oder ein noch populäreres Beispiel für UDP wäre *NFS*, das bei Linux (< 2.6) per Default beim *Mounten* auf UDP setzt (mehr dazu finden Sie in der Manual Page zu *nfs*).

Warum UDP schneller als TCP bei der Datenübertragung ist, will ich Ihnen auch hier nicht vorenthalten. TCP ist deshalb so zuverlässig, weil dabei einige Protokollmechanismen wie die Behandlung verloren gegangener Pakete (Timeout- und Retransmissions-Mechanismus) oder Fehlerbehandlungsfälle wie doppelt oder in der falschen Reihenfolge eintreffende Pakete implementiert sind. Damit TCP auf die eben genannten Fälle reagieren kann, wird natürlich auch Speicherplatz dafür benötigt, damit die gesendeten Pakete so lange verfügbar sind, bis diese bestätigt werden. Wenn dabei mehrere Pakete unterwegs sind, wächst auch der Speicherbedarf enorm an. Neben dem Speicherbedarf wird auch die CPU benötigt, womit u. a. die gesendeten Pakete auf Ihre Korrektheit (richtige Sequenznummer, doppelt vorhanden ...) überprüft werden müssen. Das alles benötigt Zeit und Speicher, den UDP nicht benötigt, da keiner dieser eben genannten Mechanismen verwendet wird. Bei UDP wird ein eintreffendes Paket von dem IP-Protokoll direkt ohne Umwege an die Anwendung weitergegeben.

Ein weiterer Vorteil von UDP ist die Nachrichtenorientierung. Im Gegensatz zu TCP (streamorientiert) werden nicht erst mehrere Aufrufe von Socket-Optionen benötigt, um von allen Partnern eingehende Daten auszulesen. Das Paket wird komplett auf einmal übertragen, was bedeutet, dass Sie das Paket mit einem Leseaufruf lesen können. Trotzdem hat auch ein UDP-Paket eine maximale Größe, spätestens ab der Hardware (Ethernet: 1500 Bytes).

Trotz der Vorteile sollten Sie immer den Hauptnachteil im Augen behalten. UDP eignet sich nicht für eine sichere Datenübertragung!

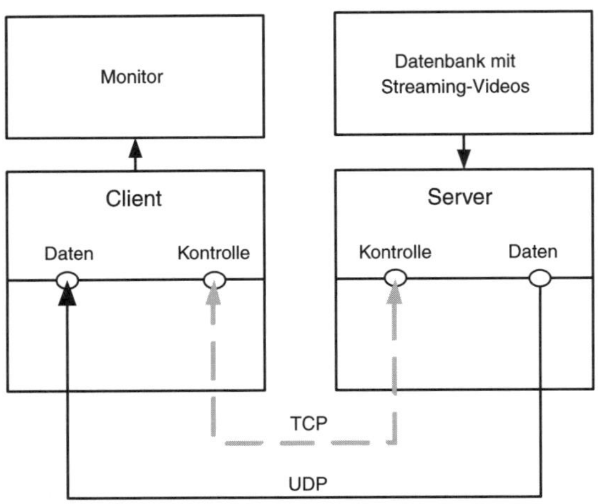

Abbildung 11.12 UDP besitzt keine Fehlerkontrolle wie TCP zur Übertragung.

Der Aufbau der Anwendungen mit dem UDP-Übertragungsprotokoll unterscheidet sich nur geringfügig von dem TCP-Übertragungsprotokoll. Im Prinzip können dieselben Funktionen der Socket-Bibliothek verwendet werden, die Sie bereits mit TCP verwendet haben. Der Begriff *verbindungslos* bringt einige Anfänger immer ins Schleudern. Letztendlich bedeutet dies lediglich, dass hier keine Verbindung mit `connect()` (meistens von der Clientanwendung ausgehend) angefordert wird, sondern dass die Daten gleich zum entsprechenden Rechner geschickt werden. Auf der Gegenseite ist dabei natürlich auch kein `accept()`-Aufruf nötig. Das entspricht der *Erst-schließen-dann-fragen*-Strategie (siehe Abbildung 11.13).

In der Abbildung 9.11 sehen Sie den typischen Ablauf bei einer UDP-Übertragung. Die Clientanwendung baut mit dem Server keine Verbindung auf und drischt gleich mit `sendto()` Datagramme an den Server. Der Server akzeptiert hingegen auch keine Verbindung zum Client und ruft lediglich die Funktion `recvfrom()` auf und wartet darauf, dass irgendein Client Daten schickt. Der Server hingegen kann dem Client dann ebenfalls mit `sendto()`antworten, da der Client mit `sendto()` auch seine Protokolladresse mitgeschickt hat. Der Client wiederum kann die Daten vom Server mit `recvfrom()` empfangen.

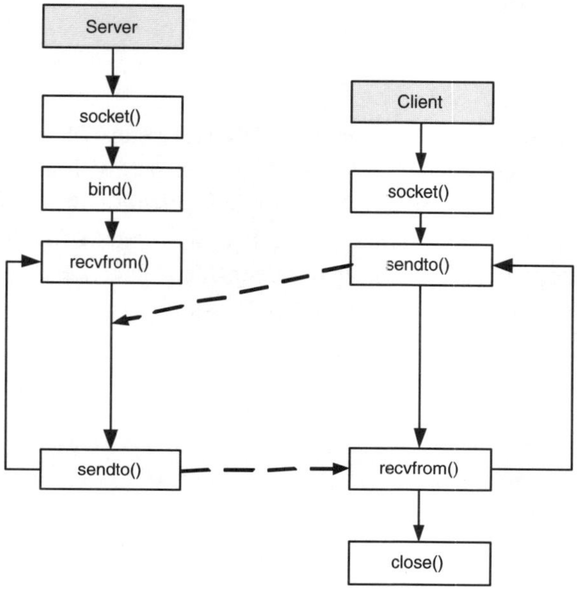

Abbildung 11.13 Das Client-Sever-Prinzip mit UDP

11.17.1 Clientanwendung

Wie schon beim TCP sollte der Client den Namen des Hosts, mit dem er sich unterhält, und den Dienst, der dort läuft, wissen. Für diese Informationen kann wieder die Funktion `gethostbyname()` und `getservbyname()` verwendet werden.

Auch hier gilt, wie schon bei TCP (Client: >1024 und Server <1025), dass die Freigabe von Portnummern vom Admin abhängig ist. In der Zeit der Viren und Würmer werden Dienste gerne auf andere Ports gelegt, um die Firewalls auf den Standardports dichtzumachen.

Anstelle des Dienstnamens kann natürlich auch die Portnummer verwendet werden. Beachten Sie bitte, dass bei `getservbyname()` der Dienst UDP angegeben werden muss. Wenn alle Informationen des Gegenübers verfügbar sind, kann ein neues Socket geöffnet werden. Des Weiteren müssen Sie, im Gegensatz zu TCP, für den zweiten Parameter die symbolische Konstante `SOCK_DGRAM` anstatt `SOCK_STREAM` angeben, um über dieses Socket Datagramme austauschen zu können. Es hindert Sie übrigens niemand daran, auch bei der Clientanwendung `connect()` zu verwenden. Allerdings führt dies lediglich dazu (wie es übrigens bei TCP auch der Fall ist), dass die Adressinformationen gespeichert werden. Anders als bei TCP, wo nach der Speicherung der Adressinformationen überprüft wird, ob der Server überhaupt existiert, kehrt `connect()` bei UDP aber sofort wieder zurück. Jetzt können die Daten an den Server gesendet werden.

Über `connect()` kann dann auch `send()` statt `sendto()` benutzt werden. Ein weiterer Vorteil von `connect()` ist, dass man zur Laufzeit entscheiden kann, ob `SOCK_STREAM` oder `SOCK_DGRAM` verwendet werden soll.

Bei UDP wird aber auch überprüft, ob die Serveranwendung in irgendeiner Form horcht (`listen()`). Denn schickt man UDP-Pakete an ein nicht existentes Socket (= geschlossenen Port), so gibt das OS eine ICMP-Fehlermeldung zurück.

11.17.2 Serveranwendung

Der Aufbau der Serveranwendung ist bei UDP dem von TCP recht ähnlich. Wie beim TCP werden `getservbyname()`, `socket()` und `bind()` verwendet. Bei `socket()` muss natürlich auch hier der Typ `SOCK_DGRAM` angegeben werden. Was hier wegfällt, sind die Aufrufe von `listen()`, `connect()` und `accept()`, da ja hiermit eine Verbindung aufgebaut wird, und UDP ist ja ein verbindungsloses Protokoll (kann man nicht oft genug wiederholen). Jetzt kann der Server mit `recvfrom()` auf Nachrichten eines beliebigen Clients vom Socket warten.

11.17.3 recvfrom() und sendto()

In diesem Abschnitt sollen jetzt die Funktionen `recvfrom()` und `sendto()` näher beschrieben werden. Beide Funktionen sind den Funktionen `write()/send()` und `read()/recv()` recht ähnlich – allerdings mit zusätzlichen Argumenten.

```
#include <sys/types.h>
#include <sys/socket.h>

ssize_t  recvfrom( int  s,  void  *buf,  size_t  len,
                   int flags, struct sockaddr *from,
                   socklen_t   *fromlen);

ssize_t  sendto(int  s,  const  void  *msg,  size_t  len,
               int  flags, const struct sockaddr *to,
               socklen_t tolen);
```

Die ersten drei Parameter entsprechen jeweils denen der Funktionen `read()/recv()` und `write()/send()`. Hierbei kommen jedoch drei weitere Parameter hinzu. Den vierten Parameter `flag` werden Sie in diesem Kapitel nicht benötigen, weshalb ich Sie für weitere Informationen auf die Manual Page verweisen will. Sie geben hierfür immer 0 an – womit der Parameter keinerlei Effekt hat. Mit dem Parameter `to` bzw. `from` muss jedes Mal die Adresse des Verbindungsparameters angegeben werden. Die Parameter `to` und `from` entsprechen dem Parameter `serv_addr` der Funktion `connect()`. Mit `tolen` und `fromlen` müssen Sie die Größe der Struktur `sockaddr` angeben.

Nun erfolgt ein einfaches Client-Server-Beispiel zum UDP-Übertragungsprotokoll. Der Client schickt an den Server eine Textnachricht und beendet sich, ohne darauf zu warten, ob die Nachricht angekommen ist oder nicht (was ja auch UDP-typisch ist). Der Server hingegen liest stur aus dem von ihm erzeugten Socket und gibt eventuell empfangene Daten mitsamt Uhrzeit auf die Standardausgabe aus.

Zuerst das Listing zum UDP-Server:

```
/* server.c */
#include <sys/types.h>
```

```
#include <sys/socket.h>
#include <netinet/in.h>
#include <arpa/inet.h>
#include <netdb.h>
#include <stdio.h>
#include <unistd.h>
#include <string.h>
#include <stdlib.h>
#include <errno.h>
#include <time.h>
#define LOCAL_SERVER_PORT 1234
#define BUF 255

int main (int argc, char **argv) {
  int s, rc, n, len;
  struct sockaddr_in cliAddr, servAddr;
  char puffer[BUF];
  time_t time1;
  char loctime[BUF];
  char *ptr;
  const int y = 1;

  /* Socket erzeugen */
  s = socket (AF_INET, SOCK_DGRAM, 0);
  if (s < 0) {
     printf ("%s: Kann Socket nicht öffnen ...(%s)\n",
        argv[0], strerror(errno));
     exit (EXIT_FAILURE);
  }

  /* Lokalen Server Port bind(en) */
  servAddr.sin_family = AF_INET;
  servAddr.sin_addr.s_addr = htonl (INADDR_ANY);
  servAddr.sin_port = htons (LOCAL_SERVER_PORT);

  setsockopt(s, SOL_SOCKET, SO_REUSEADDR, &y, sizeof(int));

  rc = bind ( s, (struct sockaddr *) &servAddr,
              sizeof (servAddr));
  if (rc < 0) {
     printf ("%s: Kann Portnummern %d nicht binden (%s)\n",
        argv[0], LOCAL_SERVER_PORT, strerror(errno));
     exit (EXIT_FAILURE);
  }
  printf ("%s: Wartet auf Daten am Port (UDP) %u\n",
     argv[0], LOCAL_SERVER_PORT);
  /* Serverschleife */
  while (1) {
    /* Puffer initialisieren */
    memset (puffer, 0, BUF);
```

```
    /* Nachrichten empfangen */
    len = sizeof (cliAddr);
    n = recvfrom ( s, puffer, BUF, 0,
                   (struct sockaddr *) &cliAddr, &len );
    if (n < 0) {
       printf ("%s: Kann keine Daten empfangen ...\n",
          argv[0] );
       continue;
    }
    /* Zeitangaben präparieren */
    time(&time1);
    strncpy(loctime, ctime(&time1), BUF);
    ptr = strchr(loctime, '\n' );
    *ptr = '\0';

    /* Erhaltene Nachricht ausgeben */
    printf ("%s: Daten erhalten von %s:UDP%u : %s \n",
            loctime, inet_ntoa (cliAddr.sin_addr),
            ntohs (cliAddr.sin_port), puffer);
  }
  return EXIT_SUCCESS;
}
```

Jetzt noch die Clientanwendung:

```
/* client.c */
#include <sys/types.h>
#include <sys/socket.h>
#include <netinet/in.h>
#include <arpa/inet.h>
#include <netdb.h>
#include <stdio.h>
#include <unistd.h>
#include <string.h>
#include <stdlib.h>
#include <sys/time.h>
#include <errno.h>
#define SERVER_PORT 1234

int main (int argc, char **argv) {
  int s, rc, i;
  struct sockaddr_in cliAddr, remoteServAddr;
  struct hostent *h;

  /* Kommandozeile auswerten */
  if (argc < 3) {
    printf ("Usage: %s <server> <data1> ... <dataN> \n",
       argv[0] );
    exit (EXIT_FAILURE);
  }
```

```
  /* IP-Adresse vom Server überprüfen */
  h = gethostbyname (argv[1]);
  if (h == NULL) {
    printf ("%s: unbekannter Host '%s' \n",
       argv[0], argv[1] );
    exit (EXIT_FAILURE);
  }

  printf ("%s: sende Daten an '%s' (IP : %s) \n",
     argv[0], h->h_name,
     inet_ntoa (*(struct in_addr *) h->h_addr_list[0]) );

  remoteServAddr.sin_family = h->h_addrtype;
  memcpy ( (char *) &remoteServAddr.sin_addr.s_addr,
          h->h_addr_list[0], h->h_length);
  remoteServAddr.sin_port = htons (SERVER_PORT);

  /* Socket erzeugen */
  s = socket (AF_INET, SOCK_DGRAM, 0);
  if (s < 0) {
     printf ("%s: Kann Socket nicht öffnen (%s) \n",
        argv[0], strerror(errno));
     exit (EXIT_FAILURE);
  }

  /* Jeden Port bind(en) */
  cliAddr.sin_family = AF_INET;
  cliAddr.sin_addr.s_addr = htonl (INADDR_ANY);
  cliAddr.sin_port = htons (0);
  rc = bind ( s, (struct sockaddr *) &cliAddr,
             sizeof (cliAddr) );
  if (rc < 0) {
     printf ("%s: Konnte Port nicht bind(en) (%s)\n",
        argv[0], strerror(errno));
     exit (EXIT_FAILURE);
  }

  /* Daten senden */
  for (i = 2; i < argc; i++) {
    rc = sendto (s, argv[i], strlen (argv[i]) + 1, 0,
                (struct sockaddr *) &remoteServAddr,
                sizeof (remoteServAddr));
    if (rc < 0) {
       printf ("%s: Konnte Daten nicht senden %d\n",
          argv[0], i-1 );
       close (s);
       exit (EXIT_FAILURE);
    }
  }
  return EXIT_SUCCESS;
}
```

Das Programm bei der Ausführung:

```
$ gcc -o server server.c
$ gcc -o client client.c
$./server
./server: Wartet auf Daten am Port (UDP) 1234
[Während dessen irgendwo anders im Netzwerk]
$ ./client 127.0.0.1 Test1 Test2 Test3
./client: sende Daten an '127.0.0.1' (IP : 127.0.0.1)
$ ./client 127.0.0.1 erde pluto sonne
./client: sende Daten an '127.0.0.1' (IP : 127.0.0.1)
[Beim Server ergibt sich folgender Zustand]
Mon May 10 07:05:44 2004: Daten erhalten von 127.0.0.1:UDP32838 : Test1
Mon May 10 07:05:44 2004: Daten erhalten von 127.0.0.1:UDP32838 : Test2
Mon May 10 07:05:44 2004: Daten erhalten von 127.0.0.1:UDP32838 : Test3
Mon May 10 07:06:04 2004: Daten erhalten von 127.0.0.1:UDP32838 : erde
Mon May 10 07:06:04 2004: Daten erhalten von 127.0.0.1:UDP32838 : pluto
Mon May 10 07:06:04 2004: Daten erhalten von 127.0.0.1:UDP32838 : sonne
```

11.17.4 bind() verwenden oder weglassen

Sicherlich haben Sie schon gehört, dass Sie beim Clientprogramm den Funktionsaufruf `bind()` ganz weglassen können. Wenn Sie beim Client also `bind()` ganz weglassen, akzeptiert das Programm jede beliebige Ausgangsschnittstelle, um Datagramme an das Ziel zu schicken. Umgekehrt akzeptiert dieses Programm wiederum auch jedes eingehende Datagramm an der Eingangsschnittstelle. Und da hierbei ja auch die Portnummer fehlt, wird auch jede beliebige Portnummer akzeptiert. Man spricht hierbei von einem »wilden« Socket – den man übrigens auch erreicht, wenn `bind()` mit der IP-Adresse `INADDR_NONE` und der Portnummer 0 aufgerufen wird:

```
...
cliAddr.sin_family = AF_INET;
cliAddr.sin_addr.s_addr = htonl (INADDR_NONE);
cliAddr.sin_port = htons (0);
rc = bind ( s, (struct sockaddr *) &cliAddr,
            sizeof(cliAddr) );
...
```

Wenn kein `bind()` verwendet wird, werden die entsprechenden Daten (IP-Adresse und Portnummer) des Servers beim Versenden von Datagrammen mit der Funktion `sendto()` angegeben. Diese IP-Adresse und Portnummer wird vom System (Kernel) festgelegt und im Datagramm mitgesendet, damit der Server weiß, wohin er seine Antwort senden kann.

11.18 Unix-Domain-Sockets (IPC)

Die Unix-Domain-Sockets sind eigentlich keine wirklichen »Sockets« im Sinne der Netzwerkprogrammierung und gehören eigentlich ins Kapitel der Interprozesskommunikation (IPC), da diese Sockets nur für den lokalen Rechner verwendet werden können. Aber um eben die Unix-Domain-Sockets verwenden und vor allem verstehen zu können, benötigt man eben auch das Wissen zu den Sockets allgemein – daher können Sie dieses Kapitel als nachgereichtes IPC-Kapitel verstehen.

Die Verwendung von Unix-Domain-Sockets als IPC ist recht beliebt, da diese recht einfach und flexibel angewandt werden können. Statt IP-Adressen werden zu Kommunikation zwischen den Socket-Endpunkten Dateien verwendet, die im Dateisystem angelegt werden, wenn ein Socket an eine Datei gebunden wird. Gewöhnlich werden die Unix-Domain-Sockets als Stream-Schnittstelle verwendet, obgleich auch hier eine Datagramm-Schnittstelle möglich ist.

Die Unix-Domain-Sockets arbeiten verbindungsorientiert, was bedeutet, dass Sie immer erst eine Verbindung zwischen zwei Prozessen aufbauen müssen, die miteinander kommunizieren. Die Datenübertragung beider Prozesse kann im Normalfall von keinem anderen Prozess mitgelesen werden. Da hier immer eine private Verbindung zwischen den Prozessen besteht, müssen Sie bei einem Server, wenn dieser mit mehreren Prozessen gleichzeitig kommunizieren soll, für jeden Kommunikationskanal einen eigenen Filedeskriptor einrichten.

Besondere Eigenschaften von Unix-Domain-Sockets sind, dass diese vollduplex und auch schneller als TCP-Sockets sind. Letzteres ist natürlich nur von Vorteil, wenn sich der Server und der Client auf demselben Rechner befinden. Das X-Window-System nutzt daher die Unix-Domain-Sockets.

11.18.1 Die Adressstruktur von Unix-Domain-Sockets

Die Struktur von Unix-Domain-Sockets lautet `sockaddr_un` und ist in `<sys/un.h>` wie folgt definiert:

```
struct sockaddr_un {
   uint8_t     sun_len;     // Länge Struktur - Nicht POSIX
   sa_family_t sun_family; // PF_UNIX, AF_UNIX, PF_LOCAL...
   char     sun_path[104]; // Pfadname
};
```

Mit `sun_family` müssen Sie bei Unix-Domain-Socket die Konstante `PF_UNIX`, `AF_UNIX` bzw. `PF_LOCAL`, `AF_LOCAL` setzen. `sun_path` hingegen muss mit einem terminierten Dateinamen (mit Pfadangabe) beschrieben werden, der für die Verbindung verwendet werden soll. Diese Datei wird vom Serverprozess beim Aufrufen der Funktion `bind()` angelegt. Wichtig: Existiert diese Datei bereits, so schlägt der Funktionsaufruf von `bind()` fehl. Daher sollte man ggf. die Datei zuvor mit `unlink()` immer entfernen (egal ob diese nun existiert oder nicht).

Abgesehen von dieser Struktur funktionieren die Unix-Domain-Sockets ansonsten ähnlich wie die TCP-Sockets. Daher soll wieder ein einfaches Client-Server-Beispiel erstellt werden, das genauso funktioniert wie schon das erste Client-Server-Beispiel (mit TCP-Sockets) in diesem Kapitel, nur dass eben dieses Mal Unix-Domain-Sockets dazu verwendet werden. Zunächst der Quellcode zum Server:

```
/* uds_server.c */
#include <sys/types.h>
#include <sys/socket.h>
#include <sys/un.h>
#include <netinet/in.h>
#include <arpa/inet.h>
#include <unistd.h>
#include <stdlib.h>
#include <stdio.h>
#include <string.h>
#define BUF 1024

#define UDS_FILE "/tmp/sock.uds"

int main (void) {
  int create_socket, new_socket;
  socklen_t addrlen;
  char *buffer = malloc (BUF);
  ssize_t size;
  struct sockaddr_un address;
  const int y = 1;

  printf ("\e[2J");
  if((create_socket=socket (AF_LOCAL, SOCK_STREAM, 0)) > 0)
    printf ("Socket wurde angelegt\n");

  unlink(UDS_FILE);
  address.sun_family = AF_LOCAL;
  strcpy(address.sun_path, UDS_FILE);

  if (bind ( create_socket,
             (struct sockaddr *) &address,
             sizeof (address)) != 0) {
    printf( "Der Port ist nicht frei - belegt!\n");
  }
  listen (create_socket, 5);
  addrlen = sizeof (struct sockaddr_in);

  while (1) {
     new_socket = accept ( create_socket,
                           (struct sockaddr *) &address,
                           &addrlen );
     if (new_socket > 0)
      printf ("Ein Client ist verbunden ...\n");
     do {
        printf ("Nachricht zum Versenden: ");
        fgets (buffer, BUF, stdin);
        send (new_socket, buffer, strlen (buffer), 0);
        size = recv (new_socket, buffer, BUF-1, 0);
        if( size > 0)
```

```
         buffer[size] = '\0';
      printf ("Nachricht empfangen: %s\n", buffer);
    } while (strcmp (buffer, "quit\n") != 0);
    close (new_socket);
  }
  close (create_socket);
  return EXIT_SUCCESS;
}
```

Jetzt noch das Beispiel zum Client:

```
/* uds_client.c */
#include <sys/types.h>
#include <sys/socket.h>
#include <sys/un.h>
#include <netinet/in.h>
#include <arpa/inet.h>
#include <unistd.h>
#include <stdlib.h>
#include <stdio.h>
#include <string.h>
#define BUF 1024

#define UDS_FILE "/tmp/sock.uds"

int main (int argc, char **argv) {
  int create_socket;
  char *buffer = malloc (BUF);
  struct sockaddr_un address;
  int size;

  printf ("\e[2J");
  if((create_socket=socket (PF_LOCAL, SOCK_STREAM, 0)) > 0)
    printf ("Socket wurde angelegt\n");

  address.sun_family = AF_LOCAL;
  strcpy(address.sun_path, UDS_FILE);

  if (connect ( create_socket,
                (struct sockaddr *) &address,
                sizeof (address)) == 0)
    printf ("Verbindung mit dem Server hergestellt\n");
  do {
      size = recv(create_socket, buffer, BUF-1, 0);
      if( size > 0)
         buffer[size] = '\0';
      printf ("Nachricht erhalten: %s\n", buffer);
      if (strcmp (buffer, "quit\n")) {
         printf ("Nachricht zum Versenden: ");
         fgets (buffer, BUF, stdin);
         send(create_socket, buffer, strlen (buffer), 0);
```

```
    }
  } while (strcmp (buffer, "quit\n") != 0);
  close (create_socket);
  return EXIT_SUCCESS;
}
```

Das Programm bei der Ausführung:

```
[ tty1 ]
$ gcc -o uds_server uds_server.c
$ gcc -o uds_client uds_client.c
$ ./uds_server

Socket wurde angelegt

[ tty2 ]
$ ./uds_client

Socket wurde angelegt
Verbindung mit dem Server hergestellt

[ tty1 ]
$ ./uds_server

Socket wurde angelegt
Ein Client ist verbunden ...
Nachricht zum Versenden: Hallo Client

[ tty2 ]
$ ./uds_client

Socket wurde angelegt
Verbindung mit dem Server hergestellt
Nachricht erhalten: Hallo Client

Nachricht zum Versenden: Hallo Server

[ tty1 ]
$ ./uds_server

Socket wurde angelegt
Ein Client ist verbunden ...
Nachricht zum Versenden: Hallo Client
Nachricht empfangen: Hallo Server

Nachricht zum Versenden: ...
```

11.18.2 Lokale Sockets erzeugen – socketpair()

Mit `socketpair()` haben Sie eine Funktion, womit Sie lokale Sockets erzeugen können:

```
#include <sys/types.h>
#include <sys/socket.h>

int socketpair(int domain,int typ,int protocol,int sv[2]);
```

Damit generieren Sie zwei unbenannte, miteinander verbundene Sockets. Für den Parameter `domain` muss man bei lokalen Sockets gewöhnlich `AF_LOCAL` bzw. `PF_LOCAL` oder auch `AF_UNIX` bzw. `PF_UNIX` angeben. Für `protocol` gibt man hier 0 und für den `typ` eben `SOCK_STREAM` oder `SOCK_DGRAM` an. Die Socket-Deskriptoren werden in `sv[0]` und `sv[1]` zurückgegeben. Bei Erfolg gibt diese Funktion 0, ansonsten bei einem Fehler -1 zurück. Auf den zweiten Blick dürfte Ihnen wohl eine Ähnlichkeit zur Funktion `pipe()` (gemischt mit `socket()`) aufgefallen sein. Und in der Tat kann diese Funktion ähnlich wie `pipe()` verwendet werden, nur mit dem entscheidenden Vorteil, dass die Unix-Domain-Sockets vollduplex sind – Pipes hingegen sind ja nur halbduplex. Es kann also in beiden Socket-Deskriptoren gelesen und auch geschrieben werden. Hierzu ein einfaches Beispiel, das »vollduplex« und die Funktion `socketpair()` demonstrieren soll.

```
/* fullduplex.c */
#include <sys/types.h>
#include <sys/socket.h>
#include <netinet/in.h>
#include <arpa/inet.h>
#include <unistd.h>
#include <stdlib.h>
#include <stdio.h>
#include <string.h>
#include <errno.h>
#define BUF 1024

int main(void) {
   int sv[2], c;
   char buf1[BUF], buf2[BUF];

   if(socketpair(AF_LOCAL, SOCK_STREAM, 0, sv) == -1) {
      perror("Fehler bei socketpair");
      exit(EXIT_FAILURE);
   }

   printf("Eingabe machen: ");
   fgets(buf1, BUF, stdin);

   /* in sv[0] schreiben */
   write(sv[0], buf1, sizeof(buf1));
   /* aus sv[1] lesen */
   c = read(sv[1], buf2, sizeof(buf2));
   /* Terminieren */
   buf2[c]='\0';
   printf("sv[0] --> sv[1] : %s\n", buf2);
```

```
   /* Jetzt das Ganze in die andere Richtung */

   printf("Eingabe machen: ");
   fgets(buf1, BUF, stdin);

   /* in sv[1] schreiben */
   write(sv[1], buf1, sizeof(buf1));
   /* aus sv[1] lesen */
   c = read(sv[0], buf2, sizeof(buf2));
   /* Terminieren */
   buf2[c]='\0';
   printf("sv[1] --> sv[0] : %s\n", buf2);

   close(sv[0]);
   close(sv[1]);

   return EXIT_SUCCESS;
}
```

Das Programm bei der Ausführung:

```
$ gcc -o fullduplex fullduplex.c
$ ./fullduplex
Eingabe machen: Teste socketpair zum Ersten
sv[0] --> sv[1] : Teste socketpair zum Ersten

Eingabe machen: Teste socketpair zum Zweiten
sv[1] --> sv[0] : Teste socketpair zum Zweiten
```

11.19 Multicast-Socket

Wenn es die Umstände erfordern, dass ein Server Datagramme gleichzeitig an mehrere Clients verschicken muss, können Sie Folgendes tun: Entweder Sie bauen mehrere einzelne Verbindungen (man spricht dabei von *Unicast*-Verbindungen) auf, was allerdings sehr ineffektiv ist und die Bandbreite des Servers erheblich belastet, oder Sie verwenden Multicast-Verbindungen. Hinter Multicast verbirgt sich eine Technik, um Ihnen die Arbeit einfacher in Bezug einer UDP-Verbindung zu machen.

Multicast ist eine beliebte Technik, die u. a. in Anwendungen wie Videokonferenzen oder interaktiven Online-Spielen eingesetzt wird. Multicast-Sockets lassen sich zum Glück auch noch relativ einfach entwickeln. Dabei handelt es sich nicht einmal um ein neues API, sondern es werden lediglich fünf neue Socket-Optionen benötigt, die mit der Funktion `setsockopt()` gesetzt werden. Zur Übertragung der Daten wird das UDP-Protokoll verwendet. Um Multicast-Anwendungen zu schreiben, benötigen Sie eine spezielle IP-Adresse. Dazu wird der Adressraum der Klasse D im Bereich von 224.0.0.0 bis 239.255.255.255 verwendet. Die unteren 28 Bit werden dabei als Multicast-Gruppen-ID und die 32-Bit-Adresse als Gruppenadresse bezeichnet.

Prüfen Sie erst, ob Multicast überhaupt in den aktuellen Kernel einkompiliert ist:

```
# gzip -cd /proc/config.gz | egrep \
  "IP_MULTICAST|IP_MROUTE|IP_PIMSM"
CONFIG_IP_MULTICAST=y
CONFIG_IP_MROUTE=y
CONFIG_IP_PIMSM_V1=y
CONFIG_IP_PIMSM_V2=y
```

Da nicht alle Linux-Systeme für IP Multicast-Adressen konfiguriert sind, kann es sein, dass hier ein wenig Nacharbeit fällig wird. Gewöhnlich ist die Multicast-IP-Funktion nur abgeschaltet und kann recht einfach eingerichtet werden. Machen Sie sich zum Superuser, und geben Sie Folgendes in der Konsole ein:

```
# route add -net 224.0.0.0 netmask 240.0.0.0 dev lo
# route -e
Kernel IP Routentabelle
Ziel         Router  Genmask      Flags  MSS Fenster irtt Iface
224.0.0.0    *       240.0.0.0    U        0 0          0 lo
#
```

Wenn zum Beispiel Ihre lokale Adresse zuvor 127.x.x.x war, lautet diese jetzt 224.x.x.x. Sollte sich partout keine Multicast-IP einrichten lassen, kann es sein, dass der aktuelle Kernel dies im Augenblick nicht unterstützt. Dann müssen Sie Ihren Kernel neu »bauen«. Wie dies genau funktioniert, entnehmen Sie bitte der jeweiligen Linux-Distribution. Gewöhnlich sollte der Vorgang überall ähnlich ablaufen. Um also den Kernel mit Multicast-Unterstützung neu zu erstellen, müssen Sie bei `make menuconfig` nach der Option *select networking options* Ausschau halten und ein Häkchen vor *»IP: multicasting« und am besten auch gleich vor »IP: multicasting routing« sowie »PIM-SM version 1« und version 2* setzen.

Damit die Netzwerk-API Multicasting unterstützt, sind lediglich fünf neue Optionen nötig. Hierzu eine kurze Beschreibung der Socket-Optionen, die mit den Funktionen `getsockopt()` und `setsockopt()` erfragt bzw. gesetzt werden können. Beide Funktionen wurden ja zuvor schon näher beschrieben.

- `IP_ADD_MEMBERSHIP` – Damit schließen Sie das Socket an eine bestimmte Multicast-Gruppe an. Als Argument des Datentyps für `setsockopt()` oder `getsockopt()` wird die Struktur `ip_mreq` erwartet:

  ```
  struct ip_mreq   {
  //Ipc4-KlasseD-Multicast-Adresse
  struct in_addr imr_multiaddr;
  //Ipv4-Adresse der lokalen Schnittstelle
  struct in_addr imr_interface;
  }
  ```

- `IP_DROP_MEMBERSHIP` – Das Gegenstück zu `IP_ADD_MEMBERSHIP`. Damit verlässt das Socket die Multicast-Gruppe. Als Argument des Datentyps für `setsockopt()` oder `getsockopt()` wird auch hier die Struktur `ip_mreq` erwartet.
- `IP_MULTICAST_IF` – Damit wird die Schnittstelle für ausgehende Multicast-Pakete festgelegt, worauf Sockets verschickt werden. Als Argument des Datentyps für `setsockopt()` oder `getsockopt()` wird die Struktur `ip_mreq` erwartet.

- `IP_MULTICAST_TTL` – Hier wird TTL für das ausgehende Multicast festgelegt. Als Argument des Datentyps für `setsockopt()` oder `getsockopt()` wird `u_char` erwartet.
- `IP_MULTICAST_LOOP` – Damit lässt sich der lokale Loopback von Multicast-Datagrammen aktivieren bzw. deaktivieren. Als Argument des Datentyps für `setsockopt()` oder `getsockopt()` wird `u_char` erwartet.

Hinweis

Bei IPv6 wird vor die Socket-Optionen `IPV6_` anstatt `IP_` geschrieben. Zum Beispiel aus `IP_ADD_MEMBERSHIP` wird `IPV6_ADD_MEMBERSHIP`. Die Struktur `ip_mreq` heißt hierbei dann auch `ipv6_mreq`.

Hierzu soll ein einfaches Beispiel realisiert werden. Im Beispiel wird wieder davon ausgegangen, dass Sie die Anwendung auf dem lokalen Rechner ausführen, was bedeutet, wie oben eingerichtet, dass hierbei die IP-Adresse 224.0.0.1 verwendet wird. Zuerst folgt die Serveranwendung.

```
/* server.c */
#include <stdio.h>
#include <sys/types.h>
#include <sys/socket.h>
#include <netinet/in.h>
#include <arpa/inet.h>
#include <netdb.h>
#include <unistd.h>
#include <stdlib.h>
#include <string.h>
#include <errno.h>

static int port = 1234;

int main (void) {
  int socket_descriptor;
  struct sockaddr_in address;

  socket_descriptor = socket (AF_INET, SOCK_DGRAM, 0);
  if (socket_descriptor == -1) {
     perror ("socket()");
     exit (EXIT_FAILURE);
  }
  memset (&address, 0, sizeof (address));
  address.sin_family = AF_INET;
  address.sin_addr.s_addr = inet_addr ("224.0.0.1");
  address.sin_port = htons (port);

  printf ("Server ist bereit ...\n");
  /* Broadcasting beginnen */
  while (1) {
    if (sendto( socket_descriptor,
                "broadcast test (hallo client)",
```

```
                sizeof ("broadcast test (hallo client)"),
                0,
                (struct sockaddr *) &address,
                sizeof (address)) < 0) {
       perror ("sendto()");
       exit (EXIT_FAILURE);
    }
    sleep (1);
  }
  return EXIT_SUCCESS;
}
```

Der einzige Unterschied zu *herkömmlichen* Unicast-Verbindungen liegt hier in der IP-Adresse, womit der Server mit dem Client kommuniziert:

```
address.sin_addr.s_addr = inet_addr ("224.0.0.1");
```

Die Clientanwendung gestaltet sich ein wenig umfangreicher. Daher wurde der Code, mit dem eine Multicast-Verbindung eingerichtet und aufgebaut wird, extra in eine Funktion namens `setup_multicast_socket()` zusammengefasst. Hierzu der komplette Quellcode zum Client mit anschließender Erläuterung.

```
/* client.c */
#include <stdio.h>
#include <sys/types.h>
#include <sys/socket.h>
#include <netinet/in.h>
#include <arpa/inet.h>
#include <netdb.h>
#include <stdlib.h>
#include <unistd.h>
#include <string.h>
#include <errno.h>

/* Adresse für multicast IP */
static char *host_name = "224.0.0.1";
static int port = 1234;
static struct ip_mreq command;

static int setup_multicast_socket (void) {
  int loop = 1;
  int socket_descriptor;
  struct sockaddr_in sin;

  memset (&sin, 0, sizeof (sin));
  sin.sin_family = AF_INET;
  sin.sin_addr.s_addr = htonl (INADDR_ANY);
  sin.sin_port = htons (port);
  if ( ( socket_descriptor = socket(PF_INET,
                                     SOCK_DGRAM, 0)) == -1) {
     perror ("socket()");
```

```
      exit (EXIT_FAILURE);
   }
   /* Mehr Prozessen erlauben, denselben Port zu nutzen */
   loop = 1;
   if (setsockopt ( socket_descriptor,
                    SOL_SOCKET,
                    SO_REUSEADDR,
                    &loop, sizeof (loop)) < 0) {
      perror ("setsockopt:SO_REUSEADDR");
      exit (EXIT_FAILURE);
   }
   if(bind( socket_descriptor,
            (struct sockaddr *)&sin,
            sizeof(sin)) < 0) {
      perror ("bind");
      exit (EXIT_FAILURE);
   }
   /* Broadcast auf dieser Maschine zulassen */
   loop = 1;
   if (setsockopt ( socket_descriptor,
                    IPPROTO_IP,
                    IP_MULTICAST_LOOP,
                    &loop, sizeof (loop)) < 0) {
      perror ("setsockopt:IP_MULTICAST_LOOP");
      exit (EXIT_FAILURE);
   }
   /* Join the broadcast group: */
   command.imr_multiaddr.s_addr = inet_addr ("224.0.0.1");
   command.imr_interface.s_addr = htonl (INADDR_ANY);
   if (command.imr_multiaddr.s_addr == -1) {
      perror ("224.0.0.1 ist keine Multicast-Adresse\n");
      exit (EXIT_FAILURE);
   }
   if (setsockopt ( socket_descriptor,
                    IPPROTO_IP,
                    IP_ADD_MEMBERSHIP,
                    &command, sizeof (command)) < 0) {
     perror ("setsockopt:IP_ADD_MEMBERSHIP");
   }
   return socket_descriptor;
}

int main (void) {
   int iter = 0;
   int sin_len;
   char message[256];
   int socket;
   struct sockaddr_in sin;
   struct hostent *server_host_name;
```

```
   if ((server_host_name = gethostbyname (host_name)) == 0) {
      perror ("gethostbyname");
      exit (EXIT_FAILURE);
   }
   socket = setup_multicast_socket ();
   /* Broadcast-Nachrichten empfangen */
   while (iter++ < 10) {
      sin_len = sizeof (sin);
      if (recvfrom( socket, message, 256, 0,
                   (struct sockaddr *) &sin, &sin_len)==-1) {
         perror ("recvfrom");
     }
     printf ("Antwort #%-2d vom Server: %s\n",
        iter, message);
     sleep (2);
   }
   /* Multicast-Socket aus der Gruppe entfernen */
   if (setsockopt ( socket,
                    IPPROTO_IP,
                    IP_DROP_MEMBERSHIP,
                    &command, sizeof (command)) < 0 ) {
       perror ("setsockopt:IP_DROP_MEMBERSHIP");
   }
   close (socket);
   return EXIT_SUCCESS;
}
```

Zuerst wird im Listing über den gewöhnlichen Weg ein Socket eingerichtet (`gethostbyname()` und `socket()`). Im nächsten Schritt richten Sie das Socket mit `setsockopt()` ein, womit dieses erlaubt, dass mehrere Prozesse (Clients) denselben Port teilen – sprich: Mehrere Clients können innerhalb kürzester Zeit mit dem Server in Verbindung treten. Außerdem lösen Sie damit auch das Problem, dass der Server beim Neustart seinen lokalen Port erst nach zwei Minuten Wartezeit wieder benutzen kann (weshalb auch in allen obigen Codesnippets `setsockopt` hinzugefügt wurde).

```
loop = 1;
if (setsockopt ( socket_descriptor,
                 SOL_SOCKET,
                 SO_REUSEADDR,
                 &loop, sizeof (loop)) < 0 ) {
    perror ("setsockopt:SO_REUSEADDR");
    exit (EXIT_FAILURE);
}
```

Das Setzen dieser Option hat allerdings noch überhaupt nichts mit dem Multicasting zu tun. Betrachten Sie es jetzt einfach als Beiwerk des Listings. Anschließend wird das Socket über den gewöhnlichen Weg gebunden (`bind()`).

Nach dem Binden richten Sie das Socket für das Broadcasting auf der Maschine ein – genauer den lokalen Loopback der Multicast-Datagramme:

```
loop = 1;
if (setsockopt ( socket_descriptor,
                 IPPROTO_IP,
                 IP_MULTICAST_LOOP,
                 &loop, sizeof (loop)) < 0)  {
    perror ("setsockopt:IP_MULTICAST_LOOP");
    exit (EXIT_FAILURE);
}
```

Jetzt, nachdem Sie die Erlaubnis haben, über die Maschine eine Multicast-Verbindung einzugehen, müssen Sie den Linux-Kernel über die Daten des speziellen Sockets informieren und sich der Multicast-Gruppe anschließen:

```
command.imr_multiaddr.s_addr = inet_addr ("224.0.0.1");
command.imr_interface.s_addr = htonl (INADDR_ANY);

if (command.imr_multiaddr.s_addr == -1) {
    perror ("224.0.0.1 ist keine Multicast-Adresse\n");
    exit (EXIT_FAILURE);
}

if (setsockopt ( socket_descriptor,
                 IPPROTO_IP,
                 IP_ADD_MEMBERSHIP,
                 &command, sizeof (command) ) < 0 )  {
    perror ("setsockopt:IP_ADD_MEMBERSHIP");
}
```

Jetzt ist das Socket für die Multicast-Verbindung eingerichtet. Anschließend können Sie, in die `main()`-Funktion zurückgekehrt, am Port mit `recvfrom()` lauschen.

In diesem Beispiel wurde eine Schleife eingerichtet, die nach zehn Durchgängen mit der Arbeit fertig ist. Am Ende der Multicast-Sitzung müssen Sie die Multicast-Gruppe wieder ordentlich verlassen und das Socket schließen:

```
if (setsockopt ( socket,
                 IPPROTO_IP,
                 IP_DROP_MEMBERSHIP,
                 &command, sizeof (command) ) < 0 ) {
    perror ("setsockopt:IP_DROP_MEMBERSHIP");
}
```

Das Programm bei der Ausführung:

```
$ gcc -o server server.c
$ gcc -o client client.c
$ ./server
Server ist bereit ...
---[neue Konsole]---
$ ./client
Antwort #1  vom Server: broadcast test (hallo client)
Antwort #2  vom Server: broadcast test (hallo client)
```

```
Antwort #3  vom Server: broadcast test (hallo client)
Antwort #4  vom Server: broadcast test (hallo client)
Antwort #5  vom Server: broadcast test (hallo client)
Antwort #6  vom Server: broadcast test (hallo client)
Antwort #7  vom Server: broadcast test (hallo client)
Antwort #8  vom Server: broadcast test (hallo client)
Antwort #9  vom Server: broadcast test (hallo client)
Antwort #10 vom Server: broadcast test (hallo client)
```

Sie können während der Zeit, nachdem Sie den ersten Client gestartet haben, gerne weitere Konsolen öffnen und weitere Clients starten. Kein Client muss dabei warten und wird genauso abgearbeitet wie der erste Client. Bei einer gewöhnlichen Unicast-Verbindung wären der Aufwand des Programms und auch der Aufwand der Bandbreite erheblich umfangreicher gewesen.

11.19.1 Anwendungsgebiete von Multicast-Verbindungen

Ganz klar, die wichtigste Frage dürfte lauten, wann und wo setzt man am besten Multicast-Verbindungen ein. Natürlich ist dies nur sinnvoll für Anwendungen, die eine 1:n-Kommunikation erfordern. Und dies könnten u. a. folgende Anwendungsgebiete sein:

- Interaktive Simulationen, Online-Spiele
- Effiziente Verteilung von Daten an eine große Anzahl von Empfängern (Software-Updates, Newsticker ...)
- Fileserver
- Clustering
- Multimedia-Anwendungen
  - Videokonferenz
  - Near-Video-on-Demand
  - Verteilkommunikation (Broadcast)

11.20 Nicht blockierende I/O-Sockets

Alle Socket-Beispiele, die Sie bisher kennen gelernt haben, haben die Ausführung des Programms blockiert (warten), wenn ein Socket-Aufruf seine Aktion nicht ausführen konnte. Das Blockieren von Sockets ist die Standardeinstellung – dies ist aber nicht unbedingt nötig. Sie können z. B. `fcntl()` verwenden, um einen Socket auf nicht blockierend zu setzen. Aber einen gravierenden Nachteil von nicht blockierenden Sockets gleich am Anfang: Das Programm befindet sich dadurch immer in einem dauerhaften *Poll*-Zustand, das heißt, es wird dauernd nach Daten am Socket überprüft, und das kostet CPU-Zeit, die bei einem Server kostbar ist. Nicht blockierende Sockets lassen sich in mehrere Kategorien einteilen:

- Eingehende Verbindungen mit `accept()` – Wird `accept()` für einen blockierenden Socket aufgerufen und es liegt keine Verbindung vor, wartet der Prozess so lange, bis eine Verbindung vorliegt. Das ist die Standardeinstellung. Wird `accept()` hingegen von einem nicht blockierenden Socket aufgerufen und es liegt keine Verbindung an, wird der Fehler EWOULDBLOCK (= EAGAIN) zurückgegeben. Entsprechend müssen Sie diese Fehlermeldung auch mit errno bearbeiten – sprich: abfangen.

- Ausgehende Verbindungen mit connect() – Richtet ein Client ein connect() an den Server (bei TCP) und es handelt sich um einen blockierenden Socket, so wartet connect() mindestens eine Zeitspanne von RTT (Round-Trip-Time) auf die Antwort vom Server. Wird connect() hingegen mit einem nicht blockierenden Socket aufgerufen und die Verbindung zur Gegenstelle wird nicht aufgebaut, liefert connect() den Fehler EINPROGRESS zurück. Auch diesen Fehler müssen Sie dann für den Fall der Fälle behandeln.
- Ein- und Ausgabeoperationen mit read(), recv(), recvfrom() bzw. write(), send(), sendto() – Bei Eingabeoperationen wird in der Standardeinstellung das Socket so lange blockiert, bis Daten an diesem gelesen oder gesendet werden konnten. Bei TCP (als streamorientierte Datenübertragung) wird die Blockierung nach Eintreffen von Daten aufgehoben. Bei UDP hingegen wird die Blockierung erst aufgehoben, wenn ein ganzes Paket (UDP-Datagramm) gesendet wird. Dies ist die Standardeinstellung. Werden Eingabeoperationen auf einem nicht blockierenden Socket ausgeführt, obwohl keine Eingaben vorhanden sind, wird der Fehler EWOULDBLOCK zurückgegeben. Bei den Ausgabeoperationen werden die Sockets blockiert, wenn für den Sendepuffer des blockierenden Sockets nicht genügend Platz reserviert wurden. Ist bei einem nicht blockierenden Socket nicht genügend Speicherplatz für den Sendepuffer vorhanden, wird EWOULDBLOCK zurückgegeben.

Im folgenden Beispiel sehen Sie eine einfache Möglichkeit von nicht blockierenden Sockets. Im Beispiel wird accept() eines TCP-Servers, der auf eine Verbindung eines Client wartet, auf nicht blockierend eingestellt. Nach jedem accept()-Aufruf fährt das Programm fort. In diesem Beispiel wird überprüft, ob accept() erfolgreich war oder nicht. Bei negativer Abfrage wird einfach die Meldung *Poll: Kein Client am Socket ...* jede Sekunde ausgegeben. Ebenso könnten Sie vorgehen, wenn Sie das zurückgegebene Socket von accept(), das anschließend für Lese- und Schreiboperationen verwendet wird, auf nicht blockierend setzen wollen – was im Beispiel in der do-while()-Schleife demonstriert wurde. Bei dem Listing handelt es sich allerdings nur um ein Grundgerüst, das aber den Sachverhalt der nicht blockierenden Ein-/Ausgabe von Sockets recht gut demonstriert.

```
/* non_block.c */
#include <sys/types.h>
#include <sys/socket.h>
#include <netinet/in.h>
#include <arpa/inet.h>
#include <unistd.h>
#include <stdlib.h>
#include <stdio.h>
#include <string.h>
#include <fcntl.h>
#define BUF 1024

int main (void) {
  int create_socket, new_socket, addrlen;
  char *buffer = malloc (BUF);
```

```
   struct sockaddr_in address;
   long save_fd;
   const int y = 1;

   printf ("\e[2J");
   if ((create_socket=socket( AF_INET, SOCK_STREAM, 0)) > 0)
      printf ("Socket wurde angelegt\n");

   address.sin_family = AF_INET;
   address.sin_addr.s_addr = INADDR_ANY;
   address.sin_port = htons (15000);

   setsockopt( create_socket, SOL_SOCKET,
               SO_REUSEADDR, &y, sizeof(int) );

   if (bind( create_socket,
             (struct sockaddr *) &address,
             sizeof (address)) == 0 )
      printf ("Binding Socket\n");

   listen (create_socket, 5);
   addrlen = sizeof (struct sockaddr_in);
   save_fd = fcntl( create_socket, F_GETFL );
   save_fd |= O_NONBLOCK;
   fcntl( create_socket, F_SETFL, save_fd );

   while (1) {
     new_socket = accept ( create_socket,
                           (struct sockaddr *) &address,
                           &addrlen );
     if (new_socket > 0)
        printf ("Der Client %s ist verbunden ...\n",
           inet_ntoa (address.sin_addr));
     else {
       printf("Poll: Kein Client am Socket ...\n");
       sleep(1);
       continue; /* wieder zum Schleifenanfang */
     }
     do {
       /* Socket für die Datenübertragung auf NON-Blocking */
       save_fd = fcntl( new_socket, F_GETFL );
       save_fd |= O_NONBLOCK;
       fcntl( new_socket, F_SETFL, save_fd );
       /* Daten verarbeiten */
     } while (strcmp (buffer, "quit\n") != 0);
     close (new_socket);
   }
   close (create_socket);
   return 0;
}
```

Das Programm bei der Ausführung:

```
$ gcc -o non_block non_block.c
$ ./non_block
Socket wurde angelegt
Binding Socket
Poll: Kein Client am Socket ...
Poll: Kein Client am Socket ...
Poll: Kein Client am Socket ...
Poll: Kein Client am Socket ...
Poll: Kein Client am Socket ...
...
```

Um also ein Socket (hier durch Socket-Deskriptor) auf nicht blockierend zu setzen, können Sie immer den folgenden Codeausschnitt einsetzen:

```
save_fd = fcntl( create_socket, F_GETFL );
save_fd |= O_NONBLOCK;
fcntl( create_socket, F_SETFL, save_fd );
```

Mehr zu `fcntl()` können Sie dem Kapitel 2 in diesem Buch entnehmen.

11.21 Etwas zu Streams und TLI, Raw Socket, XTI

Um Ihnen die ganze Welt der Netzwerkprogrammierung nahe zu bringen, bedarf es schon noch ein wenig mehr als dieses eine Kapitel zur Netzwerkprogrammierung. Sie haben hier zwar gute Grundlagen kennen gelernt, doch hat diese Welt bei weitem noch mehr zu bieten. Deshalb noch ein kurzer Überblick, wonach Sie auf jeden Fall noch Ausschau halten sollten.

11.21.1 Raw Socket

Der Name sagt es schon, dass es sich hierbei um eine recht niedrige Ebene der Netzwerkprogrammierung handelt. Mit Protokollen wie dem TCP oder UDP haben Sie quasi (im Verhältnis zu C) im *High-Level*-Bereich der Netzwerkprogrammierung gearbeitet. Allerdings hatten Sie über TCP oder UDP nie den vollen Zugriff über den Internet Layer – sprich IP. Mit Raw Socket können Sie also eine Ebene unter dem TCP- und UDP-Protokoll programmieren. Einen Haken hat die Sache allerdings, Sie benötigen Superuser-Rechte.

Mit Raw Sockets können Sie zum Beispiel bereits definierte Protokolle implementieren (z. B. für Programmierer von Betriebssystemen interessant) oder gar ein neues Protokoll (auf der Höhe von TCP und UDP) entwickeln. Sie können außerdem beliebige IPv4/IPv6-Pakete (mit Header) erzeugen, übertragen und empfangen. Außerdem können Sie, was TCP und UDP nur intern benutzen, ICMP- und IGMP-Pakete versenden. ICMP-Pakete verwendet zum Beispiel das Programm `ping`. Ein Raw Socket wird wie üblich über die Funktion `socket()` angelegt. Allerdings wird, statt des zweiten Parameters `SOCK_STREAM` oder `SOCK_DGRAMM`, die symbolische Konstante `SOCK_RAW` verwendet. Die Protokollnummer (dritter Parameter) kann als Zahl angegeben werden oder als eine bereits vordefinierte Konstante wie z. B. `IPPROTO_ICMP` oder

IPPROTO_IGMP. bind() *kann* verwendet werden (wobei hier die Absenderadresse gesetzt wird). Auf der IP-Ebene gibt es außerdem keine Ports. Ebenso *kann* connect() verwendet werden, was allerdings die Zieladresse setzt.

Daten werden bei den Raw Sockets, wie schon bei UDP, mit den Funktionen sendto() und recvfrom() auf ein Socket geschrieben. Diese Daten werden in die Payload des IP-Paketes verpackt und versendet. Alle Felder für das Paket müssen dabei in *network-byte-order* vorliegen.

11.21.2 TLI und XTI

TLI ist eine kurze Schreibweise und steht für Transport Level Interface. TLI präsentiert dem Programm eine einheitliche Schnittstelle für alle zur Verfügung stehenden Transportprotokolle. Damit ist eine vom verwendeten Transportprotokoll unabhängige Netzwerkprogrammierung möglich. Im Gegensatz dazu unterstützen die heute hauptsächlich benutzten BSD-Sockets nur TCP und UDP. Die TLI-Programmierung ist die unter Unix System V empfohlene Methode der Netzwerkprogrammierung. Die TLI-Programmierung ist der Socket-Programmierung ähnlich. Für fast alle Socket-Systemaufrufe existieren entsprechende TLI-Routinen. Das Gegenstück zu einem Socket wird in der TLI-Literatur als Kommunikationsendpunkt bezeichnet. Außerdem richtet sich TLI, im Gegensatz zur BSD-Socket-Programmierung, strukturell mehr nach ISO-Vorgaben und dem OSI-Referenzmodell.

Das X/Open Transport Interface (XTI) stellt nochmals eine Verbesserung von TLI dar. XTI bietet als Transportzugriffsschnittstelle Anwendungsprogrammen (Transportsystembenutzern) in Unix eine einheitliche, nach X/Open ausgerichtete Programmschnittstelle zu den Diensten des Transportsystems. Die Schnittstelle XTI wurde in Form einer Funktionsbibliothek realisiert, die im Anwendungsprogramm eingebunden werden kann. Es wird auch der direkte Zugang zu TCP/IP und UDP/IP erlaubt.

11.21.3 RPC (Remote Procedure Call)

Für die Entwicklung von Software verwendet man in C gewöhnlich die modulare Programmierung. *Modular* bedeutet, dass oft verwendete Teile in Funktionen oder Prozeduren zusammengefasst werden. So wird das Programm kürzer und auch leichter verständlich.

Der *Remote Procedure Call* ist, wie der Name schon sagt, eine Methode, über die es möglich ist, Prozesse, die auf einem anderen System liegen, *remote* aufzurufen.

Man kann sich die Funktion von RPC gut mit der Funktion eines normalen modularen Programms vorstellen. Beispielsweise befinden sich in einer Funktion my_func() folgende Funktionen:

```
read_text(), decrypt_text()
```

Hierbei wird einfach eine Textdatei entschlüsselt und gelesen. Die Funktion read_text() befindet sich auf Ihrem Rechner. Die Funktion für das Entschlüsseln der Textdatei mit decrypt() befindet sich auf einem anderen entfernten Rechner. Das ist das Prinzip von RPC, mit dem es möglich sein soll, einfach Funktionen aufzurufen, die nicht auf dem lokalen Rechner liegen, ohne dass dies auffällt.

In der Netzwerkprogrammierung gibt es immer wieder ein Problem, wenn Daten zwischen verschiedenen Rechnerarchitekturen (Big oder Little Endian) ausgetauscht werden. Daraus folgt ja, dass Zahlen von beiden Systemen anders aufgefasst werden. Für dieses Problem hat man XDR entwickelt. XDR übersetzt die Daten in ein allgemein gültiges Format. Dazu müssen die Daten jedoch in XDR beschrieben werden. Das stellt für einen C-Programmierer kein allzu großes Problem dar, da sich die Syntax ziemlich ähnelt. Ich will hier nicht auf die Details eingehen. XDR arbeitet nun so, dass die Daten kodiert, dann übers Netz geschickt und danach wieder dekodiert werden. Sind die Rechner von der gleichen Architektur, entfällt das Verschlüsseln und Entschlüsseln.

Anschließend wird das Werkzeug `rpcgen` verwendet, das aus einer XDR-Datei, z. B. `file.x`, C-Code generiert, der größtenteils unverändert übernommen werden kann. So muss der Programmierer nur noch die Prozeduren schreiben, damit das Programm weiß, was es eigentlich tun soll.

11.22 IPv4 und IPv6

Im Buch war häufig die Rede von IPv4 und dem zukünftigen IPv6 – wobei der eine oder andere Leser mit beidem vielleicht nichts anfangen konnte. IPv4 steht für Internet-Protokoll Version 4 und wurde 1973 von den Amerikanern eingeführt, um den Rechner des Pentagons mit verschiedenen Hochschulen des Landes im damaligen ARPA-Netz zu verbinden.

In der Zeit des Internet-Booms, wo immer mehr Menschen diese Technik verwenden, liegen viele Schwächen auf der Hand. Allen voran die Adresslänge von 32 Bit (xxx.xxx.xxx.xxx) droht allmählich knapp zu werden (besonders die Klasse-A-, Klasse-B- und Klasse-C-Netze). Daneben ist dieses Protokoll bezüglich Sicherheit auch nicht das beste.

Wo ist IPv5, wird sich manch einer fragen? IPv5 wurde ebenfalls schon recht früh entwickelt, konnte sich allerdings nicht durchsetzen, da die Soft- und Hardware-Hersteller zu dieser Zeit aus Kostengründen keine Portierung ihrer Produkte angeboten haben. Dies hat sich aber mit der Entwicklung von IPv6 stark verändert – weshalb die Chancen gut stehen, dass sich IPv6 als Standard durchsetzen kann.

Weshalb die Einführung von IPv6 nicht vollzogen wird, lässt sich recht schwer nachvollziehen – wobei sich wohl die vielen Provider vor den eventuellen Problemen fürchten, die damit auftreten könnten. Natürlich spielt dabei auch der finanzielle Aspekt eine große Rolle. Viele Hersteller von z. B. Routern bieten IPv6-Support immer noch in der Beta-Version an – lassen aber immer noch die Finger von kommerziellen Versionen. Aber egal, ob finanzielle oder technische Aspekte den einen oder anderen Provider immer noch zurückhalten, zwangsläufig wird man in absehbarer Zukunft IPv6 einführen müssen, wenn keine Adressen mehr vorhanden sind und man damit an die Grenzen gestoßen ist. Wann das allerdings der Fall sein wird, steht noch in den Sternen.

11.22.1 IPv6 – ein wenig genauer

Die Idee zum neuen Protokoll kam Anfang der 90er-Jahre auf und wurde unter dem Namen IPnG zusammengefasst. Vorrangig ging es um die Anzahl der Bits, die man für die Adresslänge verwenden konnte. Die Ideen kreisten von 64 Bit bis hin zu einer variablen Länge, um das Problem Adressknappheit für immer zu lösen. An Ende entschied man sich für eine Adresslänge von 128 Bit ($3{,}4 * 10^{38}$). Nachdem die Entwürfe erschienen waren, wurde 1997 IPv6 zum Draft Standard erklärt.

Würde man jetzt bei IPv6 die bisherige Schreibweise (`xxx.xxx.xxx.xxx`) verwenden, hätten Sie folgende unhandliche Adresse (`xxx.xxx.xxx.xxx. xxx.xxx.xxx.xxx.xxx.xxx.xxx.xxx. xxx.xxx.xxx.xxx`). Daher hat man beschlossen, diese 128 Bit durch 16-Bit-Integerzahlen (anstatt bisher durch 8 Bit) darzustellen. Jeder Integer wird dabei durch ein Tupel in hexadezimaler Ziffer repräsentiert. Die einzelnen Tupels werden durch Doppelpunkte voneinander getrennt (z. B. `1ffa:399:277:0:0:0:0:1`). Diese Schreibweise kann man jetzt mit einer Regel des IPv6 zu einer komprimierten Schreibweise zusammenfassen, die aufeinander folgende Nullen durch zwei Doppelpunkte ersetzt (z. B. `1ffa:399:277::1`). Und damit die bestehenden IPv4-Adressen im IPv6-Adressraum ebenfalls erhalten bleiben, kann folgende Schreibweise verwendet werden: `::ff:7f00:0001`

Natürlich ließe sich dazu noch eine Menge mehr schreiben – weshalb Sie hierzu auf der Buch-CD eine sehr gute Dokumentation zu IPv6 finden, die mit freundlicher Genehmigung von der Webseite *http://www.ipv6-net.de/* stammt.

11.23 Netzwerksoftware nach IPv6 portieren

Sie finden hier eine kurze Zusammenfassung über das Vorgehen, wie Sie Software von IPv4 nach IPv6 portieren können.

Im Großen und Ganzen muss zum Glück nicht die Welt verändert werden, da ja mit IPv6 lediglich die Socket-API erweitert wurde. Im Detail wurden einige neue Konstanten eingeführt, Strukturen umbenannt und erweitert und auch neue Funktionen hinzugefügt.

11.23.1 Konstanten

Die IPv4-Konstanten `AF_INET` bzw. `PF_INET` wurden durch `AF_INET6` bzw. `PF_INET6` ersetzt. Es muss hierbei eigentlich nur die Konstante um eine `6` erweitert werden. Es ist allerdings kein Fehler, wenn Sie auch bei einer IPv4-Software gleich die neuen Konstanten verwenden, da ein Programm, das auf IPv6 portiert wurde, auch weiterhin auf IPv4-Rechnern läuft (vorausgesetzt, der Rechner ist »dual-stacked«, was in Zukunft bei IPv6-fähigen Rechnern immer der Fall sein sollte).

Was sich auch verändert hat, ist die Konstante `INADDR_ANY`, die beim Binden von Sockets an einen Port angegeben wird, und die bedeutet, dass Pakete von jedem Interface angenommen werden. Ein wenig ungewöhnlich ist, dass die neue Konstante kleingeschrieben wird – `in6addr_any`. Der Grund hierfür: Die alte Struktur `in_addr` bestand nur aus einem »`unsigned` long int s_addr«, und somit war die Konstante INADDR_ANY auch nur eine Zahl. Da die Adresse bei IPv6 128 Bit breit ist, ist dies nicht mehr möglich (da kein portabler Datentyp mit dieser Breite existiert), weshalb es sich nun um ein Array handelt:

```
struct in6_addr {
  union{
    uint8_t  u6_addr8[16];
    uint16_t u6_addr16[8];
    uint32_t u6_addr32[4];
  } in6_u;

  #define s6_addr    in6_u.u6_addr8
  #define s6_addr16  in6_u.u6_addr16
  #define s6_addr32  in6_u.u6_addr32
};
```

11.23.2 Strukturen

Nachdem in_addr durch in6_addr ersetzt wurde (s. o.), ist es auch nötig, die Struktur sockaddr_in anzupassen:

```
struct sockaddr_in6 {
  sa_family_t sin6_family  // Address family - AF_INET6
  in_port_t sin6_port;     // Transport layer port #
  uint32_t sin6_flowinfo;  // IPv6 flow information */
  struct in6_addr sin6_addr; // IPv6 address
  uint32_t sin6_scope_id;    // IPv6 scope-id
};
```

Außer dass die Adressstruktur verändert wurde, wurden noch die zusätzlichen Strukturvariablen sin6_flowinfo und sin6_scope_id hinzugefügt.

11.23.3 Funktionen

Der Großteil der Socket-API-Funktionen ist gleich geblieben. Verändert (hinzugefügt) wurden lediglich die meisten Adressauflösungs- und Konvertierungsfunktionen. So werden die Funktionen (wurde bereits im Buch erwähnt) inet_aton() bzw. inet_ntoa() durch die Funktionen inet_pton() bzw. inet_ntop() ersetzt. Da diese neuen Funktionen jetzt nicht mehr auf Zahlen operieren, sondern auf den konkreten Adressstrukturen (z. B. in6_addr), unterstützen sie somit auch beliebige Adressfamilien.

Noch wichtiger sind die neu hinzugekommenen Funktionen getaddrinfo() und getnameinfo(). Diese wurden als Ersatz für die Funktionen gethostbyname()/gethostbyaddr() und getipnodebyname()/getipnodebyaddr() eingeführt und haben den Vorteil, dass sie direkt sockaddr-Strukturen bearbeiten. Des Weiteren wurde noch die Funktion gethostbyname2() hinzugefügt, wobei es sich allerdings nur um eine reine GNU-Extension handelt!

Hinweis

All diese Funktionen stehen Ihnen übrigens auch schon für IPv4 zur Verfügung, weshalb es nicht falsch sein kann, diese jetzt schon zu verwenden, um eine eventuell spätere Portierung zu erleichtern.

11.24 Sicherheit und Verschlüsselung

Zwei Themen, zu denen hier allerdings gar nichts geschrieben wurde, sind die Themen »Sicherheit« und »Verschlüsselung«. Wahrlich zwei Themen, wozu man ein ganzes Buch schreiben kann (... wurde auch bereits geschrieben). Selbst wenn ich hier versuchen würde, Sie mit ein paar Zeilen abzuspeisen, würde ich Ihnen dazu nicht die Grundlagen nahe bringen. Aber dennoch sollen hier ein, zwei Sätze verloren werden, um Sie wenigstens darauf hinzuweisen, warum Sie sich als Software-Entwickler auch mit diesen Themen befassen müssen.

- Sicherheit – Nachdem Sie ja hier nun mindestens die Grundlagen kennen, um auch Software für Netzwerke zu schreiben, sollten Sie wissen, dass Sie sich mit einem der wohl faszinierendsten und gefährlichsten Kapitel der (C-)Programmierung angelegt haben. Wenn Sie also Software für die Masse entwickeln, sollten Sie bei der Netzwerkprogrammierung immer mit höchster Vorsicht arbeiten. Sie müssen davon ausgehen, dass jeder Fehler im Programm mindestens einmal ausgenutzt wird. Ich meine, ein Buffer Overflow bei einem simplen Home-Anwendungsprogramm hat weitaus nicht die verheerende Wirkung wie ein Buffer Overflow in einem Netzwerkprogramm (negativstes Beispiel ist der Inter Exploiter ;-)). Diese Warnung gilt insbesondere für die Programmierung mit RPC!
- Verschlüsselung – Neben dem Problem der Sicherheit von Software sollten Sie sich auch im Klaren sein, dass die Datenpakete, die Sie durch ein Netzwerk schicken, im Prinzip jederzeit abgefangen werden können (Stichwort: Network Sniffing). Aus diesem Grund sollte man sich immer überlegen, ob man die Datenübertragung nicht verschlüsseln sollte. Zwar kann man hierbei weiterhin die Daten abfangen, aber durch die Verschlüsselung der Daten ist ein Lesen dieser Daten fast ausgeschlossen (natürlich abhängig vom Verschlüsselungsverfahren). Zwar wird immer wieder versucht, einen Verschlüsselungsmechanismus zu *knacken*, doch auch die Technik der Verschlüsselung (auch bekannt unter den Begriffen Chiffrierung, Kryptierung, Codierung, Kryptografie) wird stets verbessert.

Hinweis

Für mehr Lesestoff zu diesem Thema sei die Topseite *http://www.netzmafia.de/skripten/server/server8.html#8.1* (Sicherheit auf Unix-/Linux-Servern) empfohlen. Auf derselben Domain befindet sich unter *http://www.netzmafia.de/skripten/sicherheit/index.html* auch noch ein Dokument, das sich tiefer greifend mit dem Thema »Sicherheit« (wozu ja auch die Verschlüsselung gehört) befasst.

MySQL und PostgreSQL bringen eine interessante Schnittstelle zur Programmierung eigener Clientanwendungen mit. In diesem Kapitel bekommen Sie einen umfangreichen Überblick.

12 MySQL und PostgreSQL

Das Thema der Datenbankprogrammierung mit der API (Application Programmer Interface = eine Schnittstelle für Programmierer) von MySQL und PostgreSQL stellt einen gewissen Reiz dar. Dass man recht selten etwas dazu in der Literatur findet, liegt an der recht ungemütlichen Hürde, auch Hintergrundwissen zu Datenbanken – sprich SQL – mitzubringen. Und gerade bei einem Buch zur Programmierung kann logischerweise nicht auch noch eine umfassende Einführung zu MySQL oder PostgreSQL gemacht werden. Was allerdings dann eine gewisse Leserschaft ausschließt – da nicht jeder Kenntnisse zu Datenbanken besitzt. Ich versuche dennoch, auf dem schmalen Pfad zu wandern und Ihnen die Programmierung mit der MySQL C-API und der PostgreSQL-API etwas näher zu bringen, ohne dass Sie unbedingt Vorkenntnisse zu den Datenbanken benötigen. Natürlich dürfen Sie dabei nicht erwarten, dass ich Sie damit zu einem Datenbank-Guru mache, sondern ich erkläre Ihnen lediglich, was zum Verständnis für die Programmierung nötig ist. Sollten Sie sich also ernsthaft mit MySQL und/oder PostgreSQL beschäftigen wollen/müssen, so stellt dieses Buch keinen Ersatz für eine entsprechende Fachliteratur dar. Kenner der Datenbank können die ersten Seiten überspringen und gleich mit dem Abschnitt zur Programmierung der jeweiligen API anfangen. Ich muss noch anmerken, dass es mir sehr schwer gefallen ist, auf das eine oder andere zu verzichten, was noch erwähnenswert gewesen wäre.

12.1 Relationales Datenbanksystem

Um sich mit einer relationalen Datenbank zu befassen, sollten Sie einige grundlegende Kenntnisse darüber besitzen, was es damit auf sich hat.

Zuerst die einfachere Ausführung. Eine relationale Datenbank ist erst einmal nichts anderes als eine Sammlung von Tabellen. In dieser Tabelle sind mehrere Zeilen vorhanden. Eine Zeile ist dabei ein Datensatz. Dieser Datensatz kann wiederum aus mehreren Spalten bestehen, die als Felder bezeichnet werden. Bis hierhin könnte man meinen, ich würde Ihnen das Prinzip einer Tabellenkalkulation erklären. Jedes dieser Felder einer Tabelle besitzt einen bestimmten Datentypen, was ein String, ein Datum oder eine Zahl sein kann. Je nach Datenbanksystem gibt es hierbei erheblich mehr Datentypen, als Sie dies z. B. von C her kennen. Aber – um es gleich von vornherein klarzustellen – so hat ein Integer-Datentyp nichts mit einem `int` von C zu tun etc.! Es gibt auch so genannte untypisierte Felder für große Binärdaten. Einigen Feldern kommt eine besondere Bedeutung zu: den so genannten Schlüsselfeldern.

So weit, so gut, wenn Sie jetzt allerdings mit einem SQL-Guru über Felder und Spalten reden wollen, dann müssen Sie wohl einige Fachbegriffe lernen. Auch hier sei mir die etwas nüchterne Erklärung verziehen.

- Relation – Als Relation wird all das bezeichnet, was ich Ihnen oben in der einfachen Ausführung beschrieben habe – die Tabelle. Eine Relation (Tabelle) kann also wie folgt aufgeteilt werden:
  - Spaltenbezeichnung
  - Daten einer Spalte
  - Anordnung der Spalte
  - Datensatz (Zeile)
  - Schlüsselwert, womit der Datensatz eindeutig identifiziert wird (ist allerdings nicht zwingend notwendig. MySQL z. B. braucht keinen `PRIMARY_KEY`.)
- Entität – Mit Entität wird der einzelne Datensatz (Zeile) der Tabelle beschrieben – also der Tabellenname.
- Attribut und Attributname – Als Attribut bezeichnet man schlichtweg die Spalte, von der es mindestens eine gibt (so, wie es mindestens eine Zeile gibt). Der Attributname ist die Überschrift der Spalte.
- Tupel – Tupel steht für die Zeile bei einer Datenbank. Es ist zwar nicht einfach eine Zeile – aber für das Verständnis sollte dies hier ausreichen. Der Tupel ist ein »Kunstbegriff« der Mathematik.
- Grad der Relation – Hiermit ist die Anzahl der Spalten gemeint.
- Kardinalität – Hiermit wird die Zeilenanzahl beschrieben.
- Domäne – Die Anzahl aller Felder in einer Spalte.

Die einzelnen Entitäten (Tabellennamen) können auch in Beziehungen zueinander stehen. Dabei sind im relationalen Datenbankmodell drei Formen von Beziehungstypen präsent:

- 1:1-Beziehung – Dabei besteht eine eindeutige Beziehung zwischen zwei Tabellen. Jeder Datensatz einer Tabelle besitzt dabei einen verbundenen Datensatz einer anderen Tabelle. Diese Beziehung lässt sich allerdings auch mit einer einzigen Tabelle darstellen. Beispiel aus dem echten Leben: Der Autor isst einen Donut.
- 1:n-Beziehung – Dabei sind mit einem Datensatz einer Tabelle mehrere Datensätze einer anderen Tabelle verbunden. Im echten Leben hieße dies: Der Autor isst beliebig viele und unterschiedliche Donuts.
- n:m-Beziehung – Hierbei kann ein Datensatz, der einer Tabelle zugeordnet ist, mehreren Datensätzen einer anderen Tabelle zugeordnet sein und umgekehrt. Im Leben hieße dies: Der Autor isst beliebig viele und unterschiedliche Donut-Typen, und (umgekehrt) ein Donut kann auch von mehreren Autoren gegessen werden. Also einfach: Multiple Autoren essen multiple Donuts.

Stricken wir weiter. Die Definition der einzelnen Tabellen und die Beziehung, in der diese zueinander stehen, werden als Datenbankschema bezeichnet. Bei geringen Kenntnissen und einer übertriebenen Befolgung solcher Regeln kann dies allerdings auch zum Nachteil werden. Was bringt es denn, wenn Sie Ihre Datenbank in zehn verschiedene Tabellen aufteilen, weil sie um einen Prozent schneller läuft, und Sie dasselbe mit zwei Tabellen hätten realisieren können? Spätestens wenn Sie Ihre Tabelle warten bzw. erweitern wollen, sehen Sie die Probleme vor sich stehen. Sie stehen vor einem Haufen von Tabellen, wo vielleicht jede Tabelle eine bestimmte Beziehung zu einer anderen hat. Wird dabei eine solche Beziehung vergessen, erhalten Sie, wenn Sie Glück haben, eine Fehlermeldung, und wenn Sie Pech haben, befinden sich zwar die Daten in der Datenbank, werden aber nie berücksichtigt.

Um (bei den Beziehungen) einigen Problemen aus dem Weg zu gehen, gibt es die Normalisierungstheorie. Hier existieren sechs Formen, wovon in der Praxis gewöhnlich nur die ersten drei verwendet werden:

- Erste Normalform (1NF) – Jedes Datenfeld (Spalte) beinhaltet nur einen einzigen untrennbaren Wert.
- Zweite Normalform (2NF) – Die Relation befindet sich in der ersten Normalform, und jedes Nicht-Schlüsselattribut ist voll funktional von jedem Schlüssel abhängig.
- Dritte Normalform (3NF) – Die Relation befindet sich in der zweiten Normalform, und jedes Nicht-Schlüsselattribut ist voll funktional und unabhängig.

Ich möchte es hiermit beim Thema »Datenbankdesign« belassen, weil eine genauere Beschreibung nur zu ein paar mehr Seiten führen würde, was wiederum weniger Seiten zur Programmierung (dem eigentlichen Sinn des Kapitels) bedeuten würde. Es ist hierbei jetzt nicht so wichtig, dass Sie das Prinzip der zweiten oder dritten Normalform verstanden haben – da Sie diese im Buch ohnehin nicht verwenden. (Sie können ausatmen und entspannt weiterlesen!) Sie sollten ohnehin nicht den Sinn einer Datenbank aus den Augen verlieren, denn häufig ist die einfachste Methode die beste. Sofern Sie also kein Datenbank-Guru sind, empfehle ich Ihnen, sich erst mit der ersten Normalform zu befassen, da diese einfacher und schneller zu erstellen und zu pflegen ist.

12.2 Relationaler Datenbankserver

Mit einem relationalen Datenbankserver können Sie mehrere relationale Datenbanken verwalten. Dieser Server kann dabei von einer oder mehreren Personen benutzt werden, wie dies z. B. bei datenbank-unterstützten Webseiten der Fall ist. Dabei ist es (fast) egal, von welchem Ort aus eine Person auf den Rechner mit dem Datenbankserver zugreift. Meistens werden die Daten vom Server aus Effizienzgründen in so genannten ISAM-Dateien gespeichert, was meist vom Benutzer, der die Tabelle anlegt, auswählbar ist – bzw. dies ist bei den meisten DBs die Standardeinstellung.

Die Clientanwendungen kommunizieren in der Regel mittels der genormten SQL-Sprache (SQL = Structured Query Language) mit dem Datenbankserver. Mit dieser Sprache (wobei es sich hier nicht um eine Programmiersprache handelt!) werden alle möglichen Operationen (Datenbank/Tabelle/Daten anlegen/einfügen/löschen ...) gemacht, die nötig sind, um effektiv mit einer Datenbank zu arbeiten.

Dank des Datenbankservers müssen Sie sich nicht mehr um die Pflege der Dateien kümmern oder die einzelnen Clients bei mehrfachem Zugriff synchronisieren. Sie können mit einer eingerichteten Zugangskontrolle mit Username und Passwort dem Anwender erlauben, dass dieser nur auf eine bestimmte Datenbank, eine bestimmte Tabelle oder gar nur auf eine bestimmte Spalte Zugriff erhält. Ebenfalls können Sie dabei angeben, ob der User darauf nur lesend, schreibend und/oder ändernd zugreifen darf.

12.3 SQL-Server im Überblick

Wir verwenden im Buch zwar MySQL und PostgreSQL als Datenbankserver, doch sollte ein Blick über den Tellerrand nicht schaden. Es kann zwischen kommerziellen und freien Datenbankservern unterschieden werden. Für die meisten Leser unter Ihnen wird eine teure Anschaffung von kommerziellen Systemen nicht rentabel sein. Die Vorteile solcher kommerziellen Systeme liegen vorwiegend in der Performance von Transaktionen, da Transaktionen durch hohen Speicherbedarf bei wachsendem Datenbestand stark verlangsamen. Ein weiterer erheblicher Nachteil für unsere Welt hier ist, dass kommerzielle Anbieter häufig nur binäre Versionen für kommerzielle UNIX-Systeme wie Solaris, HP-UX oder SCO anbieten. Wenn dann eine Version für Linux oder BSD benötigt wird, sieht es schlecht aus. Die Marktführer von kommerziellen Datenbanksystemen sind derzeit Oracle, Sybase und Informix. Sicherlich werden Sie sich gerade als Open-Source- und Linux-Mensch fragen, wieso eigentlich dann Firmen dennoch kommerzielle Systeme verwenden? Das liegt daran, dass einige Software-Hersteller zwingend ein bestimmtes Datenbanksystem vorschreiben – wie dies z. B. bei SAP R/3-Systemen der Fall ist. Dass kommerzielle Datenbanken aber dennoch nicht unbezahlbar sein müssen, beweist ADABAS-D für Linux.

Wenn Sie also unabhängig sind und selbst frei entscheiden können, welches Datenbanksystem Sie wählen können, bieten sich hierfür einige freie Alternativen an. Ein Beispiel wäre Msql, was noch vor der Zeit von MySQL der Server für Datenbanken war. Weitere erwähnenswerte Server wären Gadfly (basiert auf Python), Interbase und Typhoon (der unter UNIX und OS/2 läuft).

12.4 MySQL

Beginnen wir zuerst mit der MySQL-Datenbank. Ich habe mich für MySQL entschieden, nicht nur weil es frei ist, sondern weil es zum einen gute Schnittstellen (API) zu vielen verschiedenen Programmiersprachen bietet und weil zum anderen mit MySQL auch möglich ist, ein TCP/IP-Netz zu kontaktieren, ohne gleich zusätzlich noch die Socket-Programmierung zu verwenden. Die API von MySQL nimmt Ihnen diese Arbeit ab. MySQL bietet eine Reihe von Vorteilen gegenüber anderen Datenbanksystemen. Außer dass MySQL frei verfügbar und (unter UNIX) in allen Hinsichten kostenlos ist, sind die Datenbankzugriffe sehr schnell, der Server kann als absolut stabil und sicher gelten, es werden wenig Ressourcen vom System verschwendet (sowohl CPU-Zeit als auch RAM), und MySQL ist auf fast allen Betriebssystemen erhältlich. Sollte das nicht der Fall sein, kann immer noch der Quellcode hergenommen und kompiliert werden.

Lizenzierung

Bezüglich der Lizenzierung empfehle ich Ihnen, sich selbst beim Support schlau zu machen. Solange Sie MySQL (auch im kommerziellen Einsatz) mit Software verwenden, die unter GPL steht, brauchen Sie keine Lizenz. Sobald man allerdings eine kleine Veränderung an der Software vornimmt, die nicht unter GPL steht, oder eigene Nicht-GPL-Software verwendet, wird eine Lizenz nötig. Eine kommerzielle Lizenzierung lag zur Drucklegung so um die 500 US-Dollar. Wie bereits erwähnt, sollten Sie allerdings zunächst immer beim Support nachfragen, weil sich die Angaben jederzeit ändern können.

Ein eventueller Nachteil von MySQL ist, dass sich dieses nicht an ANSI SQL hält, sondern viele eigene Erweiterungen nutzt. Das ist gerade im Open-Source-Bereich von ziemlicher Bedeutung. MySQL lässt sich aber auch im ANSI-Modus nutzen, in dem man den Server mit der Option `–ansi` startet.

Hinweis

Die Beispiele in diesem Kapitel wurden allesamt mit MySQL in der Version 5.0.x getestet. Zur Drucklegung des Buches dürfte allerdings schon 6.0.x die aktuelle Version sein. Es sollte dabei keine Probleme bezüglich der Abwärtskompatibilität geben. Natürlich gibt es von Distribution zu Distribution immer kleine Unterschiede, wie sich bspw. der MySQL-Server starten lässt oder dass sich die eine oder andere Konfigurationsdatei eben in einem etwas anderen Pfad als im Buch beschrieben befindet. In der Regel liefert jede Distribution eine Hilfe mit, mit der sich so was schnell klären lässt. Auch in vielen Foren zu den entsprechenden Distributionen findet man relativ schnell Hilfe.

12.4.1 Anwendungsgebiete von MySQL

Das Anwendungsgebiet von MySQL ist natürlich sehr umfassend. Dennoch sollen hierbei ein paar Hauptanwendungsgebiete von MySQL aufgezählt werden.

- Einsatz als Internet Service Provider (ISP) – Da MySQL absolut kostenlos ist, läuft diese Datenbank bei sehr vielen ISPs. Häufig wird dabei die Kombination Linux, Apache, MySQL und PHP oder/und Perl eingesetzt – kurz auch als LAMP bekannt.
- Einsatz bei Internet-Anwendungen – Wird gerne verwendet, da sich, wie schon beim ISP, serverseitige Technologien wie Perl oder PHP einfach anwenden lassen.
- CMS (Content Management Systems) – Die meisten (fast alle) CMS bieten eine Schnittstelle zur Datenbank MySQL an. Vor allem auch weil wieder viele ISPs diese Datenbank verwenden, was wiederum die Nutzung des CMS für jedermann bedeutet.
- Einsatz zur Schulung – Zum einen sind wie schon beim ISP recht geringe Anschaffungskosten nötig, zum anderen muss auch kein großer Aufwand bei der Installation und der Konfiguration betrieben werden. Und es lässt sich mit MySQL auch das Standard-SQL darstellen.

Anhand dieser Auflistung fällt allerdings auch auf, dass das Hauptanwendungsgebiet von MySQL eindeutig das Internet und somit auch ied Internet-Programmierung ist.

12.4.2 Schnittstellen von MySQL

Dank vieler Schnittstellen, was auch der Grund zur Vorstellung dieser Datenbank im Buch war, kann MySQL fast überall in der IT-Welt integriert werden. Im Schnittstellen-Konzept ist eine so genannte *MySQL client library* implementiert, womit sowohl die Werkzeuge von MySQL als auch die Programmierschnittstelle bedient werden.

MySQL bietet ein Menge Schnittstellen für uns Programmierer; wobei die Schnittstellen für C, Java, PHP und Perl wohl die am häufigsten verwendeten Schnittstellen sein sollten. Die meisten Kommandozeilenwerkzeuge von MySQL wurden z. B. in C geschrieben. Den Quellcode der einzelnen Clientanwendungen finden Sie in der Source-Distribution von MySQL im Verzeichnis *client*.

12.4.3 Installation von MySQL

Gewöhnlich sollte MySQL Ihrer Linux-Distribution beiliegen – weshalb sich die Installation als nicht sehr schwierig erweisen sollte. Bei der Suche nach den Paketen Ihrer Linux-Distribution wird Ihnen sicherlich noch eine Reihe weiterer Pakete zu MySQL auffallen. Um allerdings die Listings im Buch selbst nachzuschreiben, reichen die Pakete *mysql*, *mysql-client*, *mysql-devel* (enthält die Include-Dateien), *mysql-bench* und *mysql-shared* aus.

Wollen Sie MySQL herunterladen und dieses Paket installieren oder gar die Source-Distribution neu übersetzen, dann sollten Sie hierzu einen Blick auf die gute Dokumentation werfen, die Ihnen die weiteren Schritte genau beschreibt.

Hinweis

Natürlich finden Sie auch hierzu wieder Info-Material auf der Buch-CD.

12.4.4 MySQL-Server starten und stoppen

Nachdem Sie MySQL erfolgreich installiert haben, können Sie den Server starten. Sollte dies bei Ihnen nicht funktionieren, dann sollten Sie sich die mitgelieferte Dokumentation durchlesen oder der Webseite von MySQL einen Besuch abstatten. Gewöhnlich benötigen Sie dazu Superuser-Rechte. Den MySQL-Server (`mysqld`) startet man in der Regel mit einem Shellscript, welches sich meistens im Verzeichnis */etc/init.d/* befindet.

Unter Ubuntu oder openSUSE lässt sich der MySQL-Server bspw. wie folgt starten (bei openSUSE als Root und ohne `sudo`):

```
$ sudo /etc/init.d/mysql start
[sudo] password for user: ******
 * Starting MySQL database server mysqld        [ OK ]
```

Ebenso einfach lässt sich der Server auch wieder stoppen:

```
$ sudo /etc/init.d/mysql stop
 * Stopping MySQL database server mysqld        [ OK ]
```

Bei anderen Distributionen (bspw. RedHat, Fedora, Mandrake) kann das Verzeichnis zum Script auch */etc/rc.d/init.d/* sein.

Bei der FreeBSD kann der MySQL Server auch mit folgendem Befehl vom Superuser gestartet bzw. gestoppt werden:

```
$ /usr/local/etc/rc.d/mysql-server start
Starting service MySQL                                  done

$  /usr/local/etc/rc.d/mysql-server stop
Shutting down service mysql                             done
```

Mit dem Befehl `restart` am Ende, anstatt `start` oder `stop`, können Sie den MySQL-Server neu starten lassen.

12.4.5 Konfigurationsdatei my.cnf

Mit MySQL haben Sie auch die Möglichkeit, mit der Konfigurationsdatei `my.cnf` verschiedene Einstellungen vorzunehmen. Diese Konfiguration kann dabei auf der System-, Datenbank- oder der Benutzerebene vorgenommen werden. Sie finden folgende drei Konfigurationsdateien für den MySQL-Server:

- Systemweite Einstellungen in `/etc/my.cnf`
- Globale Servereinstellungen in *<Datenverzeichnis>*`/my.cnf` – Da auf einem Rechner mehrere MySQL-Server (in verschiedenen Datenverzeichnissen) ausgeführt werden können, sind hiermit Einstellungen für diese Server möglich. Dies eignet sich bei mehreren Server besser als `/etc/my.cnf`, da hierbei die Einstellungen für alle Server des Systems gelten würden. Die Konfigurationsdatei kann dem Server beim Start übergeben werden.
- Benutzerspezifische Einstellungen in `~./my.cnf` – Diese Konfigurationsdatei wird verwendet, wenn der MySQL-Server unter einer abweichenden Einstellung arbeiten soll.

Die Konfigurationsdatei ist eine gewöhnliche Textdatei und lässt sich mit jedem ASCII-fähigen Editor betrachten und mit entsprechenden Rechten modifizieren. Da Sie den Server soeben als Superuser starten mussten, können Sie sich gleich als solcher die Konfigurationsdatei in der Kommandozeile ansehen:

```
$ less -MSi /etc/my.cnf
```

Hinweis

Die systemweite Einstellung befindet sich gewöhnlich zwar in */etc/my.cnf*, aber unter Ubuntu fand ich diese Datei unter */etc/mysql/my.cnf*.

Die Ausgabe kann nun von System zu System variieren. Die Syntax der Konfigurationsdatei können Sie der Online-Dokumentation entnehmen. Folgende globale Einstellungen sind allerdings gewöhnlich immer anzutreffen:

```
[client]
#password        = your_password
#user            = username
port             = 3306
socket           = /var/lib/mysql/mysql.sock
# Here follows entries for some specific programs
# The MySQL server
[mysqld]
port             = 3306
socket           = /var/lib/mysql/mysql.sock
```

Alle Zeilen, die mit # beginnen, sind Kommentare und werden vom MySQL-Server ignoriert. Anschließend folgt in den eckigen Klammern das Programm, wofür die nachfolgenden Parameter gelten. Außer `mysqld` (der MySQL-Server (Dämon)) können noch weitere MySQL-Clientprogramme wie u. a. `mysql`, `mysqladmin`, `mysqldump` usw. verwendet werden. Anschließend werden die einzelnen Einstellungen für das Programm mit der Angabe

```
option = wert (bspw. port = 3306)
```

eingestellt. Selbiges gilt für die Einstellung von Variablen mit

```
set-variable =      Variablenbezeichnung=Wert
```

Zum Beispiel:

```
# The MySQL server
[mysqld]
port             = 3306
socket           = /var/lib/mysql/mysql.sock
set-variable     =  max_connections = 200
```

Hier wurde dem MySQL-Server die Anzahl der maximalen gleichzeitigen Verbindungen (`max_connections`) übergeben. Eine Konfiguration einzustellen ist somit recht einfach. Es muss lediglich das Programm in eckigen Klammern gefolgt von den einzelnen Parametern angegeben werden.

Tipp

Um die Geschwindigkeit Ihrer Datenbank ein wenig zu optimieren, können Sie die Variable `query_cache_size`, ein Speicher zur Zwischenspeicherung, verwenden. Setzen Sie diese Variable einfach beim Programm `[mysqld]` auf einen bestimmten Wert, je nachdem, wie groß dieser Cache sein soll. Um den Query-Cache zu aktivieren, müssen Sie außerdem die Variable `query_cache_startup_type` aktivieren.

12.4.6 Kommandozeilenwerkzeuge für und von mysql

Es gibt zwar mittlerweile eine umfangreiche Auswahl an grafischen Tools und Programmen für Administrationsaufgaben von MySQL, aber in vielen Fällen reichen die Kommandozeilenwerkzeuge aus. Am häufigsten sind dabei die `mysql`-Clientanwendung (auch gerne *MySQL-Shell* genannt; offiziell *MySQL Monitor*) und `phpMyAdmin` (grafischer Client für den Browser) anzutreffen.

mysql

Der Client (oder besser die SQL-Shell) `mysql` ist im Standardumfang von MySQL enthalten und quasi das wichtigste Werkzeug, um mit MySQL in der Kommandozeile zu arbeiten. Die *MySQL-Shell* soll jetzt aufgerufen werden. Starten Sie hierfür, falls noch nicht geschehen, den MySQL-Server. Da das Werkzeug `mysql` eine gewaltige Anzahl von Optionen besitzt, können Sie es auch mit dem Flag `-help` aufrufen, um sich einen Überblick zu verschaffen.

```
$ mysql -uroot -pjuergen -hlocalhost
Welcome to the MySQL monitor.  Commands end with ; or \g.
Your MySQL connection id is 30
Server version: 5.0.67-0ubuntu6 (Ubuntu)
Type 'help;' or '\h' for help. Type '\c' to clear the buffer.
```

Sie starten hierbei die *MySQL-Shell* mit dem User `root`, dem Passwort `juergen` und dem Host `localhost`. Sie können sich von Haus aus als Benutzer `root` mit dem MySQL-Server verbinden. Sollte eigentlich auch logisch sein, denn sonst hätten Sie keinen Zugriff auf den MySQL-Server. Aus Sicherheitsgründen sollten Sie dies natürlich ändern. In der Praxis sollten Sie diesen Befehl mit einem leeren `-p` absetzen, so dass Sie interaktiv nach dem Passwort gefragt werden. Damit ist sichergestellt, dass niemand über die Schulter schauend das Passwort erspähen kann oder ggf. mit `ps aufwwx` das Passwort lesen kann.

```
$ mysql -uroot -p -hlocalhost
Enter password: *****
Welcome to the MySQL monitor.  Commands end with ; or \g.
...
```

Verlassen Sie die MySQL-Shell erst mal wieder mit dem Aufruf von `quit` (oder auch mit `exit` (ein Alias für `quit`)).

```
mysql> quit
Bye
```

Natürlich können Sie auf die MySQL-Shell, wie es sich für eine Shell eben gehört, auch im Batch-Modus zugreifen. Bspw. können Sie die *mysql*-Anweisungen in ein Skript schreiben und mit folgendem Befehl ausführen lassen:

```
$ mysql -uroot -p -hlocalhost database < skript.sql
```

Damit werden alle Befehle, die Sie in `skript.sql` angegeben haben, ausgeführt. Weiterhin können Sie die Ausgabe auch in eine andere Datei umleiten lassen:

```
$ mysql -uroot -p -hlocalhost data < skript.sql > \
> ausgabe.txt
```

Der Batch-Modus ist sehr gut für Cron-Jobs geeignet, um regelmäßige Aufgaben (wie bspw. Backups) zu automatisieren.

mysqladmin

Wollen Sie ein Passwort ändern, können Sie dies recht komfortabel mit dem Client `mysqladmin` realisieren.

```
$ mysqladmin -uroot -pjuergen password k4p6m3o3
$ mysql -uroot -pjuergen -hlocalhost
ERROR 1045 (28000): Access denied for user 'root'@'localhost' (using password: YES
)
$ mysql -uroot -pj3o5n2i2 -hlocalhost
Welcome to the MySQL monitor.  Commands end with ; or \g.
...
```

Hiermit haben Sie das Passwort *juergen* umgeändert in das Passwort *k4p6m3o3*. Sie sollten sich natürlich ein anderes Passwort einfallen lassen.

Es empfiehlt sich allerdings auf Produktiv-Systemen nicht diesen Befehl abzusetzen. Falls es jemand schafft, Root-Rechte auf dem Server zu erlangen, kann er somit das Hauptpasswort für die DB aus der */root/.bash_history* auslesen (erste Anlaufstelle für Cracker). Es ist sinnvoller, das Passwort im `mysql`-Monitor mit den Grant-Funktionen zu ändern. Oder mit einem

```
mysql > USE mysql;
mysql > UPDATE user SET Password=PASSWORD('neues_password')
      > WHERE User='root';
```

und danach mit

```
mysql > FLUSH PRIVILEGES;
```

die User-Datenbank neu einzulesen.

Zur Verwaltung des Zugriffs der verschiedenen Anwender auf die Datenbank verwendet MySQL (wenn wundert's) auch eine Datenbank mit entsprechendem Namen – *mysql*. Sie sollten daher immer darauf achten, dass Sie für diese Datenbank entsprechende Rechte vergeben haben (Schreibschutz). Denn was hilft die Verteilung von Zugriffsrechten auf Datenbanken, einzelne Tabellen oder Spalten, wenn sich der Anwender die Rechte selbst geben kann. Neue Benutzer können Sie mit dem SQL-Befehl `GRANT` hinzufügen und mit `REVOKE` wieder entfernen. Hierfür sei allerdings die Online-Dokumentation empfohlen, da das Buch hierauf nicht eingeht.

Eine weitere gerne verwendete Aktion, die mit `mysqladmin` durchgeführt wird, ist das Überwachen des Serverzustands. Hierzu können Sie die Optionen `status` und `extended-status` verwenden:

```
$ mysqladmin -uroot -pk4p6m3o3 status
Uptime: 22476  Threads: 1  Questions: 41  Slow queries: 0  Opens: 12  Flush tables
: 1  Open tables: 6 Queries per second avg: 0.002
$ mysqladmin -uroot -pk4p6m3o3 extended-status
+-------------------------+-------+
| Variable_name           | Value |
+-------------------------+-------+
| Aborted_clients         | 0     |
| Aborted_connects        | 7     |
| Bytes_received          | 1361  |
| Bytes_sent              | 4586  |
| Com_admin_commands      | 0     |
...
```

```
[schnipp]
...
| Threads_created           | 21    |
| Threads_connected         | 1     |
| Threads_running           | 1     |
| Uptime                    | 22488 |
+---------------------------+-------+
```

Einige weitere wichtige Information erhalten Sie mit `processlist`. Damit erfahren Sie, wo der Server seine meiste Zeit verbringt oder gar vergeudet:

```
$ mysqladmin -uroot -pk4p6m3o3 processlist
+--+----+---------+--+-------+----+-----+-----------------+
|Id|User|Host     |db|Command|Time|State| Info            |
+--+----+---------+--+-------+----+-----+-----------------+
|22|root|localhost|  |Query  |0   |     | show processlist |
+--+----+---------+--+-------+----+-----+-----------------+
```

Mehr zu `mysqladmin` erfahren Sie außerdem mit der Option `–help`.

mysqlshow

Mit dem Programm `mysqlshow` können Sie sich Informationen über eine Datenbank, Tabelle, Spalten oder Indizes ansehen. So können Sie sich mit folgender Eingabe die Passwortdatei des MySQL-Servers, in der die User eingetragen werden, ausgeben lassen:

```
$ mysqlshow -uroot -pk4p6m3o3 -hlocalhost mysql user
```

Die Syntax dazu lautet:

```
mysqlshow [OPTIONEN] [Datenbank [Tabelle [Spalte] ] ]
```

mysqldump

Mit dem Programm `mysqldump` erzeugen Sie eine komplette Kopie Ihrer Datenbank oder auch Teile davon. Diese Datei enthält dann sämtliche Befehle, die Sie zur Wiederherstellung Ihrer Datenbank benötigen, wenn der Fall eintreffen sollte. Bei der Kopie handelt es sich um eine im ASCII-Text gespeicherte Datei mit vollständiger SQL-Syntax. Auch ich habe das Thema »Backup« von MySQL selten beachtet, bis ich eines Besseren belehrt wurde und ein paar Tage Arbeit weg waren. Beispiel eines solchen Dumps:

```
$ mysqldump -uroot -pk4p6m3o3 -hlocalhost datenbankname > \
  backup_datenbankname.sql
```

Hiermit wird z. B. ein *Dump* von der Datenbank `datenbankname` gemacht. Die Ausgabe wird in die Datei `backup_datenbankname.sql` umgeleitet, worin sich jetzt ein komplettes Backup von `datenbankname` befindet. Wiederherstellen können Sie diese Sicherung ganz einfach mit:

```
$ mysql -uroot -pk4p6m3o3 -hlocalhost datenbankname < \
  backup_datenbankname.sql
```

12.4.7 Grafische Clients

Alle Aufgaben lassen sich mit den mitgelieferten Mitteln von MySQL sehr effektiv realisieren. Aber häufig fehlt einem bei etwas größeren Projekten der Überblick zu den Datenbanken, Tabellen, Spalten und den Daten selbst. Hier kann man sich mit grafischen MySQL-Clients behelfen. Meistens handelt es sich dabei einfach um Frontends zu den Kommandozeilenwerkzeugen.

phpMyAdmin

phpMyAdmin dürfte wohl der bekannteste und meistverwendete Vertreter der grafischen Clients zu MySQL sein. Dabei kommt dieser Client ganz ohne Installation von Software aus. *phpMyAdmin* benötigt lediglich einen Server, auf dem es möglich ist, PHP-Skripte auszuführen. Meistens findet man *phpMyAdmin* bei den Internet Service Providern unter dem Einsatz von LAMP (Linux, Apache, MySQL, PHP/Perl). Sofern Sie z. B. Ihre Webseite auf einem Internet Service Provider haben, ist dies häufig die einzige Möglichkeit, direkt auf die einzelnen Tabellen, Zeilen, Spalten und Daten zuzugreifen. Denn nicht jeder ISP bietet einen Kommandozeilenzugang via SSH (*Secure Shell*). Allerdings bedarf es bei *phpMyAdmin* der gleichen Kenntnisse wie bei der Verwendung der *MySQL-Shell*.

MySQLCC

MySQLCC steht für *MySQL Control Center* und ist seit Mitte 2003 als installierbare Software verfügbar. Damit lassen sich dieselben Arbeiten wie bei der MySQL-Shell oder dem grafischen Frontend *phpMyAdmin* durchführen. *MySQLCC* ist kostenlos und steht unter GNU GPL-Lizenz.

KSQL und Knoda

Unter dem KDE-Desktop stehen Ihnen gleich zwei hervorragende grafische MySQL-Clients zur Verfügung, zum einen *Knoda*, den der Autor des Buchs gerne verwendet, und *KSQL*. Beide Clients bieten eine umfangreiche Funktionspalette, wobei es mit beiden Clients auch möglich ist, mit anderen Datenbanken als MySQL eine Verbindung aufzubauen. Ein weiteres interessantes Feature ist u. a. der Export von HTML und XML.

12.4.8 MySQL-Crashkurs

Sofern Sie noch keine MySQL-Kenntnisse besitzen, folgt hier ein kleiner Crashkurs zu MySQL mit einigen grundlegenden Befehlen. Diese Einführung erhebt keinerlei Anspruch, eine komplette Einführung in MySQL zu sein. Trotz eines gewissen Umfangs entspricht dieser Crashkurs aus der Sicht des Autors nicht mehr als dem berühmten *Tropfen auf dem heißen Stein*. Wenn Sie der Datenbank MySQL mächtig sind, können Sie diesen Abschnitt auch ein wenig überfliegen.

Um mit Datenbanken zu arbeiten, sind mehrere Schritte nötig. Logischerweise muss zuerst eine Datenbank angelegt werden, anschließend wird eine Tabelle benötigt, worin die Daten gespeichert werden. Hierzu ein schematischer Ablauf vom Anlegen der Datenbank bis zum Ausgeben von Daten:

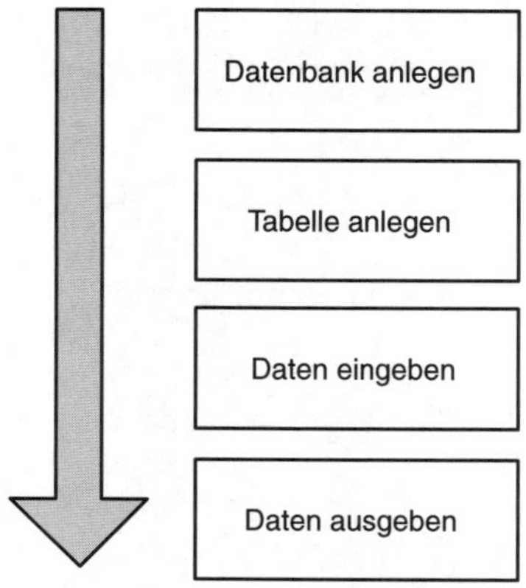

Abbildung 12.1 Schematischer Ablauf vom Anlegen der DB bis zur Ausgabe

Um diese Schritte in MySQL zu realisieren, benötigen Sie Kenntnisse zu den MySQL-Befehlen, die Sie in den folgenden Kapiteln näher kennen lernen werden. Ich werde Ihnen diese Befehle anhand der *MySQL-Shell* (dem `mysql`-Client) näher bringen. Sie können, wenn Sie wollen, natürlich auch eines der grafischen Clientprogramme verwenden, um die SQL-Befehle auszuführen. Es wird empfohlen, die einzelnen Schritte, wie sie auf den folgenden Seiten dargestellt werden, auch selbst in der Praxis zu testen, um das Beschriebene nachvollziehen zu können.

Aufgeteilt werden die Befehle in zwei Kategorien – die DDL- und die DML-Befehle:

- *DDL* (Datendefinitionssprache) – Die Datendefinitionssprache wird genutzt, um die Struktur der abzuspeichernden Datenobjekte zu beschreiben – sprich: Datenbanken oder Tabellen anlegen, verändern, umbenennen usw. Ebenfalls gehört die Administration (Benutzer anlegen, Rechte verteilen ...) zum Bereich der DDL.
- *DML* (Datenmanipulationssprache) – Die Datenmanipulationssprache dient zum Einfügen, Ändern, Löschen und Lesen des Inhalts aller Datenbankobjekte. Dabei wird zwischen der Anfragesprache (Query Language) und der eigentlichen Datenmanipulationssprache, mit der abgespeicherte Datensätze manipuliert werden können, unterschieden.

Mit einem Satz: DDL beschreibt die Struktur und DML den Inhalt dieser Struktur.

12.4.9 Datentypen

Wie in C und in vielen anderen Sprachen gibt es auch in MySQL Datentypen. Datentypen sind die kleinste Einheit, die mit SQL-Befehlen manipuliert werden können. Die Datentypen werden dabei als Spaltenwert (Attribut) einer Tabelle zwingend verwendet. Und, wie ebenfalls in vielen anderen Sprachen, gibt es hierbei unterschiedliche Datentypen. Zum Glück sind Sie ja bereits (mindestens) einer Sprache mächtig, somit kann ich mir einige Erklärungen zu den Datentypen ersparen. Aufgeteilt werden die Datentypen in folgende Kategorien:

- Zeichen und Zeichenketten (einzelne Zeichen, Strings)
- Nummerische Werte (Zahlen (Ganzzahlen, Gleitpunktzahlen))
- Datums- und Zeitdatentypen

Zeichen(-ketten) und nummerische Werte als Datentypen sollten bei Ihnen eigentlich keine Wimper mehr zucken lassen. Aber anders als in vielen Programmiersprachen bietet MySQL auch einige Datentypen für Datums- und Zeitangaben.

Logischerweise müssen Sie sich auch bei MySQL Gedanken über den Sinn eines Datentyps machen. Zu klein gewählte Datentypen können bei Überschreitung der Typengrenze zur falschen Darstellung führen, und zu groß gewählte Datentypen verschwenden nur unnötig Platz und machen zudem noch die Datenbank erheblich langsamer.

In der folgenden Abbildung finden Sie einen kurzen Überblick zu den gängigsten Datentypen in MySQL:

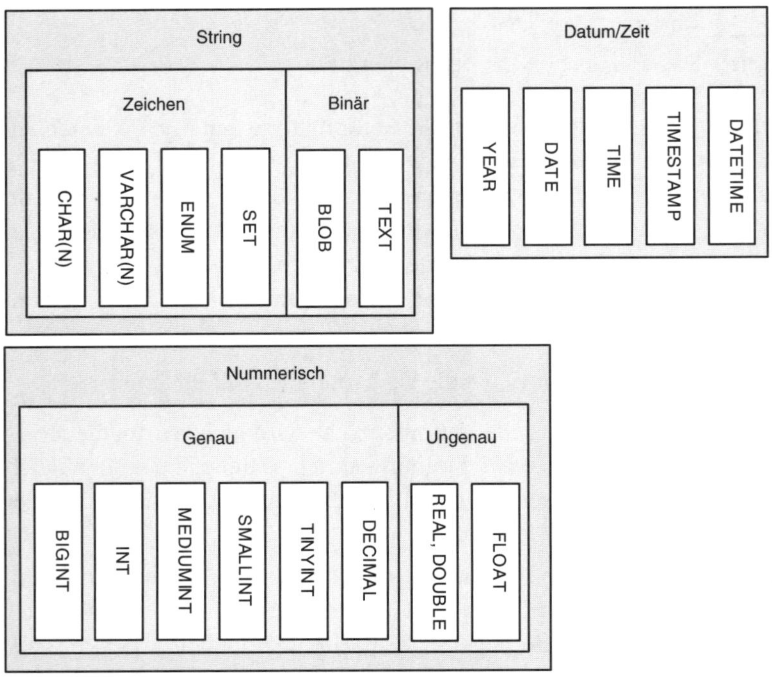

Abbildung 12.2 Datentypen von MySQL im Überblick

Jetzt noch eine genauere Zusammenfassung zu den einzelnen Datentypen in MySQL:

Datentyp	Bedeutung	Bereich	Speicherbedarf
`TINYINT`	sehr kleine Ganzzahl	-128 bis 127 (0 bis 255)	1 Byte
`SMALLINT`	kleine Ganzzahl	-32768 bis 32767 (0 bis 65535)	2 Byte
`MEDIUMINT`	mittelgroße Ganzzahl	-8388608 bis 8388607 (0 bis 16777215)	3 Byte
`INT`	Ganzzahl (Standard)	-2147283648 bis 2147283647 (0 bis 4294967295)	4 Byte

Tabelle 12.1 Nummerische Datentypen

Datentyp	Bedeutung	Bereich	Speicherbedarf
BIGINT	große Ganzzahl	-9223372036854775808 +9223372036854775807 (0 bis 18446744073709551615)	8 Byte
FLOAT	Fließkommazahl, einfache Genauigkeit	$-3{,}402823466^{38}$ bis $-1{,}175494351^{38}$, 0 und $1{,}175494351^{38}$ bis $3{,}402823466^{38}$	4 Byte
DOUBLE	Fließkommazahl, doppelte Genauigkeit	$\sim -1{,}798^{308}$ bis $\sim -2{,}225^{-308}$, 0 und $\sim 2{,}225^{-308}$ bis $\sim 1{,}798^{308}$	8 Byte
DECIMAL(G,N)	Fließkommazahl der Länge G mit n Nachkommastellen		G+2 Byte

Tabelle 12.1 Nummerische Datentypen (Forts.)

Datentyp	Bedeutung	Bereich	Format	Speicherbedarf
DATE	Datum	1.1.1000 bis 31.12.9999	YYYY-MM-DD	3 Byte
DATETIME	Datum und Uhrzeit	1.1.1000, 0:00:00 Uhr, bis 31.12.9999, 23:59:59	YYYY-MM-DD hh:mm:ss	8 Byte
TIMESTAMP	Unix-Zeit	1.1.1970 bis 19.01.2038		4 Byte
TIME	Uhrzeit		hh:mm:ss	3 Byte
YEAR	Jahreszahl	1901 bis 2155		1 Byte

Tabelle 12.2 Datums- und Uhrzeit-Datentypen

Datentyp	Bedeutung	Länge	Speicherbedarf
CHAR(G)	Zeichenkette mit fester Größe G	max. 255 Zeichen	Größe G Byte
VARCHAR(G)	Zeichenkette mit variabler Größe G	max. 255 Zeichen	Größe G Byte
TINYTEXT, TINYBLOB	Sehr kleine Zeichenkette	max. 255 Byte	2E8 – 1 Byte
TEXT, BLOB*	Kleine Zeichenkette	max. 65535 Byte	2E16 – 1 Byte
MEDIUMTEXT, MEDIUMBLOB	Mittelgroße Zeichenkette	max. 16777215 Byte	2E24 – 1 Byte
LONGTEXT, LONGBLOB	Große Zeichenkette	max. 4294967295 Byte	2E32 – 1 Byte
ENUM	Auflistung	Auswahl nur eines Feldes	65535 Elemente
SET	Auflistung	Mehrfachauswahl	64 Elemente
* »BLOB«: Abk. f. »Binary Large Object«, z. B. Fotos oder Musikdateien)			

Tabelle 12.3 Zeichenketten-Datentypen

Hinweis

In MySQL ist es übrigens egal, ob Sie Groß- oder Kleinschreibung verwenden. Es hat sich aber etabliert, die Statements großzuschreiben und die Feldnamen klein. Dadurch wird eine bessere Übersichtlichkeit erreicht.

12.4.10 Datenbank anlegen, verwenden und löschen

Jetzt soll mit den SQL-Befehlen begonnen werden. Als Beispiel wird eine einfache Datenbank verwendet, womit sich Adressen verwalten lassen – ist zwar ein wenig öde, aber zum Lernen genau das Richtige. Sie können (sollten) dabei die einzelnen SQL-Befehle nach Herzenslust testen.

Hinweis

Wie in C müssen Sie das Ende eines MySQL-Befehls auf dem Monitor mit einem Semikolon (oder aber auch mit dem Zeichen `\g`) abschließen.

Der erste Schritt ist das Anlegen einer neuen Datenbank. Starten Sie die *MySQL-Shell*, und gehen Sie dabei wie folgt vor:

```
$ mysql -uroot -hlocalhost -p
Enter password: *****
Welcome to the MySQL monitor.  Commands end with ; or \g.
Your MySQL connection id is 30
Server version: 5.0.67-0ubuntu6 (Ubuntu)
Type 'help;' or '\h' for help. Type '\c' to clear the buffer.

mysql> CREATE DATABASE adressen;
Query OK, 1 row affected (0.06 sec)
```

Mit dem Befehl `CREATE DATABASE` legen Sie eine neue Datenbank ohne Tabelle an. Idealerweise überprüft man, ob nicht schon eine Datenbank mit dem Namen existiert. Dies können Sie folgendermaßen abfragen:

```
mysql> CREATE DATABASE IF NOT EXISTS adressen;
Query OK, 0 rows affected (0.00 sec)
```

Mit `IF NOT EXISTS` wird überprüft, ob eine Datenbank mit dem Namen bereits existiert. Bedenken Sie aber auch, dass hierbei die Fehlermeldung (*Database exists*) nicht ausgegeben wird. Die Länge des Namens darf max. 64 Zeichen betragen – als Zeichen sind alle erlaubt, die auch für die Angabe von Dateien erlaubt sind.

Wollen Sie sich jetzt einen Überblick über die vorhandenen Datenbanken auf Ihrem System machen, steht Ihnen folgender Befehl zur Verfügung:

```
mysql> SHOW DATABASES;
```

```
+-------------+
| Database    |
+-------------+
| adressen    |
| dvd_archiv  |
| mail_archiv |
| mein_test   |
| mysql       |
| test        |
+-------------+
6 rows in set (0.26 sec)
```

Wenn Sie auf eine Datenbank zugreifen wollen, müssen Sie die gewünschte Datenbank erst auswählen. Auch dieser Vorgang lässt sich recht einfach realisieren:

```
mysql> USE adressen;
Database changed
```

Wenn Sie jetzt eine Datenbank wieder löschen wollen, können Sie hierfür den SQL-Befehl `DROP DATABASE` verwenden:

```
mysql> DROP DATABASE IF EXISTS adressen;
Query OK, 0 rows affected (0.00 sec)
```

Bitte beachten Sie dabei, dass Sie hiermit die Datenbank mitsamt den Tabellen unwiderruflich löschen.

Hierzu nochmals eine Übersicht zu den SQL-Befehlen zum Anlegen, Auswählen und Löschen einer Datenbank:

Befehl	Bedeutung
`CREATE DATABASE <datenbankname>;`	Legt eine neue Datenbank an.
`CREATE DATABASE IF NOT EXISTS <datenbankname>;`	Legt eine neue Datenbank an, wenn diese noch nicht existiert.
`DROP DATABASE <datenbankname>;`	Löscht eine Datenbank.
`SHOW DATABASES;`	Zeigt alle Datenbanken auf dem System an.
`USE <datenbankname>;`	Wählt eine Datenbank aus.
`mysqladmin CREATE <datenbankname>`	Legt eine Datenbank mit dem Kommandozeilenwerkzeug `mysqladmin` an.
`mysqladmin DROP <datenbankname>`	Löscht eine Datenbank mit dem Kommandozeilenwerkzeug `mysqladmin`.

Tabelle 12.4 SQL-Befehle zum Anlegen, Auswählen und Löschen einer DB

12.4.11 Tabelle anlegen

Nach dem Anlegen einer Datenbank können Sie die Tabellenstruktur festlegen. Neue Tabellen lassen sich recht einfach mit dem SQL-Befehl `CREATE TABLE` erzeugen. Als Parameter müssen Sie dabei Datenbankfelder und die Definitionen der Datentypen angeben. Für Sie als C-Programmierer sieht dies ähnlich aus wie bei der Definition eines Funktionsprototypen. Ein

Unterschied in der Definition, im Gegensatz zu C, liegt darin, dass der Variablennamen vor dem Datentyp steht. Hierzu das Anlegen einer einfachen Tabellenstruktur:

```
mysql> USE adressen;
mysql> CREATE DATABASE IF NOT EXISTS adressen;
Query OK, 1 row affected (0.00 sec)
mysql> CREATE TABLE privat(
    -> vname VARCHAR(25),
    -> nname VARCHAR(25),
    -> plz   INT,
    -> ort   VARCHAR(100),
    -> strasse VARCHAR(100),
    -> hausnr INT
    -> );
Query OK, 0 rows affected (0.25 sec)
```

Mehr ist nicht nötig, um eine einfache Tabelle zu definieren. Im Beispiel haben Sie auch gesehen, dass es ohne Probleme möglich ist, SQL-Befehle über mehrere Zeilen zu schreiben. Entscheidend ist letztendlich das Semikolon am Ende einer SQL-Anweisung.

Hinweis

Die Zeichenfolge »->« gehört übrigens zur Eingabeaufforderung des MySQL-Monitors und nicht zum Befehl! Anders als in einer Shell kann sich hierbei ein Befehl über mehrere Zeilen erstrecken, wobei allerdings dann auch nicht der ganze Befehl in die History übernommen wird.

Die allgemeine Syntax zur Erstellung einer neuen Tabelle sieht wie folgt aus:

```
CREATE TABLE <tabellennamen> ( <spaltennamen> <datentype>, ... );
```

Häufig wird die Frage gestellt, wie man eine neue Tabelle mit dem Inhalt einer anderen Tabelle anlegen kann. Dies ist einfacher, als Sie denken:

```
CREATE TABLE neue_Tabelle SELECT * FROM andere_Tabelle;
```

Schon finden Sie in `neue_Tabelle` dieselben Tabellen und denselben Inhalt vor wie bei `andere_Tabelle` (ein so genannter *subquery*). Auf `SELECT` wird noch ausführlich eingegangen.

Natürlich sind beim Anlegen einer neuen Tabelle noch viel mehr Angaben möglich: U. a. Erstellungsanweisungen, Tabellenoptionen oder Auswahlanweisungen sind eine Reihe von Parametern, die zusätzlich verwendet werden können. Wenn ich allerdings darüber schriebe, könnte ich gleich ein Buch zu MySQL schreiben – und muss mich somit bremsen –, wie zu Beginn schon erwähnt. Für noch mehr Details sei entsprechende Literatur (oder die Buch-CD) empfohlen. Dennoch sollen hierzu einige Dinge kurz beschrieben werden.

12.4.12 Schlüsselfelder (Tabellen anlegen)

Schlüsselfelder werden benötigt, wenn Sie eine relationale Verknüpfung zwischen verschiedenen Tabellen herstellen wollen. Mit solch einem Schlüssel kann jeder Datensatz in der Tabelle eindeutig identifiziert werden. Man bezeichnet diesen als Primärschlüssel. Die einfachste und gewöhnlichste Methode, einen solchen Schlüssel für eine Tabelle zu definieren, ist es, in jeder Tabelle ein Feld mit einem Integer zu definieren. Wobei darauf geachtet werden sollte, dass solche Felder keine `NULL`-Werte (nicht mit `NULL` in C zu verwechseln) oder doppelte Einträge zulassen. Dafür werden die Erstellungsanweisungen vom `CREATE TABLE`-Befehl verwendet. Dies wird mit folgenden Vorgaben erledigt:

- `NOT NULL` – Vorgabe, dass keine leeren Werte gespeichert werden dürfen; folgt hinter der Angabe der Definition des Datentyps (z. B. `plz INT NOT NULL`).
- `UNIQUE` oder `PRIMARY KEY` – Vorgabe, dass keine doppelten Einträge für das Feld vorgenommen werden dürfen.
- `AUTO_INCREMENT` – Der Integer-Wert wird automatisch bei einem Neueintrag inkrementiert und hinzugefügt, falls er nicht angegeben wurde.

12.4.13 Indices

Eine weitere Möglichkeit beim Anlegen einer Datenbank sind *Indices*. Damit können die Suche und die Geschwindigkeit positiv verbessert werden. Vorwiegend werden *Indices* verwendet, um folgende Vorgänge zu beschleunigen:

- die Suche nach Informationen von Daten
- Tabellen sortieren
- die Suche nach den größten und kleinsten Werten einer Tabelle
- die Abfrage über unterschiedliche Tabellen

Mit *Indices* werden die Daten in einer Form aufbereitet, die es ermöglicht, sie bei der Suche schneller zu finden. Dazu wird eine extra Index-Datei (standardmäßig mit der Endung `*.MYI` für MyISAM) angelegt, die bei jedem Hinzufügen, Löschen bzw. Ändern von Daten in der Tabelle aktualisiert wird. Bedenken Sie allerdings, dass beim Anwachsen des Index gleichzeitig auch die Arbeit der Aktualisierung aufwändiger wird und somit die Performance darunter leiden kann. Um einen Index anzulegen, wird das Schlüsselwort `INDEX` verwendet. Wollen Sie z. B. einen Index für eine bestehende Tabelle erstellen, könnten Sie wie folgt vorgehen:

```
mysql> CREATE TABLE privat(
    -> vname VARCHAR(25),
    -> nname VARCHAR(25),
    -> plz   INT,
    -> ort   VARCHAR(100),
    -> strasse VARCHAR(100),
    -> hausnr INT
    -> INDEX meinindex (nname));
    -> );
```

So würde hiermit ein Index für den Nachnamen `nname` angelegt, der über den Namen `meinindex` angesprochen werden kann.

12.4.14 Tabellentypen (Tabellen anlegen)

Die Daten von MySQL werden nicht einfach in einer ASCII-Form auf die Festplatte gespeichert, was den gleichzeitigen Zugriff auf die Daten erheblich verlangsamen würde. Vielmehr werden die Daten in einem bestimmten Tabellentyp gespeichert, der dafür verantwortlich ist, wie die Daten physikalisch auf der Festplatte gespeichert werden. Es gibt dabei eine Menge Tabellentypen, womit Sie sich in der Praxis allerdings recht selten auseinander setzen müssen. Gedanken machen müssen Sie sich, wenn Sie Transaktionen mit MySQL machen wollen – aber dies steht hier nicht zur Diskussion. Gewöhnliche Tabellentypen sind HEAP, HASH, ISAM oder BTREE. Sofern Sie also standardmäßig mit MySQL arbeiten, wie in diesem Buch, verwenden Sie den Tabellentyp MyISAM, der für MySQL konzipiert ist.

12.4.15 Autowerte definieren

Mit der Option AUTO_INCREMENT können Sie (wie der Name schon aussagen sollte) Zahlenwerte beim Anlegen eines neuen Datensatzes automatisch inkrementieren (hochzählen). Autowerte werden nicht selten zusammen mit Primärschlüsseln verwendet, um einen eindeutigen Wert automatisch zu erzeugen. Es sollte auch klar sein, dass Autowerte nur bei Integern verwendet werden können. Hier ein Beispiel, wie Sie solche automatischen Werte verwenden können.

```
CREATE TABLE eine_Tabelle( wert INT NOT NULL AUTO_INCREMENT,
                           name VARCHAR(100) );
```

12.4.16 Tabellen umbenennen und ändern

Wenn Sie eine Tabelle umbenennen, Felder, *Indices* oder Schlüssel hinzufügen, löschen oder den Datentyp eines Feldes verändern wollen, dann steht Ihnen der Befehl ALTER TABLE zur Verfügung. Bevor Sie etwas verändern wollen, werden Sie sich sicherlich die Struktur der Tabellen zuvor ansehen wollen. Dies können Sie mit einem einfachen EXPLAIN <datenbankname> machen:

```
mysql> USE adressen;
Database changed
mysql> EXPLAIN privat;
+---------+--------------+------+-----+---------+-------+
| Field   | Type         | Null | Key | Default | Extra |
+---------+--------------+------+-----+---------+-------+
| vname   | varchar(25)  | YES  |     | NULL    |       |
| nname   | varchar(25)  | YES  |     | NULL    |       |
| plz     | int(11)      | YES  |     | NULL    |       |
| ort     | varchar(100) | YES  |     | NULL    |       |
| strasse | varchar(100) | YES  |     | NULL    |       |
| hausnr  | int(11)      | YES  |     | NULL    |       |
+---------+--------------+------+-----+---------+-------+
6 rows in set (0.00 sec)
```

Den Namen der Tabelle können Sie mit folgendem Befehl umbenennen:

```
ALTER TABLE <tabellenname> RENAME <neuer_tabellenname>;
```

Zum Umbenennen einer Tabelle können Sie auch alternativ `RENAME` alleine wie folgt verwenden:

```
RENAME TABLE <tabellenname> TO <neuer_tabellenname>;
```

Neue Felder können Sie mit `ALTER TABLE` und dem Befehl `ADD` hinzufügen:

```
mysql> ALTER TABLE privat ADD COLUMN telefon INT;
Query OK, 0 rows affected (0.01 sec)
Records: 0  Duplicates: 0  Warnings: 0
mysql> EXPLAIN privat;
+---------+--------------+------+-----+---------+-------+
| Field   | Type         | Null | Key | Default | Extra |
+---------+--------------+------+-----+---------+-------+
| vname   | varchar(25)  | YES  |     | NULL    |       |
| nname   | varchar(25)  | YES  |     | NULL    |       |
| plz     | int(11)      | YES  |     | NULL    |       |
| ort     | varchar(100) | YES  |     | NULL    |       |
| strasse | varchar(100) | YES  |     | NULL    |       |
| hausnr  | int(11)      | YES  |     | NULL    |       |
| telefon | int(11)      | YES  |     | NULL    |       |
+---------+--------------+------+-----+---------+-------+
7 rows in set (0.00 sec)
```

Hier haben Sie zur Adressverwaltung das Feld für die Telefonnummer hinzugefügt. Hätten Sie die Telefonnummer an einer anderen Stelle platzieren wollen, hätten Sie den Befehl `AFTER` verwenden müssen:

```
mysql> ALTER TABLE privat ADD COLUMN test INT AFTER nname;
Query OK, 0 rows affected (0.01 sec)
Records: 0  Duplicates: 0  Warnings: 0
mysql> EXPLAIN privat;
+---------+--------------+------+-----+---------+-------+
| Field   | Type         | Null | Key | Default | Extra |
+---------+--------------+------+-----+---------+-------+
| vname   | varchar(25)  | YES  |     | NULL    |       |
| nname   | varchar(25)  | YES  |     | NULL    |       |
| test    | int(11)      | YES  |     | NULL    |       |
| plz     | int(11)      | YES  |     | NULL    |       |
| ort     | varchar(100) | YES  |     | NULL    |       |
| strasse | varchar(100) | YES  |     | NULL    |       |
| hausnr  | int(11)      | YES  |     | NULL    |       |
| telefon | int(11)      | YES  |     | NULL    |       |
+---------+--------------+------+-----+---------+-------+
8 rows in set (0.00 sec)
```

Hier wurde die Variable `test` hinter der Spalte `nname` hinzugefügt. Wollen Sie einen neuen Eintrag am Anfang vornehmen, können Sie das Gegenstück `FIRST` verwenden. Wollen Sie den Eintrag von `test` in der Tabelle wieder löschen, benötigen Sie `DROP`:

```
mysql> ALTER TABLE privat DROP COLUMN test;
Query OK, 0 rows affected (0.00 sec)
Records: 0  Duplicates: 0  Warnings: 0
```

Natürlich können Sie auch nachträglich neue Indexfelder (ADD INDEX), Unique-Felder (ADD UNIQUE) und Primärschlüssel (ADD PRIMARY) hinzufügen bzw. löschen (DROP). Eine genauere Beschreibung erspare ich mir hierzu.

Zum Verändern von bestehenden Feldern einer Tabelle stehen Ihnen CHANGE und MODIFY zur Verfügung. Das Ändern des Datentyps und/oder des Variablennamens können Sie mit CHANGE folgendermaßen durchführen:

```
mysql> ALTER TABLE privat CHANGE COLUMN telefon phone BIGINT;
Query OK, 0 rows affected (0.00 sec)
Records: 0  Duplicates: 0  Warnings: 0
mysql> EXPLAIN privat;
+---------+--------------+------+-----+---------+-------+
| Field   | Type         | Null | Key | Default | Extra |
+---------+--------------+------+-----+---------+-------+
| vname   | varchar(25)  | YES  |     | NULL    |       |
| nname   | varchar(25)  | YES  |     | NULL    |       |
| plz     | int(11)      | YES  |     | NULL    |       |
| ort     | varchar(100) | YES  |     | NULL    |       |
| strasse | varchar(100) | YES  |     | NULL    |       |
| hausnr  | int(11)      | YES  |     | NULL    |       |
| phone   | bigint(20)   | YES  |     | NULL    |       |
+---------+--------------+------+-----+---------+-------+
7 rows in set (0.00 sec)
```

Hiermit haben Sie den Variablennamen telefon in phone umbenannt und als neuen Datentyp BIGINT anstatt INT verwendet. Mit dem SQL-Befehl MODIFY hingegen können Sie nur den Datentypen verändern. Die Existenzberechtigung von MODIFY basiert auf Oracle-Kompatibilität, da CHANGE alle Anwendungsfälle des Veränderns bestehender Felder in Tabellen abdeckt.

12.4.17 Daten einfügen, ändern und löschen

Jetzt, nachdem die DDL-Elemente für die strukturelle Definition der Datenbank abgeschlossen ist, kann mit der eigentlichen Arbeit (wofür Datenbanken eben existieren) einer Datenbank begonnen werden.

An dieser Stelle sind eigentlich auch Sie als Programmierer angesprochen. Denn zur Arbeit mit den Daten werden Benutzerwerkzeuge und Schnittstellen verwendet. Im Beispiel werden Sie das Kommandozeilenwerkzeug mysql dazu verwenden. Alternativ können Sie hierfür auch einen grafischen Client verwenden, oder – das ist ja auch der Sinn dieses Kapitels – Sie programmieren eine eigene Benutzerschnittstelle (Client) zur MySQL-Datenbank (Server). Dabei können Sie sowohl Desktop-Anwendungen entwerfen als auch eigene Webapplikationen, die mit dem Browser zusammenarbeiten (in diesem Kapitel), verwenden.

Um aber jetzt eigene Clientanwendungen für MySQL zu entwickeln, benötigen Sie (vor allem) auch noch Kenntnisse der DML-Elemente zum Manipulieren von Daten.

Als Erstes wollen Sie wohl Datensätze in die Tabelle einfügen. Sie haben dabei mehrere Möglichkeiten – wobei Sie hier die einfachste verwenden werden, das Kommandozeilenwerkzeug mysql (wie gehabt). Auch hierbei können Sie gerne einen der grafischen Clients verwenden.

Datensätze einfügen können Sie mit dem SQL-Kommando INSERT. Zur Demonstration soll der erste Datensatz in die Tabelle adressen eingefügt werden:

```
mysql> USE adressen;
mysql> INSERT INTO privat(
    -> vname, nname, plz, ort, strasse, hausnr, phone )
    -> VALUES (
    -> 'Jürgen', 'Wolf', 86316, 'Friedberg', 'Musterweg',
    -> 123, 821123456 );
Query OK, 1 row affected (0.26 sec)
```

Es wird also der Tabellenname angegeben, gefolgt von den Tabellenspalten und den Werten (VALUES), die in den einzelnen Spalten gespeichert werden sollen. Beim Datentyp VARCHAR muss der String in einfache Hochkommata gesetzt werden. Die Tabellenspalten und Werte werden dabei durch Kommata getrennt. Wichtig dabei ist, dass Sie die Reihenfolge der Tabellenspalten auch bei den Werten einhalten. Dabei müssen Sie die Reihenfolge nicht stur so einhalten, wie Sie die Tabellenstruktur definiert haben. Sie können z. B. auch alles in der umgekehrten Reihenfolge schreiben:

```
INSERT INTO privat(
    -> phone, hausnr, strasse, ort, plz, nname, vname)
    -> VALUES (
    -> 0821123456,  123, 'Musterweg', 'Friedberg', 86316,
    -> 'Wolf', 'Jürgen');
```

Wichtig ist einfach nur, dass die Reihe der Spalten und Werte eingehalten wird und die Namen der Tabellenstruktur in den Spalten auch existieren. MySQL erlaubt auch – entgegen dem SQL-Standard –, dass mehrere Datensätze auf einmal eingefügt werden können:

```
mysql> INSERT INTO privat(
    -> vname, nname, plz, ort, strasse, hausnr, phone )
    -> VALUES (
    -> 'Jonathan', 'Wolf', 12345, 'Musterhausen',
    -> 'Strassenweg', 1, 9112341 ),
    -> ('Fatma', 'Wolf', 34344, 'Schlumpfhausen',
    -> 'Schlumpfweg',33, 7122343 );
Query OK, 2 rows affected (0.00 sec)
Records: 2  Duplicates: 0  Warnings: 0
```

Natürlich lassen sich hier mithilfe von SELECT Subquery-Datensätze von anderen Tabellen übernehmen:

```
INSERT INTO <tabellenname> ( <spaltenname>, ...)
   SELECT <auswahlbedingung>;
```

Natürlich gibt es auch beim Einfügen einiges zu beachten. Vor allem Probleme beim Einfügen doppelter Datensätze gilt es, Herr zu werden. Aber hierauf soll nicht näher eingegangen werden.

Wenn eine Person umgezogen ist, müssen Sie deren Daten verändern. Der SQL-Befehl hierfür lautet UPDATE. Hier ein Beispiel dazu:

```
mysql> UPDATE privat
    -> SET plz=23456, ort='München', strasse='Schleichweg',
    -> hausnr=12, phone=89123412
    -> WHERE vname='Jonathan' AND nname='Wolf' LIMIT 1;
Query OK, 0 rows affected (0.27 sec)
Rows matched: 0  Changed: 0  Warnings: 0
```

Hier wurde die Adresse von *Jonathan Wolf* geändert. Gesprochen heißt dies: Aktualisiere in der Datenbank `privat` (`UPDATE privat`), verändere/setze neue Werte (`SET`) für `plz 23456`, `ort` ist `München` etc., ändere aber nur dort, wo (`WHERE`) die Daten `nname=Wolf` und (`AND`) `vname=Jonathan` sind. Der Zusatz `LIMIT 1` weist den Datenbankserver an, den Befehl nach dem ersten Treffer abzubrechen, was bei großen Datenbeständen erhebliche Performance bringen kann. Natürlich können Sie auch mehrere Daten in einem Rutsch verändern:

```
mysql> UPDATE privat
    -> SET hausnr=1
    -> WHERE nname='Wolf';
Query OK, 2 rows affected (0.00 sec)
Rows matched: 3  Changed: 2  Warnings: 0
```

Somit haben Sie bei allen Werten, wo die Spalte `nname` den Wert `'Wolf'` hat, die Hausnummer (`hausnr`) auf 1 gesetzt. Mit `SET` können Sie also einer gewünschten Spalte einen neuen Wert setzen.

Daten löschen können Sie mit dem SQL-Befehl `DELETE` folgendermaßen:

```
mysql> DELETE FROM privat WHERE ort='Friedberg';
Query OK, 1 row affected (0.00 sec)
```

Natürlich können Sie hierbei auch mehrere Bedingungen mit `AND` oder `OR` verknüpfen.

12.4.18 Daten importieren

Ein häufiger Anwendungsfall ist es, die Daten aus einer anderen Anwendung nach MySQL zu importieren. Häufig handelt es sich dabei um eine sehr wackelige Angelegenheit, die schon einiges an Erfahrung fordert. Eine falsche Feldzuordnung, und Sie haben den (Daten-)Salat. Denn gewöhnlich sind die Tabellen der Datenbanken nicht so einfach aufgebaut, wie dies im Buch demonstriert wird. Um Daten zu importieren, haben Sie folgende Möglichkeiten:

- Import über den SQL-Befehl `INSERT`. Dabei müssen die Daten in einem SQL-String vorliegen, so wie dieser z. B. bei einem Dump mit `mysqldump` zurückgegeben wird.
- Import über so genannte Delimited-ASCII-Dateien (z. B. CSV-Datei aus einer Tabellenkalkulation). Für den Import solcher Dateien wird der SQL-Befehl `LOAD DATA INFILE` oder das Kommandozeilenwerkzeug `mysqlimport` verwendet.
- Die ODBC-Schnittstelle.
- ... und natürlich die vielen Tools, die für den Dateiimport entwickelt wurden.

12.4.19 Datenausgabe

Jetzt fehlt Ihnen nur noch die Kenntnis zur Ausgabe von Daten. Dabei bedienen Sie sich des mächtigen Befehls SELECT, der Ihnen je nach Inhalt kein, ein oder mehrere Ergebnisse zurückliefert. Um Ihnen die Vielseitigkeit von SELECT zu beschreiben, müssten noch mindestens 50 Seiten mehr für das Buch reserviert werden. Daher hierzu nur die grundlegenden SELECT-Operationen. Wollen Sie alle Daten einer Tabelle ausgeben lassen, gehen Sie wie folgt vor:

```
mysql> SELECT * FROM privat;
+--------+-----+-----+-------------+----------+------+-------+
|vname   |nname|plz  |ort          |strasse   |hausnr| phone |
+--------+-----+-----+-------------+----------+------+-------+
|Jürgen  |Wolf |86316|Friedberg    |Musterweg |   123| ...   |
|Jonathan|Wolf |12345|Musterhausen |Strassenweg|    1| ...   |
|Fatma   |Wolf |34344|Schlumpfhausen|Schlumpfweg|   1| ...   |
+--------+-----+-----+-------------+----------+------+-------+
3 rows in set (0.00 sec)
```

Das Sternchen (Wildcard) wird hierbei als Platzhalter für alle in der Tabelle vorhandenen Spalten verwendet. Mit FROM geben Sie an, welche Tabelle Sie selektieren wollen. Benötigen Sie nur Daten von einer einzelnen Spalte, gehen Sie so vor:

```
mysql> SELECT ort FROM privat;
+---------------+
| ort           |
+---------------+
| Friedberg     |
| Musterhausen  |
| Schlumpfhausen |
+---------------+
3 rows in set (0.00 sec)
```

Sind Sie nur an ganz speziellen Inhalten von Spalten interessiert, können Sie auch hier wieder den SQL-Befehl WHERE verwenden:

```
mysql> SELECT * FROM privat WHERE vname='Jürgen';
+--------+-----+-----+-------------+----------+------+-------+
|vname   |nname|plz  |ort          |strasse   |hausnr| phone |
+--------+-----+-----+-------------+----------+------+-------+
|Jürgen  |Wolf |86316|Friedberg    |Musterweg |   123| ...   |
+--------+-----+-----+-------------+----------+------+-------+
1 row in set (0.00 sec)
```

Sie können mit SELECT natürlich noch viel mehr und genauere Anfragen stellen. Die Abfrage kann sich dabei über mehrere verschiedene Tabellen des relationalen Datenbankmodells beziehen. Hierzu eine vollständige Syntax von SELECT:

```
SELECT <ausdruck>
   FROM <tabellennamen>
   WHERE <bedingung>
   GROUP BY <feldname>
```

```
HAVING <bedingung>
ORDER BY <feldname>;
```

Es müssen dabei nicht alle Angaben verwendet werden, allerdings muss die Reihenfolge eingehalten werden. Sie können somit nicht erst ORDER BY verwenden und anschließend WHERE.

Die Ausgabe sortieren können Sie mit:

```
mysql> SELECT * FROM privat ORDER BY vname;
+--------+-----+-----+-------------+----------+------+-------+
|vname   |nname|plz  |ort          |strasse   |hausnr| phone |
+--------+-----+-----+-------------+----------+------+-------+
|Fatma   |Wolf |34344|Schlumpfhausen|Schlumpfweg|     1| ...   |
|Jonathan|Wolf |12345|Musterhausen |Strassenweg|     1| ...   |
|Jürgen  |Wolf |86316|Friedberg    |Musterweg |   123| ...   |
+--------+-----+-----+-------------+----------+------+-------+
3 rows in set (0.00 sec)
```

Wobei standardmäßig in aufsteigender Reihenfolge sortiert wird. Natürlich können Sie auch nach zwei Kriterien sortieren:

```
mysql> SELECT * FROM privat ORDER BY nname, vname;
+--------+-----+-----+-------------+----------+------+-------+
|vname   |nname|plz  |ort          |strasse   |hausnr| phone |
+--------+-----+-----+-------------+----------+------+-------+
|Fatma   |Wolf |34344|Schlumpfhausen|Schlumpfweg|     1| ...   |
|Jonathan|Wolf |12345|Musterhausen |Strassenweg|     1| ...   |
|Jürgen  |Wolf |86316|Friedberg    |Musterweg |   123| ...   |
+--------+-----+-----+-------------+----------+------+-------+
3 rows in set (0.00 sec)
```

Hier wird erst nach Nachnamen und anschließend nach dem Vornamen sortiert, wie dies z. B. auch in Telefonbüchern der Fall ist. Schließlich gibt es von einem Nachnamen meistens mehrere, weshalb ein Sortieren nach dem Vornamen auch sinnvoll erscheint. Wollen Sie hingegen in absteigender Form sortieren, müssen Sie am Ende DESC hinzufügen:

```
mysql> SELECT * FROM privat ORDER BY nname, vname DESC;
+--------+-----+-----+-------------+----------+------+-------+
|vname   |nname|plz  |ort          |strasse   |hausnr| phone |
+--------+-----+-----+-------------+----------+------+-------+
|Jürgen  |Wolf |86316|Friedberg    |Musterweg |   123| ...   |
|Jonathan|Wolf |12345|Musterhausen |Strassenweg|     1| ...   |
|Fatma   |Wolf |34344|Schlumpfhausen|Schlumpfweg|     1| ...   |
+--------+-----+-----+-------------+----------+------+-------+
3 rows in set (0.00 sec)
```

Wollen Sie den Inhalt der Daten für andere Programme exportieren, wie dies z. B. für Tabellenkalkulationsprogramme gerne gemacht wird, bietet sich folgender Lösungsweg an:

```
mysql> SELECT * INTO OUTFILE 'test.csv'
    -> FIELDS TERMINATED BY ';' LINES TERMINATED BY '%'
    -> FROM privat;
Query OK, 3 rows affected (0.00 sec)
```

Jetzt können Sie die Datei `test.csv` in einer tabellenkalkulationsüblichen Form mit z. B. *Open Office Calc* oder *Kspread* öffnen.

12.4.20 NULL ist 0 oder undefiniert?

Die `NULL`-Marke hat bei MySQL eine andere Bedeutung. `NULL` bedeutet, dass ein Wert für das Feld fehlt – sprich: Der Wert ist unbekannt oder leer. `NULL` ist somit nicht 0 und auch, im Falle eines Strings, kein leerer String.

12.4.21 Unscharfe Suche

Manchmal fällt einem partout nicht der genaue Name oder die genaue Ortschaft ein. Oder wie hat sich `'Wolf' 'Jonathan'` gleich wieder geschrieben – war es jetzt `'Wolff'` oder `'Wolf'` ... – oder wie kann ich E-Mail-Adressen von einem bestimmten Provider ausfiltern? Für solche und viele weitere Möglichkeiten gibt es die unscharfe Suche mit den SQL-Befehlen `LIKE` und `IN`.

Sie suchen z. B. nach einer bestimmten Postleitzahl:

```
mysql> SELECT * FROM privat WHERE plz LIKE '%63%';
+--------+-----+-----+-------------+----------+------+-------+
|vname   |nname|plz  |ort          |strasse   |hausnr| phone |
+--------+-----+-----+-------------+----------+------+-------+
|Jürgen  |Wolf |86316|Friedberg    |Musterweg |   123| ...   |
+--------+-----+-----+-------------+----------+------+-------+
1 row in set (0.00 sec)
```

Hier wird eine Postleitzahl ausgegeben, welche die Zahlenfolge `63` enthält. `%` wird als Wildcard verwendet. Oder wie lautete denn nun gleich wieder die Ortschaft, die mit *...berg* endete?

```
mysql> SELECT * FROM privat WHERE ort LIKE '%berg';
+--------+-----+-----+-------------+----------+------+-------+
|vname   |nname|plz  |ort          |strasse   |hausnr| phone |
+--------+-----+-----+-------------+----------+------+-------+
|Jürgen  |Wolf |86316|Friedberg    |Musterweg |   123| ...   |
+--------+-----+-----+-------------+----------+------+-------+
1 row in set (0.00 sec)
```

Soll dabei auf Groß- und Kleinschreibung geachtet werden, müssen Sie nur vor `LIKE` das Schlüsselwort `BINARY` setzen.

Schluss, aus und Ende. Da der Crashkurs eh schon länger geworden ist, muss jetzt Schluss damit sein. Sie wollen schließlich auch etwas programmieren. Und sofern Sie bereits Kenntnisse in MySQL haben, möchte ich Ihre Geduld nicht überstrapazieren.

Sie kennen jetzt die grundlegenden Befehle, um recht gut mit der MySQL-Datenbank zu arbeiten und um eigene Clientprogramme zu entwickeln – daher soll jetzt auch damit begonnen werden.

12.5 MySQL C-API

Mit der MySQL C-API (API = Application Interface) sind Sie in der Lage, eigene Clientanwendungen wie `mysql` (Shell) oder `mysqladmin` zu entwickeln, womit Sie Zugriff auf den MySQL-Server haben. Um eigene Clientanwendungen zu schreiben, benötigen Sie die Bibliothek zu MySQL (lib) und die entsprechenden Headerdateien (include). Die Bibliothek sollten Sie gewöhnlich im Verzeichnis `/usr/lib`, `/usr/lib/mysql` oder `/usr/local/lib/mysql` vorfinden. Die Headerdatei(en) befindet sich im Verzeichnis, wo sich auch die anderen Include-Dateien aufhalten sollten (`/usr/include/mysql` oder `/usr/local/include/mysql`). Sollte sich bei Ihnen in den eben genannten Verzeichnissen nichts dergleichen befinden, haben Sie wahrscheinlich eine RPM-Installation gemacht. In diesem Fall müssen Sie noch extra ein RPM namens *Developer RPM* nachinstallieren. Gewöhnlich sollte diese RPM Ihrer Distribution beiliegen. Ansonsten müssen Sie bei *http://www.mysql.de* vorbeischauen und entsprechende RPMs herunterladen und installieren.

Wenn Sie Ihren MySQL Client-Quellcode erstellt haben, müssen Sie dem Compiler sagen, wo sich die Include-Dateien befinden, und der Linker will ebenfalls wissen, welche Bibliotheken er von wo zum Linken verwenden soll. Die Information für den Compiler geben Sie mit dem Flag `-I` an. Ist der Programmname z. B. `mein_Client.c`, dann sieht der Compileraufruf wie folgt aus:

```
$ gcc -c -I/usr/include/mysql mein_Client.c
```

Nach erfolgreicher Kompilierung befindet sich jetzt im Verzeichnis eine Objektdatei (`*.o`). Um daraus jetzt eine ausführbare Datei zu machen, müssen Sie dem Linker sagen, wo er die Bibliothek für seine Arbeit findet und welche Bibliothek er dazu verwenden soll. Das *Wo* erledigen Sie mit dem Flag `-L` und der Pfadangabe, und welche Bibliothek dazu verwendet werden soll, geben Sie hinter dem Flag `-l` an. Die komplette Eingabe lautet hierzu also:

```
$ gcc -o mein_Client mein_Client.o -L/usr/lib/mysql -lmysqlclient
```

Wenn beim Compilerlauf und beim anschließenden Linken keine Probleme aufgetreten sind, können Sie die Clientanwendung mit dem Namen starten:

```
$ ./my_Client
```

Damit Sie aber nicht dauernd so viel tippen müssen, können Sie auch die Datei `.bash_profile` anpassen, oder besser noch, Sie verwenden ein *Makefile*.

Bei manchen Systemen kann es zu Problemen mit dem Linkerlauf kommen. Meistens will der Linker dabei nur mehr Input zu weiteren Bibliotheken. Geben Sie dem Linker, was er will, und Sie können in Ruhe weiterarbeiten. Hier einige Libraries, die Sie eventuell hinzulinken müssen:

Flag	Bedeutung
`-lm`	Die C-API verwendet einige Funktionen aus der Headerdatei `<math.h>`, und einige Linux-Systeme wollen dies immer noch extra angegeben haben.
`(-lm) -lsocket -lnsl`	Diese Flags wollen die Solaris-Rechner haben.

Tabelle 12.5 Eventuell weitere benötigte Linkerflags

Flag	Bedeutung
`-lz (zlib)`	Diese Bibliothek benötigen Sie bei einem *Undefined-Reference*-Fehler bei den Funktionen `compress` und `uncompress`. Dieser Fehler hat den Autor schon an den Rand eines Nervenzusammenbruchs gebracht.

Tabelle 12.5 Eventuell weitere benötigte Linkerflags (Forts.)

Hinweis

Auf Linux braucht man keine der o. g. Extra-Bibliotheken anzugeben, da weitere von MySQL benötigte Bibliotheken bereits in der `libmysqlclient.so` angegeben sind und daher automatisch eingebunden werden.

Sollten Sie dennoch Probleme mit den Pfaden zum Include-Verzeichnis oder den Bibliotheken haben, können Sie hierzu auch das Shellscript `mysql_config` mit dem Flag `--cflags` (für die Include-Angaben) und `--libs` (für die Bibliotheksangaben) verwenden.

Hinweis am Rande

Das Verwenden einer neuen API (unabhängig davon, welche das jetzt ist) lässt den Code anfangs immer etwas komplexer und eben fremd aussehen. Sie sollten sich davon aber nicht abschrecken lassen. Gewöhnlich steckt in jeder API ein gut durchdachtes Design, das schnell zu durchschauen ist. Gewöhnlich funktionieren APIs immer nach demselben Prinzip. Man initialisiert etwas, indem man z. B. Speicher reserviert. Dann stellt man eine Verbindung/Beziehung her, und anschließend kann mit dieser Verbindung/Beziehung gearbeitet werden. Am Ende gibt man alles wieder frei. Wenn Sie ein wenig zurückdenken, wird Ihnen auffallen, dass das Prinzip immer dasselbe ist.

12.5.1 Verbindung mit dem MySQL-Server aufbauen

Im ersten Beispiel werden Sie sehen, wie Sie eine Verbindung zum MySQL-Server aufbauen, die Verbindung auf Fehler überprüfen und die Verbindung wieder ordentlich schließen können.

MySQL-Objekt alloziieren oder initialisieren – mysql_init()

Bevor Sie eine Verbindung zum Server aufbauen, müssen Sie erst für ein MySQL-Objekt Speicher alloziieren oder es initialisieren. Diese Aufgabe erledigt die Funktion `mysql_init()`:

```
#include <mysql.h>

MYSQL *mysql_init(MYSQL *mysql)
```

Geben Sie dieser Funktion als Parameter `NULL`, wird zuerst Speicherplatz für das MySQL-Objekt reserviert und dieses anschließend gleich initialisiert. Der Rückgabewert ist dabei die Adresse eines neuen MySQL-Objekts. Bei diesem MySQL-Objekt handelt es sich intern natürlich nur um eine Struktur, die sich hinter einem `typedef` versteckt. Dieses MySQL-Objekt, Sie können es auch gerne Handle oder MySQL-Stream nennen, wird für fast alle Funktionen der MySQL C-API benötigt. Geben Sie hingegen für den Parameter ein MySQL-Objekt an, wird das Objekt initialisiert und die Adresse des Objekts zurückgegeben. `mysql_init()` ist somit das `malloc()` für MySQL, wenn Sie so wollen. Reicht der Speicher für ein neues Objekt nicht aus, wird `NULL` zurückgegeben.

Verbindung zum MySQL-Server aufbauen – mysql_real_connect()

Nach erfolgreicher Ausführung der Funktion `mysql_init()` wird versucht, mit der Funktion `mysql_real_connect()` eine Verbindung zum MySQL-Server herzustellen. Natürlich ist auch klar, dass ohne das Zustandekommen einer Verbindung keine weiteren API-Funktionen verwendet werden können (abgesehen von `mysql_get_client_info()`). Die Syntax zu dieser Funktion:

```
#include <mysql.h>
MYSQL *mysql_real_connect( MYSQL *mysql, const char *host,
                           const char *user, const char *passwd,
                           const char *db, unsigned int port,
                           const char *unix_socket,
                           unsigned int client_flag   );
```

Auf den ersten Blick wirkt diese Funktion mit den vielen Parametern recht erschlagend. Aber bei genauerem Hinsehen kann man ein wenig die Parallelen beim Einloggen in der *MySQL-Shell* (`mysql`) erkennen. Der erste Parameter ist die Adresse der MySQL-Struktur, die Sie zuvor mit der Funktion `mysql_init()` alloziiert und initialisiert haben.

Mit dem zweiten Parameter können Sie den Hostnamen oder eine IP-Adresse zum MySQL-Server angeben. Der Vorteil ist, dass Sie sich selbst hier nicht die Mühe machen müssen, Sockets oder Named Pipes zu erstellen, um sich mit dem Server zu verbinden (zumindest ist dies unter Linux und BSD so). Bei einer Angabe von `NULL` oder `localhost` wird versucht, sich mit einem Unix-Socket zu verbinden.

Mit dem dritten Parameter `user` geben Sie den User-Namen an, den Sie zur MySQL-Login-Benutzererkennung verwenden. Bei der Angabe von `NULL` wird versucht, den aktuellen Benutzer einzuloggen – was unter Linux der aktuelle Login-Name wäre.

Mit `passwd` geben Sie das entsprechende Passwort für `user` an. Bei einer Angabe von `NULL` gilt hier, dass in der `user`-Tabelle auf Übereinstimmung mit den Benutzern überprüft wird, die ein leeres Passwortfeld haben (was aus Sicherheitsgründen allerdings nicht zu empfehlen ist).

Mit `db` geben Sie den Namen der Datenbank an, mit der Sie gleich arbeiten wollen. Bei einer Angabe von `NULL` wird eine den Vorgaben entsprechende Datenbank für die Verwendung gesetzt. Natürlich können Sie auch erst nach der Verbindung eine bestimmte Datenbank zum Arbeiten auswählen.

Wenn Sie für `port` nicht 0 angeben, hängt dieser Parameter von der Portnummer der TCP/IP-Verbindung des `host`-Parameters ab.

Mit dem Parameter `unix_socket` können Sie einen String angeben, der ein Socket oder eine Namend Pipe festlegt, womit eine Verbindung hergestellt werden soll. Hierbei ist der Verbindungstyp allerdings ebenfalls von dem Parameter `host` abhängig. Alternativ kann auch hier `NULL` angegeben werden.

Für den letzten Parameter wird üblicherweise 0 angegeben. Allerdings lassen sich auch spezielle Optionen einzeln oder auch miteinander kombiniert setzen. Folgende Flags und deren Bedeutung können Sie dabei setzen:

- `CLIENT_COMPRESS` – Komprimiertes Protokoll benutzen
- `CLIENT_FOUND_ROWS` – Die Anzahl übereinstimmender Zeilen zurückgeben
- `CLIENT_IGNORE_SPACE` – Leerzeichen nach Funktionsnamen zulassen. Macht alle Funktionsnamen zu reservierten Wörtern.
- `CLIENT_INTERACTIVE` – Bei `interactive_timeout` Sekunden der Inaktivität wird die Verbindung beendet – standardmäßig ist das `wait_timeout` Sekunden.
- `CLIENT_NO_SCHEMA` – Das Flag ist bei der Fehlersuche einiger Anwendungen hilfreich, die ODBC verwenden. Damit wird die Syntax datenbank.tabelle.spalte verboten.
- `CLIENT_ODBC` – Der Client ist ein ODBC-Client.
- `CLIENT_SSL` – SSL benutzen (verschlüsseltes Protokoll)

Wenn `mysql_real_connect()` ordnungsgemäß eine Verbindung aufbauen konnte, wird derselbe Zeiger auf die Adresse der MySQL-Struktur zurückgegeben, den Sie als ersten Parameter in der Funktion angegeben haben. Bei einem Fehler wird `NULL` zurückgegeben.

Folgende Fehler, die Sie mit der Funktion `mysql_errno()` ermitteln könnten (dazu gleich mehr), können bei der Funktion `mysql_real_connect()` auftreten:

- `CR_CONN_HOST_ERROR` – Verbindung zum MySQL-Server fehlgeschlagen
- `CR_CONNECTION_ERROR` – Verbindung zum lokalen MySQL-Server fehlgeschlagen
- `CR_IPSOCK_ERROR` – IP-Socket konnte nicht erzeugt werden.
- `CR_OUT_OF_MEMORY` – Nicht mehr genügend Speicherplatz vorhanden
- `CR_SOCKET_CREATE_ERROR` – Unix-Socket konnte nicht erzeugt werden.
- `CR_UNKNOWN_HOST` – IP-Adresse für den Hostnamen konnte nicht gefunden werden.
- `CR_VERSION_ERROR` – Client und Server verwenden eine unterschiedliche Protokollversion (z. B. Client-Bibliothek ist veraltet).
- `CR_SERVER_LOST` – Verbindung zum Server dauerte länger als `connect_timeout` Sekunden, oder der Server ist während der Ausführung von `init-command` gestorben.

Hinweis

Sofern Sie in der Dokumentation von MySQL auf die Funktion `mysql_connect()` gestoßen sind: Diese ist mittlerweile veraltet und wird nur aus Kompatibilitätsgründen zu älteren Programmen erhalten, die diese Funktion verwenden.

12.5.2 Aufgetretene Fehler ermitteln – mysql_errno() und mysql_error()

Alleine bei der Funktion `mysql_real_connect()` kann eine Menge Fehler auftreten, wie Sie soeben lesen konnten. Da sich in den Headerdateien `<errmsg.h>` (Fehlermeldungen vom Client) und `<mysqld_error.h>` (Fehlermeldungen vom Server), die sich im selben Verzeichnis befindet wie <mysql.h>, mehrere hundert Fehlercodes befinden, könnte ein Suchen danach ohne die Funktionen mysql_errno() und mysql_error() recht schwierig werden. Mit der Funktion

```
#include <mysql.h>

unsigned int mysql_errno(MYSQL *mysql) ;
```

können Sie sich, falls ein Fehler auftrat, entsprechenden Fehlercode der zuletzt aufgerufenen API-Funktion zurückgeben lassen. Wird dabei 0 zurückgegeben, ist kein Fehler aufgetreten, ansonsten wird eben entsprechender Fehlercode vom Client oder vom Server (je nach Auftritt des Fehlers) zurückgegeben.

Die Fehlernummern sind einem häufig nicht hilfreich und davon abhängig, ob der Anwender weiß, dass er im Dokumentenverzeichnis der MySQL-Distribution nach der Datei mysqld_error.txt sehen muss. Zum Glück gibt es auch für die MySQL C-API eine perror()-Funktion, die den Fehler im Klartext (zumindest so klar wie möglich) ausgibt:

```
#include <mysql.h>

const char *mysql_error(MYSQL *mysql) ;
```

Hierbei wird bei einer Verbindung eine Fehlermeldung (ein String) der zuletzt fehlgeschlagenen API-Funktion zurückgegeben. Wenn keine Fehlermeldung zurückgegeben wird, dann wird ein leerer String (index[0] = '\0') zurückgegeben. Wollen Sie anstatt der Standardsprache Englisch eine andere ausgeben lassen, müssen Sie entweder die MySQL-Client-Bibliothek nochmals neu kompilieren oder den Server mit mysqld und der Option -language=german starten. Was Sie dabei beachten müssen, entnehmen Sie bitte der Dokumentation.

12.5.3 Schließt die Verbindung zum Server – mysql_close()

Wenn Sie die mit mysql_real_connect() eingerichtete Verbindung wieder schließen wollen, dann muss die Funktion mysql_close() verwendet werden:

```
#include <mysql.h>

void mysql_close(MYSQL *mysql) ;
```

Damit schließen Sie die Verbindung mit dem MySQL-Handle und geben auch den Speicher dazu wieder frei, der zuvor mit mysql_init() alloziiert oder initialisiert wurde.

12.5.4 Erstes Beispiel

Nachdem Sie die grundlegenden Funktionen nun kennen, können Sie den ersten Schritt machen, um sich mit Ihrer (Client-)Anwendung dem MySQL-Server zu nähern. Das Beispiel macht keine großen Aktionen, es versucht lediglich, eine Verbindung mit dem Server einzugehen, wertet ggf. Fehler aus und schließt anschließend diese Verbindung gleich wieder. Bitte passen Sie die Verbindungsdaten für mysql_real_connect() an Ihrem Account an.

```
/* mysql1.c */
#include <stdio.h>
#include <stdlib.h>
#include <mysql.h>

/* Bitte Daten anpassen */
#define HOST     "localhost"
#define USER     "root"
#define PASSWORT "k4p6m3o3"
#define DBNAME   NULL
#define PORT     0
#define SOCKET   NULL
#define FLAG     0

int main (int argc, char **argv) {
  MYSQL *my;
  /* Handle initialisieren */
  my = mysql_init (NULL);
  if (my == NULL) {
    fprintf (stderr, " Initialisierung fehlgeschlagen\n");
    exit (EXIT_FAILURE);
  }
  /* Mit dem Server verbinden */
  if (mysql_real_connect (my,     /* Zeiger auf MySQL-Handler */
                          HOST,     /* Hostname */
                          USER,     /* User-Name */
                          PASSWORT, /* Passwort für user_name */
                          DBNAME,   /* Name der Datenbank */
                          PORT,     /* Port (default=0) */
                          SOCKET,   /* Socket (default=NULL) */
                          FLAG      /* keine Flags */
                         ) == NULL) {
    fprintf (stderr, "Fehler mysql_real_connect():"
             "%u (%s)\n", mysql_errno (my), mysql_error (my));
  }
  else
      printf ("Erfolgreich mit dem MySQL-Server verbunden\n");

  /* Hier befindet sich der Code für die Arbeit mit MySQL */

  /* Verbindung trennen */
  mysql_close (my);
  return EXIT_SUCCESS;
}
```

Das Programm bei der Ausführung:

```
$ gcc -c -I/usr/include/mysql mysql1.c
$ gcc -o mysql1 mysql1.o -L/usr/lib/mysql -lmysqlclient
$ ./mysql1
```

```
Fehler mysql_real_connect():2002 (Can't connect to local MySQL server through
socket '/var/lib/mysql/mysql.sock' (2))
(Hoppala)
$ sudo /etc/init.d/mysql start
[sudo] password for user: ******
 * Starting MySQL database server mysqld        [ OK ]
$ ./mysql1
Erfolgreich mit dem MySQL-Server verbunden
```

Sofern Sie nicht die passenden Angaben für die Funktion `mysql_real_connect()` gemacht haben, bekommen Sie die entsprechende Fehlermeldung ausgegeben, was schief gelaufen ist.

Besser ist es natürlich, die Abfrage erst beim Starten des Programms vorzunehmen. Dazu können Sie entweder die Kommandozeilenoptionen auswerten (*man popt*) oder eine entsprechende Abfrage bei der Anwendung machen. Wie eine solche Abfrage aussehen könnte, demonstriert Ihnen folgendes Beispiel:

```
/* mysql2.c */
#include <stdio.h>
#include <string.h>
#include <stdlib.h>
#include <mysql.h>
#define MAX 255

/* Verbindungsdaten für mysql_real_connect */
static char *connect_param[7];
/* globaler Hilfszähler für die Verbindungsdaten */
static int connect_param_count = 0;

/* Eigene fgets-Funktion, die \n entfernt */
static void my_fgets( char *ptr, unsigned int max ) {
  char *help;
  fgets(ptr, max, stdin );
  if( ( help = strchr( ptr, '\n') ) != NULL )
    *help = '\0'; /* Newline durch \0 ersetzen */
}

/* Zusammenstellen der Verbindungsdaten in connect_param */
static void my_cat( char *ptr ) {
  connect_param[connect_param_count] = malloc( strlen (ptr) + 1);
  if (connect_param[connect_param_count] == NULL) {
    printf("Konnte keinen Speicher reservieren ...\n");
    exit (EXIT_FAILURE);
  }
  strcpy( connect_param[connect_param_count], ptr );
  connect_param_count++;
}

/* Einlesen der Verbindungsdaten - Ein Drücken von <ENTER> */
/* bezweckt, dass die Standardwerte verwendet werden -     */
/* Garantiert allerdings keinen Verbindungsaufbau.         */
```

```
static void get_connect_param( void ) {
  char puffer[MAX];

  printf("Host-Name (<ENTER> == default) : ");
  my_fgets( &puffer[0], MAX );
  if( puffer[0] == '\0' )
    connect_param[connect_param_count++] = NULL;
  else
    my_cat( &puffer[0] );
  printf("User-Name (<ENTER> == default) : ");
  my_fgets( &puffer[0], MAX );
  if( puffer[0] == '\0' )
    connect_param[connect_param_count++] = NULL;
  else
    my_cat( &puffer[0] );
  printf("Passwort (<ENTER> == default)  : ");
  my_fgets( &puffer[0], MAX );
  if( puffer[0] == '\0' )
    connect_param[connect_param_count++] = NULL;
  else
    my_cat( &puffer[0] );
  printf("Datenbank (<ENTER> == default) : ");
  my_fgets( &puffer[0], MAX );
  if( puffer[0] == '\0' )
    connect_param[connect_param_count++] = NULL;
  else
    my_cat( &puffer[0] );
  printf("Port (<ENTER> == default)      : ");
  my_fgets( &puffer[0], MAX );
  if( puffer[0] == '\0' ) {
    puffer[0] = '0';
    my_cat( &puffer[0] );
  }
  else
    my_cat( &puffer[0] );
  printf("Socket (<ENTER> == default)    : ");
  my_fgets( &puffer[0], MAX );
  if( puffer[0] == '\0' )
    connect_param[connect_param_count++] = NULL;
  else
    my_cat( &puffer[0] );
  printf("Flag (<ENTER> == default)      : ");
  my_fgets( &puffer[0], MAX );
  if( puffer[0] == '\0' ) {
    puffer[0] = '0';
    my_cat( &puffer[0] );
  }
  else
    my_cat( &puffer[0] );
}
```

```
/* Mit dem MySQL-Server und den entsprechenden */
/* Verbindungsdaten eine Verbindung herstellen  */
static int mein_connect( MYSQL *my ) {
  /* Mit dem Server verbinden */
  if( mysql_real_connect (
        my,                     /* Zeiger auf MySQL-Handler*/
        connect_param[0],       /* Hostname*/
        connect_param[1],       /* User-Name*/
        connect_param[2],       /* Passwort für user_name */
        connect_param[3],       /* Name der Datenbank*/
        strtoul(connect_param[4], NULL, 0),/* Port(default=0) */
        connect_param[5],       /* Socket (default=NULL)*/
        strtoul(connect_param[6], NULL, 0)  /* keine Flags */
      )  == NULL) {
    fprintf (stderr, "Fehler mysql_real_connect():"
             "%u (%s)\n",mysql_errno (my), mysql_error (my));
    return -1;
  }
  return 1;
}

/* Speicher freigeben und Verbindung beenden */
static void clean_up_shutdown( MYSQL * my ) {
  mysql_close (my);
}

int main (int argc, char **argv) {
  MYSQL  *my;
  /* Handle initialisieren */
  my = mysql_init(NULL);
  if(my == NULL) {
    fprintf(stderr, " Initialisierung fehlgeschlagen\n");
    exit (EXIT_FAILURE);
  }
  /* Verbindungsdaten für die Datenbank abfragen */
  get_connect_param( );
  /* Mit dem Server verbinden */
  if( mein_connect( my ) != -1 )
    printf("Erfolgreich mit dem MySQL-Server verbunden\n");

  /* Hier befindet sich der Code für die Arbeit mit MySQL */

  /* Verbindung trennen */
  clean_up_shutdown( my );
  return EXIT_SUCCESS;
}
```

Das Programm bei der Ausführung:

```
$  gcc -c -I/usr/include/mysql mysql2.c
$  gcc -o mysql2 mysql2.o -L/usr/lib/mysql -lmysqlclient
$ ./mysql2
Hostname (<ENTER> == default) : localhost
User-Name (<ENTER> == default) : root
Passwort (<ENTER> == default)  : k4p6m3o3
Datenbank (<ENTER> == default) : news
Port (<ENTER> == default)      : ENTER
Socket (<ENTER> == default)    : ENTER
Flag (<ENTER> == default)      : ENTER
Erfolgreich mit dem MySQL-Server verbunden
```

Da ja C-Kenntnisse Voraussetzung für das Buch sind, denke ich, dass Sie den Code selbst nachvollziehen können. Bezüglich der MySQL C-API finden Sie hierbei nichts Neues, außer dass die Ausführung des Programms ein wenig modularisiert wurde.

12.5.5 Verschiedene Informationen ermitteln

Die MySQL C-API bietet auch Funktionen, mit denen Sie diverse Informationen abfragen können. Die Funktionen sind alle recht einfach aufgebaut, weshalb die Erklärung hierfür etwas kürzer ausfällt als gewöhnlich.

Benötigen Sie die Versionsnummer der Client-Bibliothek, dann ist die folgende Funktion Ihr Fall:

```
#include <mysql.h>

const char *mysql_get_client_info(void) ;
```

Diese Funktion gibt eine Adresse zurück, die auf eine Zeichenkette mit der Versionsnummer der Client-Bibliothek verweist.

Benötigen Sie Informationen zur benutzten Verbindung (TCP, Unix-Socket ...), dann können Sie folgende Funktion verwenden:

```
#include <mysql.h>

const char *mysql_get_host_info(MYSQL *mysql) ;
```

Die Funktion liefert Ihnen neben dem Typ der benutzten Verbindung auch den Server-Hostnamen zurück. Als Parameter wird ein Zeiger auf die verbundene MySQL-Struktur übergeben.

Um die Protokollversion der aktuellen Verbindung zu ermitteln, wird folgende Funktion verwendet:

```
#include <mysql.h>

unsigned int mysql_get_proto_info(MYSQL *mysql) ;
```

Als Parameter wird ein Zeiger auf die verbundene MySQL-Struktur übergeben. Der Rückgabewert (eine vorzeichenlose Ganzzahl) gibt dabei die Protokollversion an.

Um die Versionsnummer des Servers zu ermitteln, steht Ihnen die folgende Funktion zur Verfügung:

```
#include <mysql.h>

const char *mysql_get_server_info(MYSQL *mysql) ;
```

Dabei wird eine Zeichenkette von der angegebenen Verbindung (MySQL-Struktur), welche die Serverversionsnummer angibt, zurückgegeben.

Informationen über zuletzt ausgeführte Anfragen erhalten Sie mit der Funktion:

```
#include <mysql.h>

const char *mysql_info(MYSQL *mysql) ;
```

Damit wird ein String abgerufen, der einem der folgenden Statements entspricht:

- `INSERT INTO ... SELECT ...`

  `Zeichenkettenformat: Records: 100 Duplicates: 0 Warnings: 0`
- `INSERT INTO ... VALUES (...),(...),(...)...`

  `Zeichenkettenformat: Records: 3 Duplicates: 0 Warnings: 0`
- `LOAD DATA INFILE ...`

  `Zeichenkettenformat: Records: 1 Deleted: 0 Skipped: 0 Warnings: 0`
- `ALTER TABLE`

  `Zeichenkettenformat: Records: 3 Duplicates: 0 Warnings: 0`
- `UPDATE`

  `Zeichenkettenformat: Rows matched: 40 Changed: 40 Warnings: 0`

Bei anderen Statements wird `NULL` zurückgegeben. Das Format der Zeichenkette variiert außerdem vom Anfragetyp, wie eben gesehen (die Zahlen sind dabei nur Beispiele). Beachten Sie, dass `mysql_info()` einen Nicht-`NULL`-Wert für das `INSERT ... VALUES`-Statement nur dann zurückgibt, wenn im Statement mehrfache Wertlisten angegeben sind. Wenn keine Anfrageinformationen zur Verfügung stehen, gibt diese Funktion `NULL` zurück.

Die eben erwähnten Funktionen sollen anhand eines einfachen Beispiels demonstriert werden.

```
/* mysql3.c */
#include <stdio.h>
#include <string.h>
#include <stdlib.h>
#include <mysql.h>
#define MAX 255

/* Verbindungsdaten für mysql_real_connect */
static char *connect_param[7];
/* globaler Hilfszähler für die Verbindungsdaten */
static int connect_param_count = 0;
```

```
/*
 * Übernehmen Sie die my_fgets()-, my_cat()-, get_connect_param()-,
 * mein_connect()-, cleanup_shutdown()-Funktionen von oben
 * (mysql2.c) -> oder den kompletten Code auf der Buch-CD
 */

int main (int argc, char **argv) {
  MYSQL *my;
  int auswahl;

  /* Handle initialisieren */
  my = mysql_init (NULL);
  if (my == NULL) {
    fprintf (stderr, " Initialisierung fehlgeschlagen\n");
    exit (EXIT_FAILURE);
  }
  /* Verbindungsdaten für die Datenbank abfragen */
  get_connect_param ();
  /* Mit dem Server verbinden */
  if (mein_connect (my) != -1)
    printf ("Erfolgreich mit dem MySQL-Server verbunden\n");
  do {
    printf ("Informationen zum MySQL-Server auf"
            " Ihrem System\n");
    printf ("------------------------------------"
            "------------\n\n");
    printf ("- 1 - Aktiven Zeichensatz ausgeben \n");
    printf ("- 2 - Versionsnummer des Clients\n");
    printf ("- 3 - Hostinformationen\n");
    printf ("- 4 - Protokollversion\n");
    printf ("- 5 - Versionsnummer des Servers\n");
    printf ("- 6 - Infos über die letzten MySQL-Abfragen\n");
    printf ("- 0 - Beenden\n\n");
    printf ("Ihre Auswahl : ");
    scanf ("%d", &auswahl);
    switch (auswahl) {
    case 1:
      printf ("\nZeichensatz auf Ihrem MySQL-System : %s\n\n",
         mysql_character_set_name (my));
      getchar ();
      break;
    case 2:
      printf ("\nVersionsnummer : %s\n\n",
         mysql_get_client_info ());
      getchar ();
      break;
    case 3:
      printf ("\nInfos zum Host : %s\n\n",
         mysql_get_host_info (my));
```

```
        getchar ();
        break;
      case 4:
        printf ("\nProtokollversion : %d\n\n",
           mysql_get_proto_info (my));
        getchar ();
        break;
      case 5:
        printf ("\nVersionsnummer : %s\n\n",
           mysql_get_server_info (my));
        getchar ();
        break;
      case 6:
        printf ("\nDie letzten Aktionen : %s\n\n",
           mysql_info (my));
        getchar ();
        break;
      case 0:
        printf ("Bye\n");
        break;
      default:
        printf ("Fehlerhafte Eingabe\n");
      }
    } while (auswahl != 0);
    /* Verbindung trennen */
    clean_up_shutdown (my);
    return EXIT_SUCCESS;
}
```

12.5.6 Datenbanken, Tabellen und Felder ausgeben (MYSQL_RES)

Mit den gleich folgenden API-Funktionen können Sie sich die vorhandenen Datenbanken, Tabellen oder Felder mit einer unscharfen Suche ausgeben lassen. Nebenbei werden noch Funktionen der API beschrieben, welche die aktuellen Prozesse auflistet, was sonst von den Aufrufen `mysqladmin processlist` oder `SHOW PROCESSLIST` möglich ist.

Alle gleich hier beschriebenen Funktionen geben einen Datentypen von `MYSQL_RES` zurück. Dabei handelt es sich um eine Struktur, die das Ergebnis einer Anfrage repräsentiert, die Zeilen zurückgibt (`SELECT`, `SHOW`, `DESCRIBE`, `EXPLAIN`). Bei der Rückgabe spricht man hierbei von einer Ergebnismenge (auch »Resultset« genannt).

Hinweis

Wenn Sie die Ergebnismenge in `MYSQL_RES` nicht mehr benötigen, müssen Sie diese wieder freigeben, um Memory Leaks zu vermeiden. Die Ergebnismenge wird immer mit der Funktion `mysql_free_result()` oder (natürlich) bei Beendigung der Anwendung freigegeben.

Datenbanknamen eines Servers – mysql_list_dbs()

Um Datenbanknamen abzufragen, wird die folgende Funktion verwendet:

```
#include <mysql.h>

MYSQL_RES *mysql_list_dbs(MYSQL *mysql, const char *wild) ;
```

Hiermit bekommen Sie eine Ergebnismenge zum MySQL-Handle `mysql` zurück, die aus den Datenbanknamen besteht, die mit dem regulären Ausdruck des `wild`-Parameters übereinstimmen. Dabei dürfen Sie für `wild` die Platzhalterzeichen '%' und '_' verwenden.

Wird hingegen der `NULL`-Zeiger für `wild` angegeben, werden alle vorhandenen Datenbanken ausgegeben. Wenn ein Fehler auftrat, wird `NULL` zurückgegeben. Sie müssen die Ergebnismenge mit `mysql_free_result()` freigeben.

Tabellennamen einer Datenbank – mysql_list_tables()

Weiter geht's mit:

```
#include <mysql.h>

MYSQL_RES *mysql_list_tables(MYSQL *mysql, const char *wild) ;
```

Mit dieser Funktion bekommen Sie als Ergebnismenge Tabellennamen der aktuellen Datenbank zurück, die mit dem regulären Ausdruck `wild` übereinstimmen. Auch hierbei können für `wild` die Platzhalterzeichen '%' oder '_' verwendet werden, und auch hierbei werden bei einer Angabe von `NULL` für den Parameter `wild` alle Tabellen einer Datenbank aufgelistet. Bei einem Fehler wird `NULL` zurückgegeben. Natürlich müssen Sie auch hier die Ergebnismenge mit `mysql_free_result()` freigeben.

Feldnamen einer Tabelle – mysql_list_fields()

Mit der Funktion

```
#include <mysql.h>
MYSQL_RES *mysql_list_fields( MYSQL *mysql,
                              const char *table,
                              const char *wild );
```

wird eine Ergebnismenge zurückgegeben, die aus den Feldnamen in der angegebenen Tabelle bestehen, die auf den regulären Ausdruck `wild` passen. Auch hierbei können Sie als Platzhalterzeichen '%' oder '_' angeben. Bei der Verwendung des `NULL`-Zeigers für `wild` werden alle Feldnamen der Tabelle ausgegeben. Bei einem Fehler liefert auch diese Funktion `NULL` zurück. Sie müssen die Ergebnismenge mit `mysql_free_result()` freigeben.

Aktuelle Server-Threads – mysql_list_processes()

Mit der nächsten Funktion

```
#include <mysql.h>

MYSQL_RES *mysql_list_processes(MYSQL *mysql) ;
```

können Sie die Ergebnismenge der aktuellen Server-Threads zur aktuellen Verbindung des MySQL-Handles ermitteln. Das Ergebnis ist dasselbe wie von `mysqladmin processlist` oder einer `SHOW PROCESSLIST`-Anfrage. Bei einem Fehler wird `NULL` zurückgegeben. Auch diese Ergebnismenge müssen Sie mit `mysql_free_result()` freigeben.

Die Rückgaben der letzten Befehle können durch die Benutzerverwaltung von MySQL eingeschränkt sein. Wenn Sie sich zum Beispiel alle Datenbanknamen auflisten lassen, bekommen Sie nicht zwangsläufig alle Datenbanknamen zurückgeliefert.

12.5.7 Ergebnismenge zeilenweise bearbeiten (MYSQL_ROW)

Wollen Sie eine Ergebnismenge, die sich in der Struktur `MYSQL_RES` befindet, nur zeilenweise einlesen oder ausgeben lassen, benötigen Sie auf jeden Fall hierzu den Datentyp oder besser die Struktur `MYSQL_ROW`. Dieser Datentyp repräsentiert eine Zeile von Daten, die als ein Array von gezählten Byte-Zeichenketten implementiert ist.

Um einzelne Zeilen (bei einer Datenbank spricht man ja vom Datensatz) aus der Ergebnismenge zu holen, wird folgende Funktion verwendet:

```
#include <mysql.h>

MYSQL_ROW mysql_fetch_row(MYSQL_RES *result) ;
```

Damit wird immer der nächste Datensatz (Zeile) einer Ergebnismenge abgerufen. Als Rückgabewert erhalten Sie einen Zeiger auf die Werte einer Zeile, worauf Sie mit `feld[0]` bis `feld[n-1]` zugreifen können. Sind keine Datensätze mehr einzulesen oder trat ein Fehler auf, wird `NULL` zurückgegeben.

Um auf die einzelnen Felder zuzugreifen, haben Sie soeben erfahren, dass dies mit `feld[0]` bis `feld[n-1]` realisierbar ist. Nur wenn Sie bei einer Datenbank die Tabelle um ein weiteres Feld erweitern, bringt Ihnen der konstante Wert `n` für die Anzahl der Felder nichts mehr. Dann benötigen Sie zum Ermitteln der einzelnen Felder, die sich im Datensatz (Zeile) befinden und die Sie soeben mit `mysql_fetch_row()` ermittelt haben, die folgende Funktion:

```
#include <mysql.h>

unsigned int mysql_num_fields(MYSQL_RES *result) ;
```

Mit dieser Funktion erhalten Sie die Anzahl von Spalten (Felder) der Ergebnismenge, die sich in `MYSQL_RES` befindet. Somit können Sie jetzt auf die einzelnen Spalten mit `feld[0]` bis `feld[mysql_num_fields(result)-1]` zugreifen. Somit sähe ein zeilenweises Auslesen eines Datensatzes wie folgt aus:

```
MYSQL_RES *res;
MYSQL_ROW row;
/* Datensatz einlesen */
while ((row = mysql_fetch_row (res)) != NULL)
{ /* Anzahl der Spalten ermitteln und Feld für Feld ausgeben */
   for (i = 0; i < mysql_num_fields (res); i++)
      printf ("%s | ", row[i]);
```

```
    printf ("\n");
}
```

Benötigen Sie jetzt auch noch die Länge der Feldwerte in der Zeile, dann können Sie diese mit der Funktion `mysql_fetch_lengths()` bestimmen. Mehr dazu später.

Wollen Sie hingegen die Anzahl der Datensätze (Zeilen) ermitteln, die sich in der Ergebnismenge befinden, so können Sie auf die Funktion `mysql_num_rows()` zurückgreifen:

```
#include <mysql.h>

my_ulonglong mysql_num_rows(MYSQL_RES *result) ;
```

Hinweis

Die Dokumentation der MySQL API empfiehlt aus Portabilitätsgründen des Typs `my_ulonglong`, den Rückgabewert mit `unsigned long` zu casten! Dieser Typ stellt einen Bereich von 0 bis 1.84e19 zur Verfügung. Auf manchen »Systemen« funktioniert der Versuch, einen Wert des Typs `my_ulonglong` auszugeben, nicht – was allerdings mehr ein Problem des Compilers statt des Systems ist.

Platzieren und Abfragen eines Zeilencursors – MYSQL_ROW_OFFSET

`MYSQL_ROW_OFFSET` ist eine typensichere Repräsentation eines Offsets für einen *Zeilencursor*. Das Offset sollte ein Wert sein, der von einem Aufruf von `mysql_row_tell()` oder `mysql_row_seek()` zurückgegeben wird. Dieser Wert ist nicht einfach eine Zeilennummer.

Den *Zeilencursor* können Sie mit der folgenden Funktion verschieben:

```
#include <mysql.h>

MYSQL_ROW_OFFSET mysql_row_seek( MYSQL_RES *ergebnis,
                                 MYSQL_ROW_OFFSET offset ) ;
```

Damit setzen Sie den *Zeilencursor* auf eine beliebige Zeile in der Anfrage-Ergebnismenge. Zurückgegeben wird der vorherige Wert des *Zeilencursors*. Diesen Wert können Sie wiederum bei einer späteren Verwendung von `mysql_row_seek()` als zweiten Parameter übergeben.

Wollen Sie hingegen die aktuelle Position des *Zeilencursors* ermitteln, so steht Ihnen die folgende Funktion zur Verfügung:

```
#include <mysql.h>

MYSQL_ROW_OFFSET mysql_row_tell(MYSQL_RES *ergebnis) ;
```

Mit `mysql_row_tell()` erhalten Sie die aktuelle Position des letzten `mysql_fetch_row()`-Aufrufs zurück. Den Rückgabewert können Sie auch hier für eine spätere Verwendung von `mysql_row_seek()` als zweiten Parameter verwenden. Als Rückgabewert erhalten Sie hierbei die aktuelle Position des *Zeilencursors*.

Hinweis

Da mysql_row_tell() und mysql_row_seek() als Parameter eine Ergebnismenge der Struktur MYSQL_RES benötigen, können Sie diese Funktionen nur nach einem mysql_store_result() und nicht nach einem mysql_use_result() verwenden. Mehr dazu später.

12.5.8 Ergebnismenge spaltenweise einlesen (und ausgeben) (MYSQL_FIELD)

Sie werden es sicherlich erahnen, wenn es eine Struktur für die Verbindung zur Datenbank (MYSQL), eine für die Ergebnismenge (MYSQL_RES) und eine für die Zeile/den Datensatz (MYSQL_ROW) gibt, dann ist das nächst*kleinste* Glied in der Kette das Feld. Dafür steht Ihnen die Struktur MYSQL_FIELD zur Verfügung. Diese Struktur beinhaltet Informationen zu einem Feld wie den Namen, den Feldtyp und die Feldgröße. Sie erhalten solch eine MYSQL_FIELD-Struktur für jedes Feld durch einen wiederholten Aufruf von mysql_fetch_field(). Um Missverständnisse zu vermeiden, Feldwerte sind nicht Teil der MYSQL_FIELD-Struktur. Die Werte selbst sind in der zuvor beschriebenen Struktur MYSQL_ROW enthalten.

Die Elemente der Struktur MYSQL_FIELD sind im Folgenden erklärt.

MYSQL_FIELD – Struktur

- char *name – Name des Feldes als terminierte Zeichenkette
- char *table – Name der Tabelle, die das Feld enthält, sofern es sich nicht um ein berechnetes Feld handelt – bei berechneten Feldern findet sich hier eine leere Zeichenkette.
- char *def – Vorgabewert des Feldes als terminierte Zeichenkette. Wird nur gesetzt, wenn Sie die Funktion mysql_list_fields() verwenden.
- enum enum_field_types – Der Typ des Feldes, der folgende Werte haben kann:

Wert	Bedeutung
FIELD_TYPE_TINY	TINYINT-Feld
FIELD_TYPE_SHORT	SMALLINT-Feld
FIELD_TYPE_LONG	INTEGER-Feld
FIELD_TYPE_INT24	MEDIUMINT-Feld
FIELD_TYPE_LONGLONG	BIGINT-Feld
FIELD_TYPE_DECIMAL	DECIMAL- oder NUMERIC-Feld
FIELD_TYPE_FLOAT	FLOAT-Feld
FIELD_TYPE_DOUBLE	DOUBLE- oder REAL-Feld
FIELD_TYPE_TIMESTAMP	TIMESTAMP-Feld
FIELD_TYPE_DATE	DATE-Feld
FIELD_TYPE_TIME	TIME-Feld
FIELD_TYPE_DATETIME	DATETIME-Feld
FIELD_TYPE_YEAR	YEAR-Feld

Tabelle 12.6 Typ des Feldes in enum enum_field_types

Wert	Bedeutung
FIELD_TYPE_STRING	CHAR- oder VARCHAR-Feld
FIELD_TYPE_BLOB	BLOB- oder TEXT-Feld (benutzen Sie max_length, um die maximale Länge festzulegen)
FIELD_TYPE_SET	SET-Feld
FIELD_TYPE_ENUM	ENUM-Feld
FIELD_TYPE_NULL	NULL-Feld
FIELD_TYPE_CHAR	veraltet; benutzen Sie stattdessen FIELD_TYPE_TINY

Tabelle 12.6 Typ des Feldes in enum enum_field_types (Forts.)

Außerdem können Sie das Makro `IS_NUM()` verwenden, um zu testen, ob ein Feld einem nummerischen Typ entspricht oder nicht. Beispiel einer solchen Anwendung:

```
if (IS_NUM(field->type))
    printf("Feld ist nummerisch\n");
```

- `unsigned int length` – Gibt die Breite des Feldes an, die in der Tabellendefinition festgelegt wurde.
- `unsigned int max_length` – Gibt die maximale Breite des Feldes für die Ergebnismenge (die Länge des längsten Feldwertes für die Zeilen, die tatsächlich in der Ergebnismenge enthalten sind) an. Wenn Sie `mysql_store_result()` oder `mysql_list_fields()` benutzen, enthält die Variable die maximale Länge für das Feld. Wenn Sie `mysql_use_result()` benutzen, ist sie 0.
- `unsigned int flags` – Hier finden Sie die verschiedenen Flags. Wenn dieser Wert nicht 0 ist, dann ist mindestens eines der folgenden Bits gesetzt:

Flag	Bedeutung
NOT_NULL_FLAG	Feld darf nicht NULL sein.
PRI_KEY_FLAG	Feld ist Teil eines Primärschlüssels.
UNIQUE_KEY_FLAG	Feld ist Teil eines eindeutigen Schlüssels.
MULTIPLE_KEY_FLAG	Feld ist Teil eines nicht eindeutigen Schlüssels.
UNSIGNED_FLAG	Feld hat das UNSIGNED-Attribut.
BINARY_FLAG	Feld hat das BINARY-Attribut.
AUTO_INCREMENT_FLAG	Feld hat das AUTO_INCREMENT-Attribut.
ENUM_FLAG	Feld ist ein ENUM (veraltet).
BLOB_FLAG	Feld ist ein BLOB oder TEXT (veraltet).
TIMESTAMP_FLAG	Feld ist ein TIMESTAMP (veraltet).
ZEROFILL_FLAG	Feld hat das ZEROFILL-Attribut.

Tabelle 12.7 Spezielle Feldattribute für die Strukturvariable flags

Sie können diese Flags auch mit den folgenden Makros testen, um einen flag-Wert zu bestimmen:

- `IS_NOT_NULL(flags)` – WAHR, wenn der Feldwert als `NOT NULL` definiert ist.

  - `IS_PRI_KEY(flags)` – WAHR, wenn der Feldwert ein Primärschlüssel ist.
  - `IS_BLOB(flags)` – (veraltet; testen Sie stattdessen `field->type`)
- `unsigned int decimals` – Die Anzahl von Dezimalstellen für nummerische Felder

Um die Definition einer Spalte aus der Ergebnismenge zu holen, kann die Funktion

```
#include <mysql.h>

MYSQL_FIELD *mysql_fetch_field(MYSQL_RES *result) ;
```

verwendet werden. Damit Sie die Informationen zu allen Spalten erhalten, müssen Sie diese Funktion mehrmals aufrufen. Bei einem Fehler gibt diese Funktion `NULL` zurück. `NULL` wird auch zurückgegeben, wenn keine weiteren Felder mehr vorhanden sind. Ein Beispiel der Anwendung:

```
MYSQL_FIELD *field;
while((field = mysql_fetch_field(ergebnis))) {
    printf("Feldname %s\n", field->name);
}
```

Wollen Sie ein Array aller `MYSQL_FIELD`-Strukturen für eine Ergebnismenge auf einmal ermitteln, so können Sie die folgende Funktion verwenden:

```
#include <mysql.h>

MYSQL_FIELD *mysql_fetch_fields(MYSQL_RES *result) ;
```

Jede Struktur stellt hierbei Felddefinitionen für eine Spalte der Ergebnismenge zur Verfügung. Beispiel einer solchen Verwendung:

```
unsigned int num_fields;
unsigned int i;
MYSQL_FIELD *fields;

/* Anzahl der Felder ermitteln */
num_fields = mysql_num_fields(ergebnis);
fields = mysql_fetch_fields(ergebnis);
for(i = 0; i < num_fields; i++) {
   printf("Feld %u ist %s\n", i, fields[i].name);
}
```

Wollen Sie innerhalb einer Ergebnismenge eine bestimmte Spalte direkt abrufen, dann steht Ihnen die folgende Funktion zur Verfügung:

```
#include <mysql.h>

MYSQL_FIELD *mysql_fetch_field_direct( MYSQL_RES *result,
                                       unsigned int feldnr ) ;
```

Mit der Angabe einer Feldnummer `feldnr` für eine Spalte innerhalb einer Ergebnismenge gibt diese Funktion die Felddefinition dieser Spalte als `MYSQL_FIELD`-Struktur zurück. Sie können diese Funktion verwenden, um die Definition für eine beliebige Spalte abzurufen. Der Wert von `feldnr` sollte im Bereich von 0 bis `mysql_num_fields(ergebnis)-1` liegen. Beispiel einer solchen Aktion:

```
unsigned int num_fields;
unsigned int i;
MYSQL_FIELD *field;

num_fields = mysql_num_fields(ergebnis);
for(i = 0; i < num_fields; i++) {
    field = mysql_fetch_field_direct(ergebnis, i);
    printf("Feld %u ist %s\n", i, field->name);
}
```

Wie bei der Ergebnismenge von Zeilen mit dem *Zeilencursor* kann auch bei den Spalten der *Feldcursor* abgefragt und versetzt werden. Hierfür wird der Datentyp `MYSQL_FIELD_OFFSET` benötigt. Das ist eine typsichere Repräsentation eines Offsets in einer MySQL-Feldliste (benutzt von `mysql_field_seek()`). Offsets sind Feldnummern innerhalb einer Zeile, beginnend mit 0.

Um einen *Feldcursor* zu versetzen, kann die Funktion

```
#include <mysql.h>
MYSQL_FIELD_OFFSET mysql_field_seek(MYSQL_RES *result,
                                    MYSQL_FIELD_OFFSET offset) ;
```

verwendet werden. Damit wird der *Feldcursor* auf das angegebene Offset des zweiten Parameters gesetzt. Folgt anschließend ein Aufruf von `mysql_fetch_field()`, wird die Felddefinition der Spalte aufgerufen, die mit diesem Offset verknüpft ist. Wollen Sie (wieder) an den Anfang der Zeile springen, können Sie den `offset`-Wert 0 angeben.

Um die aktuelle Position des *Feldcursors* zu ermitteln, kann die Funktion `mysql_field_tell()` verwendet werden:

```
#include <mysql.h>

MYSQL_FIELD_OFFSET mysql_field_tell(MYSQL_RES *result) ;
```

Den Rückgabewert von der aktuellen Position des *Feldcursors* können Sie anschließend auch wieder für die Funktion `mysql_field_seek()` verwenden.

Benötigen Sie die Anzahl der Spalten, die für die letzte Anfrage zu einer Verbindung (Achtung! Nicht Ergebnismenge!) gestellt wurde, dann können Sie die folgende Funktion verwenden:

```
#include <mysql.h>

unsigned int mysql_field_count(MYSQL *mysql) ;
```

Gewöhnlich wird diese Funktion benutzt, wenn `mysql_store_result()` `NULL` zurückgab (und Sie somit keinen Ergebnismengen-Zeiger haben). In diesem Fall können Sie `mysql_field_count()` aufrufen, um festzustellen, ob `mysql_store_result()` ein leeres Ergebnis hätte zurückgeben sollen oder nicht. Dies ermöglicht es Ihnen, die richtigen Entscheidungen zu treffen, ohne dass Sie wissen müssen, ob es sich bei der Anfrage um ein `SELECT` handelte oder nicht.

Hinweis

Die Funktion ist erst bei der MySQL-Version 3.2.24 eingeführt worden. Daher sollten Sie bei einer älteren Version die Funktion `mysql_num_fields()` stattdessen verwenden (oder noch besser, schnellstens ein Update machen).

12.5.9 Ein Beispiel

Bevor Sie auf den nächsten Seiten weitere API-Funktionen zu MySQL kennen lernen, folgt hierzu wieder ein Beispiel, das einige der Funktionen, über die Sie auf den Seiten zuvor etwas gelesen haben, in der Praxis demonstriert. Mit dem Listing können Sie alle vorhandenen Datenbanken, alle Tabellen einer Datenbank und alle Spalten einer Tabelle auflisten lassen. Außerdem können Sie alle vorhandenen Prozesse auflisten lassen – einfach alles, was eben in der (etwas langatmigen) Theorie beschrieben wurde.

```
/* mysql4.c */
#include <stdio.h>
#include <stdlib.h>
#include <string.h>
#include <mysql.h>
#define MAX 255

/* Verbindungsdaten für mysql_real_connect */
static char *connect_param[7];
/* globaler Hilfszähler für die Verbindungsdaten */
static int connect_param_count = 0;
static void print_line (MYSQL_RES * res);

/*
 * Übernehmen Sie die my_fgets()-, my_cat()-, get_connect_param()-,
 * mein_connect()-, cleanup_shutdown()-Funktionen von oben
 * (mysql2.c) -> oder den kompletten Code auf der Buch-CD
 */

/* Listet alle vorhandenen Datenbanken auf */
static void list_DB (MYSQL * my) {
  MYSQL_RES *res;
  MYSQL_ROW row;
  int zeilen;
  unsigned int i;

  res = mysql_list_dbs (my, NULL);
  zeilen = (unsigned long) mysql_num_rows (res);
  printf ("Datenbanken gefunden : %d\n", zeilen);
  while ((row = mysql_fetch_row (res)) != NULL)
    /* mysql_num_flields() wäre hier  nicht nötig */
    for (i = 0; i < mysql_num_fields (res); i++)
      printf ("%s\n", row[i]);
```

```
  mysql_free_result (res);
  getchar ();
}

/* Listet alle Tabellen einer Datenbank auf */
static void list_table_DB (MYSQL * my) {
  MYSQL_RES *res;
  MYSQL_ROW row;
  int zeilen;
  unsigned int i;

  res = mysql_list_tables (my, NULL);
  if (res == NULL) {
    fprintf (stderr, "Fehler bei mysql_list_tables():"
             "%u (%s)\n", mysql_errno (my), mysql_error (my));
    return;
  }
  zeilen = (unsigned long) mysql_num_rows (res);
  printf ("Tabellen in der Datenbank : %d\n", zeilen);
  while ((row = mysql_fetch_row (res)) != NULL) {
    for (i = 0; i < mysql_num_fields (res); i++)
      printf ("%s", row[i]);
    printf ("\n");
  }
  mysql_free_result (res);
  getchar ();
}

/* Listet alle Felder einer Tabelle auf */
static void list_fields_DB (MYSQL * my) {
  unsigned int i, col_len;
  MYSQL_RES *res;
  MYSQL_FIELD *field;
  char buffer[MAX];

  printf ("Bitte eine Tabelle auswählen: ");
  my_fgets (buffer, MAX);
  res = mysql_list_fields (my, buffer, NULL);
  if (res == NULL) {
    fprintf (stderr, "Fehler bei mysql_list_tables():"
             "%u (%s)\n", mysql_errno (my), mysql_error (my));
    return;
  }
  /* offset = 0 bedeutet, auf den Anfang der Zeile setzen */
  mysql_field_seek (res, 0);
  /* Damit bei der Ausgabe ein einheitliches Bild entsteht,
   * sollen die Daten für die max. Länge einer Spalte bei jeder
   * einzelnen (MYSQL_FIELD)-Spalte verändert werden   */
  for (i = 0; i < mysql_num_fields (res); i++) {
     field = mysql_fetch_field (res);
```

```
    /* Länge des Namens in der Spalte ermitteln */
    col_len = strlen (field->name);
    /* Ist die Länge des Elements in der Spalte kleiner als
     * die max. Länge ... */
    if (col_len < field->max_length)
      /* ... dann bekommt col_len den Wert der max. erl. Länge
       * der Spalte */
      col_len = field->max_length;
    /* Für den Fall, dass eine Spalte keine Daten
     * beinhaltet ... */
    if (col_len < 4 && !IS_NOT_NULL (field->flags))
      /* col_len bekommt den Wert 4 für den String
       * "NULL" ->keine Daten */
      col_len = 4;
    /* max. Länge von Spalten-Info verändern */
    field->max_length = col_len;
  }
  /* Namen der Tabelle ausgeben */
  printf ("Daten der Tabelle: [ %s ]\n", field->table);
  printf("Mit mysql_fetch_field()\n");
  /* Demonstriert mysql_fetch_field() */
  print_line (res);
  printf ("|");
  /* Alles wieder auf den Anfang stellen */
  mysql_field_seek (res, 0);

  /* Jetzt den Tabellenkopf ausgeben  */
  for (i = 0; i < mysql_num_fields (res); i++) {
    field = mysql_fetch_field (res);
    printf (" %-*s |", field->max_length, field->name);
  }
  printf ("\n");
  print_line (res);

  printf("Gleiches mit mysql_fetch_fields()\n");
  /* Dasselbe nochmals mit mysql_fetch_fields() */
  print_line (res);
  printf ("|");
  /* Alles wieder auf den Anfang stellen */
  mysql_field_seek (res, 0);
  field = mysql_fetch_fields (res);
  for (i = 0; i < mysql_num_fields (res); i++) {
    printf (" %-*s |", field[i].max_length, field[i].name);
  }
  printf ("\n");
  print_line (res);
  mysql_free_result (res);
}

static void print_line (MYSQL_RES * res) {
```

```
  MYSQL_FIELD *field;
  unsigned int i, j;

  mysql_field_seek (res, 0);
  /* Erstes Zeichen der Linie */
  printf ("+");
  for (i = 0; i < mysql_num_fields (res); i++) {
     field = mysql_fetch_field (res);
     /* max_length '-' Zeichen jeder Spalte ausgeben */
     for (j = 0; j < field->max_length + 2; j++)
        printf ("-");
     /* Am Ende der Spalte '+' ausgeben */
     printf ("+");
  }
  printf ("\n");
}

/* Listet alle vorhandenen Prozesse auf */
static void list_process (MYSQL * my) {
  MYSQL_RES *res;
  MYSQL_ROW row;
  int zeilen;
  unsigned int i, col_len;
  MYSQL_FIELD *field;

  res = mysql_list_processes (my);
  zeilen = (unsigned long) mysql_num_rows (res);
  printf ("Prozesse gefunden : %d\n", zeilen);
  /* offset = 0 bedeutet, auf den Anfang der Zeile setzen */
  mysql_field_seek (res, 0);

  /* Damit bei der Ausgabe ein einheitliches Bild entsteht,
   * sollen die Daten für die max. Länge einer Spalte bei jeder
   * einzelnen (MYSQL_FIELD)-Spalte verändert werden */
  for (i = 0; i < mysql_num_fields (res); i++) {
     field = mysql_fetch_field (res);
     /* Länge des Namens in der Spalte ermitteln */
     col_len = strlen (field->name);
     /* Ist die Länge des Elements in der Spalte kleiner als
      * die max. Länge ... */
     if (col_len < field->max_length)
        /* ... dann bekommt col_len den Wert der max. erl. Länge
         * der Spalte */
        col_len = field->max_length;
     /* Für den Fall, dass eine Spalte keine Daten
      * beinhaltet ... */
     if (col_len < 4 && !IS_NOT_NULL (field->flags))
        /* col_len bekommt den Wert 4 für den String
         * "NULL" ->kein Daten */
        col_len = 4;
```

```
      /* max. Länge von Spalten-Info verändern */
      field->max_length = col_len;
   }
   print_line (res);
   printf ("|");
   /* Alles wieder auf den Anfang stellen */
   mysql_field_seek (res, 0);

   /* Jetzt den Tabellenkopf ausgeben (titel, hauptrolle, fsk,
    * gedreht) */
   for (i = 0; i < mysql_num_fields (res); i++) {
       field = mysql_fetch_field (res);
       printf (" %-*s |", field->max_length, field->name);
   }
   printf ("\n");
   print_line (res);
   mysql_field_seek (res, 0);
   while ((row = mysql_fetch_row (res)) != NULL) {
      printf ("|");
      for (i = 0; i < mysql_num_fields (res); i++) {
         field = mysql_fetch_field (res);
         printf (" %-*s |",field->max_length, row[i]);
      }
      printf ("\n");
      mysql_field_seek (res, 0);
   }
   print_line (res);
   mysql_free_result (res);
}

int main (int argc, char *argv[]) {
   MYSQL *my;
   int auswahl;

   /* Handle initialisieren */
   my = mysql_init (NULL);
   if (my == NULL) {
     fprintf (stderr, " Initialisierung fehlgeschlagen\n");
     exit (EXIT_FAILURE);
   }
   /* Verbindungsdaten für die Datenbank abfragen */
   get_connect_param ();
   /* Mit dem Server verbinden */
   if (mein_connect (my) != -1)
     printf ("Erfolgreich mit dem MySQL-Server verbunden\n");
   do {
     printf ("\nInformationen zu den Datenbanken auf dem"
             " MySQL-Server\n\n");
     printf ("- 1 - Alle vorhandenen Datenbanken ausgeben \n");
     printf ("- 2 - Tabellen einer Datenbank auflisten\n");
```

```
    printf (" -3 - Spalten der Tabelle auflisten\n");
    printf ("- 4 - Prozessliste anzeigen\n");
    printf ("- 0 - Beenden\n\n");
    printf ("Ihre Auswahl : ");
    scanf ("%d", &auswahl);
    switch (auswahl) {
    case 1:
      list_DB (my);
      getchar ();
      break;
    case 2:
      getchar ();
      list_table_DB (my);
      break;
    case 3:
      getchar ();
      list_fields_DB (my);
      break;
    case 4:
      getchar ();
      list_process (my);
      break;
    case 0:
      printf ("Bye\n");
      break;
    default:
      printf ("Fehlerhafte Eingabe\n");
    }
  } while (auswahl != 0);
  /* Verbindung trennen */
  clean_up_shutdown (my);
  return EXIT_SUCCESS;
}
```

Das Programm bei der Ausführung:

```
$  gcc -c -I/usr/include/mysql mysql4.c
$  gcc -o mysql4 mysql4.o -L/usr/lib/mysql -lmysqlclient
$ ./mysq4
Hostname (<ENTER> == default) : localhost
User-Name (<ENTER> == default) : root
Passwort (<ENTER> == default)  : k4p6m3o3
Datenbank (<ENTER> == default) : adressen
Port (<ENTER> == default)      : ENTER
Socket (<ENTER> == default)    : ENTER
Flag (<ENTER> == default)      : ENTER
Erfolgreich mit dem MySQL-Server verbunden
Informationen zu den Datenbanken auf dem MySQL-Server
----------------------------------------------
```

```
- 1 - Alle vorhandenen Datenbanken ausgeben
- 2 - Tabellen einer Datenbank auflisten
 -3 - Spalten der Tabelle auflisten
- 4 - Prozessliste anzeigen
- 0 - Beenden

Ihre Auswahl : 1
Datenbanken gefunden : 7
adressen
dvd_archiv
mail_archiv
mein_test
mysql
news
test
...
...
Ihre Auswahl : 2
Tabellen in der Datenbank : 1
privat
...
...
Ihre Auswahl : 3
Bitte eine Tabelle auswählen : privat
Daten der Tabelle: [ privat ]
+-------+-------+-----+-----+---------+--------+-------+
| vname | nname | plz | ort | strasse | hausnr | phone |
+-------+-------+-----+-----+---------+--------+-------+
...
...
Ihre Auswahl : 4
Prozesse gefunden : 2
+--+----+---------+--------+----------+----+------+-------+
|Id|User|Host     |db      |Command   |Time|State | Info  |
+--+----+---------+--------+----------+----+------+-------+
|1 |root|localhost|adressen|Processlist|0  |(null)| (null)|
|3 |root|localhost|(null)  |Sleep     |6   |      | (null)|
+--+----+---------+--------+----------+----+------+-------+
```

12.5.10 Ergebnismenge – weitere Funktionen

Jetzt folgen hier noch weitere Funktionen im Bezug auf die Ergebnismenge (`MYSQL_RES`), die sich recht allgemein einsetzen lassen.

Besitzt eine Ergebnismenge das gesamte Anfrageergebnis, dann können Sie mit der Funktion

```
#include <mysql.h>

void mysql_data_seek( MYSQL_RES *result,
                      my_ulonglong offset );
```

bis zu einer beliebigen Zeile in der Ergebnismenge suchen. Die Funktion kann daher nur in Verbindung mit der Funktion `mysql_store_result()` verwendet werden – nicht mit `mysql_use_result()`. Als Offset sollte ein Wert zwischen dem Bereich 0 bis `mysql_num_row(max)-1` verwendet werden.

Benötigen Sie die Länge der Spalten der aktuellen Zeile einer Ergebnismenge, um etwa Feldwerte zu kopieren, dann kann hierfür folgende Funktion verwendet werden:

```
#include <mysql.h>

unsigned long *mysql_fetch_lengths(MYSQL_RES *result) ;
```

Der Vorteil dieser Funktion ist, dass diese nicht die Funktion `strlen()` aufruft, was sich positiv in der Performance auswirkt und sich somit auch bestens für Binärdaten eignet. Denn bei Binärdaten würde die Funktion `strlen()` ein falsches Ergebnis für die Felder zurückgeben, die Nullzeichen enthalten. Ist das Feld leer oder beinhaltet Nullwerte, gibt `mysql_fetch_length()` 0 zurück – was dabei zutrifft, können Sie mit `mysql_fetch_row()` ermitteln. Hier ein Beispiel, wie das in der Praxis geht:

```
MYSQL_ROW zeile;
unsigned int anzahl_felder;
unsigned int i;

anzahl_felder = mysql_num_fields(ergebnis);
while ((zeile = mysql_fetch_row(ergebnis))) {
   unsigned long *laengen;
   laengen = mysql_fetch_lengths(ergebnis);
   for(i = 0; i < anzahl_felder; i++) {
       printf("[%.*s] ",
           (int) laengen[i], zeile[i] ? zeile[i] : "NULL");
   }
   printf("\n");
}
```

Als Rückgabewert liefert Ihnen `mysql_fetch_length()` ein Array von vorzeichenlosen Ganzzahlen zurück, das die Größe einer jeden Spalte beinhaltet. Bei einem Fehler wird `NULL` zurückgegeben.

12.5.11 Befehle an den Server – mysql_query() und mysql_real_query()

Sicherlich haben Sie sich schon überlegt, wie Sie wohl SQL-Anfragen à la `SELECT`, `INSERT` ... an den MySQL-Server mithilfe der C-API stellen können.

Eine SQL-Anfrage können Sie mit der Funktion `mysql_query()` bzw. `mysql_real_query()` stellen. Der Vorgang einer solchen Anfrage ist folgender:

- Eine SQL-Anfrage an den Server
- Server empfängt die Anfrage und überprüft diese auf syntaktische Fehler.

- Server führt die angefragte Aktion aus und gibt abhängig von der Art der Anfrage ein Resultat zurück. So wird, im Gegensatz zu einer SELECT-Anfrage, bei einer INSERT-Anfrage nichts zurückgegeben.

Die Funktion, mit der Sie eine SQL-Anfrage an den Server stellen können, ist:

```
#include <mysql.h>

int mysql_query(MYSQL *mysql, const char *anfrage);
int mysql_real_query( MYSQL *mysql, const char *anfrage,
                      unsigned long laenge );
```

Damit können Sie SQL-Anweisungen (Anfragen) als nullterminierten String ausführen, der am Ende allerdings im Gegensatz zur *MySQL-Shell* kein Semikolon oder \g haben darf. Verläuft bei der Anfrage alles planmäßig, wird 0, ansonsten bei einem Fehler ungleich 0 zurückgegeben.

Da mysql_query() wegen der Bedeutung des String-Endezeichens nicht für Binärdaten geeignet ist, müssen Sie hierfür die Funktion mysql_real_query() mit der Angabe der Länge (laenge) des Strings als extra Parameter verwenden.

Hinweis

Da mit mysql_query() keinerlei Angaben zur Länge des Strings gemacht werden, ist diese Funktion ein Kandidat für einen Buffer Overflow – deshalb sollte immer die Funktion mysql_real_query() bevorzugt werden.

Wenn die SQL-Anfrage an den Server nicht klappen will, sollten Sie den Fehler mit mysql_errno() und mysql_error() überprüfen. Folgende Fehler können dabei auftreten:

- CR_COMMANDS_OUT_OF_SYNC – Befehle wurden nicht in der korrekten Reihenfolge ausgeführt.
- CR_SERVER_GONE_ERROR – Der MySQL-Server ist weg.
- CR_SERVER_LOST – Die Verbindung zum Server ging während der Anfrage verloren.
- CR_UNKNOWN_ERROR – Ein unbekannter Fehler trat auf.

Für Anfragen an den Server mit z. B. INSERT, wo ja nichts zurückgegeben wird, reichen mysql_query() und mysql_real_query() aus. Allerdings bei Anfragen mittels SELECT, SHOW, DESCRIBE oder EXPLAIN, wo etwas zurückgegeben wird, benötigen Sie eine Funktion, um die Daten der SQL-Abfrage abzuholen. Hierfür müssen Sie die Funktionen mysql_store_result() oder mysql_use_result() aufrufen. Es ist allerdings auch möglich, die beiden Funktionen bei SQL-Anfragen aufzurufen, die keinen Wert zurückgeben. Damit können Sie z. B. feststellen, ob die Anfrage eine Ergebnismenge hatte, wenn Sie prüfen, ob mysql_store_result() 0 zurückgibt.

Beginnend mit mysql_store_result() – die Syntax:

```
#include <mysql.h>

MYSQL_RES *mysql_store_result(MYSQL *mysql) ;
```

Damit lesen Sie das gesamte Ergebnis einer SQL-Anfrage (meist mit mysql_real_query()) zum Client ein. Als Rückgabewert erhalten Sie eine Ergebnismenge vom Typ der MYSQ_RES-Struktur zurück. Wie Sie diese Ergebnismenge behandeln können, haben Sie ja bereits gelesen. Hat die Anfrage keine Ergebnismenge zurückgegeben, gibt mysql_store_result() NULL zurück (z. B. wenn die Anfrage ein INSERT-Statement war). NULL wird allerdings auch zurückgegeben, wenn das Lesen der Ergebnismenge fehlgeschlagen ist. Sie können überprüfen, ob es sich dabei um einen Fehler handelt, wenn mysql_error() keinen NULL-Zeiger zurückgibt und/oder mysql_errno() ungleich 0 zurückgab. Eine leere Ergebnismenge wird zurückgegeben, wenn keine Zeilen zurückgegeben werden. (Eine leere Ergebnismenge unterscheidet sich als Rückgabewert von einem NULL-Zeiger.)

Wenn Sie mittels mysql_store_result() ein Ergebnis erhalten haben, das kein NULL-Zeiger ist, können Sie mit der Funktion mysql_num_rows() herausfinden, wie viele Zeilen in der Ergebnismenge enthalten sind. Mit mysql_fetch_row() können Sie die einzelnen Zeilen der Ergebnismenge holen oder mit mysql_row_seek() und mysql_row_tell() die Zeilenposition (*Zeilencursor*) innerhalb der Zeile setzen oder abfragen (funktioniert auch mit mysql_data_seek()).

Die Behandlung des Erhalts der Ergebnismenge mit mysql_store_result() kann also ebenso gehandhabt werden, wie Sie dies schon in den Seiten zuvor mit der Behandlung der Mengen zeilenweise und spaltenweise gesehen und (hoffentlich auch) gemacht haben.

Sie müssen mysql_free_result() aufrufen, wenn Sie mit der Ergebnismenge fertig sind.

Natürlich kann es auch passieren, dass mysql_store_result() NULL zurückliefert, obwohl der Aufruf von mysql_real_query() erfolgreich war. Dies kann mehrere Ursachen haben. So war die Rückgabe der Ergebnismenge zu groß, und es konnte dafür kein Speicher mehr reserviert werden, oder die Daten konnten nicht gelesen werden. Und – der plausibelste Grund – die Anfrage gibt keine Daten zurück, wie dies bei INSERT, UPDATE oder DELETE der Fall ist.

Um zu überprüfen, ob das Statement eine leere Ergebnismenge zurückgegeben hat, sollten Sie mysql_field_count() aufrufen. Wenn mysql_field_count() 0 zurückgibt, ist die Ergebnismenge leer, und bei der Anfrage handelte es sich um ein SQL-Statement, das keinen Rückgabewert liefert (INSERT, UPDATE, DELETE).

Es empfiehlt sich außerdem, mit mysql_error() und mysql_errno() auf Fehler zu überprüfen. Folgende Fehler können dabei auftreten:

- CR_COMMANDS_OUT_OF_SYNC – Befehle wurden nicht in der korrekten Reihenfolge ausgeführt.
- CR_OUT_OF_MEMORY – Kein Speicher mehr.
- CR_SERVER_GONE_ERROR – Der MySQL-Server ist weg.
- CR_SERVER_LOST – Die Verbindung zum Server ging während der Anfrage verloren.
- CR_UNKNOWN_ERROR – Ein unbekannter Fehler trat auf.

Die Funktion mysql_use_result() initiiert einen Ergebnismengen-Abruf, aber liest die Ergebnismenge nicht in die Clientanwendung ein wie mysql_store_result().

```
#include <mysql.h>

MYSQL_RES *mysql_use_result(MYSQL *mysql);
```

Mit mysql_use_result() muss jede Zeile extra abgerufen werden, indem hierzu Aufrufe mit mysql_fetch_row() ausgeführt werden. Damit wird das Ergebnis einer Anfrage direkt vom Server geholt, ohne (wie bei mysql_store_result()) zuvor eine temporäre Tabelle oder einen lokalen Puffer zu belasten – was daher logischerweise schneller sein kann als mysql_store_result(). Der Clientanwendung wird nur Speicher für die aktuelle Zeile zugewiesen sowie ein Kommunikationspuffer, der bis zu *max_allowed_packet* Bytes groß werden kann.

Auf der anderen Seite sollten Sie mysql_use_result() nicht verwenden, wenn Sie viele Verarbeitungen für jede Zeile auf der Clientseite durchführen oder wenn die Ausgabe auf den Bildschirm geschickt wird, auf dem der Benutzer [Strg]+[S] (*stop scroll*) eingeben kann. Das bindet den Server und sorgt dafür, dass andere Threads irgendwelche Tabellen nicht aktualisieren können, von denen gerade Daten geholt werden.

Bei der Funktion mysql_use_result() müssen Sie außerdem mysql_fetch_row() ausführen, bis ein NULL-Wert zurückgegeben wird, da sonst die nicht geholten Zeilen als ein Teil der Ergebnismenge bei der nächsten Anfrage zurückgegeben werden. Wird dies nicht beachtet, bekommen Sie einen Fehler wie *Commands out of sync; You can't run this command now* zurück.

Da die Funktion mysql_use_result() jede Zeile extra aufruft, können Sie Funktionen wie mysql_data_seek(), mysql_row_seek(), mysql_row_tell(), mysql_num_rows() oder mysql_affected_rows() nicht bei einem Ergebnis verwenden. Des Weiteren darf keine Anfrage gesetzt werden, wenn mysql_use_result() nicht beendet ist. Wenn alle Zeilen geholt wurden, wird die Funktion mysql_num_row() aber dennoch die exakte Anzahl der geholten Zeilen zurückgeben. Sie müssen mysql_free_result() aufrufen, wenn Sie mit der Ergebnismenge fertig sind.

Die Fehler, die Sie mit mysql_error() und mysql_errno() abfragen können, sind dieselben wie bei der Funktion mysql_store_result().

Um herauszufinden, wie viele Zeilen von einem SQL-Statement wie UPDATE, DELETE oder INSERT betroffen waren, kann man direkt nach mysql_real_query() die Funktion

```
#include <mysql.h>

my_ulonglong mysql_affected_rows(MYSQL *mysql) ;
```

aufrufen. Bei SELECT-Statements funktioniert mysql_affectetd_rows() wie mysql_num_rows(). Ein Wert größer als 0 gibt die Anzahl der Zeilen, die vom Abruf betroffen waren. Bei 0 wurde kein Datensatz geändert, und bei -1 ist ein Fehler aufgetreten. So wird auch ein Fehler zurückgegeben, wenn Sie bei einem SELECT-Statement die Funktion mysql_affected_row() vor der Funktion mysql_store_result() aufrufen. Ein Beispiel einer solchen Abfrage könnte so aussehen:

```
char
str[BUF] = "UPDATE adressen SET plz=86316 WHERE ort='Friedberg'";

mysql_real_query(&mysql, str, strlen(str));
printf("%ld Adressen vom UPDATE betroffen",
        (long) mysql_affected_rows(&mysql));
```

Bei der Verwendung eines REPLACE-Statements und für den Fall, dass ein Datensatz verändert wurde, gibt mysql_affected_row() 2 zurück. Dies liegt daran, dass erst eine neue Zeile eingefügt und dann die alte gelöscht wird.

Wenn Sie mit der Abarbeitung der Ergebnismenge von mysql_store_result(), mysql_use_result(), mysql_list_dbs(), mysql_list_fields(), mysql_list_tables() ... fertig sind, sollten Sie den Speicher wieder freigeben, um Memory Leaks zu vermeiden. Eine Ergebnismenge freigeben können Sie mit der Angabe der Ergebnismenge als Parameter mit der Funktion:

```
#include <mysql.h>

void mysql_free_result(MYSQL_RES *result) ;
```

12.5.12 Weitere Funktionen

Bevor Sie ein etwas umfangreicheres Beispiel sehen werden, folgen hier noch zu Referenzzwecken weitere API-Funktionen im Schnelldurchlauf, die allerdings im anschließenden Beispiel nicht verwendet werden.

Soll der Benutzer geändert wurden, kann die Funktion

```
#include <mysql.h>

my_bool mysql_change_user(MYSQL *mysql, const char *user,
                          const char *password, const char *db);
```

verwendet werden. Damit wird der Benutzer für die Verbindung mit dem MySQL-Handle geändert. Als weitere Parameter werden der Username, das Passwort und eventuell die Datenbank benötigt. Wenn Sie keine den Vorgaben entsprechende Datenbank haben wollen, können Sie hierfür auch NULL angeben. Kann der Benutzer nicht authentifiziert werden oder fehlen die entsprechenden Zugriffsrechte auf die Datenbank, schlägt die Funktion mysql_change_user() fehl. Bei einem Fehler wird ein Wert ungleich 0 zurückgegeben – bei Erfolg 0. Um zu ermitteln, welcher Fehler aufgetreten ist, empfiehlt es sich, die Funktionen mysql_error() und mysql_errno() zu verwenden. Die Fehler, die Sie dabei erhalten können, entsprechen denselben, die Sie bei der Funktion mysql_real_connect() erhalten könnten.

Hinweis
Bei einer API-Version vor 3.23.3 ist diese Funktionen noch nicht implementiert.

Ein Codeausschnitt zur Anwendung sieht wie folgt aus:

```
if (mysql_change_user(&mysql, "nobody",
                              "x4i4dlk4",
                              "datenbank_3")) {
   fprintf(stderr, "Änderung des Benutzers fehlgeschlagen. "
                   " Fehler: %s\n", mysql_error(&mysql));
}
```

Um eine korrekte SQL-Zeichenkette für ein SQL-Statement zu erzeugen, kann folgende Funktion verwendet werden:

```
#include <mysql.h>

unsigned int mysql_escape_string( MYSQL *mysql, char *nach,
                                  const char *von,
                                  unsigned int laenge );


unsigned int mysql_real_escape_string( MYSQL *mysql, char *nach,
                                       const char *von,
                                       unsigned int laenge );
```

Die Zeichenkette `von` wird in eine *escape*-SQL-Zeichenkette kodiert. Kodierte Zeichen sind NUL (ASCII 0), `\n`, `\r`, `\`, `'`, `"` und [Strg]+[Z]; wobei die Funktion `mysql_real_escape_string()` der Funktion `mysql_escape_string()` vorzuziehen ist, da diese Funktion den aktuellen Zeichensatz, der verwendet wird, berücksichtigt. Bei `mysql_escape_string()` wird die aktuelle Zeichenstellung ignoriert. Das Ergebnis finden Sie als einen terminierten String in `nach`. Der String, auf den `von` zeigt, muss `laenge` Bytes lang sein. Sie müssen den `nach`-Puffer so zuweisen, dass er mindestens `laenge*2+1` Bytes lang ist. Der Rückgabewert ist die Länge der kodierten Zeichenkette ohne das Nullzeichen am Ende.

Wenn Sie eine Kennung für eine `AUTO_INCREMENT`-Spalte benötigen, die durch eine vorherige Anfrage erzeugt wurde, dann kann die Funktion

```
#include <mysql.h>

my_ulonglong mysql_insert_id(MYSQL *mysql) ;
```

verwendet werden. Benutzen sollten Sie die Funktion unmittelbar nach einer `INSERT`-Anfrage für eine Tabelle, die den `AUTO_INCREMENT`-Wert erzeugt hat. `mysql_insert_id()` wird nach jedem `INSERT`- und `UPDATE`-Statement aktualisiert, die einen `AUTO_INCREMENT`-Wert erzeugen oder einen Spaltenwert auf `LAST_INSERT_ID(ausdruck)` setzen. Beachten Sie auch, dass der Wert der `LAST_INSERT_ID()`-Funktion immer den aktuellsten erzeugten `AUTO_INCREMENT`-Wert enthält und zwischen den Anfragen nicht zurückgesetzt wird, weil der Wert dieser Funktion beim Server erwartet wird. Zurückgegeben wird der Wert des `AUTO_INCREMENT`-Feldes, der durch die vorherige Anfrage verändert wurde – ansonsten 0, wenn es keine Anfrage gab oder wenn die Anfrage keinen `AUTO_INCREMENT`-Wert aktualisiert hat.

Wollen Sie einen bestimmten Thread mit einer bestimmten Prozess-ID beenden, können Sie folgende Funktion verwenden:

```
#include <mysql.h>

int mysql_kill(MYSQL *mysql, unsigned long pid) ;
```

Damit wird der Thread der aktuellen Verbindung `mysql` mit der Erkennung `pid` beendet. Konnte der Thread erfolgreich »getötet« werden, gibt diese Funktion 0, ansonsten bei einem Fehler ungleich 0 zurück.

Es besteht auch die Möglichkeit, das Verhalten einer Verbindung zu verändern. Mit der Funktion `mysql_options()` können Sie zusätzlich Optionen zu einer Verbindung setzen.

```
#include <mysql.h>

int mysql_options(MYSQL *mysql, enum mysql_option option,
                  const char *arg) ;
```

`mysql_options()` kann zwar mehrfach aufgerufen werden, um verschiedene Optionen zu setzen, allerdings muss dies nach `mysql_init()` und noch vor `mysql_real_connect()` (bzw. `mysql_connect()`) geschehen. Ist eine Verbindung erst hergestellt, gibt es keine Möglichkeit mehr, die laufende Verbindung mit den Optionen zu modifizieren. Die Funktion gibt 0 bei Erfolg und ungleich 0 zurück, wenn Sie eine unbekannte Option verwenden. Das `option`-Argument ist die Option, die Sie setzen wollen. Das `arg`-Argument ist der Wert für die Option. Wenn die Option eine Ganzzahl ist, sollte `arg` auf den Wert der Ganzzahl zeigen, ist die Option ein String, dann sollte `arg` auch auf einen String zeigen. Hier die möglichen Optionswerte mit den Argumenttypen und deren Bedeutungen:

Option	arg-Typ	Bedeutung
MYSQL_OPT_CONNECT_TIMEOUT	unsigned int *	Verbindungszeitüberschreitung (Timeout) in Sekunden
MYSQL_OPT_COMPRESS	Unbenutzt	Das komprimierte Client-Server-Protokoll verwenden
MYSQL_OPT_NAMED_PIPE	Unbenutzt	Named Pipes benutzen, um sich mit einem MySQL-Server unter NT zu verbinden.
MYSQL_INIT_COMMAND	char *	Befehl, der beim Verbinden mit dem MySQL-Server ausgeführt werden soll. Wird beim erneuten Verbinden automatisch wieder ausgeführt.
MYSQL_READ_DEFAULT_FILE	char *	Optionen aus der benannten Optionsdatei anstelle von *my.cnf* einlesen.
MYSQL_READ_DEFAULT_GROUP	char *	Optionen aus der benannten Gruppe von *my.cnf* oder der Datei einlesen, die durch MYSQL_READ_DEFAULT_FILE angegeben wurde.

Tabelle 12.8 Optionen und deren Argumenttypen für mysql_options()

Beachten Sie, dass die Gruppe `client` immer gelesen wird, wenn Sie `MYSQL_READ_DEFAULT_FILE` oder `MYSQL_READ_DEFAULT_GROUP` benutzen. Die angegebene Gruppe in der Optionsdatei kann folgende Optionen enthalten:

- connect_timeout – Zeitüberschreitung (Timeout) für die Verbindung in Sekunden. Unter Linux wird dieser Wert zusätzlich für die Wartezeit auf die erste Antwort vom Server benutzt. Beachten Sie, dass timeout durch connect_timeout ersetzt wurde. Dennoch wird timeout noch für eine Weile funktionieren.
- compress – Das komprimierte Client-Server-Protokoll benutzen
- database – Mit dieser Datenbank verbinden, wenn im Verbindungsbefehl keine Datenbank angegeben wurde.
- debug – Debug-Optionen
- host – Vorgabemäßiger Hostname
- init-commund – Befehl, der bei der Verbindung zum MySQL-Server ausgeführt wird. Wird automatisch beim erneuten Verbinden noch einmal ausgeführt.
- interactive-timeout – Dasselbe wie die Angabe von CLIENT_INTERACTIVE für mysql_real_connect()
- password – Vorgabemäßiges Passwort
- pipe – Named Pipes benutzen, um sich mit einem MySQL-Server unter NT zu verbinden.
- port – Vorgabemäßige Portnummer
- return-found-rows – Weist mysql_info() an, gefundene Zeilen anstelle von aktualisierten Zeilen zurückzugeben, wenn UPDATE benutzt wird.
- socket – Vorgabemäßige Socket-Nummer
- user – Vorgabemäßiger Benutzer

Ein Code-Ausschnitt einer solchen Anwendung:

```
MYSQL my;

mysql_init(&my);
mysql_options(&my,MYSQL_OPT_COMPRESS,0);
mysql_options(&my,MYSQL_READ_DEFAULT_GROUP,"odbc");
if (mysql_real_connect(&my, "host",
                            "benutzer",
                            "passwort",
                            "datenbank"
                            ,0,NULL,0) == 0 ) {
    fprintf(stderr, "Fehler bei mysql_real_connect: %s\n",
          mysql_error(&my));
    exit(EXIT_FAILURE);
}
```

Im obigen Beispiel wird der Client angewiesen, das komprimierte Client-Server-Protokoll zu benutzen und zusätzliche Optionen aus dem *odbc*-Abschnitt in *my.cnf* zu lesen.

Um zu überprüfen, ob eine Verbindung zum Server noch steht oder nicht, können Sie folgende Funktion verwenden:

```
#include <mysql.h>

int mysql_ping(MYSQL *mysql) ;
```

Besteht keine Verbindung mehr zum Server, wird versucht, von Clientseite erneut eine Verbindung zum Server herzustellen. Dies ist z. B. nötig, wenn Ihre Clientanwendung lange Zeit im Leerlauf mit dem Server verbunden ist und der Server die Verbindung getrennt hat und Sie sich erneut verbinden wollen. Die Funktion gibt bei Erfolg 0, ansonsten, wenn der Server nicht mehr da ist oder ein Fehler auftrat, ungleich 0 zurück. Was genau passiert ist, sollten Sie am besten mit `mysql_error()` und `mysql_errno()` überprüfen. Folgende Fehler können dabei aufgetreten sein:

- `CR_COMMANDS_OUT_OF_SYNC` – Befehle wurden nicht in der korrekten Reihenfolge ausgeführt.
- `CR_SERVER_GONE_ERROR` – Der MySQL-Server ist weg.
- `CR_UNKNOWN_ERROR` – Ein unbekannter Fehler trat auf.

Wollen Sie für eine Verbindung eine vorgabemäßige Datenbank angeben, dann können Sie folgende Funktion verwenden:

```
#include <mysql.h>

int mysql_select_db(MYSQL *mysql, const char *db) ;
```

Damit wird die Datenbank, die Sie mit `db` angeben, zur aktuellen Datenbank der Verbindung `mysql`. Alle nachfolgenden Anfragen beziehen sich auf diese Datenbank. Die Funktion schlägt fehl, sofern der Benutzer keine Zugriffsrechte auf diese Datenbank hat. Die Funktion gibt bei Erfolg 0, ansonsten bei einem Fehler ungleich 0 zurück.

Den MySQL-Server herunterfahren können Sie, sofern entsprechende Berechtigungen vorhanden sind, mit der folgenden Funktion:

```
#include <mysql.h>

int mysql_shutdown(MYSQL *mysql) ;
```

Konnte der Server erfolgreich heruntergefahren werden, wird 0, ansonsten bei einem Fehler ungleich 0 zurückgegeben.

Benötigen Sie Informationen, ähnlich wie die der Ausgabe von `mysqladmin status`, können Sie folgende Funktion verwenden:

```
#include <mysql.h>

const char *mysql_stat(MYSQL *mysql);
```

Dabei erhalten Sie einen terminierten String zurück, der Informationen wie die Betriebszeit (*Uptime*) in Sekunden und die Anzahl laufender Threads, Anfragen (*Questions*), Neuladen (*Reloads*) und offene Tabellen ausgibt. Konnte der Status nicht erfragt werden oder trat sonst ein Fehler auf, wird `NULL` zurückgegeben.

Die Kennung (*pid*) eines aktuellen Threads können Sie mit der Funktion

```
#include <mysql.h>

unsigned long mysql_thread_id(MYSQL *mysql) ;
```

ermitteln. Diesen zurückgegebenen Wert können Sie anschließend z. B. verwenden, um den Thread mit der Funktion mysql_kill() zu beenden. Beachten Sie allerdings, wenn eine Verbindung beendet wird und Sie mit mysql_ping() eine neue Verbindung aufbauen, dass sich die Thread-ID ebenfalls verändert hat und Sie somit die Funktion mysql_thread_id() erneut aufrufen sollten, sofern Sie die Kennung benötigen.

Sofern Sie Probleme mit dem Server oder der Clientanwendung haben, können Sie mit der Funktion mysql_debug() ein DBUG_PUSH mit einem angegebenen String durchführen, z. B.:

```
mysql_debug("d:t:O,/tmp/client.trace");
```

Mit dieser Funktion wird die Debug-Bibliothek von Fred Fish benutzt. Voraussetzung dafür, dass Sie diese Funktion verwenden können, ist, dass Sie die Client-Bibliothek so kompilieren, dass diese das Debuggen unterstützt. Mit der Funktion mysql_dump_debug_info() weisen Sie den Server an, Debug-Informationen in die Log-Datei zu schreiben (entsprechende Zugriffsrechte vorausgesetzt!). Ich will allerdings auf die Debug-Geschichte nicht näher eingehen, da dies ein umfangreicheres Unterfangen ist und nicht Diskussionspunkt in diesem Buch ist.

12.5.13 Veraltete Funktionen

Zum Abschluss folgen hier noch einige Funktionen, die allerdings nicht mehr verwendet werden sollten, da sie als veraltet gelten. Damit ältere Clientanwendungen noch mit einer neueren API-Bibliothek übersetzt werden können, sind diese Funktionen noch vorhanden. Falls Sie eine ältere Clientanwendung verändern müssen und Sie auf eine dieser Funktionen treffen, wissen Sie wenigstens Bescheid, worum es sich handelt.

Mit der Funktion

```
#include <mysql.h>

int mysql_create_db(MYSQL *mysql, const char *db) ;
```

kann eine Datenbank, die mit dem Parameter db angegeben wird, erzeugt werden. Als Alternative wird empfohlen, die Funktion mysql_real_query() und das SQL-Statement CREATE DATABASES zu verwenden, z. B.:

```
const char buf[BUF] = "CREATE DATABASE datenbank";
mysql_real_query( my, buf, strlen(buf));
```

Ebenso sieht es mit der Funktion

```
#include <mysql.h>

int mysql_drop_db(MYSQL *mysql, const char *db) ;
```

aus. Damit wird eine Datenbank, die mit dem Parameter db angegeben wird, gelöscht. Auch hierzu sollte mysql_real_query() mit dem SQL-Statement DROP_DATABASES bevorzugt werden:

```
const char buf[BUF] = "DROP DATABASE datenbank";
mysql_real_query(my, buf, strlen(buf));
```

Mit der Funktion

```
#include <mysql.h>

my_bool mysql_eof(MYSQL_RES *result) ;
```

kann festgestellt werden, ob die letzte Zeile einer Ergebnismenge gelesen wurde oder nicht. Es wird allerdings empfohlen, die Funktionen `mysql_error()` und `mysql_errno()` zu verwenden, da diese Funktionen diesen Fehler ebenfalls überprüfen und auch mehr Auskunft zur Verfügung stellen als `mysql_eof()`, die nur einen booleschen Wert zurückgibt und keine Meldung darüber, warum der Fehler auftrat.

Um die Anforderung an den Server zu stellen, dass er die Berechtigungstabelle neu laden soll, kann die Funktion

```
#include <mysql.h>

int mysql_reload(MYSQL *mysql) ;
```

verwendet werden. Voraussetzung ist natürlich eine entsprechende Berechtigung dazu. Auch hierbei sei empfohlen, die Funktion `mysql_real_query()` mit dem SQL-Statement `FLUSH_PRIVILEGS` zu verwenden.

12.6 Beispiel eines Newssystems mit MySQL

Um ein solches Beispiel zu realisieren, sollten hierzu gleich einige Sicherheitsaspekte zu Beginn angesprochen werden.

Um ein Login zu verwirklichen, sollte man möglichst nicht die Zugangsdaten für MySQL nutzen, da diese sonst immer per *Plaintext* (Klartext = für jedermann lesbar) ins Netz übertragen werden. Im folgenden Beispiel werden die *Login*-Daten nur der Einfachheit halber jedes Mal im Admin-Bereich weiter übergeben!

Diese *Login*-Daten für den öffentlichen Bereich sollten aber nach Möglichkeit nicht hartcodiert im Programm liegen. Falls es jemand schafft, das Programm herunterzuladen, kommt er per Hexeditor an die Zugangsdaten. Hier sollte man eine Textdatei bevorzugen, die außerhalb des `DOKUMENT_ROOT` des Apaches liegt (also nicht per *http* erreichbar ist, aber vom Programm aus lesbar), und die Daten dann vom Programm aus einlesen. Den Pfad zu der Datei kann man dem Programm beim Kompilieren angeben (`-D_PATH_="/pfad/zum/logindatei"`).

Hinweis

Auf der Buch-CD finden Sie eine solche Funktion (`connect_db.c`) zum Auslesen von *Login-Daten* – die auch schon praxiserprobt eingesetzt wurde. Diese können Sie gerne in dem anschließenden Beispiel einsetzen (in der Praxis – also auf einem öffentlichen Server – sollten Sie diese unbedingt einsetzen).

Um Ihnen jetzt das ganze Thema praxisnäher zu demonstrieren, soll ein einfaches Newssystem, das Sie bei allen größeren Webseiten finden, erstellt werden, ein eigenes kleines CMS (*Content Management System*), wenn Sie so wollen. Für den Laien: Ein Newssystem können Sie sich wie eine Tageszeitung vorstellen. Der Websurfer kommt auf Ihrer Seite vorbei und sieht von oben nach unten Schlagzeilen und einen kurzen Text über irgendwelche Neuigkeiten. Will dieser mehr dazu lesen, kann er, wie auch bei einer Zeitung, auf einen Link klicken, um den ganzen Artikel zu lesen. Der Reporter in dem Newssystem sind Sie oder irgendwelche Personen, denen Sie die Rechte dazu erteilt haben.

Ich werde Ihnen das Beispiel so erklären, dass Sie es selbst an Ihrem heimischen Rechner ausführen können. Sofern Sie vorhaben, dass Beispiel auszubauen und auf Ihrer Webseite zu veröffentlichen, müssen Sie sicherstellen, ob Sie bei dem Webhoster (dem Server, wo Ihre Webseite liegt – vielleicht haben Sie ja auch einen eigenen Server) CGI-Anwendungen in C ausführen können – sprich, Sie müssen Ihre Anwendung auf dem Server kompilieren dürfen. Dazu gehört auch, dass Sie Zugriff auf Ihren Webspace via SSH haben. Aber wie und ob Sie das Ganze publizieren, steht hier jetzt nicht zur Diskussion, und darüber müssen Sie sich selbst einen Überblick verschaffen.

Das Beispiel, das hier zur Anwendung kommt, verwendet den Apache als Webserver und CGI als Kommunikationsschnittstelle zwischen dem Webserver und Ihrer Clientanwendung. Die Sprache, mit der sich der Webserver und Ihre Clientanwendung über die CGI-Schnittstelle unterhalten, ist HTTP. Die Anforderungen im Beispiel sind also recht hoch. Sofern Sie sich einen besseren Überblick zur CGI-Programmierung verschaffen wollen, kann ich Ihnen das Buch »C von A bis Z« aus meiner Feder empfehlen. Sie finden das Buch »C von A bis Z« im Buchhandel, aber auch auf meiner Webseite unter *http://pronix.de* als Online-Version zum Lesen. Da ich aber nicht erwarten kann, dass Sie extra auf die Webseite kommen, um sich Wissen anzueignen, finden Sie das komplette Buch auch auf der beiliegenden Buch-CD.

Hinweis

Sofern Sie wirklich absoluter Laie bezüglich der Webprogrammierung mit CGI und dem Webserver Apache sind, dann sollten Sie z. B. auf der Buch-CD das Kapitel 27 des Buchs »C von A bis Z« lesen.

12.6.1 Die Headerdatei my_cgi.h

Bevor Sie das kleine Projekt beginnen, soll hierzu eine Headerdatei `my_cgi.h` erstellt werden, die den ganzen CGI-Kram für uns erledigt. Somit können Sie theoretisch auch ohne Kenntnisse zur CGI-Schnittstelle die anschließenden Beispiele ausführen (falls Sie keine Lust haben, sich mit dieser zu befassen). Diese Headerdatei wird in allen folgenden Listings verwendet.

```
/* my_cgi.h */
#define MAX_PAARE 255
#define BUF 255

char *getdata( void );
char *Strdup(const char *);
void hex2ascii(char *);
```

```
char convert(char *);
struct CGI_DATEN *erstellen(char *);

struct CGI_DATEN {
  char *variable;
  char *wert;
  struct CGI_DATEN *next;
};

struct CGI_DATEN *ende = NULL;

/*
 *  Funktion liest Daten in der POST- oder GET-Methode ein.
 *  Rückgabewert: Stringpuffer mit den Daten
 *  bei Fehler  : NULL
*/
char *getdata() {
  unsigned long size;
  char *puffer = NULL;
  char *request = getenv("REQUEST_METHOD");
  char *cont_len;
  char *cgi_string;

  /* Zuerst die Request-Methode überprüfen */
  if(  NULL == request )
    return NULL;
  else if( strcmp(request, "GET") == 0 ) {
    /* Die Methode GET -> Query-String abholen */
    cgi_string = getenv("QUERY_STRING");
    if( NULL == cgi_string )
      return NULL;
    else {
      puffer =(char *) Strdup(cgi_string);
      return puffer; /* Rückgabewert an den Aufrufer */
    }
  }
  else if( strcmp(request, "POST") == 0 ) {
    /* Die Methode POST -> Länge des Strings
       ermitteln (CONTENT_LENGTH) */
    cont_len = getenv("CONTENT_LENGTH");
    if( NULL == cont_len)
      return NULL;
    else { /* String CONTENT_LENGTH in
              unsigned long umwandeln */
      size = (unsigned long) atoi(cont_len);
      if(size <= 0)
        return NULL; /* Keine Eingabe!?!? */
    }
    /* Jetzt lesen wir die Daten von stdin ein */
    puffer =(char *) malloc(size+1);
```

```
    if( NULL == puffer )
      return NULL;
    else {
      if( NULL == fgets(puffer, size+1, stdin) ) {
        free(puffer);
        return NULL;
      }
      else   /* Rückgabewerte an den Ausrufer */
        return puffer;
    }
  }
  /* Weder GET-Methode noch die POST-Methode wurden verwendet */
  else
    return NULL;
}

/*
 *  Da die Funktion strdup() in der Headerdatei <string.h> keine
 *  ANSI C-Funktion ist, schreiben wir eine eigene
 */
char *Strdup(const char *str) {
  char *p;
  if(NULL == str)
    return NULL;
  else {
    p =(char *) malloc(strlen(str)+1);
    if(NULL == p)
      return NULL;
    else
      strcpy(p, str);
  }
  return p;
}

/* Wandelt einzelne Hexzeichen (%xx) in ASCII-Zeichen
   und kodierte Leerzeichen (+) in echte Leerzeichen um */
void hex2ascii(char *str) {
  int x,y;
  for(x=0,y=0; str[y] != '\0'; ++x,++y) {
    str[x] = str[y];
    /* Ein hexadezimales Zeichen ? */
    if(str[x] == '%') {
      str[x] = convert(&str[y+1]);
      y+=2;
    }
    /* Ein Leerzeichen? */
    else if( str[x] == '+')
      str[x]=' ';
  }
```

```
  /* Geparsten String sauber terminieren */
  str[x] = '\0';
}

/* Funktion konvertiert einen String von zwei hexadezimalen
   Zeichen und gibt das einzelne dafür stehende Zeichen zurück
 */
char convert(char *hex) {
  char ascii;

  /* erster Hexwert */
  ascii =
  (hex[0] >= 'A' ? ((hex[0] & 0xdf) - 'A')+10 : (hex[0] - '0'));
  /* Bitverschiebung schneller als ascii*=16 */
  ascii <<= 4;

  /* zweiter Hexwert */
  ascii +=
  (hex[1] >= 'A' ? ((hex[1] & 0xdf) - 'A')+10 : (hex[1] - '0'));
  return ascii;
}

/* Liste aus Variablen/Wertpaaren erstellen
 * Rückgabewert: Anfangsadresse der Liste
 * Bei Fehler: NULL
 */
struct CGI_DATEN *erstellen(char *str) {
  char* s;
  char* res;
  /* Irgendwo gibt es auch eine Grenze, hier sind
     MAX_PAARE erlaubt */
  char *paare[MAX_PAARE];
  struct CGI_DATEN *ptr_daten = NULL;
  struct CGI_DATEN *ptr_anfang = NULL;
  int i=0, j=0;

  /* Zuerst werden die Variablen/Wertpaare anhand des Zeichens
     '&' getrennt, sofern es mehrere sind  */
  s=str;
  res=strtok(s,"&");
  while( res != NULL && i < MAX_PAARE) {
    /* Wert von res dynamisch in char **pair speichern */
    paare[i] = (char *)malloc(strlen(res)+1);
    if(paare[i] == NULL)
      return NULL;
    paare[i] = res;
    res=strtok(NULL,"&");
    i++;
  }
```

```
/* Jetzt werden die Variablen von den Werten getrennt und
   an die Struktur CGI_DATEN übergeben */
while ( i > j ) {/* Das erste Element? */
  if(ptr_anfang == NULL) {
    ptr_anfang =(struct CGI_DATEN *)
                malloc(sizeof (struct CGI_DATEN *));
    if( ptr_anfang == NULL )
      return NULL;
    res = strtok( paare[j], "=");
    if(res == NULL)
      return NULL;
    ptr_anfang->variable =(char *)
                          malloc(strlen(res)+1);
    if( ptr_anfang->variable == NULL )
      return NULL;
    ptr_anfang->variable = res;
    res = strtok(NULL, "\0");
    if(res == NULL)
      return NULL;
    ptr_anfang->wert =(char *) malloc(strlen(res)+1);
    if( ptr_anfang->wert == NULL )
      return NULL;
    ptr_anfang->wert = res;
    /* printf("%s %s<br>",ptr_daten->variable,
                          ptr_daten->wert); */
    ptr_anfang->next = (struct CGI_DATEN *)
                        malloc(sizeof (struct CGI_DATEN *));
    if(ptr_anfang->next == NULL)
      return NULL;
    ptr_daten = ptr_anfang->next;
    j++;
  }
  else {   /* Die restlichen Elemente */
    res = strtok( paare[j], "=");
    if(res == NULL)
      return NULL;
    ptr_daten->variable =(char *)
                          malloc(strlen(res)+1);
    if(ptr_daten->variable == NULL)
      return NULL;
    ptr_daten->variable = res;
    res = strtok(NULL, "\0");
    if(res == NULL)
      return NULL;
    ptr_daten->wert =(char *) malloc(strlen(res)+1);
    if(ptr_daten->wert == NULL)
      return NULL;
    ptr_daten->wert = res;
    /* printf("%s %s<br>",ptr_daten->variable,
                          ptr_daten->wert);*/
```

```
      ptr_daten->next = (struct CGI_DATEN *)
                        malloc(sizeof (struct CGI_DATEN *));
      if( ptr_daten->next == NULL )
        return NULL;
      ptr_daten = ptr_daten->next;
      j++;
    }
  }
  ende = ptr_daten;
  /* Anfangsadresse der Liste struct CGI_DATEN zurückgeben */
  return ptr_anfang;
}
```

12.6.2 (Pseudo-)Planung

Anhand der folgenden Grafik können Sie die einzelnen Listings erkennen und auch, welche Bedeutung bzw. Arbeit diesen in dem anschließenden Beispiel zukommt:

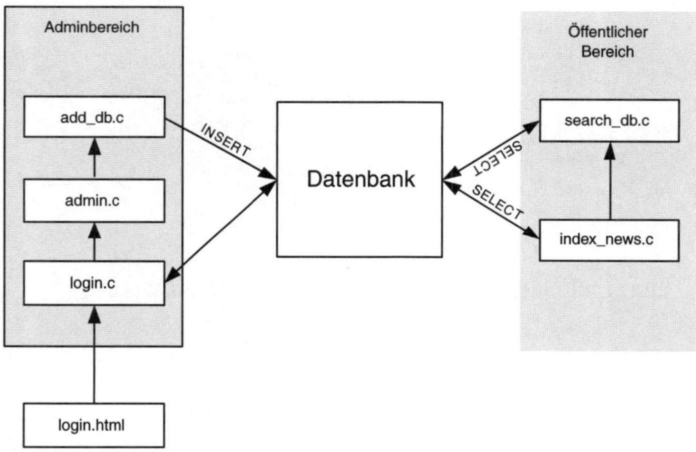

Abbildung 12.3 Die einzelnen Listings im Überblick

Hinweis

Bei diesem Beispiel handelt es sich um ein kurz gehaltenes Newssystem ohne viele Extras (auch ohne besonders die Sicherheitsaspekte zu berücksichtigen. Es ließen sich noch viele Dinge verändern bzw. verbessern und hinzufügen – was Sie hoffentlich auch machen.

12.6.3 Datenbank und Tabellen anlegen

Zuerst sollten Sie die *MySQL-Shell* öffnen, um eine neue Datenbank und entsprechende Tabellen anzulegen:

```
$ sudo /etc/init.d/mysql start
[sudo] password for user: ******
 * Starting MySQL database server mysqld        [ OK ]
```

```
$ mysql -uroot -hlocalhost -p
Enter password: *****
Welcome to the MySQL monitor.  Commands end with ; or \g.
Your MySQL connection id is 30
Server version: 5.0.67-0ubuntu6 (Ubuntu)
Type 'help;' or '\h' for help. Type '\c' to clear the buffer.
mysql> CREATE DATABASE news;
mysql> USE news;
mysql> CREATE TABLE DATA( datum TIMESTAMP, autor VARCHAR(200),
    -> suche VARCHAR(200), title VARCHAR(150),
    -> beschreibung BLOB, inhalt BLOB);
```

Hinweis

Diesen Arbeitsschritt können (sollten) Sie in der Praxis auch mit einer CGI-Anwendung (z. B. `install.cgi`) ausführen lassen. Hierfür müssten Sie sich lediglich einloggen, eine Verbindung initialisieren, aufbauen und entsprechende SQL-Statements mit der Funktion `mysql_real_query()` ausführen lassen.

Hinweis zu BLOB

Auch wenn hier BLOBs verwendet wurden, sollte man sie in der Praxis nicht verwenden, weil dies die Performance der gesamten Datenbank erheblich bremsen kann.

Login.html

Zuerst soll hier die HTML-Datei zum Einloggen in die Datenbank `news` erstellt werden.

```
<html>
<head>
  <title>Login zum Admin-Bereich</title>
</head>
<body bgcolor="white">
<h1>Login in den Admin-Bereich</h1>
<pre>
<form action="http://localhost/cgi-bin/login" method="POST"><br>
Host      :
<input type="text" name="host" value="localhost" size=25><br>
User      :
<input type="text" name="user" value="root" size=25><br>
Passwort  :
<input type="password" name="passwort" size=25><br>
Datenbank :
<input type="text" name="datenbank" value="Name Datenbank" size=25><br>
<input type="submit" value="Bestätigen">
<input type="reset" value="Reset">
</pre>
</form>
</body>
</html>
```

Speichern Sie die Datei in Ihrem Heimverzeichnis oder kopieren Sie diese als Superuser in das *htdocs*-Verzeichnis des Servers (im Beispiel unter Ubuntu ist dies das Verzeichnis */usr/share/apache2/default-site* oder */etc/www/*) und passen Sie ggf. die Zugriffsrechte an.

Hinweis

Mehr zu den Pfaden wie bspw. dem *htdocs*-Verzeichnis können Sie gewöhnlich aus der Konfigurationsdatei *http.conf* bzw. *apache.conf* entnehmen und natürlich auch einstellen. Sie finden diese Dateien in der Regel im */etc*-Verzeichnis (bspw. */etc/apache2*). Noch mehr Infos zu den Pfaden finden Sie natürlich auch unter *man apache2*. Leider lassen sich auch hier keine pauschalen Aussagen zu den verschiedenen Distributionen machen. Aber als Linux-Unix-User sind Sie dies ja bereits gewohnt.

Anschließend sollten Sie den Apache-Webserver und den MySQL-Server starten (bei anderen Systemen als Root ohne `sudo`):

```
$ sudo cp login.html /usr/share/apache2/default-site
[sudo] password for user: ******
$ sudo chmod a+rx /usr/share/apache2/default-site/login.html
$ sudo /etc/init.d/apache2 start
 * Starting web server apache2                          [ OK ]
```

Öffnen Sie Ihren Lieblingsbrowser (hier *Mozilla*), und geben Sie entsprechende Login-Daten ein, die Sie zuvor auch bei der MySQL-Shell verwendet haben:

Abbildung 12.4 Das HTML-Formular zum Einloggen

Bevor Sie nun den Bestätigungsbutton drücken, benötigen Sie noch die CGI-Anwendung, um die Eingabe zu überprüfen.

login.c

Die CGI-Anwendung `login.c` macht nichts anderes, als die Daten von der Clientanwendung (`login.html`), die über die `POST`-Methode versendet wurden, zu dekodieren und zu versuchen, mit dem MySQL-Server eine Verbindung einzugehen. Gelingt dies, wird Ihnen folgende Ausgabe das bestätigen:

Abbildung 12.5 Bestätigung bei erfolgreichem Login

Wenn dies nicht gelingt, dann sollten Sie wenigstens eine Ausgabe erhalten, warum die Verbindung nicht zustande kam. Wenn die Zugangsdaten zum MySQL-Server korrekt waren, werden diese beim Drücken des *Los geht's!*-Buttons an die CGI-Anwendung `admin.c` versteckt (`hidden`) mit der `POST`-Methode mitgeschickt.

```
/* login.c */
#include <stdio.h>
#include <string.h>
#include <stdlib.h>
#include <mysql.h>
#define MAX 255
#define BUFFER 4096
#include "my_cgi.h"

static char *connect_param[4];
/* Mit dem MySQL-Server und den entsprechenden */
/* Verbindungsdaten eine Verbindung herstellen  */
static int mein_connect (MYSQL * my, struct CGI_DATEN *ptr) {
  int i;
  for( i = 0; i < 4; i++ ) {
    connect_param[i] = ptr->wert;
    ptr = ptr->next;
  }
  /* Mit dem Server verbinden */
  if (mysql_real_connect (my,   /* Zeiger auf MySQL-Handler */
               connect_param[0],  /* Hostname */
               connect_param[1],  /* User-Name */
               connect_param[2],  /* Passwort für user_name */
               connect_param[3],  /* Name der Datenbank */
                              0,  /* Port (default=0) */
                           NULL,  /* Socket (default=NULL) */
                      0 /* keine Flags */ ) ==    NULL) {
    fprintf (stdout, "Fehler mysql_real_connect():"
            "%u (%s)\n", mysql_errno (my), mysql_error (my));
    exit (EXIT_FAILURE);
  }
  return 1;
}
```

```
/* Speicher freigeben und Verbindung beenden */
static void clean_up_shutdown (MYSQL * my) {
  mysql_close (my);
}

int main (int argc, char **argv) {
  MYSQL *my;
  char *str;
  struct CGI_DATEN *cgi;
  struct CGI_DATEN *free_cgi;
  char buf[BUFFER];
  /* Handle initialisieren */
  my = mysql_init (NULL);
  if (my == NULL) {
    fprintf (stderr, " Initialisierung fehlgeschlagen\n");
    exit (EXIT_FAILURE);
  }
  /* Für Fehlermeldungen */
  printf("Content-Type: text/html\n\n");
  /* Eingabe einlesen */
  str = getdata();
  if(str == NULL) {
    printf("Fehler beim Einlesen der Formulareingabe");
    return 0;
  }
  /* Hexzeichen in ASCII-Zeichen konvertieren und aus '+'
     Leerzeichen machen */
  hex2ascii(str);
  /* Liste der Formulardaten erstellen */
  cgi = erstellen(str);
  free_cgi = cgi;
  if (cgi == NULL) {
    printf("Fehler beim Erstellen der "
           "Variablen/Werteliste!!\n");
    return EXIT_FAILURE;
  }
  /* Mit dem Server verbinden */
  if (mein_connect (my, cgi) != -1)
    printf ("Erfolgreich mit dem MySQL-Server verbunden\n");
  /* Wenn alles o.k. ging, auf zum Admin-Bereich mit */
  /* den DB-Daten                                    */
  sprintf(buf,
     "<form action=\"http://localhost/cgi-bin/admin\""
     " method=\"POST\"><input type=\"hidden\"  name=\"host\""
     " value=\"%s\"><input type=\"hidden\"  name=\"user\"  "
     "value=\"%s\"><input type=\"hidden\"  name=\"passwort\"  "
     "value=\"%s\"><input type=\"hidden\"  name=\"datenbank\"  "
     "value=\"%s\">Login zur Datenbank erfolgreich. Zum"
     " Admin-Bereich auf den Button klicken.<br><input "
     "type=\"submit\"  value=\"Los gehts!\"></form>",
```

```
        connect_param[0], connect_param[1], connect_param[2],
        connect_param[3]);
  printf("%s\n",buf);
  clean_up_shutdown( my );
  return EXIT_SUCCESS;
}
```

Um die Anwendung `login` auch zu verwenden, sollte diese in das Verzeichnis *cgi-bin* des Webservers kopiert und die entsprechenden Zugriffsrechte angepasst werden:

```
$ gcc -c -I/usr/include/mysql login.c
$ gcc -o login login.o -L/usr/lib/mysql -lmysqlclient
$ sudo cp login /usr/share/apache2/default-site/cgi-bin
[sudo] password for user: ******
$ sudo chmod a+rx /usr/share/apache2/default-site/cgi-bin/login
```

Hinweis

Das *cgi-bin*-Verzeichnis muss natürlich in der Konfigurationsdatei *apache2.conf* entsprechend eingestellt sein, damit das Ganze funktioniert. Standardmäßig findet man hier auch oft das Verzeichnis */usr/lib/cgi-bin* vor. Der Pfad im Beispiel wurde an meine Umgebung angepasst. Selbiges sollten Sie natürlich auch auf Ihrem Rechner machen.

admin.c

Nach der Betätigung des *Los geht's!*-Buttons wird die CGI-Anwendung `admin` zur Eingabe von neuen News gestartet.

Abbildung 12.6 Erstellen eines neuen Newseintrags

Die Anwendung `admin` holt zuerst wieder die Daten, die nötig sind, um anschließend Einträge in die Datenbank zu machen. Die Daten werden danach wieder dekodiert und für die Weitergabe aufbewahrt. Jetzt können Sie im HTML-Formular Daten für die neuesten News eingeben. Bei Betätigung des Abschicken-Buttons werden diese Daten mitsamt den Daten für die Verbindung zum MySQL-Server (wieder versteckt) an die CGI-Anwendung `add_db` weitergegeben. Hier also der Quellcode zur CGI-Anwendung `admin`:

```
/* admin.c */
#include <stdio.h>
#include <stdlib.h>
#include <string.h>
#include <mysql.h>
#include "my_cgi.h"
#define MAX 255
#define BUFFER 4096

static char *connect_param[4];

static int fetch_login_db( void ) {
  int i;
  char *str;
  struct CGI_DATEN *cgi;
  /* Für Fehlermeldungen */
  printf("Content-Type: text/html\n\n");
  /* Eingabe einlesen */
  str = getdata();
  if(str == NULL) {
    printf("Fehler beim Einlesen der Formulareingabe");
    return 0;
  }
  /* Hexzeichen in ASCII-Zeichen konvertieren und aus '+' */
  /* Leerzeichen machen                                    */
  hex2ascii(str);
  /* Liste der Formulardaten erstellen */
  cgi = erstellen(str);
  if (cgi == NULL) {
    printf("Fehler beim Erstellen der "
           "Variablen/Werteliste!!\n");
    return 0;
  }
  for( i = 0; i < 4; i++ ) {
    connect_param[i] = cgi->wert;
    cgi = cgi->next;
  }
  return 1;
}

static void print_admin_input( void ) {
  char buf[BUFFER];
  sprintf(buf,
    "<h1>Eintragen von neuen Artikeln</h1>"
    "<form action=\"http://localhost/cgi-bin/add_db\"  "
```

```
      "method=\"POST\">"
      "<input type=\"hidden\" name=\"host\" value=\"%s\">"
      "<input type=\"hidden\" name=\"user\" value=\"%s\">"
      "<input type=\"hidden\" name=\"passwort\" value=\"%s\">"
      "<input type=\"hidden\" name=\"datenbank\" value=\"%s\">"
      "<pre>Autor: <input type=\"text\" name=\"autor\" "
      "value=\"Admin\" size=30><br>"
      "Titel: <input type=\"text\" name=\"titel\" size=30><br>"
      "Schlüsselworte zur Suche :\n"
      "<input type=\"text\" name=\"suche\" value=\"Suchwörter\""
      " size=50><br>"
      "Schlagzeilen für die Hauptseite :\n"
      "<textarea name=\"beschreibung\" cols=\"50\" "
      "rows=\"6\"></textarea><br>"
      "Rest vom Artikel :\n"
      "<textarea name=\"beschreibung\" cols=\"50\" "
      "rows=\"6\"></textarea><br>"
      "<input type=\"submit\" value=\"Abschicken\"><input "
      "type=\"reset\" value=\"Zurücksetzen\"></pre></form>",
      connect_param[0],connect_param[1],connect_param[2],
      connect_param[3]);
  printf("%s",buf);
}

int main (int argc, char **argv) {
  /* Login-Daten für die Datenbank abholen */
  fetch_login_db( );
  /* Eingabeformular für Admin ausgeben */
  print_admin_input( );
  return EXIT_SUCCESS;
}
```

Die Anwendung zur Ausführung vorbereiten:

```
$ gcc -c -I/usr/include/mysql admin.c
$ gcc -o admin admin.o -L/usr/lib/mysql -lmysqlclient
$ sudo cp admin /usr/share/apache2/default-site/cgi-bin
[sudo] password for user: ******
$ sudo chmod a+rx /usr/share/apache2/default-site/cgi-bin/admin
```

Hinweis

Damit Sie sich nicht immer, wie im Beispiel, als *su* einloggen müssen, wäre es sinnvoller, dem User Schreibrechte für das `cgi`-Verzeichnis zu erteilen.

add_db.c

Die CGI-Anwendung `add_db` holt nun alle Daten ab, die sie von der Anwendung `admin` per `POST`-Methode erhalten hat, und dekodiert diese Daten in einer leserlichen Form. Anschließend wird eine Verbindung mit dem Server hergestellt, und die Daten werden in die Datenbank mittels `mysql_real_query()` eingetragen. Konnten die Daten erfolgreich eingetragen werden, erscheint folgende Ausgabe auf Ihrem Browser:

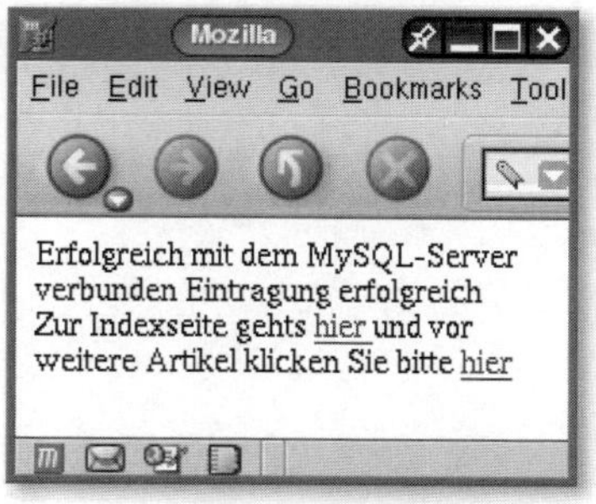

Abbildung 12.7 Bei Erfolg gibt es eine entsprechende Meldung.

```
/* add_db.c
 * Eine Gedächtnisstütze:
mysql> create database news;
mysql> use news;
mysql> create table data( datum TIMESTAMP, autor VARCHAR(200),
    -> suche VARCHAR(200), title VARCHAR(150), beschreibung BLOB,
    -> inhalt BLOB);
mysql> INSERT INTO data (autor, title, suche, beschreibung,
    -> inhalt)
    -> VALUES (
    -> "Jürgen Wolf", "Ein Testtitel", "suchwörter test titel",
    -> "Beispiel, wie man mit MySQL und der C-API ein eigenes
    -> Newssystem erstellt",
    -> "Der eigentliche Inhalt nach den Schlagzeilen zum Thema
    -> MySQL und der C-API");
*/
#include <stdio.h>
#include <string.h>
#include <stdlib.h>
#include <mysql.h>
#define MAX 255
#define BUFFER 4096
#include "my_cgi.h"

enum { HOST, USER, PASSWORT, DATENBANK,
       AUTOR, TITLE, SUCHE, BESCHREIBUNG, INHALT};
static char *param[9];

static int fetch_data( void ) {
  int i;
  char *str;
  struct CGI_DATEN *cgi;
  /* Für Fehlermeldungen */
  printf("Content-Type: text/html\n\n");
  /* Eingabe einlesen */
```

```
  str = getdata();
  if(str == NULL) {
    printf("Fehler beim Einlesen der Formulareingabe");
    return 0;
  }
  /* Hexzeichen in ASCII-Zeichen konvertieren und aus '+' */
  /* Leerzeichen machen                                    */
  hex2ascii(str);
  /* Liste der Formulardaten erstellen */
  cgi = erstellen(str);
  if (cgi == NULL) {
    printf("Fehler beim Erstellen der "
           "Variablen/Werteliste!!\n");
    return 0;
  }
  for( i = 0; i < 9; i++ ) {
    param[i] = cgi->wert;
    cgi = cgi->next;
  }
  return 1;
}

/* Mit dem MySQL-Server und den entsprechenden */
/*  Verbindungsdaten eine Verbindung herstellen */
static int mein_connect (MYSQL * my) {
  /* Mit dem Server verbinden */
  if (mysql_real_connect (my,   /* Zeiger auf MYSQL-Handler */
             param[HOST],          /* Hostname */
             param[USER],          /* User-Name */
             param[PASSWORT],      /* Passwort für user_name */
             param[DATENBANK],     /* Name der Datenbank */
                         0,        /* Port (default=0) */
                         NULL,    /* Socket (default=NULL) */
                         0 /* keine Flags */ ) ==    NULL) {
    fprintf (stdout, "Fehler mysql_real_connect():"
             "%u (%s)\n", mysql_errno (my), mysql_error (my));
    exit (EXIT_FAILURE);
  }
  return 1;
}

static void insert_into_db( MYSQL *my ) {
  char buf[8192];
  /* Tabelle */
  sprintf(buf, "INSERT INTO data (autor, title, suche, "
          "beschreibung, inhalt)"
          " VALUES (\'%s\',\'%s\',\'%s\', '\%s\', \'%s\');"
          ,param[AUTOR], param[TITLE], param[SUCHE],
          param[BESCHREIBUNG], param[INHALT]);
  /* printf("%s\n", buf); */
```

```
  if(mysql_real_query(my, buf, strlen(buf)) !=0) {
    fprintf (stdout, "Fehler mysql_real_connect():"
             "%u (%s)\n", mysql_errno (my), mysql_error (my));
    exit (EXIT_FAILURE);
  }
}

/* Speicher freigeben und Verbindung beenden */
static void clean_up_shutdown (MYSQL * my) {
  mysql_close (my);
}

int main (int argc, char **argv) {
  MYSQL *my;
  /* Daten abholen und für die Eintragung vorbereiten */
  fetch_data();
  /* Handle initialisieren */
  my = mysql_init (NULL);
  if (my == NULL) {
    fprintf (stderr, " Initialisierung fehlgeschlagen\n");
    exit (EXIT_FAILURE);
  }
  /* Mit dem Server verbinden */
  if (mein_connect (my) != -1)
    printf ("Erfolgreich mit dem MySQL-Server verbunden\n");
  /* Daten in die Datenbank schreiben */
  insert_into_db( my );

  printf("Eintragung erfolgreich<br>Zur Indexseite geht´s "
     "<a href=\"http://localhost/cgi-bin/index_news\">hier </a>"
     " und für weitere Artikel klicken Sie bitte"
     " <a href=\"http://localhost/login.html\">hier</a>\n");

  clean_up_shutdown( my );
  return EXIT_SUCCESS;
}
```

Die Anwendung für die Ausführung vorbereiten:

```
$ gcc -c -I/usr/include/mysql add_db.c
$ gcc -o add_db add_db.o -L/usr/lib/mysql -lmysqlclient
$ sudo cp add_db /usr/share/apache2/default-site/cgi-bin
[sudo] password for user: ******
$ sudo chmod a+rx /usr/share/apache2/default-site/cgi-bin/ add_db
```

Jetzt können Sie entweder einen weiteren Newseintrag machen oder zur Hauptseite `index_news`, auf der sich die Schlagzeilen mit einer Kurzbeschreibung befinden, wechseln. Für einen weiteren Newseintrag habe ich mich für ein erneutes Login entschieden. Wie Sie in der Praxis dabei vorgehen, bleibt Ihnen überlassen.

index_news.c

Nach den Anwendungen für den administrativen Teil folgen nun zwei CGI-Anwendungen für den Websurfer; zuerst die Titelseite mit den Schlagzeilen in Kurzform – `index_news`. Da die Anwendung `index_news` für jedermann zugänglich sein soll, wurden hierbei die Daten für den Zugriff auf dem Datenbankserver fest einkompiliert. Hierbei wäre es nicht schlecht, wenn Sie hierfür, sofern Sie die Rechte dazu haben, einen extra User (z. B. Anonymous) mit entsprechenden (Lese-)Rechten für die Datenbank `news` einrichten. Die Anwendung macht nichts anderes, als die Schlagzeilen aus der Datenbank `news` auszulesen und in lesbarere Form für den Webbrowser aufzubereiten, wie folgende Abbildung demonstrieren soll:

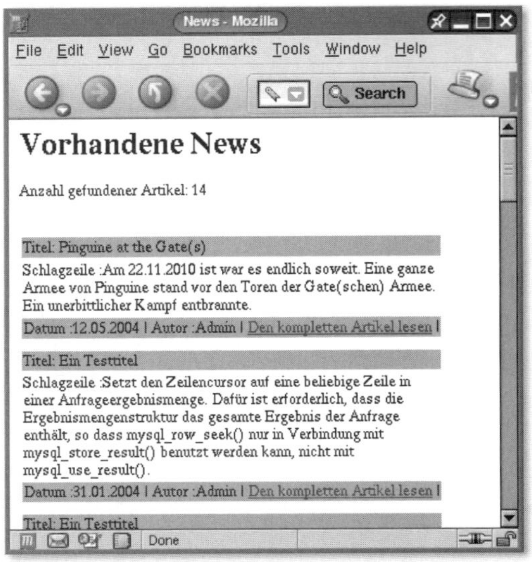

Abbildung 12.8 Die Startseite und auch das Portal des Newssystems

```
/* index_news.c */
#include <stdio.h>
#include <stdlib.h>
#include <string.h>
#include <mysql.h>
#define MAX 255
#define BUFFER 4096
#include "my_cgi.h"
#define HOST      "localhost"
#define USER      "root"
#define PASSWORT  "k4p6m3o3"
#define DATENBANK "news"

static char *timestamp2date( char * );
static char date[11];

/* Mit dem MySQL-Server und den entsprechenden */
/* Verbindungsdaten eine Verbindung herstellen */
static int mein_connect (MYSQL * my) {
```

```
  /* Mit dem Server verbinden */
  if (mysql_real_connect (my,   /* Zeiger auf MYSQL-Handler */
                HOST,           /* Hostname */
                USER,           /* User-Name */
                PASSWORT,       /* Passwort für user_name */
                DATENBANK,      /* Name der Datenbank */
                       0,       /* Port (default=0) */
                    NULL,       /* Socket (default=NULL) */
                       0 /* keine Flags */ ) ==    NULL) {
    fprintf (stdout, "Fehler mysql_real_connect():"
           "%u (%s)\n", mysql_errno (my), mysql_error (my));
    exit (EXIT_FAILURE);
  }
  return 1;
}

static void select_data_from_db( MYSQL *my ) {
  char *tmp[6];
  MYSQL_ROW  row;
  MYSQL_RES  *mysql_res;
  unsigned long  anzahl_reihen;
  unsigned int i;
  char buf[BUF] = "SELECT * FROM data ORDER BY datum DESC";
  char bigbuf[8096];

  if(mysql_real_query(my, buf, (strlen(buf)))!=0) {
    fprintf (stdout, "Fehler mysql_real_connect():"
           "%u (%s)\n", mysql_errno (my), mysql_error (my));
    exit (EXIT_FAILURE);
  }
  /* Daten der Anfrage abholen */
  mysql_res = mysql_store_result(my);
  /* Anzahl der gefundenen Datensätze ermitteln */
  anzahl_reihen = (unsigned long) mysql_num_rows (mysql_res);
  printf ("Anzahl gefundener Artikel: %lu\n\n<br><br>",
           anzahl_reihen);
  printf("<table width=\"90%\"> ");
  /* Gefundenen Datensatz bzw. Datensätze ausgeben */
  while ((row = mysql_fetch_row (mysql_res)) != NULL) {
    /* Einzelne Spalten der Zeile ausgeben */
    for (i = 0;  i < mysql_num_fields(mysql_res);  i ++)
      tmp[i] = row[i];

    sprintf(bigbuf, "<tr><td bgcolor=\"darkgrey\">Titel: "
      " %s</td></tr><tr><td>Schlagzeile :%s</td></tr>"
      "<tr><td bgcolor=\"darkgrey\"  align=\"right\">Datum "
      ":%s |  Autor :%s  |  "
      "<a href=\"http://localhost/cgi-bin/search_db?full=%s\">"
      "Den kompletten Artikel lesen</a>  |"
```

```
        "</td></tr><td><tr> </tr></td>",
        tmp[3], tmp[4], timestamp2date(tmp[0]), tmp[1], tmp[3]);
      printf("%s",bigbuf);
    }
    printf("</table>");
    printf("<hr><br>"
    "<form action=\"http://localhost/cgi-bin/search_db\"  "
    "method=\"POST\">Nach Artikel suchen <br>"
    "<input type=\"text\"    maxlength=\"30\"name=\"suchstring\">"
    "<input type=\"submit\"  value=\"Suche\"></form>");
    /* Speicherplatz wieder freigeben */
    mysql_free_result(mysql_res);
}

/* Extrahieren des Timestamp-Formats */
/* bspw. 200404121602... das Datum    */
/* und gibt einen String à la DD:MM:YYYY zurück
 */
static char *timestamp2date( char *timestamp ) {
  char *ptr = NULL;
  date[0] = '\0';
  ptr = timestamp+6;
  strncpy(date, ptr, 2);
  strcat(date, ".");
  ptr = timestamp+4;
  strncpy(&date[3], ptr, 2);
  strcat(date, ".");
  ptr = timestamp;
  strncpy(&date[6], ptr, 4);
  date[10] = '\0';
  ptr = date;
  return ptr;
}

/* Speicher freigeben und Verbindung beenden */
static void
clean_up_shutdown (MYSQL * my) {
  mysql_close (my);
}

static void print_header( ) {
  printf("<html><head><title>News</title></head>"
         "<body bgcolor=\"white\">"
         "<h1>Vorhandene News</h1>");
}

static void print_footer( ) {
  printf("</body></html>");
}
```

```
int main (int argc, char **argv) {
  MYSQL *my;
  /* Handle initialisieren */
  my = mysql_init (NULL);
  if (my == NULL) {
    fprintf (stderr, " Initialisierung fehlgeschlagen\n");
    exit (EXIT_FAILURE);
  }
  /* Für Fehlermeldungen */
  printf("Content-Type: text/html\n\n");
  /* Mit dem Server verbinden */
  if (mein_connect (my) != -1)
    print_header( );
  /* Daten aus der Datenbank holen */
  select_data_from_db( my );
  print_footer( );
  clean_up_shutdown( my );
  return EXIT_SUCCESS;
}
```

Die Anwendung zur Ausführung vorbereiten:

```
$ gcc -c -I/usr/include/mysql index_news.c
$ gcc -o index_news index_news.o -L/usr/lib/mysql -lmysqlclient
$ sudo cp index_news /usr/share/apache2/default-site/cgi-bin
[sudo] password for user: ******
$ sudo chmod a+rx /usr/share/apache2/default-site/cgi-bin/ index_news
```

search_db.c

Um jetzt den vollen Report einer Schlagzeile zu lesen oder nach bestimmten Artikeln zu suchen, benötigen Sie noch die CGI-Anwendung `search_db`, die beides erledigt. Wollen Sie den vollen Text eines Artikels lesen, wird als CGI-Variable `full` mitgeschickt, da ja die Anwendung `search_db` den mitgesandten Text immer erst dekodiert. Ist die Variable `full` angegeben, wird der Wert der Variable, der dem Titel (`title VARCHAR(150)`) in der Datenbank `news` und der Tabelle `data` entspricht, mitsamt des kompletten Inhalts aus der Datenbank ausgelesen und in voller Form auf dem Browser ausgegeben, z. B.:

Ist die erste dekodierte Variable nicht `full`, wurde eine Suchanfrage gestartet. Für die Suche wurde ja in der Tabelle extra eine Spalte eingerichtet (`suche VARCHAR(200)`), in der nach speziellen von Ihnen vorgegebenen Schlüsselwörtern gesucht wird. Wurde Entsprechendes gefunden, wird auch dies in leserfreundlichem Stil über den Webbrowser ausgegeben.

```
/* search_db.c */
#include <stdio.h>
#include <stdlib.h>
#include <string.h>
#include <mysql.h>
#define MAX 255
#define BUFFER 4096
#include "my_cgi.h"
```

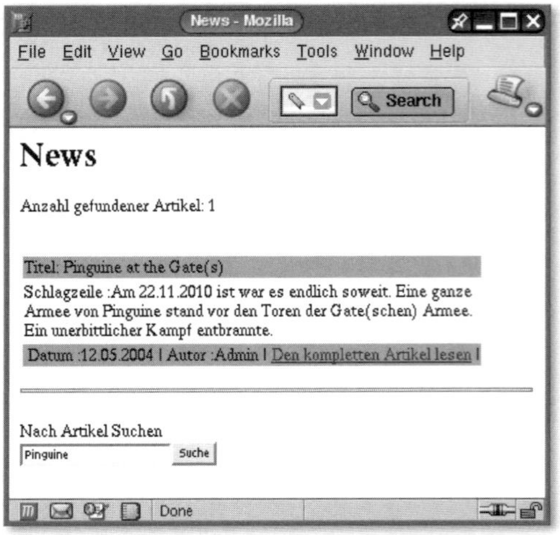

Abbildung 12.9 Ergebnis bei einer erfolgreichen Suche

```
#define HOST      "localhost"
#define USER      "root"
#define PASSWORT  "k4p6m3o3"
#define DATENBANK "news"

static char *search_string;
static char *news_full;
static char *timestamp2date( char * );
static char date[11];

static int fetch_http_string (void) {
  char *str;
  struct CGI_DATEN *cgi;
  /* Eingabe einlesen */
  str = getdata ();
  if (str == NULL) {
    printf ("Fehler beim Einlesen von der Formulareingabe");
    return 0;
  }
  /* Hexzeichen in ASCII-Zeichen konvertieren und aus '+' */
  /* Leerzeichen machen                                   */
  hex2ascii (str);
  /* Liste der Formulardaten erstellen */
  cgi = erstellen (str);
  if (cgi == NULL) {
    printf ("Fehler beim Erstellen der "
            "Variablen/Werteliste!!\n");
    return 0;
  }
  /* Suche nur mit einem Suchbegriff möglich */
  news_full = cgi->variable;
  search_string = cgi->wert;
```

```
  return 1;
}

/* Mit dem MySQL-Server und den entsprechenden */
/* Verbindungsdaten eine Verbindung herstellen  */
static int mein_connect (MYSQL * my) {
  /* Mit dem Server verbinden */
  if (mysql_real_connect (my,   /* Zeiger auf MYSQL-Handler */
                       HOST,      /* Hostname */
                       USER,      /* User-Name */
                       PASSWORT,  /* Passwort für user_name */
                       DATENBANK, /* Name der Datenbank */
                         0,       /* Port (default=0) */
                         NULL,    /* Socket (default=NULL) */
                         0 /* keine Flags */ ) == NULL) {

    fprintf (stdout, "Fehler mysql_real_connect():"
             "%u (%s)\n", mysql_errno (my), mysql_error (my));
    exit (EXIT_FAILURE);
  }
  return 1;
}

/* Mit Suche integrieren */
static void
search_data_from_db (MYSQL * my) {
  char *tmp[6];
  MYSQL_ROW row;
  MYSQL_RES *mysql_res;
  unsigned long anzahl_reihen;
  unsigned int i;
  char buf[BUF];
  char bigbuf[8096];

  if (strcmp (news_full, "full") == 0) {
    sprintf ( buf,
              "SELECT * FROM data WHERE title=\'%s\';",
              search_string );
    /* printf ("%s", buf); */
    if (mysql_real_query (my, buf, strlen(buf)) != 0) {
      fprintf (stdout, "Fehler mysql_real_connect():"
               "%u (%s)\n", mysql_errno (my),
               mysql_error (my));
      exit (EXIT_FAILURE);
    }
    /* Daten der Anfrage abholen */
    mysql_res = mysql_store_result (my);
    printf ("<table width=\"90%\">");
    /* Gefundenen Datensatz bzw. Datensätze ausgeben */
    while ((row = mysql_fetch_row (mysql_res)) != NULL) {
```

```
      /* Einzelne Spalten der Zeile ausgeben */
      for (i = 0; i < mysql_num_fields (mysql_res); i++)
        tmp[i] = row[i];

      sprintf (bigbuf,
         "<tr><td bgcolor=\"darkgrey\">Titel: %s</td></tr>"
         "<tr><td>Schlagzeile :%s<br><br>Inhalt: %s</td></tr>"
         "<tr><td bgcolor=\"darkgrey\"  align=\"right\">"
         " Datum :%s |  Autor :%s  |"
         "</td></tr><td><tr> </tr></td>",
         tmp[3], tmp[4],tmp[5], timestamp2date(tmp[0]), tmp[1]);
      printf ("%s", bigbuf);
    }
    printf ("</table>");
    printf ("<hr><br>"
    "<form action=\"http://localhost/cgi-bin/search_db\""
    " method=\"POST\">" "Nach Artikel suchen <br>"
    "<input type=\"text\"  maxlength=\"30\"name=\"suchstring\">"
    "<input type=\"submit\"  value=\"Suche\"></form>");
  } else {
    sprintf (buf,
             "SELECT * FROM data WHERE suche LIKE \'%%%s%%\'"
             " ORDER BY datum DESC;", search_string);
    /* printf ("%s", buf); */
    if (mysql_real_query (my, buf, strlen(buf)) != 0) {
      fprintf (stdout, "Fehler mysql_real_connect():"
               "%u (%s)\n", mysql_errno (my),
               mysql_error (my));
      exit (EXIT_FAILURE);
    }
    /* Daten der Anfrage abholen */
    mysql_res = mysql_store_result (my);
    /* Anzahl der gefundenen Datensätze ermitteln */
    anzahl_reihen = (unsigned long) mysql_num_rows (mysql_res);
    printf ("Anzahl gefundener Artikel: %lu\n\n<br><br>",
            anzahl_reihen);
    printf ("<table width=\"90%\">");
    /* Gefundenen Datensatz bzw. Datensätze ausgeben */
    while ((row = mysql_fetch_row (mysql_res)) != NULL) {
      /* Einzelne Spalten der Zeile ausgeben */
      for (i = 0; i < mysql_num_fields (mysql_res); i++)
        tmp[i] = row[i];
      sprintf (bigbuf,
               "<tr><td bgcolor=\"darkgrey\">Titel: %s</td>"
               "</tr><tr><td>Schlagzeile :%s</td></tr>"
               "<tr><td bgcolor=\"darkgrey\"  align=\"right\">"
               "Datum :%s |  Autor :%s  |  <a href=\""
               "http://localhost/cgi-bin/search_db?full=%s\">"
               "Den kompletten Artikel lesen</a>  |"
               "</td></tr><td><tr> </tr></td>",
```

```
              tmp[3], tmp[4], timestamp2date(tmp[0]),
              tmp[1], tmp[3]);
       printf ("%s", bigbuf);
     }
     printf ("</table>");
     printf ("<hr><br><form action=\""
        "http://localhost/cgi-bin/search_db\"  method=\"POST\">"
        "Nach Artikel suchen <br><input type=\"text\""
        " maxlength=\"30\"name=\"suchstring\">"
        "<input type=\"submit\"  value=\"Suche\"></form>");
  }
  /* Speicherplatz wieder freigeben */
  mysql_free_result (mysql_res);
}


/* Extrahieren des Timestamp-Formats            */
/* bspw. 200404121602... das Datum              */
/* und gibt einen String à la DD:MM:YYYY zurück */
static char *timestamp2date( char *timestamp ) {
  char *ptr = NULL;
  date[0] = '\0';
  ptr = timestamp+6;
  strncpy(date, ptr, 2);
  strcat(date, ".");
  ptr = timestamp+4;
  strncpy(&date[3], ptr, 2);
  strcat(date, ".");
  ptr = timestamp;
  strncpy(&date[6], ptr, 4);
  date[10] = '\0';
  ptr = date;
  return ptr;
}

/* Speicher freigeben und Verbindung beenden */
static void
clean_up_shutdown (MYSQL * my) {
  mysql_close (my);
}

void
print_header () {
  printf ( "<html><head><title>News</title></head>"
           "<body bgcolor=\"white\">" "<h1>News</h1>");
}

static void
print_footer (void) {
  printf ("</body></html>");
```

```
}

int main (int argc, char **argv) {
  MYSQL *my;
  /* Handle initialisieren */
  my = mysql_init (NULL);
  if (my == NULL) {
    fprintf (stderr, " Initialisierung fehlgeschlagen\n");
    exit (EXIT_FAILURE);
  }
  /* Für Fehlermeldungen */
  printf ("Content-Type: text/html\n\n");
  /* Mit dem Server verbinden */
  if (mein_connect (my) != -1)
    print_header ();

  /* Suchstring auslesen */
  fetch_http_string ();
  /* Daten aus der Datenbank holen */
  search_data_from_db (my);
  print_footer ();
  clean_up_shutdown (my);
  return EXIT_SUCCESS;
}
```

Die Anwendung zu Ausführung vorbereiten:

```
$ gcc -c -I/usr/include/mysql search_db.c
$ gcc -o search_db search_db.o -L/usr/lib/mysql -lmysqlclient
$ sudo cp search_db /usr/share/apache2/default-site/cgi-bin
[sudo] password for user: ******
$ sudo chmod a+rx /usr/share/apache2/default-site/cgi-bin/ search_db
```

Der Anwender kann jetzt die aktuellen Schlagzeilen immer mit der URL `http://localhost/cgi-bin/index_news` in seinem Browser aufrufen. Dies nun auf Ihre Webseite zu portieren, sollte je nach Erfahrung nicht allzu schwer sein.

12.6.4 MySQL-Clients mit GUI

Jetzt haben Sie gesehen, dass es im Prinzip gar nicht so schwer ist, eigene MySQL-Anwendungen zu entwerfen. In diesem Beispiel haben Sie als Pseudo-GUI den Webbrowser verwendet, was auch den Vorteil hat, dass die Clientseite plattformunabhängig ist. Im Großen und Ganzen ist es auch nicht allzu schwer, wenn Sie Kenntnisse zur GUI-Programmierung mit z. B. GTK+ oder Qt haben, diese Anwendung mit einer echten grafischen Oberfläche zu versehen. Sie müssen lediglich wissen, wie man eine Abfrage an den Server stellt (`mysql_real_query()`) und wie Sie die Ergebnismenge, sofern eine zurückgegeben wird, bearbeiten können. All dies haben Sie hier jetzt mehrfach gesehen.

12.6.5 Randnotiz

Nicht behandelt wurde das Casten von MySQL-Rückgabewerten. Angenommen man hat ein INT(2)-Feld namens zahl. Folgendes wird nicht funktionieren, es muss gecastet werden:

```
int i;
mysql_real_query(
    &mysql, "SELECT 'zahl' FROM 'table' LIMIT 1", 34);
result = mysql_store_result(&mysql);
row = mysql_fetch_row(result);
i = row[0];
```

In diesem Fall müsste es heißen:

```
i = (atoi)row[0];
```

Wohl wird aber dieses hier gehen:

```
printf("%s\n", row[0]);
```

12.7 Neue SQL-Funktionen für die Shell – MySQL erweitern

Um gleich Missverständnisse zu diesem Abschnitt zu vermeiden, hier geht es nicht mehr um die C-API von MySQL. Es geht darum, neue – oder besser – benutzerdefinierte Funktionen in C zu erstellen und zur *MySQL-Shell* hinzuzufügen. MySQL wurden mittlerweile zahlreiche Funktionen z. B. mathematischer Natur (COS(), SIN() ...) oder zur Stringmanipulation (CONCAT(), ...) hinzugefügt. Hier ein Beispiel anhand der mathematischen Funktion COS(), wie Sie Funktionen in der *MySQL-Shell* (und natürlich auch bei Ihrer Clientanwendung mit mysql_real_query()) verwenden können:

```
mysql> CREATE DATABASE rechnungen;
Query OK, 1 row affected (0.26 sec)
mysql> USE rechnungen;
Database changed
mysql> CREATE TABLE xyz ( erg FLOAT );
Query OK, 0 rows affected (0.01 sec)
mysql> INSERT INTO xyz (erg) VALUES ( COS(2.32) );
Query OK, 1 row affected (0.00 sec)
mysql> INSERT INTO xyz (erg) VALUES ( COS(12.22) );
Query OK, 1 row affected (0.01 sec)
mysql> SELECT * FROM xyz;
+-----------+
| erg       |
+-----------+
| -0.681056 |
|  0.940611 |
+-----------+
2 rows in set (0.00 sec)
```

Wenn Sie jetzt MySQL um eigene Funktionen erweitern wollen, haben Sie zwei Möglichkeiten:

- Sie fügen die Funktion dynamisch zur Laufzeit über die UDF-Schnittstelle hinzu (UDF = User-Definable Function). Dabei fügen Sie die benutzerdefinierte Funktion dynamisch mit `CREATE FUNCTIONS` hinzu oder löschen diese wieder mit `DROP FUNCTONS`. Der Vorteil gegenüber der gleich folgenden zweiten Möglichkeit an benutzerdefinierten Funktionen ist, Sie können jederzeit zu Ihrer binären Distribution Funktionen hinzufügen und müssen nicht den kompletten Server-Quellcode (`mysqld`) verändern. Und bei einer Aktualisierung Ihrer MySQL-Distribution können Sie die zuvor installierten benutzerdefinierten Funktionen weiterhin verwenden.
- Die zweite Möglichkeit erfordert etwas mehr Erfahrung im Umgang mit MySQL. Sie fügen Funktionen *nativ* zum MySQL-Server hinzu. Das bedeutet allerdings, dass Sie den Server neu kompilieren müssen – auch bei einem Versionswechsel. Der Vorteil hierbei ist, da ja die Funktionen fest einkompiliert sind, dass Sie die Funktionen nicht extra installieren müssen und sie wie übliche MySQL-Funktionen verwenden können.

Im Folgenden soll Ihnen anhand von recht einfachen und primitiven Beispielen gezeigt werden, wie Sie die UDF-Schnittstelle verwenden und Ihre selbst geschriebenen Funktionen in MySQL erstellen können.

12.8 MySQL-Funktionen mit der UDF-Schnittstelle entwerfen

Damit der MySQL-Server UDF-Funktionen verwenden kann, sollte `mysqld` mit dem Flag `-with-mysqld-ldflags=-rdynamic` konfiguriert sein, um auf alle Symbole von `mysqld` zugreifen zu können.

Der Grund liegt darin, dass Sie auf vielen Plattformen (inklusive Linux) eine dynamische Bibliothek (mit `dlopen()`) von einem statisch gelinkten Programm laden können, was Sie erhalten würden, wenn Sie `--with-mysqld-ldflags=-all-static` benutzen. Die Funktion `dlopen()` wird zu einem späteren Zeitpunkt im Buch behandelt.

Wenn Sie eine Funktion schreiben, die Sie für SQL-Statements verwenden wollen, sollten Sie einen entsprechenden C-Funktionsnamen wählen, den Sie auch für MySQL verwenden. Beim Schreiben einer Funktion mit der UDF-Schnittstelle wird Ihnen aber nicht absolut freie Hand gelassen, sondern Sie müssen einiges dabei beachten. Eine UDF-Funktion sieht demnach wie folgt aus:

```
rückgabetyp funktionsname()
```

Dies ist die Hauptfunktion (bitte nicht mit der `main()`-Hauptfunktion verwechseln), mit deren Namen auch das SQL-Statement aufgerufen wird. `funktionsname()` dient hier nur als Beispiel und kann durch jeden erlaubten Funktionsnamen ersetzt werden. Als Rückgabewert kommen hier im Zusammenhang mit den SQL-Datentypen für Ihre C/C++-Funktion(en) folgende in Frage:

SQL-Typ	C/C++-Typ
STRING	char *
INTEGER	long long
REAL	double

Tabelle 12.9 Erlaubte Rückgabetypen mit der UDF-Schnittstelle

Optional hingegen sind die Funktionen zum Initialisieren bzw. Deinitialisieren. Die Syntax einer Initialisierung sieht wie folgt aus (bezogen auf die Hauptfunktion `funktionsname()`):

```
funktionsname_init()
```

Die Initialisierungsfunktion kann für folgende Aufgaben verwendet werden:

- Die Anzahl von Argumenten überprüfen
- Die Datentypen überprüfen, die als Argumente übergeben werden. Sind die Argumente nicht vom erforderlichen Typ, müssen Sie dies MySQL mitteilen, um den Argumenttyp zu erzwingen, der für die Hauptfunktion benötigt wird.
- Speicher für die Hauptfunktion bereitstellen
- Maximale Länge des Rückgabewertes festlegen
- Maximale Anzahl von Dezimalstellen für den `REAL`-Typ (`double`) festlegen
- Festlegen, ob das Ergebnis `NULL` sein darf oder nicht

Die Funktion zum Deinitialisieren sieht in der Syntax so aus:

```
funktionsname_deinit()
```

Dies ist die Deinitialisierungsfunktion für `funktionsname()`. Damit sollte jeglicher Speicher freigegeben (Deallokation) werden, der durch die Initialisierungsfunktion zugewiesen wurde.

Wie schon erwähnt, die Funktionen zum Deinitialisieren und zur Initialisierung sind optional und müssen nicht verwendet werden.

Angenommen Ihre Funktion ist bereits in MySQL implementiert und Sie rufen diese nun mit `funktionsname()` auf, dann ruft MySQL zuvor noch (vor der eigentlichen Hauptfunktion) die Initialisierungsfunktion `funktionsname_init()` auf, um alle notwendigen Einrichtungen, wie Argumente überprüfen oder die Speicherzuweisung übernehmen, vorzunehmen. Gibt `funktionsname_init()` einen Fehler zurück, wird das SQL-Statement mit einer entsprechenden Fehlermeldung abgebrochen. Demnach werden bei einem Fehler die Haupt- und Deinitialisierungsfunktion nicht mehr aufgerufen. Wenn alles glatt verlief, wird hingegen `funktionsname()` aufgerufen und ausgeführt. Wurde die Hauptfunktion ausgeführt, führt die Deinitialisierungsfunktion am Ende alle Aufräumarbeiten durch.

Hinweis

Sehr wichtig! Alle Funktionen müssen thread-sicher sein. Das heißt, dass Sie keinerlei globale oder statische Variablen zuweisen dürfen, die sich ändern! Wenn Sie Speicher brauchen, sollten Sie diesen in `funktionsname_init()` zuweisen und in `funktionsname_deinit()` freigeben.

12.8.1 UDF-Sequenzen

Die Hauptfunktion können Sie auch nicht angeben, wie es Ihnen gerade passt (abgesehen vom Funktionsnamen), sondern auch hierbei müssen Sie einiges beachten. Abhängig vom Rückgabetyp Ihrer Funktion müssen Sie nachfolgende Parameter verwenden, damit `STRING`, `INTEGER` oder `REAL` zurückgegeben werden – was das `CREATE FUNCTION`-Statement auch fordert:

Bei `STRING`-Funktionen:

```
char *funktionsname( UDF_INIT *initid, UDF_ARGS *args,
                     char *result, unsigned long *length,
                     char *is_null, char *error );
```

Bei `INTEGER`-Funktionen:

```
long long funktionsname( UDF_INIT *initid, UDF_ARGS *args,
                         char *is_null, char *error );
```

Bei `REAL`-Funktionen:

```
double funktionsname( UDF_INIT *initid, UDF_ARGS *args,
                      char *is_null, char *error );
```

Die Initialisierungs- und Deinitialisierungsfunktionen werden immer wie folgt deklariert:

```
my_bool funktionsname_init( UDF_INIT *initid,
                            UDF_ARGS *args,
                            char *message);
void funktionsname_deinit( UDF_INIT *initid );
```

12.8.2 UDF_INIT-Struktur

Der `initid`-Parameter wird an alle Funktionen übergeben. Dieser verweist auf eine `UDF_INIT`-Struktur, die benutzt wird, um Informationen zwischen den Funktionen zu übergeben. Die Initialisierungsfunktion `funktionsname_init()` sollte alle Strukturvariablen verwenden, die verändert werden sollen. Die Variablen, die Sie nicht verändern wollen, können Sie auf deren Vorgabewert stehen lassen. Folgende `UDF_INIT`-Strukturvariablen sind dabei vorhanden:

- `my_bool maybe_null` – `funktionsname_init()` sollte `maybe_null` auf 1 setzen, wenn `funktionsname()` `NULL` zurückgeben kann. Der Vorgabewert ist 1, wenn eines der Argumente als `maybe_null` deklariert ist.
- `unsigned int decimals` – Anzahl von Dezimalstellen. Der Vorgabewert ist die maximale Anzahl von Dezimalstellen in den Argumenten, die an die Hauptfunktion übergeben werden. (Wenn der Funktion beispielsweise die Argumente 1.34, 1.345 und 1.3 übergeben werden, wäre der Vorgabewert 3, weil 1.345 drei Dezimalstellen hat.)
- `unsigned int max_length` – Maximale Anzahl der Zeichen im String. Der Vorgabewert ist abhängig vom Ergebnistyp der Funktion. Bei String-Funktionen ist die Vorgabe die Länge des längsten Arguments. Bei Ganzzahl-Funktionen ist die Vorgabe 21 Ziffern. Bei `REAL`-Funktionen ist die Vorgabe 13 plus die Anzahl von Dezimalstellen, die von `initid->decimals` angezeigt werden. (Bei nummerischen Funktionen enthält die Länge jedes Vorzeichen- oder Dezimalpunkt-Zeichen.) Wenn Sie einen `BLOB` zurückgeben wollen, können Sie

diesen auf 65 KB oder 16 MB setzen. Der Speicher wird nicht zugewiesen, aber dazu verwendet, um zu entscheiden, welcher Spaltentyp benutzt werden soll, falls es notwendig werden sollte, Daten temporär zu speichern.

- `char *ptr` – Ein Zeiger, der für eigene Zwecke verwendet werden kann. Beispielsweise können Funktionen `initid->ptr` benutzen, um Informationen über den zugewiesenen Speicher zwischen den Funktionen zu kommunizieren, beispielsweise um in `funktionsname_init()` Speicher zuzuweisen und ihm den folgenden Zeiger zuzuordnen: `initid->ptr = reservierter_speicher;` In `funktionsname()` können Sie diesen Speicher anschließend verwenden, und in `funktionsname_deinit()` wird dieser wieder freigegeben.

12.8.3 UDF_ARGS-Struktur

Den Parameter `args` beinhaltet bis auf `funktionsname_deinit()` ebenfalls alle Funktionen. Dabei handelt es sich um einen Zeiger auf die `UDF_ARGS`-Struktur, die mit folgenden Strukturvariablen bestückt ist:

- `unsigned int arg_count` – Hier befindet sich die Anzahl der Argumente. Gewöhnlich wird dieser Wert in der Initialisierungsfunktion `funktionsname_init()` überprüft, wenn Sie wollen, dass Ihre Funktion mit einer bestimmten Anzahl von Argumenten aufgerufen wird. Beispiel der Anwendung:

```
if (args->arg_count != 3) {
    strcpy(message,"funktionsname() benötigt 3 Argumente");
    return 1;
}
```

- `enum Item_result *arg_type` – Hier befindet sich der Typ für die Argumente. Die Typenwerte können Sie mit den Konstanten `STRING_RESULT`, `INT_RESULT` und `REAL_RESULT` folgendermaßen überprüfen:

```
if (args->arg_type[0] != REAL_RESUL ||
    args->arg_type[1] != INT_RESULT ||
    args->arg_type[2] != STRING_RESULT) {
    strcpy( message,
            "funktionsname() erfordert eine Gleitkommazahl, "
            " einen Integer und einen String");
    return 1;
}
```

  Als Alternative dazu, dass Ihre Funktionsargumente von bestimmten Typen sein müssen, können Sie die Initialisierungsfunktion benutzen, um die `arg_type`-Elemente auf die Typen zu setzen, die Sie wollen. Das veranlasst MySQL, die Typen der Argumente bei jedem Aufruf von `funktionsname()` zu erzwingen. Um beispielsweise zu erzwingen, dass die ersten zwei Argumente Zeichenkette und Ganzzahl sind, geben Sie in `funktionsname_init()` Folgendes ein:

```
args->arg_type[0] = args->arg_type[1] = STRING_RESULT;
args->arg_type[2] = INT_RESULT;
```

In `funktionsname_init()` daher, weil diese Funktion noch vor der eigentlichen Hauptfunktion `funktionsname()` aufgerufen wird.

- `char **args` – Hierbei handelt es sich um die tatsächlichen Argumente, mit denen die Funktion aufgerufen wurde (ähnlich wie `argv` in der `main()`-Funktion). Ist das Argument x z. B. ein konstanter Wert, zeigt `args->args[x]` auf den Argumentwert. Ist der Wert hingegen nicht konstant, ist `args->args[x]` 0. Was ein konstanter Wert ist, muss ich Ihnen nicht mehr erzählen. Ein nicht -konstantes Argument hingegen ist ein Ausdruck, der auf Werte verweist, die sich von Zeile zu Zeile ändern können wie Spaltennamen oder Funktionen, die mit nicht -konstanten Argumenten aufgerufen werden. Nach jedem Aufruf der Funktion `funktionsname()` enthält `args->args` die tatsächlichen Argumente, die für die Zeile übergeben wurden und momentan überarbeitet werden.

  Um den Wert von Argument `x` zu erhalten, gehen Sie je nach Datentyp wie folgt vor:

  - `STRING_RESULT` – Wird als ein Zeiger auf einen String mit einer bestimmten Länge angegeben, womit die Handhabung von Binärdaten oder Daten beliebiger Länge erlaubt ist – dank Längenangabe. Die Zeichenketteninhalte sind als `args->args[x]` und die Zeichenkettenlänge als `args->lengths[x]` verfügbar. Man darf auch hier niemals davon ausgehen, dass der String terminiert ist.
  - `INT_RESULT` – Wird als Argument ein `INT_RESULT` übergeben, müssen Sie `args->args[x]` zu einem `long long`-Wert casten: `long long int_val = *((long long*) args->args[x]);`
  - `REAL_RESULT` – Wird als Argument ein `REAL_RESULT` übergeben, müssen Sie `args->args[x]` zu einem `long double`-Wert casten: `long double real_val = *((long double*) args->args[x])`

- `unsigned long *lengths` – Hier befindet sich die Länge des Strings, für jedes Argument. Bei Argumenten des Typs `INT_RESULT` oder `REAL_RESULT` enthält `lengths` immer noch die maximale Länge des Arguments (wie bei der Initialisierungsfunktion).

12.8.4 Rückgabewert

Die Initialisierungsfunktion `funktionsname_init()` sollte, wenn alles glatt verlief, 0, ansonsten bei einem Fehler 1 zurückliefern. Als Fehlermeldung sollten Sie einen terminierten String mit max. `MYSQL_ERRMSG_SIZE` Länge in den `message`-Parameter von `funktionsname_init()` schreiben. Der Rückgabewert von `funktionsname()` sollte entsprechend der Deklaration dem Wert entsprechen, wie dies C-typisch ist. Bei `long long` wird eben ein entsprechender Wert zurückgegeben. Bei einem String sollte ein Zeiger auf den Anfang plus der Länge des Strings zurückgegeben werden, z. B.:

```
memcpy(result, "ein_string_als_rueckgabe", 24);
*length = 24;
```

Wenn die Zeichenkette die Länge von 255 Bytes nicht überschreitet, müssen Sie sich nicht um die Speicherzuweisung von `result` kümmern. Ist Ihr Ergebnis allerdings länger, müssen Sie eine dynamische Speicherzuweisung mit `malloc()` in den Funktionen `funktionsname_init()` oder `funktionsname()` vornehmen. Sie können den zugewiesenen Speicher im `ptr`-Slot in der

UDF_INIT-Struktur für eine erneute Benutzung durch zukünftige funktionsname()-Aufrufe speichern.

Wollen Sie den Rückgabewert NULL anzeigen, müssen Sie den Parameter is_null auf 1 setzen. Ebenso auf 1 setzen müssen Sie den error-Parameter, wenn Sie eine Fehlerrückgabe der Hauptfunktion anzeigen wollen.

12.8.5 Benutzerdefinierte Funktionen erstellen

Damit Sie eine Vorstellung davon bekommen, wie Sie benutzerdefinierte Funktionen erstellen können, soll anhand zweier Beispiele, STRING_RESULT und INT_RESULT, jeweils eine einfache Funktion erstellt werden.

Zuerst ein Beispiel zu einer benutzerdefinierten Funktion für Strings. Die Funktion erwartet einen Parameter als String und dreht diesen String anschließend einfach um – und gibt dies an den MySQL-Server zurück.

```
/* reverse.c */
#include <mysql/mysql.h>
#include <string.h>
#define MAX 255
char *
reverse (UDF_INIT * initid, UDF_ARGS * args, char *result,
         unsigned long *length, char *is_null, char *error) {
  char name_buf[256];
  int i, j;
  char c;

  if (!args->args[0]) {
    /* Return NULL for NULL values */
    *is_null = 1;
    return 0;
  }
  length = args->lengths[0];
  strcpy (name_buf, args->args[0]);
  for (i = 0, j = strlen (name_buf) - 1; i < j; i++, j--) {
    c = name_buf[i];
    name_buf[i] = name_buf[j];
    name_buf[j] = c;
  }
  memcpy (result, name_buf, (int)length);
  result[(int)length] = 0;
  return result;
}

my_bool
reverse_init (UDF_INIT * initid,UDF_ARGS * args,char *message) {
  if (args->arg_count == 1)
    args->arg_type[0] = STRING_RESULT;
  else {
```

```
    strncpy (message, "UPPER() mit einem Argument aufrufen!",
             MYSQL_ERRMSG_SIZE);
    return 1;
  }
  initid->max_length = sizeof (args->args[0]);
  initid->maybe_null = 1;
  return 0;
}
```

Das zweite Beispiel, ein Beispiel mit einem Integer als Rückgabewert, übernimmt eine Reihe von Zahlen und rechnet diese zu einer Gesamtsumme zusammen und gibt diesen Wert an den MySQL-Server zurück.

```
/* summe.c */
#include <mysql/mysql.h>
#include <string.h>
#include <stdlib.h>

long long
summe( UDF_INIT * initid, UDF_ARGS * args, char *is_null,
       char *error ) {
  long long summe=0;
  unsigned int i;
  for(i = 0; i<args->arg_count; i++)
    summe += *((long long *) args->args[i]);
  return summe;
}

my_bool
summe_init (UDF_INIT * initid, UDF_ARGS * args, char *message) {
  unsigned int i;
  if (args->arg_count < 1) {
    strncpy (message,
             "SUMME(): Mindestens 1 Argument angeben!",
             MYSQL_ERRMSG_SIZE);
    return 1;
  }
  for (i = 0; i < args->arg_count; i++)
    if (args->arg_type[i] != INT_RESULT) {
      strncpy (message,
               "SUMME(): Nur eine Ganzzahl als Argument!",
               MYSQL_ERRMSG_SIZE);
      return 1;
    }
  initid->maybe_null = 0;
  return 0;
}
```

Hinweis

Wenn Sie weitere Beispiele suchen, sollten Sie sich die MySQLSource-Distribution herunterladen. Dabei finden Sie einige UDF-Beispiele mit dem Namen `udf_example.cc` – weitere Beispiele finden Sie unter der URL *http://empyrean.lib.ndsu.nodak.edu/~nem/mysql/udf/*.

12.8.6 Benutzerdefinierte Funktion kompilieren, installieren und ausführen

Wollen Sie eine Datei dynamisch ladbar machen, sollte diese als gemeinsame nutzbare Objektdatei kompiliert werden. Dies können Sie mit folgendem Befehl (als Beispiel die Stringfunktion `reverse.c`):

```
$ gcc -shared -o reverse.so reverse.c
```

Das gemeinsame Objekt `reverse.so` müssen Sie nun mit MySQL bekannt machen. Dazu sollten Sie diese Datei erst in den Pfad kopieren, den auch der dynamische Linker `ld-linux.so` durchsucht. Dieser Pfad kann von System zu System variieren. Meistens ist dies der Pfad `/usr/lib` oder `/usr/local/lib`. Sie können diesen aber auch über die Umgebungsvariable `LD_LIBRARY_PATH` so setzen, dass auf ein Verzeichnis gezeigt wird, wo sich die UDF-Funktionsdateien befinden. Ein Blick in die Manual Pages von `dlopen()` oder in ein späteres Kapitel verrät Ihnen dazu mehr.

Noch ein anderer eleganter Weg unter Linux wäre (Pfad zum `lib`-Verzeichnis bitte entsprechend anpassen):

```
$  mkdir /usr/local/lib/my_mysql_funcs
$  cd /usr/local/lib/my_mysql_funcs
$  cp /path/to/new/func ./
$  echo "/usr/local/lib/my_mysql_funcs" >> /etc/ld.so.conf
$  ldconfig
```

Unter BSD kann man hier die Variablen in der *rc.conf* setzen – doch dies führt hier zu weit.

Nachdem Sie die Bibliothek kopiert haben, können Sie den MySQL-Server mit der neuen Funktion bekannt machen (auch hier: Pfad zum `lib`-Verzeichnis bitte entsprechend anpassen):

```
$ gcc -shared -o reverse.so reverse.c
$ su
Password:********
$ sudo cp reverse.so /usr/lib
[sudo] password for user: ******
$ sudo /etc/init.d/mysql start
 * Starting MySQL database server mysqld        [ OK ]
$ mysql -uroot -hlocalhost -p
Enter pasword: ******
Welcome to the MySQL monitor.  Commands end with ; or \g.
Your MySQL connection id is 1 to server version: 3.23.55-log
Type 'help;' or '\h' for help. Type '\c' to clear the buffer.
```

```
mysql> CREATE FUNCTION reverse
    -> RETURNS STRING SONAME "reverse.so";
...
mysql> SELECT reverse("Das ist ein langer Text");
+----------------------------------+
| reverse("Das ist ein langer Text") |
+----------------------------------+
| txeT regnal nie tsi saD          |
+----------------------------------+
1 row in set (0.00 sec)
```

Neue Funktionen werden also mit `CREATE FUNCTION` angemeldet. Hier die genaue Syntax zum Anmelden von Funktionen in MySQL:

```
CREATE FUNCTION <funktionsname> RETURNS (STRING | REAL | INTEGER) SONAME <name der
 shared library>;
```

Wichtig dabei ist auch, dass der Funktionsname der Hauptfunktion im Listing entsprechen muss. Bei `RETURNS` müssen Sie den (richtigen) Datentyp angeben, der von der Hauptfunktion zurückgegeben wird. Hinter `SONAME` geben Sie den Dateinamen der UDF-Datei an. Wie schon erwähnt, ist der Ort der Datei zweitrangig, solange `ld-linux.so` die Datei über einen Suchpfad findet.

Wollen Sie zum Beispiel die Funktion `summe()` zum Addieren mehrerer Ganzzahlwerte bei MySQL anmelden, können Sie dies folgendermaßen machen (natürlich muss auch hier entsprechend kompiliert und die Datei *installiert* werden, wie Sie es zuvor gesehen und (hoffentlich) gemacht haben):

```
mysql> CREATE FUNCTION summe RETURNS INTEGER SONAME "summe.so";
...
mysql> SELECT summe(5, 5, 5, 6);
+-------------------+
| summe(5, 5, 5, 6) |
+-------------------+
|                21 |
+-------------------+
1 row in set (0.32 sec)
```

Selbst erstellte UDF-Funktionen können mit dem SQL-Befehl `DROP FUNCTION` wieder gelöscht werden:

```
mysql> DROP FUNCTION reverse;
mysql> DROP FUNCTION summe;
```

Die benutzerdefinierten Funktionen werden dabei in der Verwaltungsdatenbank `mysql` in der Tabelle `func` gespeichert, weshalb Sie oder der Entwickler der benutzerdefinierten Funktion auch entsprechende Schreibrechte für `CREATE FUNCTION` und Löschrechte für `DROP FUNCTION` benötigen.

```
mysql> USE mysql;
Database changed
mysql> SELECT * FROM func;
```

```
+----------+-----+------------+----------+
| name     | ret | dl         | type     |
+----------+-----+------------+----------+
| reverse  |   0 | reverse.so | function |
| summe    |   2 | summe.so   | function |
+----------+-----+------------+----------+
2 rows in set (0.00 sec)
```

Wollen Sie entgegen der standardmäßigen Einstellung, dass die benutzerdefinierten Funktionen nicht beim Start vom MySQL-Server mitgeladen werden, müssen Sie den Server mit dem Flag `-skip-grant-tables` starten.

12.9 PostgreSQL – objektrelationales Datenbankverwaltungssystem

Zwar ist MySQL inzwischen die wesentlich verbreitetere Open-Source-Datenbank, doch für anspruchsvollere Anwendungen hinkt sie immer noch weit hinter PostgreSQL her – so dass ich es als Autor nicht ignorieren kann. Die Messlatte von PostgreSQL liegt eher schon in der Höhe von Oracle oder DB2. Aber auch für Webanwendungen, wo MySQL immer noch die unumstrittene Dominanz hat, breitet sich PostgreSQL immer mehr aus. Dabei hat PostgreSQL natürlich auch einige Jahrzehnte Entwicklungszeit hinter sich und entstand, wie so vieles auch, in der kalifornischen Universität in Berkeley aus dem POSTGRES-Paket.

Hinweis

Natürlich gilt auch hier, wie schon bei der Einführung in MySQL, dass diese kurze Einführung keine Alternative zu einem guten Buch oder einer Dokumentation ist. Hier handelt es sich lediglich um einen Streifzug vorbei an PostgreSQL. Ich werde hierbei nur auf das Nötigste eingehen, um im weiteren Verlauf des Buches mit der C-API von PostgreSQL arbeiten zu können.

12.9.1 PostgreSQL im Vergleich zu MySQL

Um es gleich vorwegzunehmen: Auf die Frage nach einem direkten Vergleich, welches Datenbanksystem denn nun besser sei, verzichte ich hier. Sie lässt sich wohl auch nicht beantworten, da der Zweck die Wahl der Software bestimmen sollte. Im Internet finden sich diesbezüglich viele Webseiten, die sich mit dem Performance-Vergleich dieser beiden Datenbanken beschäftigen. Daher vorneweg die »Nachteile« von PostgreSQL gegenüber MySQL.

- PostgreSQL läuft gewöhnlich nur auf Unix-artigen Rechnern am effektivsten. Das kann Ihnen als Linux-Programmierer zwar egal sein, aber den großen Firmenbossen ist das nicht egal.
- PostgreSQL ist ein wenig schwieriger zu handhaben – dies trifft vor allem auf die Umsteiger von MySQL zu PostgreSQL zu.
- Für PostgreSQL gibt es eindeutig weniger Literatur und Dokumentationen – was ein sehr gravierender Punkt ist, um ein Datenbanksystem für die Masse bekannt zu machen.

- Der Bekanntheitsgrad von MySQL ist höher – oder haben Sie zuvor schon von PostgreSQL gehört?
- Die meisten Internet-Provider und Webhoster bieten nur MySQL an – aber hier ist allmählich ein Umbruch zu spüren.

Wenn für Sie keiner dieser Nachteile einer sein sollte, können Sie zu PostgreSQL greifen. Sie erhalten hiermit ein Datenbanksystem, was mindestens genauso schnell wie MySQL ist (z. T. ist PostgreSQL schneller). Und im Gegensatz zu vielen Falschaussagen werden auch Skriptsprachen wie z. B. PHP oder Perl mittlerweile recht gut unterstützt. Viele Anwendungen laufen mittlerweile nur mit PostgreSQL. Gerade im Administrationsbereich findet man oft Programme mit PostgreSQL-Unterstützung, aber ohne MySQL (Mail-Server, Warenwirtschaftssysteme). Nebenbei muss man auch anmerken, dass PostgreSQL einige Features mehr besitzt als MySQL. Darüber wird hier zwar nicht geschrieben, aber diese (vor allem im professionellen Bereich) Punkte will ich Ihnen nicht vorenthalten:

- Views
- Procedural Languages
- Triggers
- Customizable aggregates
- bessere Transaktionen
- Cluster – Diese ermöglichen es einem Admin, jedem User sein eigenes Cluster zu geben.
- Point-in-Time Recovery (ab Version 8.x) – Damit lässt sich eine zerschossene DB vom Zeitpunkt DD.MM.YYYY wiederherstellen. Alles, was dazwischen war, ist Geschichte. Zusätzlich kann man damit wohl Backups in der Zeit nach hinten versetzt fahren; also ein Backup der DB machen, wie sie vor x Sekunden aussah.
- Tablespaces Simplify Disk Layout (ab Version 8.x) – Als Admin kann man das Dateisystem für die Datenbanken, Indices, Schemas usw. auswählen. So wie ich das verstehe, kann man so z. B. einen Index auf einem anderen Dateisystem lagern. Die Performance wäre der Hammer :-)

Hinweis

Ab Version 8 von PostgreSQL benötigt man für Windows keine Cygwin-Umgebung mehr, sondern man kann nativ mit Installer installieren. Somit ist diese Version die erste, die nativ auf MS Windows als Server ausführbar ist – ein weiteres (erhebliches) Plus für PostgreSQL.

12.9.2 Unterschiede in der Syntax zwischen MySQL und PostgreSQL

PostgreSQL hält sich im Gegensatz zu MySQL (und auch MS Access) sehr an den ANSI SQL-Standard. Wenn Sie von diesen Datenbanksystemen kommen, kann einiges sehr *fremd* für Sie sein. Hier einige Dinge, wo Sie ein wenig *umdenken* müssen:

- MySQL verwendet das Zeichen '#' für den Beginn einer Kommentarzeile. PostgreSQL verwendet stattdessen ANSI-konformes `'--'` (*double dash*). Dies versteht übrigens MySQL auch!

- MySQL verwendet ' oder " zum Quoting von Werten (wie z. B. `name = 'Jack'` oder `name = "Jack"`). ANSI schreibt das einzelne Singelquoting ' vor – und PostgreSQL nutzt nur dieses. Doppeltes Quoting wird bei PostgreSQL hingegen für System Identifiers, Feldnamen oder Tabellennamen verwendet (z. B. ... `WHERE "first name" = 'Jack'`). MySQL verwendet hierfür stattdessen ` (*Backtick*) – was wiederum nicht dem Standard entspricht.
- PostgreSQL ist *case-sensitiv* bezüglich der Stringvergleiche. Das Feld `'Jack'` ist nicht das gleiche wie das Feld `'jacK'`. MySQL und auch MS Access sind diesbezüglich *case-INsensitiv*! Wollen Sie bei PostgreSQL erreichen, dass nicht auf Groß- und Kleinbuchstaben geachtet wird, müssen Sie entweder `ILIKE` oder `*~` verwenden.
- Es gibt zwischen PostgreSQL und MySQL einige Unterschiede bezüglich der Verwendung des Datums und der Funktionen, die mit Datum arbeiten.
- In MySQL können Sie die logischen C-Operatoren `||` und `&&` verwenden – was hierbei auch für das Verknüpfen eines logischen ODER und eines logischen UND steht. In PostgreSQL steht das `||` für das Aneinanderhängen von Strings (was auch dem Standard entspricht (z. B. `'test' || 'string' = 'teststring'`)).

Es gibt sicherlich noch eine Menge Differenzen, aber diese hier sollten für den Umstieg die wichtigsten gewesen sein.

12.9.3 PostgreSQL installieren

Es gibt zwei Möglichkeiten der Installation von PostgreSQL, zum einen wäre dies, das Softwarepaket, was Ihnen Ihre Distribution mitliefert, zu installieren, und zum anderen, die Software selbst zu installieren. Sofern Ihrer Distribution PostgreSQL beiliegt (sollte eigentlich immer der Fall sein), empfehle ich Ihnen erst einmal, dies zu installieren, da Ihnen hiermit eine Menge Konfigurationsarbeit abgenommen wird und Sie gleich nach der Installation mit PostgreSQL beginnen können. Somit können Distributionsinstallierer die folgenden Schritte dieses überspringen.

Sofern Ihre Distribution kein PostgreSQL mitgeliefert hat, sollten Sie über eine Neuanschaffung nachdenken (war nur ein Test, ob Sie noch bei der Sache sind :-)). Wenn Sie also den steinigen Weg der Quelltextdistribution gehen müssen, müssen Sie nach dem Auspacken mit `tar` den üblichen `./configure`- und `make`-Weg gehen. Zu den unendlich vielen Optionen für spezielle Einstellungen zu `./configure` sei die Dokumentation zurate gezogen. Nach dem `make`-Aufruf kann die eigentliche systemweite Installation mit `make install` vollzogen werden.

Nachdem das Datenbanksystem von PostgreSQL installiert wurde, benötigen Sie ein Passwort für den `postgres`-Adminbenutzer. Folgendermaßen setzen Sie bspw. das Passwort unter Ubuntu:

```
$ sudo -u postgres psql template1
[sudo] password for user: ******
Dies ist psql 8.3.5, das interaktive PostgreSQL-Terminal.
Geben Sie ein: \copyright für Urheberrechtsinformationen
               \h für Hilfe über SQL-Anweisungen
               \? für Hilfe über interne Anweisungen
               \g oder Semikolon,um eine Anfrage auszuführen
               \q um zu beenden
```

```
template1=# ALTER ROLE postgres WITH PASSWORD 'juergen';
ALTER ROLE
template1=# \q
```

In diesem Beispiel wurde bspw. das Passwort für den `postgres`-Adminbenutzer auf *juergen* gesetzt. `psql` ist das interaktive PostgreSQL-Terminal (wie `mysql` bei der MySQL-Datenbank). *template1* ist eine Datenbank, die PostgreSQL zum Verwenden neuer Datenbanken benutzt. Daher gilt: Finger weg von dieser Datenbank!

Sicherlich werden Sie nicht immer der Superuser sein wollen und sich einen **eigenen Datenbank-Account einrichten** wollen. Um später die Listings einfach auszuführen, empfehle ich Ihnen, einen eigenen Datenbank-Account einzurichten. Folgendermaßen können Sie sich einen Datenbank-Account (auch ein Datenbank-Superuser) mit Ihrem eingeloggten Benutzernamen einrichten:

```
$ sudo -u postgres createuser --superuser $USER
$ createdb $USER
$ psql
Dies ist psql 8.3.5, das interaktive PostgreSQL-Terminal.
Geben Sie ein: \copyright für Urheberrechtsinformationen
               \h für Hilfe über SQL-Anweisungen
               \? für Hilfe über interne Anweisungen
               \g oder Semikolon,um eine Anfrage auszuführen
               \q um zu beenden
user=# \q
```

Hinweis

Hierbei gehen die verschiedenen Distributionen etwas unterschiedliche Wege, deshalb sollten Sie am besten in der Dokumentation der entsprechenden Distribution nachschauen.

12.9.4 Konfigurationsdateien bei PostgreSQL – (postgresql.conf, pg_hba_conf)

In diesem Buch werden Sie die Konfigurationsdatei zwar nicht benötigen, aber es kann recht hilfreich bei Problemen sein – besonders bei den Zugriffsrechten –, wenn Sie wissen, unter welchem Namen Sie diese auf Ihrem System finden.

Die Konfigurationsdateien bei PostgreSQL lauten hier `postgresql.conf` und `pg_hba.conf`. Die erste Datei ist dabei die eigentliche Konfigurationsdatei, und mit der zweiten Datei stellt man die Zugriffsbeschränkungen ein. Jedes Cluster besitzt seine eigenen Konfigurationsdateien.

Die Konfigurationsdatei `postgresql.conf` werden Sie wohl nicht so schnell verändern müssen. Diese ist standardmäßig für bis zu 100.000 Datensätze optimal eingerichtet. Sofern Sie die Datei dennoch verändern wollen oder gar müssen, sei für mehr Details die Dokumentation von PostgreSQL empfohlen. Wenn Sie sich diese Datei betrachten, finden Sie immer folgendes Format vor:

```
Option=Wert
```

Damit wird immer für die entsprechende Option ein bestimmter Wert gesetzt. Zeilen, die mit dem Zeichen # beginnen, sind Kommentarzeichen und werden vom PostgreSQL-Server ignoriert. Häufig findet man hier auch einige Option/Wertpaare auskommentiert.

Die Zugriffsrechte werden über die Datei `pg_hba.conf` eingestellt. Natürlich ist dies nur nötig, wenn eine Authentifizierung durchgeführt wird. In den Beispielen dieses Buchs ist dies nicht nötig. Da diese Datei nur einmal beim Starten geladen wird, muss bei einer Veränderung der Datei der Server nochmals neu gestartet werden, bzw. es reicht ein *reload*, um nur die Konfiguration neu einzulesen.

Hinweis

An dieser Stelle erfolgte beim Probelesen ein Zwischenruf von einem mir bekannten Datenbank-Guru. Und zwar kommt hier die hervorragende Benutzerverwaltung von PostgreSQL ein wenig zu kurz. In der Praxis sollte man die Daten immer so gut wie irgend möglich schützten – sprich, man sollte dem User schon nahe legen, auch für die Unix-Socket-Verbindung ein md5-Passwort zu verwenden, das von dem User-Passwort abweicht. Es sollte daher auch immer die Option `-U USERNAME` hinzugenommen werden. Allerdings sollten Sie bedenken, dass es sich hierbei nur um einen Crashkurs zu PostgreSQL handelt. Würde man hierbei noch mehr ins Detail gehen, so hätten noch zig Seiten mehr geschrieben werden müssen. Für mehr Details sei an dieser Stelle das Buch »PostgreSQL-Administration« von Peter Eisentraut und Bernd Helmle empfohlen. Wie auch immer, vielleicht ist das auch z. T. das Erfolgsgeheimnis von MySQL. MySQL lässt sich sehr schnell überblicken, was man von PostgreSQL kaum behaupten kann. Man entdeckt hier immer wieder neue Funktionalitäten.

Der Aufbau einer solchen Zeile wird als eine »Regel« bezeichnet. Jede dieser Regeln besteht aus mehreren Teilen, die durch ein Leerzeichen voneinander getrennt werden. Hier eine solche komplette Regel:

```
host Datenbankname IP-Adresse Netzmaske Authentifizierung
```

Der erste Regeltyp `host` ist der wichtigste und gibt den `host` für die Netzwerkadresse an. Würde anstatt `host` der Regeltyp `local` verwendet, so würde eine Verbindung über Unix Domain Sockets verwendet. Die weiteren Regeltypen bis zur Authentifizierung sprechen für sich. Wollen Sie bezüglich der Datenbank keine Einschränkungen machen, dann können Sie hier einfach `all` einsetzen – ansonsten geben Sie eine entsprechende existierende Datenbank mit dem Namen an. Bei der Authentifizierung haben Sie mehrere Möglichkeiten zur Verfügung:

- `trust` – Keine Authentifizierung nötig. Der Benutzername und das (falls eingegeben) Passwort werden akzeptiert.
- `password` – Eine Klartext-Passwort-Authentifizierung. Dies kann auch eine Passwortdatei (`.pgpass`) sein.
- `crypt` – Wie `password`, nur über das Netzwerk werden die Passwörter verschlüsselt übertragen. Bei Anwendungen mit Threads sollte stattdessen `md5` verwendet werden, da `crypt` nicht thread-sicher ist.
- `md5` – Wie `crypt`, nur mit anderem und besserem Algorithmus zur Verschlüsselung.

- `Ident` – `Ident`-Dämon wird abgefragt. Hier kann ein Benutzernamen-Mapping über eine Datei namens `pg_ident.conf` durchgeführt werden.
- `reject` – Verbindung wird immer abgelehnt.

12.9.5 CRASHKURS PostgreSQL

Server starten und stoppen

Hierbei gilt schon, es gibt mehr als nur einen Weg. Daher empfehle ich Ihnen diesbezüglich, die mitgelieferte Dokumentation von PostgreSQL zu lesen. Im Großen und Ganzen ist hierbei kein großer Aufwand nötig. Sie müssen lediglich ein entsprechendes Skript, das Ihnen von der Distribution bei der Installation zur Verfügung steht, mit der Option `start` zum Starten oder mit der Option `stop` zum Stoppen aufrufen. Alternativ zum Neustart des Datenbankservers können Sie auch `reload` oder `restart` verwenden.

```
--[ Generisch (Ubuntu, openSuSE (als root ohne sudo) ]--
$ sudo /etc/init.d/postgresql* start
[ sudo ] password for user : *****
* Starting PosgreSQL 8.3 database server                [ OK ]
$ sudo /etc/init.d/postgresql* stop
* Stopping PosgreSQL 8.3 database server                [ OK ]

--[ RedHat, Fedora, Mandrake ]--
# /sbin/service postgresql start
* Starting PosgreSQL 8.3 database server                [ OK ]
# /sbin/service postgresql stop
* Stopping PosgreSQL 8.3 database server                [ OK ]
```

Wenn Ihnen keines dieser Skripte zur Verfügung steht, sei Ihnen die Homepage von PostgreSQL empfohlen. Hier werden für diverse Systeme solche Skripte zum Download angeboten. Dies ist z. B. der Fall, wenn Sie PostgreSQL selbst übersetzt haben. Natürlich können Sie auch ohne ein solches Skript den Datenbankserver – wenn auch etwas umständlich – starten und stoppen:

```
$ su -c 'pg_ctl start -D /usr/local/pgsql/data -l serverlog' \
  postgres
```

Notfalls können Sie zum Beenden des Datenbankservers auch mit `kill` die Signale `SIGINT` und `SIGQUIT` senden.

Datentypen in PostgreSQL

In PostgreSQL wird Ihnen eine enorme Menge an Datentypen angeboten. Neben den gewöhnlichen Datentypen, die es in MySQL auch gibt, gibt es u. a. noch Datentypen für Geometrie, für Netzwerkadressen, Bitkettentypen und Arrays. Auf alle Datentypen einzugehen, wäre recht umfangreich, weshalb hier nur auf die gängigsten Datentypen eingegangen werden soll – da sich doch die Syntax im Gegensatz zu MySQL erheblich unterscheidet.

Zuerst eine Zusammenfassung der nummerischen Datentypen – also sowohl Ganzzahl als auch Fließkommazahl:

Name	Speichergröße	Beschreibung	Reichweite
`smallint`	2 Bytes	ganze Zahl mit kleiner Reichweite	-32768 bis +32767
`integer`	4 Bytes	normale Wahl für ganze Zahlen	-2147483648 bis +2147483647
`bigint`	8 Bytes	ganze Zahl mit großer Reichweite	-9223372036854775808 bis 9223372036854775807
`decimal`	variabel	benutzerdefinierte Präzision, exakt	keine Begrenzung
`numeric`	variabel	benutzerdefinierte Präzision, exakt	keine Begrenzung
`real`	4 Bytes	variable Präzision, inexakt	6 Dezimalstellen Präzision
`double precision`	8 Bytes	variable Präzision, inexakt	15 Dezimalstellen Präzision
`serial`	4 Bytes	selbstzählende ganze Zahl	1 bis 2147483647
`bigserial`	8 Bytes	große selbstzählende ganze Zahl	1 bis 9223372036854775807

Tabelle 12.10 Nummerische Datentypen

Als Nächstes erfolgt ein Überblick zu den Datentypen für Zeichenketten:

Name	Beschreibung
`character varying(n), varchar(n)`	variable Länge mit Höchstgrenze
`character(n), char(n)`	feste Länge, mit Leerzeichen aufgefüllt
`text`	variable Länge ohne Höchstgrenze

Tabelle 12.11 Datentypen für Zeichenketten (Strings)

Zum Schluss noch Datentypen zur Datums- und Zeitangabe:

Name	Bytes	Beschreibung	Wert	Genauigkeit
`timestamp [ (p) ] without time zone`	8	Datum und Zeit	`4713 v.u.Z -1465001 u.Z.`	1 Mikrosek./14 Stellen
`timestamp [ (p) ] with time zone`	8	Datum und Zeit	`4713 v.u.Z. -1465001 u.Z.`	1 Mikrosek./14 Stellen
`interval [ (p) ]`	12	Zeitspannen	`-178000000 -178000000 Jhr.`	1 Mikrosek.
`date`	4	nur Datum	`4713 v.u.Z. -32767 u.Z.`	1 Tag
`time [ (p) ] without time zone`	8	nur Tageszeit	`00:00:00.00 -23:59:59.99`	1 Mikrosek.
`time [ (p) ] with time zone`	12	nur Tageszeit	`00:00:00.00+12 - 23:59:59.99-12`	1 Mikrosek.

Tabelle 12.12 Datentypen zur Datums- und Zeitangabe

Hinweis

Natürlich gibt es in PostgreSQL auch einen Datentypen für binäre Daten, wie das bei MySQL mit BLOB der Fall ist. Der Typ in PostgreSQL lautet hierbei `bytea`.

Datenbank verwenden

Wie Sie eine neue Datenbank anlegen bzw. eine bereits vorhandene Datenbank löschen können, haben Sie bereits erfahren. Wenn Sie jetzt auf die Datenbank zugreifen wollen, haben Sie mehrere Möglichkeiten:

- Sie verwenden das PostgreSQL-Clientprogramm `psql` – vergleichbar in MySQL mit dem Client `mysql`. Mit diesem Clientprogramm können Sie in der Kommandozeile SQL-Befehle eingeben.
- Sie verwenden ein grafisches Frontend wie z. B. *PgAccess* oder *Knoda*.
- Sie verwenden ein Office-Paket mit ODBC-Unterstützung.
- Sie schreiben eine eigene Clientanwendung in einer der verschiedenen Sprachanbindungen – was letztendlich auch das Ziel dieses Kapitels ist.

Da es sich hier um einen Crashkurs handelt, verwenden Sie erst das Clientprogramm `psql`. Sofern Sie die Datenbank `adressen` von der Einführung noch nicht gelöscht haben, werden Sie diese jetzt wieder verwenden. Um die Datenbank zu verwenden, müssen Sie den Client `psql` unter der Angabe der Datenbank, die verwendet werden soll, folgendermaßen starten:

```
$ createdb adressen
$ psql adressen
Dies ist psql 8.3.5, das interaktive PostgreSQL-Terminal.
Geben Sie ein: \copyright für Urheberrechtsinformationen
               \h für Hilfe über SQL-Anweisungen
               \? für Hilfe über interne Anweisungen
               \g oder Semikolon,um eine Anfrage auszuführen
               \q um zu beenden
adressen=#
```

Sie greifen jetzt auf die Datenbank `adressen` zu. Dies können Sie in der Zeile, in der sich jetzt auch das Eingabeprompt befindet, erkennen. Die Zeile könnte allerdings auch so aussehen:

```
adressen=>
```

Das bedeutet dann, dass Sie nicht der Datenbank-Superuser sind, was auch heißt, dass Sie einige rechtliche Einschränkungen bezüglich des Zugriffs auf die Datenbank haben. Für den weiteren Verlauf im Buch ist dies allerdings nicht so wichtig. In der letzten Zeile befindet sich nun der Prompt und wartet auf Ihre Eingaben. Im Folgenden lassen Sie sich die Version von PostgreSQL anzeigen, und anschließend beenden Sie die Arbeit mit der Datenbank `adressen` mit `\q` wieder.

```
adressen=# SELECT version();
-----------------------------------------------------------
PostgreSQL 8.3.5 on i486-pc-linux-gnu,
```

```
compiled by GCC gcc-4.3.real (Ubuntu 4.3.2-1ubuntu11) 4.3.2
(1 Zeile)
adressen=# \q
```

`psql` erfordert als Parameter mindestens den Namen der Datenbank, mit der verbunden werden soll. Über weitere Optionen kann z. B. angegeben werden, auf welchem Server die Datenbank läuft oder welcher Benutzername verwendet werden soll, z. B.:

```
$ psql -h localhost -U meinusername datenbankname
```

Hier verbinden Sie sich z. B. mit dem Host `localhost` und dem User-Namen `meinusername` mit der Datenbank `datenbankname`. `psql` kann noch mit weiteren Optionen gestartet werden – manchmal ist dies auch Voraussetzung, um eine Verbindung aufzubauen. Mehr darüber erfahren Sie mit `psql -help`. Benötigt eine Verbindung ein Authentifizierungsverfahren, so wird man daraufhin nach dem Passwort gefragt.

Hinweis

Auf Benutzer, Gruppen und das Einrichten ihrer Privilegien wird in diesem Buch nicht eingegangen (ich wiederhole mich nur ungern).

Grafische Frontends für PostgreSQL

Der eine oder andere wird hierbei lieber die Kommandozeile mit einem grafischen Client austauschen wollen. Für Umsteiger von MySQL auf PostgreSQL, die gerne und viel mit *phpmyadmin* gearbeitet haben, gibt es ein postgresche Alternative mit *phpPgAdmin*.

Hierbei handelt es sich um ein Webfrontend, was einen Webbrowser voraussetzt. Das Frontend verfügt über unzählig viele Funktionen, um mindestens genauso effektiv mit der PostgreSQL-Datenbank zusammenzuarbeiten wie mit dem Kommandozeilenclient `psql`. Dieses Frontend bietet alles, was auch *phpmyadmin* dem MySQL-Kenner schon bietet, vom Betrachten der Tabellendaten als HTML-Tabelle zum Bearbeiten von Feldern bis hin zu Kopier- und Dump-Funktionen. Natürlich lassen sich auch hiermit die SQL-Befehle wie aus der Kommandozeile eingeben – weshalb Sie ohne weiteres *phpPgAdmin* installieren und im weiteren Verlauf des Crashkurses verwenden können. Des Weiteren hat man mit einer Verlinkung zu den passenden Seiten der PostgreSQL-Dokumentation alles in einer Hand (besser in einem Fenster).

Als weiteres grafisches Frontend, womit man sich die üblichen Dialoge zwischen dem Client und den Server erklicken kann, wäre *pgaccess*. Auch mit diesem Frontend lassen sich alle Arbeiten mit der Datenbank recht einfach und komfortabel (häufig) mit einem Mausklick erledigen. Allerdings ist *pgaccess* seit der Version 7.3 nicht mehr Bestandteil der PostgreSQL-Distribution und muss extra von *http://www.pgaccess.org/* besorgt werden.

Hinweis

Viele dieser Tools funktionieren nicht mit dem Unix-Socket, da meistens Netzwerk-Sockets dazu benötigt werden, weshalb in `postgresql.conf` des Clusters der Schalter `tcpip_socket = true` gesetzt sein muss.

Tabelle anlegen und löschen

Das Anlegen einer neuen Tabelle in der Datenbank unterscheidet sich fast gar nicht von der Syntax von MySQL. Auch hier wird der SQL-Befehl `CREATE TABLE` wie folgt verwendet:

```
CREATE TABLE <tabellennamen> ( <spaltennamen> <datentype>, ... );
```

In der Praxis sieht dies somit genauso wie mit MySQL aus – unter der Berücksichtigung, dass einige Datentypen eine andere Syntax haben.

```
adressen=# CREATE TABLE adressen(
adressen(# vname varchar(80),
adressen(# nname varchar(80),
adressen(# plz int,
adressen(# ort varchar(80),
adressen(# strasse varchar(100),
adressen(# hausnr int
adressen(# );
CREATE TABLE
```

Sie können auch hier Leerzeichen, Tabulatoren und Zeilenumbrüche in den SQL-Befehlen beinahe beliebig verwenden. Kommentare können Sie mit zwei Minuszeichen einleiten (--). Alles dahinter wird ignoriert bis zum Zeilenumbruch. Ebenso sieht es mit der Groß- und Kleinschreibung der Befehle aus, die im SQL-Standard schon immer unerheblich war.

Löschen können Sie diese Tabelle wieder mit dem Befehl:

```
DROP TABLE tabellenname;
```

Was Sie hier aber nicht durchzuführen brauchen, da Sie diese Tabellen noch für den weiteren Verlauf des Crashkurses verwenden.

Daten in die Tabelle einfügen, verändern und löschen

Nachdem Sie nun die Datenbank angelegt haben und die Tabelle definiert wurde, sind Sie hierbei wieder als Programmierer gefragt, die Daten in diese Tabelle einzufügen. Den Vorgang heben wir uns zunächst für später – nach dem Crashkurs – auf. Auch hierbei können Sie den in MySQL bereits bekannten Befehl `INSERT INTO` verwenden.

```
adressen=# INSERT INTO adressen(vname, nname, plz, ort, strasse,
adressen(# hausnr )
adressen-# VALUES (
adressen(# 'Jürgen', 'Wolf', 86316, 'Mering', 'Musterweg', 123 );
INSERT 16988 1
```

Hierbei wird also der Tabellenname angegeben, gefolgt von den Tabellenspalten und den Werten (`VALUES`), die in den einzelnen Spalten gespeichert werden sollen. Die Tabellenspalten und Werte werden dabei von Kommata getrennt. Wichtig ist auch hier, dass Sie die Reihenfolge der Tabellenspalten auch bei den Werten einhalten. Dabei müssen Sie die Reihenfolge nicht so stur einhalten, wie Sie die Tabellenstruktur definiert haben. Sie können z. B. auch alles in der umgekehrten Reihefolge schreiben – wie eben schon in MySQL.

Sofern Sie die Reihenfolge der Tabellenspalten im Kopf haben, können Sie auch direkt die Werte in die Tabelle einfügen:

```
adressen=# INSERT INTO adressen
adressen-# VALUES('Fatma', 'Wolf', 33333, 'Schlumpfhausen',
adressen(# 'Schlumpfweg', 444);
INSERT 16990 1
```

Hinweis

Bei der Erstellung Ihrer eigenen Clientanwendungen ist von diesem direkten Einfügen abzuraten. Denn wird während der Programmerstellung z. B. ein Feld hinzugefügt, funktioniert das gesamte bisherige Programm nicht mehr. Daher sollte man sich angewöhnen, die Felder, die man einfügen möchte, mit anzugeben.

Im Gegensatz zu MySQL ist es allerdings mit PostgreSQL nicht möglich, mehrere Datensätze auf einmal einzufügen – da folgt PostgreSQL brav dem ANSI SQL-Standard. Sie können also in der Praxis immer nur eine komplette Adresse in die Datenbank einfügen – nicht zwei oder drei auf einmal.

Analog wie beim Hinzufügen von Daten verhält es sich beim Verändern und Löschen der Daten im Vergleich zu MySQL. Auch in PostgreSQL werden hierfür die Befehle `DELETE FROM` (zum Löschen von Zeilen) und `UPDATE` (zum Verändern bzw. Aktualisieren) verwendet.

Datenausgabe

Auch die Datenausgabe lässt sich bei PostgreSQL mit derselben Syntax wie MySQL erledigen. Dabei bedienen Sie sich auch hier wieder des mächtigen Befehls `SELECT`, dessen komplette Beschreibung wohl mehrere hundert Seiten füllen könnte. Der einfachste Befehl ist natürlich das Anzeigen aller Daten in einer Tabelle:

```
adressen=# SELECT * FROM adressen;
vname   | nname | plz   |      ort       |    strasse    | hausnr
--------+-------+-------+----------------+---------------+-------
Jürgen  | Wolf  | 86316 | Mering         | Musterweg     |    123
Jonathan| Wolf  | 12345 | Musterdorf     | Musterstrasse |      1
Fatma   | Wolf  | 33333 | Schlumpfhausen | Schlumpfweg   |    444
(3 rows)
```

Auf einzelne Werte in der Tabelle können Sie mit der Angabe des Namens der Spalte zurückgreifen (und ausgeben lassen):

```
adressen=# SELECT ort FROM adressen;
      ort
----------------
 Mering
 Musterdorf
 Schlumpfhausen
(3 rows)
```

Für spezielle Inhalte können Sie sich auch hierbei des SQL-Befehls `WHERE` bedienen:

```
adressen=# SELECT * FROM adressen WHERE ort='Mering';
 vname  | nname |  plz  |  ort   |  strasse  | hausnr
--------+-------+-------+--------+-----------+--------
 Jürgen | Wolf  | 86316 | Mering | Musterweg |    123
(1 row)
```

Wollen Sie die Ausgabe nach einem bestimmten Kriterium sortieren und ausgeben lassen, können Sie auch hierbei den Befehl `ORDER BY` verwenden:

```
adressen=# SELECT * FROM adressen ORDER by plz;
vname    | nname |  plz  |       ort       |     strasse     | hausnr
--------+-------+-------+----------------+----------------+-------
 Jonathan| Wolf  | 12345 | Musterdorf      | Musterstrasse |      1
Fatma    | Wolf  | 33333 | Schlumpfhausen | Schlumpfweg    |    444
Jürgen   | Wolf  | 86316 | Mering          | Musterweg      |    123
(3 rows)
```

Wollen Sie nach allen Ortschaften suchen, die mit der Stringfolge `'M'` beginnen, können Sie die unscharfe Suche mittels `LIKE` verwenden:

```
adressen=# SELECT * FROM adressen WHERE ort LIKE 'M%';
  vname    | nname |  plz  |    ort     |    strasse    | hausnr
----------+-------+-------+------------+---------------+--------
 Jürgen    | Wolf  | 86316 | Mering     | Musterweg     |    123
 Jonathan | Wolf  | 12345 | Musterdorf | Musterstrasse |      1
(2 rows)
```

Sie bemerken hier bereits, warum ich den Crashkurs von PostgreSQL kürzer gehalten habe. Die Verwendung beider Datenbanken (und vieler anderer auch) ist eben recht ähnlich. Wenn Sie sich erst einmal gute Kenntnisse eines Datenbanksystems angeeignet haben, fällt es relativ einfach, sich in anderen Systemen zurechtzufinden. Häufig vermisst man hier und da die eine oder andere Bequemlichkeit. Der Vorteil der Kenntnisse von PostgreSQL ist, dass diese sehr ANSI-konform ist, und somit dürfte der Umstieg von PostgreSQL in eine andere Datenbank wie MySQL oder gar Oracle wesentlich einfacher fallen als umgekehrt. Beim Umstieg von MySQL auf PostgreSQL z. B. müssen Sie sich einige Dinge wieder abgewöhnen – was bekanntlich immer schwer fällt.

Hinweis

Sofern Sie jetzt gerne tiefer ins Detail von PostgreSQL einsteigen wollen, kann ich Ihnen von Peter Eisentraut »PostgreSQL-Administration«, eine Übersetzung (viel mehr als das) der Originaldokumentation der PostgreSQL Global Development Group, empfehlen. Diese Dokumentation ist sowohl als HTML-Format zum Lesen am PC als auch als Buch erhältlich. Die HTML-Version dazu finden Sie auf der Webseite *http://www.postgresql.org/docs/books/pghandbuch.html*. Leider gibt es derzeit keine aktuellere Version des wirklich guten Buches. Aber bis auf die Installation kann man im Grunde alles nach wie vor verwenden.

12.9.6 PostgreSQL C-API – libpg

Die Bibliothek, die Sie zur Schnittstelle zu PostgreSQL für die Anwendungsprogrammierung in C benötigen, ist die `libpg`-Bibliothek. Diese Bibliothek liegt gewöhnlich Ihrer Distribution bei und muss meistens nur noch nachinstalliert werden. Sofern dies nicht der Fall ist, müssen Sie diese von der Webseite *http://www.postgresql.org/* beziehen und sich installieren. Mit `libpg` steht Ihnen eine ganze Sammlung von Funktionen zur Erstellung von Clientanwendungen zur Kommunikation mit dem PostgreSQL-Server zur Verfügung. `libpg` ist auch die Grundlage für alle anderen Anwendungsschnittstellen zu PostgreSQL wie libpg++ (C++), libpgtcl (Tcl), Perl oder ECPG.

Hinweis

Auch hierbei finden Sie wie schon bei der MySQL C-API mehrere komplette Listings in der Quelltextdistribution im Verzeichnis *src/test/examples*.

Eine PostgreSQL-Anwendung übersetzen

Um PostgreSQL-Anwendungen zu erstellen, ist nicht allzu viel Know-how nötig. Sie müssen dem Compiler lediglich den Pfad zur Headerdatei angeben und dem Linker den Pfad zur Bibliothek (eigentlich logisch). Folgende drei Punkte sind eigentlich zu beachten:

1. Die Headerdatei `<libpq-fe.h>` einbinden:

   ```
   #include <libpq-fe.h>
   ```

2. Sagen Sie dem Compiler mit der Option `-I`, wo er die PostgreSQL-Headerdateien findet. In meinem Beispiel sieht dies so aus:

   ```
   gcc -c -I/usr/include/pgsql programm.c
   ```

   Es kann sein, dass sich von Distribution zu Distribution das Verzeichnis der Headerdateien woanders befindet (in meinem Fall ist dies `/usr/include/`). Sollte der Compilerlauf bei Ihnen einen Fehler ausspucken wie *No such file or directory*, dann können Sie sich das Verzeichnis mit `pg_config` ermitteln lassen:

   ```
   $ pg_config --includedir
   /usr/include/pgsql
   ```

3. Jetzt müssen Sie aus der Objektdatei noch eine ausführbare Datei machen. Dazu benötigt der Linker noch den Pfad zur entsprechenden `libpg`-Bibliothek und die Bibliothek selbst. Den Pfad geben Sie mit dem Flag `-L` an und die Bibliothek mit `-l`. Da es auch hier Unterschiede zu den Pfadangaben gibt, hilft Ihnen wieder `pg_config` weiter, um den Pfad zu den Bibliotheken zu ermitteln:

   ```
   $ pg_config --libdir
   /usr/lib
   ```

   Somit sieht in diesem Fall das Linken zu einer ausführbaren Datei folgendermaßen aus:

   ```
   gcc -o programm programm.o -L/usr/lib/pgsql -lpq
   ```

... oder ganz einfach in einem Rutsch und quasi eine überall funktionierende Alternative:

```
gcc -o programm programm.o -I`pg_config -includedir` \
-L`pg_config -libdir` -lpq
```

Nach dem Vorgang befindet sich in Ihrem Verzeichnis eine ausführbare PostgreSQL-Clientanwendung. Nach dem Trockenschwimmen ist es nun Zeit, ins Wasser zu gehen.

Eine Verbindung zum PostgreSQL-Server herstellen

Die `libpg` bietet Ihnen gleich mehrere Funktionen an, um eine Verbindung mit einem PostgreSQL-Server aufzunehmen. Hier die Syntax der Funktionen:

```
#include <libpq-fe.h>

PGconn *PQconnectdb(const char *conninfo);
PGconn *PQsetdbLogin(const char *pghost,
                     const char *pgport,
                     const char *pgoptions,
                     const char *pgtty,
                     const char *dbName,

                     const char *login,
                     const char *pwd);
PGconn *PQsetdb(char *pghost,
                char *pgport,
                char *pgoptions,
                char *pgtty,
                char *dbName);

/* Nicht blockierende Funktionen */
PGconn *PQconnectStart(const char *conninfo);
PostgresPollingStatusType PQconnectPoll(PGconn *conn);
```

Trotz der unterschiedlichen Syntax machen alle Funktionen im Grunde dasselbe. Jede Verbindung, die mit einer dieser Funktionen erstellt wurde, gibt ein Objekt von Typ `Pgconn` zurück. Im seltensten Fall wird dabei bei einem Fehler der `NULL`-Zeiger zurückgegeben (nur im Falle, wenn kein Speicherplatz mehr für `PGconn` vorhanden war). Daher sollten Sie den Rückgabewert jeder dieser Funktionen immer mit der Funktion `Pqstatus()` überprüfen lassen. Dazu gleich mehr.

Die Funktion `PQconnectdb()` öffnet eine Verbindung mit den Parametern, die in dem String `conninfo` angegeben werden. Es scheint ein wenig ungewöhnlich, aber der Vorteil an dieser Funktion ist, dass hierbei die Parametersammlung ohne Weiteres erweitert werden kann und dass Sie keinen extra Parser schreiben müssen, wenn Sie die Verbindungsdaten in eine Konfigurationsdatei schreiben wollen. Geben Sie einen leeren String an, wird versucht, mit den Vorgabeparametern eine Verbindung zum Server aufzubauen. Sie können aber auch mehrere durch Whitespaces getrennte Parameter verwenden. Jeder dieser Parameter hat das Format `schlüssel=wert`. Einen leeren Wert können Sie zwischen Apostrophe setzen, wobei diese mit einem Backslash eingeleitet werden sollten. Das Beispiel eines solchen Verbindungsaufbaus kann so aussehen:

```
conn = Pqconnectdb (
        "dbname=adressen user=tot password=k4p6m3o3 tty=\' \'");
```

Bekannte Parameterschlüssel, die Sie hierfür verwenden können, wären:

- `host` – Name des Servers, womit eine Verbindung hergestellt werden soll. Ist der Wert ein Unix Domain Socket anstatt TCP/IP, wird am Anfang ein Schrägstrich verwendet, was ein Verzeichnis einleitet, in dem sich die Socket-Datei befindet (standardmäßig wird das `/tmp`-Verzeichnis verwendet).
- `hostaddr` – Die IP-Adresse des Servers in Form von Zahlen und Punkten (193.23.32.3)
- `port` – Portnumer, womit eine Verbindung aufgebaut werden soll
- `dbname` – Name der Datenbank
- `user` – Name des Benutzers der Verbindung
- `password` – Benötigt der Server ein Passwort, wird dies damit angegeben.
- `connect_timeout` – Zeit in Sekunden, die dieser Verbindungsfunktion gegeben wird. `NULL` oder nicht verwendet, heißt unendlich (mit Vorsicht benutzen).
- `options` – Optionen zur Konfiguration, die an den Server geschickt werden
- `tty` – Eine Datei oder ein TTY für die Debug-Ausgabe vom Server
- `requiressl` – Wird dieser Wert auf 1 gesetzt, wird eine SSL-Verbindung mit dem Server verlangt. Bietet der Server das nicht an, schlägt der Funktionsaufruf fehl. Ansonsten bei keiner Angabe oder bei 0 wird der Verbindungstyp mit dem Server ausgehandelt.

Werden bestimmte Parameter nicht verwendet, wird erst (falls vorhanden) in den entsprechenden Umgebungsvariablen gesucht, ansonsten werden entsprechende Vorgabewerte verwendet.

Die Funktion `PQsetdbLogin()` verwendet eine feste Anzahl von Parametern, hat aber die gleiche Funktion wie schon die Funktion `PQconnectdb()`. Die einzelnen Parameter sprechen nach der Erklärung der Funktion `PQconnectdb()`, denke ich, für sich. Diese Funktion war die Vorgängerfunktion von `PQconnectdb()`.

`PQsetdb()` ist ein Makro, das die Funktion `PQsetdbLogin()` mit `NULL`-Zeigern für die Parameter `login` und `pwd` aufruft. Die Funktion gilt als veraltet und ist aus Kompatibilitätsgründen noch vorhanden.

Die Funktionen `PQconnectStart()` und `PQconnectPoll()` werden verwendet, um eine Verbindung mit dem Datenbankserver zu öffnen, ohne dass die Anwendung während der Eingabe- oder Ausgabeoperationen blockiert wird. Darauf wird allerdings hier nicht eingegangen.

Status und Informationen zur Verbindung ermitteln

Um zu ermitteln, ob die Verbindung zum Server erfolgreich verlief, sollte man immer den Status des Verbindungsaufbaus von `Pgconn` mit der Funktion `PQstatus()` überprüfen.

```
ConnStatusType PQstatus(const PGconn *conn);
```

In einer gewöhnlichen asynchronen Verbindung können hierbei CONNECTION_OK und CONNECTION_BAD auftreten. CONNECTION_OK signalisiert, dass alles glatt verlaufen ist, und CONNECTION_BAD zeigt an, dass ein Fehler beim Verbindungsaufbau aufgetreten ist. Beim Aufbau einer nicht blockierenden Verbindung mit PQconnectStart() können noch weitere Statusangaben überprüft werden, die hier allerdings nicht näher behandelt werden. Dies wären die Flags:

- CONNECTION_STARTED – Auf die Erstellung einer Verbindung wird gewartet.
- CONNECTION_MADE – Verbindung wurde aufgebaut, wartet nun auf das Senden.
- CONNECTION_AWAITING_RESPONSE – Wartet auf eine Antwort vom Server.
- CONNECTION_AUTH_OK – Authentifizierung erhalten; wartet auf Fortsetzung des Verbindungsaufbaus.
- CONNECTION_SETENV – Aushandlung der Umgebungsvariablen (gehört zum Teil eines Verbindungsaufbaus)

Wenn die Funktion PQstatus() den Status CONNECTION_OK zurückgegeben hat, bleibt eine Verbindung im Normalfall bis zum nächsten Pqfinish() bestehen. Tritt allerdings aus irgendwelchen Gründen ein Fehler auf, wird bei ggf. nochmaliger Überprüfung mit PQstatus() das Flag CONNECTION_BAD zurückgegeben, und Sie könnten in diesem Fall einen erneuten Verbindungsaufbau mit der Funktion Pqreset() versuchen.

Im Falle einer Fehlermeldung CONNECTION_BAD können Sie den Fehler, der die Verbindung zum Scheitern bzw. nicht zustande gebracht hat, mit der Funktion PqerrorMessage() in Klartext ausgeben lassen.

```
char *PQerrorMessage(const PGconn* conn);
```

Eine solche Fehlerüberprüfung eines Verbindungsaufbaus kann z. B. so aussehen:

```
conn = PQconnectdb("dbname=adressen");
if (PQstatus(conn) == CONNECTION_BAD) {
    fprintf(stderr, "Connection to database '%s' failed.\n",
            dbName);
    fprintf(stderr, "%s", PQerrorMessage(conn));
    exit_nicely(conn);
}
```

Läuft z. B. der Datenbankserver von PostgreSQL nicht, würde hier folgende Fehlermeldung ausgegeben:

```
Connection to database 'adressen' failed.
could not connect to server: No such file or directory
        Is the server running locally and accepting
        connections on Unix domain socket "/tmp/.s.PGSQL.5432"?
```

Natürlich gilt dies nicht nur für die Funktionen, womit eine Verbindung zum Datenbankserver aufgebaut wird, sondern fast alle libpq-Funktionen geben eine Fehlermeldung mit PQerrorMessage() aus, wenn ein Fehler aufgetreten ist.

Benötigen Sie für die laufende Verbindung Informationen, welche Datenbank verwendet wird oder welcher User damit arbeitet, steht Ihnen hierzu eine ganze Palette an Funktionen zur Verfügung. Alle Funktionen erwarten als Parameter einen `Pgconn`-Zeiger, den Sie bei einem erfolgreichen Verbindungsaufbau erhalten haben. Alle Werte, die diese Funktionen zurückgeben, sind während der Laufzeit des Objekts `PGconn` nicht mehr veränderbar. Hier die Funktionen:

Funktion	Bedeutung
`char *PQdb(const PGconn *conn);`	Gibt einen Zeiger auf den Datenbanknamen der Verbindung zurück.
`char *PQuser(const PGconn *conn);`	Gibt den Benutzernamen der Verbindung zurück
`char *PQpass(const PGconn *conn);`	Gibt das Passwort der Verbindung zurück.
`char *PQhost(const PGconn *conn);`	Gibt den Server-Hostnamen der Verbindung zurück.
`char *PQport(const PGconn *conn);`	Gibt den Port der Verbindung zurück.
`char *PQtty(const PGconn *conn);`	Gibt das TTY für die Debug-Ausgaben der Verbindung zurück.
`char *PQoptions(const PGconn *conn);`	Gibt Konfigurationsoptionen, die der Verbindungsanfrage übergeben wurden, zurück.
`int PQsocket(const PGconn *conn);`	Gibt die Deskriptornummer des mit dem Server verbundenen Sockets zurück. Bei -1 wird angezeigt, dass keine Verbindung besteht.
`int PQbackendPID(const PGconn *conn);`	Gibt die Prozesskennung (PID) des Serverprozesses zurück, der mit dieser Verbindung arbeitet.
`SSL *PQgetssl(const PGconn *conn);`	Hier wird eine SSL-Struktur zurückgegeben. Wird SSL nicht verwendet, wird NULL zurückgegeben. Mehr dazu entnehmen Sie ggf. der Anleitung von OpenSSL.

Tabelle 12.13 Funktionen, die Informationen zur aktuellen Verbindung zurückgeben

Verbindung beenden oder wieder aufnehmen

Wenn Sie mit der Arbeit des Datenbankservers fertig sind, sollten Sie die Verbindung wieder mit der Funktion `PQfinish()` schließen.

```
void PQfinish(PGconn *conn);
```

Damit wird die Verbindung geschlossen und der Speicher für das `PGconn`-Objekt wieder freigegeben. Es wird empfohlen, diese Funktionen auch zu verwenden, wenn der Versuch, eine Verbindung zum Server aufzubauen, fehlschlägt, um den eventuell alloziierten Speicher wieder freizugeben.

Es kann passieren, dass eine Verbindung zum Server während der Arbeit verloren geht. In solch einem Fall können Sie mit der Funktion `PQreset()` versuchen, erneut eine Verbindung zum selben Server aufzubauen.

```
void PQreset(PGconn *conn);
```

Diese Funktion schließt die Verbindung zum Server und versucht, eine neue Verbindung zum selben Server mit den gleichen Parametern aufzubauen. Das kann zur Fehlerbehandlung nützlich sein, wenn eine funktionierende Verbindung verloren gegangen ist.

Auch für die nicht blockierenden Verbindungen gibt es zwei Funktionen, die versuchen, eine Verbindung zu schließen und erneut mit demselben Server eine neue, nicht blockierende Verbindung aufzubauen:

```
int PQresetStart(PGconn *conn);
PostgresPollingStatusType PQresetPoll(PGconn *conn);
```

Programmbeispiel: Verbindung zum Server herstellen

Hierzu folgt nun ein einfaches Listing, womit eine Verbindung zum (hoffentlich gestarteten) PostgreSQL-Server aufgebaut wird, das einige Informationen zur Verbindung ausgibt und die Verbindung wieder schließt; das Grundgerüst, wenn Sie so wollen. Bitte passen Sie ggf. die Parameter zum Verbindungsaufbau an Ihre Konfigurationen und Systemgegebenheiten an.

Hinweis

Im Beispiel wird davon ausgegangen, dass die Datenbank `adressen`, die Sie im Crashkurs zu PostgreSQL erzeugt haben, noch existiert.

```
/* postgre1.c */
#include <stdio.h>
#include <stdlib.h>
#include <libpq-fe.h>

void exit_nicely(PGconn *conn) {
  PQfinish(conn);
  exit(EXIT_FAILURE);
}

int main(void) {
  /* char    *pghost = NULL,
   *         *pgport = NULL,
   *         *pgoptions = NULL,
   *         *pgtty = NULL; */
  char       *dbName = "adressen";
  PGconn     *conn;
  /* ... entsprechende Angaben selbst ergänzen - */
  /* Verbindungsaufbau                           */
  conn = PQconnectdb("dbname=adressen");
  /* Verbindung überprüfen ... */
  if (PQstatus(conn) == CONNECTION_BAD) {
    fprintf(stderr, "Connection to database '%s' failed.\n",
            dbName);
    fprintf(stderr, "%s", PQerrorMessage(conn));
    exit_nicely(conn);
```

```
  }
  else
    printf("Mit PostgreSQL-Server verbunden ...\n");
  /* Informationen zur Verbindung ... */
  printf("Datenbank : %s\n", PQdb(conn));
  printf("User      : %s\n", PQuser(conn));

  /*   printf("Passwort  : %s\n", PQpass(conn));
   *   printf("Host      : %s\n", PQhost(conn));
   *   printf("Port      : %s\n", PQport(conn));
   *   printf("TTY       : %s\n", PQtty(conn));
   *   printf("Options   : %s\n", PQoptions(conn)); */
  /* Verbindung beenden und Aufräumarbeiten durchführen */
  PQfinish(conn);
  return EXIT_SUCCESS;
}
```

Das Programm bei der Ausführung:

```
$ gcc -c -I/usr/include/postgresql postgre1.c
$ gcc -o postgre1 postgre1.o -L/usr/lib/postgresql -lpq
$ ./postgre1
Mit PostgreSQL-Server verbunden ...
Datenbank : adressen
User      : user
```

Anfragen an den Server

Wenn die Verbindung zum PostgreSQL-Server aufgebaut wurde, können Sie die nun folgenden Befehle verwenden, um Anfragen und Befehle auszuführen. Die Funktion, mit der ein Befehl oder eine Anfrage an den Server geschickt wird, ist `PQexec()`. Die Syntax dazu lautet:

```
PGresult *PQexec(PGconn *conn, const char *command);
```

Bei Erfolg erhalten Sie einen Zeiger auf `Pgresult` zurück. `NULL` wird gewöhnlich nur dann zurückgegeben, wenn kein Speicher für die Antwort alloziiert werden konnte oder der Befehl gar nicht erst an den Server geschickt werden konnte. Um mehr Informationen zum Auftreten eines Fehlers zu erhalten, sollten Sie die Funktion `PQerrorMessage()` verwenden. In der Struktur `PGresult` finden Sie das vom Server geschickte Ergebnis, das Sie mit den gleich folgenden vielen Funktionen verwenden können.

Hinweis

Sofern Sie mit der `libpq`-Version vor 6.4 noch vertraut sind, so sollten Sie nicht mehr auf die einzelnen Variablen der Struktur `PGresult` zugreifen, sondern eine entsprechende Zugriffsfunktion verwenden. Dies nur für den Fall, dass Sie Ihre Anwendung zukunftssicher gestalten wollen.

Status der Anfrage

Ob und was der Aufruf von `PQexec()` bewirkt hat, können Sie mit der Funktion `PQresultStatus()` und dem Zeiger auf `PGresult` ermitteln:

```
ExecStatusType PQresultStatus(const PGresult *res);
```

Mögliche Werte, die dabei zurückgegeben werden können, wären:

- `PGRES_EMPTY_QUERY` – Eine leere Zeichenkette wurde an den Server geschickt.
- `PGRES_COMMAND_OK` – Ein Befehl, der keine Daten zurückgibt, wurde erfolgreich ausgeführt (z. B. ein Befehl mit `INSERT` oder `UPDATE`).
- `PGRES_TUPLES_OK` – Eine erfolgreiche Anfrage. Anschließend können somit die Funktionen verwendet werden, um die von der Anfrage gelieferten Zeilen zu lesen. `PGRES_TUPLES_OK` wird auch dann zurückgegeben, wenn eine `SELECT`-Anfrage kein Ergebnis (0) zurückliefert.
- `PGRES_COPY_OUT` – Ein ausgehender `COPY`-Datentransfer, der vom Server gestartet wird
- `PGRES_COPY_IN` – Ein eingehender `COPY`-Datentransfer, der zum Server gestartet wird
- `PGRES_BAD_RESPONSE` – Die Antwort vom Server konnte nicht ausgewertet werden.
- `PGRES_NONFATAL_ERROR` – Ein nicht fataler Fehler
- `PGRES_FATAL_ERROR` – Ein fataler Fehler trat auf. Meistens ein Fehler in der Clientanwendung.

Um aus dem von `PQresultStatus()` zurückgegebenen Wert eine Stringkonstante zu machen, steht Ihnen die Funktion `PQresStatus()` zur Verfügung:

```
char *PQresStatus(ExecStatusType status);
```

Damit erhalten Sie einen Zeiger auf eine Stringkonstante, die den Statuscode etwas genauer beschreibt.

Die Funktionen `PQresultStatus()` und `PQresStatus()`können Sie mit der Funktion `PQresultErrorMessage()` in einem Rutsch realisieren:

```
char *PQresultErrorMessage(const PGresult *res);
```

Liegt hier kein Fehler vor, wird ein leerer String zurückgegeben.

Ergebnis der Anfrage

Benötigen Sie Informationen zum Ergebnis einer Anfrage, finden Sie in der folgenden Tabellen einen ganzen Satz von Funktionen:

Funktion	Bedeutung
`int PQntuples(const PGresult *res);`	Gibt die Anzahl der Zeilen (Tuples) des Anfrageergebnisses zurück.
`int PQnfields(const PGresult *res);`	Gibt die Anzahl der Spalten in einer Zeile des Anfrageergebnisses zurück.
`char *PQfname(const PGresult *res, int spalten_nummer);`	Gibt den Namen der Spalte `spalten_nummer` – beginnend bei 0 – zurück.

Tabelle 12.14 Funktionen, um das Ergebnis einer Anfrage auszuwerten

Funktion	Bedeutung
`int PQfnumber(const PGresult *res, const char *field_name);`	Gibt die Nummer der Spalte zum angegebenen Spaltennamen `field_name` zurück.
`Oid PQftype(const PGresult *res, int spalten_nummer);`	Hiermit können Sie den Datentyp der Spalte erfahren. Eine Übersicht der OIDs finden Sie in der Datei `pg_type.h` (meistens im Verzeichnis von libpq im Pfad `server/catalog/pg_type.h` zu finden).
`int PQfmod(const PGresult *res, int spalten_nummer);`	Gibt die typenspezifischen Modifikationsdaten der Spalte (beginnend mit 0) mit der angegebenen Nummer zurück.
`int PQfsize(const PGresult *res, int spalten_nummer);`	Gibt die Größe in Bytes der Spalte `spalten_nummer` zurück. Wird -1 zurückgegeben, handelt es sich um einen String variabler Länge.
`int PQbinaryTuples( const PGresult *res);`	Diese Funktion gibt 1 zurück, wenn `PGresult` binäre Zeilendaten enthält. Bei 0 handelt es sich um Textdaten.

Tabelle 12.14 Funktionen, um das Ergebnis einer Anfrage auszuwerten (Forts.)

Speicherplatz der Anfrage freigeben

Wenn Sie mit dem Auswerten des Ergebnisses einer Anfrage fertig sind, sollten Sie immer mit der Funktion `PQclear()` das `PGresult`-Objekt wieder freigeben, um die berüchtigten Memory Leaks (Speicherlecks) zu vermeiden.

```
void PQclear(PQresult *res);
```

Programmbeispiel – Anfrage an den Server

Das nun folgende Beispiel demonstriert Ihnen einige der zuvor erwähnten Funktionen. Verwendet wurde in diesem Beispiel auch die Funktion `PQgetvalue()`, die im anschließenden nächsten Abschnitt erläutert wird.

```
/* postgre2.c */
#include <stdio.h>
#include <string.h>
#include <stdlib.h>
#include <libpq-fe.h>
/* weitere Typen siehe server/catalog/pg_type.h */
#define INT 23
#define VARCHAR 1043

static void exit_nicely (PGconn * conn) {
  PQfinish (conn);
  exit (EXIT_FAILURE);
}

static void read_fields (PGresult * res) {
  int i;
  int n_fields = PQnfields (res);
  printf("\n");
```

```
  for (i = 0; i < n_fields; i++)
    printf ("%s %s, ", PQfname (res, i),
            (PQftype (res, i) == INT) ? "INT" : "VARCHAR");
  printf ("\n\n");
}

static void read_full (PGresult * res) {
  int i, j;
  int n_fields = PQnfields (res);
  int n_line = PQntuples (res);
  printf("\n");
  for (j = 0; j < n_line; j++) {
    for (i = 0; i < n_fields; i++)
      printf ("%-15s", PQgetvalue (res, j, i));
    printf ("\n");
  }
  printf("\n");
}

static void read_info (PGresult * res) {
  int i, size = 0;
  int n_fields = PQnfields (res);
  int n_line = PQntuples (res);
  printf ("Tabelle enthält %d Zeile %d Spalten\n",
          n_line, n_fields);
  printf ("Speichergröße der einzelnen Spalten\n");
  for (i = 0; i < n_fields; i++) {
    printf ("%10s : %d Byte ", PQfname (res, i),
            PQfsize (res, i));
    if(PQfsize(res, i) != -1 ) {
      size += PQfsize (res, i);
      printf("\n");
    } else
      printf("( == Ein String mit variabler Länge)\n");
  }
  printf ("Gesamtspeichergröße ist %d Bytes\n", size);
}

static PGresult *select_all (char *dbName, PGconn * conn) {
  char query[255] = { "SELECT * FROM " };
  PGresult *res;
  strcat (query, dbName);
  res = PQexec (conn, query);
  if (!res || PQresultStatus (res) != PGRES_TUPLES_OK) {
    fprintf (stderr, "Fehler beim Befehl SELECT\n");
    PQclear (res);
    exit_nicely (conn);
  }
  return res;
}
```

```
int main (void) {
  /*char *pghost = NULL, *pgport = NULL,  */
  /*    *pgoptions = NULL, *pgtty = NULL; */
  char *dbName;
  char buf[64];
  char db[255] = { "dbname=" };
  PGconn *conn;
  PGresult *res;
  int auswahl;

  printf ("Mit welcher Datenbank wollen Sie arbeiten?: ");
  scanf ("%s", buf);
  dbName = buf;
  strcat (db, buf);
  /* ... bitte ggf. anpassen */
  conn = PQconnectdb (db);
  if (PQstatus (conn) == CONNECTION_BAD) {

    fprintf (stderr, "Verbindung z. Datenbank '%s' verfehlt\n",
             dbName);
    fprintf (stderr, "%s", PQerrorMessage (conn));
    exit_nicely (conn);
  }
  else
    printf ("Mit PostgreSQL-Server verbunden ...\n");
  do {
    printf ("-1- Info zur Datenbank %s\n", dbName);
    printf ("-2- Alle Spaltennamen ausgeben\n");
    printf ("-3- Komplette Datenbank %s ausgeben\n", dbName);
    printf ("-4- Ende\n");
    printf ("Ihre Auswahl : ");
    scanf ("%d", &auswahl);
    switch (auswahl) {
    case 1:
      res = select_all (buf, conn);
      read_info (res);
      PQclear (res);
      break;
    case 2:
      res = select_all (buf, conn);
      read_fields (res);
      PQclear (res);
      break;
    case 3:
      res = select_all (buf, conn);
      read_full (res);
      PQclear (res);
      break;
    default:
      break;
```

```
    }
  } while (auswahl != 4);
  PQfinish (conn);
  return EXIT_SUCCESS;
}
```

Das Programm bei der Ausführung:

```
$ gcc -c -I/usr/include/postgresql postgre2.c
$ gcc -o postgre2 postgre2.o -L/usr/lib/postgresql -lpq
$ ./postgre2
Mit welcher Datenbank wollen Sie arbeiten: adressen
Mit PostgreSQL-Server verbunden ...
-1- Info zur Datenbank adressen
-2- Alle Spaltennamen ausgeben
-3- Komplette Datenbank adressen ausgeben
-4- Ende
Ihre Auswahl : 1
Tabelle enthält 5 Zeile, 6 Spalten
Speichergröße der einzelnen Spalten
     vname : -1 Byte ( == Ein String mit variabler Länge)
     nname : -1 Byte ( == Ein String mit variabler Länge)
       plz : 4 Byte
       ort : -1 Byte ( == Ein String mit variabler Länge)
   strasse : -1 Byte ( == Ein String mit variabler Länge)
    hausnr : 4 Byte
Gesamtspeichergröße ist 8 Bytes
-1- Info zur Datenbank adressen
-2- Alle Spaltennamen ausgeben
-3- Komplette Datenbank adressen ausgeben
-4- Ende
Ihre Auswahl : 2

vname VARCHAR, nname VARCHAR, plz INT, ort VARCHAR, strasse VARCHAR, hausnr INT,

-1- Info zur Datenbank adressen
-2- Alle Spaltennamen ausgeben
-3- Komplette Datenbank adressen ausgeben
-4- Ende
Ihre Auswahl : 3

Jonathan    Wolf      12345     Musterdorf     Musterstrasse  1
Fatma       Wolf      33333     Schlumpfhausen Schlumpfweg    444
John        Travolta  555444    Kalifornien    Broadway       1
Jonny       Depp      11234     Hollywood      Kingsroad      1
Jacko       Jackson   1234      New York       5th Avenue     1
```

Rückgabe des Anfrageergebnisses auslesen

Außer dass Sie u.a. Informationen wie die Anzahl der betroffenen Spalten einer Anfrage ermitteln können, wollen Sie sicherlich auch *echte* Daten von der Datenbank auslesen können

– sprich, den Inhalt der Zeilen und der einzelnen Spalten. Die folgenden Funktionen benötigen alle dieselben Parameter: den Zeiger auf das Anfrageergebnis (PGresult), die Zeilennummer und die Spaltennummer, von denen Sie den Wert haben wollen.

Die einzelnen Spaltenwerte können Sie mit der Funktion PQgetvalue() ermitteln:

```
char* PQgetvalue(const PGresult *res,
                 int zeilen_nummer,
                 int spalten_nummer);
```

Damit lesen Sie aus der Anfrage res, die Sie durch eine Ausführung von PQexec() zurückbekommen haben, den Wert von der Zeile zeilen_nummer und der Spalte spalten_nummer aus. Sowohl Zeile als auch Spalte beginnen bei 0 zu zählen. Bei erfolgreicher Ausführung wird ein Zeiger auf einen entsprechenden String mit einem abschließenden Null-Byte zurückgegeben. Da sich die Daten hier in der Struktur PGresult befinden, hält die Lebensdauer des Rückgabewerts bis zum nächsten PQexec()-Aufruf. Für eine längere Benutzung müssen Sie diese Daten in einen anderen Speicherbereich kopieren.

Hinweis

Sofern Sie binäre Daten (z. B. eine Grafik) aus der Anfrage auslesen wollen – die Funktion PQbinaryTuples() gibt ja hierbei 1 zurück –, sind Sie selbst für die richtige Verarbeitung der Daten verantwortlich.

Wollen Sie testen, ob der Wert einer Spalte NULL ist, können Sie die Funktion PQgetisnull() verwenden.

```
int PQgetisnull(const PGresult *res,
                int zeilen_nummer,
                int spalten_nummer);
```

Wie immer beginnen Zeilen- und Spaltennummer bei 0. Enthält der Wert einer Spalte den NULL-Wert, wird wahrheitsgemäß 1, ansonsten 0 zurückgegeben.

Hinweis

Auch hier gilt, ähnlich wie schon bei MySQL, dass bei PostgreSQL NULL ein leerer String ist und keine NULL im Sinne von C.

Benötigen Sie die wirkliche Länge des Datenwertes, den Sie mit PQgetvalue() erhalten haben, können Sie die Funktion Pqgetlength() verwenden.

```
int PQgetlength(const PGresult *res,
                int zeilen_nummer,
                int spalten_nummer);
```

Zeilen- und Spaltenwerte beginnen bei 0. Die wirkliche Länge hat allerdings nichts mit der Länge der binären Größe zu tun, die Sie mit Pqfsize() erhalten (insbesondere nicht im Textformat).

Ergebnisse anderer Befehle ermitteln

Wenn Sie mit dem Client `psql` einen SQL-Befehl an den Server geschickt haben, haben Sie meistens eine Statuszeichenkette des Befehls erhalten, z. B.:

```
INSERT 16994 1
```

Hier wurde ein Datensatz (»1«) mit dem Befehl `INSERT` eingefügt. Die OID-Nummer der eingefügten Zeile lautet 16994. Diesen Status können Sie sich natürlich auch auf `PGresult` mit der Funktion `PQcmdStatus()` zurückgeben lassen.

```
char * PQcmdStatus(PGresult *res);
```

Hinweis

OID ist eine Datensatznummer, die für jeden eingefügten Datensatz (Zeile) vom internen Zähler des Datenbanksystems generiert wird. Diese Nummer ist bei objektrelationalen DB-Systemen nötig, damit alle Datenbankobjekte eindeutig identifizierbar sind. Daher besitzt jede Tabelle ein Feld *tableoid*, das den Objektidentifizierer der Tabelle enthält, zu dem dieser Datensatz gehört. Da es durchaus möglich ist, dass bei übergroßen Tabellen der Zähler überrundet wird und sich wieder zurücksetzt, sollten Sie sich nicht unbedingt darauf verlassen, dass diese Nummer eindeutig ist. In der Version 7.2. ist es auch möglich, beim Erzeugen einer Tabelle eine Generierung der `OID`-Nummer mit der zusätzlichen Angabe von `WITHOUT OIDS` zu unterbinden.

Benötigen Sie hiervon nur die Anzahl der Zeilen, die auf SQL-Befehle wie `INSERT`, `UPDATE` oder `DELETE` eine Auswirkung hatten, so können Sie auch die Funktion `PQcmdTuples()` verwenden.

```
char * PQcmdTuples(PGresult *res);
```

Wenn der Befehl kein `INSERT`, `UPDATE` oder `DELETE` war, wird hierbei eine leere Zeichenkette zurückgegeben.

Benötigen Sie hingegen nur die `OID` der eingefügten Zeile, die mit dem Befehl `INSERT` eingefügt wurde, und hat die Zieltabelle auch `OID`, so können Sie die Funktionen `PQoidValue()` oder `PQoidStatus()` verwenden.

```
Oid PQoidValue(const PGresult *res);
char * PQoidStatus(const PGresult *res);
```

`PQoidValue()` gibt entweder einen (ganzzahligen) Wert vom Typ `Oid` oder im Falle eines Fehlers `InvalidOid` zurück. Beide Typen sind definiert, wenn die `libpq`-Headerdatei eingebunden wurde.

`PQoidStatus()` gibt eine Zeichenkette mit der `OID` der eingefügten Zeile zurück, wenn die SQL-Anweisung ein `INSERT` war, ansonsten 0, wenn die Zieltabelle keine `OID` hatte. Wenn der SQL-Befehl kein `INSERT` war, wird ein leerer String zurückgegeben.

Mit den beiden Funktionen `PQoidValue()` und `PQoidStatus()` bekommen Sie im Endeffekt dasselbe Ergebnis zurück, wobei die Funktion `PQoidValue()` nicht für Anwendungen mit Threads verwendet werden sollte, da diese nicht thread-sicher ist.

Programmbeispiel – Daten in Datenbank einfügen

Das folgende Beispiel ist eine Erweiterung des Listings zuvor, nur dass hierbei die Funktionen zum Hinzufügen neuer und zum Löschen alter Datensätze hinzugekommen sind. Eine fast komplette Clientanwendung zum Arbeiten mit dem PostgreSQL-Server.

```
/* postgre3.c */
#include <stdio.h>
#include <string.h>
#include <stdlib.h>
#include <libpq-fe.h>
/* weitere Typen siehe server/catalog/pg_type.h */
#define INT 23
#define VARCHAR 1043

static void exit_nicely (PGconn * conn) {
  PQfinish (conn);
  exit (EXIT_FAILURE);
}
static void read_fields (PGresult * res) {
  int i;
  int n_fields = PQnfields (res);
  printf("\n");
  for (i = 0; i < n_fields; i++)
    printf ("%s %s, ", PQfname (res, i),
            (PQftype (res, i) == INT) ? "INT" : "VARCHAR");
  printf ("\n\n");
}

static void read_full (PGresult * res) {
  int i, j;
  int n_fields = PQnfields (res);
  int n_line = PQntuples (res);
  printf("\n");
  for (j = 0; j < n_line; j++) {
    for (i = 0; i < n_fields; i++)
      printf ("%-15s", PQgetvalue (res, j, i));
    printf ("\n");
  }
  printf("\n");
}

static void read_info (PGresult * res) {
  int i, size = 0;
  int n_fields = PQnfields (res);
  int n_line = PQntuples (res);
  printf ("Tabelle enthält %d Zeile %d Spalten\n",
          n_line, n_fields);
  printf ("Speichergröße der einzelnen Spalten\n");
  for (i = 0; i < n_fields; i++) {
    printf ("%10s : %d Byte ", PQfname (res, i),
```

```
            PQfsize (res, i));
        if(PQfsize(res, i) != -1 ) {
          size += PQfsize (res, i);
          printf("\n");
        } else
          printf("( == Ein String mit variabler Länge)\n");
    }
    printf ("Gesamtspeichergröße ist %d Bytes\n", size);
}

static PGresult *select_all (char *dbName, PGconn * conn) {
  char query[255] = { "SELECT * FROM " };
  PGresult *res;
  strcat (query, dbName);
  res = PQexec (conn, query);
  if (!res || PQresultStatus (res) != PGRES_TUPLES_OK) {
    fprintf (stderr, "Fehler beim Befehl SELECT\n");
    PQclear (res);
    exit_nicely (conn);
  }
  return res;
}

static void insert_into (char *dbName, PGconn * conn) {
  int i;
  char query[4096] = { "INSERT INTO " };
  char buf[255];
  char *ptr;
  PGresult *res;
  int n_fields;

  strcat (query, dbName);
  strcat (query, " VALUES(");
  res = select_all (dbName, conn);
  n_fields = PQnfields (res);
  for (i = 0; i < n_fields; i++) {
    printf ("Eingabe für %s (%s)\t:", PQfname (res, i),
            (PQftype (res, i) == INT) ? "(INT)" : "(VARCHAR)");
    fgets (buf, 255, stdin);
    ptr = strchr (buf, '\n');
    *ptr = '\0';
    if (PQftype (res, i) == VARCHAR) {
      strcat (query, "'");
      strcat (query, buf);
      strcat (query, "',");
    }
    else if (PQftype (res, i) == INT) {
      strcat (query, buf);
      strcat (query, ",");
    }
```

```
    else {
      printf ("Konnte Datentyp (OID) nicht ermitteln!\n");
      exit_nicely (conn);
    }
  }
  ptr = strchr (query, '\0');
  *(ptr - 1) = '\0';
  strcat(query, ");");
  PQclear(res);
  //printf ("Query: %s\n", query);
  res = PQexec (conn, query);
  if (!res || PQresultStatus (res) != PGRES_COMMAND_OK) {
    fprintf (stderr, "Fehler beim Befehl INSERT\n");
    PQclear (res);
    exit_nicely (conn);
  }
  printf("Statuszeichenkette (ges.)     : %s\n",
     PQcmdStatus(res));
  printf("Betroffene Zeilen der Anfrage : %s\n",
     PQcmdTuples(res));
  printf("OID der Anfrage               : %s\n",
     PQoidStatus(res));
  PQclear(res);
}

static void delete(char *dbName, PGconn * conn) {
  int i, n_fields;
  char query[4096] = { "DELETE FROM " };
  char buf[255];
  char *ptr;
  PGresult *res;
  int n;

  strcat (query, dbName);
  strcat (query, " WHERE ");
  res = select_all( dbName, conn );
  n_fields = PQnfields (res);
  printf("Nach welchem Kriterium wollen Sie löschen?\n");
  for (i = 0; i < n_fields; i++)
    printf ("%d=%s   ",i, PQfname (res, i));
  printf(":->");
  scanf("%d", &n);
  getchar();
  strcat(query, PQfname(res, n));
  printf("Was wollen Sie löschen?: ");
  fgets(buf, 255, stdin );
  ptr = strchr( buf, '\n');
  *ptr = '\0';
  if (PQftype (res, n) == VARCHAR) {
    strcat (query, "='");
```

```
    strcat (query, buf);
    strcat (query, "';");
  }
  else if (PQftype (res, n) == INT) {
    strcat (query, "=");
    strcat (query, buf);
    strcat (query, ";");
  }
  else {
    printf ("Konnte Datentyp (OID) nicht ermitteln!\n");
    exit_nicely (conn);
  }
  PQclear(res);
  /* printf ("Query: %s\n", query); */
  res = PQexec (conn, query);
  if (!res || PQresultStatus (res) != PGRES_COMMAND_OK) {
    fprintf (stderr, "Fehler beim Befehl INSERT\n");
    PQclear (res);
    exit_nicely (conn);
  }
  printf("Statuszeichenkette (ges.)     : %s\n",
     PQcmdStatus(res));
  printf("Betroffene Zeilen der Anfrage : %s\n",
     PQcmdTuples(res));
  PQclear(res);
}

int main (void) {
  /* char *pghost = NULL, *pgport = NULL,   */
  /*      *pgoptions = NULL, *pgtty = NULL; */
  char *dbName;
  char buf[64];
  char db[255] = { "dbname=" };
  PGconn *conn;
  PGresult *res;
  int auswahl;

  printf ("Mit welcher Datenbank wollen Sie arbeiten?: ");
  scanf ("%s", buf);
  dbName = buf;
  strcat(db, buf);
  conn = PQconnectdb(db);
  if (PQstatus (conn) == CONNECTION_BAD) {
    fprintf (stderr, "Verbindung z. Datenbank '%s' verfehlt\n",
             dbName);
    fprintf (stderr, "%s", PQerrorMessage (conn));
    exit_nicely (conn);
  }
  else
    printf ("Mit PostgreSQL-Server verbunden ...\n");
```

```
  do {
    printf ("-1- Info zur Datenbank '%s'\n", dbName);
    printf ("-2- Alle Spaltennamen ausgeben\n");
    printf ("-3- Komplette Datenbank '%s' ausgeben\n", dbName);
    printf ("-4- Neue Daten in '%s' eingeben\n", dbName);
    printf ("-5- Eine Zeile löschen in '%s'\n",dbName);
    printf ("-6- Ende\n");
    printf ("Ihre Auswahl : ");
    scanf ("%d", &auswahl);
    getchar ();
    switch (auswahl) {
    case 1:
      res = select_all (buf, conn);
      read_info (res);
      PQclear (res);
      break;
    case 2:
      res = select_all (buf, conn);
      read_fields (res);
      PQclear (res);
      break;
    case 3:
      res = select_all (buf, conn);
      read_full (res);
      PQclear (res);
      break;
    case 4:
      insert_into (buf, conn);
      break;
    case 5:
      delete ( buf, conn );
      break;
    default:
      break;
    }
  } while (auswahl != 6);
  PQfinish (conn);
  return EXIT_SUCCESS;
}
```

Das Programm bei der Ausführung:

```
$ gcc -c -I/usr/include/postgresql postgre3.c
$ gcc -o postgre3 postgre3.o -L/usr/lib/postgresql -lpq
$ ./postgre3
Mit welcher Datenbank wollen Sie arbeiten_?: adressen
Mit PostgreSQL-Server verbunden ...
-1- Info zur Datenbank 'adressen'
-2- Alle Spaltennamen ausgeben
-3- Komplette Datenbank 'adressen' ausgeben
```

```
-4- Neue Daten in 'adressen' eingeben
-5- Eine Zeile löschen in 'adressen'
-6- Ende
Ihre Auswahl : 3

Jonathan  Wolf           12345   Musterdorf     Musterstrasse  1
Fatma     Wolf           33333   Schlumpfhausen Schlumpfweg    4
John      Travolta       555444  Kalifornien    Broadway       1
Jonny     Depp           11234   Hollywood      Kingsroad      1
Arnold    Schwarzenegger 1234    Augsburg       Am Weg         3

-1- Info zur Datenbank 'adressen'
-2- Alle Spaltennamen ausgeben
-3- Komplette Datenbank 'adressen' ausgeben
-4- Neue Daten in 'adressen' eingeben
-5- Eine Zeile löschen in 'adressen'
-6- Ende
Ihre Auswahl : 4
Eingabe für vname ((VARCHAR))    :Frank
Eingabe für nname ((VARCHAR))    :Sinatra
Eingabe für plz ((INT))          :1234
Eingabe für ort ((VARCHAR))      :Kings Road
Eingabe für strasse ((VARCHAR)) :Broadway
Eingabe für hausnr ((INT))       :1
Statuszeichenkette (ges.)      : INSERT 16996 1
Betroffene Zeilen der Anfrage : 1
OID der Anfrage                : 16996
-1- Info zur Datenbank 'adressen'
-2- Alle Spaltennamen ausgeben
-3- Komplette Datenbank 'adressen' ausgeben
-4- Neue Daten in 'adressen' eingeben
-5- Eine Zeile löschen in 'adressen'
-6- Ende
Ihre Auswahl : 3

Jonathan  Wolf           12345   Musterdorf     Musterstrasse  1
Fatma     Wolf           33333   Schlumpfhausen Schlumpfweg    4
John      Travolta       555444  Kalifornien    Broadway       1
Jonny     Depp           11234   Hollywood      Kingsroad      1
Arnold    Schwarzenegger 1234    Augsburg       Am Weg         3
Frank     Sinatra        1234    Kings Road     Broadway       1
...
Ihre Auswahl : 5
Nach welchem Kriterium wollen Sie löschen?
0=vname   1=nname   2=plz   3=ort   4=strasse   5=hausnr   :->2
Was wollen Sie löschen?: 1234
Statuszeichenkette (ges.)      : DELETE 2
Betroffene Zeilen der Anfrage : 2
```

12.9.7 Umgebungsvariablen und Passwortdatei

Der folgende Abschnitt darf als eine Art Anhang zur `libpq`-Bibliothek verstanden werden. Es sollen Ihnen hier die Umgebungsvariablen gezeigt werden, die Sie verwenden können, um Vorgabewerte für die Verbindungsparameter zu setzen, die von den Funktionen `PQconnectdb()` und `PQsetdbLogin()` verwendet werden. Dies ist recht hilfreich, wenn man diese Daten nicht direkt in den Code schreiben will. Folgende Umgebungsvariablen und deren Bedeutung können Sie hierbei setzen – was im Endeffekt einer Wiederholung zu den Verbindungsparametern der Funktion `PQconnectdb()` darstellt.

- `PGHOST` – Hierbei wird der Servername gesetzt. Bei beginnendem Schrägstrich wird ein Unix Domain Socket statt TCP/IP verwendet. Der Wert ist dann eine Verzeichnisangabe zu einer Socket-Datei – wo sich diese befindet (Standard: `/tmp`).
- `PGPORT` – Hierbei wird die vorgegebene TCP-Portnummer oder der Unix-Domain-Socket-Namen gesetzt.
- `PGDATABASE` – Einen vorgegebenen Datenbanknamen können Sie damit setzen.
- `PGUSER` – Der Benutzername für die Datenbankverbindung
- `PGPASSWORD` – Hier könnten Sie das Passwort setzen, wenn eine Authentifizierung nötig ist – was logischerweise aus Sicherheitsgründen nicht zu empfehlen ist. Es wird hierzu empfohlen, die Datei `./pgpass` im Homeverzeichnis zu verwenden (dazu gleich mehr).
- `PGOPTIONS` – Hier werden die Konfigurationsoptionen gesetzt, die an den PostgreSQL-Server geschickt werden sollen.
- `PGTTY` – Hier können Sie eine Datei oder das TTY für die Debug-Ausgabe des Servers angeben.

Hinweis

Natürlich gilt hierbei, wenn Sie eine bestimmte Umgebungsvariable gesetzt haben, aber beim Verbindungsaufbau einen anderen Parameter verwenden, dass der Parameter im Code den Vorrang gegenüber der Umgebungsvariablen erhält.

Die Passwortdatei zur Authentifizierung im Home-Verzeichnis wurde bereits kurz erwähnt. Wenn eine Verbindung ein Passwort benötigt, wird die Datei `.pgpass` dazu verwendet. Eine Zeile in dieser Datei sollte folgendermaßen aufgebaut sein:

```
hostname:port:datenbank:benutzername:passwort
```

Für jede dieser Angaben geben Sie entweder eine Konstante an oder das Zeichen `*`, das somit für alles passen würde. Befindet sich in der Konstante ein `\` oder ein `:`, müssen Sie ein Backslash davor setzen (`\:` und `\\`). Außerdem müssen Sie die Zugriffsrechte auf 0600 setzen, womit nur der Eigentümer Zugriff hat. Werden die Zugriffsrechte nicht gesetzt, wird die Datei `.pgpass` ignoriert.

12.9.8 PostgreSQL und Threads

Da PostgreSQL im Gegensatz zu MySQL schon mehr im professionellen Bereich eingesetzt wird, ist zwangsläufig auch die Frage nach der Thread-Sicherheit gestellt. Hierbei sollte es seit Version 7.0 keine Probleme geben, sofern Sie nicht mit zwei Threads gleichzeitig auf dasselbe PGconn-Objekt zugreifen. Sie können also nicht hergehen und mit *Thread1* eine Zeile in der Datenbank hinzufügen und zur gleichen Zeit mit *Thread2* eine Zeile aus der Datenbank entfernen. Bedenken Sie, dass Sie gleichzeitig dieselbe Verbindung verwenden. Verwenden Sie für gleichzeitige Ausführungen lieber mehrere Verbindungen. Das `PGresult`-Objekt bleibt bis zum nächsten Aufruf auf das Objekt unverändert und kann somit problemlos zwischen den Threads ausgetauscht werden.

Nicht thread-sicher ist die Funktion `PQoidStatus()` – als Alternative kann hierfür `PQoidValue()` verwendet werden.

Des Weiteren sollten Sie, sofern Sie eine Authentifizierungsmethode verwenden, nicht die Betriebssystemfunktion `crypt()` verwenden. Als Alternative wird die Methode `md5` empfohlen. `md5` ist auf allen Betriebssystemen thread-sicher.

12.9.9 Ausblick

Das Kapitel zur Schnittstelle von *libpq* ließe sich noch ein wenig erweitern – allerdings wäre das Buchs dann sehr einseitig durch die Programmierung von Clientanwendungen für Datenbanken geprägt. Außerdem wurden die grundlegenden und gängigen Funktionen hier beschrieben und erwähnt. Nicht angesprochen wurden Themen wie:

- Asynchrone Befehlsverarbeitung und asynchrone Benachrichtigung
- Die Fast-Path-Schnittstelle (aus Sicherheitsgründen nicht zu empfehlen)
- Hinweismeldungen des Servers verarbeiten und das Nachverfolgen der Server-Client-Kommunikation

Des Weiteren wurde hier nicht behandelt, was aus der Sicht des C-Programmierers doch recht interessant ist, wie Sie benutzerdefinierte Funktionen für PostgreSQL erstellen können (ähnlich wie bei der UDP-Schnittstelle in MySQL). Der Vorgang entspricht hier demselben wie bei der C-API von MySQL. Die Funktionen werden in dynamisch ladbare Module (*Shared Libraries*) kompiliert und vom Server bei Bedarf oder von Ihnen auf Wunsch nachgeladen.

Für diese und weitere Informationen sei die sehr gute Dokumentation (auch als Buch erhältlich und sehr empfehlenswert) über PostgreSQL auf der Buch-CD »PostgreSQL-Administration« von Peter Eisentraut und Bernd Helmle) empfohlen.

Das Thema der Benutzerschnittstelle wird leider in vielen Büchern wenig bis gar nicht behandelt. Aber es ist gerade die Bedienung eines Programms, die zwischen einer brauchbaren und unbrauchbaren Anwendung unterscheidet. Dies gilt vor allem auch für die Kommandozeilenanwendungen – wo keine grafische Oberfläche für die Interaktion zwischen dem Benutzer und PC vorhanden ist.

13 Terminal E/A und Benutzerschnittstellen für die Konsole

Eines gleich zu Beginn. Bei diesem Kapitel handelt es sich lediglich um eine Einführung zu den Themen rund um das Terminal und deren Ein- und Ausgabe. Eine umfangreichere Abhandlung zu den Themen *termios*, *terminfo* und *curses* würde ein ganzes Buch füllen. Dennoch sind diese Grundlagen ausreichend, um anschließend mithilfe der entsprechenden Manual Pages sinnvoll damit arbeiten zu können.

13.1 termios

In diesem Kapitel erfahren Sie, wie Sie ein Terminal kontrollieren können. Dabei werden Sie auf einer sehr tiefen Ebene, der API *termios*, die von POSIX.1 standardisiert wurde, zugreifen. Terminals sind über serielle Schnittstellen mit Linux-Rechnern verbunden. Um Sie jetzt nicht zu verwirren, wenn Sie eine Konsole verwenden, arbeiten Sie in gleicher Weise wie mit einer Terminalleitung, auch wenn keine Verbindung über die serielle Schnittstelle vorliegt. Somit ist die Grundlage eines auf dem Bildschirm konfigurierten Terminals gleichwertig zu einem externen angeschlossenen Terminal.

Die Ein-/Ausgabe eines Terminals ist in der Grundeinstellung immer zeilengepuffert. Ein `read()` wird somit erst beendet, wenn die [↵]-Taste gedrückt wurde. Drücken Sie stattdessen die Tastenkombination [Strg]+[D], liefert `read()` 0 (EOF) zurück.

Hinweis

Beim Editor *vi* bedeutet [Strg]+[D] z. B. *eine halbe Seite weiterblättern*. Natürlich wird hierbei auch kein zeilengepufferter Terminalmodus mehr verwendet (dazu in Kürze mehr).

Zugegeben, in der Zeit der GUIs (*Graphical User Interfaces*) mag dieses Thema (Terminal E/A) altertümlich erscheinen, aber wenn es um Netzwerkprogrammierung geht, sind Terminals immer noch unschlagbar. Das Kapitel Terminal E/A handelt u. a. von solchen Themen:

- Wie kann ich ein Zeichen von der Tastatur lesen?
- Wie kann man den Standardzeichensatz von Linux verändern?
- Wie kann ich herausfinden, welche Terminals gerade offen sind?

Für ein Terminal stehen Ihnen zwei verschiedene Modi zur Verfügung:

- Der so genannte *kanonische Modus*: Hier erfolgt das Lesen und Schreiben zeilenorientiert. Das heißt, eine Eingabe wird erst weitergereicht, wenn ein Zeilenabschluss (*Linefeed, NL*) oder Carriage Return (*CR*) übertragen wurde. Für diesen Modus benötigt man die Steuerzeichen des `c_cc`-Arrays der `termios`-Struktur. Der Nachteil ist, dass ein Programm beim Lesen in diesem Modus so lange wartet (CPU-Zeit vergeudet), bis tatsächlich eine Zeile übertragen wurde. Wird kein Zeilenabschluss gelesen, so wird für immer gewartet. Die Aufgabe des *Zwischenspeicherns* übernimmt der Kernel in speziellen Puffern. Es gibt einen Eingabe- und einen Ausgabepuffer. Steuerzeichen regeln, wann welche Puffer entleert werden und somit ihren Inhalt an das Gerät oder das Programm weitergeben.
- Beim *nicht kanonischen Modus* erfolgt das Lesen oder Schreiben entweder nach einer bestimmten Anzahl an Bytes (was auch nur ein Byte und somit ein Zeichen sein kann), oder es kann eine gewisse Zeit dafür angegeben werden. Hierfür können folgende zwei Felder des Arrays `c_cc` gesetzt werden. In `c_cc[VTIME]` wird die entsprechende Zeit in Zehntelsekunden und in `c_cc[VMIN]` das Minimum der zu lesenden Bytes angegeben.

Hinweis

So toll sich das hier anhören mag, Sie sollten immer bedenken, dass hierbei doch ein nicht ganz unbedeutender Rechenaufwand betrieben wird, um etwa ein einzelnes Zeichen einzulesen. Mit Aufwand spreche ich hier die CPU-Zeit an, die für Terminal E/A benötigt wird. Bedenken Sie, dass diese API ein Relikt aus recht alten Zeiten ist, wo man mit dem Begriff »Multitasking« in der Praxis noch nichts anfangen konnte.

Hinweis

Beachten Sie, dass viele Beispiel von *termios* nur in echten Terminals (kurz `tty`) richtig arbeiten. In Pseudo-Terminals (kurz `pts`), die häufig von grafischen Oberflächen aus gestartet werden, ist die richtige Ausführung nicht garantiert.

13.1.1 Terminalattribute bearbeiten

Alle Attribute, die Sie bei einem Terminal setzen bzw. abfragen können, sind in der Struktur `termios` in der Headerdatei `<termios.h>` definiert.

```
struct termios {
   tcflag_t c_iflag;        /*Eingabeflag*/
   tcflag_t c_oflag;        /*Ausgabeflag*/
   tcflag_t c_cflag;        /*Kontrollflag*/
   tcflag_t c_lflag;        /*Lokale Flags*/
   cc_t c_cc[NCCS];         /*Steuerzeichen*/
};
```

Jede dieser Strukturvariablen können Sie mit einem bestimmten Terminalflag besetzen bzw. erfragen, ob ein bestimmtes Flag gesetzt ist. Mit der Strukturvariablen `c_iflag` können die Abläufe für die Eingabeoptionen gesetzt oder erfragt werden. Dies beinhaltet den ganzen Terminalablauf, wie der Terminaltreiber die Eingabe noch vor dem Senden an das Programm behandeln soll.

Den Ablauf zur Ausgabe behandeln Sie mit dem Flag `c_oflag`. Damit können Sie einstellen, wann und wie der Terminaltreiber die Ausgabe behandelt, bevor etwas auf dem Bildschirm ausgegeben wird.

Verschiedene Kontrollflags, die vorwiegend die Merkmale der Hardware vom Terminalgerät berücksichtigen, können Sie mit dem Flag `c_cflag` setzen.

Mit `c_lflag` können Sie Terminaleigenschaften setzen bzw. abfragen, wie z. B. ob etwas bei der Eingabe von der Tastatur auf dem Bildschirm ausgegeben werden soll.

Im Array `c_cc` finden Sie spezielle Zeichensequenzen (*Steuerzeichen*) wie `^\` (*Quit*).

Im Folgenden sind die einzelnen Flags und deren Bedeutung aufgelistet, die bei den eben aufgezählten Strukturvariablen in der Struktur `termios` gesetzt bzw. erfragt werden können. Aufgelistet sind nur die Flags, die von POSIX.1 vorgeschrieben sind. In BSD und SVR4 finden Sie hierzu noch einige erweiterte Flags, worauf hier verzichtet wurde – da diese in der Praxis auch nicht allzu häufig anzutreffen sind. Einen Überblick und noch mehr Details aller möglichen Flags finden Sie in der Manual Page zu `termios` (*man termios*).

Folgende symbolische Konstanten können für das Eingabeflag `tcflag_t c_iflag` verwendet werden:

Konstante	Bedeutung
`BRKINT`	Generieren von `SIGINT` bei Tastendruck auf [Break]
`ICRNL`	Umwandeln von CR (*Carriage Return*) in NL (*Newline*) bei der Eingabe
`IGNBRK`	Break ignorieren
`IGNCR`	CR (*Carriage Return*) ignorieren
`IGNPAR`	Bytes mit Paritätsprüfung ignorieren
`INLCR`	Umwandeln von NL (*Newline*) in CR (*Carriage Return*) – bei CR ignorieren der Eingabe
`INPCK`	Einschalten der Eingabeparitätsprüfung
`ISTRIP`	Abschneiden des 8. Bits bei Eingabezeichen
`IXOFF`	Einschalten des START-/STOPP-Eingabeprotokolls
`IXON`	Einschalten des START-/STOPP-Ausgabeprotokolls
`PARMRK`	Markieren von Paritätsfehlern

Tabelle 13.1 Angaben für das Eingabeflag c_iflag

Außer den beiden Flags `IXOFF` und `IXON` sollte Ihnen die Bedeutung der einzelnen Flags recht verständlich sein. Zu `IXOFF` und `IXON` folgt hierfür noch eine genauere Erläuterung.

- `IXOFF` – Wird `IXOFF` gesetzt, dann ist das START-/STOPP-Eingabeprotokoll gesetzt. Dies wird wie folgt benötigt. Wenn ein Terminalgerätetreiber feststellt, dass der Eingabepuffer voll ist, wird das Zeichen STOPP an den Terminal ausgegeben. Das sendende Gerät soll dadurch feststellen, dass es seine Übertragung kurz anhalten soll. Ist wieder Platz im Eingabepuffer, wird das START-Zeichen ausgegeben, und der Sender kann mit dem Senden von Daten fortfahren. Dieses Flag wird nur bei seriellen Terminals verwendet, da es hierbei im Gegensatz zu Netzwerkterminals und lokalen Terminals keine eigene Form der Flusskontrolle gibt.

- `IXON` – Hiermit wird, falls gesetzt, dass START-/STOPP-Ausgabeprotokoll gesetzt. Erhält der Terminaltreiber ein STOPP-Zeichen, dann wird die Ausgabe angehalten. Bei einem START-Zeichen wird wieder mit der Ausgabe fortgefahren.

Jetzt zu den Werten des Ausgabeflags `tcflag_t c_oflag`:

Konstante	Bedeutung
`OPOST`	Eine implementierungsdefinierte Ausgabeart einschalten

Tabelle 13.2 Angaben für das Ausgabeflag c_oflag

Als Nächstes folgt ein Überblick zu den Kontrollflags `tcflag_t c_cflag`:

Konstante	Bedeutung
`CLOCAL`	Ausschalten der Modemsteuerung
`CREAD`	Aktivieren des Empfängers
`CSIZE`	Bitanzahl für ein Zeichen (CS5 bis CS8)
`CSTOPB`	Zwei Stopp-Bits anstelle von einem senden
`HUPCL`	Verbindungsabbruch bei Beendigung des letzten Prozesses
`PARENB`	Einschalten von Paritätsprüfung
`PARODD`	Ungerade Parität, sonst gerade

Tabelle 13.3 Angaben für das Kontrollflag c_cflag

Zum Schluss folgt der Überblick zu den lokalen Flags (`tcflag_t c_lflag`):

Konstante	Bedeutung
`ECHO`	Einschalten der ECHO-Funktion
`ECHOE`	Gelöschte Zeichen mit Leerzeichen überschreiben
`ECHOK`	Zeichen löschen oder zur Neueingabe in neue Zeile positionieren
`ECHONL`	Ausgabe von NL
`ICANON`	Zeilenorientierter Eingabemodus
`IEXTEN`	Einschalten des erweiterten Zeichensatzes für die Eingabe
`ISIG`	Sonderbedeutung von Terminal-Sonderzeichen einschalten
`NOFLSH`	Abschalten des Leerens von Puffern bei INTR oder QUIT
`TOSTOP`	Senden des Signals `SIGTTOU` bei der Ausgabe durch Hintergrundprozesse

Tabelle 13.4 Angaben für das lokale Flag c_lflag

Die Funktionen, womit Sie auf die eben aufgelisteten Flags der Struktur `termios` und ihre Mitglieder zugreifen können, sind:

```
#include <termios.h>
#include <unistd.h.>
int tcgetattr(int fd, struct termios *terminal_zeiger);
int tcsetattr( int fd, int option,
               struct termios *terminal_zeiger);
```

Wie man aus den Namen der Funktionen herauslesen kann, dient `tcgetattr()` dazu, die Attribute eines Terminals zu ermitteln, und `tcsetattr()` dazu, die Attribute zu setzen. Für den Dateideskriptor `fd` geben Sie den Filedeskriptor an, den Sie verändern bzw. abfragen wollen – 0 bzw. `STDIN_FILENO` (Standardeingabe) oder 1 bzw. `SDTOUT_FILENO` (Standardausgabe). Die Funktionen liefern beide bei einem Fehler -1, ansonsten, wenn alles planmäßig verlief, 0 zurück. Mit dem Argument `option` bei `tcsetattr()` können Sie angeben, wann die Veränderungen aktiv werden sollen. Folgende Flags können dabei verwendet werden:

- `TCSANOW` – Änderung wird sofort aktiv.
- `TCSADRAIN` – Änderung wird aktiv, wenn alle Zeichen aus dem Puffer ausgegeben wurden.
- `TCSAFLUSH` – ... wie `TCSADRAIN`, nur dass noch alle befindlichen Zeichen im Puffer verworfen werden.

Bevor Sie zur Praxis schreiten, benötigen Sie noch die Kenntnis über eine Variable in der Struktur `termios`, die noch nicht zur Sprache kam: das Array `c_cc`. Es enthält alle Sonderzeichen, die durch das Programm verändert werden können. Hier einige Sonderzeichen dazu. Weitere Zeichen finden Sie unter `/usr/include/termbits.h` oder `/usr/include/asm/termbits.h`.

Konstante	Bedeutung
`VEOF`	Dateiende
`VEOL`	Zeilenende
`VERASE`	Letztes Zeichen löschen
`VINTR`	Unterbrechungssignal `SIGINT`
`VKILL`	Zeile löschen
`VQUIT`	Abbruch à la `SIGQUIT`
`VSTOP`	Ausgabe anhalten
`VSTART`	Ausgabe fortsetzen
`VSTATUS`	Statusinformationen anfordern
`VSUSP`	Einen Prozess suspendieren
`VWERASE`	Letztes Wort löschen
`VMIN`	Anzahl der Bytes, die gelesen werden müssen, bevor `read()` zurückkehrt
`VTIME`	Es wird eine entsprechende Zeit in 0.1 Sekunden angegeben.

Tabelle 13.5 Einige Angaben für das Struktur-Array c_cc

Dazu ein einfaches Beispiel, womit Sie das Zeichen für EOF, das mit [Strg]+[C] generiert wird, verändern können. Im Beispiel wird auch EOF ausgelöst, wenn Sie die [Esc]-Taste drücken. Die Tastenkombination [Strg]+[C] bleibt allerdings trotzdem erhalten.

```
/* my_eof.c */
#include <stdio.h>
#include <unistd.h.>
#include <termios.h>
#include <stdlib.h>
#include <string.h>
#include <errno.h>

int main (void) {
  struct termios term;
  int c;
  if ((tcgetattr (STDIN_FILENO, &term)) < 0) {
    printf ("Fehler bei tcgetattr (%s) \n",
       strerror(errno));
    exit (EXIT_FAILURE);
  }
  // ASCII-Code 27 = ESC == EOF
  term.c_cc[VEOF] = 27;
  if ((tcsetattr (STDIN_FILENO, TCSAFLUSH, &term)) < 0) {
    printf ("Fehler bei tcsetattr (%s) \n",
       strerror(errno));
    exit (EXIT_FAILURE);
  }
  printf("Eingabe machen (mit ESC abbrechen)\n");
  while ((c = getchar ()) != EOF)
    putchar (c);
  return EXIT_SUCCESS;
}
```

Das Programm bei der Ausführung:

```
$ gcc -o my_eof my_eof.c
$ ./my_eof
Eingabe machen (mit ESC abbrechen)
Eine Eingabe
Eine Eingabe
[ESC]
```

In diesem Beispiel haben Sie das Sonderzeichen EOF verändert. Mit der Angabe von

```
term.c_cc[VEOF] = 27;
```

bekommt das Sonderzeichen EOF (VEOF) den ASCII-Code 27 zugewiesen, der dem Escape-Zeichen entspricht. Mit

```
if((tcsetattr(STDIN_FILENO, TCSAFLUSH, &term)) > 0)
```

setzen Sie die Attributsänderung in Kraft. Jetzt folgt der Test, ob es auch funktioniert:

```
while((c=getchar()) != EOF)
      putchar(c);
```

So lange, bis Sie EOF betätigen, könne Sie etwas mit der Tastatur eingeben. In diesem Beispiel wäre das Programm zu Ende, wenn die Escape-([Esc])-Taste gedrückt wird statt, wie gewöhnlich verwendet, die Tastenkombination [Strg]+[D].

Da nicht jeder sämtliche ASCII-Code-Zeichen im Kopf hat – geschweige den Wert der Sonderzeichen –, ist in der Headerdatei `<termios.h>` noch folgendes Makro definiert:

```
#ifndef CTRL
   #define CTRL(ch) ((ch)&0x1F)
#endif
```

Falls dies bei Ihnen nicht vorhanden sein sollte, so wissen Sie ja jetzt, wie Sie es selbst definieren können. Damit können Sie die Eingabe eines Sonderzeichens, z. B. die Tastenkombination [Strg]+[Y], folgendermaßen festlegen:

```
term.c_cc[VEOF] = CTRL('Y');
```

Hiermit würden Sie mit der Tastenkombination [Strg]+[Y] das EOF-Zeichen generieren.

13.1.2 Flags setzen und löschen

Um einzelne oder mehrere Flags für `c_iflag`, `c_oflag`, `c_cflag` und `c_lflag` zu setzen bzw. abzufragen, wird wie folgt vorgegangen:

- Flag(s) setzen:

```
// einzelnes Flag setzen
c_iflag | <flag>
// mehrere Flags setzen ( hier flag1, flag2 und flag3)
c_iflag | <flag1|flag2|flag3>
```

- Flag(s) löschen:

```
// einzelnes Flag löschen
c_iflag & ~<flag>
// mehrere Flags löschen (hier flag1, flag2 und flag3)
c_iflag & ~<flag1|flag2|flag3>
```

Hierzu folgt ein einfaches Beispiel, in dem Sie eine Linux-übliche Passworteingabe machen können. Im Beispiel wird das Flag `ECHO` abgeschaltet, womit die Eingabe nicht am Bildschirm angezeigt wird. Das Flag `ECHONL` hingegen wird eingeschaltet, damit nach Eingabe des Passwortes durch Betätigung von [↵] dieses *Newline*-Zeichen ausgegeben wird – und das Programm auch sauber in der nächsten Zeile fortfährt. Am Ende stellen Sie den zuvor gesicherten Terminalzustand wieder her.

```
/* my_getpass.c */
#include <termios.h>
#include <stdio.h>
#include <stdlib.h>
#define PASS 8
```

```
static char *my_getpass (void) {
  struct termios origstate, changedstate, teststate;
  char passwort[PASS];
  char *p = passwort;

  /* alten Terminalzustand speichern (von stdin = id 0) */
  if (tcgetattr (0, &origstate) != 0)
    printf ("tcgetattr failed");
  changedstate = origstate;

  /* neuen Terminalzustand setzen (von stdin = id 0) */
  /* Ausgabe ausschalten */
  changedstate.c_lflag &= ~ECHO;
  /* Newline beachten (einschalten) */
  changedstate.c_lflag |= ECHONL;

  if (tcsetattr (0, TCSANOW, &changedstate) != 0)
    printf ("tcsetattr failed");

  /* Überprüfen, ob der Terminalzustand erfolgreich */
  /* verändert wurde                                 */
  tcgetattr (0, &teststate);
  if (teststate.c_lflag & ECHO)
    printf ("ECHO-Flag konnte nicht abgeschaltet werden\n");
  if (!teststate.c_lflag & ECHONL)
    printf ("ECHONL konnte nicht eingeschaltet werden\n");

  fprintf(stdout,"Passwort eingeben : ");
  fgets(passwort, PASS, stdin);

  /* alten Terminalzustand wiederherstellen */
  /* (von stdin = id 0)                     */
  if (tcsetattr (0, TCSANOW, &origstate) != 0)
    printf ("tcsetattr failed");
  return p;
}

int main (void) {
  char *ptr = my_getpass();
  printf("Ihre Eingabe war: %s\n",ptr);
  return EXIT_SUCCESS;
}
```

Das Programm bei der Ausführung:

```
$ gcc -o my_getpass my_getpass.c
$./my_getpass
Passwort eingeben :********
Ihre Eingabe war: juergen
```

Jetzt zu einem weiteren Beispiel, das Ihnen zeigt, wie Sie bestimmte Steuerzeichen von der Tastatur abfragen können. Im Beispiel werden Tastendrücke wie [F1], [F2], die Pfeiltasten oben, unten, rechts und links, [Page ↑], [Page ↓] und [Home] überprüft. Sie können dies natürlich noch weiter ausstricken. Dabei werden die lokalen Flags ECHO, ICANON und ISIG abgeschaltet. Sie sollten das Beispiel außerdem in einem *echten* Terminal ausführen, damit es richtig läuft – sonst wird z. B. [F1] nicht angezeigt. Ein *echtes* Terminal können Sie durch gleichzeitiges Drücken von [Strg]+[Alt]+[F1] öffnen. Zurück zu Ihrer grafischen Oberfläche kommen Sie wieder mit der Tastenkombination [Strg]+[Alt]+[F7]. Das Programm ist recht ordentlich dokumentiert, womit ich mir weitere Erklärungen ersparen kann.

```
/* keystroke.c */
#include <stdio.h>
#include <unistd.h.>
#include <termios.h>
#include <stdlib.h>
#include <string.h>

/*Altes Terminal wiederherstellen */
static struct termios BACKUP_TTY;

/* Eingabekanal wird so umgeändert, damit die Tasten */
/* einzeln  abgefragt werden können                  */
static int new_tty (int fd) {
  struct termios buffer;

  /* Wir fragen nach den Attributen des Terminals und */
  /* übergeben diese dann an buffer. BACKUP_TTY dient */
  /* bei Programmende zur Wiederherstellung der alten */
  /* Attribute und bleibt somit unberührt.            */
  if ((tcgetattr (fd, &BACKUP_TTY)) == -1)
    return -1;
  buffer = BACKUP_TTY;

  /* Lokale Flags werden gelöscht :                   */
  /* ECHO - Zeichenausgabe auf Bildschirm             */
  /* ICANON - Zeilenorientierter Eingabemodus         */
  /* ISIG - Terminal-Steuerzeichen (kein STRG+C mehr  */
  /* möglich)                                         */
  buffer.c_lflag = buffer.c_lflag & ~(ECHO | ICANON | ISIG);

  /* VMIN=Anzahl der Bytes, die gelesen werden müssen, */
  /* bevor read() zurückkehrt                          */
  /* In unserem Beispiel 1 Byte für 1 Zeichen          */
  buffer.c_cc[VMIN] = 1;

  /*Wir setzen jetzt die von uns gewünschten Attribute*/
  if ((tcsetattr (fd, TCSAFLUSH, &buffer)) == -1)
    return -1;
```

```
  return 0;
}

/*Ursprüngliches Terminal wiederherstellen*/
static int restore_tty (int fd) {
  if ((tcsetattr (fd, TCSAFLUSH, &BACKUP_TTY)) == -1)
    return -1;
  return 0;
}

int main (int argc, char **argv) {
  int rd;
  char c, buffer[10];

  /*Setzen des neuen Modus*/
  if (new_tty (STDIN_FILENO) == -1) {
    printf ("Fehler bei der Funktion new_tty()\n");
    exit (EXIT_FAILURE);
  }
  do {
    /*Erste Zeichen lesen*/
    if (read (STDIN_FILENO, &c, 1) < 1) {
      printf ("Fehler bei read\n");
      restore_tty (STDIN_FILENO);
      exit (EXIT_FAILURE);
    }

    /*Haben wir ein ESC ('\E') gelesen? */
    if (c == 27) {
      /* Ja, eine Escape-Sequenz, wir wollen den Rest */
      /* der Zeichen auslesen                         */
      rd = read (STDIN_FILENO, buffer, 4);
      buffer[rd] = '\0';   /*String terminieren */
      /*Folg. Werte haben die Funktionstasten in der Term */
      /*    F1 = \E[[A            */
      /*    F2 = \E[[B            */
      /*    PFEIL RECHTS= \E[C    */
      /*    PFEIL LINKS = \E[D    */
      /*    PFEIL RUNTER= \E[B    */
      /*    PFEIL HOCH = \E[A     */
      /*    POS 1 = \E[1~         */
      /*    BILD RUNTER = \E[6~   */
      /*    BILD HOCH = \E[5~     */

      if (strcmp (buffer, "[[A") == 0)
        printf ("F1\n");
      if (strcmp (buffer, "[[B") == 0)
        printf ("F2\n");
      if (strcmp (buffer, "[C") == 0)
        printf ("->\n");
```

```
        if (strcmp (buffer, "[D") == 0)
          printf ("<-\n");
        if (strcmp (buffer, "[B") == 0)
          printf ("V\n");
        if (strcmp (buffer, "[A") == 0)
          printf ("^\n");
        if (strcmp (buffer, "[1~") == 0)
          printf ("POS 1\n");
        if (strcmp (buffer, "[6~") == 0)
          printf ("BILD RUNTER\n");
        if (strcmp (buffer, "[5~") == 0)
          printf ("BILD HOCH\n");
        /* Nein, kein ESC ... */
      }
      else {
        if ((c < 32) || (c == 127))
          /*Nummerischen Wert ausgeben */
          printf ("%d\n", c);
        else
          /*Zeichen ausgeben */
          printf ("%c\n", c);
      }
    } while (c != 'q');
    restore_tty (STDIN_FILENO);
    return EXIT_SUCCESS;
}
```

Das Programm bei der Ausführung:

```
$ gcc -o keystroke keystroke.c
$ ./keystroke
^
->
<-
V
BILD HOCH
BILD RUNTER
F1
F2
POS1
q
```

Zum Abschluss noch ein Beispiel, wie Sie eine einzelne Taste abfragen bzw. abfangen können. Dazu müssen Sie das Terminal in den *Raw*-Modus schalten – oder besser wäre wohl abschalten. Denn wie der Name *raw* (für roh, unbearbeitet) schon andeutet, handelt es sich hier um einen fast nackten Terminalmodus – dabei werden vorwiegend Flags ausgeschaltet. Lediglich das Kontrollflag, wie *groß* ein Zeichen in Bits ist, wird dabei gesetzt.

```
/* my_getch.c */
#include <stdio.h>
#include <unistd.h.>
```

```
#include <termios.h>
#include <stdlib.h>

static struct termios new_io;
static struct termios old_io;

/* Funktion schaltet das Terminal in den Raw-Modus:            */
/* Folgende Eingabeflags werden gelöscht:                      */
/*             BRKINT, ICRNL, INPCK, ISTRIP, IXON              */
/* Folgende Kontrollflags werden gelöscht: CSIZE, PERENB       */
/* Folgende Ausgabeflags werden gelöscht: OPOST                */
/* Folgende lokale Flags werden gelöscht:                      */
/*                         ECHO, ICANON, IEXTEN, ISIG          */
/* Gesetzt wird das Kontrollflag CS8, was bedeutet,            */
/* dass ein Zeichen 8 Bit breit ist                            */
/* Steuerzeichen: Leseoperation liefert 1 Byte VMIN=1 VTIME=1  */
static int raw (int fd) {
  /* Sichern unseres Terminals */
  if ((tcgetattr (fd, &old_io)) == -1)
    return -1;
  new_io = old_io;

  /* Wir verändern jetzt die Flags für den Raw-Modus */
  new_io.c_iflag =
    new_io.c_iflag & ~(BRKINT | ICRNL | INPCK | ISTRIP | IXON);
  new_io.c_oflag = new_io.c_iflag & ~(OPOST);
  new_io.c_cflag = new_io.c_cflag & ~(CSIZE | PARENB);
  new_io.c_lflag = new_io.c_lflag & ~(ECHO|ICANON|IEXTEN|ISIG);
  new_io.c_cflag = new_io.c_cflag | CS8;
  new_io.c_cc[VMIN]  = 1;
  new_io.c_cc[VTIME] = 0;

  /*Jetzt setzen wir den Raw-Modus*/
  if ((tcsetattr (fd, TCSAFLUSH, &new_io)) == -1)
    return -1;
  return 0;
}

/*Funktion zur Abfrage einer Taste*/
static int getch () {
  int c;

  if (raw (STDIN_FILENO) == -1) {
    printf ("Fehler bei der Funktion raw()\n");
    exit (EXIT_FAILURE);
  }
  c = getchar ();
  /*Alten Terminalmodus wiederherstellen*/
  tcsetattr (STDIN_FILENO, TCSANOW, &old_io);
```

```
  return c;
}

int main (void) {
  int zeichen;

  printf ("Warte auf'q', um das Programm zu beenden\n");
  while ((zeichen = getch ()) != 'q')
    printf ("'%c' != 'q'\n", zeichen);

  printf ("'%c' == 'q'\n", zeichen);
  printf ("ENDE\n");
  return EXIT_SUCCESS;
}
```

Das Programm bei der Ausführung:

```
$ gcc -o my_getch my_getch.c
$ ./my_getch
Warte auf'q', um das Programm zu beenden
'a' != 'q'
's' != 'q'
'd' != 'q'
'f' != 'q'
'j' != 'q'
'k' != 'q'
'l' != 'q'
'ö' != 'q'
'q' == 'q'
ENDE
```

Die Funktion `raw()` schaltet das Terminal in den *Raw*-Modus, und mit der Funktion `getch()` können Sie dann nach einer einzelnen oder irgendeiner Taste fragen. Den großen Overhead der Funktion `raw()` können Sie sich ersparen, da Linux/UNIX dafür eine Funktion für uns bereithält:

```
#include <termios.h>

int cfmakeraw(struct termios *tty_zeiger);
```

Diese Funktion ist ebenfalls in der Headerdatei `<termios.h>` definiert und erleichtert Ihnen den Schritt, das Terminal in den *Raw*-Modus zu setzen.

13.1.3 Terminalidentifizierung

Um den Namen des Terminals zu erfragen, der gerade die Kontrolle hat, können Sie folgende Funktion verwenden:

```
#include <stdio.h>

char *ctermid(char *s);
```

Die Funktion ctermid() gibt einen String mit dem Pfadnamen des Kontrollterminals für den aktuellen Prozess zurück. In den meisten Fällen dürfte dies /dev/tty sein. Für s sollten Sie mindestens L_ctermid Bytes Speicherplatz reservieren. Die symbolische Konstante L_ctermid ist in der Headerdatei <stdio.h> definiert. Die Funktion gibt bei Erfolg einen Zeiger auf einen Puffer zurück, der auf den Namen des Kontrollterminals verweist, ansonsten wird bei einem Fehler NULL zurückgegeben. Hierzu ein kurzes Beispiel der Funktion ctermid():

```
/* my_tty.c */
#include <stdio.h>
#include <stdlib.h>
#include <unistd.h.>
#include <termios.h>
static char termname[L_ctermid];

int main (void) {
   const char *ptr = ctermid (termname);
   if (ptr != NULL)
      printf ("Kontrollterminalname = %s\n", ptr);
   else
      printf("Konnte Terminalname nicht ermitteln\n");
   return EXIT_SUCCESS;
}
```

Wenn Sie die Adresse des Terminalpfadnamens benötigen, können Sie die folgende Funktion verwenden:

```
char *ttyname(int fd);
```

Die Funktion liefert einen nullterminierten Pfadnamen (in einem statischen Speicherbereich) des Terminalgerätes zurück, womit der Filedeskriptor fd geöffnet wurde. Bei einem Fehler oder wenn fd mit keinem Terminal verbunden ist, wird NULL zurückgegeben. Auch hierzu ein einfaches Beispiel:

```
/* sende.c */
#include <stdio.h>
#include <stdlib.h>
#include <unistd.h.>
#include <termios.h>

int main(int argc, char **argv) {
  printf("Nachricht von Terminal %s\n%s",
     ttyname(STDIN_FILENO), *++argv);
  return EXIT_SUCCESS;
}
```

Öffnen Sie nun zwei Pseudo-Konsolen (pts) unter X. Ermitteln Sie zuerst mit diesem Programm den Pfad der Konsole (tty). In meinem Beispiel hat Konsole 1 den Pfad /dev/pts/2 und Konsole 2 den Pfad /dev/pts/3. Führen Sie das Programm folgendermaßen aus (der Programmname sei sende):

```
---[/dev/pts/2]---
$ ./sende hallo > /dev/pts/3
```

Auf der Konsole /dev/pts/3 steht jetzt:

```
---[/dev/pts/3]---
Nachricht von Terminal /dev/pts/2
hallo
```

Wenn Sie wollen, können Sie jetzt vom Terminal /dev/pts/3, wie eben gemacht, eine Nachricht an /dev/pts/2 senden. Dies funktioniert daher, da Sie mit

```
ttyname(STDIN_FILENO)
```

den Terminalnamen der Standardeingabe abfragen. Sie können ja statt der Standardeingabe die Standardausgabe abfragen (STDOUT_FILENO).

13.1.4 Geschwindigkeitskontrolle – Baudrate von Terminals einstellen

Jetzt zu einigen Funktionen, womit Sie die Geschwindigkeit der Ein-/Ausgabe eines Terminalgerätes verändern oder erfragen können. Diese Schnittstelle ist schon sehr alt, weshalb hier für die Geschwindigkeit noch Baud verwendet wird. Die korrekte Bezeichnung würde Bits pro Sekunde (bps) lauten. Damit können Sie zum Beispiel testen, wie die Geschwindigkeit zwischen zwei Terminals im Netzwerk ist. Folgende Funktionen stehen Ihnen zum Erfragen der Geschwindigkeit zur Verfügung:

```
#include <termios.h>

speed_t cfgetispeed(const struct termios *tty_zeiger);
speed_t cfgetospeed(const struct termios *tty_zeiger);
```

Beide Funktionen sind in der Headerdatei termios.h definiert und geben die momentan gesetzte Baudrate zurück, wobei cfgetispeed() die Geschwindigkeit der Eingabe und cfgetospeed() die Geschwindigkeit der Ausgabe zurückgibt. Folgende Konstanten sind hierfür auf alle Fälle definiert:

```
B0,B50,B75,B110,B134,B150,B200,B300,B600,
B1200,B1800,B2400,B4800,B9600,B19200,B38400
```

Wobei B0 für die Beendigung einer Verbindung steht. Weiterhin können (unter Linux auf alle Fälle) vorhanden sein:

```
B57600,B115200,B230400,B460800
```

Angewendet werden diese Funktionen folgendermaßen:

```
baudrate = funktion_erfrage_baudrate(cfgetispeed(&terminal));
...
unsigned long funktion_erfrage_baudrate(speed baudkonstante) {
    if(baudkonstante == B0)              return(0);
    else if(baudkonstante == B50)        return(50);
    else if(baudkonstante == B75)        return(75);
    ...
    ...
    else if(baudkonstante == B460800)    return(460800);
    else   return -1;
}
```

Hier das Beispiel, womit Sie die Baudrate eines Terminalgerätes erfragen, das Sie in der Kommandozeile als zweites Argument mit angeben.

```
/* baud.c */
#include <stdio.h>
#include <unistd.h.>
#include <termios.h>
#include <fcntl.h>
#include <stdlib.h>
#include <errno.h>

typedef unsigned long Ulong;
typedef struct termios TTY;

static speed_t baud_konstante[] = {
       B0, B50, B75, B110, B134, B150, B200, B300, B600, B1200,
       B1800, B2400, B4800, B9600, B19200, B38400, B57600,
       B115200, B230400/*, B460800 */
     };

static Ulong baud_werte[] = {
       0, 50, 75, 110, 134, 150, 200, 300, 600, 1200,
       1800, 2400, 4800, 9600, 19200, 38400, 57600,
       115200, 230400/*, 460800 */
     };

static Ulong baudrate_wert (speed_t baud) {
  int i;
  for (i = 0; i <= 19; i++) {
    if (baud == baud_konstante[i])
      return (baud_werte[i]);
  }
  return -1;
}

int main (int argc, char **argv) {
  int fd;
  speed_t baud_input, baud_output;
  TTY terminal;

  if (argc != 2) {
    printf ("Usage: %s Gerätepfad\n", *argv);
    exit (EXIT_FAILURE);
  }
  if ((fd = open (argv[1], O_RDWR | O_NONBLOCK)) == -1) {
    perror ("fopen()");
    exit (EXIT_FAILURE);
  }
  if (isatty (fd) == 0) {
    printf ("%s ist keine tty\n", argv[1]);
```

```
    exit (EXIT_FAILURE);
  }
  if (tcgetattr (fd, &terminal) == -1) {
    printf ("Fehler bei tcgetattr()\n");
    exit (EXIT_FAILURE);
  }
  if((baud_input=baudrate_wert(cfgetispeed(&terminal))) == -1) {
    printf ("Fehler bei baud_input ...\n");
    exit (EXIT_FAILURE);
  }
  if((baud_output=baudrate_wert(cfgetospeed(&terminal))) == -1) {
    printf ("Fehler bei baud_output ...\n");
    exit (EXIT_FAILURE);
  }
  printf ("Eingabe-Baudrate : %d\n", baud_input);
  printf ("Ausgabe-Baudrate : %d\n", baud_output);
  return EXIT_SUCCESS;
}
```

Das Programm bei der Ausführung:

```
$ gcc -o baud baud.c
$ ./baud /dev/tty
Eingabe-Baudrate : 38400
Ausgabe-Baudrate : 38400
```

Neu in diesem Programm ist die Funktion:

```
#include  <unistd.h.>

int isatty(int fd);
```

Damit können Sie abfragen, ob ein Filedeskriptor auf das Terminal eingestellt ist. Wichtig an den Funktionen `cfget...()` und `cfset...()` ist, wenn Sie mit `cfgetispeed()` etwas abfragen wollen, führen Sie zuerst mit der Funktion `tcgetattr()` die Struktur `termios` für das betreffende Gerät eine Abfrage aus. Dasselbe gilt auch, wenn Sie die beiden folgenden Funktionen einsetzen wollen.

```
#include <termios.h>

int cfsetispeed( struct termios *termzeiger,
                 speed_t baudrate );
int cfsetospeed( struct termios *termzeiger,
                 speed_t baudrate);
```

Auch hier müssen Sie die Aufrufe erst mit dem `tcsetattr()`-Aufruf *aktivieren*. Hier das Beispiel, erweitert um die Möglichkeit, die Baudrate auf 115200 hoch zu setzen.

```
/* setbaud.c */
#include <stdio.h>
#include <unistd.h.>
#include <termios.h>
```

```
#include <fcntl.h>
#include <stdlib.h>
#include <stdarg.h>

typedef unsigned long Ulong;
typedef struct termios TTY;

static speed_t baud_konstante[] = {
       B0, B50, B75, B110, B134, B150, B200, B300, B600, B1200,
       B1800, B2400, B4800, B9600, B19200, B38400, B57600,
       B115200, B230400/*, B460800 */
      };

static Ulong baud_werte[] = {
       0, 50, 75, 110, 134, 150, 200, 300, 600, 1200,
       1800, 2400, 4800, 9600, 19200, 38400, 57600,
       115200, 230400/*, 460800 */
     };

// R. W. Stevens-like Fehlerbehandlung
static void fehler_exit (char *error_msg, ...) {
  va_list az;
  va_start (az, error_msg);
  vprintf (error_msg, az);
  va_end (az);
  exit (EXIT_FAILURE);
}

static Ulong baudrate_wert (speed_t baud) {
  int i;
  for (i = 0; i <= 19; i++) {
    if (baud == baud_konstante[i])
      return (baud_werte[i]);
  }
  return -1;
}

int main (int argc, char **argv) {
  int fd;
  speed_t baud_input, baud_output;
  TTY terminal;

  if (argc != 2)
    fehler_exit ("Bitte einen Gerätepfad mit angeben\n");
  if ((fd = open (argv[1], O_RDWR | O_NONBLOCK)) == -1)
    fehler_exit ("Konnte %s nicht öffnen\n", argv[1]);

  if (isatty (fd) == 0)
    fehler_exit ("%s ist kein tty\n", argv[1]);
```

```
  if (tcgetattr (fd, &terminal) == -1)
    fehler_exit ("Fehler bei tcgetattr()\n");

  if((baud_input=baudrate_wert(cfgetispeed(&terminal))) == -1)
    fehler_exit ("Fehler bei baud_input ...\n");
  if((baud_output=baudrate_wert(cfgetospeed(&terminal))) == -1)
    fehler_exit ("Fehler bei baud_output ...\n");
  printf ("Eingabe-Baudrate : %d\n", baud_input);
  printf ("Ausgabe_Baudrate : %d\n", baud_output);

  if ((cfsetispeed (&terminal, B115200)) == -1)
    fehler_exit("Fehler beim Setzen von Eingabe-Baudrate ...\n");
  if ((cfsetospeed (&terminal, B115200)) == -1)
    fehler_exit("Fehler beim Setzen von Ausgabe-Baudrate ...\n");

  if (tcsetattr (fd, TCSAFLUSH, &terminal) == -1)
    fehler_exit ("Fehler bei tcsetattr ...\n");
  if (tcgetattr (fd, &terminal) == -1)
    fehler_exit ("Fehler bei tcgetattr ...\n");

  if((baud_input=baudrate_wert(cfgetispeed(&terminal))) == -1)
    fehler_exit ("Fehler bei baud_input ...\n");
  if((baud_output=baudrate_wert(cfgetospeed(&terminal))) == -1)
    fehler_exit ("Fehler bei baud_output ...\n");
  printf ("Eingabe-Baudrate-neu : %d\n", baud_input);
  printf ("Ausgabe_Baudrate-neu : %d\n", baud_output);
  return EXIT_SUCCESS;
}
```

Das Programm bei der Ausführung:

```
$ gcc -o setbaud setbaud.c
$ ./setbaud /dev/tty
Eingabe-Baudrate : 38400
Ausgabe_Baudrate : 38400
Eingabe-Baudrate-neu : 115200
Ausgabe_Baudrate-neu : 115200
```

Zum Thema Terminal E/A ließe sich noch eine ganze Menge mehr verfassen. Für den Fall, dass Sie mehr Informationen dazu benötigen, sei die Manual Page (*man termios*) empfohlen.

13.2 terminfo

Häufige Fragen, wenn es um die Programmierung von Konsolenprogrammen geht, drehen sich um die Bildschirmsteuerung wie z. B. das Löschen eines Bildschirms, das Positionieren des Cursors oder die Ausgabe in einer anderen Farbe. Viele Programmierer haben meistens schon mit so genannten Semigrafik-Bibliotheken Erfahrungen unter MS DOS mit der Borland-Bibliothek `conio.h` gesammelt.

Zwar kann man auch die ANSI-Steuersequenzen verwenden – was somit unabhängig vom Betriebssystem wäre, aber davon kann nur abgeraten werden. Wenn dabei ein Terminal nichts mit ANSI-Steuersequenzen anzufangen weiß, wird beim Programmstart bereits ein wilder *Zeichensalat* ausgegeben.

Damit eine portable Bildschirmsteuerung (unter Linux und UNIX) möglich wurde, mussten dem Rechner Informationen über die Steuerung von verschiedenen Terminaltypen übergeben werden. Dies wurde mit einer Datenbank von Terminaleigenschaften – genannt *termcap* – realisiert. Dabei wurden in einer Datei (`/etc/termcap`) Eigenschaften von Terminals wie u. a. Zeilen- und Spaltenzahl, Unterscheidung zwischen Groß- und Kleinschreibung, Bildschirm löschen etc. hinterlegt. Der Programmierer konnte nun auf diese Datei zugreifen, um für das aktuelle Terminal die Steuerzeichen zu ermitteln. Damit dies nicht so umständlich wurde, steht eine eigene Bibliothek dafür zur Verfügung.

Im Laufe der Zeit wurden immer mehr neue Terminaltypen zur *termcap*-Datei hinzugefügt, womit, zum Nachteil, die Datei immer umfangreicher wurde und somit automatisch die Suche nach einem entsprechenden Eintrag immer länger dauerte. Dem Programmierer wurde es mit den nicht unbedingt selbstklärenden Zweizeichennamen auch nicht unbedingt einfach gemacht.

Um diesen Nachteil wettzumachen, wurde ein anderes Konzept entwickelt. Dies wurde mit der Terminaldatenbank *terminfo* und der Bibliothek *curses* realisiert. Die Dateien für *terminfo* befinden sich gewöhnlich im Verzeichnis `/usr/lib/terminfo/*` oder `/usr/share/terminfo/*`. Darin befindet sich für jedes Terminal eine eigene Datei (in alphabetisch untergeordneten Verzeichnissen) und nicht wie bei *termcap* alles in einer (Binär-)Datei.

Beide Datenbanken, *termcap* und *terminfo*, verwenden aber dennoch denselben Namen. Zum Beispiel hat unter einem Window-Manager die Konsole meistens den Namen *xterm*, weshalb sich in der *termcap*-Datei und auch im *terminfo*-Verzeichnis `/usr/lib/terminfo/x` ein entsprechender Namen mit den entsprechenden Eigenschaften befindet. Welches Terminal gerade bei Ihnen läuft, können Sie aus der Umgebungsvariablen `TERM` ermitteln:

```
$ echo $TERM
xterm
```

13.2.1 terminfo verwenden

Für jeden möglichen Terminaltypen beinhaltet *terminfo* eine Reihe von Terminalfähigkeiten (*capabilities*) und -Features – auch bekannt als *capname* (verzeihen Sie mir bitte die Eindeutschung mancher Begriffe – mir sind die engl. Begriffe geläufiger). Die so genannten *capnames* lassen sich in die drei folgenden Kategorien einteilen:

- Boolean – Damit können Sie überprüfen, ob ein Terminal bestimmte Eigenschaften unterstützt oder nicht.
- Nummerisch – Nummerische *capnames* spezifizieren gewöhnlich bestimmte Größenangaben, z. B. wie viele Spalten oder Zeilen ein Terminal hat.
- String – Hier wird entweder, wenn nötig, eine Escape-Sequenz angegeben, um bestimmte Eigenschaften verwenden zu können, oder es wird etwas ausgegeben, wenn ein Anwender eine bestimmte Taste drückt.

In der folgenden Tabelle finden Sie einige (der vielen) Fähigkeiten, über die *terminfo* verfügt. Für einen kompletten Überblick sollten Sie die Manual Page (*man terminfo*) lesen.

capname	Type	Bedeutung
am	boolean	Terminal verfügt über eine automatische Randbegrenzung (rechts).
bm	boolean	Terminal verfügt über eine automatische Randbegrenzung (links).
col	Nummerisch	Anzahl der Spalten des aktuellen Terminals
lines	Nummerisch	Anzahl der Zeilen des aktuellen Terminals
colors	Nummerisch	Anzahl der Farben des aktuellen Terminals
pairs	Nummerisch	Anzahl der Farbenpaare (Schrifthintergrund) des akt. Terminals
clear	String	Löscht den Bildschirm und setzt den Cursor an den Anfang.
cl	String	Löscht von der aktuellen Position bis zum Ende der Zeile.
ed	String	Löscht von der aktuellen Position bis zum Ende des Bildschirms.
cup	String	Setzt den Cursor in Zeile und Spalte.
flash	String	Löst einen visuellen Alarm (Flash Screen) aus.
bel	String	Löst einen akkustischen Alarm aus.
kf[0-63]	String	F[0–63]-Funktionstasten
cr	String	Wagenrücklauf (*Carriage Return*)
cudl	String	Cursor um eine Zeile herunter
cubl	String	Cursor um eine Spalte nach links
cufl	String	Cursor um eine Spalte nach rechts
cuul	String	Cursor um eine Zeile nach oben

Tabelle 13.6 Einige capenames und deren Bedeutung

Um ein Programm mit *terminfo* zu erstellen, müssen Sie die Headerdateien `<curses.h>` und `<term.h>` mit einbinden. Außerdem benötigen Sie die Bibliothek *curses*, die mit dem Compilerflag `-lcurses` hinzugelinkt wird.

13.2.2 terminfo initialisieren – setupterm()

Um *terminfo* zu verwenden, muss zuerst die Datenstruktur initialisiert werden. Dies lässt sich recht einfach mit der Funktion `setupterm()` erledigen:

```
#include <curses.h>
#include <term.h>

int setupterm(const char *term, int fd, int *error_return);
```

Mit dem Parameter `term` geben Sie die Schnittstelle für den Terminaltyp an. Wenn Sie hierfür `NULL` angeben – was häufig der Fall ist –, liest `setupterm()` den Typ aus der Umgebungsvariablen `$TERM`. Ansonsten wird das Terminal verwendet, worauf die Adresse `term` verweist. Alle anschließenden Ausgaben auf das Terminal werden auf dem Filedeskriptor `fd` gemacht (was meistens `stdout`/1 ist). Wenn für `error_return` nicht `NULL` angegeben wird, ist entweder 1 in der Adresse abgelegt, was anzeigt, dass alles glatt verlief. Ist der Wert hierbei 0, konnte das referenzierte Terminal `term` nicht in der *terminfo*-Datenbank gefunden werden, oder `error_return` referenziert -1, wenn die *terminfo*-Datenbank überhaupt nicht gefunden wurde. Geben Sie für `error_return` hingegen `NULL` an, gibt `setupterm()` bei einem Fehler eine Diagnosemeldung zurück und beendet sich anschließend. Die Funktion `setupterm()` gibt `OK` bei Erfolg, ansonsten `ERR` bei einem Fehler zurück.

13.2.3 Eigenschaften eines Terminals (Finden von capnames) – tigetflag(), tigetnum() und tigetstr()

Mit folgenden drei Funktionen (der Kategorie entsprechend) können Sie die Eigenschaften eines Terminals ermitteln:

```
#include <term.h>
#include <curses.h>

int tigetflag( const char *capname );    // boolen
int tigetnum ( const char *capname );    // numerisch
char *tigetstr( const char *capname );  // string
```

Mit der Funktion `tigetflag()` wird überprüft, ob die Terminaleigenschaft von `capname` vom aktuellen Terminaltyp unterstützt wird. So liefert `tigetflag("am")` 1 zurück, wenn der Terminaltyp über eine automatische Randbegrenzung verfügt. Bei einem Fehler wird -1 zurückgegeben.

Die Funktion `tigetnum()` liefert die Ganzzahl einer Eigenschaft zurück. Unterstützt der aktuelle Terminaltyp z. B. acht Farben, so liefert ein Funktionsaufruf von `tigetnum("colors")` den Wert 8 zurück. Bei einem Fehler wird -1 zurückgegeben.

Die Funktion `tigetstr()` gibt die Eigenschaft zurück, die vom Tastaturtreiber generiert wird, wenn z. B. eine Cursortaste gedrückt wurde. Dabei wird das ESCAPE-Zeichen als 27 dekodiert – anstatt, wie in der Term-Infodatei dargestellt, mit `\E` – weshalb Sie das Zeichen mit `\\E` selbst angeben müssen, damit es ausgegeben wird (siehe das nachfolgende Beispiel). Bei einem Fehler gibt diese Funktion `NULL` zurück.

Hierzu ein Listing, wie Sie die Eigenschaften eines Terminals abfragen können. Für mehr Eigenschaften sollten Sie, wie bereits erwähnt, die Manual Pages von *terminfo* zurate ziehen und einzelne Eigenschaften hier einbauen.

```
/* terminfo.c */
#include <stdio.h>
#include <stdlib.h>
#include <term.h>
#include <curses.h>
#define CAPS 4

int main (void) {
  int i, ret = 0;
  char *buf;
  const char *boolcaps[CAPS] = {"am", "bm", "bce", "km"};
  const char *numcaps[CAPS]={"cols", "lines", "colors", "pairs"};
```

```
  const char *strcaps[CAPS] = {"cup", "kf2", "flash", "hpa"};

  /* terminfo initialisieren */
  ret = setupterm (NULL, fileno (stdin), NULL);
  if (ret != 0) {
    perror ("setupterm()");
    exit (EXIT_FAILURE);
  }

  /* Eigenschaften abfragen, ob vorhanden */
  for (i = 0; i < CAPS; i++) {
    ret = tigetflag (boolcaps[i]);
    if (ret == -1)
      printf ("%s wird nicht unterstützt\n", boolcaps[i]);
    else
      printf ("%s wird unterstützt\n", boolcaps[i]);
  }
  printf ("\n");

  /* Eigenschaften abfragen, die einen nummerischen */
  /* Wert zurückliefern                             */
  for (i = 0; i < CAPS; i++) {
    ret = tigetnum (numcaps[i]);
    if (ret == -1)
      printf ("%s wird nicht unterstützt\n", numcaps[i]);
    else
      printf ("%s ist %d\n", numcaps[i], ret);
  }
  printf ("\n");

  /* Eigenschaften abfragen, die vom Tastaturtreiber */
  /* generiert werden                                */
  for (i = 0; i < CAPS; i++) {
    buf = tigetstr (strcaps[i]);
    if (buf == NULL)
      printf ("%s wird nicht unterstützt\n", strcaps[i]);
    else
      printf ("%s ist \\E%s\n", strcaps[i], &buf[1]);
  }
  return EXIT_SUCCESS;
}
```

Das Programm bei der Ausführung:

```
$ gcc -o terminfo terminfo.c -lncurses
$  ./terminfo
am wird unterstützt
bm wird nicht unterstützt
bce wird unterstützt
km wird unterstützt
```

```
cols ist 101
lines ist 15
colors ist 8
pairs ist 64

cup ist \E[%i%p1  %d;%p2  %dH
kf2 ist \EOQ
flash ist \E[?5h$<100/>
hpa ist \E[%i%p1  %dG
```

Bis auf die kryptischen Escape-Sequenzen sollte Ihnen das Verstehen der Ausgabe hier nicht schwer fallen. Aber was hat es mit den Escape-Sequenzen auf sich? Als Beispiel soll hierbei `cup` verwendet werden, womit Sie einen Cursor auf eine bestimmte Zeile und Spalte setzen können.

```
\E[%i%p1  %d;%p2  %dH
```

Man spricht dabei von einem parametrisierten String. So benötigt `cup` zwei Parameter – nämlich die Zeile und die Spalte –, um zu wissen, wohin mit dem Cursor. Der Escape-String sieht schlimmer aus, als er ist. Zerlegt man diesen in Worten, sieht das so aus:

```
\E[%i%p1  %d;%p2  %dH
```

Entspricht:

```
Escape [ <zeile>; <spalte> H
```

Hinweis

Wollen Sie alle Eigenschaften des aktuellen Terminaltyps auf dem Bildschirm ausgeben lassen, können Sie die Anwendung *infocmp* starten.

Ich möchte Sie aber jetzt gar nicht dazu auffordern, mit den Escape-Sequenzen zu experimentieren, sondern Ihnen lediglich die Bedeutung der einzelnen (kryptisch aussehenden) Zeichen erklären, um anschließend die Funktionen zu verwenden, die Ihnen das ganze Gewusel ersparen können.

Zeichen	Bedeutung
`\E`	Escape auf dem Bildschirm ausgeben
`[`	Zeichen '[' auf dem Bildschirm ausgeben
`%i`	Inkrementiert alle %p-Werte um 1.
`%p1`	Legt den Wert von p1 auf einen internen *terminfo*-Stack.
`%d`	Holt den Wert p1 vom *terminfo*-Stack und gibt diesen auf dem Bildschirm aus.
`;`	';' auf dem Bildschirm ausgeben.
`%p2`	Legt den Wert von p2 auf einen internen *terminfo*-Stack.
`%d`	Holt den Wert p2 vom *terminfo*-Stack und gibt diesen auf dem Bildschirm aus.
`H`	Gibt 'H' auf dem Bildschirm aus.

Tabelle 13.7 Zerlegung des Escape-Strings

Dies sieht sehr kompliziert aus. Sie können sich jetzt hinsetzen und ein paar hundert Zeilen Code in diesem Stile schreiben – oder Sie tun es mir gleich und belassen es hierbei und wenden sich den nun folgenden Funktionen zu, die Ihnen das Denken »abnehmen« (weshalb Sie den Escape-String nicht unbedingt verstehen müssen).

13.2.4 Mit terminfo-Eigenschaften arbeiten – putp(), tputs(), tparm()

Jetzt, wo Sie die *terminfo*-Eigenschaften abfragen können, werden Sie diese wohl auch anwenden wollen. Hierfür können folgende drei Funktionen verwendet werden:

```
#include <term.h>
#include <curses.h>

int putp( const char *str );
int tputs( const char *str, int affcnt, int (*putc)(int) );
char *tparm( const char *str, long p1, long p2, ..., long p9 );
```

Mit den Funktionen `putp()` und `tputs()` geben Sie die (mit `tigetstr()`) präparierten Escape-Strings auf dem Bildschirm aus. Die Funktion `putp()` gibt `str` auf die Standardausgabe aus und ist gleichwertig zum Funktionsaufruf `tputs(str, 1, putchar)`. Die Funktion `tputs()` ist ein wenig umfangreicher. `affcnt` entspricht der Anzahl der Zeilen, wenn str ein *mehrzeiliger Escape-String* ist. `putc` ist ein Funktionszeiger auf eine `putchar()`-ähnliche Funktion, die einzelne Zeichen ausgibt.

Um z. B. den Cursor auf eine bestimmte Zeile und Spalte zu setzen, werden hierzu parametrisierte Strings (im Beispiel von `cup` sind dies `%p1` und `%p2`) verwendet. Da die Funktion `tigetstr()` nur einen String als Parameter erwartet, ist hierzu eine Funktion mit einer flexibleren Anzahl an Argumenten nötig, die den String für `putp()` bzw. `tputs()` noch entsprechend anpasst, da es ja neben diesem Beispiel (`cup`) auch parametrisierte Strings mit einer anderen Anzahl von Argumenten gibt. Dies erledigt man mit der Funktion `tparm()`. Damit wird der parametrisierte String mit den Parametern *p1* bis *p9* angepasst – sprich, im Falle von `cup`, mit den Werten der Zeile und Spalte belegt. Es liegt außerdem in Ihrer Verantwortung, die Funktion `tparm()` mit entsprechend vielen (`%p1` ... `%p9`) Parametern in der richtigen Reihenfolge zu belegen.

Das folgende Listing stellt eine Erweiterung des vorherigen Beispiels dar und zeigt Ihnen, wie Sie die Funktionen `tparm()` und `putp()` anwenden können. Es werden dabei die Funktionen zum Löschen eines Bildschirms, zum Setzen des Cursors auf eine bestimmte Zeile und Spalte und zum kurzen Blinken des Bildschirms demonstriert.

```
/* terminfo2.c */
#include <stdio.h>
#include <stdlib.h>
#include <term.h>
#include <curses.h>
#define CAPS 4

static void clrscr (void) {
  const char *ptr = tigetstr ("clear");
```

```
  putp (ptr);
}

static void mvcursor (int zeile, int spalte) {
  const char *cap = tigetstr ("cup");
  putp (tparm (cap, zeile, spalte));
}

static void myflash (void) {
  const char *flash = tigetstr ("flash");
  putp (flash);
  putp (flash);
}

int main (void) {
  int i, ret = 0;
  char *buf;
  const char *boolcaps[CAPS] = { "am", "bm", "bce", "km" };
  const char *numcaps[CAPS]={"cols", "lines", "colors", "pairs"};
  const char *strcaps[CAPS] =  { "cup", "kf2", "flash", "hpa" };

  ret = setupterm (NULL, fileno (stdin), NULL);
  if (ret != 0) {
    perror ("setupterm()");
    exit (EXIT_FAILURE);
  }
  // Bildschirm löschen
  clrscr ();

  for (i = 0; i < CAPS; i++) {
    ret = tigetflag (boolcaps[i]);
    mvcursor (i + 2, 10);
    if (ret == -1)
      printf ("%s wird nicht unterstützt\n", boolcaps[i]);
    else
      printf ("%s wird unterstützt\n", boolcaps[i]);
  }
  // Cursor neu positionieren
  mvcursor (10, 10);
  printf ("Weiter mit ENTER\n");
  getchar ();
  clrscr ();
  for (i = 0; i < CAPS; i++) {
    ret = tigetnum (numcaps[i]);
    mvcursor (i + 2, 10);
    if (ret == -1)
      printf ("%s wird nicht unterstützt\n", numcaps[i]);
    else
      printf ("%s ist %d\n", numcaps[i], ret);
  }
```

```
  mvcursor (10, 10);
  printf ("Weiter mit ENTER\n");
  getchar ();
  clrscr ();
  for (i = 0; i < CAPS; i++) {
    buf = tigetstr (strcaps[i]);
    mvcursor (i + 2, 10);
    if (buf == NULL)
      printf ("%s wird nicht unterstützt\n", strcaps[i]);
    else
      printf ("%s ist %\\E%s\n", strcaps[i], &buf[1]);
  }

  mvcursor (10, 10);
  printf ("Weiter mit ENTER\n");
  getchar ();
  // Bildschirm kurz blinken lassen
  myflash ();
  clrscr ();
  return EXIT_SUCCESS;
}
```

Das Programm bei der Ausführung:

```
$ gcc -o terminfo2 terminfo2.c -lncurses
$ ./terminfo2
---[Bildschirm wird gelöscht]---

          am wird unterstützt
          bm wird nicht unterstützt
          bce wird unterstützt
          km wird unterstützt

          Weiter mit ENTER
...
```

Sie haben hier einen kleinen Einblick zu Schnittstellen einer relativ niedrigen Ebene zur Manipulation von Terminals erhalten. Für mehr Details sollten Sie auf entsprechende Manual Pages *terminfo(5)*, *termios(3)*, *termcap(5)* und *term(5)* zurückgreifen – oder Sie verwenden den auf den nächsten Seiten beschriebenen (einfacheren) Weg mit der *curses*-Bibliothek.

13.3 ncurses – Halbgrafik

In diesem Kapitel erhalten Sie eine Einführung zu *ncurses* – einer freien Implementierung der klassischen Bildschirmsteuerung der UNIX-Bibliothek *curses*. *ncurses* ist eine Bibliothek der höheren Ebene und eine Schnittstelle zur Kontrolle und Manipulation der Bildschirmausgabe. Weiterhin beinhaltet *ncurses* Funktionen zur Behandlung der Tastatur- und Mauseingabe, zur

Behandlung und Erzeugung mehrerer Fenster – ja es gibt sogar Funktionen für Panels, Menüsteuerung und Forms. Eine vollständige Beschreibung würde hier allerdings den Rahmen des Buchs sprengen – und ich war der Auffassung, mehr Platz für die Programmierung von grafischen Oberflächen zu lassen. Benötigen Sie eine umfangreichere Lektüre zu *ncurses*, dann ist die Manual Page wieder das Nonplusultra (oder ein Blick auf die Buch-CD).

ncurses ist sozusagen die Antwort von den Bekehrten des »Bösen«, die zum »Guten« gewechselt sind und sich die Frage stellen: *Wo ist conio?* – und auch als gute Alternative zur niedrigeren Fraktion *termcap* und *terminfo*.

Ihnen wird außerdem auffallen, dass mit *ncurses* ein gewisser Overhead entfällt, den Sie mit *termios* und *terminfo* zuvor betrieben haben. Meistens werden ungemütliche Aufgaben bei *ncurses* mit einer Funktion erledigt – wozu Sie zuvor eine ganze Routine haben schreiben müssen.

Da Sie *ncurses* nicht standardmäßig auf jedem System vorfinden, muss diese Bibliothek dem Linker mit dem Flag `-lncurses` oder (unter UNIX-artigem `-curses`) hinzugelinkt werden (eventuell muss die entsprechende Bibliothek nachinstalliert werden).

13.3.1 ncurses initialisieren

Bei *ncurses* fällt relativ oft der Begriff *Window* und dann wieder der Begriff *Screen*, was beides allerdings nicht ganz dasselbe bedeutet. Der *Screen* ist der physische Terminalbildschirm, der im Zeichen- oder Konsolenmodus ausgeführt wird, und als *Window* bezeichnet man den rechteckigen Bereich auf dem Bildschirm, der sich innerhalb des *Screens* befindet. Das erste *Window*, das *ncurses* auf dem Bildschirm ausgibt, wird als `stdscr` bezeichnet. Alle anderen *Windows*, die darauf folgen, können Sie unter Angabe des Typs `WINDOW` selbst benennen. Schließlich können Sie mit *ncurses* mit mehr als einem *Window* arbeiten.

Um überhaupt mit *ncurses* arbeiten zu können, müssen Sie erst eine Initialisierung machen. Dies wird mit der folgenden Funktion erledigt:

```
#include <curses.h>

WINDOW *initscr(void);
```

Konnte *ncurses* erfolgreich initialisiert werden, gibt `initscr()` einen Zeiger auf `stdscr` zurück, ansonsten im Fehlerfall wird `NULL` zurückgegeben. Nach der Initialisierung von *ncurses* können Sie weitere Funktionen aufrufen.

Wenn Sie das Programm beenden wollen, sollten Sie *ncurses* ebenfalls davon in Kenntnis setzen.

```
#include <curses.h>

int endwin(void);
```

Damit wird das aktuelle Terminal wieder freigegeben. Bei Erfolg liefert `endwin()` die symbolische Konstante `OK`, ansonsten bei einem Fehler `ERR` zurück.

Somit sieht das Grundgerüst zur *ncurses*-Programmierung folgendermaßen aus:

```
/* curl.c */
#include <curses.h>

int main (void) {
   /* curses initialisieren */
   initscr ();

   /* curses-Funktionen usw. */

   /* curses beenden         */
   endwin ();
   return 0;
}
```

Logischerweise passiert nach dem Übersetzen und Starten des Programms noch gar nichts.

13.3.2 Tastaturmodus und Ein- und Ausgabe

Hinweis

Bei den meisten Funktionen, die einen Integer zurückgeben, wird bei einem Fehler immer `ERR`, ansonsten bei Erfolg ein anderer Wert als `ERR` (`!ERR`) zurückgegeben. Funktionen, die einen Zeiger verwenden, geben bei einem Fehler immer `NULL` zurück.

Im nächsten Abschnitt lernen Sie einige (der vielen) Möglichkeiten kennen, wie Sie Zeichen von der Tastatur einlesen und wieder ausgeben können.

Der Tastaturmodus

Um den Puffer (zeilenweise) abzustellen bzw. wieder einzuschalten, stehen Ihnen bei *ncurses* folgende Funktionen zur Verfügung:

```
#include <curses.h>

int cbreak(void);
int nobreak(void);
```

Mit der Funktion `cbreak()` stellen Sie den Puffer ab, und mit der Funktion `nobreak()` können Sie dies wieder rückgängig machen. Wurde der Puffer abgeschaltet, werden die einzelnen Zeichen sofort ohne Betätigung von [↵] eingelesen. Mit der Funktion `cbreak()` bearbeitet der Tastaturtreiber außerdem nur noch die Tastenkombinationen [Strg]+[S], [Strg]+[Q] und [Strg]+[C]. Standardmäßig ist unter Linux logischerweise (auch unter *ncurses*) die (zeilenweise) Pufferung eingeschaltet.

Ebenso können Sie mit *ncurses* das Terminal auch in den `raw()`-Modus setzen bzw. wieder zurücksetzen. Dies erledigen Sie mit den entsprechenden Funktionen:

```
#include <curses.h>

// raw-Modus an
int raw(void);
// raw-Modus aus
int noraw(void);
```

Um bei einer Eingabe von der Tastatur die anschließenden Zeichen oder Steuercodes nicht am Bildschirm anzuzeigen, kann die Funktion `noecho()` verwendet werden. Rückgängig gemacht wird dies wieder mit der Funktion `echo()`.

```
#include <curses.h>

int noecho(void);
int echo(void);
```

Wollen Sie testen, ob bestimmte Tasten wie *Cursor up*, *Page down*, *Home*, *Cursor down*, *Ende*, *F1* usw. betätigt wurden, dann verwenden Sie am besten die folgende Funktion:

```
#include <curses.h>

int keypad(WINDOW *win, bool bf);
```

Der Parameter `win` wird (wurde) bereits zu Beginn mit `initscr()` initialisiert (`stdscr`). Mit `bf` können Sie das Verhalten des Bildschirms festlegen. Geben Sie hierfür `TRUE` an und der Anwender drückt eine Funktionstaste, dann gibt die Funktion `wgetch()` z. B. einen Wert zurück, den die Funktionstaste repräsentiert. Falls Sie hierfür `FALSE` angeben, werden die Funktionstasten nicht gesondert behandelt, und die Anwendung interpretiert die Escape-Sequenzen selbst.

Ein- und Ausgabe

Hinweis

Eine Besonderheit bei der Ausgabe gleich zu Beginn. Damit die anschließenden Ausgabefunktionen von *ncurses* auch wirklich etwas auf dem Bildschirm wiedergeben, muss nach jeder Veränderung des Bildschirms die Funktion `refresh()` aufgerufen werden. Dazu in Kürze mehr.

Bei *ncurses* haben fast alle Routinen zur Ein- und Ausgabe zwei Varianten, zum einen die »normale« Variante, zum anderen eine, die mit einem `mv`-Präfix beginnt. Beide Schreibweisen bedeuten dasselbe, nur dass Sie mit dem `mv`-Präfix (*mv=move*) den Cursor erst noch auf die Position *y*, *x* stellen können. Achtung, falls Sie die Koordinaten von `conio` im Kopf haben (`x, y`), bei *ncurses* geben Sie zuerst die `y`- und dann die `x`-Koordinate an.

Um einzelne Zeichen von der Tastatur einzulesen, stehen Ihnen folgende Funktionen zur Verfügung:

```
#include <curses.h>

int getch(void);
int mvgetch(int y, int x);
```

Mit der Funktion getch() lesen Sie ein Zeichen von der Tastatur ein. mvgetch(y,x) macht dasselbe, nur mit den Koordinaten y und x (Zeile und Spalte). Die Funktion getch() ist natürlich auch abhängig von den Funktionen cbreak(), raw(), nocbreak() und noraw(). Außerdem werden mit getch() auch Werte jenseits von 0 bis 255 zurückgegeben. Damit können Sie sich, wenn Sie die Funktionstastenerkennung keypad(stdscr,TRUE) aktiviert haben, den Integerwert der Funktionstasten ausgeben lassen. Hier ein Beispiel dazu:

```
/* cur2.c */
#include <curses.h>

int main (void) {
  int c;

  initscr ();
  keypad (stdscr, TRUE);
  noecho();

  while ((c = getch ()) != 'q') {
    switch (c) {
    case KEY_DOWN:
      printw ("KEY_DOWN : %d\n", c);
      break;
    case KEY_UP:
      printw ("KEY_UP   : %d\n", c);
      break;
    case KEY_LEFT:
      printw ("KEY_LEFT : %d\n", c);
      break;
    case KEY_RIGHT:
      printw ("KEY_RIGHT: %d\n", c);
      break;
    default:
      printw ("Tastaturcode %d\n", c);
    }
  }
  endwin ();
  return 0;
}
```

Das Programm bei der Ausführung:

```
$ gcc -o cur2 cur2.c -lncurses
$ ./cur2
---[Bildschirm wird geleert]---
KEY_UP   : 259
KEY_LEFT : 260
KEY_DOWN : 258
KEY_RIGHT: 261
Tastaturcode 265
Tastaturcode 266
Tastaturcode 267
```

```
Tastaturcode 339
Tastaturcode 97
Tastaturcode 99
...
q
```

Wenn Sie das Programm ausführen, aktivieren Sie mit `keypad(stdscr,TRUE)` die Cursor- und Funktionstasten – sprich, diese werden berücksichtigt. Im Beispiel können so lange Tasten gedrückt werden, bis Sie `q` betätigen. Sie sehen außerdem, wie Sie einzelne Funktionstasten explizit abfragen können (`KEY_DOWN`, `KEY_UP`, `KEY_RIGHT`, `KEY_LEFT`). Weitere symbolische Konstanten, die in der Headerdatei `curses.h` definiert sind und abgefragt werden können, sind:

```
#define KEY_BREAK 0401          /* Break (unzuverlässig )        */
#define KEY_DOWN 0402           /* Pfeil-nach-unten              */
#define KEY_UP 0403             /* Pfeil-nach-oben               */
#define KEY_LEFT 0404           /* Pfeil-nach-links              */
#define KEY_RIGHT 0405          /* Pfeil-nach-rechts             */
#define KEY_HOME 0406           /* Home                          */
#define KEY_BACKSPACE 0407      /* Backspace (unzuverlässig)     */
#define KEY_F0 0410             /* Funktionstasten (Platz für 64)*/
#define KEY_F(n) (KEY_F0+(n))   /* Wert für Funktionstaste n     */
#define KEY_DL 0510             /* Delete Zeile                  */
#define KEY_IL 0511             /* Insert Zeile                  */
#define KEY_DC 0512             /* Delete Zeichen                */
#define KEY_CLEAR 0515          /* Screen löschen                */
#define KEY_EOS 0516            /* Löschen bis Ende des Screens  */
#define KEY_EOL 0517            /* Löschen zum Ende der Zeile    */
#define KEY_SF 0520             /* 1 Zeile herunterscrollen      */
#define KEY_SR 0521             /* 1 Zeile heraufscrollen        */
#define KEY_NPAGE 0522          /* Nächste Seite                 */
#define KEY_PPAGE 0523          /* Vorherige Seite               */
#define KEY_STAB 0524           /* TAB gesetzt                   */
#define KEY_CTAB 0525           /* TAB losgelöst                 */
#define KEY_ENTER 0527          /* Enter                         */
#define KEY_PRINT 0532          /* Print                         */
```

Natürlich sind das noch lange nicht alle Konstanten. Weitere Funktionstasten und deren symbolische Konstanten können Sie unter `/usr/include/curses.h` finden.

Zum Einlesen von Strings werden folgende Funktionen verwendet:

```
#include <curses.h>

int getstr(char *string);
int getnstr(char *string, int n);
```

Beide Funktionen können Sie als Gegenstück zu `gets()` -> `getstr()` und `fgets()` -> `getnstr()` sehen. Auch hier kann nur von `getstr()` abgeraten werden (wie im Falle von `gets()`), da keine Längenprüfung vorgenommen wird. Beide Funktionen lesen von der Standardeingabe einen String in die Adresse von `string`. Bei `getnstr()` wird mit `n` noch eine zusätzliche Längenangabe gemacht. Beide Funktionen gibt es natürlich auch als mv-Alternative zur Positionierung des Cursors:

```
#include <curses.h>

int mvgetstr(int y, int x, char *string);
int mvgetnstr(int y, int x, char *string, int n);
```

Hierzu ein einfaches Beispiel zum Einlesen von Strings:

```
/* cur3.c */
#include <curses.h>
#define MAX 100

int main (void) {
   char string[MAX];
   char string2[MAX];

   initscr ();
   printw("Bitte Eingabe machen : ");
   getnstr (string, MAX);
   mvprintw( 5, 10 ,"Eingabe machen : ");
   mvgetnstr (5, 30, string2, MAX);
   endwin ();

   printf ("Die 1. Eingabe lautet : %s \n", string);
   printf ("Die 2. Eingabe lautet : %s \n", string2);
   return 0;
}
```

Das Programm bei der Ausführung:

```
$ gcc -o cur3 cur3.c -lncurses
$ ./cur3
---[Bildschirm leeren]---
Bitte Eingabe machen : Hallo Welt


          Eingabe machen :    Hallo Welt
...
```

Um ein einzelnes Zeichen wieder in den Eingabepuffer zurückzuschieben, kann folgende Funktion verwendet werden:

```
#include <curses.h>

int ungetch(char zeichen);
```

Jetzt werden die wichtigsten Ausgabefunktionen von *ncurses* behandelt. Wie schon erwähnt, muss nach einem Aufruf von *ncurses*-Ausgabefunktionen wie printw(), addstr() etc. die Funktion refresh() aufgerufen werden, damit alle Veränderungen auch wirklich am Bildschirm angezeigt werden.

```
#include <curses.h>

int refresh(void);
```

Um die Ausgabe an einer bestimmten Position des Terminals vorzunehmen, kann der Cursor mit der Funktion `move()` platziert werden.

```
#include <curses.h>

int move(int y, int x);
```

Damit platzieren Sie den Cursor auf dem Bildschirm in der `y`-ten Zeile und der `x`-ten Spalte.

Wenn Sie eine Zeile löschen oder eine Zeile einfügen wollen, stehen folgende Funktionen zur Verfügung:

```
#include <curses.h>

int deleteln(void);
int insertln(void);
int insdelln(int anzahl);
```

Mit `deleteln()` löschen Sie die Zeile, in der sich der Cursor gerade befindet. Die unteren Zeilen werden dabei nach oben gezogen. Mit `insertln()` fügen Sie eine Leerzeile an der Position ein, wo sich der Cursor im Augenblick befindet. Die letzte Zeile geht dabei verloren! Mit `insdelln()` fügen Sie `anzahl` Zeilen über die aktuelle Cursorposition ein und schieben die unteren Zeilen nach unten. Dadurch gehen die letzten `anzahl` Zeilen verloren.

Weitere ebenbürtige Funktionen, die Sie in ähnlicher Form aus der Standard-C-Bibliothek her kennen, sind:

```
#include <curses.h>

int printw(char *format, ...);
int mvprintw(int y, int x, char *format, ...);
```

Zu `printw()` gibt es nichts zu sagen, da diese wie `printf()` zu verwenden ist. Mit `mvprintw()` können Sie noch zusätzlich die Ausgabe an der `y`-ten Zeile und der `x`-ten Spalte positionieren. Mit beiden Funktionen lassen sich außerdem keine `ACS_` Sonderzeichen darstellen, da ein `char` meistens 8 Bit breit ist. Was `ACS_` Sonderzeichen sind, erfahren Sie in Kürze. Ein Listing demonstriert Ihnen die hier vorgestellten Funktionen:

```
/* cur4.c */
#include <curses.h>
#define MAX 100

int main (void) {
  char string[MAX];
  char string2[MAX];
  const char string3[] = "Dies ist der neue String3\n";
  int c;

  initscr ();
```

```
   printw ("Bitte Eingabe für String machen: ");
   getnstr (string, MAX);
   mvprintw (3, 0, "Bitte Eingabe für 2. String machen: ");
   getnstr (string2, MAX);
   mvprintw (7, 20, "String ist gleich: %s\n", string);
   mvprintw (8, 20, "Diese Zeile wird mit deleteln() gelöscht\n");
   mvprintw (9, 20, "String 2 ist gleich: %s\n", string2);
   mvprintw (14, 20, "Weiter mit TASTE");
   noecho ();
   c = getch ();
   move (8, 20);
   // Zeile löschen
   deleteln ();
   noecho ();
   c = getch ();
   move (8, 20);
   // (Leer-)Zeile einfügen
   insertln ();
   mvprintw (8, 20, string3);
   noecho ();
   c = getch ();
   // Bildschirm löschen
   clear ();
   refresh ();
   mvprintw (12, 38, "ENDE");
   // Wartet 20 Zehntelsek. auf getch()
   halfdelay (20);
   // ... ansonsten beendet sich das Progr. selbst
   c = getch ();
   endwin ();
   return 0;
}
```

Das Beispiel sollte eigentlich für sich selbst sprechen. Zuerst werden Sie aufgefordert, zwei Strings einzugeben. Anschließend wird eine Zeile gelöscht und dann wieder eine hinzugefügt. Auf die Funktion `halfdelay()` wird noch eingegangen.

Mit der Funktion `addch()` können Sie ein einzelnes Zeichen an der aktuellen Cursorposition ausgeben.

```
#include <curses.h>

int addch(chtype zeichen);
```

Wie Sie an dem Datentyp `chtype` erkennen können, handelt es sich hierbei nicht um ein »normales« `char`-Zeichen. Der Datentyp `chtype` ist ein 32-Bit-Wert. Damit lassen sich auch ganz andere Zeichen als nur ASCII-Zeichen darstellen. Folgende Sonderzeichen können Sie u. a. damit darstellen:

```
#define ACS_ULCORNER (acs_map['l']) /* Ecke links oben         */
#define ACS_LLCORNER (acs_map['m']) /* Ecke links unten        */
```

```
#define ACS_URCORNER (acs_map['k']) /* Ecke rechts oben        */
#define ACS_LRCORNER (acs_map['j']) /* Ecke rechts unten       */
#define ACS_LTEE (acs_map['t'])     /* T-Stück nach rechts     */
#define ACS_RTEE (acs_map['u'])     /* T-Stück nach links      */
#define ACS_BTEE (acs_map['v'])     /* T-Stück nach oben       */
#define ACS_TTEE (acs_map['w'])     /* T-Stück nach unten      */
#define ACS_HLINE (acs_map['q'])    /* horizontale Linie       */
#define ACS_VLINE (acs_map['x'])    /* vertikale Linie         */
#define ACS_PLUS (acs_map['n'])     /* großes Pluszeichen      */
#define ACS_S1 (acs_map['o'])       /* Scan-Linie 1            */
#define ACS_S9 (acs_map['s'])       /* Scan-Linie 2            */
#define ACS_DIAMOND (acs_map['`'])  /* Diamant                 */
#define ACS_CKBOARD (acs_map['a'])  /* checker board (stipple) */
#define ACS_DEGREE (acs_map['f'])   /* Symbol für Grad         */
#define ACS_PLMINUS (acs_map['g'])  /* Plus/Minus              */
#define ACS_BULLET (acs_map['~'])   /* Bullet                  */
```

Bei den folgenden Typen kann es passieren, dass diese nicht richtig dargestellt werden. Als Alternative werden dann stattdessen einfache ASCII-Zeichen dargestellt. Zum Beispiel für *Pfeil-nach-links* wird hierbei einfach < ausgegeben oder für den *Pfeil-nach-rechts* das Zeichen >.

```
#define ACS_LARROW (acs_map[','])    /* Pfeil-nach-links     */
#define ACS_RARROW (acs_map['+'])    /* Pfeil-nach-rechts    */
#define ACS_DARROW (acs_map['.'])    /* Pfeil-nach-unten     */
#define ACS_UARROW (acs_map['-'])    /* Pfeil-nach-oben      */
#define ACS_BOARD (acs_map['h'])     /* Tafel mit Quadraten  */
#define ACS_LANTERN (acs_map['i'])   /* Laternen-Symbol      */
#define ACS_BLOCK (acs_map['0'])     /* Würfel-Block         */
```

Zur Demonstration ein einfaches Beispiel. Es wird ein einfacher Rahmen »gezeichnet«, bei dem sich im Zentrum ein String befindet.

```
/* cur5.c */
#include <curses.h>

int main (void) {
  int i, j;

  initscr ();
  // Ecke links oben
  addch (ACS_ULCORNER);
  // Eine horizontale Linie
  for (i = 0; i < 20; i++)
     addch (ACS_HLINE);
  // Ecke rechts oben
  addch (ACS_URCORNER);
  addch ('\n');
  // vertikale Linie rechts und links (21 Zeilen)
  for (i = 0; i < 10; i++)
    for (j = 0; j <= 21; j++)
      if (j == 0)
```

```
          addch (ACS_VLINE);
        else if (j == 21) {
          addch (ACS_VLINE);
          addch ('\n');

        }
        else
          addch (' ');
    // Ecke links unten
    addch (ACS_LLCORNER);
    // Eine horizontale Linie
    for (i = 0; i < 20; i++)
      addch (ACS_HLINE);
    // Ecke rechts unten
    addch (ACS_LRCORNER);
    addch ('\n');
    mvprintw (5, 7, "<TASTE>");
    getch ();
    endwin ();
    return 0;
}
```

So sieht's aus:

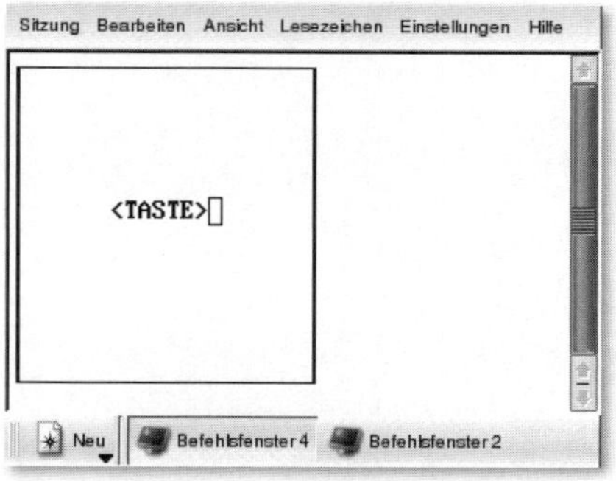

Abbildung 13.1 Ein einfacher Rahmen mithilfe von addch()

Zur zeichenweisen Ausgabe mittels `addch()` gibt es auch eine Version für Strings:

```
#include <curses.h>

int addstr(char *string);
int addnstr(char *string, int anzahlzeichen);
```

Angewendet werden diese Funktionen so:

```
addstr("Hallo Welt");
addnstr("Hallo Welt",5);     /* Wird nur Hallo ausgegeben */
```

Natürlich gibt es auch bei diesen Funktionen weitere Versionen mit dem vorangestellten `mv`-Präfix zum Positionieren. Es sind außerdem noch eine Menge mehr Funktionen dieser Art vorhanden. Hierfür sind, bei Bedarf, die Manual Pages von *ncurses* heranzuziehen.

Wollen Sie den Bildschirm von der aktuellen Position des Cursors aus löschen, können Sie folgende Funktion verwenden:

```
#include <curses.h>

int clrtobot(void);
```

Sie löschen damit alles, was sich hinter dem Cursor befindet – alles, was davor steht, bleibt erhalten. Selbige Funktion gibt es auch für eine Zeile:

```
#include <curses.h>

int clrtoeol(void);
```

Mit der Funktion `clrtoeol()` löschen Sie den Rest (nicht die ganze Zeile) der Zeile ab der Position, an der sich der Cursor gerade befindet. Es geht auch noch kleiner:

```
#include <curses.h>

int delch(void);
int mvdelch(int y, int x);
```

Mit diesen beiden Funktionen können Sie das Zeichen an der Stelle löschen, an der sich der Cursor im Augenblick befindet. Mit `mvdelch()` können Sie dazu den Cursor exakt positionieren. Alle weiteren Zeichen in dieser Zeile werden dabei um eine Position nach links versetzt. Dazu ein Beispiel:

```
/* cur6.c */
#include <curses.h>

int main (void) {
   initscr ();
   mvprintw (5, 5, "Diese Zeile enthält einen Fehhler");
   mvprintw (6, 5, "Bitte Taste drücken für Fehlerkorrektur");
   getch ();
   mvdelch (5, 33);
   mvprintw (7, 5, "Fehler wurde korrigiert! "
                   " Bitte Taste drücken!");
   getch ();
   endwin ();
   return 0;
}
```

In diesem Programm wurde das Wort *'Fehhler'* mit zwei *'h'* geschrieben, und mittels `mvdelch(y,x)` wird der Fehler behoben.

Zum Löschen des Bildschirms stehen Ihnen folgende Funktionen zur Verfügung:

```
#include <curses.h>

int erase(void);
int clear(void);
```

Beide Funktionen löschen den Bildschirm und setzen den Cursor auf die linke obere Ecke (0,0). Mit `clear()` wird bei dem nächsten `refresh()`-Aufruf der Bildschirm komplett neu ausgegeben.

13.3.3 Eigenschaft der Fenster

Um den kompletten Bildschirm beim nächsten Aufruf der Funktion `refresh()` auch wirklich neu zu zeichnen, steht Ihnen die Funktion `clearok()` zur Verfügung.

```
#include <curses.h>

int clearok(WINDOW *win, bool bf);
```

Wird `bf` auf `TRUE` gesetzt, dann wird der Bildschirm `win` beim nächsten `refresh()` komplett neu gezeichnet. Wird hingegen `FALSE` verwendet, dann wird nur die Änderung seit dem letzten `refresh()` neu ausgegeben.

Damit am Ende der letzten Zeile beim Einfügen einer neuen Zeile weiter nach unten gescrollt wird, sollten Sie folgende Funktion verwenden:

```
#include <curses.h>

int scrollok(WINDOW *win,bool bf);
```

Falls der Parameter `bf=TRUE` ist, können Sie noch eine weitere Zeile nach unten scrollen, auch wenn der Cursor schon in der letzten Zeile steht und durch ein *Newline* oder ein weiteres Zeichen in die nächste Zeile springt. Wenn Sie den Parameter `bf` auf `FALSE` setzten, bleibt der Cursor in der letzten Zeile stehen und lässt sich nicht mehr weiter nach unten scrollen. Folgendes Beispiel demonstriert Ihnen den Effekt einmal ohne und einmal mit `scrollok()`.

```
/* cur7.c */
#include <curses.h>

int main (void) {
  int i;

  initscr ();
  for (i = 0; i < 30; i++) {
    printw ("%d: Ohne Funktion scrollok()\n", i);
    halfdelay (2);
    getch ();
  }

  clear ();
  refresh ();
  scrollok (stdscr, TRUE);
  for (i = 0; i < 30; i++) {
    printw ("%d: Mit Funktion scrollok()\n", i);
    halfdelay (2);
    getch ();
  }
```

```
  getch ();
  endwin ();
  return 0;
}
```

Im ersten Durchlauf ohne `scrollok()` wird die Ausgabe keinen Schritt tiefer gehen als bis in Zeile 25. Die restlichen fünf Zeilen werden einfach auf der gleichen Zeile ausgegeben. Beim zweiten Durchlauf wurde mit `scrollok(stdsrc,TRUE)` das *Scrollen* eingeschaltet – was bei der Ausgabe auch dazu führt, dass ab der Zeile 25 weiter in die Zeilen 26, 27, 28 und 29 »gesprungen« wird.

Was als erste und letzte Zeile betrachtet werden soll, können Sie mit der Funktion `setscrreg()` angeben.

```
#include <curses.h>

int setscrreg(int oben, int unten);
```

Das Argument `oben` ist die Zeile, ab der gescrollt wird, und `unten` stellt die letzte Zeile dar, wie weit gescrollt wird. Die oberste Zeile hat im Programm dann den Wert 0. Hierzu wird das Listing von eben um `setscrreg()` erweitert:

```
/* cur8.c */
#include <curses.h>

int main (void) {
  int i;

  initscr ();
  setscrreg (5, 10);
  for (i = 0; i < 30; i++) {
    printw ("%d: Ohne Funktion scrollok()\n", i);
    halfdelay (2);
    getch ();
  }

  clear ();
  refresh ();
  scrollok (stdscr, TRUE);
  for (i = 0; i < 30; i++) {
    printw ("%d: Mit Funktion scrollok()\n", i);
    halfdelay (2);
    getch ();
  }
  getch ();
  endwin ();
  return 0;
}
```

Mit `setscrreg(5,10)` legen Sie die Bildschirmgröße auf fünf Zeilen fest. Die Bildschirmgröße im Beispiel beginnt in Zeile fünf und endet in Zeile zehn.

Wollen Sie die Position des Cursors auf dem Bildschirm erfragen, dann steht folgende Funktion dafür zur Verfügung:

```
#include <curses.h>

void getyx(WINDOW *win, int y, int x);
```

Die Koordinaten des Cursors in `win` werden in den Parametern `y` und `x` abgelegt. Es muss hier nicht der Adressoperator `&` an den beiden Koordinatenstellen übergeben werden. Das Beispiel von zuvor wird (noch) ein weiteres Mal um die Funktion `getyx()` erweitert:

```
/* cur9.c */
#include <curses.h>

int main (void) {
  int i, y, x;

  initscr ();
  setscrreg (0, 10);
  for (i = 0; i < 30; i++) {
    getyx (stdscr, y, x);
    printw ("%d. (%d/%d) Ohne Funktion scrollok()\n", i, y, x);
    halfdelay (2);
    getch ();
  }

  clear ();
  refresh ();
  scrollok (stdscr, TRUE);
  for (i = 0; i < 30; i++) {
    getyx (stdscr, y, x);
    printw ("%d. (%d/%d) Mit Funktion scrollok()\n", i, y, x);
    halfdelay (2);
    getch ();
  }
  getch ();
  endwin ();
  return 0;
}
```

13.3.4 Scrolling

Damit Sie das Scrolling einsetzen können, müssen Sie es mit der Funktion `scrollok()`, die Sie bereits kennen gelernt haben, aktivieren. Um jetzt dafür zu sorgen, dass der Bildschirm automatisch von oben nach unten gescrollt wird, müssen Sie folgende Funktion verwenden:

```
#include <curses.h>

int scroll(WINDOW *win);
```

Mit dieser Funktion schieben Sie den durch `win` angegebenen Bildschirm um eine Zeile nach oben. Im Falle von `stdscr` wird der gesamte Bildschirm gescrollt.

In welche Richtung (nach oben oder unten) und um wie viele Zeilen auf einmal gescrollt werden soll, geben Sie mit folgender Funktion an:

```
#include <curses.h>

int scrl(int anzahl);
```

Mit `scrl()` schieben Sie den Bildschirm mittels `anzahl>0`, `anzahl` Zeilen nach oben und mit `anzahl<0`, `anzahl` Zeilen nach unten. Mit der Funktion `setscrreg()` (siehe den Abschnitt zuvor) können Sie den Scrollbereich definieren.

Auch hierzu ein kurzes Beispiel, das die Funktionen `scroll()`, `scrl()` und weitere bisher kennen gelernte *ncurses*-Funktionen demonstriert. Ein kleines Raumschiff soll durch die unendlichen Weiten des Universums gleiten. Mit den Tasten *Pfeil-nach-links* und *Pfeil-nach-rechts* können Sie das Raumschiff steuern. Mit `q` wird das Programm beendet. Wenn Sie fleißig sind, können Sie gerne eine Kollisionskontrolle einbauen, um das Raumschiff bei Kontakt mit einem Stern explodieren zu lassen. Mit Arrays lässt sich so etwas recht einfach realisieren.

```
/* cur10.c */
#include <curses.h>
#include <stdlib.h>
#define QUIT 113   /*'q'*/
#define LEFT 260   /* '<-'*/
#define RIGHT 261  /* '->'*/

static void print_raumschiff (int x) {
  mvdelch (9, x + 2);
  mvdelch (9, x + 1);
  mvdelch (9, x);
  mvdelch (9, x - 1);
  mvdelch (9, x - 2);
  mvaddch (10, x - 1, ACS_LLCORNER);
  mvaddch (10, x + 1, ACS_LRCORNER);
  mvaddch (10, x, ACS_TTEE);
}

int main (void) {
  int x = 40, zufall, c, i;
  srand (79);
  initscr ();
  // Cursor und Funktionstasten ein
  keypad (stdscr, TRUE);
  // keine Ausgabe
  noecho ();
  // Scrolling ein
  scrollok (stdscr, TRUE);
  scroll (stdscr);

  while (c != QUIT) {
    // Eine Zeile nach unten scrollen
    scrl (1);
```

```
    for (i = 0; i < 5; i++) {
      zufall = rand () % 79;
      mvaddch (20, zufall, '*');
      mvprintw (0, 0,
                "'q' drücken für Quit | Taste für Start | "
                "<- nach links -> nach rechts");
      mvprintw(1,0, "Position Raumschiff %d",x);
    }
    c = getch ();
    halfdelay (3);
    switch (c) {
    case LEFT:
      if (x < 1)
        x = 79;
      else
        x--;
      break;
    case RIGHT:
      if (x > 79)
        x = 1;
      else
        x++;
      break;
    default:
      break;
    }
    print_raumschiff (x);
  }
  endwin ();
  return 0;
}
```

So sieht es aus:

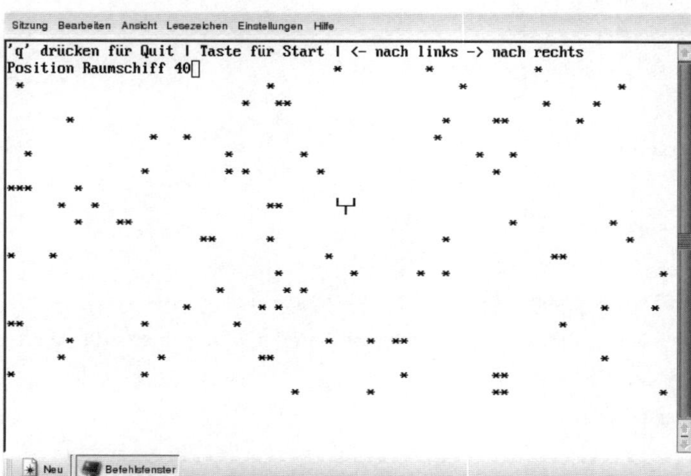

Abbildung 13.2 Raumschiff im Weltall mit ncurses

Hinweis

In diesem Listing wird davon ausgegangen, dass Sie eine gewöhnliche 80 x 24 cm große Konsole (z. B. VT100) verwenden. Andernfalls kann die Anwendung nicht richtig laufen (es sei denn, Sie passen die Breite der Konsole dem Listing an).

13.3.5 Attribute und Farben setzen

Natürlich ist es auch möglich, die Attribute (Schrift fett, unterstrichen etc.) und Farben zu verändern. Um die Attribute des Textes zu aktivieren bzw. zu deaktivieren, stehen Ihnen folgende Funktionen zur Verfügung:

```
#include <curses.h>

int attroff(int attribut);
int attron(int attribut);
int attrset(int attribut);
```

Mit der Funktion `attron()` können Sie das Attribut `attribut` setzen. Mit `attron(A_BLINK)` wird zum Beispiel der Text blinkend ausgegeben (bei Erfolg). Mit `attroff()` wird das Attribut `attribut` deaktiviert. Mit der Funktion `attrset()` hingegen können Sie jedes beliebige Attribut setzen. Mithilfe des bitweisen ODER-Operators lassen sich dabei mehrere Attribute auf einmal setzen, z. B.:

```
attrset(A_BOLD | A_BLINK);
printw("Dieser Text wird FETT und BLINKEND angezeigt");
```

In der folgenden Tabelle finden Sie einen Überblick zu den Attributen, die Sie setzen bzw. deaktivieren können:

Attribut	Bedeutung
A_NORMAL	Normale Darstellung (Standardeinstellung)
A_STANDOUT	Zeichen stärkste Helligkeit
A_UNDERLINE	Zeichen unterstreichen
A_REVERSE	Invers
A_BLINK	Blinken
A_DIM	Zeichen werden dunkler
A_BOLD	Fette Zeichen
A_PROTECT	Geschützter Modus
A_INVIS	Unsichtbar
A_ALTCHARSET	Umschalten auf Zeichengrafik
A_CHARTEXT	Macht aus dem 32-Bit-Wert (`chtype`) durch eine &-Verknüpfung einen 8-Bit-Wert (ASCII)

Tabelle 13.8 Attribute für die Textdarstellung

Wenn Sie mit den Farben spielen wollen, müssen Sie überprüfen, ob Farben in dem aktuellen Terminaltyp verfügbar sind. Hierzu wird folgende Funktion verwendet:

```
#include <curses.h>

bool has_colors( void );
```

Verwenden lässt sich die Funktion recht einfach:

```
if(has_colors==TRUE) {
     // Wir haben Farbe*/
}
else {
    // Wir haben keine Farbe
}
```

Eine weitere Anwendung zu den Farben wäre die Funktion zur Abfrage, ob die Farben des aktuellen Terminaltyps überhaupt verändert werden dürfen:

```
#include <curses.h>

bool can_change_colors(void);
```

Sofern Ihnen also Farben für den Terminaltyp zur Verfügung stehen, müssen Sie als Nächstes die Farben initialisieren:

```
#include <curses.h>
int start_color(void);
```

Diese Funktion sollten Sie nach der Funktion `initscr()` aufrufen. Mit `start_color()` initialisieren Sie die Farben und gleichzeitig auch die globalen Variablen `COLORS` und `COLOR_PAIRS`. `COLOR_PAIRS` ist ein Farbenpaar, das sich aus dem Hintergrund und der Schriftfarbe zusammensetzt. Folgende Farben sind dabei in der Headerdatei `curses.h` definiert:

```
#define COLOR_BLACK    0
#define COLOR_RED      1
#define COLOR_GREEN    2
#define COLOR_YELLOW   3
#define COLOR_BLUE     4
#define COLOR_MAGENTA  5
#define COLOR_CYAN     6
#define COLOR_WHITE    7
```

Um ein Farbenpaar (Schrift und Hintergrundfarbe) festzulegen, wird die folgende Funktion verwendet:

```
#include <curses.h>

int init_pair(short paarnummer, int zeichen, int hintergrund);
```

Mit der Funktion `init_pair()` legen Sie mit der Angabe der Zeichenfarbe und der Hintergrundfarbe eine Paarnummer (`paarnummer`) fest, die Sie dann mit der Funktion `attrset()` verwenden können, z. B.:

```
init_pair(1,COLOR_RED,COLOR_GREEN);
```

Damit legen Sie ein Farbenpaar mit roter Schrift und grünem Hintergrund fest. Das Paar hat die Nummer 1. Dies setzen Sie jetzt wie folgt in die Praxis um:

```
attrset(COLOR_PAIR(1));
printfw("Dieser Text wird mit roten Zeichen auf grünem"
        " Hintergrund ausgegeben.");

/* Eine weitere Farbe wird definiert */
init_pair(2,COLOR_BLUE,COLOR_BLACK);
attrset(A_BOLD|COLOR_PAIR(2));
printw("Dieser Text wird mit fetter blauer Schrift "
       "und schwarzem Hintergrund ausgegeben.");
```

Die Funktion `COLOR_PAIR(n)` setzt die Farbenpaare zusammen (Hintergrund und Schrift). Mit `init_pair()` können Sie gewöhnlich insgesamt 64 (8 * 8) verschiedene Farbkombinationen festlegen. Nur das Farbpaar mit dem Index 0 (`COLOR_PAIR(0)`) kann nie geändert werden. Dieser Wert entspricht immer einem weißen Text auf schwarzem Hintergrund – und dient für den Fall der Fälle dazu, Ihren Terminal wieder zurückzusetzen.

Wollen Sie ermitteln, welche Farben in einem bestimmten Farbenpaar definiert wurden, dann können Sie folgende Funktion verwenden:

```
#include <curses.h>
int pair_content( short paarnummer,
                  short *zeichenfarbe,
                  short *hintergrundfarbe);
```

`pair_content()` eignet sich hervorragend, um mehrere Farbenpaare auf einmal zu definieren, wie der folgende Codeausschnitt demonstrieren soll:

```
int farbe1,farbe2,i=1;

if(has_color==TRUE) {
     start_color();
     // WHITE=7 => BLACK=0
     for(farbe1=COLOR_WHITE; farbe1>=COLOR_BLACK; farbe1--)
       for(farbe2=COLOR_BLACK; farbe2<=COLOR_WHITE; farbe2++)
         init_pair(i++, farbe1, farbe2);
   }
```

Damit werden alle 64 Farbenpaare auf einmal definiert. Um jetzt zu ermitteln, welchen Farbwert das Paar 50 hat, müssen Sie die Funktion `pair_content()` aufrufen:

```
pair_content(50, &zeichenfarbe, &hintergrundfarbe);
```

Jetzt befindet sich in der Adresse von `zeichenfarbe` und in der Adresse von `hintergrundfarbe` ein entsprechender Farbeintrag des Farbenpaars mit der Nummer 50.

Die Attribute und Farben werden jetzt im Listing des fliegenden Raumschiffs im Weltall eingesetzt.

```
/* cur11.c */
#include <curses.h>
#include <stdlib.h>
#define QUIT 113  // 'q'
#define LEFT 260  // '<-'
```

```
#define RIGHT 261 // ->

static void print_raumschiff (int x) {
  mvdelch (9, x + 2);
  mvdelch (9, x + 1);
  mvdelch (9, x);
  mvdelch (9, x - 1);
  mvdelch (9, x - 2);
  /*Raumschiff fette Schrift */
  attrset (A_BOLD | COLOR_PAIR (2));
  mvaddch (10, x - 1, ACS_LLCORNER);
  mvaddch (10, x + 1, ACS_LRCORNER);
  attrset (A_BOLD | COLOR_PAIR (3));
  mvaddch (10, x, ACS_TTEE);
}

int main (void) {
  int x = 40, zufall, c, i;
  srand (79);
  initscr ();
  if (has_colors () == TRUE)
    start_color ();
  else
    exit (EXIT_FAILURE);

  keypad (stdscr, TRUE);
  noecho ();
  scrollok (stdscr, TRUE);
  scroll (stdscr);

  // Farbenpaar Nummer 1
  init_pair (1, COLOR_YELLOW, COLOR_BLACK);
  // Paar Nummer 2
  init_pair (2, COLOR_RED, COLOR_RED);
  // Farbenpaar Nummer 3
  init_pair (3, COLOR_GREEN, COLOR_BLACK);
  // Farbenpaar Nummer 4
  init_pair (4, COLOR_BLACK, COLOR_GREEN);

  while (c != QUIT) {
    scrl (1);
    for (i = 0; i < 5; i++) {
      zufall = rand () % 79;
      // Sterne dunkel ausgegeben
      attrset (A_DIM | COLOR_PAIR (1));
      mvaddch (20, zufall, '*');
      attrset (A_UNDERLINE | A_BOLD | COLOR_PAIR (4));
      mvprintw (0, 0,
                "'q' drücken für Quit | Taste für Start | "
                "<- nach links -> nach rechts");
```

```
        }
        c = getch ();
        halfdelay (3);
        switch (c) {
        case LEFT:
          if (x < 1)
            x = 79;
          else
            x--;
          break;
        case RIGHT:
          if (x > 79)
            x = 1;
          else
            x++;
          break;
        default:
          break;
        }
        print_raumschiff (x);
      }
      endwin ();
      return 0;
    }
```

Ein Screenshot kann ich mir hierbei ersparen, da dieser ohnehin schwarz-weiß ist.

Hinweis

Auch in diesem Listing wird davon ausgegangen, dass Sie eine gewöhnliche 80 x 24 cm große Konsole (z. B. VT100) verwenden. Andernfalls kann die Anwendung nicht richtig laufen (es sei denn, Sie passen die Breite der Konsole dem Listing an).

13.3.6 Fensterroutinen

Fensterroutinen funktionieren genauso wie schon die im Abschnitt zuvor besprochenen Funktionen, nur wird diesen immer ein Zeiger auf eine `WINDOW`-Struktur übergeben. Zusätzlich bekommen die Funktionen, die sich auf ein bestimmtes Fenster beziehen, noch das Präfix `w`. Aus `printw()` wird dann z. B.

```
wprintw(WINDOW *win, char *format, ...);
```

und aus den Funktionen mit den `mv`-Präfixen wird ein `mvw`-Präfix:

```
mvwprintw(WINDOW *win, int y, int x, char *format, ...);
```

Bei allen Funktionen, die Sie bereits kennen, müssen Sie also zusätzlich das `w` oder `mvw` und die `WINDOW`-Struktur verwenden. Falls Sie sich nicht sicher sind, sehen Sie sich einfach die entsprechende Manual Page dazu an. Geben Sie zum Beispiel *man getch* ein, so werden Sie auch die

Routine wgetch(), die sich auf das Fenster bezieht, finden. Da alle bisher beschriebenen Funktionen somit genauso funktionieren, erspare ich mir die genauere Beschreibung dazu.

Um ein weiteres Fenster zu erzeugen, wird die Funktion newwin() verwendet:

```
#include <curses.h>

WINDOW *newwin( int anzahl_zeilen, int anzah_Spalten,
                int cursor_y, int cursor_X );
```

Mit newwin erstellen Sie ein neues Fenster mit anzahl_zeilen und anzahl_spalten. Zusätzlich können Sie den Cursor gleich an entsprechender y- und x-Position festlegen (0,0 bedeutet die linke obere Seite des neuen Fensters).

Um ein neues Fenster auch ein wenig hervorzuheben, sollten Sie einen Rahmen darum legen. Einen Rahmen um ein bestimmtes Fenster können Sie mit der Funktion box() ausgeben:

```
#include <curses.h>
int box( WINDOW *win,
         chtype zeichenvertikal,
         chtype zeichenhorizontal );
```

Damit legen Sie einen Rahmen um das Fenster, worauf win mit den Zeichen zeichenvertikal und zeichenhorizontal zeigt, die beide vom Typ chtype sind, womit Sie also auch Zeichen jenseits der char-Grenze ausgeben können. Hierzu ein kurzer Codeausschnitt, wie Sie einen Rahmen um ein Fenster legen können:

```
// Fenster mit dem Namen fenster 10 Zeilen und 79 Spalten groß
fenster=newwin(10,79,0,0);
// Linien um den Fensterbereich ziehen eine Box
box(fenster,ACS_VLINE,ACS_HLINE);
```

Die ACS_-Zeichen und den Datentyp chtype haben Sie ja bereits kennen gelernt.

Gleiches wie mit der Funktion box() können Sie auch mit den folgenden Funktionen machen:

```
#include <curses.h>

// n-Zeichen horizontal ab akt. Cursorposition
int hline(chtype zeichen, int n);
// n-Zeichen vertikal ab akt. Cursorposition
int vline(chtype zeichen, int n);
```

Sie können ein Fenster auch duplizieren. Das erledigen Sie mit der Funktion:

```
#include <curses.h>

WINDOW *dupwin(WINDOW *win);
int delwin(WINDOW *win);
```

Der Rückgabewert von dupwin() ist eine exakte Kopie des Fensters win. Wenn Sie dieses Fenster nicht mehr benötigen, sollten Sie den nicht mehr benötigten Speicherplatz, den dieses Fenster belegt, mit der Funktion delwin() wieder freigeben, z. B.:

```
// Fenster fenster1 duplizieren
fenster2=dupwin(fenster1);
...
// Nach vielen Zeilen Code wird die Kopie nicht mehr benötigt
delwin(fenster2);
```

Verschieben können Sie ein Fenster mit der Funktion:

```
#include <curses.h>

int mvwin(WINDOW *win, int y, int x);
```

Als Ausgangspunkt zum Verschieben wird immer die linke obere Ecke genommen. Diese ermitteln Sie, falls Ihnen diese nicht bekannt ist, mit der Funktion:

```
#include <curses.h>

void getbegyx(WINDOW *win, int y, int x);
```

Achtung! Auch hier gilt es, nicht den Adressoperator `&` für die Variablen `y` und `x` einzusetzen. Wollen Sie beispielsweise den Bildschirm von der aktuellen Position drei Zeilen tiefer und zehn Spalten nach rechts setzen, dann funktioniert dies so:

```
int y,x;
...
getbegyx(fenster1,y,x);
mvwin(fenster1,y+3,x+10);
```

Benötigen Sie die gesamte Größe eines Fensters, dann verwenden Sie die Funktion

```
#include <curses.h>

int getmaxyx(WINDOW *win, int y, int x);
```

Auch hier benötigen Sie für die Variablen `y` und `x` keinen Adressoperator.

Manchmal, wenn Sie die Funktion `refresh()` benötigen, um den gesamten Fensterinhalt neu zu zeichnen, benötigen Sie eine Funktion, die ein Fenster als verändert markiert. Denn `refresh()` zeichnet nur dann neu, wenn sich auf dem Bildschirm auch etwas verändert hat. Ein Fenster als verändert markieren können Sie mit der Funktion

```
#include <curses.h>

int touchwin(WINDOW *win);
```

Der Standardbildschirm `stdscr` kann nun mittels `refresh()` neu gezeichnet werden. Bei anderen Fenstern benötigen Sie folgende Funktion:

```
#include <curses.h>

wrefresh(WINDOW *win);
```

Falls Sie überprüfen wollen, ob sich auf dem Fenster etwas verändert hat, können Sie dies mit der Funktion `is_wintouched()` abfragen.

```
#include <curses.h>

int is_wintouched(WINDOW *win);
```

Ein kurzer Codeausschnitt, der dies demonstrieren soll:

```
// wurde Fenster verändert?
if(is_wintouched(fenster1))
    // dann zeichne neu
    wrefresh(fenster1);
else {
   // tu so, als ob das Fenster verändert wurde
   touchwin(fenster1);
   // ... und zeichne dann neu
   wrefresh(fenster1);
}
```

Wollen Sie einzelne Zeichen von einem Fenster in das andere Fenster kopieren, dann steht Ihnen folgende Funktionen zur Verfügung:

```
#include <curses.h>

int overwrite(const WINDOW *quelle, WINDOW *ziel);
int overlay(const WINDOW *quelle, WINDOW *ziel);
```

Diese beiden Funktionen kopieren (nur) die Zeichen vom Fenster `quelle` ins Fenster `ziel`. Der Unterschied der beiden Funktionen liegt daran, dass `overlay()` kein Leerzeichen mitkopiert.

Jetzt folgt wieder ein für sich selbst sprechendes Programm, das Ihnen die meisten Fensterroutinen in der Praxis demonstrieren soll. Die Anwendung hält nach jedem Beispiel an, die Sie aber mit einem Tastendruck weiter ausführen können.

```
/* curl2.c */
#include <curses.h>
#define schwarz  0
#define rot      1
#define gruen    2
#define gelb     3
#define blau     4
#define lila     5
#define hblau    6
#define weiss    7

// zeigt uns alle möglichen Farbpaare an
static void show_all_pairs(void) {
  int farbe1, farbe2, i=1, c;
  mvprintw(1,1,"Darstellung aller Farbpaare: \n");
  if(has_colors() == TRUE) {
    start_color();
    for(farbe1=weiss; farbe1 >= schwarz; farbe1--)
      for(farbe2=schwarz; farbe2 <= weiss; farbe2++) {
        init_pair(i, farbe1, farbe2);
```

```
          attrset(COLOR_PAIR(i));
          printw(" %d ",i++);
        }
    }
    noecho();
    c=getch();
  }

  // Erzeugen ein neues Fenster mit sämtlichen Attributen
  static WINDOW *create_new_window(
       WINDOW *neues_fenster, int zeilen,int spalten, int hinterg,
       int vorderg,int begin_y, int begin_x, char *text,
       int text_y, int text_x ) {
    neues_fenster = newwin(zeilen, spalten, begin_y, begin_x);
    init_pair(1, hinterg, vorderg);
    wattrset(neues_fenster, COLOR_PAIR(1));
    box(neues_fenster, ACS_VLINE, ACS_HLINE);
    mvwprintw(neues_fenster, text_y, text_x, text);
    return neues_fenster;
  }

  int main(void) {
    WINDOW *fenster1,*fenster2;
    int y,x;

    initscr();
    raw();
    keypad(stdscr,TRUE);
    if(has_colors() == TRUE)
      start_color();
    show_all_pairs();
    clear();
    refresh();
    fenster1=create_new_window( fenster1,11,50,blau,weiss,0,0,
                                "Hallo Welt",5,20 );
    keypad(fenster1,TRUE);
    wrefresh(fenster1);
    wgetch(fenster1);
    fenster2=create_new_window( fenster2,10,50,rot,gruen,11,30,
                                "Fenster 2",1,1);
    keypad(fenster2,TRUE);
    wrefresh(fenster2);
    wgetch(fenster2);
    mvwprintw(fenster1,5,5,"Wir verschieben Fenster 2"
              " mit mvwin()");
    wrefresh(fenster1);
    wgetch(fenster1);
    // Wo ist das Fenster 2 genau?
    getbegyx(fenster2,y,x);
    // stdscr neuzeichnen
    touchwin(stdscr);
```

```
   refresh();
   // Fenster 3 Zeilen tiefer und 20 Spalten nach links
   mvwin(fenster2,y+3,x-20);
   // Fenster 1 wurde nicht verändert ...
   // ... aber wir wollen trotzdem neu zeichnen ...
   touchwin(fenster1);
   wrefresh(fenster1);
   wrefresh(fenster2);
   wgetch(fenster2);
   mvwprintw(fenster1,5,5," Wir löschen Fenster 2 mit delwin() ");
   wrefresh(fenster1);
   wgetch(fenster1);
   // Fenster 2 löschen
   delwin(fenster2);
   touchwin(stdscr);
   refresh();
   mvwin(fenster1,0,0);
   wrefresh(fenster1);
   wgetch(fenster1);
   mvwprintw(fenster1,5,5,"Wir kopieren dieses Fenster "
             "mit dupwin()");
   wrefresh(fenster1);
   wgetch(fenster1);
   fenster2=dupwin(fenster1);
   mvwin(fenster2,12,0);
   wrefresh(fenster2);
   wgetch(fenster2);
   mvwprintw(fenster1,5,1," Fenster 1 wird nun geloescht ");
   wrefresh(fenster1);
   wgetch(fenster1);
   delwin(fenster1);
   touchwin(stdscr);
   refresh();
   touchwin(fenster2);
   wrefresh(fenster2);
   wgetch(fenster2);
   attrset(COLOR_PAIR(0));
   mvprintw(1,1,"Nun wird das letzte Fenster auch noch beendet");
   refresh();
   wgetch(fenster2);
   delwin(fenster2);
   touchwin(stdscr);
   refresh();
   mvprintw(1,1,"Jetzt ist nur noch das Fenster stdscr"
            " in Betrieb!");
   getch();
   endwin();
   return 0;
}
```

13.3.7 Mausprogrammierung mit ncurses

Mit *ncurses* ist es auch möglich, die Maus mit einzubeziehen. Gemeint sind damit allerdings jetzt hier nicht die Funktionen der Bibliothek *gpm*. Der Vorteil der Mausroutinen von *ncurses* ist, dass diese sowohl im Textmodus als auch im XTerm laufen.

Hinweis

Zur Mausprogrammierung mit der *gpm*-Library finden Sie etwas auf der Buch-CD.

Folgende Struktur wurde für die Mausprogrammierung mit *ncurses* definiert:

```
typedef struct {
  short ID;         // ID, falls mehrere Mäuse angeschlossen sind
  int x,y,z;        // Koordinaten, z nicht benötigt
  mmask_t bstate;   // Bitmaske für Mausknöpfe
} MEVENT;
```

Der Datentyp `mmask_t` ist ein primitiver Datentyp, der meistens als `unsigned long` dargestellt wird.

Damit *ncurses* überhaupt eine Mauseingabe zur Kenntnis nimmt, muss die Funktion `mousemask()` aufgerufen werden.

```
#include <curses.h>

mmask_t mousemask(mmask_t neuemaske, mmask_t *altemaske);
```

Mit dem Parameter `neuemaske` geben Sie an, welche Mausereignisse bearbeitet werden sollen. Folgende Mausereignisse sind dabei in *ncurses* definiert:

```
#define BUTTON1_RELEASED        000000000001L
#define BUTTON1_PRESSED         000000000002L
#define BUTTON1_CLICKED         000000000004L
#define BUTTON1_DOUBLE_CLICKED  000000000010L
#define BUTTON1_TRIPLE_CLICKED  000000000020L
#define BUTTON1_RESERVED_EVENT  000000000040L
#define BUTTON2_RELEASED        000000000100L
#define BUTTON2_PRESSED         000000000200L
#define BUTTON2_CLICKED         000000000400L
#define BUTTON2_DOUBLE_CLICKED  000000001000L
#define BUTTON2_TRIPLE_CLICKED  000000002000L
#define BUTTON2_RESERVED_EVENT  000000004000L
#define BUTTON3_RELEASED        000000010000L
#define BUTTON3_PRESSED         000000020000L
#define BUTTON3_CLICKED         000000040000L
#define BUTTON3_DOUBLE_CLICKED  000000100000L
#define BUTTON3_TRIPLE_CLICKED  000000200000L
#define BUTTON3_RESERVED_EVENT  000000400000L
#define BUTTON4_RELEASED        000001000000L
#define BUTTON4_PRESSED         000002000000L
#define BUTTON4_CLICKED         000004000000L
```

```
#define BUTTON4_DOUBLE_CLICKED  000010000000L
#define BUTTON4_TRIPLE_CLICKED  000020000000L
#define BUTTON4_RESERVED_EVENT  000040000000L
#define BUTTON_CTRL             000100000000L
#define BUTTON_SHIFT            000200000000L
#define BUTTON_ALT              000400000000L
#define ALL_MOUSE_EVENTS
#define REPORT_MOUSE_POSITION
```

Wollen Sie jetzt z. B. überprüfen, ob die linke Maustaste gedrückt wurde, müssen Sie folgende Maske einrichten:

```
int maske = mousemask(BUTTON1_PRESSED, NULL);
```

Das Mausereignis können Sie mit `wgetch()` »einlesen«:

```
chtype button;

button = wgetch(stdscr);
```

Wurde eine Mausaktivität (z. B. eine Maustaste wurde betätigt) registriert, so gibt `wgetch()` die symbolische Konstante `KEY_MOUSE` zurück:

```
if(button == KEY_MOUSE) {
   //Mausaktivitäten
 }
```

Welche Aktivität das jetzt genau war, lässt sich mit der folgenden Funktion herausfinden:

```
#include <curses.h>

int getmouse(MEVENT *event);
```

Ein Codeausschnitt dazu sieht so aus:

```
MEVENT event;
...
if(getmouse(&event) == OK) {
   // Konnte Mausereignis lesen
 }
```

Der Rückgabewert der Funktion `getmouse()` lautet `OK` bei erfolgreichem Lesen, ansonsten bei einem Fehler `ERR`.

Jetzt, da mit der Funktion `getmouse()` die Strukturvariablen von `MEVENT` mit den entsprechenden Werten »belegt« wurden, können Sie diese wie folgt auswerten:

```
// y-Position des Mausereignisses
y-Koordinate = event.y;
// x-Position des Mausereignisses
x-Koordinate = event.x;
// (eventuell) Mausknopf, wenn betätigt
bitmaske = event.bstate;
// Maus-ID, falls mehrere "Mäuse" vorhanden
ID = event.id;
```

Wollen Sie z. B. auf Doppelklick testen, müssen Sie eigentlich nur die Strukturvariable `bstate` wie folgt überprüfen:

```
If(event.bstate == BUTTON1_DOUBLE_CLICK) {
   //der linke Mausbutton wurde doppelt geklickt
 }
```

Um zu überprüfen, wo und ob im zulässigen Fenster die Mauskoordinate (`y, x`) liegt, benötigen Sie die Funktion:

```
#include <curses.h>

bool wenclose(WINDOW *win, int y, int x);
```

Der Rückgabewert dieser Funktion lautet, falls das Mausereignis an einer gültigen Position im Fenster `win` auftrat, `TRUE`, ansonsten `FALSE`. Für `x` und `y` werden gewöhnlich die ermittelten Werte der Strukturvariablen `x` und `y` von `MEVENT` verwendet.

Ein kleines Programmbeispiel soll Ihnen die Verwendung der Maus mit *ncurses* demonstrieren. Sie klicken in einen Bereich des Fensters `stdscr`, und es werden die Werte zurückgegeben, an welcher Position genau Sie im Fenster den linken Mausbutton betätigt haben.

```
/* cur13.c */
#include <curses.h>
#include <stdlib.h>

int main (void) {
  MEVENT pos;
  int l_maus;
  chtype button;

  initscr ();
  noecho ();
  keypad (stdscr, TRUE);
  l_maus = mousemask (BUTTON1_PRESSED, NULL);
  while (1) {
    button = wgetch (stdscr);
    if (button == KEY_MOUSE) {
      if (getmouse (&pos) == OK) {
        wenclose (stdscr, pos.y, pos.x);
        mvwprintw (stdscr, 1, 0, "y = %2d x = %2d",
                   pos.y, pos.x);
      }
    }
    wrefresh (stdscr);
  }
  endwin ();
  return 0;
}
```

Dieses Beispiel soll jetzt noch durch die zusätzliche Überprüfung erweitert werden, an welcher Stelle im Fenster `stdscr` die Maustaste gedrückt wurde (`y,x`) und an welcher Stelle die Maustaste im Fenster wieder losgelassen wurde:

```
/* cur14.c */
#include <curses.h>
#include <stdlib.h>

int main (void) {
  MEVENT pos;
  int l_maus;
  chtype button;

  initscr ();
  noecho ();
  keypad (stdscr, TRUE);
  l_maus = mousemask
   ( BUTTON1_RELEASED | BUTTON1_PRESSED | BUTTON1_CLICKED, NULL);

  while (1) {
    button = wgetch (stdscr);
    clear ();
    if (button == KEY_MOUSE) {
      if (getmouse (&pos) == OK) {
        // linke Maustaste gedrückt ...
        if (pos.bstate == BUTTON1_PRESSED) {
          wenclose (stdscr, pos.y, pos.x);
          mvwprintw (stdscr, 1, 0,
                  "linke Maustaste gedrückt bei y = %2d x = %2d",
                  pos.y, pos.x);
        }
        // linke Maustaste losgelassen ...
        if (pos.bstate == BUTTON1_RELEASED) {
          // Reaktionszeit eine Tausendstelsekunde setzen
          mouseinterval (1);
          wenclose (stdscr, pos.y, pos.x);
          mvwprintw (stdscr, 2, 0,
                   "linke Maustaste losgelassen y = %2d x = %2d",
                   pos.y, pos.x);
        }
      }
    }
    wrefresh (stdscr);
  }
  endwin ();
  return 0;
}
```

Wenn die Maustaste zu schnell oder zu langsam reagiert, können Sie (wie im Beispiel eben gesehen) die folgende Funktion zur Änderung benutzen:

```
#include <curses.h>

int mouseinterval(int Tausendstelsekunde);
```

Zum Abschluss des Kapitels werden die Mausroutinen etwas praxisnäher eingesetzt. Sie erzeugen ein Fenster (`WINDOW *fenster`) und geben dieses auf dem Bildschirm aus. Sie können jetzt in jedem beliebigen Bereich im `stdscr` mit der linken Maus drücken, und das Fenster wird an diesem Punkt, falls möglich, versetzt. Als Ausgangspunkt dient die linke obere Ecke von `stdscr`. Weiterhin befindet sich an der linken oberen Ecke der Buchstabe `'S'` und an der rechten oberen Ecke der Buchstabe `'M'`. Mit `'S'` für »Schließen« schließen Sie das Fenster und mit `'M'` für »Maximieren« maximieren Sie es. Ein erneutes Klicken auf `'M'` bewirkt wieder das Minimieren auf normale Größe.

```
/* cur15.c */
#include <curses.h>
#include <stdlib.h>
#define MAXSIZE 1
#define MINSIZE 0

static int y_click, x_click;
static int y_click2, x_click2;
static int size = MINSIZE;

static void
where_clicked (WINDOW * win, WINDOW * win2, MEVENT pos) {
  // linke obere Ecke von win2
  getbegyx (win2, y_click2, x_click2);
  mouseinterval (1);
  // wo in win wurde geklickt
  wenclose (win, pos.y, pos.x);
  y_click = pos.y;
  x_click = pos.x;
  // wurde auf die linke obere Ecke von win2
  if (y_click == y_click2 && x_click == x_click2) {
    endwin ();
    exit (EXIT_FAILURE);
  }
  // ... oder wurde auf die rechte obere Ecke geklickt
  else if (y_click == y_click2 && x_click == x_click2 + 39 ||
           x_click == x_click2 + 78) {
    touchwin (stdscr);
    refresh ();
    if (size == MINSIZE) {
      delwin (win2);
      size = MAXSIZE;

    }
    else if (size == MAXSIZE) {
      delwin (win2);
      size = MINSIZE;
    }
  }
}
```

```
/* Verschieben des Fensters an Position der globalen Variablen  */
/* x_click und y_click, die zuvor mit where_clicked() ermittelt */
/* wurden                                                       */
static void move_win_to (WINDOW * win) {
  touchwin (stdscr);
  wrefresh (stdscr);
  mvwin (win, y_click + 1, x_click + 1);
  touchwin (win);
  wrefresh (win);
}

static WINDOW *create_new_window (
      WINDOW * neues_fenster, int zeilen, int spalten,
      int hinterg, int vordergr, int begin_y, int begin_x ) {
  neues_fenster = newwin (zeilen, spalten, begin_y, begin_x);
  init_pair (1, hinterg, vordergr);
  wattrset (neues_fenster, COLOR_PAIR (1));
  box (neues_fenster, ACS_VLINE, ACS_HLINE);
  return neues_fenster;
}

int main (void) {
  MEVENT pos;
  int l_maus;
  chtype button;
  WINDOW *fenster;

  initscr ();
  if (has_colors () == TRUE)
    start_color ();
  noecho ();
  keypad (stdscr, TRUE);
  fenster = create_new_window (
    fenster, 10, 40, COLOR_RED, COLOR_BLUE, 5, 15);
  init_pair (2, COLOR_BLACK, COLOR_YELLOW);
  wattrset (fenster, COLOR_PAIR (2));
  mvwaddch (fenster, 0, 0, 'S');
  mvwaddch (fenster, 0, 39, 'M');
  wattrset (fenster, COLOR_PAIR (0));
  mvwprintw (fenster, 2, 10, "S=Fenster schliessen");
  mvwprintw (fenster, 6, 10, "M=Fenster maximieren");
  wrefresh (fenster);
  l_maus = mousemask (BUTTON1_RELEASED | BUTTON1_PRESSED, NULL);

  while (1) {
    button = wgetch (stdscr);
    if (button == KEY_MOUSE) {
      if (getmouse (&pos) == OK) {
        where_clicked (stdscr, fenster, pos);
```

```
        // move_win_to(fenster);
        if (size == MAXSIZE) {
          fenster =
            create_new_window (fenster,
                               24, 79,
                               COLOR_RED,
                               COLOR_BLUE,
                               0, 0);
          wattrset (fenster, COLOR_PAIR (2));
          mvwaddch (fenster, 0, 0, 'S');
          mvwaddch (fenster, 0, 78, 'M');
          wattrset (fenster, COLOR_PAIR (0));
          mvwprintw (fenster, 10, 30,
                     "S=Fenster schliessen");
          mvwprintw (fenster, 14, 30,
                     "M=Fenster minimieren");
          wrefresh (fenster);
        } else if (size == MINSIZE) {
          fenster =
            create_new_window (fenster,
                               10, 40,
                               COLOR_RED,
                               COLOR_BLUE,
                               5, 15);
          init_pair (2, COLOR_BLACK,
                     COLOR_YELLOW);
          wattrset (fenster, COLOR_PAIR (2));
          mvwaddch (fenster, 0, 0, 'S');
          mvwaddch (fenster, 0, 39, 'M');
          wattrset (fenster, COLOR_PAIR (0));
          mvwprintw (fenster, 2, 10,
                     "S=Fenster schliessen");
          mvwprintw (fenster, 6, 10,
                     "M=Fenster maximieren");
          wrefresh (fenster);
          move_win_to (fenster);
        }
      }
    }
  }
  endwin ();
  return 0;
}
```

So sieht's aus.

Hinweis

In diesem Listing wird ebenfalls davon ausgegangen, dass Sie eine gewöhnliche 80 x 24 cm große Konsole (z. B. VT100) verwenden. Andernfalls kann die Anwendung nicht richtig laufen (es sei denn, Sie passen die Breite der Konsole dem Listing an).

Abbildung 13.3 Eine einfache Dialogbox für die Konsole

Mit diesem Grundwissen können Sie jetzt eine passable Benutzeroberfläche für die Konsole bauen. Zwei weitere Funktionen zur Mausprogrammierung mit *ncurses*, die es noch gibt, hier aber nicht durchgenommen wurden, wären:

```
int ungetmouse(MEVENT *event);
bool wmouse_trafo(WINDOW *win, int *Py, int *Px);
```

Für nähere Informationen lesen Sie bitte die Manual Page (*man mouse*).

Hinweis

Ursprünglich hätte ich hier gerne noch ein etwas umfangreicheres Beispiel demonstriert. Es handelt sich dabei um ein Videoverwaltungsprogramm mit *ncurses* und den verketteten Listen. Da das Listing allein mehrere Seiten im Buch verschlungen hätte und ich Ihnen das nicht zumuten will, finden Sie das Beispiel auf der Buch-CD wieder.

In diesem Kapitel erfahren Sie, wie Sie Anwendungen mit einer grafischen Oberfläche mithilfe der beliebten GTK+-Bibliothek erstellen können.

14 GTK+

14.1 Was ist GTK+?

GTK+ ist eine Sammlung von grafischen Objekten (Toolkits) wie Buttons, Scrollbars, Menüs und alles, was der *Look & Feel*-Mensch eben kennt, um Programme mit einer grafischen Oberfläche zu erstellen. Die grafischen Objekte werden hierbei auch als Widgets bezeichnet – genauer, da hier ja von GTK+ die Rede ist, das GTK+ Widget Set. Außerdem ist GTK+ freie Software im Sinne der GNU LGPL-Lizenz.

GTK+ selbst wurde während der Entwicklung des GNU-Image-Manipulation-Programms »erschaffen«, das Sie wohl als GIMP kennen (sollten). GIMP ist ein professionelles Open-Source-Bildbearbeitungsprogramm (das mit dem Programm Adobe Photoshop vergleichbar ist (abgesehen von der Bedienung)), das in Kalifornien von den Studenten Spencer Kimball und Peter Mattis 1995 aus dem Feuer gehoben wurde. Zu dieser Zeit wurde allerdings nicht GTK+ als Toolkit verwendet, sondern Motif. Mit der Zeit waren die Entwickler aber recht unzufrieden mit der Unflexibilität von Motif, und *just* wurde 1996 GTK+ (kurz für **G**IMP **T**ool**K**it) entwickelt. Ein weiterer Nachteil von Motif wahr wohl auch, dass es sich hierbei um ein kommerzielles Toolkit handelte. Das Plus (+) von GTK wurde ein Jahr später hinzugefügt, womit die Entwickler anzeigen wollten, dass GTK+ objektorientiert wurde (wohlgemerkt, aber in C geschrieben!).

Natürlich basiert GTK+ auf dem X Window-System. Wenn Sie einen Blick in die Quellcodes der GTK+-Bibliotheken werfen (genauer GDK), werden Sie viele Funktionsaufrufe der X-Bibliotheken wieder erkennen. Aber dennoch sollten Sie jetzt nicht den Fehler machen und denken, die GTK+-Bibliothek sei nichts anderes als »nur« eine Wrapper-Bibliothek zum X Window-System. Abgesehen davon, dass die Datenstrukturen und Datentypen anders als bei den anderen Toolkits aussehen, besitzt GTK+ weitaus mehr Widgets als die meisten der anderen X-Toolkits.

Hinweis

Bitte verzeihen Sie mir im Verlaufe des Textes die Mischung aus englischen und deutschen Wörtern. Häufig ist der englische Begriff geläufiger, weshalb auf eine Eindeutschung weitgehend verzichtet wird.

Hinweis

Wenn Sie sich mit den Grundlagen des X-Window-Systems befassen wollen, finden Sie auf der Buch-CD ein extra für dieses Buch erstelltes 70 Seiten starkes Kapitel dazu, welches es aus Platzgründen nicht mehr ins Buch geschafft hat.

14.1.1 Was sind GDK und Glib?

Im Zusammenhang mit der Verwendung von GTK+ werden häufig auch die Bibliotheken GDK und Glib erwähnt bzw. verwendet. In der Kurzfassung fügt sich das Puzzle wie folgt zusammen: Glib ist das Fundament mit den grundlegenden Datenstrukturen und Hilfsfunktionen, GDK ist die Schnittstelle zu X11, und GTK+ liegt oben drauf. Die folgende Grafik soll Ihnen den Aufbau von GTK+ zeigen:

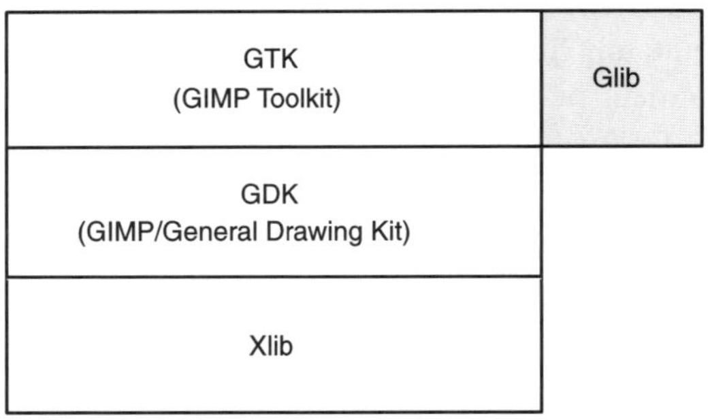

Abbildung 14.1 Die Komponenten von GTK

GDK ist also das GTK+-Zeichnen-Toolkit und nichts anderes als eine Wrapper-Bibliothek für die Xlib. Die Wrapper-Bibliothek GDK, zwischen X und der GTK+-Bibliothek, ist daher nötig, weil GTK+ seine eigenen Datenstrukturen und Datentypen besitzt. Gewöhnlich verwenden Sie GDK-Funktionen, wenn Sie Grafiken zu Ihrer Anwendung hinzufügen wollen. Mit Grafiken sind hierbei Dinge gemeint wie das Zeichnen von Linien, Kreisen, Ellipsen, Rechtecken oder das Erzeugen von Icons und die Verwendung von Farben oder Fonts. Da GDK eigentlich auf der Xlib aufbaut, ist es eine Bibliothek einer etwas niedrigeren Ebene, was auch bedeutet, dass hierbei mit Fenstern anstatt mit Widgets gearbeitet wird! Natürlich können Sie auch hier den (nicht ganz so) harten Weg gehen und, wie schon bei der Xlib, Anwendungen rein nur mit GDK-Funktionen schreiben – wovon ich Ihnen aber wie schon beim Schreiben von grafischen Anwendungen mit der Xlib abraten kann. Sofern Sie also Funktionen der Xlib verwenden wollen, sollten Sie auf die entsprechende Wrapper-Funktion von GDK zurückgreifen, und das nur dann, wenn Sie Grafiken zu Ihrem Programm hinzufügen wollen.

Glib (nicht zu verwechseln mit Glibc) ist eine Art Hilfsbibliothek, was heißt, ohne diese Bibliothek würde das GTK+-Leben auch existieren. Mit der Glib lassen sich viele Aufgaben wie Stringmanipulationen, Datenstrukturen, binäre Bäume oder Hashtabellen enorm einfacher erstellen. Des Weiteren liefert Ihnen die Glib eine Menge hilfreicher Routinen für den täglichen Gebrauch von C mit. Sprich, die Glib beinhaltet adressierte Standard-C-Funktionen wie z. B. `malloc()` (`g_malloc()`) oder `printf()` (`g_printf()`), die aber im Gegensatz zu den Standardfunktionen von C eine eingebaute Fehlerbehandlung besitzen und bei einem Problem, das während eines Vorgangs auftritt, automatisch mit `g_error()` (Glib-Version für `perror()`) eine Fehlermeldung ausgeben. Aus Portabilitätsgründen rate ich Ihnen, die Funktionen der Glib zu verwenden, weil diese zumindest zuverlässiger sind als die Portabilität von Standardfunktionen (traurig, aber wahr).

14.1.2 Schnittstellen von GTK+ zu anderen Programmiersprachen

Um Anwendungen mit der GTK+-Bibliothek zu schreiben, müssen Sie nicht unbedingt C verwenden. Zwar wurde GTK+ komplett mitsamt dem objektorientierten Konzept in C geschrieben, aber es sind trotzdem eine Menge Sprachanbindungen vorhanden, C++, Ada, Perl/Gtk, Python, PHP, Pascal und noch eine Menge mehr. Für weitere diesbezügliche Informationen sei die Webseite von GTK als erste Anlaufstelle empfohlen (*www.gtk.org*).

14.1.3 GTK+ und GNOME

Der GNOME-Desktop erfreut sich neben dem KDE-Desktop in der Linux-Welt größter Beliebtheit – so beliebt, dass RedHat diesen Desktop als Standard-Desktop verwendet. Auf den meisten Rechnern dürfte wohl neben dem KDE- auch der GNOME-Desktop installiert sein (wer die Wahl hat, hat die Qual). Der Desktop sei deswegen hier erwähnt, weil das komplette GNOME-Projekt mit dem GTK+-Toolkit entwickelt wurde. Somit ist im Prinzip jede GNOME-Anwendung eine GTK+-Anwendung.

GNOME-Anwendungen werden aber mittlerweile nicht mehr mit reinem GTK+-Code erstellt, sondern schon mit einer GNOME-eigenen Bibliothek – die mittlerweile mehr als nur noch eine Erweiterung von GTK+ darstellt. Wobei sich hier die Entwickler in zwei Lager spalten, den GTK+-Puristen, die sich weigern, die GNOME-Bibliothek zu verwenden, da angeblich die schlanken GTK+-Programme unnötig *fett* würden. (Das tun sie in der Tat – aber keine Angst, Gleiches gilt auch für QT4 und KDE. Sie werden vielleicht von der Bytegröße her nicht fett, aber man muss wegen einer Lieblingsanwendung 1000 Pakete darauf installieren). Und da sind dann die GNOME-Anhänger, die eben auch wieder viele gute Argumente für ihre GNOME-Bibliothek parat haben. Allerdings kann man sagen (um möglichst neutral zu bleiben), dass beide Bibliotheken durchaus ihre Vor- und Nachteile haben.

Hinweis

Die GNOME-Bibliothek ist nicht das Thema des Buches. Bei Interesse dazu kann ich Ihnen das »Das GTK+/GNOME-Entwicklerhandbuch« von Matthias Warkus ans Herz legen.

Dennoch sollte hier nicht der Eindruck entstehen, GTK+ sei abhängig vom GNOME-Desktop. Diese Bibliothek können Sie überall dort einsetzen, wo eben diese Bibliothek existiert – also auch jenseits der Linux-Welt (aber diese Welt steht hier nicht zur Debatte).

14.1.4 GTK+ Version 1.2 und 2.x

In diesem Buch wird GTK+ in der Version 2.x beschrieben, was zwangsläufig bedeutet, dass die meisten Beispiele nicht mehr mit der Version 1.2 kompatibel sind. In der zweiten Versionsnummer von GTK+ ist eine Menge Neuheiten hinzugekommen, welche die Erstellung von GTK+-Anwendungen erheblich erleichtern. Vor allem ist die zweite Version von GTK+ noch »objektorientierter« geworden. Viele Funktionen wurden hierbei gegen andere ausgetauscht. Sofern Sie sich hier mit den Versionen herumschlagen müssen, sollten Sie sich *Incompatible Changes from 1.2 to 2.0* auf der Webseite von *http://www.gtk.org/* (oder auf der Buch-CD) ansehen.

Sofern Sie auf eine 1.2-Version von GTK+ zurückgreifen müssen (wollen), finden Sie auch auf der Buch-CD ein Extra mit über 100 Seiten, das ursprünglich für dieses Buch geschrieben wurde, aber aus aktuellen Gründen hier dann doch nicht abgedruckt wurde, wobei die Beispiele auf der Buch-CD zum größten Teil mit eventuell kleinen Modifikationen auch mit der 2.x-Version ausführbar sind. Sprich: Auch wenn Sie mit der Versionsnummer 2.x loslegen wollen, kann sich ein Blick in dieses Extrakapitel auf der Buch-CD lohnen.

Außerdem schläft die Weiterentwicklung von GTK+ nicht, weshalb es sich empfiehlt, regelmäßig auf der Homepage von GTK+ im *GTK+ 2.x.x Release Announcement* zu lesen, was denn neu hinzugekommen ist. Aktuell bei Druck des Buchs ist die Version 2.14.

14.1.5 GTK+ – Aufbau des Kapitels

Der Umfang von GTK+ ist enorm, und es würde Sinn ergeben, hierzu ein ganzes Buch zu schreiben. Da Sie hier *nur* ein Kapitel zur Verfügung haben, sollen Sie auch maximalen Nutzen daraus ziehen können.

Dank der sauberen Strukturierung ist die Verwendung von GTK+ recht einfach, wenn man sich ein wenig intensiver damit befasst. Nur sollten Sie immer die GTK+-Funktionsreferenz, die als HTML-Version von der GTK+-Homepage zu beziehen ist (auch auf der Buch-CD), parat halten, um über die umfangreichen, aber gut strukturierten API-Funktionen den Überblick zu behalten. Es empfiehlt sich also, parallel zu diesem Buch, zum entsprechenden Thema auch die Referenz zu studieren.

Dieses Kapitel kann Ihnen *nur* zu jedem Beispiel eine Einführung geben. Wird z. B. das Kapitel der Fenster behandelt, so finden Sie eine Einführung, wie man ein Fenster erstellt, anzeigt und wie Sie die Ereignisse des Fensters auswerten können. Dennoch gibt es zu jedem Widget noch eine fast unüberschaubare Menge an weiteren Funktionen und Eigenschaften, die Sie verwenden könnten. Meistens jedoch handelt es sich um selbst sprechende Funktionsnamen wie `gtk_window_set_resizable()` oder `gtk_window_set_policy()`.

Des Weiteren muss erwähnt werden, dass die Erstellung einer GTK+-Anwendung mittlerweile recht flexibel geworden ist – sprich, es gibt mehrere Wege, um ans Ziel zu kommen. Als Beispiel wäre hier die Erzeugung eines Widgets selbst zu erwähnen. Zum Beispiel kann ein Widget mit dem Funktionsaufruf `gtk_widgetname_new()` erzeugt werden. Eine weitere Möglichkeit hat man hingegen mit der Funktion `g_object_new(GTK_TYPE_WIDGETNAME ...)`. Dies sollte nur erwähnt werden, um Missverständnisse zu beseitigen, wenn Sie z. B. das GTK+-Tutorial von der GTK-Homepage gelesen haben oder noch lesen wollen (sehr zu empfehlen).

Im Buch werden auf jeden Fall, sofern dies möglich ist, die Widgets mit `g_object_new()` erzeugt, und meistens werden hiermit gleichzeitig auch die Eigenschaften des Widgets gesetzt. Zum Abfragen der Attribute kann natürlich weiterhin die *klassische* Methode mit `gtk_einwidget_get_einwert()` verwendet werden oder die Möglichkeit mit `g_object_get()` zum Abfragen der Eigenschaften oder des Zustands eines Widgets.

Somit ist der Aufbau der einzelnen Abschnitte immer recht ähnlich. Zuerst folgt eine kurze Beschreibung dessen, was kommt, dann ein Listing, das die einzelnen Widgets demonstriert. Anschließend folgt eine Beschreibung der einzelnen Widgets mitsamt ihren wichtigsten Eigenschaften, die hierfür verwendet (gesetzt bzw. abgefragt) werden können.

Hinweis

Auch wenn GTK+ das objektorientierte Konzept verwendet, ist es nicht Voraussetzung, dass man schon selbst objektorientiert programmiert hat.

14.2 GTK+-Anwendungen übersetzen

Um überhaupt Anwendungen mit der GTK+-Bibliothek erstellen zu können, müssen Sie logischerweise die entsprechenden Bibliotheken installiert haben. Gewöhnlich sollten diese Bibliotheken Ihrer Linux-Distribution beiliegen. Sie sollten dabei nach den *...-devel*-Paketen Ausschau halten. in diesem Beispiel also nach *gtk-devel* und *glib-devel*. Bei neueren Distributionen liegt die Version 2 (*gtk2-devel* und *glib2-devel*) bei, die im Buch auch verwendet wird. Natürlich lassen sich hierbei auch ohne Probleme parallel die Versionen 1.2 und 2.x installieren und verwenden.

Sollten Sie in Ihrer Distribution keine der besagten Bibliotheken finden, dann können Sie sich die benötigten Pakete auch von *http://www.gtk.org/* besorgen. Befolgen Sie dabei bitte die Installationsanweisungen in der Readme-Datei, die sich in dem Paket befindet.

Hinweis

Für die Erstellung von GTK+ 1.2-Anwendungen sei das Extrakapitel der Buch-CD empfohlen, da das Übersetzen hierbei ein wenig anders abläuft als der hier beschriebene Weg.

Da Sie eine neuere Version von GTK+ (2.x) verwenden, können Sie auch gleich das Tool `pkg-config` verwenden. Ein recht universelles Tool (kein Shellskript mehr wie in Version 1.2 mit `gtk-config`), womit Sie dem Compiler und dem Linker mitteilen können, in welchen Pfaden gesucht werden soll (gilt natürlich auch für Bibliotheken jenseits von GTK+ und Co.). Außerdem erhalten Sie dabei auch Informationen, wenn Sie bei der Version 2.x von GTK+ die eine oder andere Bibliothek noch nachinstallieren müssen (meistens z. B. die Bibliotheken Pango oder ATK). `pkg-config` sollte ebenfalls der Distribution beiliegen und muss ggf. nachinstalliert werden.

Die Informationen für den Compilerlauf ermitteln:

```
$ pkg-config --cflags gtk+-2.0
-I/usr/include/gtk-2.0 -I/usr/lib/gtk-2.0/include
```

```
-I/usr/include/atk-1.0 -I/usr/include/pango-1.0
-I/usr/X11R6/include -I/usr/include/freetype2
-I/usr/include/glib-2.0 -I/usr/lib/glib-2.0/include
```

Und die Informationen für den Linker:

```
$ pkg-config --libs gtk+-2.0
-Wl,--export-dynamic -lgtk-x11-2.0 -lgdk-x11-2.0 -latk-1.0
-lgdk_pixbuf-2.0 -lm -lpangoxft-1.0 -lpangox-1.0 -lpango-1.0
-lgobject-2.0 -lgmodule-2.0 -ldl -lglib-2.0
```

Eine GTK+-Anwendung (oder auch nur eine Glib-Anwendung) lässt sich mit `pkg-config` folgendermaßen erstellen und starten:

```
$ gcc -o mein_gtk_programm mein_gtk_programm.c \
  `pkg-config --libs --cflags gtk+-2.0`
$ ./mein_gtk_programm.c
```

Natürlich können Sie mit `pkg-config` auch die GTK+-Lib der Version 1.2 verwenden. Dazu müssten Sie die Pfadangaben von *gtk+-1.2* in einer Datei namens `gtk+-1.2.pc` im Verzeichnis der Umgebungsvariablen `PKG_CONFIG_PATH` hinzufügen. Dazu sollten Sie aber besser die entsprechende Dokumentation (Manual Page) von `pkg-config` lesen, da eine weitere Ausführung hier nicht mehr Sinn des Kapitels ist.

14.3 Eine Einführung in die Glib-Bibliothek

GTK+ und GDK sind für die *grafische* Seite einer Anwendung verantwortlich, und Glib ist die *nicht sichtbare* Schnittstelle für den Anwender. Alles, was hinter den grafischen Kulissen so passiert, wird gewöhnlich über die Glib gemacht. Diese Bibliothek beinhaltet Funktionen für die Speicherverwaltung, Stringmanipulationen, verkettete Listen, Arrays, Bäumen und eine Menge mehr. Natürlich finden Sie im Buch *nur* wieder einen kleinen Einblick in die Glib-Welt, was aber für die weitere Verwendung mithilfe der Dokumentation zur Glib völlig ausreichen sollte. Trotzdem kommen Sie, sofern Ihre Programme GTK+- oder GNOME-Bibliotheken verwenden werden, nicht um das Erlernen der Glib herum. Um Glib zu verwenden, müssen Sie die Headerdatei `glib.h` in die Programme mit einbinden. Es kann außerdem sein, wenn Sie eine Anwendung mit GTK+ oder GNOME schreiben, dass die Glib-Bibliothek benötigt wird, obwohl Sie keine dieser Funktionen in der Anwendung verwendet haben.

Für Funktionen der Glib wurde folgende Schreibweise festgelegt: Alle Glib-Funktionen beginnen mit dem Präfix `g_` – die Datentypen mit dem Präfix `g` (ohne Unterstrich) –, und Makros werden meist beginnend mit einem großen `G` oder `GLIB` gekennzeichnet.

14.3.1 Datentypen

Jeder, der schon einmal Software auf ein anderes System portieren musste, weiß, wie das enden kann. Spätestens wenn auf dem einen System eine vorzeichenlose 16-Bit-Ganzzahl deklariert ist, lernt man beim Portieren die andere Seite von C wieder kennen. Um die richtige

Darstellung von Datentypen kümmert sich die Glib für Sie. Somit wäre das Problem schon weg. Folgende Datentypen und deren Gegenstück (falls vorhanden) in Standard-C sind in der Headerdatei `glib.h` definiert:

Glib-Datentyp	Standard-C-Datentyp
`gchar`	`char`
`guchar`	`unsigned char`
`gint`	`int`
`guint`	`unsigned int`
`gshort`	`short`
`gushort`	`unsigned short`
`glong`	`long`
`gulong`	`unsigned long`
`gfloat`	`float`
`gdouble`	`double`
`gintN`	`int` mit genau n Bit Breite (möglicher Wert für n = 8, 16, 32, 64)
`gpointer`	`void *`, typloser Zeiger
`gconstpointer`	`const void *`, konstanter typloser Zeiger
`gboolean`	Wahrheitswert, entweder `TRUE` oder `FALSE`
`gsize` und `gssize`	`signed` und `unsigned` Werte, welche die Größe einer Datenstruktur repräsentieren

Tabelle 14.1 Datentypen der Glib-Bibliothek

Die Datentypen `gboolean`, `gsize` und `gssize` sind keinen Standarddatentypen von C. Die 8-, 16-, 32- und 64-Bit-Integer (`gintN`) sind sehr sinnvoll, wenn garantiert werden muss, dass ein Integer eine bestimmte Bitlänge haben muss. Da nicht auf jedem System eine Darstellung von 64-Bit-Werten möglich ist, müssen Sie bei Verwendung eines solchen Typs erst die symbolische Konstante `G_HAVE_GINT64` überprüfen, ob diese gesetzt ist.

Hinweis

Es ist auch möglich und somit nicht falsch, wenn Sie bei einer auf Glib basierenden Anwendung die Datentypen mit denen der Standard-C-Funktionen vermischen. Sinnvoll ist dies aber nicht.

14.3.2 Routinen

Für den täglichen Gebrauch finden Sie in der Glib eine Menge Routinen, die meistens sicherere Wrapper-Funktionen zu den Standardfunktionen von C sind. Aufgeteilt werden diese Funktionen in Hilfsfunktionen und Funktionen zur Manipulation von Datenstrukturen. Zuerst werden die einfachen Hilfsfunktionen beschrieben.

Ausgabe von Fehlern und anderen Nachrichten

Die häufigste Methode, um ein Programm zu debuggen bzw. eine Meldung auszugeben, ist die, eine Nachricht auf die Konsole oder in eine Datei zu schreiben. Die Glib hat hierfür zum Glück mehrere Möglichkeiten zur Verfügung.

Die wohl einfachste und am häufigsten verwendete Methode dürften wohl die Funktionen `g_print()` und `g_printerr()` sein:

```
void g_print(const gchar *format, ...);
void g_printerr(const gchar *format, ...);
```

Die Funktion `g_print()` ist als Ersatz für die Standardfunktion `printf()` zu sehen. Mit `g_print()` wird der formatierte, variabel lange Textstring auf die Standardausgabe (`stdout`) ausgegeben (sofern diese nicht umgeleitet wurde). Die Funktion `g_printerr()` hingegen schreibt die Ausgabe auf die Standardfehlerausgabe (bekannt als `stderr`). Sicherlich stellen Sie sich hierbei die Frage, warum sollten Sie jetzt diese beiden Funktionen im Gegensatz zu `printf()` und `fprintf()` verwenden? Der Grund ist simpel und einfach. Mit den beiden Funktionen können Sie noch zusätzlich einen Handler einrichten. Mit diesem Handler wiederum können Sie die Ausgabe in eine Datei umleiten, in ein GTK+-Widget oder in ein anderes Programm. Um allerdings die Standardausgabe der beiden Funktionen (`g_print()` und `g_printerr()`) zu verändern, müssen Sie die entsprechenden Funktionen `g_set_print_handler()` bzw. `g_set_printerr_handler()` verwenden. Jede der beiden Funktionen erhält einen Zeiger auf eine selbst geschriebene Funktion, die als Argument einen String erwartet. Mehr dazu entnehmen Sie bei Bedarf bitte der Dokumentation.

Weitere Funktionen, die meistens noch einen Zusatz zum eigentlichen Formatstring ausgeben, sind:

```
void g_message(const gchar *format, ...);
void g_warning(const gchar *format, ...);
void g_error(const gchar *format, ...);
const gchar *g_strerror(gint errnum);
```

Die Funktionen `g_message()` und `g_warning()` sind der Funktion `g_print()` recht ähnlich. Mit `g_message()` wird vor dem String die Zeichenfolge `Message:` ausgegeben, und bei `g_warning()` wird die Textfolge `*** (process:1234) WARNING ***` dem eigentlichen String vorangestellt. Die Funktion `g_error()` hingegen setzt vor den Formatstring noch den String `*** ERROR ***` und beendet anschließend mit dem Signal `SIGABRT` das Programm. `g_strerror()` erwartet als Parameter die Fehlervariable `errno` und gibt einen dementsprechenden String aus, wofür der Fehlercode der Ganzzahl steht. Diese Funktion ist das Pendant zur Funktion `perror()`. Es wird empfohlen, diese Funktionen immer bei der Ausgabe von Fehlermeldungen zu verwenden.

Hierzu folgt ein einfaches Listing, das die eben vorgestellten Funktionen in der Praxis zeigt.

```
/* glib1.c */
#include <stdio.h>
#include <stdlib.h>
#include <errno.h>
#include <gtk/gtk.h>
```

```
int main(void) {
   FILE *f1;
   const gchar *text = "Ausgabe mit g_message";

   g_print("Ausgabe mit g_print\n");
   g_printerr("Ausgabe mit g_printerr\n");
   g_message("%s\n",text);
   g_warning("Ausgabe mit g_warning\n");
   f1 = fopen("abcd", "r");
   if( f1 == NULL ) {
      printf("Fehler : %s\n", g_strerror(errno));
   }
   g_error("Ausgabe mit g_error (FATALER FEHLER - Ende)\n");
   return EXIT_SUCCESS;
}
```

Das Programm bei der Ausführung:

```
$ gcc -o glib1 glib1.c `pkg-config --libs --cflags gtk+-2.0`
$ ./glib1
Ausgabe mit g_print
Ausgabe mit g_printerr
** Message: Ausgabe mit g_message
** (process:2272): WARNING **: Ausgabe mit g_warning
Fehler : No such file or directory
** ERROR **: Ausgabe mit g_error (FATALER FEHLER - Ende)
aborting...
Abgebrochen
```

14.3.3 Assertions-Funktionen

Natürlich gibt es bei der Glib auch eine `assert()`-Version mit `g_assert()`, wobei hier die Funktion `g_assert()` voll und ganz der Funktion von `assert()` entspricht, z. B.:

```
int x=5, y=4, z=3;

g_assert( x > y );  /* OK */
g_assert( x > z );  /* OK */
g_assert( z > y );  /* Fehler !!! */
```

Folgende Fehlermeldung wird dabei ausgegeben:

```
** ERROR **:
file glibx.c: line xx (main): assertion failed: (z > y)
aborting...
Abgebrochen
```

In Standard-C mussten Sie `assert()` mit einem Flag im Programmcode außer Kraft setzen. Glib macht es Ihnen dabei noch einfacher, indem Sie beim Übersetzen das Flag `-DG_DISABLE_ASSERT` verwenden:

```
$ gcc -o -DG_DISABLE_ASSERT glibx glibx.c \
  `pkg-config --libs --cflags gtk+-2.0`
```

Die Glib stellt Ihnen außerdem mit g_assert_not_reached() noch ein anderes *Assert* ohne Argumente zur Verfügung. Dieses kann z. B. verwendet werden, wenn eine Situation eintrifft, die einfach niemals hätte eintreffen sollen/können. *not reached* eignet sich in der Regel nur für die Fehlersuche, z. B.

```
while(1) {
    ...
}
g_assert_not_reached();
```

Hier könnte es ja durch irgendeinen Speicherüberlauf passieren, dass die while-Schleife abgebrochen wird, wie immer das auch passieren kann. In einem solchen Fall kann man sagen »*line should never be reached*«. Dabei wird folgende Fehlermeldung ausgegeben:

```
** ERROR **:
file glibx.c: line 9 (main): should not be reached aborting...
```

Weitere Routinen, um z. B. eine Funktion zu beenden, wenn eine bestimmte Bedingung nicht eintraf, wären die Funktionen g_return_if_fail() und g_return_val_if_fail(). Beide Funktionen können wie g_assert() verwendet werden, nur ohne dass das Programm beendet wird. Ein Beispiel mit g_return_if_fail().

```
/* glib2.c */
#include <gtk/gtk.h>

static void myfunc( gint val1, gint val2 ) {
   g_return_if_fail( (val1 > 0 && val2 > 0) );
   /* Tu was ... */
   g_print("val1 und val2 haben nicht den Wert 0\n");
   return;
}

int main(void) {
   myfunc(5, 4);
   myfunc(3, 1);
   myfunc(0, 3); /* Fehler - aber nicht kritisch */
   g_print("Kein Programmabbruch!\n");
   return 0;
}
```

Das Programm bei der Ausführung:

```
$ gcc -o glib2 glib2.c `pkg-config --libs --cflags gtk+-2.0`
$ ./glib2
val1 und val2 haben nicht den Wert 0
val1 und val2 haben nicht den Wert 0
** CRITICAL **:
file glib2.c: line 6 (myfunc): assertion `(val1 > 0 && val2 > 0)' failed.
Kein Programmabbruch!
```

14.3.4 Speicherverwaltung

Folgende Funktionen werden Ihnen von der Glib zur Reservierung und zum Freigeben von Speicherplatz zur Verfügung gestellt. Als Vergleich sei hier auch das Gegenstück aus der Standardbibliothek angegeben:

Glib-Funktion	entspricht ...
gpointer g_malloc(gulong n_bytes)	void *malloc(size_t size)
gpointer g_malloc0(gulong n_bytes)	wie malloc(), initialisiert Speicher wie calloc()
gpointer g_try_malloc(gulong n_bytes)	wie malloc()
gpointer g_realloc(gpointer mem, gulong n_bytes)	wie void *realloc(void *ptr, size_ t size)
gpointer g_try_realloc(gpointer mem, gulong n_bytes)	wie realloc()
void g_free(gpointer mem)	void free(void *ptr)

Tabelle 14.2 Funktionen zum Reservieren und Freigeben von Speicherplatz

Folgende besonderen Merkmale weist g_malloc() im Gegensatz zu malloc() in Standard-C auf:

- g_malloc() gibt NULL zurück, wenn die Größe des zu reservierenden Speichers 0 ist. Das liegt aber daran, weil man sich aus Portabilitätsgründen innerhalb der GNU libc dazu entschlossen hat, malloc(0) gültig zu machen.
- g_malloc() beendet das Programm von selbst, wenn ein Fehler (NULL) bei der Allozierung aufgetreten ist. Sie müssen nicht mehr selbst auf NULL überprüfen. g_malloc() eignet sich daher nicht für eigene Bibliotheken, da diese NULL zurückgeben *müssen*.
- Die _try_-Versionen g_try_malloc() und g_try_realloc() beenden sich im Gegensatz zu den Versionen ohne _try_ (g_malloc(); g_realloc()) nicht selbstständig bei einem Fehler – sondern geben C-typisch NULL (bei Auftreten eines Fehlers) zurück.

Hierzu ein Listing, das Ihnen die g-Familie der malloc()-Fraktion demonstriert:

```
/* glib3.c */
#include <gtk/gtk.h>
#define MMAX 100

int main(void) {
   gpointer *mem, *dup;
   gchar *text = "Text zum Kopieren";

   /* Speicher reservieren */
   mem = g_malloc(MMAX);
   /* Etwas in Speicher schreiben */
   g_snprintf((gchar *)mem, MMAX, "%s\n",text);
   /* Inhalt des Speichers ausgeben */
   g_print("mem: %s",(gchar *)mem);
```

```
   /* Speicherplatz duplizieren */
   dup = g_memdup(mem, MMAX);
   /* Inhalt des kopierten Speichers ausgeben */
   g_print("dup: %s",(gchar *)dup);
   /* Kopierten Speicherplatz freigeben */
   g_free(dup);
   /* Ein Fehler mit Absicht - Programmabbruch */
   mem = g_malloc( -1 );
   return 0;
}
```

Das Programm bei der Ausführung:

```
$ gcc -o glib3 glib3.c `pkg-config --libs --cflags gtk+-2.0`
$ ./glib3
mem: Text zum Kopieren
dup: Text zum Kopieren
GLib-ERROR **: gmem.c:140: failed to allocate 4294967295 bytes
aborting...
Abgebrochen
```

Speicherblöcke kopieren

Der einfachste Weg, um einen Speicherblock zu kopieren, ist (wie im Beispiel oben gesehen) die Verwendung der Funktion `g_memdup()`. Diese Funktion reserviert die Menge an Speicherplatz, die Sie als zweiten Parameter angegeben haben, und kopiert die Anzahl der Bytes von der Adresse des ersten Parameters in den neuen Block. Als Rückgabewert erhalten Sie die Anfangsadresse des neuen Blocks oder `NULL`.

Makros zur Speicherverwaltung

Neben `malloc()`-ähnlichen Funktionen der Glib bietet Ihnen diese Bibliothek auch einige Makros zur Speicherbeschaffung an. Da ja die Speicherblockgröße beim Aufruf mit z. B. `g_malloc()` nicht nummerisch angegeben werden sollte, sondern als Größe des Datentyps oder der Struktur mit dem `sizeof()`-Operator, finden sich in der Glib Makros, die Ihnen die Arbeit des Castens abnehmen (was immer noch eine häufige Fehlerquelle ist, weshalb Sie es, wenn nicht nötig, sein lassen sollten). Ein Beispiel:

```
Strukturzeiger = (structurtyp *)g_malloc(sizeof(structurtyp)*10);
```

Hiermit werden für den Strukturzeiger zehn Elemente vom Typ `structurtyp` mit der entsprechenden Größe reserviert. Es ist jetzt im Prinzip egal, wie diese Struktur aussieht. Diese *Casterei* wird Ihnen jetzt mit dem Makro `g_new()` abgenommen:

```
Strukturzeiger = g_new(strukturtyp, 10);
```

Auch wenn das Konstrukt dem C++-Pendant recht ähnlich sieht, es hat nichts damit zu tun! Speicherplatz müssen Sie hierbei weiterhin mit `g_free()` freigeben und nicht etwa mit einem C++-ähnlichen `delete()`. Hier ein Überblick zu den Makros und den gleichwertigen Gegenstücken:

Makro	Gleichwertig zu ...
g_new(type , size);	g_malloc(sizeof(type) * size);
g_new0(type, size);	g_malloc0(sizeof(type) * size);
g_renew(type, ptr, size);	g_realloc(ptr, sizeof(type) * size);

Tabelle 14.3 Makros zur Speicherreservierung

Weitere Funktionen zur Speicherbeschaffung

Die Glib bietet noch eine Menge mehr Funktionen und Makros zur Speicherbeschaffung und -verwaltung an. Alle hier zu diskutieren würde den Umfang des Buchs sprengen. Die gängigen kennen Sie zumindest jetzt, und sie sind in der Regel auch völlig ausreichend, um damit arbeiten zu können.

Erwähnen muss ich allerdings noch einen speziellen Mechanismus der Glib – den Speicherklumpen (GmemChunk). Dieser wird für das Belegen immer gleichartiger Speicherblöcke verwendet, was bei einer GUI-Software recht häufig vorkommt. Der Klumpen setzt sich dabei aus Atomen (Speicherblöcken) zusammen. GmemChunk ist allerdings keine Datenstruktur, sondern ein Hilfsmittel zu Verwaltung der Speicherblöcke. Sinn hat es natürlich, dadurch die Geschwindigkeit von GUI-Anwendungen zu beschleunigen. Eine weitere Speichertechnik sind die Quarks mit GQuark, die erst einmal nichts mit Physik oder der Speicherverwaltung zu tun haben, aber intern irgendwie doch, da mit dieser Technik Speicherplatz gespart werden kann.

Sofern Sie also umfangreiche und speicherintensive Anwendungen erstellen, sollten Sie sich GMemChunk und GQuark auf jeden Fall in der Dokumentation ansehen. Als Tipp kann ich Ihnen hierfür auch das Buch von M. Warkus, GNOME 2.0, empfehlen, das auf diese Themen genauer eingeht.

14.3.5 Stringbearbeitung

Die Behandlung und Bearbeitung von Strings ist häufig eine der umfangreicheren Aufgaben für den C-Programmierer. Die meiste Zeit muss der Programmierer dabei häufig für den Puffer des Strings aufwenden. Die Glib hat Ihnen hierfür viele Funktionen zur Verfügung gestellt, die Ihnen (fast) die ganze Arbeit abnehmen. Die Glib bietet Ihnen eine unglaubliche Anzahl von Stringfunktionen, so dass ich Sie auch hier mit einem »*Tut mir Leid für den kurzen Überblick ...*« abspeisen muss. Aber die wichtigsten werden erwähnt – versprochen. Sofern Sie anschließend weiter nach Stringfunktionen forschen wollen, müssen Sie lediglich nach Funktionen mit dem Präfix g_str Ausschau halten. Alle Stringfunktionen der Glib beginnen damit. Dann gibt es noch Funktionen, die im Zusammenhang mit dem Datentyp GString stehen, die alle mit dem Präfix g_string beginnen. Sämtliche Funktionen, die Sie vom Standard-C her kennen, sind natürlich auch in verbesserter Form in der g_-Variante vorhanden – worauf allerdings nicht näher eingegangen wird, da diese ähnlich angewendet werden, wie Sie dies vom Standard-C her kennen.

Stringkonvertierungs- und Modifikationsfunktionen

Um alle Zeichen eines Strings in Groß- bzw. Kleinbuchstaben umzuwandeln, können Sie die folgenden Funktionen verwenden:

```
void g_strup(const gchar * string);/* alles in Großbuchstaben  */
void g_strdown(gchar * sring);     /* alles in Kleinbuchstaben */
```

Beachten Sie, dass hierbei die Strings direkt verändert werden. Sofern der String `NULL` ist, kehren beide Funktionen einfach zurück. Wollen Sie zwei Strings unabhängig von der Groß- bzw. Kleinschreibung vergleichen, können Sie folgende Funktionen verwenden:

```
gint g_strcasecmp (gchar *str1, gchar *str2);
gint g_strncasecmp(gchar *str1, gchar *str2, guint n);
```

Mit der Funktion `g_strncasecmp()` können Sie im Gegensatz zur Funktion `g_strcasecmp()` die ersten `n`-Bytes, anstatt die beiden kompletten Strings, miteinander vergleichen. Sind beide Strings gleich, gibt die Funktion 0, ansonsten die Adressen der Position zurück, die nicht mehr miteinander übereinstimmen.

Einen String umdrehen können Sie mit der Funktion:

```
void g_strreverse(gchar *str);
```

Hierbei wird der String verändert und in umgekehrter Reihenfolge ausgegeben. Bei einer Übergabe von `NULL` kehrt die Funktion unwiderruflich zurück.

Hierzu ein Listing, das diese Funktionen demonstrieren soll:

```
/* glib4.c */
#include <gtk/gtk.h>

int main(void) {
   gchar text[]  = { "Text zum Manipulieren" };
   gchar text2[] = { "Text (noch mehr)" };

   g_strup(text);
   g_print("g_strup()  : %s\n",text);
   g_strdown(text);
   g_print("g_strdown(): %s\n",text);

   if(g_strcasecmp( text, text2 ) )
      g_print("'text' und 'text2' sind ungleich\n");
   else
      g_print("Beide Zeichenketten sind gleich\n");

   if(g_strncasecmp(text, text2, 5) )
      g_print("'text' und 'text2' sind ungleich"
              " (erste 5 Zeichen)\n");
   else
      g_print("Die ersten 5 Zeichen der beiden "
              "Strings sind gleich\n");
```

```
    g_strreverse( text );
    g_print("g_strreverse() : %s\n",text);
    return 0;
}
```

Das Programm bei der Ausführung:

```
$ gcc -o glib4 glib4.c `pkg-config --libs --cflags gtk+-2.0`
$ ./glib4
g_strup()  : TEXT ZUM MANIPULIEREN
g_strdown(): text zum manipulieren
'text' und 'text2' sind ungleich
Die ersten 5 Zeichen der beiden Strings sind gleich
g_strreverse() : nereilupinam muz txet
```

Um eine Kopie einer Zeichenkette anzulegen, sind folgende Funktionen vorhanden:

```
gchar* g_strdup (const gchar *str);
gchar* g_strndup(const gchar *str, gsize n);
```

Beide Funktionen geben eine Kopie der Zeichenkette `str` zurück. Mit `g_strndup()` werden nur die ersten `n` Bytes kopiert und zurückgegeben. Ist `str` kürzer als `n` Bytes, wird der Rest mit `\0` aufgefüllt.

Weitere interessante Funktionen hierzu sind:

```
gchar* g_strdup_printf (const gchar *format, ...);
gchar* g_strdup_vprintf(const gchar *format, va_list args);
```

Beide Funktionen erstellen ein Format und eine Werteliste wie `printf()`. Anschließend legen diese Funktionen eine neue Zeichenkette mit passender Länge an und schreiben die Ausgabe hinein. Dies ist die sicherere und komfortablere Alternative zu `sprintf()`. Die Funktion `g_strdup_vprintf()` unterscheidet sich dadurch, dass eine `va_list` entgegengenommen wird, wie dies zum Beispiel bei der Verwendung einer selbst geschriebenen Funktion mit variabler Argumentenanzahl der Fall ist.

Beliebig viele Strings aneinander hängen, ohne sich um den Speicherplatz zu kümmern, können Sie mit der Funktion:

```
gchar* g_strconcat(const gchar *str1, ...);
```

Damit diese Funktion auch funktioniert, muss die Liste mit `NULL` abgeschlossen werden. Zurückgegeben wird die Anfangsadresse aller zusammengehängter Strings.

Wollen Sie selbiges machen und dabei noch ein Zwischenraumzeichen (Feldtrenner) zwischen den einzelnen Strings einfügen, können Sie die Funktion `g_strjoin()` verwenden:

```
gchar* g_strjoin(const gchar *trenner, ...);
```

Ansonsten funktioniert diese Funktion genauso wie `g_strconcat()` – also muss die Liste auch mit `NULL` abgeschlossen werden.

Die `snprintf()`-Funktion der Glib sei in diesem Zusammenhang ebenfalls erwähnt, da diese recht häufig in der Praxis eingesetzt wird:

```
gint g_snprintf( gchar *zielstring,
                 gulong n,
                 const gchar *format, ... );
```

Funktioniert ähnlich wie `snprintf()` und schreibt einen durch `format` formatierten String mit der sich anschließenden Werteliste in den Puffer `zielstring`. Geschrieben werden `n` Bytes Zeichen mit dem abschließenden `\0`. Der Rückgabewert von `g_snprintf()` ist die Anzahl Zeichen, welche die Funktion ausgäbe, wäre der Puffer groß genug. Dies entspricht nicht dem Verhalten traditioneller `sprintf()`-Implementationen.

Das letzte Zeichen einer Zeichenkette entfernen können Sie mit der Funktion:

```
gchar* g_strchomp(gchar *zkette);
```

Gerne eingesetzt wird diese Funktion wohl bei der Eingabe mittels `fgets()`, um das Newline-Zeichen am Ende loszuwerden. Es wird aber nicht das Stringterminierungszeichen entfernt! Es gibt auch eine Version, um das erste Zeichen eines Strings zu entfernen:

```
gchar *g_strchug(gchar * str);
```

Um Zeichen, die im String vorkommen, durch andere zu ersetzen, wird diese Funktion verwendet:

```
gchar* g_strdelimit( gchar *str,
                     const gchar *trenner,
                     gchar neuer_trenner );
```

Ersetzt alle in `trenner` vorkommenden Zeichen in `str` durch das Zeichen `neuer_trenner`. Ist der `trenner` `NULL`, wird eine Standardzeichenkette verwendet, die als symbolische Konstante mit `G_STR_DELIMITERS` definiert ist.

Hierzu wieder ein Listing, das Ihnen die einzelnen Funktionen in der Praxis zeigt:

```
/* glib5.c */
#include <stdio.h>
#include <gtk/gtk.h>
#define MMAX 255

int main(void) {
   const gchar *text = "Hallo ";
   const gchar *tex2 = "Welt! ";
   gchar *copy, *more;
   gchar *str, *test;
   const gchar str1[] = { "String1" };
   const gchar str2[] = { "String2" };
   const gchar str3[] = { "String3" };
   char buf[MMAX];

   copy = g_strdup(text);
   g_print("g_strdup() : %s\n",copy);

   more = g_strdup_printf("%s %s",text, tex2);
   g_print("g_strdup_printf(): %s\n", more);
```

```
   str = g_strconcat(str1,"|", str2,"|", str3, NULL);
   g_print("g_strconcat() : %s\n",str);

   str = g_strjoin("|", str1, str2, str3, NULL);
   g_print("g_strjoin() : %s\n", str);

   test = g_malloc(MMAX);
   g_snprintf(test, MMAX, "PIN-Code: 432-557-32 (speichern)");

   g_strdelimit(test, "0123456789", '*');
   g_print("%s\n",test);
   g_print("G_STR_DELIMITERS : %s\n",G_STR_DELIMITERS);

   g_print("Text eingeben : ");
   fgets(buf, MMAX, stdin);
   /* Weg mit dem Newline-Zeichen */
   g_strchomp(buf);
   g_print("%s\n",buf);
   g_print("Hinter buf\n");
   return 0;
}
```

Das Programm bei der Ausführung:

```
$ gcc -o glib5 glib5.c `pkg-config --libs --cflags gtk+-2.0`
$ ./glib5
g_strdup() : Hallo
g_strdup_printf(): Hallo Welt!
g_strconcat() : String1|String2|String3
g_strjoin() : String1|String2|String3
PIN-Code: ***-***-** (speichern)
G_STR_DELIMITERS : _-|> <.
Text eingeben : Die GLib ist genial
Die GLib ist genial
Hinter buf
```

Hinweis

Nicht behandelt wurden außerdem die Unmengen an Funktionen für Unicode- und Zeichencodierung. Bei Bedarf sei wieder die Dokumentation empfohlen oder eben entsprechende Literatur.

14.3.6 Selbstverwaltender Stringpuffer

In der Glib wurde ein neuer Datentyp mit dem Namen `GString` eingeführt, der zwar gleichwertig wie ein gewöhnlicher String ist, nur dass dieser sich automatisch um den Puffer kümmert. Damit gehören Buffer Overflows in Ihrem Programm der Vergangenheit an. Realisiert wird dieser Puffer mit einer einfachen Struktur namens `GString`:

```
struct GString {
  /* Zeiger auf einen \0-terminierten String */
  gchar *str;
  /* Aktuelle Länge */
  gint len;
};
```

Einen neuen Textpuffer können Sie mit den folgenden Funktionen erstellen:

```
GString *g_string_new(const gchar *init);
Gstring *g_string_sized_new(guint size);
```

Die erste Funktion erstellt einen neuen Textpuffer, wobei der neue Puffer gleich mit einer Kopie von `init` initialisiert wird, worauf dieser verweist. Mit der zweiten Funktion (`g_string_sized_new()`) reservieren Sie einen Speicherplatz für einen neuen String mit `size` Bytes Länge. Der Puffer wird dabei automatisch mit `'\0'` Zeichen initialisiert. Den Speicherplatz für `GString` geben Sie mit der Funktion `g_string_free()` wieder frei.

```
void g_string_free(GString *string, gint free_segment);
```

Ist `free_segment` `TRUE`, werden auch die Daten von `str` der `GString`-Struktur freigegeben.

Jetzt folgen einige Funktionen, mit denen Sie den Textpuffer bearbeiten können. Hierzu erst einmal eine – natürlich nicht komplette – Liste einiger Funktionen, die mit dem Datentypen `GString` zusammenarbeiten.

```
GString *g_string_assign(GString  *lval,  const gchar *rval);
GString *g_string_append(GString *string, gchar *val);
GString *g_string_append_c(GString *string, gchar c);
GString *g_string_prepend(GString *string, gchar *val);
GString *g_string_prepend_c(GString *string, gchar c);
GString *g_string_insert(
                  GString *string, gint offset, gchar *val);
GString *g_string_insert_c(
                  GString *string, gint offset, gchar val);
GString *g_string_erase( GString *string, gint pos, gint length);
```

Mit der Funktion `g_string_assign()` kopieren Sie den String `rval` in den `GString` `lval`. Wie bei der Standard-C-Funktion `strcpy()` wird dabei der Originaltext (falls einer vorhanden ist) in `lval` überschrieben. Um den Speicherplatz müssen Sie sich keine Gedanken machen, das erledigt Glib für Sie. Als Rückgabewert erhalten Sie bei Erfolg einen Zeiger auf `lval`.

Mit den Funktionen `g_string_append()` und `g_string_append_c()` hängen Sie an den Quellstring `string` (erster Parameter) einen String oder (bei `g_string_append_c()`) ein Zeichen (zweiter Parameter) an. Als Rückgabewert erhalten Sie einen Zeiger auf die Anfangsadresse von `string`.

Mit `g_string_prepend()` oder `g_string_prepend_c()` fügen Sie am Anfang des Zielstrings `string` einen String oder ein Zeichen hinzu. Auch hier wird als Rückgabewert ein Zeiger auf die Anfangsadresse von `string` zurückgegeben.

Mit den Funktionen `g_string_insert()` und `g_string_insert_c()` fügen Sie einen String oder ein Zeichen in den Zielstring `string` ein. Wo dieser String oder das Zeichen eingefügt wird, geben Sie mit offset an. Als Rückgabewert erhalten Sie einen Zeiger auf die Anfangsadresse von string.

Mit g_string_erase() können Sie im Zielstring string von der Position pos bis zu length Zeichen löschen. Bei falscher Angabe von pos oder length wird string unverändert zurückgegeben. Die Rückgabe ist auch hierbei ein Zeiger auf den Anfang von string.

Alle hier erwähnten Funktionen liefern im Fehlerfalle NULL zurück, wenn der Zielstring NULL ist. Ist allerdings der Quellstring NULL, wird der Zielstring nicht verändert und auch so zurückgegeben.

Eine besondere Funktion sollte noch erwähnt werden:

```
void g_string_sprintf(GString *string, const gchar *fmt ...);
```

Diese Funktion ist der sprintf()-Funktion von C sehr ähnlich und hat den Vorteil, dass der Puffer automatisch erweitert wird, falls nötig. Befinden sich im GString string noch Zeichen, werden diese unwiderruflich überschrieben.

Das folgende Listing soll Ihnen diese Funktionen und den neuen Glib-Datentyp GString in der Praxis zeigen:

```
/* glib6.c */
#include <gtk/gtk.h>
#include <string.h>
#define MMAX 255

int main(void) {
   GString *gstr;
   guint size;
   gint val = 1;

   gstr = g_string_new("GString initialisiert");
   g_print("%s mit %d Bytes\n\n",gstr->str, gstr->len);

   g_string_assign(gstr,
           "g_string_assign() ueberschreibt den Originalstring");
   g_print("%s\n\n", gstr->str);

   g_string_append(gstr,
            "\n-> hinzugefuegt mit g_string_append()");
   g_print("%s\n\n", gstr->str);
   /* Einzelnes Zeichen hinzufügen am Ende */
   g_string_append_c(gstr, '!');
   g_print("%s\n\n", gstr->str);

   g_string_prepend(gstr,
            "Vorne angefuegt mit g_string_prepend()\n");
   g_print("%s\n\n", gstr->str);
   /* Einzelnes Zeichen hinzufügen am Anfang */
   g_string_prepend_c(gstr, '!');
   g_print("%s\n\n", gstr->str);
```

```
    g_string_insert(gstr, 10, " xxxEINGEFUEGTxxx " );
    g_print("%s\n\n", gstr->str);

    size = strlen(gstr->str);
    /* String löschen */
    g_string_erase(gstr, 0, size);

    g_string_sprintf(gstr,
             "Puffer wird mit g_string_sprintf() automatisch"
             " verwaltet (%d)\n",val);
    g_print("%s\n\n", gstr->str);
    return 0;
}
```

Das Programm bei der Ausführung:

```
$ gcc -o glib6 glib6.c `pkg-config --libs --cflags gtk+-2.0`
$ ./glib6
GString initialisiert mit 21 Bytes
g_string_assign() überschreibt den Originalstring
g_string_assign() überschreibt den Originalstring
-> hinzugefügt mit g_string_append()
g_string_assign() überschreibt den Originalstring
-> hinzugefügt mit g_string_append()!
Vorne angefügt mit g_string_prepend()
g_string_assign() überschreibt den Originalstring
-> hinzugefügt mit g_string_append()!
!Vorne angefügt mit g_string_prepend()
g_string_assign() überschreibt den Originalstring
-> hinzugefügt mit g_string_append()!
!Vorne ang xxxEINGEFÜGTxxx efügt mit g_string_prepend()
g_string_assign() überschreibt den Originalstring
-> hinzugefügt mit g_string_append()!
Puffer wird mit g_string_sprintf() automatisch verwaltet (1)
```

14.3.7 Timer

Im Großen und Ganzen ist ein Timer nichts anderes als eine Stoppuhr, die so genau wie die Systemuhr ist. Timer werden gerne verwendet, wenn z. B. für eine bestimmte Zeit auf ein Event gewartet werden soll – oder einfach als Verzögerung (wie Sie dies im Beispiel der X-Programmierung gesehen haben). Diese sind eigentlich recht einfach zu verwenden. Hier ein Überblick zu einigen Funktionen, die Ihnen dazu zur Verfügung stehen:

Bedeutung	Funktion
Timer erzeugen	`GTimer *g_timer_new();`
Timer starten	`void g_timer_start( GTimer *timer );`

Tabelle 14.4 Timer-Funktionen der Glib

Bedeutung	Funktion
Zeit abfragen (Sekunden und Millisekunden), die seit dem Start des Timers vergangen ist	`gdouble g_timer_elapsed( GTimer *timer, gulong *msecs );`
Die abgelaufene Zeit auf 0 zurücksetzen (und neustarten)	`void g_timer_reset( GTimer *timer);`
Timer stoppen	`g_timer_stop( GTimer *stop );`
Timer zerstören (freigeben)	`void g_timer_destroy(GTimer *timer);`

Tabelle 14.4 Timer-Funktionen der Glib (Forts.)

Ein einfaches Listing, das die Timer-Funktionen demonstrieren soll.

```
/* glib7.c */
#include <gtk/gtk.h>
#include <stdio.h>

int main (void) {
   GTimer *timer = NULL;
   gdouble time;
   gulong us;
   gint i=300000000;
   gint j=300000000;
   timer = g_timer_new ();

   g_timer_start (timer);
   g_print ("Timer laeuft\n");

   while(i--);
   time = g_timer_elapsed (timer, &us);
   g_print ("Schleife dekrementiert %g sek == %ld usek\n",
             time, us);
   g_timer_reset( timer );
   while(i++ <= j);
   time = g_timer_elapsed (timer, &us);
   g_print ("Schleife inkrementieren %g sek == %ld usek\n",
             time, us);
   g_timer_reset( timer );
   g_print("Timer von Hand starten <ENTER>\n");
   getchar();
   g_timer_start (timer);

   g_print("Timer von Hand stoppen <ENTER>\n");
   getchar();
   g_timer_stop( timer );

   time = g_timer_elapsed (timer, &us);
   g_print ("Vergangene Zeit zwischen Start und Stopp"
            " %g sek == %ld usek\n", time, us);
```

```
    g_timer_destroy (timer);
    return 0;
}
```

Das Programm bei der Ausführung:

```
$ gcc -o glib7 glib7.c `pkg-config --libs --cflags gtk+-2.0`
$ ./glib7
Timer läuft
Schleife dekrementiert 0.769323 sek == 769323 usek
Schleife inkrementieren 0.775894 sek == 775894 usek
Timer von Hand starten <ENTER>

Timer von Hand stoppen <ENTER>

Vergangene Zeit zwischen Start und Stopp 2.26975 sek == 269751 usek
```

14.3.8 Dynamische Arrays

Die Glib bietet Ihnen mit GArray einen Datentyp für ein C-typisches Arrayfeld, nur mit dem Unterschied, dass dieses nicht von fester Größe sein muss. Mit dem flexibleren Array-Datentyp können Sie beliebig neue Elemente einfügen, und das sowohl am Anfang und am Ende wie auch mittendrin – natürlich ist auch das Löschen inbegriffen.

Dabei bietet Ihnen die Glib gleich drei Formen von dynamischen Arrays an:

- gewöhnliche Arrays
- Zeiger-Arrays
- Byte-Arrays

Durchgenommen werden hier nur die gewöhnlichen Arrays, welche praktisch mit allen Elementen beliebigen Typs – inklusive Strukturen –verwendet werden können. Dazu eine kurze Zusammenstellung von einigen Funktionen für GArray, welche gewöhnlich alle mit dem Präfix g_array_ beginnen.

```
GArray *g_array_new(
        gboolean zero_terminated, gboolean clear, guint size );
void g_array_free( GArray *array, gboolean free_segment );
GArray *g_array_append_vals(
        GArray *array, gconstpointer *data, guint len );
GArray *g_array_prepend_vals(
        GArray *array, gconstpointer *data, guint len );
GArray *g_array_insert_vals(
    GArray *array, guint index, gconstpointer *data, guint len );
GArray *g_array_remove_index( GArray *array, guint index );
g_array_index( array, datentyp, index );
```

Zuerst muss mit der Funktion g_array_new() der Array alloziiert werden. Mit den beiden gboolean-Parametern geben Sie an, ob ein Nullwert als Terminierungszeichen angehängt wird und ob neue Elemente auf null gesetzt werden. Der letzte Parameter muss die Größe des Elements in Bytes (Datentyp) enthalten, wovon Sie einen dynamischen Array erzeugen wollen. Zurückgegeben wird bei Erfolg ein Zeiger auf den neuen GArray.

Die Speicherverwaltung wird von nun an mit den entsprechenden Funktionen von der Glib übernommen. Allerdings freigeben müssen Sie nicht verwendeten Speicherplatz mit der Funktion g_array_free() wieder selbst.

Wollen Sie ein neues Element am Anfang bzw. Ende des GArray hinzufügen, können Sie hierfür die Funktionen g_array_prepend_vals() bzw. g_array_append_vals() verwenden. Beide Funktionen erwarten als ersten Parameter einen Zeiger auf den Array, wo entsprechende Daten, die mit dem zweiten Parameter angegeben werden, hinzugefügt werden. Mit dem dritten Parameter geben Sie die Anzahl der Elemente an, die Sie hinzufügen wollen.

Die Funktion g_array_insert_vals() hat im Gegensatz zu den Funktionen g_array_prepend_vals() und g_array_append_vals() noch einen zusätzlichen Parameter (zweiter Parameter), womit Sie die Indexposition angeben und das neue Element einfügen können.

Ein Element aus der Liste des GArray (erster Parameter) können Sie unter Angabe der Indexnummer des zweiten Parameters mit der Funktion g_array_remove_index() entfernen.

Um anschließend wieder auf die einzelnen Elemente des GArray zurückzugreifen, benötigen Sie das Makro g_array_index(). Als Argument übergeben Sie dieser Funktion das Array, den Datentyp der Elemente und die Indexnummer. Zurückgegeben wird dann der Wert des entsprechenden Elementes.

Das folgende Listing soll Ihnen die Verwendung vom dynamischen GArray mit der Glib demonstrieren. Sie können gerne versuchen, das Beispiel in Standard-C in dieser kurzen Form und mit solch einfachem Code zu schreiben.

```
/* glib8.c */
#include <gtk/gtk.h>
#include <stdio.h>
#define MMAX 255

static struct daten {
   gchar ort[MMAX];
   guint plz;
};

static struct daten help;
static guint count = 0;

static void read_data (void) {
   g_print ("Ort eingeben           : ");
   fgets (help.ort, MMAX, stdin);
   g_strchomp (help.ort);
   g_print ("Postleitzahl eingeben : ");
   scanf ("%d", &help.plz);
}
```

```
static void insert_beginn (GArray * arr) {
   read_data ();
   g_array_prepend_vals (arr, &help, 1);
   count++;
}

static void insert_end (GArray * arr) {
   read_data ();
   g_array_append_vals (arr, &help, 1);
   count++;
}

static void insert_middle (GArray * arr) {
   guint pos;
   read_data();
   g_print ("Position angeben       : ");
   scanf ("%d", &pos);
   if (pos < count) {
      g_array_insert_vals (arr, pos, &help, 1);
      count++;
   }
   else
      g_print ("Konnte Array nicht einfuegen (%d < %d)\n",
               pos, count);
}

static void remove_array (GArray * arr) {
   guint pos;
   g_print ("Position zum Loeschen angeben     : ");
   scanf ("%d", &pos);
   if (pos < count) {
      g_array_remove_index (arr, pos);
      count--;
   }
   else
      g_print ("Konnte Array nicht entfernen (%d < %d)\n",
               pos, count);
}

static void show_arrays (GArray * arr) {
   struct daten test;
   guint pos = 0;
   while (pos < count) {
      test = g_array_index (arr, struct daten, pos);
      g_print ("Ort     :  %s\n", test.ort);
      g_print ("PLZ     :  %d\n", test.plz);
      pos++;
   }
}
```

```
int main (int argc, char **argv) {
   GArray *darray;
   guint auswahl;

   darray = g_array_new (FALSE, FALSE, sizeof (struct daten));
   do {
      printf ("Demonstration: dynamische Arrays (Glib)\n\n");
      printf ("1 - Neue Daten am Anfang einfuegen\n");
      printf ("2 - Neue Daten am Ende einfuegen\n");
      printf ("3 - Neue Daten an gewuenschte Pos. einfuegen\n");
      printf ("4 - Daten entfernen\n");
      printf ("5 - Daten ausgeben\n");
      printf ("0 - Programmende\n");
      printf ("\nIhre Auswahl : ");
      scanf ("%d", &auswahl);
      getchar ();
      switch (auswahl) {
      case 1:
         insert_beginn (darray);
         break;
      case 2:
         insert_end (darray);
         break;
      case 3:
         insert_middle (darray);
         break;
      case 4:
         remove_array (darray);
         break;
      case 5:
         show_arrays (darray);
         break;
      }
   }
   while (auswahl != 0);
   g_array_free (darray, TRUE);
   return 0;
}
```

Das Programm bei der Ausführung:

```
$ gcc -o glib8 glib8.c `pkg-config --libs --cflags gtk+-2.0`
$ ./glib8
Demonstration von dynamischen Arrays mit GLib
1 - Neue Daten am Anfang einfuegen
2 - Neue Daten am Ende einfuegen
3 - Neue Daten an gewuenschte Pos. einfügen
4 - Daten entfernen
5 - Daten ausgeben
0 - Programmende
Ihre Auswahl :
...
```

Hinweis

Wenn Sie das `GArray` auch noch sortieren wollen, können Sie sich die Funktionen `g_array_sort()` und `g_array_sort_with_data()` ansehen.

14.3.9 Listen, Hashtabellen und binäre Bäume

Weiterhin bietet die Glib eine Unmenge an Funktionen für dynamische Datenstrukturen wie die einfachen und doppelt verketteten Listen. Für die einfach verketteten Listen werden der Datentyp `GSList` und die Funktionen mit dem Präfix `g_slist_` verwendet und für die doppelt verketteten Listen der Typ `GList` und die Funktionen mit dem Präfix `g_list_`. Der Vorteil dieser Funktionen ist natürlich, dass man eben schnell auf abgepackte Routinen zugreifen kann und nicht eigene und somit auch wieder fehleranfällige Versionen der Listen schreiben muss.

Ebenfalls eine klassische, aber auch lästig zu schreibende Datenstruktur stellt die Glib Ihnen mit den Hashtabellen zur Verfügung. Hashtabellen sind Tabellen, die Schlüsseln einen sog. Hash zuordnen. Mit diesem Hash werden neue Werte eingefügt und vor allem auch schneller wieder gefunden. Der Glib-Datentyp für Hashtabellen ist `GHashTable`, und die Routinen haben das Präfix `g_hash_`. Bei dem GNOME-Desktop und dessen Software werden Hashtabellen zum Beispiel intensiv eingesetzt.

Der eingebaute Typ `Gtree` ist eine Implementierung binärer Bäume in der Glib mit allen möglichen Routinen dazu. Besser noch, bei den Bäumen der Glib handelt es sich zusätzlich noch um *ausbalancierte Bäume*. Wer schon einmal versucht hat, eine eigene Routine für ausbalancierte Bäume zu schreiben, weiß, wie schwierig und vor allem fehleranfällig das ist. Des Weiteren sind die einzelnen Elemente im binären Baum eben nicht nur einfache Elemente, die aus einem Datensatz bestehen, sondern außerdem auch einen Schlüssel besitzen, anhand dessen die Datensätze sortiert und gefunden werden – sprich, eine Hashtabelle von binären Bäumen, wenn Sie so wollen. Die Routinen, die sich auf den Typ `Gtree` beziehen, beginnen alle mit dem Präfix `g_tree_`.

Auf die beiden klassischen Datenstrukturen soll hierbei nicht mehr näher eingegangen werden, da sich die Einführung in die Glib ohnehin schon ziemlich umfangreich gestaltet und mehr Platz für das eigentliche Thema der GUI-Programmierung reserviert werden sollte. Für den weiteren Verlauf des Buchs benötigen Sie dieses Wissen ohnehin nicht.

Hinweis

Sollten Sie mit Begriffen wie Listen, Hashtabellen oder binären Bäumen nichts anzufangen wissen, dann muss ich Sie auf ein Einsteigerbuch zu C verweisen. Auf der Buch-CD finden Sie diesbezüglich mit dem Buch »C von A bis Z« einen einfachen Einstieg in dieses mächtige Thema.

14.3.10 Ausblick Glib

Hier angekommen, lässt sich nur sagen, dass die Glib noch eine Menge mehr hilfreicher Routinen und Typen anbietet. Ich würde teilweise sogar so weit gehen und Ihnen empfehlen, die Glib zur Erstellung von Konsolenprogrammen zu verwenden. Zu den Vorteilen gehören

Dinge wie die Sicherheit und ein Einsparen an *Overhead* bei der Programmierung. Natürlich sollte es nicht unerwähnt bleiben, dass Sie die Glib nicht verwenden müssen, um GTK+-Programme zu schreiben – Sie können natürlich weiterhin für diese Aufgaben die Standard-C-Funktionen verwenden oder im Falle von Algorithmen und Datenstrukturen selbst zum x-ten Mal etwas neu schreiben. Fakt ist, die Glib ist eine ausgereifte und sehr hilfreiche Bibliothek, die einem das Leben enorm erleichtern kann und vor allem bei dem Thema *Portieren auf anderen Systemen* erste Wahl sein sollte.

14.4 Grundlagen der GTK+-Programmierung

Anwendungen mit einer grafischen Oberfläche (GUI) können sehr komplex werden. Daher werden Sie erst die grundlegenden Schritte kennen lernen, die nötig sind, um eigene GTK+-Anwendungen zu schreiben. Wenn Sie die grundlegenden Eigenschaften kennen und schätzen gelernt haben, wird es Ihnen nicht mehr sonderlich schwer fallen, komplexere GTK+-Programme zu schreiben, denn im Endeffekt wird immer nach demselben Schema verfahren. Folgende Schritte sind (fast) immer nötig, um eine GTK+-Anwendung zu erstellen:

- die Umgebung initialisieren
- Widgets erzeugen und ggf. die Attribute setzen
- eine Callback-Funktion einrichten, um Events abzufangen
- die hierarchische Anordnung der Widgets definieren
- Widgets anzeigen
- Signale und Events abfangen und bearbeiten – (Events-)Verarbeitungsschleife

Auf den folgenden Seiten soll nun auf die einzelnen Schritte etwas genauer eingegangen werden, ohne jetzt schon die einzelnen Widgets im Detail zu beschreiben.

14.4.1 Die Umgebung initialisieren

Der erste Schritt einer jeden GTK+-Anwendung ist es, die Umgebungsvariablen zu initialisieren. Dabei werden die Standardwerte für z. B. Farben vergeben. Die Funktion, mit der Sie dies realisieren, lautet:

```
#include <gtk/gtk.h>

void gtk_init(int *argc_ptr, char ***argv_ptr);
```

Bei `argc_ptr` handelt es sich um eine Adresse des ersten Parameters der Standard-C-Funktion `main()`, welche die Anzahl der Argumente aus der Kommandozeile beinhaltet. Der zweite Parameter `argv_ptr` ist dann eine Adresse auf den zweiten Parameter der `main()`-Funktion, und der beinhaltet die Werte der einzelnen Argumente aus der Kommandozeile. Mit `gtk_init()` wird die Verbindung zum X-Server aufgebaut, daher können Sie in der Kommandozeile mit der Option `-display display_name` die Anwendung auf einem anderen Display ausführen. Für die Syntax des Namens des Displays lesen Sie bitte die Dokumentation, da diese Angabe je nach System variieren kann. Des Weiteren wird mit der Funktion `gtk_init()` automatisch mit `atexit()` eine Clean-up-Funktion eingerichtet.

Hinweis

Es können auch zwei X-Server lokal laufen, es muss nicht ein anderer Rechner sein.

14.4.2 Widgets erzeugen und ggf. die Attribute setzen

Widgets können mit den `gtk_xxx_new()`-Funktionen erzeugt werden – wobei `xxx` für den Typ des Widgets steht, das erzeugt werden soll. Es gibt eine enorme Anzahl von Widgets, die verständlicherweise nicht alle im Buch erwähnt werden können. Die Funktionen `gtk_xxx_new()` sind als gleichwertig zu einem Konstruktor in C++ oder Java anzusehen. Mit den Funktionen wird Speicher für ein neues Objekt alloziiert.

Noch umfangreicher ist die Anzahl der Routinen, mit denen Sie die Attribute der Widgets verändern können. Für einzelne Widgets gibt es häufig mehrere Funktionen. Die Funktionen, mit denen Sie die Attribute von Widgets verändern können, haben alle die Syntax `gtk_xxx_set_yyy()`. `xxx` steht dabei für das Widget und `yyy` für das Attribut, das verändert werden soll. Wenn Sie z. B. den Titel des Fensters setzen wollen, so geschieht dies mit dem Aufruf `gtk_window_set_title( ... )`.

Alle Widgets sind Unterklassen der `GtkWidget`-Basisklasse, weshalb Sie auch den Typ `GtkWidget` verwenden können, um ein Widget zu referenzieren; wobei im Beispiel des Buchs meistens immer der Typ des Widgets angegeben wird. Anstatt ein Fenster wie folgt zu referenzieren:

```
GtkWidget  *win;
```

wird im Buch immer folgende Schreibkonvention verwendet:

```
GtkWindow  *win;
```

Daran erkennt man gleich, worum es sich bei dem Widget handelt, und somit lässt sich auch schneller die entsprechende Referenzseite des Widgets finden. Was Sie später in der Praxis verwenden, bleibt natürlich Ihnen überlassen. (Verfallen Sie aber nicht der ungarischen Notation, wie z. B. Microsoft sie gerne verwendet, d. h. GtkWindow *wMain, *wPanel etc., sie ist viel zu fehleranfällig.) Wenn Sie zum Erzeugen von neuen Widgets den Konstruktor `GtkWidget` verwenden, benötigen einige Funktionen einen genaueren Typ als `GtkWidget`. In solch einem Fall gibt es spezielle Makros, die den Typen casten.

Die zweite Möglichkeit, ein Widget zu erzeugen, die auch in diesem Buch hier vorwiegend verwendet wird, besteht in der Funktion `g_object_new()`.

```
GtkObject* g_object_new (
           GtkType type, const gchar *first_arg_name, ... );
```

Hiermit erzeugen Sie ein Objekt (Widget) `type` mit den Eigenschaften, die Sie mit den weiteren Parametern (`first_arg_name`) angeben können. Abgeschlossen wird diese variabel lange Argumentenliste mit `NULL`. Zurückgegeben wird ein Zeiger auf das neue Objekt (Widget). Das

Prinzip ist einfach und typisch objektorientiert. Sie wollen z. B. ein einfaches Fenster erzeugen:

```
GtkWindow *win;
...
win = g_object_new( GTK_TYPE_WINDOW, NULL );
```

Anstatt also den Funktionsaufruf wie `gtk_xxx_new()` zu verwenden, führen Sie hierbei `g_object_new(GTK_TYPE_XXX, NULL)` aus. Aber im Gegensatz zu `gtk_xxx_new()` können Sie beim Erzeugen eines neuen Objektes gleich weitere Eigenschaften des Objektes mit angeben. Um beim Beispiel des Fensters zu bleiben:

```
/* Fenster mit Eigenschaften anlegen */
win = g_object_new( GTK_TYPE_WINDOW,
                    "title", "Ein leeres Fenster",
                    "default-width",  300,
                    "default-height", 200,
                    "resizable", TRUE,
                    "window-position", GTK_WIN_POS_CENTER,
                    "border-width", 5,
                    "icon", pic,
                    NULL );
```

Mit den Funktionen `gtk_xxx_set_yyy()` müssten diese Angaben häufig mühevoll mit mehreren Funktionen übergeben werden. An den konstanten Namen des ersten Parameters zu kommen, sollte im Prinzip keine Probleme bereiten. Wollen Sie z. B. ein Objekt vom Typ `GtkSpinButton` erzeugen, lässt sich dies ganz einfach auf den ersten Parameter projizieren.

```
GtkSpinButton => GTK_TYPE_SPIN_BUTTON
```

`Gtk` wird zu Beginn des Widgets entfernt, und vor jeden Großbuchstaben des Widgets wird ein Unterstrichzeichen hingesetzt. Natürlich wird, wie bei Konstanten üblich, der Typ großgeschrieben (dies ist keine Regel, sondern nur ein Tipp). Aber Sie werden dies besser verstehen, wenn Sie die Beispiele in der Praxis einsetzen werden.

14.4.3 Eine Callback-Funktion einrichten, um Events abzufangen

Was Events sind und wie Sie darauf regieren können, haben Sie bereits im Kapitel zur X-Programmierung erfahren. Jetzt wollen Sie sicherlich wissen, wie eine solche Ereignisverarbeitung in GTK+ realisiert wird. In GTK+ wird hierbei zwischen Ereignissen (Events) und Signalen unterschieden; wobei diese Signale hier nicht mit den Linux-typischen Signalen zu vergleichen sind! Tritt z. B. ein Ereignis ein (wie ein Mausklick auf einen Button), wird programmintern ein Signal gesendet (in diesem Fall spricht man vom emittiert). Gewöhnlich führt allerdings jedes Ereignis zur Auslösung eines oder mehrerer Signale. Ereignissignale sind zum Beispiel an der Endung `-event` zu erkennen. Hier ist wieder derjenige von Vorteil (also Sie mit diesem Buch), der bereits Vorkenntnisse mit der X-Programmierung hat. Allerdings müssen Sie sich jetzt nicht mehr um die Implementierung kümmern, sondern vielmehr darum, wie Sie mit den Ereignissignalen arbeiten müssen. Auf die Events und deren Behandlung wird noch extra in einem Abschnitt eingegangen.

Hinweis

Da mittlerweile die Version 2.x von GTK+ vorliegt, aber auf vielen Rechnern höchstwahrscheinlich zusätzlich noch die Version 1.2 von GTK+ installiert ist, gibt es hier einige Veränderungen. In der Version 1.2 wird zum Einrichten einer Callback-Funktion `gtk_signal_connect()` verwendet. In der Version 2.0. wurde diese Funktion in die Glib ausgelagert und hat somit jetzt kein `gtk_` mehr voranstehen, sondern ein `g_`, also `g_signal_connect()`.

Der Aufbau von Signalen entspricht einem typischen Klassenbaum (siehe Abb. 14.2), z. B. bei den Buttons. Ganz oben in der Klasse steht das Widget `GtkObject` mit dem Signal `destroy` – was die Beendigung bedeutet. Anschließend folgt im Hierarchiebaum `GtkWidget`, das weiterhin unabhängig vom eigentlichen Widget bestimmte Signale empfangen und verarbeiten kann. So ist die Größe, ob sichtbar oder versteckt, ein Signal, das alle `GtkWidget` besitzen und zurückgegeben werden kann. Ein Klasse tiefer finden Sie `GtkContainer`, das wiederum speziell für den Container eingehende Signale verarbeiten kann. Tiefer steigend befindet sich dann das Widget `GtkBin`, das keinerlei Signale empfangen kann. Jetzt erst kommen Sie im Klassenbaum zum Widget `GtkButton`. Dem Button können Sie die Signale `clicked`, `enter`, `leave`, `pressed` oder `released` erteilen – sprich, diese Signale können Sie für einen Button mittels `g_signal_connect()` einrichten (registrieren).

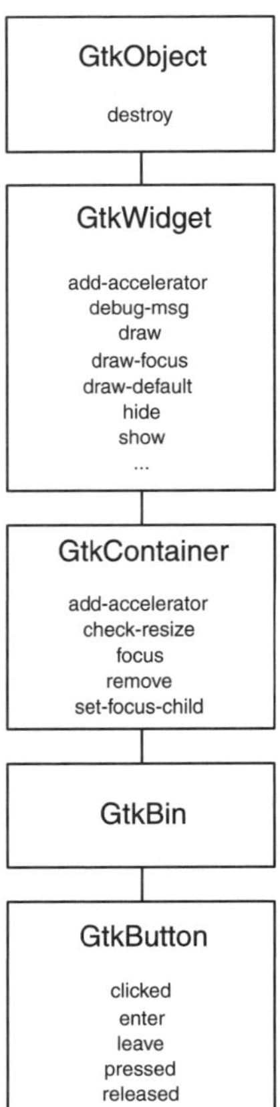

Abbildung 14.2 Der Klassenbaum von GtkButton mit den Signalen

Wenn Sie eine Callback-Funktion geschrieben haben, müssen Sie diese registrieren, um sie aufzurufen, wenn ein bestimmtes Signal emittiert wird. Registriert wird eine Callback-Funktion mit der Funktion:

```
gulong g_signal_connect( gpointer      *object,
                         const gchar   *name,
                         GCallback     func,
                         gpointer      func_data );
```

Die Bedeutungen der einzelnen Parameter sind folgende:

- `object` – Das Objekt, womit Sie die Callback-Funktion verbinden wollen. Hier wird häufig ein Casting (`GTK_OBJECT( widget )`) verwendet.
- `name` – Das Signal, womit die Callback-Funktion aufgerufen werden soll, wie `clicked`, wenn ein Button mit der Maustaste *ge*`clicked` wurde.
- `func` – Die Callback-Funktion, die Sie registrieren wollen. Bei der `g_`-Version (GTK+ 2.x) müssen Sie diese Funktion mit `G_CALLBACK(func)` casten – bei der `gtk_`-Version (GTK+ 1.2) war dies `GTK_SIGNAL_FUNC(func)`.
- `func_data` – Hier können Sie der Callback-Funktion noch zusätzliche Daten übergeben, wenn diese aufgerufen wird. Wollen Sie der Callback-Funktion keine Daten übergeben, können Sie hier auch `NULL` angeben.

Mit `g_signal_connect()` haben Sie eine Callback-Funktion eingerichtet. Die Syntax einer solchen Callback-Funktion, die Sie gewöhnlich selbst schreiben müssen, sieht folgendermaßen aus:

```
type function( parameter_liste );
```

So sieht beim Anklicken eines Buttons Ihre Callback-Funktion aus:

```
static void my_buttonCB( GtkButton *clicked, gpointer data ) {
   /* Ausgabe für die Konsole */
   g_print("Callback my_buttonCB aufgerufen (%s)\n",
            (gchar *)data );
}
```

`clicked` ist hierbei der Button, der angeklickt wurde, und `data` sind die Daten, die beim Einrichten des Signalhandlers mittels `g_signal_connect()` mit übergeben werden (falls nicht `NULL`). Diese Funktion registrieren Sie in der Praxis so:

```
g_signal_connect(GTK_OBJECT ( button ),  /* für welches Widget */
                 "clicked",              /* welches Signal     */
                 G_CALLBACK(my_buttonCB),/* welche Funktion    */
                 "Daten");               /* Daten für Funktion */
```

14.4.4 Eine GTK+-Anwendung beenden

Zwar wird das Thema der Events noch in einem anderen Kapitel ausführlicher behandelt, doch Folgendes gehört zur Grundausstattung einer GTK+-Anwendung: Gemeint ist die Beendigung einer Anwendung. Wenn Sie Ihre GTK+-Anwendung starten und vom Rahmen des

Window-Managers aus beenden wollen, wird sich das Fenster Ihrer Anwendung zwar schließen lassen, wohl aber nicht beenden, wenn Sie nicht spezielle Vorkehrungen treffen. Einfach gesagt, die Anwendung läuft still und ruhig im Hintergrund als aktiver Prozess weiter.

Intern passiert dabei Folgendes: Sie schließen das GTK+-Fenster mit dem Window-Manager, und es wird ein `delete-event`-Signal emittiert. Dieses Signal zeigt an, dass der Anwender das Programm beenden will. Jetzt müssen Sie als Programmierer entscheiden, ob das so in Ordnung geht. Wenn Sie das Beenden erlauben, wird das Signal `destroy` gesendet, und die Anwendung wird komplett beendet. Somit benötigen Sie zuerst eine Callback-Routine, die das Signal `delete-event` bearbeiten kann. Der Prototyp dieser Funktion sieht wie folgt aus:

```
static gboolean my_delete_Event( GtkWidget *widget,
                                 GdkEvent *event,
                                 gpointer data )
```

Der Parameter `widget` wird benötigt und beinhaltet u. a. die Kennungs-ID des Widgets, welches das Signal `delete-event` erzeugt hat. Der `event`-Parameter ist die Adresse einer Struktur, worin sich alles befindet, was Sie für das Event benötigen (darauf wird noch genauer eingegangen). Mit `data` können Sie beim Registrieren des Signalhandlers Daten an die Funktion mit übergeben. Wichtig ist der Rückgabewert der Funktion `my_delete_Event()`. Wenn dieser `TRUE` ist, wird verhindert, dass die Anwendung beendet wird. `FALSE` hingegen beendet die Anwendung, schließt also das Fenster und emittiert das Signal `destroy`. Somit sieht eine komplette Callback-Funktion zum Beenden der Anwendung über den Window-Manager folgendermaßen aus:

```
static gboolean my_delete_Event( GtkWidget *widget,
                                 GdkEvent *event,
                                 gpointer data ) {
  /* Ausgabe für die Konsole */
  g_print("Der Window-Manager will die Anwendung beenden\n");
      /* Unsern Segen zur Beendigung soll er haben */
  return FALSE;
}
```

Jetzt muss diese Funktion nur noch mit dem Fenster der Anwendung verbunden werden, da das Fenster die einzige Anwendung ist, die mit dem Window-Manager kommuniziert. Hierzu müssen Sie nur die `g_signal_connect()`-Funktion wie folgt verwenden:

```
g_signal_connect( GTK_OBJECT (fenster), "delete-event",
                  G_CALLBACK(my_delete_Event), NULL);
```

Jetzt hat unser Fenster das `destroy`-Event erhalten. Natürlich müssen Sie auch hierzu noch eine Callback-Funktion einrichten:

```
  g_signal_connect ( win, "destroy",
                     G_CALLBACK (end), NULL);
```

Die Callback-Funktion `end` sorgt nun mit dem Aufruf der Funktion `gtk_main_quit()` (dazu in Kürze mehr) für das absolute Ende der GTK+-Anwendung:

```
static void end (GtkWidget * widget, gpointer daten) {
  g_print ("Und tschuess!\n");
```

```
  /* Die Verarbeitungsschleife beenden */
  gtk_main_quit ();
}
```

Sicherlich mag Ihnen dieser Weg auf dem ersten Blick ein wenig umständlich vorkommen – und ja, Sie können die GTK+-Anwendung auch schneller beenden (ohne den aufwändigeren Weg). Allerdings sollten Sie dann bedenken, falls sich in der Anwendung noch nicht gespeicherte Daten befinden (wie bei einem Texteditor), dass diese bei der Beendigung auch weg sind, wenn Sie keine Vorkehrungen getroffen haben. Mit dem eben gezeigten Weg können Sie z. B. in der Callback-Funktion `my_delete_Event()` noch überprüfen, ob irgendwelche zusätzlichen Arbeiten vor Beendigung der Anwendung zu erledigen sind, und ggf. `TRUE` (anstatt `FALSE`) zurückgeben, womit die Anwendung nicht beendet wird (weil dadurch das Signal `destroy` nicht emittiert wird). Ein Beispiel dazu finden Sie etwas später mit dem Listing `gtklb.c`.

14.4.5 Die hierarchische Anordnung der Widgets definieren

Wenn Sie z. B. ein Fenster- und ein Button-Widget erzeugen, haben Sie noch lange nicht die Eltern-Kind-Beziehung zwischen den Widgets zustande gebracht. Vereinfacht heißt das, Sie müssen die Hierarchie errichten, damit GTK+ weiß, wie und wo die Widgets auf dem Bildschirm angezeigt werden sollen.

Um eine Eltern-Kind-Beziehung einzurichten, müssen Sie erst ein Kind-Widget zum verwaltenden Eltern-Widget hinzufügen. Der Funktionsaufruf hängt vom Eltern-Widget ab. Im Beispiel wird davon ausgegangen, dass das Fenster (`GtkWindow`) das Eltern-Widget ist – was gleichzeitig auch ein Abkömmling des `GtkContainer`-Widgets ist. Daher können Sie folgende Funktion verwenden:

```
void gtk_container_add( GtkContainer *container,
                        GtkWidget *widget );
```

Mit `container` geben Sie das Eltern-Widget an und mit `widget` das, das Sie zum `container` hinzufügen wollen.

Container

Container sind Widgets, die wiederum andere Widgets enthalten können, und sind meistens für das Layout der Anwendung verantwortlich. Häufig werden Fenster als Container (zu Deutsch: Behälter) verwendet, worin sich alle anderen Widgets des Programms befinden.

Vorwiegend werden Box- und Tabellen-Widgets als Behälter für andere Widgets verwendet. Mit den Box- bzw. Tabellen-Widgets ist es recht einfach, die Widgets in einer bestimmten Lage zueinander anzuordnen. Natürlich lassen sich auch solche Behälter ineinander verschachteln, um die Form und Gestalt der Anwendung zu bestimmen. Wenn man ein Widget in einen Behälter steckt, spricht man von Packen. Die Widgets in einem Behälter werden als Kind-Widgets bezeichnet, wobei kein Kind-Widget gleichzeitig in verschiedenen Behältern vorkommen kann.

In den (bald) folgenden Listings werden Sie z. B. eine vertikale Box als Kind-Widget in den Behälter stecken – in einem Fall ist der Behälter z. B. ein Fenster. Womit Sie praktisch einen Behälter in einen Behälter packen – die Box ist zwar ein Widget, aber gleichzeitig ist sie auch ein Behälter. Die einfachste Möglichkeit, jetzt weitere Widgets in die Box zu packen, wäre mit der Funktion:

```
void gtk_box_pack_defaults( GtkBox *box, GtkWidget *widget );
```

Damit können Sie z. B. nacheinander weitere Widgets mit einer Standardeinstellung packen. Wurde eine Box z. B. mit der Funktion `gtk_vbox_new()` erzeugt, bedeutet dies, dass die weiteren Widgets mit der Funktion `gtk_pack_defaults()` vertikal angeordnet hinzugefügt werden.

14.4.6 Widgets anzeigen

Jetzt haben Sie zwar Widgets erzeugt, die Anordnung und Hierarchie festgelegt, aber noch existieren diese Daten im Verborgenen (im Hauptspeicher). Sie haben jetzt zwei Möglichkeiten, die Widgets anzeigen zu lassen.

```
void gtk_widget_show( GtkWidget *widget );
void gtk_widget_show_all( GtkWidget *eltern_widget );
```

Mit der Funktion `gtk_widget_show()` können Sie die einzelnen Widgets nacheinander auf dem Bildschirm zeichnen lassen. Allerdings ist es doch sehr umständlich, wenn man bedenkt, dass umfangreichere Anwendungen schon mal ein paar Dutzend Widgets besitzen – schnell wird dabei ein Widget vergessen. Einfacher können Sie es sich mit der Funktion `gtk_widget_show_all()` machen. Hierfür müssen Sie nur das Eltern-Widget angeben, und alle sich darunter befindlichen Kinder-Widgets werden mit angezeigt (Ähnliches hatten Sie ja schon im Kapitel zum Xt-Toolkit gehabt).

Natürlich können Sie auch einzelne oder alle Widgets verstecken. Dies wird mit den entsprechenden Gegenstücken zu den eben erwähnten Funktionen gemacht:

```
void gtk_widget_hide( GtkWidget *widget );
void gtk_widget_hide_all( GtkWidget *eltern_widget );
```

Wird ein Widget nicht mehr benötigt, so sollte dieses mit der Funktion `gtk_widget_destroy()` freigegeben werden.

```
void gtk_widget_destroy ( GtkWidget *widget );
```

14.4.7 Signale und Events abfangen und bearbeiten – (Events-)Verarbeitungsschleife

Wie schon bei der Xt-Bibliothek befindet sich die Verarbeitungsschleife am Ende des Codes. Die Syntax der Verarbeitungsschleife ist einfach:

```
void gtk_main();
```

Bis zur Funktion `gtk_main()` läuft das Programm erst iterativ ab. Nun wartet das Programm in der `gtk_main()`-Funktion auf ein Ereignis. Das Programm befindet sich praktisch in einer Endlosschleife. Tritt ein Ereignis auf, arbeitet GTK das Ereignis ab (vorausgesetzt, es wurde eine entsprechende Funktion für das Ereignis registriert) und springt anschließend wieder zur `gtk_main()`-Funktion zurück – außer bei diesem Ereignis handelt es sich um einen Aufruf der Funktion `gtk_main_quit()`, womit die Verarbeitungsschleife beendet und die Ausführung des Programms hinter `gtk_main()` fortgeführt wird.

```
void gtk_main_quit();
```

Wird `gtk_main_quit()` in einer Callback-Funktion aufgerufen, wird das Programm nicht unmittelbar beendet, sondern kehrt vorher noch hinter die Ausführung von `gtk_main()` zurück. Befindet sich hinter der `gtk_main()`-Funktion noch Code, wird dieser natürlich ausgeführt. Wollen Sie eine Anwendung unwiderruflich, egal von welcher Stelle aus beenden, können Sie dies mit der Funktion `gtk_exit()`, die gleichwertig zur Standard-C-Funktion `exit()` ist.

Hier der grafische Vorgang der Verarbeitungsschleife (`gtk_main()`) und gleichzeitig auch das Signalhandler-Modell von GTK+.

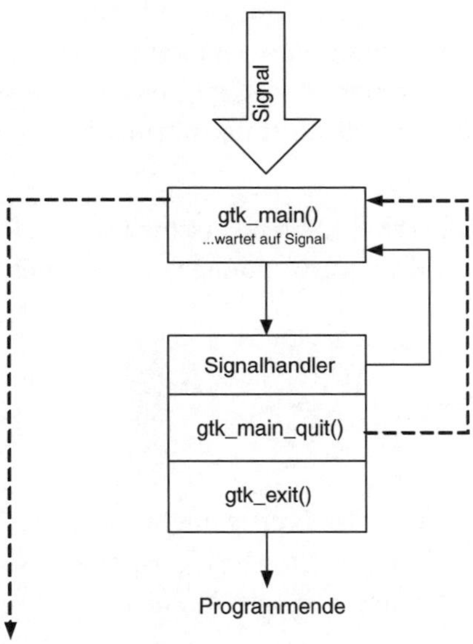

Abbildung 14.3 Signalmodell von GTK+

14.4.8 GTK+ und Umlaute (Zeichenkodierung)

Sofern Sie Umlaute bzw. Nicht-ASCII-Zeichen in einer GTK+-Anwendung verwenden bzw. darstellen wollen, ohne eine Fehler- bzw. Warnmeldung zurückzubekommen wie z. B. *[Invalid UTF-8]*, muss die Quelldatei in UTF-8 kodiert bzw. abgespeichert werden. Sofern Sie z. B. den GNU Emacs verwenden, sind Sie fein raus, denn dann reicht es aus, am Anfang des Listings folgende Steuerzeile einzufügen:

```
/* -*-coding: utf-8;-*- */
```

Bei anderen Editoren müssen Sie selbst nachsehen, ob eine solche Funktionalität vorhanden ist. Eventuell kann es sinnvoll sein, den Text mit dem Konverter `iconv` selbst vom *latin1*-Format zum *utf-8*-Format zu konvertieren. Ein Beispiel dazu könnte wie folgt aussehen:

```
$ iconv -f latin1 -t utf-8 gtk1.c > gtk1_utf8.c
```

Hiermit konvertieren Sie aus der Quelldatei `gtk1.c`, die sich im *latin1*-Format befindet, eine *UTF-8*-codierte Datei namens *gtk1_utf8.c*, die jetzt in der Lage ist, auch Umlaute und Nicht-ASCII-Zeichen anzuzeigen.

Hinweis

Eine weitere Möglichkeit zur Lokalisierung von Software stellt GNU Gettext da. Mehr hierzu können Sie der Manual Page von gettext entnehmen.

UTF-8

Die UTF-8-Kodierung ist eine der wichtigsten, so dass es sich lohnen kann, sich näher damit zu befassen. UTF-8 ist kompatibel zur ASCII-Kodierung. Wie Sie wissen, werden ASCII-Zeichen mit einem Byte dargestellt. Somit ist jeder reine ASCII-Text auch ein reiner UTF-8-Text. Leider besteht hier auch das Problem, dass ein UTF-8-Text keine Reihe von gleich breiten Zeichen hat und somit iterativ zeichenweise zerlegt werden muss. Bei Verwendung von Nicht-ASCII-Zeichen, wie in unserem Land mit den Umlauten, führt diese Zerlegung zu unschönen Effekten. Um dieses Problem zu umgehen, finden Sie in der Glib hierzu einige nützliche Funktionen, die alle mit dem Präfix `g_utf8_` beginnen.

Damit Sie sich nicht schon während der ersten Schritte mit GTK+ mit den verschiedenen Zeichenkodierungen herumschlagen müssen, wurde weitgehend auf Verwendung von Umlauten und Nicht-ASCII-Zeichen in den Beispielen verzichtet.

14.5 Fenster – GtkWindow

Der erste Schritt einer GTK+-Anwendung dürfte wohl meistens das Erzeugen eines Fensters sein. Das folgende Beispiel zeigt Ihnen, wie Sie ein solches (Behälter-)Widget der Klasse `GtkWindow` mit der Typenkennung `GTK_TYPE_WINDOW` erstellen und anzeigen können.

```
/* gkt1.c */
/* Ein leeres Fenster und Pixbuf */
#include <gtk/gtk.h>

static gint
delete_Event(GtkWidget * widget, GdkEvent event, gpointer daten){
  g_print ("Das Fenster wird zerstoert!\n");
  /* Nur mit FALSE wird die Anwendung wirklich beendet */
  return FALSE;
}

static void end (GtkWidget * widget, gpointer daten) {
  g_print ("Und tschuess!\n");
  /* Die Verarbeitungsschleife beenden */
  gtk_main_quit ();
}
```

```
int main (int argc, char **argv) {
  GtkWindow *win;
  GdkPixbuf *pic;

  /* 1. Die Umgebung initialisieren */
  gtk_init (&argc, &argv);

  /* 2. Die Widgets erzeugen */
  /* Eine Grafik in einen Pixbuf laden */
  pic = gdk_pixbuf_new_from_file ("icon/at-work.gif", NULL);
  /* 2a. Fenster mit den folgenden Eigenschaften ... anlegen */
  win = g_object_new (GTK_TYPE_WINDOW,
                      "title", "Ein leeres Fenster",
                      "default-width", 300,
                      "default-height", 200,
                      "resizable", TRUE,
                      "window-position", GTK_WIN_POS_CENTER,
                      "border-width", 5, "icon", pic, NULL);

  /* 3. Signalhandler (Callback-Funktion) einrichten  */
  g_signal_connect ( win, "delete-event",
                     G_CALLBACK (delete_Event), NULL);
  g_signal_connect ( win, "destroy",
                     G_CALLBACK (end), NULL);

  /* 4. Hier gibt es noch nichts zum Packen */

  /* 5. (Widgets-)Fenster anzeigen */
  gtk_widget_show_all (GTK_WIDGET (win));
  /* 6. Hauptschleife von gtk-Verarbeitungsschleife */
  gtk_main ();
  g_print ("Die GTK-Hauptschleife wurde beendet\n");
  return 0;
}
```

Das Programm bei der Ausführung:

```
$ gcc -Wall -o gtk1 gtk1.c \
  `pkg-config gtk+-2.0 --cflags --libs`
$ ./gtk1
```

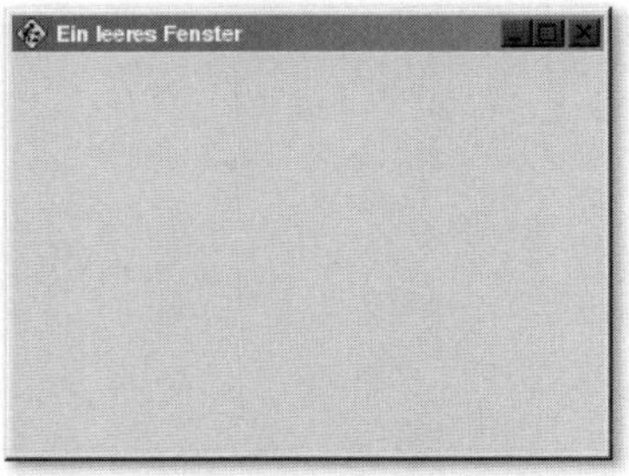

Abbildung 14.4 Ein leeres Fenster (GtkWindow)

Im Großen und Ganzen muss eigentlich nicht mehr viel zu diesem Listing gesagt werden. Mit `g_object_new()` erzeugen Sie ein neues Fenster (`GtkWindow`) vom Typ `GTK_TYPE_WINDOW` mit einer variabel langen Liste von Eigenschafts-/Wertpaaren. Diese Liste wird mit `NULL` abgeschlossen:

```
"Eigenschaft1", Wert,
"Eigenschaft2", "Wert",
...,
NULL
```

Jede Eigenschaft ist abhängig von einem entsprechenden Datentyp, der als Wert gesetzt werden kann. Beispielsweise ist die Eigenschaft `resizable` vom Typ `gboolean`, und somit kann der Wert nur ein boolescher (`TRUE` oder `FALSE`) sein. `title` hingegen ist vom Typ `gchararray`, weshalb hier auch eine Zeichenkette für den Fenstertitel verwendet werden muss.

Folgende nützliche Eigenschaften können Sie für ein Fenster der Klasse `GtkWindow` verwenden (setzen) oder aber auch abfragen (noch mehr Eigenschaften können Sie aus der Dokumentation entnehmen):

Eigenschaft	Datentyp	Bedeutung
`"allow-grow"`	`gboolean`	Fenster darf vergrößert werden.
`"allow-shrink"`	`gboolean`	Fenster darf verkleinert werden.
`"default-height"`	`gint`	Höhe des neuen Fensters in Pixel
`"default-width"`	`gint`	Breite des neuen Fensters in Pixel
`"destroy-with-parent"`	`gboolean`	Wenn das Eltern-Widget zerstört wird, wird auch das Fenster zerstört.
`"has-toplevel-focus"`	`gboolean`	Ist das Fenster ganz *vorne* sichtbar und hat den Fokus, kann nur gelesen werden.
`"icon"`	`GdkPixbuf`	Ein Icon, welches das Fenster erhält. Im Beispiel anhand von `GdkPixbuf` demonstriert.
`"is-active"`	`gboolean`	Ist das Fenster aktiv, kann nur gelesen werden.
`"modal"`	`gboolean`	Wenn dieses Fenster existiert, können hier mit `TRUE` alle anderen Fenster in den Hintergrund gestellt werden (sprich, die Reaktion verweigern) – und zwar so lange, bis Sie die Angabe mit `FALSE` wieder rückgängig machen.
`"resizable"`	`gboolean`	Der Anwender darf die Größe des Fensters verändern.
`"title"`	`gchararray`	Ein String mit dem Titel des Fensters

Tabelle 14.5 Eigenschaften für GtkWindow (GTK_TYPE_WINDOW)

Eigenschaft	Datentyp	Bedeutung
"window-position"	GtkWindowPosition	Hier können Aufzählungswerte verwendet werden, womit die Position des Fensters auf dem Bildschirm bestimmt werden kann. Mögliche Angaben hierfür sind: GTK_WIN_POS_NONE Das Platzieren überlassen Sie dem Fenstermanager (Standard). GTK_WIN_POS_CENTER Zentriert in der Bildschirmmitte GTK_WIN_POS_CENTER_ON_PARENT Zentriert in der Mitte des Eltern-Widgets GTK_WIN_POS_MOUSE Wenn möglich, an der Position des Mauszeigers

Tabelle 14.5 Eigenschaften für GtkWindow (GTK_TYPE_WINDOW) (Forts.)

Hinweis

Damit in dieser Tabelle nicht alles *hereingequetscht* wirkt, wurden einige Eigenschaften in zwei Zeilen geschrieben – was Sie im Listing als kompletten String verwenden sollten!

Hinweis

Die Reihenfolge, in der Sie die Eigenschafts-/Wertpaare angeben, ist frei wählbar. Es ist somit egal, ob Sie `title` vor die Eigenschaft `icon` setzen oder dahinter.

Nach der umfangreichen Einführung in GTK+ zuvor haben Sie sicherlich etwas Komplizierteres als das Listing und die Erläuterungen hier erwartet. Es kommt noch besser. Wenn Sie das Beispiel verstanden haben, ist der Rest des Kapitels und der Rest von GTK+ eigentlich nur noch »Formsache«, da der Vorgang immer ähnlich wie im Beispiel eben abläuft (abgesehen davon, dass Sie in diesem Listing noch keine Widgets packen mussten).

14.5.1 Dialogfenster (Dialogboxen)

Abgeleitet von der Klasse `GtkWindow` gibt es noch die Fensterklasse `GtkDialog`. Das ist ein Widget für ein Dialogfenster, das gewöhnlich dazu verwendet wird, dem Anwender etwas Wichtiges mitzuteilen oder ihn abzufragen. Das folgende Listing ist eine Erweiterung des ersten Beispiels. Hinzugefügt wurde gegenüber dem Beispiel zuvor eine Abfragefunktion in Form eines einfachen Dialogfensters, das aufpoppt, wenn der Anwender das (Haupt-)Fenster schließen (zerstören) will. Eine übliche »Sind Sie sicher?«-Abfrage.

```
/* gkt1b.c */
/* Ein leeres Fenster und eine Dialogbox */
#include <gtk/gtk.h>
```

```
static GtkWindow *win;

static gint
delete_Event(GtkWidget * widget, GdkEvent event, gpointer daten){
  GtkWidget *dialog, *label;
  gint result;

  /* Eine neue Dialogbox erzeugen */
  dialog = gtk_dialog_new_with_buttons (
                              "Sind Sie sicher?",
                              win,
                              GTK_DIALOG_DESTROY_WITH_PARENT,
                              "Ja", GTK_RESPONSE_ACCEPT,
                              "Nein", GTK_RESPONSE_REJECT,
                              NULL);
  /* Ein Label dazu */
  label = gtk_label_new (
           "Wollen Sie das Programm wirklich beenden?");

  /* Label in die vorhandene (Standard-)Box (vertikal) */
  /* von der Dialogbox packen                          */
  gtk_container_add( GTK_CONTAINER( GTK_DIALOG( dialog )->vbox),
     label);
  /* Dialogbox anzeigen */
  gtk_widget_show_all (dialog);
  /* Wartet auf eine Eingabe in der Dialogbox des Anwenders */
  result = gtk_dialog_run (GTK_DIALOG (dialog));

  switch (result) {
  case GTK_RESPONSE_ACCEPT: /* Ja-Button wurde gedrückt */
    g_print("GTK_RESPONSE_ACCEPT\n");
    /* Dialogbox zerstören */
    gtk_widget_destroy (dialog);
    /* Hauptfenster auch zerstören */
    return FALSE;
    break;
  case GTK_RESPONSE_REJECT:
    g_print("GTK_RESPONSE_REJECT\n");
    /* Dialogbox zerstören */
    gtk_widget_destroy (dialog);
    /* Hauptfenster nicht zerstören */
    return TRUE;
    break;
  case GTK_RESPONSE_DELETE_EVENT:
    g_print("GTK_RESPONSE_DELETE_EVENT\n");
    /* Dialogbox zerstören */
    gtk_widget_destroy (dialog);
    /* Hauptfenster nicht zerstören */
    return TRUE;
    break;
```

```
    default:
      g_print("Fehler beim Auswerten der Dialogbox?\n");
      return TRUE;
    }
}

static void end (GtkWidget * widget, gpointer daten) {
  g_print ("Und tschuess!\n");
  /* Die Verarbeitungsschleife beenden */
  gtk_main_quit ();
}

int main (int argc, char **argv) {
  /* 1. Die Umgebung initialisieren */
  gtk_init (&argc, &argv);
  /* 2. Die Widgets erzeugen */
  /* 2a. Fenster mit den folgenden Eigenschaften ... anlegen */
  win = g_object_new (GTK_TYPE_WINDOW,
                      "title", "Ein leeres Fenster",
                      "default-width", 300,
                      "default-height", 200,
                      "resizable", TRUE,
                      "window-position", GTK_WIN_POS_CENTER,
                      "border-width", 5, NULL);
  /* 3. Signalhandler (Callback-Funktion) einrichten */
  g_signal_connect ( win, "delete-event",
                     G_CALLBACK (delete_Event), NULL );
  g_signal_connect ( win, "destroy",
                     G_CALLBACK (end), NULL );
  /* 4. Hier gibt es noch nichts zum Packen */
  /* 5. (Widgets-)Fenster anzeigen */
  gtk_widget_show_all (GTK_WIDGET (win));
  /* 6. Hauptschleife von gtk-Verarbeitungsschleife */
  gtk_main ();
  g_print ("Die GTK-Hauptschleife wurde beendet\n");
  return 0;
}
```

Das Programm bei der Ausführung:

```
$ gcc -Wall -o gtk1b gtk1b.c \
  `pkg-config gtk+-2.0 --cflags --libs`
$ ./gtk1b
```

Zum Erstellen eines neuen Dialogfensters wurde hier die Funktion `gtk_dialog_new_with_buttons()` verwendet. Zwar wäre auch hier der Weg über `g_object_new()` möglich gewesen, nur wäre es in diesem Fall (ausnahmsweise) nicht so komfortabel wie mit `gtk_dialog_new_with_buttons()`. Die Funktion besitzt folgende Syntax:

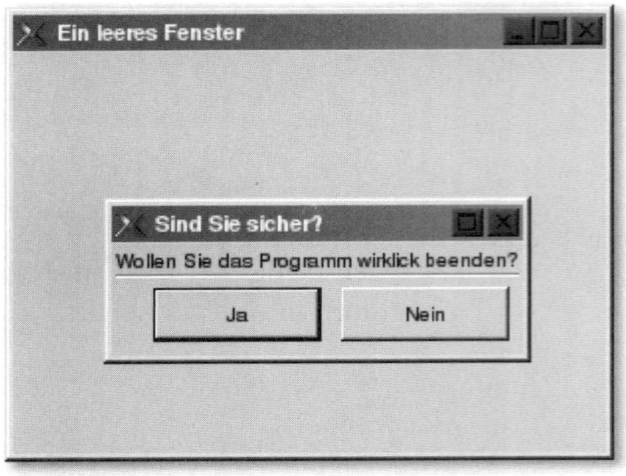

Abbildung 14.5 Ein einfaches Dialogfenster

```
GtkWidget* gtk_dialog_new_with_buttons(
                              const gchar *title,
                              GtkWindow *parent,
                              GtkDialogFlags flags,
                              const gchar *first_button_text, ...);
```

Mit dem ersten Parameter können Sie den Titel des Dialogfensters angeben. Als zweiter Parameter wird das Elternfenster verwendet – quasi das Fenster, welches das Dialogfenster erzeugt hat. Jetzt werden noch einige Flags benötigt (dritter Parameter), wovon Sie folgende zur Auswahl haben:

- `GTK_DIALOG_MODAL` – Wie schon beim gewöhnlichen Fenster können Sie auch hier ein modales Fenster erzeugen (wovon allerdings in der Praxis immer abzuraten ist).
- `GTK_DIALOG_NO_SEPARATOR` – Hiermit können Sie den Trennbalken (Separator) über den Buttons in der vertikalen Box entfernen.
- `GTK_DIALOG_DESTROY_WITH_PARENT` – Mit dem Setzen dieses Flags gehen Sie sicher, wenn sich das Elternfenster noch vor dem Dialogfenster beendet, dass das Dialogfenster auch zerstört wird.

Mit den letzten Parametern können Sie eine variable Buttonliste angeben, die abwechselnd aus der Beschriftung des Buttons und einer Antwortkennung vom Typ `gint` für den Button besteht. Theoretisch können Sie für diese Antwortkennung eine beliebige positive Ganzzahl verwenden. In der Praxis wird hierbei allerdings gewöhnlich auf eine der vordefinierten Konstanten zurückgegriffen. Wird im Dialogfenster ein Button geklickt, wird das Signal `response` emittiert. Theoretisch könnten Sie hier auch eine Callback-Funktion einrichten, die wie folgt aussieht:

```
void dialog_callback( GtkDialog *dlg, gint resp, gpointer data)
```

Im zweiten Parameter würden Sie dann die Antwortkennung vorfinden, die `response` emittiert hat. Folgende vordefinierte Konstanten sind für die Antwortkennung (Kennungs-ID) dabei schon vergeben:

- `GTK_RESPONSE_DELETE_EVENT` – Dies wird zurückgegeben, wenn das Dialogfenster über dem Fenstermanager geschlossen wird. Hierbei wird das übliche `delete-event`-Signal emittiert.
- `GTK_RESPONSE_NONE` – Wurde das Dialogfenster vom Programm entfernt, wird diese Kennung zurückgegeben.

Die weiteren Konstanten sind Kennungen, die im Gegensatz zu den beiden eben erwähnten Konstanten keine besondere Bedeutung haben und nur dem Komfort dienen:

- GTK_RESPONSE_ACCEPT – Annehmen
- GTK_RESPONSE_REJECT – Ablehnen
- GTK_RESPONSE_OK – O. k.
- GTK_RESPONSE_CANCEL – Abbrechen
- GTK_RESPONSE_CLOSE – Schließen
- GTK_RESPONSE_YES – Ja
- GTK_RESPONSE_NO – Nein
- GTK_RESPONSE_HELP – Hilfe

Da im Beispiel keine Callback-Funktion mit `g_signal_connect()` eingerichtet wurde, wird die Funktion `gtk_dialog_run()` verwendet:

```
gint gtk_dialog_run (GtkDialog *dialog);
```

Diese Funktion blockiert so lange in einer rekursiven Schleife, bis das Dialogfenster ein empfangenes (`response`) Signal emittiert oder das Fenster zerstört wird. Wird das Dialogfenster während der Ausführung von `gtk_dialog_run()` zerstört, wird `GTK_RESPONSE_NONE` zurückgegeben. Ansonsten wird die Kennungs-ID (wurden eben beschrieben) vom `response`-Signal zurückgegeben. Beachten Sie bitte, dass in der rekursiven Schleife die Funktion `gtk_widget_show()` verwendet wird. Würden Sie im Beispiel nicht

```
gtk_widget_show_all (dialog);
```

verwenden, würde das Dialogfenster zwar trotzdem angezeigt, allerdings ohne seine Kinder-Widgets (im Beispiel ohne das Text-Label)!

Im Listing wurde auch ein Text-Label erzeugt und in die Box des Dialogfensters gepackt. Genaueres zu diesen beiden Widgets erfahren Sie noch ausführlicher. Natürlich können Sie hierbei jedes beliebige Widget in das Dialogfenster packen, da es sich ja hierbei auch um eine abgeleitete Klasse von `GtkWindow` handelt.

14.5.2 GtkMessageDialog

`GtkMessageDialog` ist wiederum eine abgeleitete Klasse von `GtkDialog` und somit auch abgeleitet von `GtkWindow`. Der Vorteil von `GtkMessageDialog` ist, dass sich hiermit noch einfacher und schneller einige Hinweis-Dialoge zusammenbasteln lassen. Wobei man dazu gleich erwähnen muss, dass diese Klasse im Funktionsumfang sehr eingeschränkt ist und man kaum mehr als einfache Ja-/Nein-Buttons erstellen kann. Somit ist diese Klasse nur beschränkt für den Praxisgebrauch geeignet.

14.6 Anzeige-Elemente

Als Nächstes sollen hier einige Widgets vorgestellt werden, mit denen *nur* etwas angezeigt werden kann. Also einfache Widgets ohne irgendwelche Interaktionen wie Ein- oder Ausgabe.

Im folgenden Beispiel werden das Widget `GtkLabel`, mit dem Sie eine einfache Beschriftung auf einem Widget anbringen, und das Widget `GtkImage` verwendet, mit dem Sie, wie man dem Klassennamen schon entnehmen kann, Bilder auf ein Widget anzeigen können. Mit `GtkImage` lassen sich fast Bilder jeglicher Art darstellen. Des Weiteren finden Sie das Widget `GtkStatusbar`, womit gewöhnlich, der Status – die aktuelle Aktion – der Anwendung in einem kleinen Balken am unterem Fensterrand angezeigt wird. Daneben wird auch noch das häufig verwendete Widget `GtkSeparator` (hier mit der Unterklasse `GtkHSeparator`) zum Anzeigen einer Linie verwendet.

Hierzu das Programmbeispiel mit anschließender Erläuterung der einzelnen Widgets.

```
/* gkt2.c */
/* Anzeigeelemente:            */
/*       Label,                */
/*       Grafik                */
/*       Statusbar             */
#include <gtk/gtk.h>

static gint
delete_Event(GtkWidget *widget, GdkEvent event, gpointer daten) {
  g_print("Das Fenster wird zerstoert!\n");
  /* Nur mit FALSE wird die Anwendung wirklich beendet */
  return FALSE;
}

static void end ( GtkWidget *widget, gpointer daten ) {
  g_print("Und tschuess!\n");
  gtk_main_quit();
}

int main(int argc, char *argv[]) {
  GtkWindow  *win;
  GdkPixbuf  *pic;
  GtkVBox    *vbox;
  GtkLabel   *text;
  GtkImage   *image;
  GtkStatusbar *bar;
  GtkHSeparator *sep1, *sep2, *sep3;

  gtk_init( &argc, &argv );
  /* Eine Grafik in einen Pixbuf laden */
  pic = gdk_pixbuf_new_from_file("icon/at-work.gif", NULL );
  /* Fenster mit folgenden Eigenschaften anlegen */
  win = g_object_new( GTK_TYPE_WINDOW,
```

```
                     "title", "Verschiedene Anzeigeelemente",
                     "default-width", 300,
                     "default-height", 200,
                     "resizable", TRUE,
                     "window-position", GTK_WIN_POS_CENTER,
                     "border-width", 5,
                     "icon", pic,
                     NULL );
/* Eine vertikale Box erzeugen */
vbox = g_object_new( GTK_TYPE_VBOX,
                      "spacing", 5,
                      "homogeneous", FALSE,
                      NULL );
/* Ein Text-Label erzeugen */
text = g_object_new(GTK_TYPE_LABEL,
                     "label","Ein einfaches GtkLabel, das"
                     " die\nAbbildung etwas beschreiben"
                     " koennte.\n",
                     "justify", GTK_JUSTIFY_FILL,
                     NULL);
/* 3 horizontale Separatoren (Linien) erzeugen */
sep1 = g_object_new( GTK_TYPE_HSEPARATOR, NULL);
sep2 = g_object_new( GTK_TYPE_HSEPARATOR, NULL);
sep3 = g_object_new( GTK_TYPE_HSEPARATOR, NULL);
/* Ein "Bild"-Widget erzeugen */
image = g_object_new( GTK_TYPE_IMAGE,
                       "file", "icon/john.png",
                       NULL);
/* Eine Statusbar erzeugen */
bar = g_object_new( GTK_TYPE_STATUSBAR, NULL );
/* Text in der Statusbar einfügen */
gtk_statusbar_push (bar, 0 ,
       "Informationen der aktellen Aktionen in der Statusbar");
/* Größe der Statusbar nicht (FALSE) veränderbar */
gtk_statusbar_set_has_resize_grip (bar, FALSE);

/* Signalhandler einrichten */
g_signal_connect( win, "delete-event",
                  G_CALLBACK(delete_Event), NULL );
g_signal_connect( win, "destroy",
                  G_CALLBACK(end), NULL );

/* Packen */
/* vertikale Box in das Hauptfenster */
gtk_container_add( GTK_CONTAINER(win), GTK_WIDGET(vbox));
/* Einzelne Widgets von oben nach unten in die vertikale */
/* Box packen                                            */
gtk_box_pack_start_defaults(GTK_BOX(vbox), GTK_WIDGET(sep1));
gtk_box_pack_start_defaults(GTK_BOX(vbox), GTK_WIDGET(text));
gtk_box_pack_start_defaults(GTK_BOX(vbox), GTK_WIDGET(sep2));
```

```
  gtk_box_pack_start_defaults(GTK_BOX(vbox), GTK_WIDGET(image));
  gtk_box_pack_start_defaults(GTK_BOX(vbox), GTK_WIDGET(sep3));
  gtk_box_pack_start_defaults(GTK_BOX(vbox), GTK_WIDGET(bar));
  /* Fenster anzeigen */
  gtk_widget_show_all( GTK_WIDGET(win) );
  /* Hauptschleife von gtk */
  gtk_main();
  g_print("Die GTK-Hauptschleife wurde beendet\n");
  return 0;
}
```

Das Programm bei der Ausführung:

```
$ gcc -Wall -o gtk2 gtk2.c \
  `pkg-config gtk+-2.0 --cflags --libs`
$ ./gtk2
```

Abbildung 14.6 Einfache Anzeige-Elemente

Im Beispiel wurden sämtliche Objekte mit der Funktion `g_object_new()` und der entsprechenden Typenkennung erzeugt. Neben dem bereits bekannten Typ `GTK_TYPE_WINDOW` und dem Typ `GTK_TYPE_VBOX`, den Sie im nächsten Abschnitt näher kennen lernen, finden Sie hier noch die Typen `GTK_TYPE_LABEL`, `GTK_TYPE_HSEPARATOR`, `GTK_TYPE_IMAGE` und `GTK_TYPE_STATUSBAR` vor.

14.6.1 Text – GtkLabel

Mit `GtkLabel` können Sie einen einfachen Text an ein Widget anbringen. Obwohl Sie hier im Beispiel nur das Attribut `justify` zur Ausrichtung der Zeilen der Schriften gegeneinander verwendet haben, können Sie hierbei noch eine Menge weiterer Eigenschaften einsetzen.

Eigenschaft	Datentyp	Bedeutung
"justify"	GtkJustification	Die Ausrichtung der einzelnen Zeilen gegeneinander. Folgende Werte sind hierbei möglich: GTK_WIN_POS_NONE linksbündig GTK_WIN_POS_NONE rechtsbündig GTK_WIN_POS_NONE zentriert GTK_WIN_POS_NONE Blocksatz
"label"	gchararray	Der eigentliche Text
"selectable"	gboolean	Bei TRUE kann der Wert selektiert werden (z. B. für Copy & Paste).
"selection-bound"	gint	(nur lesbar) Die Position vom Ende der Markierung (in Zeichen vom Anfang der Markierung). Kann z. B. verwendet werden, wenn der Text per Copy & Paste in einen dynamischen Textpuffer gelegt werden soll. Vorausgesetzt, selectable ist auf TRUE gesetzt!
"cursor-position"	gint	(nur lesbar) Die Position vom Anfang der Markierung (in Zeichen vom Anfang der Markierung). Verwendungszweck und Voraussetzung siehe selection-bound
"use-underline"	gboolean	Wird hier TRUE verwendet, wird ein Unterstrich unter einem Zeichen verwendet, wenn das Zeichen '_' davor steht. Z. B. wird mit "_Hallo" der Buchstabe H unterstrichen. Hiermit kann man einen Buchstaben als Abkürzungszeichen markieren.
"mnemonic-widget"	GtkWidget	Hier befindet sich das Widget, das aktiviert werden soll, wenn das Abkürzungszeichen (siehe "use-underline") betätigt wurde.
"wrap"	gboolean	Bei TRUE werden zu lange Zeilen umbrochen.
"use-markup"	gboolean	Bei TRUE kann hierbei eine Markup-Sprache (Pango-Markup) verwendet werden.

Tabelle 14.6 Eigenschaften für GtkLabel (GTK_TYPE_LABEL)

Ein Label mit use-markup zu verwenden, lässt die häufig etwas blass aussehenden Text-Labels etwas freudiger erscheinen. Verantwortlich für diese Markup-Sprache ist Pango. Die Syntax von Pango lässt sich aus einer Mischung von HTML mit CSS beschreiben; wobei die Text-Engine von Pango wirklich sehr mächtig ist, weshalb hier für weitere Informationen die entsprechende Dokumentation empfohlen sei. Dennoch will ich Ihnen ein kurzes Listing, das den Einsatz von Pango-Markup demonstriert, nicht vorenthalten.

```
/* gkt2b.c */
/* Anzeigeelemente:             */
/*       Label mit Pango-Markup */
#include <gtk/gtk.h>

static gint
delete_Event(GtkWidget *widget, GdkEvent event, gpointer daten) {
  g_print("Das Fenster wird zerstoert!\n");
  /* Nur mit FALSE wird die Anwendung wirklich beendet */
  return FALSE;
}

static void end ( GtkWidget *widget, gpointer daten ) {
  g_print("Und tschuess!\n");
  gtk_main_quit();
}

int main(int argc, char **argv) {
  GtkWindow  *win;
  GdkPixbuf  *pic;
  GtkVBox    *vbox;
  GtkLabel   *text;

  gtk_init( &argc, &argv );
  /* Eine Grafik in einen Pixbuf laden */
  pic = gdk_pixbuf_new_from_file("icon/at-work.gif", NULL );
  /* Fenster mit folgenden Eigenschaften anlegen */
  win = g_object_new( GTK_TYPE_WINDOW,
                      "title", "Demonstriert Pango-Markup",
                      "default-width",  300,
                      "default-height", 200,
                      "resizable", TRUE,
                      "window-position", GTK_WIN_POS_CENTER,
                      "border-width", 5,
                      "icon", pic,
                      NULL );
  /* Eine vertikale Box erzeugen */
  vbox = g_object_new( GTK_TYPE_VBOX,
                       "spacing", 5,
                       "homogeneous", FALSE,
                       NULL );

  /* Ein Text-Label erzeugen */
  text = g_object_new( GTK_TYPE_LABEL,
 "justify", GTK_JUSTIFY_CENTER,
 "use-markup", TRUE,
 "label",
 "<span font_desc=\"Times Normal 12\"> Times Normal 12</span> - "
 "<span font_desc=\"Verdana\"> Verdana </span> - "
 "<span font_desc=\"Courier Bold 10\"> Courier Bold 10 "
```

```
 " </span>\n\n"
 "<span style=\"italic\"> Kursiv </span> - "
 "<span style=\"oblique\"> Geschraegt </span> - "
 "<span style=\"normal\"> Normal </span>\n\n"
 "<span font_desc=\"Times Normal 12\"  background=\"white\""
 " foreground=\"blue\"> Invers1 </span> - "
 "<span font_desc=\"Courier Bold 14\"  background=\"black\""
 " foreground=\"green\"> Invers2 </span> - "
 "<span style=\"italic\"  background=\"red\""
 " foreground=\"yellow\"> Invers3 </span>\n",
                      NULL);

  /* Signalhandler einrichten */
  g_signal_connect( win, "delete-event",
                    G_CALLBACK(delete_Event), NULL );
  g_signal_connect( win, "destroy",
                    G_CALLBACK(end), NULL );
  /* Packen */
  gtk_container_add( GTK_CONTAINER(win), GTK_WIDGET(vbox));
  gtk_box_pack_start_defaults(GTK_BOX(vbox), GTK_WIDGET(text));
  /* Fenster anzeigen */
  gtk_widget_show_all( GTK_WIDGET(win) );
  /* Hauptschleife von gtk */
  gtk_main();
  g_print("Die GTK-Hauptschleife wurde beendet\n");
  return 0;
}
```

Das Programm bei der Ausführung:

```
$ gcc -Wall -o gtk2b gtk2b.c \
  `pkg-config gtk+-2.0 --cflags --libs`
$ ./gtk2b
```

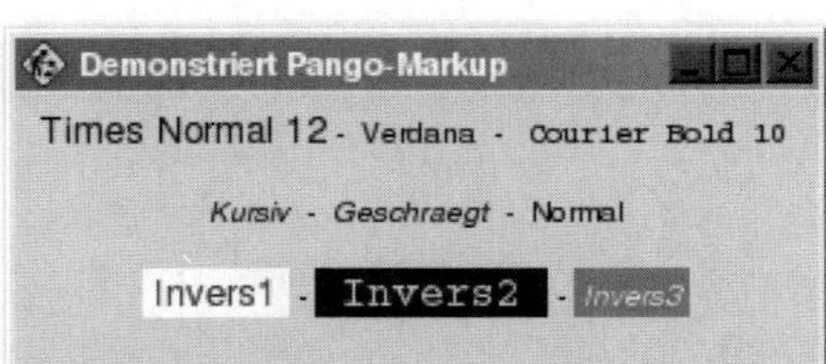

Abbildung 14.7 Verwendung von Pango-Markup mit GtkLabel

14.6.2 Trennlinie – GtkSeparator

Viel lässt sich zu diesem Widget eigentlich nicht sagen, nur dass `GtkSeparator` die Basisklasse für die Widgets `GtkVSeparator` (vertikale Linie) und `GtkHSeparator` (horizontale Linie) ist. Im Beispiel wurden mit dem Typ `GTK_TYPE_HSEPARATOR` drei horizontale Linien erzeugt. Mit dem Typ `GTK_TYPE_VSEPARATOR` lassen sich auch vertikale Linien erzeugen.

14.6.3 Grafiken – GtkImage

Ebenso einfach wie einen Text (GtkLabel) können Sie auch eine Grafik auf einem Widget anbringen. Hierzu müssen Sie nur ein Widget mit der Klasse GtkImage (vom Typ GTK_TYPE_IMAGE) erzeugen und mithilfe der Eigenschaft file den Pfadnamen zur Grafik angeben. Hierbei werden so ziemlich alle wichtigen Grafikformate unterstützt (gif, jpeg, png, ico, tiff, bmp, tga etc.).

Wenn Sie allerdings neben dem Anzeigen einer Grafik auch daran interessiert sind, diese zu verändern, dann kommen Sie nicht um Pixbufs (GdkPixbuf) herum. Denn letztendlich geschieht die Verarbeitung und Anzeige der Grafik mit GtkImage über ein GdkPixbuf-Objekt. GdkPixbuf ist eine GDK-interne Struktur für Grafikdaten.

Da GdkPixbuf ein recht umfangreiches Thema ist, wurde der GTK+-Lib hierfür gleich eine extra umfangreiche Dokumentation spendiert, auf die ich Sie bei Bedarf verweisen muss.

14.6.4 Statusleiste – GtkStatusbar

Gewöhnlich platziert man eine Statusbar, wie im Beispiel gesehen, unten am Hauptfenster von GtkWindow. Meistens befinden sich darin Informationen, wie z. B. bei einem Texteditor, welche Datei (mit Pfad) geöffnet wurde, in welcher Zeile/Spalte sich der Cursor befindet oder welche Seite von den insgesamt vorhandenen Seiten gerade bearbeitet wird.

```
guint gtk_statusbar_push (
  GtkStatusbar *statusbar, guint context_id, const gchar *text );
void gtk_statusbar_pop (
 GtkStatusbar *statusbar, guint context_id );
guint gtk_statusbar_get_context_id (
 GtkStatusbar *statusbar, const gchar *context_description );
void gtk_statusbar_set_has_resize_grip (
 GtkStatusbar *statusbar, gboolean setting );
void gtk_statusbar_remove (
 GtkStatusbar *statusbar, guint context_id, guint message_id );
```

Nach dem Erzeugen einer solchen Statusleiste können Sie mit der Funktion gtk_statusbar_push() eine neue Statusinformation in diese Leiste einfügen. Genauer, hiermit wird eine Nachricht auf einen Stack der Statusleiste gepuscht. Beim Anzeigen der Statusleiste wird dann immer die Nachricht angezeigt, die oben aufliegt. Mit der Funktion gtk_statusbar_pop() hingegen können Sie eine Nachricht oberhalb des Stacks wieder entfernen.

Jede Nachricht, die auf dem Stack der Statusbar hinzugefügt wird, benötigt eine bestimmte ID, um die Quelle der Nachricht eindeutig identifizieren zu können. Eine solche ID können Sie auch mit der Funktion gtk_statusbar_get_context_id() erzeugen. Diese Funktion gibt eine neue ID (gint) zurück. Natürlich können Sie hierbei auch die ID selbst, wie im Beispiel gesehen, in der Funktion gtk_statusbar_push() als zweiten Parameter eintragen.

Der Vorteil bei der Verwendung von gtk_statusbar_get_context_id() liegt darin, dass mit der Funktion gtk_statusbar_remove() eine Statusnachricht von einer beliebigen Stelle des Stacks entfernt werden kann.

Wollen Sie, dass die Größe der Statusbar veränderbar ist, können Sie mit der Funktion `gtk_statusbar_set_has_resize_grip()` den zweiten Parameter auf `TRUE` setzen.

14.6.5 Fortschrittsbalken – GtkProgressBar

Ein weiteres reines Anzeige-Widget, das in diesem Beispiel nicht verwendet wurde, ist das Widget der Klasse `GtkProgressBar` vom Typ `GTK_TYPE_PROGRESS_BAR`. Hierbei handelt es sich um einen Fortschrittsbalken, der z. B. anzeigen kann, wie weit ein bestimmter Vorgang abgeschlossen ist.

14.7 Behälter

In der Einführung sind Sie bereits auf ein Behälter-Widget mit `GtkBox` gestoßen. Ohne den Behälter-Widget – gerne auch als Packing-Widgets bezeichnet – wäre es wohl aussichtslos, eine Anwendung zu erstellen. Denn gerade mithilfe der Behälter-Widgets entsteht das Layout des Fensters und somit der Anwendung.

14.7.1 Boxen – GtkBox

Die wichtigsten und grundlegenden Behälter sind dabei die vertikalen und horizontalen Boxen. Diese werden immer dann verwendet, wenn mehrere Widgets nebeneinander und übereinander angeordnet werden sollen. Die Behälter-Widgets der Klasse `GtkHBox` und `GtkVBox` sind abgeleitet von der Oberklasse `GtkBox`. In der Abbildung sehen Sie den Klassenbaum von `GtkBox`.

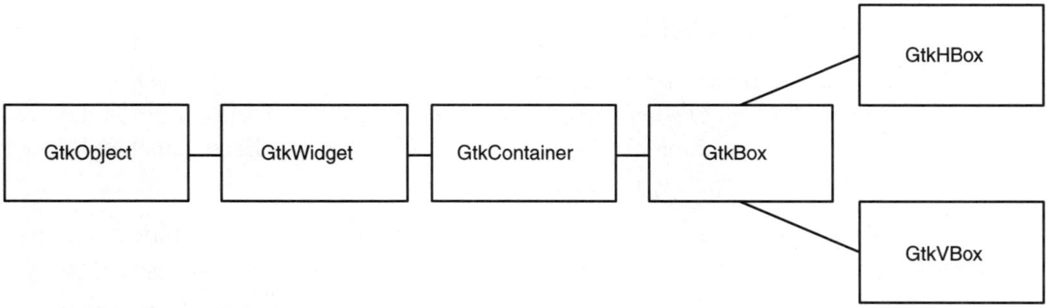

Abbildung 14.8 Klassenbaum von GtkBox

In den meisten Fällen wird als Behälter `GtkBox` verwendet. Für den Fall, dass Sie sehr viele Zeilen und Spalten benötigen, können Sie entweder mehrere vertikale und horizontale Boxen in der richtigen Anordnung verwenden oder das Tabellen-Widget `GtkTable`. Ein Tabellen-Widget ist ein Behälter, mit dem Sie die weiteren Widgets in Zeilen und Spalten packen können.

Der Sinn und Zweck der Boxen – sei dies nun eine vertikale Box (Klasse `GtkVBox` mit der Typenkennung `GTK_TYPE_VBOX`) oder eine horizontale Box (Klasse `GtkHBox` mit der Typenkennung `GTK_TYPE_HBOX`) – ist immer derselbe. Boxen werden dazu verwendet, damit andere Widgets darin hineingepackt werden.

Folgende zwei Eigenschaften können einer Klasse GtkBox vom Typ GTK_TYPE_VBOX oder GTK_TYPE_HBOX vergeben bzw. können abgefragt werden:

Eigenschaft	Datentyp	Bedeutung
"spacing"	gint	Abstand zwischen den einzelnen gepackten Widgets in Pixel
"homogeneous"	gboolean	Bei TRUE bleiben alle gepackten Widgets gleich groß.

Tabelle 14.7 Eigenschaften für eine GtkVBox und eine GtkHbox

In den Listings bisher wurden die einzelnen Widgets mit der Funktion gtk_box_pack_start_defaults() mit den Standardeinstellungen einer Box hinzugefügt. Mit den folgenden Funktionen können Sie ganz individuell für jedes einzelne Widget eine Angabe machen, wie dieses zur Box hinzugefügt (gepackt) werden soll.

```
void gtk_box_pack_start_defaults( GtkBox *box,
                                  GtkWidget *widget );
void gtk_pack_box_start( GtkBox *box,
                         GtkWidget *widget,
                         gboolean expand,
                         gboolean fill,
                         guint padding );
void gtk_pack_box_end (  GtkBox *box,
                         GtkWidget *widget,
                         gboolean expand,
                         gboolean fill,
                         guint padding );
```

Der Unterschied der beiden Funktionen (.._start und .._end) ist, dass ein Widget mit der _end-Version vom Ende der vertikalen oder der rechten Seiten der horizontalen Box aus gepackt wird. Bei der _start-Version ist das Gegenteil der Fall.

Die ersten beiden Parameter der Funktionen gtk_pack_box_start() und gtk_pack_box_end() sind gleichbedeutend wie bei der Funktion gtk_box_pack_default(). box ist die Box, worin Sie das Widget widget hineinpacken wollen. Mit den nächsten drei Parametern können Sie die Darstellung des Widgets in der Box beeinflussen.

- expand – Wird hier TRUE angegeben, darf sich das Widget ausdehnen. Befinden sich mehrere Widgets in dieser Box, wird der verfügbare Bereich unter diesen Widgets aufgeteilt, bei denen dieser Parameter ebenfalls TRUE ist.
- fill – Wird für expand TRUE verwendet und für fill (ausfüllen) ebenfalls, wird der übrige Freiraum zwischen den Widgets selbst völlig ausgefüllt, anstatt sich nur zu zentrieren.
- padding – Hier können Sie einen Wert in Pixeln angeben, womit ein Leerraum rund um das Widget »gepolstert« werden darf.

In den gleich folgenden beiden Beispielen wurde auf ein Widget mit einer Box als Behälter erst einmal verzichtet, da es ohnehin in fast jedem der noch folgenden Listings verwendet wird oder bereits verwendet wurde. Daher soll hier erst ein umfassender Blick auf andere Behälter-Widgets gemacht werden.

14.7.2 Aufteilungen, Register und Button-Box

In den jetzt folgenden Listings werden die (Behälter-)Widgets `GtkHPaned` und `GtkVPaned` (mit den Typenkennungen `GTK_TYPE_HPANED` bzw. `GTK_TYPE_VPANED`) gezeigt, womit Sie mehrere verstellbare (sowohl horizontale als auch vertikale) Aufteilungen erzeugen können, wie Sie dies z. B. von FTP- oder Mailclient-Anwendungen her kennen. Des Weiteren wird ein Behälter mit mehreren Registern erzeugt (`GtkNotebook` von der Typenkennung `GTK_TYPE_NOTEBOOK`), wie Sie dies z. B. von Notizbüchern (oder Ringordnern) her kennen. Daneben werden Sie auch noch Behälter kennen lernen, die nur Buttons aufnehmen können.

```
/* gkt3.c */
/* Behälter:      */
/*    horizontale und vertikale Aufteilung (GtkPaned) */
/*    Register (GtkNootebook)                         */
/*    horizontale und vertikale Boxen                 */
#include <gtk/gtk.h>
#define NBOOK 6
#define BUF 35
#define BUTTONS 4

static gint
delete_Event(GtkWidget *widget, GdkEvent event, gpointer daten) {
  g_print("Das Fenster wird zerstoert!\n");
  /* Nur mit FALSE wird die Anwendung wirklich beendet */
  return FALSE;
}

static void end ( GtkWidget *widget, gpointer daten ) {
  g_print("Und tschuess!\n");
  gtk_main_quit();
}

int main(int argc, char **argv) {
  GtkWindow  *win;
  GdkPixbuf  *pic;
  GtkVPaned  *vpan;
  GtkHPaned  *hpan;
  GtkNotebook *nbook;
  GtkLabel    *nbook_content[NBOOK],
  *nbook_titel[NBOOK];
  GtkVButtonBox *vbutbox;
  GtkButton     *vbuttons[BUTTONS];
  GtkHButtonBox *hbutbox;
  GtkButton     *hbuttons[BUTTONS];
  guint i;
  gchar buf[BUF];

  gtk_init( &argc, &argv );
  /* Eine Grafik in einen Pixbuf laden */
  pic = gdk_pixbuf_new_from_file("icon/at-work.gif", NULL );
```

```
/* Fenster mit folgenden Eigenschaften anlegen */
win = g_object_new( GTK_TYPE_WINDOW,
                    "title", "Behaelter-Widgets",
                    "default-width",  300,
                    "default-height", 200,
                    "resizable", TRUE,
                    "window-position", GTK_WIN_POS_CENTER,
                    "border-width", 10,
                    "icon", pic,
                    NULL );
/* vertikale Aufteilung erzeugen */
vpan = g_object_new( GTK_TYPE_HPANED, NULL );
/* horizontale Aufteilung erzeugen */
hpan = g_object_new( GTK_TYPE_VPANED, NULL );
/* vpan oben-links von hpan mit den */
/* Standardparametern hinzufügen    */
gtk_paned_add1( GTK_PANED(hpan), GTK_WIDGET(vpan) );

/* ein neues Notizbuch erzeugen */
nbook = g_object_new( GTK_TYPE_NOTEBOOK,
                      "enable-popup", TRUE,
                      NULL );
/* nbook rechts-unten von vpan mit den */
/* Standardparametern hinzufügen */
gtk_paned_add2(GTK_PANED(vpan), GTK_WIDGET(nbook));
/* Titel der Reiter mit entsprechendem Inhalt erzeugen  */
/* und im Notizbuch hinzufügen */
for(i=0; i < NBOOK; i++) {
  g_snprintf(buf,BUF,"Inhalt von GtkNotebook Seite %d",i+1);
  nbook_content[i] = g_object_new( GTK_TYPE_LABEL,
                                   "label", buf,
                                   NULL);
  g_snprintf(buf,BUF,"Seite %d",i+1);
  nbook_titel[i]   = g_object_new( GTK_TYPE_LABEL,
                                   "label", buf,
                                   NULL );
  gtk_notebook_append_page_menu(nbook,
                                GTK_WIDGET(nbook_content[i]),
                                GTK_WIDGET(nbook_titel[i]),
                                NULL);
}
/* vertikale Button-Box erzeugen */
vbutbox = g_object_new( GTK_TYPE_VBUTTON_BOX, NULL);
/* horizontale Button-Box erzeugen */
hbutbox = g_object_new( GTK_TYPE_HBUTTON_BOX, NULL);
/* Buttons erzeugen und in die Button-Box packen */
for(i=0; i < BUTTONS; i++ ) {
  g_snprintf(buf,BUF,"(v)Button %d",i+1);
  vbuttons[i] = g_object_new( GTK_TYPE_BUTTON,
                              "label", buf,
```

```
                                NULL);
    gtk_box_pack_start_defaults( GTK_BOX(vbutbox),
                                 GTK_WIDGET(vbuttons[i]));

    g_snprintf(buf,BUF,"(h)Button %d",i+1);
    hbuttons[i] = g_object_new( GTK_TYPE_BUTTON,
                                "label", buf,
                                NULL );
    gtk_box_pack_start_defaults( GTK_BOX(hbutbox),
                                 GTK_WIDGET(hbuttons[i]));
  }

  /* vbutbox oben-links von vpan mit den */
  /* Standardparametern hinzufügen       */
  gtk_paned_add1(GTK_PANED(vpan), GTK_WIDGET(vbutbox));
  /* hbutbox rechts-unten von hpan mit den */
  /* Standardparametern hinzufügen         */
  gtk_paned_add2(GTK_PANED(hpan), GTK_WIDGET(hbutbox));

  /* Signalhandler einrichten */
  g_signal_connect( win, "delete-event",
                    G_CALLBACK(delete_Event), NULL );
  g_signal_connect( win, "destroy",
                    G_CALLBACK(end), NULL );
  gtk_container_add(GTK_CONTAINER( win ), GTK_WIDGET( hpan ) );
  /* Fenster anzeigen */
  gtk_widget_show_all( GTK_WIDGET(win) );
  /* Hauptschleife von gtk */
  gtk_main();
  g_print("Die GTK-Hauptschleife wurde beendet\n");
  return 0;
}
```

Das Programm bei der Ausführung:

```
$ gcc -Wall -o gtk3 gtk3.c \
  `pkg-config gtk+-2.0 --cflags --libs`
$ ./gtk3
```

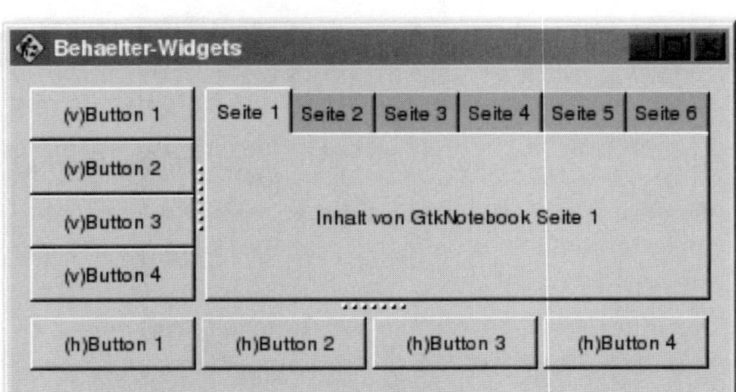

Abbildung 14.9 Einige Behälter-Widgets – Aufteilungen, Register, Button-Box

Aufteilungen – GtkPaned

Im Beispiel haben Sie jeweils eine vertikale und eine horizontale Schiebeleiste (Aufteilung) verwendet. Bei einer Aufteilung der Klassen `GtkVPaned` (Typenkennung: `GTK_TYPE_VPANED`) bzw. `GtkHPaned` (Typenkennung: `GTK_TYPE_HPANED`) kann an beiden Seiten je ein Widget gepackt werden. Bei `GtkVPaned` ist dies je ein Widget oberhalb und unterhalb der Schiebeleiste und bei `GtkHPaned` links und rechts von der Leiste. Um das Packen entsprechend vorzunehmen, werden hierfür die Funktionen `gtk_paned_add1()` und `gtk_paned_add2()` verwendet.

```
void gtk_paned_add1 ( GtkPaned *paned,
                      GtkWidget *child );
void gtk_paned_add2 ( GtkPaned *paned,
                      GtkWidget *child );
```

Als erstes Argument verwenden je beide Funktionen die Schiebeleiste (`GtkPaned`) und als zweites Argument ein Widget, das darin hineingepackt werden soll. Mit `gtk_paned_add1()` wird ein Widget links über und mit `gtk_paned_add2()` rechts unter die Schiebeleiste gepackt.

Sofern Sie ähnlich wie beim Packen von Boxen mit `gtk_box_pack_start()` auch die Größenveränderung des Widgets beeinflussen wollen, können Sie hierfür die Funktionen `gtk_paned_pack1()` und `gtk_paned_pack2()` verwenden.

```
/* links oben */
void gtk_paned_pack1 ( GtkPaned *paned,
                       GtkWidget *child,
                       gboolean resize,
                       gboolean shrink );
/* rechts unten */
void gtk_paned_pack2 ( GtkPaned *paned,
                       GtkWidget *child,
                       gboolean resize,
                       gboolean shrink );
```

Beide Funktionen sind bis zu den ersten beiden Parametern gleichwertig wie `gtk_paned_add1()` und `gtk_panded_add2()`. Zusätzlich können Sie hier noch mit dem dritten Parameter angeben, ob sich das Kind-Widget ausdehnen soll (darf), wenn die Größe des Widgets verändert wird. Mit dem vierten Argument bestimmen Sie hingegen, ob das Widget jenseits der Minimalgröße schrumpfen darf, wenn das Hauptfenster verkleinert wird.

Folgende zwei Eigenschaften stehen Ihnen außerdem für das Widget `GtkPaned` zur Verfügungen:

Eigenschaft	Datentyp	Bedeutung
`"position"`	`gint`	Hier kann eine Position, gerechnet von der linken bzw. oberen Seite, für die Schiebeleiste eingetragen werden (abhängig von `position-set`).
`"position-set"`	`gboolean`	Damit der Wert in `position` auch beachtet wird, muss hier `TRUE` eingetragen werden.

Tabelle 14.8 Eigenschaften für GtkPaned

Notizbuch – GtkNotebook

Das Notizbuch (GtkNotebook; Typenkennung: GTK_TYPE_NOTEBOOK) besteht aus mehreren Reitern, die beim Anklicken auch jeweils eine neue Seite beinhalten. Um zum Notizbuch weitere Seiten und Reiter hinzuzufügen, stehen Ihnen mindestens folgende Funktionen zur Verfügung (wovon Sie ja im Beispiel die Funktion gtk_notebook_append_page_menu() verwenden):

```
void gtk_notebook_append_page_menu ( GtkNotebook *notebook,
                                     GtkWidget *child,
                                     GtkWidget *tab_label,
                                     GtkWidget *menu_label );
void gtk_notebook_prepend_page_menu ( GtkNotebook *notebook,
                                      GtkWidget *child,
                                      GtkWidget *tab_label,
                                      GtkWidget *menu_label );
void gtk_notebook_insert_page_menu ( GtkNotebook *notebook,
                                     GtkWidget *child,
                                     GtkWidget *tab_label,
                                     GtkWidget *menu_label,
                                     gint position );
```

Die einzelnen Argumente haben bei allen drei Funktionen dieselbe Bedeutung. Das erste Argument ist das Widget GtkNotebook selbst, wo ein neuer Eintrag hinzugefügt werden soll. Mit dem zweiten Argument geben Sie den Inhalt der Seite an, den Sie in das Notizbuch hineinpacken wollen. Hierbei können Sie natürlich (fast) jedes beliebige andere Widget, wie im Beispiel mit GtkLabel gesehen, hineinpacken. Mit dem dritten Argument gibt man normalerweise die Beschriftung (Reitername) für die neue Seite an, wobei rein theoretisch auch hier ein beliebiges Widget verwendet werden könnte (ob das jetzt Sinn macht, sei dahingestellt). Im Beispiel wurde auch hierzu GtkLabel verwendet. Das vierte Argument könnte ein weiteres Beschriftungs-Widget aufnehmen, das für das Schnellzugriffsmenü der einzelnen Reiter dient. Dieses Menü erreichen Sie über einen Rechtsklick auf irgendeinen der Reiter. Wollen Sie, dass sich hier derselbe Eintrag, wie der Name des Reiters selbst (drittes Argument), befindet, können Sie hier auch NULL angeben.

Der Unterschied der Funktionen gtk_notebook_append_page_menu() und gtk_notebook_prepend_page_menu() liegt darin, dass mit _append_ der neue Eintrag hinten und mit _prepend_ der neue Eintrag vorne eingefügt wird. Die Funktion gtk_notebook_insert_page_menu() hingegen hat noch ein fünftes Argument, womit der Menüeintrag an einer beliebigen Stelle bestimmt (angefangen von links (vorne) = 0) werden kann.

Entfernen können Sie einen Notizbucheintrag wieder mit gtk_notebook_remove_page():

```
void gtk_notebook_remove_page ( GtkNotebook *notebook,
                                gint page_num );
```

Hierzu müssen Sie neben der Angabe des Notizbuches (erstes Argument) auch die Position (angefangen von vorne mit 0) des Eintrags angeben, der entfernt werden soll.

Die Eigenschaften, die Sie für ein neues Notizbuch von der Klasse GtkNootebook (Typenkennung: GTK_TYPE_NOTEBOOK) vergeben können, finden Sie wieder in der folgenden Tabelle aufgelistet.

Eigenschaft	Datentyp	Bedeutung
"enable-popup"	gboolean	Hier kann bestimmt werden, ob das Kontextmenü (Schnellzugriff) für das direkte Anspringen bei Rechtsklick auf einen Reiter erscheint (standardmäßig TRUE).
"homogeneous"	gboolean	Bei TRUE haben alle Reiter die gleiche Breite.
"page"	gint	Indexnummer der aktuellen Seite
"scrollable"	gboolean	Sind mehr Reiter vorhanden als auf dem Fenster anzeigbar, kann hier mit TRUE dafür gesorgt werden, dass ein scrollbarer Pfeil angezeigt wird, womit Sie quer durch die Reiter blättern können.
"show-border"	gboolean	Soll der Rand angezeigt werden oder nicht?
"show-tabs"	gboolean	Sollen die Reiter angezeigt werden oder nicht?
"tab-border"	guint	(nur beschreibbar) Breite des Randes um die Reiterbeschriftung (in Pixel)
"tab-hborder"	guint	Breite des Randes über und unter der Reiterbeschriftung (in Pixel)
"tab-vborder"	guint	Breite des Randes links und rechts der Reiterbeschriftung (in Pixel)
"tab-pos"	GtkPositionType	Position des Reiter GTK_POS_LEFT – links GTK_POS_RIGHT – rechts GTK_POS_TOP – oben GTK_TOP_BOTTOM – unten

Tabelle 14.9 Eigenschaften für GtkNootebook (GTK_TYPE_NOTEBOOK)

Button-Boxen – Gtk*ButtonBox

Die Button-Boxen GtkVButtonBox (Typenkennung: GTK_TYPE_VBUTTON_BOX) und GtkHButtonBox (Typenkennung: GTK_TYPE_HBUTTON_BOX) sind abgeleitete Klassen von GtkVBox und GtkHBox. Diese Behälter-Widgets eignen sich überall dort, wo Sie Button in einer vertikalen oder horizontalen Reihenfolge anordnen müssen. Ansonsten verhalten sich Button-Boxen bezüglich ihrer Eigenschaften, die vorhanden sind, genauso wie die *normalen* Boxen. Hinzu kommt noch die zusätzliche Eigenschaft layout-style, womit Sie angeben können, wie die Knöpfe in der Box angeordnet werden sollen. Mögliche Werte hierfür wären:

- GTK_BUTTONBOX_DEFAULT_STYLE – Standardeinstellung lassen
- GTK_BUTTONBOX_SPREAD – gleichmäßig verteilen
- GTK_BUTTONBOX_EDGE – an den Enden der Box platzieren
- GTK_BUTTONBOX_START – am Anfang der Box gruppieren
- GTK_BUTTONBOX_END – am Ende der Box gruppieren

14.7.3 Tabellen – GtkTable

Neben den Boxen sind Tabellen (Klasse `GtkTable`; Typenkennung: `GTK_TYPE_TABLE`) sehr gut geeignet, um das Layout der Software *zusammenzupacken*. Ähnlich wie bei einer Tabellenkalkulation lassen sich die Widgets hiermit in Zeilen und Spalten anordnen. Ebenso wie auf die Boxen, so werden Sie auch auf die Tabellen noch das eine oder andere Mal in diesem Kapitel stoßen, so dass hier nur ein kurzes Beispiel angeführt werden soll, das mehr oder weniger nur die Packfunktionen der Tabellen demonstriert.

```
/* gtk3b.c */
/* Behälter:        */
/*    Tabellen-Demo */
#include <gtk/gtk.h>
#define BUTTONS 3

static gint
delete_Event(GtkWidget *widget, GdkEvent event, gpointer daten) {
  g_print("Das Fenster wird zerstoert!\n");
  /* Nur mit FALSE wird die Anwendung wirklich beendet */
  return FALSE;
}

static void end ( GtkWidget *widget, gpointer daten ) {
  g_print("Und tschuess!\n");
  gtk_main_quit();
}

int main(int argc, char **argv) {
  GtkWindow  *win;
  GdkPixbuf  *pic;
  GtkTable   *table;
  GtkButton  *button1, *button2, *button3;

  gtk_init( &argc, &argv );
  /* Eine Grafik in einen Pixbuf laden */
  pic = gdk_pixbuf_new_from_file("icon/at-work.gif", NULL );
  /* Fenster mit folgenden Eigenschaften anlegen */
  win = g_object_new( GTK_TYPE_WINDOW,
                      "title", "Eine einfache Tabelle",
                      "default-width",  300,
                      "default-height", 200,
                      "resizable", TRUE,
                      "window-position", GTK_WIN_POS_CENTER,
                      "border-width", 10,
                      "icon", pic,
                      NULL );
  button1 = g_object_new( GTK_TYPE_BUTTON,
                     "label","Kein Schrumpfen\nkein Expandieren",
                     NULL);
```

```
  button2 = g_object_new( GTK_TYPE_BUTTON,
                    "label","Expandiert und schrumpft\nvertikal",
                    NULL);
  button3 = g_object_new( GTK_TYPE_BUTTON,
          "label","Expandiert und schrumpft\n in beide Seiten",
          NULL);
  table = g_object_new( GTK_TYPE_TABLE,
                        "n-columns", 2,
                        "n-rows", 2,
                        NULL);
  /* Signalhandler einrichten */
  g_signal_connect( win, "delete-event",
                    G_CALLBACK(delete_Event), NULL );
  g_signal_connect( win, "destroy",
                    G_CALLBACK(end), NULL );

  /* Inhalt der Tabelle mit verschiedenen Optionen erstellen */
  gtk_table_attach ( GTK_TABLE (table), GTK_WIDGET(button1),
                     0, 1, 0, 1,
                     GTK_FILL, GTK_FILL, 0, 0);
  gtk_table_attach ( GTK_TABLE (table), GTK_WIDGET(button2),
                     0, 1, 1, 2,
                     GTK_FILL, GTK_FILL|GTK_EXPAND|GTK_SHRINK,
                     0, 0);
  gtk_table_attach ( GTK_TABLE (table), GTK_WIDGET(button3),
                     1, 2, 1, 2,
                     GTK_FILL | GTK_EXPAND | GTK_SHRINK,
                     GTK_FILL | GTK_EXPAND | GTK_SHRINK, 0, 0);
  gtk_container_add(GTK_CONTAINER( win ), GTK_WIDGET( table ) );
  /* Fenster anzeigen */
  gtk_widget_show_all( GTK_WIDGET(win) );
  /* Hauptschleife von gtk */
  gtk_main();
  g_print("Die GTK-Hauptschleife wurde beendet\n");
  return 0;
}
```

Das Programm bei der Ausführung:

```
$ gcc -Wall -o gtk3b gtk3b.c \
  `pkg-config gtk+-2.0 --cflags --libs`
$ ./gtk3b
```

Das Tabellen-Packing-Widget mit der Klasse `GtkTable` (Typenkennung: `GTK_TYPE_TABLE`) funktioniert im Prinzip genauso wie das der vertikalen bzw. horizontalen Boxen. Nur verwenden Sie für das Packen eines Widgets *x/y-Koordinaten*. Sie können sich das Ganze wie bei einem Tabellenkalkulationsprogramm vorstellen. Sie erzeugen mithilfe der Eigenschaften `n-rows` für Zeilen und `n-columns` für Spaltenanzahl eine Tabelle. Dann geben Sie bei den entsprechenden Packfunktionen die *Koordinaten* an, in welcher Reihe und Spalte das Widget platziert werden soll.

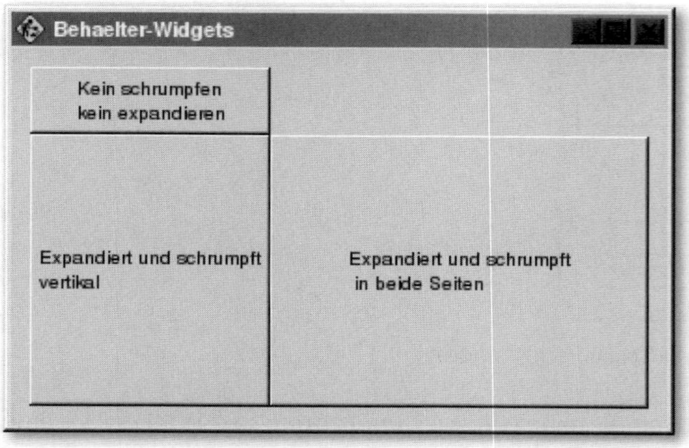

Abbildung 14.10 Widgets in GtkTable mit verschiedenen Optionen packen

Die Funktionen, mit denen Sie das Packen mit Tabellen realisieren können, lauten:

```
void gtk_table_attach_defaults( GtkTable *table,
                                GtkWidget *widget,
                                guint left_attach,
                                guint right_attach,
                                guint top_attach,
                                guint bottom_attach );
GtkWidget *gtk_table_attach ( GtkTable *table,
                              GtkWidget *widget,
                              guint left_attach,
                              guint right_attach,
                              guint top_attach,
                              guint bottom_attach,
                              GtkAttachOptions xoptions,
                              GtkAttachOptions yoptions,
                              guint xpadding,
                              guint ypadding );
```

Die einfachste Version, einzelne Widgets in den Tabellenbehälter zu packen, ist mit der Funktion `gtk_table_attach_defaults()` gegeben. Damit packen Sie das Widget (zweiter Parameter) in die Tabelle (erster Parameter). Die Angabe der Spalte lautet von `left_attach` für links nach `right_attach` für rechts und für die Zeile von `top_attach` für oben bis `bottom_attach` für unten. Ein Codeausschnitt zum besseren Verständnis mit anschließender Abbildung (15.11) dazu:

```
/* Erzeugen einer 3x2-Tabelle */
table = gtk_table_new(3,2,TRUE);
/* ein Widget an die linke obere Ecke einfügen */
gtk_table_attach_defaults(GTK_TABLE(table), button1, 0,1, 0,1);
/* ein Widget an der linken unteren Ecke hinzufügen */
gtk_table_attach_defaults(GTK_TABLE(table), button2, 0,1, 1,2);
/* ein Widget an der rechten unteren Ecke hinzufügen */
gtk_table_attach_defaults(GTK_TABLE(table), button3, 2,3, 1,2);
```

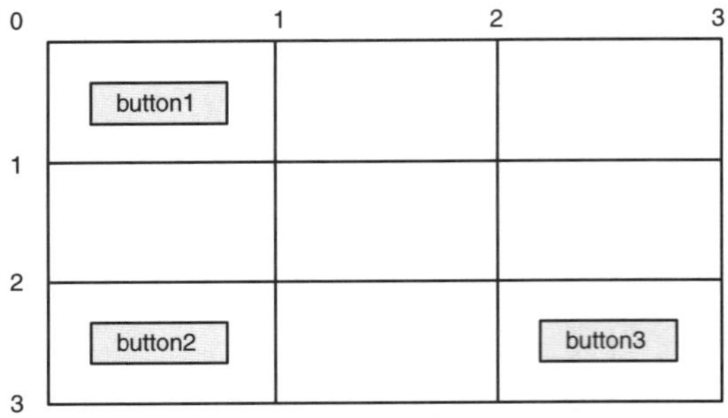

Abbildung 14.11 Verwendung eines tabellarischen Packet-Widgets

Wollen Sie hingegen mehr als die Standardeinstellung zum Packen der Widgets in eine Tabelle verwenden, müssen Sie die Funktion `gtk_table_attach()` verwenden. Hier sind noch weitere vier Parameter neben `gtk_table_attach_defaults()` hinzugekommen. Für `xoptions` und `yoptions` vom Typ `GtkAttachOptions` können Sie noch folgende symbolische Konstanten verwenden:

- `GTK_EXPAND` – Widget breitet sich aus, falls überschüssiger Platz vorhanden ist (siehe Box-Widget).
- `GTK_FILL` – Das Widget füllt den zusätzlichen Platz ganz aus (siehe Box-Widget).
- `GTK_SHRINK` – Das Widget lässt sich verkleinern, und zwar, falls nötig, kleiner als seine Zelle.

Die einzelnen Optionen lassen sich auch mit dem bitweisen ODER-Operator (|) verknüpfen.

Mit `xpadding` und `ypadding` können Sie den Abstand in Pixeln vom Nachbarn rechts/links bzw. oben/unten angeben. Ich finde, das zuvor gezeigte ausführbare Beispiel zeigt die Bedeutungen der einzelnen Argumente recht eindeutig.

Folgende Eigenschaften können außer der Spalten- und Reihenanzahl noch an die Tabelle `GtkTable` übergeben werden:

Eigenschaft	Datentyp	Bedeutung
`"column-spacing"`	`guint`	Spaltenabstand in Pixel
`"homogeneous"`	`gboolean`	Bei `TRUE` bleiben alle Spalten der Tabelle gleich hoch und breit.
`"n-columns"`	`guint`	Spaltenanzahl der Tabelle
`"n-rows"`	`guint`	Zeilenanzahl der Tabelle
`"row-spacing"`	`guint`	Zeilenabstand in Pixel

Tabelle 14.10 Eigenschaften für GtkTable (GTK_TYPE_TABLE)

14.7.4 Ausrichtung – GtkAlignment

`GtkAlignment` (von der Typenkennung `GTK_TYPE_ALIGNMENT`) ist ein Behälter, worin Sie Widgets hineinpacken und nach bestimmten Eigenschaften ausrichten können. Hier die möglichen Eigenschaften für diesen Behälter-Widget:

Eigenschaft	Datentyp	Bedeutung
"xalign"	gfloat	Horizontale Ausrichtung des Kind-Widgets (0.0 = links bündig; 0.5 = horizontal zentriert; 1.0 = rechtsbündig)
"xscale"	gfloat	Nimmt der Behälter mehr Fläche ein als das Kind-Widget, kann hiermit die horizontale Ausrichtung des Kind-Widgets im Behälter bestimmt werden. (0.0 = Kind-Widget darf nicht vergrößert werden; 1.0 = Kind-Widget darf den kompletten zur Verfügung stehenden Platz im Behälter einnehmen.)
"yalign"	gfloat	Vertikale Ausrichtung des Kind-Widgets (0.0 = oben; 0.5 = vertikal zentriert; 1.0=unten)
"yscale"	gfloat	Siehe xscale, nur für die vertikale Ausrichtung

Tabelle 14.11 Eigenschaften für GtkAlignment (GTK_TYPE_ALIGNMENT)

14.8 Buttons und Toogled-Buttons

Einfache Buttons haben Sie in den Beispielen zuvor schon mehrfach verwendet, ohne dass hierbei genauer darauf eingegangen wurde. Buttons (oder auch als Knöpfe bezeichnet) gibt es bei GTK+ in vierfacher Ausführung – wobei alle von der Klasse GtkButton (Typenkennung: GTK_TYPE_BUTTON) abstammen.

Neben dem einfachen Button (GtkButton) stehen Ihnen noch Ankreuzfelder (GtkCheckButtons; Typenkennung: GTK_TYPE_CHECK_BUTTON), Radioknöpfe (GtkRadioButton; Typenkennung: GTK_TYPE_RADIO_BUTTON) und Umschalt-Buttons (GtkToggleButton; Typenkennung: GTK_TYPE_TOGGLED_BUTTON) zur Verfügung. Bevor auf die einzelnen Buttons im Detail eingegangen wird, wieder ein Listing, das die einzelnen Buttons präsentiert.

```
/* gkt4.c */
/* Buttons:         */
/*    Button-Demo */
#include <gtk/gtk.h>
#define VBOX 5
#define BUTTONS 4
#define LABEL   4
#define BUF 50

static GtkToggleButton *tbuttons[BUTTONS];
static GtkRadioButton  *rbuttons[BUTTONS];
static GtkCheckButton  *cbuttons[BUTTONS];

static gint
delete_Event(GtkWidget *widget, GdkEvent event, gpointer daten) {
  g_print("Das Fenster wird zerstoert!\n");
  /* Nur mit FALSE wird die Anwendung wirklich beendet */
  return FALSE;
}
```

```
static void end ( GtkWidget *widget, gpointer daten ) {
  g_print("Und tschuess!\n");
  gtk_main_quit();
}

/* Zustand aller Umschaltbuttons auswerten */
static void toogled_auswerten(gpointer button) {
  gboolean toogled1, toogled2, toogled3, toogled4 = FALSE;

  g_print("Toogled-Button Auswertung:\n");
  g_object_get(tbuttons[0], "active", &toogled1, NULL);
  g_object_get(tbuttons[1], "active", &toogled2, NULL);
  g_object_get(tbuttons[2], "active", &toogled3, NULL);
  g_object_get(tbuttons[3], "active", &toogled4, NULL);
  if(toogled1)
    g_print("Toogled-Button 1 ist aktiviert\n");
  if(toogled2)
    g_print("Toogled-Button 2 ist aktiviert\n");
  if(toogled3)
    g_print("Toogled-Button 3 ist aktiviert\n");
  if(toogled4)
    g_print("Toogled-Button 4 ist aktiviert\n");
  if(!toogled1 && !toogled2 && !toogled3 && !toogled4)
    g_print("Kein Toogled-Button ist aktiv\n");
  g_print("-------------------------------\n");
}

/* Zustand aller Radio-Buttons auswerten */
static void radio_auswerten(gpointer button) {
  gboolean radio1, radio2, radio3, radio4 = FALSE;

  g_print("Radio-Button Auswertung:\n");
  g_object_get(rbuttons[0], "active", &radio1, NULL);
  g_object_get(rbuttons[1], "active", &radio2, NULL);
  g_object_get(rbuttons[2], "active", &radio3, NULL);
  g_object_get(rbuttons[3], "active", &radio4, NULL);
  if(radio1)
    g_print("Radio-Button 1 ist aktiviert\n");
  else if(radio2)
    g_print("Radio-Button 2 ist aktiviert\n");
  else if(radio3)
    g_print("Radio-Button 3 ist aktiviert\n");
  else
    g_print("Radio-Button 4 ist aktiviert\n");
  g_print("-------------------------------\n");
}

/* Zustand aller Ankreuz-Buttons auswerten */
static void check_auswerten(gpointer button) {
  gboolean check1, check2, check3, check4 = FALSE;
```

```
  g_print("Check-Button Auswertung:\n");
  g_object_get(cbuttons[0], "active", &check1, NULL);
  g_object_get(cbuttons[1], "active", &check2, NULL);
  g_object_get(cbuttons[2], "active", &check3, NULL);
  g_object_get(cbuttons[3], "active", &check4, NULL);
  if(check1)
    g_print("Check-Button 1 ist aktiviert\n");
  if(check2)
    g_print("Check-Button 2 ist aktiviert\n");
  if(check3)
    g_print("Check-Button 3 ist aktiviert\n");
  if(check4)
    g_print("Check-Button 4 ist aktiviert\n");
  if(!check1 && !check2 && !check3 && !check4)
    g_print("Kein Check-Button aktiv\n");
  g_print("--------------------------------\n");
}

int main(int argc, char **argv) {
  GtkWindow  *win;
  GdkPixbuf  *pic;
  GtkHBox    *hbox;
  GtkVBox    *vbox[VBOX];
  GtkLabel   *label[LABEL];
  GtkVSeparator *vsep[VBOX-2];
  GtkButton  *buttons[BUTTONS];
  guint i;
  gchar buf[BUF];

  gtk_init( &argc, &argv );
  /* Eine Grafik in einen Pixbuf laden */
  pic = gdk_pixbuf_new_from_file("icon/at-work.gif", NULL );
  /* Fenster mit folgenden Eigenschaften anlegen */
  win = g_object_new( GTK_TYPE_WINDOW,
                      "title", "Behaelter-Widgets",
                      "default-width",  350,
                      "default-height", 200,
                      "resizable", TRUE,
                      "window-position", GTK_WIN_POS_CENTER,
                      "border-width", 10,
                      "icon", pic,
                      NULL );
  /* Eine horizontale Box erzeugen */
  hbox = g_object_new( GTK_TYPE_HBOX,
                       "spacing", 10,
                       NULL);
  /* VBOX vertikale Boxen erzeugen */
  for(i=0; i < VBOX; i++)
    vbox[i] = g_object_new( GTK_TYPE_VBOX,
```

```
                         "spacing", 10,
                         NULL);
/* VBOX-2 vertikale Linien erzeugen */
for(i=0; i < VBOX-2; i++)
  vsep[i] = g_object_new( GTK_TYPE_VSEPARATOR, NULL);
/* Labels erzeugen */
label[0] = g_object_new( GTK_TYPE_LABEL,
                         "label", "Auswerten der ...",
                         NULL);
label[1] = g_object_new( GTK_TYPE_LABEL,
                         "label", "Toogled-Buttons:",
                         NULL );
label[2] = g_object_new( GTK_TYPE_LABEL,
                         "label", "Radio-Buttons:",
                         NULL);
label[3] = g_object_new( GTK_TYPE_LABEL,
                         "label", "Check-Buttons:",
                         NULL );
/* "normale" Buttons erzeugen */
buttons[0] = g_object_new( GTK_TYPE_BUTTON,
                           "label", "Toggled-Buttons",
                           "relief", GTK_RELIEF_HALF,
                           NULL );
buttons[1] = g_object_new( GTK_TYPE_BUTTON,
                           "label", "Radio-Buttons",
                           "relief", GTK_RELIEF_HALF,
                           NULL );
buttons[2] = g_object_new( GTK_TYPE_BUTTON,
                           "label", "Check-Buttons",
                           "relief", GTK_RELIEF_HALF,
                           NULL );
buttons[3] = g_object_new( GTK_TYPE_BUTTON,
                           "label", "Programmende",
                           "relief", GTK_RELIEF_HALF,
                           NULL );
/* BUTTONS Umschalt-Buttons erzeugen */
for(i = 0; i < BUTTONS; i++) {
  g_snprintf(buf,BUF,"Toggled %d",i+1);
  tbuttons[i] = g_object_new( GTK_TYPE_TOGGLE_BUTTON,
                              "label", buf,
                              NULL );
}
/* BUTTONS Radio-Buttons erzeugen */
for(i = 0; i < BUTTONS; i++) {
  g_snprintf(buf,BUF,"Radio %d",i+1);
  rbuttons[i] = g_object_new( GTK_TYPE_RADIO_BUTTON,
                              "label", buf,
                              NULL );
  if(i!=0)
    g_object_set( rbuttons[i],
```

```
                  "group", rbuttons[0],
                  NULL );
}
/* BUTTONS Check-Buttons erzeugen */
for(i = 0; i < BUTTONS; i++) {
  g_snprintf(buf,BUF,"Ckeck %d",i+1);
  cbuttons[i] = g_object_new( GTK_TYPE_CHECK_BUTTON,
                              "label", buf,
                              NULL );
}
/* Signalhandler einrichten */
g_signal_connect( win, "delete-event",
                  G_CALLBACK(delete_Event), NULL );
g_signal_connect( win, "destroy",
                  G_CALLBACK(end), NULL );
/* Signalhandler zum Auswerten der einzelnen */
/* Buttons einrichten                        */
g_signal_connect( buttons[0], "clicked",
                  G_CALLBACK(toogled_auswerten), NULL);
g_signal_connect( buttons[1], "clicked",
                  G_CALLBACK(radio_auswerten), NULL);
g_signal_connect( buttons[2], "clicked",
                  G_CALLBACK(check_auswerten), NULL);
g_signal_connect( buttons[3], "clicked",
                  G_CALLBACK(end), NULL);
/* Vertikale Boxen und Linien in die horizontalen */
/* Boxen packen                                   */
for(i=0; i<VBOX; i++) {
  gtk_box_pack_start_defaults( GTK_BOX(hbox),
                               GTK_WIDGET(vbox[i]));
  if(i < VBOX-2)
    gtk_box_pack_start_defaults( GTK_BOX(hbox),
                                 GTK_WIDGET(vsep[i]));
}
/* Beschriftung der ersten vertikalen Box packen */
gtk_box_pack_start_defaults( GTK_BOX(vbox[0]),
                             GTK_WIDGET(label[0]) );
/* normale Buttons in die erste vertikale Box */
/* unter der Beschriftung einfügen            */
for(i = 0; i < BUTTONS; i++)
  gtk_box_pack_start_defaults( GTK_BOX(vbox[0]),
                               GTK_WIDGET(buttons[i]) );
/* Beschriftung der zweiten vertikalen Box packen */
gtk_box_pack_start_defaults( GTK_BOX(vbox[1]),
                             GTK_WIDGET(label[1]));
/* Umschalt-Buttons in die zweite vertikale Box */
/* unter der Beschriftung einfügen              */
for(i = 0; i < BUTTONS; i++)
  gtk_box_pack_start_defaults( GTK_BOX(vbox[1]),
                               GTK_WIDGET(tbuttons[i]) );
```

```
  /* Beschriftung der dritten vertikalen Box packen */
  gtk_box_pack_start_defaults( GTK_BOX(vbox[2]),
                               GTK_WIDGET(label[2]) );
  /* Radio-Buttons in die dritte vertikale Box */
  /* unter der Beschriftung einfügen           */
  for(i = 0; i < BUTTONS; i++)
    gtk_box_pack_start_defaults( GTK_BOX(vbox[2]),
                                 GTK_WIDGET(rbuttons[i]) );
  /* Beschriftung der vierten vertikalen Box packen */
  gtk_box_pack_start_defaults( GTK_BOX(vbox[3]),
                               GTK_WIDGET(label[3]) );
  /* Check-Buttons in die vierte vertikale Box */
  /* unter der Beschriftung einfügen           */
  for(i = 0; i < BUTTONS; i++)
    gtk_box_pack_start_defaults( GTK_BOX(vbox[3]),
                                 GTK_WIDGET(cbuttons[i]) );
  /* Die horizontale Box in das Hauptfenster packen */
  gtk_container_add(GTK_CONTAINER( win ), GTK_WIDGET( hbox) );
  /* Fenster anzeigen */
  gtk_widget_show_all( GTK_WIDGET(win) );
  /* Hauptschleife von gtk */
  gtk_main();
  g_print("Die GTK-Hauptschleife wurde beendet\n");
  return 0;
}
```

Das Programm bei der Ausführung:

```
$ gcc -Wall -o gtk4 gtk4.c `pkg-config gtk+-2.0 --cflags --libs`
$ ./gtk4
```

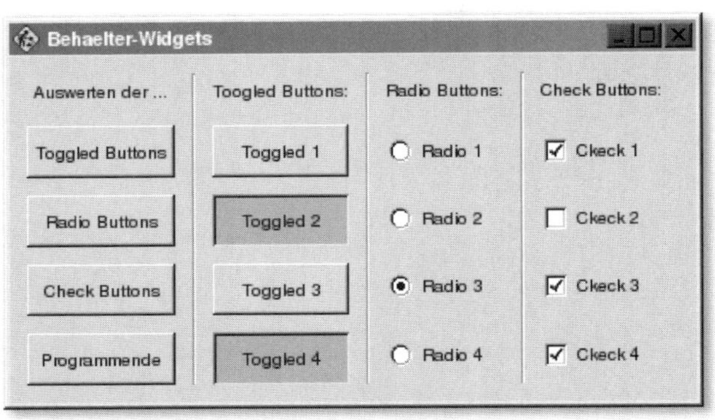

Abbildung 14.12 Demonstration von Buttons

Wurden anhand der Abbildung nacheinander die Buttons zur Auswertung betätigt, erhalten Sie nun die entsprechende Ausgabe:

```
Toogled-Button Auswertung:
Toogled-Button 2 ist aktiviert
Toogled-Button 4 ist aktiviert
--------------------------------
```

```
Radio-Button Auswertung:
Radio-Button 3 ist aktiviert
--------------------------------
Check-Button Auswertung:
Check-Button 1 ist aktiviert
Check-Button 3 ist aktiviert
Check-Button 4 ist aktiviert
--------------------------------
```

14.8.1 Buttons allgemein

Im Großen und Ganzen lassen sich die einzelnen Buttons zusammenfassen, da alle Knöpfe auf die gleiche Art erstellt werden. Jeder Button wird beim Erzeugen (mit entsprechender Typenkennung) mit einem Label versehen und wie ein übliches Widget in den Behälter (hier vertikale Box) gepackt. Folgende Eigenschaften können daher auch für alle Buttons übernommen werden:

Eigenschaft	Datentyp	Bedeutung
`"label"`	`gchararray`	Beschriftung des Buttons
`"use-stock"`	`gboolean`	Bei `TRUE` wird der Inhalt von `label` aus dem Repertoire (mehr dazu gleich) und nicht als Beschriftung dargestellt. Vorausgesetzt, eine solche Angabe existiert im Repertoire.
`"use-underline"`	`gboolean`	Bei `TRUE` kann als Unterstrich ein markierter Buchstabe als Abkürzung verwendet werden, z. B.: `"label"`, `"_Programmende"`, hiermit würde der Anfangsbuchstabe `P` des Labels unterstrichen und könnte somit als Abkürzung mittels [Alt]+[P] aktiviert werden.

Tabelle 14.12 Allgemeine Eigenschaften für alle Arten von Buttons

Hinweis

Das Repertoire enthält u. a. standardisierte Icons. Dabei ist jedes dieser Icons in mehreren Größen verfügbar. Neben Icons befinden sich im Repertoire-Eintrag auch standardisierte Beschriftungen und Abkürzungsbuchstaben mit Tastaturkürzel. GTK+ 2.0 liegt eine Demo-Anwendung namens `gtk-demo` bei (die Sie auch mit diesem Namen in der Kommandozeile starten können). Dabei finden Sie eine Demonstration *Stock Item and Icon Browser*, die Ihnen sämtliche Einträge des Repertoires auflistet und anzeigt.

14.8.2 Radio-Buttons (GtkRadioButton)

Eine Eigenschaft, die nur ein Radio-Button gewöhnlich besitzt, ist, dass hierbei nur eine Auswahl betätigt werden soll (darf). Wird z. B. ein anderer Radio-Button aktiviert, muss der aktive Button automatisch deaktiviert werden. Hierbei werden alle Radio-Buttons einer Gruppe einem betreffenden Button (meistens der erste) zugeordnet, der dann beim Start der Anwendung auch markiert ist. Im Beispiel wurde hier mit

```
g_object_set( rbuttons[i],
              "group", rbuttons[0],
              NULL );
```

allen anderen Radio-Buttons, außer dem ersten, die `group`-Eigenschaft verhängt.

Eigenschaften von Widgets nachträglich setzen oder abfragen

Sie sahen außerdem, wie Sie nachträglich mit der Funktion `g_object_set()` einzelne oder mehrere Eigenschaften eines Widgets setzen können, wenn dieses bereits erzeugt wurde. Gleichwertig können Sie hierzu auch die `get`-Version zum Abfragen von Eigenschaften einzelner Widgets verwenden. Hier die Syntax der beiden Funktionen:

```
void g_object_set ( gpointer object,
                    const gchar *first_property_name, ...);
void g_object_get ( gpointer object,
                    const gchar *first_property_name, ...);
```

Im Prinzip könnten Sie in den meisten GTK+-Anwendungen die drei Funktionen `g_object_new()` zum Erzeugen und Setzen, `g_object_get()` zum Abfragen und `g_object_set()` zum Setzen der Eigenschaften von Widgets verwenden. Natürlich soll auch darauf hingewiesen werden, dass Sie auch auf die vielen unzähligen Funktionen, wie `gtk_`**`einWidget`**`_get_`**`einWert()`**, eines jeden Widgets zugreifen können, anstatt `g_object_get()` zu verwenden.

14.8.3 GtkRadioButton, GtkCheckButton und GtkToggleButton

Diese drei Button-Typen haben zusätzlich noch zwei weitere wichtige Eigenschaften:

Eigenschaft	Datentyp	Bedeutung
`"active"`	`gboolean`	Eigentlich die wichtigste Eigenschaft. Hier kann der Wahrheitswert ermittelt werden: ist der Button aktiv (betätigt, angekreuzt) oder nicht. Hierzu kann die Funktion `g_object_get()` (wie im Beispiel gesehen) verwendet werden.
`"inconsistent"`	`gboolean`	Bei `TRUE` wird der Button oder alles um den Button mit einem Querbalken und grau dargestellt, was so viel bedeuten soll, dass sich keine eindeutige Aussage über den Zustand des Widgets machen lässt.

Tabelle 14.13 Eigenschaften »GtkRadioButton«, »GtkCheckButton« und »GtkToggleButton«

14.8.4 Signale für Buttons (GtkButton)

In der folgenden Tabelle finden Sie eine Liste der Signale, die von jedem Button-Typ (ausgehend von `GtkButton`) emittiert werden können. Im Beispiel wurden zum Auswerten der Buttons globale Widgets als Buttons erzeugt. Dies wäre nicht nötig gewesen, wenn Sie als Callback-Funktion folgenden Prototyp verwendet hätten, um die Signale zu emittieren:

```
void button_callback (GtkButton *button,   gpointer user_data)
```

Signal	Bedeutung
"activate"	Kann verwendet werden, um einen Button zu *klicken*, ohne dass der Anwender diesen angeklickt hätte – Geistermodus.
"clicked"	Wird beim Anklicken des Buttons emittiert (bedeutet = Mauszeiger auf dem Button, während Maustaste gedrückt und losgelassen wurde). Dieses Signal wird gewöhnlich am meisten verwendet.
"enter"	Wird emittiert, wenn der Mauszeiger sich über dem Button befindet.
"leave"	Wird emittiert, wenn der Mauszeiger den Button verlässt.
"pressed"	Wird emittiert, wenn der Button gedrückt wurde.
"released"	Wird emittiert, wenn der Button losgelassen wurde.

Tabelle 14.14 Signal für Buttons

14.9 Dateneingabe

Im folgenden Abschnitt lernen Sie einige Widgets kennen, die sich rein zum Erfassen von Daten eignen. Zur Eingabe einzelner Zeilen wird gerne das Widget der Klasse `GtkEntry` (Typenkennung: `GTK_TYPE_ENTRY`) verwendet. Einen Schieberegler, womit Sie einige Werte ähnlich wie bei einer Stereoanlage einstellen können, stellt Ihnen die Klasse `GtkScale` mit ihren Unterklassen `GtkVScale` (Typenkennung: `GTK_TYPE_VSCALE`) für einen vertikalen und `GtkHScale` (Typenkennung: `GTK_HSCALE`) für einen horizontalen Schieberegler zur Verfügung. Des Weiteren finden Sie Zahlenfelder der Klasse `GtkSpinButton` (Typenkennung: `GTK_TYPE_SPIN_BUTTON`), die sich recht ähnlich wie die Schieberegler verhalten und einsetzen lassen. Zu guter Letzt werden Sie für die beiden Widgets `GtkSpinButton` und `GtkScale` eine Stellgröße zur Regulierung der Werte benötigen. Hierzu verwendet man das Widget der Klasse `GtkAdjustment` (Typenkennung: `GTK_TYPE_ADJUSTMENT`).

Hierzu wieder ein Listing mit der anschließenden Erläuterung der Widgets.

```
/* gkt5.c */
/* Dateneingabe: */
/*    Textfelder - GtkEntry         */
/*    Schieberegler -  GtkScale     */
/*    Zahlenfelder  -  GtkSpinButton */
#include <gtk/gtk.h>
#define VBOX   3
#define ENTRYS 3
#define SCALES 3
#define SPIN   2
#define BUF 50

static  GtkEntry   *entry[ENTRYS];
static  GtkVScale  *vscale[SCALES];
static  GtkAdjustment *vadj[SCALES];
static  GtkSpinButton  *spin[SPIN];
static  GtkAdjustment *spinadj[SPIN];
```

```
static gint
delete_Event(GtkWidget *widget, GdkEvent event, gpointer daten) {
  g_print("Das Fenster wird zerstoert!\n");
  /* Nur mit FALSE wird die Anwendung wirklich beendet */
  return FALSE;
}

static void end ( GtkWidget *widget, gpointer daten ) {
  g_print("Und tschuess!\n");
  gtk_main_quit();
}

/* Auswertung Eingabefelder */
static void entry_auswerten(gpointer auswert) {
  gchar *e1, *e2, *e3;
  g_object_get(entry[0], "text", &e1, NULL);
  g_object_get(entry[1], "text", &e2, NULL);
  g_object_get(entry[2], "text", &e3, NULL);
  g_print("Entry-Feld Auswertung:\n");
  g_print("Name, Vorname    : %s\n", e1);
  g_print("Strasse, Hausnr. : %s\n", e2);
  g_print("Ort, PLZ         : %s\n", e3);
  g_print("--------------------------\n");
}

/* Auswertung Schieberegler */
static void scale_auswerten(GtkAdjustment *adj, gpointer scale) {
  g_print("Schieberegler Auswertung:\n");
  g_print("Regler 1 : %.1f\n",
          gtk_adjustment_get_value(vadj[0]));
  g_print("Regler 2 : %.1f\n",
          gtk_adjustment_get_value(vadj[1]));
  g_print("Regler 3 : %.1f\n",
          gtk_adjustment_get_value(vadj[2]));
}

/* Auswertung Zahlenfelder */
static void spin_auswerten(GtkAdjustment *adj, gpointer scale) {
  g_print("Zahlenfelder Auswertung:\n");
  g_print("Regler 1 : %.1f\n",
          gtk_adjustment_get_value(spinadj[0]));
  g_print("Regler 2 : %.1f\n",
          gtk_adjustment_get_value(spinadj[1]));
}

/* Eingabefelder zurücksetzen - löschen */
static void entry_loeschen(gpointer auswert) {
  gint i;
  for(i=0; i<ENTRYS; i++)
```

```
    gtk_entry_set_text(entry[i], "");
}

int main(int argc, char **argv) {
  GtkWindow  *win;
  GdkPixbuf  *pic;
  GtkTable   *table;
  GtkLabel   *label[ENTRYS];
  GtkButton  *entry_button[2];
  GtkHBox    *hbox, *hbox_2, *hbox_vscale;
  GtkVBox    *vbox, *vbox_spin;
  GtkHSeparator *hsep;
  guint i;

  gtk_init( &argc, &argv );
  /* Eine Grafik in einen Pixbuf laden */
  pic = gdk_pixbuf_new_from_file("icon/at-work.gif", NULL );
  /* Fenster mit folgenden Eigenschaften anlegen */
  win = g_object_new( GTK_TYPE_WINDOW,
                      "title", "Dateieingabe",
                      "default-width",  380,
                      "default-height", 200,
                      "resizable", TRUE,
                      "window-position", GTK_WIN_POS_CENTER,
                      "border-width", 10,
                      "icon", pic,
                      NULL );
  /* Eine Tabelle 8x3 erzeugen */
  table = g_object_new( GTK_TYPE_TABLE,
                        "n-rows", 8,
                        "n-columns", 3,
                        "row-spacing", 3,
                        "column-spacing" , 3,
                        "homogeneous", FALSE,
                        NULL);
  /* horizontale Box erzeugen */
  hbox = g_object_new( GTK_TYPE_HBOX,
                       "spacing", 10,
                       NULL );
  /* horizontale Box erzeugen */
  hbox_2 = g_object_new( GTK_TYPE_HBOX,
                         "spacing", 10,
                         NULL );
  /* horizontale Box für Schieberegler erzeugen */
  hbox_vscale = g_object_new( GTK_TYPE_HBOX,
                              "spacing", 20,
                              NULL );
  /* vertikale Box erzeugen */
  vbox = g_object_new( GTK_TYPE_VBOX,
```

```
                      "spacing", 10,
                      NULL );
/* vertikale Box für Zahlenfelder erzeugen */
vbox_spin = g_object_new( GTK_TYPE_VBOX,
                          "spacing", 7,
                          NULL );
/* ENTRYS Textfelder erzeugen */

for(i=0; i < ENTRYS; i++)
  entry[i] = g_object_new( GTK_TYPE_ENTRY,
                           "text", "Ihre Eingabe hier ...",
                           "max-length"  ,BUF,
                           NULL );
/* Labels für die Textfelder erzeugen */
label[0] = g_object_new( GTK_TYPE_LABEL,
                         "justify", GTK_JUSTIFY_LEFT,
                         "label", "Name, Vorname",
                         NULL );
label[1] = g_object_new( GTK_TYPE_LABEL,
                         "label", "Strasse/Hausnr.",
                         NULL );
label[2] = g_object_new( GTK_TYPE_LABEL,
                         "label", "Ort, Postleitz.",
                         NULL );
/* Buttons zum Auswerten der Textfelder erzeugen */
entry_button[0] = g_object_new( GTK_TYPE_BUTTON,
                                "label", "Auslesen",
                                NULL );
entry_button[1] = g_object_new( GTK_TYPE_BUTTON,
                                "label", "Reset",
                                NULL );
/* SCALES Stellgrößen für die Schieberegler erzeugen */
for(i=0; i<SCALES; i++)
  vadj[i] = GTK_ADJUSTMENT(
              gtk_adjustment_new(    1.0,
                                  -100.0,
                                   100.0,
                                     0.1,
                                    10.0,
                                     0.0) );
/* SCALES vertikale Schieberegler erzeugen */
for(i=0; i<SCALES; i++)
  vscale[i] = g_object_new( GTK_TYPE_VSCALE,
                            "adjustment", vadj[i],
                            NULL );
/* SPIN Stellgrößen für die Zahlenfelder erzeugen */
for(i=0; i<SPIN; i++)
  spinadj[i] = GTK_ADJUSTMENT(
                 gtk_adjustment_new(    1.0,
                                     -100.0,
```

```
                                        100.0,
                                          0.1,
                                         10.0,
                                          0.0) );
/* SPIN Zahlenfelder erzeugen */
for(i=0; i<SPIN; i++)
  spin[i] = g_object_new( GTK_TYPE_SPIN_BUTTON,
                          "adjustment", spinadj[i],
                          "digits", 1,
                          "value", 20.0,
                          NULL );
/* horizontale Linie erzeugen */
hsep = g_object_new( GTK_TYPE_HSEPARATOR, NULL);
/* Signalhandler einrichten */
g_signal_connect( win, "delete-event",
                  G_CALLBACK(delete_Event), NULL );
g_signal_connect( win, "destroy",
                  G_CALLBACK(end), NULL );
/* Signalhandler für die Buttons */
g_signal_connect( entry_button[0], "clicked",
                  G_CALLBACK(entry_auswerten), NULL);
g_signal_connect( entry_button[1], "clicked",
                  G_CALLBACK(entry_loeschen), NULL);
/* Signalhandler, wenn sich einer der */
/* Schieberegler verändert           */
g_signal_connect( vscale[0], "value-changed",
                  G_CALLBACK(scale_auswerten), NULL);
g_signal_connect( vscale[1], "value-changed",
                  G_CALLBACK(scale_auswerten), NULL);
g_signal_connect( vscale[2], "value-changed",
                  G_CALLBACK(scale_auswerten), NULL);
/* Signalhandler, wenn sich eines der Zahlenfelder */
/* verändert                                       */
g_signal_connect( spin[0], "value-changed",
                  G_CALLBACK(spin_auswerten), NULL);
g_signal_connect( spin[1], "value-changed",
                  G_CALLBACK(spin_auswerten), NULL);
/* Großes Packen der Widget beginnt */
gtk_table_attach ( GTK_TABLE (table), GTK_WIDGET(label[0]),
                   0, 1, 0, 1,
                   GTK_FILL, GTK_FILL, 0, 0 );
gtk_table_attach ( GTK_TABLE (table), GTK_WIDGET(entry[0]),
                   1, 2, 0, 1,
                   GTK_FILL, GTK_FILL, 0, 0 );
gtk_table_attach ( GTK_TABLE (table), GTK_WIDGET(label[1]),
                   0, 1, 2, 3,
                   GTK_FILL, GTK_FILL, 0, 0);
gtk_table_attach ( GTK_TABLE (table), GTK_WIDGET(entry[1]),
                   1, 2, 2, 3,
                   GTK_FILL, GTK_FILL, 0, 0);
```

```
  gtk_table_attach ( GTK_TABLE (table), GTK_WIDGET(label[2]),
                     0, 1, 4, 5,
                     GTK_FILL, GTK_FILL, 0, 0);
  gtk_table_attach ( GTK_TABLE (table), GTK_WIDGET(entry[2]),
                     1, 2, 4, 5,
                     GTK_FILL, GTK_FILL, 0, 0);
  gtk_table_attach ( GTK_TABLE (table), GTK_WIDGET(hbox),
                     1, 2, 6, 7,
                     GTK_FILL, GTK_FILL, 0, 0);
  gtk_box_pack_start_defaults( GTK_BOX(hbox),
                               GTK_WIDGET(entry_button[0]) );
  gtk_box_pack_start_defaults( GTK_BOX(hbox),
                               GTK_WIDGET(entry_button[1]) );
  gtk_box_pack_start_defaults( GTK_BOX(vbox_spin),
                               GTK_WIDGET(hsep) );
  gtk_box_pack_start_defaults( GTK_BOX(vbox_spin),
                               GTK_WIDGET(spin[0]) );
  gtk_box_pack_start_defaults( GTK_BOX(vbox_spin),
                               GTK_WIDGET(spin[1]) );
  gtk_table_attach ( GTK_TABLE (table), GTK_WIDGET(vbox_spin),
                     1, 2, 7, 8,
                     GTK_FILL, GTK_FILL, 0, 0);
  for(i=0; i<SCALES; i++)
    gtk_box_pack_start_defaults( GTK_BOX(hbox_vscale),
                                 GTK_WIDGET(vscale[i]) );
  gtk_container_add( GTK_CONTAINER( vbox ),
                     GTK_WIDGET( hbox_2) );
  gtk_container_add( GTK_CONTAINER( hbox_2 ),
                     GTK_WIDGET( table ) );
  gtk_container_add( GTK_CONTAINER( hbox_2 ),
                     GTK_WIDGET( hbox_vscale ) );
  gtk_container_add( GTK_CONTAINER( win ), GTK_WIDGET( vbox ) );
  /* Fenster anzeigen */
  gtk_widget_show_all( GTK_WIDGET(win) );
  /* Hauptschleife von gtk */
  gtk_main();
  g_print("Die GTK-Hauptschleife wurde beendet\n");
  return 0;
}
```

Das Programm bei der Ausführung:

```
$ gcc -Wall -o gtk5 gtk5.c `pkg-config gtk+-2.0 --cflags --libs`
$ ./gtk5
```

Bei der Betätigung einzelner Aktionen kann die Ausgabe auf die Konsole wie folgt aussehen:

```
...
Schieberegler Auswertung:
Regler 1 : -67,3
Regler 2 : -13,9
Regler 3 : -24,3
```

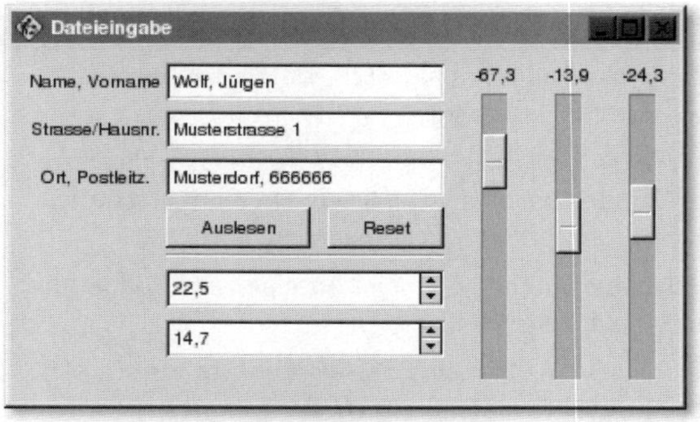

Abbildung 14.13 Widgets zur Dateieingabe

```
Zahlenfelder Auswertung:
Regler 1 : 22,5
Regler 2 : 14,7
Zahlenfelder Auswertung:
Regler 1 : 22,5
Regler 2 : 14,7
Entry-Feld Auswertung:
Name, Vorname    : Wolf, Jürgen
Strasse, Hausnr. : Musterstrasse 1
Ort, PLZ         : Musterdorf, 666666
---------------------------
...
```

14.9.1 Textfelder – GtkEntry

Für einfache einzeilige Texteingaben wie z. B. bei einer Passwortabfrage eignet sich das Textfeld-Widget `GtkEntry` (Typenkennung: `GTK_TYPE_ENTRY`). Standardmäßig liefert dieses Widget ein eigenes Kontextmenü mit, das, neben den gewöhnlichen Funktionen auf eine Zwischenablage zuzugreifen (Ausschneiden, Kopieren, Einfügen), auch die Eingabe von Unicode-Steuerzeichen unterstützt. Auch die Erstellung und das Packen des Widgets gestalten sich wieder recht einfach, und es kann neben den verwendeten Eigenschaften im Beispiel noch folgende weitere Eigenschaften beinhalten:

Eigenschaft	Datentyp	Bedeutung
`"activates-default"`	`gboolean`	Bei `TRUE` kann ein Vorgabe-Widget, meistens ein Button, verwendet werden, das bei Druck auf die [↵]-Taste aktiviert wird.
`"cursor-position"`	`gint`	(nur lesbar) Position des Cursors im Feld, beginnend bei 0 vor dem ersten Zeichen
`"editable"`	`gboolean`	Darf Text verändert werden? (`TRUE`=Ja; `FALSE`=Nein)
`"has-frame"`	`gboolean`	Bei `TRUE` bekommt das Textfeld einen Reliefrahmen.
`"max-length"`	`gint`	Maximale Länge des Feldinhaltes in Zeichen (0 = unbegrenzte Länge)

Tabelle 14.15 Eigenschaften für GtkEntry (GTK_TYPE_ENTRY)

Eigenschaft	Datentyp	Bedeutung
"scroll-offset"	gint	(nur lesbar) Die Anzahl Pixel (!), womit der Textinhalt im Feld nach links gerollt ist.
"selection-bound"	gint	(nur lesbar) Bei markiertem Text werden hier die einzelnen Zeichen vom Anfang bis zum Ende der markierten Position gezählt und zurückgegeben.
"text"	gchararray	Vorgegebener Text, der beim Anzeigen des Widgets im Entry-Feld stehen soll.
"visibility"	gboolean	Bei FALSE kann hier eine passwortabfrage-typische Eingabe gemacht werden – sprich, der Text ist bei der Eingabe nicht ablesbar und wird meistens durch ein Sternchen versehen. Dies kann aber mit der Eigenschaft "invisible-char" verändert werden.
"invisible-char"	guint	Das Zeichen, das verwendet werden soll, wenn visibility auf FALSE gesetzt wird.
"width-chars"	gint	Breite des Textfeldes in Zeichen

Tabelle 14.15 Eigenschaften für GtkEntry (GTK_TYPE_ENTRY) (Forts.)

GtkEntry kann auch eine Reihe von Signalen emittieren. Die wichtigsten Signale sind:

Signal	Bedeutung
"changed"	Der Inhalt des Textfeldes wurde verändert.
"activate"	Wird emittiert, wenn die [↵]-Taste im Textfeld gedrückt wurde.
"copy-clipboard"	Wird beim Kopieren eines Textes aus dem Textfeld emittiert.
"cut-clipboard"	Wird beim Ausschneiden eines Textes aus dem Textfeld emittiert.
"paste-clipboard"	Wird beim Einfügen eines Textes aus der Zwischenablage emittiert.

Tabelle 14.16 Mögliche Signale für GtkEntry

14.9.2 Schieberegler – GtkScale

Die Schieberegler sind eine abgeleitete Klasse von GtkRange (Typenkennung: GTK_TYPE_RANGE), einem Rollbalken. Sie können hiermit entweder einen vertikalen Schieberegler (GtkVScale; Typenkennung: GTK_TYPE_VSCALE) oder einen horizontalen Schieberegler (GtkHScale; Typenkennung: GTK_TYPE_HSCALE) erzeugen. Das Wichtigste bei einem Schieberegler ist wohl die Eigenschaft der Stellgröße adjustment, die Sie bei der Erzeugung mit angeben müssen. Folgende Eigenschaften können Sie für einen solchen Schieberegler setzen bzw. erfragen:

Eigenschaft	Datentyp	Bedeutung
"digits"	gint	Anzahl der Nachkommastellen
"draw-value"	gboolean	Bei TRUE wird der Wert neben dem Schieberegler angezeigt.

Tabelle 14.17 Eigenschaften für GtkVScale und GtkHScale

Eigenschaft	Datentyp	Bedeutung
"value-pos"	GtkPositionType	Hier kann angegeben werden, wo der Wert beim Schieberegler angezeigt werden soll. GTK_POS_LEFT = links GTK_POS_RIGHT = rechts GTK_POS_TOP = darüber GTK_POS_BOTTOM = darunter
"adjustment"	GtkAdjustment	Die Stellgröße GtkAdjustment des Schiebereglers

Tabelle 14.17 Eigenschaften für GtkVScale und GtkHScale (Forts.)

Wichtige Signale, die ein Schieberegler emittieren kann, wären:

Signal	Bedeutung
"adjust-bounds"	Der Schieberegler wurde verändert.
"move-slider"	Der Schieberegler wurde mit einem entsprechenden Tastendruck (z. B. Pfeil-nach-oben) verändert.
"value-changed"	Der Wert des Schiebereglers hat sich verändert.

Tabelle 14.18 Mögliche Signale für GtkVScale und GtkHScale

14.9.3 Zahlenfelder – GtkSpinButton

Die Zahlenfelder GtkSpinButton (Typenkennung: GTK_TYPE_SPIN_BUTTON) sind eine Unterklasse des Widgets GtkEntry, so dass Sie hierbei auch alle Signale und Eigenschaften verwenden können, die Sie bei den Textfeldern kennen gelernt haben. Abgesehen davon ist die Erstellung von Zahlenfeldern ähnlich wie bei einem Schieberegler. Also, auch bei den Zahlenfeldern wird die Eigenschaft der Stellgröße unbedingt benötigt. Folgende Eigenschaften lassen sich bei den Zahlenfeldern verwenden:

Eigenschaften	Datentyp	Bedeutung
"adjustment"	GtkAdjustment	Die Stellgröße GtkAdjustment des Schiebereglers
"climb-rate"	gdouble	Hier wird die Rate eingetragen, um wie viel der Wert zu- bzw. abnimmt, wenn der Schrittschalter länger gedrückt wurde.
"digits"	guint	Die Anzahl der Nachkommastellen
"numeric"	gboolean	Bei FALSE werden nicht nummerische (!) Zahlen verwendet.
"snap-to-ticks"	gboolean	Bei TRUE werden von Hand eingetragene Werte auf die nächste Schrittweite gerundet.
"value"	gdouble	Wird für den Zugriff auf den aktuellen Wert benötigt
"wrap"	gboolean	Mit TRUE wird ein zyklisches Zahlenfeld erzeugt, das beim Erreichen des höchsten Wertes zum niedrigsten Wert umschlägt.

Tabelle 14.19 Eigenschaften für GtkSpinButton (GTK_TYPE_SPIN_BUTTON)

Neben den Signalen von `GtkEntry`, die für `GtkSpinButton` verwendet werden können, steht Ihnen auch das Signal `value-changed` zur Verfügung, das emittiert wird, wenn sich das Zahlenfeld verändert hat.

14.9.4 Einstellungen – GtkAdjustment

Im Beispiel wurde zweimal das Widget `GtkAdjustment` (Typenkennung: `GTK_TYPE_ADJUSTMENT`) für `GtkSpinButton` und `GtkScale` verwendet. Neben diesen beiden Widgets werden Stellgrößen auch gerne als Verbindung zwischen rollbaren Flächen und Rollbalken verwendet.

Erzeugt wird eine solche Stellgröße mit der Funktion `gtk_adjustment_new()`. Da es für `GtkAdjustment` keine Eigenschaften gibt, werden zum Abfragen und Setzen von bestimmten Größen die Funktionen `gtk_adjustment_set_value()` und `gtk_adjustment_get_value()` verwendet. Hierzu die Syntax der Funktionen:

```
GtkObject* gtk_adjustment_new ( gdouble value,
                                gdouble lower,
                                gdouble upper,
                                gdouble step_increment,
                                gdouble page_increment,
                                gdouble page_size );
gdouble gtk_adjustment_get_value ( GtkAdjustment *adjustment);
void gtk_adjustment_set_value ( GtkAdjustment *adjustment,
                                gdouble value );
```

Das erste Argument `value` der Funktion `gtk_adjustment_new()` entspricht dem anfänglichen Wert der Stellgröße, wenn das Widget erzeugt und angezeigt wird. Mit den Argumenten zwei und drei geben Sie den minimalen (`lower`) und maximalen (`upper`) Wert der Stellgröße an. Im Beispiel betrug dieser Wert -100 bis +100. Mit `step_increment` geben Sie die Schrittweite an, um die sich der Wert minimal verändert, wenn die Stellgröße durch die Maus bzw. durch die Tastatur (Pfeiltaste) verändert wird. Mit dem Argument `page_increment` geben Sie die maximale Schrittweite an, um die der Wert verändert wird, wenn Sie mit der Maus in der freien Fläche eines z. B. Schiebereglers klicken. Mit dem letzten Argument können Sie noch die Seitengröße angeben. Dies ist nur dann sinnvoll, wenn die Stellgröße mit der Größe eines Reglers gekoppelt ist. In diesem Fall stellt dieser Wert dann den Wert für die Größe des Schiebers dar. Bei Schiebereglern wird hierfür gewöhnlich 0.0 angegeben.

Mit `gtk_adjustment_get_value()` können Sie den Wert der aktuellen Stellgröße abfragen, und mit `gtk_adjustment_set_value()` können Sie hingegen einen neuen Wert dafür setzen. Natürlich können Sie auch während der Ausführung die minimale und maximale Stellgröße (Argument Nr. zwei und drei bei `gtk_adjustment_new()`) mit der Funktion `gtk_adjustment_clamp_page()` verändern. Sofern Sie allerdings einen Wert wie die Schrittweite oder Seitengröße von `GtkAdjustment` verändern, müssen Sie die Funktion `gtk_adjustment_changed()` aufrufen, um der Anwendung mitzuteilen, dass Sie die Parameter des Widgets verändert haben.

```
void gtk_adjustment_clamp_page ( GtkAdjustment *adjustment,
                                 gdouble lower,
                                 gdouble upper );
```

Ein `GtkAdjustment`-Widget kann zwei Signale emittieren:

Signal	Bedeutung
"changed"	Die Werte des Widgets selbst haben sich verändert, wie Schrittweite oder Seitengröße (z. B. mit gtk_adjustment_clamp_page()).
"value-changed"	Der eigentliche Wert der Stellgröße hat sich verändert.

Tabelle 14.20 Signale für GtkAdjustment

14.9.5 GtkEditable

`GtkEditable` ist eine Unterklasse des Widgets `GtkEntry` und stammt noch aus der *älteren* Zeit von GTK+. Es ist nur noch aus Kompatibilitätsgründen vorhanden, und somit belasse ich es auch hiermit und gebe diesem Widget den Stempel »veraltet«.

14.10 Menü und Toolbar

Ein Menü wie Sie es bei fast jedem Programm finden, lässt sich in GTK+ recht einfach realisieren. Es gibt hierbei zwei Wege, den harten mit den Widget-Klassen `GtkMenu` und `GtkMenuBar` und den einfacheren Weg über `GtkItemFactory`, der in diesem Buch behandelt wird.

Hinweis
Sollten Sie sich auch für den *harten* Weg zur Erstellung von Menüs interessieren, können Sie das ursprünglich für dieses Buch vorgesehene Kapitel auf der Buch-CD lesen.

Des Weiteren werden Sie auch erfahren, wie Sie einfache Toolbars von der Klasse `GtkToolbar` (Typenkennung: `GTK_TYPE_TOOLBAR`) mit Buttons erzeugen können, wie Sie dies von vielen Anwendungen wie z. B. einem Texteditor her kennen. Natürlich lassen sich neben Buttons noch beliebig andere Widgets in eine solche Toolbar stecken (sonst hätten Sie ja gleich die Button-Box verwenden können). Hierzu wieder ein Listing mit der anschließenden Erläuterung.

```
/* gkt6.c */
/* Ein einfaches Menü    */
/*        GtkItemFactory */
/*        GtkToolbar     */
#include <gtk/gtk.h>

static gint
delete_Event(GtkWidget *widget, GdkEvent event, gpointer daten) {
  g_print ("Das Fenster wird zerstoert!\n");
```

```
  /* Nur mit FALSE wird die Anwendung wirklich beendet */
  return FALSE;
}

static void end (GtkWidget * widget, gpointer daten) {
  g_print ("Und tschuess!\n");
  gtk_main_quit ();
}

/* Auswahl der Menüs auswerten und die Auswahl     */
/* mit einer einfachen Dialogbox anzeigen lassen   */
static void
menuitem_auswerten (gpointer callback_data,
                    guint callback_action, GtkWidget * widget) {
  GtkWidget *dialog;

  dialog = gtk_message_dialog_new (
             GTK_WINDOW (callback_data),
             GTK_DIALOG_DESTROY_WITH_PARENT,
             GTK_MESSAGE_INFO,
             GTK_BUTTONS_CLOSE,
             "Ihre Menueauswahl war: \"%s\"",
             gtk_item_factory_path_from_widget
             (widget));
  /* Sobald Dialog bestätigt, auch wieder zerstören */
  g_signal_connect ( dialog, "response",
                     G_CALLBACK (gtk_widget_destroy), NULL);
  /* Dialogbox anzeigen */
  gtk_widget_show (dialog);
}

/* Ein Toolbar-Element wurde betätigt ...              */
/* Gewöhnlich wird für jedes Toolbar-Element eine extra */
/* Callback-Funktion erstellt - Neu, Speichern, ...     */
/* ... daher hierzu nur ein einfaches Dialogfenster     */
static void
toolbar_auswerten (GtkWidget * button, gpointer data) {
  GtkWidget *dialog;

  dialog = gtk_message_dialog_new (
             GTK_WINDOW (data),
             GTK_DIALOG_DESTROY_WITH_PARENT,
             GTK_MESSAGE_INFO,
             GTK_BUTTONS_CLOSE,
             "Es wurde ein Toolbar-Button betaetigt");
  /* Sobald Dialog bestätigt, auch wieder zerstören */
  g_signal_connect ( dialog, "response",
                     G_CALLBACK (gtk_widget_destroy), NULL);
```

```
  /* Dialogbox anzeigen */
  gtk_widget_show (dialog);
}

int main (int argc, char **argv) {
  GtkWindow *win;
  GdkPixbuf *pic;
  GtkVBox *vbox;
  GtkWidget *menu_bar;
  GtkAccelGroup *accel_group;
  GtkItemFactory *itemfac;
  GtkToolbar *toolbar;
  /* Die einzelnen Menüelemente */
  static GtkItemFactoryEntry menu[] = {
      {"/_Datei", NULL, 0, 0, "<Branch>"},
      {"/Datei/_Neu", "<control>N", menuitem_auswerten, 0,
                            "<StockItem>", GTK_STOCK_NEW},
      {"/Datei/_Oeffnen", "<control>O", menuitem_auswerten, 0,
                               "<StockItem>", GTK_STOCK_OPEN},
      {"/Datei/_Speichern", "<control>S", menuitem_auswerten, 0,
                                 "<StockItem>", GTK_STOCK_SAVE},
      {"/Datei/Speichern unter...", NULL, menuitem_auswerten, 0,
                                 "<StockItem>", GTK_STOCK_SAVE},
      {"/Datei/sep1",NULL, menuitem_auswerten, 0,"<Separator>"},
      {"/Datei/_Ende", "<control>E", end, 0, "<StockItem>",
                                          GTK_STOCK_QUIT},
      {"/_Eigenschaften", NULL, 0, 0, "<Branch>"},
      {"/_Eigenschaften/_Farbe", NULL, 0, 0, "<Branch>"},
      {"/_Eigenschaften/Farbe/_Rot", NULL, 0, 0, "<RadioItem>"},
      {"/_Eigenschaften/Farbe/_Gruen", NULL, 0, 0,
                      "/Eigenschaften/Farbe/Rot"},
      {"/_Eigenschaften/Farbe/_Blau", NULL, 0, 0,
                     "/Eigenschaften/Farbe/Rot"},
      {"/_Eigenschaften/_Form", NULL, 0, 0, "<Branch>"},
      {"/_Eigenschaften/Form/_Quadrat", NULL, 0, 0,
                                   "<RadioItem>"},
      {"/_Eigenschaften/Form/_Rechteck", NULL, 0, 0,
                     "/Eigenschaften/Form/Quadrat"},
      {"/_Eigenschaften/Form/_Kreis", NULL, 0, 0,
                 "/Eigenschaften/Form/Quadrat"},
      {"/_Hilfe", NULL, 0, 0, "<LastBranch>"},
      {"/Hilfe/_Ueber", NULL, menuitem_auswerten, 0},
    };

  gtk_init (&argc, &argv);
  /* Eine Grafik in einen Pixbuf laden */
  pic = gdk_pixbuf_new_from_file ("icon/at-work.gif", NULL);
  /* Fenster mit folgenden Eigenschaften anlegen */
  win = g_object_new (GTK_TYPE_WINDOW,
                      "title", "Menue und Toolbar",
```

```
                     "default-width", 300,
                     "default-height", 200,
                     "resizable", TRUE,
                     "window-position", GTK_WIN_POS_CENTER,
                     "border-width", 0, "icon", pic, NULL);
/* vertikale Box erzeugen */
vbox = g_object_new (GTK_TYPE_VBOX, "spacing", 0, NULL);
/* Neue Gruppe von Tastaturkürzeln erzeugen */
accel_group = g_object_new (GTK_TYPE_ACCEL_GROUP, NULL);
/* Tastaturkürzel-Gruppe mit dem Hauptfenster verknüpfen */
gtk_window_add_accel_group (win, accel_group);
/* Ein neues Widget der Klasse GtkItemFactory erzeugen */
itemfac = gtk_item_factory_new ( GTK_TYPE_MENU_BAR,
                                 "<main>", accel_group);

/* Jetzt kann das Menü mit einem Rutsch mit seinen */
/* Elementen bestückt werden                       */
gtk_item_factory_create_items (
  itemfac,sizeof (menu) / sizeof (menu[0]), menu, NULL );
/* Menüleiste zum späteren "Packen" abholen */
menu_bar = gtk_item_factory_get_widget (itemfac, "<main>");
/* Tastenkombination STRG+G für Radio-Menüauswahl 'Grün' */
gtk_widget_add_accelerator (
  gtk_item_factory_get_widget (
    itemfac, "/Eigenschaften/Farbe/Gruen"),
  "activate", accel_group,
  'G', GDK_CONTROL_MASK, GTK_ACCEL_VISIBLE);
/* Kombination Shift+S für Auswahl 'Speichern unter ...' */
gtk_widget_add_accelerator (
  gtk_item_factory_get_widget (
    itemfac, "/Datei/Speichern unter ..."),
  "activate", accel_group,
  'S', GDK_SHIFT_MASK, GTK_ACCEL_VISIBLE);
/* Tastenkombination Shift+STRG+H für Menüauswahl 'Ueber' */
gtk_widget_add_accelerator (
  gtk_item_factory_get_widget (
    itemfac, "/Hilfe/Ueber"),
  "activate", accel_group,
  'H', GDK_SHIFT_MASK|GDK_CONTROL_MASK,GTK_ACCEL_VISIBLE);
/* Eine neue Toolbar erzeugen */
toolbar = g_object_new (GTK_TYPE_TOOLBAR, NULL);
/* Einzelne Buttons mit Icon, Beschriftung und  */
/* Tooltipp einfügen                            */
gtk_toolbar_insert_stock (
  GTK_TOOLBAR (toolbar),
  GTK_STOCK_NEW,
  "Ein Button mit einem 'NEU' Icon", NULL,
  G_CALLBACK (toolbar_auswerten), win, -1);
```

```
  gtk_toolbar_insert_stock (
    GTK_TOOLBAR (toolbar),
    GTK_STOCK_OPEN,
    "Ein Button mit einem 'Oeffnen'-Icon",
    NULL,
    G_CALLBACK (toolbar_auswerten), win, -1);
  gtk_toolbar_insert_stock (
    GTK_TOOLBAR (toolbar),
    GTK_STOCK_SAVE,
    "Ein Button mit einem 'SPEICHERN'-Icon",
    NULL,
    G_CALLBACK (toolbar_auswerten), win, -1);
  gtk_toolbar_insert_stock (
    GTK_TOOLBAR (toolbar),
    GTK_STOCK_QUIT,
    "Ein Button mit einem 'ENDE'-Icon",
    NULL, G_CALLBACK (end), win, -1);
  gtk_toolbar_append_space (GTK_TOOLBAR (toolbar));
  gtk_toolbar_insert_stock (
    GTK_TOOLBAR (toolbar),
    GTK_STOCK_DIALOG_QUESTION,
    "Ein Button mit einem 'FRAGE'-Icon",
    NULL,
    G_CALLBACK (toolbar_auswerten), win, -1);

  /* Signalhandler einrichten */
  g_signal_connect ( win, "delete-event",
                     G_CALLBACK (delete_Event), NULL );
  g_signal_connect ( win, "destroy",
                     G_CALLBACK (end), NULL );
  /* Alles packen */
  gtk_container_add (GTK_CONTAINER (win), GTK_WIDGET (vbox));
  gtk_box_pack_start ( GTK_BOX (vbox), menu_bar,
                       FALSE, FALSE, 0 );
  gtk_box_pack_start ( GTK_BOX (vbox), GTK_WIDGET (toolbar),
                       FALSE, FALSE, 0);
  /* Fenster anzeigen */
  gtk_widget_show_all (GTK_WIDGET (win));
  /* Hauptschleife von gtk */
  gtk_main ();
  g_print ("Die GTK-Hauptschleife wurde beendet\n");
  return 0;
}
```

Das Programm bei der Ausführung:

```
$ gcc -Wall -o gtk6 gtk6.c `pkg-config gtk+-2.0 --cflags --libs`
$ ./gtk6
```

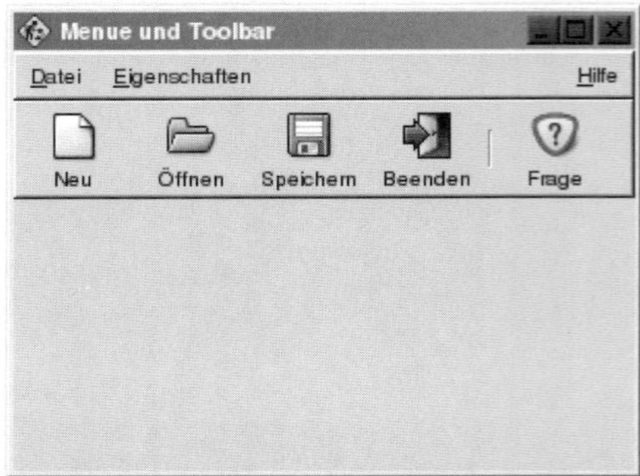

Abbildung 14.14 Ein Beispiel mit GtkItemFactory und GtkToolbar

14.10.1 Menü – GtkItemFactory

Wie schon erwähnt, stellt diese Möglichkeit, ein Menü zu erstellen, die einfachere Methode von zwei möglichen Wegen dar.

Hinweis

Der Unterschied zwischen beiden Möglichkeiten ist für den Anwender nicht ersichtlich. Lediglich Sie, als Programmierer, entscheiden sich praktisch zwischen besserer Kontrolle (harter Weg) oder einfacher zu erstellen (leichter Weg).

Der Aufwand mit `GtkItemFactory` (im Gegensatz zum anderen Weg) ist minimal. Gewöhnlich reichen zum Erstellen folgende drei Schritte aus:

1. Sie erstellen ein Array vom Typ `GtkItemFactoryEntry`, in dem sämtliche Informationen, die für das Menü nötig sind, enthalten sind.
2. Sie erzeugen ein `GtkItemFactory`-Widget mit `gtk_item_factory_create_new()`.
3. Jetzt können Sie das Menü mit seinen Elementen erzeugen, indem Sie das Array mit den Informationen verwenden – `gtk_item_factory_create_items()`.

Um den ersten Schritt durchzuführen, müssen Sie erst wissen, welche Einträge in der Struktur `GtkItemFactoryEntry` vorhanden sind, um ein entsprechendes Array mit Werten zu belegen. Jedes dieser Mitglieder ist Teil eines Menüelementes.

```
struct _GtkItemFactoryEntry {
  gchar *path;
  gchar *accelerator;
  GtkItemFactoryCallback callback;
  guint callback_action;
  gchar *item_type;
};
```

Mit `path` geben Sie den Menüpfad an, was wie bei einer gewöhnlichen Verzeichnisstruktur gemacht wird. Mit `/Datei/Speichern unter` bekommen Sie z. B. einen Menüeintrag `Speichern unter`, der sich unter dem Eintrag `/Datei` befindet. Natürlich wird mit `/Datei/`

Speichern unter nur der Name Speichern unter angezeigt. Unterstriche können hierbei auch gleich verwendet werden. Soll z. B. der erste Buchstabe von Speichern unter unterstrichen werden, dann gehen Sie so vor: /Datei/_Speichern unter.

Mit der zweiten Strukturvariablen geben Sie den Accelerator (Shortcut) des Menüeintrags an. Wollen Sie keinen verwenden, können Sie hier auch NULL angeben. Als Shortcut kommt hierbei entweder der String (!) eines einzelnen Zeichens in Frage oder eine Kombination von modifizierten Tasten mit einem einzelnen Zeichen. Folgende Modifizierer stehen Ihnen dabei zur Verfügung:

Zeichen	Bedeutung
"<ALT>"	Alt-Taste
"<CTL>""<CTRL>""<CONTROL>"	Control(Strg)-Taste
"<SHFT>""<SHIFT>"	⇧-Taste

Tabelle 14.21 Modifizierer für einen Accelerator (GtkItemFactoryEntry)

Natürlich sind auch mehrere Kombinationen wie z. B. "<SHIFT><ALT><CONTROL>Z" möglich. Die nächsten beiden Strukturvariablen sind für die Callback-Funktion gedacht. Auf die Callback-Funktion selbst wird gleich extra eingegangen.

Mit item_type geben Sie an, was für einen Typ von (Menü-)Widget Sie in den Container packen wollen. Folgende Typen stehen hierbei zur Auswahl:

Widget-Typ	Bedeutung
NULL oder "" oder "<Item>"	Normaler Menüeintrag
"<Title>"	Titeleintrag
"<CheckItem>"	Checkmenüeintrag
"<ToggleItem>"	Toogle-Eintrag
"<RadioItem>"	(Root) Radiomenüeintrag
"Path"	Pfad zu restlichen Radiomenüeinträgen
"<Tearoff>"	Abreißkante
"<Separator>"	Trennlinie
"<Branch>"	Eintrag, der Untereinträge aufnehmen kann
"<LastBranch>"	Rechts ausgerichteter Menüeintrag
"<ImageItem>"	Ein Menüeintrag mit einem Bild
"<StockItem>"	Ein Menüeintrag mit einem Stock-Image (siehe Beispiel)

Tabelle 14.22 Mögliche Werte für item_type (GtkItemFactoryEntry)

Beschreibung der Callback-Funktion

Die Callback-Funktion von GtkItemFactoryEntry kann zwei verschiedene Formen haben und ist abhängig vom Parameter callback_action. Ist der Wert 0 – wie im Beispiel angewendet –, dann können Sie folgende Callback-Funktion verwenden:

```
void my_callback_func( void );
```

Ansonsten ist folgende Syntax vorgesehen:

```
void callback( gpointer    callback_data,
               guint       callback_action,
               GtkWidget   *widget);
```

`callback_data` ist ein Zeiger auf übergebene Daten – `callback_action` entspricht demselben Wert der gleichnamigen Strukturvariablen von `GtkItemFactoryEntry`. `widget` ist ein Zeiger auf ein Menüelement.

Hinweis

Es gibt aber auch noch einen anderen Weg, eine Callback-Funktion mit dem üblichen `g_signal_connect()` bzw. `g_signal_connect_swapped()` einzurichten – worauf in Kürze eingegangen wird.

Nachdem Sie die Bedeutung der einzelnen Strukturvariablen von `GtkItemFactoryEntry` kennen, können Sie ein Array mit diesen Mitgliedern für Ihre Menübar erzeugen.

```
static GtkItemFactoryEntry menu[] = {
      {"/_Datei", NULL, 0, 0, "<Branch>"},
      {"/Datei/_Neu", "<control>N", menuitem_auswerten, 0,
       "<StockItem>", GTK_STOCK_NEW},
      {"/Datei/_Oeffnen", "<control>O", menuitem_auswerten, 0,
       "<StockItem>", GTK_STOCK_OPEN},
      {"/Datei/_Speichern", "<control>S", menuitem_auswerten, 0,
       "<StockItem>", GTK_STOCK_SAVE},
      {"/Datei/Speichern unter...", NULL, menuitem_auswerten, 0,
       "<StockItem>", GTK_STOCK_SAVE},
      {"/Datei/sep1", NULL, menuitem_auswerten, 0,
       "<Separator>"},
      {"/Datei/_Ende", "<control>E", end, 0, "<StockItem>",
       GTK_STOCK_QUIT},
...
```

Je nachdem, wie Sie die Elemente des Menüs festgelegt haben, können Sie ein neues Menü mit der Funktion `gtk_item_factory_new()` erzeugen.

```
GtkItemFactory* gtk_item_factory_new(
                        GtkType container_type,
                        const gchar   *path,
                        GtkAccelGroup *accel_group );
```

Mit dem `container_typ` geben Sie an, was für ein Menü Sie wollen. Hierfür sind folgende (selbst sprechende) Angaben möglich:

- `GTK_TYPE_MENU`
- `GTK_TYPE_MENU_BAR`
- `GTK_TYPE_OPTION_MENU`

Mit path geben Sie die Wurzel des Menüs, eingeschlossen von "<root>", an. Dieser Name ist auch wichtig für den Accelerator und sollte daher einzigartig für jedes Menü und für jedes Programm sein. accel_group ist ein Zeiger auf GtkAccelGroup. Dieses Widget ist ebenfalls nötig, da das GtkItemFactory-Widget beim Erzeugen die Accelerator-Tabelle setzt.

Jetzt der letzte Schritt: Die Menüelemente des Arrays GtkItemFactoryEntry müssen noch in ein Widget »konvertiert« werden. Hierzu wird die Funktion gtk_item_factory_create_items() verwendet.

```
void gtk_item_factory_create_items(
                  GtkItemFactory *ifactory,
                  guint n_entries,
                  GtkItemFactoryEntry *entries,
                  gpointer callback_data );
```

ifactory ist ein Zeiger auf das zuvor erzeugte GtkItemFactory-Widget. n_entries enthält die Anzahl der Einträge im GtkItemFactoryEntry-Array. entries ist ein Zeiger auf das Array. Mit callback_action können Sie alle Callback-Funktionen in entries mit Daten versorgen. Meistens wird dabei NULL angegeben.

Um die Menübar anschließend auch wie jedes andere Widget packen zu können, benötigen Sie die Kennungs-ID der Menübar. Diese können Sie mit der folgenden Funktion ermitteln:

```
GtkWidget* gtk_item_factory_get_widget( GtkItemFactory *ifactory,
                                        const gchar    *path );
```

ifactory ist das Element, von dem Sie die Kennungs-ID haben wollen, und path ist der *Menüpfad* des Widgets, den Sie ermitteln wollen. Da Sie für das Packen das ganze Menü verwenden wollen, sollten Sie den Pfad verwenden, den Sie als zweiten Parameter der Funktion gtk_item_factory_new() verwendet haben.

Und, um bei der Auswahl eines Widgets in der Callback-Funktion den kompletten Pfad zu ermitteln, steht Ihnen die Funktion gtk_item_factory_path_from_widget() zur Verfügung:

```
G_CONST_RETURN gchar* gtk_item_factory_path_from_widget  (
                                             GtkWidget *widget );
```

Als Rückgabewert erhalten Sie hierbei den vollen Pfad zum Menüelement (Widget), den Sie beim Erzeugen angegeben haben. Konnte kein Pfad ermittelt werden, wird NULL zurückgegeben. Denn letztendlich ist jetzt jeder einzelne Menüeintrag ein eigenes Widget.

Wie schon erwähnt, ist es auch möglich, Callback-Funktionen nachträglich – sprich, nicht im Array GtkItemFactoryEntry – zu setzen. Dies ist relativ einfach mit der bereits gezeigten Funktion gtk_item_factory_get_widget() möglich – die Ihnen, wie bereits erwähnt, die Kennungs-ID eines Widgets (was die einzelnen Menüeinträge letztendlich auch sind) zurückgibt. Sie müssen nur unter Angabe des zweiten Parameters das Menüelement angeben, von dem Sie die Kennungs-ID haben wollen. Für den Menüpunkt /Datei/Ende würde eine Callback-Funktion z. B. folgendermaßen eingerichtet werden:

```
g_signal_connect (
  G_OBJECT(gtk_item_factory_get_widget(itemfac, "/Datei/Ende")),
  "activate", G_CALLBACK (end), NULL);
```

Natürlich lässt sich dies auch mit `g_signal_connect_swapped()` in »einem Rutsch« realisieren:

```
g_signal_connect_swapped(
 G_OBJECT( gtk_item_factory_get_widget(itemfac, "/Datei/Ende") ),
 "activate", G_CALLBACK (gtk_widget_dzhg67tr65t67testroy),
  G_OBJECT(win) );
```

Wollen Sie jetzt wissen, ob ein bestimmtes Menüelement gesetzt oder nicht gesetzt ist – z. B. bei Radio- bzw. Check-Buttons –, dann sollten Sie sich die Funktion `gtk_check_menu_item_set_active()` ansehen.

GtkAccelGroup – Tastaturkürzel

Im Beispiel wurde auch das Widget `GtkAccelGroup` (Typenkennung: `GTK_TYPE_ACCEL_GROUP`) verwendet. Bei diesem Widget handelt es sich um Tastatur-Shortcuts (Abkürzungen), womit der Anwender der Software gewöhnlich schneller ans Ziel kommt als mit der Maus. Bei sehr vielen Anwendungen bewirkt z. B. die Tastenkombination [Strg]+[O], dass sich eine Dialogbox öffnet, womit Sie eine Datei zum Öffnen auswählen können – oder mit [Strg]+[S] wird häufig eine Datei abgespeichert. In GTK+ sind diese Shortcuts als *Accelerator Group* (was zu Deutsch so viel wie Beschleuniger bedeutet) bekannt.

Um für ein Menü solche Shortcuts einzurichten, sind bestenfalls zwei Routinen nötig, die Ihnen GTK+ zur Verfügung stellt (natürlich gibt es auch hierzu wieder eine Menge mehr).

```
void gtk_window_add_accel_group (
                         GtkWindow *window,
                         GtkAccelGroup *accel_group, );
void gtk_widget_add_accelerator (
                         GtkWidget *widget,
                         const gchar *accel_signal,
                         GtkAccelGroup *accel_group,
                         guint accel_key,
                         guint accel_mods,
                         GtkAccelFlags accel_flags );
```

Nachdem Sie ein neues Objekt `GtkAccelGroup` erzeugt haben, können Sie mit der Funktion `gtk_window_add_accel_group()` angeben, mit welchem Fenster (erstes Argument) Sie diese Shortcuts (*Accelerator Groups*) verknüpfen wollen. Der zweite Parameter entspricht der zuvor erzeugten Accelerator-Gruppe (`GtkAccelGroup`).

Jetzt können Sie mit der Funktion `gtk_widget_add_accelerator()` Tastenkombinationen zur Gruppe hinzufügen; zu welchem Widget, geben Sie mit dem ersten Parameter an. Mit dem zweiten Parameter `accel_signal` geben Sie das Signal an, das emittiert wird, wenn das Widget ausgewählt wurde. Mit `accel_group` geben Sie die Gruppe an, zu der Sie den neuen Shortcut hinzufügen wollen. `accel_key` ist die Taste auf dem Keyboard, die zum Shortcut hinzugefügt werden soll. Mit `accel_mods` können Sie die Accelerator-Taste angeben ([Strg], [⇧] etc.), die zusammen mit `key_accel` gedrückt werden soll. Mögliche Angaben hierfür sind `GDK_CONTROL_MASK`, `GDK_SHIFT_MASK`, `GDK_RELEASE_MASK`, `GDK_BUTTONn_MASK` (n = 1 bis 5), `GDK_LOCK_MASK`, `GDK_MODn_MASK` (n = 1 bis 5). Mit dem letzten Parameter können Sie angeben, wie der Accelerator angezeigt werden soll. Mögliche Angaben sind: GTK_ACCEL_VISIBLE (sichtbar), GTK_ACCEL_SIGNAL_VISIBLE (sichtbar inkl. Signal) und GTK_ACCEL_LOCKED (unsichtbar).

Abkürzungsbuchstaben – Unterstriche

Ebenfalls Mitglied einer Accelerator-Gruppe sind unterstrichene Shortcuts, mit denen ein Buchstabe durch einen Unterstrich sichtbar gemacht wird. Gewöhnlich reicht es hierzu aus, in der Eigenschaft "label" einen Unterstrich vor einen Buchstaben zu machen und die Eigenschaft "use-underline" auf TRUE zu setzen. Dann kann das Widget mit dem entsprechenden unterstrichenen Buchstaben mit einem Tastendruck betätigt werden. Bei Widgets, die keine Eigenschaft "label" besitzen, können Sie ein GtkLabel-Widget verwenden und dort mit "use-underline" einen Unterstrich setzen. Auf welches Widget sich dann der Abkürzungsbuchstabe beziehen soll, tragen Sie dann in die Eigenschaft "mnemonic-widget" ein. Dann erhält dieses Widget bei Betätigung des Shortcuts den Fokus oder wird (je nach Widget) aktiviert.

14.10.2 Toolbar – GtkToolbar

Mit dem Widget GtkToolbar (Typenkennung: GTK_TYPE_TOOLBAR) können Sie eine Reihe (vertikal oder horizontal) erzeugen, worin Sie Buttons und weitere Widgets platzieren können. Der Toolbar sind noch folgende Eigenschaften zugeordnet:

Eigenschaft	Datentyp	Bedeutung
"orientation"	GtkOrientation	Soll die Toolbar vertikal oder horizontal angeordnet werden? Dies kann mit den folgenden zwei Konstanten besetzt werden/sein: GTK_ORIENTATION_HORIZONTAL, GTK_ORIENTATION_VERTICAL
"toolbar-style"	GtkToolbarStyle	Hier kann der Stil der Toolbar angegeben werden. Folgende Konstanten sind hierfür gegeben: GTK_TOOLBAR_ICONS Buttons nur mit Icons anzeigen GTK_TOOLBAR_TEXT Buttons nur mit Text anzeigen GTK_TOOLBAR_BOTH Buttons mit Icons und Text anzeigen GTK_TOOLBAR_BOTH_HORIZ Buttons mit Icons und Text anzeigen, wobei sich der Text rechts anstatt unter dem Icon befindet

Tabelle 14.23 Eigenschaften für GtkToolbar (GTK_TYPE_TOOLBAR)

Wenn außerdem die Eigenschaften der Anordnung (orientation) oder des Stils (toolbar-style) verändert wurden, werden die Signale "orientation-changed" bzw. "style-changed" emittiert.

Um in einer Toolbar Widgets hinzuzufügen, finden Sie bei der Klasse GtkToolbar eine Menge Funktionen. Im Beispiel wurde die Funktion gtk_toolbar_insert_stock() verwendet.

```
GtkWidget* gtk_toolbar_insert_stock (
                              GtkToolbar *toolbar,
                              const gchar *stock_id,
                              const char *tooltip_text,
                              const char *tooltip_private_text,
                              GtkSignalFunc callback,
                              gpointer user_data,
                              gint position );
```

Damit wird ein Stock-Element (hier Icon) nach einer bestimmten Position in die Toolbar hinzugefügt. Mit dem ersten Argument geben Sie die Toolbar an, der ein neues Stock-Item hinzugefügt werden soll. Das zweite Argument erwartet eine gültige ID des Stock-Items, die gewöhnlich als symbolische Konstante GTK_STOCK_ ... implementiert ist. Die Anwendung gtk-demo, die der GTK+ 2.0-Version beiliegt, listet Ihnen alle vorhandenen Stock-Items auf. Mit dem dritten Argument können Sie einen Text für einen Tooltipp eingeben, der erscheint, wenn sich die Maus über dem Button befindet. Dabei handelt es sich um so genannte Minihilfen, welche die Aktion des Widgets der Toolbar beschreiben soll.

Hinweis

Solche Minihilfen lassen sich auch mit einem speziellen Widget namens GtkTooltip (Typenkennung: GTK_TYPE_TOOLTIP) erstellen und einem Widget zuordnen. Mehr dazu finden Sie auf der Buch-CD in dem *alten* GTK+-Kapitel, was ursprünglich für das Buch vorhergesehen war.

Mit dem vierten Argument tooltip_private_text können Sie noch eine spezielle Hilfe hinzufügen. Diese spezielle Hilfe finden Sie bei vielen Anwendungen unter Hilfe/?. Dabei finden Sie dann am Mauscursor zusätzlich noch ein Fragezeichen. Wenn Sie damit ein bestimmtes Menüelement anklicken, das Sie selbstverständlich auch mit tooltip_private_text beschriftet haben müssen, wird eine etwas umfangreichere Hilfe angezeigt. Im Beispiel wurde hierfür NULL angegeben, da diese nicht verwendet wird. Mit callback geben Sie eine Callback-Funktion an, die aufgerufen wird, wenn der Toolbar-Button betätigt (angeklickt) wurde. Mit user_data können Sie der Callback-Funktion noch zusätzliche Informationen mit übergeben. Mit dem letzten Argument geben Sie die Position des Buttons an, wo dieser platziert werden soll. -1 bedeutet, wie im Beispiel gesehen, am Ende anfügen.

Außerdem wurde mit der Funktion gtk_toolbar_append_space() noch eine vertikale Linie eingebaut.

Neben der Funktion gtk_toolbar_insert_stock() gibt es noch eine Reihe weiterer Funktionen für die Toolbar. Ich verweise Sie hierzu auf die Referenz von GTK+.

GtkMessageDialog

Nebenbei sei hier noch die Funktion gtk_message_dialog_new() erwähnt, die in diesem Beispiel ebenfalls verwendet wurde. GtkMessageDialog gehört zu einer der GtkWindow-Unterklassen und wurde bereits kurz erwähnt. Die Syntax zum Erzeugen eines solchen Message-Fensters sieht wie folgt aus:

```
GtkWidget* gtk_message_dialog_new (
                    GtkWindow *parent,
                    GtkDialogFlags flags,
                    GtkMessageType type,
                    GtkButtonsType buttons,
                    const gchar *message_format, ... );
```

Mit dem ersten Argument können Sie entweder das Eltern-Widget eintragen oder NULL. Für die Angabe der Flags (zweites Argument) stehen Ihnen folgende Konstanten zur Verfügung:

- GTK_DIALOG_MODAL – Erzeugt ein modales Fenster.
- GTK_DIALOG_DESTROY_WITH_PARENT – Wird das Elternfenster zerstört, wird das Message-Fenster ebenso automatisch beseitigt.
- GTK_DIALOG_NO_SEPARATOR – Keine Trennlinie oberhalb der Buttons.

Mit dem dritten Argument geben Sie die Art der Nachricht an. Diese Angabe entscheidet, welche Art von Icon und Fenster-Titel bei der Nachrichten-Box angezeigt wird. Hierzu stehen Ihnen wiederum folgende Konstanten zur Verfügung:

- GTK_MESSAGE_INFO – Wird bei Nachrichten mit Informationen verwendet.
- GTK_MESSAGE_WARNING – Wird bei Nachrichten mit Warnungen verwendet.
- GTK_MESSAGE_QUESTION – Wird bei Nachrichten mit Fragen verwendet.
- GTK_MESSAGE_ERROR – Wird bei Nachrichten mit Fehlern verwendet.

Das Argument button beinhaltet die Art des Buttons mitsamt eines Bildes und der Beschriftung, die sich in dem Nachrichten-Fenster befinden. Hierzu sind folgende Angaben möglich:

- GTK_BUTTONS_NONE – Keine Buttons
- GTK_BUTTONS_OK – OK-Button
- GTK_BUTTONS_CLOSE – Schließen-Button
- GTK_BUTTONS_CANCEL – Abbrechen-Button
- GTK_BUTTONS_YES_NO – Ja- und Nein-Button
- GTK_BUTTONS_OK_CANCEL – Ok- und Abbrechen-Button

Mit message_format können Sie einen printf()-ähnlichen Ausgabe-String zusammenbasteln, da sich hinter message_format auch die printf()-typische Ellipse (...) für eine variabel lange Argumentenliste befindet. Wenn der Anwender den Button anklickt, wird das Signal "response" emittiert.

14.10.3 Options-Menü – GtkOptionsMenu

Bei einem Optionsmenü handelt es sich in der Tat um ein echtes Menü der Klasse `GtkMenu`. Gewöhnlich werden Optionsmenüs (Klasse `GtkOptionsMenu`; Typenkennung: `GTK_TYPE_OPTION_MENU`) dazu verwendet, eine Auswahl aus mehreren Einträgen einer Liste zu wählen.

Bevor Sie ein solches Optionsmenü erzeugen, müssen Sie erst ein Menü von der Klasse `GtkMenu` (Typenkennung: `GTK_TYPE_MENU`) erstellen. In dieses Menü können Sie jetzt mit den Funktionen `gtk_menu_shell_append()` oder auch dem Makro `gtk_menu_append()` die einzelnen Widgets anfügen.

```
void gtk_menu_shell_append ( GtkMenuShell *menu_shell,
                             GtkWidget *child );
```

Wobei es sich sinnvollerweise um einfache Menüeinträge wie einen Text handeln sollte. Ein einfaches Text-Widget könnte hierbei mit `gtk_menu_item_new_with_label ()` erstellt werden.

Natürlich gibt es neben der `_append`-Funktion auch die `_prepend`- und `_insert`-Version, um ein neues (Menü-)Widget am Anfang hinzuzufügen oder unter Angabe eines Index dazwischenzufügen.

Nachdem Sie das Menü erstellt haben, können Sie ein Optionsmenü erzeugen (Klassen: `GtkOptionsMenu`; Typenkennung: `GTK_TYPE_OPTION_MENU`) und bei der Eigenschaft `"menu"` das eben erzeugte Menü (`GtkMenu`) hinzufügen.

Wollen Sie hierbei einen bestimmten Menüeintrag vorbelegen, können Sie hierzu die Funktion `gtk_option_menu_set_history()` und die Angabe der Indexnummer des Eintrags als zweites Argument verwenden. Das erste Argument beinhaltet das Menü, worauf sich die Aktion bezieht. Abfragen, welcher Menüeintrag gerade ausgewählt ist, können Sie mit dem Gegenstück `gtk_option_menu_get_history()` und der Angabe des Menüs, das erfragt werden soll. Als Rückgabewert erhalten Sie die Indexnummer des ausgewählten Menüeintrags.

```
void gtk_option_menu_set_history ( GtkOptionMenu *option_menu,
                                   guint index );
gint gtk_option_menu_get_history (GtkOptionMenu *option_menu);
```

Wurde ein anderer Eintrag des Optionsmenüs ausgewählt, wird außerdem das Signal `"changed"` emittiert.

14.10.4 Combo-Boxen – GtkCombo

Die Combo-Boxen sind den Optionsmenüs recht ähnlich, nur dass die ursprüngliche Herkunft der Combo-Boxen aus den Textfeldern (`GtkEntry`) entspringt. Die Struktur `GtkCombo` beinhaltet zwei Mitglieder.

```
struct GtkCombo {
        GtkWidget *entry;
        GtkWidget *list;
};
```

`entry` ist ein Zeiger auf einen `GtkEntry`-Eintrag, worauf Sie beim Auswerten der Combo-Boxen mittels `combo->entry` zugreifen können. Der zweite Eintrag beinhaltet eine Liste von Einträgen für die Combo-Box. Hier können Sie z. B. eine `GList` verwenden und mit der Funktion `g_list_append()` einzelne Einträge in die Liste hinzufügen. Anschließend können Sie diese Liste mit der Funktion `gtk_combo_set_popdown_strings()` der Combo-Box hinzufügen.

```
void gtk_combo_set_popdown_strings ( GtkCombo *combo,
                                     GList *strings );
```

Wollen Sie, dass nicht das oberste Element der Liste `GList` beim Start der Anwendung angezeigt wird, sondern ein spezielles, können Sie dies mit `g_object_set()`, dem `entry`-Feld und der Eigenschaft `"text"` selbst vorgeben. Ebenso können Sie mittels `g_object_get()` das momentan ausgewählte Element ermitteln. Weitere Eigenschaften, die Sie für `GtkCombo` (Typenkennung: `GTK_TYPE_COMBO`) verwenden können, finden Sie in der folgenden Tabelle:

Eigenschaft	Datentyp	Bedeutung
"allow-empty"	gboolean	Bei TRUE kann auch ein leeres Feld hinterlassen werden.
"case-sensitive"	gboolean	Bei TRUE wird die Groß- und Kleinschreibung bei einer Überprüfung, ob der Eintrag einem Feldeintrag entspricht, beachtet.
"enable-arrow-keys"	gboolean	Bei TRUE darf man sich auch mit den Pfeiltasten durch die Combo-Box scrollen.
"enable-arrows-always"	gboolean	Wenn enable-arrow-keys TRUE ist, wird das Scrollen nur dann verwendet, wenn der aktuelle Inhalt der Combo-Box einem Listeneintrag entspricht.

Tabelle 14.24 Eigenschaften für GtkCombo (GTK_TYPE_COMBO)

Zum Schluss folgt hierzu ein Listing, das Ihnen das Optionsmenü und die Combo-Box noch in der Praxis zeigen soll. Ein einfaches Beispiel, das Ihnen die Auswahl auf die Konsole ausgibt.

```
/* gkt6b.c */
/*        Optionsmenü     */
/*        Combo-Boxen     */
#include <gtk/gtk.h>

static GtkOptionMenu *options_menu;
static GtkCombo *combo;

static gchar *linux_t[] = {
   "SuSE Linux", "RedHat Linux", "Mandrake Linux",
   "Debian (Woody) Linux", "Geentoo Linux"
 };

static gint
delete_Event(GtkWidget *widget, GdkEvent event, gpointer daten) {
  g_print ("Das Fenster wird zerstoert!\n");
  /* Nur mit FALSE wird die Anwendung wirklich beendet */
  return FALSE;
}
```

```
static void end (GtkWidget * widget, gpointer daten) {
  g_print ("Und tschuess!\n");
  gtk_main_quit ();
}

/* Auswerten des Optionsmenüs und der Combo-Box */
static void auswerten (GtkWidget * widget, gpointer daten) {
  gint i = gtk_option_menu_get_history (options_menu);
  gchar *opt;

  if (i == -1)
    g_print ("Fehler beim Auswerten der Combo-Box\n");
  else
    g_print ("Auswertung Combo-Box: %s\n", linux_t[i]);
  g_object_get (GTK_COMBO (combo)->entry, "text", &opt, NULL);
  g_print ("Auswerten Optionsmenue : %s\n", opt);
  g_print ("-----------------------------------\n");
}

int main (int argc, char **argv) {
  GtkWindow *win;
  GdkPixbuf *pic;
  GtkTable *table;
  GtkMenu *menu;
  GList *combo_list = NULL;
  GtkButton *button;
  GtkLabel *option_label, *combo_label;
  gint i;

  gtk_init (&argc, &argv);
  /* Eine Grafik in einen Pixbuf laden */
  pic = gdk_pixbuf_new_from_file ("icon/at-work.gif", NULL);
  /* Fenster mit folgenden Eigenschaften anlegen */
  win = g_object_new (GTK_TYPE_WINDOW,
                      "title", "Optionsmenues und Combo-Boxen",
                      "default-width", 300,
                      "default-height", 150,
                      "resizable", TRUE,
                      "window-position", GTK_WIN_POS_CENTER,
                      "border-width", 10, "icon", pic, NULL);
  /* Eine Tabelle 3x2 erzeugen */
  table = g_object_new (GTK_TYPE_TABLE,
                        "n-rows", 3,
                        "n-columns", 2,
                        "row-spacing", 3,

                        "column_spacing", 3,
                        "homogeneous", FALSE, NULL);
  /* Ein neues Menü erzeugen */
  menu = g_object_new (GTK_TYPE_MENU, NULL);
```

```
/* Menü mit Einträgen befüllen */
for (i = 0; i < 5; i++)
  gtk_menu_shell_append (
    GTK_MENU_SHELL (menu),
    gtk_menu_item_new_with_label (linux_t[i]));
/* Ein Optionsmenü erzeugen und mit dem Menü bestücken */
options_menu = gtk_object_new ( GTK_TYPE_OPTION_MENU,
                                "menu", menu,
                                NULL);
/* Ein Textfeld erzeugen */
option_label = g_object_new ( GTK_TYPE_LABEL,
                              "label", "Optionsmenue ",
                              NULL );
/* Eine neue Combo-Box erzeugen */
combo = g_object_new (GTK_TYPE_COMBO, NULL);
/* Einräge zu Combo-Box hinzufügen */
for (i = 0; i < 5; i++)
  combo_list = g_list_append (combo_list, linux_t[i]);
/* Liste von Einträgen an Combo-Box übergeben */
gtk_combo_set_popdown_strings (GTK_COMBO (combo), combo_list);
/* Liste kann wieder freigegeben werden, da */
/* nicht mehr benötigt                      */
g_list_free (combo_list);
/* Ein neues Label erzeugen */
combo_label = g_object_new ( GTK_TYPE_LABEL,
                             "label", "Combo-Box ",
                             NULL);
/* Einen neuen Button erzeugen */
button = g_object_new ( GTK_TYPE_BUTTON,
                        "label", "Auswerten",
                        "relief", GTK_RELIEF_HALF,
                        NULL);
/* Signalhandler einrichten */
g_signal_connect ( win, "delete-event",
                   G_CALLBACK (delete_Event), NULL);
g_signal_connect ( win, "destroy",
                   G_CALLBACK (end), NULL );
g_signal_connect ( button, "clicked",
                   G_CALLBACK (auswerten), NULL );
/* Alles packen */
gtk_container_add (GTK_CONTAINER (win), GTK_WIDGET (table));
gtk_table_attach(GTK_TABLE (table), GTK_WIDGET (option_label),
                 0, 1, 0, 1,
                 GTK_FILL, GTK_FILL,
                 10, 0);

gtk_table_attach(GTK_TABLE (table), GTK_WIDGET (options_menu),
                 1, 2, 0, 1,
                 GTK_FILL, GTK_FILL, 0, 0);
gtk_table_attach (GTK_TABLE (table), GTK_WIDGET (combo_label),
```

```
                   0, 1, 1, 2,
                   GTK_FILL, GTK_FILL, 0, 0);
  gtk_table_attach (GTK_TABLE (table), GTK_WIDGET (combo),
                   1, 2, 1, 2,
                   GTK_FILL, GTK_FILL, 0, 0);
  gtk_table_attach (GTK_TABLE (table), GTK_WIDGET (button),
                   1, 2, 2, 3,
                   GTK_FILL, GTK_FILL, 0, 20);
  /* Fenster anzeigen */
  gtk_widget_show_all (GTK_WIDGET (win));
  /* Hauptschleife von gtk */
  gtk_main ();
  g_print ("Die GTK-Hauptschleife wurde beendet\n");
  return 0;
}
```

Das Programm bei der Ausführung:

```
$ gcc -Wall -o gtk6b gtk6b.c \
  `pkg-config gtk+-2.0 --cflags --libs`
$ ./gtk6b
```

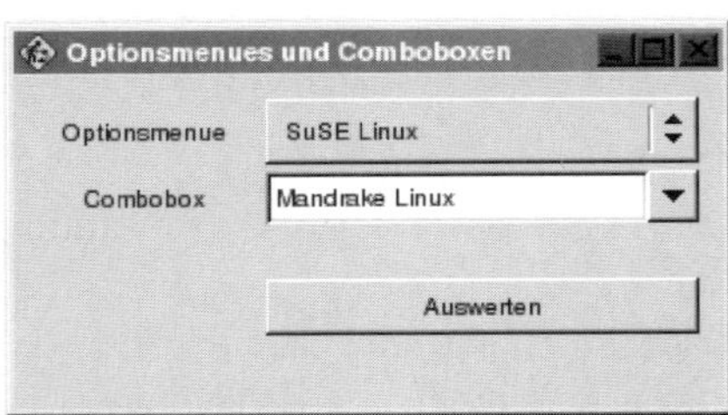

Abbildung 14.15 Combo-Box und Optionsmenü

```
Mögliche Ausgabe auf der Konsole:
Auswertung Combo-Box: Mandrake Linux
Auswerten Options-Menue : Debian (Woody) Linux
-----------------------------------
Auswertung Combo-Box: SuSE Linux
Auswerten Options-Menue : Geentoo Linux
-----------------------------------
...
```

14.11 Mehrzeiliger Text

Das Text-Widget-System von GTK+ ist so umfangreich, dass selbst dieser Abschnitt hier nicht einmal ein Anriss dessen ist, was es bietet. Dennoch soll hier wenigstens ein Überblick zu den Widgets gegeben werden, damit Sie mit mithilfe der Referenz wissen, wo Sie was finden bzw. wonach Sie Ausschau halten müssen.

Grundsätzlich unterscheidet man dabei zwischen dem sichtbaren Bereich und dem internen Bereich (wie dem Textpuffer). Um überhaupt einen Text darstellen zu können, benötigen Sie mindestens das Widget zur Textansicht (`GtkTextView`; Typenkennung: `GTK_TYPE_TEXT_VIEW`) und das Widget zum Textpuffer (`GtkTextBuffer`; Typenkennung: `GTK_TYPE_TEXT_BUFFER`).

Weitere Widgets, die in Verbindung mit dem Textpuffer (`GtkTextBuffer`) verwendet werden, sind:

- `GtkTextIter` – Text-Iteratoren werden verwendet, wenn eine Position in einem Textpuffer dargestellt werden muss – genauer eine Stelle zwischen zwei Zeichen (Typenkennung: `GTK_TYPE_TEXT_ITER`).
- `GtkTextMark` – Ebenso wie die Iteratoren werden Marken dazu verwendet, um eine bestimmte Position zwischen zwei Zeichen darzustellen. Im Gegensatz zu den Iteratoren ist es mit Marken möglich, eine Textposition dauerhaft festzuhalten. Das hat zur Folge, dass selbst bei einer Änderung des Puffers die Marke nicht ungültig wird. Eine Marke ist ein *unsichtbarer* Cursor im Text (Typenkennung: `GTK_TYPE_TEXT_MARK`).
- `GtkTextTag` – Hiermit werden Informationen zur Formatierung oder zu anderen Eigenschaften des Textes eingestellt und in einem Tag gespeichert. Ein Tag legt einen Satz von Eigenschaften für einen Text fest und kann sich auch nur auf Teilstücke des Textes beziehen (Typenkennung: `GTK_TYPE_TEXT_TAG`).
- `GtkTextTagTable` – Eine Sammlung von Tags, die alle zusammen verwendet werden können (Typenkennung: `GTK_TYPE_TEXT_TAG_TABLE`).
- `GtkClipboard` – Es handelt sich hierbei zwar nicht um ein direktes Widget in Verbindung mit den Text-Widgets, doch sollte das Widget hier erwähnt werden (Typenkennung: `GTK_TYPE_CLIPBOARD`), da es hier auch einige Funktionen gibt, die eine Schnittstelle zwischen dem Textpuffer und der Zwischenablage bieten.

Zur Demonstration folgt hier ein minimalistisches Beispiel zum `GtkTextView`- und `GtkTextBuffer`-Widget.

```
/* gkt7.c */
/* Mehrzeiliger Text     */
/*        GtkTextView    */
/*        GtkTextBuffer  */
/*        GtkScrolledWindow */
#include <gtk/gtk.h>

/* Funktionsprototypen */
static GtkWindow *create_window (void);
static void create_tags (GtkTextBuffer * buffer);
static void on_button_clear_clicked (
                  GtkButton * button, gpointer user_data );
static void on_button_cut_clicked (
                  GtkButton * button, gpointer user_data );
static void on_button_copy_clicked (
                  GtkButton * button, gpointer user_data );
static void on_button_paste_clicked (
                  GtkButton * button, gpointer user_data);
```

```
static void on_button_bold_clicked (
                   GtkButton * button, gpointer user_data);
static void on_button_underline_clicked (
                   GtkButton * button, gpointer user_data);
static void on_button_strike_clicked (
                   GtkButton * button, gpointer user_data );
static void on_button_color_clicked (
                   GtkButton * button, gpointer user_data );

static GtkWindow *create_window (void) {
  GtkWindow *window;
  GdkPixbuf  *pic;
  GtkVBox *vbox_main;
  GtkToolbar *toolbar;

  GtkWidget *button_clear, *button_cut, *button_copy,
  *button_paste, *button_bold, *button_underline,
  *button_strike, *button_color;
  GtkScrolledWindow *scrolledwindow;
  GtkTextView *textview;
  GtkTextBuffer *buffer;

  /* Eine Grafik in einen Pixbuf laden */
  pic = gdk_pixbuf_new_from_file("icon/at-work.gif", NULL );
  /* Fenster mit folgenden Eigenschaften anlegen */
  window = g_object_new( GTK_TYPE_WINDOW,
                         "title", "Textansicht und Textpuffer",
                         "default-width",  300,
                         "default-height", 200,
                         "resizable", TRUE,
                         "window-position", GTK_WIN_POS_CENTER,
                         "border-width", 0,
                         "icon", pic,
                         NULL );
  /* eine vertikale Box erzeugen */
  vbox_main = g_object_new( GTK_TYPE_VBOX,
                            "spacing", 0,
                            NULL);
  /* Eine neue Toolbar erzeugen */
  toolbar = g_object_new (GTK_TYPE_TOOLBAR,  NULL);
  /* Buttons mit Stock-Icons für die Toolbar erzeugen */
  button_clear=gtk_toolbar_insert_stock (GTK_TOOLBAR (toolbar),
                                          "gtk-clear",
                                          "Text loeschen",
                                          NULL,NULL,NULL,-1);
  button_cut = gtk_toolbar_insert_stock (GTK_TOOLBAR (toolbar),
                                          "gtk-cut",
                                          "Text ausschneiden",
                                          NULL, NULL, NULL, -1);
```

```
button_copy=gtk_toolbar_insert_stock (GTK_TOOLBAR (toolbar),
                                      "gtk-copy",
                                      "Text kopieren",
                                      NULL, NULL, NULL, -1);
button_paste=gtk_toolbar_insert_stock (GTK_TOOLBAR (toolbar),
                                      "gtk-paste",
                                      "Text einfuegen",
                                      NULL, NULL, NULL, -1);
gtk_toolbar_append_space (GTK_TOOLBAR (toolbar));
button_bold=gtk_toolbar_insert_stock (GTK_TOOLBAR (toolbar),
                                      "gtk-bold",
                                      "Fette Schriftart",
                                      NULL, NULL, NULL, -1);
button_underline=gtk_toolbar_insert_stock(
                                      GTK_TOOLBAR (toolbar),
                                      "gtk-underline",
                                      "Schrift unterstreichen",
                                      NULL, NULL, NULL, -1);
button_strike=gtk_toolbar_insert_stock(GTK_TOOLBAR (toolbar),
                                      "gtk-strikethrough",
                                      "Schrift durchstreichen",
                                      NULL, NULL, NULL, -1);
button_color=gtk_toolbar_insert_stock (GTK_TOOLBAR (toolbar),
                                      "gtk-select-color",
                                      "farbige Schrift (Blau)",
                                      NULL, NULL, NULL, -1);
/* Rollbalken erzeugen */
scrolledwindow = g_object_new( GTK_TYPE_SCROLLED_WINDOW,
                 "hscrollbar_policy", GTK_POLICY_AUTOMATIC,
                 "vscrollbar_policy", GTK_POLICY_AUTOMATIC,
                 "window_placement" , GTK_CORNER_TOP_LEFT,
                 NULL);
/* Eine Textansicht erzeugen */
textview = g_object_new( GTK_TYPE_TEXT_VIEW, NULL);
/* Aktuellen Puffer für die Textansicht ermitteln */
buffer = gtk_text_view_get_buffer (GTK_TEXT_VIEW (textview));
/* Einige einfache Tags zur Formatierung anlegen */
create_tags (buffer);

/* Signalhandler einrichten */
g_signal_connect ( (gpointer) window, "delete_event",
                   G_CALLBACK (gtk_main_quit), NULL);
g_signal_connect ( (gpointer) button_clear, "clicked",
                   G_CALLBACK (on_button_clear_clicked),
                   (gpointer) textview);
g_signal_connect ( (gpointer) button_cut, "clicked",
                   G_CALLBACK (on_button_cut_clicked),
                   (gpointer) textview);
```

```
  g_signal_connect ( (gpointer) button_copy, "clicked",
                     G_CALLBACK (on_button_copy_clicked),
                     (gpointer) textview);
  g_signal_connect ( (gpointer) button_paste, "clicked",
                     G_CALLBACK (on_button_paste_clicked),
                     (gpointer) textview);
  g_signal_connect ( (gpointer) button_bold, "clicked",
                     G_CALLBACK (on_button_bold_clicked),
                     (gpointer) textview);
  g_signal_connect ( (gpointer) button_underline, "clicked",
                     G_CALLBACK (on_button_underline_clicked),
                     (gpointer) textview);
  g_signal_connect ( (gpointer) button_strike, "clicked",
                     G_CALLBACK (on_button_strike_clicked),
                     (gpointer) textview);
  g_signal_connect ( (gpointer) button_color, "clicked",
                     G_CALLBACK (on_button_color_clicked),
                     (gpointer) textview);
  /* Alles packen */
  gtk_container_add ( GTK_CONTAINER(window),
                      GTK_WIDGET(vbox_main));
  gtk_box_pack_start ( GTK_BOX (vbox_main),
                       GTK_WIDGET(toolbar),
                       FALSE, FALSE,0);
  gtk_box_pack_start ( GTK_BOX (vbox_main),
                       GTK_WIDGET(scrolledwindow),
                       TRUE,TRUE, 0);
  gtk_container_add ( GTK_CONTAINER (scrolledwindow),
                      GTK_WIDGET(textview) );
  /* Erzeugtes Fenster zurückgegeben */
  return window;
}

/* "Markierten" Text im Puffer löschen */
static void
on_button_clear_clicked(GtkButton * button, gpointer user_data) {
  GtkTextBuffer *textbuffer = NULL;
  g_assert (GTK_IS_TEXT_VIEW (user_data));
  /* Aktuellen Puffer für die Textansicht ermitteln */
  textbuffer=gtk_text_view_get_buffer(GTK_TEXT_VIEW(user_data));
  /* Markierten Text löschen */
  gtk_text_buffer_delete_selection (textbuffer, TRUE, TRUE);
}

/* Text ausschneiden und in Zwischenablage legen */
static void
on_button_cut_clicked (GtkButton * button, gpointer user_data) {
  GtkTextBuffer *textbuffer = NULL;
  g_assert (GTK_IS_TEXT_VIEW (user_data));
```

```
  /* Aktuellen Puffer für die Textansicht ermitteln */
  textbuffer=gtk_text_view_get_buffer(GTK_TEXT_VIEW(user_data));
  /* Text im Puffer löschen und in Zwischenablage legen */
  gtk_text_buffer_cut_clipboard (textbuffer,
                           gtk_clipboard_get (GDK_NONE), TRUE);
}

/* Text vom Puffer kopieren und in Zwischenablage legen */
static void
on_button_copy_clicked (GtkButton * button, gpointer user_data) {
  GtkTextBuffer *textbuffer = NULL;
  g_assert (GTK_IS_TEXT_VIEW (user_data));
  /* Aktuellen Puffer für die Textansicht ermitteln */
  textbuffer=gtk_text_view_get_buffer(GTK_TEXT_VIEW(user_data));
  /* Text im Puffer in die Zwischenablage kopieren */
  gtk_text_buffer_copy_clipboard (textbuffer,
                              gtk_clipboard_get (GDK_NONE));
}

/* Text aus der Zwischenablage in den Puffer legen */
static void
on_button_paste_clicked(GtkButton * button, gpointer user_data) {
  GtkTextBuffer *textbuffer = NULL;
  g_assert (GTK_IS_TEXT_VIEW (user_data));
  /* Aktuellen Puffer für die Textansicht ermitteln */
  textbuffer=gtk_text_view_get_buffer(GTK_TEXT_VIEW(user_data));
  /* Text aus der Zwischenablage  (falls vorhanden) */
  /*  in den Puffer kopieren                         */
  gtk_text_buffer_paste_clipboard (textbuffer,
                               gtk_clipboard_get (GDK_NONE),
                               NULL, TRUE);
}

/* Markierten Text im Puffer in Fett-Schrift darstellen */
static void
on_button_bold_clicked (GtkButton * button, gpointer user_data) {
  GtkTextBuffer *textbuffer = NULL;
  GtkTextIter start, end;
  g_assert (GTK_IS_TEXT_VIEW (user_data));
  /* Aktuellen Puffer für die Textansicht ermitteln */
  textbuffer=gtk_text_view_get_buffer(GTK_TEXT_VIEW(user_data));
  /* Markierte Auswahl im Puffer ermitteln */
  gtk_text_buffer_get_selection_bounds(textbuffer,&start, &end);
  /* Markierte Auswahl im Puffer mit neuer Formatierung */
  /* belegen                                            */
  gtk_text_buffer_apply_tag_by_name ( textbuffer, "bold",
                                  &start, &end);
}
/* Markierten Text im Puffer mit Unterstrich darstellen */
static void
```

```
on_button_underline_clicked ( GtkButton * button,
                              gpointer user_data ) {
  GtkTextBuffer *textbuffer = NULL;
  GtkTextIter start, end;

  g_assert (GTK_IS_TEXT_VIEW (user_data));
  /* Aktuellen Puffer für die Textansicht ermitteln */
  textbuffer=gtk_text_view_get_buffer(GTK_TEXT_VIEW(user_data));
  /* Markierte Auswahl im Puffer ermitteln */
  gtk_text_buffer_get_selection_bounds (textbuffer,&start,&end);
  /* Markierte Auswahl im Puffer mit neuer Formatierung */
  /*  belegen                                            */
  gtk_text_buffer_apply_tag_by_name ( textbuffer, "underline",
                                      &start, &end);
}

/* Markierten Text im Puffer durchstreichen */
static void
on_button_strike_clicked(GtkButton *button, gpointer user_data) {
  GtkTextBuffer *textbuffer = NULL;
  GtkTextIter start, end;
  g_assert (GTK_IS_TEXT_VIEW (user_data));
  /* Aktuellen Puffer für die Textansicht ermitteln */
  textbuffer=gtk_text_view_get_buffer(GTK_TEXT_VIEW(user_data));
  /* Markierte Auswahl im Puffer ermitteln */
  gtk_text_buffer_get_selection_bounds(textbuffer,&start,&end);
  /* Markierte Auswahl im Puffer mit neuer Formatierung */
  /* belegen                                            */
  gtk_text_buffer_apply_tag_by_name ( textbuffer, "strike",
                                      &start, &end);
}

/* Markierten Text im Puffer mit neuer Farbe */
/* (hier Blau) versehen                      */
static void
on_button_color_clicked(GtkButton * button, gpointer user_data) {
  GtkTextBuffer *textbuffer = NULL;
  GtkTextIter start, end;
  g_assert (GTK_IS_TEXT_VIEW (user_data));
  /* Aktuellen Puffer für die Textansicht ermitteln */
  textbuffer=gtk_text_view_get_buffer(GTK_TEXT_VIEW(user_data));
  /* Markierte Auswahl im Puffer ermitteln */
  gtk_text_buffer_get_selection_bounds (textbuffer,&start,&end);
  /* Markierte Auswahl im Puffer mit neuer Formatierung */
  /* belegen                                            */
  gtk_text_buffer_apply_tag_by_name ( textbuffer, "color",
                                      &start, &end);
}
/* Einige Textformatierungen (Tags) erstellen */
static void create_tags (GtkTextBuffer * buffer) {
```

```
  g_assert (GTK_IS_TEXT_BUFFER (buffer));
  /* Fette Schrift */
  gtk_text_buffer_create_tag (buffer, "bold",
                              "weight", PANGO_WEIGHT_BOLD, NULL);
  /* Unterstrichene Schrift */
  gtk_text_buffer_create_tag (buffer, "underline",
                             "underline", PANGO_UNDERLINE_SINGLE,
                             NULL);
  /* Durchgestrichene Schrift */
  gtk_text_buffer_create_tag (buffer, "strike",
                              "strikethrough", TRUE,
                              NULL);
  /* Schrift in blauer Farbe */
  gtk_text_buffer_create_tag (buffer, "color",
                              "foreground", "blue",
                              NULL);
}

int main (int argc, char **argv) {
  GtkWindow *window;
  gtk_init (&argc, &argv);
  window = create_window ();
  gtk_widget_show_all (GTK_WIDGET(window));
  gtk_main ();
  return 0;
}
```

Das Programm bei der Ausführung:

```
$ gcc -Wall -o gtk7 gtk7.c `pkg-config gtk+-2.0 --cflags --libs`
$ ./gtk7
```

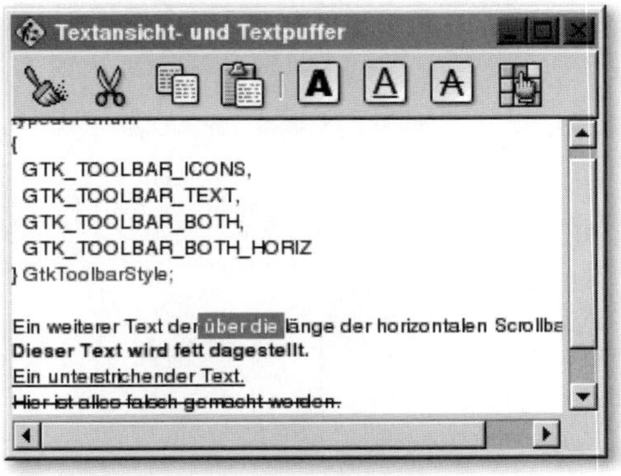

Abbildung 14.16 Ein einfacher Texteditor

Hinweis

Aus drucktechnischen Gründen wurde die Toolbar des Listings auf dem Screenshot mit der Eigenschaft `"toolbar-style", GTK_TOOLBAR_ICONS` versehen, also ohne den Text unter dem Icon.

14.11.1 Text(editor) – GtkTextView, GtkTextBuffer

Zur Ansicht des Textes auf dem Bildschirm (im Fenster) wird das Widget der Klasse `GtkTextView` verwendet (Typenkennung: `GTK_TYPE_TEXT_VIEW`). Im Beispiel wird gleich nach der Erzeugung des sichtbaren Text-Widgets eine Verbindung zum Puffer `GtkTextBuffer` mit der Funktion `gtk_text_view_get_buffer()` hergestellt.

```
GtkTextBuffer* gtk_text_view_get_buffer (GtkTextView *text_view);
```

Diese Funktion gibt einen Puffer (`GtkTextBuffer`) unter Angabe des sichtbaren Textfeldes (erstes und einziges Argument) zurück. Mithilfe dieses Puffers werden anschießend mit der Funktion `create_tags()` einige einfache Tags festgelegt.

Einen solchen Tag können Sie recht einfach mit der Funktion `gtk_text_buffer_create_tag()` erstellen.

```
GtkTextTag* gtk_text_buffer_create_tag (
                         GtkTextBuffer *buffer,
                         const gchar *tag_name,
                         const gchar *first_property_name, ...);
```

Als erstes Argument wird der Puffer erwartet, auf den sich die neue Formatierung beziehen soll. Als zweites Argument legen Sie den Tag-Namen fest, auf den Sie im Laufe der Anwendung zurückgreifen können. Es kann aber auch mit `NULL` ein anonymes Tag erstellt werden. Jetzt folgt eine mit `NULL` abgeschlossene Liste von Eigenschaften mit Namen-/Wertepaaren, wie Sie diese schon beim Erstellen vieler anderer Widgets verwendet haben. Hierzu einige wenige der über 60 (!) Eigenschaften, mit denen Sie den Text entsprechend formatieren können.

Eigenschaft	Datentyp	Bedeutung
`"name"`	gchararray	Bezeichner des Tags (kann nicht mehr nachträglich geändert werden)
`"background"`	gchararray	Hintergrundfarbe
`"foreground"`	gchararray	Vordergrundfarbe
`"font"`	gchararray	Schriftbeschreibung
`"family"`	gchararray	Schriftname
`"style"`		Schriftneigung, mögliche Werte: `PANGO_STYLE_NORMAL` – normal `PANGO_STYLE_OBLIQUE` – geschrägt `PANGO_STYLE_ITALIC` – kursiv
`"weight"`	gint	Schriftstärke
`"size"`	gint	Schriftgröße (Pixel)
`"size-points"`	gdouble	Schriftgröße (Punkte)
`"scale"`	gdouble	Schriftgröße relativ zum umgebenden Text
`"strikethrough"`	gboolean	bei `TRUE` ist der Text durchgestrichen

Tabelle 14.25 Einige der über 60 Eigenschaften von Tags

Eigenschaft	Datentyp	Bedeutung
"underline"		Text unterstreichen, mögliche Werte: PANGO_UNDERLINE_NONE – gar nicht PANGO_UNDERLINE_SINGLE – einfach PANGO_UNDERLINE_DOUBLE – doppelt PANGO_UNDERLINE_LOW – tief
"invisible"	gboolean	bei TRUE ist der mit dem Tag belegte Text unsichtbar

Tabelle 14.25 Einige der über 60 Eigenschaften von Tags (Forts.)

Ferner wurden im Listing weitere Funktionen der wirklich enorm vielen Routinen, die sich auf den Inhalt des Puffers (GtkTextBuffer) beziehen, verwendet. Wichtig ist bei all diesen Funktionen, dass eine Beziehung zum sichtbaren Teil des Textes mit der bereits bekannten Funktion gtk_text_view_get_buffer() hergestellt wurde. Hierzu eine Auflistung der Syntax der im Beispiel verwendeten Funktionen mit einer anschießenden kurzen Erläuterung.

```
gboolean gtk_text_buffer_delete_selection (
                                 GtkTextBuffer *buffer,
                                 gboolean interactive,
                                 gboolean default_editable );
void gtk_text_buffer_paste_clipboard (
                                 GtkTextBuffer *buffer,
                                 GtkClipboard *clipboard,
                                 GtkTextIter *override_location,
                                 gboolean default_editable);
void gtk_text_buffer_copy_clipboard (
                                 GtkTextBuffer *buffer,
                                 GtkClipboard *clipboard );
void gtk_text_buffer_cut_clipboard (
                                 GtkTextBuffer *buffer,
                                 GtkClipboard *clipboard,
                                 gboolean default_editable );
gboolean gtk_text_buffer_get_selection_bounds(
                                 GtkTextBuffer *buffer,
                                 GtkTextIter *start,
                                 GtkTextIter *end );
void gtk_text_buffer_apply_tag_by_name(
                                 GtkTextBuffer *buffer,
                                 const gchar *name,
                                 const GtkTextIter *start,
                                 const GtkTextIter *end );
```

Mit gtk_text_buffer_delete_selection() wird eine Auswahl aus dem Puffer zwischen den Marken "insert" und "selection-bound" gelöscht. Wird interactive auf TRUE gesetzt, wird die Veränderung auch beachtet, und das dritte Argument default_editable hat auch hier eine Bedeutung. Wird dieser Wert auf TRUE gesetzt, gibt diese Funktion erst wirklich TRUE zurück, wenn auch tatsächlich eine Löschung stattgefunden hat.

Die nächsten drei Funktionen gtk_text_buffer_paste_clipboard(), gtk_text_buffer_cut_clipboard() und gtk_text_buffer_copy_clipboard() dienen alle als Schnittstelle zwischen der Zwischenablage und dem Textpuffer. Alle drei Funktionen haben ein Argument der Klasse GtkClipboard (Typenkennung: GTK_TYPE_CLIPBOARD). Im Beispiel wurde mithilfe des Funktionsaufrufs gtk_clipboard_get(GDK_NONE) als Argument dafür gesorgt, dass keine eigene Zwischenablage verwendet wird, sondern die systemweite Standard-Zwischenablage. Ebenfalls erhalten alle Funktionen als erstes Argument den Textpuffer vom Typ GtkTextBuffer.

Ansonsten wird mit der Funktion gtk_text_buffer_paste_clipboard() ein Text aus der Zwischenablage in den Puffer kopiert. Mit dem Argument override_location der Klasse GtkTextIter wurde im Beispiel NULL verwendet, was bedeutet, dass der Text an der Position des Cursors eingefügt wird. Mit default_editable geben Sie an, ob der Text editierbar sein soll – was gewöhnlich mit TRUE besetzt ist.

Mit gtk_text_buffer_copy_clipboard() wird ein ausgewählter Text im Textpuffer in die Zwischenablage kopiert.

gtk_text_buffer_cut_clipboard() fügt einen Text aus der Zwischenablage wieder in den Puffer ein. Auch hier wird mit default_editable angegeben, ob der Text editierbar sein soll.

Mit gtk_text_buffer_get_selection_bounds() initialisieren Sie die Argumente start und end mit der Anfangs- und Endposition des markierten Textes im Textpuffer (erstes Argument). Den so ermittelten Wert verwenden Sie anschließend zum Formatieren des Textes mit der Funktion gtk_text_buffer_apply_tag_by_name(), um einen Textpuffer (erstes Argument) mit einem Tag-Namen zu versehen, den Sie im Beispiel mit der Funktion create_tag() erzeugt haben.

Wie schon erwähnt, stellt dieser Überblick nur einen kleinen Abriss der Funktionen dar, die Ihnen mit dem Text-Widget-System zur Verfügung stehen. Wichtig erscheint mir noch ein Überblick über die Eigenschaften des GtkTextView-Widgets. Wobei es sich bei den Eigenschaften keineswegs um die Textformatierungen handelt, sondern um reine Darstellungsoptionen des Widgets GtkTextView selbst!

Eigenschaft	Datentyp	Bedeutung
"buffer"	GtkTextBuffer	Der Puffer, der angezeigt wird
"pixels-above-lines"	gint	Abstand vor einem Absatz
"pixels-below-lines"	gint	Abstand nach einem Absatz
"pixels-inside-wrap"	gint	Abstand zwischen den ungebrochenen Zeilen in einem Absatz
"wrap-mode"	GtkWrapMode	Art des Zeilenumbruchs. Mögliche Werte: GTK_WRAP_NONE – kein Umbruch; Widget wird breiter GTK_WRAP_CHAR – Umbruch zeichenweise GTK_WRAP_WORD – Umbruch wortweise

Tabelle 14.26 Eigenschaften GtkTextView

Eigenschaft	Datentyp	Bedeutung
"justification"	GtkJustification	Art der Satzausrichtung. Mögliche Werte: GTK_JUSTIFY_LEFT linksbündig GTK_JUSTIFY_RIGHT rechtsbündig GTK_JUSTIFY_CENTER zentriert GTK_JUSTIFY_FILL Blocksatz
"editable"	gboolean	Darf Text verändert werden?
"left-margin"	gint	Breite, linker Rand
"right-margin"	gint	Breite, rechter Rand.
"indent"	gint	Einrücktiefe von Absätzen
"accepts-tab"	gboolean	Werden Tabulator-Zeichen mit einer typischen 8-Leerzeichen-Einrückung akzeptiert?
"overwrite"	gboolean	Darf neu eingefügter Text den existierenden überschreiben?
"cursor-visible"	gboolean	Mauscursor sichtbar?

Tabelle 14.26 Eigenschaften GtkTextView (Forts.)

14.11.2 Scrollendes Fenster – GtkScrolledWindow

Im Beispiel wurde auch `GtkScrolledWindow` (Typenkennung: `GTK_TYPE_SCROLLED_WINDOW`) verwendet. Dabei handelt es sich um ein Behälter-Widget, das genau ein Widget aufnehmen kann. Dieses wird z. B. verwendet, wenn etwas auf dem Bildschirm (Hauptfenster) nicht auf einmal vertikal bzw. horizontal darstellbar ist. Ist das Widget in diesem Behälter (`GtkScrolledWindow`) größer als darstellbar, findet der Anwender hierzu einen automatischen Rollbalken an einer von der Eigenschaft `"window-placement"` angegebenen Position. Damit lässt sich das Kind-Widget vertikal und/oder horizontal rollen. Folgende Eigenschaften können Sie für `GtkScrolledWindow` verwenden.

Eigenschaften	Datentyp	Bedeutung
"hadjustment"	GtkAdjustment	Stellgröße (Typ: GtkAdjustment), welche die horizontale Position des Kind-Widgets im Fenster kontrolliert.
"hscrollbar-policy"	GtkPolicyType	Darstellungsmethode des horizontalen Balkens. Mögliche Werte: GTK_POLICY_ALWAYS – Rollbalken immer anzeigen GTK_POLICY_AUTOMATIC – Rollbalken nur dann anzeigen, wenn das Kind-Widget größer als das Fenster ist.

Tabelle 14.27 Eigenschaften für GtkScrolledWindow (GTK_TYPE_SCROLLED_WINDOW)

Eigenschaften	Datentyp	Bedeutung
"hscrollbar-policy" (Forts.)		GTK_POLICY_NEVER Rollbalken niemals anzeigen
"shadow-type"	GtkShadowType	Schattierungen des Rollbalkens um das Kind-Widget. Mögliche selbst redende Werte: GTK_SHADOW_NONE, GTK_SHADOW_IN, GTK_SHADOW_OUT, GTK_SHADOW_ETCHED_IN, GTK_SHADOW_ETCHED_OUT
"vadjustment"	GtkAdjustment	Stellgröße (Typ GtkAdjustment), welche die vertikale Position des Kind-Widgets im Fenster kontrolliert.
"vscrollbar-policy"	GtkPolicyType	Darstellungsmethode des vertikalen Balkens. Mögliche Werte: siehe hscrollbar-policy
"window-placement"	GtkCornerType	Relative Platzierung des Kind-Widgets zu den Rollbalken. Mögliche Werte: GTK_CORNER_TOP_LEFT – Rollbalken rechts und unten (Standard) GTK_CORNER_BOTTOM_LEFT – Rollbalken rechts und oben GTK_CORNER_TOP_RIGHT – Rollbalken links und unten GTK_CORNER_BOTTOM_RIGHT – Rollbalken links und oben

Tabelle 14.27 Eigenschaften für GtkScrolledWindow (GTK_TYPE_SCROLLED_WINDOW) (Forts.)

14.12 Auswählen (Selection)

Dinge wie das Auswählen (Selektieren) einer Datei, der Farben oder Schriftarten muss man zum Glück nicht mehr selbst programmieren. Hierzu existieren in GTK+ wieder einige vorbereitete Widgets. Zur einfachen Farbauswahl wird das Widget GtkColorSelection, zur Auswahl von Schriftarten GtkFontSelection und zur Dateiauswahl GtkFileSelection verwendet.

Auf die Auswahl von Dateien soll in diesem Abschnitt etwas näher eingegangen werde. Hierzu wurde das Listing des einfachen Texteditors vom Beispiel zuvor um die Funktion der Dateiauswahl erweitert. Damit können Sie nun einfache Textdateien öffnen und im Editor anzeigen lassen. Zusätzlich wurde dem Beispiel auch noch eine Funktion zum Speichern spendiert, wobei hier wiederum einige weitere Funktionen des Text-Widget-Systems von GTK+ verwendet wurden.

```
/* gtk8.c */
/* Mehrzeiliger Text                    */
```

```
/* mit Dateiauswahl - GtkFileSelection */
#include <gtk/gtk.h>
#include <stdio.h>
#include <string.h>

/* Funktionsprototypen */
static GtkWindow *create_window (void);
static void create_tags (GtkTextBuffer * buffer);
static void on_button_clear_clicked (
                     GtkButton * button, gpointer user_data );
static void on_button_cut_clicked (
                     GtkButton * button, gpointer user_data );
static void on_button_copy_clicked (
                     GtkButton * button, gpointer user_data );
static void on_button_paste_clicked (
                     GtkButton * button, gpointer user_data );
static void on_button_bold_clicked (
                     GtkButton * button, gpointer user_data );
static void on_button_underline_clicked (
                     GtkButton * button, gpointer user_data );
static void on_button_strike_clicked (
                     GtkButton * button, gpointer user_data );
static void on_button_color_clicked (
                     GtkButton * button, gpointer user_data );
static void ok_buttonCB (
                     GtkWidget * clicked, GtkWidget * selection);
static void file_open (
                     GtkButton * clicked, GtkWidget * selection);
static void on_button_save_clicked (
                     GtkButton * button, gpointer user_data );

/* Dateiname zum Öffnen */
static gchar *file = NULL;
static GtkTextView *textview;

static GtkWindow * create_window (void) {
  GtkWindow *window;
  GdkPixbuf  *pic;
  GtkVBox *vbox_main;
  GtkToolbar *toolbar;
  GtkWidget *button_clear, *button_cut, *button_copy,
  *button_paste, *button_bold, *button_underline,
  *button_strike, *button_color, *button_open,
  *button_save;
  GtkScrolledWindow *scrolledwindow;
  GtkTextBuffer *buffer;
  GtkFileSelection *fileselect;

  /* Eine Grafik in einen Pixbuf laden */
  pic = gdk_pixbuf_new_from_file("icon/at-work.gif", NULL );
```

```
/* Fenster mit folgenden Eigenschaften anlegen */
window = g_object_new( GTK_TYPE_WINDOW,
                       "title", "Textansicht und Textpuffer",
                       "default-width",  300,
                       "default-height", 200,
                       "resizable", TRUE,
                       "window-position", GTK_WIN_POS_CENTER,
                       "border-width", 0,
                       "icon", pic,
                       NULL );
/* eine vertikale Box erzeugen */
vbox_main = g_object_new( GTK_TYPE_VBOX,
                          "spacing", 0,
                          NULL);
/* Eine neue Toolbar erzeugen */
toolbar = g_object_new (GTK_TYPE_TOOLBAR,
                       /* "toolbar-style", GTK_TOOLBAR_ICONS,*/
                        NULL);
/* Buttons mit Stock-Icons für die Toolbar erzeugen */
button_open = gtk_toolbar_insert_stock (GTK_TOOLBAR (toolbar),
                                        "gtk-open",
                                        "Datei oeffnen",
                                        NULL, NULL, NULL, -1);
button_save = gtk_toolbar_insert_stock (GTK_TOOLBAR (toolbar),
                                        "gtk-save",
                                        "Datei speichern",
                                        NULL, NULL, NULL, -1);
button_clear=gtk_toolbar_insert_stock (GTK_TOOLBAR (toolbar),
                                        "gtk-clear",
                                        "Text loeschen",
                                        NULL,NULL,NULL,-1);
button_cut=gtk_toolbar_insert_stock (GTK_TOOLBAR (toolbar),
                                        "gtk-cut",
                                        "Text ausschneiden",
                                        NULL, NULL, NULL, -1);
button_copy = gtk_toolbar_insert_stock (GTK_TOOLBAR (toolbar),
                                        "gtk-copy",
                                        "Text kopieren",
                                        NULL, NULL, NULL, -1);
button_paste=gtk_toolbar_insert_stock (GTK_TOOLBAR (toolbar),
                                        "gtk-paste",
                                        "Text einfuegen",
                                        NULL, NULL, NULL, -1);
gtk_toolbar_append_space (GTK_TOOLBAR (toolbar));

button_bold = gtk_toolbar_insert_stock (GTK_TOOLBAR (toolbar),
                                        "gtk-bold",
                                        "Fette Schriftart",
                                        NULL, NULL, NULL, -1);
```

```
button_underline=gtk_toolbar_insert_stock(
                                   GTK_TOOLBAR (toolbar),
                                   "gtk-underline",
                                   "Schrift unterstreichen",
                                   NULL, NULL, NULL, -1);
button_strike=gtk_toolbar_insert_stock (GTK_TOOLBAR (toolbar),
                                   "gtk-strikethrough",
                                   "Schrift durchstreichen",
                                   NULL, NULL, NULL, -1);
button_color=gtk_toolbar_insert_stock (GTK_TOOLBAR (toolbar),
                                   "gtk-select-color",
                                   "farbige Schrift (Blau)",
                                   NULL, NULL, NULL, -1);
/* Rollbalken erzeugen */
scrolledwindow = g_object_new( GTK_TYPE_SCROLLED_WINDOW,
                    "hscrollbar_policy" , GTK_POLICY_AUTOMATIC,
                    "vscrollbar_policy" , GTK_POLICY_AUTOMATIC,
                    "window_placement"  , GTK_CORNER_TOP_LEFT,
                    NULL);
/* Eine Textansicht erzeugen */
textview = g_object_new( GTK_TYPE_TEXT_VIEW, NULL);
/* Aktuellen Puffer für die Textansicht ermitteln */
buffer = gtk_text_view_get_buffer (GTK_TEXT_VIEW (textview));
/* Einige einfache Tags zur Formatierung anlegen */
create_tags (buffer);
/* Dateiauswahlbox erzeugen */
fileselect = g_object_new( GTK_TYPE_FILE_SELECTION,
                     "filename" ,"Bitte Datei auswaehlen ...",
                     "select-multiple", FALSE,
                     "show-fileops"   , TRUE,
                     NULL);
/* Signalhandler einrichten */
g_signal_connect ( (gpointer) window, "delete_event",
                   G_CALLBACK (gtk_main_quit), NULL);
g_signal_connect ( (gpointer) button_clear, "clicked",
                   G_CALLBACK (on_button_clear_clicked),
                   (gpointer) textview);
g_signal_connect ( (gpointer) button_cut, "clicked",
                   G_CALLBACK (on_button_cut_clicked),
                   (gpointer) textview);
g_signal_connect ( (gpointer) button_copy, "clicked",
                   G_CALLBACK (on_button_copy_clicked),
                   (gpointer) textview);
g_signal_connect ( (gpointer) button_paste, "clicked",
                   G_CALLBACK (on_button_paste_clicked),
                   (gpointer) textview);
g_signal_connect ( (gpointer) button_bold, "clicked",
                   G_CALLBACK (on_button_bold_clicked),
                   (gpointer) textview);
```

```
  g_signal_connect ( (gpointer) button_underline, "clicked",
                     G_CALLBACK (on_button_underline_clicked),
                     (gpointer) textview);
  g_signal_connect ( (gpointer) button_strike, "clicked",
                     G_CALLBACK (on_button_strike_clicked),
                     (gpointer) textview);
  g_signal_connect ( (gpointer) button_color, "clicked",
                     G_CALLBACK (on_button_color_clicked),
                     (gpointer) textview);
  g_signal_connect ( (gpointer) button_save, "clicked",
                     G_CALLBACK (on_button_save_clicked),
                     (gpointer) textview);
  g_signal_connect (GTK_OBJECT
                (GTK_FILE_SELECTION (fileselect)->ok_button),
                "clicked", G_CALLBACK(ok_buttonCB), fileselect);
  g_signal_connect_swapped (
      GTK_OBJECT(GTK_FILE_SELECTION (fileselect)->ok_button),
      "clicked",
      G_CALLBACK(gtk_widget_hide),
      GTK_OBJECT (fileselect));
  g_signal_connect_swapped (
      GTK_OBJECT(GTK_FILE_SELECTION (fileselect)->cancel_button),
      "clicked",
      G_CALLBACK(gtk_widget_hide),
      GTK_OBJECT (fileselect));
  g_signal_connect (GTK_OBJECT(button_open), "clicked",
                    G_CALLBACK (file_open), fileselect);
  /* Alles packen */
  gtk_container_add( GTK_CONTAINER (window),
                     GTK_WIDGET(vbox_main) );
  gtk_box_pack_start ( GTK_BOX (vbox_main),
                       GTK_WIDGET(toolbar),
                       FALSE, FALSE,0);
  gtk_box_pack_start ( GTK_BOX (vbox_main),
                       GTK_WIDGET(scrolledwindow),
                       TRUE,TRUE, 0);
  gtk_container_add ( GTK_CONTAINER (scrolledwindow),
                      GTK_WIDGET(textview));
  /* Erzeugtes Fenster zurückgegeben */
  return window;
}

/* Bitte entnehmen Sie die Funktionen ...
 * on_button_clear_clicked(), on_button_cut_clicked(),
 * on_button_copy_clicked(), on_button_paste_clicked(),
 * on_button_bold_clicked(), on_button_underline_clicked(),
 * on_button_strike_clicked(), on_button_color_clicked (),
 * create_tags ()
 * ... vom Beispiel gtk7.c oder von der Buch-CD.
 */
```

```
/* Datei zum Lesen öffnen */
static void
ok_buttonCB (GtkWidget * clicked, GtkWidget * selection) {
  FILE *f;
  gchar buf[255];
  GtkTextBuffer *buffer = NULL;
  GtkTextIter end;

  file=gtk_file_selection_get_filename (
         GTK_FILE_SELECTION(selection));
  if (file == NULL)
    return; /* Datei existiert nicht */
  f = fopen (file, "r");
  if (NULL == f) {
    printf("Keine solche Datei vorhanden!!\n");
    return;
  }
  else {
    buffer = gtk_text_view_get_buffer (
               GTK_TEXT_VIEW (textview) );
    while(fgets(buf,255,f)) {
      gtk_text_buffer_get_end_iter(buffer, &end);
      gtk_text_buffer_insert(buffer, &end, buf, -1);
    }
  }
  fclose (f);
}

static void
file_open (GtkButton * clicked, GtkWidget * selection) {
  GtkTextBuffer *buffer = NULL;
  /* Neue Datei öffnen, daher:
     + Dateinamen auf NULL setzen
     + Inhalt von bereits vorhandenem Text löschen */
  file = NULL;
  buffer = gtk_text_view_get_buffer (GTK_TEXT_VIEW (textview));
  gtk_text_buffer_set_text(buffer,"", -1);
  gtk_widget_show (selection);
}

/* Datei abspeichern - ohne wenn und aber !*/
static void
on_button_save_clicked (GtkButton * button, gpointer user_data) {
  GtkTextBuffer *buffer = NULL;
  GtkTextIter start, end;
  gchar *buf;
  gchar *dyn;
  FILE *f;
```

```
  if(file != NULL) {
    /* Aktuellen Puffer für die Textansicht ermitteln */
    buffer = gtk_text_view_get_buffer (
               GTK_TEXT_VIEW (user_data) );
    /* Markierte Auswahl im Puffer ermitteln */
    gtk_text_buffer_get_bounds (buffer, &start, &end);
    /* Zeiger auf den kompletten Text zurück */
    buf=gtk_text_buffer_get_text(buffer, &start, &end, TRUE);
    dyn = g_malloc( strlen(buf)+1 );
    g_stpcpy( dyn, buf );
    /* Zur Kontrolle Ausgabe auf die Konsole */
    g_print("%s\n... gespeichert!\n",dyn);
    f = fopen(file, "w");
    if(f != NULL)
      fwrite(dyn, strlen(dyn)+1, 1, f);
    fclose(f);
  }
}

int main (int argc, char **argv) {
  GtkWindow *window;
  gtk_init (&argc, &argv);
  window = create_window ();
  gtk_widget_show_all (GTK_WIDGET(window));
  gtk_main ();
  return 0;
}
```

Das Programm bei der Ausführung:

```
$ gcc -Wall -o gtk8 gtk8.c `pkg-config gtk+-2.0 --cflags --libs`
$ ./gtk8
```

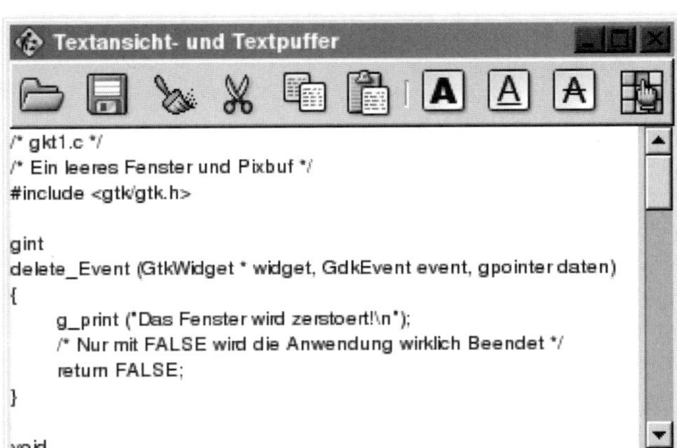

Abbildung 14.17 Neue Funktionen zum Öffnen und Speichern von Dateien

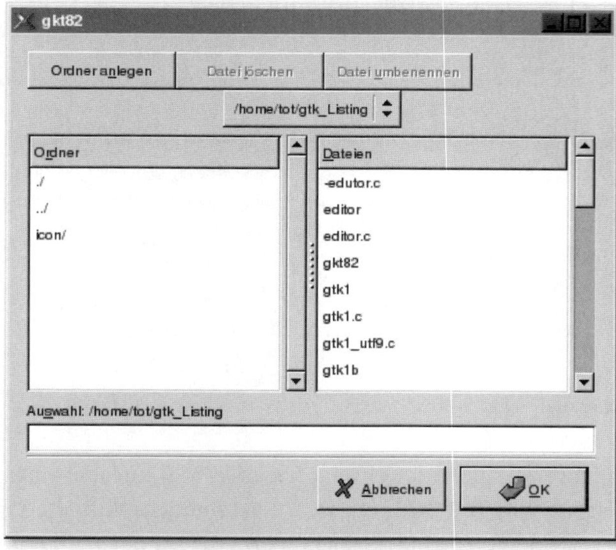

Abbildung 14.18 Widget GtkFileSelection im Einsatz

Hinweis

Aus drucktechnischen Gründen wurde auch hier wieder die Toolbar des Listings auf dem Screenshot mit der Eigenschaft `"toolbar-style"`, `GTK_TOOLBAR_ICONS` versehen; also ohne den Text unter dem Icon.

Hinweis

Bei diesem Beispiel wurden Sie höchstwahrscheinlich zum ersten Mal mit UTF-8-Warnmeldungen in der Konsole überschüttet, aus der Sie das Programm gestartet haben. Natürlich nur, wenn die Datei, die Sie öffnen, Nicht-ASCII-Zeichen enthält. Zwangsläufig müssen Sie sich hierbei wohl intensiver mit den UTF-8-Funktionen der Glib auseinander setzen, wenn Sie derartige Programme für die Masse entwickeln wollen.

14.12.1 Dateiauswahl – GtkFileSelection

Wie Sie im Beispiel schon gesehen haben, ist es üblich, diesen Dialog via Signalhandler anzulegen – genauer, anzeigen zu lassen, indem die Buttons `OK` und `Abbrechen` mit dieser Dialogbox gebunden und ausgewertet werden. Beide Buttons finden Sie in der Struktur `GtkFileSelection` unter dem Namen `ok_button` und `cancel_button`.

```
struct GtkFileSelection {
...
  GtkWidget *ok_button;
  GtkWidget *help_button;
...
};
```

Folgende Eigenschaften stehen Ihnen bei der Dateiauswahl zur Verfügung:

Eigenschaft	Datentyp	Bedeutung
`"filename"`	`gchararray`	Der Dateiname mit Pfad, der ausgewählt wurde. Macht allerdings nur Sinn auszuwerten, wenn `select-multiple` `FALSE` ist.
`"select-multiple"`	`gboolean`	Bei `TRUE` können mehrere Dateien auf einmal ausgewählt werden (bei gedrückter [Strg]-Taste möglich).
`"show- fileops"`	`gboolean`	Sollen die Buttons zur Dateiverwaltung mit angezeigt werden (*Verzeichnis anlegen, Datei löschen, Datei umbenennen*)?

Tabelle 14.28 Eigenschaften für GtkFileSelection

Wie schon erwähnt, können Sie auch mehrere Dateien auf einmal selektieren. Dann allerdings müssen Sie die Funktion `gtk_file_selection_get_selections()` verwenden. Mit dieser Funktion erhalten Sie ein nullterminiertes Feld von Strings zurück, worin die Dateinamen enthalten sind. Allerdings sind in den Dateinamen die lokalen Zeichenkodierungen enthalten. Damit es nicht reihenweise Fehler oder gar Abstürze hagelt, sollten Sie die Dateinamen zuvor in eine UTF-8-Kodierung mit der Funktion `g_filename_from_utf8()` umwandeln. Dies natürlich nur, wenn Nicht-ASCII-Zeichen beim Dateinamen verwendet wurden. Das UTF-8-Problem wurde bereits zu Beginn kurz angesprochen.

Im Beispiel wurde die Funktion `gtk_file_selection_get_filename()` mit der Dateiauswahl `GtkFileSelection` als Argument verwendet, um den Dateinamen mitsamt Pfad zu ermitteln, der ausgewählt wurde.

Ferner wurden noch weitere Funktionen verwendet, die sich auf `GtkTextBuffer` beziehen, die hier nicht unerwähnt bleiben sollten.

```
void gtk_text_buffer_get_end_iter ( GtkTextBuffer *buffer,
                                    GtkTextIter *iter );
void gtk_text_buffer_insert ( GtkTextBuffer *buffer,
                              GtkTextIter *iter,
                              const gchar *text,
                              gint len );
void gtk_text_buffer_get_bounds ( GtkTextBuffer *buffer,
                                  GtkTextIter *start,
                                  GtkTextIter *end );
gchar *gtk_text_buffer_get_text( GtkTextBuffer *buffer,
                                 const GtkTextIter *start,
                                 const GtkTextIter *end,
                                 gboolean include_hidden_chars );
```

Mit `gtk_text_buffer_get_end_iter()` ermitteln Sie das Ende des Textpuffers. Die so ermittelte Adresse verwenden Sie anschließend in der Funktion `gtk_text_buffer_insert()`. Mit dieser Funktion wird ein Text `text` an der Position `iter` mit der Länge `len` angefügt. Für `len` kann auch -1 angegeben werden, was allerdings voraussetzt, dass der Text nullterminiert ist.

Mit der Funktion gtk_text_buffer_get_bounds() ermitteln Sie die Startposition (start) und Endposition (end) im Textpuffer (buffer). Diese beiden so ermittelten Iteratoren werden gleich mit der Funktion gtk_text_buffer_get_text() verwendet, die aus dem Textpuffer dann eine Adresse auf den kompletten Text zwischen diesen beiden Iteratoren zurückgibt. Mit include_hidden_chars können Sie angeben, ob auch unsichtbare Zeichen mitgenommen werden.

14.13 Events

Die Einführung in GTK+ ist fast zu Ende, und es wurde kaum ein Wort über Events und deren Bearbeitung erwähnt. Sie haben bisher immer Ihre GTK+-Anwendungen erstellt und sich beim Einrichten der Callback-Funktion das ausgesucht, was Sie benötigt haben (clicked, activate ...), das war's. Mehr ist im Prinzip eigentlich auch gar nicht nötig, wenn Sie mit GTK+ Programme schreiben wollen. Die Events in GTK+ werden mit Wrapper von den GDK-Events verwendet und machen Ihnen das Leben recht einfach. GTK+ übernimmt alles für Sie. Die GDK-Events sind in der GTK+Bibliothek als Signale vorhanden. In der Regel könnten Sie es also dabei belassen und so weiterarbeiten.

Was ist aber, wenn Sie z. B. bei einem Mausklick im Fenster die exakte Position benötigen, wo und welcher Mausbutton gedrückt wurde – wie bei einem Zeichenprogramm? Sie haben zwar dafür die Signale button-press-event, button-release-event oder clicked, aber keine genaue Positionsangaben. In solch einem Fall müssen Sie tatsächlich ein wenig in die niedrigere Ebene von GDK einsteigen. In diesem Fall geht es zwar vorwiegend um die Maus-Events. Aber wenn das Thema verstanden wurde, lässt sich dieses genauso gut auf die anderen Events übertragen.

Sie haben häufig in Callback-Funktionen den Parameter (genauer die Struktur) GdkEvent verwendet, ohne eigentlich gewusst zu haben, was Sie da eigentlich nutzen. Im Prinzip konnte Ihnen das auch egal sein, da Ihnen ja GTK+ die ganze Arbeit abgenommen hat. Ein Beispiel einer solchen Callback-Funktion:

```
gboolean
callback(GtkWidget * widget, GdkEvent* event, GtkWidget * label);
```

Es wird jetzt davon ausgegangen, dass ein Mausbutton an einer bestimmten Position im Fenster betätigt wurde und die Callback-Funktion show_pos mit dem Signal button-press-event aufgerufen wurde. Jetzt benötigen Sie erst die Struktur von GdkEvent. Da in der Regel nur ein Event auf einmal auftritt, wird hierzu eine union verwendet:

```
union GdkEvent {
  GdkEventType          type;
  GdkEventAny           any;
  GdkEventExpose        expose;
  GdkEventNoExpose      no_expose;
  GdkEventVisibility    visibility;
  GdkEventMotion        motion;
  GdkEventButton        button;
  GdkEventScroll        scroll;
```

```
  GdkEventKey             key;
  GdkEventCrossing        crossing;
  GdkEventFocus           focus_change;
  GdkEventConfigure       configure;
  GdkEventProperty        property;
  GdkEventSelection       selection;
  GdkEventProximity       proximity;
  GdkEventClient          client;
  GdkEventDND             dnd;
  GdkEventWindowState     window_state;
  GdkEventSetting         setting;
};
```

In dieser `union` finden Sie jetzt alle möglichen Event-Strukturen, die bei einer Anwenderaktion zurückgegeben werden können. In diesem Fall interessiert uns das Event der Mausbuttons, das Sie an `GdkEventButton` erkennen können. Die Spur soll nun weiterverfolgt werden. Ein Blick in die Dokumentation bringt folgende Struktur ans Tageslicht:

```
struct GdkEventButton {
  GdkEventType type;
  GdkWindow *window;
  gint8 send_event;
  guint32 time;
  gdouble x;
  gdouble y;
  gdouble *axes;
  guint state;
  guint button;
  GdkDevice *device;
  gdouble x_root, y_root;
};
```

Und schon haben Sie alles, was Sie für die Event-_Bearbeitung der Maus benötigen. Im Großen und Ganzen sind wir hier ja nur an `x`, `y` und `button` interessiert – aber ein wenig Weiterbildung kann nicht schaden. `type` beinhaltet die Art des Mausereignisses (`GDK_BUTTON_PRESS`, `GDK_2BUTTON_PRESS` (Doppelklick), `GDK_3BUTTON_PRESS` (Dreifachklick) oder `GDK_BUTTON_RELEASE`. `window` ist das Fenster, welches das Event erhalten hat. `time` enthält die Zeit des Events in Millisekunden. `x` und `y` sind die relativen Koordinaten des Mauszeigers im Fenster. Mit `axes` werden die x-, y-Achsen des Gerätes übersetzt. Im Falle einer Maus ist der Wert `NULL`. `state` ist eine Bitmaske, die den Zustand der modifizierten Tasten (wie [Strg], [⇧] oder [Alt]) und den Zeigerbutton anzeigt. Welche Maustaste gedrückt wurde, finden Sie in `button`. Der Wert wird von 1 bis 5 nummeriert und entspricht denselben Werten wie schon beim X Window. `device` macht eine Aussage zum Gerät, welches das Event ausgelöst hat (es muss nicht immer eine Maus sein). `x_root` und `y_root` sind relative Koordinaten des Zeigers vom Ursprung des Bildschirms.

Somit ergibt sich folgende Callback-Funktion:

```
gboolean show_pos ( GtkWidget * widget,
                    GdkEvent * event,
                    GtkWidget * label );
```

Wollen Sie jetzt hier ermitteln, welcher Button gedrückt wurde, können Sie dies mit folgender Angabe machen:

```
gint z = event->button.button;
```

`event` ist der Zeiger auf die Struktur `GdkEvent` in der Callback-Funktionsdefinition, `button` ist vom Typ `GdkEventButton` in `union GdkEvent`, und der zweite `button` ist eine Strukturvariable in `GdkEventButton`. Sie können dies aber abkürzen, indem Sie bei dem Funktionsprototypen der Callback-Funktion gleich `GdkEventButton` verwenden:

```
static gboolean show_pos ( GtkWidget * widget,
                           GdkEventButton * event,
                           GtkWidget * label );
```

Der Rückgabewert der Callback-Funktion sollte `TRUE` sein, wenn alles beim Behandeln des Events glatt verlief – bei einem Fehler sollten Sie `FALSE` zurückgeben.

Wie schon mit dem Xt-Toolkit müssen Sie die Events, die Sie bearbeiten wollen, selektieren – denn auch hier macht es wenig Sinn, von vornherein auf alle Events reagieren zu wollen. Der X-Server wäre nur noch mit den Events beschäftigt. Die Events, die Sie speziell bearbeiten wollen, selektieren Sie mit der Funktion `gtk_widget_set_event()`. Die Syntax dazu:

```
void gtk_widget_set_events (GtkWidget *widget,  gint events);
```

Damit fügen Sie zu einem Widget eine oder mehrere Eventmasken hinzu, die Sie bearbeiten wollen. Mehrere Masken werden mit dem bitweisen ODER-Operator getrennt. Hierzu einige der wichtigsten GDK-Eventmasken:

Eventmaske	Signal	Bedeutung
GDK_EXPOSURE_MASK	expose-event	Fenster oder Teil davon wurde sichtbar.
GDK_BUTTON_MOTION_MASK	motion-notify-event	Maus wurde bewegt, während gleichzeitig ein Button gedrückt wurde.
GDK_BUTTON1_MOTION_MASK GDK_BUTTON2_MOTION_MASK GDK_BUTTON3_MOTION_MASK	motion-notify-event	Maus wurde bewegt, während gleichzeitig ein spezieller Button gedrückt wurde.
GDK_BUTTON_PRESS_MASK	button-press-event	Button wird gedrückt.
GDK_BUTTON_RELEASE_MASK	button-release-event	Button wird losgelassen.
GDK_KEY_PRESS_MASK	key-press-event	Taste wird gedrückt.
GDK_KEY_RELEASE_MASK	key-release-event	Taste wird losgelassen.
GDK_ENTER_NOTIFY_MASK	enter-notify-event	Zeiger ist in das Fenster gekommen.
GDK_LEAVE_NOTIFY_MASK	leave-notify-event	Zeiger hat das Fenster verlassen.
GDK_FOCUS_CHANGE_MASK	focus-in-event focus-out-event	Tastaturfokus zwischen den Fenstern wurde gewechselt.
GDK_PROPERTY_CHANGE_MASK	property-notify-event	Eine Fenstereigenschaft wurde verändert.

Tabelle 14.29 Einige Eventmasken und deren Signale

Hierzu nun ein einfaches Beispiel, das sich vorwiegend um die Events `GDK_BUTTON_PRESS_MASK` und `GDK_BUTTON_RELEASE_MASK` kümmert, daneben aber auch die Eventmasken

GDK_ENTER_NOTIFY_MASK, GDK_LEAVE_NOTIFY_MASK und GDK_KEY_PRESS_MASK verwendet, ohne allerdings Wichtigeres damit zu machen.

```
/* gtk9.c */
#include <gtk/gtk.h>
#define LEFTBUT   1
#define MIDDLEBUT 2
#define RIGHTBUT  3

static gint
delete_Event(GtkWidget *widget, GdkEvent *event, gpointer data) {
  return FALSE;
}

static void exitCB (GtkButton * clicked, gpointer data) {
  gtk_main_quit ();
}

static gboolean show_pos (
  GtkWidget *widget, GdkEventButton *event, GtkWidget *label ) {
  const gchar *button[] = {
     NULL, "linker Button", "mittlerer Button","rechter Button"
   };
  gint x = event->x;
  gint y = event->y;
  gint z = event->button;
  gchar *pos = g_strdup_printf ("Event: %d, %d (%s)\n",
                x, y, button[z]);
  gtk_label_set_text (GTK_LABEL (label), pos);
  return TRUE;
}

static gboolean change_label1 (
  GtkWidget* widget, GdkEventButton* event, GtkWidget *label ) {
  const gchar *new_label = {
     "Event : Mauscursor tritt ins Fenster ein\n"
  };
  gtk_label_set_text (GTK_LABEL (label), new_label);
  return TRUE;
}

static gboolean change_label2 (
 GtkWidget * widget, GdkEventButton * event, GtkWidget * label) {
  const gchar *new_label = {
     "Event : Mauscursor hat Fenster verlassen\n"
   };
  gtk_label_set_text (GTK_LABEL (label), new_label);
  return TRUE;
}
```

```
static gboolean key_press (
  GtkWidget * widget, GdkEventKey * event, GtkWidget * label) {
  gchar *new_label = g_strdup_printf (
     "Event : Taste '%s' (Wert:%d) wurde gedrueckt\n",
     event->string, event->keyval);
  gtk_label_set_text (GTK_LABEL (label), new_label);
  return TRUE;
}

int main (int argc, char **argv) {
  GtkWidget *fenster;
  GtkWidget *label;
  /*Gtk initialisieren */
  gtk_init (&argc, &argv);
  /*Ein neues Fenster erstellen */
  fenster = g_object_new( GTK_TYPE_WINDOW,
                        "title", "Verschiedene Anzeigeelemente",
                        "default-width",  300,
                        "default-height", 200,
                        "resizable", TRUE,
                        "window-position", GTK_WIN_POS_CENTER,
                        "border-width", 5,
                        NULL );
  label = g_object_new( GTK_TYPE_LABEL, NULL);

  /* Versuch, über den Window-Manager zu beenden */
  g_signal_connect ( GTK_OBJECT (fenster), "delete-event",
                   G_CALLBACK (delete_Event), NULL);
  g_signal_connect ( GTK_OBJECT (fenster), "destroy",
                   G_CALLBACK (exitCB), NULL);
  /* Callbacks für die Events einrichten */
  g_signal_connect (GTK_OBJECT (fenster), "button-press-event",
                  G_CALLBACK (show_pos), label);
  g_signal_connect ( GTK_OBJECT (fenster), "enter-notify-event",
                   G_CALLBACK(change_label1), label);
  g_signal_connect ( GTK_OBJECT (fenster), "leave-notify-event",
                   G_CALLBACK (change_label2), label);
  g_signal_connect ( GTK_OBJECT (fenster), "key-press-event",
                   G_CALLBACK (key_press), label);
  gtk_widget_set_events (fenster,
             GDK_BUTTON_PRESS_MASK | GDK_BUTTON_RELEASE_MASK
           | GDK_ENTER_NOTIFY_MASK | GDK_LEAVE_NOTIFY_MASK
           | GDK_KEY_PRESS_MASK);
  gtk_container_add (GTK_CONTAINER (fenster), label);
  /* Zeigs uns ... */
  gtk_widget_show_all (fenster);
  gtk_main ();
  return 0;
}
```

Das Programm bei der Ausführung:

```
$ gcc -Wall -o gkt9 gtk9.c `pkg-config gtk+-2.0 --cflags --libs`
$ ./gkt9
```

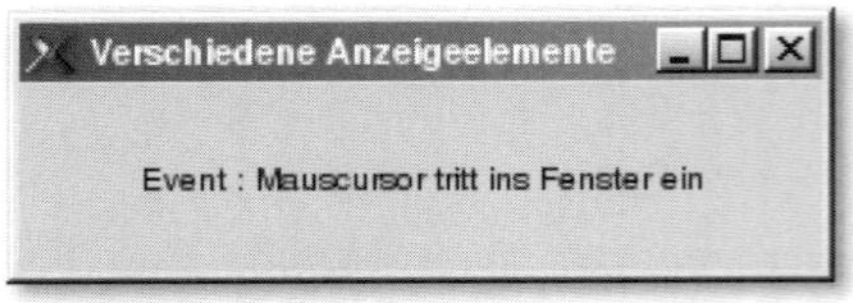

Abbildung 14.19 GDK-Events

14.14 Weitere Widget- und GTK+-Elemente im Überblick

GTK+ hat natürlich noch weitaus mehr zu bieten als die im Buch vorgestellten Widgets. Wie schon erwähnt, im Buch haben Sie nur den Rand des Wahnsinns kennen gelernt. Hier folgt noch ein weiterer kurzer Überblick zu einigen Widgets, die hier kaum oder gar nicht zur Sprache gekommen sind, wobei es aber lohnenswert ist, sich näher damit zu befassen.

Hinweis

Wer sich nach dieser Einführung jetzt noch intensiver mit GTK+ befassen will, dem habe ich auf der Buch-CD Weiterführendes zu dieser Bibliothek zusammengestellt.

14.14.1 Bäume und Listen

Mit den Bäumen und Listen steht Ihnen in GTK+ ein gewaltiges Widget-System zur Verfügung. Um Bäume und Listen in GTK+ zu erzeugen und zu verwenden, wird das Model/View/Controller-Konzept (kurz MVC) verwendet. Mit diesem Konzept wird die interne Darstellung der Daten (Model), die Anzeige (View) und die Manipulation der Daten (Controller) unterschieden. Dieses Konzept wird grob in folgende Hauptteile zerlegt:

- `GtkTreeModel` – Mit diesem Widget erzeugen Sie die interne Modell-Schnittstelle. Hier könnten Sie entweder selbst aktiv werden und sich Ihre eigene Implementation erstellen, oder Sie verwenden das bereits mitgelieferte Modell `GtkListStore` für einfache Listen (flache Bäume) oder `GtkTreeStore` für Bäume mit eventuell mehreren Ebenen.
- `GtkTreeView` – Dieses Widget dient zur Darstellung der Baumansicht. Dabei wird für jede Spalte ein Objekt der Klasse `GtkTreeViewColumn` benötigt.
- `GtkCellRenderer` – Der Renderer ist das eigentliche Bindeglied zwischen der Baumansicht (`GtkTreeView`) und dem Baummodell (`GtkTreeModel`). Damit werden die Daten in einer Zelle formatiert, eingefügt und auch wieder dargestellt. Auch hier bringt GTK+ schon wieder vorgefertigte Klassen zur Verwendung von Text (`GtkCellRendererText`), Pixbufs (`GtkCellRendererPixbuf`) und Ankreuzbuttons (`GtkCellRendererToggle`) mit.

14.14.2 Lineale

Einfache Lineale zur exakten Positionierung, wie Sie dies z. B. bei Textverarbeitungsprogrammen von den Seitenrändern her kennen (`GtkRuler`, `GtkHRuler`, `GtkVRuler`).

14.14.3 Zwischenablage (Clipboard)

Die Klasse `GtkClipboard` ist eine Zwischenablage, womit Daten zwischen verschiedenen Prozessen, sogar zwischen den verschiedenen Widgets im selben Prozess, geteilt werden können. Meistens wird diese Zwischenablage für einfache *Copy & Paste*-Aktionen verwendet.

14.14.4 Drag and Drop

GTK+ bietet eine Reihe von Funktionen, womit Sie das Drag –and Drop kontrollieren können. Mittlerweile bietet GTK+ auch schon eine Menge anderer unterstützender Protokolle für das Drag and Drop zwischen nicht GTK+-Anwendungen an. Wichtige Protokolle in der Struktur `GdkDragProtocol` wären hierfür Xdnd und das Motif-Protokoll.

14.14.5 Stock Items – Repertoire-Einträge

Die Stock Items wurden zwar kurz erwähnt. Stock Items stellen Ihnen gewöhnliche Menü- und Toolbar-Elemente zur Verfügung. Jedes dieser Elemente wird anhand einer Stock-ID identifiziert. Diese ID kann entweder in Form eines Strings oder aber eines Makros verwendet werden. Des Weiteren ist es natürlich auch möglich, eigene Einträge hinzuzufügen.

14.14.6 Signale

Das Thema »Signale« wurde in diesem Kapitel nur oberflächlich behandelt. Bei vielen Widgets wurden die Signale zum Teil unvollständig bis gar nicht erwähnt. Aber um für den Hausgebrauch eigene Anwendungen in GTK+ zu erstellen, reichen Ihre Kenntnisse diesbezüglich aus. Dennoch ist es sehr zu empfehlen, sich noch etwas intensiver mit den Signalen von GTK+ zu befassen, da diese doch die Eckpfeiler einer GTK+-Anwendung darstellen. Unbedingt müssen Sie sich mit Signalen befassen, wenn Sie sich für die Erstellung eigener Widgets interessieren.

14.14.7 Ressource-Files

GTK+ unterstützt auch Ressource-Files (gtkrc-Files), womit Sie Einstellungen wie z. B. das *Look & Feel* zur Laufzeit der Anwendung verändern können.

14.14.8 Widget-Entwicklung

Logischerweise ist es auch möglich, eigene Widgets zu erstellen. Hierbei können Sie entweder aus einer vorhandenen Klasse ein Widget ableiten oder aber auch mithilfe (der niedrigeren Ebene) von GDK-Funktionen Ihr Widget selbst zeichnen (!) und die Ereignisse abarbeiten.

14.14.9 GDK

Voraussetzung für das Entwickeln eigener Widgets ist GDK. GDK fungiert, wie Sie bereits wissen, als Schnittstelle zwischen GTK+ und dem Backend (unter Linux meistens X11 und unter Windows die Win32-API). Alle GTK+-Widgets bauen auf den Strukturen und Funktionen der GDK-Bibliothek auf.

Neben der GTK+ gibt es noch viele weitere, sehr gute GUI-Bibliotheken – die meisten verwenden allerdings C++ als Basissprache. Die folgenden Seiten verschaffen Ihnen einen kurzen Überblick über die verschiedenen Bibliotheken.

15 Übersicht über weitere beliebte GUI-Bibliotheken

Die meisten ausgereiften Bibliotheken zeichnen sich dadurch aus, dass sie ein RAD-Tool (RAD = *Rapid Application Development*) enthalten. Mit diesem Werkzeug lässt sich anhand eines sogenannten GUI-Designers in kürzester Zeit eine grafische Oberfläche zusammenstellen. Wenngleich Sie sich diese Anwendungen mit einigen Mausklicks zusammenstellen können, kommen Sie doch um die Grundlagen einer GUI-Bibliothek nicht herum.

Hinweis

Sie möchten C++ lernen? Dann empfehle ich Ihnen mein Buch »C++ von A bis Z – Das umfassende Handbuch«. Dort wird auch die GUI-Bibliothek *wxWidgets* behandelt.

15.1 gtkmm – GTK+ für C++

gtkmm (steht für *gtk--*) ist ein C++-Wrapper für GTK+ und somit auch die C++-Anbindung für GTK+. Alles, was Sie mit GTK+ tun können, können Sie auch mit gtkmm erledigen. Der Wrapper enthält auch alle starken C++-Features, die C++-Programmierer zu schätzen wissen, zum Beispiel Klassen, Vererbung und Polymorphismus. gtkmm verkapselt hierbei unter anderem `GObject` in eine funktionsgleiche C++-Klassenhierarchie. Auch die *glib* steht in einer C++-Variante mit *glibmm* zur Verfügung. Das Signal-Slot-Konzept wird hierbei durch eine eigene, typensichere Rückruffunktion über die Bibliothek *libsigc++* realisiert. gtkmm bietet Ihnen gegenüber GTK+ folgende Vorteile:

- Der Code mit gtkmm ist deutlich kürzer und klarer. Wilde Cast-Macros von GTK+ wie

  ```
  gtk_button_set_text( GTK_BUTTON( button), "Buttonname" );
  ```

  lassen sich mit gtkmm erheblich vereinfachen mit

  ```
  button.set_text( "Buttonname" );
  ```

- Durch Vererbung lassen sich sehr einfach neue Widgets ableiten. Zwar können Sie eine solche Ableitung auch mit GTK+ erstellen, dies ist jedoch relativ kompliziert und fehleranfällig.

- *gtkmm* ist typensicherer. Der Compiler deckt die Fehler schon zur Übersetzungszeit auf und nicht erst zur Laufzeit, wie bei C leider häufig üblich. Auch das Signalkonzept wird, wie bereits erwähnt, über eine C++-Bibliothek mit *libsigc++* realisiert, da diese typensicherer als GTK+ ist.
- Das Speichermanagement ist erheblich einfacher, da Member-Instanzen anstelle von Zeigern verwendet werden.

Trotz dieser Vorteile wird GTK+ häufiger eingesetzt als gtkmm. GNOME liefert hierfür das beste Beispiel. GTK+ selbst wurde ja ebenfalls in C erstellt. Dies hat auch damit zu tun, dass die Sprache C einfacher ist und zudem ziemlich eng mit Linux/Unix verknüpft. Außerdem kann man C jederzeit einen Wrapper überziehen (auch gtkmm ist schließlich ein Wrapper). Dies macht die Sprache auch für Entwickler interessanter.

Hinweis

Obgleich die gtkmm-Bibliothek auf vielen Plattformen ausführbar ist, auf denen auch GTK+ läuft (also auch MS Windows und Mac OS X), ist diese nur bedingt für die Cross-Plattform-Entwicklung geeignet. Sie ist eher in Linux/Unix-Derivaten beheimatet. Wer sich für die Entwicklung von Cross-Plattform-Anwendungen interessiert, dem empfehle ich die Qt-Bibliothek.

gtkmm produziert für C++-Wrapper-Verhältnisse recht schlanke Programme, nicht zuletzt deshalb, weil dieser Wrapper aus reinem C++ besteht. Andere C++-GUIs wie Qt verwenden noch zusätzliche Erweiterungen (*Extensions*). Allerdings gehen Frameworks wie Qt auch weit über normale GUI-Funktionalitäten hinaus und sind für viele Anwendungen überdimensioniert.

Hinweis

Eine bekannte Anwendung, die mit gtkmm entwickelt wurde, ist der freie Vektorgrafik-Editor *Inkscape* (*http://inkscape.org/?lang=de*).

15.1.1 Programmbeispiel

Das folgende Beispiel erzeugt ein einfaches Fenster (`Gtk::Window`) mit einem Text-Label (`Gtk::Label`) und zwei Schaltflächen (`Gtk::Button`). Die beiden Buttons werden mithilfe der Bibliothek *libsigc++* verbunden. Der erste Button wird mit der `quit`-Funktion von `Gtk::Main` verbunden. Der zweite Button wird mit einem selbsterstellten Signal-Handler (`button_angeklickt()`) verbunden. Die Schaltflächen und das Text-Label werden anschließend in einem GTK+-typischen Container (`Gtk::VBox`) verpackt (einer vertikalen Box) und im Fenster angezeigt.

```
/*hallo.cc */
#include <gtkmm.h>
#include <iostream>
using namespace Gtk;
```

```
// Der Signal-Handler
void button_angeklickt() {
   std::cout << "Hilfe wurde gedrückt" << std::endl;
}

int main( int argc, char *argv[] ) {
   // Das Gtk::Main-Objekt wird für alle
   // gtkmm-Anwendungen benötigt
   Main kit( argc, argv );

   // Das Hauptfenster Gtk::Windo
   Window window;
   window.set_title("Ein leeres Fenster");
   window.set_default_size( 300, 200 );
   window.set_border_width(15);

   // Ein Textlabel (Gtk::Label)
   Label lab("gtkmm mit Label und Button");
   // Zwei Buttons (Gtk::Button)
   Button ende_but(Stock::QUIT);
   Button hilfe("HILFE");
   // Signal-Handler für Buttons einrichten -
   // Programm beenden
   ende_but.signal_clicked().connect(
      sigc::ptr_fun(&Gtk::Main::quit) );
   hilfe.signal_clicked().connect(
      sigc::ptr_fun(&button_angeklickt));

   // Alles in eine vertikale Box packen (Gtk::VBox)
   VBox vbox(false, 15);
   vbox.add(lab);
   vbox.add(ende_but);
   vbox.add(hilfe);

   //Box in das Hauptfenster packen
   window.add(vbox);
   // Alle Widgets anzeigen
   window.show_all();
   // Alles anzeigen und die Event-
   //Verarbeitungsschleife starten
   Main::run(window);
   return 0;
}
```

Das Programm bei der Ausführung:

```
$ g++ hallo.cc -o hallo `pkg-config gtkmm-2.4 --cflags --libs`
$ ./hallo
```

Abbildung 15.1 Eine einfache Anwendung mit der gtkmm-Bibliothek

Hinweis

Ein fantastisches Tutorial zu gtkmm finden Sie auf der Webseite *http://www.gtkmm.org/docs/gtkmm-2.4/docs/tutorial/html/index.html*.

15.1.2 GUI-Designer GLADE für GTK+ und gtkmm

GLADE liegt mittlerweile in der Version 3 vor. Es handelt sich um ein sehr ausgereiftes RAD-Tool zur schnellen Entwicklung von GTK+- und GNOME-Anwendungen. Die grafische Oberfläche, die mit GLADE erstellt wurde, ist unabhängig von der verwendeten Programmiersprache und wird als XML-Datei gespeichert. Mit der Bibliothek *libglade* können Sie die XML-Datei jederzeit in mehreren Programmiersprachen wie C, C++, Java oder Perl verwenden.

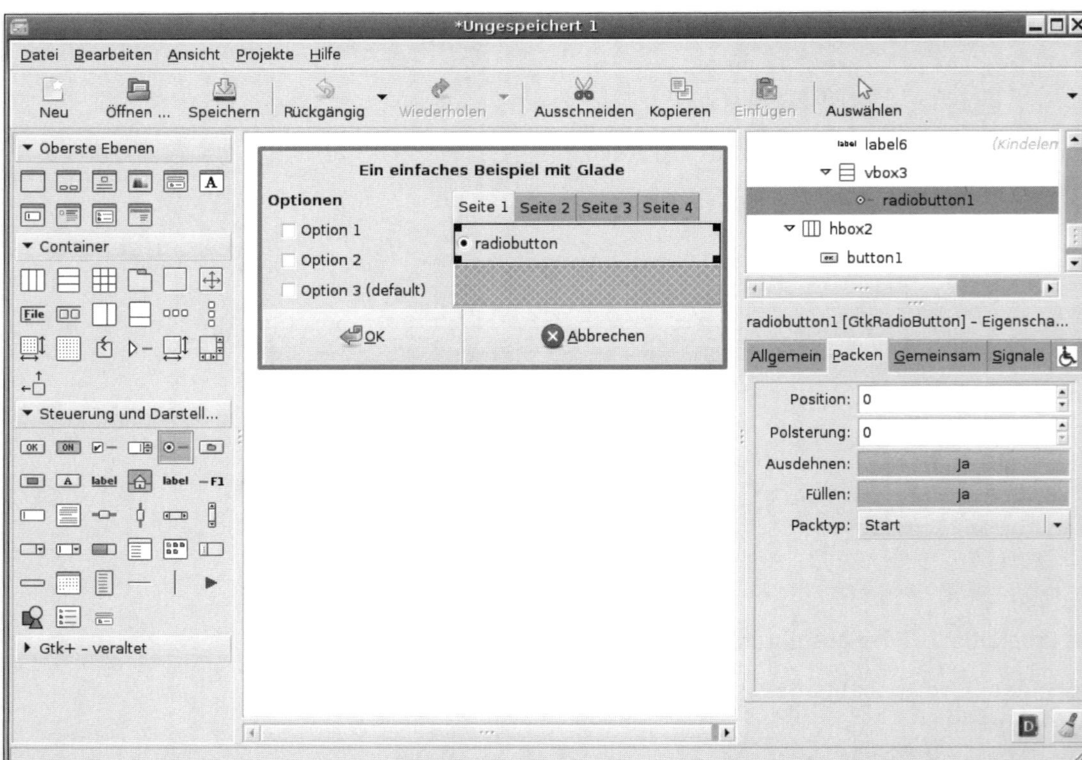

Abbildung 15.2 GLADE 3 bei der Ausführung

Tipp

Ein tolles Tutorial zu GLADE 3 finden Sie auf der Webseite *http://www.micahcarrick.com/12-24-2007/gtk-glade-tutorial-part-1.html*.

15.2 wxWidget

wxWidgets ist eine einfach zu verwendende, aber sehr mächtige API, die auf C++ aufbaut. Mit dieser API können Sie eigene GUI-Applikationen auf den unterschiedlichsten Plattformen (Linux/Unix, MacOS, Windows, Symbian OS, Palm OS, Windows CE etc.) erstellen. wxWidgets ist extrem portabel, auch weil es auf Ausnahmen (Exceptions) und Templates verzichtet. Neben C++ existieren für wxWidgets noch Anbindungen für viele weitere Programmiersprachen wie Python (wxPython), Perl (wxPerl), Lua (wxLua), Java und Ruby (wxRuby) oder auch C (wxC).

Neben den üblichen Features eines Toolkits bietet wxWidget noch die folgenden Besonderheiten: Online-Hilfe (HTML und CHM), Netzwerkprogrammierung, Streams, Zwischenablage, Drag & Drop, Multithreading, Bilder in unterschiedlichen Formaten laden und speichern, Datenbank-Unterstützung (MySQL, SQLlite, ODBC etc.), HTML-Betrachter und Drucker, virtuelles Filesystem, OpenGL-Unterstützung, OLE-Automatisierung und noch sehr viel mehr. Insgesamt umfasst diese API über 450 (!) Klassen mit mehr als 5.000 Funktionen.

Dank einer leicht veränderten LGPL ist die freie Verwendung von wxWidget in proprietärer und freier Software erlaubt, was auch den weiteren Vertrieb unter einer eigenen Lizenz ermöglicht. Mehr zur Lizenzierung erfahren Sie auf der offiziellen Webseite *http://www.wxwidgets.org/*.

Hinweis

Wenn Sie mehr über diese Bibliothek und über C++ im Allgemeinen erfahren wollen, empfehle ich Ihnen mein Buch »C++ von A bis Z – Das umfassende Handbuch«, das im selben Verlag erschienen ist. Wer bereits C++ beherrscht, der findet das wxWidget-Kapitel (mit circa 200 Seiten) des Buches als PDF auf der CD wieder.

15.2.1 Programmbeispiel

Das folgende einfache Programmbeispiel öffnet lediglich ein Fenster mit einer Schaltfläche und reagiert auf das Anklicken des Buttons als Ereignis.

Zunächst die Header-Datei:

```
// base.h
#ifndef BASIC_H
#define BASIC_H

class HalloWeltApp : public wxApp {
```

```
public:
   virtual bool OnInit();
};

class BasicFrame : public wxFrame {
private:
   wxPanel* panel;
   wxButton* button;
   // Ereignis-Tabelle einrichten
   DECLARE_EVENT_TABLE()
public:
   BasicFrame( const wxChar *title,
               int xpos, int ypos,
               int width, int height);
   ~BasicFrame();
   // Methoden die auf das Ereignis reagiert
   void OnClickButtonOK(wxCommandEvent &event);
};
#endif
```

Der Hauptcode lautet:

```
// base.cpp
#include "wx/wx.h"
#include "base.h"

IMPLEMENT_APP(HalloWeltApp)

bool HalloWeltApp::OnInit() {
   BasicFrame *frame =
      new BasicFrame( wxT("Hallo Welt"), 50, 50, 200, 100);
   frame->Show(TRUE);
   SetTopWindow(frame);
   return TRUE;
}

BasicFrame::BasicFrame (
   const wxChar *title,
   int xpos, int ypos,
   int width, int height)
   : wxFrame ((wxFrame *) NULL,
              -1, title,
              wxPoint(xpos, ypos),
              wxSize(width, height),wxDEFAULT_FRAME_STYLE) {
   // Ein neues Panel zum Frame hinzufügen
   panel = new wxPanel(this, wxID_ANY,
       wxDefaultPosition, wxSize(200, 100));
   // Einen Button in den Panel hinzufügen
   button = new wxButton(panel, wxID_OK, wxT("OK"),
       wxPoint(10, 10), wxDefaultSize);
}
```

```
BasicFrame::~BasicFrame() { }

BEGIN_EVENT_TABLE(BasicFrame, wxFrame)
   EVT_BUTTON(wxID_OK, BasicFrame::OnClickButtonOK)
END_EVENT_TABLE()

void BasicFrame::OnClickButtonOK(wxCommandEvent &event ) {
   // Fenster schließen/beenden
   Close();
}
```

Das Programm bei der Ausführung:

```
$ g++ -c -o base.o -I.  `wx-config --cxxflags` base.cpp
$ g++ -o base base.o   `wx-config --libs core,base`
$ ./base
```

Abbildung 15.3 Das Programm bei der Ausführung

15.2.2 GUI-Designer wxFormBuilder

Auch der wxFormBuilder, das RAD-Tool für wxWidgets, hat sich mittlerweile mit der Version 3 zu einer ausgereiften Anwendung entwickelt, die für die Entwicklung von grafischen Oberflächen mit wxWidgets unverzichtbar ist.

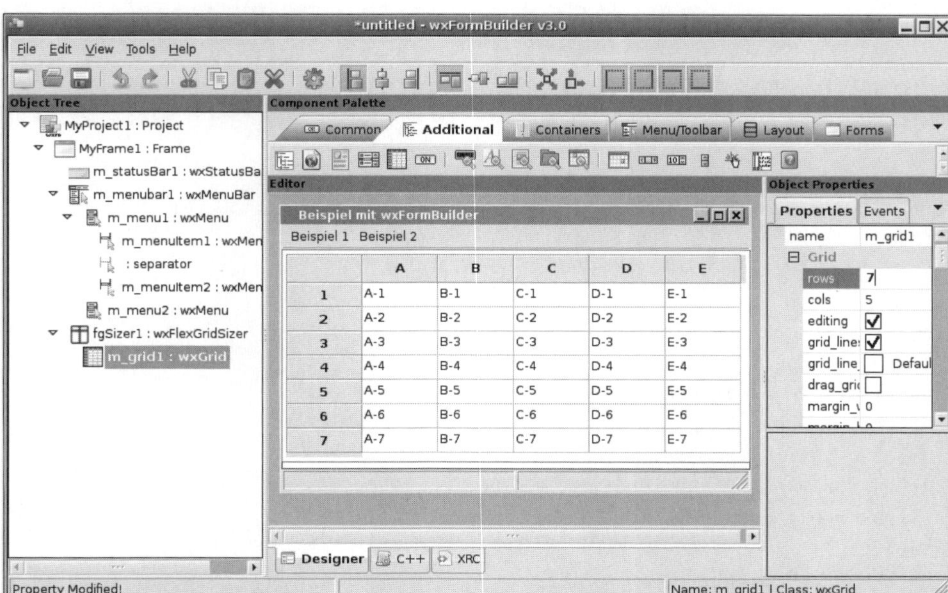

Abbildung 15.4 wxFormBuilder bei der Ausführung

Tipp

Ein ausgezeichnetes Tutorial zum wxFormBuilder finden Sie auf der offiziellen Webseite *http://wiki.wxformbuilder.org/Tutorials/UsingWxFormBuilder*

15.3 FLTK

Wenn Sie auf der Suche nach einer GUI-Bibliothek sind, die extrem schlank bei der Erzeugung von binären Programmen ist und auf allen möglichen Systemen gleich aussieht, dann sollten Sie sich die in C++ geschriebene FLTK-Bibliothek ansehen. FLTK (Fast Light Tool Kit) verzichtet im Unterschied zu anderen GUI-Bibliotheken auf jegliche Extra-Features und beschränkt sich ausschließlich auf Benutzerschnittstellen-Funktionen. FLTK ist die ideale GUI, wenn man sein Konsolenprogramm schnell mit einer grafischen Oberfläche versehen möchte. Die extrem einfache Verwendung ist ein weiterer Vorzug dieser wirklich schlanken Bibliothek.

15.3.1 Programmbeispiel

Wenngleich FLTK in C++ geschrieben wurde, lässt sich dieses Bibliothek sehr einfach in ein C-Programm integrieren, wie das folgende Listing zeigt. Erzeugt wird ein Fenster mit zwei Buttons. Für beide Buttons wird eine Callback-Funktion eingerichtet. Eine Funktion gibt den Satz *Hallo Welt* auf die Konsole aus, und der andere Button beendet das Programm.

```
#include <stdlib.h>
#include <stdio.h>
#include <FL/Fl.H>
#include <FL/Fl_Window.H>
#include <FL/Fl_Button.H>

void Hallo_cb(Fl_Widget *, void *) {
   printf("Hallo Welt\n"); fflush(stdout);
}

void exit_cb(Fl_Widget *, void *) {
   exit(0);
}

int main(int argc, char ** argv) {
   Fl_Window *window = new Fl_Window(320,65);
   window->label("Ein einfaches FLTK-Beispiel");
   Fl_Button *b1 = new Fl_Button(20, 20, 100, 25, "&Hallo");
   b1->callback(Hallo_cb, 0);
   Fl_Button *b2 = new Fl_Button(200,20, 100, 25, "E&nde");
   b2->callback(exit_cb, 0);
   window->end();
   window->show(argc,argv);
   return Fl::run();
}
```

Das Programm bei der Ausführung:

```
$ g++ -o hallo hallo.cc -lfltk
$ ./hallo
```

Abbildung 15.5 Das Programm bei der Ausführung

> **Hinweis**
>
> Auf der offiziellen Seite zu FLTK (*http://www.fltk.org/*) finden Sie neben einer guten Einführung auch vielfältige Programmbeispiele. Die Dokumentation wird aber in der Regel bereits mit dem FLTK-Paket mitinstalliert.

15.3.2 GUI-Designer FLUID

Auch FLTK bietet mit FLUID einen sehr brauchbaren GUI-Designer, mit dem Sie sich Ihre GUI mit einigen Mausklicks zusammenstellen können. Der Designer lässt sich ebenso einfach verwenden wie die Bibliothek selbst.

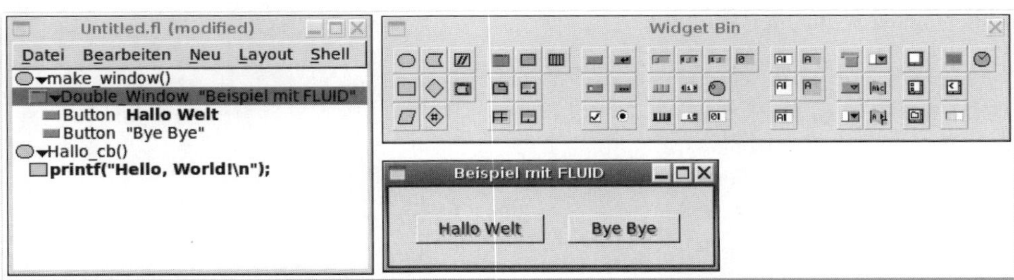

Abbildung 15.6 FLUID bei der Ausführung

> **Tipp**
>
> Ein großartiges (deutsches) Tutorial zum RAD-Tool FLUID finden Sie auf der Webseite *http://www-user.tu-chemnitz.de/~poenisch/FLUID-Tutorial/*

15.4 Qt

Qt ist eine sehr beliebte und mächtige Klassenbibliothek zur plattformunabhängigen Programmierung grafischer Benutzeroberflächen unter C++ . Verantwortlich für Qt ist die norwegische Firma Trolltech (ehemals Quasar Technologies). Diese Bibliothek ist mittlerweile für die verschiedensten Betriebssysteme und Grafikplattformen erhältlich, zum Beispiel für X11 (Linux-/Unix-Derivate), Mac OS X und Windows, aber auch als PDA-Version.

Qt ist nicht nur eine Bibliothek zur Entwicklung von grafischen Benutzeroberflächen – es handelt sich vielmehr um ein mächtiges Framework, das XML, Datenbanken, Internationalisierung, Netzwerke, Datei-Ein-Ausgabe, Interprozesskommunikation, Multithreading und noch einiges mehr anbietet. Mit Qt können Sie so ziemlich alles tun und brauchen keine weiteren Bibliotheken mehr – ein echtes Rundum-sorglos-Paket.

Zwar verwendet Qt eine Erweiterung der Programmiersprache C++, es gibt aber auch Implementierungen für C, C#, Java, Perl, Python und Ruby. Diese Erweiterungen werden allerdings nicht von Trolltech gepflegt.

Hinweis

Wenn Sie mehr zur Programmierung mit Qt erfahren wollen, empfehle ich Ihnen mein Buch »Qt4 – GUI-Entwicklung mit C++ – Das umfassende Handbuch«, das im selben Verlag erschienen ist.

15.4.1 Programmbeispiel

Das folgende einfache Programmbeispiel enthält zwei Buttons, die beide mit dem typischen Signal-Slot-Konzept von Qt verbunden wurden.

```
// hallo_qt/main.cpp
#include <QApplication>
#include <QPushButton>
#include <QVBoxLayout>

int main(int argc, char *argv[]) {
   QApplication app(argc, argv);
   QWidget* win        = new QWidget;
   QVBoxLayout* layout = new QVBoxLayout(win);
   QPushButton* but1   = new QPushButton("Über Qt");
   QPushButton* but2   = new QPushButton("Beenden");

   // Größe der Buttons
   but1->resize(120, 30);
   but2->resize(120, 30);

// Widgets zur vertikalen Box hinzufügen
   layout->addWidget(but1);
   layout->addWidget(but2);

   // Signal-und-Slot-Verbindungen herstellen
   QObject::connect( but1, SIGNAL( clicked() ),
                     &app, SLOT( aboutQt() ) );
   QObject::connect( but2, SIGNAL( clicked() ),
                     &app, SLOT( quit() ) );

   // Fenster anzeigen
   win->show();
   return app.exec();
}
```

Das Programm bei der Ausführung:

```
$ cd hallo_qt
$ qmake -project
$ qmake
$ make
g++ -c -pipe -O2 -Wall -W -D_REENTRANT -DQT_NO_DEBUG -DQT_GUI_LIB -DQT_CORE_LIB
-DQT_SHARED -I/usr/share/qt4/mkspecs/linux-g++ -I. -I/usr/include/qt4/QtCore
-I/usr/include/qt4/QtCore -I/usr/include/qt4/QtGui -I/usr/include/qt4/QtGui
-I/usr/include/qt4 -I. -I. -I. -o main.o main.cpp
g++ -Wl,--no-undefined -o hallo_qt main.o    -L/usr/lib -lQtGui -lQtCore -lpthread

$ ./hallo_qt
```

Abbildung 15.7 Das Programm bei der Ausführung

15.4.2 Der GUI-Designer von Qt

Natürlich bietet ein Framework solchen Formats mit dem Qt-Designer auch ein exzellentes RAD-Tool an, um sich seine Anwendung per Drag & Drop zusammenzustellen.

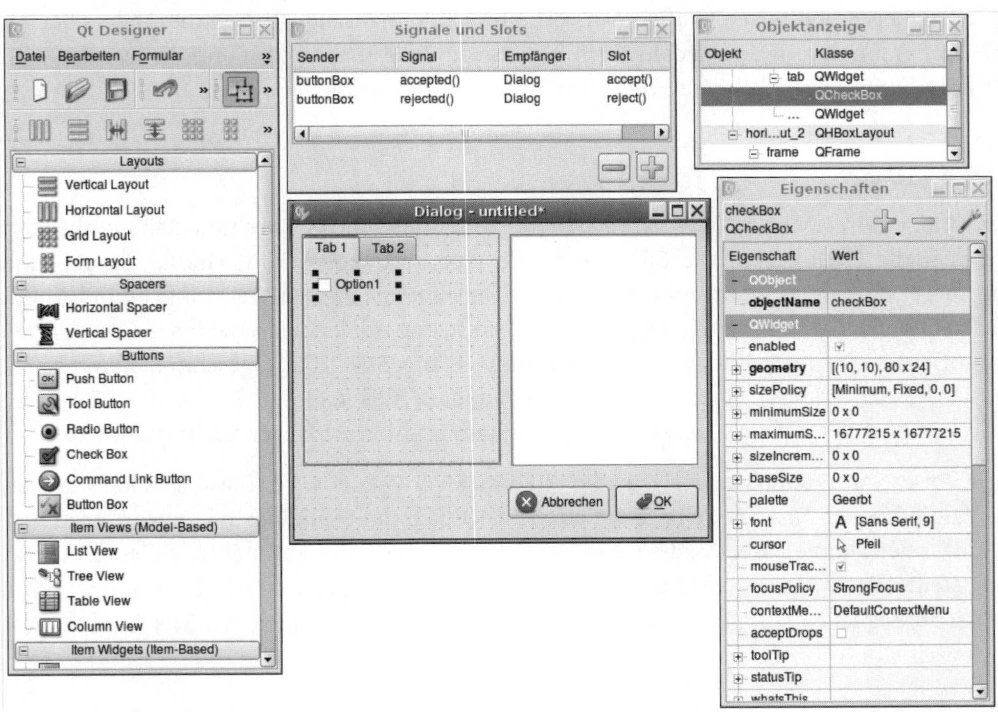

Abbildung 15.8 Der Qt Designer bei der Ausführung

Hinweis

Auf der Buch-CD finden Sie ein Kapitel aus meinem Buch »Qt4 – GUI-Entwicklung mit C++ – Das umfassende Handbuch«, das vorführt, wie Sie eine Anwendung mit dem Qt Designer erstellen.

15.5 Die niedrige Ebene – X-Window-Programmierung

Sie wollen gerne ein eigenes Toolkit wie GTK+, wxWidgets, FLTK oder Qt erstellen oder einen eigenen Fenstermanager wie GNOME oder KDE? Dann müssen Sie in die Tiefen der GUI-Programmierung einsteigen – in diesem Fall in die X-Window-Programmierung (kurz: Xlib).

Hinweis

Zu diesem Thema finden Sie auf der beiliegenden CD ein 80-seitiges Kapitel, das aus Platzgründen auf die Buch-CD ausgelagert wurde.

15.6 Multimediabibliotheken

C und C++ gelten immer noch als die Programmiersprachen für Spiele-, Grafik- und Multimedia-Anwendungen. Allerdings ist das teilweise sehr komplex und erfordert neben Kenntnis der einzelnen Bibliotheken häufig noch vertieftes mathematisches Wissen (besonders bei der Spieleprogrammierung). Trotzdem seien hier einige Bibliotheken erwähnt, die aus der Welt der linux-/unixartigen Systeme inzwischen nicht mehr wegzudenken sind.

15.6.1 SDL

Der Simple DirectMedia Layer (SDL) ist eine freie (unter LGPL) Multimediabibliothek für verschiedene Plattformen. Die Bibliothek stellt eine abstrakte API für Grafik-, Sound- und Eingabegeräte bereit. Somit steht dem Entwickler eine mächtige API zur Spiele- und Multimediaentwicklung zur Verfügung. Die Unterstützung vieler verschiedener Plattformen gewährleistet eine hohe Portabilität bei der Entwicklung. SDL ist in C geschrieben und zeichnet sich besonders durch einen im Vergleich zu anderen APIs in diesem Bereich (z. B. DirectX), recht kompakten Code aus. Diese Bibliothek ist also auch für Anfänger leicht zu erlernen.

Viele Beispielprogramme zeigen, wie die Bibliothek verwendet wird. Darüber hinaus existieren Anbindungen für über zehn Sprachen. Hinsichtlich des Funktionsumfangs ist anzumerken, dass der Simple DirectMedia Layer nicht direkt Funktionen für 3-D-Grafiken zur Verfügung stellt. Dieser Mangel wird allerdings durch die Einbindungsmöglichkeiten von OpenGL wieder ausgeglichen. Somit ist es mit der SDL auch möglich, 3-D-Spiele wie Tux Racer zu programmieren.

Hinweis

Auch hierzu finden Sie ein Kapitel mit über 50 Seiten auf der Buch-CD.

15.6.2 Allegro

Allegro ist eine in C geschriebene kostenlose Bibliothek zur Erstellung von Computerspielen in C und C++ (und anderen Sprachen). Die Stärken von Allegro sind Funktionen und Datenstrukturen für 2-D-Grafik, Tonausgabe, Benutzereingabe und vieles mehr. Natürlich unterstützt diese Bibliothek auch einfachere 3-D-Grafik. Die Allegro-Bibliothek hatte ihre »goldene Zeit« Anfang der 90er Jahre. Zu dieser Zeit war sie als zusätzliche Bibliothek für den DJGPP-Compiler (DOS-Version von GCC) erhältlich, und aus dieser Zeit stammen auch noch einige Altlasten.

Eine Zeitlang war es recht ruhig um Allegro, aber seit 2004 zeichnet sich eine dynamische Weiterentwicklung ab. Die Bibliothek bietet mit AllegroGL eine OpenGL-Anbindung an. Allegro ist nach wie vor eine sehr beliebte Bibliothek zum Einsteigen in die Spieleprogrammierung, da sie sehr einfach zu verwenden ist, auf allen Plattformen vorhanden und sehr gut dokumentiert ist. Ein Blick auf die Webseite von *http://www.allegro.cc* zeigt, dass mittlerweile zahllose Projekte mit Allegro verwirklicht wurden. Die meisten dieser Projekte sind kostenlos und legen ihre Quellcodes offen.

Programmbeispiel

Das folgende Listing schaltet in den Bildschirmmodus 320x200, um `Hallo Welt` auf dem Bildschirm auszugeben.

```
/* hello_allegro.c */
#include <allegro.h>

int main(void) {
   /* Muss bei jedem Start eines Allegro-Programms
      verwendet werden */
   if (allegro_init() != 0)
      return 1;
   /* Tastaturhandler einrichten */
   install_keyboard();

   /* Bildschirmmodus auf 320x200 setzen */
   if (set_gfx_mode(GFX_AUTODETECT, 320, 200, 0, 0) != 0) {
      /* Klappt es mit der Automatik nicht, versuchen
         wir es mit dem sicheren Modus */
      if (set_gfx_mode(GFX_SAFE, 320, 200, 0, 0) != 0) {
         /* Klappt auch das nicht, zurück in den Textmodus
            und eine Fehlermeldung ausgeben */
         set_gfx_mode(GFX_TEXT, 0, 0, 0, 0);
         allegro_message(
            "Konnte den Bildschirmmodus nicht setzen\n%s\n",
```

```
                allegro_error );
            return 1;
        }
    }
    /* Farbpalette einrichten */
    set_palette(desktop_palette);
    /* Bildschirm auf Weiss setzen */
    clear_to_color(screen, makecol(255, 255, 255));
    acquire_screen();
    /* Text mit schwarzer Farbe auf Bildschirm ausgeben */
    textout_centre_ex(
        screen, font, "Hallo Welt! (Taste druecken)",
        SCREEN_W/2, SCREEN_H/2, makecol(0,0,0), -1  );
    release_screen();
    /* Warten auf einen Tastendruck */
    readkey();
    return 0;
}
```

Das Programm wird übersetzt und ausgeführt mit:

```
$ gcc -o hello_allegro hello_allegro.c
  `allegro-config --libs`
$ ./hello_allegro
```

Hinweis

Gewöhnlich werden zur Bibliothek von Allegro auch einige Beispiele mitgeliefert, die sich über *allegro-examples* in der Kommandozeile starten lassen. Im Übrigen bietet die Seite *http://www.allegro.cc* einen wahren Fundus an offenen Quellcodes und Beispielen.

15.6.3 OpenGL (bzw. Mesa 3D)

Die wohl bekannteste Alternative zur DirectX ist OpenGL (Open Graphic Library). OpenGL ist eine Schnittstelle (API = Application Programm Interface), die gewöhnlich zum Rendern einer Szene verwendet wird, also zum Erzeugen von einfacheren bis komplexeren 3-D- oder 2-D-Grafiken. Mit circa 250 Routinen ist die Bibliothek recht einfach gehalten. Die meisten Routinen werden direkt in der Grafikkarte ausgeführt, was einen beachtlichen Geschwindigkeitsgewinn erbringt. Komplizierte Berechnungen werden von der API abgenommen, sodass auch der Mathematik-Laie beachtliche Ergebnisse erzielen kann.

Die OpenGL-API bietet viele beachtliche Funktionen, aber die meisten dieser Funktionen sind recht umständlich in der Handhabung. Häufig ist ein erheblicher Aufwand erforderlich, um etwa ein einfaches Dreieck auf dem Fenster zum Rotieren zu bringen. Hinzu kommt noch ein systemabhängiger Aufwand bei den Ereignissen und dem Fenster. Aus diesem Grund wurden viele nützliche Bibliotheken geschrieben, die auf die (Low-Level-)API von OpenGL aufbauen und dem Programmierer viel Arbeit abnehmen (insbesondere die systemabhängigen Arbeiten). Die bekanntesten dieser Bibliotheken stelle ich im Folgenden vor:

- GLU (OpenGL Utility Library) – Basierend auf der Low-Level-Schnittstelle von OpenGL beinhaltet diese Bibliothek viele verschiedene Funktionen zu den Matrizen für spezielle Ansichten und Projektionen, Polygons und Rendering Surfaces. All diese Routinen müsste man sonst mit der OpenGL-Bibliothek recht mühevoll erstellen – gerade, wenn man mit diesem Gebiet noch nicht vertraut ist. Mit GLU können Sie also vieles nutzen, was Sie nicht selbst realisieren könnten. Alle GLU-Funktionen beginnen mit dem Präfix `glu`.
- Für jedes Window-System gibt es außerdem eine Bibliothek, die neben den Systemfunktionen auch das OpenGL-Rendering unterstützen. Bei Systemen, die das X-Window-System verwenden, ist dies zum Beispiel die GLX-Bibliothek. Alle GLX-Funktionen haben das Präfix `glX`. Unter MS Windows heißt diese Bibliothek WGL; hier beginnen die Funktionen also entsprechend mit dem Präfix `wgl`.
- GLUT (OpenGL Utility Toolkit) – GLUT ist ein systemunabhängiges Toolkit von Mark Kilgard, das die komplexen Dinge der verschiedenen Window-Systeme (Win32-API, Xlib, etc.) versteckt. Auf diese Weise können Sie den Quellcode auf den verschiedensten Window-Systemen problemlos übersetzen. Tiefergreifende Systemkenntnisse werden nicht benötigt. Alle Funktionen dieser Bibliothek beginnen mit dem Präfix `glut`.

Mesa 3D

Mesa 3D (bzw. MesaGL) ist eine freie Implementierung von OpenGL und eine reine Software-Emulation. Die derzeit stabilste Version von MesaGL ist 7.0 (entspricht der OpenGL-Version 2.1). Diese Version ist von der Webseite *www.mesa3d.org* zu beziehen. MesaGL ist im Gegensatz zu OpenGL frei von der ARB-Lizenzierung.

15.6.4 Programmbeispiel

Das folgende Beispiel zeichnet ein rotes Quadrat auf ein GL-Fenster, das sich bei Anklicken mit der linken Maustaste dreht und durch einen Rechtsklick wieder angehalten wird.

```
/* hello_gl.c */
#include <GL/glut.h>
#include <stdlib.h>

static GLfloat spin = 0.0;
static GLfloat spin_tick = 0.5;
static GLint win;

void OpenGLInit(void) {
   glClearColor (1.0, 1.0, 1.0, 0.0);
   glShadeModel (GL_FLAT);
}

void OpenGLDisplay(void) {
   glClear(GL_COLOR_BUFFER_BIT);
   glPushMatrix();
   glRotatef(spin, 0.0, 0.0, 1.0);
   glColor3f (1.0, 0.0, 0.0);
```

```
   glRectf(-25.0, -25.0, 25.0, 25.0);
   glPopMatrix();
   glutSwapBuffers();
}

void OpenGLSpinDisplay(void) {
   spin = spin + spin_tick;
   if (spin > 360.0)
       spin = spin - 360.0;
   glutPostRedisplay();
}

void OpenGLReshape(int w, int h) {
   glViewport (0, 0, (GLsizei) w, (GLsizei) h);
   glMatrixMode(GL_PROJECTION);
   glLoadIdentity();
   glOrtho(-50.0, 50.0, -50.0, 50.0, -1.0, 1.0);
   glMatrixMode(GL_MODELVIEW);
   glLoadIdentity();
}

// Mausereignisse behandeln
void mouse(int button, int state, int x, int y) {
   switch (button) {
       case GLUT_LEFT_BUTTON:
          if (state == GLUT_DOWN)
             glutIdleFunc(OpenGLSpinDisplay);
          break;
       case GLUT_RIGHT_BUTTON:
          if (state == GLUT_DOWN)
             glutIdleFunc(NULL);
           break;
       default: break;
   }
}

// Tastatur-Ereignisse behandeln
void keyboard(unsigned char key, int x, int y) {
   switch (key) {
       case '+':
          if( spin_tick < 5.0 ) spin_tick += 0.5;
          glutIdleFunc(OpenGLSpinDisplay);
          break;
       case '-':
          if( spin_tick > -5.0 ) spin_tick -= 0.5;
          glutIdleFunc(OpenGLSpinDisplay);
          break;
       default:
          break;
   }
}
```

```
// Funktions-Tastatur-Ereignisse behandeln
void none_ascii_keyboard(int key, int x, int y) {
   switch (key) {
       case  GLUT_KEY_F1:
          glutDestroyWindow(win);
          break;
       default:
          break;
   }
}

int main(int argc, char** argv) {
   glutInit(&argc, argv);
   glutInitDisplayMode (GLUT_DOUBLE | GLUT_RGB);
   glutInitWindowSize (250, 250);
   glutInitWindowPosition (100, 100);
   win = glutCreateWindow ("Und es bewegt sich doch ...");
   OpenGLInit ();
   glutDisplayFunc(OpenGLDisplay);
   glutReshapeFunc(OpenGLReshape);
   glutMouseFunc(mouse);
   glutKeyboardFunc(keyboard);
   glutSpecialFunc(none_ascii_keyboard);
   glutMainLoop();
   return 0;
}
```

Das Programm bei der Ausführung:

```
$ gcc -o hello_gl hello_gl.c -lglut -lGLU -lGL -lm
$ ./hello_gl
```

Abbildung 15.9 Das GL-Programm bei der Ausführung

Hinweis

Auf der offiziellen Webseite *http://www.opengl.org/* finden Sie viele weitere Beispiele, Dokumentationen und Informationen zu OpenGL.

Am Anfang begnügt man sich meistens bei der Erstellung von Anwendungen mit dem Compiler GCC. Aber über längere Zeit, wenn die Fähigkeiten besser und die Anwendungen umfangreicher werden, sind weitere Werkzeuge für den Programmierer sinnvoll.

16 Werkzeuge für Programmierer

Gerade weil Sie es mit einem UNIX-artigen System zu tun haben, finden Sie eine enorme Palette an freien Werkzeugen. Meistens handelt es sich hierbei zwar um Konsolenwerkzeuge, wobei allerdings die wichtigsten davon mittlerweile auch zusätzlich ein grafisches Frontend besitzen.

Auf den folgenden Seiten werden Sie einige Werkzeuge kennen lernen, die sich im Alltagsgebrauch eines Programmierers mittlerweile unzählige Male bewährt haben. Hierbei handelt es sich um eine Darstellung der wichtigsten Werkzeuge mit einer anschließenden kurzen Einführung dazu. Mit den erworbenen Grundkenntnissen sind Sie dann in der Lage, Ihre Aufgaben wesentlich schneller und vor allem wesentlich sicherer und fehlerfreier zu lösen.

/usr/local/bin und /usr/bin

Die Verzeichnisse */usr/lib* und */usr/include* bzw. eigentlich alle Pfade außer */opt*, die nicht irgendwie ein »`local`« enthalten, sind eigentlich aus organisatorischen Gründen für das System vorbehalten. Somit kann man immer gleich unterscheiden: */usr/include/popt.h* ist z. B. das RPM-Paket und */usr/local/include/popt.h* ein eigener Weg. Natürlich befolgen nicht alle Sourcepakete unbedingt diese »`local`«-Technik.

16.1 Der Compiler gcc

Zwar nehmen Ihnen mittlerweile viele Entwicklungsumgebungen wie *Anjuta*, *Kdevelop* oder der *Emacs* die Arbeit der Eingabe von Compiler- und Linkerflags grundlegend ab, doch wenn es dann darum geht, weitere Pfade zu den Bibliotheken bzw. den Include-Dateien anzugeben, scheitern viele Anfänger immer noch kläglich, weil sich das Programm dann nicht einfach mit einem Mausklick übersetzen lässt. Wie dem auch sei, hier soll der Compiler *GCC* ein wenig genauer beschrieben werden. Außerdem werden die Kenntnisse der Kommandozeilenführung von *GCC* auch noch für das Bauen von Makefiles benötigt.

Im Großen und Ganzen wissen Sie wohl, was ein Compiler macht und wozu dieser da ist. Aber immer noch wissen recht wenige, dass hierbei nicht der Compiler alleine ein Programm erstellt, sondern sie denken, dass der Linker im Compiler integriert ist. Doch ganz im Gegenteil, wenn Sie den *GCC* in der Kommandozeile aufrufen, wird erst der Präprozessor noch vor dem Compiler gestartet. Dieser löst erst alle Direktiven, die mit # beginnen, auf. Erst nach dieser Vorarbeit ist der Compiler an der Reihe und macht aus der vom Präprozessor vorbereiteten Datei eine Assemblerdatei. Diese Assemblerdatei wird nicht gespeichert (sofern nicht explizit erwünscht), da sofort der Assemblercode in eine Objektdatei übersetzt wird. Intern ruft *GCC* dabei den Assembler *GAS* (*GNU-Assembler*) oder, falls nicht vorhanden, den systemeigenen Assembler *AS* auf.

Hinweis

Andere Compiler machen diesen Zwischenschritt mit dem Assembler häufig nicht und erzeugen direkt eine Objektdatei.

Anschließend werden, sofern es mehrere Objektdateien gibt, die einzelnen Module an die richtigen Positionen in der ausführbaren Datei eingefügt. Ebenso werden vom Linker die von der Anwendung benötigten Bibliotheksfunktionen eingefügt. Dafür verwendet der Compiler den Linker *ld*. Erst jetzt finden Sie die gewünschte ausführbare Datei als das wieder, was Sie kennen.

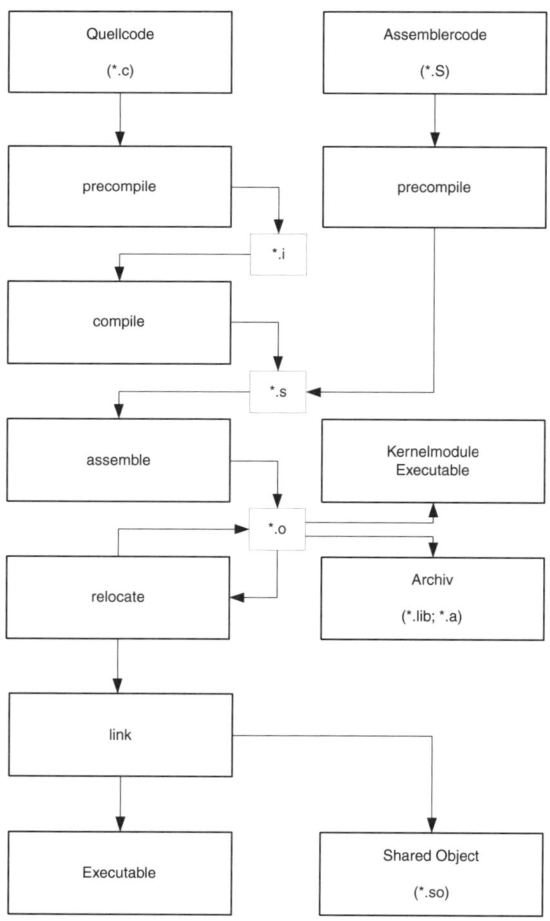

Abbildung 16.1 Vorgang: von einer Quelldatei zur ausführbaren Datei

16.1.1 Standardgebrauch des gcc

Am meisten wird der *GCC* mit Flag `-o` verwendet, womit aus mehreren Quelldateien eine ausführbare Datei in einem Rutsch erzeugt werden kann.

```
$ gcc -o programmname file1.c file2.c file3.c
```

Hier erzeugen Sie aus den drei Quelldateien `file1.c`, `file2.c` und `file3.c` eine ausführbare Datei namens `programmname`. Würde der Name der Anwendung (hier `programmname`) nicht verwendet, würde standardmäßig eine ausführbare Datei mit dem Namen `a.out` (steht für »Assembler Output«) erstellt.

Solch ein Übersetzen von allen Quelldateien auf einmal hat allerdings beim Auftreten mehrerer Fehler den Nachteil, dass es schnell recht unübersichtlich werden kann, auch weil in dieser Aufrufform alle `*.c`-Dateien neu übersetzt werden, auch wenn einige `*.o` noch aktuell sind. Deswegen werden häufig auch nur die Quelldateien kompiliert, an denen Sie gerade gearbeitet haben. Haben Sie z. B. die Quelldatei `file2.c` soeben verändert, dann können Sie diese folgendermaßen kompilieren:

```
$ gcc -c file2.c
```

Somit befindet sich nun im Verzeichnis Ihres Projektes eine Objektdatei mit dem Namen `file2.o`. So gehen Sie im Prinzip auch vor, wenn Sie `file1.c` und `file3.c` bearbeitet haben. Am Ende müssen Sie nur noch die Objektdateien im Projektverzeichnis zusammenlinken. Hierzu wird allerdings kein extra Aufruf des Linkers mehr benötigt, sondern wieder ein Starten des *GCC* mit dem Flag `-o`. An den Dateiendungen erkennt der *GCC* selbst, was dieser im nächsten Schritt veranlassen muss – da ja eine Kompilierung und Assemblierung nicht mehr nötig ist.

```
$ gcc -o programmname file1.o file2.o file3.o
```

16.1.2 Linken von Programmbibliotheken

Eine weitere häufig benötigte Option ist das Linken zu einer Programmbibliothek mit dem Flag `-l`. Dieses Flag muss allerdings immer hinter der Angabe der Dateinamen stehen. Beispielsweise:

```
$ gcc -o programmname file1.c file2.c file3.c -lm
```

In diesem Beispiel wird mit der Option `-lm` die mathematische Bibliothek hinzugelinkt. Diese Bibliotheken finden Sie gewöhnlich im Verzeichnis `/usr/lib` wieder. Im Beispiel wurde also `-lm` angegeben, und in der Praxis wird nach `libm.so` gesucht. In der Syntax also, wenn Sie `-l`**`name`** angeben, wird in ausgewählten Verzeichnissen (`/lib`, `/usr/lib` und alle in `/etc/ld.so.conf`) nach der Bibliothek `lib`**`name`**`.so` oder, sollte diese nicht existieren, `lib`**`name`**`.a` gesucht. Eine Suche nach `libm`:

```
$ ls -l /lib/libm.so /usr/lib/libm.so
(/bin/ls: /lib/libm.so: No such file or directory)
lrwxrwxrwx  1 root root 14 May 25 22:28 /usr/lib/libm.so -> /lib/libm.so.6
```

Nun kann es aber doch manchmal vorkommen, dass sich die Bibliothek nicht dort befindet, wo mit dem Flag `-l` standardmäßig (`/usr/lib`, `/usr/local/lib`, `/lib`) gesucht wird. Dann sollten Sie zusätzlich noch das Flag `-L` mit der entsprechenden Pfadangabe verwenden, wo der Linker nach der Bibliothek suchen soll.

Hierzu eine etwas detailliertere Beschreibung, welchen Weg *GNU-GCC* für Sie dabei gehen muss. Es wird zuerst nach einer `.so`-Bibliotheksdatei gesucht (sofern nicht das GCC/LD-Flag `-static` angegeben ist), und zwar in den Verzeichnissen `/lib`, dann `/usr/lib`, dann in allen, die unter `/etc/ld.so.conf` stehen, und am Ende schließlich im Pfad, den Sie mit `-L` auf der GCC/LD-Kommandozeile angegeben haben. Wurde die `.so`-Datei gefunden, so wird ein Eintrag in der fertigen Datei (was selbst eine `.so`-Datei sein kann) gemacht, entsprechende `.so` »mit Namen aber ohne Pfad« zur Ladezeit dynamisch einzulinken.

Wird während des Linkens keine `.so` gefunden, so wird versucht, eine `.a`-Bibliothek zu benutzen (z. B. `/usr/lib/libm.a`). Um `.a`-Bibliotheken zu suchen, wird natürlich auch `-L` verwendet.

Im Beispiel von MySQL z. B. lautet der Pfad `/usr/lib/mysql`. Natürlich kann sich die Bibliothek auch jenseits vom `usr`-Verzeichnis befinden. Der Bibliotheksnamen zur Erstellung von MySQL-Clients ist `libmysqlclient.so`. Somit lautet die volle Angabe zum Übersetzen der Anwendung:

```
$ gcc -o programmname -L/usr/lib/mysql file1.c file2.c file3.c \
  -lmysqlclient
```

Wahrscheinlich tritt jetzt hierbei ein Fehler beim Compilerlauf auf. Denn neben den Bibliotheken kann sich auch der Pfad für die Include-Dateien woanders als im sonst üblichen Verzeichnis befinden (eher ungewöhnlich, aber möglich). Gewöhnlich findet man die Include-Dateien im Verzeichnis `/usr/include` oder `/usr/local/include`. Doch findet der Präprozessor hierbei nichts, müssen Sie mit dem Flag `-I` zusätzlich eine Pfadangabe zum entsprechenden Include-Verzeichnis machen. Um auf das Beispiel von MySQL zurückzukommen, so befinden sich die Include-Dateien im Verzeichnis `/usr/include/mysql`, wobei auch hier gilt, dass sich diese Include-Dateien auch jenseits vom `usr`-Verzeichnis aufhalten könnten. Um also noch vor dem Hinzufügen der Bibliothek(en) den Compilerlauf zu starten, muss folgendermaßen vorgegangen werden, um dem Compiler das Include-Verzeichnis mitzuteilen:

```
$ gcc -c -I/usr/include/mysql file1.c file2.c file3.c
```

Jetzt erst können Sie die Objektdateien zu einer ausführbaren Datei zusammenfügen:

```
$ gcc -o programmname -L/usr/lib/mysql file1.o file2.o file3.o \
  -lmysqlclient
```

16.1.3 Dateien, die GCC kennt

Es wurde bereits kurz erwähnt, dass der *GCC* anhand der Dateiendung selbst weiß, wie er diese zu behandeln hat. Anhand der Endung nimmt der *GCC* dann entsprechende Arbeiten auf. In der folgenden Tabelle sehen Sie, als was der Compiler verschiedene Dateiendungen ansieht und welche Aktion er damit ausführt.

Dateiname	Bedeutung	Aktion	führt aus
`datei.c`	C-Quellcode	vorübersetzen und übersetzen	`gcc`
`datei.C`, `datei.cc`, `datei.cxx`	C++-Quellcode	vorübersetzen und übersetzen	`g++`
`datei.i`	vom Präprozessor behandelter C-Quellcode	übersetzt	`gcc`
`datei.ii`	vom Präprozessor behandelter C++-Quellcode	übersetzt	`g++`
`datei.s`	Assembler-Quellcode (preprocessed)	assembliert	`as (gas)`
`datei.S`	Assembler-Quellcode	preprocess, assemblieren	`cpp`, `as (gas)`
`datei.o`	übersetzte Objektdatei	linken	`ld`
`datei.a`	Bibliothek von Objektdateien	linken	`ld`
`datei.so`	Shared Object Library	mitlinken	`ld`

Tabelle 16.1 Dateiendungen und deren Behandlung

16.1.4 Ausgabedateien bei jedem einzelnen Schritt der Übersetzung erstellen

Einzelne Zwischenschritte des *GCC*, etwa zu Debugging-Zwecken, können Sie selbstverständlich auch durchführen. Wollen Sie wirklich wissen, wie ein vorgearbeiteter Code nach dem Präprozessorlauf aussieht, können Sie diesen mit dem Flag `-E` auf die Standardausgabe umleiten. Da die Ausgabe aber selbst bei einem einfachen *Hallo Welt* enorm umfangreich ist, empfiehlt es sich, die Ausgabe umzuleiten:

```
$ gcc -E hallo.c > hallo_pre.txt
```

Wer sich den vorbehandelten Quelltext noch nie angesehen hat, wird überrascht sein, was dabei alles noch so hinzugefügt wird.

Wollen Sie stattdessen die Assemblerdatei speichern, müssen Sie nur die Option `-S` verwenden.

```
$ gcc -S hallo.c
```

Jetzt finden Sie im Verzeichnis eine Assemblerdatei namens `hallo.s`, die Sie durchaus noch verändern bzw. optimieren können (sofern Sie des Assemblers mächtig sind), bevor Sie den *GCC* oder gar *AS* (*GAS*) für weitere Schritte verwenden. *GCC* ruft intern sowieso den entsprechenden Assembler *AS* bzw. *GAS* auf.

Letztendlich können Sie noch den letzten Zwischenschritt mit der Option `-o` durchführen, womit Sie eine Objektdatei mit der Dateiendung `*.o` erzeugen – wie Sie dies ja bereits mehrfach gemacht haben.

Dieser Vorgang, den Sie eben schrittweise ausgeführt haben, wird vom Compiler nicht etwa ausgelassen, sondern meistens erledigt dieser alle Aufgaben automatisch für Sie. Dennoch gibt es immer wieder einen Grund, selbst in einen der einzelnen Ausgabeschritte einzugreifen.

16.1.5 Noch mehr Optionen

Wer sich schon die Manual Page von *GCC* angesehen hat, muss sich erst durch ein paar hundert möglicher Optionsangaben des Compilers »durchscrollen«. Damit Sie den Überblick hierbei behalten, folgt eine kurze Beschreibung der wichtigsten Compileroptionen für den alltäglichen Gebrauch.

16.1.6 Optionen für Warnmeldungen

Warnmeldungen werden häufig gerne ignoriert, denn trotz all dem funktioniert die Anwendung ja scheinbar doch. Wenn Sie so denken, sollten Sie Ihre Philosophie nochmals überdenken. Man sollte nämlich immer bedenken, dass der Compiler nicht nur so zum Spaß Warnmeldungen ausgibt. In den folgenden Abschnitten finden Sie Compileroptionen, womit Sie die Ausgabe der Warnmeldungen ein wenig gezielter steuern können.

-W; -Wall; -Wtraditional; -Werror

Zuerst die `W`-Flags, wobei `W` für *Warning* steht. Benötigen Sie Warnmeldungen zu einigen bedenklichen Codestellen im Quellcode, sollten Sie das Flag `-W` verwenden. Eine Stufe *paranoider* ist das Flag `-Wall` (*Warning all*), das ich persönlich ebenfalls gerne verwende, da hierbei auch die nicht verwendeten Variablen als Warnung angegeben werden. Wollen Sie eine Warnmeldung ausgeben, die sowohl für den K&R als auch für den ANSI-Standard der Sprache C zutrifft, worin sich aber beide ein wenig unterscheiden, dann sollten Sie das Flag `-Wtraditional` verwenden. Und um den voll *paranoiden* Warnmodus zu verwenden, können Sie das Flag `-Werror` nutzen. Damit werden aus Warnungen Fehler gemacht, und somit gibt es im Falle einer Warnung auch keine Objektdatei.

-ansi; -std=cxx; -pedantic

Mit dem Flag `-ansi` wird der ANSI-Standard unterstützt. Entspricht etwas diesem Standard nicht, wird eine entsprechende Warnung ausgegeben. Soll der Standard von C89 oder der neue Standard C99 verwendet werden, geben Sie dies mit dem Flag `-std` an (`-std=c89` oder `-std=c99`). Wird z. B. das Kommentarzeichen `//` im C89-Standard verwendet, gibt der Compiler eine Fehlermeldung aus, im C99-Standard hingegen nicht mehr. Wollen Sie Warnmeldungen ausgeben, die nur vom ANSI-Standard gefordert werden, können Sie auch das Flag `-pendantic` verwenden. Die hier erwähnten Optionen zum Standard sind natürlich nur nötig, wenn die Software portiert werden soll.

Hinweis

Am schönsten deckt Folgendes alles ab (Programmiererphobie ;-)): `-Wall -Waggregate-return -Wmissing-declarations -Wmissing-prototypes -Wredundant-decls -Wshadow -Wstrict-prototypes -Winline`

16.1.7 Präprozessor-Optionen

Auch der Präprozessor lässt sich mit einer enormen Menge an Optionen beeinflussen. In der Praxis werden allerdings gewöhnlich nur die Optionen `-M` und `-C` benötigt (und `-D` und `-U`). Mit der Option `-M` können Sie aus dem Quellcode herauslesen, welche anderen Quelldateien darin enthalten sind. Die so erzeugte Abhängigkeitsliste ist z. B. für *MAKE* von Bedeutung. Damit lassen sich Makefiles einfacher erstellen. Mit der Option `-C` sorgen Sie dafür, dass der Präprozessor die Kommentare für nach dem Präprozessorlauf erst einmal nicht entfernt. Diese Option wird dann meistens mit der Angabe von `-E` verwendet, womit man überprüfen kann, ob der Präprozessor das tut, was man sich vorgestellt hat (eben als Kommentar hingeschrieben hat).

16.1.8 Debuggen und Profiling

Wichtige Optionen des Compilers, die Sie beide in einem späteren Kapitel noch verwenden werden, sind die Flags zum Erstellen von Daten für das Debuggen oder das Profiling von Anwendungen.

-pg; -g

Das Flag `-pg` wird dafür verwendet, wenn das Programm zum Profiling mit `gprof` gelinkt werden soll. Die mit diesem erstellten Flag auszuführende Datei mit dem Namen `gmon.out` enthält Statistiken zur Programmausführung der übersetzten Anwendung. Diese können Sie anschließend mit dem Profiler *GPROF* auslesen, um noch detailliertere Informationen zur Anwendung zu erhalten.

Verwenden Sie hingegen das Flag `-g`, wird eine Symboltabelle mit Informationen für das Debuggen mit *GDB* erstellt. Sofern Sie auf einem System arbeiten, auf dem es *GDB* nicht gibt, müssen Sie entsprechend der Manual Page eine Symboltabelle für einen anderen Debugger erstellen. So wird mit `-gdwarf` eine Tabelle für den SVR4-Debugger und mit `-gstabs` eine für den Debugger *DBX* unter BSD-Systemen erstellt. Wer in den *vollen* Debug-Genuss von GDB kommen will, nutzt `-ggdb3`.

16.1.9 Optimierungsflags

Es steht Ihnen auch eine Reihe von Optionen zur Codeoptimierung zur Verfügung. Natürlich sollte Ihnen damit auch klar sein, dass die Kompilierung des Quellcodes ein wenig länger dauern kann und mehr Speicher in Anspruch nimmt – was allerdings nicht als Nachteil verstanden werden soll, sondern als Hinweis! *GCC* unterstützt die Kombination -O*n* mit `-g` (und `-gdwarf` etc.), jedoch wird der Debugger dem User anscheinend hin und her springen (das hat seine Berechtigung). Debug-Genuss ist mit -O0.

-O; -On

Die Option `-O` alleine entspricht demselben Aufruf wie die Verwendung der anschließend erklärten `-O1`-Option. Mit `-O0` wird keinerlei Codeoptimierung durchgeführt. Diese Option ist auch die Standardeinstellung des *GCC*. Dafür versucht der *GCC* Code zu erstellen, der einfacher zum Debuggen ist. Mit `-O1` versucht der Compiler, die Größe des zu erstellenden Codes zu reduzieren und eventuell auch die Ausführgeschwindigkeit der Anwendung zu erhöhen. Mit `-O2` wird mittels weiterer Flags versucht, die Option von `-O1` nochmals erheblich zu steigern.

-ffast-math; -finline_functions; -fno-inline; -funroll-loops

Mit der Option `-ffast-math` wird versucht, eine Floating-Point-Optimierung durchzuführen. Zwar verletzt diese Option den *ANSI*- als auch den *IEEE*-Standard, aber die so erzeugten Resultate können erheblich schneller sein – leider auch erheblich fehleranfälliger, daher müssen Sie den Code sorgfältig testen. Die Option `-finline_functions` fügt bei einfachen Funktionen, anstelle eines Funktionsaufrufs, ein Inlining ein (was auch in C/C++ mit dem Schlüsselwort `inline` erreicht wird (C erst seit dem C99-Standard)). Der Compiler entscheidet natürlich weiterhin selbst, welche Funktion er dafür verwendet und welche nicht. Meistens erhalten die kleineren Funktionen den Zuschlag. Mit `-fno-inline` unterbinden Sie das Inlining – auch in den Zeilen, die Sie im Code explizit mit `inline` gekennzeichnet haben. Mit dem Flag `-funroll-loops` werden alle Schleifen, die zur Übersetzungszeit eine feste Anzahl von Durchläufen besitzen, in einzelne Codezeilen aufgelöst. Dass bei vielen Schleifendurchläufen die Objektdatei dadurch größer wird, sollte klar sein – was aus der erwünschten Optimierung wieder ein *Loch* machen kann.

16.2 Make

Wenn Sie sich Programmbeispiele, ganze Programme oder gar den Kernel herunterladen, finden Sie immer eine Makefile dabei. Ich denke, jeder hat schon selbst *MAKE* verwendet und weiß, wozu es gut ist. In diesem Buch wird *MAKE* nur dazu verwendet, Ihre C-Quellcodes automatisch zu einem ausführbaren Programm zu kompilieren. N*ur* bedeutet hier, dass *MAKE* nicht nur für C/C++-Programme verwendet werden kann, sondern es lassen sich damit praktisch beliebige Aktionen ausführen. Dennoch ist das Hauptanwendungsgebiet von *MAKE* immer noch das Übersetzen von Programmen.

Wenn Sie sich bei einigen Beispielen im Buch immer geärgert haben, dass recht lange und immer wiederkehrende Eingaben für den *GCC* in der Kommandozeile gemacht werden mussten, kann hier ein einzelner Aufruf von *MAKE* enorm Arbeit und Nerven ersparen – vor allem je umfangreicher das Projekt wird. Bei der Einführung in *MAKE* in diesem Buch handelt es sich nur um einen Streifzug zu diesem Werkzeug, die aber für den ersten normalen Hausgebrauch ausreichend sein sollte. Für mehr Details kann immer noch die Dokumentation herangezogen werden – da hier leider (wie so oft im Buch) nur *die berühmte Spitze des Eisbergs* beschrieben wird.

Um das hier Beschriebene anschließend auch in der Praxis nachzuvollziehen, werden einfachste Codebeispiele verwendet. Folgende Listings sollen dabei erstellt werden:

```
main.c
test1.c
test2.c
```

Alle drei Quelldateien sollen dabei zu einer einzelnen ausführbaren Datei zusammengeführt werden. Am besten, Sie erstellen sich zum Nachvollziehen selbst drei solcher Dateien ohne irgendwelche komplexen Aufgaben. Als Beispiel, falls Ihnen nichts einfällt, können Sie Folgendes verwenden:

```
/* main.c */
#include <stdio.h>
/* Benötigt häufig die Angabe für den Linker -lm zur Library */
#include <math.h>

extern void test1(void);
extern void test2(void);

int main(void) {
   test1();
   test2();
   printf("%f",sqrt(3.43));
   return 0;
}

/* test1.c */
void test1(void) {
   printf("Test1\n");
}

/* test2.c */
void test2(void) {
    printf("Test2\n");
}
```

Erstellen Sie hierzu extra einen Ordner (in diesem Fall `testmake`), und legen Sie die Dateien darin ab.

Gewöhnlich, wenn Sie die drei Quelldateien zu einer ausführbaren Datei gemacht haben, sind Sie vielleicht bisher folgendermaßen vorgegangen:

```
$ gcc -o mytest main.c test1.c test2.c -lm
$ ./mytest
Test1
Test2
1.85202
```

In der Praxis allerdings hat man meistens nur eine Quelldatei modifiziert und möchte auch nur diese eine Datei zu den anderen beiden Modulen hinzulinken. So erstellt man gewöhnlich auch erst drei Objektdateien:

```
$ gcc -c main.c test1.c test2.c
```

Sie haben jetzt drei Objektdateien. Wurde z. B. die Datei `main.c` gerade verändert, so müssen Sie auch nur `main.c` neu kompilieren:

```
$ gcc -c main.c
```

Wollten Sie jetzt eine ausführbare Datei daraus erstellen, dann sind Sie gewöhnlich wie folgt vorgegangen:

```
$ gcc -o mytest main.o test1.o test2.o -lm
```

Nein, mir ist bewusst, dass dies kein Problem mehr für Sie darstellt (darstellen sollte), aber worauf ich hinauswill, ist der Overhead, der dabei betrieben wird. Sie müssen sich immer darüber Gedanken machen, wann Sie die eine oder andere Datei übersetzt haben, ob diese nun die aktuellere ist oder welche Bibliothek denn gleich noch hinzugelinkt werden muss oder wie denn gleich noch der Pfad zur Bibliothek lautete.

Zwar gibt es noch die Fraktion, die den kompletten Quellcode immer gleich komplett neu übersetzt – also jedes Mal alles neu erzeugt. Wer schon größere Quelldateien übersetzt hat, weiß, welch unnötiger Irrsinn das ist. Wenn Sie diesen Aufwand bei zehn oder mehr Quelldateien betreiben wollen, werden Sie garantiert länger daran arbeiten, als Sie eigentlich wollen.

Und genau dabei springt *MAKE* für Sie ein. *MAKE* hilft Ihnen, den Aufwand der Übersetzung zu minimieren, und reduziert außerdem die Fehleranfälligkeit bei nicht korrekter Übersetzung. Dabei wird Ihnen die Arbeit abgenommen, welche Objektdatei die aktuelle ist oder ob diese überhaupt existiert. Daraufhin werden auch nur die Übersetzungen ausgeführt, die auch wirklich nötig sind. Schließlich muss eine Objektdatei nicht nochmals übersetzt werden, wenn diese bereits existiert.

16.2.1 Erzeugen eines Makefiles

Das Makefile ist eine Datei, die beschreibt, wie bestimmte Ziele erzeugt werden. Es wird eine Datei aufgelistet, von der die Ziele oder das Ziel abhängig sind. Zusätzlich wird eine Regel vorgegeben, die zum korrekten Übersetzen benötigt wird. Folgende vier Begriffe sollen Ihnen auf den nächsten Seiten in Bezug auf *MAKE* verständlicher werden: Makefile, Ziel, Abhängigkeit und Regeln.

Hinweis

Die Beispiele auf den folgenden Seiten wurden mit *GNU-MAKE* getestet und ausgeführt.

Makefile

Damit Sie *MAKE* verwenden können, benötigen Sie ein Makefile. Das Makefile selbst wird gewöhnlich in jedem Quellverzeichnis verwendet. Darin steht, wie der oder die Quelltexte in diesem Verzeichnis behandelt werden sollen, um ein oder mehrere Programme korrekt zu erstellen. Das Makefile wird gewöhnlich unter dem Namen *Makefile* gespeichert. *MAKE* sucht nach seinem Aufruf dann nach dieser Datei.

Als Beispiel soll hier ein einfaches Makefile erstellt werden, das die drei Quelldateien `main.c`, `test1.c` und `test2.c` zu einer ausführbaren Datei macht.

Ziel (target)

Was Sie zuerst benötigen, ist ein Ziel. Ein Ziel ist meistens eine Datei – was aber nicht sein muss. Es kann sich dabei auch um einen Namen handeln, der das Ziel beschreibt. Das folgende Makefile verwendet zwei Ziele. Mit dem ersten Ziel (`testprogramm`) wird eine gewöhnlich ausführbare Datei erstellt. Mit dem zweiten Ziel (`debugprogramm`) hingegen wird eine debug-fähige Version des Programms erzeugt (auf die Details des Debuggens wird noch eingegangen).

```
# Ein simples Makefile mit zwei Zielen (targets)

# Ziel 1:
testprogramm:
# Datei "mytest" wird erzeugt ...
	gcc -o mytest main.c test1.c test2.c -lm
# ... fertig

# Ziel 2:
debugprogramm:
# Debug-Version wird erstellt
	gcc -DDEBUG -ggdb3 -o mytest.db main.c test1.c test2.c -lm
# ... fertig mit Debug-Version
```

Speichern Sie dieses Makefile nun ebenfalls im Verzeichnis ab, wo sich die drei Quelldateien befinden. Im Beispiel hier sieht es im Verzeichnis wie folgt aus:

```
$ ls -Gl
insgesamt 16
-rw-r--r--   1 tot     users     301 2004-04-06 14:11 Makefile
-rw-r--r--   1 tot     users     101 2004-04-06 07:39 main.c
-rw-r--r--   1 tot     users      38 2004-04-06 06:37 test1.c
-rw-r--r--   1 tot     users      38 2004-04-06 06:38 test2.c
```

Jetzt zu einer kurzen Beschreibung der Syntax der folgenden Zeilen:

```
# Ziel 1:
testprogramm:
# Datei "mytest" wird erzeugt ...
	gcc -o mytest main.c test1.c test2.c -lm
# ... fertig
```

Alle Zeilen, die mit dem #-Zeichen beginnen, sind Kommentare. Das Ziel (*Target*) in diesem Fall ist das Label `testprogramm`. Enorm von Bedeutung ist das erste Zeichen in der Kommandozeile, was immer ein [⇆]-Zeichen (*Tabulator*) sein muss. Es genügt also nicht, mit ein paar Leerzeichen hineinzurutschen, sondern es muss ein Tabulatorzeichen sein! Ist hier kein Tabulatorzeichen, wird *MAKE* mit einer Fehlermeldung *Missing Separator* abbrechen.

MAKE erzeugt also tatsächlich eine neue Shell, um die Kommandos in der Kommandozeile auszuführen. Würden Sie praktisch das Ziel `testprogramm` umändern in

```
testprogramm:
	ls -l
```

würde tatsächlich das Inhaltsverzeichnis ausgegeben werden, in dem sich das Makefile befindet. Daran können Sie erkennen, dass sich *MAKE* nicht nur zur Programmierung eignet.

Jetzt können Sie *MAKE* aufrufen. Wollen Sie die normale ausführbare Datei (`Ziel:testprogramm`) erstellen, reicht Folgendes aus:

```
$ make testprogramm
gcc -o mytest main.c test1.c test2.c -lm
$ ./mytest
```

Somit lautet die Syntax für *MAKE* immer:

```
make Ziel
```

Wollen Sie hingegen die Debug-Version der Anwendung von *MAKE* erzeugen lassen, so geben Sie das Ziel `debugprogramm` an:

```
$ make debugprogramm
gcc -DDEBUG -ggdb3 -o mytest.db main.c test1.c test2.c -lm
```

Geben Sie hingegen nur *MAKE* alleine in der Kommandozeile an, wird das erste im Makefile aufgelistete Ziel verwendet:

```
$ make
gcc -o mytest main.c test1.c test2.c -lm
```

Hinweis

Auch wenn hier im Beispiel als Ziel ein anderer Name als der der Anwendung verwendet wurde, ist dies in der Praxis eher unüblich so. Hierbei wird meistens der Name des Programms verwendet. Hier wurde nur ein anderer Name verwendet, damit Sie erkennen können, dass das Ziel und die ausführbare Datei nichts *Gemeinsames* haben – also das Ziel nichts anderes ist als ein Text-Label.

Abhängigkeit (dependency)

Um Ihnen die Abhängigkeit zu erklären, sollten Sie das *Makefile* zunächst ein wenig umschreiben. Verändern Sie es wie folgt:

```
# Ein simples Makefile

# Ziel mytest
mytest: main.o test1.o test2.o
# Datei "mytest" wird erzeugt ...
  gcc -o mytest main.o test1.o test2.o -lm

main.o: main.c
  gcc -c main.c
test1.o: test1.c
  gcc -c test1.c
test2.o: test2.c
  gcc -c test2.c
```

Führen Sie jetzt, ohne zu verstehen, was hier gemacht wurde, erneut *MAKE* aus:

```
$ make
gcc -c main.c
gcc -c test1.c
gcc -c test2.c
gcc -o mytest main.o test1.o test2.o -lm
$ make
make: »mytest« ist bereits aktualisiert.
```

MAKE erkennt beim zweiten Aufruf, dass hier nichts mehr zu tun ist. Die Daten sind *up to date*. Verändern Sie jetzt etwas an der Quelldatei `test2.c`, und starten Sie *MAKE* erneut.

```
$ make
gcc -c test2.c
gcc -o mytest main.o test1.o test2.o -lm
```

Jetzt wird auch wirklich nur die Datei `test2.c` neu kompiliert, da Sie diese ja eben verändert haben. So viel in der Praxis, aber sicherlich wollen Sie das hier auch verstehen.

In Ihrem ersten *Makefile* wurden nur die Kommandos verwendet, um das Ziel korrekt zu erzeugen – ohne wirklich den Aufwand dafür zu minimieren. Diesen Aufwand können Sie erst minimieren, wenn Sie eine bedingte Ausführung in das *Makefile* einbringen. Im ersten Makefile hing das Ziel `mytest` (bzw. `testprogramm`) von den Dateien `main.c`, `test1.c` und `test2.c` ab. Aber in Wirklichkeit, wenn man die Dinge genauer betrachtet, hängt das ausführbare Programm `mytest` schon eher von `main.o`, `test1.o` und `test2.o` ab. Das Ziel `mytest` hängt somit gar nicht von einer Veränderung von `test2.c` oder `main.c` ab, sondern eine Veränderung von `test2.c` oder `main.c` betrifft ja nur die Objektdateien `test2.o` bzw. `main.o` – was natürlich am Ende `mytest` doch wieder beeinflusst. Da Ihnen der *GCC* diese ganze Abhängigkeit der einzelnen Quelldateien hinter dem Linker versteckt, bekommen Sie so gut wie selten etwas davon mit. Aber um effektive *Makefiles* zu schreiben, müssen Sie sich über diese Abhängigkeit bewusst sein. Daher wurden die *Makefiles* auch so geschrieben, dass die Kompilierung und das Linken getrennt wurden.

Jetzt zum Makefile:

```
mytest: main.o test1.o test2.o
# Datei "mytest" wird erzeugt ...
   gcc -o mytest main.o test1.o test2.o -lm
```

Mit der ersten Zeile geben Sie an, dass das Ziel `mytest` von den Objektdateien `main.o`, `test1.o` und `test2.o` abhängig ist. In der nächsten Zeile wird, wenn die Abhängigkeit erfüllt ist, die ausführbare Datei daraus gemacht. Ist das Ziel `mytest` älter als eines der Dateien in der Abhängigkeitsliste, dann wird eine neue ausführbare Datei durch das Linken der Objektdateien erzeugt. Um also für ein Ziel eine Abhängigkeitsliste zu erstellen, muss folgende Syntax verwendet werden:

```
Ziel : Abhängigkeitsliste
```

Damit ist `Ziel` abhängig von allen Dateien in der Liste. Da aber in der eben gezeigten Abhängigkeitsliste nur aus Objektdateien eine Zieldatei erzeugt wird, benötigen Sie noch weitere

Kommandos für das Kompilieren der Quelldateien zu Objektdateien. Und auch hier hat wieder jede einzelne Objektdatei eine Abhängigkeitsliste:

```
main.o: main.c
  gcc -c main.c
test1.o: test1.c
  gcc -c test1.c
test2.o: test2.c
  gcc -c test2.c
```

So ist die Objektdatei `main.o` z. B. abhängig davon, ob der Quelltext `main.c` verändert wurde. Die Quelldatei `main.c`, `test1.c` oder `test2.c` wird auch nur dann neu kompiliert und zu einer Objektdatei übersetzt, wenn sich diese verändert hat. Wurde, wie es im Beispiel gezeigt wurde, die Quelldatei `test2.c` verändert, wird der Compilerlauf auch wirklich nur für `test2.c` gemacht und anschließend, da ja `mytest` von der Objektdatei `test2.o` abhängig ist, eine neue ausführbare Datei daraus erstellt. Natürlich kann es durchaus auch sein, dass `main.c` von einer anderen Header- oder Quelldatei abhängig ist. Solche Dateien sollten Sie immer auch in Ihr *Makefile* mit einfügen. Zum Beispiel würde mit

```
main.o: main.c mytest_header.h
  gcc -c main.c
test1.o: test1.c
  gcc -c test1.c
test2.o: test2.c
  gcc -c test2.c
```

angegeben, dass `main.o` jetzt auch noch von der Quelldatei `mytest_header.h` abhängig ist. Vergessen Sie, dies anzugeben, wird es passieren, dass eine Veränderung von Daten in der Quelldatei `mytest_header.h` keine Auswirkung auf das Ziel hat. Verändern Sie doch z. B. die Datei `test2.c` wie folgt:

```
#include "mytest.h"

void test2(void) {
   printf("Test2: %d\n",TEST);
}
```

Erstellen Sie jetzt eine Datei namens `mytest.h` mit folgendem Inhalt:

```
#define TEST 1
```

Führen Sie jetzt Ihr altes *Makefile* aus:

```
$ make
gcc -c test2.c
gcc -o mytest main.o test1.o test2.o -lm
$ ./mytest
Test1
Test2: 1
1.852026
```

Es scheint alles in bester Ordnung. Ändern Sie jetzt den Wert der symbolischen Konstante `TEST` in `mytest.h` von 1 auf 2 um, und führen Sie *MAKE* erneut aus.

```
$ make
make: "mytest" ist bereits aktualisiert.
```

Sie sehen, die Veränderung von `mytest.h` hatte keine Auswirkung. Wenn Sie Ihr Makefile jetzt anpassen:

```
# Ein simples Makefile

# Ziel mytest
mytest: main.o test1.o test2.o
# Datei "mytest" wird erzeugt ...
	gcc -o mytest main.o test1.o test2.o -lm

# Abhängigkeitsliste
main.o: main.c
	gcc -c main.c
test1.o: test1.c
	gcc -c test1.c
test2.o: test2.c mytest.h
	gcc -c test2.c
```

Jetzt ist dank der Zeile

```
test2.o: test2.c mytest.h
	gcc -c test2.c
```

alles beim nächsten *MAKE*-Aufruf wieder in Ordnung. Dies sollte hier nicht unerwähnt bleiben, da neben dem Nichtbeachten eines Tabulatorzeichens am Anfang eines Kommandos das Vergessen einer neu erstellten Quelldatei einer der meist gemachten Fehler mit *MAKE* ist. Wobei eben gerade der Fehler, eine Quelldatei nicht anzugeben, bei *MAKE* kein syntaktischer Fehler ist und eventuell nicht gleich entdeckt wird.

Im Beispiel eben konnten Sie erkennen, dass ein *Makefile* so geschrieben werden kann, dass jedes Ziel von einer Datei abhängig ist, die selbst wiederum ein Ziel ist. Das Beispiel könnte natürlich noch vertieft werden. Außerdem hat es den Anschein, dass *MAKE* von unten nach oben von der Datei arbeitet – dem ist aber nicht so. Es werden immer als Erstes die Ziele auf den neuesten Stand gebracht, die vom eigentlichen Ziel abhängig sind. Ist ein Ziel nicht mehr aktuell, wird eine neue Datei davon erzeugt. Der Vorgang wird so lange ausgeführt, bis alle Ziele auf dem neuesten Stand sind, die für das (Haupt-)Ziel nötig sind.

Sicherlich haben Sie schon häufiger nach einer Ausführung von *MAKE* auch `make clean` verwendet, um das Verzeichnis wieder zu säubern. Hierfür müssen Sie nur ein Ziel mit dem Namen `clean` angeben und ein entsprechendes Kommando setzen:

```
# Ziel mytest
mytest: main.o test1.o test2.o
# Datei "mytest" wird erzeugt ...
	gcc -o mytest main.o test1.o test2.o -lm

# Abhängigkeitsliste
main.o: main.c
	gcc -c main.c
```

```
test1.o: test1.c
   gcc -c test1.c
test2.o: test2.c mytest.h
   gcc -c test2.c

# ...sauber machen ...
clean:
   rm *.o mytest
```

Führen Sie jetzt in der Kommandozeile `make clean` aus, werden alle Objektdateien und die ausführbare Datei wieder gelöscht. Sie können `rm` zum Löschen genauso verwenden, wie Sie es aus der Shell kennen.

16.2.2 Variablen, Makros und Abkürzungen

In der Praxis sieht das *Makefile* natürlich nicht so aus, wie Sie dieses in den Abschnitten bisher erstellt haben. Auch hierfür gibt es wieder eine Menge Abkürzungen, die das Schreiben von *Makefiles* erheblich vereinfachen können. Ändern Sie das *Makefile* vom Beispiel zuvor wie folgt ab:

```
# Ziel mytest
mytest: main.o test1.o test2.o
# Datei "mytest" wird erzeugt ...
   gcc -o $@ main.o test1.o test2.o -lm

# Abhängigkeitsliste
main.o: main.c
   gcc -c $*.c
test1.o: test1.c
   gcc -c $*.c
test2.o: test2.c mytest.h
   gcc -c $*.c

# ...sauber machen ...
clean:
   rm *.o mytest
```

Auffällig sind hierbei die Zeichen `$@` und `$*`, was einfache Ersetzungsmakros sind. Mit `$@` geben Sie z. B. den vollen Zielnamen an. Im Fall von

```
mytest: main.o test1.o test2.o
   gcc -o $@ main.o test1.o test2.o -lm
```

bedeutet dies, dass die Zeichenfolge `$@` durch den Zielnamen `mytest` ersetzt wird. Somit verhält sich `$@`, als würden Sie

```
gcc -o mytest main.o test1.o test2.o -lm
```

eingeben. Das Makro `$*` steht ebenfalls für den Zielnamen, allerdings ohne die Dateiendung. Im Beispiel

```
main.o: main.c
   gcc -c $*.c
```

wird der Zielname main.o an der Stelle ersetzt, wo sich das Makro $* befindet; aber ohne die Endung .o. Neben den Makros $@ und $* gibt es noch einige weitere nützliche Makros, von denen in der folgenden Tabelle einige aufgelistet sind.

Makro	Bedeutung
$@	Zielname des zu erstellenden Programms
$*	Zielname des zu erstellenden Programms ohne Dateiextension
$<	Name der ersten Abhängigkeit der aktuellen Regel
$^	Alle Abhängigkeiten
$?	Dateiname aller Abhängigkeiten einer Regel, die neuer sind als das Ziel
$(@D)	Verzeichnisname von $@
$(@F)	Reiner Dateiname ohne Pfad für $@
CURDIR	Aktuelles Arbeitsverzeichnis, in dem make gerade aktiv ist

Tabelle 16.2 Nützliche Makros für make

Neben Makros können Sie aber auch Variablen verwenden. Damit könnten Sie z. B. ein *Makefile* für ein Programm erstellen, was auf vielen anderen Systemen verwendet werden könnte, auf denen z. B. kein *GCC* als Compiler verwendet wird. Definiert werden Variablen in einem Makefile mit folgender Syntax:

```
Variable = Wert
```

Variable wird anschließend im *Makefile* bei Auftreten von $(Variable) oder ${Variable} durch den entsprechenden Wert ersetzt. Verwenden Sie z. B. den *GCC*, können Sie diesen in Ihrem *Makefile* folgendermaßen verwenden:

```
CC = gcc

mytest: main.o test1.o test2.o
   $(CC) -o $@ main.o test1.o test2.o -lm

main.o: main.c
   $(CC) -c $*.c
test1.o: test1.c
   $(CC) -c $*.c
test2.o: test2.c mytest.h
   $(CC) -c $*.c

clean:
   rm *.o mytest
```

Mit CC = gcc parametrisieren Sie die Variable CC mit dem Wert gcc. Somit wird bei jedem Vorkommen im *Makefile* von $(CC) oder ${CC} die Zeichenkette durch gcc ersetzt. Arbeiten Sie jetzt auf einem Unix-System, das den Compiler *CC* verwendet und *GCC* nicht kennt, können Sie das *Makefile* dennoch ausführen, indem Sie *MAKE* folgendermaßen verwenden:

```
$ make CC=cc
cc -c main.c
cc -o mytest main.o test1.o test2.o -lm
```

Aber die Verwendung von Variablen spezifiziert sich nicht nur auf Kommandos – ganz im Gegenteil –, damit ist es Ihnen möglich, besser den Überblick zu behalten, indem Sie nur an einer Stelle z.B, alle abhängigen Objekt- oder Quelldateien eines Ziels angeben. Hierzu das *Makefile*, um einige Variablen erweitert:

```
CC      = gcc
OBJECTS = main.o test1.o test2.o
LIBS    = -lm
CFLAGS  = -c

mytest: $(OBJECTS)
    $(CC) -o $@ $(OBJECTS) $(LIBS)

main.o: main.c
    $(CC) $(CFLAGS) $*.c
test1.o: test1.c
    $(CC) $(CFLAGS) $*.c
test2.o: test2.c mytest.h
    $(CC) $(CFLAGS) $*.c

clean:
    rm *.o mytest
```

Hinweis

Das Flag `-c` sollte (in professionellen *Makefiles*) nicht zu den `CFLAGS` getan werden, da `${CFLAGS}` »ohne `-c`« öfter verwendbar ist als `CFLAGS` mit `-c`.

Mit der Verwendung von Variablen wird die Verwaltung des *Makefiles* einfacher. Neue Objektdateien, Compiler-Optionen oder zusätzlich verwendete Bibliotheken müssen nur noch am Anfang hinzugefügt werden. Wollen Sie z. B. beim Kompilieren zusätzlich die Flags `-Wall` für eine umfangreichere Warnungsausgabe und `-O` für die Optimierung des Codes verwenden, müssen Sie nur noch die Parameter der Variablen `CFLAGS` verändern:

```
CFLAGS = -Wall -c -O
```

Oder entsprechende Angaben beim Aufruf von *MAKE* machen:

```
$ make CFLAGS= -Wall -c -O
```

16.2.3 Implizite Regeln

Das *Makefile* kann aber noch weiter vereinfacht werden (aus der Sicht des Laien wahrscheinlich erschwert). Häufig werden einzelne Komponente immer wieder auf dieselbe Art und Weise erstellt. In unserem Beispiel werden `main.o`, `test1.o` und `test2.o` immer gleich kompiliert. Diesen Overhead kann man auch noch mithilfe von impliziten Regeln beseitigen. Diese Regeln werden auf eine Menge von Komponenten angewandt, die durch ein bestimmtes Namensmuster – hier die Dateiendung, auch als Suffix bezeichnet – gegeben sind. So besitzen im Beispiel alle drei Ziele `main.o`, `test1.o` und `test2.o` das Suffix `.o` (für Objektdateien).

Des Weiteren werden all diese Objektdateien mit dem Suffix `.o` aus Quelldateien (`main.c`, `test1.c` und `test2.c`) mit dem Suffix `.c` erzeugt. Da Sie in diesem Beispiel dreimal den Fall haben, dass aus einer Quelldatei mit dem Suffix `.c` eine Objektdatei mit dem Suffix `.o` erzeugt wird, können Sie dies durch eine implizite Regel folgendermaßen beschreiben:

```
.c.o:
  Kommando ...
```

Die Syntax hierzu lautet:

```
.suffix1.suffix2:
  Kommando ...
```

Damit ist `suffix1` das Suffix für die Quelle, und `suffix2` ist das Suffix für das Ziel. Somit hätten Sie eine implizite Regel, womit aus einer C-Quelldatei eine (Ziel-)Objektdatei erstellt wird. Hiermit sieht der Teil, in dem Sie als Zieldatei eine Objektdatei angegeben hatten, folgendermaßen aus (komplettes *Makefile*):

```
.SUFFIXES:
.SUFFIXES: .c .o

CC      = gcc
OBJECTS = main.o test1.o test2.o
LIBS    = -lm
CFLAGS  = -c -O

mytest: $(OBJECTS)
  $(CC) -o $@ $(OBJECTS) $(LIBS)

.c.o:
  $(CC) $(CFLAGS) $<

clean:
  rm *.o mytest
```

Sie sollten sich zuerst noch für die Zeilen

```
.c.o:
  $(CC) $(CFLAGS) $<
```

interessieren. Die erste Zeile kennen Sie ja bereits, und in der zweiten Zeile verwenden Sie bis auf `$<` nichts, was Sie nicht kennen. Mit `$<` benutzen Sie ein Makro, das den (Datei-)Namen der ersten Abhängigkeit der aktuellen Regel verwendet. Diese Regel wird dabei jedes Mal angewendet, wenn *MAKE* ein Ziel sucht, das mit `.o` endet, und eine Datei mit demselben Namen mit der Endung `.c` existiert – auch wenn keine extra Regeln für dieses Ziel angegeben wurden.

Sollen die Dateiendungen in einem *Makefile* auch wirklich verwendet werden, müssen Sie diese erst zu einer Regel erklären. Dies machen Sie mit der Zeile:

```
.SUFFIXES: .c .o
```

Damit werden alle Quellen des eingebauten Ziels `.SUFFIXES` als Dateiendung für implizite Regeln verwendet. Im Beispiel sind dies die Quellen `.c` und die Ziele `.o`. Die erste Verwendung von

```
.SUFFIXES:
```

löscht eventuell vorhandene Suffixe aus der Liste.

16.2.4 Musterregeln

Als effektivere und mächtigere Alternative zu den impliziten Regeln mit den Dateiendungen bietet *MAKE* so genannte Musterregeln an. Bei einer Musterregel steht das Prozentzeichen im Ziel für eine beliebige Zeichenkette. Um auf das durchgehende Beispiel in diesem Abschnitt wieder zurückzukommen, wo Sie aus C-Quelldateien Objektdateien gemacht haben, sieht dieser Vorgang mit Musterregeln wie folgt aus (komplettes *Makefile*):

```
CC      = gcc
OBJECTS = main.o test1.o test2.o
LIBS    = -lm
CFLAGS  = -c -O

mytest: $(OBJECTS)
   $(CC) -o $@ $(OBJECTS) $(LIBS)

%.o: %.c
   $(CC) $(CFLAGS) $<

clean:
   rm *.o mytest
```

Im Beispiel haben Sie mit

```
%.o: %.c
```

ein beliebiges Ziel mit `%.o` definiert, das abhängig von `%.c` ist. Das Prozentzeichen steht also für eine beliebige Zeichenkette und ist im Gegensatz zur impliziten Regel nicht von Suffixen bzw. Präfixen abhängig. Würde z. B. nur das Prozentzeichen angegeben, dann würde diese Regel auf alle Ziele passen.

16.2.5 make zur Installation verwenden

Häufig wird *MAKE* auch zur Installation der Software verwendet. Hierzu wird ein Ziel mit dem Namen `install` mit entsprechenden Kommandos gesetzt. So lässt sich das fertige Programm systemweit auf dem Rechner installieren. Meistens wird dafür die Anwendung in Verzeichnisse unterhalb von `/usr/bin` (oder besser `/usr/local`) installiert. Gewöhnlich werden hierfür Superuser-Rechte benötigt. Hierzu ein möglicher Vorgang einer solchen Installation:

```
CC      = gcc
OBJECTS = main.o test1.o test2.o
LIBS    = -lm
```

```
CFLAGS  = -O2

PREFIX := /usr

my_mytest: $(OBJECTS)
   $(CC) -o $@ $(OBJECTS) $(LIBS)

%.o: %.c
   $(CC) -c $(CFLAGS) $<

install: my_mytest
   install my_mytest ${PREFIX}/bin/

clean:
   rm -f *.o my_mytest
```

Durch die `install`-Abhängigkeit `mytest` stellen Sie außerdem sicher, dass `mytest` immer aktuell ist.

```
$ make
gcc -c -O main.c
gcc -c -O test1.c
gcc -c -O test2.c
gcc -o mytest main.o test1.o test2.o -lm
$ su
Password:********
# make install
install mytest /usr/local/mytest
# exit
exit
$ make clean
rm -f *.o mytest
```

Natürlich können Sie noch weitere *Pseudoziele* verwenden. Gewöhnlich werden dabei Ziele wie `uninstall`, `check`, `depend`, `all` und noch einige mehr verwendet. Wie diese Ziele letztendlich arbeiten, ist Ihre Aufgabe. Ich empfehle Ihnen dafür, sich gelegentlich das eine oder andere *Makefile* anzusehen, wenn Sie wieder eine Software heruntergeladen haben und diese mittels *MAKE* zusammenbauen und installieren. Versuchen Sie sich aber nicht an komplexeren Makefiles wie solche, die von *automake* oder *configure* als Input genommen oder als Output geschrieben worden sind (*Makefile.in*, *Makefile* mit vielen @@).

16.2.6 make-Optionen

Wie Sie *MAKE* aufrufen können, haben Sie jetzt mehrere Male gesehen. *MAKE* bietet Ihnen aber noch mehr Optionen an, die Sie zusätzlich in der Kommandozeile mit angeben können. Welche dass sind, können Sie mit einem Aufruf von `make -help` ermitteln.

16.2.7 Ausblick

Das Kapitel *MAKE* könnte noch endlos weitergeführt und erweitert werden – denn damit ließe sich noch eine Menge mehr anstellen als hier beschrieben. Allerdings sollten Sie mit dem Beschriebenen die Grundlagen beherrschen, so dass Sie nun anhand des Lesens anderer Makefiles diese selbst interpretieren und daraus lernen können. Bei all dem sollte man auch nicht übersehen, dass *MAKE* nicht nur für die Programmierung eingesetzt werden kann. So können Sie *MAKE* auch zur Verwaltung größerer Dateiarchive oder Dokumentationen verwenden. Wenn Sie wirklich ein sehr komplexes *Makefile* betrachten wollen, sollten Sie sich das *Makefile* bekannter und umfangreicher Software ansehen. Empfehlenswert sind die *Makefiles* von Mozilla, gefolgt vom Kernel und Apache2. Der Hammer ist natürlich Glibc.

16.3 Bibliotheken erstellen

Zu Beginn der Programmiererlaufbahn verwendet man Bibliotheken, die von einer Distribution oder von anderen Programmierern zur Verfügung gestellt werden. Aber irgendwann wird es Sie packen, eine eigene Bibliothek zu entwerfen; sei es nun, um der Open-Source-Gemeinde auch etwas zurückzugeben, oder aus Eigenbedarf, um immer wiederkehrende Routinen endlich ein für alle Mal in einer Bibliothek zu vereinen. Hierzu stehen Ihnen zwei Möglichkeiten zur Verfügung – das Erstellen einer statischen oder einer dynamischen Bibliothek. Welche von beiden Methoden die bessere für welchen Anwendungsfall ist und wie Sie diese erstellen können, erfahren Sie jetzt in den folgenden Abschnitten.

16.3.1 Statische Bibliotheken erstellen

Wenn Sie in Ihrem Programm eine statische Bibliothek verwenden wollen, müssen Sie diese namentlich beim Linken angeben. Damit steht dem Programm das komplette Archiv zur Verfügung. Dieses Vorgehen hat allerdings den Nachteil, dass mehr Platz sowohl auf der Festplatte als auch im Hauptspeicher dafür nötig ist, weil statische Bibliotheken mehrfach vorhanden sein könnten – sprich in allen Programmen, die ebenfalls diese statische Bibliothek verwenden. Allerdings hat diese Methode auch Vorteile, sonst würde man sie ja schließlich nicht verwenden. Da alle Funktionen der Bibliothek dem Programm hinzugefügt werden, stehen somit auch alle jederzeit sofort zur Verfügung.

Im Folgenden möchte ich Ihnen das Erstellen einer statischen Bibliothek in einfachster Weise zeigen. Dies kann jederzeit auch mit umfangreicheren Projekten gemacht werden. Sie benötigen dazu folgende Dateien:

- Eine Headerdatei mit den Funktionsdefinitionen, symbolischen Konstanten und eventuell globalen Variablen.
- Mindestens eine Quelldatei, in der die einzelnen Funktionen kodiert werden – sprich, deren Ausführung programmiert wird. Aus dieser Quelldatei erstellen Sie anschließend die statische Bibliothek. Diese Datei benötigt somit auch keine `main()`-Funktion.

Als Beispiel wird hier eine einfache Bibliothek erstellt, die lediglich zwei Integer miteinander vergleicht und bei Gleichheit 1 (`MYTRUE`) oder Ungleichheit 0 (`MYFALSE`) zurückliefert. Die Headerdatei `myequal.h` sieht wie folgt aus:

```
/* myequal.h */
#ifndef _MYEQUAL_H_
#define _MYEQUAL_H_
#define MYTRUE  1
#define MYFALSE 0
typedef int MYBOOL;
MYBOOL my_equal( int a, int b );
#endif
```

Jetzt fehlt noch die kodierte Funktion, woraus Sie anschließend die Bibliothek erstellen werden:

```
/* myequal.c */
#include <stdio.h>
#include "myequal.h"

MYBOOL my_equal( int a, int b ) {
   if( a == b )
      return MYTRUE;
   return MYFALSE;
}
```

Um jetzt aus der Quelldatei `myequal.c` eine Bibliotheksdatei zu machen, müssen Sie zuerst eine Objektdatei daraus erzeugen:

```
$ gcc -c myequal.c
$ ls -l
insgesamt 12
-rw-r--r--    1 tot       users     125 2004-04-08 01:12 myequal.c
-rw-r--r--    1 tot       users     158 2004-04-08 01:11 myequal.h
-rw-r--r--    1 tot       users     644 2004-04-08 01:18 myequal.o
```

Jetzt müssen Sie im nächsten Schritt ein Archiv erstellen. Sie wissen ja seit dem Kapitel über *GCC*, dass Archivdateien von statischen Bibliotheken meistens immer mit `lib` beginnen, gefolgt vom Namen der Bibliothek, und mit `.a` enden (z. B. `lib`**`name`**`.a`). Somit wird im Folgenden aus der Objektdatei `myequal.o` eine Archivdatei mit dem Namen `libmyequal.a` erstellt werden. Bei der Vergabe des Namens einer Bibliothek sollten Sie sicherstellen, dass es keine Bibliothek mit diesem Namen gibt.

Eine solche Archivdatei können Sie mit dem Befehl `ar` (*Archiver*) erzeugen. Damit können Sie Archive erstellen und verändern.

```
$ ar crs libmyequal.a myequal.o
$ ls -l
insgesamt 16
-rw-r--r--    1 tot    users    790 2004-04-08 01:19 libmyequal.a
-rw-r--r--    1 tot    users    125 2004-04-08 01:12 myequal.c
```

```
-rw-r--r--    1 tot    users    158 2004-04-08 01:11 myequal.h
-rw-r--r--    1 tot    users    644 2004-04-08 01:18 myequal.o
```

Mit der Option `r` sorgen Sie dafür, dass bei einem bereits bestehenden Archiv die ältere Version der Objektdatei durch eine neuere Version ersetzt wird, und mit der Option `c` wird erzwungen, dass ein Archiv angelegt wird, falls es noch nicht existiert. Soll ein Index hinzugefügt werden, so kann `s` mit hinzugegeben werden. `s` macht allerdings erst Sinn, wenn man weitere Objektfiles in ein bereits existierendes Archiv aufnimmt.

Jetzt haben Sie zwar ein Archiv in Ihrem Verzeichnis, aber der *GCC* weiß noch nichts davon, wenn Sie diesen mit dem Flag `-l` aufrufen würden. Daher muss diese Bibliothek noch einem Index, wo alle Funktionen eines Archivs eingetragen sind, hinzugefügt werden. Mithilfe des Indexeintrags werden die Zugriffe auf Funktionen im Archiv optimiert. Dieser Eintrag wird mit einem einfachen Aufruf von `ranlib` erledigt.

```
$ ranlib libmyequal.a
```

Jetzt können Sie die Bibliothek installieren. Dazu müssen Sie nur noch die Bibliothek `libmyequal.a` in das Verzeichnis `/usr/lib` oder `/usr/local/lib` und die Headerdatei `myequal.h` in das Verzeichnis `/usr/include` oder `/usr/local/include` kopieren.

Hinweis

Die Verzeichnisse */usr/lib* und */usr/include* bzw. eigentlich alle Pfade außer */opt*, die nicht irgendwie ein »local« enthalten, sind für das System aus organisatorischen Gründen vorbehalten. Somit kann man immer gleich unterscheiden: */usr/include/popt.h* => RPM-Paket, */usr/local/include/popt.h* => eigener Weg. Natürlich befolgen nicht alle Source-Pakete unbedingt diese »local«-Technik.

Hinweis

Sie müssen die Bibliothek natürlich nicht in ein entsprechendes Verzeichnis installieren. Sie können natürlich auch jedes andere Verzeichnis hierzu verwenden, nur müssen Sie beim Übersetzen angeben, wo sich die Include-Datei (`-I`) und wo sich die Bibliothek befindet (`-L`). Außerdem empfiehlt es sich natürlich in der Praxis, den kompletten Vorgang mit einem *Makefile* zusammenzustellen. Statt `-L` ist natürlich auch der Pfad zur Bibliothek möglich, z. B.: `gcc -o prog strap.o libdir/myequal.a`.

```
# cp -p libmyequal.a /usr/local/lib
# cp -p myequal.h /usr/local/include
```

Sofern die eben erwähnte »`local`«-Technik bei Ihnen nicht funktioniert, können Sie auch das `local` weglassen und die Dateien nach `/usr/lib` bzw. `/usr/include` kopieren. Am Ende können Sie nochmals `ranlib` über das Archiv laufen lassen, falls sich etwas verändert hat.

Hierzu ein einfaches Listing, das die Verwendung der neu erstellten statischen Bibliothek zeigt.

```
/* testlist.c */
#include <stdio.h>
#include <myequal.h>
```

```
int main(void) {
   MYBOOL ret;
   ret = my_equal ( 5 , 5 );
   if( ret == MYTRUE )
      printf("Beide Werte sind gleich\n");
   else
      printf("Die Wert sind nicht gleich\n");
   return 0;
}
```

Das Programm bei der Ausführung:

```
$ gcc -o testlist testlist.c -lmyequal
$ ./testlist
Beide Werte sind gleich
```

16.3.2 Dynamische Bibliotheken (Shared Libraries) erstellen

Dynamische Bibliotheken (auch *Shared Libraries* genannt) werden im Gegensatz zu den statischen Verwandten nicht zum Programm hinzugebunden, sondern erst beim Aufruf des Programms aus einem Bibliotheksverzeichnis (gewöhnlich `/usr/lib` bzw. `/usr/local/lib`) in den Speicher geladen und dynamisch an das Programm gebunden. Verwendet nun ein weiteres Programm eine Funktion aus dieser Bibliothek, muss diese nicht erneut in den Speicher geladen werden, sondern es wird die bereits verwendete Instanz in den Adressraum des zweiten Programms eingeblendet. Dies hat auch den Vorteil, dass die Programme etwas *schlanker* sind – und das trifft sowohl auf deren Größe als auch auf den Speicherverbrauch zu. Denn zum einen ist die Bibliothek nicht im Programmcode eingebunden, und zum anderen wird der Hauptspeicherbedarf dadurch gering gehalten, dass nur eine Instanz der Bibliothek benötigt wird. Nachteil: Befindet sich eine Bibliothek noch nicht im Speicher, kann beim ersten Laden dieser Bibliothek der Programmstart ein wenig länger dauern, weil *Shared Libraries* immer vollständig geladen werden, während bei der Kompilierung nur Objektdateien aus dem Archiv ausgewählt werden, in denen auch betroffene Symbole (Funktionen, Variablen etc.) vorkommen. Allerdings ist diese »längere Dauer« kaum bemerkbar und eigentlich auch nicht erwähnenswert.

Ein wichtiger Aspekt bei dynamischen Bibliotheken ist die Abwärtskompatibilität zu den vorhergehenden Versionen. Die Veränderungen sollten dabei durch die Erhöhung der Unterversionsnummer gekennzeichnet werden. Sollte sich etwas gravierend ändern, kann auch die Hauptversionsnummer verändert werden. Der Aufbau von solchen Bibliotheken sieht wie folgt aus:

```
lib(name).so.(Hauptversionsnr.)(Unterversionsnr.)(Releasenr.)
```

Folgende Regeln gilt es dabei einzuhalten: Werden Fehler behoben, ändert sich die Release-Nummer. Werden neue Funktionen hinzugefügt, doch die Bibliothek bleibt trotzdem abwärts kompatibel, dann sollte die Unterversionsnummer verändert werden. Ist die neue Bibliotheksversion hingegen nicht mehr abwärts kompatibel, wird die Hauptversionsnummer verändert. Nicht mehr abwärts kompatibel heißt:

- Eine Funktion der Vorgängerversion wurde verändert oder entfernt.
- Wenn sich Funktionen anders verhalten als in der alten Version.
- Wenn sich Datenstrukturen grundlegend verändert haben; wurde z. B. in einer Datenstruktur der Datentyp verändert.

Da allerdings nicht alle Systeme die gleichen Versionen von Bibliotheken verwenden, wird nach dem Kopieren einer neuen Bibliotheksversion ein entsprechendes Verzeichnis `ldconfig` aufgerufen. Dieses Programm legt für eine Bibliothek mit Versionsnummer einen symbolischen Link an, der nur den Namen der Bibliothek (ohne Versionsnummer) und einen Link auf den Namen der Bibliothek mit der Hauptversionsnummer (ohne Unterversionsnummer und Release-Nummer) enthält. Einen Überblick zu allen eingerichteten symbolischen Links können Sie sich mit folgendem Aufruf verschaffen:

```
# ldconfig -p
887 libs found in cache `/etc/ld.so.cache'
        libzvt.so.2 (libc6) => /opt/gnome/lib/libzvt.so.2
        libzvt-2.0.so.0 (libc6) => /opt/gnome2/lib/libzvt-2.0.so.0
        libz.so.1 (libc6) => /lib/libz.so.1
        libz.so (libc6) => /usr/lib/libz.so
        liby2util.so.3 (libc6) => /usr/lib/liby2util.so.3
        liby2pm.so.2 (libc6) => /usr/lib/liby2pm.so.2
        liby2.so.2 (libc6) => /usr/lib/liby2.so.2
        libyui.so.2 (libc6) => /usr/lib/libyui.so.2
...
```

`ldconfig` sucht immer nach allen dynamischen Bibliotheken, die in einem bestimmten Verzeichnis liegen, und erstellt bei Bedarf einen symbolischen Link auf die jeweilige Version. Also eignet sich `ldconfig` prima zum Austausch von verschiedenen Bibliotheksversionen. Bitte beachten Sie, dass `ldconfig` nur mit Superuser-Rechten ausgeführt werden kann.

Hinweis

In welchem Verzeichnis *ldconfig* sucht, wird in der Datei */etc/ld.so.conf* beschrieben. Sofern Sie weitere Verzeichnisse hinzufügen wollen, müssen Sie hier nur einen entsprechenden Eintrag hinzufügen.

Hierzu folgen jetzt die einzelnen Schritte, die gewöhnlich verwendet werden, um eine dynamische Bibliothek zu erzeugen und auch zu installieren. Als Beispiel dient wieder dasselbe Listing, wie Sie es schon beim Erstellen von statischen Bibliotheken verwendet haben.

Zuerst müssen Sie die Quelldatei kompilieren, um eine Objektdatei daraus zu erzeugen:

```
$ gcc -fPIC -Wall -g -c myequal.c
```

Hierbei wurde zusätzlich die Option `-fPIC` verwendet, um positionsunabhängigen Code zu erzeugen. Dies verhindert, dass im Maschinencode eine feste Adresse dafür vergeben wird und somit die dynamische Bibliothek an (fast) jeder beliebigen Stelle des Adressraums vom Programm eingebunden werden kann.

Jetzt zum Linken der Objektdatei:

```
$ gcc -ggdb3 -shared -Wl,-soname,libequal.so.1 -o \
          libequal.so.1.0 myequal.o -lc
```

Mit `-shared` geben Sie an, dass hier eine dynamische Bibliothek erzeugt werden soll. `-Wl` leitet die Optionen an den Linker `ld` weiter. Für `-soname` wird der vollständige Bibliotheksname mit den Versionsnummern angegeben. Mit `myequal.o` geben Sie die Objektdatei an, die in dieser dynamischen Bibliothek aufzunehmen ist. Hierbei können selbstverständlich mehrere Objektdateien aufgelistet werden. Mit `-lc` linken Sie noch die C-Bibliothek hinzu, was Sie in der Praxis immer machen sollten. Natürlich können auch hierbei noch mehr Bibliotheken hinzugelinkt werden. Hier nochmals die Syntax dazu:

```
gcc -g -shared - Wl,-soname,soname -o bibliotheksname \
Objektdatei(en) Bibliothek(en)
```

Beim anschließenden Linken mit einer Bibliothek (über `-l`) sucht der Linker sich dann die entsprechende Datei, z. B. `/usr/lib/libbibliotheksname.so`, sieht sich diese an (dass es ein Symlink ist, wird ignoriert) und schaut nach dem `DT_SONAME`-Tag, das den Dateinamen beinhaltet, der in die Executable eingetragen werden soll.

Bei einem Vergleich zwischen den dynamischen Bibliotheken und den statischen fällt der Größenunterschied erheblich auf:

```
$ ls -l
insgesamt 36
-rwxr-xr-x  1 tot  users    11634 2004-04-08 04:26 libequal.so.1.0
-rw-r--r--  1 tot  users      790 2004-04-08 01:38 libmyequal.a
```

Jetzt benötigen Sie Superuser-Rechte, um die dynamische Bibliothek in das Verzeichnis `/usr/lib` bzw. `/usr/local/lib` zu kopieren. Wechseln Sie am besten gleich in das Verzeichnis:

```
# cp libequal.so.1.0 /usr/lib
# cd /usr/lib
```

Erzeugen Sie jetzt einen symbolischen Link, den Sie für den Linker beim Übersetzen benötigen, wenn Sie die dynamische Bibliothek mit dem Flag `-l` angeben:

```
/usr/lib # ln -fs libequal.so.1.0 libequal.so.1
/usr/lib # ln -fs libequal.so.1 libequal.so
```

Zu guter Letzt müssen Sie jetzt noch `ldconfig` aufrufen:

```
# ldconfig
```

Das sollte genügen, um mit der dynamischen Bibliothek arbeiten zu können. Jetzt können Sie wieder dasselbe Listing wie schon im Beispiel der statischen Bibliothek verwenden und folgendermaßen übersetzen:

```
$ gcc -o testlist testlist.c -lequal
```

Hinweis

Haben Sie auf Ihrem System sowohl eine statische als auch eine dynamische Version von `libequal.so` und `libequal.a`, bindet der Compiler, sofern Sie nichts anderes angeben wird, standardmäßig immer die dynamische Version hinzu – was natürlich durch Linker-Skripte geändert werden kann. Ein Blick in z. B. `/usr/lib/libc.so` zeigt so manches mehr.

16.3.3 Dynamisches Nachladen von Bibliotheken

Außer dem automatischen Nachladen und Binden von Bibliotheken können Sie dynamische Bibliotheken auch zur Laufzeit des Programms nachladen. Hierfür sind folgende Funktionen nötig:

```
#include <dlfcn.h>

void *dlopen(const char *filename, int flags);
const char *dlerror(void);
void *dlsym(void *handle, const char *symbol);
int dlclose(void *handle);
```

Mit der Funktion `dlopen()` öffnen Sie eine dynamische Bibliothek `filename`. Bei Erfolg wird ein Zeiger auf die geöffnete Bibliothek zurückgegeben oder im Fehlerfall `NULL`. Sind in der Bibliothek Symbole, die nicht aufgelöst werden können (eine Bibliothek kann wie oben erwähnt ja eine andere noch benötigen), hängt das Verhalten vom `flag` ab. Folgende Flags können hierfür verwendet werden:

- `RTLD_LAZY` – Undefinierte Symbole werden aufgelöst, wenn eine Funktion in der dynamischen Bibliothek ausgeführt wird.
- `RTLD_NOW` – `dlopen()` – Kehrt erst dann zurück, wenn alle undefinierten Symbole aufgelöst werden konnten.
- `RTLD_GLOBAL` – Dieses Flag wird mit dem bitweisen ODER und mit einem der eben erwähnten Flags verwendet. Ist dieses angegeben, so sind die Symbole aus der geladenen Bibliothek den nachfolgenden geladenen Bibliotheken ebenfalls bekannt. Es gibt sozusagen zwei Symbolräume, einmal für die Hauptanwendung und einmal die Library.

Tritt ein Fehler auf, können Sie mit der Funktion `dlerror()` einen String ausgeben lassen, der den zuletzt aufgetretenen Fehler genauer umschreibt.

Mit der Funktion `dlsym()` bekommen Sie bei Erfolg die Adresse des gewünschten Symbols, das sich in der Bibliothek `handle` befindet, zurück (man kann nämlich nicht nur Funktionen mit `dl*()` holen!). Wenn `symbol` nicht aufgelöst werden konnte, wird `NULL` zurückgegeben.

Der Speicher, der auf die Bibliothek `handle` verweist, kann mit der Funktion `dlclose()` unter Angabe der Bibliothek `handle` wieder freigegeben werden. (Der Memory Debugger `GXmalloc` (Eigenkreation des Fachgutachters) verrät, dass `dlclose()` nicht alles freigibt, was `dlopen()` sich geholt hatte. Aber es handelt sich dabei um wenige Bytes pro Bibliothek.) Außerdem wird ein Zähler, der die Anzahl der geöffneten Bibliotheken von `dlopen()` mitzählt, wieder dekrementiert. Ist dieser Zähler 0, wird die Bibliothek aus dem Speicher entfernt.

Hinweis

Zum Verwenden der hier vorgestellten Funktionen müssen Sie die Bibliothek `libdl.a` bzw. `libdl.so` (statische oder dynamische Version) mit dem Flag `-ldl` hinzulinken.

Das folgende Beispiel lädt die zuvor selbst geschriebene dynamische Bibliothek `libequal.so` während der Laufzeit des Programms hinzu. Anschließend wird die Funktion `my_equal()` geladen (genauer, die Adresse der Funktion ermittelt) und zwei Zahlen miteinander so lange verglichen, bis Sie für einen der Werte 0 angeben. Am Ende wird jeweils der Speicher wieder freigegeben. Zwar hat unsere dynamische Bibliothek nur eine Funktion, die verwendet werden kann, dennoch können Sie beinahe beliebig viele (vorhandene) Funktionen einer Bibliothek dynamisch dazuladen. Die einzelnen Funktionen wurden so geschrieben, dass Sie diese auch ohne Probleme bei einem anderen Projekt mit einer anderen Bibliothek verwenden können.

```
/* dynamisch.c */
#include <stdio.h>
#include <stdlib.h>
#include <myequal.h>
#include <dlfcn.h>
#define LIBEQUAL "libequal.so"

/* dynamische Bibliothek laden */
static void *my_load_dyn (const char *lib) {
  static void *handle;
  handle = dlopen (LIBEQUAL, RTLD_NOW);
  if (handle == NULL) {
    printf ("Fehler bei dlopen(): %s\n", dlerror ());
    exit (EXIT_FAILURE);
  }
  return handle;
}

/* Funktion aus der dynamischen Bibliothek laden */
static void *my_load_func (void *handle, const char *func) {
  void *funcptr = dlsym (handle, func);
  if (funcptr == NULL) {
    printf ("Fehler bei dlsym(): %s\n", dlerror ());
    exit (EXIT_FAILURE);
  }
  return funcptr;
}

/* Speicher wieder freigeben */
static void my_close_func (void *handle) {
  if (dlclose (handle))
    printf ("Fehler bei dlclose(): %s\n", dlerror ());
}

int main (void ) {
  MYBOOL ret;
  void *lib_handle;
  int (*equal) (int a, int b);
  int val1=1 ,val2 = 1;

  while ( 1 ) {
    printf ("Zahl 1 eingeben: ");
    scanf ("%d", &val1);
```

```
    printf ("Zahl 2 eingeben: ");
    scanf ("%d", &val2);
    if( val1 == 0 || val2 ==0 )
      break;
    lib_handle = my_load_dyn (LIBEQUAL);
    equal = my_load_func (lib_handle, "my_equal");
    ret = (*equal) (val1, val2);
    if (ret == MYTRUE)
      printf ("Beide Werte sind gleich\n");
    else
      printf ("Die Werte sind nicht gleich\n");
    my_close_func (lib_handle);
  }
  return EXIT_SUCCESS;
}
```

Das Programm bei der Ausführung:

```
$ gcc -o dynamisch dynamisch.c -ldl
$ ./dynamisch
Zahl 1 eingeben: 3
Zahl 2 eingeben: 4
Die Werte sind nicht gleich
Zahl 1 eingeben: 5
Zahl 2 eingeben: 5
Beide Werte sind gleich
Zahl 1 eingeben: 1
Zahl 2 eingeben: 0
```

Hinweis

Dass die Bibliothek im Beispiel immer von neuem geladen wird, dient nur zur Demonstration – sprich, Sie können sich hierbei gerne eine Abfrage einbauen, die ermittelt, welche Bibliothek Sie sich im nächsten Durchgang laden wollen. Es soll praktisch damit gezeigt werden, dass jederzeit – während der Laufzeit des Programms – eine Bibliothek geladen und am Ende wieder freigegeben werden kann. In der Praxis sollten Sie das `dlopen()` natürlich noch vor das `while()` setzen.

16.4 RPM

Um unter Linux auch nicht erfahrenen Anwendern Programme zur Verfügung zu stellen, hat Red Hat ein Paketsystem namens RPM (kurz für *Red Hat Package Manager*) eingeführt. Zuvor (und zum Teil auch immer noch) wurden Programme oder Sources meistens als ein *Tar*-Ball zur Verfügung gestellt. Dabei entstanden u. a. Probleme wie das Entfernen und Aktualisieren von Software oder wenn Anwendungen bestimmte Bibliotheken benötigten.

Mit RPM wurde ein Paketsystem eingeführt, das komfortabel das Installieren, Löschen und Aktualisieren von Paketen (sowohl von Binär- als auch Quellpaketen) erlaubt, ohne dass hierbei Probleme entstehen wie die mit einem anderen bekannten Betriebssystem, das bei der

Deinstallation Reste der Software übrig bleiben. Bei Quellpaketen können dabei zur Installation auch eine Neuübersetzung und weitere Aktionen ausgeführt werden.

16.4.1 Einführung in RPM

Wer bereits Erfahrung mit RPM hat, kann diesen Abschnitt überspringen. Es wird dabei auf das Kommandozeilentool *RPM* eingegangen und nicht auf eines der vielen grafischen Frontends. Für mehr Details, hier speziell für mehr Optionen, sei die Manual Page zu *RPM* oder die Webseite von Red Hat zu RPM empfohlen. Die Einführung geht nur kurz auf die Hauptanwendungen von *RPM* ein.

Installieren – rpm -i

Um ein Paket zu installieren, das in einer Paketdatei abgelegt ist, müssen Sie in der Kommandozeile die Option `-i` und den Paketdateinamen angeben:

```
$ rpm -i {optionen} {paketdatei}
```

Weitere gängige Optionen, die Sie noch zusätzlich verwenden könnten, wären hierbei das Flag `-hv`, das einen Fortschrittszustand der Installation anzeigt, und das Flag `--force`, das die Installation erzwingt. Es gibt natürlich noch eine Menge Optionen mehr, aber diese stehen hier nicht zur Diskussion. Somit sähe eine Installation eines Paketes namens `mytest-1.0.1.i386.rpm` wie folgt aus:

```
# rpm -i mytest-1.0.1.i386.rpm
```

Es spricht übrigens auch nichts dagegen, sofern eine Verbindung zu einem Netzwerk (z. B. Internet) besteht, die Installation folgendermaßen auszuführen:

```
# rpm -i ftp://ftp.pronix.de/mypackages/mytest-1.0.1.i386.rpm
```

Dies empfiehlt sich allerdings bei Dialup weniger, sollte nämlich *mytest.rpm* noch unerfüllte Abhängigkeiten haben, so wird die Datei nicht lokal gespeichert, was hieße, dass noch einmal *mytest.rpm* heruntergeladen werden müsste!

Deinstallieren – rpm -e

Um ein Paket wieder vom System zu entfernen, wird das Flag `-e` (für *erase*) verwendet:

```
# rpm -e {option} {paketname}
```

Wenn Sie beim Löschen eines Pakets unsicher sind, können Sie auch die Option `--test` verwenden, um zu sehen, was `-e` als Nächstes tun würde.

Aktualisieren – rpm -U

Wollen Sie ein Paket erneuern, können Sie das Flag `-U` (für Upgrade) verwenden. Damit werden eventuell als »alt« markierte Pakete gelöscht (z. B. bei der Zusammenlegung von zwei Paketen) und neue installiert.

```
# rpm -U {option} {paketname}
```

Auch hierbei werden Sie das eine oder andere Mal nicht um die Option `--force` zum Erzwingen des Upgrades herumkommen.

Scherzhafterweise steht im Buch *Maximum RPM* für »U« die Erklärung »Uh, do the right thing« (Äh, mach das Richtige), was man `-U` auch wirklich zuschreiben kann, denn sollte ein Paket noch nicht im System existieren, so wird es installiert.

Freshen – rpm -F

Wer ein ganzes Verzeichnis mit Upgrade-Paketen besitzt, kann `rpm -F` auf diese anwenden, um nur neue Pakete einzuspielen, da `rpm -U` z. B. mit einer Fehlermeldung wie »package aaa_base-9.1-0 is already installed« abbrechen kann.

Weiteres

Des Weiteren gibt es noch eine Menge Optionen mehr für *RPM*, etwa zum Ermitteln von Informationen eines Paketes oder zum Überprüfen bereits installierter oder noch nicht installierter Pakete.

Benötigte Komponenten für ein einfaches RPM

Wenn Sie selbst ein eigenes Paket Ihrer Software zur Verfügung stellen wollen, benötigen Sie im Grunde drei Komponenten:

- Die originalen Quelldateien (Sourcecode) (sog. *Pristine Sources*) – Diese werden gewöhnlich als TAR-Archiv zur Verfügung gestellt. Wozu die Originalquellen?, werden Sie sich fragen. Wenn Sie wollen, dass die Software auf anderen Systemen wie BSD oder Solaris laufen soll, wäre das z. B. ein Argument. Auch wenn Sie selbst nicht auf einem solchen System arbeiten, findet sich je nach Software nicht selten jemand, der den Quellcode mit ein paar Änderungen für ein entsprechendes System anpassen kann. Trotzdem sollten die originalen Quellen im TAR-Archiv niemals verändert werden! Für Zwecke der Portabilität stehen Patches zur Verfügung – die nächste Komponente.
- Patches – Patches werden benötigt, um Fehler zu beheben oder Anpassungen für eine bestimmte Plattform vorzunehmen. Damit bleiben die originalen Quelldateien immer unangetastet. Ein weiterer Vorteil ist, dass Patches meist auf die nächste Version übertragen werden können, während eine Änderung am Quellbaum immer per Hand in den nächsten übertragen werden müsste.
- Eine Informationsdatei, die den kompletten Übersetzungs-/Installationsprozess beschreibt (sog. *Specfile*) – Diese Datei wird benötigt, um RPM mit sämtlichen Informationen zu versorgen, die nötig sind, um daraus ein Paket zu erstellen. Diese Datei wird *Spec*-Datei genannt und hat eine ähnliche Funktion wie das *Makefile*.

16.4.2 Verzeichnisse, die RPM benötigt

Um die Quellen in ein Verzeichnis zu stellen, verwendet RPM fünf Verzeichnisse. Hier ein Überblick der Verzeichnisse unter SuSE-Linux, die je nach Distribution auch in einem anderen Ort liegen können (bei Red Hat z. B. `/usr/src/redhat`):

```
$ ls -l /usr/src/packages
insgesamt 0
drwxrwxrwt  2 root     root          48 2003-03-13 23:16 BUILD
drwxrwxrwt  8 root     root         192 2003-06-06 11:03 RPMS
drwxrwxrwt  2 root     root          48 2003-03-13 23:16 SOURCES
drwxrwxrwt  2 root     root          48 2003-03-13 23:16 SPECS
drwxrwxrwt  2 root     root          48 2003-03-13 23:16 SRPMS
```

Hier finden Sie im Verzeichnis `/usr/src/packages` folgende fünf Verzeichnisse und deren Bedeutung:

Verzeichnis	Bedeutung
/usr/src/packages/BUILD	Ein Arbeitsverzeichnis, wo die Quellen ausgepackt und übersetzt werden (für das Verzeichnis stellt RPM folgende Shellvariable zur Verfügung: `RPM_BUILD_DIR`).
/usr/src/packages/RPMS	Hier befinden sich die fertig gestellten Binärpakete.
/usr/src/packages/SOURCES	Darin werden alle Quelldateien und Patches abgelegt (für das Verzeichnis stellt RPM folgende Shellvariable zur Verfügung: `RPM_SOURCE_DIR`).
/usr/src/packages/SPECS	Verzeichnis für die *Spec*-Dateien
/usr/src/packages/SRPMS	Hier werden die erstellten Source-Pakete abgelegt.

Tabelle 16.3 Verzeichnisse, die rpm verwendet

16.4.3 Ein eigenes RPM-Paket erstellen

Auf den folgenden Seiten soll jetzt aus einem einfachen Listing ein eigenes Paket erstellt werden. Da Ihr erstes Paket noch keine Patches beinhaltet, soll Ihnen dieser Vorgang anhand der Sources und der Spec-Datei gezeigt werden.

16.4.4 Sources

Als Quellcode für das RPM-Paket verwenden Sie am einfachsten die Sources, die Sie schon beim *Makefile* verwendet haben – also `main.c`, `test1.c`, `test2.c` und das *Makefile*. Da hier als Projektname `mein_projekt` verwendet wurde, müssen Sie das *Makefile* geringfügig verändern. Daher hier nochmals das komplette *Makefile*:

```
CC      = gcc
OBJECTS = main.o test1.o test2.o
LIBS    = -lm
CFLAGS  = -c -O

mein_projekt: $(OBJECTS)
	$(CC) -o $@ $(OBJECTS) $(LIBS)

%.o: %.c
	$(CC) $(CFLAGS) $<

clean:
	rm *.o mein_projekt
```

Alle Dateien sollten sich in einem Verzeichnis befinden, woraus Sie jetzt ein komprimiertes TAR-Archiv mit den Quellen für das Projekt `mein_projekt` erstellen. Wichtig ist dabei, dass der Name des Verzeichnisses mit den Quellen identisch mit dem Namen des Paketes und der Versionsnummer sein sollte. Im Beispiel sei der Verzeichnisname `mein_projekt-0.1`.

```
$ ls -l mein_projekt-0.1
insgesamt 16
-rw-r--r--  1 tot      users        307 2004-04-10 12:57 Makefile
-rw-r--r--  1 tot      users        112 2004-04-07 23:36 main.c
-rw-r--r--  1 tot      users         37 2004-04-10 12:57 test1.c
-rw-r--r--  1 tot      users         38 2004-04-10 12:59 test2.c
```

Hierzu der Vorgang, wie Sie das Verzeichnis `mein_projekt-0.1` zu einem *TAR*-Ball zusammenpacken und in das Verzeichnis `/usr/src/packages/SOURCES` verschieben:

```
$ tar -cvjf /usr/src/packages/SOURCES/mein_projekt-0.1.tbz2 \
  mein_projekt-0.1
mein_projekt-0.1/
mein_projekt-0.1/Makefile
mein_projekt-0.1/test1.c
mein_projekt-0.1/test2.c
mein_projekt-0.1/main.c
```

16.4.5 Die Spec-Datei

Etwas umfangreicher gestaltet sich die Erstellung der *Spec*-Datei. Diesen Vorgang werde ich Ihnen anhand des Projektes `mein_projekt-0.1` demonstrieren.

Die Präambel – Informationen zum Paket

Zunächst benötigen Sie die Präambel der Spec-Datei. Dabei handelt es sich um eine Datei mit den verschiedensten Informationen, die Ihnen anschließend in einer Tabelle erläutert werden. Diese Datei wird in das Verzeichnis *SPECS* mit der Dateiendung `*.spec` abgelegt. In diesem Beispiel sei der Name der Datei `mein_projekt-0.1.spec`.

Die Eintragung in dieser Präambel besitzt folgende Syntax:

```
[Schlüsselwort] : [Wert, Beschreibung]
```

Einige Schlüsselwörter (die Ihnen in der folgenden Tabelle gezeigt werden) müssen vorhanden sein – wobei die Reihenfolge nicht vorgegeben ist. Die entsprechenden Informationen zum Schlüsselwort sollten abgesehen von `%description` niemals länger als eine Zeile sein.

Schlüsselwort	Muss vorhanden sein	Bedeutung
`Summary`	ja	Kurzbeschreibung des Paketes
`Name`	ja	Name des Programms – dieser Eintrag wird beim Label des Pakets und im Paketdateinamen verwendet.
`Version`	ja	Die Versionsnummer des Pakets – dieser Eintrag wird beim Label des Pakets und dem Paketdateinamen verwendet.

Tabelle 16.4 Schlüsselwörter zur Eintragung in die Präambel

Schlüsselwort	Muss vorhanden sein	Bedeutung
`Release`	ja	Damit geben Sie an, wie häufig das Programm in der aktuellen Form als RPM-Paket verpackt wurde (oder kurz: die Versionsnummer der Specfile).
`Copyright`	ja	Art der Lizenz, unter der das Paket verbreitet wird/werden darf (z. B. (L)GPL, Artistic, BSD, MIT etc.).
`Group`	ja	Hier lässt sich die Software in eine bestimmte Kategorie einordnen (Grafik, Editor, Spiel ...).
`Source`	nein	Der Name (oder auch die URL) der Quelldatei, von wo diese bezogen wurde
`URL`	nein	Wo sind weitere Informationen zu dieser Software zu finden, z. B. Homepage des Projektes?
`Distribution`	nein	Für welche Distribution ist das Paket ausgelegt? Geben Sie sie hier an (SuSE x.x, Red Hat x.x ...).
`Vendor`	nein	Name der Firma oder des Urhebers, der dieses Softwarepaket vertreibt
`Packager`	nein	Name/E-Mail-Adresse der Firma oder des Urhebers, der das Paket erstellt hat und das Paket weiterhin unterstützt
`%description`	nein	Diese Zeile kann mehr als eine Zeile Text haben und beschreibt das Paket bzw. die Software. `%description` ist schon der nächste Abschnitt und gehört eigentlich nicht mehr zur Präambel. Außerdem verwendet es nicht die o. g. Doppelpunkt-Syntax.

Tabelle 16.4 Schlüsselwörter zur Eintragung in die Präambel (Forts.)

Für unser Beispiel sieht der Präambel-Abschnitt wie folgt aus:

```
# Dies ist eine einfache Spec-Datei für ein einfaches Testprojekt
Summary: Ein Testprojekt zum Packen einer eigenen RPM
Name: mein_projekt
Version: 0.1
Release: 1
Copyright: GPL
Group: misc/mein_projekt
Source: ftp://ftp.pronix.de/mein_projekt/mein_projekt-0.1.tbz2
URL: http://pronix.de/mein_projekt/
Distribution: SuSE Linux 9.0
Vendor: Pronix Industries
Packager: Jürgen Wolf <pronix@pronix.de>

%description
Bei diesem Paket handelt es sich um ein simples Beispiel,
um Ihnen das Erstellen eigener RPM-Pakete naeher zu erlaeutern.
```

Der Prep-Abschnitt – Pakete zum Erstellen vorbereiten

Mit dem *Prep*-Abschnitt der *Spec*-Datei werden die Vorbereitungen getroffen, die nötig sind, um ein Paket zu erstellen. Meistens handelt es sich dabei um das Entpacken der Quellen aus den TAR-Archiven und ggf. der Patches. Sie können diese Aufgaben entweder von einem Shellskript erledigen lassen oder aber, was meistens der Fall ist, Sie verwenden das Makro `%setup`, das sämtliche Arbeiten vom Auspacken bis zum Löschen eventuell durchgeführter *Builds* übernimmt. Der Prep-Abschnitt wird immer mit `%prep` eingeleitet.

```
%prep
%setup
```

Dem Makro `%setup` können außerdem auch noch extra einige Parameter übergeben werden – was allerdings in unserem Fall nicht nötig ist. Das Makro `%setup` führt gewöhnlich folgende zwei Shellbefehle aus (die Sie alternativ für `%setup` verwenden könnten):

```
rm -Rf $RPM_BUILD_DIR/mein_projekt-0.1
tar  -xvjf $RPM_SOURCE_DIR/mein_projekt-0.1.tbz2
```

Der Build-Abschnitt – Quellen übersetzen

Nach dem Vorbereiten mit `%prep` folgt der Abschnitt zum Übersetzen der Quellen. Hierfür können Sie wiederum Shellskripte verwenden; wobei sich dieser Abschnitt meistens mit einem einfachen Aufruf des *Makefiles* begnügt – sofern Sie natürlich ein entsprechendes Makefile erstellt haben. Der *Build*-Abschnitt wird mit `%build` eingeleitet. In unserem Projekt sieht der *Build*-Abschnitt wie folgt aus:

```
%build
make
```

Der Install-Abschnitt

In diesem Abschnitt wird, wie man am Namen schon herauslesen kann, festgelegt, was gemacht wird, um die Software systemweit auf dem Rechner zu integrieren. Auch in diesem Fall kann man ein Shellskript verwenden, sofern man nicht auch hier im *Makefile* ein entsprechendes Ziel angegeben hat. Eingeleitet wird der *Install*-Abschnitt mit `%install`. Im Beispiel wird auch hierfür das *Makefile* mit dem Ziel `install` verwendet.

```
%install
cp "$RPM_BUILD_DIR"/mein_projekt-0.1/mein_projekt /usr/bin
```

Das Ganze müsste allerdings in ein Sub-Root (eine Art `chroot()`) kopiert werden, denn das Paket kann ja eigentlich nicht live in das System integriert werden. (Würde man so z. B. mit der Glibc-Bibliothek vorgehen, würden wir `/lib/libc.so` überschreiben, während wir `%install` ausführen – bei Glibc ist das fatal.) Daher `RPM_BUILD_ROOT`. Natürlich müsste das Makefile entsprechend angepasst werden, so dass es `PREFIX` unterstützt, z. B.:

```
%install
[ "$RPM_BUILD_ROOT" != "/" -a -d "$RPM_BUILD_ROOT" ] && rm -Rf "$RPM_BUILD_ROOT";
make install PREFIX="$RPM_BUILD_ROOT"
```

Die Files-Sektion

Hier müssen Sie alle Dateien mit absolutem Pfad angeben, die in das Paket aufgenommen werden. Alles, was Sie nicht in der *Files*-Sektion angeben, wird nicht in das Paket aufgenommen und auch bei der Deinstallation nicht wieder entfernt. Allerdings mit *RPM* ab der Version 4 bricht `rpm` ab, wenn es nicht –in `%files` aufgelistete Dateien findet. Einige mögen das Verhalten störend finden, es dient jedoch zur Suche nach Fehlern. Schreiben Sie vor den Dateinamen ein `%doc`, wird die entsprechende Datei in einem Verzeichnis wie `/usr/share/doc/[paketname]` (Red Hat: `/usr/doc/paketname`) abgelegt. Wenn Sie in Ihrem Paket eine Manual Page eingerichtet haben, müssen Sie auch hierfür einen entsprechenden Pfad angeben. Eingeleitet wird die Files-Sektion mit `%files`. So könnte eine Files-Sektion wie folgt aussehen:

```
%files
%doc README
/usr/bin/mein_projekt
/usr/share/man/man1/mein_projekt.1
```

Hiermit hätten Sie im Verzeichnis `/usr/share/doc/mein_projekt-0.1` bzw. `/usr/doc/...` eine Datei namens `README`, die Software selbst (in `/usr/bin` besser `/usr/local/bin`) und die Manual Page (in `usr/share/man/man1/`) in das Paket aufgenommen (immer vorausgesetzt, die Pfadangabe stimmt und Sie haben entsprechende Rechte). In unserem Beispiel reicht folgende *Files*-Sektion aus:

```
%files
/usr/bin/mein_projekt
```

16.4.6 Paket erstellen

Nachdem Sie für das Projekt die *Spec*-Datei fertig gestellt haben, können Sie diese in das *SPECS*-Verzeichnis verschieben.

Hinweis

Damit auch alles so funktioniert, wie Sie es wollen und der Autor es beabsichtigt hatte, müssen (sofern nötig) natürlich die entsprechenden Pfadangaben an das eigene System angepasst werden. Kurz: Nicht immer bringt ein stures *Copy & Paste* (oder hier *Read & Type*) den gewünschten Erfolg.

Hier nochmals die komplette *Spec*-Datei namens `mein_projekt.spec`:

```
# Dies ist eine einfache Spec-Datei für ein einfaches Testprojekt
Summary: Ein Testprojekt zum Packen einer eigenen RPM
Name: mein_projekt
Version: 0.1
Release: 1
Copyright: GPL
Group: misc/mein_projekt
Source: ftp://ftp.pronix.de/mein_projekt/mein_projekt-0.1.tbz2
URL: http://pronix.de/mein_projekt/
Distribution: SuSE Linux 9.0
Vendor: Pronix Industries
Packager: Juergen Wolf <pronix@pronix.de>

%description
Bei diesem Paket handelt es sich um ein simples Beispiel,
um Ihnen das Erstellen eigener RPM-Pakete naeher zu erlaeutern.
```

```
%prep
%setup

%build
make

%install
cp "$RPM_BUILD_DIR"/mein_projekt-0.1/mein_projekt /usr/bin

%files
/usr/bin/mein_projekt
```

Diese Datei verschieben Sie jetzt wie folgt ins *SPECS*-Verzeichnis:

```
$ mv mein_projekt.spec /usr/src/packages/SPECS/
```

Jetzt können Sie in das *SPECS*-Verzeichnis wechseln und das Paket erstellen. Hierzu werden *root*-Rechte benötigt. Anschließend führen Sie mit *RPMbuild* die `mein_projekt.spec`-Datei mit dem Flag `-ba` (`b` für build) aus, womit ein Paket erstellt werden soll – `a` steht für *all* – was dafür sorgt, dass der komplette Vorgang auf einmal durchgeführt werden soll.

```
# cd /usr/src/packages/SPECS/
# rpm -ba mein_projekt.spec
```

Jetzt bekommen Sie eine Menge an Informationen um die Ohren gehauen, die sich in mehrere Abschnitte aufteilen lassen:

- die Ausgabe des `%prep`-Abschnitts
- die Ausgabe des `%build`-Abschnitts
- die Ausgabe des `%install`-Abschnitts
- die Ausgabe des `%files`-Abschnitts

Mit der letzten und fünften Ausgabe wird praktisch das Paket erstellt:

```
Suche  Provides: (benutze /usr/lib/rpm/find-provides)...
Suche  Requires: (benutze /usr/lib/rpm/find-requires)...
Requires: ld-linux.so.2 libc.so.6 libc.so.6(GLIBC_2.0) libm.so.6
Geschrieben: /usr/src/packages/SRPMS/mein_projekt-0.1-1.src.rpm
Geschrieben: /usr/src/packages/RPMS/i386/mein_projekt-0.1-1.i386.rpm
```

Hierbei wird noch ausgegeben, welche Bibliotheken die Anwendung zum Übersetzen benötigt. In diesem Fall sollten mit den Bibliotheken

```
Requires: ld-linux.so.2 libc.so.6 libc.so.6(GLIBC_2.0) libm.so.6
```

auf keinem System irgendwelche Probleme auftreten. Jetzt haben Sie zwar ein fertiges Paket im Verzeichnis

```
Geschrieben: /usr/src/packages/SRPMS/mein_projekt-0.1-1.src.rpm
        /usr/src/packages/RPMS/i386/mein_projekt-0.1-1.i386.rpm
```

aber dies ist erst die halbe Miete. Jetzt sollten Sie dieses Paket erst auf einem fremden Rechner testen, auf dem dieses Paket noch nicht installiert ist.

Einen Überblick über ein noch nicht installiertes RPM-Paket (-p) können Sie sich mit folgender Abfrage verschaffen:

```
$ rpm -iqp \
  /usr/src/packages/RPMS/i386/mein_projekt-0.1-1.i386.rpm -i
Name        : mein_projekt        Relocations: (not relocateable)
Version     : 0.1                 Vendor: Pronix Industries
Release     : 1
Build Date: Sam 10 Apr 2004 14:41:35 CEST
Install date: (not installed)     Build Host: linux.local
Group       : misc/mein_projekt
Source RPM: mein_projekt-0.1-1.src.rpm
Size        : 11461                             License: GPL
Packager    : Jürgen Wolf <pronix@pronix.de>
URL         : http://pronix.de/mein_projekt/
Summary     : Ein Testprojekt zum Packen einer eigenen RPM
Description :
Bei diesem Paket handelt es sich um ein simples Beispiel,
um Ihnen das Erstellen eigener RPM-Pakete naeher zu erlaeutern.
Distribution: SuSE Linux 9.1
```

16.4.7 Das Paket installieren

Kommandozeile

Das Installieren von der Kommandozeile aus ist recht einfach zu realisieren (root):

```
# rpm -Uhv \
  /usr/src/packages/RPMS/i386/mein_projekt-0.1-1.i386.rpm
```

KRPMView und Yast2

Mittlerweile lässt sich unter SuSE auch ein eigenes Paket mit Yast integrieren. Hierzu genügen ein einfacher Rechtsklick über dem Paket und das anschließende Anklicken von VORSCHAU IN KRPMVIEW. Jetzt nur noch auf den Button INSTALLIEREN MIT YAST drücken (siehe Abbildung 16.2). Jetzt sollten Sie nach dem root-Passwort gefragt werden, und danach wird das Paket installiert.

Nun können Sie bei Yast die *Paketgruppen* auswählen und sollten dort einen neuen Reiter namens *misc* mit dem Paket *mein_projekt* vorfinden (siehe Abbildung 16.3).

Hier finden Sie jetzt auch recht komfortabel die technischen Informationen, technischen Daten, Abhängigkeiten und Versionen des Pakets wieder.

KPackage

Natürlich muss es nicht immer SuSE mit Yast sein. Schließlich gibt es auch noch *KPackage*, womit Sie Ihre Pakete bequem installieren, löschen und erneuern können.

Abbildung 16.2 Installieren eines RPM-Pakets mit KRPMView

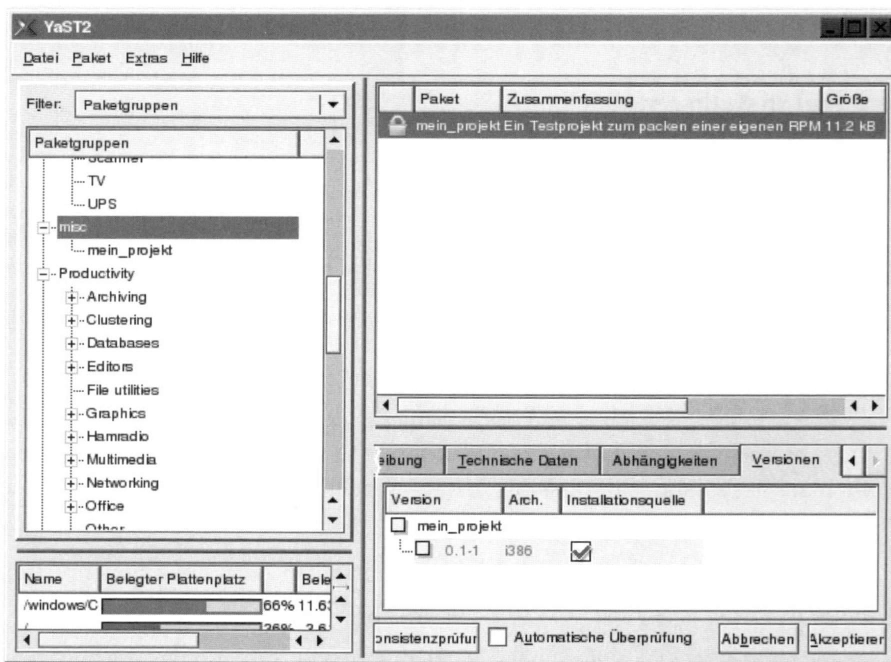

Abbildung 16.3 Das eigene RPM-Paket unter der Kontrolle von Yast2

16.5 RCS und CVS

In diesem Abschnitt erhalten Sie einige wichtige Informationen zu so genannten *Software-Configuration-Management-Systemen*. Dabei werden zwei dieser Tools, nämlich RCS und CVS, etwas näher erläutert.

16.5.1 Software-Configuration-Management-Systeme (SCM)

Sicherlich haben Sie schon des Öfteren etwas von RCS oder CVS gelesen und konnten in etwa erahnen, wozu diese Werkzeuge gut sind. Software-Configuration-Management-Systeme (kurz SCM) sind für die Verwaltung von einzelnen Dateien bis hin zu ganzen Projekten verantwortlich. Dabei ist es möglich, jede noch so kleine Änderung zu protokollieren und als eine neue Version abzuspeichern. So kann jederzeit wieder auf eine ältere Version zurückgegriffen werden.

Wozu soll das gut sein? Vielleicht verändern Sie eines Tages in einem Programm ein oder zwei Zeilen Code und kommen nicht gleich dazu, die Veränderungen zu testen. Am nächsten Tag testen Sie das Programm, und es tut nicht das, wozu es gedacht war. Dummerweise wissen Sie jetzt nicht mehr, in welcher Quelldatei oder in welcher Zeile Sie den Code verändert haben. Das bedeutet für Sie erst einmal verlorene Zeit und viel Frust beim Suchen. Sie machen regelmäßig ein Backup, sagen Sie? Bei jeder Codezeile, die Sie verändern? Ich wage es zu bezweifeln, und außerdem ist das sehr umständlich, denn dazu sind ja eigentlich SCM-Systeme entwickelt worden.

Eine weitere interessante Möglichkeit von SCM-Systemen: Sie können damit ohne weiteres Daten von älteren Anwendungen verwenden. Wollen Sie z. B. einen Webbrowser erstellen, dann werden Sie wohl kaum anfangen, sich mit dem kompletten Code des Browsers *xyz* der Version 7.1. auseinander zu setzen, sondern mit einer möglichst frühen stabilen Version. Sie haben sicherlich schon häufiger etwas derartiges gelesen wie: »Der Browser xyz basiert auf ...« Sie können praktisch aus einem älteren bestehenden Projekt ein eigenes ableiten. So entstehen zwar viele Abkömmlinge und Klone, aber Vielfalt tut dem Markt gut.

Und vielleicht noch etwas zum Nachdenken, um Sie von dem Sinn der SCM-Systeme zu überzeugen. Ein gutes Beispiel sind die großen Projekte wie der KDE- oder GNOME-Desktop und die vielen anderen Open-Source-Anwendungen. Sie werden sich sicherlich gefragt haben, wie es möglich ist, dass so viele Programmierer an einem Projekt beteiligt sind, ohne dass sich hier der eine und der andere ins Gehege kommen. Je nach Projekt arbeiten hier nicht gerade nur ein bis zwei Personen – sondern es sind häufig gut und gerne ein Dutzend Entwickler, die sich gleichzeitig einem Projekt widmen. Solche Projekte wären wohl ohne SCM-Systeme kaum möglich. Durch Sperren von einzelnen Texten für einen Benutzer wird dafür gesorgt, dass es nicht vorkommt, dass zwei Personen gleichzeitig daran arbeiten.

Dank der Protokollierung ist es außerdem möglich herauszufinden, wer als Letztes an einer Datei gearbeitet und wieder solchen Murks gemacht hat. Somit kann der Projektleiter schnell die schwarzen Schafe aufspüren und feuern ;-)

Damit es hierbei nicht zu *Streitereien* kommt, wer denn nun wieder die Datei gesperrt hat und wann diese wieder freigegeben ist, wird meistens ein Gruppenverzeichnis erstellt. Dabei sind dann die neu erstellten Texte immer nur von einer Person zum Schreiben freizugeben. Ist diese Person nicht präsent, kann der Rest der Gruppe nicht mehr weiterarbeiten.

16.5.2 RCS

RCS entstand aus dem GNU-Projekt unter Unix und steht für *Revision Control System*. Der Vorteil von RCS ist, dass es auf fast allen Plattformen verfügbar ist. RCS ist sozusagen der Vater (oder auch die Mutter) vieler weiterer SCM-Systeme. Auf RCS baut übrigens auch CVS auf. Mehr dazu später. Um es gleich zu erwähnen, ein Nachteil von RCS ist es, dass Sie immer nur einzelne Dateien damit bearbeiten können. Für ganze Projekte müssen Sie entweder ein Shellskript schreiben oder eben CVS verwenden. Für kleinere Aufgaben und zum Einstieg in die Welt von SCM, also auch CVS, ist RCS aber genau das Richtige.

Das Konzept von RCS – die Theorie

Das Konzept von RCS basiert darauf, von einer Datei mehrere Versionen zu verwalten, ohne dadurch viel Speicherplatz zu verschwenden, indem man von einer Datei mehrere Kopien erstellt. Um dies zu erreichen, muss man ein Archiv anlegen, das lokal in einem Unterverzeichnis *rcs* oder auf einem Server liegt. Die Operationen in diesem Archiv sind das Einchecken einer Datei in das Archiv und das Auschecken mit und ohne Sperre. Will man eine Datei verändern und wieder einchecken, kann dies nur geschehen, wenn diese mit einer Sperre versehen wurde. Solange die Sperre vergeben ist, kann keine andere Person etwas an dieser Datei verändern. Zwar können andere Anwender die Datei lesen oder im Falle eines Quellcodeprojektes kompilieren oder interpretieren (je nach Programmiersprache), aber um etwas zu verändern, muss gewartet werden, bis die Sperre aufgehoben wurde. Damit behält der Projektleiter die Übersicht, wer wann an der Datei gearbeitet hat, und es entsteht kein Datensalat.

In das Archiv sollten Sie außerdem nur lauffähige und fertige Dateien bzw. Anwendungen einchecken. Sie können diesen Versionen auch symbolische Namen (z. B. stable für stabil oder beta für instabil oder ...) geben, auf die Sie jederzeit wieder zugreifen können. Damit vermeiden Sie, dass Sie beim Kunden nicht aus Versehen eine instabile Testversion vorführen. Sinnvollerweise sollten dann alle Dateien des Projekts mit diesem symbolischen Namen versehen werden.

Außerdem ist der Zwang, das Projekt zu dokumentieren, ein weiterer Vorteil. Bei jedem Einchecken werden Sie nach einem Kommentar gefragt, was sich in der neuen Version geändert hat. Haben Sie dann (sinnvollerweise) ein entsprechendes RCS-Schlüsselwort im Kommentar des Dateikopfes parat, dann wird die Datei oder der Quellcode mit entsprechenden Hinweisen zu allen Versionen ergänzt.

RCS bezieht sich in der Regel nur auf Textdateien und nicht auf übersetzten Code. Es ist daher nicht abhängig davon, welche Programmiersprache Sie verwenden. Ganz im Gegenteil, im Prinzip könnten Sie auch die Dokumentation Ihrer Kochrezepte mit RCS verwalten. Zwar wird RCS vorwiegend verwendet, um Programmierern unter die Arme zu greifen, aber dies sollte hier dennoch erwähnt werden. RCS speichert die Änderungen einzelner Zeilen, wobei es das Kommando *diff* verwendet, um Änderungen von einzelnen Zeilen zu erkennen.

Zwar ist es ab Version 5.7 möglich, RCS auch auf das Verwenden von Binärcode anzusetzen, da es aber in Binärdateien eigentlich keine Zeilen gibt, würde die kleinste Veränderung das Speichern der kompletten Kopie der neuen und der alten Version bedeuten. Dann bräuchten Sie eigentlich kein RCS zu verwenden und können gleich regelmäßig »von Hand« ein Backup anlegen.

Bevor Sie eine Datei einchecken oder auschecken, sucht RCS im aktuellen Arbeitsverzeichnis erst nach einem Unterverzeichnis namens *RCS*. Existiert das Verzeichnis, werden alle von RCS erzeugten Dateien in diesem Verzeichnis gehalten.

Die Datei, die RCS anschließend erzeugt, ist eine separate Datei mit der Endung v. Darin befinden sich die Beschreibung der Datei, das Änderungsprotokoll, die aktuelle Version, eine Liste der Benutzer, Datum und Uhrzeit der Änderung. Mit diesen Informationen kann RCS eine beliebige Version jederzeit wieder herstellen. Trotz dieser umfangreichen Informationen ist die RCS-Datei kaum größer als die Quelldatei. Und wächst diese dennoch einmal beträchtlich an, können unnötige Informationen jederzeit entfernt werden.

Versionsbäume

Mit RCS (und auch vielen anderen SCM-Systemen) werden die verschiedenen Versionen in einer Baumstruktur verwaltet. Die erste Version stellt somit immer die Wurzel des Baumes dar und erhält die Revisionsnummer 1.1. Bei den folgenden Versionen wird der Wert hinter 1.x immer um 1 inkrementiert (1.2, 1.3 ...).

Auch ein anderer Entwicklungszweig kann z. B. von der Version 1.3 erstellt werden (1.3.1.1). Die nächsten Versionen beziehen sich dann immer auf die letzte Stelle der Revisionsnummer (1.3.1.2, 1.3.1.3 ...).

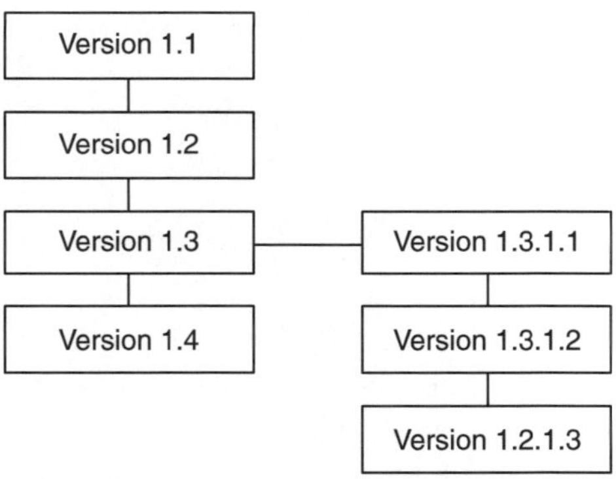

Abbildung 16.4 Ein einfacher Versionsbaum

Eine Datei einchecken und auschecken – ci und co

Zur Demonstration von RCS soll (wie immer) ein einfaches C-Programm erstellt werden. Sie können aber gerne auch eine Quelldatei oder auch eine einfache Textdatei Ihrer Wahl dazu verwenden. Das Listing soll den Namen `datei.c` haben. Sollten Sie einen anderen Namen für Ihre Datei verwenden, so passen Sie diesen bitte im weiteren Verlauf Ihren Bedürfnissen an und ändern eben entsprechende Eingaben unter diesem Namen ab.

Erstellen Sie zuerst in einem Verzeichnis Ihrer Wahl ein Verzeichnis namens *RCS*.

```
$ mkdir RCS
```

Alle folgenden RCS-Kommandos verwenden dieses Verzeichnis; natürlich nur, wenn dies auch das aktuelle Arbeitsverzeichnis ist, in dem sich jetzt anschließend auch Ihre Datei `datei.c` befindet. Erstellen Sie folgende Datei als Nächstes im selben Verzeichnis:

```
/* $Id$
 * datei.c
 * Beispielcode zur Demonstration von RCS
```

```
 * von Jürgen Wolf
 */
#include <stdio.h>

int main(void) {
   printf("Mein erstes Projekt mit RCS\n");
   return 0;
}
```

Somit befinden sich im aktuellen Arbeitsverzeichnis das Verzeichnis `RCS` und die Datei `datei.c`.

```
$ ls -l
drwxr-xr-x+   2 Juergen   Kein           0 Nov  8 14:06 RCS
-rw-r--r--    1 Juergen   Kein         193 Nov  8 14:10 datei.c
```

Zum Einchecken einer Datei wird der Befehl `ci` (für *check in*) verwendet. Zusätzlich zu diesem Befehl werden noch der Parameter zum Sperren (Lock) mit `-l` und das Flag `-u` angegeben, womit eine *Read-only*-Version erstellt wird. Ohne den Parameter `-l` wird keine Sperre gesetzt, was in der Praxis nicht zu empfehlen ist. Also checken Sie die Datei ein:

```
$ ci -l -u datei.c
RCS/datei.c,v  <-- datei.c
enter description, terminate with single '.' or end of file
NOTE: This is not the Log message
>>.
initial revision 1.1
done
```

Hier wurde die erste Revision 1.1 der Datei `datei.c` eingecheckt. Sollte RCS bereits eine Version der Datei verwalten, z. B. 1.2, so ordnet das Kommando der Datei die nächsthöhere Revisionsnummer zu (1.3). Beim Prompt `>>` wartet RCS auf eine Eingabe von Ihnen. Mit einem Punkt oder dem Auslösen von *End of File* ([Strg]+[D]) kann die Protokollmeldung beendet werden, und es wird `done` ausgegeben. Statt der Quelldatei `datei.c` erzeugt bzw. verändert RCS eine Datei namens `datei.c,v`, die sich jetzt im Verzeichnis RCS befindet. Die Endung `v` stellt hier eine Erweiterung zur Erkennung dar, dass es sich um eine RCS-Datei handelt. Wird eine Datei ausgecheckt, extrahiert RCS eine neue Version aus der entsprechenden Datei.

Wenn Sie wollen, können Sie sich jetzt die Datei `datei.c` in Ihrem Texteditor ansehen. Sie werden in der ersten Zeile, wo Sie im Listing `$Id$` angegeben haben, folgende Veränderung bemerkt haben:

```
$Id: datei.c,v 1.1 2003/11/08 13:19:59 Juergen Exp Juergen $
```

Dabei handelt es sich um den Identifikationsstring. Aber dazu erfahren Sie mehr bei den Schlüsselwörtern von RCS.

Checken Sie nun die Datei `datei.c` aus. Dies erledigen Sie mit dem Kommando:

```
$ co -l datei.c
RCS/datei.c,v  --> datei.c
revision 1.1 (locked)
```

Damit geben Sie die Datei aus der RCS-Kontrolle wieder frei, und Sie finden diese in Ihrem aktuellen Arbeitsverzeichnis wieder. Würden Sie das Kommando `co` zum Auschecken ohne das Flag `-l` (locked) zum Sperren verwenden, kann zwar auf die Datei zugegriffen werden (lesen, übersetzen ...), aber es ist keine Veränderung mehr möglich. Der alleinige `co`-Befehl stellt die Quelldatei im *Read-only*-Modus zur Verfügung. Somit können andere Programmierer zwar weiterhin auf die Datei zugreifen, aber eben nur im *Read-only*-Modus. Natürlich ist es auch nicht möglich, eine bereits gesperrte Datei mit `co -l` auszuchecken.

Jetzt ist es an der Zeit, die Datei `datei.c` zu verändern, um eine neue Versionsnummer zu erhalten.

```
/* $Id: datei.c,v 1.1 2003/11/08 13:19:59 Jürgen Exp Jürgen $
 * datei.c
 * Beispielcode zur Demonstration von RCS
 * von Jürgen Wolf
 */
#include <stdio.h>

int main(void) {
   const char *str = "Mein erstes Projekt mit RCS\n";
   printf("%s",str);
   return 0;
}
```

Die Veränderung wurde hier fett hervorgehoben. Nehmen Sie diese ebenfalls an Ihrem Text vor. Jetzt wird die Datei erneut eingecheckt.

```
$ ci -l -u datei.c
RCS/datei.c,v  <-- datei.c
enter description, terminate with single '.' or end of file
new revision: 1.2; previous revision: 1.1
enter log message, terminated with single '.' or end of file:
>> Der Ausgabestring wurde mit einer Stringkonstante umgeändert
>> .
done
```

Nach erneutem Einchecken hat die Datei nun die Revisionsnummer 1.2. Da Sie hierbei etwas verändert haben, können Sie auch bei der Beschreibung (`description`) etwas eintragen.

Jetzt haben Sie zwei Versionen von dem Programm `datei.c`. Der Benutzer, der jetzt die aktuelle Version bearbeiten will, muss diese erst extrahieren. Dies wird wieder mit einem `co` erledigt.

```
$ co datei.c
RCS/datei.c,v  -->  datei.c
revision 1.2
done
```

Hiermit kann der Benutzer zwar auf die aktuelle Version des Programms zugreifen, aber nur im *Read-only*-Modus. Es wurde ja bereits erwähnt, dass `co` ohne irgendwelche Angaben die Datei im *Read-only*-Modus auscheckt. Für die Übersetzung des Listings (z. B. zum Testen der

Anwendung) und zum Lesen reicht dies aus. Will der Entwickler diese Version verändern, muss er diese mit dem Flag `-l` auschecken.

```
$ co -l datei.c
RCS/datei.c,v  -->  datei.c
revision 1.2 (locked)
done
```

An der Ausgabe `locked` können Sie erkennen, dass Sie die aktuelle Version der Datei ausgecheckt und somit für andere gesperrt haben. Somit kann auch kein anderer Programmierer etwas an der Version verändern.

Natürlich sollten Sie, wenn Sie etwas am Programm verändert haben, es jetzt mit `ci` auch wieder einchecken, so dass es dem anderen Programmierer auch wieder zur Verfügung steht. Der Quelltext soll also nochmals geringfügig verändert werden.

```
/* $Id: datei.c,v 1.2 2003/11/10 06:47:25 tot Exp $
 * datei.c
 * Beispielcode zur Demonstration von RCS
 * von Jürgen Wolf
 */
#include <stdio.h>

int main(void) {
   char *str = "Mein erstes Projekt mit RCS";
   printf("%s\n",str);
   printf("Eine weitere Ausgabe\n");
   return 0;
}
```

Checken Sie diese Datei wieder wie gewohnt ein, so haben Sie soeben die Revision 1.3 erstellt. Was ist aber jetzt, wenn Sie oder ein anderer Entwickler auf die Versionen 1.1 oder 1.2 zurückgreifen wollen? Nichts ist einfacher als das. Checken Sie die Datei mit dem Flag `-r` für die Revisionsnummer wie folgt aus:

```
$ co -l -r1.2 datei.c
RCS/datei.c,v  -->  datei.c
revision 1.2 (locked)
done
```

Schon befindet sich die Version 1.2 in Ihrem Arbeitsverzeichnis zum Verändern. Wenn Sie jetzt die Version 1.2 verändern und wieder einchecken wollen, was passiert dann? Denn schließlich existiert ja bereits (im Beispiel) eine Version 1.3. Ganz einfach, die neue Versionsnummer geht der Version 1.2 voraus und bekommt somit die Nummer 1.2.1.1.

```
$ ci -l -u  datei.c
RCS/datei.c,v  <--  datei.c
new revision: 1.2.1.1; previous revision: 1.2
enter log message, terminated with single '.' or end of file:
>> .
done
```

Und wie sieht das jetzt mit der ersten Ziffer der Revisionsnummer aus? Wie kann hier aus der Version 1.x die Version 2.x gemacht werden? Auch hierbei bedient man sich der Option `-r`. Im folgenden Beispiel checken Sie die Datei `datei.c` mit Versionsnummer 1.3 ein, so dass hieraus die Version 2.1 wird. Zuerst müssen Sie natürlich die aktuellste Version auschecken:

```
$ co -l datei.c
RCS/datei.c,v  -->  datei.c
revision 1.3 (locked)
done
```

Natürlich sollte an der Version 1.3 jetzt auch etwas verändert werden, denn eine unveränderte Version checkt RCS nicht so ohne weiteres ein. Also ändern Sie etwas in der Datei der Version 1.3, und checken Sie diese dann folgendermaßen wieder ein:

```
$ ci -r2.1 datei.c
RCS/datei.c,v  <--  datei.c
new revision: 2.1; previous revision: 1.3
enter log message, terminated with single '.' or end of file:
>> Gravierende Veränderungen daher aus 1.x 2.x gemacht
>> .
done
```

Wollen Sie jetzt im Fall der Fälle einer Datei eine neue Versionsnummer verpassen, obwohl diese nicht verändert wurde, können Sie dies mit der Option `-f` (`force`) erzwingen.

```
$ ci -f -r2.1.1 datei.c
RCS/datei.c,v  <--  datei.c
new revision: 2.1.1.1; previous revision: 2.1
enter log message, terminated with single '.' or end of file:
>> .
done
```

Dieses Erzwingen ist sinnvoll, wenn Sie zwei Dateiversionen anbieten wollen.

Versionsprotokoll – rlog

Nach (fast) jedem erneuten Einchecken geben Sie im Prompt (>>) häufig einen Kommentar oder eine Anmerkung der Veränderung ein. Da sich mit der Zeit eine Menge Versionen ergeben, kann man sich hier gelegentlich einen Überblick zu den verschiedenen Versionen verschaffen. Dieses Protokoll können Sie sich mit dem Befehl `rlog` ansehen:

```
$ rlog datei.c
RCS file: RCS/datei.c,v
Working file: datei.c
head: 2.2
branch:
locks: strict
        tot: 2.2
access list:
symbolic names:
        beta: 2.2
keyword substitution: kv
```

```
total revisions: 8;     selected revisions: 8
description:
----------------------------
revision 2.2    locked by: tot;
date: 2003/11/11 05:48:46; author: tot; state: Exp;  lines: +2 -1
Eine ungetestete Version
----------------------------
revision 2.1
date: 2003/11/10 12:23:31; author: tot; state: Exp;  lines: +2 -1
branches:  2.1.1;
Gravierende Veränderungen daher aus 1.x 2.x gemacht
----------------------------
revision 1.4
date: 2003/11/10 12:10:09; author: tot; state: Exp;  lines: +2 -1
Noch ein Textstring wurde hinzugefügt
...
```

Die Ausgabe wurde hierbei erheblich gekürzt. In diesem Protokoll finden Sie alles, was Sie benötigen, wie die Versionsnummer, das Datum der Versionen und die Zeit des Eincheckens, den Autor, der die Datei verändert hat, Änderungen von hinzugefügten und gelöschten Zeilen und wer alles auf die Datei zugreifen darf. Ebenfalls finden Sie hier, ob jemand aus einer Version eine Nebenversion (`branch`) gemacht hat, und natürlich die Beschreibung der Veränderungen, die Sie (hoffentlich) regelmäßig eingegeben haben.

Zugriffsliste

Wollen Sie, dass nur autorisierte Personen auf die Datei zugreifen dürfen, können Sie eine Zugriffsliste erstellen. Diese Liste bezieht sich dann auf den ganzen Dateibaum. Dazu müssen Sie das Kommando `rcs` mit dem Flag `-a` verwenden. Hinter `-a` schreiben Sie alle Benutzernamen, getrennt durch ein Komma, die Zugriff auf eine entsprechende Datei erhalten sollen.

```
$ rcs -atot,mars,pluto,erde datei.c
```

Somit haben nur noch die Benutzer(-Namen) `tot`, `erde`, `mars` und `pluto` Zugriff auf die Datei `datei.c`. Wenn Sie `rlog` auf diese Datei aufrufen, finden Sie entsprechende Namen in der `access list` eingetragen:

```
access list:
        tot
        erde
        pluto
        mars
```

Wollen Sie einen Benutzer aus dieser Liste herausstreichen, so machen Sie das mit dem Kommando `rcs` und dem Flag `-e`.

```
rcs -epluto,erde datei.c
```

Hiermit würden die Benutzer `pluto` und `erde` aus der Zugriffsliste gestrichen. Ein Blick in `rlog` bestätigt Ihnen das.

Ist die Zugriffsliste leer, dann darf jeder auf die Datei zugreifen. Der Eigentümer und der Superuser dürfen ebenfalls immer auf die Datei zugreifen und können sich somit niemals selbst aussperren. Natürlich gilt auch hier, ist die Datei ausgecheckt und mit dem Flag `-l` gesperrt, müssen alle anderen Teilnehmer warten, bis die Datei wieder eingecheckt wurde, sofern die Teilnehmer etwas verändern wollen. Denn die *Read-only*-Version steht ja zur Verfügung.

Versionen miteinander vergleichen – rcsdiff

Benötigen Sie einen Vergleich zwischen der aktuellen Version und irgendeiner vorherigen, können Sie zum Vergleich das Kommando `rcsdiff` verwenden. `rcsdiff` ist sehr hilfreich, wenn man die Veränderungen zwischen verschiedenen Versionen vergleichen muss; gerade wenn mehrere Entwickler an der Datei arbeiten und Sie nicht genau wissen, was an dieser alles verändert wurde. Ein Beispiel:

```
$ rcsdiff -r1.2 -r2.1 datei.c
===================================================================
RCS file: RCS/datei.c,v
retrieving revision 1.2
retrieving revision 2.1
diff -r1.2 -r2.1
1c1
< /* $Id: datei.c,v 1.2 2003/11/10 06:37:27 tot Exp $
---
> /* $Id: datei.c,v 2.1 2003/11/11 12:23:31 tot Exp $
10,11c10,13
<     char *str = "Mein erstes Projekt mit RCS\n";
<     printf("%s",str);
---
>     char *str = "Mein erstes Projekt mit RCS";
>     printf("%s\n",str);
>     printf("Eine weitere Ausgabe\n");
>     printf("\n\n");
13c15
```

Hier wurde ein Vergleich zwischen der Version 1.2 und der Version 2.1 von der Datei `datei.c` aufgelistet.

RCS-Schlüsselwörter

RCS-Schlüsselwörter sind makroähnliche Erkennungen, die Informationen in der Datei oder auch in der ausführbaren binären Datei speichern. Alle Schlüsselwörter werden dabei zwischen zwei Dollarzeichen gestellt (`$Schlüsselwort$`). RCS expandiert dann `$Schlüsselwort$` durch `$Schlüsselwort: Wert$`. Ein Beispiel haben Sie ja auf den vergangenen Seiten mit dem Schlüsselwort `$Id$` gesehen. Wo Sie im Quellcode `$Id$` angegeben haben, hat RCS nach dem Einchecken Folgendes daraus gemacht:

```
$Id: datei.c,v 1.2.1.1 2003/11/10 12:14:06 tot Exp tot $
```

Somit lautet das Format für den `$Id$`-String folgendermaßen:

```
$Schlüsselwort: Dateinamen, Revisionsnummer, Datum, Uhrzeit,
Autor, Status, Locker$
```

Weitere mögliche Schlüsselwörter, mit denen Sie experimentieren können, sind:

- `$Header$` – Standardheader: Pfad- und Filename des RCS-Files, Versionsnummer, Datum, Autor, Status und Urheber einer aktuellen Sperre.
- `$Log$` – Der beim Einchecken angegebene Kommentar, davor ein Header mit Filename des RCS-Files, Versionsnummer, Datum, Autor. Das `$Log$`-Schlüsselwort wird beim Auschecken nicht ersetzt, sondern um den letzten Kommentar erweitert.
- `$Author$` – Name des Nutzers, der die Version eincheckte
- `$Date$` – Datum und Zeit des Eincheckens
- `$Locker$` – Name des Nutzers, der eine Sperre auf die Version eingetragen hat
- `$Revision$` – Versionsnummer
- `$State$` – Statusattribut

Hinweis

Mit dem Programm `ident` können Sie aus jeder Datei egal welchen Typs diese Schlüsselwörter extrahieren und anzeigen lassen.

16.5.3 CVS

Nachdem mit RCS die Pionierarbeiten für SCM-Systeme erledigt wurden, kann ich mir die eine oder andere Erklärung sparen, da Sie jetzt bereits mit den Grundlagen solcher Systeme vertraut sind.

Es wurde bereits erwähnt, dass der Hauptnachteil von RCS die fehlende Projektunterstützung ist. Wenn man also Dateien eines ganzen Verzeichnisses oder Verzeichnisbaums mit RCS bearbeiten will, muss man sich entweder kleine Skripte basteln oder die Erweiterung von RCS, nämlich CVS, verwenden.

CVS (Kurzform für *Concurrent Versions System*) ist mittlerweile das am häufigsten eingesetzte Open-Source-Tool zur Versionskontrolle und steht unter der GPL. Außerdem gibt es für Kommandozeilen-Muffel inzwischen mehrere GUIs für Windows, Mac und Linux/Unix.

Das System von CVS besteht aus zwei Teilen: der serverseitigen Software, die das Archiv verwaltet, und einer clientseitigen Software, womit der Entwickler mit den Dateien im Archiv arbeiten kann.

CVS benötigt außerdem keine Sperren (Locking). (Es benutzt aber Locks während des Ein-/Auscheckens, um Race Conditions zu vermeiden.) Anwender von CVS können gleichzeitig Änderungen an denselben Quelldateien vornehmen.

Neben den Hauptanwendungen wie der Softwareentwicklung im Team eignet sich CVS auch für die Verwaltung und Wartung von Websites und ebenso zur Administration des Systems (Wartung mehrerer Systeme über ein gemeinsames Archiv).

Hinweis

CVS ist ein gewaltiges Werkzeug, worüber man gut und gerne ein paar hundert Seiten verfassen könnte. Über Sinn und Unsinn eines solch umfangreichen Textes kann man diskutieren, aber für weitere Informationen sei immer die Manual oder info-Page von CVS empfohlen.

Kernstück von CVS ist die Repository (dt. Behälter oder dt.-frz. Repertoire), worin die Quelldateien liegen. Diese Repository wird allerdings nicht direkt bearbeitet. Man legt stattdessen für jeden an einem Projekt beteiligten Entwickler ein eigenes Arbeitsverzeichnis an. Darin kann dieser nun beliebig die Dateien verändern, neue hinzufügen oder einzelne Dateien löschen. Jede Veränderung betrifft vorerst immer nur die lokale Kopie des einzelnen Entwicklers in seinem Arbeitsverzeichnis.

Will der Entwickler jetzt seine neu überarbeitete Version in die Repository einspielen, muss diese Version eingecheckt werden. Dazu macht der Entwickler zuvor erst ein Update seiner eigenen Datei(en). Dabei werden nur die Quelldateien übernommen, deren Datum jünger als die eigenen sind, um Widersprüche zu vermeiden. Denn es könnten ja in der Zeit, wo Sie die Datei verändert haben, weitere Programmierer ebenso an der gleichen Datei gearbeitet haben. War das Update erfolgreich, wird die Veränderung in die Repository übertragen. Das nächste Auschecken bzw. Update erfolgt jetzt bei allen anderen Entwicklern aus der eben aktualisierten Version.

Einrichten eines Archivs (Repository)

Damit Sie den anschließenden Erklärungen auch folgen bzw. dies in der Praxis nachvollziehen können, sei Folgendes gegeben: In Ihrem Arbeitsverzeichnis erstellen Sie ein Verzeichnis namens `my_project` und darin die Verzeichnisse `quellcodes` und `repository`. Im Verzeichnis `quellcodes` befinden sich folgende Dateien (deren Inhalt hier nicht von Interesse sein soll):

```
$ cd my_project/quellcodes
$ ls
extra.h  funktionen.c  main.c
```

Das Verzeichnis `repository` ist noch leer. Somit liegt folgende Hierarchie im Arbeitsverzeichnis vor:

```
my_project
   |
   |-quellcodes
   |    |
   |    |-extra.h
   |    |-funktionen.c
   |    |-main.c
   |
   |-resository
```

Wenn Sie diese Gegebenheiten erstellt bzw. erzeugt haben, können Sie die folgenden Beispiele selbst in der Praxis ausführen – was sehr zu empfehlen ist. Das komplette Beispiel wird auf dem lokalen Rechner ausgeführt. In der Praxis wird dies natürlich eher selten der Fall sein, was bedeutet, dass der ganze Vorgang meistens über ein Netzwerk (z. B. Internet) vonstatten geht.

Bevor Sie ein Archiv verwenden können, müssen Sie dieses logischerweise erst erstellen. Damit Sie im Verlaufe dieses Kapitels nicht immer mittels

```
$ cvs -d /pfad/zum/cvs Kommando
```

auf das Archiv zugreifen müssen, soll erst die Umgebungsvariable CVSROOT neu gesetzt werden. Damit wird so manches einfacher. Dies erledigen Sie mit dem Kommando:

```
$ setenv CVSROOT /pfad/zum/Archiv
```

oder

```
$ export CVSROOT=/pfad/zum/Archiv
```

Hinweis

Für eine dauerhafte Einstellung müssen Sie einen Eintrag in z. B. ~/.bashrc vornehmen.

In diesem Fall befindet sich das Projekt im Arbeitsverzeichnis. Somit setzen Sie die Umgebungsvariable mittels

```
$ export CVSROOT=$HOME/my_project/repository
$ echo $CVSROOT
/home/tot/my_project/repository
```

Eine neues Projekt einrichten (Repository initialisieren)

Im nächsten Schritt müssen Sie festlegen, welches Archiv verwaltet werden soll. Dazu muss lediglich die Repository initialisiert werden. Wechseln Sie also in das Verzeichnis, in dem sich das Projekt befindet, und initialisieren Sie die Repository wie folgt:

```
$ cd my_project/repository
$ cvs init
$ ls
CVSROOT
```

Jetzt befindet sich in dem Verzeichnis (*repository*) ein neues Verzeichnis mit dem Namen CVSROOT. Darin befinden sich u. a. viele verschiedene Hilfsdateien für CVS. Bisher haben Sie allerdings nur eine neue Repository initialisiert – somit müssen Sie im nächsten Schritt die einzelnen Dateien des Projektes unter die Kontrolle von CVS bringen – besser importieren. Dazu müssen Sie wieder im Hauptverzeichnis des Projektes sein, worin sich die Quelldateien befinden. Dank der gesetzten Umgebungsvariablen CVSROOT findet CVS sein Ziel von selbst.

```
$ cd $HOME/my_project/quellcodes
$ ls
extra.h  funktionen.c  main.c
$ cvs import -m 'Bemerkung' mytest_projekt Wolf alpha
N mytest_projekt/extra.h
N mytest_projekt/main.c
```

```
N mytest_projekt/funktionen.c
No conflicts created by this import
```

Durch `import` wird in `repository` ein Verzeichnis mit dem Namen `mytest_projekt` erzeugt. Darin befinden sich jetzt sämtliche Archivdateien mit der Endung `,v`, die mit zusätzlichen Informationen erweitert wurden. Hätten Sie beim `import` das Flag `-m` nicht verwendet, hätte sich für den dazugehörenden Kommentar einen Editor (der in der Umgebungsvariablen `$EDITOR` spezifiziert ist) geöffnet, worin Sie einen entsprechenden Kommentar (hier nur `Bemerkung`) hätten schreiben können. Die beiden Angaben `Wolf` und `alpha` sind so genannte Vendor- und Release-Tags, die zwar vorgeschrieben sind, aber in diesem Fall noch nicht näher betrachtet werden.

Auschecken einer Arbeitskopie

Jetzt können Sie (endlich) mit der Arbeit an Ihrem Projekt beginnen. Dazu müssen Sie die Quelldateien aus dem CVS-Archiv in einen Arbeitsbereich kopieren. Dies wird mit dem Befehl `checkout` (oder kurz *co*) erledigt, womit Sie ein komplettes Verzeichnis und alle darin enthaltenen Dateien aus dem Archiv in das aktuelle Verzeichnis kopieren.

```
$ cd ~
$ cvs checkout mytest_projekt
cvs checkout: Updating mytest_projekt
U mytest_projekt/extra.h
U mytest_projekt/funktionen.c
U mytest_projekt/main.c
```

Jetzt befindet sich in Ihrem Arbeitsverzeichnis eine Arbeitskopie desselben Inhalts, den Sie zuvor mit `import` importiert haben – inklusive eines CVS-Verzeichnisses, in dem die CVS-Informationen für die Versionskontrolle gespeichert werden. Dieses CVS-Verzeichnis finden Sie jetzt in JEDEM Unterverzeichnis; also für jedes Verzeichnis im Projekt ein CVS-Verzeichnis. Dies bedeutet natürlich, dass sich in dem Verzeichnis oder den Verzeichnissen Ihres Projekts kein Verzeichnis mit dem Namen CVS befinden darf.

```
$ ls mytest_projekt
CVS  extra.h  funktionen.c  main.c
```

Hierzu auch gleich ein Unterschied zu RCS: Bei CVS müssen die Dateien nicht erst gesperrt werden, sondern stehen gleich zum Arbeiten zur Verfügung. Natürlich ist hier von besonderem Interesse, was sich in diesem CVS-Verzeichnis befindet. Dabei erfahren Sie auch gleich, wie CVS arbeitet.

Bestimmt fällt Ihnen eine gewisse Ähnlichkeit zu RCS auf – was ja auch selbstverständlich ist, denn (wie schon erwähnt) CVS verwendet das RCS-System. Der einzige Unterschied (auch das wurde schon erwähnt) liegt darin, dass Sie mit CVS die Fähigkeit haben, ganze Dateibäume zu verwalten. Damit dies realisierbar ist, legt CVS eben ein entsprechendes CVS-Archiv (Verzeichnis) an, das dieselben Dateien, Verzeichnisse und Unterverzeichnisse enthält wie das Projekt selbst; nur dass es sich hier um RCS-Dateien handelt.

Bei dem `checkout`-Befehl, den Sie eben verwendet haben, legt CVS die Verzeichnisse in derselben Struktur an wie im CVS-Archiv. Anschließend werden mit RCS die Dateien anhand der

Revision konstruiert und in das Arbeitsverzeichnis kopiert. Durch das Konstruieren der Revision ist es erst möglich, dass der Programmierer auch eine ältere Version des Projektes auschecken kann.

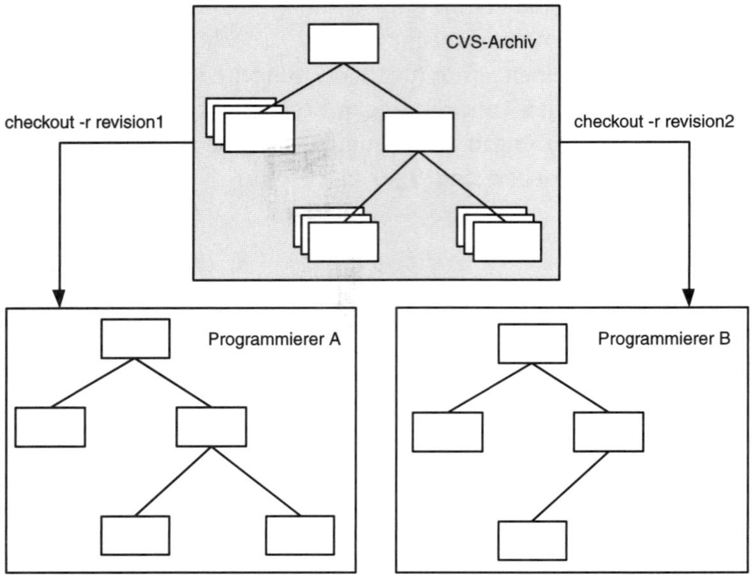

Abbildung 16.5 Checkout verschiedener Versionen aus einem CVS-Archiv

Jetzt folgt ein Blick in das CVS-Verzeichnis des ausgecheckten Projekts:

```
$ ls mytest_projekt/CVS
Entries   Repository   Root
```

Die Datei `Root` verweist auf das Projekt:

```
$ cat mytest_projekt/CVS/Root
/home/tot/my_project/repository
```

In `Entries` sind die Nummern und Checkout-Zeiten des Projektes gespeichert:

```
$ cat mytest_projekt/CVS/Entries
/extra.h/1.1.1.1/Wed Dec 10 01:37:08 2003//
/funktionen.c/1.1.1.1/Wed Dec 10 01:37:08 2003//
/main.c/1.1.1.1/Wed Dec 10 01:37:08 2003//
D
```

Diese sind nötig, damit ein `commit` (folgt noch) richtig ausgeführt wird. Damit weiß CVS, welche Revision sich im Arbeitsbereich befindet. Die Datei `Repository` verweist auf ein Projekt innerhalb des Archivs, in dem sich die passenden RCS-Dateien befinden (hier auf: `mytest_projekt`).

```
$ cat mytest_projekt/CVS/Repository
mytest_projekt
$ ls repository/mytest_projekt
extra.h,v  funktionen.c,v  main.c,v
```

Würden Sie in Ihrem CVS-Archiv eine Quelldatei entfernen (löschen), dann wird auch hierfür von CVS ein Eintrag gemacht. Diese Dateien befinden sich dann in einem Unterverzeichnis namens `Attic`.

Veränderungen von Dateien

Im nächsten Schritt können Sie jetzt mit den ausgecheckten Dateien Ihres oder des Projektes arbeiten. In diesem Beispiel soll die Datei `funktionen.c` verändert werden.

```
$ cd ~/mytest_projekt
$ ls
CVS  extra.h  funktionen.c  main.c
$ vi funktionen.c
```

Was verändert wurde, spielt zum Verständnis keine Rolle. Ich rufe hierbei den Editor `vi` auf, füge eine Zeile im Quellcode dazu und speichere diese Veränderung ab.

> **Hinweis**
>
> Sie müssen hier nicht den Editor `vi` verwenden, obwohl der Arbeitsvorgang damit um einiges schneller ist. Sofern Sie `vi` verwenden und der Editor das Listing geladen hat, drücken Sie [i] für *insert*, fügen jetzt Ihre neue Zeile bzw. irgendeine Veränderung ein und drücken anschließend [Esc], um aus den Editormodus herauszukommen. Jetzt können Sie die Datei speichern, indem Sie die [⇧]-Taste gedrückt halten und zweimal [Z] betätigen. Alternativ bietet sich auch `joe` oder `pico` an. Auf jeden Fall aber sollte `$EDITOR` gesetzt sein, wenn `'cvs ci'` ausgeführt wird, sonst endet man hilflos im `vi`!

Jetzt wollen Sie noch eine Veränderung einbringen. Doch jetzt kommt es: Sie erhalten einen wichtigen Telefonanruf und müssen alles liegen und stehen lassen. Während dieser Zeit hat sich aber jemand anderes am Code zu schaffen gemacht. Jetzt gilt es natürlich, erst einmal mit der Untersuchung der Veränderung(en) fortzufahren.

Untersuchen von Veränderungen

Um herauszufinden, welche Datei(en) zuletzt geändert wurde(n), reicht der Befehl `update`:

```
$ cd ~/mytest_projekt
$ cvs update
 cvs update: Updating .
 M funktionen.c
```

Die Datei `funktionen.c` wurde hier verändert. Dies können Sie am `M`, das für *Modified* steht, erkennen. Bei den vielen Zeilen Code wollen Sie sicherlich auch wissen, was verändert wurde. Dazu können Sie `diff` verwenden.

```
$ cvs -Q diff -c
Index: funktionen.c
===================================================================
RCS file: /home/tot/my_project/repository/mytest_projekt/funktionen.c,v
retrieving revision 1.1.1.1
diff -c -r1.1.1.1 funktionen.c
```

```
*** funktionen.c        10 Dec 2003 01:37:08 -0000      1.1.1.1
--- funktionen.c        11 Dec 2003 03:23:51 -0000
***************
*** 1,4 ****
--- 1,5 ----
  static void hallo(void)
  {
        printf("Hallo Welt\n");
+         printf("Heute ist ein schöner Tag\n");
  }
```

Ich denke, klarer geht es nicht mehr. Hier finden Sie mit `Index` den Namen der Datei, mit `RCS file` den Ort, wo die RCS-Datei gespeichert wurde, die Version, wann diese erstellt wurde und wann die Änderung gemacht wurde. Die Veränderung sehen Sie anhand des +-Zeichens in der Zeile (hier `printf("Heute ist ein schöner Tag\n");`). In welcher Zeile die Datei geändert wurde und welche Zeilen hinzugekommen sind, können Sie im folgenden Eintrag lesen:

```
*** 1,4 ****
(Start des Kontextes ab Zeile 1, Chunk ist 4 Zeilen lang)
--- 1,5 ----
(Start des Kontextes ab Zeile 1, Chunk ist 5 Zeilen lang)
```

Mehr dazu würde jetzt den Rahmen des Kapitels sprengen. Daher seien hierfür die Manual Pages von `diff` empfohlen.

Hinweis

Bei umfangreicheren Programmen sollten Sie das Flag `-pdu` hinter `diff` verwenden, da mit `pdu` die Ausgabe weitaus besser lesbar ist als mit `c`.

Natürlich können Sie `diff` und `update` auch auf einzelnen Dateien verwenden wie z. B.

```
$ cvs update funktionen.c
```

Veränderungen an das Archiv weitergeben

Nachdem Sie an Ihrem jüngsten Projekt weitergearbeitet und es verändert haben, wird es Zeit, das Projekt mitsamt seinen Änderungen ins Archiv zurückzulegen. Dazu wird der Befehl `commit` (oder kurz *ci*) verwendet. Geben Sie `commit` ohne einen Dateinamen an, werden alle Quelldateien des Projektes, die verändert wurden, an das Archiv gesendet.

```
$ cvs commit -m 'zusätzliche Textausgabe'
cvs commit: Examining .
Checking in funktionen.c;
/home/tot/my_project/repository/mytest_projekt/funktionen.c,v  <--  funktionen.c
new revision: 1.2; previous revision: 1.1
done
```

An der Ausführung von `commit` können Sie erkennen, welche Dateien verändert wurden und somit neu eingecheckt werden (hier `funktionen.c`). Somit hätte hier auch folgendes `commit` angegeben werden können:

```
$ cvs commit -m 'zusätzliche Textausgabe' funktionen.c
```

Außerdem können Sie an der Ausgabe auch erkennen, dass aus der Revisionsnummer 1.1 die Revisionsnummer 1.2 geworden ist. Jede Datei im Projekt hat übrigens eine eigene Revisionsnummer. Dabei wird die rechte Stelle der Nummer um eins inkrementiert. Unterschiedliche Revisionsnummern in einem Projekt bedeuten nur, dass eine Datei häufiger als die andere verändert (ein `commit` gesendet) wurde.

Mehrere Programmierer – ein Projekt

Da Sie bei CVS – im Gegensatz zu RCS – nicht mit Sperren zu kämpfen haben, kann gleich mit den Arbeiten am ausgecheckten Projekt begonnen werden. Und das bedeutet auch im Gegensatz zu RCS, dass jetzt ohne weiteres mehrere Entwickler gleichzeitig das Projekt oder Teile davon auschecken und verändern können. Zwangsläufig können hierbei Konflikte auftreten, wenn ein Entwickler nach Beendigung des Projektes keinen Abgleich (ein `commit`) mehr macht bzw. den Abgleich erst nach längerer Zeit macht.

Wie die Gruppe von Entwicklern dabei vorgehen muss, soll anhand eines Fallbeispiels erklärt werden.

Programmierer Anton und Programmierer Xaver greifen beide auf das CVS-Archiv eines Projekts zu und machen ein `checkout`.

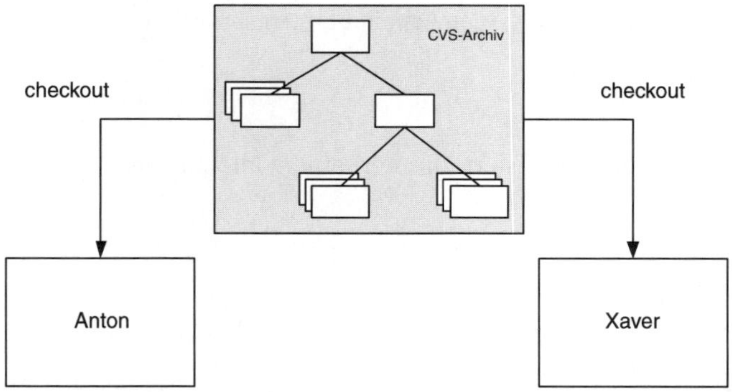

Abbildung 16.6 Zwei Programmierer checken aus einem CVS-Archiv aus.

Programmierer Xaver verändert eine Datei im Projekt und teilt die Veränderung dem CVS-Archiv mittels einem `commit` mit.

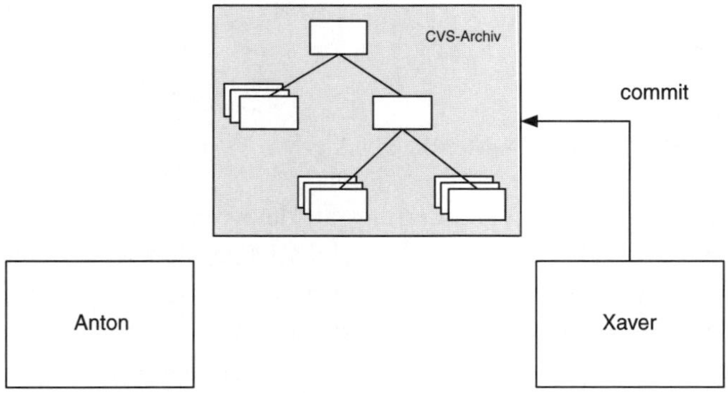

Abbildung 16.7 Ein Programmierer bringt eine Veränderung ins Archiv ein.

Jetzt kommt Programmierer John und holt sich ebenfalls mit einem `checkout` das Projekt auf seine Platte.

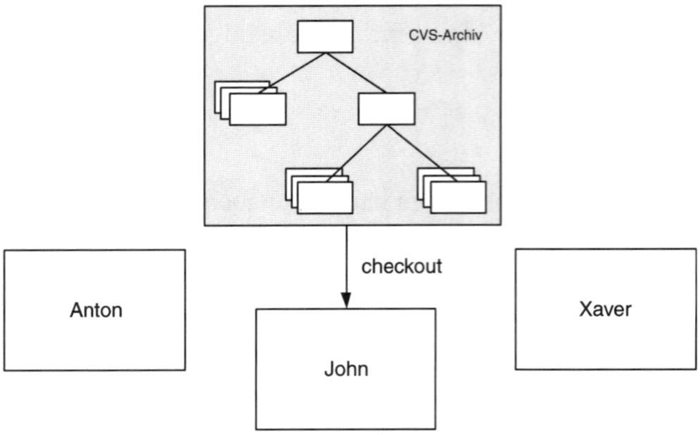

Abbildung 16.8 John holt sich die neuste Version aus dem Archiv.

Programmierer Anton hat jetzt auch eine Datei verändert und will dies mit `commit` dem Archiv mitteilen. Das `commit` schlägt fehl, da ja Xaver bereits eine Veränderung eingebracht hat, und somit stimmt die Revisionsnummer von Anton nicht mehr mit dem Archiv überein. Um diesen Umstand zu beheben, muss Anton ein *Update* seines Arbeitsbereiches machen. Dies erledigt dieser mit dem `update`-Befehl.

```
$ cvs update
```

Mittels `update` werden bei Anton alle Daten aktualisiert, die seit seinem letzten `checkout` verändert wurden.

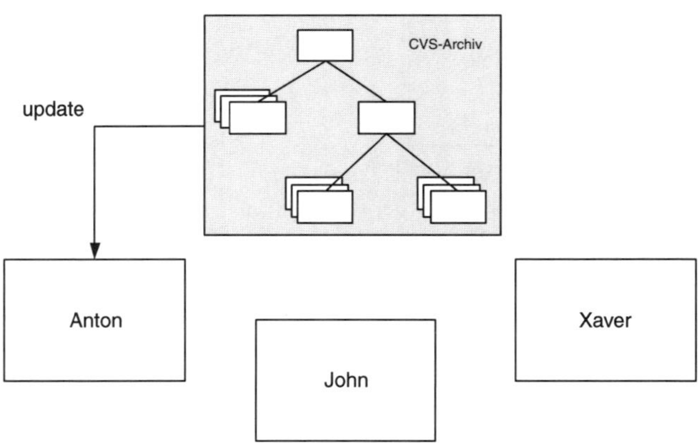

Abbildung 16.9 Arbeitsbereich mittels update auf den neuesten Stand bringen

Jetzt muss Anton natürlich überprüfen, ob seine Veränderung mit der von Xaver übereinstimmt – sprich, keine Konflikte entstehen. Hat Xaver z. B. eine globale Funktion verworfen, die Anton in seiner Veränderung verwendet, muss Anton dies beachten. Es empfiehlt sich im Grunde, immer vor dem `commit` ein `update` zu machen. Wenn es keine Probleme bei den Veränderungen gab, kann Anton seine Veränderung ebenfalls dem Archiv mitteilen (`commit`).

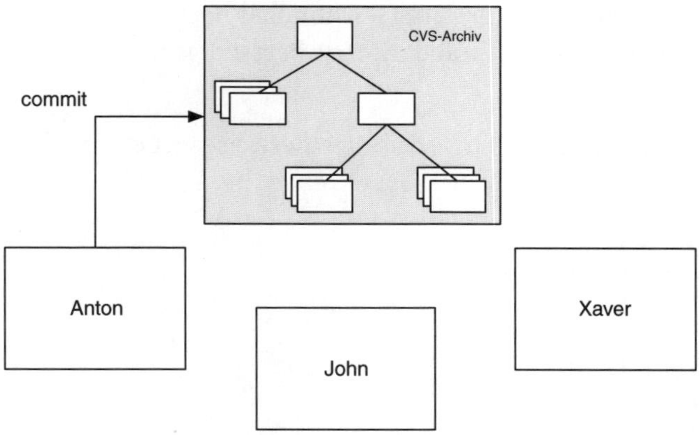

Abbildung 16.10 Wenn es keine Konflikte gibt, erfolgt ein weiteres commit.

Wenn Xaver jetzt ebenfalls wieder das Projekt auf seiner Platte aktualisieren will, reicht auch hier ein einfaches `update`.

Derselbe Vorgang wie eben beschrieben läuft auch ab, wenn zwei Entwickler dieselbe Datei verändern. Allerdings muss auch hierbei beachtet werden, dass sich die Veränderungen vertragen.

Jetzt haben wir ja noch John, der dem Archiv mitteilen will, dass er eine Veränderung eingebracht hat. Währenddessen macht Anton eine `status`-Abfrage, die wie folgt aussieht:

```
$ cvs status funktionen.c
File: funktionen.c Status: Locally Modified

Working revision: 1.2 Mon Mar 2 06:35:27 2004
Repository revision: 1.2 /home/anton/my_projects/repository/funktionen.c,v
Sticky Tag: (none)
Sticky Date: (none)
Sticky Options: (none)
```

Mittlerweile hat ein weiterer Programmierer namens Leon die Datei `funktionen.c` bearbeitet und dies bereits dem Archiv mitgeteilt. Somit wäre die aktuelle Revisionsnummer 1.3. Eine `status`-Abfrage von John auf seinem lokalen Rechner würde jetzt folgendermaßen aussehen:

```
$ cvs status funktionen.c
File: funktionen.c Status: Needs Patch

Working revision: 1.2 Mon Mar 2 06:35:27 2004
Repository revision: 1.3 /home/john/my_projects/repository/funktionen.c,v
Sticky Tag: (none)
Sticky Date: (none)
Sticky Options: (none)
```

Damit wüsste John, dass jemand bei der Datei `funktionen.c` ein `commit` gemacht hat, die Revisionsnummer im Archiv 1.3 und seine Revisionsnummer 1.2 ist und er somit hinterherhinkt. An der Statuszeile könnte John auch erkennen, dass er einen Patch machen soll. Dabei müsste er lediglich ein `update` machen und die Änderung mittels `patch` einarbeiten. John hat jetzt aber weder den status-Befehl noch ein update gestartet – schlimmer noch, er hat in derselben Datei funktionen.c dieselbe Zeile wie Leon verändert. Hier liegt ein ganz klarer Konflikt vor.

Diesen Konflikt bemerkt John erst beim nächsten commit, das logischerweise erst einmal fehlschlägt. Also macht er zunächst ein update der Datei funktionen.c:

```
$ cvs update funktionen.c
RCS file: /home/john/my_project/repository/funktionen.c,v
retrieving revision 1.2
retrieving revision 1.3
Merging differences between 1.2 and 1.3 into funktionen.c
rcsmerge: warning: conflicts during merge
cvs update: conflicts found in funktionen.c
C funktionen.c
```

Es liegt also ein Konflikt vor. Welcher Konflikt das genau ist, kann er feststellen, indem er die Datei funktionen.c in seinem lokalen Arbeitsverzeichnis ansieht.

```
$ cat funktionen.c
void hallo()
{
        printf("Hallo Welt\n");
<<<<<< funktionen.c
        printf ("Heute ist ein schöner Tag\n");
=======
       printf ("Heute ist kein schöner Tag\n");
>>>>>>> 1.3
}
```

Der folgende Teil entspricht der Veränderung von John:

```
<<<<<< funktionen.c
        printf ("Heute ist ein schöner Tag\n");
```

Getrennt werden diese beiden Veränderungen in derselben Zeile mit:

```
=======
```

Der untere Teil entspricht der Veränderung der aktuellen Revision 1.3, wie sie im CVS-Archiv vorliegt:

```
       printf ("Heute ist kein schöner Tag\n");
>>>>>>> 1.3
```

Diesen Konflikt müssen Sie nun selbst beseitigen. Meistens handelt es sich allerdings nicht um ein solch stupides Beispiel, so dass eine Rücksprache mit dem Entwickler, der an derselben Zeile wie Sie gearbeitet hat, vonnöten ist, so dass es zu einer Übereinkunft kommen wird.

Wobei das mit der Rücksprache auch nicht so einfach zu lösen ist. Der Franzose spricht kein Chinesisch, der Chinese kein Deutsch und der Amerikaner kein Spanisch (o. k., viele sprechen Englisch – aber tun wir mal so, als könnte dies auch niemand). Doch auch dafür gibt es bei

CVS einen Weg. Wollen Sie allen mitteilen, dass Sie gerade an der Datei `funktionen.c` arbeiten, können Sie dies mit dem `edit`-Befehl machen.

```
$ cvs edit funktionen.c
```

Jetzt werden alle anderen informiert, dass Sie gerade an dieser Datei arbeiten. Voraussetzung dafür ist, dass die anderen Entwickler ebenfalls den `edit`-Befehl verwenden. Jetzt können sich die Entwickler untereinander absprechen oder warten, bis derjenige, der an dieser Datei arbeitet, diese Veränderung(en) an das Archiv (`commit`) einsendet. Mit einem `commit` tragen Sie sich praktisch aus dem `edit`-Modus aus.

Besser noch ist der Befehl `watch`. Damit tragen Sie sich als ständiger Beobachter ein. Wenn Sie hierbei eine Datei auschecken (`checkout`), geschieht dies vorerst im Lesemodus. Will der Entwickler diese Datei verändern, muss dieser erst `edit` eingeben. Durch diese Zwangseingabe erfährt der Entwickler, ob gerade jemand an dieser Datei arbeitet.

Dass es funktioniert, beweist die Open Source Community, wo CVS fast 100 % Marktanteil hat (Tendenz fallend).

Veränderungen rückgängig machen

Es kommt zwar nicht häufig vor, aber manchmal kann es sinnvoll sein, eine Veränderung rückgängig zu machen; sei es nun aus Gründen der Unstabilität des Programms oder aus Eigeninteresse, um eine eigene Version aus einem älteren Release zu machen. Das Rückgängigmachen geschieht auch hier wieder mit dem `update`-Befehl und dem Flag `j` für `join`.

```
$ cat funktionen.c
static void hallo(void)
{
        printf("Hallo Welt\n");
        printf("Heute ist ein schöner Tag\n");
}

$ cvs update -j 1.2 -j 1.1 funktionen.c
RCS file: /home/tot/my_project/repository/mytest_projekt/funktionen.c,v
retrieving revision 1.2
retrieving revision 1.1
Merging differences between 1.2 and 1.1 into funktionen.c
$ cat funktionen.c
static void hallo(void)
{
        printf("Hallo Welt\n");
}
$ cvs update
cvs update: Updating .
M funktionen.c
$ cvs commit -m "Rückgängig zur Version 1.1" funktionen.c
Checking in funktionen.c;
/home/tot/my_project/repository/mytest_projekt/funktionen.c,v  <--  funktionen.c
new revision: 1.3; previous revision: 1.2
done
```

Somit hätten Sie ohne großen Aufwand hier im Beispiel die Version 1.1 von der Datei funktionen.c wiederhergestellt, die allerdings trotzdem eine neue Versionsnummer erhält!

Dateien und Verzeichnisse hinzufügen, entfernen oder umbenennen

Jetzt fehlen Ihnen eigentlich nur noch zwei wichtige Kommandos zu CVS; das wären add und remove (oder kurz *rm*) zum Hinzufügen bzw. Entfernen von Dateien oder Verzeichnissen. Zuerst soll in unserem aktuellen Projekt ein neues Verzeichnis erstellt werden.

```
$ mkdir include
$ cvs add include
Directory /home/tot/my_project/repository/mytest_projekt/
include added to the repository
$ cvs update
cvs update: Updating .
cvs update: Updating include
```

Bei einem Blick in das neue Verzeichnis finden Sie auch hier ein extra dafür angelegtes CVS-Verzeichnis für das Archiv. Das wurde aber bereits zu Beginn erwähnt. Ein commit entfällt hierbei.

In de include-Verzeichnis wollen Sie nun eine neue Headerdatei anlegen, vorausgesetzt, es existiert eine Headerdatei in diesem Verzeichnis. Hier machen Sie es sich mit touch leicht.

```
$ touch include/header.h
$ cvs add include/header.h
cvs add: scheduling file `incl/header.h' for addition
cvs add: use 'cvs commit' to add this file permanently
$ cvs commit -m "neue Headerdatei"
cvs commit: Examining .
cvs commit: Examining incl
RCS file: /home/tot/my_project/repository/mytest_projekt/incl/header.h,v
done
Checking in incl/header.h;
/home/tot/my_project/repository/mytest_projekt/incl/header.h,v  <--  header.h
initial revision: 1.1
done
```

Jetzt können Sie mit dem neu erstellten Verzeichnis und auch mit der neu erstellten Datei – wie mit jedem anderen Verzeichnis bzw. jeder Datei – mit CVS arbeiten. Verändern Sie jetzt z. B. die Headerdatei header.h, gehen Sie auch hier gewöhnlich wie im Beispiel folgt vor:

```
$ cvs update
cvs update: Updating .
cvs update: Updating include
M include/header.h
$ cvs commit -m 'Headerdatei verändert'
include/header.hChecking in
include/header.h;/home/tot/my_project/repository/mytest_projekt/include/header.h,v
 <--  header.h new revision: 1.2; previous revision: 1.1
done
```

Ebenso einfach ist es auch, eine Datei wieder aus dem CVS-Archiv zu entfernen. Hierbei sind folgende Schritte nötig:

```
$ cd include
$ rm header.h
$ cvs remove header.h
cvs remove: scheduling `header.h' for removal
cvs remove: use 'cvs commit' to remove this file permanently
$ cvs commit -m 'Headerdatei entfernt'
cvs commit: Examining .
Removing header.h;
/home/tot/my_project/repository/mytest_projekt/include/header.h,v  <--  header.h
new revision: delete; previous revision: 1.2
done
```

Natürlich muss die Datei, bevor diese aus dem CVS-Archiv entfernt wird, erst aus der Arbeitskopie mittels `rm` gelöscht werden.

Hinweis

Eine Datei, die versehentlich aus der Arbeitskopie gelöscht wurde, aber noch im CVS-Archiv existiert, kann mit '`cvs update`' wiedergeholt werden (es wird eine Nachricht »xxx.c got lost« angezeigt).

Ebenso einfach ist das Umbenennen von Dateien bzw. Verzeichnissen im CVS-Archiv. Im Beispiel wird die Datei `leer.c` in `voll.c` umbenannt:

```
$ mv leer.c voll.c
$ cvs remove leer.c
cvs remove: scheduling `leer.c' for removal
cvs remove: use 'cvs commit' to remove this file permanently
$ cvs add voll.c
cvs add: scheduling file `voll.c' for addition
cvs add: use 'cvs commit' to add this file permanently
$ cvs commit -m 'Name leer.c umbenannt in voll.c'
cvs commit: Examining .
cvs commit: Examining include
Removing leer.c;
/home/tot/my_project/repository/mytest_projekt/leer.c,v  <--  leer.c
new revision: delete; previous revision: 1.3
done
RCS file: /home/tot/my_project/repository/mytest_projekt/voll.c,v
done
Checking in voll.c;
/home/tot/my_project/repository/mytest_projekt/voll.c,v  <--  voll.c
initial revision: 1.1
done
```

Sie müssen lediglich die alte Datei in der Arbeitskopie umbenennen (hier mit `mv`) und diese aus dem CVS-Archiv entfernen (`cvs remove`), um anschließend die neue Datei hinzufügen (`cvs` `add`) zu können. Am Ende führen Sie noch ein `commit` aus, und Sie haben einen neuen Dateinamen.

Bei Verzeichnissen können Sie ähnlich vorgehen. Erstellen Sie zuerst ein neues Verzeichnis, fügen Sie dies mit `cvs add` zum Vormerken für das Archiv dazu. Kopieren Sie jetzt den Inhalt des alten Verzeichnisnamens in das neue Verzeichnis. Jetzt müssen Sie den Inhalt des alten Verzeichnisses löschen, ehe Sie das alte Verzeichnis komplett löschen können. Teilen Sie jetzt noch mit `cvs add` die neuen Dateien im neuen Verzeichnis dem CVS mit und führen zu guter Letzt ein `commit` aus.

Zugriff auf ein Remote-Verzeichnis

Natürlich trifft der Anwendungsfall, wie im Beispiel, in dem sich das Arbeitsverzeichnis auf einem lokalen Rechner befindet, recht selten zu. Gerade in der freien Software (KDE, GNOME, Mozilla usw.) befindet sich die so genannte Repository irgendwo auf einem entfernten CVS-Server. Hier hat man mehrere Zugriffsmöglichkeiten. Entweder verfügt der User über einen eigenen Login auf dem Remote-Rechner via *rsh* oder *ssh*. Hierfür muss allerdings die `CVS_RSH`-Umgebungsvariable angepasst werden. Oder es besteht die Möglichkeit, eine von CVS portierte *rsh*-Implementierung zu verwenden. Hierbei muss die bereits bekannte Umgebungsvariable `CVSROOT` angepasst werden.

Sind alle Angaben angepasst worden, erfolgt ein Auschecken der Dateien ähnlich wie auf dem lokalen Rechner. Es muss hierbei lediglich ein etwas längerer Pfad zum Archiv angegeben werden. Zuerst erfolgt die Zugriffsmethode, welche von beiden Seiten mit einem Doppelpunkt abgetrennt wird. Anschließend folgen der Benutzername und der Servername, die mit einem @-Zeichen zusammengesetzt werden – gefolgt von einem weiteren Doppelpunkt als Trenner. Am Ende folgt dann der Pfad des Archivverzeichnisses auf dem Server. Als Beispiel folgt hierzu eine durch Passwort authentisierte Server-Zugriffsmethode (kurz `pserver`):

```
$ cvs -d :pserver:wolf@cvs.pronix.de:/usr/local/cvsroot login
(Logging in to wolf@cvs.pronix.de)
CVS password: ********
```

Für mehr Details (in der Praxis) bezüglich des Zugriffs auf ein Remote-Verzeichnis seien die Dokumentation zu CVS oder auch ein Blick auf die Buch-CD empfohlen.

Grafische Frontends

Wer die Open-Source-Entwicklergemeinde kennt, weiß, dass es immer das eine oder andere grafische Frontend für ein Konsolen-Tool gibt. Ich möchte hier gar nicht auf die einzelnen Frontends eingehen, sondern nur auf die einzelnen Tools hinweisen. Zwei interessante Frontends stehen Ihnen mit *jCVS* – ein Java-basierter Client – und *tkCVS* – ein Tk-basiertes grafisches CVS-Interface – zur Verfügung. Als Web-Frontend wäre *cvsweb*, ein in Perl geschriebener CVS-Client, sehr zu empfehlen, zu dem es auch zusätzlich einige nützliche kleine Skripte gibt. Geht es Ihnen allerdings darum, die ganze Funktionsvielfalt von CVS auszunutzen, dann werden Sie mit dem Java-basierten Client *jCVS* am besten beraten sein (abgesehen von der Kommandozeile).

16.6 Zeitmessung von Programmen

Gerne werden vor der Fertigstellung der Software die einen oder anderen Laufzeitoptimierungen am Quellcode durchgeführt. Ob dieses Tuning des Codes überhaupt Sinn macht, lässt sich mithilfe von Laufzeitanalysen bestimmen. Solche Analysen durchzuführen, ist wesentlich komplizierter als man denkt. Funktionen der `<time.h>`-Bibliothek können höchstens mit einer einfachen Wanduhr-Analyse mithalten, denn es müssen eigentlich auch die unterschiedlichsten Auslastungen des Systems beachtet werden. Und gerade das macht es schwierig, die Laufzeit von nur einer Anwendung zu ermitteln. Noch ein wenig schwieriger dürfte das Unterfangen sein, die Laufzeit von einzelnen Funktionen bzw. Codeabschnitten zu ermitteln. Zum Glück sind hierfür sehr effektive Tools zur Laufzeit- und Profiling-Analyse entwickelt worden, von denen Sie im folgenden Abschnitt drei Anwendungen etwas näher kennen lernen werden:

- *TIME* oder /usr/time – Allgemeine Laufzeitermittlung von Prozessen
- *GPROF* – Laufzeitermittlung einzelner Funktionen
- *GCOV* – Laufzeitermittlung, wie häufig einzelne Zeilen ausgeführt werden.

16.6.1 Einfache Zeitmessung mit TIME – Laufzeit von Prozessen

Für eine einfache Zeitmessung der Laufzeit von einzelnen Prozessen lässt sich *TIME* verwenden. *TIME* eignet sich hervorragend, um sich einen groben Überblick über die Laufzeit des Prozesses zu machen. Die allgemeine Laufzeitbestimmung mit *TIME* wird gerne verwendet, wenn der Quellcode mit eingeschaltetem Optimizer übersetzt wurde. Als einfaches Beispiel sei hier ein Quellcode namens `optimize.c` verwendet.

```
$ gcc -o optimize optimize.c
$ time ./optimize
real    0m5.841s
user    0m0.210s
sys     0m0.430s
```

Hier bekommen Sie von *TIME* drei verschiedene Zeiten mit der folgenden Bedeutung zurück:

- `real` – Die gesamte verstrichene Ausführungszeit ab Ausführung der Kommandozeileneingabe
- `user` – Die CPU-Zeit für Benutzerfunktionen, genauer die Zeit, welche die Anwendung im User-Level verbracht hat
- `sys` – Die CPU-Zeit für Systemcalls; dies ist die Zeit, welche die Anwendung im Kernel-Level verwendet hat.

Hierzu sei nun derselbe Code mit Optimizer `-O3` verwendet:

```
$ gcc -O3 -o optimize optimize.c
$ time ./optimize
real    0m7.779s
user    0m0.120s
sys     0m0.420s
```

Sie sehen, dass hiermit die CPU-Zeit für den Benutzerbereich verringert, aber dadurch die gesamte Ausführungszeit der Anwendung erhöht wurde. Leider ist hier keine genaue Aussage zu treffen, was hierbei länger gedauert hat – da es noch mehrere Prozesse auf dem System gibt, die ebenfalls Laufzeit (die CPU) benötigen und somit diese Zeitmessung immer ein wenig verfälschen können. Für eine genauere Zeitanalyse kommen Sie um das Profiling mittels *GPROF* zur Laufzeitmessung nicht herum.

16.6.2 Profiling mit GPROF – Laufzeit von Funktionen

Mit *TIME* haben Sie gewiss ein einfaches Verfahren für eine Zeitanalyse des gesamten Programms. Aber sobald es sich um das Codetuning einzelner Funktionen handelt, taugt *TIME* nicht mehr viel. Denn wollen bzw. müssen Sie nur einzelne Funktionen optimieren, bringt Ihnen eine Zeitanalyse des gesamten Programms recht wenig, insbesondere wenn es darum geht, um wie viel schneller denn die einzelnen Funktionen nun ausgeführt wurden. Für solche Aufgaben werden Programmprofile (auch als Leistungsdiagramm bezeichnet) benötigt. Um ein solches Profil zu erzeugen, sind folgende Schritte nötig:

- Beim Übersetzen des Quellcodes muss ein Profil erzeugt werden.
- Dann wird das speziell mit Profilen übersetzte Programm ausgeführt, woraufhin Sie ein Programmprofil erhalten.
- Dieses Programmprofil können Sie letztendlich mit dem Profiler *GPROF* auswerten.

Ein Profil für gprof erzeugen

Zuerst müssen Sie den Quellcode für ein Profil mit der Option `-pg` übersetzen:

```
$ gcc -pg -o fraktal fraktal.c berechnung.c \
  -L/usr/X11R6/lib -lX11
```

Die so erzeugte ausführbare Datei ist natürlich erheblich größer als die Anwendung, die ohne die Compiler-Option `-pg` übersetzt wurde. Damit haben Sie quasi das Programm für die weiteren Schritte der Laufzeitanalyse mit *GPROF* eingerichtet.

Im nächsten Schritt müssen Sie diese Anwendung ausführen, womit ein Programmprofil mit dem Namen `gmon.out` erzeugt wird.

```
$ ./fraktal
$ ls -l gmon*
-rw-r--r--    1 tot   users       429 2004-04-12 13:41 gmon.out
```

Jetzt, im letzten Schritt, müssen Sie die Daten von `gmon.out` analysieren. Dazu müssen Sie lediglich *GPROF* mit dem Programm, das analysiert werden soll, als Argument übergeben. Anschließend gibt *GPROF* die Analyse auf die Standardausgabe aus, weshalb sich hierbei eine Umleitung in eine Datei hervorragend eignen würde (hier finden Sie die Ausgabe von *GPROF* in der Textdatei `mytest_profil.txt`).

```
$ gprof ./fraktal > mytest_profil.txt
```

Die nun folgende Ausgabe (oder, falls die Datei umgeleitet wurde, die Datei) besteht aus zwei Teilen:

- dem flachen Profil, das auflistet, wie sich die Programmzeit auf die einzelnen Funktionen verteilt
- dem Aufrufgraph-Profil, worin sich die aufrufenden und aufgerufenen Funktionen befinden

Das flache Profil

Im flachen Profil finden Sie aufgelistet, wofür die Programmzeit verwendet wurde. Der Zeitaufwand wird dabei für jede Funktion pro Aufruf berechnet. Am flachen Profil erkennen Sie die Funktionen, die am meisten Zeit verbrauchen und die es dann auch wert sind (zugegeben, es gibt auch Funktionen, die eben etwas mehr tun als andere ...), optimiert zu werden. Ein Beispiel des flachen Profils:

```
Flat profile:
Each sample counts as 0.01 seconds.
 %   cumulative   self              self     total
time   seconds   seconds    calls  s/call   s/call  name
99.90     30.91    30.91   798720    0.00     0.00  farbe
 0.06     30.93     0.02        1    0.02    30.94  fraktal
 0.03     30.94     0.01       52    0.00     0.59  berechne
 0.00     30.94     0.00        3    0.00     0.00  ermittle_shifts
 0.00     30.94     0.00        2    0.00     0.00  push_para
 0.00     30.94     0.00        1    0.00     0.00  init_colors
 0.00     30.94     0.00        1    0.00     0.00  posit
```

In der Ausgabe des flachen Profils lässt sich gleich erkennen, dass die Funktion `farbe()` die meiste Zeit (`99.90` %) verwendet, weshalb diese Funktion in der Praxis auch ein Kandidat für die Codeoptimierung wäre. Für jede Funktion wird ein Zeileneintrag erstellt und entsprechend der benötigten Ausführungszeit sortiert. Die Zeit, die für die Interaktionen innerhalb von Funktionen verbraucht wird, wird allerdings nicht mitgezählt! Jede Funktion enthält bei dem Eintrag im flachen Profil folgende Informationen:

- `%time` – Anteil in Prozent der gesamten Ausführungszeit des Programms für die Ausführung der Funktion.
- `cummulative seconds` – Gesamtzeit in Sekunden, die für die Ausführung der Funktionen und alle im flachen Profil vorher aufgeführten Funktionen benötigt wurde.
- `self seconds` – Gesamtzeit in Sekunden, die für die Ausführung der Funktionen benötigt wurde, ohne die Zeit, die für die Nachkommen der Funktion verbraucht wurde.
- `calls` – Aufrufe der Funktion während des kompletten Programmablaufs
- `self ms/call` – Durchschnittlicher Zeitaufwand für die Ausführung der Funktion in Millisekunden, der sich aus allen Funktionsaufrufen bildet, ohne die Funktionen, die eventuell aus dieser Funktion aufgerufen werden.
- `total ms/call` – Durchschnittlicher Zeitaufwand für einen Funktionsaufruf mitsamt der weiteren Funktionen, die diese Funktion aufrufen.
- `name` – Name der Funktion

Im Großen und Ganzen kann man zum Programm oben sagen, dass hier eine Codeoptimierung nicht dem Aufwand trotzen kann, den man hierfür aufwenden muss. Rentabel sollte es hierbei werden, wenn eine Funktion mehrere Sekunden benötigt. Um hierbei den Code einer Funktion zu verbessern, haben Sie folgende Möglichkeiten:

- Den Algorithmus verbessern, damit der Code schneller abläuft.
- Die Routine so umschreiben, dass eine Funktion nicht so häufig aufgerufen werden muss.
- Funktionen, die relativ häufig aufgerufen werden, können auch direkt im Code der aufrufenden Funktion eingebaut werden.
- Compiler-Optionen zur Optimierung des Codes verwenden

Das Aufrufgraph-Profil

Für eine noch detailliertere Auflistung des Programmprofils lohnt sich ein Blick in das Aufrufgraph-Profil (auch strukturiertes Profil genannt). Hier erhalten Sie noch ein wesentlich genaueres Programmprofil. Hier wird für jede einzelne Funktion angezeigt:

- Anteil der Gesamtlaufleistung in Prozent (`time`).
- Aufrufende Funktion, und zwar von welchen Funktionen eine bestimmte Funktion wie oft aufgerufen wurde.
- Aufgerufene Funktionen. Hier wird gezeigt, welche Funktion die aktuelle Funktion wiederum wie oft aufgerufen hat.

Um hierbei den Überblick zu bewahren, finden Sie auch einen Indexeintrag zu jeder Funktion in diesem Profil. Betrachten Sie z. B. im anschließenden Aufrufgraph-Profil die erste Funktion mit dem Index [1], können Sie ganz unten im Profil den Namen der Funktion des entsprechenden Indexeintrags herauslesen. Im Beispiel wäre die Funktion mit dem Index [1] `fraktal()`, mit dem Index [3] `berechne()` usw. Hierzu das strukturierte Profil des Programmbeispiels `fraktal`:

```
Call graph (explanation follows)
granularity: each sample hit covers 4 byte(s) for 0.03% of 30.94 seconds

index % time    self  children    called     name
                0.02   30.92       1/1        main [2]
[1]    100.0    0.02   30.92       1          fraktal [1]
                0.01   30.91      52/52       berechne [3]
-----------------------------------------------
                                              <spontaneous>
[2]    100.0    0.00   30.94                  main [2]
                0.02   30.92       1/1        fraktal [1]
                0.00    0.00       3/3        ermittle_shifts [5]
                0.00    0.00       2/2        push_para [6]
                0.00    0.00       1/1        init_colors [7]
                0.00    0.00       1/1        posit [8]
-----------------------------------------------
                0.01   30.91      52/52       fraktal [1]
```

```
[3]     99.9    0.01   30.91        52          berechne [3]
               30.91    0.00  798720/798720   farbe [4]
---------------------------------------------
               30.91    0.00  798720/798720   berechne [3]
[4]     99.9   30.91    0.00  798720          farbe [4]
---------------------------------------------
                0.00    0.00       3/3        main [2]
[5]      0.0    0.00    0.00       3          ermittle_shifts [5]
---------------------------------------------
                0.00    0.00       2/2        main [2]
[6]      0.0    0.00    0.00       2          push_para [6]
---------------------------------------------
                0.00    0.00       1/1        main [2]
[7]      0.0    0.00    0.00       1          init_colors [7]
---------------------------------------------
                0.00    0.00       1/1        main [2]
[8]      0.0    0.00    0.00       1          posit [8]
---------------------------------------------
...
...
Index by function name

   [3] berechne                [1] fraktal
   [6] push_para               [5] ermittle_shifts
   [7] init_colors             [4] farbe
   [8] posit
```

16.6.3 Analyse mit GCOV

Welche Codeteile innerhalb des Programms, genauer, innerhalb einer Funktion wie häufig ausgeführt wurden, kann mit *GCOV* ausgewertet werden. Damit wird eine Abdeckungsanalyse ausgeführt, die mitzählt, wie oft eine Programmzeile durchlaufen wurde. Eine solche Abdeckungsanalyse wird in den folgenden Schritten erstellt:

1. Beim Übersetzen des Listings wird mit den Optionen `-g -fprofile-arcs` und `-ftest-coverage` eine Abdeckungsanalyse eingerichtet:

   ```
   $ gcc -ggdb3 -fprofile-arcs -ftest-coverage -o \
     fraktal fraktal.c berechnung.c -L/usr/X11R6/lib -lX11
   ```

   Damit wird für jede Quelldatei, die Sie angeben, eine Hilfsdatei mit der Extension `*.bgg` angelegt, im Beispiel (`berechnung.bbg` und `fraktal.bbg`), die den Kontrollflussgraphen beinhalten und diesen im Quelltext abbilden.

2. Im nächsten Schritt wird das Programm ausgeführt, um eine Abdeckungsanalyseinformation zu erzeugen. Diese wird in einer Datei mit der Endung `*.da` geschrieben.

   ```
   $ ./fraktal
   ```

3. Jetzt kann mit *GCOV* eine lesbare Kopie der Abdeckungsanalyse generiert werden:

   ```
   $ gcov fraktal.c
   File `fraktal.c'
   ```

```
Lines executed:71.01% of 207
fraktal.c:creating `fraktal.c.gcov'
$ gcov berechnung.c
File `berechnung.c'
Lines executed:100.00% of 21
berechnung.c:creating `berechnung.c.gcov'
```

Die Angabe des Listings `fraktal.c` von 71,01 % sagt aus, dass der komplette Quellcode bis auf 29,99 % der 207 Zeilen ausgeführt wurde. Beim zweiten Quellcode, der `berechnung.c`, ist die Abdeckung des Quellcodes gar 100 %. Das heißt, hier wurde jede Zeile ausgeführt. Das alleine sagt natürlich noch nichts aus. Daher müssen Sie auch noch die erzeugten Dateien `berechnung.c.gcov` und `fraktal.c.gcov` genauer unter die Lupe nehmen. Ein Ausschnitt aus der Abdeckungsdatei `fraktal.c.gcov` sieht etwa so aus (ein für das Buch angepasstes Beispiel):

```
...
#####:  336: rueck = posit();
    -:  337: }
   52:  338: if (rueck == NORMAL_WEITER) {
   52:  339:         parainfo.br_par = breite;
   52:  340:         parainfo.y_par = yr0;
   52:  341:         parainfo.x_par = xr0 + xdelta * breite *
                     (segmentzahl - 1);
   52:  342: parainfo.delx_par = xdelta;
   52:  343: parainfo.dely_par = ydelta;
   52:  344: laenge = berechne(parainfo, punktfeld);
   52:  345: prozess.xbb     = breite  * (segmentzahl - 1);
   52:  346: prozess.ybb     = 0;
   52:  347: segmentzahl--;
798772: 348: for(ptr = punktfeld; laenge; laenge--) {
    -:  349: /* Punkt fuer Punkt zeichnen: */
798720: 350: XSetForeground(display, gcs,
              SETZE_FARBE(*ptr++));
798720: 351: XDrawPoint(display, ZIEL, gcs,
               prozess.xbb, prozess.ybb);
798720: 352: if (++prozess.ybb >= MAXY) { /* aktualisieren */
  1040: 353: prozess.ybb = 0;
  1040: 354: prozess.xbb++;
    -:  355: }
    -:  356: }
    -:  357: #ifdef BACKUP
    -:  358: XCopyArea(display, backup, windowId, gcs,
             prozess.xbb - breite, 0,
    -:  359: breite, MAXY, prozess.xbb - breite, 0);
    -:  360: #endif
    -:  361: }
    -:  362: }
    1:  363: printf("Zeitdauer: %d Sekunden\n",
             time(NULL) - zeit);
    1:  364: XFlush(display); /* Displaypuffer raeumen */
...
```

Dies lässt sich folgendermaßen lesen. Ganz links finden Sie die Anzahl der Durchläufe, wie oft diese Codezeile ausgeführt wurde. Steht hier #####, bedeutet dies, dass diese Codezeile nicht ausgeführt wurde. Hier könnten Sie z. B. die `for()`-Schleife optimieren, die 798772 mal aufgerufen wird und worin auch 798772 mal ein Pixel gezeichnet wird. Ein kurzer Blick in die Datei `berechnung.c.gov` zeigt weitere Optimierungsmöglichkeiten:

```
   798720:   44:   a = xr0; b = yr0; /* a + bi = Z0 */
   798720:   45:   zaehler = 0;
   798720:   46:   qua = a * a; qub = b * b;
839599651:   47:   do {
839599651:   48:   b = 2 * a * b - yr0; /* neuer Imaginaerteil */
839599651:   49:   a = qua - qub - xr0; /* neuer Realteil      */
839599651:   50:   qu=(qua=a* a) + (qub = b * b); /* qu = |Z| */
839599651:   51:   }
       -:   52:   while(qu<DIVERGENZGRENZE&&qu>KONVERGENZGRENZE
       -:   53:          && zaehler++ < ZYKLEN);
   798720:   54:   return(zaehler & 0xff);
```

Die `do-while`-Schleife wird hier 839599651 mal durchlaufen. Dabei lässt sich sicherlich mit einigen mathematischen Operationen und Compiler-Flags noch etwas Leistung herauskitzeln. Häufig aufgerufene Berechnungen und Funktionsaufrufe gilt es, besonders im Auge zu behalten und eventuell zu optimieren.

Hinweis

Bitte beachten Sie, dass die Abdeckungsanalyse bei einem erneuten Programmstart nicht gelöscht wird, sondern an die alte Datei angehängt und die einzelnen Zeilen summiert werden. Wollen Sie eine komplette neue Abdeckungsanalyse erstellen, müssen Sie zuvor noch die Datei mit der Extension `*.da` löschen.

Zusammenfassung

Natürlich lässt sich zu den Tools *GPROF* und *GCOV* noch eine Menge mehr schreiben. Aber die grundlegenden Arbeiten dieser Werkzeuge wurden hier erwähnt und hoffentlich auch verstanden. Sie wissen jetzt zumindest, wie Sie kritische Stellen im Quellcode finden können, um diese zu optimieren. Wie Sie Programme und Quellcode optimieren können, ist, bis auf bestimmte Optionen des Compilers, nicht Diskussionspunkt dieses Buchs.

16.7 Debuggen mit gdb und ddd

Das Thema nach der Fehlersuche in Programmen ist so alt wie der Computer selbst. Meines Erachtens gibt es auch keinen Programmierer, der davon befreit ist. Auf einmal gibt die Anwendung irgendwelchen Murks aus oder stürzt aus nicht ersichtlichen Gründen ab. Treten Fragen zu diesen oder ähnlichen Problemen auf, müsste eine Antwort hierzu lauten: Was sagt der Debugger dazu?

Hierzu möchte ich noch ein wenig ausholen. Sicherlich, das Thema »Debuggen« ist Bücher füllend – aber häufig muss man nicht gleich bei jeder Kleinigkeit zum Debugger greifen. Als allererstes sollte man sich (logischerweise) nochmals den Quellcode ansehen, wo man vermutet, dass das Programm abstürzt oder eben nicht wie erwartet ausgeführt wird. Jetzt könnte man an der vermuteten Codestelle etwas ausgeben lassen, z. B. den Programmzustand oder eventuell auch einen einfachen String. Wissen Sie in etwa, in welcher Funktion Ihr Programm abstürzt, können Sie hier z.B eine einfache Textausgabe wie

```
printf("DEBUG\n");
```

machen. Rutschen Sie mit der Anweisung immer eine Zeile tiefer, bis das Programm abstürzt und der Text `DEBUG` nicht mehr auf dem Bildschirm ausgegeben wird. Natürlich können Sie hierfür auch den Zustand gewisser Variablen ausgeben lassen, sofern dies an der Stelle sinnvoll ist, oder ein einfaches **`getchar()`** einbauen, welches das Programm anhält und auf ein [↵] wartet. Meistens findet man so recht schnell den Fehler, der das Programm abstürzen lässt. Des Weiteren hat es sich bewährt, häufiger eine `assert()`-Anweisung in den Code einzubauen.

Hat man hiermit keinen Erfolg gehabt, kann man ja den Programmzustand verändern. Häufig bewährt hat es sich, das Programm mit anderen Daten zu füttern, als dies der Fall ist, wenn das Programm abstürzt. Das Verändern des Quellcodes an einer vermutlich kritischen Stelle kann auch recht sinnvoll sein. Eventuell können Sie hierbei auch die eine oder andere Codezeile auskommentieren. Bitte beachten Sie beim Verändern der Codezeile, dass Sie den alten Zustand wiederherstellen können. Hierfür empfiehlt es sich, CVS oder RCS zu verwenden. Und um gleich beim Thema »Versionsverwaltung« zu bleiben: Gibt es von der unstabilen Programmversion mehrere Versionen, sollten Sie die letzte stabile Version aus dem Archiv auschecken bzw. die letzte stabile Version mit der unstabilen Version vergleichen (siehe CVS und RCS).

Zwar gibt es hier und da noch weitere Möglichkeiten, ein Programm mit einfachen Mitteln zu debuggen. Sie können aber auch zum Debugger *GDB* greifen, einem Werkzeug, womit Sie Programme ausführen und diese während der Ausführung anhalten und genauer untersuchen können. Hierbei ist es möglich, einzelne Variablen unter die Lupe zu nehmen und deren Werte zu verändern. Ebenso lässt sich hiermit der Aufruf einzelner Funktionen Schritt für Schritt verfolgen. All dies und noch einiges mehr lässt sich wohlgemerkt während der Ausführung des Programms bewerkstelligen.

In diesem Buch wird zwar der Konsolen-Debugger *GDB* beschrieben, doch wenn Sie dessen Ausführung und Einsatz verstanden haben, ist es nicht mehr schwer, auf die mittlerweile zahlreichen zur Verfügung stehenden grafischen Frontends zurückzugreifen. Eines der komfortableren, das ich Ihnen diesbezüglich empfehlen kann, ist *DDD, entwickelt von Dorothea Lütkehaus und Andreas Zeller.*

Programm übersetzen für gdb

Als ersten Schritt müssen Sie die Anwendung für den Debugger übersetzen. Dies geschieht mit der Option `-g`. Durch Verwendung dieser Option generiert der Compiler eine größere Symboltabelle. Einfach ausgedrückt, die ausführbare Datei benötigt auch mehr Plattenplatz, da diese jetzt Informationen für den Debugger beinhaltet.

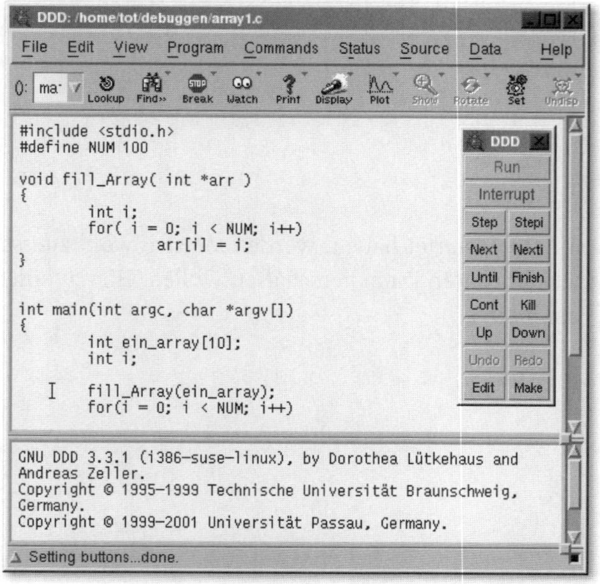

Abbildung 16.11 DDD – ein grafisches Frontend für GDB

Häufig wurde im Buch der Debugger mit dem Schalter `-ggdb3` verwendet, womit noch viel mehr Informationen hinzugefügt werden, was auch bedeutet, dass die ausführbare Datei *wesentlich* größer wird. Sollte aber ein Feature in GDB nicht funktionieren, kann es sein, dass zu wenige Infos vorhanden sind. Die Größe der Debug-Version einer Anwendung hängt *wesentlich* ungefähr geschätzt von der Anzahl der Objektdateien ab. Ein normales Heimprogramm mag »so« max. 100 KB ergeben, mit `-ggdb3` ist es geringfügig mehr. Mittelständische Anwendungen (»Serverzubehöranwendungen«), die mit 300 KB anfangen (10+ Dateien), belegen bis zu 1,5 MB mit dem Schalter `-ggdb3` (nur *ein* Beispiel), Serveranwendungen wie Samba hingegen sind im `-O2 -g0`-Modus gerade einmal 3,03 MB groß (`/usr/sbin/smbd`), während es mit `-ggdb3 -O0` schon gut 170 MB werden können.

Debugger gdb starten

Starten können Sie den *GDB* mit folgender Eingabe in der Kommandozeile:

```
gdb programm [coredatei]
```

Das `programm` ist das Beispiel, das Sie debuggen wollen. Optional kann auch als zusätzlicher Parameter eine Core-Dump-Datei verwendet werden, falls eine, bei einem früheren Versuch, das Beispiel zum Laufen zu bringen, angelegt wurde. Der Vorteil einer Core-Dump-Datei ist, dass man sofort findet, wo das Programm misslungen ist (das trifft nicht zu, wenn man einen *Stack Smash* hat, also die Rücksprungadressen zerbombt sind) und vor allem auch warum. Wollen Sie den *GDB* wieder beenden, reicht ein einfaches `quit` (oder 'q') in der *GDB-Shell*.

```
$ gdb array1
GNU gdb 5.3
Copyright 2002 Free Software Foundation, Inc.
GDB is free software, covered by the GNU General Public License, and you are
```

```
welcome to change it and/or distribute copies of it under certain conditions.
Type "show copying" to see the conditions. There is absolutely no warranty for
GDB.  Type "show warranty" for details.
This GDB was configured as "i586-suse-linux"...
(gdb) quit
```

Inhalt der Datei anzeigen

Wenn Sie die ausführbare Datei mit dem *GDB* gestartet haben, werden Sie sich wohl zuerst einen Überblick über den Quellcode der ausführbaren Datei verschaffen wollen. Hierzu können Sie das Kommando `list` (oder 'l') verwenden:

```
(gdb) list
11
12      int main(int argc, char **argv)
13      {
14              int ein_array[10];
15              int i;
16
17              fill_Array(ein_array);
18              for(i = 0; i < NUM; i++)
19                      printf("Wert %d: %d\n",i, ein_array[i]);
20
(gdb) list 1,5
1       #include <stdio.h>
2       #define NUM 100
3
4       void fill_Array( int *arr )
5       {
(gdb) list fill_Array
1       #include <stdio.h>
2       #define NUM 100
3
4       void fill_Array( int *arr )
5       {
6               int i;
7               for( i = 0; i < NUM; i++)
8                       arr[i] = i;
9       }
10
(gdb) list 4, 9
4       void fill_Array( int *arr )
5       {
6               int i;
7               for( i = 0; i < NUM; i++)
8                       arr[i] = i;
9       }
(gdb)
```

Geben Sie `list` ohne irgendwelche Argumente an, zeigt der *GDB* die Zeilen um den Quellcode, der gerade ausgeführt wurde (wurde der Quellcode noch nicht ausgeführt, wird der

Code um die `main()`-Funktion aufgelistet). Die Zeilen auf der linken Seite entsprechen den Zeilennummern im Quellcode. Wiederholen Sie den Aufruf von `list` ohne Argumente, listet *GDB* immer die nächsten Zeilen so lange auf, bis Sie am Ende des Quellcodes angekommen sind. Standardmäßig werden bei keiner Angabe von Argumenten immer zehn Zeilen eingelesen und ausgegeben. Wollen Sie bestimmte Zeilen ausgeben, die Sie debuggen oder lesen wollen, können Sie auch, wie im Beispiel gesehen, Folgendes angeben:

```
(gdb) list 1,5
```

Hiermit werden die Zeilen 1 bis 5 aufgelistet. Gibt man nur eine Zeile an (list 37), so wird 37 +/– 5 angezeigt. Natürlich lassen sich hiermit auch bestimmte Funktionen auflisten, wie im Beispiel demonstriert wurde:

```
(gdb) list fill_Array
```

Programm mit dem gdb ausführen

Bisher haben Sie zwar das Programm in *GDB* geladen, aber ausführen müssen Sie dies explizit. Hierzu genügt ein einfaches `run` (oder `'r'`) in der *GDB-Shell*:

```
(gdb) run
Starting program: /home/tot/debuggen/array1

Program received signal SIGSEGV, Segmentation fault.
0x0000000f in ?? ()
(gdb)
```

Natürlich lässt sich hier bei unnötig langer Ausgabe des Programms die Standardausgabe auch umleiten. Ebenso ist es möglich, die Eingabe umzuleiten. Im Beispiel wurde die Anwendung komplett ausgeführt und wie schon außerhalb der Welt von *GDB* mit einem *Segmentation Fault* (unerlaubter Speicherzugriff) beendet.

Müssen der Anwendung noch Argumente aus der Kommandozeile übergeben werden, können Sie dies mit `set args` folgendermaßen machen:

```
(gdb) set args argument1 argument2
(gdb) show args
Argument list to give program being debugged when it is started is  "argument1
argument2".
(gdb)
```

Mit `show args` können Sie sich die Argumente, mit denen die Anwendung aus der Kommandozeile gestartet wird, anzeigen lassen. Alternativ können die Argumente auch bei `run` mitgegeben werden:

```
(gdb) run arg1 arg2 ...etc
```

Haltepunkte setzen

Bisher brachte Ihnen der Debugger nicht mehr ein, als wenn Sie das Programm ohne ihn gestartet hätten. Um ein Programm sinnvoll zu debuggen, wird während der Ausführung des Programms an einer oder mehreren (von dem Programmierer vermuteten) kritischen Stellen ein Haltepunkt (break-Point) gesetzt. An dieser Stelle wird die Ausführung des Programms dann angehalten. Dabei können Sie dann z. B. Variablen überprüfen, ändern oder weitere *GDB*-Kommandos ausführen. Haltepunkte werden mit dem Kommando break (oder 'b') gesetzt. Diese gibt es in den folgenden Varianten:

Kommando	Bedeutung
break zeilennummer	Ausführung vor der angegebenen Zeilennummer stoppen
break dateiname:zeilennummer	Ausführung vor der angegebenen Zeilennummer in der Datei dateiname stoppen
break zeilennumer if bedingung	Ausführung vor der angegebenen Zeilennummer nur dann stoppen, wenn bedingung zutrifft
break Funktion	Ausführung vor dem Eintreten in die Funktion stoppen. Der Hardware-Meister verrät: *GDB* hält erst an, wenn ein neues Stack-Frame angefangen wurde. Das passiert bei der »mov ebp, esp«-Instruktion.
break dateiname:Funktion	Ausführung vor dem Eintreten in die Funktion in der Datei dateiname stoppen
break Funktion if bedingung	Ausführung vor dem Eintreten in die Funktion nur dann stoppen, wenn bedingung zutrifft

Ein Beispiel:

```
(gdb) list 4, 9
4       void fill_Array( int *arr )
5       {
6               int i;
7               for( i = 0; i < NUM; i++)
8                       arr[i] = i;
9       }
(gdb) break array1.c:7
Note: breakpoint 1 also set at pc 0x804831a.
Breakpoint 2 at 0x804831a: file array1.c, line 7.
(gdb) run
Starting program: /home/tot/debuggen/array1

Breakpoint 2, fill_Array (arr=0xbffff3b0) at array1.c:7
7               for( i = 0; i < NUM; i++)
```

Hier wurde bei der Ausführung der Quelldatei array.c in der Zeile 7 ein Haltepunkt gesetzt, der sofort aktiv wird.

Ausführung nach einem Haltepunkt fortsetzen

Um die Ausführung der Anwendung nach einem break-Punkt wieder aufzunehmen, müssen Sie das continue-Kommando (oder kurz: 'c') verwenden. Nach einem continue-Aufruf wird die Ausführung bis zum Programmende, dem nächsten break-Punkt oder bei Auftreten eines Fehlers fortgesetzt.

```
(gdb) continue
Continuing.

Program received signal SIGSEGV, Segmentation fault.
0x0000000f in ?? ()
```

Verwaltung von Haltepunkten

Da mit der Zeit eine Menge Haltpunkte in einer Sitzung mit dem Debugger zusammenkommen können, finden Sie mit `info breakpoints` ein Kommando, durch das Sie den Überblick zu den Haltepunkten bekommen. Um einen nicht benötigten `break`-Punkt wieder zu entfernen, können Sie das Kommando `delete` verwenden.

```
(gdb) info breakpoints
Num Type           Disp Enb Address    What
1   breakpoint     keep y   0x0804831a in fill_Array at array1.c:7
        stop only if i == 5
2   breakpoint     keep y   0x0804831a in fill_Array at array1.c:7
        breakpoint already hit 1 time
(gdb) delete 2
(gdb) info breakpoints
Num Type           Disp Enb Address    What
1   breakpoint     keep y   0x0804831a in fill_Array at array1.c:7
        stop only if i == 5
```

Mit dem Kommando `clear` (oder kurz `'cl'`) können Sie alle Haltepunkte auf einmal entfernen. Vorübergehend ausschalten können Sie einen Haltepunkt mit dem Kommando `disable` und der Nummer als Argument. Aktivieren können Sie diesen Haltepunkt wieder mit `enable` und der entsprechenden Nummer.

Einzelschritte

Gewöhnlich werden Sie, wenn Sie einen Haltepunkt gesetzt haben, auch einzelne Anweisungen des Quellcodes ausführen wollen. Hierzu stehen Ihnen zwei Kommandos zur Verfügung; einmal das Kommando `step` (kurz `s`), das eine Anweisung ausführt und, falls es sich um einen Funktionsaufruf handelt, in diese Funktion eintritt und immer nur einen Schritt nach dem anderen ausführt. Mit dem zweiten Kommando `next` (kurz `n`) hingegen wird eine Zeile ausgeführt oder eine Anweisung, sollte sie auf mehreren Zeilen liegen. Um den Sachverhalt besser zu verstehen, hier ein Beispiel:

```
(gdb) list
13      {
14              int ein_array[10];
15              int i;
16
17              fill_Array(ein_array);
18              //for(i = 0; i < NUM; i++)
19                      //printf("Wert %d: %d\n",i, ein_array[i]);
20
```

```
21              return 0;
22      }
(gdb) break 16
Breakpoint 4 at 0x8048355: file array1.c, line 16.
(gdb) run
The program being debugged has been started already.
Start it from the beginning? (y or n) y

Starting program: /home/tot/debuggen/array1

Breakpoint 5, main (argc=1, argv=0xbffff434) at array1.c:17
17              fill_Array(ein_array);
(gdb) next
21              return 0;
(gdb) next
22      }
(gdb) continue
...
(gdb) run
The program being debugged has been started already.
Start it from the beginning? (y or n) y

Starting program: /home/tot/debuggen/array1

Breakpoint 5, main (argc=1, argv=0xbffff434) at array1.c:17
17              fill_Array(ein_array);
(gdb) step
fill_Array (arr=0xbffff3b0) at array1.c:7
7               for( i = 0; i < NUM; i++)
(gdb) step
8                       arr[i] = i;
(gdb) step
7               for( i = 0; i < NUM; i++)
(gdb) step
8                       arr[i] = i;
(gdb) step
7               for( i = 0; i < NUM; i++)
(gdb) continue
Continuing.
...
```

Hier wurde vor dem Funktionsaufruf `fill_Array` in der `main`-Funktion ein `break`-Point gesetzt. Wenn Sie das Programm jetzt laufen lassen und mit `next` den nächsten Schritt ausführen, wird die komplette Funktion `fill_Array` ausgeführt und mit der Ausführung in der `main`-Funktion hinter `fill_Array` fortgesetzt. Verwenden Sie hingegeben beim selben `break`-Point das `step`-Kommando, werden die Anweisungen in der Funktion `fill_Array` Schritt für Schritt ausgeführt.

Datenausgabe

Natürlich müssen Sie zum Debuggen auch auf die Werte der Variablen zugreifen können. Hierzu können Sie das `print`-Kommando (kurz `p`) von *GDB* verwenden. Mit dem `print`-Kommando lässt sich mehr machen, als man diesem einfachen Kommando ansehen würde:

- Funktionsaufrufe innerhalb von Programmen mit Übergabe von Parametern. Zum Beispiel könnten Sie eine Funktion aufrufen mit

  ```
  (gdb) print summe_von(4, 9, 3)
  $1 = 16
  ```

  Damit haben Sie eine globale Variable definiert, die zur weiteren Ausführung des Programms sichtbar bleibt.

- Auflisten von komplexen Datenstrukturen. Wenn Sie z. B. folgende Datenstruktur in einem zu debuggenden Programm haben:

  ```
  struct komplex {
           int i;
           char a;
           char j[6];
  };
  ```

  dann können Sie aus dieser Struktur sämtliche Informationen herauslesen:

  ```
  (gdb) print komplex
  $1 = (struct komplex *) 0x40014814
  (gdb) print *komplex
  $2 = {i = 1073825736, a = 0 '\0', j = "\0\0\0\0\0"}
  ```

- Werteverlauf-Elemente (History). Sicherlich sind Ihnen bei den `print`-Ausgaben `$1`, `$2`, `$3` und so weiter aufgefallen. Dabei handelt es sich um so genannte Werteverlauf-Elemente, die Sie jederzeit wieder verwenden können. Zum Beispiel folgender Werteverlauf:

  ```
  (gdb) print summe_von(4, 9, 3)
  $1 = 16
  ```

  Jetzt können Sie auf das Elemente `$1` folgendermaßen zugreifen:

  ```
  (gdb) print $1 + 5
  $2 = 21
  (gdb) print $1 + $2
  $3 = 37
  ```

  Jedes dieser Werteverlauf-Elemente gilt bis zum Ende der Programmausführung von *GDB*, und darauf kann jederzeit zurückgegriffen werden.

- Künstliche Felder. Mit künstlichen Feldern können Sie Speicherbereiche wie Arrays oder dynamisch allokierten Speicher ausgeben. Hierzu einige Beispiele:

  ```
  (gdb) list
  8        };
  9
  10      static void fill_Array( int *arr )
  11        {
  12               int i;
  13               for( i = 0; i < NUM; i++)
  14                       arr[i] = i;
  15        }
  ```

```
16
17
(gdb) break 15
Breakpoint 5 at 0x8048343: file array1.c, line 15.
(gdb) run
Starting program: /home/tot/debuggen/array1

Breakpoint 5, fill_Array (arr=0xbffff3b0) at array1.c:15
15      }
(gdb) print arr@10
$6 = {0xbffff3b0, 0x400144a0, 0x1a, 0x40014678, 0xbffff3f0,
      0x4000ae8f,0x40014814, 0x40014e10, 0x0, 0x1}
(gdb) print arr@15
$7 = {0xbffff3b0, 0x400144a0, 0x1a, 0x40014678, 0xbffff3f0,
      0x4000ae8f, 0x40014814, 0x40014e10, 0x0, 0x1, 0x2, 0x3,
      0x4, 0x5, 0x6}
(gdb) print arr[0]@10
$8 = {0, 1, 2, 3, 4, 5, 6, 7, 8, 9}
(gdb) print arr[0]@15
$9 = {0, 1, 2, 3, 4, 5, 6, 7, 8, 9, 10, 11, 12, 13, 14}
(gdb) print arr[20]@5
$10 = {20, 21, 22, 23, 24}
```

Mit `arr@10` haben Sie sich die Adressen der ersten zehn Arrays ausgeben lassen. Mit `arr[0]@10` hingegen habe Sie zehn Werte ausgegeben, beginnend bei 0, die sich im Array `arr` befinden. `arr[20]@5` dagegen gibt fünf Array-Werte aus, allerdings beginnend bei dem Element 20 des Arrays.

Variablen überprüfen und verändern

Außer die Variablen mit `print` auszugeben, können Sie auch ermitteln, von welchem Typ eine Variable ist. Des Weiteren ist es möglich, einer Variablen einen Wert zuzuweisen. Das Ermitteln des Datentyps wird mit dem Kommando `whatis` und für komplexere Datenstrukturen mit `ptype` erledigt:

```
(gdb) list
10      void fill_Array( int *arr )
11      {
12              int i;
13              for( i = 0; i < NUM; i++)
14                      arr[i] = i;
15      }
16
17
18      int main(int argc, char **argv)
19      {
(gdb) whatis i
type = int
(gdb) whatis *arr
type = int
(gdb) whatis arr[0]
```

```
type = int
(gdb) next
main (argc=16, argv=0x11) at array1.c:28
28              return 0;
(gdb) whatis komp
type = struct komplex *
(gdb) ptype komp
type = struct komplex {
    int i;
    char a;
    char j[6];
} *
(gdb) usw.
```

Werte können Sie den Variablen mit dem Kommando `set variable` oder aber auch mit `print` übergeben.

```
(gdb) print arr[5]
$15 = 5
(gdb) set variable arr[5] = 100
(gdb) print arr[5]
$16 = 100
(gdb) print arr[5] = $16 + $15
$17 = 105
```

Weiteres

Zum Schluss der Einführung zum Debugger *GDB* noch einige Quickies, mit denen Sie noch etwas komfortabler arbeiten können.

- Wollen Sie ein zuvor geschriebenes Kommando wiederholen, reicht ein wiederholtes Drücken der [↵]-Taste, was sich gerade beim schrittweisen Debuggen als sehr hilfreich erweist.
- Die Kommandos in *GDB* müssen nicht ganz ausgeschrieben werden, wie schon des Öfteren angedeutet. Einige Kommandos beim *GDB* können mit dem Anfangsbuchstaben abgekürzt werden. Zum Beispiel `r` für `run`, `c` für `continue`, `n` für `next`, `s` für `step` oder `q` für `quit`, damit lässt sich der Tippaufwand enorm verringern. Mehr hierzu finden Sie in den Manual Pages von *GDB*.

Tipp

Versuchen Sie doch einmal, das eben durchgeführte Kapitel mit dem grafischen Frontend *DDD* auszuführen. Im Prinzip müssen Sie hierbei nur die Maus statt der Tastatur verwenden.

16.8 STRACE – Systemaufrufe verfolgen

STRACE ist ein Werkzeug, das konsequent die Systemaufrufe anzeigt, die ein laufendes Programm ausführt. Dabei befindet sich *STRACE* praktisch als Schnittstelle zwischen dem Programm und dem Kernel. Wird beispielsweise ein einfacher `printf()`-Aufruf verwendet, können Sie sich mit *STRACE* anzeigen lassen, wie die Ausgabe eigentlich stattfindet – sprich, wie es z. B. von der Funktion `printf()` zum eigentlichen Systemcall kommt. Sie wissen zwar wahrscheinlich, dass `printf()` mit `write()` realisiert wurde, aber dessen sind sich viele Programmierer nicht bewusst. *STRACE* wird gerne für folgende Aufgabe verwendet:

- Personen, die sich mit der Kernel-Programmierung auseinander setzen wollen, lernen mit *STRACE* die Systemaufrufe und Programmiertechniken kennen, die für das Zusammenspiel von Software und dem Betriebssystem (Kernel) nötig sind.
- Debuggen von Software, wenn sich diese ein wenig seltsam verhält oder dauernd abstürtzt – was mit *STRACE* auch ohne den Quelltext möglich ist!
- Herausfinden von Geschwindigkeitsbremsen von Software, deren Quelltext nicht vorhanden ist.

Hinweis

Damit *STRACE* auch die Systemaufrufe, die eine Software abgibt, protokollieren kann, muss dies der Kernel natürlich auch unterstützen. Diese Unterstützung wird letztendlich auch nur wieder mit einem Systemaufruf (`ptrace()`) realisiert.

Die Ausgabe des STRACE-Protokolls kann enorm lang werden, weshalb hier nur als Beispiel die Ausgabe des Protokolls vom *Hallo Welt*-Programm erfolgt.

```
#include <stdio.h>

int main(void) {
  printf("Hallo Welt\n");
  return 0;
}
```

Hierzu das STRACE-Protokoll:

```
$ strace hallo
execve("./hallo", ["./hallo"], [/* 65 vars */]) = 0
uname({sys="Linux", node="linux", ...}) = 0
brk(0)                                  = 0x8049548
open("/etc/ld.so.preload", O_RDONLY)    = -1 ENOENT (No such file or directory)
open("/etc/ld.so.cache", O_RDONLY)      = 3
fstat64(3, {st_mode=S_IFREG|0644, st_size=70568, ...}) = 0
old_mmap(NULL, 70568, PROT_READ, MAP_PRIVATE, 3, 0) = 0x40015000
close(3)                                = 0
open("/lib/libc.so.6", O_RDONLY)        = 3
read(3, "\177ELF\1\1\1\0\0\0\0\0\0\0\0\0\3\0\3\0\1\0\0\0pY\1\000"..., 1024) = 1024
fstat64(3, {st_mode=S_IFREG|0755, st_size=1491599, ...}) = 0
old_mmap(NULL, 1268004, PROT_READ|PROT_EXEC, MAP_PRIVATE, 3, 0) = 0x40027000
mprotect(0x40156000, 26916, PROT_NONE)  = 0
old_mmap(0x40156000, 16384, PROT_READ|PROT_WRITE, MAP_PRIVATE|MAP_FIXED, 3,
0x12f000) = 0x40156000
old_mmap(0x4015a000, 10532, PROT_READ|PROT_WRITE, MAP_PRIVATE|MAP_FIXED|
```

```
MAP_ANONYMOUS, -1, 0) = 0x4015a000
close(3)                                = 0
munmap(0x40015000, 70568)               = 0
fstat64(1, {st_mode=S_IFCHR|0600, st_rdev=makedev(136, 4), ...}) = 0
old_mmap(NULL, 4096, PROT_READ|PROT_WRITE, MAP_PRIVATE|MAP_ANONYMOUS,
-1, 0) = 0x40015000
write(1, "Hallo Welt\n", 11)            = 11
munmap(0x40015000, 4096)                = 0
exit_group(0)                           = ?
```

Mit diesem Aufruf bekommen Sie eine Menge Systemaufrufe angezeigt, die sich gar nicht unmittelbar im Quellcode befinden und dennoch ausgeführt werden. Die komplette Ausgabe wurde auf die Standardfehlerausgabe gemacht, womit Sie die Möglichkeit haben, diese Meldungen von der Standardfehlerausgabe des Programms in eine Datei zu schreiben. Bei der Ausgabe können Sie auch erkennen, dass *STRACE* nicht nur die Namen der Systemcalls ausgibt, sondern auch alle Parameter und sogar die Rückgabewerte. Sie sehen dabei auch, welch ein Aufwand betrieben wird, bis es zur Ausgabe des Strings mittels

```
write(1, "Hallo Welt\n", 11)            = 11
```

kommt. Ganz zu Beginn finden Sie gewöhnlich immer den `execve()`-Aufruf, der das Programm selbst startet. Der komplette zusätzliche Code wird zum Starten und Ausführen des Programms benötigt. So wird z. B. die C-Standardbibliothek dynamisch in dem Speicherbereich des Prozesses eingeblendet:

```
open("/lib/libc.so.6", O_RDONLY)        = 3
```

Die anderen Systemaufrufe wie `old_mmap` und `munmap` werden für die Verwaltung von dynamischem Speicher verwendet, der für die Anwendung nötigt ist.

Neben der eben gezeigten Verwendung von *STRACE*, lässt sich mithilfe von verschiedenen Optionen eine noch detailliertere Ausgabe erreichen. Einige mögliche Optionen hierzu wären:

Aufruf	Bedeutung
`strace hallo`	Startet `hallo` und gibt dessen Systemaufrufe auf dem Bildschirm aus.
`strace -o hallo.log hallo`	Ausgabe in `hallo.log`-Logdatei
`strace -f -o hallo.log hallo`	Verfolgt auch Kindprozesse.
`strace -p pid`	Verfolgt die Aufrufe des laufenden Prozesses mit der PID `pid`.
`strace -e trace=open,write hallo`	Gibt nur Systemaufrufe aus, die das Dateimanagement betreffen (hier `open` und `write`).

Tabelle 16.5 Einige von vielen strace-Aufrufen

Als Ausblick lässt sich zu `strace` sagen, dass dieses Werkzeug sehr hilfreich ist, um gewisse Abläufe zwischen dem Kernel und dem Prozess zu verstehen. Ganz klarer Vorteil von diesem Tool ist, dass hierbei der Quelltext nicht vorliegen muss, um damit arbeiten zu können. Allerdings stellt das Tool eine ziemlich hohe Anforderung an den Entwickler und richtet sich vorwiegend an Programmierer, die sich mit der Kernel-Programmierung auseinander setzen müssen.

16.9 Memory Leaks und unerlaubte Speicherzugriffe

Mit den Problemen von *Buffer Overflows* und den *Memory Leaks* haben sehr viele Programmierer zu kämpfen, die ältere Software überholen und verbessern müssen. Hierbei finden sich recht häufig Funktionen oder Fehler, bei denen eine Speicherüberschreitung stattfindet. Ein Speicherleck (Memory Leak) tritt auf, wenn einmal in einer Funktion alloziierter Speicher angefordert und nie wieder freigegeben (`free()`) wird. Wenn diese Funktion dann immer wieder aufgerufen wird und erneut Speicher anfordert, sollte es logisch sein, dass dem Programm zwangsläufig immer weniger Speicher zur Verfügung steht. Irgendwann werden Sie sich dann wundern, warum das Programm so erheblich langsam wird, und müssen es zwangsweise neu starten.

Das Schlimme an diesen beiden Fehlern ist, dass häufig das Pogramm nach der Ausführung scheinbar fehlerfrei ausgeführt wird. Meistens treten diese Fehler irgendwann später auf, wenn das Programm freigegeben wurde. Eine falsche Ausgabe von Daten bis hin zum Absturz der Anwendung wären einige der Folgen des Fehlers.

Für beide Probleme gibt es mittlerweile eine Menge hervorragender Tools, vom einfachen (kostenlosen) Konsolen-Tool bis hin zum ultimativen Alleskönner-Tool, das allerdings auch (zu Recht) seinen Preis hat.

16.9.1 efence

Als Beispiel möchte ich Ihnen das Tool *efence* etwas näher vorstellen. Die Bibliothek *efence* liegt den meisten Linux-Distributionen bei und lässt sich ggf. problemlos nachinstallieren. Das Prinzip von *efence* ist einfach, aber effektiv, um Speicherüberläufe zu verhindern. Dazu wird ein Speicherbereich so angelegt, dass sich vor und nach diesem Bereich ein nicht existierender Speicherbereich befindet; ein Loch, wenn Sie so wollen. Wenn hierbei ein Byte durch dieses Loch fällt, bricht *efence* das Programm ab. Damit dies auch funktioniert, werden die Standardfunktionen zum Reservieren von Speicher wie `malloc()`, `realloc()`, `calloc()` und `free()` durch eigene Routinen ersetzt, die von *efence* zur Verfügung gestellt werden. Es gibt außerdem noch weitere Funktionen, die Ihnen diese Bibliothek zur Verfügung stellt. Hierzu sei allerdings wieder die Manual Page von *efence* empfohlen.

Um eine Anwendung mit *efence* zu übersetzen, muss die Bibliothek *libefence* mit `-lefence` hinzugelinkt werden. Zur Demonstration soll folgendes fehlerhafte Listing verwendet werden:

```
/* memory.c */
#include <stdio.h>
#include <stdlib.h>
#include <string.h>
#define BUF 10

static char *alloc_memory( unsigned int mem ) {
   return malloc( mem );
}
```

```
int main(void) {
        char* ptr = alloc_memory( BUF );
        char* buf;
        char array[BUF];
        unsigned int i;

        printf("Eingabe machen : ");
        fgets(ptr, BUF, stdin);
        printf("Die Eingabe lautet : %s", ptr );
        /* Speicherüberschreitung */
        strcat(ptr, " 123456789");
        printf("%s\n", ptr );
        /* falsches free() */
        for( i = 0; i<BUF; i++ ) {
                buf = alloc_memory( BUF * BUF );
                /* tu was mit dem Speicher ... */
                /* Ein nicht reservierter Speicher */
                /* wird freigegeben */
                free(ptr);
        }
        return EXIT_SUCCESS;
}
```

Testen Sie dieses Beispiel erst einmal ohne jeden Hintergedanken an Fehler:

```
$~> gcc -o memory memory.c
$~> ./memory
Eingabe machen : Jürgen
Die Eingabe lautet : Jürgen
Jürgen
 123456789
```

Obwohl sich im Listing zwei gravierende Fehler befinden, lässt sich das Programm problemlos (!) ausführen. Jetzt soll dasselbe Beispiel nochmals mit der *efence*-Bibliothek und dem Compilerflag für den Debugger *GDB* übersetzt werden:

```
$~> gcc -o memory memory.c -ggdb -lefence
$~> ./memory
Electric Fence 2.2.0 Copyright (C) 1987-1999 Bruce Perens <bruce@perens.com>
Eingabe machen: Jürgen
Die Eingabe lautet: Jürgen
Speicherzugriffsfehler
```

Hier sieht es schon ein wenig anders aus. Ein Speicherzugriffsfehler wurde mithilfe von *efence* entdeckt. Um mehr hierüber zu erfahren, sollten Sie jetzt das Programm mit dem Debugger *GDB* starten:

```
$~> gdb memory
GNU gdb 5.3
...
(gdb) run
Starting program: /home/tot/memory
```

```
[New Thread 16384 (LWP 4341)]
Electric Fence 2.2.0 Copyright (C) 1987-1999 Bruce Perens
Eingabe machen: Jürgen
Die Eingabe lautet: Jürgen

Program received signal SIGSEGV, Segmentation fault.
[Switching to Thread 16384 (LWP 4341)]
0x400a533d in strcat () from /lib/libc.so.6
(gdb) bt
#0  0x400a533d in strcat () from /lib/libc.so.6
#1  0xbffff444 in ?? ()
#2  0x400408ae in __libc_start_main () from /lib/libc.so.6
```

Nach einem Aufruf von `bt` (auch `where`) finden Sie von unten nach oben die Stelle, an der das Programm mit dem Signal `SIGSEGV` abgebrochen hat. `strcat()` in der `main()`-Funktion ist hier der Übeltäter. Nach der Beseitigung des Fehlers sollten Sie die Anwendung natürlich weiterhin testen. Also ein Neuübersetzen mithilfe von *efence*:

```
$~> gcc -o memory memory.c -ggdb -lefence
$~> gdb memory
GNU gdb 5.3
...
(gdb) run
Starting program: /home/tot/memory
[New Thread 16384 (LWP 4372)]
Electric Fence 2.2.0 Copyright (C) 1987-1999 Bruce Perens
Eingabe machen: Jürgen
Die Eingabe lautet: Jürgen

ElectricFence Aborting: free(401b3ff6): address not from malloc().

Program received signal SIGILL, Illegal instruction.
[Switching to Thread 16384 (LWP 4372)]
0x40054691 in kill () from /lib/libc.so.6
(gdb) bt
#0  0x40054691 in kill () from /lib/libc.so.6
#1  0x40029127 in do_abort () from /usr/lib/libefence.so.0
#2  0x400293e4 in EF_Abort () from /usr/lib/libefence.so.0
#3  0x40028c8e in free () from /usr/lib/libefence.so.0
#4  0x080485ed in main () at memory.c:33
#5  0x400408ae in __libc_start_main () from /lib/libc.so.6
(gdb) list 33
28              for( i = 0; i<BUF; i++ )
29              {
30                      buf = alloc_memory( BUF * BUF );
31                      /* tu was mit dem Speicher */
32          /* Ein nicht reservierter Speicher wird freigegeben */
33                      free(ptr);
34              }
35              return 0;
36      }
```

Nun haben Sie einen weiteren Übeltäter ausgemacht. Hier bekommen Sie beim Aufruf von `bt` gleich die Zeilennummer und die Funktion mit ausgegeben. Im Beispiel wurde das Programm mit dem Signal für einen illegalen Maschinenbefehl in der `main`-Funktion in Zeile 33 abgebrochen. Bei einem genauen Blick auf `free()` fällt auf, dass hier ein unerlaubter Zeiger freigegeben wurde. Anstatt `buf` wird hier immer wieder `ptr` freigegeben. Nach einem erneuten Korrigieren des Fehlers läuft die Anwendung erstmals ohne einen Abbruch von *efence*.

Sie konnten zwar jetzt mithilfe von *efence* kleinere bis größere Übel beseitigen. Dennoch sollte nicht unerwähnt bleiben, dass *efence* nur Speicherüberschreitungen auf dem Heap erkennt. Speicherüberschreitungen auf statischen Puffern hingegen, wie z. B. bei einem Array, kann *efence* ebenso wenig erkennen wie *Memory Leaks*. Ein weiterer Nachteil von *efence* ist der sehr hohe Speicherverbrauch von Anwendungen, womit die Performance erheblich ausgebremst wird. Somit sollten Sie nach dem ausgiebigen Testen mit *efence* die finale Version Ihrer Anwendung möglichst ohne *efence* übersetzen und anbieten.

16.9.2 valgrind

Einen Schritt weiter wie *efence* geht das Tool *valgrind*. Hiermit lassen sich auch *Memory Leaks* und noch einiges mehr ermitteln. Zum Beispiel ist es mit *valgrind* auch möglich, den Schreib- oder Lesezugriff auf nicht alloziierten Speicher, über Array-Grenzen und gar über einige Bereiche des Stacks hinaus, zu finden. *valgrind* benötigt im Gegensatz zu *efence* auch keine extra Bibliothek und belastet somit die Programmgröße und die Performance überhaupt nicht. Zur Demonstration soll *valgrind* wieder auf das fehlerhafte Listing angewandt werden, das schon im Beispiel von *efence* verwendet wurde (Ausgabe verkürzt).

```
$~> valgrind ./memory
==5767== Memcheck, a.k.a. Valgrind, a memory error detector for x86-linux.
...
==5767==
Eingabe machen: Jürgen
Die Eingabe lautet: Jürgen
==5767== Invalid write of size 1
==5767== at 0x401636FF: strcat (in /usr/lib/valgrind/valgrind.so)
==5767==    by 0x80484B2: main (in /home/tot/memory)
==5767==    by 0x4022E8AD: __libc_start_main (in /lib/libc.so.6)
==5767==    by 0x8048390: (within /home/tot/memory)
==5767==    Address 0x40F4902E is 0 bytes after a block of size 10 alloc'd
==5767== at 0x40162F43: malloc (in /usr/lib/valgrind/valgrind.so)
==5767==    by 0x8048444: alloc_memory (in /home/tot/memory)
==5767==    by 0x8048463: main (in /home/tot/memory)
==5767==    by 0x4022E8AD: __libc_start_main (in /lib/libc.so.6)
==5767==
==5767== Invalid write of size 1
==5767== at 0x40163708: strcat (in /usr/lib/valgrind/valgrind.so)
==5767==    by 0x80484B2: main (in /home/tot/memory)
==5767==    by 0x4022E8AD: __libc_start_main (in /lib/libc.so.6)
==5767==    by 0x8048390: (within /home/tot/memory)
==5767==    Address 0x40F49035 is 7 bytes after a block of size 10 alloc'd
```

```
==5767== at 0x40162F43: malloc (in /usr/lib/valgrind/valgrind.so)
==5767==    by 0x8048444: alloc_memory (in /home/tot/memory)
==5767==    by 0x8048463: main (in /home/tot/memory)
==5767==    by 0x4022E8AD: __libc_start_main (in /lib/libc.so.6)
==5767==
==5767== Invalid read of size 1
==5767==    at 0x40163721: strlen (in /usr/lib/valgrind/valgrind.so)
==5767==    by 0x402658BD: _IO_vfprintf_internal (in
...
...
==5767== Invalid read of size 1
==5767== at 0x4028ACCA:_IO_default_xsputn_internal(in /lib/libc.so.6)
==5767== by 0x40289D24: _IO_file_xsputn@@GLIBC_2.1 (in /lib/libc.so.6)
==5767==    by 0x40265A7A: _IO_vfprintf_internal (in /lib/libc.so.6)
==5767==    by 0x4026CBBF: _IO_printf (in /lib/libc.so.6)
==5767==    Address 0x40F4902E is 0 bytes after a block of size 10 alloc'd
==5767== at 0x40162F43: malloc (in /usr/lib/valgrind/valgrind.so)
==5767==    by 0x8048444: alloc_memory (in /home/tot/memory)
==5767==    by 0x8048463: main (in /home/tot/memory)
==5767==    by 0x4022E8AD: __libc_start_main (in /lib/libc.so.6)
 123456789
==5767==
==5767== Invalid free() / delete / delete[]
==5767==    at 0x401631DC: free (in /usr/lib/valgrind/valgrind.so)
==5767==    by 0x80484F2: main (in /home/tot/memory)
==5767==    by 0x4022E8AD: __libc_start_main (in /lib/libc.so.6)
==5767==    by 0x8048390: (within /home/tot/memory)
==5767==    Address 0x40F49024 is 0 bytes inside a block of size 10 free'd
==5767==    at 0x401631DC: free (in /usr/lib/valgrind/valgrind.so)
==5767==    by 0x80484F2: main (in /home/tot/memory)
==5767==    by 0x4022E8AD: __libc_start_main (in /lib/libc.so.6)
==5767==    by 0x8048390: (within /home/tot/memory)
==5767==
==5767== ERROR SUMMARY: 39 errors from 6 contexts (suppressed: 0 from 0)
==5767== malloc/free: in use at exit: 1000 bytes in 10 blocks.
==5767== malloc/free: 11 allocs, 10 frees, 1010 bytes allocated.
==5767== For a detailed leak analysis,  rerun with: --leak-check=yes
==5767== For counts of detected errors, rerun with: -v
```

Es fällt gleich auf, dass *valgrind* um einiges geschwätziger ist als *efence*. Ich möchte Ihnen die Ausgabe ein bisschen genauer erläutern, ohne mich in Details zu verstricken. Zum Beispiel teilt Ihnen *valgrind* mit den folgenden Zeilen mit

```
==5767== Invalid write of size 1
==5767== at 0x40163708: strcat (in /usr/lib/valgrind/valgrind.so)
==5767==    by 0x80484B2: main (in /home/tot/memory)
==5767==    by 0x4022E8AD: __libc_start_main (in /lib/libc.so.6)
==5767==    by 0x8048390: (within /home/tot/memory)
==5767==    Address 0x40F49035 is 7 bytes after a block of size 10 alloc'd
==5767== at 0x40162F43: malloc (in /usr/lib/valgrind/valgrind.so)
```

```
==5767==    by 0x8048444: alloc_memory (in /home/tot/memory)
==5767==    by 0x8048463: main (in /home/tot/memory)
==5767==    by 0x4022E8AD: __libc_start_main (in /lib/libc.so.6)
```

dass hier ein ungültiger Schreibvorgang mit `strcat()` in der `main()`-Funktion durchgeführt wurde. Und zwar wurden hier 7 Bytes hinter einem reservierten Speicherblock geschrieben, der eigentlich nur für eine Größe von 10 Bytes vorgesehen war. Also wurden insgesamt 17 Bytes in den Speicher geschrieben. Des Weiteren wird aufgelistet, wo der Speicher reserviert wurde.

Dasselbe Problem wird dann ebenfalls in dreifacher Ausführung mit der anschließenden Ausgabe von `printf()` beschrieben (siehe *Invalid read of size 1*). Hier wird schließlich auch ein Lesezugriff auf einen nicht alloziierten Bereich ausgeführt.

Ebenso wird der Fehler einer nicht erlaubten Freigabe (falscher Zeiger) des Speichers bemängelt. Vorbildlich hat hier *valgrind* also alle Fehler auf einmal aufgedeckt. Verbessern Sie auch hier wieder die Fehler, und führen Sie *valgrind* erneut aus:

```
$~> gcc -o memory memory.c
$~> valgrind ./memory
==5798== Memcheck, a.k.a. Valgrind, a memory error detector for x86-linux.
...
==5798==
Eingabe machen: Jürgen
Die Eingabe lautet: Jürgen
==5798==
==5798== ERROR SUMMARY: 0 errors from 0 contexts (suppressed: 0 from 0)
==5798== malloc/free: in use at exit: 10 bytes in 1 blocks.
==5798== malloc/free: 11 allocs, 10 frees, 1010 bytes allocated.
==5798== For a detailed leak analysis,  rerun with: --leak-check=yes
==5798== For counts of detected errors, rerun with: -v
```

So, jetzt scheint alles in Ordnung zu sein; keine Fehler werden mehr angezeigt. Aber dennoch stimmt ja noch etwas nicht. Hier haben Sie noch ein *Memory Leak* entdeckt:

```
==5798== malloc/free: in use at exit: 10 bytes in 1 blocks.
==5798== malloc/free: 11 allocs, 10 frees, 1010 bytes allocated.
```

Nach dem Ende der Anwendung sind immer noch 10 Bytes (1 Block) Speicher übrig, der nicht freigegeben wurde. Eine Zeile tiefer wird Ihnen das nochmals bestätigt – 11 allocs und 10 frees. Sie haben ein *Memory Leak* gefunden. Hier gehen wir der Anweisung der Ausgabe nach und verwenden das Flag `--leak-check=yes`, um Genaueres zu erfahren:

```
$~> valgrind --leak-check=yes ./memory
...
==5801==
Eingabe machen: Jürgen
Die Eingabe lautet: Jürgen
==5801==
==5801== ERROR SUMMARY: 0 errors from 0 contexts (suppressed: 0 from 0)
==5801== malloc/free: in use at exit: 10 bytes in 1 blocks.
==5801== malloc/free: 11 allocs, 10 frees, 1010 bytes allocated.
```

```
==5801== For counts of detected errors, rerun with: -v
==5801== searching for pointers to 1 not-freed blocks.
==5801== checked 3413996 bytes.
==5801==
==5801== 10 bytes in 1 blocks are definitely lost in loss record 1 of 1
==5801== at 0x40162F43: malloc (in /usr/lib/valgrind/valgrind.so)
==5801==    by 0x8048414: alloc_memory (in /home/tot/memory)
==5801==    by 0x8048433: main (in /home/tot/memory)
==5801==    by 0x4022E8AD: __libc_start_main (in /lib/libc.so.6)
==5801==
==5801== LEAK SUMMARY:
==5801==    definitely lost: 10 bytes in 1 blocks.
==5801==    possibly lost:   0 bytes in 0 blocks.
==5801==    still reachable: 0 bytes in 0 blocks.
==5801==         suppressed: 0 bytes in 0 blocks.
==5801== Reachable blocks (those to which a pointer was found) are not shown.
==5801== To see them, rerun with: --show-reachable=yes
==5801==
```

Auf jeden Fall haben Sie 10 Bytes in der `main()`-Funktion *stehen* lassen. Den Fehler können Sie jetzt auch noch ausbügeln, und dann dürfte *valgrind* nichts mehr zu bemängeln haben:

```
$~> gcc -o memory memory.c
$~> valgrind --leak-check=yes ./memory
...
==5815==
Eingabe machen: Jürgen
Die Eingabe lautet: Jürgen
==5815==
==5815== ERROR SUMMARY: 0 errors from 0 contexts (suppressed: 0 from 0)
==5815== malloc/free: in use at exit: 0 bytes in 0 blocks.
==5815== malloc/free: 11 allocs, 11 frees, 1010 bytes allocated.
==5815== For counts of detected errors, rerun with: -v
==5815== No malloc'd blocks -- no leaks are possible.
```

Keine Beanstandungen mehr von *valgrind*. Jetzt sollte das Programm fehlerfrei sein.

16.10 Ausblick

Zum Thema »Werkzeuge für Programmierer« könnten noch unendlich viele Seiten verfasst werden. Gerade das Thema zur Behandlung und Vermeidung von Fehlern ist ein Muss für den Programmierer.

Außerdem wurden in dem Buch einige Themen zum Teil gar nicht behandelt bzw. mussten wegen des schon enormen Umfangs und auch teilweise aus Zeitgründen von der Roadmap gestrichen werden. Daher seien hier einige Stichpunkte erwähnt, wonach Sie Ausschau halten sollen.

- Eingabeverarbeitung – Hierzu zählen die syntaktische Analyse mit YACC und die lexikalische Analyse mit LEX.
- Programmbau – Im Buch wurde zwar MAKE beschrieben, aber es besteht auch die Möglichkeit, Software mit den Tools AUTOCONF und AUTOMAKE automatisch zu konfigurieren und zu bauen. AUTOMAKE generiert Makefiles, die danach von AUTOCONF benutzt werden können. AUTOCONF wiederum erstellt dabei Shellskripte, die Quelltexte automatisch konfigurieren.
- Programme dokumentieren – Das Thema wurde im Buch gar nicht beschrieben. Dabei geht es vom einfachen Erstellen einer Manual Page bis hin zum Erstellen einer komfortablen Dokumentation mit DOXYGEN.
- Versionskontrolle – Zwar wurden mit den Programmen RCS und CVS recht »dicke« Anwendungen beschrieben – aber auch hier wären weitere Recherchen zu den Tools DIFF (womit Unterschiede erkannt werden) und PATCH (womit Änderungen angewendet werden können) sinnvoll.

Das Kapitel zur Shellprogrammierung wurde in der dritten Auflage neu hinzugefügt, denn mir ist aufgefallen, dass Programmierer oft das Rad neu erfinden, wo sie doch gleich die komfortablen Bordmittel verwenden könnten, die eine Shell zur Verfügung stellt.

17 Shellprogrammierung

17.1 Was ist eine Shell und was kann sie?

Ein unixoides System ohne Shell ist eigentlich undenkbar – das eine gehört zum anderen wie das Eigelb zum Ei. Eine Shell wird hauptsächlich verwendet, um häufig wiederkehrende Aufgaben und Vorgänge zu erleichtern und zu automatisieren – Aufgaben wie das Überwachen und Auswerten von Servern und anderen Programmen (Logdateien, Protokolle, Statistiken, etc.). Sie können eine Shell aber auch für einfachere Aufgaben verwenden, etwa um aus mehreren Kommandos, die Sie immer wieder eingeben müssen, ein *neues Kommando* zu erstellen. Ein solches neues Kommando wäre dann ein *Shellskript*.

Die Shell bietet Ihnen einen Zugang zum System, ähnlich wie eine Benutzeroberfläche. Während Sie dort ein Kommando durch Anklicken eines Icons mit der Maus ausführen, tippen Sie in der Shell das Kommando in die Tastatur ein. Wer dies für umständlicher hält, der hat sich vermutlich noch nicht richtig mit einer Shell befasst. Wer eine Shell beherrscht, der beherrscht auch das unixoide System und gelangt in aller Regel schneller ans Ziel als der einfache GUI-Anwender. Somit bietet eine Shell eine gute Alternative zur grafischen Oberfläche, um das Betriebssystem über die Kommandozeile zu steuern und zu bedienen.

Sicherlich fragen Sie sich jetzt, ob eine Shell Teil des Kernels oder ein eigenständiges Programm ist? Eine Shell können Sie sich wie eine Muschel oder eine Schale vorstellen, die sich um den Betriebssystemkern legt und Ihnen so den Zugriff auf das System und dessen Befehle ermöglicht. Dies bedeutet nicht, dass Sie direkten Zugriff auf den Kernel haben – Sie haben nur Zugriff auf die Systemaufrufe (*Sys-calls*), die der Kernel zur Verfügung stellt. Streng genommen könnte man also sagen, dass eine Shell ein eigenständiges Programm und damit ein gewöhnlicher, allerdings besonders mächtiger Prozess ist.

17.2 Was sind Shellskripts und wann ist ihr Einsatz sinnvoll?

In Abschnitt 2.5.6 wurde erläutert, wie man den kompletten Inhalt eines Verzeichnisses auflistet. Wohl niemand würde für diesen Zweck alleine ein Programm schreiben, wenn alle notwendigen Bordmittel in der Shell mitgegeben werden. Um den Inhalt eines Verzeichnisses in der Shell auflisten zu lassen, verwenden Sie gewöhnlich das Kommando `ls`. Ein Beispiel:

```
$ ls
file1.sh file2.sh bild.png main.cpp mainHeader.h a.out
```

Das Kommando `ls` bietet darüber hinaus noch viele weitere Optionen an, etwas in einer bestimmten Form aufzulisten. Mehr dazu erfahren Sie in der Manual-Page des Kommandos.

Hinweis

Sollten Sie mit den Kommandos der Kommandozeile noch nicht so vertraut sein, können Sie diese Kommandos in den Manual-Pages nachschlagen. Im Anhang des Buches finden Sie außerdem noch eine Kommandoreferenz zu den wichtigsten Kommandos.

Wollen Sie die Ausgabe sortieren, so müssen Sie auch hierfür kein eigenes C-Programm schreiben. Vielmehr hilft Ihnen das Kommando `sort`. Schieben Sie einfach die Ausgabe von `ls` durch eine Pipe, wo auf der anderen Seite das `sort` auf die Eingabe wartet. Sogleich wird das Inhaltsverzeichnis sortiert ausgegeben. Ein Beispiel:

```
$ ls | sort
a.out
bild.png
file2.sh
main.cpp
mainHeader.h
file1.sh
```

Auch das Kommando `sort` bietet vielfältige Schalter, um das Kriterium der Sortierung einzustellen. Auch hierzu erfahren Sie mehr auf der Manual-Page.

Wenn Sie jetzt noch einen Pager für sehr umfangreiche Ausgaben benötigen, um sich durch die Seiten zu scrollen, so brauchen Sie nur die Ausgabe der obigen Kommandoverkettung um eine zusätzliche Pipe zu erweitern. Hiermit wird beispielsweise die Ausgabe von `ls` an die Eingabe von `sort` geschickt. Die sortierte Ausgabe von `sort` wiederum geht an die Eingabe des Pagers `less`, der die scrollbare Ausgabe auf dem Bildschirm durchführt:

```
$ ls | sort | less
```

Wenn Sie diese Kommandoverkettung mit einem Texteditor in eine leere Datei schreiben und unter dem Namen `sort1.sh` abspeichern, so haben Sie bereits ein simples eigenes Shellskript, das Sie ausführen können, nachdem Sie die entsprechenden Rechte für die Ausführung gesetzt haben. Hierzu ein Beispiel:

```
$ chmod a+rx sort1.sh
$ ./sort1.sh
```

Wenn Sie das Shellskript ausgeführt haben, werden die Kommandos, die Sie im Shellskript geschrieben und gespeichert haben, ausgeführt. Natürlich werden Sie in der Praxis meist keine Einzeiler als Shellskript verwenden – für solche Zwecke gibt es `alias` (siehe `man alias`). Shellskripte werden daher vorwiegend verwendet,

- um bestimmte Sequenzen von Befehlen mehrmals auszuführen,
- um Daten für die weitere Bearbeitung zwischenzuspeichern,
- um Befehle aufgrund einer bestimmten Bedingung oder Reihenfolge auszuführen,
- um Eingaben vom Benutzer zu erhalten,
- um schnell mit den Bordmitteln der Shell eine Aufgabe zu lösen oder
- wenn keine andere Programmiersprache vorhanden ist (eine Shell ist in der Regel immer auf dem System installiert).

Zusammengefasst ist ein Shellskript im Prinzip eine aus Shellkommandos zusammengebastelte Textdatei, die man ebenso gut in der Kommandozeile der Shell eingeben und ausführen könnte. Selbstverständlich finden Sie in der Shellprogrammierung auch Kontrollstrukturen wie Schleifen oder Bedingungen, um die Ausführung von Kommandos zu steuern.

17.3 Wann brauche ich keine Shellskripts?

So praktisch Shellskripte auch sind – es gibt noch genügend Gründe, weiterhin kompilierte Programmiersprachen wie C oder C++ zu verwenden. Gerade weil Shellskripte lediglich interpretierte Sprachen sind, sollten Sie diese keinesfalls bei zeitkritischen Anwendungen wie bei einer Datenverwaltung mit einer Datenbank verwenden. Gerade bei sehr umfangreichen Daten, wo gegebenenfalls auch noch Schleifen verwendet werden, geht die Performance mit Shellskripten erheblich in die Knie. Ob dies geschieht, hängt auch davon ab, wie viele Anwender gleichzeitig mit den Daten arbeiten.

Shellskripte werden interpretiert. Wie alle Interpreter-Sprachen werden auch Shellskripte beim Ausführen Zeile für Zeile analysiert und ausgeführt – auch wenn in einer Schleife dieselben Befehle ausgeführt werden. Seien Sie daher vorsichtig, wenn Sie vorhaben, Schleifen zu verwenden. Jede Zeile wird hierbei auf die richtige Syntax überprüft, und es finden häufig zahlreiche Ersetzungen statt. Dies hängt natürlich auch von der Art des verwendeten Kommandos ab.

17.4 Verschiedene Shelltypen

Sicherlich ist Ihnen bereits aufgefallen, dass in diesem Kapitel immer von *einer* Shell die Rede ist und nicht von *der* Shell. Der Grund dafür ist, dass Ihnen mehrere Shellvarianten zu Verfügung stehen. Sie können jederzeit eine Shell durch eine andere austauschen.

Alle Shells leiten sich entweder von der Bourne-Shell (kurz auch `sh` genannt) ab, die 1978 von S.R. Bourne entwickelt wurde, oder von der C-Shell (kurz `csh`), die ein Jahr später von Bill Joy in Berkeley programmiert wurde. Somit gibt es zwei Ursprünge der Shells, die in den Jahren weiterentwickelt wurden.

Hinweis

Die Bourne-Shell (`sh`) gibt es auf Linux-Systemen nicht mehr; sie wurde vollständig durch die `bash` (Bourne-Again-Shell) ersetzt. Sollten Sie also unter Linux eine Bourne-Shell (`sh`) starten, so verwenden Sie im Grunde nur den symbolischen Link zur `bash`.

17.4.1 Erweiterungen der Bourne-Shell (sh)

Aus der Bourne-Shell (`sh`) haben sich viele Shellvarianten entwickelt – die bekanntesten stelle ich im Folgenden vor:

- *Korn-Shell* (`ksh`) – Die Korn-Shell wurde von David Korn für Unix System V entwickelt. Bei der Korn-Shell wurden weitere interaktive Merkmale und Funktionen der C-Shell hinzugefügt. Diese Shell ist die Standardshell vieler kommerzieller Unix-Systeme. Sie ist seit dem 1. März 2000 als Quelltext frei verfügbar. Unter Linux führt ein Wechsel zu Korn-Shell wiederum nur über einen symbolischen Link zur `bash`, die diese Shell dann simuliert.
- *Public-Domain-Korn-Shell* – Mit `pdksh` (Public-Domain-Korn-Shell) gibt es auch für Linux eine echte freie Alternative, die eine nahezu vollständige Kopie der Korn-Shell ist. OpenBSD beispielsweise verwendet `pdksh` als Standardshell. Auch von der Public-Domain-Korn-Shell wiederum gibt es mit `mksh` (kurz für MirBSD Korn Shell) eine verbesserte Version davon.
- *Bourne-Again-Shell* (`bash`) – Die Bourne-Again-Shell wurde Ende der 80er Jahre entwickelt und ist vollständig kompatibel zur Bourne-Shell (`sh`) und zum Großteil der Korn-Shell (`ksh`). Selbst einige Teile der C-Shell (`csh`) können mit dieser Shell verwendet werden. Die `bash` ist außerdem die Standardshell von Linux-Systemen schlechthin und kann bzw. wird auch bei Mac OS X und vielen Unix-Systemen verwendet. Selbst für Windows existieren hierbei verschiedene Portierungen.
- *Z-Shell* (`zsh`) – Die Z-Shell dürfte die wohl mächtigste aller Shells sein, denn sie ist eine Erweiterung der Bourne-Again-Shell (`bash`), der Korn-Shell (`ksh`) und sogar der C-Shell-Familie (`csh`) mit der Erweiterung TC-Shell (`tcsh`). Da die Z-Shell unter der BSD-Lizenz steht, wurde sie zeitweise sogar als Standardshell unter Mac OS X verwendet. Trotz ihrer unglaublichen Leistungsstärke wurde diese Shell selten gebührend beachtet.
- *Almquist-Shell* (`ash`) – Die A-Shell ist eine Erweiterung der Bourne-Shell (`sh`) und wird hauptsächlich von FreeBSD- und NetBSD-Projekten als Standardshell verwendet. Da die A-Shell außerdem sehr geringe Ansprüche an Speicher und CPU-Zeit stellen, ist sie häufig auch in Embeeded-Linux-Systemen zu finden. In früheren Zeiten, wo Speicher noch teuer und knapp war, wurde diese Shell auch auf der Notfall-Diskette (z. B. bei einem Mini-Linux) verwendet.
- *Debian-Almquist-Shell* (`dash`) – Diese Shell ist eine Erweiterung zur A-Shell, welche mittlerweile gerne bei Debian-Projekten als Alternative zur `bash` als `/bin/sh` eingerichtet wird. Gerade weil mit dieser schlanken Shell das System nicht mit Speicher und CPU-Leistungen belastet wird, wird sie mittlerweile für das Hochfahren (Abarbeiten von `init`-Skripten) bei Ubuntu-Linux verwendet. Wohlgemerkt, diese Shell wird nicht als kompletter Ersatz für die `bash` verwendet, sondern lediglich beim Starten des Systems, wo die Bourne-Shell (`/bin/sh`) als symbolischer Link über `dash` anstelle von `bash` verwendet wird.

17.4.2 Erweiterung der C-Shell (csh)

Die C-Shell hat ihren Namen tatsächlich von der Programmiersprache C. Leider ist die C-Shell komplett inkompatibel zur Bourne-Shell-Familie und wird auch in der Praxis nur noch selten verwendet. Weiterentwickelt und verbessert wurde die C-Shell nur noch einmal mit der TENEX-C-Shell (kurz `tcsh`) von Christos Zoulas.

Zusammengefasst lässt sich sagen, dass die C-Shell-Familie keine große Rolle in der Entwicklung von Shellskripten mehr spielt. Der einzige Grund, sich für die C-Shell zu interessieren, dürfte die Absicht sein, alte Skripte umzuschreiben, die in dieser Shell gehalten werden.

17.4.3 Welche Shell sollte man kennen?

Im Grunde sind es drei Shellvarianten, die für die Erstellung von Shellskripts von Bedeutung sind: die grundlegende Bourne-Shell (`sh`), mit der die meisten Startskripte (*init*-Skripte) erstellt werden, die Korn-Shell (`ksh`) als Standard für Unix-Anwender und die Bourne-Again-Shell (`bash`), die für Linux-Anwender Standard ist. Ich gehe in diesem Kapitel auch auf Unterschiede zwischen den einzelnen Shells ein.

17.5 Shellskripts ausführen

Wenn Sie ein Shellskript mit dem Editor Ihrer Wahl erstellt haben, können Sie den Namen für das Skript beinahe beliebig auswählen. Sie sollten lediglich darauf achten, dass es kein Kommando mit demselben Namen gibt, und möglichst auf Sonderzeichen verzichten.

Auch der praktische Bezug soll hier beschrieben werden. Im Beispiel soll das Skript mit dem Namen `mysysinfo` verwendet werden. Diese Art des Zugriffs auf Systeminformationen haben Sie in Kapitel 4 bereits kennengelernt.

```
# Script-Name: mysysinfo
echo "**********************************"
echo "Maximal vorhandener Speicher:"
cat /proc/meminfo | grep MemTotal
echo "**********************************"
echo "CPU-Geschwindigkeit (Mhz):"
cat /proc/cpuinfo | grep MHz
echo "**********************************"
echo "Betriebssystem:"
cat /proc/sys/kernel/ostype
echo "**********************************"
echo "Kernel-Version:"
cat /proc/sys/kernel/osrelease
echo "**********************************"
```

Hinweis

Abgesehen von der She-Bang-Zeile (siehe Kapitel 17.5.3, Abschnitt »Ausführung in der She-Bang-Zeile festlegen«) sind alle Zeilen, die mit dem Hash-Zeichen (#) beginnen. *Kommentare* und werden vom Interpreter ignoriert.

Haben Sie das Skript wie hier mit dem Namen `mysysinfo` gespeichert, so müssen Sie lediglich noch das Ausführrecht (`x`) für den Dateieigentümer (`u`) setzen, um das Skript zu starten. Hierzu soll das Kommando `chmod` verwendet werden:

```
$ ls -l mysysinfo
-rw-r--r--  1 you users 286 2009-01-21 02:19 userinfo
$ chmod u+x userinfo
$ ls -l userinfo
-rwxr--r--  1 you users 286 2009-01-21 02:19 userinfo
```

Nun können Sie das Skript beim Namen aufrufen. Sofern sich das Skript nicht einem Verzeichnis der Umgebungsvariable `PATH` befindet, müssen Sie es mit dem absoluten Pfadnamen starten:

```
$ ./mysysinfo
*********************************
Maximal vorhandener Speichern:
MemTotal:      514296 kB
*********************************
CPU-Geschwindigkeit (Mhz):
cpu MHz:       1667.006
*********************************
Betriebssystem:
Linux
*********************************
Kernel-Version:
2.6.27-7-generic
*********************************
```

17.5.1 Shellskript im Hintergrund ausführen

Um zu vermeiden, dass ein Shellskript oder ein Prozess im Allgemeinen beim Ausführen die Kommandozeile blockiert, können Sie den Prozess auch im Hintergrund mit dem Anhängen des Ampersandzeichens (`&`) durchführen. Während das Skript (das ja auch ein Prozess ist) im Hintergrund ausgeführt wird, können Sie jederzeit weitere Prozesse starten.

```
$ ./scriptname1 &
[1] 1234
$
```

Hinweis

Das Starten von Hintergrundprozessen mit `&` gilt nicht nur für Shellskripte, sondern auch für beliebige Kommandos und ausführbare Programme, die Sie selbst in beliebiger Sprache geschrieben haben.

17.5.2 Die Bedeutung der Subshell

Beachten Sie, dass für die Ausführung eines Skripts immer eine Subshell (Untershell) und niemals die aktuelle Shell verwendet wird. Das bedeutet, dass die aktuelle Shell vor der Ausführung des Skripts eine Subshell aufruft. Die Subshell wiederum führt das Skript aus. Das Ganze lässt sich recht einfach demonstrieren, indem Sie Folgendes in der Kommandozeile ausführen:

```
$ ps -f
UID        PID  PPID  C STIME TTY          TIME CMD
you       3333  3658  0 Jan20 pts/38   00:00:00 /bin/bash
you       7742  3333  0 03:03 pts/38   00:00:00 ps -f
```

Mit `ps -f` listen Sie die aktuelle Prozessliste der laufenden Shell auf. Hierbei können Sie erkennen, dass die Prozessnummer (`PID`) der laufenden Shell 3333 lautet. Die Nummer des Elternprozesses können Sie an der PPID-Nummer erkennen. Im Falle des Kommandos `ps -f`, das Sie zuvor in der Kommandozeile eingegeben haben, können Sie erkennen, dass der Elternprozess die Nummer 3333 hat, was hierbei die aktuelle Shell ist (in diesem Beispiel unter Linux die `bash`).

Dasselbe soll im Folgenden mit einem Shellskript gemacht werden, das etwas länger beschäftigt ist. Im Beispiel suchen wir einfach ab dem Wurzelverzeichnis alle Dateien eines bestimmten Anwenders. Hierzu verwenden wir folgenden Einzeiler (ersetzen Sie hierbei `username` durch einen echten Benutzer):

```
# Script-Name: finduser
find / -user username -print 2>/dev/null
```

Speichern Sie das Skript ab (hier zum Beispiel unter dem Namen `finduser`), und vergeben Sie noch die Ausführrechte für den Dateieigentümer. Führen Sie anschließend das Skript wie folgt im Hintergrund (`&`) aus:

```
$ chmod u+x finduser
$ ./finduser 1>/dev/null &
[1] 8138
$ ps -f
UID   PID  PPID  C STIME TTY          TIME CMD
you  3333  3658  0 Jan20 pts/38   00:00:00 /bin/bash
you  8888  3333  0 03:26 pts/38   00:00:00 /bin/bash
you  8139  8888 10 03:26 pts/38   00:00:00 find / -user ...
you  8140  3333  0 03:26 pts/38   00:00:00 ps -f
$ kill $!
[1]+  Beendet                 ./finduser >/dev/null
```

Anhand der aktuellen Shell (`PID: 3333`) können Sie erkennen, dass eine weitere Shell (`PPID: 3333; PID: 8888`), eine Subshell, gestartet wurde. Erst diese Subshell (`PID: 8888`) führt das eigentliche Skript aus, wie Sie an der `PPID` von `find` erkennen.

Das Beispiel wurde hier anhand der Bash demonstriert, verläuft aber bei der Bourne-Shell (`sh`) und der Korn-Shell (`ksh`) analog. Bei der Korn-Shell kann es höchstens vorkommen, dass anstelle einer weiteren Korn-Shell (`ksh`) eine Bourne-Shell (`sh`) gestartet wird.

Shellskript ohne Subshell ausführen

Es ist auch möglich, ein Shellskript ohne eine Subshell auszuführen. Hierzu müssen Sie lediglich einen Punkt vor den Namen des Skripts stellen. Bei der `bash` kann hierbei auch noch das Kommando `source` anstelle des Punkts verwendet werden. Ein Beispiel:

```
$ . ./scriptname
```

oder bei einer bash:

```
$ source ./scriptname
```

Sinnvoll kann die Ausführung eines Skripts ohne Subshell sein, wenn Sie mit den Umgebungsvariablen arbeiten müssen. Nehmen Sie beispielsweise Änderungen an den Umgebungsvariablen in einer Subshell vor, so sind diese Änderungen nur so lange gültig, wie das laufende Skript ausgeführt wird. Sobald das Skript beendet wird, befinden Sie sich wieder in der Elternshell mit den ursprünglichen Umgebungsvariablen.

Erstellen Sie das folgende einfache Skript, und speichern Sie es unter dem Namen setVar ab. Setzen Sie außerdem die Ausführrechte für den Dateieigentümer.

```
# Script-Name: setVar
MYVAR=101;
echo $MYVAR;
```

Das Skript bei der Ausführung:

```
$ ./setVar
101
$ echo $MYVAR

$ . ./setVar
101
$ echo $MYVAR
101
$
```

Bei der ersten Ausführung wird das Skript wie gewöhnlich mit einer Subshell aufgerufen. Die Variable MYVAR wurde hier in der Subshell auf 101 gesetzt, wie die Ausgabe bestätigt. Ein erneutes Überprüfen der Variable MYVAR in der aktuellen Shell beweist aber, dass dieser Wert eben nur in der Subshell gültig war. Bei der zweiten Ausführung des Skripts verwenden wir keine Subshell, indem wir einen Punkt vor dem Shellskript setzen. Hier ist nun auch in der aktuellen Shell der Wert der selbstdefinierten Umgebungsvariable MYVAR gleich 101.

Achtung

Das Ausführen von Shellskripten ohne Subshells ist immer ein wenig sicherheitskritisch. Zum einen sollte man Umgebungsvariablen stets mit Vorsicht behandeln, da sie von jedermann verändert werden können. Schwerer noch wiegt die Tatsache, dass beim Ausführen von Shellskripten ohne Subshells nicht einmal Ausführrechte benötigt werden. Leserechte reichen aus, damit das Skript ausgeführt werden kann.

17.5.3 Die ausführende Shell festlegen

Wenn Sie ein Shellskript für eine bestimmte Shell geschrieben haben oder wollen, dass das Skript in einer bestimmten (Sub-)Shell ausgeführt wird, haben Sie zwei Möglichkeiten.

Shellskript als Argument der Shell aufrufen

Sie können das Skript schnell und unkompliziert als Argument einer Shell aufrufen. Ein Beispiel:

```
$ ksh scriptname
```

Hier wird das Shellskript `scriptname` von der Korn-Shell in einer Subshell ausgeführt. Dasselbe funktioniert natürlich auch mit anderen Shells wie der Bourne-Shell (`sh`) mit:

```
$ sh scriptname
```

Diese Möglichkeit ist recht praktisch, um Shellskripte mit den unterschiedlichen Shells zu testen.

Ausführung in der She-Bang-Zeile festlegen

Die wohl gängigere Methode zum Festlegen der ausführenden Shell ist die Verwendung der sogenannten She-Bang-Zeile im Shellskript selbst. Diese Zeile ist immer die erste Zeile in einem Skript. Sie beginnt stets mit der Zeichenfolge `#!`, gefolgt von der absoluten Pfadangabe des Interpreters und optionalen Argumenten. Die Syntax dazu sieht wie folgt aus:

```
#! Interpreter [Argument(e)]
```

Die absolute Pfadangabe können Sie wie immer mit dem Kommando `which` ermitteln. Wollen Sie beispielsweise den absoluten Pfad zur Bourne-Shell (`sh`) ermitteln, gehen Sie wie folgt vor:

```
$ which sh
/bin/sh
$
```

Die absolute Pfadangabe lautet hier `/bin/sh`, somit müssten Sie in der ersten Zeile des Shellskripts folgende She-Bang-Zeile verwenden, wenn Sie die Bourne-Shell (`sh`) zur Ausführung des Skripts verwenden wollen:

```
#!/bin/sh
```

Somit würde ein komplettes Shellskript, das in der Bourne-Shell ausgeführt werden soll, folgendermaßen aussehen:

```
#!/bin/sh
# findshells
which ksh;
which sh;
which bash;
which ash;
which csh;
which tcsh;
which dash;
```

Das Skript gibt lediglich die absoluten Pfadangaben zu den Shells aus. Das Beispiel bei der Ausführung:

```
$ chmod u+x findshells
$ ./findshells
```

```
/usr/bin/ksh
/bin/sh
/bin/bash
/bin/ash
/bin/csh
/usr/bin/tcsh
/bin/dash
```

Sollte die absolute Pfadangabe der She-Bang-Zeile falsch oder die Shell einfach nicht auf dem System vorhanden sein, erhalten Sie die folgende Fehlermeldung:

```
$ ./script
bash: ./script: /usr/bin/sh: bad interpreter: No such file or directory
```

Die Verwendung der She-Bang-Zeile ist ein typischer Linux-Unix-Vorgang, der auch bei anderen Interpreter-Sprachen wie Perl (`#!/usr/bin/perl`) verwendet wird. So ist durchaus möglich, dass Sie hier eine eigene Interpreter-Sprache entwickeln und diese über die She-Bang-Zeile interpretieren lassen.

An der Zeichenfolge `#!` in der ersten Zeile erkennt der Linux-Unix-Systemaufruf `exec` die Interpreter-Zeile und verwendet die dahinter stehenden Zeichen als Namen des Programms, das als Interpreter verwendet werden soll. Der Name Ihres Shellskripts wird beim Aufruf des Interpreters automatisch übergeben. Dieser `exec`-Mechanismus wird von jeder Shell zum Aufrufen eines Programms oder Kommandos verwendet. Somit können Sie sichergehen, dass der Ablauf Ihres Skripts in der richtigen Umgebung ausgeführt wird, auch wenn Sie es gewohnt sind, in einer anderen Shell zu arbeiten.

Shell mit eigenem Interpreter erweitern

Zwar hat das nicht allzu viel mit der Shellprogrammierung zu tun, aber eine gerne gestellte Frage lautet, wie man denn eine eigene Shell programmieren kann. Und da hier gerade die She-Bang-Zeile behandelt wurde, wird die Programmierung einer Shell im Folgenden an einem kleinen Beispiel demonstriert.

Hinweis

Das folgende Beispiel soll Ihnen nur eine Anregung geben, wie Sie in die Arbeit der vorhandenen Shell eingreifen können, um diese gegebenenfalls zu erweitern. Natürlich können Sie auf ähnlichem Weg auch eine eigene Shell entwickeln.

Sie erstellen hier keine eigene Shell im eigentlichen Sinn, sondern eine Art Wrapper-Shell, die Sie über die aktuell laufende Shell ziehen. Damit können Sie die vorhandene Shell um eigene Funktionen erweitern oder vorhandene Funktionen blockieren. Die so erstellte Wrapper-Shell wollen wir dann über die She-Bang-Zeile aus einem Shellskript heraus verwenden. Der Quellcode für unsere Wrapper-Shell (die noch ziemlich ausbaufähig ist) lautet:

```
/* wolfsh.c */
#include <stdio.h>
#include <string.h>
#include <stdlib.h>
```

```
#define MAX 255
#define OK 0

int main(int argc, char *argv[]) {
   char *command;
   /* Umgebungsvariable für die neue SHELL setzen */
   setenv("SHELL", "wolfsh", 1);
   /* Hier wird davon ausgegangen, dass die Shell mit
      von einem Shellscript mit der She-Bang-Zeile
      aufgerufen wurde  */
   if( argc > 1 ) {
      char puffer[MAX];
      /* Das Shellscript ist dann das erste Argument,
         welches jetzt Zeile-für-Zeile abgearbeitet wird */
      FILE *f1 = fopen ( argv[1], "r" );
      if( f1 == NULL ) exit(EXIT_FAILURE);
         while( (fgets(puffer, MAX, f1)) != NULL  ) {
            command = strtok(puffer, "\n");
            if( command == NULL ) exit(EXIT_SUCCESS);
         /* Die Erweiterungsbefehle zur vorhandenen Shell */
            if( strcmp(command, "howdie") == OK )
               printf("Ihr Befehl lautete \"howdie\"\n");
            else if( strcmp(command, "trouble") == OK )
               printf("Brauchen Sie Hilfe?\n");
            else if( strcmp(command, "bye") == OK )
               exit (EXIT_SUCCESS);
         /* ... oder Befehle die blockiert werden sollen */
            else if( strcmp(command, "whoami") == OK )
               printf("Befehl nicht erlaubt\n");
         /* ... und natürlich die Befehle, für die
                vorhandene Shell ausführen */
            else {
               system(command);
            }
         }
      fclose(f1);
   }
   /* Das gleich jetzt auch noch für die Kommandozeile */
   for (;;) {
      char puffer[MAX];
      printf("><(((o> ");
      fgets(puffer, MAX, stdin);
      command = strtok(puffer, "\n");
      if( strcmp(command, "howdie") == OK )
         printf("Ihr Befehl lautete \"howdie\"\n");
      else if( strcmp(command, "trouble") == OK )
         printf("Brauchen Sie Hilfe?\n");
      else if( strcmp(command, "bye") == OK )
         exit (EXIT_SUCCESS);
      else if( strcmp(command, "whoami") == OK )
```

```
         printf("Befehl nicht erlaubt\n");
      else {
         system(command);
      }
   }
   return EXIT_SUCCESS;
}
```

Die Wrapper-Shell bei der Ausführung:

```
$ gcc -o wolfsh wolfsh.c
$ ./wolfsh
><(((o> trouble
Brauchen Sie Hilfe?
><(((o> howdie
Ihr Befehl lautete "howdie"
><(((o> whoami
Befehl nicht erlaubt
><(((o> echo $SHELL
wolfsh
><(((o> bye
$
```

Gleich nach dem Übersetzen unserer Wrapper-Shell erscheint unser Eingabe-Prompt (><(((o>), wo wir unsere eigenen Befehle `trouble` und `howdie` testen. Auch das Kommando `whoami` konnten wir erfolgreich blockieren. Die Umgebungsvariable `SHELL`, die wir im Programm mit `setenv()` gesetzt haben, wird richtig ausgegeben. Mit unserem eigenen Kommando `bye` beenden wir die Wrapper-Shell und kehren zur aufrufenden Shell zurück.

Im nächsten Schritt soll unsere lokale Shell auf dem ganzen System ohne absoluten Pfadnamen verfügbar sein. Hier müssen Sie lediglich das binäre Programm `wolfsh` in das `bin`-Verzeichnis kopieren und die entsprechenden Ausführrechte setzen:

```
$ sudo su
[sudo] password for user: *****
# cp wolfsh /usr/bin
# chmod a+x /usr/bin/wolfsh
# exit
exit
$ which wolfsh
/usr/bin/wolfsh
$ wolfsh
><(((o>
```

Da unsere Wrapper-Shell nun über das ganze System verfügbar ist, wollen wir diese in einem Shellskript mithilfe der She-Bang-Zeile verwenden. Hier das Shellskript namens `testshell`:

```
#!/usr/bin/wolfsh
# Script-Name: testshell
echo "Demonstration einer Wrapper-Shell"
# Eigene Befehle ausführen
trouble
```

```
howdie
# Blockierter Befehl
whoami
# Welche Shell wird genau ausgeführt
echo $SHELL
which $SHELL
echo "Ende der Demonstration"
```

Das Shellskript bei der Ausführung:

```
$ chmod u+x testshell
$ ./testshell
Demonstration einer Wrapper-Shell
Brauchen Sie Hilfe?
Ihr Befehl lautete "howdie"
Befehl nicht erlaubt
wolfsh
/usr/bin/wolfsh
Ende der Demonstration
$
```

Bei der Ausführung des Skripts `testshell` werden, wie Sie an der Ausgabe erkennen können, unsere eigenen neuen Shellbefehle (`howdie` und `trouble`) ausgeführt. Im Beispiel sind die Kommandos natürlich nur theoretischer Natur, indem einfach nur ein Text ausgegeben wird. Auch der blockierte Befehl `whoami` lässt sich nicht ausführen. Ansonsten lassen sich alle Shellbefehle der aufrufenden Shell verwenden.

17.5.4 Shellskript beenden

Das Shellskript endet entweder, wenn die letzte Zeile ausgeführt wurde, oder wenn Sie selbst das Skript mit `exit` sofort beenden. Die Syntax des Kommandos sieht wie folgt aus:

```
exit [n]
```

Der Parameter `n` ist optional und kann mit Werten von 0 bis 255 angegeben werden. Man beendet `exit` mit einem Wert, um zu ermitteln, ob ein Skript ordnungsgemäß beendet wurde. Standardmäßig wird der Wert 0 für eine saubere Beendigung eines Skripts und eines Programms im Allgemeinen verwendet. Ein anderer Wert als 0 signalisiert einen Fehler. Den Rückgabewert eines Skripts oder eines Programms können Sie mit der Shellvariablen `$?` abfragen. Ein Beispiel:

```
$ cd keinDIR
bash: cd: keinDIR: No such file or directory
$ echo $?
1
$ whoami
user
$ echo $?
0
```

Beim ersten Kommando wurde versucht, mit `cd` in ein Verzeichnis zu wechseln, das nicht existiert, wie die Fehlermeldung bestätigt. Der Rückgabewert in der Shellvariablen `$?` des

Kommandos war daher auch ungleich 0 (hier 1). Das zweite Kommando `whoami` wurde ohne Fehler ausgeführt, was der Rückgabewert mit 0 auch bestätigt.

Hinweis

Selbstverständlich funktioniert das Auswerten des Rückgabewerts mit der Shellvariablen `$?` auch bei der Ausführung eines in binären Programms, das beispielsweise in C/C++ geschrieben wurde. Auch hier bedeutet in der Regel ein Rückgabewert von 0, dass das Programm ordnungsgemäß beendet wurde.

Ebenso funktioniert das Beenden natürlich auch mit einem Shellskript mit `exit`. Ein Beispiel:

```
#!/bin/sh
# Script-Name: myexit
echo "Ping..."
# ... Shellscript wird mit dem Wert 99 vorzeitig beendet
exit 99
# ... diese Ausgabe wird nicht mehr ausgeführt
echo "...Pong"
```

Bei diesem Skript wird nach der ersten `echo`-Ausgabe das Skript mit dem `exit`-Wert 99 beendet. Die zweite Ausgabe wird somit nicht mehr ausgeführt. Das Skript bei der Ausführung:

```
$ chmod u+x myexit
$ ./myexit
Ping ...
$ echo $?
99
```

Hinweis

Wenn Sie den Befehl `exit` in der Login-Shell oder einem Skript verwenden, das Sie ohne Subshell gestartet haben, so wird hiermit die aktuelle Login-Shell beendet.

17.6 Vom Shellskript zum Prozess

Nun befinden wir uns schon wieder mitten in den Prozessen. Diese wurden bereits ausführlich in Kapitel 7 behandelt. Dort haben Sie erfahren, dass jedes ausführbare Programm, das Sie geschrieben haben, ein eigener Prozess ist.

Wie verhält es sich aber mit einem Shellskript – handelt es sich auch dabei um einen Prozess? Diese Frage ist nicht eindeutig zu beantworten – wenngleich ich eher zu einem Nein tendiere. Aus dem Abschnitt 17.5.2 wissen Sie bereits, dass beim Aufruf eines Shellskripts eine weitere Subshell gestartet wird. Diese Subshell ist im Grunde bereits ein Prozess. In der Subshell wiederum werden die Kommandos ausgeführt, die im Shellskript geschrieben wurden, was wiederum mindestens ein weiterer Prozess ist. Man könnte ein Shellskript also mit dem ersten Stein einer Domino-Rallye vergleichen, der den Anstoß gibt für eine Kettenreaktion weiterer Prozesse.

Zur Demonstration gebe ich ein einfaches Beispiel. Verwenden Sie folgendes einzeiliges Shellskript:

```
# Script-Name: einScript
ps -f
```

Führen Sie dieses Shellskript aus, und beachten Sie die Ausgabe:

```
$ ./einScript
UID        PID  PPID  C STIME TTY          TIME CMD
tot       3333  3661  0 10:52 pts/40   00:00:00 /bin/bash
tot       6666  3333  0 12:50 pts/40   00:00:00 /bin/bash
tot       5981  6666  0 12:50 pts/40   00:00:00 ps -f
```

Es fällt auf, dass es keinen Prozess mit dem Namen `einScript` gibt. Sie finden hier nur das Kommando `ps -f`, das im Shellskript geschrieben wurde. Das Kommando selbst wurde von der Subshell (mit der PID 6666) aufgerufen. Diese Subshell ist für das Skript `einScript` unser Interpreter (siehe PPID: 6666), der das Skript Zeile für Zeile abarbeiten soll.

Ein Shellskript startet somit nur eine neue Shell (also auch einen neuen Prozess) und arbeitet Zeile für Zeile die Kommandos ab (wieder neue Prozesse), die in diesem Shellskript verwendet werden. Im Gegensatz zu einer Login-Shell arbeitet diese Subshell jedoch nicht interaktiv. Es gibt nach jedem interpretierten Kommando kein Eingabeprompt. Wurden alle Kommandos abgearbeitet oder das Shellskript mit `exit` beendet, wird auch die Subshell beendet.

17.7 Datenstrom (Stream) umleiten

Die Streams-Standardeingabe (`stdin`, Kanal: 0), -Standardausgabe (`stdout`, Kanal: 1) und -Standardfehlerausgabe (`stderr`, Kanal: 2) ist Ihnen als Programmierer wohlbekannt. Auch in der Shellprogrammierung wird sehr häufig von der Umleitung dieser drei Kanäle Gebrauch gemacht. So ist es selten erwünscht, dass ein Shellskript unzählige Zeilen auf den Bildschirm ausgibt. Solche Ausgaben speichert man in der Praxis für gewöhnlich in einer Logdatei.

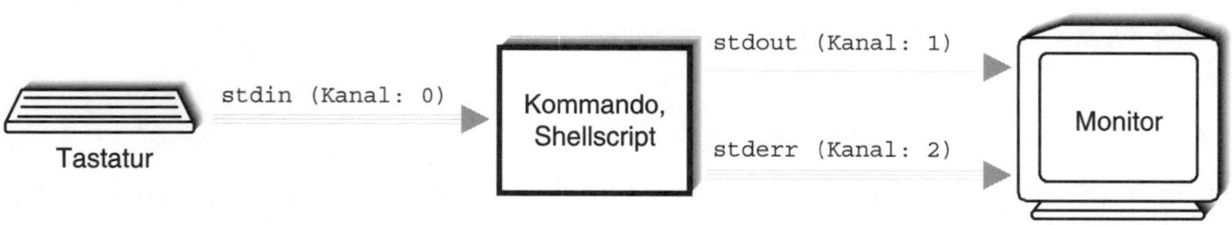

Abbildung 17.1 Die gewöhnlichen Datenströme

17.7.1 Standardausgabe umleiten

Die Standardausgabe (Kanal: 1) eines ausführbaren Programms, Kommandos oder Shellskripts können Sie mit dem Zeichen `1>` in eine Datei umleiten. Den Kanal 1 hier müssen Sie aber nicht explizit angeben. Verwenden Sie das Zeichen `>` alleine, so wird trotzdem automatisch die Standardausgabe mit dem Kanal 1 verwendet. Beide Verwendungen sind gleichwertig.

Ein Beispiel:

```
$ du -b -h /home/user > size_user.txt
$ ./einScript 1> Ausgabe_von_ein_Script.txt
```

Die Verwendung von > und 1> bewirkt jeweils dasselbe. Beide Male wird die Standardausgabe in eine Datei umgeleitet. Mit du wird in die Datei size_user.txt geschrieben, wie viele Bytes die einzelnen Ordner im Verzeichnis /home/user haben. Dasselbe geschieht auch mit dem Shellskript einScript (es wird davon ausgegangen, dass es existiert). Hier wird die Standardausgabe in die Datei Ausgabe_von_ein_Script.txt umgeleitet.

Wenn Sie die Standardausgabe in eine Datei umleiten, die noch nicht existiert, wird diese neu erzeugt. Existiert diese Datei hingegen schon, wird der alte Inhalt der Datei überschrieben. Wollen Sie vermeiden, dass eine Datei überschrieben wird und dass die Ausgabe ans Ende einer vorhandenen angefügt wird, so verwenden Sie einfach die Ausgabeumleitung >> oder 1>>. Ein Beispiel:

```
$ du -b -h /home/user >> size_user.txt
$ ./einScript 1>> Ausgabe_von_ein_Script.txt
```

Die Ausgabe von Daten wird nun immer ans Ende einer vorhandenen Datei angefügt. Auch hier gilt: Existiert diese Datei nicht, wird sie neu angelegt.

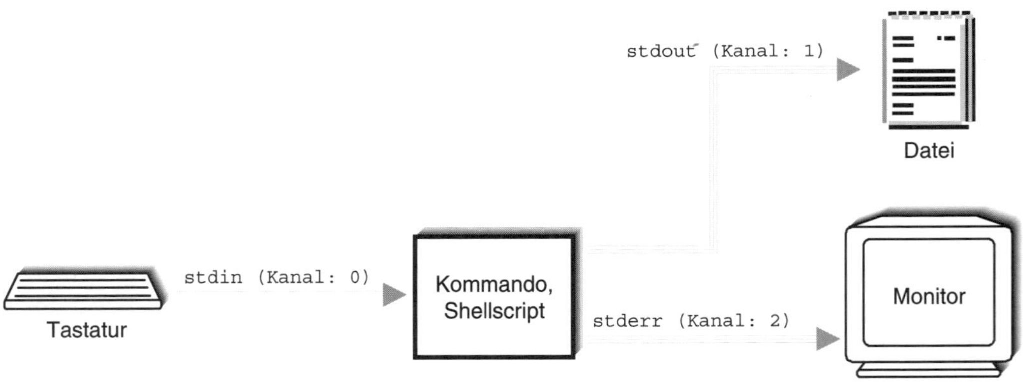

Abbildung 17.2 Standardausgabe umleiten (kommando > datei)

17.7.2 Standardfehlerausgabe umleiten

Ähnlich wie die Standardausgabe können Sie auch die Standardfehlerausgabe (Kanal: 2) umleiten. Nur sind Sie hierbei gezwungen, den Kanal 2 vor dem Zeichen > anzugeben, da sonst standardmäßig der Kanal 1, die Standardausgabe, verwendet wird. Somit lautet hier die Syntax 2>. Ein Beispiel:

```
$ du -b -h / 2> error_size_all.txt
```

Hier wird die Ausgabe des gesamten Wurzelverzeichnisses mit du veranlasst. Da es hierbei auch viele Verzeichnisse gibt, für die Sie keine Berechtigung haben (*Permission denied*), leiten wir die Fehlerausgabe mit dem Kanal 2 in die Datei error_size_all.txt um.

Auch hier gilt: Existiert diese Datei nicht, so wird sie neu erzeugt. Ist diese Datei vorhanden, wird der alte Inhalt überschrieben. Alternativ existiert auch hier die Version mit `2>>`, um die Standardfehlerausgaben ans Ende einer bereits existierenden Datei anzuhängen. Ein Beispiel:

```
$ du -b -h / 2>> error_size_all.txt
```

Es ist allerdings anzumerken, dass uns diese Art der Fehlerausgabe selten interessiert. Hierfür gibt es mit dem Verzeichnis `/dev/null` ein »Datengrab«, in das Sie alle Arten von Daten weiterleiten können, an deren Ausgabe Sie gar nicht interessiert sind. Das Verzeichnis `/dev/null` benötigt keinerlei Plattenplatz. Ein Beispiel:

```
$ du -b -h / 2> /dev/null
```

In diesem Beispiel leiten wir zwar nun die Standardfehlerausgabe ins »Datengrab«, aber die Standardausgabe rauscht hier auch einfach noch so über dem Bildschirm. Sie wollen – und können – in diesem Fall auch noch zusätzlich die Standardausgabe in eine Datei umleiten:

```
$ du -b -h / > size_all.txt 2> /dev/null
```

Die komplette Standardausgabe wird nun in die Datei `size_all.txt` geschrieben, und die Standardfehlerausgabe leiten wir ins Datengrab `/dev/null` um.

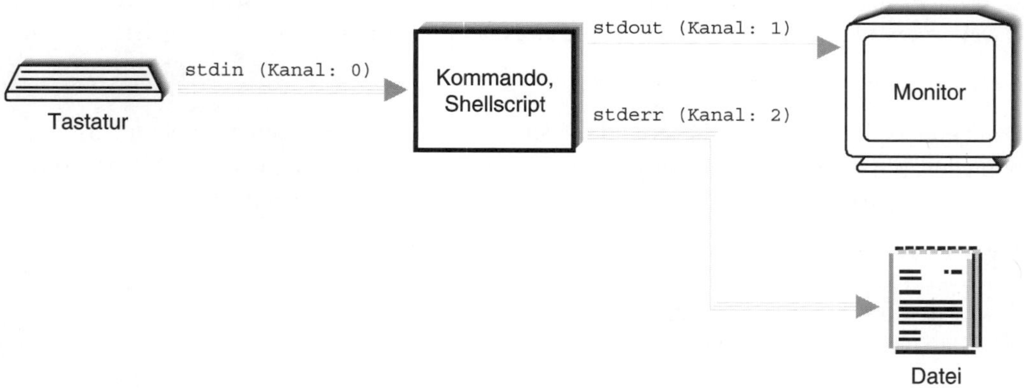

Abbildung 17.3 Standardfehlerausgabe umleiten (kommando 2> datei)

17.7.3 Standardausgabe und Standardfehlerausgabe verknüpfen

Ein anderer Fall ergibt sich, wenn Sie sowohl Standardausgabe und Standardfehlerausgabe in eine Datei schreiben wollen. Sie können die Standardausgabe und Standardfehlerausgabe auch wie folgt in eine Datei schreiben:

```
$ find / -user user -print >> found.txt 2>> found.txt
```

Hiermit werden beide Ausgaben der Kanäle 1 und 2 in die Textdatei `found.txt` umgeleitet und am Ende hinzugefügt. Noch einfacher geht es mit `2>&1`. Damit legen Sie die Standardausgabe und Standardfehlerausgabe zusammen. Bezogen auf unser Beispiel sieht dies folgendermaßen aus:

```
$ find / -user user -print >> found.txt 2>&1
```

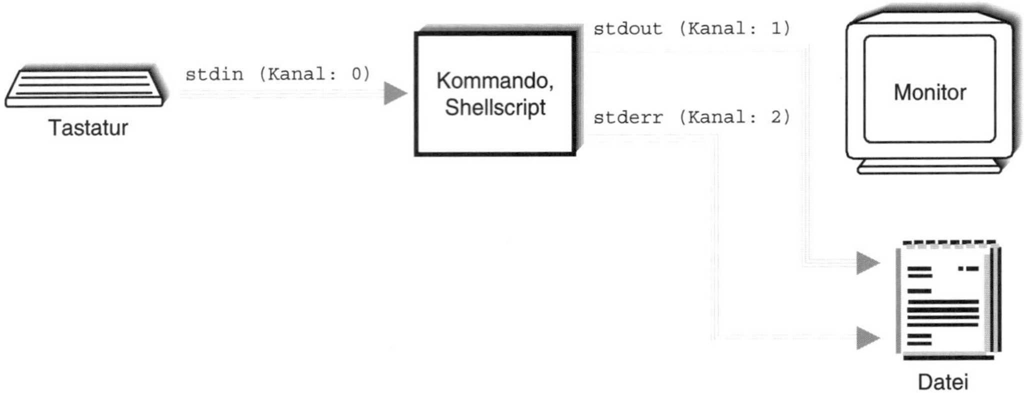

Abbildung 17.4 Standardausgabe und Standardfehlerausgabe verknüpfen und in eine Datei umleiten (kommando > datei 2>&1)

17.7.4 Standardeingabe umleiten

Auch die Standardeingabe (Kanal 0), die gewöhnlich per Tastatur erfolgt, lässt sich mit dem Zeichen `<` (oder auch `0<`) umleiten. Hier können Sie das Beispiel aus dem letzten Abschnitt erweitern, wo Sie alle Dateien vom Benutzer `user` in die Datei `found.txt` umgeleitet haben:

```
$ find / -user user -print > found.txt
```

Dank einer solchen Indexdatei verläuft die Suche nach einer bestimmten Datei nun erheblich schneller. Wissen Sie beispielsweise nicht mehr genau, wie der Dateinamen lautet, so können Sie `grep` und das Umleiten der Standardeingabe für die Suche verwenden:

```
$ grep hallo < found.txt
/home/user/Beispiel/hallo.c
/home/user/Shell/halloShell.sh
/var/lib/perl/example/hallo.pl
...
```

Mit `grep` suchen Sie hier nach einer Datei mit der Textfolge `hallo`. Hier wurde einfach die Datei `found.txt` als Standardeingabe (Kanal: 0) an `grep` umgeleitet und hat auch einige Ergebnisse gefunden, die zum Suchmuster passen.

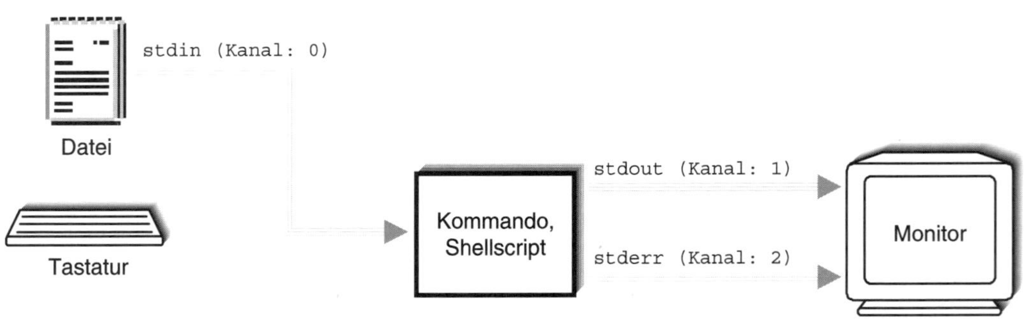

Abbildung 17.5 Die Standardeingabe umleiten (kommando < datei)

Auch diese Ausgabe lässt sich wiederum in eine Datei umleiten:

```
$ grep hallo < found.txt > hallo.txt
$ cat hallo.txt
/home/user/Beispiel/hallo.c
/home/user/Shell/halloShell.sh
/var/lib/perl/example/hallo.pl
...
```

Hier haben Sie, wie schon zuvor, alle Dateien in `found.txt` nach der Textfolge `hallo` abgesucht. Die Ausgabe der gefundenen Suchmuster leiten wir jetzt in die Datei `hallo.txt` um.

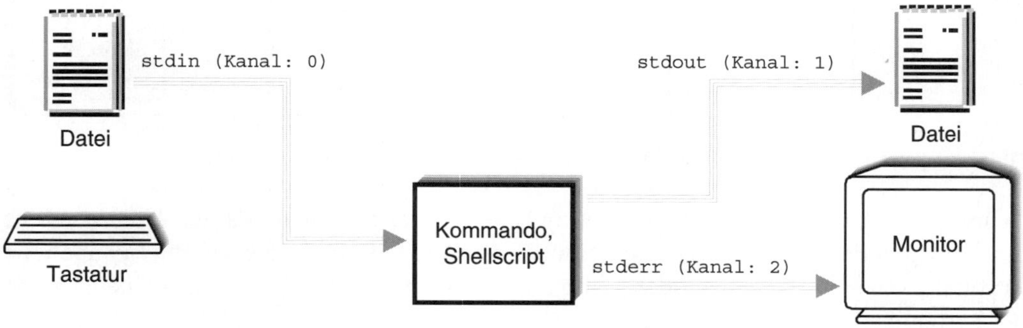

Abbildung 17.6 Umleiten von Standardein- und ausgabe (kommando < datei1.txt > datei2.txt)

17.7.5 Pipes

Eine weitere, sehr häufig eingesetzte Umleitung wird mit den Pipes realisiert. Pipes werden mit dem Zeichen | dargestellt. Die Syntax lautet:

```
command1 | command2
```

Damit wird die Standardausgabe von `command1` (was natürlich auch ein Shellskript sein kann) mit der Standardeingabe von `command2` verbunden. Die Standardfehlerausgabe wird hierbei ignoriert.

Nehmen Sie nochmals das Szenario aus den letzten beiden Abschnitten, wo Sie zunächst alle Dateien des Anwenders `user` in die Datei `found.txt` umgeleitet und mithilfe von `grep` alle Dateien mit der Textfolge `hallo` gesucht haben:

```
$ find / -user user -print > found.txt
$ grep hallo < found.txt
/home/user/Beispiel/hallo.c
/home/user/Shell/halloShell.sh
/var/lib/perl/example/hallo.pl
...
```

Dasselbe Beispiel können Sie mit einer Pipe abkürzen und ganz auf eine zusätzliche Datei verzichten:

```
$ find / -user user -print | grep hallo
/home/user/Beispiel/hallo.c
```

```
/home/user/Shell/halloShell.sh
/var/lib/perl/example/hallo.pl
...
```

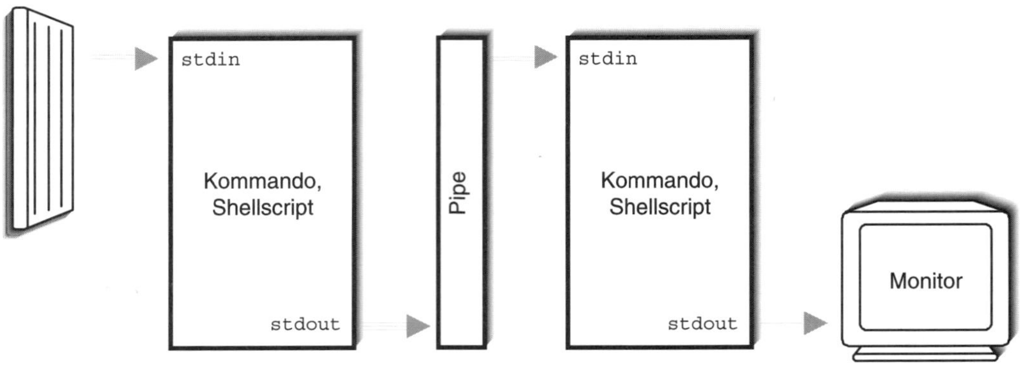

Abbildung 17.7 Verknüpfen von Kommanodos mit einer Pipe (kommando | kommando)

Selbstverständlich können Sie auch mehrere Pipes aneinanderreihen. Die Anzahl der Pipes ist im Prinzip beliebig, solange es denn sinnvoll ist. Mit dem folgenden Beispiel können Sie ermitteln, wie viele Dateien mit der Textfolge `hallo` vom Anwender `user` sich auf dem gesamten System befinden:

```
$ find / -user user -print | grep hallo | wc -l
20
```

Das Beispiel ist eine Erweiterung des vorherigen Beispiels. Hier wird anstatt einer Ausgabe nach `grep` mit `wc` und der Option `-l` die Anzahl der Zeilen, die gefunden wurden, gezählt und ausgegeben.

17.7.6 Standardausgabe in zwei Richtungen mit tee

Wollen Sie die Standardausgabe von einem Programm, Kommando oder einem Shellskript sowohl auf dem Bildschirm als auch auf eine oder mehrere Dateien durchführen, so können Sie das Kommando `tee` (T-Stück, Abzweiger) dafür verwenden. Bezogen auf unser bekanntes Beispiel sieht dies wie folgt aus:

```
$ find / -user user -print | grep hallo | tee found.log
/home/user/Beispiel/hallo.c
/home/user/Shell/halloShell.sh
/var/lib/perl/example/hallo.pl
...
$ cat found.log
/home/user/Beispiel/hallo.c
/home/user/Shell/halloShell.sh
/var/lib/perl/example/hallo.pl
...
```

Es werden nun alle Dateien auf dem System mit der Textfolge `hallo` vom Anwender `user` auf dem Bildschirm ausgegeben, und – dank `tee` – in die Datei `found.log` geschrieben.

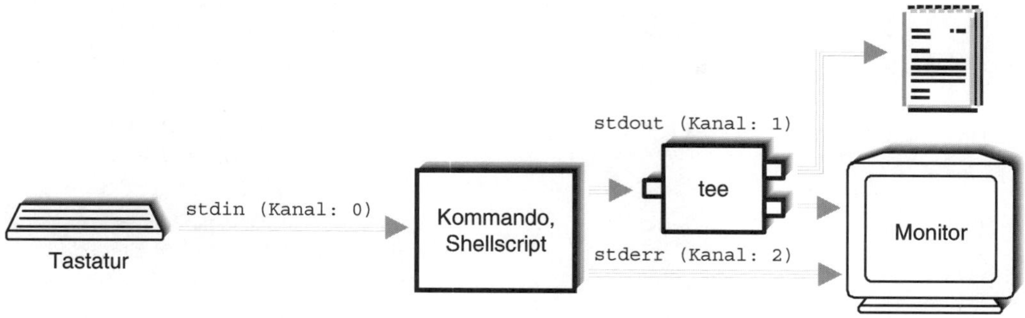

Abbildung 17.8 Ein T-Stück mit dem Kommando »tee« für die Standardausgabe

Dasselbe funktioniert, wie gesagt, auch mit mehreren Dateien. Sinnvoll ist dieses Vorgehen etwa, wenn Sie eine monatliche und jährliche Auswertung des verbrauchten Festplattenplatzes vornehmen wollen:

```
$ du -bc | sort -n | tee -a maerz2009.log gesamt2009.log
8       ./bin
48       ./.gnome
...
...
1105091 ./OpenOffice.org3.0/user
1797366 ./OpenOffice.org3.0
32270848        .
32270848        insgesamt
```

Hier geben wir die Plattennutzung in Byte mit dem Kommando `du` sortiert mit `sort` und nach der Größe aufsteigend auf den Bildschirm und in die Dateien `maerz2009.log` und `gesamt2009.log` aus. Damit die ersten beiden Monate in der (zuvor angelegten) Datei `gesamt2009.log` nicht überschrieben werden, wurde `tee` mit der Option `-a` (für *append*) zum Anhängen ans Ende der Datei verwendet.

17.7.7 Zusammenfassung der verschiedenen Umlenkungen

Die folgende Tabelle zeigt alle möglichen Umlenkungen des Datenstroms auf einen Blick.

Kanal	Syntax	Beschreibung
0 (Standardeingabe)	`cmd < file`	Datei in die Standardeingabe des Kommandos umleiten
1 (Standardausgabe)	`cmd > file`	Standardausgabe in eine Datei umlenken
1 (Standardausgabe)	`cmd >> file`	Standardausgabe ans Ende einer Datei umleiten
1 (Standardausgabe) 2 (Standardfehlerausgabe)	`cmd > file 2>&1`	Standardausgabe und Standardfehlerausgabe verknüpfen und in dieselbe Datei umlenken
1 (Standardausgabe) 2 (Standardfehlerausgabe)	`cmd > file 2> file2`	Standardausgabe und Standardfehlerausgabe jeweils in eine separate Datei umlenken
2 (Standardfehlerausgabe)	`cmd 2> file`	Standardfehlerausgabe in eine Datei umlenken

Tabelle 17.1 Verschiedene Umlenkungen des Datenstroms in der Shell

Kanal	Syntax	Beschreibung
2 (Standardfehlerausgabe)	`cmd 2>> file`	Standardfehlerausgabe ans Ende einer Datei umleiten
Pipes	`cmd1 | cmd2`	Verknüpft die Standardausgabe des ersten Kommandos mit der Standardeingabe des zweiten Kommandos.
T-Stück	`cmd | tee file`	Verwendet die Standardeingabe eines Kommandos und gibt diese gleichzeitig auf dem Bildschirm und in eine oder mehrere Dateien aus.

Tabelle 17.1 Verschiedene Umlenkungen des Datenstroms in der Shell (Forts.)

17.8 Ersatzmuster (Namen-Expansion) zur Suche verwenden

Selbstverständlich unterstützt die Shell auch viele Ersatzmuster wie die Zeichen `*` `?` `[` oder `]`. Verwenden Sie beispielsweise eines dieser Zeichen, weiß der Interpreter, dass es sich hierbei um ein Ersatzmuster für andere Zeichen handeln muss und sucht nach Namen, die auf dieses Muster passen. Werden zum Muster passende Namen gefunden, so wird das Ersatzmuster durch den eigentlichen Namen ersetzt. Man spricht hierbei von einer Dateinamen-Expansion (bzw. auch *Globbing*). Die Namen-Expansion findet immer vor der Ausführung eines Kommandos statt, sodass das Kommando nichts davon mitbekommt.

17.8.1 Beliebige Zeichenfolge * (Asterisk)

Das Sternchen `*` (auch Asterisk genannt) steht für eine beliebige Zeichenfolge und dürfte wohl der bekannteste Stellvertreter sein. Ein Beispiel:

```
$ grep amp *.txt
/home/user/example/files
/home/user/Buch-CD/Kap001/example
/home/user/Elektronik/messungen/amperemeter
/home/user/Elektronik/html/tutorial/amperemessungen
...
```

Wir suchen hier mit `grep` nach allen Dateien mit der Endung `.txt` nach der Textfolge `amp`. Die Position des Sternchens ist beliebig und kann auch mehrmals verwendet werden. Die folgenden Beispiele listen im aktuellen Verzeichnis mit `ls` eventuell auf das Ersatzmuster passende Dateien auf:

```
$ ls *nd*
endless.c found.c found.h found1.txt found2.txt sounds
$ ls found*.txt
found1.txt found2.txt
$ ls f*.*
found.c found.h found1.txt found2.txt forewarder.sh
```

17.8.2 Beliebiges Zeichen ?

Ist das Sternchen der Platzhalter für eine beliebige Folge von Zeichen, so vertritt das Fragezeichen (?) ein einzelnes beliebiges Zeichen. Im Unterschied zum Sternchen muss sich bei Verwendung von ? an der betreffenden Stelle auch wirklich ein Zeichen befinden. Ein einfaches Beispiel dazu:

```
$ ls found*.txt
found.txt found1.txt found2.txt
$ ls found?.txt
found1.txt found2.txt
```

Während man mit dem Asterisk-Zeichen auch noch die Datei `found.txt` finden würde, besteht die Shell bei der Verwendung des Fragezeichens darauf, dass sich an diesem Platz noch ein Zeichen befindet und listet folgerichtig `found.txt` nicht mehr auf. Natürlich können Sie auch mehrere ?-Platzhalter oder zusätzlich das Asterisk verwenden. Einige Beispiele:

```
$ ls f??nd*.*
found.txt found1.txt found2.txt found.c found.h
$ ls f*.?
found.c found.h
```

17.8.3 Zeichenbereiche einschränken

Selbstverständlich können Sie auch exakt die Zeichen festlegen, die für eine Ersetzung beachtet werden sollen. Hierzu müssen Sie lediglich zwischen eckigen Klammern (`[ ]`) festlegen, welche Zeichen für die Ersetzung akzeptiert werden. Ein Beispiel:

```
$ ls found*.txt
found.txt found1.txt found2.txt found3.txt found4.txt
$ ls found[23].txt
found2.txt found3.txt
$ ls found[1-9].txt
found1.txt found2.txt found3.txt found4.txt
```

Im ersten Beispiel haben Sie mit `[23]` die Zeichen 2 und 3 eingeschränkt. Mit `[1-9]` hingegen werden alle Zeichen zwischen 1 bis 9 für die Ersetzung beachtet. Hierbei können Sie auch ganze Wertbereiche einschließen. Sollen nur dezimale Zahlen eingeschränkt werden, verwenden Sie `[0-9]`. Für zweistellige Werte können Sie auch zwei Einschränkungen nebeneinander wie `[0-9][0-9]` definieren.

Sie können selbstverständlich auch alles ausschließen (negieren), was in den eckigen Klammern steht. Hier müssen Sie lediglich die Expansion mit dem Zeichen `!` negieren. Ein Beispiel:

```
$ ls found*.txt
found.txt found1.txt found2.txt found3.txt found4.txt
$ ls found[!23].txt
found1.txt found4.txt
```

Es werden alle Dateien ausgegeben, die zwischen `found` und `.txt` ein Zeichen enthalten und die **nicht** 2 oder 3 beinhalten.

Analog können Sie auch für Kleinbuchstaben mit [a-z] oder Großbuchstaben mit [A-Z] vorgehen. Wichtig ist nur, dass sich die Zeichen in einem laufenden Bereiche der ASCII-Tabelle befinden. Hiermit können Sie jederzeit auch mehrere Bereiche in den eckigen Klammern definieren. So schränken Sie beispielsweise mit [a-fx-z0-9] alle Zeichen von a bis f, von x bis z und von 0 bis 9 ein.

Die Korn-Shell und die Bash bieten hierfür vordefinierte Parameter als Ersatzmuster an. Anstatt alle dezimalen Ziffern mit [0-9] einzuschränken, können Sie hierfür auch den vordefinierten Parameter [:digit:] verwenden. Ein Beispiel:

```
$ ls found[0-9].txt
found1.txt found2.txt found3.txt found4.txt
$ ls found[[:digit:]].txt
found1.txt found2.txt found3.txt found4.txt
```

Kleinere Bereiche wie [0-3] können Sie mit dieser Methode freilich nicht einschränken. Da hierbei allerdings auch vordefinierte Parameter für druckbare Zeichen oder Leerzeichen, Tabulatoren vorhanden sind, sind diese Parameter durchaus brauchbar. Die folgende Tabelle gibt einen Überblick über die vordefinierten Zeichenmengen.

Zeichenmenge	Beschreibung
[:alnum:]	Buchstaben, Unterstrich und dezimale Ziffern
[:alpha:]	Groß- und Kleinbuchstaben
[:digit:]	dezimale Ziffern
[:lower:]	Kleinbuchstaben
[:upper:]	Großbuchstaben
[:print:]	nur druckbare Zeichen
[:space:]	Leerzeichen, Tabulator etc.

Tabelle 17.2 Überblick vordefinierter Zeichenmengen (für Bash und Korn-Shell)

17.8.4 Brace Extension (nur Bash und Korn-Shell)

Mit Brace Extensions können Sie mehrere Ersatzmuster gleichzeitig definieren. Hierbei werden die Muster in geschweifte Klammern geschrieben und durch Kommata voneinander getrennt:

```
$ ls pro{z,c,gr,t}*
prozess.txt process.c protest.doc progress.dat
$ touch file{001{.tmp,txt},002{.tmp,txt}}
$ ls file*
file001.txt file001.tmp file002.txt file002.tmp
```

Beim ersten Beispiel werden alle Dateien aufgelistet, die mit proz, proc, prog oder prot beginnen. Beim zweiten, etwas komplex anmutenden Beispiel legen wir vier Dateien an (wie die Ausgabe anschließend auch bestätigt). Hierbei wurden die Brace Extensions verschachtelt.

17.8.5 Tilde-Expansion (nur Bash und Korn-Shell)

Das Tilde-Zeichen ~ wird von der Bash und der Korn-Shell immer als Heimatverzeichnis des aktuell angemeldeten Benutzers ausgewertet. So führt ein Wechsel nach ~ immer zum Heimatverzeichnis des eingeloggten Benutzers. Hängen Sie dem Tilde-Zeichen ein Minus an (~-), so befindet sich darin das Verzeichnis, das zuvor besucht wurde. Ein Tilde-Zeichen mit einem Plus (~+) hingegen enthält dasselbe wie das Kommando `pwd`, also das aktuelle Arbeitsverzeichnis. Ein Beispiel:

```
$ cd /usr
/usr $ pwd
/usr
/usr $ cd ~
$ pwd
/home/user
$ cd ~-
/usr $ echo ~+
/usr
```

17.8.6 Zusammenfassung zu den Ersatzmustern

Die folgende Tabelle gibt einen Überblick über die verschiedenen Expansionen bzw. Ersatzmuster, die hier beschrieben wurden.

Ersatzmuster	Beschreibung
`*`	Wird durch eine beliebige Zeichenfolge ersetzt. Das Muster wird auch angewendet, wenn hier kein Zeichen mehr zu finden ist.
`?`	Wird durch ein beliebiges Zeichen ersetzt. Es werden nur die Muster beachtet, die hier tatsächlich ein Zeichen enthalten.
`[ ]`	Zwischen den eckigen Klammern können Sie genau definieren, welche Zeichen- bzw. Zeichenbereiche für die Ersetzung beachtet werden sollen. Mit dem `!`-Zeichen hinter der sich öffnenden eckigen Klammer können Sie dieses Muster außerdem negieren. Bei der Bash und der Korn-Shell gibt es hierbei noch zusätzliche vordefinierte Parameter.
`Präfix{muster1, muster2}suffix`	Zu jedem Muster, das zwischen den geschweiften Klammern angegeben wurde, wird davor das `Präfix` und dahinter das `suffix` angehängt. So wird hieraus beispielsweise `Präfixmuster1suffix` und `Prafixmuster2suffix`. Hierbei können Sie beliebige viele Muster definieren. Außerdem können die geschweiften Klammern auch verschachtelt werden.
`~`	Heimatverzeichnis des angemeldeten Benutzers
`~+`	aktuelles Arbeitsverzeichnis (wie `pwd`)
`~-`	Verzeichnis, das zuvor benutzt wurde

Tabelle 17.3 Verschiedenen Ersatzmuster bzw. Expansionen

17.9 Variablen

Die Verwendung von Variablen ist ein Kinderspiel in der Shell. Sie müssen lediglich einen Namen für die Variable festlegen und dieser mit dem Zuweisungsoperator (=) einen Wert zuweisen. Für den Namen der Variablen können Sie Groß- und Kleinbuchstaben, Zahlen oder Unterstriche verwenden. Lediglich mit einer dezimalen Zahl sollte der Name nicht beginnen. Auch die Längenbeschränkung von maximal 256 Zeichen darf nicht überschritten werden. Die entsprechende Syntax lautet:

```
variable=wert
```

Der Wert einer Variablen wird zunächst immer als eine Zeichenkette abgespeichert – gleichgültig, ob Sie hier nun eine dezimale Zahl angeben oder nicht. Eine Variable existiert immer so lange, wie die aktuelle (Sub-)Shell ausgeführt wird. Bei einem Shellskript, das normal in einer Subshell ausgeführt wird, bedeutet das Ende des Skripts auch gleichzeitig das Ende der Variablen, die im Skript festgelegt wurden.

Zugriff auf Variablen

Der Zugriff auf Variablen erfolgt mit dem `$`-Zeichen und dem Variablen-Namen. Ein Beispiel:

```
$ eineVar=einWert
$ echo $eineVar
einWert
```

Hier wurde beispielsweise die Variable mit dem Namen `eineVar` mit dem Wert `einWert` belegt. Anschließend greifen wir mit `echo` darauf zu und geben diese Variable aus.

Zugriff auf nicht definierte Variablen

Es ist auch möglich, auf nicht definierte Variablen zurückzugreifen, ohne dass eine Fehlermeldung ausgegeben wird. Ein Beispiel:

```
# Script-Name: undefVar
var1=einWert
# Zugriff auf unefiniertem $var2
echo ---- $var1 ---- $var2 ----
```

Bei der Ausführung spielt das Skript hier anstandslos mit und gibt hier für die nicht mit einem Wert versehende Variable einfach gar nichts aus:

```
$ ./undefVar
---- einWert ---- ----
```

Wollen Sie diesen Umstand beheben und das Skript anweisen, dass jede Variable einen Wert erhalten muss, so brauchen Sie nur die Subshell mit der Option `-u` zu starten. Entweder setzen Sie diese Option mit `set -u` (das Gegenstück dazu ist `set +u`) im Shellskript oder Sie erledigen dies gleich mit der She-Bang-Zeile wie folgt:

```
#!/bin/sh -u
...
```

Wenn Sie das Skript jetzt erneut aufrufen, meldet der Interpreter, dass eine Variable mit keinem Parameter versehen wurde:

```
$ ./undefVar
./undefVar: 5: var2: parameter not set
```

Werte von Variablen löschen

Um den Wert einer Variablen zu löschen, können Sie entweder das Kommando `unset` verwenden oder einfach den Variablennamen mit einem leeren =-Zeichen definieren. Ein Beispiel:

```
$ set -u
$ var=einWert
$ echo $var
einWert
$ unset var
$ echo $var
bash: var: parameter not set
$ var=NochEinWert
$ echo $var
NochEinWert
$ var=
$ echo $var
bash: var: parameter not set
$ set +u
```

Variable als Konstante definieren

Selbstverständlich können Sie eine Variable mit `readonly` mit einem Schreibschutz versehen. Damit lässt sich die Variable zur Laufzeit der (Sub-)Shell nicht mehr verändern oder löschen. Ein Beispiel:

```
$ var=einWert
$ readonly var
$ echo $var
einWert
$ unset var
bash: unset: var: cannot unset: readonly variable
$ var=NochEinWert
bash: var: readonly variable
```

Variablen-Interpolation

In der Praxis werden Sie allerdings eher selten Variablen einen Wert zuweisen. Häufiger werden Sie ein Kommando dafür verwenden, das dem Variablen-Namen einen Wert zuweist. Allerdings können Sie hierzu nicht einfach `Variable=Kommando` verwenden, weil dann nur die Zeichenkette `Kommando` in `Variable` gespeichert würde. Sie müssen eine Variablen-Interpolation mit einer Kommandosubstitution durchführen. Das klingt komplizierter als es ist – die Syntax lautet wie folgt:

```
Variable=$(Kommando)
```

Mit der Kommandosubstitution sorgen Sie dafür, dass das Kommando als Erstes ausgeführt wird. Hierzu müssen Sie das `Kommando` in Klammern setzen. In der Bourne-Shell (`sh`) müssen Sie statt der Klammern die Backtick-Zeichen (`` `Kommando` ``) verwenden. Damit aus der Ausgabe des Kommandos jetzt auch noch eine Zeichenfolge, also ein Wert für die Variable wird, müssen Sie der Kommandosubstitution ein `$`-Zeichen voranstellen. Damit erhalten Sie eine Variablen-Interpolation. Aus der Ausgabe des Kommandos wird nun eine Zeichenkette, die wir als Wert an die `Variable` übergeben können.

Hinweis

Die Kommandosubstitution wird noch gesondert in Abschnitt 17.10.2 behandelt.

Hierzu ein einfaches Beispiel:

```
$ datum=$(date)
$ echo $datum
Mi 7. Jan 09:20:22 EST 2009
```

Selbstverständlich ist es von großem Vorteil, wenn Sie sich mit den Kommandos der Shell auskennen. In Anhang C finden Sie mehr zu den wichtigsten Kommandos in der Shell. Aber ein erster Blick sollte immer der Manual-Page des Kommandos gehören. In diesem Beispiel wollen wir das Datum formatieren, damit wir ein Format wie YYYY-MM-DD haben. Ähnlich wie in C bietet auch hier das Kommando `date` Formatierungen an, die mit `%` beginnen und von einem Buchstaben gefolgt werden. Unsere Formatierung erreichen wir somit folgendermaßen:

```
$ date +%Y-%m-%d
2009-01-07
```

Hiermit soll im Folgenden zur Demonstration ein kleines Backup-Skript erstellt werden, das alle Textdateien des Heimatverzeichnisses mit einer Variablen-Interpolation in einem TAR-Paket archiviert. Dieses Mini-Skript sieht wie folgt aus:

```
# Script-Name: backitup
# verzeichnis hat die Form YYYY-MM-DD_Textdatei
archiv=$(date +%Y-%m-%d)_Textdateien
# Textdateien im Heimatverzeichnis archivieren
tar -cvf $archiv.tar ~/*.txt
```

Zuerst erzeugen Sie mit der Variablen-Interpolation einen Dateinamen für unser Archiv. Diesen Namen verwenden Sie anschließend, um mit `tar` alle Textdateien des Heimatverzeichnisses zu archivieren. Das Skript bei der Ausführung:

```
$ ./backitup
tar: Entferne führende "/" von Elementnamen
/home/user/file001.txt
/home/user/file002.txt
/home/user/file003.txt
...
/home/user/process01.txt
```

```
/home/user/process02.txt
/home/user/process03.txt
$ ls 2009*
2009-01-07_Textdateien.tar
```

17.9.1 Zahlen

Zugegeben: Rechnen gehört nicht zu den Stärken der Shell. Mit Fließkommazahlen kann sie beispielsweise zunächst gar nichts anfangen. Hierfür müssen Sie auf externe Werkzeuge wie den Rechner `bc` zurückgreifen.

Integer-Arithmetik (alle Shells)

Zum Rechnen wird in der alten Bourne-Shell und in allen auf ihr basierenden Shells der Befehl `expr` verwendet. Dieser Befehl eignet sich nicht nur für arithmetische Ausdrücke, sondern ebenso für Vergleichsausdrücke von Zahlen, Zeichenketten oder für reguläre Ausdrücke. Hierzu einige einfache Beispiele:

```
$ expr 5 + 5
10
$ expr 100 - 80
20
$ expr 10 / 2
2
$ expr 10 \* 10
100
$ var1=20
$ var2=10
$ expr $var1 + $var2
30
$ expr $var1 + $var2 + 10 + 50
90
$ expr \( 10 + 10 \) \* 5
100
```

Viel gibt es sonst zu den `expr`-Ausdrücken nicht zu sagen. Wichtig ist hier übrigens auch das Leerzeichen zwischen dem arithmetischen Ausdruck. Beim Multiplizieren müssen Sie außerdem vor dem Operator `*` ein Backslash (`\`) setzen, weil die Shell dieses Zeichen als Datei-Expansion auswertet. Dasselbe gilt für Berechnungen mit Klammern. Die Shell verwendet die Klammern in der Regel, um eine weitere Subshell (siehe Abschnitt 17.16.4) zu öffnen. Auch dies können Sie durch ein vorangestelltes Backslash-Zeichen außer Kraft setzen.

Wenn Sie das Ergebnis einer Berechnung in einer weiteren Variablen speichern wollen, müssen Sie auch hier auf die Kommandosubstitution zurückgreifen. Da das Ergebnis bei allen Shells (also auch bei der alten Bourne-Shell (`sh`)) in einer Variablen gespeichert werden soll, müssen Sie anstelle der Klammern (`$(Kommando)`) auf die Backticks (`` `Kommando` ``) als Kommandosubstitution zurückgreifen. Hierzu ein einfaches Beispiel:

```
$ var1=100
$ var2=200
```

```
$ var3=`expr $var1 + $var2`
$ echo $var3
300
```

Für einfache arithmetische Operationen von ganzen Integerzahlen dürfte `expr` ausreichen. Wer komplexere mathematische Berechnungen benötigt, sollte gleich auf das Kommando `bc` ausweichen.

Integer-Arithmetik (nur Bash und Korn-Shell)

Mit der Bash und der Korn-Shell kann man zwar ganz auf das Kommando `expr` verzichten, aber auch hier ist man auf Ganzzahlen beschränkt.

Doppelte Klammerung | Statt das Kommando `expr` zu benutzen, wird hier die Berechnung in doppelte Klammern gesetzt. Somit weiß die Shell, dass es sich hier um einen mathematischen Ausdruck handelt. Hierzu einige Beispiele:

```
$ ((var1=100+100))
$ echo $var1
200
$ var2=$((var1*2))
$ echo $var2
400
$ echo $((var1+var2))
600
```

Eckige Klammerung | Die Bash wiederum besitzt eine alternative Möglichkeit mit eckigen Klammern:

```
$ var1=$[100+100]
$ echo $var1
200
$ echo $[($var1+200)*5]
2000
```

let | Wer mit den Klammerungen nicht arbeiten möchte, kann alternativ (in der Bash und der Korn-Shell) das Kommando `let` nutzen. `let` ist letztlich nur eine komfortablere Schreibweise für die doppelte Klammerung zuvor. Ein Beispiel:

```
$ let var1=100+100
$ echo $var1
200
$ let $var2=$var1*2
$ echo $var2
400
```

typeset | Die wohl beste Möglichkeit für Shellskripte und einfache arithmetische Integer-Berechnungen ist das Builtin-Kommando `typeset`. Mit `typeset` und dem Schalter `-i` können Sie der Shell Bescheid geben, dass die dahinter geschriebenen Variablen als Integer-Wert behandelt werden sollen. Ein Beispiel:

```
$ typeset -i var
$ var=10+10
$ echo $var
20
```

Wenn Sie `typeset` verwenden, brauchen Sie übrigens nur das Ergebnis als Integer zu kennzeichnen. Außerdem brauchen Sie beim Rechnen mit den Integer-Werten kein `$`-Zeichen voranzustellen. Hier ein einfaches Shellskript als Beispiel:

```
# Script-Name: typeset_ex
# var1 soll ein Integer sein
typeset -i var1

var2=100
var3=100
# da var1 als Integer gekennzeichnet wurde, gilt
# dies gleichzeitig auch für die anderen beiden Werte
var1=var2+var3
echo $var1
# Achtung, dies gilt aber nur vor var1.
# Folgendes geht nicht mehr:
var2=var1+var3
echo $var2
```

Das Shellskript bei der Ausführung:

```
$ ./typeset_ex
200
var1+var3
```

Im Beispiel können Sie außerdem sehen, dass Variablen, die nicht mit `typeset` definiert wurden, den Wert als gewöhnliche Zeichenkette erhalten. Wollen Sie dies hier vermeiden, brauchen Sie diese Variable nur in die Liste der Integer-Werte aufzunehmen. Sie müssen lediglich den Wert zur Liste von `typeset` wie folgt hinzufügen:

```
typeset -i var1 var2
```

Zusammenfassung der Integer-Arithmetiken mit einer Shell

Die folgende Tabelle gibt eine Übersicht der Integer-Arithmetiken und der Shells, auf die diese jeweils anwendbar sind.

Arithmetik	Beispiel(e)	sh	bash	ksh
`expr`	`expr 10 + 10` ``var=`expr 10 + 10` ``	x	x	x
`(( ))`	`echo $((10+10))` `((var=10+10))`		x	x
`$[]`	`echo $[10+10]` `var=$[10+10]`		x	

Tabelle 17.4 Verschiedene Integer-Arithmetiken der verschiedenen Shells

Arithmetik	Beispiel(e)	sh	bash	ksh
`let`	`let var=10+10` `echo $var`		x	x
`typeset`	`typeset -i var` `var=10+10`		x	x

Tabelle 17.4 Verschiedene Integer-Arithmetiken der verschiedenen Shells (Forts.)

Wissenschaftliches Rechnen mit bc

Benötigen Sie Fließkommanzahlen für kaufmännische Berechnungen oder zusätzliche mathematische Funktionen wie Sinus oder Cosinus, so sollten Sie das Kommando `bc` verwenden. `bc` ist im Grunde eine Art Shell mit einer Präzisions-Kalkulationssprache, die von der Standardeingabe zeilenweise arithmetische Ausdrücke erwartet und das Ergebnis wiederum zeilenweise ausgibt. Mehr dazu können Sie auf der Manual-Page nachlesen. Uns geht es im Grunde nur darum, `bc` aus der Shell bzw. aus den Shellskripten zum Rechnen zu verwenden. Was bietet sich hier mehr an als Pipes? Ein einfaches Beispiel:

```
$ echo "10*2" | bc
20
```

Wir schieben die Zeichenkette `10*2` über die Standardausgabe mit `echo` mit einer Pipe in die Standardeingabe von `bc`. `bc` interpretiert diese Zeile und gibt, sofern ein gültiger arithmetischer Ausdruck verwendet wurde, das Ergebnis in der nächsten Zeile aus. Dies funktioniert auch problemlos mit Fließkommazahlen:

```
$ echo "3.14*6.13" | bc
19.24
$ echo "3.33 ^ 3" | bc
36.92
$ echo "sqrt\(3.33\)" | bc
1.82
```

Hier wurden auch die arithmetischen Operationen der Potenzierung (^) und der Quadratwurzel (`sqrt`) verwendet. Klammerungen müssen natürlich nach wie vor mit einem Backslash (\) außer Kraft gesetzt werden, weil diese zuerst ausgeführt werden und versuchen würden, eine Subshell zu öffnen.

Mathematische Funktionen | Mathematische Funktionen können Sie mit der Option `-l` verwenden. Damit wird die mathematische Bibliothek aufgerufen und verwendet. Folgende in der Tabelle 17.5 aufgelisteten mathematischen Funktionen können Sie hierbei mit der Option `-l` verwenden.

Funktion	Beschreibung
`s(x)`	Sinus von x
`c(x)`	Cosinus von x
`a(x)`	Arcus-Tangens von x
`l(x)`	natürlicher Logarithmus von x

Tabelle 17.5 Mathematische Funktionen für bc mit der Option -l

Funktion	Beschreibung
e(x)	Exponentialfunkion e hoch x
j(n,x)	Bessel-Funktion eines Integers in der Reihenfolge n nach x

Tabelle 17.5 Mathematische Funktionen für bc mit der Option -l (Forts.)

Wenn Sie den Rückgabewert einer Berechnung in einer Variablen speichern wollen, müssen Sie auch hier wieder auf eine Kommandosubstitution zurückgreifen. Hierzu ein einfaches Beispiel:

```
# Script-Name: calculate
# Trigonometrische Berechnung mit der math library -l
RAD=`echo "a(1)/45" | bc -l`
echo -e "1° = $RAD rad"
# Sinus
SINUS45=`echo "s(45*$varRAD)" | bc -l`
echo "Der Sinus von 45° ist $SINUS45"
```

Das Shellskript bei der Ausführung:

```
1° = .0174532925.. rad
Der Sinus von 45° ist .7071067805..
```

scale | Wollen Sie die Kommastellen einer Fließkommazahl bei der Ausgabe einschränken, so können Sie `scale=n` verwenden. Für `n` geben Sie die Genauigkeit der Berechnung an. Mit folgendem Beispiel wird die Genauigkeit auf fünf Stellen eingeschränkt:

```
$ echo "scale=5; a(1)/45" | bc -l
.01745
```

ibase und obase | Weitere interessante Funktionen sind `ibase` und `obase`. Beide stehen für eine Zahlenbasis. `ibase` steht hier für die Eingabe der Zahlenbasis und `obase` für die Ausgabe. Für die Zahlenbasen können Sie einen Wert zwischen 2-16 eingeben. Standardmäßig ist unser Dezimalsystem mit der Basis 10 jeweils eingestellt. Wenn Sie beispielsweise den hexadezimalen Wert (Basis=16) der Zahl 100 ausgeben wollen, brauchen Sie nur Folgendes zu schreiben:

```
$ echo "obase=16; 100" | bc
64
```

Selbstverständlich können Sie auch den hexadezimalen Wert 64 in Dualzahlen konvertieren. Hierbei müssen Sie lediglich für die Eingabebasis »16« und für die Ausgabebasis »2« angeben:

```
$ echo "ibase=16; obase=2; 64" | bc
1100100
```

Wollen Sie den hexadezimalen Wert 64 in den dezimalen Wert konvertieren, so brauchen Sie für `obase` die Basis 10 nicht eigens anzugeben, weil diese standardmäßig verwendet wird, wenn kein anderer Wert für `ibase` bzw. `obase` angegeben wird.

In der folgenden Tabelle (17.6) finden Sie noch eine kleine Übersicht zu einige nützlichen Funktionen von `bc`.

Funktion	Beschreibung
`scale`	Mit `scale` legen Sie fest, wie viele Dezimalstellen hinter dem Komma verwendet werden sollen.
`obase`	Definiert die Basis für die Ausgabe des Werts. Der Standardwert ist die Basis 10. Mögliche Werte sind 2, 8, 10 und 16.
`ibase`	Definiert die Basis für die Eingabe des Werts. Der Standardwert ist die Basis 10. Mögliche Werte sind 2, 8, 10 und 16.

Tabelle 17.6 Sinnvolle Funktionen von bc

17.9.2 Zeichenketten

Da Variablen bereits als Zeichenketten gespeichert werden, können wir uns in diesem Abschnitt sogleich der eigentlichen Stringverarbeitung zuwenden. Dieses Thema ist zweifellos anspruchsvoll – gerade, wenn seine Behandlung den Rahmen des Buches nicht sprengen soll.

Hinweis

Mehr Details hierzu – insbesondere zu `grep`, zum Stream-Editor `sed` und zu `awk` – entnehmen Sie entweder den Manual-Pages oder meinem Buch *Shellprogrammierung*, das ebenfalls bei Galileo Press erschienen ist.

Stringverarbeitung – die Klassiker für alle Shells

Kleine, aber feine Helfer für alle Shells und Shellskripte sind die Kommandos `cut`, `paste` und `tr`.

cut | Das Kommando `cut` ist bestens geeignet, um aus Daten, die in einem bestimmten Format vorliegen, Stringteile zu extrahieren. Zwar können Sie hiermit aus allen beliebigen Textdateien Zeichenketten extrahieren, aber häufig ist es in der Praxis wenig sinnvoll, das Kommando wie folgt zu verwenden:

```
$ cut -c3 Textdatei.txt
```

Die Option `-c` steht für *character* (als Zeichen) und die Zahl 3 dahinter weist `cut` an, in der Datei `Textdatei.txt` aus jeder Zeile das dritte Zeichen zu extrahieren.

In der Praxis erhält `cut` meistens seine Standardeingabe von einem Kommando über eine Pipe. Hier ein Beispiel mit dem Kommando `who`, das alle Benutzer anzeigt, die auf dem System angemeldet sind:

```
$ who
edi      pts/2     Feb  5 15:59 (p83.129.4.xxx.tiscali.de)
kd10xxx  pts/3     Feb  5 16:13 (pd9e9bxxx.dip.t-dialin.net)
kd11xxx  pts/7     Feb  5 17:33 (162.xx-dial-augustakom.net)
```

Da diese Daten in einem sauberen Format vorliegen, können Sie die gewünschten Daten leicht extrahieren. Wollen Sie beispielsweise hier sämtliche Benutzernamen und Zeit der Anmeldung extrahieren, erledigen Sie dies wie folgt:

```
$ who | cut -c1-8,30-35
edi     15:59
kd10xxx 16:13
kd11xxx 17:33
```

Hiermit extrahieren Sie aus der Ausgabe von `who` die Zeichen `c1-8` und die Zeichen `30-35` einer jeden Zeile. Wie Sie im Beispiel sehen, können Sie mehrere Bereiche mit einem Komma getrennt extrahieren.

Dies funktioniert natürlich bei vielen Logdateien, weil diese meistens auch in einer bestimmten Form vorliegen. Im folgenden Beispiel (`test.csv`) sind die Daten durch Semikolons getrennt:

```
Wo;Mo;Die;Mi;Do;Fr
1;45;154;23;54;65
2;56;23;76;42;109
3;145;65;192;121;88
4;64;132;54;34;54
```

Für solche Fälle bietet `cut` die Option `-d` (für *delimiter* = Begrenzungszeichen) und `-f` (für *field* = Feld/Spalte) an. Wollen Sie beispielsweise nur die Werte der dritten Spalte extrahieren, müssen Sie nur Folgendes schreiben:

```
$ cut -d\; -f3 test.csv
Die
154
23
65
132
```

Auch hierbei können Sie Spalten gleichzeitig extrahieren. Geben Sie zum Beispiel die Option `-f3-5` an, so werden die Spalten drei bis fünf extrahiert. Durch Verwendung des Kommas können Sie auch mehrere nicht fortlaufende Spalten extrahieren. So würden Sie mit der Verwendung von `-f3,5` die dritte und fünfte Spalte extrahieren.

paste | `paste` ist das Gegenstück zu `cut` und wird verwendet, um etwas in Zeilen einzufügen oder zusammenzufügen. Hierzu soll die Datei `test.csv` vom Abschnitt mit `cut` zuvor nochmals verwendet werden. Zu dieser Datei soll jetzt noch eine weitere Datei (`we.txt`) hinzugefügt werden, da weitere Daten vom Wochenende hinzugekommen sind.

```
$ cat we.txt
Wo;Sa;So
1;55;154
2;156;23
3;45;365
4;464;32
```

Die erste Spalte in dieser Datei benötigen wir nicht und legen daher eine neue temporäre Datei ohne diese Spalte an:

```
$ cut -d\; -f2- we.txt > /tmp/file001.tmp
$ cat /tmp/file001.tmp
```

```
Sa;So
55;154
156;23
45;365
464;32
```

Jetzt können wir mit `paste` die beiden Dateien `test.csv` und `we.txt` zusammenfügen. Hierbei ist es wieder wichtig, dass Sie die Option `-d` (ebenfalls für *delimiter*) von `paste` verwenden, da die neuen Daten sonst getrennt durch ein Tabulatorzeichen (Standardeinstellung von `-d`) angefügt würden.

```
$ paste -d\; test.csv /tmp/file001.tmp > test_neu.csv
$ cat test_neu.csv
Wo;Mo;Die;Mi;Do;Fr;Sa;So
1;45;54;23;54;65;55;154
2;56;23;76;42;42;156;23
3;45;65;32;65;88;45;365
4;64;32;54;34;54;464;32
```

Der Filter tr | Der Filter `tr` wird gerne verwendet, um einzelne Zeichen aus der Standardausgabe zu ersetzen. Um beispielsweise alle Semikolons der zuvor erstellten Datei `test_neu.csv` aus der Ausgabe zugunsten einer besseren Lesbarkeit zu entfernen, schreiben Sie einfach Folgendes:

```
$ tr \; '\t' < test_neu.csv
Wo   Mo   Die  Mi   Do   Fr   Sa   So
1    45   54   23   54   65   55   154
2    56   23   76   42   42   156  23
3    45   65   32   65   88   45   365
4    64   32   54   34   54   464  32
```

Hiermit haben Sie alle Semikolons durch das Tabulatorzeichen (`\t`) ersetzt. Denken Sie daran, dass sich dieser Filter auf die Standardausgabe auswirkt und nicht auf die Datei selbst. Wollen Sie diese Ausgabe wiederum in einer Datei speichern, müssen Sie die Standardausgabe wie folgt umlenken:

```
$ tr \; '\t' < test_neu.csv > neu.csv
```

Dieser Filter eignet sich natürlich hervorragend für eine Pipe. Wollen Sie beispielsweise aus der Datei `test_neu.csv` nur bestimmte Spalten extrahieren und formatiert ausgeben, können Sie mit `cut` wie folgt vorgehen:

```
$ cut -d\; -f2-6 test_neu.csv | tr \; '\t'
Mo   Die  Mi   Do   Fr
45   54   23   54   65
56   23   76   42   42
45   65   32   65   88
64   32   54   34   54
```

Selbstverständlich können Sie mit `tr` auch viele einfachere Probleme lösen. So können Sie von der Datei `text.txt` mit folgender Eingabe alle Buchstaben `x` durch `z` austauschen:

```
$ tr x z < test.txt
```

Ebenso können Sie ganze Zeichenbereiche verwenden, wie Sie dies bereits in Abschnitt 17.8.3, »Zeichenbereiche einschränken«, getan haben. Um etwa alle Kleinbuchstaben durch Großbuchstaben zu ersetzen, gehen Sie wie folgt vor:

```
$ tr '[a-z]' '[A-Z]' < test.txt
```

Hiermit lässt sich außerdem die vielleicht kürzeste aller Rot-13-Verschlüsselungen (Caesar-Verschlüsselung) durchführen. Der Algorithmus basiert darauf, alle Buchstaben in der ASCII-Tabelle um 13 Positionen zu inkrementieren. Hier das Beispiel:

```
$ cat test.txt
Dieser Text wird mit dem Rot13-Algorithmus verschluesselt.
$ tr [a-zA-Z] [n-za-mN-ZA-M] < test.txt > rot13.txt
$ cat rot13.txt
Qvrfre Grkg jveq zvg qrz Ebg13-Nytbevguzhf irefpuyhrffryg.
```

Decodieren können Sie diesen Text umgekehrt, indem Sie alle Buchstaben im Text um 13 Positionen (gemäß der ASCII-Tabelle) dekrementieren:

```
$ tr [n-za-mN-ZA-M] [a-zA-Z] < rot13.txt
Dieser Text wird mit dem Rot13-Algorithmus verschluesselt.
```

Der Filter `tr` kann auch eingesetzt werden, um nur einzelne Zeichen herauszulöschen. Hierzu kann die Option `-d` (für *delete*) verwendet werden. Um alle Leer- und Tabulatorzeichen zu entfernen, können Sie wie folgt vorgehen:

```
$ tr -d '\n','\t' < text.txt
```

Ebenfalls sehr nützlich ist die Option `-s` (für *squeeze-repeats*). Mit dieser Option können Sie mehrere aufeinander folgende, gleiche Zeichen durch ein anderes Zeichen austauschen. So können Sie in einem Text mit vielen Leerzeichen zwischen den Wörtern diese wie folgt durch ein einzelnes Leerzeichen ersetzen:

```
$ tr -s ' ' ' ' < text.txt
```

Die Power-Tools – sed, awk und reguläre Ausdrücke

Die absoluten Klassiker zur Textverarbeitung sind immer noch `awk`, `sed` und `grep`. Eine umfassende Darstellung dieser Werkzeuge würde den Rahmen dieses Buchs sprengen, daher sollten Sie auf jeden Fall die Manual-Pages konsultieren oder sich mein Buch »Shellprogrammierung« ansehen, das ausführlich auf diese Tools eingeht. Im Folgenden gebe ich einen eher knappen Überblick.

sed – der Stream-Editor | `sed` ist ein sehr altes Unix-Tool, das immer noch sehr gerne eingesetzt wird, um Zeilen eines Datenstroms zu manipulieren. Die Hauptanwendung liegt im Suchen und Ersetzen von Zeichenfolgen. `sed` liest von der Standardeingabe und schreibt das Ergebnis auf die Standardausgabe. Somit können Sie regen Gebrauch von den Umlenkungszeichen (<, > oder |) machen. Eine weitere Stärke von `sed` ist, dass es auch reguläre Ausdrücke kennt. Eine grundlegende Verwendung von `sed` sieht wie folgt aus:

```
$ cat text.txt | sed 's/search/replace/g'
```

Hier leiten wir die Ausgabe von `cat` durch eine Pipe an die Eingabe von `sed`. `sed` ersetzt jedes Wort »search« durch das Wort »replace« und gibt diese Ersetzung an die Standardausgabe aus. `s` ist eines von vielen Basiskommandos von `sed` und steht für *substitute*. Mit diesem Kommando werden alle Zeichenfolgen durch eine andere ersetzt. Dahinter finden Sie mit `g` ein Substitutions-Flag, mit dem Sie eine globale Ersetzung durchführen. Ohne dieses Flag würde nur eine einmalige Ersetzung durchgeführt.

Hinweis

Sehr anschauliche `sed`-Skripte und Tutorials finden Sie auf der Webseite *http://sed.sourceforge.net/grabbag/*.

awk-Programmierung | Wenn Sie mit der Shellprogrammierung an die Grenzen stoßen, wird häufig auf C zurückgegriffen und ein eigener Algorithmus entwickelt. Wer Kenntnisse in Perl hat, verwendet vielleicht auch lieber diese Interpreter-Sprache. Ich persönlich bevorzuge mittlerweile immer häufiger `awk` für mittelgroße Lösungen. `awk` hat den Vorteil, dass es schnell erlernbar und sehr mächtig ist.

Die Interpreter-Sprache `awk` (1977 entwickelt von **A**ho **W**einberger und **K**erninghan) entstand ursprünglich aus derselben Motivation heraus wie `sed`. Relativ schnell entwickelte sich `awk` aber zu einer eigenen Interpreter-Sprache, die alle Konstrukte verwendet, die eine moderne Programmiersprache auch verwendet. So könnte man vereinfachend sagen, dass `awk` so etwas wie eine Interpreter-Sprache mit C-Syntax ist, ohne sich mit den unangenehmen Features wie Speicherverwaltung, Zeiger usw. befassen zu müssen.

`awk` erwartet seine Daten vom Eingabestrom, der entweder von der Standardeingabe oder von Dateien kommen kann, und arbeitet diese Daten Zeile für Zeile ab. Die Länge einer Zeichenkette ermitteln Sie wie folgt:

```
$ text="Hallo Welt"
$ echo $text | akw '{print length($zeichen)}'
10
```

In einem Shellskript wird `awk` meistens mit einer Kommandosubstitution verwenden. Ein Beispiel:

```
# Demonstriert das Kommando awk im Shellscript
# Name : countString
text="Hallo Welt"
laenge=`echo $text | awk '{print length($text)}'`
echo "$text enthaelt $laenge Zeichen"
```

Das Beispiel in der Ausführung:

```
$ ./countString
Hallo Welt enthaelt 10 Zeichen
```

Natürlich enthält `awk` noch eine Menge weiterer solcher Builtin-Stringfunktionen wie hier mit `length()`. Die folgende Tabelle listet einige dieser Funktionen auf:

Funktion	Beschreibung
tolower str	komplette Zeichenkette in Kleinbuchstaben
toupper str	komplette Zeichenkette in Großbuchstaben
index(str, substr)	Gibt die Position zurück, wo substr in str anfängt.
match(str, regexpr)	Überprüft, ob der reguläre Ausdruck regexpr in str enthalten ist.
substr(str, start, len)	Gibt einen Teilstring ab Position start mit der Länge len aus str zurück.
split(str, array, sep)	Teilt einen String in einzelne Felder auf und gibt diese an ein Array. sep dient dabei als Feldtrenner.
gsub(als, neu, str)	Ersetzt in str den String alt durch neu.
sub(alt, neu, str)	Ersetzt erstes Vorkommen von alt durch neu in str.
sprintf("fmt", expr)	Verwendet die printf-Formatbeschreibung für expr.

Tabelle 17.7 Builtin-Stringfunktionen für awk

Häufig wird awk auch als eigenes Skript ausgeführt. Hierzu muss nur die She-Bang-Zeile entsprechend angepasst werden. Das folgende Beispiel kann seine starke Ähnlichkeit zu C nicht verleugnen:

```
#!/usr/bin/awk -f
# Name :  argumente
 BEGIN   {
      print "Anzahl Argumente: ", ARGC;
      for (i=0; i < ARGC; i++)
          print i, ". Argument: ", ARGV[i];
}
```

Das awk-Skript wertet im Grunde nur die Argumente aus, die in der Kommandozeile eingegeben wurden:

```
$ chmod u+x argumente
$ ./argumente Hallo Welt
Anzahl Argumente:  3
0 . Argument:  awk
1 . Argument:  Hallo
2 . Argument:  Welt
```

17.9.3 Arrays (nur Bash und Korn-Shell)

Es ist auch möglich, eine geordnete Folge von Werten eines bestimmten Typs in einem Array zu speichern. Allerdings steht diese Möglichkeit nicht der Bourne-Shell (sh) zur Verfügung.

Einzelne Werte zuweisen

Das Zuweisen von einzelnen Werten funktioniert wie in C mit dem Feldindex (beginnend mit 0). Ein Beispiel:

```
$ array[0]=Hallo
$ array[1]=Welt
$ array[3]=Ende
```

Im Beispiel habe ich absichtlich das dritte Element mit dem Feldindex ausgelassen. Ein Array in der Shell darf also auch Lücken enthalten.

Eine Liste von Werten einem Array zuweisen

In der Praxis werden Sie in der Regel eine ganze Liste von Werten einem Array zuweisen wollen. Hierbei sind wiederum die beiden Shells (Bash und Korn-Shell) zu unterscheiden.

- *Bash* – Eine Zuweisung mehrerer Werte in der Bash können Sie wie folgt realisieren:

  ```
  $ array=(null eins zwei drei)
  ```

- *Korn-Shell* – Bei der Korn-Shell müssen Sie das Kommando `set` mit dem Schalter `-A` (für Array) verwenden, um eine ganze Liste von Werten zuweisen zu können:

  ```
  $ set -A array null eins zwei drei
  ```

Zugreifen auf die Elemente im Array

Auf einzelne Elemente im Array können Sie mit `${array[n]}` zugreifen, wobei `n` dem Feldindex entspricht, auf dessen Wert Sie im Array zugreifen wollen. Die geschweiften Klammern sind hier nötig, weil die Shell sonst anhand von `[]` ein Metazeichen erkennen würde. So sieht ein Zugriff auf das zweite Element mit dem Feldindex 1 im Array wie folgt aus:

```
$ echo ${array[1]}
eins
```

Wollen Sie hingegen gleich alle Elemente eines Array auf einmal ausgeben, so können Sie wie folgt vorgehen:

```
$ echo ${array[*]}
null eins zwei drei
```

Wie viele Elemente sich insgesamt im Array befinden, können Sie folgendermaßen ermitteln:

```
$ echo ${#array[*]}
4
```

Analog ermitteln Sie die Länge der Zeichenkette eines bestimmten Elements im Array, nur dass Sie hierbei den entsprechenden Feldindex des Elements angeben müssen:

```
$ echo ${#array[1]}
4
```

Array löschen

Um alle Elemente eines Arrays zu löschen, können Sie das Kommando `unset` verwenden. Ein Beispiel:

```
$ unset array
```

Dies funktioniert auch mit einzelnen Elementen eines Arrays. Folgendermaßen können Sie zum Beispiel das zweite Element mit dem Feldindex 1 aus dem Array entfernen:

```
$ unset ${array[1]}
$ echo ${array[*]}
null zwei drei
```

Die hier gezeigte Ausgabe soll aber nicht hinwegtäuschen, dass durch das Löschen eines Elements im Array eine Lücke entsteht. Das Array mit dem Feldindex 1 hat hier keinen Wert mehr, ist aber dennoch vorhanden und kann jederzeit mit einem neuen Wert versehen werden.

Kopieren Sie allerdings ein komplettes Array, ist diese Lücke nicht mehr vorhanden. Bei einer Kopie rücken alle Elemente vor der Lücke um mindestens eine Position vor (abhängig von der Größe der Lücke(n)).

Array kopieren

Ein komplettes Array können Sie ebenfalls kopieren. Allerdings gehen hierbei die Bash und die Korn-Shell wieder getrennte Wege. Mit der Bash kopieren Sie ein komplettes Array wie folgt:

```
$ array_kopie=(${array[*]})
```

Die Korn-Shell verwendet dazu wieder das Kommando `set`:

```
$ set -A array_kopie ${array[*]}
```

17.9.4 Variablen exportieren

Wie Sie bereits wissen, sind Variablen, die Sie in einem Shellskript definieren, nur zu dessen Ausführzeit gültig. Benötigen Sie Variablen für weitere Shellskripte oder für eine Subshell, so müssen Sie diese zuvor exportieren, etwa mit dem Kommando `export`. Ein Beispiel:

```
$ var=567
$ export var
```

In der Bash und in der Korn-Shell können Sie einen solchen Export auch gleich in einer Zeile durchführen:

```
$ export var=567
```

Zurücksetzen können Sie eine exportierte Variable natürlich auch nach wie vor mit dem Kommando `unset`.

Hinweis

Beim Exportieren einer Variablen wird intern ein Flag gesetzt. Dieses Flag können Sie in der Bash und der Korn-Shell auch direkt mit `typeset -x var` setzen, anstatt das Kommando `export` zu verwenden. Wollen Sie dieses Flag wieder entfernen, so müssen Sie lediglich `typeset +x var` angeben.

Variablen einer Shell für das Shellskript verwenden

Die einfachste Möglichkeit ist es, wenn Sie eine Variable in einer Shell definieren und darauf im Shellskript (der Subshell) zugreifen. Hier müssen Sie nur die Variable einmalig in der Shell exportieren – und schon steht diese Variable jedem aus dieser Shell gestarteten Shellskript zur Verfügung. Ein einfaches Shellskript sähe wie folgt aus:

```
# Script-Name: example_export
echo exmple_export [1]: $variable1
echo exmple_export [2]: $variable2
```

Die beiden Variablen `variable1` und `variable2` des Shellskripts wollen wir jetzt in der Shell definieren, aber nur eine Variable soll exportiert werden:

```
$ variable1=TESTWERT1
$ variable2=TESTWERT2
$ export variable1
$ ./example_export
exmple_export [1]: TESTWERT1
exmple_export [2]:
```

Anhand der Ausgabe des Shellskripts können Sie erkennen, dass die nicht exportierte Variable `variable2` nicht im Shellskript zur Verfügung steht.

Variablen eines Shellskripts für ein weiteres Shellskript verwenden

Wollen Sie Variablen, die Sie in einem Shellskript definiert haben, auch in einem weiteren Shellskript verwenden, das Sie aus dem Shellskript aufrufen, so müssen Sie diese Variable natürlich zuvor noch im aufrufenden Shellskript exportieren. Das Skript, das die Variablen definiert und ein weiteres Skript aufruft, sieht wie folgt aus:

```
# Script-Name: export_var
wichtig1=TEST1
wichtig2=TEST2
echo export_var: $wichtig1
echo export_var: $wichtig2
export wichtig2
./export_wichtig
echo export_var: $wichtig2
```

In diesem Skript wird jeweils die Variable `wichtig1` und die Variable `wichtig2` definiert und ausgegeben. Allerdings wird nur die Variable `wichtig2` exportiert, bevor das weitere Skript `export_wichtig` aufgerufen wird. Betrachten wir nun das Skript `export_wichtig`:

```
# Script-Name: export_wichtig
echo export_wichtig: $wichtig1
echo export_wichtig: $wichtig2
wichtig2=TEST666
echo export_wichtig: $wichtig2
```

Betrachten Sie nun die beiden Skripte bei der Ausführung:

```
$ ./export_var
export_var: TEST1
```

```
export_var: TEST2
export_wichtig:
export_wichtig: TEST2
export_wichtig: TEST666
export_var: TEST2
```

Bei der Ausgabe vom zweiten Skript (hier `export_wichtig`) können Sie erkennen, dass nur die exportierte Variable `wichtig2` ausgegeben wird. Die nicht exportierte Variable `wichtig1` bleibt nach wie vor nur dem ausführenden Shellskript bekannt. Wenn ein Shellskript ein weiteres Skript aufruft, wird also eine weitere Subshell gestartet – wie auch beim Aufruf eines Shellskripts von einer Login-Shell.

Zur Demonstration wurde hier auch im Shellskript `export_wichtig` die exportierte Variable `wichtig2` verändert. Anhand der Ausgabe von `export_var` am Ende können Sie allerdings sehen, dass diese Veränderung wiederum nur für die Subshell gilt. Die Variable des Elternprozesses lässt sich auf herkömmlichen Weg nicht verändern und bleibt unangetastet.

Variablen des Elternprozesses mit dem Punkte-Operator verändern

Wollen Sie trotzdem die Variablen des Elternprozesses verändern, müssen Sie das Shellskript ohne Subshell aufrufen. Wie dies geht, haben Sie bereits in Kapitel 17.5.2, Abschnitt »Shellskript ohne Subshell ausführen«, erfahren. Sie müssen lediglich vor dem aufrufenden Shellskript den Punkte-Operator oder den Builtin-Befehl `source` schreiben. Bezogen auf die Beispiele `export_var` und `export_wichtig` aus dem letzten Abschnitt müssen Sie lediglich den Aufruf im Shellskript `export_var` wie folgt ändern:

```
# Script-Name: export_var
wichtig1=TEST1
wichtig2=TEST2
echo export_var: $wichtig1
echo export_var: $wichtig2
# Shellscript ohne Sub-Shell aufrufen
. ./export_wichtig
echo export_var: $wichtig2
```

Hierbei können Sie auch gleich auf das Exportieren der Variable verzichten. Die Shellskripte bei der Ausführung:

```
$ ./export_var
export_var: TEST1
export_var: TEST2
export_wichtig: TEST1
export_wichtig: TEST2
export_wichtig: TEST666
export_var: TEST666
```

Bei der Ausführung der beiden Shellskripte erkennt jetzt auch das Skript `export_wichtig` die Variable `wichtig1`. Eine Veränderung der Variable `wichtig2` wirkt sich nun auch auf den Wert des aufrufenden Skripts aus. Allerdings verwenden wir hierbei keinen Elternprozess im eigentlichen Sinne.

Der Punkte-Operator wird jedoch eher dazu verwendet, Konfigurationsdateien einzulesen. Betrachten Sie hierzu das Beispiel der folgenden Konfigurationsdatei:

```
# myconf.conf
version=1.01
sprache=deutsch
modus=safe
...
```

Befindet sich diese Konfigurationsdatei nun im selben Verzeichnis wie das Skript, kann sie wie folgt eingelesen werden:

```
# Script-Name: simple_script
# Konfigurationsdatei einlesen
. myconf.conf
echo "Version: $version; Sprachen: $sprache; Modus: $modus"
...
```

Das Shellskript bei der Ausführung:

```
$ ./simple_script
Version: 1.01; Sprachen: deutsch; Modus: safe
```

Eine solche Variablen-Zuweisung ist in der Praxis häufiger anzutreffen, weil hiermit die Variablen vom eigentlichen Skript getrennt werden. Jetzt können Sie die Variablen der Konfigurationsdatei `myconf.conf` bei Bedarf ändern oder spezielle Versionen der Konfigurationsdatei bereitstellen.

Exportierte Variablen auflisten

Verwenden Sie das Kommando `export` ohne Argumente, so werden alle exportierten Variablen der aktuellen Shell aufgelistet. Bei der Bash und der Korn-Shell beinhaltet diese Liste unter anderem auch die Umgebungsvariablen, weil diese ebenfalls als exportiert markiert sind. In der Bash und in der Korn-Shell können Sie auch `typeset -x` angeben, um alle exportierten Variablen (inklusive der Umgebungsvariablen) zu betrachten.

17.9.5 Die Umgebungsvariablen (Shellvariablen)

Starten Sie ein neues Programm oder ein Shellskript, so steht diesem Programm ein Array von Zeichenketten mit von der Shell vordefinierten Umgebungsvariablen (auch als Shellvariablen bezeichnet; siehe auch Abschnitt 7.5) zur Verfügung. Im Grunde sind diese Umgebungsvariablen mit dem Kommando `export` bzw. `typeset -x` global definierte Variablen mit einem Eintrag in der Form von:

```
Variable=Wert
```

Trotzdem muss man hierbei eine Trennung zwischen den benutzerdefinierten Variablen und den von der Shell definierten (Umgebungs-)Variablen vornehmen. Zwar werden die Umgebungsvariablen der Shell in der Regel groß geschrieben (z. B. `HOME`), aber dies ist kein Standard.

Umgebungsvariablen haben die Funktion, das Verhalten der Shell und der Kommandos zu beeinflussen. In der Regel sollten Sie im Umgang mit Umgebungsvariablen vorsichtig sein, weil diese grundsätzlich jederzeit verändert werden können. Sie können sich in einem Shellskript nicht sicher darauf verlassen, dass schon der richtige Wert in der Umgebungsvariable liegen wird. Ein einfaches Beispiel hierzu:

```
$ backup=$HOME
$ echo $HOME
/home/user
$ HOME=/usr/bin
$ cd
$ pwd
/usr/bin
$ echo $HOME
/usr/bin
$ HOME=$backup
```

Im Beispiel wurde ohne großen Aufwand das Heimatverzeichnis des Anwenders verändert. Das bedeutet auch, dass ein Shellskript ebenfalls auf das manipulierte Heimatverzeichnis zugreifen wird, wenn die Umgebungsvariable `HOME` im Skript verwendet wird.

Einzig die alte Bourne-Shell (`sh`) führt diese automatische Exportierung von Umgebungsvariablen nicht durch und verwendet bei jeder neu gestarteten Shell die von der Ur-Shell vordefinierten Variablen. Hier müssen Sie, wenn gewünscht, eine veränderte Umgebungsvariable mit dem Kommando `export` exportieren.

Hinweis

Bei vielen dieser Variablen in der Bash oder der Korn-Shell handelt es sich um automatische Variablen (siehe nächster Abschnitt) und nicht direkt um Umgebungsvariablen. Im Gegensatz zu normalen Umgebungsvariablen werden solche automatischen Variablen ständig neu gesetzt.

Zusammengefasst sind Umgebungsvariablen von der Shell vordefinierte Variablen, für die dasselbe gilt wie für die benutzerdefinierten Variablen.

17.9.6 Auto-Variablen der Shell

Zu einem laufenden Shellskript stehen Ihnen eine Reihe von automatischen Variablen zur Information zur Verfügung. Wollen Sie etwa wissen, welche Prozessnummer die aktuelle Shell bzw. das Shellskript hat, können Sie dies mit folgender Variable ausgeben lassen:

```
$ echo $$
28132
```

Mit der automatischen Variable `$$` wird somit immer die aktuelle Prozesserkennung (PID) des laufenden Prozesses zurückgegeben. In der folgenden Tabelle finden Sie weitere solcher automatischer Variablen, die Ihnen zur Laufzeit eines Prozesses zur Verfügung stehen.

Auto-Variable	Beschreibung
`$0`	Name des Shellskripts (bzw. der aktiven Shell)
`$$`	Prozessnummer (PID) des Shellskripts
`$?`	Beendigungsstatus des zuletzt ausgeführten Prozesses (Kommando, Shellskript, etc.). Ist der Rückgabewert ungleich 0, ist in der Regel ein Fehler aufgetreten. Ein Rückgabewert von 0 deutet auf eine fehlerlose Ausführung hin.
`$!`	Prozessnummer des zuletzt gestarteten Hintergrundprozesses
`$1, $2, ... $n`	Argumente aus der Kommandozeile
`$*`	alle Argumente aus der Kommandozeile in einer Zeichenkette
`$@`	alle Argumente aus der Kommandozeile als ein Array von Zeichenketten
`$#`	Anzahl der Argumente in der Kommandozeile

Tabelle 17.8 Automatisch vordefinierte Variablen der Shell

In dem folgenden einfachen Beispiel kommen diese automatischen Variablen zum Einsatz:

```
# Script-Name: autovar
echo "Script-Name      :   $0"
echo "Prozessnummer    :   $$"
echo "Argument 1       :   $1"
echo "Alle Argumente   :   $*"
echo "Anzahl Argumente :   $#"
# Für den Beendigungsstatus als Demo
exit 99
```

Das Skript bei der Ausführung:

```
$ ./autovar Hallo Welt wie gehts
Script-Name      :   ./autovar
Prozessnummer    :   28623
Argument 1       :   Hallo
Alle Argumente   :   Hallo Welt wie gehts
Anzahl Argumente :   4
$ echo $?
99
```

Das Auswerten des Rückgabestatus mit der Variablen `$?` können Sie selbstverständlich auch für alle Kommandos der Shell oder auch für Ihre selbstgeschriebenen (C-)Programme verwenden (z. B. zu Debugging-Zwecken), um zu ermitteln, wo ein Fehler aufgetreten ist.

Neben den hier aufgelisteten automatischen Variablen finden Sie für die Bash und die Korn-Shell noch viele weitere automatische Variablen. Diese werden unter den Umgebungsvariablen aufgelistet. Im Unterschied zu den Umgebungsvariablen werden die automatischen Variablen aber ständig neu mit anderen Werten gesetzt. Einfachstes Beispiel ist hier die automatische Variable `RANDOM`, die bei jeder Ausgabe eine neue Pseudozufallszahl zwischen 0 und 32767 ausgibt. Ein Beispiel:

```
$ echo $RANDOM
24234
$ echo $RANDOM
12342
```

17.10 Quotings

Quotings ist der Sammelbegriff für verschiedene Anführungszeichen (englisch: *quotes*). In einer Shell unterscheidet man zwischen Single Quotes ('), Double Quotes (") und Back Quotes (`).

17.10.1 Single und Double Quotings

Single und Double Quotings dienen in erster Linie zum Deaktivieren von Metazeichen (z. B. *). Ein einfaches Beispiel:

```
$ echo *** Shell: $SHELL ***
datei.csv Desktop Documents namen.txt public_html Shellbuch zusammen.txt Shell:
/bin/
bash expample.c example.h test.txt datei.csv Desktop Documents namen.txt public_
html Shellbuch zusammen.txt
...
```

Wegen des Metazeichens * werden hier alle Dateinamen und Verzeichnisse mehrmals ausgegeben. Lösen könnten Sie dieses Problem, indem Sie vor dem Metazeichen * jeweils ein Backslash setzen (z. B. *). Bei vielen Metazeichen ist dies allerdings eher kontraproduktiv und auf Dauer auch fehleranfällig.

Für solche Zwecke bietet es sich an, die Metazeichen zwischen Single- bzw. Double Quotings zu setzen. Ob Sie nun Single Quotings oder Double Quotings verwenden, hängt vom Anwendungsfall ab.

Single Quotings

Single Quotings sollten Sie verwenden, wenn Sie alle nur erdenklichen Meta- und Sonderzeichen ausschalten wollen. Dies schließt auch die Back Quotings (z. B. Kommandosubstitutionen) und das Backslash-Zeichen mit ein. Bezogen auf unser voriges Beispiel können Sie somit mit den Single Quotings alles im Klartext ausgeben. Ein Beispiel:

```
$ echo '*** Shell: $SHELL ***'
*** Shell: $SHELL ***
```

Double Quotings

Die Double Quotings sind hier nicht ganz so kategorisch wie die Single Quotings und schalten nur die Metazeichen (wie *) aus. Das Dollarzeichen für Variablen, das Backtick-Zeichen (Back Quotes) und das Backslash-Zeichen werden hingegen beim Double Quoting nicht ausgeschlossen und behandelt wie gewöhnlich. Ein Beispiel:

```
$ echo "*** Shell: $SHELL ***"
*** Shell: /bin/bash ***
```

Leerzeichen

Wollen Sie bei einer Ausgabe auch die Anzahl der Leerzeichen verwenden, die Sie tatsächlich angegeben haben, müssen Sie diesen Text zwischen Single bzw. Double Quotings stellen. Der

Grund ist einfach, dass auch die Leerzeichen eine Bedeutung in einer Shell haben. Leerzeichen stehen gewöhnlich als Trennzeichen zwischen zwei Kommandos. Um diese Bedeutung zu lösen, müssen Sie Quotings einsetzen. Ob Sie hier Single oder Double Quotings verwenden, ist, wie gesagt, abhängig vom Anwendungsfall. Ein Beispiel:

```
$ echo Spalte1          Spalte2          Spalte3
Spalte1 Spalte2 Spalte3
$ echo "Spalte1          Spalte2          Spalte3"
Spalte1          Spalte2          Spalte3
```

Zeilenumbrüche

Auch beim Zeilenumbruch mit dem Backslash-Zeichen gelten die Regeln, die Sie bereits mit den Single und Double Quoting kennengelernt haben. Verwenden Sie das Backslash-Zeichen bei einem Zeilenwechsel mit Single Quotes, wird es außer Kraft gesetzt und wie ein normales Zeichen ausgegeben. Zwischen Double Quotings behält das Backslash-Zeichen nach wie vor seine Bedeutung bei der Ausgabe. Ein einfaches Beispiel dazu:

```
$ echo Zeilen-\
> umbruch
Zeilen-umbruch
$ echo 'Zeilen-\
> umbruch'
Zeilen-\
umbruch
$ echo "Zeilen-\
> umbruch"
Zeilen-umbruch
```

17.10.2 Kommandosubstitution (Back Quotes)

Eine **der** Funktionen schlechthin in einer Shell ist die Kommandosubstitution. Damit ist es möglich, das Rückgabeergebnis eines Kommandos in einer Variablen zu speichern. Die Kommandosubstitution kann auf zwei verschiedene Arten verwendet werden:

```
Variable=`Kommando`
Kommando `Kommando`
```

Mit der ersten Variante wird die Ausgabe von `Kommando` in einer `Variable` gespeichert. Bei der zweiten Version wird die Ausgabe eines `Kommando` für ein weiteres `Kommando` verwendet. Solche Kommandosubstitutionen werden immer zwischen Back Quotes (``) eingeschlossen. Ein einfaches Beispiel hierzu:

```
$ tag=`date +%A`
$ echo $tag
Samstag
```

Damit Sie die Kommandosubstitution möglichst effektiv einsetzen können, sollten Sie mit den Linux-Unix-Kommandos vertraut sein. Hierzu ein einfaches Shellskript:

```
# Script-Name: cmdsub
verzeichnis=`pwd`
```

```
count=`ls -l | wc -l`
datum=`date +%d-%m-%Y`

echo "Datum: $datum"
echo "Im Verzeichnis $verzeichnis befinden \
sich $count Dateien"
```

Das Shellskript bei der Ausführung:

```
$ ./cmdsub
Datum: 12-02-2009
Im Verzeichnis /home/user befinden sich 39 Dateien
```

Wenn Sie die zweite Version der Kommandosubstitution verwenden, können Sie bei dem Shellskript `cmdsub` auf die drei Variablen ganz verzichten und dieses Kommando innerhalb des Kommandos `echo` ausführen. Das Kommando `echo` verwendet hierbei den Rückgabewert eines anderen Kommandos. Bezogen auf unser Shellskript sieht dies wie folgt aus:

```
# Script-Name: cmdsub2
echo "Datum: `date +%d-%m-%Y`"
echo "Im Verzeichnis $verzeichnis `pwd` befinden \
sich `ls -l | wc -l` Dateien"
```

Die Ausgabe des Shellskripts `cmdsub2` entspricht exakt der Ausgabe vom Beispiel `cmdsub` zuvor.

Hinweis
Wie bei einer Pipe geht auch bei einer Kommandosubstitution die Fehlermeldung verloren.

Erweiterte Syntax (nur Bash und Korn-Shell)

Bash und Korn-Shell bieten neben den Back Quotes mit `$(...)` noch eine andere Syntax an, die sich zwar etwas einfacher lesen lässt, aber sonst keine Vorteile gegenüber den Back Quotes besitzt. Anstatt die Back Quotes wie folgt zu verwenden:

```
$ echo "Datum: `date +%d-%m-%Y`"
Datum: 12-02-2009
```

können Sie sie auch folgendermaßen verwenden:

```
$ echo "Datum: $(date +%d-%m-%Y)"
Datum: 12-02-2009
```

17.11 Kommandozeilenargumente

Mit der Übergabe von Argumenten an ein Shellskript wird dieses wesentlich flexibler und vielseitiger. Gerade für die Angabe von Datei- und Verzeichnisnamen, die das Shellskript abarbeiten soll, sind Argumente unverzichtbar.

17.11.1 Kommandozeilenparameter $1 bis $9

Die Kommandozeilenparameter haben Sie bereits kurz bei den automatischen Variablen (Abschnitt 17.9.6) kennengelernt. Diese Variablen werden auch Positionsparameter genannt. Darin finden Sie die Argumente der Kommandozeile in einzelne Teilstrings zerlegt. Standardmäßig werden diese Strings anhand eines Leerzeichens getrennt. Dies könnte man allerdings theoretisch mit der Variablen `IFS` (siehe Kapitel 17.13.2, Abschnitt »Die Variable IFS«) ändern. Den Skriptnamen selbst finden Sie im Positionsparameter `$0`. Hierzu ein einfaches Beispiel:

```
# Beachtet die ersten vier Argumente der Kommandozeile
# Name: arguments
echo "Erstes Argument  : $1"
echo "Zweites Argument : $2"
echo "Drittes Argument : $3"
echo "Viertes Argument : $4"
```

Das Skript bei der Ausführung:

```
$ ./arguments
Erstes Argument  :
Zweites Argument :
Drittes Argument :
Viertes Argument :
$ ./arguments Hallo Welt wie geht es Dir
Erstes Argument  : Hallo
Zweites Argument : Welt
Drittes Argument : wie
Viertes Argument : geht
```

Bei weniger oder mehr Argumenten als angegeben werden diese Positionsparameter mit einem leeren String belegt. In der Praxis wird man allerdings auch hier die Anzahl der Parameter überprüfen.

Andere Syntax (nur Bash und Korn-Shell)

In der Bash und der Korn-Shell steht Ihnen noch eine andere Syntax zur Verfügung, um auf die einzelnen Argumente mit den Positionsparametern zuzugreifen. Der Vorteil hierbei ist, dass Sie hiermit auch Argumente jenseits von `$9` verwenden können. Sie müssen lediglich den Wert der Position in geschweifte Klammern setzen. Statt `$9` könnten Sie bei der Bash und bei der Korn-Shell also auch `${9}` verwenden, um auf das neunte Argument zuzugreifen. Auf das 30. Argument würden Sie analog mit `${30}` zugreifen.

Leerzeichen

Wie bereits erwähnt, werden die einzelnen Argumente in der Kommandozeile anhand des Werts in der Shellvariablen `IFS` getrennt. Standardmäßig ist dies das Leerzeichen, sofern man diesen Wert nicht verändert hat. Die folgende Eingabe enthält fünf Argumente:

```
$ ./script Jürgen von und zu Wolf
```

Soll das »von und zu Wolf« als ein einziges Argument behandelt werden, so müssen Sie dies zwischen Double Quotes stellen:

```
$ ./script Jürgen "von und zu Wolf"
```

Mit den Double Quotes haben Sie die Sonderstellung des Leerzeichens aufgehoben. Somit haben Sie jetzt nur noch zwei Argumente in der Kommandozeile.

17.11.2 Variable Anzahl von Parametern auswerten

Wenn Sie nicht genau wissen, wie viele Argumente eingegeben werden, können Sie die automatische Variable `$*` verwenden. Bei dieser Variable werden alle Argumente der Kommandozeile (ausgenommen der Skriptname = `$0`) als eine einzige Zeichenkette gespeichert. Ein einfaches Beispiel:

```
# Script-Name: varargumens
echo "Script-Name                  :  $0"
echo "Die restlichen Argumente     :  $*"
```

Das Skript bei der Ausführung:

```
$ ./varargumens Hallo Welt wie gehts
Script-Name                 :  ./varargumens
Die restlichen Argumente    :  Hallo Welt wie gehts
```

In der Praxis werden Sie diese variabel lange Zeichenkette wohl in ihre Einzelteile zerlegen wollen. Hierzu eignet sich hervorragend eine `for`-Schleife. Die `for`-Schleife wurde noch nicht behandelt (siehe Kapitel 17.12.8; Abschnitt »Die for-Schleife«) – trotzdem ein kurzes Beispiel schon an dieser Stelle:

```
# Name: varargumens2
for arg in $*
   do
      echo '> ' $arg ' <'
   done
```

Das Shellskript bei seiner Ausführung:

```
$ ./varargumens2 Hallo Welt wie gehts
> Hallo <
> Welt <
> wie <
> gehts <
```

17.11.3 Die Anzahl der Argumente überprüfen

Auch die automatische Variable `$#` haben Sie bereits kurz kennengelernt. Diese Variable enthält die Anzahl der Argumente ohne den Skriptaufruf. Sie eignet sich ideal, um die Anzahl der Argumente zu überprüfen, die in der Kommandozeile mitgegeben wurden. Dies ist sinnvoll bei Shellskripts, bei denen eine bestimmte Anzahl von Argumenten benötigt wird. Auch hier muss ich für ein Beispiel auf die `if`-Entscheidungsanweisung vorgreifen, die in Abschnitt 17.12.1, »Die if-Anweisung«, ausführlich beschrieben wird:

```
# Script-Name: check_arg
# Wurden weniger als zwei Argumente eingegeben?
if [ $# -lt 2 ]    # lt = lower then
   then
   echo "Mindestens zwei Argumente erforderlich ..."
   echo "$0 arg1 arg2 ... arg_n"
   exit 1
fi
echo "Anzahl erforderlicher Argumente erhalten"
```

Das Skript bei der Ausführung:

```
$ ./check_arg
Mindestens zwei Argumente erforderlich ...
./acheckarg arg1 arg2 ... arg_n
$ ./check_arg Hallo Welt
Anzahl erforderlicher Argumente erhalten
```

17.11.4 Der Befehl shift

Mit dem Befehl `shift` können Sie die Positionsparameter nach links verschieben. Ohne weitere Argumente bedeutet dies, dass der Inhalt von der Position `$2` nach `$1` geschoben wird. Befand sich an Position `$3` ebenfalls ein Argument, so erhält dieser Wert nun den Positionsparameter `$2` usw. Hiermit werden die Positionsparameter von links nach rechts gleichsam abgeschnitten, sodass irgendwann alle Argumente der Kommandozeile an der Position `$1` landen würden, wenn Sie `shift` immer wieder aufrufen. Sie können `shift` auch mit der Anzahl von Argumenten aufrufen, um wie viele Stellen verschoben werden soll. Natürlich beeinflusst jeder Aufruf von `shift` auch den Inhalt der Variablen von `$*` und `$#`. Das bedeutet: `$*` wird um einige Zeichen erleichtert und `$#` wird dekrementiert.

Im folgenden Beispiel wollen wir `shift` innerhalb einer `while`-Schleife (siehe Kapitel 17.12.8, Abschnitt »Die while-Schleife«) einsetzen, um wieder die Argumente der Kommandozeile abzuarbeiten. Auch hiermit ist eine variable Anzahl von Argumenten möglich.

```
# Name: varArguments3
while [ $# -ne 0 ]  # ne = not equal
do
    # Tue was mit $1 - hier eine einfach Ausgabe...
    echo $1
    shift       # weiterschieben ...
done
```

Das Skript bei der Ausführung:

```
$ ./varArguments3 Hallo Welt wie gehts
Hallo
Welt
wie
gehts
```

Sicherlich fragen Sie sich nun, wozu Sie bei einem Skript beliebig viele Argumente auswerten sollten. Am besten führen Sie unser Skript `varargument s3` einfach nochmals wie folgt aus:

```
$ ./varargument s3 /usr/include/*.h
/usr/include/af_vfs.h
/usr/include/aio.h
...
...
```

Durch die Datei-Expansion haben Sie hier auf einmal mehrere hundert Argumente, wie die Ausgaben auch bestätigen.

17.11.5 Argumente für die Kommandozeile setzen – set

Mit dem Kommando `set` ist es auch möglich, die Positionsparameter `$1` bis `$n` mit Werten zu belegen. Ein einfaches Beispiel:

```
$ set Hallo Welt
$ echo $1
Hallo
$ echo $2
Welt
$ echo $#
2
$ echo $*
Hallo Welt
```

Wie Sie im Beispiel sehen, wirkt sich das Setzen der Argumente auch auf die automatischen Variablen `$#` und `$*` aus. Allerdings liegt der Einsatz weniger in der Übergabe von Werten an die automatischen Variablen als bei der Zerlegung von Zeichenkette, die von einem Kommando (als Kommandosubstitution) zurückgegeben werden. Hierzu ein einfaches Beispiel:

```
$ date
So 11. Jan 03:34:47 EST 2009
$ set `date`
$ echo "Datum: $2$3 $6 / Uhrzeit: $4"
Datum: 11.Jan 2009 / Uhrzeit: 03:34:57
```

Im Beispiel wurde das Kommando `date` als Argument in der Kommandozeile mit `set` gesetzt. Anhand der zuvor gemachten Ausgaben von `date` können Sie erkennen, dass dieses Kommando hier sechs Argumente (`$1` bis `$6`) enthält. Einzelne Argumente werden standardmäßig durch ein Leerzeichen (abhängig von der Shellvariable `IFS`) getrennt.

Was hier mit `date` gemacht wurde, können Sie selbstverständlich auch mit jedem beliebigen anderen Kommando durchführen. Hier ist es natürlich ein enormer Vorteil, mit dem Kommando vertraut zu sein. Beachten Sie außerdem, dass ein Kommando auf einem anderen System die Daten nicht in derselben Reihenfolge ausgeben muss.

Das folgende einfache Shellskript gibt die Login-Zeit eines angemeldeten Benutzers aus:

```
# Script-Name: login_time
if [ $# -ne 1 ]
```

```
then
   echo "Verwendung $0 username"
   exit 1
fi

set `who | grep $1`

# Wurde Überhaupt etwas gefunden
if [ $# -lt 1 ]
then
   echo "Kein Üereinstimmung mit $1 gefunden"
   exit 0
fi

echo "($1) Login-Zeit: $4"
```

Das Skript bei der Ausführung:

```
$ who
user     tty1         2008-12-19 17:41
wolf     tty7         2008-12-19 17:15 (:0)
tom      pts/0        2009-01-10 02:33 (:0.0)
ben      pts/1        2009-01-07 12:37 (:0.0)
$ ./login_time wolf
(wolf) Login-Zeit: 17:15
```

Bei der Kommandosubstitution verwenden wir `grep`, um aus der Ausgabe von `who` nach dem Benutzer zu suchen, der als erstes Argument (`$1`) in der Kommandozeile eingeben wurde. Theoretisch würde auch Folgendes funktionieren:

```
$ login_time 12:*
(ben) Login-Zeit: 12:37
```

Hier wurde nach dem Benutzer gesucht, der sich irgendwann zwischen 12 Uhr und 12:59 Uhr angemeldet hat. Da es hierbei mehrere Ergebnisse geben könnte, ist es ratsam, dass Beispiel in einer Schleife auszuführen.

17.11.6 Kommandozeilenoptionen auswerten

Auch für die Kommandozeilenoptionen mit dem Minuszeichen, die Sie von vielen Linux-Unix-Kommandos her kennen (z. B. `ls -l`), können Sie mit `getopts` einen Befehl verwenden, der Ihnen diese Auswertung erheblich vereinfacht. Das folgende Beispiel demonstriert eine vereinfachte Methode zur Auswertung der Kommandozeilenoptionen.

```
# Script-Name: check_opt
while getopts abc:D: opt
do
   case $opt in
       a) echo "Option a";;
       b) echo "Option b";;
```

```
        c) echo "Option c : ($OPTARG)";;
        D) echo "Option D : ($OPTARG)";;
    esac
done
```

Bei diesem Beispiel wurden eine Schleife und eine case-Konstruktion verwendet, die allerdings erst im nächsten Abschnitt behandelt wird. Wird getopts in der Schleife aufgerufen, so wird zunächst überprüft, ob es überhaupt eine Kommandozeilenoption mit einem Minuszeichen gibt. Gibt es keine solche Option, fährt das Skript mit der Programmausführung hinter der Schleife fort.

Wurde eine Option gefunden, wird überprüft, ob es sich um eine vorhandene Option handelt. Im Beispiel haben wir hierfür die Buchstaben »abc:D:« eingerichtet. Enthält die Kommandozeilenoption einen dieser Buchstaben, so wird dieser der Variablen opt übergeben, und diese Variable wiederum wird in der folgenden case-Konstruktion ausgewertet.

Wenn Sie für bestimmte Optionen zusätzliche Argumente (wie zum Beispiel einen Dateinamen) benötigen, müssen Sie nur einen Doppelpunkt hinter dem Buchstaben setzen. Im Beispiel ist dies bei den Buchstaben c und D der Fall. Das Argument wird dann in der Shellvariablen OPTARG gespeichert.

Die while-Schleife wird hierbei so oft durchlaufen, bis getopts einen Wert ungleich 0 zurückliefert, was bedeutet, dass keine Optionen (mehr) gefunden wurden, alle Argumente abgearbeitet sind oder ein Fehler aufgetreten ist. Falsche Argumente wertet getopts ebenfalls aus und gibt eine entsprechende Fehlermeldung aus. Das Skript bei der Ausführung sieht wie folgt aus:

```
$ check_opt -a
Option a
$ check_opt -b
Option b
$ check_opt -c
./check_opt: option requires an argument - c
$ check_opt -c Hallo
Option c (Hallo)
$ check_opt -ab
Option a
Option b
$ check_opt -ba
Option b
Option a
$ check_opt -abD Welt
Option a
Option b
Option D (Welt)
$ check_opt -a -c Hallo -D Welt
Option a
Option c (Hallo)
Option D (Welt)
```

```
$ check_opt -x
./check_opt: illegal option -- x
```

Die Ausführung verdeutlicht, wie vielseitig `getopts` ist. Allerdings muss mindestens eine Option vor dem Argument stehen. Stehen alle Optionen hinter den Argumenten, so funktioniert der Befehl nicht.

17.12 Kontrollstrukturen

Wie es sich für eine echte Programmiersprache gehört, unterstützt auch die Shell verschiedene Kontrollstrukturen wie Entscheidungsverzweigungen und Schleifen. Da ich davon ausgehe, dass Sie gute Kenntnisse in einer Programmiersprache wie C haben, erspare ich mir an dieser Stelle eine umfangreiche Einführung und komme gleich auf den Punkt

17.12.1 Die if-Anweisung

Das Konstrukt für die `if`-Anweisung sieht in der Shellprogrammierung wie folgt aus:

```
if Kommando
then
   # Kommando erfolgreich
fi
```

Wenn die Überprüfung von `Kommando` erfolgreich verlaufen ist (Rückgabewert: 0), werden die Befehle zwischen `then` und `fi` (rückwärtsgeschriebenes `if`) ausgeführt. War die Ausführung von Kommandos fehlerhaft, wird die Verzweigung übersprungen und das Shellskript fährt hinter `fi` mit der Ausführung fort.

Natürlich können Sie mit `if` nicht nur Kommandos, sondern auch Bedingungen testen. Hierfür wird dann folgende Syntax verwendet:

```
if [ Bedingung ]

then

   # Bedingung ist wahr

fi
```

Bei der sich öffnenden eckigen (`[`) Klammer handelt es sich übrigens in der Tat um ein ausführbares Binary (und nicht um eine andere Schreibweise vom Kommando `test`), das die Parameter zwischen den eckigen Klammern auswertet. Geben Sie einfach `which [` in der Kommandozeile ein und Sie werden verstehen, was ich meine.

Noch ein Hinweis zum Codestil: Selbstverständlich können Sie die `if`-Anweisung auch in einer Kommandozeile eingeben. Allerdings müssen Sie hierbei Semikolons zur Trennung verwenden:

```
if [ bedingung ]; then kommando(s); fi
```

Kommandoausführung überprüfen

Das folgende einfache Shellskript testet das Kommando `grep` auf eine erfolgreiche Ausführung. Hierzu suchen wir einfach in allen Dateien des Heimatverzeichnisses nach einer bestimmten Zeichenfolge. Alle Dateien, die diese Zeichenfolge enthalten, werden ausgegeben.

```
# Script-Name: seach_files
if grep -l "$1" $HOME/*.*
then
   echo "Suche nach $1 war erfolgreich"
   exit 0;
fi
echo "Suche nach $1 war erfolglos"
```

Das Skript bei der Ausführung:

```
$ ./search_files int
/home/user/hallo.cc
/home/user/hello_allegro.c
/home/user/hello_gl.c
/home/user/main.cpp
...
Suche nach int war erfolgreich
$ ./endless blabla
Suche nach blabla war erfolglos
```

Wollen Sie die Standardausgabe von `grep` ausschalten, können Sie diese ohne Weiteres ins Datengrab `/dev/null` umleiten:

```
if grep -l "$1" $HOME/*.* > /dev/null
```

Soll auch noch die Fehlerausgabe unterdrückt werden, so erweitern Sie das Skript noch um `2>&1`:

```
if grep -l "$1" $HOME/*.* > /dev/null 2>&1
```

Kommandoausführungen mit Pipes überprüfen

Natürlich können Sie bei einer `if`-Abfrage auch die Kommandos über Pipes verketten. Das folgende einfache Shellskript überprüft in der `if`-Abfrage mittels `who` und `grep`, ob ein bestimmter Benutzer auf dem System angemeldet ist.

```
# Script-Name: seach_user
if who | grep $1 | wc -l
then
   echo "User $1 ist auf dem System eingeloggt"
   exit 0;
fi
echo "User $1 ist nicht auf dem System eingeloggt"
```

Das Skript bei der Ausführung:

```
$ ./search_user wolf
User wolf ist auf dem System eingeloggt
$ ./search_user geisslein
User geisslein ist nicht auf dem System eingeloggt
```

Ein Problem gibt es bei der Verkettung von Kommandos über Pipes allerdings: Wenn Sie zum Beispiel das Shellskript ohne ein Argument aufrufen, wird trotzdem ein vorhandener User auf dem System gefunden:

```
$ ./search_user
Aufruf: grep [OPTION]... MUSTER [DATEI]...
»grep --help« gibt Ihnen mehr Informationen.
User  ist auf dem System eingeloggt
```

Ursache hierfür ist, dass unsere `if`-Anweisung immer den Rückgabestatus des zuletzt ausgeführten Kommandos in der Kette enthält. In diesem Fall ist dies die Ausführung des Kommandos `wc -l`, das keinen Fehler produzierte und eben 0 zurückgab.

Um solche Fehler aufzudecken, müssen Sie den Pipe-Status auswerten. Hierzu gibt es beispielsweise die Shellvariable `PIPESTATUS`. Allerdings hat diese Variable den Nachteil, dass sie *nur bei der Bash vorhanden* ist. Genau genommen handelt es sich bei dieser Shellvariablen um ein Array mit dem Exit-Status des zuletzt ausgeführten Kommandos. Der Rückgabewert des ersten Befehls steht in `${PIPESTATUS[0]}`, der des zweiten in `${PIPESTATUS[1]}`, der des dritten in `${PIPESTATUS[2]}` usw. Die Anzahl der Befehle, die in einer Pipe ausgeführt wurden, enthält `${#PIPESTATUS[*]}`. Alle Rückgabewerte (getrennt durch Leerzeichen) erhalten Sie mit `${PIPESTATUS[*]}`. Ein Rückgabewert ungleich Null bedeutet immer, dass bei der Ausführung des Kommandos ein Fehler aufgetreten ist. Siehe hierzu beispielsweise die Verwendung in der Kommandozeile:

```
$ who | grep | wc -l
Aufruf: grep [OPTION]... MUSTER [DATEI]...
»grep --help« gibt Ihnen mehr Informationen.
0
$ echo ${PIPESTATUS[*]}
142 2 0
$ who | grep wolf | wc -l
1
$ echo ${PIPESTATUS[*]}
0 0 0
$ who | grep user | wc -x
"wc --help" gibt weitere Informationen.
$ echo ${PIPESTATUS[*]}
0 0 1
```

Die Verwendung von `PIPESTATUS` ist sehr einfach und komfortabel, steht aber leider eben nur der Bash zur Verfügung.

Wenn Sie portabel sein müssen und ein Skript für alle Shells schreiben wollen, müssen Sie sich selbst eine Auswertung des Pipe-Status zusammenbasteln. Dies funktioniert über die

Funktion eval und einigen Verknüpfungen und Umleitungen der Ausgabekanäle. Bei den Kommandos, deren Ausgabe in eine Pipe weitergeleitet wird, verknüpfen wir die Ausgaben mit einem neuen Kanal und leiten dorthin den Rückgabestatus der Variablen $?, ehe wir über die Pipe die eigentliche Ausgabe des Kommandos weitergeben. Das folgende Beispiel ist nicht eben schlicht und elegant, funktioniert dafür aber bei allen Shells:

```
# Script-Name: check_pipe
exec 3>&1 # Ausgabekanal für stdout
exec 4>&1 # Ausgabekanal für exit-Status

eval `
{
   {
      who
      echo exit1=$? >&4
   } | {
      grep $1
      echo exit2=$? >&4
   } | wc -l
} 4>&1 >&3
`
echo "Pipestatus:"
echo "who : $exit1"
echo "grep: $exit2"
echo "wc  : $?"
```

Das Shellskript bei der Ausführung:

```
$ ./check_pipe
Aufruf: grep [OPTION]... MUSTER [DATEI]...
»grep --help« gibt Ihnen mehr Informationen.
0
Pipestatus:
who : 0
grep: 2
wc  : 0
$ ./check_pipe hallo
0
Pipestatus:
who : 0
grep: 1
wc  : 0
$ ./check_pipe wolf
4
Pipestatus:
who : 0
grep: 0
wc  : 0
```

17.12.2 Die else-Alternative für die if-Verzweigung

Ebenso wie in C oder anderen Programmiersprachen, die ein `if`-Konstrukt beinhalten, finden Sie auch in der Shellprogrammierung eine alternative `else`-Verzweigung. Die Syntax in der Shellprogrammierung sieht dazu wie folgt aus:

```
if Kommando
then
   # Kommando erfolgreich
else
   # Kommando war nicht erfolgreich
fi
```

War die Ausführung von `Kommando` nicht erfolgreich, so geht die Programmausführung zwischen `else` und `fi` weiter. Auf ein Beispiel verzichte ich an dieser Stelle, da Sie in den folgenden Kapiteln noch viele Beispiele finden, die eine `else`-Alternative verwenden.

17.12.3 Mehrfache Alternative mit elif

Mit `elif` (C-Programmierern auch als `else if` bekannt) haben Sie auch die Möglichkeit, mehrere Kommandos oder Bedingungen zu testen. Die Syntax hierzu lautet:

```
if Kommando1
then
   # Kommando1 erfolgreich
elif Kommando2
then
   # Kommando2 erfolgreich
else
   # Kommando war nicht erfolgreich
fi
```

Gibt `Kommando1` von `if` den Wert 0 zurück, werden die Kommandos im folgenden `then`-Block ausgeführt. Anschließend wird mit der Ausführung des Shellskripts hinter `fi` fortgefahren. Gibt `if` vom `Kommando1` hingegen einen Wert ungleich 0 zurück, findet die Ausführung des Shellskripts bei der `elif`-Verzweigung statt. Liefert `Kommando2` von `elif` den Wert 0 zurück, werden die Befehle zum `elif` gehörenden `then`-Block ausgeführt. Gibt `Kommando2` von `elif` hingegen ebenfalls einen Wert ungleich 0 zurück, wird auf jeden Fall die Ausführung in der `else`-Alternative fortgeführt.

`else` ist hierbei natürlich optional und muss nicht verwendet werden. Natürlich können Sie noch viele weitere solcher `elif`-Verzweigungen einbauen. Sobald eines der Kommandos erfolgreich war, werden die Anweisungen im entsprechenden `then`-Zweig abgearbeitet. Allerdings sollten Sie bei sehr vielen `elif`-Konstrukten eher die `case`-Fallunterscheidung (siehe Abschnitt 17.12.7) verwenden.

Häufig möchte man überprüfen, ob ein bestimmtes Kommando auf dem System vorhanden ist, um dieses im Skript zu verwenden. Ein einfaches Beispiel hierzu wären die verschiedenen `grep`-Versionen. So gibt es neben dem Ur-`grep` auch noch erweiterte Versionen wie `egrep`, `fgrep` oder `rgrep`. Wollen Sie zum Beispiel in einem Shellskript `grep` mit regulären Ausdrücken zur Suche verwenden, so können Sie entweder grep mit der Option -E (z. B. grep -E regex Datei) oder egrep (*extended grep*) verwenden (z. B. egrep regex Datei). Wollen Sie hierbei bevorzugt egrep verwenden, so müssen Sie überprüfen, ob diese Version auf dem System vorhanden ist. Ansonsten müssen Sie auf grep zurückgreifen. Auch hier können Sie nicht mit hundertprozentiger Sicherheit feststellen, ob grep auf dem System installiert ist, weshalb wir auch dieses Kommando überprüfen wollen. Das entsprechende Shellskript sieht wie folgt aus:

```
# Script-Name: check_grep
if which egrep > /dev/null 2>&1
then
   echo "egrep ist auf dem System vorhanden"
   # Hier Kommandoausführung für egrep
elif which grep > /dev/null 2>&1
then
   echo "grep ist auf dem System vorhanden"
   # Hier Kommandoausführung für grep
else
   echo "Auf Ihrem System ist kein grep vorhanden"
   exit 1 # Mit einem Wert ungleich 0 beenden
fi
```

Das Shellskript bei der Ausführung:

```
$ ./check_grep
egrep ist auf dem System vorhanden
```

17.12.4 Das Kommando test

Bisher haben Sie für bedingte Anweisungen immer nur Kommandos zur Überprüfung verwendet. In der Tat ist es so, dass in der Shell die if-Verzweigungen eigentlich nur für Kommandos konzipiert wurde. Um auch andere Ausdrücke wie Zahlen oder Zeichenketten mithilfe von bedingten if-Anweisungen zu überprüfen, müssen Sie das test-Kommando verwenden. In der Syntaxbeschreibung von if haben Sie bereits eine symbolische Form von test mit der einleitenden eckigen Klammer ([) kennengelernt. Die symbolische Form von

```
if [ Ausdruck ]
then
   # Ausdruck ist wahr, der Rückgabewert ist 0
fi
```

ist somit im Grunde nichts anderes als die Version mit dem folgenden test-Kommando:

```
if test Ausdruck
then
   # Ausdruck ist wahr, der Rückgabewert ist 0
fi
```

Welche Schreibweise Sie verwenden, bleibt Ihnen überlassen. Beide Versionen geben bei einem korrekten Ausdruck den Wert 0 zurück. Dass nicht programmiertypisch 1 oder eben *true* für wahr zurückgegeben wird, liegt daran, dass auch test nur ein Kommando ist. Übrigens ist auch die eckige Klammer ein echtes Kommando (`which [`). Sie sollten außerdem beachten, dass der Befehl `test` bzw. `[]` zwischen den einzelnen Ausdrücken ein Leerzeichen erwartet.

Ganze Zahlen vergleichen

Zum Vergleichen ganzer Zahlen stehen Ihnen die in der Tabelle 17.9 aufgelisteten Operatoren zur Verfügung. In der Tabelle wurde nur die Verwendung mit der eckigen Klammerung berücksichtigt. Dasselbe funktioniert auch mit dem ausgeschriebenen `test`-Kommando.

Ausdruck	Bedeutung	Ist wahr (0) wenn...
`[ var1 -eq var2 ]`	**equal**	`var1` **gleich** `var2` **ist**
`[ var1 -ne var2 ]`	**not equal**	`var1` **ungleich** `var2` **ist**
`[ var1 -lt var2 ]`	**less than**	`var1` **kleiner als** `var2` **ist**
`[ var1 -gt var2 ]`	**greater than**	`var1` **größer als** `var2` **ist**
`[ var1 -le var2 ]`	**less equal**	`var1` **kleiner oder gleich** `var2` **ist**
`[ var1 -ge var2 ]`	**greater equal**	`var1` **größer oder gleich** `var2` **ist**

Tabelle 17.9 Ganze Zahlen mit test bzw. [ ] vergleichen

Dank der Ausdrücke `-eq`, `-ne`, `-lt`, `-gt`, `-le` und `-ge` wird hier übrigens immer tatsächlich auch ein numerischer Zahlenvergleich und kein Zeichenkettenvergleich durchgeführt. Das Kommando `test` versucht immer, zuerst die Werte in eine dezimale Zahl umzuwandeln. Ein einfaches Beispiel hierzu:

```
# Script-Name: compare_val
if [ $1 -eq $2 ]
then
   echo "$1 und $2 haben denselben dezimalen Wert"
else
   echo "$1 und $2 sind nicht gleich"
fi
```

Das Shellskript erwartet zwei Zahlenwerte zum Vergleichen von der Kommandozeile. Argument 1 (`$1`) und Argument 2 (`$2`) werden dann auf Gleichheit (`-eq`) überprüft. Das Skript bei der Ausführung:

```
$ ./compare_val 3 3
3 und 3 haben denselben dezimalen Wert
$ ./compare_val 3 33
3 und 33 sind nicht gleich
$ ./compare_val 00033 33
00033 und 33 haben denselben dezimalen Wert
$ ./compare_val 000033 033
000033 und 033 haben denselben dezimalen Wert
$ ./compare_val 000033 3033
000033 und 3033 sind nicht gleich
```

Anhand der Ausführung können Sie sehr gut erkennen, dass beispielsweise die Zeichenketten »00033« und »33« zuerst in die entsprechenden dezimalen Werte umgewandelt werden, bevor diese mit `-eq` verglichen werden.

Bash und Korn-Shell | Wer sich sicher sein kann, dass sein Shellskript in einer Bash oder einer Korn-Shell ausgeführt wird, der kann auch die Zahlen mit `let` oder in der anderen Schreibweise mit der doppelten Klammerung verwenden. Der Vorteil hierbei ist, dass Sie die bekannten Operatoren wie ==, !=, <, >, <= und >= verwenden können. So können Sie zum Beispiel anstatt mit `test`

```
if [ $var1 -lt $var2 ]
```

zu prüfen, ob `var1` kleiner als `var2` ist, mit `let` selbiges folgendermaßen durchführen:

```
if (( $var1 < $var ))
```

bzw.:

```
if let "$var1 < $var"
```

Anzahl der Argumente aus der Kommandozeile überprüfen

Was dem obigen Beispiel noch fehlt, ist eine Überprüfung auf die Anzahl der Argumente, was zugleich auch eine häufig verwendete Aktion des `test`-Kommandos bzw. von`[]` ist. Die Anzahl der Argumente finden Sie bekanntlich in der Variablen `$#`. Sie brauchen hierbei nur zu überprüfen, ob die Anzahl der Argumente nicht gleich (`-ne` = ***not equal***) dem gewünschten Wert ist, und gegebenenfalls mit einer entsprechenden Fehlermeldung zu reagieren.

```
# Script-Name: compare_val2
if [ $# -ne 2 ]
then
   echo "Verwendung: $0 Wert1 Wert2"
   echo "Sie müssen zwei Dezimalzahlen eingeben"
   exit 1
fi

if [ $1 -eq $2 ]
then
   echo "$1 und $2 haben denselben dezimalen Wert"
else
   echo "$1 und $2 sind nicht gleich"
fi
```

Das Skript bei seiner Ausführung:

```
$ ./compare_val2
Verwendung: ./ compare_val2 Wert1 Wert2
Sie müssen zwei Dezimalzahlen eingeben
$ ./compare_val2 43
Verwendung: ./compare_val2 Wert1 Wert2
Sie müssen zwei Dezimalzahlen eingeben
$ ./compare_val2 43 043
43 und 043 haben denselben dezimalen Wert
```

Zeichenketten vergleichen

Das Vergleichen von Zeichenketten funktioniert recht ähnlich wie zuvor am Beispiel der Dezimalzahlen mit `test` oder mit `[]` gezeigt. Anstelle von Zahlen übergeben Sie hier `test` eine Zeichenkette, einen Operanden und eine weitere Zeichenkette. Achten Sie wieder darauf, dass immer ein Leerzeichen zwischen den Elementen steht. Tabelle 17.10 listet die Operatoren auf, mit denen Sie Zeichenketten vergleichen können.

Ausdruck	Operator	Ist wahr (0) wenn...
`[ "var1" = "var2" ]`	`=`	`var1` gleich `var2` ist
`[ "var1" != "var2" ]`	`!=`	`var1` ungleich `var2` ist
`[ -z "var" ]`	`-z` (zero)	`var1` leer ist
`[ -n "var" ]`	`-n` (none-zero)	`var1` nicht leer ist

Tabelle 17.10 Zeichenketten mit test oder mit [ ] vergleichen

Auch wenn es nicht vorgeschrieben ist, empfiehlt es sich doch, bei einer Überprüfung von Zeichenketten mit `test` die Zeichenkette immer zwischen zwei doppelten Anführungszeichen (Double Quotes) zu stellen. Damit vermeiden Sie Fehler bei einem Vergleich von Variablen, die nicht existieren. Das folgende einfache Shellskript wertet zwei Argumente in Form einer Zeichenkette von der Kommandozeile aus:

```
# Script-Name: cmp_string
if [ $# -ne 2 ]
then
   echo "Verwendung: $0 Zeichenkette1 Zeichenkette2"
   exit 1
fi

if [ "$1" = "$2" ]
then
   echo "Die beiden Zeichenketten sind gleich ($1/$2)"
else
   echo "Die beiden Zeichenketten sind nicht gleich ($1/$2)"
fi

if [ -z "$1" ]
then
   echo "Arugment 1 ist leer"
fi

if [ -z "$2" ]
then
   echo "Argument 2 ist leer"
fi
```

Das Shellskript bei der Ausführung:

```
$ ./cmp_string
Verwendung: ./endless Zeichenkette1 Zeichenkette2
```

```
$ ./cmp_string hallo welt
Die beiden Zeichenketten sind nicht gleich (hallo/welt)
$ ./cmp_string hallo hallo
Die beiden Zeichenketten sind gleich (hallo/hallo)
$ ./cmp_string hallo "hallo"
Die beiden Zeichenketten sind gleich (hallo/hallo)
$ ./cmp_string hallo ""
Die beiden Zeichenketten sind nicht gleich (hallo/)
Argument 2 ist leer
$ ./cmp_string 1.32 1.32
Die beiden Zeichenketten sind gleich (1.32/1.32)
```

Bash und Korn-Shell | Sollten Sie Ihr Skript in einer Bash oder einer Korn-Shell ausführen, stehen Ihnen neben den hier gezeigten Operatoren auch noch weitere Vergleiche von Zeichenketten mit den Operatoren > und < (für Vergleiche von lexikografischer Anordnung) zur Verfügung. Außerdem können Sie hierbei auch die Gleichheitsüberprüfung von zwei Variablen mit dem gewohnten Operator == statt mit dem Operator = durchführen. Des Weiteren stehen Ihnen hierbei auch noch echte Mustervergleiche mit den bekannten Metazeichen `*`, `?` und `[]` zur Verfügung.

Die Verwendung unterscheidet sich geringfügig von der Bourne-Shell: Den Ausdruck müssen Sie hier zwischen doppelte eckige Klammern stellen, im Übrigen gilt dasselbe wie zuvor beschrieben. Ein Beispiel:

```
# Lexikografischer Vergleich
if [[ "$var1" > "$var2" ]]
```

Ein Mustervergleich:

```
# Hat Argument 1 die Endung *.txt?
if [[ "$1" == *.txt ]]
```

17.12.5 Dateistatus ermitteln

Wenn Sie Informationen zu einer Datei benötigen wie den Dateityp, die Zugriffsrechte oder die charakteristischen Eigenschaften, so bietet Ihnen das Kommando `test` auch hierzu vielfältige Operatoren an. Die Verwendung dieser Operatoren ist denkbar einfach:

```
if [ -operator Datei ]
then
   ...
fi
```

Dem `operator` folgt immer ein Datei- oder Verzeichnisname. In den Tabellen 17.11 bis 17.13 finden Sie alle möglichen Operatoren, die Sie hierfür verwenden können.

Operator	Beschreibung
`-b DATEI`	Datei existiert und ist eine Gerätedatei (block special device).
`-c DATEI`	Datei existiert und ist eine Gerätedatei (character special file).

Tabelle 17.11 Testen des Dateityps

Operator	Beschreibung
`-d DATEI`	Datei existiert und ist ein Verzeichnis.
`-f DATEI`	Datei existiert und ist eine normale Datei.
`-h DATEI`	Datei existiert und ist ein symbolischer Link.
`-L DATEI`	Siehe wie `-h`.
`-p DATEI`	Datei existiert und ist eine benannte Pipe (named pipe).
`-S DATEI`	Datei exitiert und ist ein (Unix-Domain-)Socket.
`-t [FD]`	Der File-Deskriptor FD ist auf demselben Terminal geöffnet.

Tabelle 17.11 Testen des Dateityps (Forts.)

Operator	Beschreibung
`-g DATEI`	Datei existiert und das setgid-Bit ist gesetzt.
`-k DATEI`	Datei existiert und das sticky-Bit ist gesetzt.
`-r DATEI`	Datei existiert und ist lesbar.
`-u DATEI`	Datei existiert und das setuid-Bit ist gesetzt.
`-w DATEI`	Datei existiert und ist beschreibbar.
`-x DATEI`	Datei existiert und ist ausführbar.
`-O DATEI`	Datei existiert und der Benutzer des Skripts ist der Eigentümer der Datei.
`-G DATEI`	Datei existiert und der Benutzer des Skripts hatte dieselbe Gruppen-ID (GID) wie die Datei.

Tabelle 17.12 Testen der Zugriffsrechte

Operator	Beschreibung
`-e DATEI`	Die Datei existiert.
`-s DATEI`	Die Datei existiert und ist nicht leer.
`DATEI1 -ef DATEI2`	Datei1 und Datei2 haben dieselben Geräte- und Inodenummer (und sind somit Hardlinks).
`DATEI1 -nt DATEI2`	Datei1 hat ein neueres Modifikationsdatum als Datei2.
`DATEI1 -ot DATEI2`	Datei1 hat ein älteres Modifikationsdatum als Datei2.

Tabelle 17.13 Testen von charakteristischen Eigenschaften

Zur Demonstration zeige ich Ihnen ein einfaches Beispielprogramm, mit dem Sie überprüfen, ob es sich beim ersten Argument um eine Datei oder um ein Verzeichnis handelt – und ob diese Datei / dieses Verzeichnis überhaupt existiert.

```
# Script-Name: filetester
if [ $# -ne 1 ]
then
   echo "Verwendung: $0 Datei/Verzeichnis"
   exit 1
fi
```

```
if [ -e "$1" ]
then
   if [ -d "$1" ]
   then
      echo "$1 ist ein Verzeichnis"
   elif [ -f "$1" ]
   then
      echo "$1 ist eine normale Datei"
   fi
else
   echo "$1 existiert nicht"
fi
```

Das Skript bei der Ausführung:

```
$ ./filetester
Verwendung: ./filetester Datei/Verzeichnis
$ ./filetester we.txt
we.txt ist eine normale Datei
$ ./filetester test
test ist ein Verzeichnis
$ ./filetester asdf
asdf existiert nicht
```

17.12.6 Ausdrücke logisch verknüpfen

Selbstverständlich unterstützt die Shell auch logische Operatoren wie das logische UND, das logische ODER oder eine Negation, um mehrere Bedingungen miteinander zu verknüpfen. Die in der Tabelle 17.14 aufgeführten logischen Operatoren stehen allen Shells zur Verfügung.

Operator	Ist wahr (0), wenn
`ausdruck1 -a ausdruck2`	`ausdruck1` und `ausdruck2` wahr sind.
`ausdruck1 -o ausdruck2`	`ausdruck1` oder `ausdruck2` wahr ist.
`!ausdruck`	`ausdruck` falsch ist.

Tabelle 17.14 Logische Operatoren

Die Bash und die Korn-Shell bieten alternativ den logischen UND-Operator in der Form von `&&` (statt `-a`) und den ODER-Operator mit `||` (statt `-o`) an. Beachten Sie aber, dass Sie bei der Bourne-Shell den Negationsoperator `!` nicht außerhalb des `test`-Kommandos verwenden können. Das folgende einfache Beispiel verdeutlicht die logischen Operatoren in einem Shellskript:

```
# Script-Name: createfile
if [ $# -lt 1 ]
then
   echo "Verwendung: $0 DATEI/VERZEICHNIS"
   exit 1
```

```
fi

# Existiert bereits ein Verzeichnis ODER eine Datei mit dem Namen
if [ -f "$1" -o -d "$1" ]
then
   echo "$1 ist bereits als Verzeichnis oder Datei vorhanden"
   exit 0
fi

# Datei anlegen
touch $1
# Überprüfen ob Datei jetzt existiert
if [ ! -e "$1" ]
then
   echo "Konnte die Datei $1 nicht anlegen"
   exit 1
else
   echo "Datei $1 erfolgreich angelegt"
fi
```

Das Shellskript bei der Ausführung:

```
$ ./createfile
Verwendung: ./createfile DATEI/VERZEICHNIS
$ ./createfile examples
examples ist bereits als Verzeichnis oder Datei vorhanden
$ ./createfile test.file
Datei test.file erfolgreich angelegt
```

In der Bash oder Korn-Shell kann die logische ODER-Verknüpfung hingegen wie folgt aussehen:

```
if [ -f "$1" ] || [ -d "$1" ]
```

Eine weitere nützliche Anwendung der logischen Operatoren ist das Überprüfen eines bestimmten Wertebereichs, wie zum Beispiel:

```
# Wert zwischen 1 und 10 (Bourne-Shell)
if [ $number -gt 0 -a $number -lt 11 ]
...
# Wert zwischen 1 und 10 (Bash und Korn-Shell)
if (( $number > 0 )) && (( $number < 11 ))
```

Nützlich ist auch ein Überprüfen der Eingabe des Anwenders – etwa ob dieser etwas mit »Ja« oder »Nein« bestätigt hat:

```
# j, ja oder n, nein (Bourne-Shell-Version)
if [ $answer = "j" -o $answer = "ja" ]
...
if [ $answer = "n" -o $answer = "nein" ]
...
...
# ... oder die Bash bzw. Korn-Shell-Syntax
```

```
if [[ $answer == "j" ]] || [[ $answer == "ja" ]]
...
if [[ $answer == "n" ]] || [[ $answer == "nein" ]]
```

Natürlich ist es hiermit auch möglich, mehr als nur zwei logische Verknüpfungen auf einmal zu erstellen.

Ergebnisabhängige Befehlsausführung

Die logischen Operatoren lassen sich nicht nur zum Verknüpfen von Ausdrücken verwenden, sondern werden sehr gerne auch zur logischen Verknüpfung von Anweisungen verwendet. Ein einfaches Beispiel für die Kommandozeile wäre:

```
$ [ -w testfile.txt ] && pico testfile.txt
```

In diesem Beispiel testen Sie, ob die Datei `testfile.txt` existiert und beschreibbar ist. Ist dies der Fall, wird sie mit dem Editor `pico` geöffnet. Soll eine Datei nur dann gelöscht werden, wenn sie leer ist, können Sie dies wie folgt verknüpfen:

```
$ [ ! -s testfile.txt ] && rm testfile.txt
```

Hiermit wird die Datei `testfile.txt` nur dann gelöscht, wenn sie existiert und nicht (`!`) leer ist (`-s`).

Mit dem Verknüpfen von Befehlen können Sie außerdem `if`-Verzweigungen abkürzen. Anstatt folgende `if`-Verzweigung zu verwenden

```
if befehl1
then
   # befehl1 wurde erfolgreich ausgeführt
else
   befehl2
fi
```

kürzen Sie diese `if`-Verzweigung mit dem logischen ODER-Operator wie folgt ab:

```
befehl1 || befehl2
```

Ähnlich gehen Sie mit der folgenden `if`-Verzweigung um:

```
if befehl1
then
   befehl2
fi
```

Diese `if`-Verzweigung können Sie folgendermaßen mit dem UND-Operator abkürzen:

```
befehl1 && befehl2
```

In Shellskripts wird eine solche Befehlsverknüpfung gerne auch zum Beenden von Shellskripts eingesetzt. Ein Beispiel:

```
# Datei anlegen, wenn es nicht klappt, beenden
touch $file && [ -e $file ] || exit 1
...
```

17.12.7 Verzweigungen mit case

Wie Sie es bereits von C her mit `switch-case` kennen, gibt es in der Shellprogrammierung ein ähnliches `case`-Konstrukt, das als sinnvollere Alternative für mehrere `if-elif`-Verzweigungen verwendet werden kann. Die entsprechende Syntax sieht wie folgt aus:

```
case "$var" in
   muster1)   kommando
              ...
              kommando ;;
   muster2)   kommando
              ...
              kommando ;;
   mustern)   kommando
              ...
              kommando ;;
esac
```

Es wird nach dem Schlüsselwort `case` die Zeichenkette `var` mit den verschiedenen Mustern verglichen. Wurde ein Muster gefunden (z.B. `muster1`), werden die entsprechenden Kommandos dahinter ausgeführt. Abgeschlossen wird die `case`-Anweisung mit dem rückwärts geschriebenen `case` – `esac`.

Besonders wichtig sind in diesem Zusammenhang die doppelten Semikolons (`;;`) hinter dem letzten Kommando eines bestimmten Musters. Trifft die Shell bei der Programmausführung auf diese doppelten Semikolons, so wird aus der `case`-Verzweigung heraus gesprungen und die Ausführung hinter `esac` weitergeführt.

Auch die Muster müssen mit einer runden Klammer abgeschlossen werden, um sie von den folgenden Kommandos abzugrenzen. Bei dem Muster selbst können Sie auch Metazeichen wie `*`, `?` oder `[]` einsetzen. Bei der Bash und der Korn-Shell lassen sich hier auch Musteralternativen wie `*(...|...|...)`oder `@(...|...|...)` verwenden (worauf hier allerdings nicht näher eingegangen wird).

Ein einfaches Anwendungsbeispiel:

```
# Script-Name: agenda
day=`date +%a`
case "$day" in
   Mo) echo "Montag     : Festplatte saubermachen";;
   Di) echo "Dienstag   : Rechnungen erstellen";;
   Mi) echo "Mittwoch   : Backup machen";;
   Do) echo "Donnerstag : Dringendes nacharbeiten";;
   Fr) echo "Freitag    : Termine für Montag ausmachen";;
   Sa|So) echo "Samstag/Sonntag : Wochenende";;
esac
```

Das Shellskript bei der Ausführung:

```
$ ./agenda
Mittwoch   : Backup machen
```

Bei diesem Beispiel konnten Sie mit dem Muster Sa|So gleich sehen, wie Sie mit dem bitweisen ODER-Operator mehrere Vergleichsmuster auf einmal zur Überprüfung verwenden können.

Der Wert der Variablen nach dem case-Schlüsselwort muss nicht zwangsläufig eine Zeichenkette sein. Sie können hier auch einen Befehl verwenden, der eine Zeichenkette zurückliefert. Sie ahnen es sicher schon: Eine Kommandosubstitution kann Ihnen eine Extra-Variable ersparen:

```
case `date +%a` in
...
```

Wenn Sie auf der Suche nach einem default-Zweig sind, der immer ausgeführt wird, wenn kein Muster gefunden wurde, so können Sie hierfür einfach das Wildcard-Zeichen * verwenden. In unserem Beispiel könnten wir dieses Zeichen jederzeit am Samstag und Sonntag verwenden. Umgeschrieben auf unser Beispiel sieht dies wie folgt aus:

```
# Script-Name: agenda2
case `date +%a` in
   Mo|Mon) echo "Montag     : Festplatte saubermachen";;
   Di|Tue) echo "Dienstag   : Rechnungen erstellen";;
   Mi|Wed) echo "Mittwoch   : Backup machen";;
   Do|Thu) echo "Donnerstag : Dringendes nacharbeiten";;
   Fr|Fri) echo "Freitag    : Termine für Montag machen";;
   *)  echo "Samstag/Sonntag : Wochenende";;
esac
```

Im Beispiel wurde außerdem mithilfe eines alternativen Vergleichsmusters ein Skript erstellt, das sowohl die Ausgabe des deutschen als auch des englischen Wochentags von date akzeptiert.

Wer getopts nicht gern zur Auswertung der Optionen von der Kommandozeile verwendet, der kann natürlich auch die case-Verzweigung nutzen. In Verbindung mit dem Metazeichen [] können Sie hierbei auch Groß- und Kleinschreibung gleichermaßen beachten. Ein einfaches Beispiel hierzu:

```
# Script-Name: cmdoptionen
if [ $# -lt 1 ]
then
   echo "Fehler: $0 --help gibt weitere Informationen"
   exit 1
fi

case "$1" in
   -[hH]|--help|--hilfe|-\?)
       echo "Sie haben die Hilfe ausgewählt";;
   -[tT]|--test) echo "Sie haben Test ausgewählt";;
   -*) echo "Sie haben eine unbekannte Option ausgewählt";;
    *) echo "Sie haben keine Option ausgewählt";;
esac
```

Das Skript bei der Ausführung:

```
$ ./cmdoptionen
Fehler: ./cmdoptionen --help gibt weitere Informationen
$ ./cmdoptionen -help
Sie haben die Hilfe ausgewählt
$ ./cmdoptionen -?
Sie haben die Hilfe ausgewählt
$ ./cmdoptionen -h
Sie haben die Hilfe ausgewählt
$ ./cmdoptionen -t
Sie haben Test ausgewählt
$ ./cmdoptionen -x
Sie haben eine unbekannte Option ausgewählt
$ ./cmdoptionen asdf
Sie haben keine Option ausgewählt
```

17.12.8 Schleifen

Um bestimmte Arbeiten im Shellskript mehrmals zu wiederholen, stehen Ihnen auch hier Schleifen zur Verfügung. Neben den bekannten Schleifen wie `for` und `while` finden Sie hier auch mit `until` eine Art `do-while`-Schleife.

Die for-Schleife

Die Aufzählungsschleife `for` lässt sich sehr vielseitig in Shellskripten verwenden. Die gewöhnliche Syntax der Schleife sieht wie folgt aus:

```
for var in liste
do
   kommando1
   ...
   kommando_N
done
```

Die Funktion ist relativ leicht zu erklären: Vor dem Eintritt in die Schleife wird das erste Argument bzw. Wort der Parameterliste (`liste`) in die Variable `var` gelegt. Die Parameterliste besteht in der Regel aus einzelnen Argumenten bzw. Wörtern, die anhand der Shellvariablen `IFS` getrennt werden (standardmäßig ist dies das Leerzeichen). Anstelle einer kompletten Liste können somit natürlich auch einzelne Wörter direkt beim `for`-Konstrukt verwendet werden. Ein Beispiel:

```
for var in wort1 wort2 wort3 ...
do
   ...
done
```

Nachdem ein Argument oder ein Wort in die Variable `var` gelegt wurde, werden die Kommandos zwischen `do` und `done` ausgeführt. Wenn alle Kommandos ausgeführt wurden, beginnt der nächste Schleifendurchlauf. Der Vorgang wird so lange wiederholt, bis alle Elemente der Parameterliste abgearbeitet sind. Die Ausführung des Skripts wird dann hinter dem Schlüsselwort `done` weitergeführt.

Mit dem folgenden einfachen Beispiel werden alle Argumente der Kommandozeile abgearbeitet oder, wie in diesem Fall, ausgegeben:

```
# Script-Name: argumente
if [ $# -lt 1 ]
then
   echo "Fehler: $0 argument(e)"
   exit 1
fi

counter=0

for arg in "$@"
do
   counter=`expr $counter + 1`
   echo "$counter: $arg"
done
```

Das Skript bei der Ausführung:

```
$ ./argumente hallo welt wie gehts
1: hallo
2: welt
3: wie
4: gehts
```

Die Variable `$@` nimmt eine Sonderstellung ein. In der `for`-Schleife können Sie diese Variable weglassen. Im Beispiel des Skripts `argumente` würde Folgendes zum selben Ergebnis führen:

```
for arg
...
```

Auch die *Dateinamensubstitution* mit den Metazeichen `*`, `?` oder `[]` können Sie mit den `for`-Schleifen sinnvoll verwenden. Mit dem folgenden Skript werden beispielsweise alle Textdateien (mit der Endung `*.txt`) darauf überprüft, ob sie lesbar und/oder schreibbar sind:

```
# Script-Name: check_txtfiles
for datei in *.txt
do
   case "$datei" in
      *.txt) echo $datei
         [ -r $datei ] && echo "... ist lesbar"
         [ -w $datei ] && echo "... ist schreibbar";;
      *) echo "Keine Textdateien vorhanden";;
   esac
done
```

In dem Shellskript wurde außerdem noch eine `case`-Anweisung eingebaut, die sich auch gleich melden würde, wenn das Suchmuster `*.txt` in der `for`-Schleife nicht aufgelöst werden könnte, wenn also im Verzeichnis keine Textdatei vorhanden ist. Das Shellskript bei der Ausführung:

```
$ ./check_txtfiles
file.txt
... ist lesbar
... ist schreibbar
we.txt
... ist lesbar
file_cpy.txt
... ist schreibbar
```

Natürlich können Sie auch eine ganze Liste von Dateinamen-Substitutionen verwenden, zum Beispiel:

```
# Alle Dateien mit der Endung *.txt, *.c und *.cpp
for datei in *.txt *.c *.cpp
...
# Alle Logdateien von 1990 bis 1999
for datei in logfile199[0-9].log
...
# Nur versteckte Dateien
for datei in * .*
```

Selbstverständlich können Sie *Kommandosubstitutionen* auch als mächtiges Feature in der `for`-Schleife verwenden. Die Parameterliste kommt hierbei von einem Kommando, das Sie für die Substitution verwenden. Wie mächtig dies ist, zeigt das folgende Skript, mit dem wir alle JPG-Dateien vom `HOME`-Verzeichnis in ein neu angelegtes Verzeichnis kopieren. Hierbei werden auch gleich die Namen der Dateien neu durchnummeriert.

```
# Script-Name: backup_jpg
# Verzeichnis-Name
backupDIR=`date +%Y-%m-%d`_backup_jpg
# Überprüfen, ob bereits vorhanden
[ -e $backupDIR ] &&
   echo "$backupDIR existiert bereits" && exit 1
# Verzeichnis anlegen
mkdir $backupDIR

count=1

for datei in `find $HOME -name "*.jpg" -print 2>/dev/null`
do
   # Nur kopieren, wenn Leserechte vorhanden
   if [ -r $datei ]
   then
      cp $datei $backupDIR/pic${count}.jpg
      count=`expr $count + 1`
   fi
done
echo "$count Bilder nach $backupDIR kopiert"
```

Das Shellskript bei der Ausführung:

```
$ ./backup_jpg
571 Bilder nach 2009-01-14_backup_jpg kopiert
$ ls 2009-01-14*
pic100.jpg  pic187.jpg  pic272.jpg  pic358.jpg  pic443.jpg
pic101.jpg  pic188.jpg  pic273.jpg  pic359.jpg  pic444.jpg
pic102.jpg  pic189.jpg  pic274.jpg  pic35.jpg   pic445.jpg
pic103.jpg  pic18.jpg   pic275.jpg  pic360.jpg  pic446.jpg
pic104.jpg  pic190.jpg  pic276.jpg  pic361.jpg  pic447.jpg
...
```

Die Verarbeitung von *Arrays* mit der `for`-Schleife steht nur für die Bash und für die Korn-Shell zur Verfügung, da Arrays nur mit diesen Shells verwendet werden können. Der Zugriff auf die einzelnen Elemente in einer `for`-Schleife sieht wie folgt aus:

```
# Version: Korn-Shell (auskommentiert)
# set -A array 1 2 3 4 5 6 7 8 9
# Version: bash
array=( 1 2 3 4 5 6 7 8 9 )
# Alle Elemente im Array durchlaufen
for value in ${array[*]}
do
   echo $value
done
```

Die Bash bietet gar eine `for`-Schleife, deren Syntax an die Programmiersprache C erinnert und mit der Sie auch den Inkrement- und den Dekrementoperator verwenden können. Ein Beispiel:

```
# Argumente der Kommandozeile durchlaufen
array=( $* )
for((i=0; i<$#; i++))
do
   echo "Argument $i ist ${array[$i]}"
done
```

Die while-Schleife

Als zweite Schleife in der Shellprogrammierung können Sie die `while`-Schleife verwenden. Die Syntax der `while`-Schleife sieht wie folgt aus:

```
while [ bedingung ] # bzw. auch while kommando
do
   kommandos
   ...
done
```

Die Kommandos zwischen `do` und `done` werden hierbei so lange ausgeführt, bis die Bedingung oder das Kommando von `while` falsch bzw. unwahr (ungleich 0) ist. Wenn die Schleife beendet wird, wird mit der Ausführung hinter `done` fortgefahren.

Hauptsächlich wird die Schleife zum Durchlaufen eines Zahlenbereichs verwendet. Ein einfaches Beispiel hierzu:

```
# Script-Name: countdown
echo "Countdown:"
i=5
while [ $i -gt 0 ]
do
   echo $i
   sleep 1          # Eine Sekunde anhalten
   i=`expr $i - 1`
done
```

Das Skript bei der Ausführung:

```
$ ./countdown
5
4
3
2
1
```

Neben dem Durchlaufen eines Zahlenbereichs können Sie die `while`-Schleife aber durchaus auch für Benutzereingaben verwenden. Das folgende einfache Beispiel hierzu greift auf den Befehl `read` vor, der in Abschnitt 17.13.2 dargestellt wird:

```
# Scriptname: input
while [ "$eingabe" != "ende" ]
do

   echo "Eingabe machen (mit \"ende\" beenden):"
   read eingabe
done
echo "Script-Ende"
```

Das Skript bei der Ausführung:

```
$ ./input
Eingabe machen (mit "ende" beenden):
Hallo
Eingabe machen (mit "ende" beenden):
ende
Script-Ende
$
```

Die until-Schleife

Im Gegensatz zur `while`-Schleife wird die `until`-Schleife so lange ausgeführt, wie das Kommando oder die Bedingung von `until` einen Wert ungleich 0 zurückgibt. Solange also die Ausführung des Kommandos oder der Bedingung falsch ist, wird die Schleife ausgeführt. Das Gegenteil von `while` eben. Da sah es so aus:

```
while [ "$input" != "ende" ]
do
   ...
done
```

Mit der `until`-Schleife sieht derselbe Vorgang wie folgt aus:

```
until [ "$input" = "ende" ]
do
   ...
done
```

Im Prinzip könnten Sie das gleiche Beispiel auch mit der `while`-Schleife wie folgt erzielen:

```
while [ ! "$input" = "ende" ]
```

Bedenken Sie hierbei allerdings, dass der Negationsoperator (`!`) nur der Bash und der Korn-Shell zur Verfügung steht. Unter einer echten Bourne-Shell wäre diese Version nicht ausführbar.

Nützlich kann die `until`-Schleife sein, wenn Sie in Ihrem Skript ein Kommando benötigen, das nicht ganz so geläufig ist. Hierbei führen Sie das Skript einfach mit einer `until`-Schleife aus und holen das entsprechende Paket in der Schleife mit dem auf dem System vorhanden Paketmanager vom Netz ab. Ein theoretisches Beispiel zu einem möglichen Vorgehen sähe wie folgt aus (`paketname` sollten Sie durch ein echtes Paket ersetzen):

```
# Script-Name: use_command
# Solange paketnamen nicht vorhanden...
until paketname > /dev/null 2>&1
do
   sudo apt-get update
   sudo apt-get install paketname
done
# Jetzt können wir das Kommando verwenden
paketname
...
```

In diesem Beispiel wird davon ausgegangen, das APT (vorhanden beispielsweise unter Ubuntu, Debian, etc.) zum Aktualisieren und Installieren von Paketen verwendet wird. Auf anderen Systemen verwenden Sie einfach das entsprechende Paketeverwaltungswerkzeug.

Kontrollierte Sprünge mit continue und break

Um kontrollierte Sprünge innerhalb der Schleifen durchzuführen, stehen Ihnen auch hier die Funktionen `continue` und `break` zur Verfügung. Mit `continue` wird der aktuelle Schleifendurchlauf beendet und mit dem nächsten Schleifendurchlauf fortgefahren. Mit `break` wird eine Schleife beendet. Bei mehreren verschachtelten Schleifen wird die Innerste verlassen. Da Ihnen `break` und `continue` als C-Programmierer wohlbekannt sind, gehe ich hier nicht näher darauf ein.

Endlosschleife

Benötigen Sie eine Endlosschleife für ein Skript, um dieses zum Beispiel im Hintergrund auszuführen, so können Sie `true` bei `while` oder `false` bei `until` verwenden. Hierzu ein Beispiel:

```
while true  # gleich wie: while [ 0 ]
do
   ... # Kommandos
done
```

Dasselbe Beispiel mit `until`:

```
until false # gleich wie: until [ 1 ]
do
   ... # Kommandos
done
```

Solche Skripte mit Endlosschleifen sind zum Beispiel sinnvoll, wenn Sie bestimmte Dienste überwachen oder in gewissen Zeitabständen eine bestimmte Aktion durchführen wollen (z. B. mittels `sleep`). Treten hierbei Fehler auf, so können Sie die Schleife nach wie vor mit `break` oder das komplette Skript mit `exit` beenden.

17.13 Terminal-Eingabe und -Ausgabe

Als Programmierer sind Sie vermutlich recht vertraut mit der Bildschirmausgabe und Benutzereingaben. Für die Shellprogrammierung soll das Thema trotzdem noch einmal kurz rekapituliert werden.

17.13.1 Ausgabe

Zur Ausgabe auf dem Bildschirm gibt es mehrere Kommandos; die gängigsten stelle ich im Folgenden vor.

Der echo-Befehl

Der sicherlich bekannteste und am häufigsten verwendete Befehl zur Ausgabe ist `echo`. Diesem Befehl müssen Sie nur einzelne Argumente, getrennt mit einem Leerzeichen, übergeben. Abgeschlossen und ausgegeben werden diese Argumente dann mit einem Newline-Zeichen.

Ein häufiges Problem, dass beim Verwenden von `echo` gelöst werden muss, ist, das Newline-Zeichen zu unterdrücken – also keinen Zeilenvorschub auszulösen. Problematisch ist dies allerdings nur, wenn das Skript auf allen Shells laufen soll. So können Sie beispielsweise mit folgendem Skript das Newline-Zeichen in der Bourne- und der Korn-Shell unterdrücken:

```
# Script-Name: test_echo1
echo "Zeilenvorschub unterdrücken\c"
echo ":keine Zeilenvorschub"
```

Führen Sie dieses Skript in einer Bourne- oder Korn-Shell aus, so wird dank der Escape-Sequenz `\c` der Zeilenvorschub unterdrückt:

```
$ ./test_echo1
Zeilenvorschub unterdrücken:kein Zeilenvorschub
```

Die Bash allerdings kann mit der Escape-Sequenz gar nichts anfangen und gibt Folgendes aus:

```
$ ./test_echo1
Zeilenvorschub unterdrücken\c:
kein Zeilenvorschub
```

Damit auch die Bash diese Escape-Sequenz erkennt, können Sie die Option -e verwenden:

```
# Script-Name: test_echo2
echo -e "Zeilenvorschub unterdrücken\c"
echo ":keine Zeilenvorschub"
```

Leider stehen Sie nun wieder vor dem Problem, dass der echo-Befehl der Bourne-Shell keine Optionen kennt.

Als dritte Möglichkeit steht Ihnen für echo noch die Option -n zum Unterdrücken des Newline-Zeichens zur Verfügung. Mit dieser Option brauchen Sie dann auch keine Escape-Sequenz zu verwenden. Allerdings steht auch hier wieder die Bourne-Shell außen vor. In der folgenden Tabelle (17.15) finden Sie einen Überblick zur Unterdrückung eines Zeilenumbruchs in den verschiedenen Shells.

Shell	Newline unterdrücken
Bourne-Shell (sh)	nur die Escape-Sequenz \c
Korn-Shell (ksh)	die Escape-Sequenz \c (optional mit der Option -e) und die Option -n ohne Escape-Sequenz
Bourne-again-Shell (bash)	Kennt die Escape-Sequenz \c nur mit der Option -e und kennt auch die Option -n.

Tabelle 17.15 Unterdrücken des Newline-Zeichens

Neben der Escape-Sequenz \c unterstützt ein Kommando wie echo noch mehrere Sequenzen, die in der Tabelle 17.16 aufgelistet sind. Bedenken Sie dabei, dass Sie bei der Bash hierfür die Option -e verwenden müssen.

Escape-Sequenz	Bedeutung
\a	Alarm-Ton (Beep)
\b	Backspace; ein Zeichen zurück
\c	Continue; das Newline-Zeichen unterdrücken
\f	Form Feed; eine Zeile weiterspringen
\n	Newline; Zeilenumbruch
\r	Return; zurück zum Anfang der Zeile
\t	Tabulator (horizontal)
\v	Tabulator (vertikal)
\\	Backslash-Zeichen ausgeben

Tabelle 17.16 Escape-Sequenzen

Formatierte Ausgabe mit printf

Als C-Programmierer wird es Sie sicherlich freuen, dass auch zur Shellprogrammierung printf zur Verfügung steht. Allerdings handelt es sich hierbei um ein echtes Programm, das unabhängig von der Shell ist (kein Builtin-Kommando also). Die Syntax von printf sieht wie folgt aus:

```
printf "format" argument1 argument2 ... argument_n
```

»format« ist hierbei der Formatstring, der beschreibt, wie die Ausgaben der Argumente »argument1« bis »argument_n« zu formatieren sind. Somit ist der Formatstring letztlich eine Schablone für die Ausgabe, die vorgibt, wie die restlichen Parameter (»argument1« bis »argument_n«) ausgegeben werden sollen. Befindet sich im Formatstring ein bestimmtes Zeichenmuster (z. B. %s für eine Zeichenkette (s = String)), wird dies durch das erste Argument (argument1) von printf ersetzt und formatiert ausgegeben. Befindet sich ein zweites Zeichenmuster im Formatstring, wird dies durch das zweite Argument (argument2) hinter dem Formatstring von printf ersetzt und so fort.

Werden mehr Zeichenmuster im Formatstring angegeben, als Argumente vorhanden sind, werden die restlichen Zeichenketten mit "" formatiert. Die Zeichenmuster, die mit % eingeleitet werden, entsprechen exakt denen, die Sie als C-Programmierer bereits ausreichend kennen sollten. Mit dem folgenden einfachen Programm können Sie die CSV-Datei eines Lagerbestands in lesbarer Form formatiert ausgeben:

```
$ cat lager.csv
Schrauben-M6x40;1000;A;23
Nieten-5;1500;B;21
Muttern-M6;2500;A;24
Nagel-3x25;1000;C;33
```

Das entsprechende Shellskript lautet:

```
# Script-Name: format_lager
FILE=lager.csv
SEP=";"
for data in `cat $FILE`
do
   line=`echo $data | tr $SEP ' '`
   set $line
   printf "Ware: %-15s Anzahl: %-5d Lager: %-10s Regal: %-10s\n" $1 $2 $3 $4
done
```

Das Skript bei der Ausführung:

```
$ ./format_lager
Ware: Schrauben-M6x40 Anzahl: 1000  Lager: A          Regal: 23
Ware: Nieten-5        Anzahl: 1500  Lager: B          Regal: 21
Ware: Muttern-M6      Anzahl: 2500  Lager: A          Regal: 24
Ware: Nagel-3x25      Anzahl: 1000  Lager: C          Regal: 33
```

Terminalsteuerung – terminfo

Wie in Kapitel 13 im Zusammenhang mit der Terminal-Eingabe und -Ausgabe erläutert, können Sie das Terminal bzw. den Bildschirm auch in der Shell mithilfe des Programms `tput` steuern. Detailliertere Informationen hierzu erhalten Sie auf der Manual-Page von `tput` bzw. von `terminfo(5)` (`man 5 terminfo`).

17.13.2 Eingabe

Benötigen Sie bei den Skripten auch eine Benutzereingabe, so bietet die Shell auch hierfür einige Funktionen an. Einen Überblick dazu finden Sie in den kommenden Abschnitten.

Das Kommando read

Mit dem Kommando `read` wird von der Standardeingabe der Tastatur gelesen und gewöhnlich in einer Variablen gespeichert. Nach einem Aufruf von `read` wird die Programmausführung angehalten, bis die Taste [↵] betätigt wird. Ein einfaches Beispiel in der Kommandozeile:

```
$ read text
Hallo Welt
$ echo $text
Hallo Welt
```

Wie Sie sehen, liest `read` die komplette Eingabe mitsamt Leerzeichen ein. Tabulatorzeichen werden durch ein einzelnes Leerzeichen ersetzt. Selbstverständlich können Sie mit `read` auch mehrere Variablen auf einmal einlesen – betrachten Sie etwa das folgende einfache Beispiel:

```
$ read vorname name
Jürgen Wolf
$ echo $vorname
Jürgen
$ echo $name
Wolf
```

Geben Sie hingegen mehr Wörter ein als Variablen vorhanden sind, so bekommt immer die letzte Variable den Rest der Eingabezeile zugewiesen. Ein Beispiel:

```
$ read var1 var2
Hallo Welt wie gehts
$ echo $var1
Hallo
$ echo var2
Welt wie gehts
```

Das Kommando `read` bietet außerdem auch einige sehr nützliche Optionen an, zum Beispiel:

```
$ read -t 10 password
```

Schließen Sie hier nicht innerhalb von zehn Sekunden die Eingabe mit [↵] ab, wird der Lesevorgang abgebrochen. Tabelle 17.17 listet einige nützliche Optionen zu `read` und deren Bedeutung auf.

Option	Bedeutung
-n Anzahl	Hier muss die Eingabe nicht zwangsläufig mit [↵] abgeschlossen werden. Wenn die Anzahl der Zeichen erreicht wurde, wird auch ohne [↵] in die Variable geschrieben.
-s	Mit dieser Option ist die Eingabe nicht am Bildschirm sichtbar. Man verwendet die Option etwa für die Eingabe von Passwörtern (s = silent).
-t Sekunden	Wenn nicht binnen Anzahl Sekunden eine Eingabe mit abschließendem [↵] erfolgt, wird das Skript mit der Ausführung fortgesetzt. Bei einer Eingabe wird »0« zurückgegeben, ansonsten »1«.

Tabelle 17.17 Optionen für das Kommando »read«

Auch das *zeilenweise Einlesen einer Datei* lässt sich sehr schön mit `read` ausführen.

```
$ cat text.txt
read kann auch Zeile für
Zeile einer Datei auslesen.
$ read line < text.txt
$ echo $line
read kann auch Zeile für
```

Wollen Sie nicht nur eine Zeile, sondern den kompletten Text Zeile für Zeile einlesen, benötigen Sie ein Schleifenkonstrukt:

```
while read line
do
   ...
done < datei
```

Vielleicht haben Sie an dieser Stelle auch eher das folgende Konstrukt erwartet:

```
while read line < datei
...
```

Wenn Sie `read` so verwendet hätten, würde aber wieder nur eine Zeile eingelesen. Damit `read` hier wirklich Zeile für Zeile einliest, müssen Sie die komplette Datei in die Schleife umleiten. Mit der folgenden Beispielanwendung wird eine Datei zeilenweise eingelesen:

```
# Name : line4line
if [ $# -lt 1 ]
then
   echo "Verwendung: $0 datei_zum_lesen"
   exit 1
fi
# Argument $1 soll zeilenweise eingelesen werden
count=1
while read line
do
   echo "$count: $line"
   count=`expr $count + 1`
done < $1
```

Das Shellskript bei der Ausführung:

```
$ ./line4line text.txt
1: read kann auch Zeile für
2: Zeile einer Datei auslesen.
$
```

Dasselbe erreichen Sie auch mit einer *Pipe* anstelle des Umlenkungszeichens. Auch mit der Pipe können Sie *zeilenweise aus einer Datei* lesen. Das folgende Beispiel mit der Pipe funktioniert im Übrigen ebenso wie das Skript `line4line`:

```
# Name : line4line2
if [ $# -lt 1 ]
then
   echo "Verwendung: $0 datei_zum_lesen"
   exit 1
fi
# Argument $1 soll zeilenweise eingelesen werden
count=1
cat $1 | while read line
do
   echo "$count: $line"
   count=`expr $count + 1`
done
```

Inline-Eingabeumleitung (<<)

Bei den bisher vorgestellten Umleitungszeichen (siehe Abschnitt 17.7) wurde das Umleitungszeichen `<<` noch nicht erwähnt. Mit diesem Zeichen können Sie alle folgenden Zeilen für die Standardeingabe nutzen. Textmarken zeigen dabei Anfang und Ende der Standardeingabe an:

```
Kommando <<MARKE
   ...
MARKE
```

Alle Eingaben, die sich jetzt zwischen `<<` und `MARKE` befinden, werden von `Kommando` als Standardeingaben verwendet. Welches Wort Sie für `MARKE` verwenden, bleibt Ihnen überlassen. Wichtig ist nur, dass beide Wörter absolut identisch sind. Ein Beispiel in der Praxis:

```
# Script-Name: inline
cat <<TEXTMARKE
Dieser Text wird solange mit cat ausgelesen,
bis die einleitende Marke erneut erscheint.
Hiermit wird übrigens auch die Kommando-Substitution
unterstützt.
Bspw. das Datum: `date`.
Auch Variablen können hiermit verwendet werden.
Der Name des Terminals ist $TERM und als Shell wird
$SHELL ausgeführt. Dem Shellscript $0 haben Sie
mit $# Argumenten aufgerufen. Das aktuelle
Arbeitsverzeichnis lautet: `pwd`
TEXTMARKE
```

Die Ausgabe des Shellskripts bei der Ausführung sieht wie folgt aus:

```
$ ./inline Hallo Welt wie gehts
Dieser Text wird solange mit cat ausgelesen,
bis die einleitende Marke erneut erscheint.
Hiermit wird übrigens auch die Kommando-Substitution
unterstützt.
Bspw. das Datum: Fr 16. Jan 03:47:48 EST 2009.
Auch Variablen können hiermit verwendet werden.
Der Name des Terminals ist xterm und als Shell wird
/bin/bash ausgeführt. Dem Shellscript ./inline haben Sie
mit 4 Argumenten aufgerufen. Das aktuelle
Arbeitsverzeichnis lautet: /home/user
```

Im Skript können Sie gut erkennen, dass hier auch Kommandosubstitutionen (etwa ein anderes Programm oder Shellskript) und Variablen beachtet und von der Shell ersetzt werden. Soll die Shell keine Ersetzung wie die Kommandosubstitution oder eine Ersetzung der Variablen vornehmen und den Text so ausgeben, wie Sie ihn in den Editor schreiben, so müssen Sie ein Backslash-Zeichen zwischen das Umlenkungszeichen `<<` und die Textmarke setzen. Ein Beispiel:

```
cat <<\TEXTMARKE
...
TEXTMARKE
```

Befinden sich im Text führende Leer- oder Tabulatorzeichen, so können Sie diese mit einem Minuszeichen vor der Textmarke automatisch entfernen lassen (`<<-MARKE`).

Mein persönlicher Favorit für die Inline-Eingabeumleitung ist das `bc`-Kommando zum komfortableren Rechnen mit diesem Werkzeug. Damit werden auch Gleitpunktzahlen und verschiedene Winkelfunktionen unterstützt. Ein Beispiel:

```
# Script-Name : calc
if [ $# -lt 1 ]
then
   echo "usage: $0 Berrechnung"
   exit 1
fi

bc -l <<CALC
$*
quit
CALC
```

Das Shellskript bei der Ausführung:

```
$ ./calc 155.33 / 5
31.066
$ var=`./calc 12.34*3.14`
$ echo $var
38.7476
```

Mithilfe des Kommandos read ist es auch möglich, die Inline-Eingabeumleitung *zeilenweise auszulesen*. Der Vorgang funktioniert ähnlich wie beim zeilenweisen Einlesen einer Datei – nur dass anstelle der Datei die Inline-Umlenkung am Ende des Schleifenkonstrukts hinzugefügt wird. Hierzu ein einfaches Beispiel:

```
# Name : inline_line4line
count=1
while read line
do
   echo "$count. Zeile : $line"
   count=`expr $count + 1`
done <<TEXT
Erste Zeile
`date`
Homeverzeichnis: $HOME
Arbeitsverzeichnis:  `pwd`
Letzte Zeile
TEXT
```

Das Skript bei der Ausführung:

```
$ ./inline_line4line
1. Zeile: Erste Zeile
2. Zeile: Fr 16. Jan 04:45:31 EST 2009
3. Zeile: Homeverzeichnis: /home/user
4. Zeile: Arbeitsverzeichnis: /home/user/shellscripts/
5. Zeile: Letzte Zeile
```

Die Variable IFS

Eine zentrale Rolle bei der Ein- und Ausgabe spielt die Variable IFS als Trennzeichen. Wenn Sie nur die Variable in IFS mit echo ausgeben, werden Sie wohl nicht viel klüger werden – logisch eigentlich, denn hier sind standardmäßig Leerzeichen vorgegeben. Daher müssen wir uns mit einem Trick behelfen, um das Ganze im ASCII-Format auszugeben. Mit dem Kommando od und der Option -c können Sie sich das Ganze auch wie folgt anzeigen lassen:

```
$ echo -n "$IFS" | od -c
000000      \t   \n
```

Das Leerzeichen wird hier natürlich auch als Leerzeichen angezeigt. Die Variable IFS beinhaltet somit standardmäßig das Tabulator-, das Leer- und das Newline-Zeichen.

Diese Zeichen werden von der Shell als voreingestellte Trennzeichen verwendet, wenn Sie beispielsweise mit dem Kommando read mehrere Variablen von der Kommandozeile einlesen.

In Shellskripten wird diese Variable öfters verändert, um komplexere Daten einzulesen, die mit anderen Zeichen getrennt sind.

Hinweis

Wenn Sie das Trennzeichen IFS verändern, sollten Sie unbedingt eine Sicherung der Variable machen und diese nach dem Shellskript wiederherstellen. Sonst kann es passieren, dass ein Kommando im aktuellen Terminal nur noch Unsinn erzeugt. Viele Kommandos sind nämlich von der Shellvariablen IFS abhängig.

Im folgenden einfachen Beispiel wird der Shellvariable IFS ein Semikolon übergeben. Das anschließende Auslesen von mehreren Variablen mit read funktioniert jetzt nur noch mit einem Semikolon als Trennzeichen:

```
$ BACKUPIFS="$IFS"
$ IFS=\;
$ read name vorname
Wolf;Jürgen
$ echo $name
Wolf
$ echo $vorname
Jürgen
$ IFS=$BACKUPIFS
```

Es ist auch möglich, der Shellvariablen IFS mehrere Trennzeichen zu übergeben. So können Sie durchaus die Zeichen , ; und : als Trennzeichen definieren und auch verwenden:

```
$ BACKUPIFS="$IFS"
$ IFS=,;:
$ read name vorname wohnort alter
Wolf;Jürgen,Mering:34
$ echo $name
Wolf
$ echo $vorname
Jürgen
$ echo $wohnort
Mering
$ echo $alter
34
$ IFS=$BACKUPIFS
```

Die Variable IFS ist bestens für alle Arten von Daten geeignet, die mit einem bestimmten Zeichen getrennt sind. Folgendes Shellskript entfernt bspw. aus einer Datei, welche als zweites Argument in der Kommandozeile angegeben wird, dass im ersten Argument angegebene Zeichen, und gibt diese Zeile aus:

```
# Script-Name: strip_sep
if [ $# -lt 2 ]
then
   echo "Verwendung: $0 Trennzeichen Datei_zum_Lesen"
   exit 1
fi
```

```
BACKUP="$IFS"
IFS=$1

while read line
do
   echo $line
done < $2

IFS=$BACKUP
```

Das Skript bei der Ausführung:

```
$ cat lager.csv
Schrauben-M6x40;1000;A;23
Nieten-5;1500;B;21
Muttern-M6;2500;A;24
Nagel-3x25;1000;C;33
$ ./strip_sep \; lager.csv
Schrauben-M6x40 1000 A 23
Nieten-5 1500 B 21
Muttern-M6 2500 A 24
Nagel-3x25 1000 C 33
```

Benötigen Sie hingegen die einzelnen Werte einer Zeile, die durch ein bestimmtes Zeichen getrennt sind, können Sie diese Werte mittels `set` auf die einzelnen Positionsparameter herunterbrechen. Hierzu ein Beispiel:

```
# Script-Name: strip_sep2
if [ $# -lt 2 ]
then
   echo "Verwendung: $0 Trennzeichen Datei_zum_Lesen"
   exit 1
fi

BACKUP="$IFS"
IFS=$1

while read line
do
   # line anhand des Trennzeichens IFS auftrennen
   set $line
   # Natürlich stehen hier auch $@, $* oder $# zur Verfügung
   echo "Artikel: $1"
   echo "Stück  : $2"
   echo "Lager  : $3"
   echo "Regal  : $4"
   echo
done < $2

IFS=$BACKUP
```

Das Shellskript bei der Ausführung:

```
$ ./strip_sep2 \; lager.csv
Artikel: Schrauben-M6x40
Stück  : 1000
Lager  : A
Regal  : 23

Artikel: Nieten-5
Stück  : 1500
Lager  : B
Regal  : 21

Artikel: Muttern-M6
Stück  : 2500
Lager  : A
Regal  : 24

Artikel: Nagel-3x25
Stück  : 1000
Lager  : C
Regal  : 33
```

Mithilfe einer Kommandosubstitution können Sie dieses Beispiel noch flexibler gestalten. Im Folgenden wird mithilfe von `set` eine Kommandosubstitution durchgeführt, die mithilfe von `grep` nach einem bestimmten Gegenstand (Suchmuster, drittes Argument) in einer von bestimmten Trennzeichen (erstes Argument) getrennten Datei (zweites Argument) sucht:

```
# Script-Name: search_strip_sep
if [ $# -lt 3 ]
then
   echo "Verwendung: $0 Trennzeichen Datei Suchmuster"
   exit 1
fi

BACKUP="$IFS"
IFS=$1

# line anhand des Trennzeichens IFS auftrennen
set `grep $3 $2`
echo "Artikel: $1"
echo "Stück  : $2"
echo "Lager  : $3"
echo "Regal  : $4"
echo

IFS=$BACKUP
```

Das Shellskript bei der Ausführung:

```
$ ./search_strip_sep \; lager.csv Muttern
Artikel: Muttern-M6
Stück  : 2500
Lager  : A
Regal  : 24

$ ./search_strip_sep \; lager.csv 33
Artikel: Nagel-3x25
Stück  : 1000
Lager  : C
Regal  : 33
```

Einzelne Zeichen einlesen

Um ein einzelnes Zeichen einzulesen, ohne [↵] zu drücken, können Sie `read` und die Option `-n 1` wie folgt verwenden:

```
$ read -n 1 var
a
$ echo $var
a
```

Allerdings hat diese Option den Nachteil, dass sie nur mit einer Bash funktioniert, nicht aber mit einer Bourne- oder einer Korn-Shell. Um solch einen Vorgang für alle Shells zu realisieren, müssen Sie schon mit »rohen« Terminalkommandos wie `stty` arbeiten und das Terminal in den rohen Modus (`raw`) schalten. Beachten Sie, dass dieser Modus keine Bildschirmausgaben mehr ermöglicht, wenn Sie etwas eingeben. Daher müssen Sie den Modus nach dem Einlesen unbedingt wieder deaktivieren.

Im rohen Modus greifen wir – etwas ungewöhnlich – mit dem Kommando `dd` (*Disk Dump*) mit einer Blockgröße (`bs`) von 1 Byte und 1 (`count`) Datensatz auf die Standardeingabe zu. Das Kommando `read` können wir dazu nicht verwenden, da es zeilengepuffert ist. Die Meldungen, die `dd` auf die Standardfehlerausgabe schickt, leiten wir ins Datengrab `/dev/null` um. Das folgende einfache Beispielprogramm wartet in einer Schleife auf den Buchstaben `q` zum Beenden der Schleife:

```
# Script-Name: readch
char=''
echo "Script mit \"q\" beenden"
# Terminal in den rohen Modus schalten
stty raw -echo
# Die Schleife zum Überprüfen auf q
while [ "$char" != "q" ]
do
   char=`dd bs=1 count=1 2>/dev/null`
done
# Den rohen Modus deaktiveren
stty -raw echo
echo "Danke, dass war $char"
```

Das Shellskript bei der Ausführung:

```
$ ./readch
Script mit "q" beenden
Danke, dass war q
```

Das Beispiel `readch` erfüllt seinen Zweck für einfache Tastatureingaben. Sobald Sie allerdings komplexere Tasten mit Escape-Sequenzen wie [F1], [F2], [Esc] usw. benötigen, kommen Sie mit diesem Skript nicht mehr weiter, weil diese Escape-Sequenzen häufig unterschiedlich lang sind und leider auch noch auf den verschiedenen Terminals unterschiedlich aussehen. In solchen Fällen kommen Sie somit fast nicht mehr umhin, ein eigenes Programm in C zu schreiben.

Zuerst müssen Sie sich darum kümmern, wie die Escape-Sequenzen für entsprechende Terminals aussehen. Welches Terminal Sie im Augenblick nutzen, können Sie mit `echo $TERM` in Erfahrung bringen. Im nächsten Schritt können Sie den Befehl `infocmp` verwenden, um vom entsprechenden Terminaltyp Informationen zu den Tasten zu erhalten. Sollte `infocmp` nicht auf Ihrem Rechner installiert sein, müssen Sie wahrscheinlich noch das *ncurses-devel*-Paket nachinstallieren.

```
$ echo $TERM
xterm
$ infocmp
#       Reconstructed via infocmp from file:
        /usr/share/terminfo/x/xterm
xterm|xterm terminal emulator (X Window System),
        am, bce, km, mc5i, mir, msgr, npc, xenl,
        colors#8, cols#80, it#8, lines#24, pairs#64,
        bel=^G, blink=\E[5m, bold=\E[1m, cbt=\E[Z,
...
...
```

Hierbei werden Sie zunächst mit einer Fülle von Informationen konfrontiert, die auf den ersten Blick wie Zeichensalat aussehen. Kryptische Einträge wie

```
cuu1=\E[A
```

lösen Sie mithilfe der Manual-Page von `terminfo(5)` und `grep` wie folgt auf:

```
$ man 5 terminfo | grep cuu1
Formatiere terminfo(5) neu, bitte warten...
       cursor_up             cuu1   up    up one line
       key_up                kcuu1  ku    up-arrow key
       micro_up              mcuu1  Zd    Like cursor_up in
       kcuf1=\E[C, kcuu1=\E[A, kf1=\E[M, kf10=\E[V,
```

Es handelt sich um die Pfeil-nach-oben-Taste (cursor_up), und diese wird bei der `xterm` mit `\E[A` »dargestellt«. Das `\E` ist hierbei das Escape-Zeichen und besitzt den ASCII-Codewert 27. Somit sieht der C-Quellcode zum Überprüfen der Pfeil-nach-oben-Taste wie folgt aus (Sie können das folgende Codebeispiel natürlich nach Belieben um weitere Escape-Sequenzen erweitern):

```
/* getkey.c */
#include <stdio.h>
#include <stdlib.h>
#include <string.h>
#include <unistd.h>
#include <termios.h>
enum { ERROR=-1, SUCCESS, ONEBYTE };
/*Altes Terminal wiederherstellen*/
static struct termios BACKUP_TTY; /*Altes Terminal wiederherstellen*/
/* Eingabekanal wird so umgeändert, damit die Tasten einzeln */
/* abgefragt werden können */
int new_tty(int fd) {
   struct termios buffer;
/* Wir fragen nach den Attributen des Terminals und übergeben  */
/* diese dann an buffer. BACKUP_TTY dient bei Programmende zur */
/* Wiederherstellung der alten Attribute und bleibt unberührt. */
   if((tcgetattr(fd, &BACKUP_TTY)) == ERROR)
      return ERROR;
   buffer = BACKUP_TTY;
/* Lokale Flags werden gelöscht :                */
/*     ECHO = Zeichenausgabe auf Bildschirm      */
/*     ICANON = Zeilenorientierter Eingabemodus */
/*     ISIG = Terminal Steuerzeichen             */
   buffer.c_lflag = buffer.c_lflag & ~(ECHO|ICANON|ISIG);
/* VMIN=Anzahl der Bytes, die gelesen werden müssen, bevor    */
/* read() zurückkehrt In unserem Beispiel 1Byte für 1 Zeichen */
   buffer.c_cc[VMIN] = 1;
/* Wir setzen jetzt die von uns gewünschten Attribute */
   if((tcsetattr(fd, TCSAFLUSH, &buffer)) == ERROR)
      return ERROR;
   return SUCCESS;
}
/* Ursprüngliches Terminal wiederherstellen */
int restore_tty(int fd) {
   if((tcsetattr(fd, TCSAFLUSH, &BACKUP_TTY)) == ERROR)
      return ERROR;
   return SUCCESS;
}
int main(int argc, char **argv) {
   int rd;
   char c, buffer[10];
/* Setzen des neuen Modus */
   if(new_tty(STDIN_FILENO) == ERROR) {
      printf("Fehler bei der Funktion new_tty()\n");
      exit(EXIT_FAILURE);
   }
/* Erste Zeichen lesen */
   if(read(STDIN_FILENO, &c, 1) < ONEBYTE) {
      printf("Fehler bei read()\n");
      restore_tty(STDIN_FILENO);
```

```
      exit(EXIT_FAILURE);
   }
/* Haben wir ein ESC ('\E') gelesen? */
   if(c == 27) {
/* Jep eine Escape-Sequenz, wir wollen den Rest */
/* der Zeichen auslesen                         */
      rd=read(STDIN_FILENO, buffer, 4);
      /*String terminieren*/
      buffer[rd]='\0';
/* Hier erfolgt die Überprüfung des Tastendrucks*/
/* Wars der Pfeil-nach-oben \E[A   */
      if(strcmp(buffer,"[A") == SUCCESS)
         printf("Pfeil-nach-oben betätigt\n");
/* Nein, keine Escape-Sequenz */
   }
   else {
      if((c < 32) || (c == 127))
         printf("--> %d\n",c); /* Numerischen Wert ausgeben */
      else
         printf("--> %c\n",c); /* Zeichen ausgeben */
   }
   restore_tty(STDIN_FILENO);
   return EXIT_SUCCESS;
}
```

Das Programm bei der Ausführung:

```
$ gcc -Wall -o getkey getkey.c
$ ./getkey
[6] --> 6
$ ./getkey
[B] --> B
you@host > ./getkey
[↑] Pfeil-nach-oben betätigt
```

Analog zu diesem Beispiel können Sie auch mit anderen Pfeil- und Funktionstasten vorgehen. Die Pfeiltaste nach rechts können Sie beispielsweise wie folgt implementieren:

```
      if(strcmp(buffer,"[D") == SUCCESS)
         printf("Pfeil-nach-rechts\n");
```

Anstelle einer Ausgabe empfehle ich Ihnen aber, einen Rückgabewert mittels **return** zu verwenden, zum Beispiel:

```
...
/* Hier erfolgt die Überprüfung des Tastendrucks*/
/* Wars der Pfeil-nach-oben \E[A   */
      if(strcmp(buffer,"[A") == SUCCESS) {
         restore_tty(STDIN_FILENO);
         return 10; /* Rückgabewert für das Shellscript */
      }
/* Wars der Pfeil-nach-links */
```

```
      if(strcmp(buffer,"[D") == SUCCESS) {
         restore_tty(STDIN_FILENO);
         return 11;  /* Rückgabewert für das Shellscript */
      }
...
```

Damit können Sie das Beispiel auch mit einem Shellskript verwenden, indem Sie die Variable $? abfragen. Das entsprechende Shellskript sieht wie folgt aus:

```
# Demonstriert das Einlesen einzelner Zeichen
# Name : readch2
echo "Bitte eine Taste betätigen"
./getkey
ret=$?
if [ $ret -eq 0 ]
then
   echo "Keine Pfeiltaste"
fi
if [ $ret -eq 10 ]
then
   echo "Die Pfeil-nach-oben-Taste wars"
fi
if [ $ret -eq 11 ]
then
   echo "Die Pfeil-nach-links-Taste wars"
 fi
```

Übersetzen Sie das C-Programm erneut mit dem geänderten Zeilencode, und führen Sie das Shellskript aus:

```
$ ./readch2
Bitte eine Taste betätigen
[d] --> d
Keine Pfeiltaste
$ ./readch2
Bitte eine Taste betätigen
[↑] Die Pfeil-nach-oben-Taste wars
$ ./readch2
Bitte eine Taste betätigen
[←] Die Pfeil-nach-links-Taste wars
```

Mit dem C-Programm haben Sie gleichsam Ihr eigenes Werkzeug geschrieben, das Sie in ein globales PATH-Verzeichnis kopieren können, um jederzeit darauf zurückzugreifen oder das Programm zu erweitern.

17.13.3 Umlenkungen mit exec und File-Deskriptoren erzeugen

Mit dem Kommando exec können Sie sämtliche Ein- und Ausgaben von Kommandos eines Shellskripts umleiten. Anstatt also mühsam hinter jeden Befehl eine Umlenkung zu setzen, genügt die einmalige Verwendung von exec im Skript. Alle Kommandos, die diesen Kanal bzw. File-Deskriptor verwenden, leiten die Ausgabe nun dorthin. Ein einfaches Beispiel dazu:

```
# Script-Name: login_user
echo "$0 wird ausgeführt"
# Ab jetzt sämtliche Ausgaben in die Datei out.txt umleiten
exec >out.txt
echo "Es sind `who | wc -l` User eingeloggt"
echo "Hier der Überblick dazu:"
who
```

Das Shellskript bei der Ausführung:

```
$ ./login_user
./login_user wird ausgeführt
$ cat out.txt
Es sind 4 User eingeloggt
Hier der Überblick dazu:
user     tty1         2008-12-19 17:41
admin    tty7         2008-12-19 17:15
jürgen   pts/0        2009-01-10 02:33
user2    pts/1        2009-01-07 12:37
```

Dies funktioniert natürlich nicht nur mit der Standardausgabe, wie hier mit dem File-Deskriptor 1. Die Syntax zu weiteren Möglichkeiten von Standardkanälen lautet wie folgt:

```
# Standardausgabe nach Ausgabedatei umlenken
exec >Ausgabedatei
# Standardausgabe nach Ausgabedatei umlenken
# und ans Ende der Datei anfügen
exec >>Ausgabedatei
# Standardfehlerausgabe nach Ausgabedatei umlenken
exec 2>Fehler_Ausgabedatei
# Standardfehlerausgabe nach Ausgabedatei umlenken
# und ans Ende der Datei anfügen
exec 2>>Fehler_Ausgabedatei
# Standardeingabe umlenken
exec <Eingabedatei
```

Mit dieser Syntax können Sie auch mehrere Kanäle umleiten. Sollen beispielsweise die normale Ausgabe und die Fehlerausgabe jeweils in eine extra Datei umgeleitet werden, können Sie diese Umleitung wie folgt realisieren:

```
exec >output.txt 2>error.txt
```

Hiermit wird die gewöhnliche Standardausgabe (Kanal 1; `stdout`) in die Datei `output.txt` und die Fehlerausgabe (Kanal 2; `stderr`) in die Datei `error.txt` umgeleitet.

Neben den gestellten Standard-Deskriptoren 0, 1 und 2, die für jeden Prozess, zur Verfügung stehen, können Sie auch weitere File-Deskriptoren verwenden. Hierfür stehen Ihnen die Nummern 3 bis 9 zur Verfügung. Ein Beispiel:

```
# Zusätzlicher Ausgabekanal
exec fd> ziel
# Zusätzlicher Ausgabekanal zum Anhängen
exec fd>> ziel
```

```
# Zusätzlicher Eingabekanal
exec fd< ziel
```

Jeder neu erzeugte Deskriptor steht natürlich auch den weiteren Subshells zur Verfügung. Mit dem folgenden einfachen Programm können Sie beispielsweise einen neuen Ausgabekanal für die aktuelle Konsole (Login-Shell) anlegen und verwenden:

```
$ exec 3> `tty`
$ echo "Hallo Welt" >&3
Hallo Welt
```

Die Verknüpfung mit dem &-Zeichen müssen Sie hier machen (Sie hätten auch `1>&3` schreiben können), weil das System sonst den Standardkanal 1 verwenden würde. Ähnliches haben Sie bereits bei der Verknüpfung von Standardausgabe und Standardfehlerausgabe mit `2>&1` gesehen.

Einen File-Deskriptor, den Sie nicht mehr benötigen, sollten Sie mit `exec` und `fd>&-` wieder schließen. Für `fd` müssen Sie die Nummer des Deskriptors angeben. Bezogen auf den eben gesetzten File-Deskriptor 3, dessen Ausgabe auf die aktuelle Konsole umgeleitet wird, sieht dies wie folgt aus:

```
$ exec 3>&-
$ echo "Hallo Welt" >&3
bash: 3: Bad file descriptor
```

Selbstverständlich können Sie so auch die Standardkanäle 0, 1, 2 schließen. Mit `exec >&-` schließen Sie beispielsweise die Standardausgabe (Kanal 1; `stdout`).

Mithilfe von mehreren File-Deskriptoren ist es zum Beispiel möglich, mehrere Dateien auf einmal zeilenweise einzulesen. Das Skript könnte in etwa wie folgt aussehen:

```
...
exec 3< file1
exec 4< file2
exec 5< file3
while true
do
   read var1 <&3
   read var2 <&4
   read var3 <&5
   # Hier die Variablen überprüfen und verarbeiten
done
...
```

Ebenfalls sehr nützlich ist `exec`, um von der Standardeingabe und von einer Datei etwas einzulesen. Im folgenden Skript wird die Datei, die als erstes Argument angegeben wurde, Zeile für Zeile eingelesen. Nach jeder Zeile unterbricht das Skript mit der Anfrage, ob noch eine weitere Zeile gelesen werden soll. Ohne einen neuen File-Deskriptor würde bei einem erneut gewünschten Weiterlesen der Deskriptor jedes Mal zurückgesetzt und somit immer mit der ersten Zeile anfangen, da der Deskriptor 1 sowohl für die Standardeingaben als auch für das Einlesen der Datei verwendet werden würde. Das Skript hierzu sieht wie folgt aus:

```
# Script-Name: readmore
if [ $# -lt 1 ]
then
   echo "Verwendung: $0 Datei_zum_Lesen"
   exit 1
fi

# Neuen Eingabekanal zum Lesen der Datei einrichten
exec 3< $1
# Von diesem Kanale zeilenweise einlesen
while read line <&3
do
   echo $line
   printf "Eine weitere Zeile einlesen [j/n] : "
   read jn
   [ "$jn" = "n" ] && break
done
```

Das Skript bei der Ausführung:

```
$ ./readmore lager.csv
Schrauben-M6x40;1000;A;23
Eine weitere Zeile einlesen [j/n] : j
Nieten-5;1500;B;21
Eine weitere Zeile einlesen [j/n] : n
```

Neben den bisher vorgestellten Umlenkungszeichen gibt es noch ein weiteres, nämlich <>. In Verbindung mit `exec` können Sie mit dieser Umlenkung eine Datei sowohl zum Lesen als auch zum Schreiben öffnen. Das Besondere daran ist, dass der Schreibvorgang an der Stelle fortgeführt wird, an der sich aktuell der Lesezeiger befindet. Umgekehrt gilt dasselbe: Der Lesevorgang wird exakt hinter dem Schreibvorgang fortgeführt.

17.13.4 Named Pipes

Ein Konzept, das Sie in diesem Buch bereits zur Programmierung verwendet haben – die Named Pipes oder FIFO – steht Ihnen natürlich auch in der Shellprogrammierung zur Verfügung. Da die Pipes bereits ausführlich behandelt wurden, kann ich dieses Thema im Folgenden etwas knapper vorstellen. Zum Anlegen von Pipes können Sie die Kommandos `mknod` oder `mkfifo` verwenden.

Das folgende einfache Beispiel zeigt, wie Sie eine solche Pipe, die hier nach dem FIFO-Prinzip (*First-in-First-out*) arbeitet, anlegen können:

```
$ mknod apipe p
$ ls -l apipe
prw-r--r--  1 tot users 0 2009-02-02 06:10 apipe
```

Beim Dateityp taucht die *Named Pipe* mit einem `p` auf. In die *Named Pipe* könnten Sie nun wie folgt schreiben:

```
$ echo "Hallo Welt" > apipe
```

Ein anderer Prozess (Terminal oder Konsole) kann diese Pipe jetzt wie folgt auslesen:

```
$ tail -f apipe
Hallo Welt
```

Wie Sie sehen kann der erste Prozess, der in die Pipe schreibt, erst dann weiterarbeiten, wenn ein zweiter Prozess aus dieser Pipe liest, wenn also ein weiterer Prozess die Leseseite einer Pipe öffnet. Auch die lesende Seite der Pipe lauscht weiterhin am Ende der Pipe, wo Sie nun jederzeit wieder von einem anderen Prozess aus Daten senden können.

Um das Prinzip in einem Shellskript zu verwenden, müssen Sie wieder eine Schleife verwenden. Zunächst das Shellskript, das in eine Pipe schreibt:

```
# Script-Name: writepipe
while true
do
   echo "Das kommt in die Pipe"
   echo "Eine zweite Zeile gefällig"
   echo "Und zum guten Schluss noch eine"
   break
done > apipe
```

Es wird davon ausgegangen, dass hier eine Pipe mit dem Namen `apipe` angelegt wurde. Das Gegenstück, das aus dieser Pipe lesen kann, sieht wie folgt aus:

```
# readpipe
while read zeile
do
   echo $zeile
done < apipe
```

Das Skript bei der Ausführung:

```
$ ./writepipe
--- [Andere Konsole] ---
$ ./readpipe
Das kommt in die Pipe
Eine zweite Zeile gefällig
Und zum guten Schluss noch eine
```

17.13.5 Menü mit select (nur Bash und Korn-Shell)

Um für das Skript ein benutzerfreundliches Auswahlmenü zu erzeugen, ist die die `select`-Anweisung sehr nützlich ist. Die Anweisung hat folgende Syntax:

```
select variable in menü_punkte
do
   kommando1
   ...
   kommando_n
done
```

`select` führt dabei die Anzeige der Menüpunkte und deren Auswahl automatisch durch und gibt den ausgewählten Menüpunkt zurück. Hierbei können Sie die Menüpunkte, wie bei `for`, entweder in einer Liste mit Werten oder direkt die einzelnen Menüpunkte angeben. Werte und Menüpunkte sollten dabei jeweils durch mindestens ein Leerzeichen getrennt aufgeführt werden (bei Werten: abhängig von der Shellvariablen `IFS`). Selbstverständlich können Sie auch die Argumente aus der Kommandozeile (`$*`) verwenden, sofern dies sinnvoll ist.

Nach dem Aufruf von `select` wird eine Liste der Menüpunkte auf die Standardfehlerausgabe (!) in einer fortlaufenden Nummerierung (1 bis n) ausgegeben. Dann können Sie die Auswahl anhand dieser Nummerierung bestimmen. Der entsprechend ausgewählte Menüpunkt wird dann in »variable« gespeichert. Falls Sie die benötigte Nummer ebenfalls erhalten möchten, finden Sie diese in der Shellvariablen `REPLY`. Bei einer falschen Eingabe wird »variable« auf leer gesetzt.

Wenn nach der Auswahl entsprechende Kommandos zwischen `do` und `done` ausgeführt wurden, wird die Eingabeaufforderung der `select`-Anweisung erneut angezeigt. Bei `select` handelt es sich somit um eine Endlosschleife, die Sie nur mit der Tastenkombination [Strg]+[D] (EOF) oder mit den Befehlen `exit` bzw. `break` innerhalb von `do` und `done` beenden können.

Als Eingabeprompt verwendet `select` die Shellvariable `PS3`, die gewöhnlich mit der Textfolge #? vorbelegt ist. Wollen Sie ein anderes Prompt verwenden, brauchen Sie nur diese Variable zu ändern.

Ein nacktes Menü, das hierbei keinerlei Funktionalität besitzt, können Sie somit folgendermaßen erstellen:

```
# Script-Name: simplemenue
# Das Eingabeprompt
PS3="Bitte wählen: "

select auswahl in "Punkt 1" "Punkt 2" "Punkt 3" "Ende"
do
   # Auswahl auswerten
   case "$auswahl" in
      Ende) echo "Ende ausgewählt"; break;;
        "") echo "Falsche Auswahl";;
         *) echo "Sie haben $auswahl gewählt"
   esac
done
```

Das Shellskript bei der Ausführung:

```
$ ./simplemenue
1) Punkt 1
2) Punkt 2
3) Punkt 3
4) Ende
Bitte wählen: 1
Sie haben Punkt 1 gewählt
Bitte wählen: 2
Sie haben Punkt 2 gewählt
```

```
Bitte wählen: 5
Falsche Auswahl
Bitte wählen: 4
Ende ausgewählt
```

Mit `select` können Sie natürlich auch wieder Wildcard-Zeichen für die Liste der Menüpunkte verwenden. Wollen Sie beispielsweise alle C-Programme im aktuellen Verzeichnis auflisten und mit einem Editor Ihrer Wahl bearbeiten. Im Beispiel wurde der Kommandozeileneditor `pico` verwendet. Sie müssen für den Editor Ihrer Wahl nur den Wert der Variable `EDIT` im Skript anpassen. Betrachten Sie dazu das folgende Beispiel:

```
# Script-Name: list_and_edit
# Das Eingabeprompt
PS3="Datei zum editieren auswählen: "
# Hier Ihren Editor eingeben
EDIT=pico

select auswahl in *.c "Ende" "Hilfe"
do
   # Auswahl auswerten
   case "$auswahl" in
      Ende) echo "Ende ausgewählt"; break;;
     Hilfe) echo "Hiermit können Sie C-Programme"
            echo " mit dem Editor Ihrer Wahl"
            echo " (hier mit dem Editor $EDIT) editieren";;
        "") echo "Falsche Auswahl";;
         *) $EDIT $auswahl; break;;
   esac
done
```

Das Shellskript bei der Ausführung:

```
$ ./list_and_edit
1) edit.c
2) getkey.c
3) grafik.c
4) hallo.c
5) Ende
6) Hilfe
Datei zum editieren auswählen: 6
Hiermit können Sie C-Programme mit dem Editor
Ihrer Wahl (hier mit dem Editor pico) editieren
Datei zum editieren auswählen: 2
```

Hinweis

Selbstverständlich können Sie auch innerhalb von `select` zwischen `do` und `done` ein weiteres `select`-Menü verwenden, also die `select`-Anweisung verschachteln.

17.14 Funktionen

Selbstverständlich unterstützt auch die Shell eine saubere Codeaufteilung mit Funktionen. Gerade bei umfangreichen Shellskripten kann dies sehr sinnvoll sein. Die Syntax von Funktionen in der Shell ist der von C/C++ recht ähnlich:

```
Functionsname () {
   kommandos
}
```

Einige Regeln gilt es hierbei zu beachten: Der Funktionsname ist frei wählbar und muss in einer Zeile mit den runden Klammern stehen. Vor der sich zu öffnenden geschweiften Klammer muss mindestens ein Leerzeichen oder ein Newline-Zeichen stehen. Vor der sich schließenden geschweiften Klammer muss entweder ein Semikolon oder ein Newline-Zeichen stehen.

In der Bash und der Korn-Shell können Sie eine Funktion auch ohne die runden Klammern definieren, indem Sie das Schlüsselwort `function` vor den Funktionsnamen setzen:

```
function Functionsname {
   kommandos
}
```

17.14.1 Funktionsaufruf

Wenn Sie eine Funktion aufrufen, so muss diese zuvor definiert sein, denn ein Skript läuft von oben nach unten ab. Aufrufen können Sie diese Funktion dann ganz einfach mit dem Funktionsnamen – etwa wie folgt:

```
# Script-Name: func1
hallo() {
   echo "In der Funktion hallo()"
}
# Hier beginnt das Hauptprogramm
echo "Vor der Ausführung der Funktion ..."
# Jetzt wird die Funktion aufgerufen
hallo
# Nach einem Funktionsaufruf
echo "Weiter gehts im Hauptprogramm"
```

Das Skript bei der Ausführung lautet:

```
$ ./func1
Vor der Ausführung der Funktion ...
In der Funktion hallo()
Weiter gehts im Hauptprogramm
```

17.14.2 Externe Funktionen verwenden

In der Bash können Sie externe Funktionen wie normale Shellvariablen mit `export -f funktionsname` exportieren und somit im Skript ohne Umwege darauf zugreifen. Die Bourne- und die Korn-Shell kennen aber keine exportierten Funktionen. Somit können Sie auf portablem Weg nur mithilfe des Punkte-Operators auf externe Funktionen zurückgreifen. Ein Beispiel:

```
# Name: extfunc
hallo_ext() {
   echo "$0: Ich die externe Funktion"
}
```

Hierzu das Shellskript, das auf die externe Funktion `hallo_ext` zugreift:

```
# Script-Name: func2
echo "$0: Rufe externe Funktion auf"
. extfunc
hallo_ext
echo "$0: Nach dem Aufruf der externen Funktion"
```

Das Shellskript bei der Ausführung:

```
$ ./func2
./func2: Rufe externe Funktion auf
./func2: Ich die externe Funktion
./func2: Nach dem Aufruf der externen Funktion
```

17.14.3 Parameterübergabe

Die Übergabe von Parameter an Funktionen funktioniert ähnlich wie schon die Übergabe von Argumenten an Kommandos. Auch hierbei können Sie in der Funktion mit den Positionsparameter `$1`, `$2` bis `$9` bzw. `${n}` zugreifen. Auch auf alle Argumente über `$*` bzw. `$@` können Sie zugreifen. Die Anzahl der Argumente finden Sie auch hier in `$#`. Der Positionsparameter `$0` bleibt allerdings auch hier dem Skriptnamen vorbehalten.

Hinweis

Wenn Sie den Funktionsnamen einer Funktion benötigen, bietet Ihnen die Bash (und nur diese) die Variable `FUNCNAME` an.

Das folgende einfache Shellskript demonstriert die Verwendung von Parametern in Funktionen:

```
# Script-Name: func3
# Funktion, welche die Arumente abarbeitet
funcarg() {
   echo "Anzahl Parameter in funcarg: $#"
   # Funktioniert nur in einer Bash
   echo "Funktionsname: $FUNCNAME"
   count=1
   # Parameter durchlaufen
   for var in $*
   do
      echo "$count: $var"
```

```
        count=`expr $count + 1
    done
    # Selbiges mit den Positionsparameter
    echo "Als Positionsparameter (1-3): $1 - $2 - $3"
}

funcarg Hallo Welt wie gehts
printf "Ein paar Argumente bitte: "
read
funcarg $REPLY
```

Das Shellskript bei der Ausführung:

```
$ ./func3
Anzahl Parameter in funcarg: 4
Funktionsname: funcarg
1: Hallo
2: Welt
3: wie
4: gehts
Als Positionsparameter (1-3): Hallo - Welt - wie
Ein paar Argumente bitte: Noch ein paar Argumente
Anzahl Parameter in funcarg: 4
Funktionsname: funcarg
1: Noch
2: ein
3: paar
4: Argumente
Als Positionsparameter (1-3): Noch - ein - paar
```

17.14.4 Rückgabewert aus einer Funktion

Theoretisch müssen Sie sich gar nicht um den Rückgabewert von Funktionen kümmern, da es in der Shellprogrammierung so etwas wie lokale oder globale Variablen nicht gibt. Variablen, die Sie außerhalb einer Funktion definieren bzw. verwenden, können Sie auch ohne Parameterübergaben in der Funktion verwenden und umgekehrt. Selbstverständlich muss die Variable aber vor der ersten Verwendung bekannt sein.

Hinweis

Der Bash und der Korn-Shell steht das Schlüsselwort `local` zur Verfügung, um eine Variable anzulegen, deren Lebendauer nur innerhalb einer Funktion gültig ist.

Wollen Sie allerdings eine kleine Bibliothek mit nützlichen Funktionen erstellen, so ist die Verwendung von globalen Variablen weniger sinnvoll. Auch bei etwas umfangreicheren Skripten verliert man hier schnell den Überblick. Daher stehen Ihnen zwei Möglichkeiten zur Verfügung, die im Folgenden kurz beschrieben werden.

Rückgabewert mit return

Für ganzzahlige Werte können Sie innerhalb von Funktionen mittels `return` einen Wert zurückgeben. Als Rückgabewert können Sie einen Wert zwischen 0 und 255 verwenden. Negative Werte sind allerdings auch möglich. Den Rückgabewert von Funktionen können Sie anschließend mithilfe der Variablen `$?` auswerten. Hierzu ein einfaches Beispiel:

```
# Script-Name: func4
usage() {
   if [ $# -lt 1 ]
   then
      echo "usage: $0 datei_zum_lesen"
      return 1   # return-Code 1 zurückgeben : Fehler
   fi
   return 0      # return-Code 0 zurückgeben : Ok
}

# Hauptprogramm
usage $*
# Wurde 1 aus usage zurückgegeben ...
if [ $? -eq 1 ]
then
   printf "Bitte Datei zum Lesen eingeben : "
   read file
else
   file=$1
fi
echo "Datei $file wird gelesen"
```

Im folgenden Skript gibt die Funktion `usage` den Rückgabewert 1 zurück, wenn keine Datei als Argument zum Lesen angegeben wurde. Im Hauptprogramm werten wir dann die Variable `$?` aus. Befindet sich hier der Wert 1 (von der Funktion `usage`), so wird der Anwender erneut aufgefordert, eine Datei zum Lesen einzugeben.

Hinweis

Es versteht sich: Wenn Sie eine Funktion mit `exit` beenden, dann beenden Sie das gesamte Skript – `exit` gilt für den kompletten Prozess.

Rückgabewert mit einer Kommandosubstitution

Benötigen Sie hingegen Ergebnisse aus Berechnungen oder Zeichenketten von einer Funktion, so müssen Sie auf die Kommandosubstitution zurückgreifen. Das Prinzip ist recht einfach. In der Funktion geben Sie lediglich das Ergebnis einer Berechung oder die Zeichenkette mit `echo` auf die Standardausgabe aus. Im Hauptprogramm werden diese Daten dann, dank einer Kommandosubstitution, an die Variable übergeben. Hierzu ein einfaches Beispiel:

```
# Script-Name: func5
# Summe beliebiger Zahlen errechnen
addieren() {
```

```
   sum=0
   for val in $*
   do
      sum=`expr $sum + $val`
   done
   echo $sum
}

# Kleinbuchstaben in Großbuchstaben ändern
upper() {
   echo $* | tr 'a-z' 'A-Z'
}

summe=`addieren 11 12 44`
echo $summe

string="Hallo Welt"
echo `upper $string`
```

Das Shellskript ausführen:

```
$ ./func5
67
HALLO WELT
```

17.15 Signale

Die Signale und wie Sie mit Signalen Prozesse steuern können, habe ich bereits in Kapitel 8 erläutert. Im folgenden Abschnitt soll kurz auf den Umgang mit den Signalen in einem Shellskript eingegangen werden.

17.15.1 Signale senden

Zum Senden von Signalen kennen Sie bereits das Kommando `kill`. Die Syntax des Kommandos lautet:

```
kill -SIGNAL PID [ PID ... ]
```

Als `SIGNAL` verwenden Sie entweder den Namen des Signals (z. B. `HUP`) oder – sofern Sie diese kennen – die entsprechende Nummer (unter Linux bspw. hat HUP = 1). Den Signalnamen können Sie entweder in vorschriftsmäßiger Form (ohne `SIG`) oder mit dem Präfix `SIG` verwenden (die Liste mit den Signalnamen finden Sie in Abschnitt 8.1.4 wieder). Der Signalname muss hierbei in Großbuchstaben gesetzt werden. Dahinter wird der Prozess (oder die Prozesse) mit der Prozessnummer (`PID`) angegeben. Somit sind folgende Angaben identisch und erfüllen denselben Zweck:

```
kill -9 1234
kill -KILL 1234
kill -SIGKILL 1234
```

Alle hier verwendeten Angaben beenden den Prozess mit der Nummer 1234 mit dem Signal `SIGKILL`. Verwenden Sie hingegen `kill` ohne Angabe eines Signals bzw. einer Signalnummer, wird standardmäßig das etwas sanftere Signal `SIGTERM` (Nr. 15) an den angegebenen Prozess gesendet.

Hinweis

Es versteht sich von selbst, dass Sie Signale nur an die Prozesse senden können, deren Eigentümer Sie sind bzw. die Sie gestartet haben. Für alle anderen Prozesse benötigen Sie Admin-Rechte auf dem System.

17.15.2 Signale in einem Shellskript abfangen – trap

Um auf Signale in einem Shellskript zu reagieren, um beispielsweise einen Abbruch einer schreibenden Kommandoausführung zu verhindern, können Sie das Kommando `trap` verwenden. Die Syntax dazu lautet:

```
trap 'kommando1; ... ; kommando_n' Signalnummer
```

Auf den Kommandonamen `trap` folgt hier ein Befehl oder eine Liste von Befehlen, die ausgeführt werden sollen, wenn das Signal mit »`Signalnummer`« eintrifft. Die Befehle werden zwischen Single Quotes geschrieben. Trifft beim ausführenden Skript ein Signal ein, wird die Ausführung an der aktuellen Position unterbrochen und die angegebenen Befehle der `trap`-Anweisung werden ausgeführt. Danach wird mit der Ausführung des Skripts an der unterbrochenen Stelle wieder fortgefahren.

Bei dem folgenden einfachen Beispiel wird ein Schreibvorgang simuliert, der nicht mit [STRG]+[C] abgebrochen werden kann, weil hierfür ein Signal-Handler mit `trap` eingerichtet wurde:

```
# Script-Name: trap1
# Signal SIGINT(2) abfangen (STRG)+(C)
trap 'echo Schreibvorgang kann nicht abgebrochen werden' 2
count=1
sets=7

echo "Schreibe $sets Datensätze"
# Hier wird ein Schreibvorgang simuliert
while [ $count -lt $sets ]
do
   #...
   # Hier kommen die wichtigen Kommandos und Programme hin
   #...
   echo "Datensatz $count (von $sets) wird geschrieben"
   sleep 2
   count=`expr $count + 1`
done
echo "Schreibvorgang erfolgreich ausgeführt"
```

Das Skript bei der Ausführung:

```
$ ./trap1
Schreibe 7 Datensätze
Datensatz 1 (von 7) wird geschrieben
Datensatz 2 (von 7) wird geschrieben
^CSchreibvorgang kann nicht abgebrochen werden
Datensatz 3 (von 7) wird geschrieben
Datensatz 4 (von 7) wird geschrieben
^CSchreibvorgang kann nicht abgebrochen werden
Datensatz 5 (von 7) wird geschrieben
Datensatz 6 (von 7) wird geschrieben
Schreibvorgang erfolgreich ausgeführt
```

Selbstverständlich können Sie auch auf mehrere Signale reagieren. Um etwa in unserem Beispiel auch auf `SIGTERM` zu reagieren, fügen Sie eine weitere Zeile hinzu:

```
# Signal SIGINT(2) abfangen bspw.: (STRG)+(C)
trap 'echo Schreibvorgang kann nicht abgebrochen werden' 2
# Signal SIGTERM(15) abfangen bspw: kill -TERM PID
trap 'echo Schreibvorgang kann nicht abgebrochen werden' 15
```

Alternativ fassen Sie am Ende von `trap` gleich mehrere Signale zusammen, falls diese alle mit denselben Kommandos reagieren sollten:

```
# Signal SIGINT(2) und SIGTERM(15) abfangen
trap 'echo Schreibvorg. kann nicht abgebrochen werden' 2 15
```

17.15.3 Signal-Handler einrichten

Beim Auftreten eines Signals sollten Sie in der Praxis eine Funktion, genauer: einen Signal-Handler einrichten, der auf das Signal mit der Bereinigung von Datenresten oder Ähnlichem reagiert. Natürlich hängt dies immer von Umfang und Art des Skripts ab. Tritt etwa bei einem Skript, das in einer temporären Datei schreibt, das Signal `SIGINT` auf, so könnten Sie diese temporäre Datei wie folgt noch löschen, ehe Sie das Skript mit `exit` beenden:

```
trap 'rm atempfile.tmp ; exit 1' 2
```

Sind die Aufräumarbeiten umfangreicher oder wollen Sie mit dem Anwender kommunizieren, so sollten Sie einen Signal-Handler einrichten. Ein Signal-Handler ist im Grunde eine ganz gewöhnliche Funktion, die aufgerufen wird, wenn ein Signal auftritt. Hierzu ein einfaches Beispiel, das wieder unseren Schreibvorgang simuliert und eine Nachfrage stellt, ob wir den Schreibvorgang wirklich beenden wollen, wenn das Signal `SIGINT` ausgelöst wurde:

```
# Script-Name: trap2
# Signalhandler für SIGINT
trap_SIGINT () {
   printf "Schreibvorgang wirklich abbrechen [j/n]:"
   read jn
   [ $jn = j ] && exit 1
}
```

```
# Signal SIGINT(2) abfangen (STRG)+(C)
trap 'trap_SIGINT' 2
count=1
sets=7

echo "Schreibe $sets Datensätze"
# Hier wird ein Schreibvorgang simuliert
while [ $count -lt $sets ]
do
   echo "Datensatz $count (von $sets) wird geschrieben"
   sleep 2
   count=`expr $count + 1`
done
echo "Schreibvorgang erfolgreich ausgeführt"
```

Das Skript bei der Ausführung:

```
$ ./trap2
Schreibe 7 Datensätze
Datensatz 1 (von 7) wird geschrieben
Datensatz 2 (von 7) wird geschrieben
^CWollen Sie den Schreibvorgang wirklich abbrechen [j/n]:n
Datensatz 3 (von 7) wird geschrieben
Datensatz 4 (von 7) wird geschrieben
^CWollen Sie den Schreibvorgang wirklich abbrechen [j/n]:j
$
```

17.15.4 Signale ignorieren oder zurücksetzen

Bei extrem kritischen Codebereichen kann es manchmal sinnvoll sein, ein Signal komplett zu ignorieren. Um dies zu erreichen, machen Sie einfach in der Liste von Befehlen bei `trap` keine Angaben und verwenden nur die leeren Single Quotes. Wollen Sie das Signal `SIGINT` bei der Ausführung des Skripts komplett ignorieren (etwa weil kritische Daten übertragen werden), so können Sie dies wie folgt einrichten:

```
trap '' 2
```

Einzig die Signale `SIGKILL` und `SIGSTOP` können logischerweise nicht einfach so ignoriert werden. Vorsichtig sollten Sie auch beim Ignorieren der Signale `SIGFPE`, `SIGILL` und `SIGSEGV` sein, weil das weitere Verhalten des Skripts nicht mehr vorhersehbar ist, wenn diese Signale ignoriert werden.

Um einen mit `trap` veränderten Zustand eines Signals wieder zurückzusetzen, brauchen Sie lediglich `trap` mit der Signalnummer aufzurufen. Mit

```
trap 2
```

stellen Sie den Standardzustand des Systems vom Signal `SIGINT` wieder her.

17.16 Prozess- und Skriptausführung

Prozesse wurden bereits in Kapitel 7 ausführlich behandelt. Da Sie mit Shellskripten im Wesentlichen weitere Prozesse starten, muss auf dieses Thema hier noch einmal eingegangen werden.

17.16.1 Auf Prozesse warten

Um in einem Skript auf andere Prozesse zu warten, können Sie die Funktion `wait` mit der Prozessnummer des Prozesses verwenden, auf den Sie warten wollen. Bei der Verwendung von

```
wait 12345
```

hält das Skript seine Ausführung so lange an, bis der Prozess mit der Nummer 12345 beendet wurde. Außerdem können Sie aus `wait` gleich den Rückgabewert des beendeten Prozesses entnehmen. Ist der Rückgabewert von `wait` gleich 127, so bedeutet dies, dass auf einen Prozess gewartet wurde, der nicht mehr existiert. Andernfalls ist der Rückgabewert gleich der PID des Prozesses, auf den `wait` gewartet hat. Rufen Sie `wait` ohne einen Parameter auf, so wartet `wait` auf aktive Kindprozesse. Der Rückgabewert ist dann immer 0.

17.16.2 Hintergrundprozess hervorholen

Wer viel mit der Shell arbeitet, weiß den Vorteil von Hintergrundprozessen zu schätzen: Sie können weiterhin die laufende Shell verwenden, während der Prozess seine Arbeit im Hintergrund fortführt. Problematisch kann dies allerdings werden, wenn etwas von der Tastatur eingelesen werden soll. Der Prozess im Hintergrund hält dann so lange an, bis eine Eingabe von der Tastatur durchgeführt wird.

In solch einem Fall müssen Sie den Prozess wieder mit dem Kommando `fg` (kurz für *foreground*) hervorholen. In dem folgenden einfachen Beispiel wird dieser Vorgang produziert. Unser Skript durchläuft eine 10-Sekunden-Schleife und erwartet dann eine Eingabe von uns.

```
# Script-Name bginput
i=0
while [ $i -lt 10 ]
do
   sleep 1
   i=`expr $i + 1`
done

printf "Eingabe machen : "
read
echo "Die Eingabe lautet $REPLY"
```

Das Skript soll jetzt im Hintergrund ausgeführt werden:

```
user@desktop:~$ ./bginput &
[1] 13652
user@desktop:~$ Eingabe machen :
[1]+  Stopped                 ./bginput
```

Zwar erscheint hier noch die Ausgabe des Skripts, das Skript wird dann aber angehalten und wartet auf die Eingabe der Tastatur. Jede Eingabe, die Sie nun vornehmen, bezieht sich nur auf die aktuelle Shell. Ein Überblick des Prozesses mit `ps` bestätigt Ihnen auch, dass der Prozess gestoppt (`T`=*traced*) ist:

```
7249 pts/41   T      0:00 /bin/bash
```

Damit dieses Skript weiterarbeiten kann, müssen Sie es mit dem Kommando `fg` wieder in den Vordergrund holen:

```
$ fg %1
./bginput
Hallo Welt
Die Eingabe lautet Hallo Welt
$
```

Was es mit Prozentzeichen gefolgt von der Nummer (`%1`) auf sich hat, erfahren Sie im nächsten Abschnitt.

17.16.3 Jobverwaltung

Dank der Jobverwaltung (genauer Job-Control-System) können Sie Prozesse vom Hintergrund in den Vordergrund holen und wieder umgekehrt. Mit der Jobverwaltung verwalten Sie Prozesse, die verrückt spielen und sämtliche Ressourcen verbrauchen, oder einen gestoppten Prozess, der auf eine Eingabe von `stdin` wartet . Jedem Job (Prozess), den Sie im Hintergrund starten, wird eine Jobnummer zugewiesen. Ein Beispiel:

```
$ sleep 20 &
[1] 12345
$ sleep 10 &
[2] 12346
```

Hier haben Sie zwei Prozesse im Hintergrund ausgeführt. Die Jobnummer steht zwischen den eckigen Klammern und wird gefolgt von der Prozessnummer. Um sich einen Überblick über die laufenden Prozesse / Jobs im Hintergrund zu verschaffen, können Sie das Kommando `jobs` verwenden:

```
$ jobs
[1]-  Running                  sleep 20 &
[2]+  Running                  sleep 10 &
```

Beide Prozesse im Hintergrund werden hier im Augenblick ausgeführt (`Running`). Prozesse im Hintergrund können Sie, wie bereits im Abschnitt zuvor gesehen, mit dem Kommando `fg` gefolgt von einem Prozentzeichen und der Jobnummer wieder nach vorne holen. So wird beispielsweise mit `fg %1` der Prozess mit der Jobnummer 1 wieder in den Vordergrund geholt.

Hinweis

Verwenden Sie das Kommando `fg` mit dem Prozentzeichen ohne der Jobnummer, wird automatisch der zuletzt gestartete Hintergrundprozess hervorgeholt.

Neben Hintergrundprozessen werden auch Prozesse, die Sie mit [Strg]+[Z] angehalten haben, von `jobs` mit dem Zustand `Stopped` aufgelistet, zum Beispiel:

```
$ du /
...
[Strg]+[Z]
[1]+  Stopped                 du /
$ jobs
[1]+  Stopped                 du /
```

Um einen gestoppten Prozess weiter auszuführen, haben Sie mehrere Möglichkeiten. Entweder lassen Sie auch hierbei den Prozess mit `fg` gefolgt von dem Prozentzeichen und der Jobnummer im Vordergrund weiterlaufen (z. B. `fg %1`), oder Sie verwenden das Kommando **bg** (background), ebenfalls gefolgt vom Prozentzeichen und der Jobnummer, und führen den Prozess im Hintergrund weiter aus. Ein Beispiel:

```
$ bg %1
```

Beachten Sie aber: Wenn Sie den Prozess wie hier mit `du /` im Hintergrund weiter ausführen lassen und die Ausgabe nicht umleiten, können Sie diesen Prozess nicht erneut mit [Strg]+[Z] stoppen. Hier müssten Sie dann mit dem Kommando `kill` das Signal `SIGSTOP` an den Prozess senden.

Hinweis

Einen angehaltenen Prozess können Sie auch mit dem Kommando `kill` und dem Signal `SIGCONT` weiter ausführen.

Alternativ können Sie auch einen angehaltenen oder einen im Hintergrund verrückt laufenden Prozess ganz einfach mit `kill` und der Jobnummer beenden. Ein Beispiel:

```
$ kill %1
[1]+  Beendet                 du /
```

17.16.4 Explizite Subshell verwenden

Eine Subshell wurde zwar bereits in Abschnitt 17.5.2 beschrieben, nicht aber, wie Sie explizit eine solche Subshell starten. Die Syntax dazu lautet:

```
(
   kommando
   ...
   kommando
)
```

Eine Subshell wird verwendet, wenn Sie Kommandos zwischen runde Klammern stellen. Für die Kommandos in runden Klammern wird jeweils eine neue Shell gestartet, die die aktuelle Umgebung mit allen darin definierten Variablen übernimmt. Änderungen an Variablen in der Subshell haben keinerlei Auswirkung auf die Variablen des laufenden Skripts oder auf die Variablen der aufrufenden Shell bzw. des aufrufenden Shellskripts. Ein einfaches Beispiel hierzu:

```
# Script-Name: subshell
var=123
echo "var im Script : $var"
# Ein Subshell starten
(
  echo "var in der Subshell : $var"
  # Wert ändern
  var=321
  echo "var in der Subshell : $var"
)
echo "var im Script : $var"
```

Das Shellskript bei der Ausführung:

```
$ ./subshell
var im Script : 123
var in der Subshell : 123
var in der Subshell : 321
var im Script : 123
```

17.16.5 Kommunikation zwischen Shellskripten

Ein weiteres wichtiges Thema im Zusammenhang mit der Ausführung von Skripten ist die Kommunikation zwischen Shellskripten. Wie Sie Daten an ein Skript übergeben und von einem Skript zurückbekommen, erfahren Sie in den nächsten Abschnitten. Zur Kommunikation zwischen Skripten gehört auch die Synchronisation, die ebenfalls kurz behandelt wird.

Datenübergabe an ein Skript

Die einfachste Möglichkeit, Daten für andere Skripte zur Verfügung zu stellen, ist der Export dieser Daten mit dem Kommando `export`. Rufen Sie nach dem `export` von Variablen ein Skript auf, so können auch hier die Variablen mit denselben Werten verwendet werden.

Darüber hinaus gibt es die Datenübergabe als Argument, die Sie bereits von der Kommandozeile her kennen. Rufen Sie beispielsweise ein Skript in einem Shellskript wie folgt auf:

```
...
var1=`ls -l | wc -l`
var2=1234
var3="Hallo Welt"
./ scriptname $var1 $var2 $var3
...
```

Diese Variablen finden Sie jetzt im Skript `scriptname` in den einzelnen *Positionsparametern* `$1` bis `$4`, oder alle zusammen in `$*` bzw. `$@`. Ein Beispiel:

```
# Script-Name: scriptname
...
echo "$1 $2 $3"
...
```

Wenn allerdings der Datenumfang zunimmt, können Sie eine *temporäre Datei* verwenden. Das Prinzip ist einfach: Ein Skript schreibt etwas in eine Datei und ein anderes Skript liest es aus.

```
# Name script1
IFS='\n'
for var in `ls -l`
do
   echo $var

done > file.tmp
./script2
```

Dieses Skript liest zeilenweise vom Kommando `ls -l` ein und lenkt die Standardausgabe in die temporäre Datei `file.tmp` um. Anschließend ruft dieses Skript das andere Skript auf, sodass diese Daten zeilenweise wieder eingelesen werden. Das zweite Skript:

```
# Name : script2
while read line
do
   echo $line
done < file.tmp
```

Das Gleiche können Sie auch ohne eine temporäre Datei machen, indem Sie beide Skripte mit einer *Pipe* wie folgt ausführen:

```
$ ./script1 | ./script2
```

Damit dies mit den beiden eben gezeigten Skripten auch funktioniert, müssen Sie lediglich jeweils am Ende der Schleife die Umlenkung in die bzw. aus der Datei `file.tmp` entfernen.

Datenrückgabe von einem Skript

Um Daten von einem anderen Skript zurückzugeben, ist eigentlich auch hier die Kommandosubstitution das Nonplusultra – dazu ein Beispiel:

```
...
# Datenrückgabe von scriptname steht anschließend in var
var=`./scriptname`
...
```

Dies funktioniert natürlich auch mit der Rückgabe von mehreren Werten aus einem Shellskript. Kennen Sie die Anzahl der Rückgabewerte, so können Sie diese mit `set` aufsplitten und die einzelnen Positionsparameter verwenden. Ein Beispiel:

```
...
var=`./scriptname`
# Einzelne Variablen aufsplitten
set $var
# Zugriff auf die einzelnen Werte über Positionsparameter
echo "Wert1: $1; Wert2: $2; Wert3: $3"
...
```

Wenn Sie nicht genau wissen, wie viele Werte ein Skript zurückgibt, dann können Sie die einzelnen Parameter auch in einer Schleife abarbeiten:

```
...
var=`./scriptname`
# Einzelnen Werte von var durchlaufen (Trennzeichen ist IFS)
for wert in $var
do
   # Hier etwas mit $wert machen - im Beispiel eine Ausgabe
   echo "$wert"
done
...
```

Bei einem extremen Datenumfang von mehreren Megabytes sollten Sie allerdings eher wieder auf eine temporäre Datei zurückgreifen, wie im vorherigen Abschnitt geschildert, wo es um die Übergabe von Daten an ein Skript ging. Allerdings funktioniert dies auch nur, wenn ein Skript seine Daten komplett in die temporäre Datei schreibt und das andere Skript diese dann komplett ausliest.

Wollen Sie in einem Shellskript, das permanent im Hintergrund Datenverkehr verursacht, etwas lesen, so sollten Sie dieses Skript in einer Schleife über eine Pipe zeilenweise einlesen – zum Beispiel wie folgt:

```
...
# Eine Zeile von scriptname einlesen
./scriptname | while read wert
do
   # Die Zeile nochmals anhand einzelnen Werte auswerten
   for val in $wert
   do
      echo "$val"
   done
done
...
```

Skripte synchronisieren

Wenn Ihre Skripte dauerhaft laufen und gegebenenfalls auch noch in ein und dieselbe Datei schreiben bzw. aus ihr lesen, wäre eine Synchronisation sehr sinnvoll. Hierfür bieten sich mehrere Möglichkeiten an. Die Einfachste wäre es, eine *globale* bzw. *exportierte Variable* auf einen bestimmten Zustand (Wert) zu überprüfen und entsprechend zu reagieren.

Ähnliches können Sie auch mit einer *temporären Datei* durchführen, indem Sie in den Skripten überprüfen, ob eine Datei zum Lesen oder zum Schreiben freigegeben ist. Hierzu schreiben Sie ein Hauptskript, das die Lese- und Schreibanforderungen koordiniert. Ein Beispiel:

```
...
while true
do
  # Ist die Datei lesbar
```

```
  if [ -r $FILE ]
  then
     echo "Datei wird gelesen ..."
     #./script_zum_Lesen
     # Freigeben zum Schreiben
     chmod 0200 $FILE;
  fi
  # Ist die Datei schreibbar
  if [ -w $FILE ]
  then
     echo "Datei ist bereit zum Schreiben ..."
     #./script_zum_Schreiben
     # Freigeben zum Lesen
     chmod 0400 $FILE
  fi
done
...
```

Last but not least können Sie natürlich auch hierfür Signale verwenden. Richten Sie zu diesem Zweck einfach einen Signal-Handler mit `trap` für das jeweilige Skript ein. So kann ein Skript erst weiterarbeiten, wenn das andere Skript ein bestimmtes Signal erhält und umgekehrt. Ein Beispiel:

```
# Script-Name: script1
...
# Signalhandler einrichten
trap './script2' SIGUSR1
while true
do
   # Lese Daten
   # Fertig mit dem Lesen und script2 aufrufen
   kill -SIGUSR1 $$
done
...
```

Ähnlich sieht dies mit `script2` aus:

```
# Script-Name: script2
...
# Signalhandler einrichten
trap './script1' SIGUSR2
while true
do
   # Schreibe Daten
   # Fertig mit dem Lesen und script1 wieder aufrufen
   kill -SIGUSR2 $$
done
...
```

17.16.6 Skripte zeitgesteuert ausführen

Das zeitgesteuerte Ausführen von Prozessen mit `cron`-Jobs wurde bereits in Abschnitt 7.13.3 erläutert – blättern Sie daher bei Bedarf einfach noch einmal zurück.

17.17 Ein Shellskript bei der Ausführung

Zu guter Letzt gebe ich Ihnen im Folgenden noch einen Überblick über die genaue Ausführung eines Shellskripts. Wie Sie bereits wissen, wird beim Start eines Shellskripts zunächst eine Subshell geöffnet (sofern Sie das Shellskript nicht mit einem Punkt gestartet haben), in der das Skript ausgeführt wird. Die Subshell ist hierbei für die Ausführung des Shellskripts verantwortlich. Die Ausführung des Skripts selbst lässt sich in drei Schritte gliedern:

- *Syntaxüberprüfung* – Das Shellskript wird Zeile für Zeile auf die richtige Syntax überprüft. Ein Fehler kann beispielsweise auftreten, wenn ein Schlüsselwort oder die Reihenfolge von Schlüsselworten und weitere Symbole nicht der Regel entsprechen.
- *Expansionen* – Anschließend werden sämtliche Expansionen wie Kommandosubstitution, Variablen-Interpolation, Dateinamen-Expansion, Aliase- und Tilde-Expansionen durchgeführt.
- *Kommandoausführung* – Zuletzt werden gemäß der Reihenfolge die Builtin-Kommandos (Shellfunktionen), Funktionen, externe Kommandos (in `PATH`) oder binäre Programme sowie weitere Shellskripte ausgeführt.

A Sicherheit unter Linux

Ziel dieses Anhangs ist es, Sie in kürzeren Abschnitten auf mögliche Gefahren hinzuweisen, die mit der einen oder anderen Routine bzw. unbedachten Aktion verbunden sind.

Nichts liegt mir ferner, Ihnen jetzt eine umfassende Moralpredigt zum Thema »Sicherheit« zu halten. Doch gerade weil es für den Programmierer in der Praxis nicht so interessant erscheint (und häufig auch noch ein gewisser Zeitdruck vorhanden ist), sich während der Entwicklung auch noch damit zu befassen, wird es häufig vernachlässigt, so dass kein Tag vergeht, an dem eine »unautorisierte« Person wieder eine Sicherheitslücke in einem Programm gefunden hat. Zwar ist das Thema »Sicherheit« Bücher füllend – aber wenn Sie das beherzigen, was ich Ihnen hier predige, ist dies schon mal die halbe Miete – häufig reicht hierbei ein kleiner Denkanstoß aus. Vorausgesetzt natürlich, Sie sind mit Linux und der Programmierung bestens vertraut.

Hinweis

Ganz klar, das Thema hat eigentlich mehr Seiten verdient. Aber der Umfang des Buches erlaubt es mir nur, hier das Wichtigste zusammenzufassen. Daher finden Sie auf der Buch-CD ein Manuskript »Sicherheitsrelevante Programmierfehler«, welches mir mit freundlicher Genehmigung von Thomas Biege (SUSE LINUX AG, Security Support & Auditing) zur Verfügung gestellt wurde.

A.1 Viren und Trojaner

Im Prinzip sind Sie bei normaler Anwendung des Systems von solchen Parasiten befreit. Es ist zwar möglich, sich einen Trojaner unter Linux einzufangen, aber dann muss der Anwender schon ziemlich ungeübt im Umgang mit Linux sein.

Selbst, wenn Sie einen Virus oder einen Trojaner auf Ihrem Rechner testen würden, weil Sie z. B. wissen, wie man eine Shell in C startet und eine Hintertür zum System gefunden haben, so dass es Ihnen gelingt, sich selbst auf dem Rechner (mittels root-Rechte) einen Virus (z. B. einen einfachen rekursiven `rm`-Befehl) »einzupflanzen«, Sie werden es zu 99 % nicht schaffen, denselben Vorgang bei einem anderen Rechner zu wiederholen. Jede Distribution von Linux (SUSE, RedHat, Mandrake, Gentoo, Debian etc.) hat eine etwas andere magische Zahl und auch sonstige andere Einstellungen (Bibliotheken, Verzeichnisse, Anwendungen und selbst der Desktop ist in der Regel sehr vielfältig). Einfach ausgedrückt, der Virenprogrammierer dürfte seine Probleme haben, einen *portablen Virus* zu erstellen.

Hinweis

An dieser Stelle sei angemerkt, dass es nicht unmöglich ist, einen Virus zu erstellen – sprich, je paranoider Sie sind, umso besser. So wäre ein einfacher (Shell-)Virus recht schnell mit einem einfachen `rm` erstellt. `rm` benötigt nur *ld-linux.so.2* und *libc.so.6*, die (fast) überall vorhanden sind. Dann wäre da noch die Möglichkeit mit `-static` zu kompilieren, und wenn man weitere Bibliotheken benötigt, gibt es immer noch die Funktion `dlopen()`.

Sie sollten allerdings darauf achten, woher Sie sich Ihre Software oder Bibliotheken beziehen. Denn es gibt *dubiose* Quellen, welche so genannte Rootkits in (auf dem ersten Blick) normaler Software einbauen. Dank Open Source ist es schließlich kein Problem, den Quellcode einer Anwendung zu modifizieren, da dieser ja offen vorliegt. Rootkits sind den Trojanern recht ähnlich und tarnen sich als Programmdatei oder als Kernelmodul. Ein *gutes* Rootkit enthält zum Beispiel einen *Keylogger* zum Mitprotokollieren, was der Anwender denn so alles eingibt.

Hinweis

Einer sehr guten Keylogger findet man auch der Webseite *http://linux01.org:2222/prog-ttyrpld.php* – unumgänglich für den Normaluser des Kernelmoduls. Typisch, funktioniert auch mit SSH etc., siehe Homepage.

A.2 Der Superuser (su)

Schnell mal den Superuser machen ist sehr hilfreich. Sie haben dabei die User-ID 0 und den Usernamen *root*. Mit *root* können sie **fast** alles machen, was root auch machen darf. Bei Installationen oder Konfigurationen von Software müssen Sie häufig den Superuser machen, da es einige Operationen benötigt, welche eben nur mit diesen Rechten ausführbar sind. In diesem Fall sollten Sie als Programmierer bei der Entwicklung besonders vorsichtig sein, wenn Ihr Programm beim Anwender kurzfristig *root*-Rechte benötigt. Ist der Code, den Sie geschrieben haben und welcher *root*-Rechte benötigt, fehlerhaft, können Sie ein ziemliches Chaos auf dem System anrichten.

A.3 Überlaufen von Logfiles

In Kapitel 7 haben Sie gesehen, wie Sie den Dämon *syslogd* mit den Funktionen `openlog()` und `syslog()` verwenden können. Da für gewöhnlich Log-Nachrichten in eine Log-Datei geschrieben werden, sollten Sie darauf achten, nicht zu viele Log-Einträge zu generieren. Denn mit der Zeit wird der Speicherplatz aufgebraucht und die Log-Datei recht unübersichtlich. Sollte es sich nicht vermeiden lassen, dass der Dämon recht viel zu *plappern* hat bzw. dass der Dämon mehrere Monate gar Jahre in Betrieb ist, sollten Sie die Anwendung *logrotate* verwenden. Diese Anwendung komprimiert, sichert und benennt die Log-Datei um, wenn diese ein bestimmtes Alter oder eine bestimmte Größe erreicht hat. Das Programm wird recht gerne zum Schutz von DoS-Attacken (DoS = Denial of Service) des Dämons *xinetd* verwendet.

Hinweis

Natürlich ist es jetzt nicht empfehlenswert, auf dem nächsten erreichbaren Rechner den *syslogd* vollzumüllen, denn meistens kann der Verursacher festgestellt werden, und das werden – auch wenn Ihr Account »geklaut« wurde – Sie selbst sein.

DoS (*Denial of Service*) ist ein Angriff auf einen Host mit dem Ziel, einen oder mehrere seiner Server arbeitsunfähig zu machen. In der Regel geschieht das durch Überlastung. Erfolgt der Angriff koordiniert von einer größeren Anzahl anderer Systeme aus, so spricht man von einem DDoS (Distributed Denial of Service).

A.4 Zugriffsrechte auf Dateien

Die meisten Anwender Ihrer Programme vertrauen gewöhnlich Ihren Kenntnissen als Programmierer und kümmern sich recht selten um die Vergabe von Zugriffsrechten. Wenn Sie Programme entwickeln, werden Sie gewöhnlich auch Dateien erstellen und die Zugriffsrechte dazu erteilen. Folgende Zugriffsrechte von Dateien, die Sie erstellen, können ein Sicherheitsrisiko darstellen (gerade, wenn sich darin vertrauliche oder wichtige Informationen befinden):

- Dateien, wo »Gruppe« (in einigen Fällen) und/oder »Andere« Schreibrechte haben. In C-Notation wären das `S_IWGRP` und `S_IWOTH` (siehe Kapitel 2 über `open()` etc.).
- Leserechte auf sicherheitsrelevante Dateien wie bspw. Passwortdateien
- Schreibrechte auf Konfigurationsdateien für nicht *root*-Gruppen
- Schreibrecht für alle auf das Homeverzeichnisses

Gewöhnlich sind bei einem neu installierten Paket die sicherheitsrelevanten Dateien richtig eingestellt. Meistens wird dann mal schnell etwas in der Datei verändert – was die Zugriffsrechte mit einschließt – und dann wieder vergessen bzw. vernachlässigt, den alten Zustand wieder herzustellen. Meistens können Sie allerdings die Zugriffsrechte solcher Pakete mit *rpm* wieder herstellen – da diese Informationen in den Paketen gespeichert werden. Ein einfacher Aufruf genügt, um die Rechte wieder in den Ursprungszustand herzustellen:

```
$ rpm –setperms programmpaket
```

A.5 Das SUID-Bit

Häufig liegt kein zwingender Grund vor, bei einer Anwendung dauerhaft das SUID-Bit zu setzen. Das Sicherheitsrisiko ist dafür einfach zu hoch. Verwendet wird das SUID-Bit z. B., damit der Benutzer sein Passwort in *passwd* ändern kann. Hätte der User keine *root*-Rechte, so könnte nur Root das Passwort ändern. Hier ein solches Negativ-Beispiel, wie Sie eine Anwendung mit *root*-Rechten ausstatten:

```
$ gcc -o testprogramm testprogramm.c
$ su
```

```
Passwort:********
# chown root:root testprogramm
# chmod a+s testprogramm
# exit
```

SUID (Set User ID) und SGID (Set Group ID) werden durch ein `s` anstelle eines `x` bei den Eigentümer- und bei den Gruppenrechten ausgedrückt. Das `s`-Recht an einer ausführbaren Datei bedeutet, dass der Benutzer, der sie startet, während des Programmlaufes die UID des Dateibesitzers bzw. die GID der Besitzergruppe erhält. Das hängt davon ab, ob das `s` beim Besitzer oder der Besitzergruppe steht. Im Falle des Programms `/bin/passwd` wird man z. B. während des Programmlaufs zum Superuser. Wird das SGID-Recht auf ein Verzeichnis gegeben, so hat es eine andere Funktion. In diesem Fall erhalten alle Dateien, die in diesem Verzeichnis erstellt werden, automatisch die gleiche Gruppe, die auch dem Verzeichnis zugeordnet ist.

Aber wie machen das dann Programme zum Anwählen in das Internet wie bspw. KPPP? Es ist praktisch ausgeschlossen, ein Wählprogramm ohne das gesetzte SUID-Bit zu schreiben. Möglich ist es zwar schon, aber die Benutzerfreundlichkeit, gerade für Anfänger, würde damit nicht gerade erleichtert. Entnommen aus der Dokumentation von KDE, geht KPPP folgendermaßen vor:

- Gleich nach dem Programmstart startet KPPP einen neuen Prozess.
- Der Masterprozess (Elternprozess) (der das GUI, Benutzerinteraktion u. Ä. verwaltet) legt den SUID-Status danach ab und läuft dann mit den normalen Benutzerprivilegien (und kann diese auch nicht wiedererlangen).
- Der Slaveprozess (Kindprozess) behält seine Privilegien bei und kümmert sich um alles, wofür man root-Rechte benötigt. Um diesen Teil sicher zu machen, werden hier keine Funktionen der Qt-Bibliotheken aufgerufen, sondern nur einfache Funktionen der C-Bibliothek. Der Quellcode für diesen Prozess ist kurz (etwa 500 Zeilen) und gut dokumentiert. Dadurch ist es einfach, Sicherheitslöcher zu entdecken.
- Master- und Slaveprozess kommunizieren über die Standard-IPC-Mechanismen.

Wenn Sie also eine Anwendung erstellen, welche unbedingt SUID-Rechte benötigt, ist ein Studium des Quellcodes des KPPP zu empfehlen. Leider ist es nicht möglich, diese 500 Zeilen (aufgrund des Umfangs) hier abzudrucken.

Einen Überblick zu den Programmen, die das SUID- oder SGID-Bit gesetzt haben, können Sie (als root) in der Shell mit folgendem Aufruf erhalten:

```
# find / -perm +6000
```

Sie können jetzt ggf. die Programme, die Sie nicht mehr benötigen, entfernen, wobei dies schon tiefergreifende Kenntnisse voraussetzt, da das eine oder andere Kommando von einem anderen Kommando verwendet werden könnte. Aber auch das lässt sich relativ einfach ermitteln (hier anhand von `ping`):

```
# rpm -qf /bin/ping
iputils-ss020927-45
```

```
# rpm -q --whatrequires iputils-ss020927-45
kein Paket verlangt iputils-ss020927-45
#
```

Bezüglich der Abhängigkeit der Pakete untereinander lässt sich keine pauschale Beurteilung abgeben. Hier ist entweder das Lesen der Manual-Page oder Experimentierfreudigkeit angesagt. Im Falle wo Sie paranoid ggf. SUID sind, jedoch die Anwendung nicht entfernen wollen, nehmen Sie Ihr das SUID-Bit weg.

Sofern es sich also nicht vermeiden lässt, dass Sie ein Programm mit root-Rechten ausstatten müssen, sollten Sie diese Privilegien, sofern diese nicht mehr benötigt werden, mit dem Funktionsaufruf

```
setuid( getuid() );
```

wieder abgeben.

A.6 Programme ohne Ausführrechte

Wenn Sie meinen, es genüge, einem ausführbaren Programm nur die Ausführrechte zu entfernen, so dass es niemand ausführen kann, täuschen Sie sich. Ein halbwegs gewiefter Anwender kopiert die Datei in sein Verzeichnis, ändert die Ausführrechte und führt es aus. Es reicht also nicht aus, nur das Ausführrecht einer Anwendung zu löschen.

Ausnahme wieder SUID (Rechte: `rwsr--r--`), denn beim Kopieren geht das SUID/SGID effektiv verloren. Effektiv, weil Benutzer und möglicherweise die Gruppe der kopierten Datei nicht erhalten bleiben. Somit stünde ein User vor einer Datei wie:

```
rwsr--r--  jengelh  users  12345  2004-07-13 20:36  passwd
```

welche natürlich nicht mehr root-suid ist.

A.7 Buffer Overflow (Pufferüberlauf)

Der *Buffer Overflow* ist keineswegs eine aussterbende Spezies, sondern hat jetzt in der Zeit der einfachen Informationsbeschaffung Hochkonjunktur. Das Problem ist in der Tat eines der am meist auftretenden Sicherheitslücken. Es gibt keine Woche, indem es keine Berichte gibt, dass im Programm *x* eine Sicherheitslücke in Form eines *Buffer Overflows* entdeckt wurde. *Buffer Overflow* in einer Suchmaschine eingegeben, liefert Ihnen einen schlagartigen Beweis, wie problematisch das Thema mittlerweile (nicht nur unter Linux) ist.

Buffer Overflows sind meistens das Ergebnis einer »fehlerhaften« Programmierung. Wobei hierbei keine Programmierfehler wie ein Zeiger der ins Nichts zeigt oder dergleichen gemeint sind, sondern die Verwendung von unsicheren Funktionen. Wobei man zu Beginn erst mal niemandem einen Vorwurf machen kann, denn letztendlich benutzte man dazu mal alle Routinen, die einem zur Verfügung standen. Erst im Laufe der Zeit, als es schon zu spät war und unzählbar viele Programme in C erstellt wurden, erkannte man das Übel. Theoretisch kann der Buffer Overflow überall dort »ausgenutzt« werden, wo Daten von einem Netzwerk (bspw. an einem Browser, FTP-Client, ...) oder (seltener) von der Tastatur in einem Speicherbereich mit fester Größe geschrieben werden. Wird die Längenangabe des Speicherbereichs nicht überprüft, ist der Weg für einen Hacker zum so genannten *Exploit* nicht mehr weit. Zwar hat ein solcher Speicherüberlauf häufig zur Folge, dass ein Programm abstürzt, aber es gibt dennoch (nicht selten) ein paar Möglichkeiten, um diesen Umstand so zu manipulieren, dass programmfremder Code ausgeführt werden kann, um an besondere Privilegien des Systems zu kommen.

Mit dem *Buffer Overflow* lassen sich folgende Aktionen ausführen:

- Die Werte von Variablen auf dem Stack könnten manipuliert werden.
- Die Rücksprungadresse kann verändert werden, so dass ein Programm an einer beliebigen Stelle mit der Ausführung fortfahren kann. Bspw. könnte der Angreifer die Rücksprungadresse auf einem von ihm erstellten Maschinencode verändern – oder eventuell eine (primitive) Passwortabfrage überspringen. Ausführung von fremdem Code sei nicht möglich, sagen Sie? Der Angreifer hat den Heap auch noch zur Verfügung – da herrschen andere Rechte.
- Dasselbe Schema lässt sich auch mit Zeigern auf Funktionen anwenden. Dabei ist theoretisch nicht einmal ein *Buffer Overflow* erforderlich, sondern es reicht die Speicheradresse aus, wo sich diese Funktion befindet. Die Daten, die für die Ausführung von fremdem Code nötig sind, werden vorzugsweise wieder in einer Variable gespeichert.
- Und natürlich der Programmabsturz, was dem Anwender zuhause wohl weniger wichtig erscheint als der Industrie.

Da die meisten *Buffer Overflows* auf die Verwendung unsicherer Funktionen der Standard-Bibliothek zurückzuführen sind, finden Sie hier eine kurze Zusammenfassung der am häufigsten verwendeten unsicheren Funktionen und deren empfehlenswerten Alternativen. Natürlich ist es auch möglich, mit der angeblich sichereren Alternative bei falscher Anwendung einen *Buffer Overflow* auszulösen – allerdings ist dies dann wirklich IHR Fehler.

Unsichere Funktion	Sicherere Alternative
`gets()`	`fgets()`
`strcpy()`	`strncpy()`
`strcat()`	`strncat()`
`sprintf()`	`snprintf()`
`getwd()`	`getcwd()`

Tabelle A.1 Unsichere Standard-Funktionen und deren Alternativen

Als negatives Beispiel soll die folgende Anwendung dienen:

```
#include <stdio.h>
#include <stdlib.h>

int main(void) {
   char puffer1[10];
   char puffer2[12];
```

```
    printf("Eine Zeichenkette eingeben: ");
    fgets(puffer1, 10, stdin);

    sprintf(puffer2, "%s123", puffer1);
    printf("%s\n",puffer2);

    return EXIT_SUCCESS;
}
```

Führen Sie das Beispiel wie folgt aus:

```
$ ~> gcc -o overf overf.c
$ ~> ./mist
Eine Zeichenkette eingeben: 1234567890
123456789123
```

Zuerst haben Sie zwar mit `fgets()` den *Buffer Overflow* bei der Überschreitung der Eingabe verhindert, aber dann bei der Funktion `sprintf()` den Puffer überschritten. Sicherere Alternativen zur Funktion `sprintf()` wären in diesem Beispiel `snprintf()` oder `strncpy()` gewesen.

Leider erkennt man an diesem Beispiel häufig noch nicht das Problem des *Buffer Overflows*. Daher ein weiteres Beispiel:

```
#include <stdio.h>
int main(void) {
    int granted = 0;
    char password[8];
    sprintf(password, "i-want-to-get-root");
    if(granted) { printf("Let's rock\n"); /* setuid(0); */ }
    else { printf("Wrong idea\n"); }
}
```

Nach der Grundidee dürfte der granted-Block ja nie ausgeführt werden, aber ... testen Sie selbst.

Hinweis

Vielleicht ist jetzt der eine oder andere über den kurzen Abschnitt zum Thema *Buffer Overflow* enttäuscht, aber bitte bedenken Sie, dass es sich hier nicht um ein Lehrbuch für C handelt – und das Thema ist zum Teil reines C! Im Kapitel zu den Programmierwerkzeugen finden Sie noch einiges dazu, wie Sie bestimmte Tools bzw. Bibliotheken effektiv gegen Buffer Overflows einsetzen können. Außerdem finden Sie auf der CD im Buch »C von A bis Z« ein Kapitel zu diesem Thema.

A.8 Race Condition

Eine *Race Condition* liegt vor, wenn sich mehrere Prozesse um dieselben Daten mit *nicht-atomaren* Funktionen streiten und das ganze auch noch von der Abarbeitung der Reihenfolge abhängt, in der die einzelnen Prozesse Ihre Arbeit durchführen. Das Problem hatten Sie schon im Kapitel über Prozesse gehabt, als zwei Prozesse (Eltern- und Kindprozess) etwas auf dem Bildschirm ausgegeben haben und diese nicht aufeinander abgestimmt waren. So konnten Sie nie wissen, welcher der Prozesse zuerst eine Ausgabe macht. Diesbezüglich wissen Sie sich ja jetzt zu helfen.

Aber ganz so einfach ist dies häufig nicht. Gerne wird nämlich zur Vermeidung von *Race Conditions* ein anderes Schlupfloch aufgemacht. Sehen Sie sich den folgenden Codeabschnitt an:

```
if(access("/tmp/myfile", W_OK) == 0) {
    if((fd = open("/tmp/myfile", O_WRONLY)) < 0) {
         perror("Konnte Datei nicht öffnen");
         exit(EXIT_FAILURE);
    }
   else {
      /* Etwas in die Datei myfile schreiben */
}
```

Auf dem ersten Blick könnte man meinen, dem Programmierer gratulieren zu müssen, da er anscheinend an alles gedacht hat – hier sollte das Problem des *Race Conditions* nicht mehr auftreten. Der Programmierer überprüft erst, ob er Schreibrechte auf die Datei hat, bevor er diese mit `open()` öffnet. Nur gibt es hierbei eine kleine Lücke. Die beiden Funktionen `access()` und `open()` sind keine atomaren Funktionen, was bedeutet, dass zwischen der Ausführung von `access()` und der Ausführung von `open()` ein Zeitpuffer liegt. In diesem kleinen, aber vorhandenen Zeitraum bietet es sich geradezu an, die Datei `myfile` zu löschen und durch einen symbolischen Link eine recht sicherheitskritische Datei zu ersetzten. Hierfür sind keinerlei tiefgreifende Kenntnisse nötig, der Angreifer muss hier nur ein wenig Quellcode lesen können und einen Link setzen.

Am einfachsten wäre es, wenn der Programmierer nur `open("myfile", O_WRONLY)` macht und hinterher den Fehler überprüft. Zwar ist auch das nicht so atomar, wie man es gerne hätte, jedoch würde `open()` fehlschlagen, während `access()` – hinterher – wahr zurückgibt, was ja schon stutzig machen sollte. Auf jeden Fall aber setzt `open()` `errno` und das reicht schon: `strerror(errno): "Permission denied"`.

Hinweis

Zugegeben, das Thema wurde hier nicht so behandelt, wie es angemessen wäre – aber auf der Buch-CD finden Sie zu diesem Thema einen sehr guten Artikel der Zeitschrift »hakin9« (*http://www.haking.pl/de/index.php*). Des Weiteren finden Sie noch Artikel des eben genannten Magazins zur unsicheren Bibliothek *libproc* und dem Stacküberlauf unter Linux.

A.9 Temporäre Dateien

Die Sicherheitslücke der temporären Dateien sind neben dem *Buffer Overflow* eine gerne gemachte Einladung für den Einbrecher. Temporäre Dateien werden gewöhnlich in einem öffentlichen beschreibbaren Verzeichnis erzeugt (meistens `/tmp`). Damit nicht jeder diese Datei im temporären Verzeichnis löschen kann, wird für alle User das Filesystemflag `(t)` gesetzt (`chmod +t /tmp`). Damit ist es nur dem Besitzer einer Datei gestattet, seine Datei aus dem Verzeichnis zu löschen. Leider werden Unterverzeichnisse in `/tmp` nicht vom Setzen dieses Filesystemflags berücksichtigt – was bedeutet, dass dieses Flag extra für jedes Verzeichnis gesetzt werden muss (Unterverzeichnisse haben aber meistens `rwxr-xr-x`, was entwarnend ist)! Dies ist ein häufig vernachlässigter Fehler, womit ein unerlaubtes Löschen von Daten möglich wird.

Ein weiteres Problem mit den temporären Dateien ist die Verwendung von *nicht-atomaren* oder unsicheren Funktionen zur Erstellung von temporären Dateien wie `tmpnam()` oder `tmpfile()`. Außer der Tatsache, dass beide Funktionen *nicht-atomar* sind, folgen beide Funktionen auch symbolischen Links!

Bei `tmpnam()` (und auch `mktemp()`) kommt noch hinzu, dass zwischen der Erzeugung und dem Öffnen der Datei mittels `open()` wieder ein Zeitpuffer vorhanden ist. In diesem Zeitabschnitt ist es wieder möglich, einen Link mit demselben Namen zu erzeugen, so dass `open()` diesem Link folgt, was eine *Race Condition* zur Folge haben kann. `tmpnam()` oder `mktemp()` garantieren zwar, während der Erzeugung für einen eindeutigen temporären Namen, aber zwischen der Zeit der Erzeugung des Namens und dem Öffnen dieser Datei kann allerhand Schabernack betrieben werden.

Letztendlich bleibt einem dann nichts anderes übrig, als die Verwendung der Funktion `open()` mit den richtigen Parametern:

```
if((tmp = tmpnam(NULL)) == NULL)
    exit(EXIT_FAILURE);

/* Ein weiteres sinnvolles Flag währe O_NOFOLLOW */
if((fd = open(tmp, O_RDWR|O_CREAT|O_EXCL, 0600)) < 0) {
     perror("Fehler bei open");
     exit(EXIT_FAILURE);
}
/* Hier steht der Filedeskriptor für die weitere Benutzung */
/* zur Verfügung */
```

A.10 chroot

Mit der Funktion `chroot()` können Sie das Wurzelverzeichnis (/) für ein Programm verändern. Das bedeutet aber auch, dass nach der Veränderung nicht mehr ohne Weiteres außerhalb des Baumes zugegriffen werden kann. Dieser Vorgang wird als *chroot jail* bezeichnet. Bspw. können Sie damit einen Befehl mit einem neuen Wurzelverzeichnis starten, wie dies etwa bei einer Rettungsdiskette gemacht werden kann, die mit einem gemounteten System arbeiten soll. Natürlich bleibt ein solcher Aufruf nur dem Benutzer *root* überlassen.

Mit `chroot()` können Sie praktisch ein kritisches Programm bei der Ausführung vom übrigen Filesystem isolieren (was übrigens auch gerne mit Dämonprozessen gemacht wird). Damit ließe sich praktisch ein Einbrecher ins System in einem Verzeichnis dingfest machen – wichtig dabei ist, dass sich in diesem Verzeichnis nur Programme befinden, die man benötigt.

Der Vorteil dieser *chroot jail*-Umgebung ist, dass im Falle eines Fehlers Ihrer Anwendung nur Schaden im *chroot jail* angerichtet werden kann und somit dem Angreifer alles andere außerhalb dieser Verzeichnisstruktur verwehrt bleibt.

Allerdings benötigen viele (Dämon-)Prozesse Konfigurationsdateien. Und da diesen ja bspw. das Verzeichnis `/etc` oder ähnliche Verzeichnisse nicht mehr zur Verfügung stehen, müssen diese Dateien ins `chroot`-Verzeichnis eingefügt werden. Hierbei gilt es darauf zu achten, keine Fehler zu machen. Hier einige der vielen möglichen Fehler mit `chroot`, die gerne gemacht werden:

- Vermeiden Sie, sofern es möglich ist, Dateien in der `chroot`-Umgebung wie Passwortdateien oder ähnliche. Sie sollten nicht einfach die Datei `/etc/passwd` ins `chroot`-Verzeichnis kopieren, wenn Sie noch andere Möglichkeiten haben.
- Verwenden Sie nicht die Standardrechte einer Anwendung. Würden Sie bspw. den Apache-Webserver in einer `chroot`-Umgebung mit den ursprünglichen Rechten laufen lassen, würde das Programm mit vollen `root`-Rechten laufen. Somit steht dem Ausbruch aus der `chroot`-Umgebung nichts mehr im Wege. Passen Sie sinnvollerweise die Privilegien an. Es genügt nicht, im Falle eines Servers der UID und der GID das `nobody` zuzuweisen. Wenn andere Anwendungen diese IDs ebenso verwenden, kann der Angreifer andere Programme mit den Signalen steuern oder die Systemaufrufe mit `ptrace` mitprotokolieren, was auch das Mitlesen von Passwörtern beinhalten könnte. Details zum *Chroot Jail*: Man kann nur entkommen, wenn das aktuelle Arbeitsverzeichnis (welches durch `chroot()` selbst nicht geändert wird) höher liegt als das `chroot`-Verzeichnis.

Neben diesen Löchern, die Sie mit `chroot()` aufmachen, gibt es noch eine Menge mehr zu beachten. Wenn Sie eine Anwendung erstellen, die eine eigene `chroot()`-Umgebung erstellt, müssen Sie eine Festung wie Fort Knox bauen und sich unbedingt intensiver mit diesem Thema befassen. Gerade in Zeiten, wo so genannte virtuelle Server (kurz *VServer*) Hochkonjunktur haben, sollten Sie diesbezüglich recht schnell fündig werden.

A.11 Umgebungsvariablen

Für jede Anwendung stehen gewisse Umgebungsvariablen zur Verfügung, die das Verhalten der Anwendung beeinflussen können. Da diese Umgebung allerdings von jedem lokalen Benutzer nach Belieben verändert werden kann, sollten Sie als Programmierer einer Anwendung zuerst immer die komplette Umgebung löschen und eine neue sicherere Umgebung aufbauen. Da die Umgebungsvariablen zum Teil auch von System zu System variieren, ist deren Verwendung als Informationsquelle sowieso weniger portabel.

Ein Beispiel wäre die Umgebungsvariable `PATH`, welche eine Liste von Verzeichnisnamen enthält, die bei der Angabe in einer Anwendung nach dem richtigen Pfad sucht. Die Funktionen `execvp()`, `execlp()`, `system()` und `popen()` nutzen diese Variable, wenn Sie hiermit eine Anwendung aufrufen. Daher sollte man aus Sicherheitsgründen immer den kompletten Pfad mit diesen Funktionen verwenden, sofern man diese Funktionen, besonders `popen()` und `system()`, unbedingt verwenden muss. Sind hierbei böse Absichten vorhanden, muss ein

Benutzer nur die PATH-Variablen verändern, um eine andere Anwendung mit demselben Namen zur Ausführung zu bringen.

Weitere kritische Umgebungsvariablen wären LD_PRELOAD oder LD_LIBRARY_PATH. Lenkt hierbei ein Angreifer den Pfad zu einer eigenen entsprechenden und mit bösen Absichten präparierten Standard C Bibliothek um, so kann hiermit das Verhalten diverser Funktionen verändert werden. LD_LIBRARY_PATH und LD_PRELOAD treten nicht bei SUID-Programmen in Kraft.

Natürlich gibt es noch weitere Umgebungsvariablen, welche bei böswilligen Absichten entsprechend manipuliert werden können. Diese beiden Beispiele alleine demonstrieren aber schon, dass die Verwendung dieser Variablen in Anwendungen möglichst ausgeschlossen werden sollte.

Ein einfaches Beispiel, wo z. B. die Umgebungsvariable HOME manipuliert wurde:

```
$ cp init.txt $HOME
 reguläre Datei /home/jack/init.txt kann nicht angelegt werden:
 Keine Berechtigung
$ echo $HOME
/home/jack
$ whoami
tot
```

Hier sollte eigentlich */home/tot* in der Umgebungsvariablen HOME stehen. Irgendwie wurde allerdings dieser Wert manipuliert oder vielleicht vom Elternprozess verändert und eben weitervererbt. In diesem Fall hat es nur eine Fehlermeldung zur Folge. Aber ein Beweis, nicht immer zu Glauben, dass schon alles stimmen wird, was in der Umgebungsvariablen steht. Im Falle der HOME-Variablen ist dies allerdings kein Problem, den richtigen Pfad zum Heimat-Verzeichnis des aktuellen Users zu ermitteln. Hierauf wurde bereits mit der Funktion getpwuid() eingegangen. Zuerst ermittelt man mit getuid() die eigene User-ID und übergibt diese anschließen an die Funktion getpwuid(), welche die Passwortdatei */etc/passwd* einliest und falls ein entsprechender User vorhanden ist, entsprechenden Pfad zurückgibt. Hier das Beispiel:

```
/* myhome.c */
#include <sys/types.h>
#include <stdio.h>
#include <string.h>
#include <unistd.h.>
#include <stdlib.h>
#include <pwd.h.>

int main(int argc, char **argv) {
  uid_t        uid;
  struct passwd *pwd;

  uid = getuid( );
  printf("UID des Users ist:  %d.\n", (int)uid);
  if (!(pwd = getpwuid(uid))) {
    printf("Kann nicht aus der Passwort-Datei lesen ...\n");
```

```
    endpwent( );
    exit(EXIT_FAILURE);
  }
  printf("Heimverzeichnis nach Passwort-Datei ist: %s\n",
    pwd->pw_dir);
  printf("Heimverzeichnis nach getenv(\"HOME\") ist: %s\n",
    getenv("HOME"));

  if(strcmp( pwd->pw_dir, getenv("HOME")) != 0 ) {
     printf("Umgebungsvariablen \"HOME\" wurde manipuliert\n");
     exit(EXIT_FAILURE);
  }
  endpwent();
  return EXIT_SUCCESS;
}
```

Das Programm bei der Ausführung:

```
$ gcc -o myhome myhome.c
$ ./myhome
UID des Users ist:  1000.
Heimverzeichnis nach Passwort-Datei ist: /home/tot
Heimverzeichnis nach getenv("HOME") ist: /home/jack
Umgebungsvariablen "HOME" wurde manipuliert
```

Am Anfang habe ich Sie darauf hingewiesen, wenn Sie auf Nummer sicher gehen wollen, immer die komplette Umgebung zu löschen und ggf. die benötigten Umgebungsvariablen (neu) zu setzen. Allerdings ist dies nicht ganz unproblematisch. Sofern Sie das komplette Environment löschen sollten Sie auf zwei Variablen ein besonderes Augenmerk legen. Dies wären `IFS` und `PATH`.

Für denjenigen, der sich noch nicht mit der Shell auseinander gesetzt hat ist `IFS` ein wenig seltsam. Allerdings verwenden die Shells diese Variablen zum Trennen der Kommandozeilenargumente. Gewöhnlich ist diese Variable mit einem Leerzeichen, Tabulator-Zeichen und einem Newline-Zeichen gesetzt. Daher sei empfohlen, entweder diese Variable gar nicht zu löschen oder eben wieder mit den entsprechenden Werten zu setzen (`" \t\n"`), da man hiermit die komplette Shell in einen unbrauchbaren Zustand setzen kann.

Auch wenn `PATH` ein beliebtes Angriffziel ist, so ist das neu setzen dieser Variable doch Recht mühsam. Dann kommen noch die unterschiedlichen Systeme und Plattformen hinzu. Nur weil auf Ihrem System bspw. folgende `PATH`-Angabe gesetzt ist

```
$ echo $PATH
/usr/local/sbin:/usr/local/bin:/usr/sbin:/usr/bin:/sbin:/bin
```

bedeutet dies nicht, dass auf einer anderen Plattform derselbe Zustand vorzufinden ist. Der sichere Weg ist es, die `PATH`-Variable mit der Variablen `_PATH_STDPATH` zu setzen. Diese Variable ist in der Headerdatei `<paths.h>` definiert. Diesen Wert verwenden auch die Shells beim Initialisieren dieser Variablen. Die Definition von `_PATH_STDPATH` variiert von Plattform zu Platzform und so verwendet man gewöhnlich immer den richtigen Wert und auch den richtigen Standard-Pfad für das System wo das Programm ausgeführt wird.

A.12 Zugriffsrechte – häufig gemachte Fehler

Auch wenn man sich mit dem Zugriffsrechten des Systems bestens auskennt, bedeutet dies nicht, dass man von häufig gemachten Fehlern befreit ist.

- Ein gerne gemachter Fehler ist das Verwenden von oktalen Zahlen beim Setzen der Zugriffsrechte – was ja im Prinzip kein Fehler ist. Aber schnell kann es hierbei passieren, dass anstatt dem Zugriffsrecht nur für den Eigentümer mit `0600` der Wert `600` daraus wird, was zwar umgerechnet 01130 (`r-- -wx --t`) sehr sinnlos ist, aber immer noch schadhaft. Daher sollten Sie bei Funktionsaufrufen wie `open()` die `S_*`-Makros aus der Headerdatei `sys/stat.h` verwenden.
- Des Weiteren, werden häufig Zugriffsrechte für bekannte IPCs wie bspw. FIFOs, UNIX Domain Sockets oder Shared Memories teilweise gar nicht gesetzt und sind häufig für jedermann les- und schreibbar.

A.13 system() und popen()

Eines der größten Sicherheitslöcher, welches jeder Programmierer kennen sollte, ist die Verwendung der Funktion `system()`, welche eine Shell verwendet, um ein anderes Programm zu starten. Ein einfacher kurzer Codeausschnitt sollte Ihnen genügen, um das Problem zu erläutern:

```
...
printf("Wonach wollen Sie suchen: ");
fgets( suche, MAX, stdin );
...
sprintf (buffer,  "fgrep -i %s datenbank.sql ", suche);
system(buffer);
...
```

Der Anwender gibt jetzt für den String `suche` Folgendes ein:

```
Wonach wollen Sie suchen:   foo  /dev/null; rm -Rf /
fgrep -i foo /dev/null; rm -Rf / /usr/dict/words
```

Hinweis

Das Sicherheitsloch ist also hier nicht die Funktion `system()`, sondern meistens der Programmierer, der es nicht richtig anwendet!

Hier hat der Anwender aus einem Kommando zwei gemacht – was sich in der Shell durch ein Semikolon realisieren lässt. Das erste Kommando ist noch harmlos, aber mit dem zweiten Kommando kann man, wenn man dummerweise auch noch als `root` unterwegs ist, alle Dateien vom laufenden System entfernen. Auch, wenn man nicht als `root` unterwegs sein sollte, können trotzdem noch alle Dateien entfernt werden, welche man als User besitzt. Dasselbe Problem kann auch mit der Funktion `popen()` auftreten, womit eine Pipe zwischen dem

Eltern- und Kindprozess verwendet wird. Auch hier wird die Shell zur Ausführung von Kommandos verwendet.

Ein weiteres Problem ist die Verwendung der Funktionen unter Angabe des Kommandos, das gestartet werden soll, ohne eine komplette Pfadangabe. Denn auch hier gilt, wie schon bei den Umgebungsvariablen, dass die `PATH`-Angabe jederzeit verändert und durch ein gleichnamiges schadhaftes Programm in einem anderen Verzeichnis ersetzt und ausgeführt werden kann. Kann/will man nicht auf `system()` oder `popen()` verzichten, sollte man wenigstens den kompletten Pfad zur Anwendung angeben.

A.14 Offene Filedeskriptoren

Wollen Sie sicher gehen, dass beim Start Ihres Programms außer den Standard-Filedeskriptoren `stdin`, `stdout` und `stderr` keine weiteren Filedeskriptoren geöffnet sind, müssen Sie gesonderte Maßnamen treffen. Denn mit jedem offenen Filedeskriptor machen Sie Ihren Rechner anfälliger auf DoS (Denial of Service) Attacken und vermeiden außerdem, dass ein Angreifer einen speziell codierten Filedeskriptor verwendet um bspw. bestimmte Dateien zu verwenden.

Hinweis

Beachten Sie, dass mit dem »Start Ihres Programms« auch die Prozesse gemeint sind, die Sie mittels `fork()` kreiern. Besonders weil eben die Kindprozesse auch die Filedeskriptoren Ihrer Eltern erben.

Um zunächst zu ermitteln, wie viele Dateien gleichzeitig geöffnet werden können, gibt es unter Linux/UNIX die Funktion `getdtablesize()`, welche die Anzahl der Dateien zurückgibt, die ein Prozess offen halten darf. `getdtablesize()` wurde als Bibliotheksfunktion in DLL 4.4.1 implementiert. Die Funktion liefert `OPEN_MAX` (in Linux 0.99.11 auf 256 gesetzt), falls `OPEN_MAX` bei Übersetzung per Library definiert war. Andernfalls wird -1 zurückgeliefert und `errno` wird auf `ENOSYS` gesetzt. Die Syntax:

```
#include <unistd.h.>

int getdtablesize(void);
```

Nachdem Sie ermittelt haben, wie viele Dateien gleichzeitig geöffnet sein dürfen, können Sie alle Filedeskriptoren, außer `stdin`, `stdout` und `stderr` (0, 1, 2), mit `close()` schließen.

Natürlich sollten Sie auch noch die Standard-Deskriptoren `stdin`, `stdout` und `stderr` überprüfen, ob diese auch wirklich geöffnet sind. Hierzu verwendet man am besten `fstat()` auf die Deskriptoren. Wird nach dem Funktionsaufruf von `fstat()` `errno` auf `EBADF` gesetzt, so bedeutet dies, dass der Filedeskriptor falsch ist oder nicht vorhanden.

Sofern einer der Standarddeskriptoren also nicht vorhanden bzw. geöffnet ist, sollten Sie diesen zur Sicherheit mit `/dev/null` öffnen und auch offen lassen. Sollten Sie dies nicht machen, so kann ein Funktionsaufruf wie `printf()` unerwartete und chaotische Auswirkungen haben.

Bspw. verlangen einige Standard-C-Funktionen `stderr` um eine Fehlerausgabe zu machen (auch wenn diese nur nach `/dev/null` umgeleitet wird). Schreibt Ihr Programm bspw. Daten in eine Datei und bekommt dabei 2 (=`stderr`) als Filedeskriptor zugewiesen so wird im Falle eines unerwarteten Fehlers, die Meldung einfach in die Datei geschrieben – weil eben die Standard-C Funktionen die Standard-Filedeskriptoren speziell behandeln.

Hier das Beispiel, womit Sie beim Starten Ihrer Anwendung den Filedeskriptoren Herr werden:

```
/* safefiledeskriptor.c */
#include <sys/types.h>
#include <limits.h>
#include <sys/stat.h>
#include <stdio.h>
#include <stdlib.h>
#include <unistd.h.>
#include <errno.h>
/* enhält den Pfad zu /dev/null - _PATH_DEVNULL*/
#include <paths.h>

/* Falls getdtablesize fehlschlägt auf 256 setzen */
#ifndef OPEN_MAX
#define OPEN_MAX 256
#endif

/* Standard-Filedeskriptoren ggf. mit /dev/null öffnen */
static int fd_devnull(int fd) {
  FILE *fz = NULL;

  switch(fd) {
     case 0 :  /* Standardeingabe - stdin */
        fz = freopen(_PATH_DEVNULL, "rb", stdin);
        break;
     case 1 :  /* Standardausgabe - stdout */
        fz = freopen(_PATH_DEVNULL, "wb", stdout);
        break;
     case 2 :  /* Standardfehlerausgabe - stderr */
        fz = freopen(_PATH_DEVNULL, "wb", stderr);
        break;
     default:
        break;
  }
  return (fz && fileno(fz) == fd);
}

/* Diese Funktion behandelt die Filedeskriptoren */
void safe_descriptor(void) {
  int         fd, fdsize;
  struct stat st;
```

```
   /* Wieviele Dateien dürften insges. geöffnet sein ... */
   if ((fdsize = getdtablesize( )) == -1)
      fdsize = OPEN_MAX;
   /* Alle Filedeskriptoren bis auf die
    * Standard-Deskriptoren schließen */
   for (fd = 3;  fd < fdsize;  fd++)
      close(fd);

   /* Jetzt die Standard-Filedeskriptoren behandeln - mit fstat()
    * überprüfen, ob vorhanden und ungleich EBADF oder Standard-
    * Deskriptor mit /dev/null öffnen. Schlägt alles fehl,
    * Programm mit abort() beenden, da Fehlerausgabe sinnlos wäre.
    */
   for (fd = 0;  fd < 3;  fd++)
     if (fstat(fd, &st) == -1 && (errno != EBADF ||
         !fd_devnull(fd)))
        abort();
}

int main(int argc, char **argv) {
   safe_descriptor();
   return EXIT_SUCCESS;
}
```

A.15 Core Dump

Für Sie als Entwickler kann es während der Entwicklungszeit Ihrer Software manchesmal recht hilfreich sein, wenn das Programm abstürzt und dabei ein »Dump Core« gemacht wird. Mit entsprechenden Kenntnissen können Sie diese Datei zum Debuggen des Programms verwenden. Leider kann solche ein Core-File auch recht sensitive Daten enthalten. Gibt bspw. ein User ein Passwort ein und es tritt ein Dump Core auf, bevor das Passwort im Speicher wieder überschrieben bzw. gelöscht werden kann befindet sich das Dump-File schon auf der Platte.

Hinweis

Ein Angreifer ruft gewöhnlich einen solchen Dump Core hervor, in dem dieser die Schwachstellen eines Programms gezielt attackiert, so dass das Programm auch entsprechend abstürzt.

Hat der Angreifer nun ein Chance, lesend auf diesen Dump Core zuzugreifen – was zwar in der Regel nicht sein sollte, aber leider in der Praxis durch rekursive Zugriffsrechte-Verteilung leider häufig der Fall ist – haben Sie wieder ein (Hinter-)Türchen mehr aufgemacht.

Daher empfiehlt es sich unter UNIX/Systemen die Ressource `RLIMIT_CORE` mit der Funktion `setrlimit()` auf 0 zu setzen, womit das System veranlasst wird, kein Core-File anzulegen.

```
/* nocore.c */
#include <sys/types.h>
```

```
#include <sys/time.h>
#include <sys/resource.h>
#include <stdio.h>
#include <stdlib.h>
#include <unistd.h.>
#include <errno.h>

#ifndef DEBUG
void no_core(void) {
  struct rlimit rlim;
  int ret;
  rlim.rlim_cur = rlim.rlim_max = 0;
  ret = setrlimit(RLIMIT_CORE, &rlim);
  if(ret == -1)
     perror("Fehler bei setrlimit");
  else
     printf("Kein Core Dump wird ggf. erzeugt...\n");
}
#endif

int main(int argc, char **argv) {
   /* .... */
#ifndef DEBUG
   no_core();
#endif
   return EXIT_SUCCESS;
}
```

In diesem Beispiel wurde einfach ein DEBUG-Makro um die Funktion gelegt. Damit eine Dump Core angelegt werden soll, muss der Entwickler zur Übersetzung explizit den DEBUG-Modus verwenden. Bei standardmäßiger Übersetzung wird die Funktion no_core() ausgeführt und somit im Fall der Fälle auch kein Core-File angelegt:

```
$ gcc -o nocore nocore.c
$ ./nocore
Kein Core Dump wird ggf. erzeugt...
$ gcc -o nocore nocore.c -DDEBUG
$ ./nocore
$
```

A.16 SQL Injection

Sofern Sie Anwendungen mit Datenbankzugriffe schreiben, sollten Sie sich auch gegen SQL Injection Angriffe verteidigen. Meistens handelt es sich dabei um eine Eingabe, die von einem User gemacht wird. Ein einfaches Beispiel sei mit folgendem Konstrukt gegeben:

```
SELECT * FROM user WHERE name="Wolf"
```

Hier wird davon ausgegangen, der Wert »Wolf« direkt von der Eingabe des Users (bspw. via Webinterface) gemacht wurde. Ein Angreifer könnte hier jetzt eine geschlossene »Double Quote« und ein Semikolon einfügen um so weitere Kommandos anzuhängen und auszuführen. Ein fieses Beispiel wäre:

```
SELECT * FROM user WHERE name="Wolf"; DROP TABLE user;
```

Hiermit wird die Tabelle »user« gelöscht. Die sicherste Alternative hierbei ist natürlich, erst gar keine Eingabe eines Users zu lassen. Aber es gibt eben immer »Gründe« dies trotzdem zu verwenden. In diesem Fall sollten Sie gefährliche Zeichen über ein Backslash entschärfen. Einige Datenbanken bieten mittlerweile hierzu schon Funktionen an, die das Problem entschärfen können, aber da nicht jede Datenbank eine solche Funktion anbietet, sei hierzu eine einfache Lösung des Problems an die Hand gegeben.

```
/*
 *  eingabe= die Zeichenkette die geschützt (escaped) werden soll
 *  quote  = das "Quote"-Zeichen - entweder Singe Quote oder
 *           Double Quote, ansonsten wird ein Fehler
 *           zurückgegeben
 *  wc      = wird hier 0 angegeben, werden Wildcardzeichen
 *            nicht "escaped".
 */
char *escape_sql(const char *eingabe, char quote, int wc) {
  char       *out, *ptr;
  const char *c;

  if (quote != '\'' && quote != '\"')
     return NULL;
  /* Theoretisch könnte jedes Zeichen "escaped" werden,
   * daher wird zunächst das doppelte an Speicher reserviert */
  if (!(out = ptr = (char *)malloc(strlen(eingabe) * 2 + 2 + 1)))
     return NULL;
  *ptr++ = quote;
  for (c = eingabe;  *c;  c++) {
    switch (*c) {
      case '\'':   /* Single Quote */
      case '\"':   /* Double Quote */
        if (quote == *c) *ptr++ = *c;
        *ptr++ = *c;
        break;
      /* Wildcards */
      case '%':
      case '_':
      case '[':
      case ']':
        if (wc) *ptr++ = '\\';
        *ptr++ = *c;
        break;
      /* Sonderzeichen - Escape-Sequenzen */
      case '\\': *ptr++ = '\\'; *ptr++ = '\\'; break;
```

```
        case '\b': *ptr++ = '\\'; *ptr++ = 'b'; break;
        case '\n': *ptr++ = '\\'; *ptr++ = 'n'; break;
        case '\r': *ptr++ = '\\'; *ptr++ = 'r'; break;
        case '\t': *ptr++ = '\\'; *ptr++ = 't'; break;
        default:
          *ptr++ = *c;
          break;
      }
    }
    *ptr++ = quote;
    *ptr = '\0';       /* Terminieren */
    return out;
}
```

A.17 Filedeskriptor-Überlauf mit select()

Die Funktion `select()` wird häufig und gerne für Mulitplexing-Socket-I/O verwendet. Den Vorzug dieser Funktion haben Sie bereits kennen gelernt. Der Datentyp `fd_set` wird verwendet um eine Liste von Sockets zu speichern, welche Sie mit den `FD_*`-Makros manipulieren können. Ein genauerer Blick auf `fd_set` zeigt uns eine Struktur mit einem Mitglied – ein statisch alloziiertes Array von Integern. Die Größe des Arrays ist abhängig von `FD_SETSIZE`. Die Größe von `FD_SETSIZE` ist selten ein Problem – was schon eher ein Problem werden kann, ist, dass die Makros `FD_SET()` und `FD_CLR()` (womit ein Socketdeskriptor in `fd_set` gesetzt bzw. gelöscht wird) keinerlei Überlaufprüfung des Arrays (Bound Check) `fd_set` machen.

Solange Sie die maximale Anzahl von File -bzw. Socketdeskriptor so lassen, wie dieser mit `FD_SETSIZE` angegeben und definiert ist, ist das ganze kein Problem. Bedenken Sie allerdings, dass Sie bspw. in einem Serverprogramm, den Wert durch `FD_SETSIZE` fest einkompiliert haben. Und eben dass ist ein Problem. Was machen Sie auf einem Rechner, wo eben `FD_SETSIZE` Deskriptoren nicht mehr ausreichen bzw. noch schlimmer, Sie reduzieren die Ressource (bspw. mit der Funktion `setrlimit()` oder in der Shell mit `ulimit -n 512` oder `ulimit -n 64`). Wenn Sie den Wert erhöhen, so hat dies in Ihrem Serverprogramm keinerlei Effekt, da dieses fest auf `FD_SETSIZE` einkompiliert ist. Beim reduzieren der maximalen Anzahl von gleichzeitig geöffneten Deskriptoren haben Sie allerdings einen Deskriptor-Überlauf. In solche einem Fall werden Sie wohl nicht drum herum kommen, einen eigenen Datentyp wie fd_set (dynamisches Array) zu erstellen und auch eigene `FD_*`-Funktionen, welche als Ersatz für die Makros dienen.

B Funktionsreferenz

Hier finden Sie eine kleine Referenz vieler Funktionen, die im Buch verwendet wurden. Da die meisten Funktionen recht ausführlich beschrieben wurden, wird hier meistens nur noch die Syntax angegeben – was gewöhnlich auch ausreicht, um diese anzuwenden. Benötigen Sie mehr Informationen zu einer Funktion, dann sollte Sie zum entsprechenden Kapitel blättern. Funktionen, die im Buch nicht oder nur kurz erwähnt bzw. verwendet wurden, werden etwas umfangreicher beschrieben.

Reichen Ihnen diese Informationen im Buch nicht aus, finden Sie immer noch Hilfe in den entsprechenden Manual-Pages. Meisten reicht hierfür ein einfaches `man <funktionsname>` aus.

B.1 ANSI C

Zur Entstehungsgeschichte von C muss ich Ihnen wahrscheinlich nicht mehr viel erzählen. Das in C ein Standard nötig wurde, begründete sich dadurch, dass in den 70ern und 80ern C immer mehr verwendet wurde und mit der Zeit jeder seine eigenen Bibliotheken entwickelte, mit dem Nachteil, dass diese oft nur auf dem System ausgeführt werden konnten, auf denen diese entwickelt wurden. Was auf dem einen Rechner lief, funktionierte auf dem anderen Rechner gar nicht mehr und musste (fast) komplett neu geschrieben werden. 1983 sprang hierfür (wie für so vieles andere auch) ANSI (American National Standards Institute) ein und gründete ein Komitee, welches aus C einen Standard reformieren sollte, heute besser bekannt als ANSI C Standard.

1989 wurde dann dieser Standard zum ersten Mal veröffentlicht, weshalb auch hier oft vom C89-Standard die Rede ist. Teil des ANSI C Standards sind die Software Bibliotheken (besser bekannt unter dem Begriff *ANSI C standard library*).

Bei einer späteren Revisionen des C Standards wurden neue Headerdateien zur Bibliothek hinzugefügt. 1995 kamen bspw. die Headerdateien `<iso646.h>`, `<wchar.h>` und `<wctype.h>` hinzu, welche als *Normative Amendment 1* bezeichnet wurden (kurz NA1).

Vier Jahre später, 1999, kamen dann die Headerdateien `<complex.h>`, `<fenv.h>`, `<inttypes.h>`, `<stdbool.h>`, `<stdint.h>` und `<tgmath.h>` hinzu. Diese Revision wurde dann als C99-Standard bekannt.

Natürlich wurden nicht immer nur Headerdateien hinzugefügt, sondern auch die wesentlichen Schwächen von C verbessert. Dies muss an dieser Stelle erwähnt werden, da häufig auf Titeln von Büchern zu lesen ist: »Entspricht dem neuen C99-Standard«. Häufig bezieht sich diese Aussage auf die wesentlichen Verbesserungen von C und nicht auf die neuen Bibliotheken.

B.1.1 <assert.h> – Testmöglichkeiten in einem Programm

Syntax:

```
#include <assert.h>

void assert( int expression ) ;
```

Makro zur Überprüfung des skalaren Ausdrucks `expression`. Ist dieser Ausdruck gleich 0 und somit falsch, wird der Ausdruck samt Funktionsname, Dateiname, Zeilennummer auf die Standardfehlerausgabe ausgegeben und das Programm mittels `abort()` beendet. Wenn der Ausdruck hingegen ungleich 0 ist, läuft das Programm weiter wie bisher.

Die Testmöglichkeiten von `assert()` können mit dem Setzen des Makros `NDEBUG` ignoriert werden. Ist auf Ihrem System kein solches Makro definiert, können Sie `assert()` auch recht schnell von Hand wie folgt ausschalten:

```
#define assert(ignore)((void) 0)
```

B.1.2 <ctype.h> – Zeichenklassifizierung/Umwandlung

Bedeutung	Funktion
Testet auf alphanumerisches Zeichen.	`int isalnum(int ch);`
Testet auf Zeichen des Alphabets.	`int isalpha(int ch);`
Testet auf Steuerzeichen.	`int iscntrl(int ch);`
Testet auf eine Ziffer.	`int isdigit(int ch);`
Testet auf druckbares Zeichen (ohne Leerzeichen).	`int isgraph(int ch);`
Testet auf Kleinbuchstabe.	`int islower(int ch);`
Testet auf druckbares Zeichen.	`int isprint(int ch);`
Testet auf Interpunktionszeichen.	`int ispunct(int ch);`
Testet auf Zwischenraum-Zeichen (\n \t \v \r \f, Leerzeichen).	`int isspace(int ch);`
Testet auf Großbuchstabe.	`int isupper(int ch);`
Testet auf eine hexadezimale Ziffer.	`int isxdigit(int ch);`
Testet auf ein ASCII-Zeichen.	`int isascii(int ch);`
Wandelt das Zeichen in einen Kleinbuchstaben um.	`int tolower(int ch);`
Wandelt das Zeichen in einen Großbuchstaben um.	`int toupper(int ch);`

Tabelle B.1 Funktionen der Headerdatei ctype.h

Alle Funktionen, abgesehen von `tolower()` und `toupper()`, liefern als Rückgabewert bei Wahrheit einen Wert ungleich 0, ansonsten, wenn der Ausdruck nicht übereinstimmt, 0 zurück. Die Funktionen `tolower()` und `toupper()` geben bei Erfolg den umgewandelten Groß- bzw. Kleinbuchstaben zurück, ansonsten wird das Zeichen `ch` unverändert zurückgegeben. Als Argument erwarten alle Funktionen ein Zeichen, dessen Code sich zwischen 0 und 255 (oder EOF) befindet.

ANSI C 99: In der Headerdatei `wctype.h` befinden sich außerdem noch die Funktionen `is...` und `tow...`, welche zur Klassifizierung und Umwandlung von `wchar_t`-Typen verwendet werden. Hier liegt (logischerweise) der Wert der Argumente zwischen 0 und 32767 (oder WEOF). Der Aufruf der `wchar_t`-Typ-Funktionen in `wctype.h` ist ansonsten gleich wie schon bei `ctype.h`.

Hinweis

Zum Umwandeln eines Zeichens vom Typ `wchar_t` nach `unsigned char` wird die Funktion `wctob()` und umgekehrt, die Funktion `btowc()` verwendet.

B.1.3 <errno.h> – Fehler-Konstanten

Beim Auftreten eines Fehlers kann der genauere Grund des Fehlers mithilfe einer Abfrage des Rückgabewertes und der Integer-Variable `errno` ermittelt werden. Dafür befinden sich in der Headerdatei `errno.h` eine Menge Konstanten, welche alle mit dem Buchstaben E... beginnen. Diese Konstanten sind Fehlerwerte, wovon allerdings nur zwei dem ANSI C Standard entsprechen.

Konstante	Bedeutung
EDOM	Unzulässiges Argument für eine mathematische Funktion
ERANGE	Ergebnis außerhalb des darstellbaren Bereichs

Tabelle B.2 Fehlerkonstanten, die vom Standard gefordert werden

Hierzu noch eine Liste weiterer gängigere (häufiger auftretender) Fehlerwerte. Für eine umfangreichere Liste und Beschreibung der Fehlerwerte sei die Manual-Page zu intro (*intro(2)*) empfohlen.

Fehlercode	Bedeutung
EZERO	Fehler 0
EINVFNC	Ungültige Funktionsnummer
ENOFILE	Datei nicht gefunden
ENOPATH	Pfad nicht gefunden
ECONTR	Speicherblöcke zerstört
EINVMEM	Ungültige Speicherblockadresse
EINVENV	Ungültiges Environment
EINVFMT	Ungültiges Format
EINVACC	Ungültiger Zugriffscode
EINVDAT	Ungültige Daten
EINVDRV	Ungültige Laufwerksangabe
ECURDIR	Versuch, das aktuelle Verzeichnis zu löschen
ENOTSAM	Nicht das gleiche Gerät

Tabelle B.3 Fehlerbehandlungs-Konstanten bei Systemaufrufen

Fehlercode	Bedeutung
ENMFILE	Keine weiteren Dateien mehr
ENOENT	Datei oder Verzeichnis existiert nicht
EMFILE	Zu viele geöffnete Dateien
EACCES	Zugriff verweigert
EBADF	Ungültiger Datei-Deskriptor
ENOMEM	Zu wenig Speicher
ENODEV	Gerät existiert nicht
EINVAL	Ungültiges Argument
E2BIG	Argumentliste ist zu lang
ENOEXEC	Fehler beim Exec-Format
EXDEV	Kreuzverbindung von Geräten
EFAULT	Unbekannter Fehler
EEXIST	Datei existiert bereits

Tabelle B.3 Fehlerbehandlungs-Konstanten bei Systemaufrufen (Forts.)

B.1.4 <float.h> – Eigenschaften und Limits für Gleitpunkttypen

Konstante	Bedeutung
FLT_RADIX	Basis für Exponentendarstellung
FLT_MANT_DIG	Anzahl Mantissenstellen (float)
DBL_MANT_DIG	Anzahl Mantissenstellen (double)
LDBL_MANT_DIG	Anzahl Mantissenstellen (long double)
FLT_DIG	Genauigkeit in Dezimalziffern (float)
DBL_DIG	Genauigkeit in Dezimalziffern (double)
LDBL_DIG	Genauigkeit in Dezimalziffern (long double)
FLT_MIN_EXP	Minimalster negativer FLT_RADIX-Exponent (float)
DBL_MIN_EXP	Minimalster negativer FLT_RADIX-Exponent (double)
LDBL_MIN_EXP	Minimalster negativer FLT_RADIX-Exponent (long double)
FLT_MIN_10_EXP	Minimalster negativer Zehnerexponent (float)
DBL_MIN_10_EXP	Minimalster negativer Zehnerexponent (double)
LDBL_MIN_10_EXP	Minimalster negativer Zehnerexponent (long double)
FLT_MAX_EXP	Maximaler FLT_RADIX-Exponent (float)
DBL_MAX_EXP	Maximaler FLT_RADIX-Exponent (double)
LDBL_MAX_EXP	Maximaler FLT_RADIX-Exponent (long double)
FLT_MAX_10_EXP	Maximaler Zehnerexponent (float)
DBL_MAX_10_EXP	Maximaler Zehnerexponent (double)
LDBL_MAX_10_EXP	Maximaler Zehnerexponent (long double)
FLT_MAX	Maximaler Gleitpunktwert (float)

Tabelle B.4 Limit-Konstanten für Gleitpunkt-Datentypen in <float.h>

Konstante	Bedeutung
DBL_MAX	Maximaler Gleitpunktwert (double)
LDBL_MAX	Maximaler Gleitpunktwert (long double)
FLT_EPSILON	Kleinster float-Wert x für den 1.0 + x ungleich 1.0 gilt
DBL_EPSILON	Kleinster double-Wert x für den 1.0 + x ungleich 1.0 gilt
LDBL_EPSILON	Kleinster long double-Wert x für den 1.0 + x ungleich 1.0 gilt
FLT_MIN	Minimalster normalisierter Gleitpunktwert (float)
DBL_MIN	Minimalster normalisierter Gleitpunktwert (double)
LDBL_MIN	Minimalster normalisierter Gleitpunktwert (long double)

Tabelle B.4 Limit-Konstanten für Gleitpunkt-Datentypen in <float.h> (Forts.)

B.1.5 <limits.h> – Limits, Konstanten

Konstante	Mindestwert	Erklärung
CHAR_BIT	8	Bitzahl für ein Byte
SCHAR_MIN	-127	min. signed char
SCHAR_MAX	+127	max. signed char
UCHAR_MAX	255	max. unsigned char
CHAR_MIN	SCHAR_MIN oder 0	min. char
CHAR_MAX	SCHAR_MAX oder UCHAR_MAX	max. char
MB_LEN_MAX	1	max. Byte für ein Viel-Bytezeichen
SHRT_MIN	-32767	min. short int
SHRT_MAX	+32767	max short int
USHRT_MAX	65535	max. unsigned short
INT_MIN	-32767 (32 Bit: -2147483647)	min. int
INT_MAX	+32767 (32 Bit: +2147483647)	max. int
UINT_MAX	65535 (32 Bit: 4294967295)	max. unsigned int
LONG_MIN	-2147483647	min. long int
LONG_MAX	+2147483647	max. long int
ULONG_MAX	4294967295	max. unsigned long int

Tabelle B.5 Limit-Konstanten für ganzzahlige Datentypen in <limits.h>

B.1.6 <locale.h> – Länderspezifische Eigenheiten

In ANSI C sind auch Funktionen vorhanden, die die länderspezifischen Eigenheiten wie bspw. die Formatierung von Geldbeträgen beachten. Dabei handelt es sich um zwei Funktionen und mehrere Makros, die recht selten Beachtung finden.

Wenn Sie ein Programm starten, werden die lokalen Aspekte zunächst nicht berücksichtigt und das Programm wird somit mit den Standard-Einstellungen der Umgebung gestartet.

Die Funktion, mit der Sie ein Programm mit den lokalen Eigenheiten zur Laufzeit anpassen können, lautet:

```
#include <locale.h>

char *setlocale( int kategorie, const char *name );
```

Manchmal will man nicht die kompletten lokalen Aspekte berücksichtigen, daher wurde die Kategorie (erstes Argument) folgendermaßen aufgeteilt:

Kategorie	Betroffen davon im Programm
LC_ALL	alle lokalen Aspekte (die gleich noch in der Kategorie folgen) werden berücksichtigt
LC_COLLATE	nur die Funktionen strcoll() und strxfrm()
LC_CTYPE	nur die Funktionen für die Zeichenbehandlung in ctype.h bzw. wctype.h
LC_MONETARY	die Formatierungs-Informationen für die Darstellung von Geldberägen (siehe localeconv())
LC_NUMERIC	das Zeichen für den Dezimalpunkt der Ein/Ausgabe und Stringkonvertierungen
LC_TIME	die Funktion strftime()

Tabelle B.6 Kategorien zu Lokalisierung der Umgebung

Für das Argument name in der Funktion setlocale() sind folgende Angaben möglich:

Angabe für »name«	Bedeutung
"C"	Keine lokalen Aspekte werden berücksichtigt.
""	Einstellung richtet sich nach der Umgebung des Compilers.
NULL	Die lokale Umgebung wird nicht verändert. Wird verwendet, um mithilfe des Rückgabewertes von setlocale() die alte Umgebung zu sichern und eventuell wiederherzustellen.

Tabelle B.7 Zweites Argument für setlocale()

Hierzu ein einfaches Beispiel, womit die lokale Umgebung ermittelt wird, dann anschließend entsprechend dem Einsatzgebiet des Compilers verändert und zum Schluss wieder hergestellt wird.

```
/* my_setlocale.c */
#include <stdio.h>
#include <locale.h>
#define KOMMA 3.3223

int main(void) {
   char *local_save = setlocale(LC_ALL, NULL);
   char *local;
   printf("Lokale Umgebung: %s (Standard)\n", local_save);
```

```
    printf("Gleitpunkt: %f\n",KOMMA);

    local = setlocale( LC_ALL, "");
    printf("Neue lokale Umgebung: %s\n", local);
    printf("Gleitpunkt: %f\n",KOMMA);

    printf("Standard-Umgebung Wiederherstellen\n");
    local = setlocale( LC_ALL, local_save);
    printf("Lokale Umgebung: %s (Wiederhergestellt)\n", local);
    return 0;
}
```

Die (mögliche) Ausgabe des Programms:

```
Lokale Umgebung: C (Standard)
Gleitpunkt: 3.322300
Neue lokale Umgebung: German_Germany.1252
Gleitpunkt: 3,322300
Standard-Umgebung Wiederherstellen
Lokale Umgebung: C (Wiederhergestellt)
```

Benötigen Sie außerdem Informationen für die Formatierung von numerischen Werten wie z. B. Dezimalpunkt oder dem Währungssymbol, steht Ihnen noch folgende Funktion zur Verfügung:

```
#include <locale.h>

struct lconv *localeconv( void );
```

Die Funktion füllt eine Struktur Namens `lconv` mit der aktuell gesetzten länderspezifischen Umgebung. Diese Struktur beinhaltet folgende Mitglieder:

```
struct lconv {
 char* decimal_point; /* Zeichen Dezimalpunkt                  */
 char* thousands_sep; /* Trennzeichen für Gruppen von Ziffern */
 char* grouping;      /* Größe einer Gruppe von Ziffern       */
 char* int_curr_symbol; /* Intern. Symbol für lokale Währung  */
 char* currency_symbol; /* lokales Währungssymbol             */
/* Zeichen Dezimalpunkt b. Geldbeträge */
 char* mon_decimal_point;
/* Trennzeichen für Gruppen von Ziffern bei Geldbeträgen */
 char*   mon_thousands_sep;
/* Größe einer Gruppe von Ziffern bei Geldbeträgen */
 char*   mon_grouping;
 char*   positive_sign; /* Symbol für positive Geldbeträge */
 char*   negative_sign; /* Symbol für negative Geldbeträge */
/* Anzahl der Ziffern nach Dezimalpunkt von Geldbeträgen   */
/* (international) (meistens 2)                            */
 char   int_frac_digits;
/* Anzahl der Ziffern nach Dezimalpunkt von Geldbeträgen   */
/* (national) (meistens 2)                                 */
 char   frac_digits;
```

```
/* Für positive Geldbeträge  0=Währungssymbol nach dem Betrag; */
/*  1=Währungssymbol vor dem Betrag                           */
 char   p_cs_precedes;
/* Für pos. Geldbeträge Leerzeichen zwischen Währungssymbol */
/* und dem Betrag: 1=Leerzeichen; 0=kein Leerzeichen        */
 char   p_sep_by_space;
/* Für negative Geldbeträge  0=Währungssymbol nach dem Betrag */
/* 1=Währungssymbol vor dem Betrag                            */
 char   n_cs_precedes;
/* Für negative Geldbeträge. Leerzeichen zwischen  */
/* Währungssymbol und dem Betrag: 1=Leerzeichen;   */
/* 0=kein Leerzeichen                              */
 char   n_sep_by_space;
 char   p_sign_posn; /* Position von positive_sign */
 char   n_sign_posn; /* Position von negative_sign */
};
```

B.1.7 <math.h> – Mathematische Funktionen

Funktion	Beschreibung
`double acos (double zahl)`	Arcuscosinus
`double asin (double zahl)`	Arcussinus
`double atan (double zahl)`	Arcustangens
`double atan2 (double zahl1, double zahl2)`	Arcustangens von `zahl1` und `zahl2`
`double cos (double zahl)`	Cosinus
`double sin (double zahl)`	Sinus
`double tan (double zahl)`	Tangens
`double cosh (double zahl)`	Cosinus hyperbolicus
`double sinh (double zahl)`	Sinus hypberbolicus
`double tanh (double zahl)`	Tangens hypberbolicus
`double exp (double zahl)`	Exponentialfunktion berechnen
`double log (double zahl)`	Logarithmus von `zahl` zur Basis e = 2.71828...
`double log10 (double zahl)`	Logarithmus zur Basis 10
`double sqrt (double zahl)`	Quadratwurzel
`double ceil (double zahl)`	Gleitpunktzahl aufrunden
`double fabs (double zahl)`	Absolutwert
`double floor (double zahl)`	Gleitpunktzahl abrunden
`double frexp (double zahl, int zahl2)`	Zerlegt `zahl` in eine Mantisse und einen ganzzahligen Exponenten
`double modf (double1 zahl1, double2 *zahl2)`	Zerlegt den Wert von `zahl1` in einen gebrochenen und einen ganzzahligen Wert. Der ganzzahlige Wert (Vorkommateil) befindet sich dann in der Adresse von `zahl2`.

Tabelle B.8 Mathematische Funktionen

Funktion	Beschreibung
double pow (double zahl1, double zahl2)	Potenz $zahl1^{zahl2}$
int fmod (double zahl1, double zahl2)	float modulo **errechnet den Rest von** zahl1/zahl2

Tabelle B.8 Mathematische Funktionen (Forts.)

B.1.8 <setjmp.h> – Nicht-lokale Sprünge

Funktion	Bedeutung
int setjmp(jmp_buf env);	Einen Programmzustand abspeichern
void longjmp(jmp_buf env, int wert);	Den Programmzustand wieder herstellen

Tabelle B.9 Funktionen für nicht-lokale Sprünge

Gewöhnlich ist es ja nicht möglich, von einer aufgerufenen Funktion in die aufrufende Funktion zurückzugehen. Mit den Funktionen `setjmp()` und `longjmp()` hingegen ist ein solcher Rücksprung möglich.

Dabei wird mit `setjmp()` ein solcher Punkt im Programm festgelegt, der alle Informationen enthält, die nötig sind, um mit `longjmp()` aus einer beliebigen Stelle im Programm an diesen Punkt zurückzuspringen. Beim Setzen des Punktes mit `setjmp()` liefert diese Funktion den Wert 0 zurück, wenn alles richtig verlief. Wird `setjmp()` mit einem Funktionsaufruf von `longjmp()` – womit ja zu `setjmp()` zurückgesprungen wird – zum zweiten Mal durchlaufen, wird ein Wert ungleich 0 zurückgegeben.

Der Programmzustand, der von `setjmp()` gesetzt und von `longjmp()` angesprungen wird, wird in einem Puffer vom Typ `jmp_buf` gespeichert. Bei `jmp_buf` handelt es sich um ein Array mit Informationen wie u. a. Register-Inhalte, Instruktions-Pointer oder Stackpointer.

Problematisch könnte das Setzen eines Punktes mittels `setjmp()` werden, wenn `longjmp()` zu einem Punkt zurückspringen will, welcher in einer Funktion gesetzt wurde, die sich längst beendet hat. Dann ist das weitere Verhalten undefiniert.

Eine Anmerkung, unabhängig davon, was der ANSI C Standard vorschreibt, zu den Variablen bei nicht-lokalen Sprüngen. Diese behalten nach einem `longjmp()`-Aufruf gewöhnlich den neuen Wert, wenn die Variable sich nicht in einem Register der CPU befand. Die Variablen, die sich hingegen in einem CPU-Register befanden, erhalten den alten Wert, den diese beim `setjmp()`-Aufruf hatten. Dies ist zumindest beim *GCC* der Fall. Hierzu ein kurzer Codeausschnitt der Verwendung eines nicht-lokalen Sprungs:

```
...
jmp_buf programmzustand;
...
if(setjmp(programmzustand)==0)
   printf("Programmzustand auf den Stack gelegt\n");
else
```

```
    printf("Rücksprung mit longjmp erfolgt\n");
...
...
/* viele, viele Funktionen später */
longjmp(programmzustand,1);
```

B.1.9 <signal.h> – Signale

Aufgrund einiger Schwächen der »alten« `signal()`-Funktion von ANSI C, sei hier auf die Referenz B.9 hingewiesen, wo das neue Signalkonzept behandelt wird.

B.1.10 <stdarg.h> – Variabel lange Argumentenliste

Um eigene Funktionen mit einer variablen Argumentenliste zu schreiben, sind in der Headerdatei `stdarg.h` folgende vier Makros deklariert:

Makro	Bedeutung
`va_list ap;`	Liste der Parameter definieren
`va_start(va_list ap, args);`	Argumentenliste mit dem ersten Argument initialisieren
`type va_arg(va_list ap, type);`	Nächsten Parameter aus der Liste lesen
`void va_end(va_list ap);`	Argumentlesevorgang beenden

Tabelle B.10 Makros der Headerdatei »stdarg.h«

Hierzu ein einfaches Beispiel, welches mehrere Stings bis zu `MAX`-Zeichen aneinander hängt. Eine erweitertes `strcat()`, wenn Sie so wollen.

```
/* strxcat.c */
#include <stdio.h>
#include <stdarg.h>
#include <string.h>
#include <stdlib.h>
#define MAX 50

void strxcat(int n_strings, ...) {
   va_list zeiger;
   char *quelle, *ziel, *p;

   va_start(zeiger,n_strings);

   /*Nun auf den Zielstring*/
   ziel = va_arg(zeiger,char *);
   p = ziel;
   /*Am Ende vom Zielstring*/
   ziel+=strlen(ziel);

   if((ziel-p) > MAX) {
         printf("!!!Max. Anzahl Zeichen Überschritten!!!\n");
```

```
        return;
    }

    while(--n_strings > 0) {
        /*Quelle einlesen*/
        quelle=va_arg(zeiger, char *);
        /*Jetzt Zeichen für Zeichen an ziel*/
        while(*quelle) {
            *ziel++ = *quelle++;
            if( (ziel-p) > MAX) {
                printf("!Max. Zeichen ueberschritten!\n");
                exit(EXIT_FAILURE);
            }
        }
    }
    *ziel = '\0';
}

int main(void) {
    char string[MAX] = "Test : ";
    char string2[] = " Und";

    strxcat(3, string, "hallo " , "welt");
    printf("%s\n",string);

    strxcat(5, string, string2, " noch", " ein", " Test");
    printf("%s\n",string);

    /*Und nun ein Fehler mit Absicht*/
    strxcat(4, string , " Ueberlauf", " von", " MAX");
    printf("%s\n",string);
    return EXIT_SUCCESS;
}
```

B.1.11 <stddef.h> – Standarddefinitionen

In dieser Headerdatei finden Sie das Makro `offsetof()`, womit Sie den Abstand innerhalb einer Struktur von einzelnen Strukturelementen in Bytes ermitteln können. Ist dieses Makro bei Ihnen nicht vorhanden, lässt sich dies ohne großen Aufwand selbst implementieren:

```
#define offsetof(struct_type, member) \
          (size_t) &(((struct_type *)0)->member)
```

Ein einfaches Beispiel hierzu:

```
/* offsetof.c */
#include <stdio.h>
#include <stddef.h>
#define MAX 15
```

```
struct data {
   char a;
   int b;
   float c;
   double d;
 };

int main(void) {
   struct data newfile = { 'a', 1, 1.234, 3E5 };
   struct data *str_ptr = &newfile;
   int offset;

   printf("Start a (%d Bytes)"  ,offsetof(struct data, a));
   printf(" bis b == %d Bytes\n",offsetof(struct data, b));
   printf("Start b (%d Bytes)"  ,offsetof(struct data, b));
   printf(" bis d == %d Bytes\n",offsetof(struct data, d));
   printf("Komplett von Start a (%d Bytes)",
      offsetof(struct data, a));
   printf(" bis Ende d == %d Bytes\n",
      offsetof(struct data, d) + sizeof(double));
   return 0;
}
```

B.1.12 <stdio.h> – Standard Ein-/Ausgabe-Funktionen

Syntax	Bedeutung
FILE *fopen(const char *pfad, const char *modus);	Datei öffnen
FILE *freopen(const char *pfad, const char *modus, FILE *fz);	Datei öffnen mit bereits vorhandenem Stream
int fflush(FILE *fz);	Inhalt des Datei-Puffers in einen Stream schreiben
int fclose(FILE *fz);	Datei schließen
int remove(const char *pfadname);	Datei löschen
int rename(const char *alt, const char *neu);	Datei umbenennen
FILE *tmpfile(void);	Temporäre Datei erzeugen und automatisch wieder löschen
char *tmpnam(char *ptr);	Eindeutigen Namen für eine temporäre Datei erzeugen
void setbuf(FILE *fz, char *puffer);	Einer Datei einen Puffer zuordnen

Tabelle B.11 Standard Ein-/Ausgabe-Funktionen

Syntax	Bedeutung

`int setvbuf(`
`FILE *fz,`
`char *puffer,`
`int modus,`
`size_t size);`
	Einer geöffneten Datei einen Puffer zuordnen

`int fscanf(`
`FILE *fz,`
`const char *format, ...);`
	Formatiert aus einem Stream lesen

`int scanf(` `const char *format, ...);`	Formatiert aus der Standardeingabe (stdin) lesen

`int sscanf(`
`const char *puffer,`
`const char *format, ...);`
	Formatiert aus einem String lesen

`int fprintf(`
`FILE *fz,`
`const char *format, ...);`
	Formatiert in einen Stream schreiben

`int printf(` `const char *format, ...);`	Formatiert auf die Standardausgabe (stdout) schreiben

`int sprintf(`
`char *puffer,`
`const char *format, ...);`
	Formatiert in einen String schreiben

`int vfprintf(`
`FILE *fz,`
`const char *format,`
`va_list arg);`
	Formatiert in einen Stream schreiben mit Argumentenzeiger

`int vprintf(`
`const char *format,`
`va_list arg);`
	Formatiert auf stdout schreiben mit Argumentenzeiger

`int vsprintf(`
`char *puffer,`
`const char *format,`
`va_list arg);`
	Formatiert in einen String schreiben mit Argumentenzeiger

`int getchar(void);`	Ein Zeichen von der Standardeingabe (stdin) einlesen
`int putchar(int ch);`	Ein Zeichen auf die Standardausgabe (stdout) schreiben

`int fgetc(FILE *fz);`
`/* oder */`
`int getc(FILE *fz);`
	Ein Zeichen von einem Stream einlesen

`int fputc(int ch,FILE *fz);`
`/* oder */`
`int putc(int ch,FILE *fz);`
	Ein Zeichen in einen Stream schreiben

`int ungetc(`
`int zeichen,`
`FILE *fz);`
	Ein gelesenes Zeichen in den Stream zurückschieben

`int gets(char *puffer);` `/* sicherere Alternat. fgets */`	Eine ganze Zeile von der Standardeingabe einlesen

Tabelle B.11 Standard Ein-/Ausgabe-Funktionen (Forts.)

Syntax	Bedeutung
`int puts(const char *puffer);`	Eine ganze Zeile auf die Standardausgabe schreiben
`int fgets( char *puffer, int n, FILE *fz);`	Eine ganze Zeile aus einem Stream lesen
`int fputs( const char *puffer, FILE *fz);`	Eine ganze Zeile in einen Stream schreiben
`size_t fread( void *ptr, size_t size, size_t n_obj, FILE *fz);`	Binäres Lesen ganzer Blöcke
`size_t fwrite(const void *p,size_t siz,size_t n_obj,FILE *fz);`	Binäres Schreiben ganzer Blöcke
`int fseek( FILE *fz, long offset, int origin);`	Einen Stream positionieren
`int ftell(FILE *fz);`	Die Position eines Streams abfragen
`int fgetpos( FILE *fz, fpos_t *pos);`	Die Position eines Streams speichern
`int fsetpos( FILE *fz, const fpos_t *pos);`	Einen Stream positionieren (zweite Möglichkeit)
`void rewind(FILE *fz);`	Den Stream zum Dateianfang zurücksetzen
`int feof(FILE *fz);`	EOF-Flag überprüfen, ob der Stream am Dateiende ist
`int ferror(FILE *fz);`	Fehler-Flag überprüfen, ob beim Stream ein Fehler auftrat
`void clearerr(FILE *fz);`	Das Fehler- und EOF-Flag löschen
`void perror(const char *str);`	Ausgabe einer zu `errno` gehörigen Fehlermeldung

Tabelle B.11 Standard Ein-/Ausgabe-Funktionen (Forts.)

B.1.13 <stdlib.h> – Nützliche Funktionen (gemischt)

Syntax	Bedeutung
`double atof(const char *str);`	Einen String in einen `double`-Wert konvertieren
`int atoi(const char *str);`	Einen String in einen `int`-Wert konvertieren
`long int atol(const char *str);`	Einen String in einen `long int`-Wert konvertieren
`double strtod( const char *str, char **endptr);`	Einen String in einen `double`-Wert konvertieren

Tabelle B.12 Allgemeine, nützliche Funktionen

Syntax	Bedeutung

`long strtol(`
`const char *str,`
`char **endptr,`
`int base);`
	Einen String in einen `long`-Wert konvertieren

`long strtoul(`
`const char *str,`
`char **endptr,`
`int base);`
	Einen String in einen `unsigned long`-Wert konvertieren

`void *malloc(size_t size);`	Speicherplatz allokieren

`void *calloc(`
`size_t anzahl,`
`size_t size);`
	Speicherplatz allokieren

`void *realloc(`
`void *zeiger,`
`size_t size);`
	Speicherplatz allokieren

`void free(void *ptr);`	Allokierten Speicherplatz wieder freigeben
`int rand(void);`	Erzeugt Pseudo-Zufallszahl zwischen 0 und `RAND_MAX`
`void srand(unsigned int start);`	Legt den Startpunkt für eine Pseudo-Zufallszahl fest
`int atexit(` `void (* funktion) (void));`	Eine Funktion zur Ende-Behandlung eintragen
`void exit(int status);`	Normale Programmbeendigung
`void abort(void);`	Nicht normale Programmbeendigung
`int system(const char *str);`	Ein Kommando zur Ausführung an die Umgebung übergeben
`char *getenv(const char *name);`	Aktuelle Umgebungsvariablen des Systems abfragen

`div_t div(`
`int zaehler,`
`int nenner);`
	Quotient und Rest einer Division berechnen (`int`)

`ldiv_t ldiv(`
`long zaehler,`
`long nenner);`
	Quotient und Rest einer Division berechnen (`long`)

`int abs(int num);`	Absolutwert eines `int`-Arguments
`long labs(long num);`	Absolutwert eines `long`-Arguments

`void *bsearch(`
`const void *key,`
`const void *start,`
`size_t n,`
`size_t size,`
`int (*cmp)(`
`const void *,`
`const void *) );`
	Binäre Suche

Tabelle B.12 Allgemeine, nützliche Funktionen (Forts.)

Syntax	Bedeutung

`void qsort(`
`  void *array,`
`  size_t n,`
`  size_t size,`
`   int (*cmp)(`
`      const void *,`
`      const void *) );`
	Quicksort (Sortieren)

Tabelle B.12 Allgemeine, nützliche Funktionen (Forts.)

ANSI C99

Neu im ANSI C99-Standard sind die Funktionen `atoll()` und `strtoll()`, womit ein String in einen `long long`-Wert konvertiert werden kann. Ebenfalls neu ist die Funktion `_Exit()`, die ähnlich wie `_exit()` (nicht zu verwechseln mit `exit()`) ein Programm sofort beendet, und zwar ohne das Senden von Signalen oder der Ausführung von Funktionen, die mit `atexit()` eingerichtet wurden.

B.1.14 <string.h> – String-Bearbeitungsfunktionen

Syntax	Bedeutung

`void memcpy(`
`    void *ziel,`
`    const void *quelle,`
`    size_t anzahl);`
	Bestimmte Anzahl Bytes in Quelle nach Ziel kopieren

`void memmove(`
`    void *ziel,`
`    const void *quelle,`
`    size_t anzahl);`
	Wie memcpy, nur wird der korrekte Kopiervorgang garantiert

`void memchr(`
`    const void *ptr,`
`    int zeichen,`
`    size_t bereich);`
	Sucht ein bestimmtes Zeichen in einem bestimmten Bereich

`void memset(`
`    const void *ptr,`
`    int zeichen,`
`    size_t bereich);`
	Füllt einen bestimmten Bereich mit einem Zeichen

`void memcmp(`
`    const void *s1,`
`    const void *s2,`
`    size_t anzahl);`
	Vergleicht eine bestimmte Anzahl Bytes miteinander

`int strcpy(`
`    char *ziel,`
`    const char *quelle);`
	Einen String kopieren

Tabelle B.13 Funktionen zum Umgang mit Zeichenketten

Syntax	Bedeutung

`char *strncpy(`
`char *ziel,`
`const char *quelle,`
`size_t size);`
	Eine bestimmte Anzahl von Zeichen eines Strings kopieren

`char *strcat(`
`char *str1,`
`const char *str2);`
	Einen String an einen anderen hängen

`char *strncat(`
`char *str1,`
`char *str2,`
`size_t size);`
	Einen String bestimmter Länge an einen anderen hängen

`int strcmp(`
`const char *str1,`
`const char *str2);`
	Zwei Strings miteinander vergleichen

`int strncmp(`
`const char *str1,`
`const char *str2,`
`size_t size);`
	Zwei Strings bis zu einer gewissen Länge vergleichen

`size_t strlen(const char *str);`	Länge eines Strings ermitteln (ohne Stringende-Zeichen \0)

`char *strchr(`
`const char *str,`
`int zeichen);`
	Ein Zeichen in einem String suchen (von vorne)

`char *strrchr(`
`const char *str,`
`int zeichen);`
	Ein Zeichen in einem String suchen (von hinten)

`char *strstr(`
`const char *str,`
`const char *such_str);`
	Suchen einer bestimmten Stringfolge in einem String

`char *strpbrk(`
`const char *str,`
`const char *zeichen_menge);`
	Suchen eines Zeichens aus einer Zeichenmenge im String

`size_t strspn(`
`const char *str,`
`const char *zeichen_menge);`
	Ermittelt die Länge der übereinstimmenden Zeichen

`size_t strcspn(`
`const char *str,`
`const char *zeichen_menge);`
	Ermittelt die Anzahl der nicht übereinstimmenden Zeichen

`char *strtok(`
`char *str,`
`const char *zeichen);`
	Einen String nach bestimmten Zeichen zerlegen

`char *strerror(` `int fehlernummer);`	Gibt eine zur Fehlernummer gehörende Fehlermeldung aus

Tabelle B.13 Funktionen zum Umgang mit Zeichenketten (Forts.)

Syntax	Bedeutung

int strcoll(
    const char*str1,
    const char *str2);
	Länderspezifische Vergleichsfunktion

size_t strxfrm(
    char *land,
    const char *is_land,
    size_t size);
	Länderspezifische Umwandlung von Zeichen

Tabelle B.13 Funktionen zum Umgang mit Zeichenketten (Forts.)

B.1.15 <time.h> – Datum und Uhrzeit

Syntax	Bedeutung
clock_t clock(void);	Verbrauchte CPU-Zeit seit dem Programmstart
time_t time(time_t *time_ptr);	Erfragen der aktuellen Kalenderzeit

struct tm *gmtime(
    const time_t *time_ptr);
struct tm *localtime(
    const time_t *time_ptr);
	Konvertieren vom time_t-Zeitformat zur struct tm-Zeit

time_t mktime(const struct tm *tm_ptr);	Konvertieren vom struct tm-Zeitformat zur time_t-Zeit
char *asctime(const struct tm *tm_ptr);	Konvertieren vom struct tm-Zeitformat in einen String
char *ctime(const time_t *time_ptr);	Konvertieren vom time_t-Zeitformat in einen String

double difftime(
    time_t z2,
    time_t z1);
	Differenzen zweier Uhrzeiten im time_t-Format

size_t strftime(
    char *puf,
    size_t smax,
    const char *fmt,
    const struct tm *t_ptr);
	Konvertieren vom struct tm-Zeitformat in einen benutzerdefinierten String

Tabelle B.14 Zeit- und Datumsfunktionen

Typ	Bedeutung
size_t	arithmetischer Datentyp für Größenangaben
clock_t	arithmetischer Datentyp für CPU-Zeit
time_t	arithmetischer Datentyp für Datum- und Zeitangabe
struct tm	enthält alle zu einer Kalenderzeit (gregorianische) relevanten Komponenten

Tabelle B.15 (Primitive) Datentypen und Struktur für Datum und Zeit

struct tm-Variable	Bedeutung
`int tm_sec;`	Sekunden (0–59)
`int tm_min;`	Minuten (0–59)
`int tm_hour;`	Stunden (0–23)
`int tm_mday;`	Monatstag (1–31)
`int tm_mon;`	Monate (0–11) (Januar = 0)
`int tm_year;`	ab 1900
`int tm_wday;`	Tag seit Sonntag (0–6) (Sonntag =0)
`int tm_yday;`	Tag seit 1. Januar (0–365) (1.Januar =0)
`int tm_isdst;`	Sommerzeit `(tm_isdst > 0)` Winterzeit `(tm_istdst == 0)` nicht verfügbar (`tm_isdst < 0)`

Tabelle B.16 Bedeutung der Strukturvariablen in struct tm

B.2 ANSI C99

Bis heute unterstützt noch kein Compiler den C99-Standard komplett. Wollen Sie bspw. wissen, wie weit der GNU GCC Compiler diesen Standard bis jetzt unterstützt, können Sie sich unter der folgenden Webseite einen Überblick zum aktuellen Status verschaffen: *http://gcc.gnu.org/c99status.html*

Zwar sollte man als Autor stets bei den Fakten bleiben, aber die Frage sollte schon gestattet sein: Wem nützt der C99-Standard? Ich stelle die Frage daher, weil einzig unter Linux/UNIX die Bemühungen unternommen werden, den Standard umzusetzen. In der Welt von Microsoft (weder beim Borland- noch beim VC++-Compiler) finden sich Anzeichen der Umsetzung des Standards (und das nach fünf Jahren). Sinn und Zweck des ANSI C Standards ist es ja, Programme zu erstellen, die möglichst portabel sind! Und das ist de facto nicht der Fall – also ein Standard, der nicht so recht einer ist und es wahrscheinlich auch nie mehr werden wird.

Im Folgenden finden Sie einen groben Überblick zu den neuen Headerdateien des C99-Standards. Für eine detailliertere Auflistung (u. a.) aller C99-Funktionen sei bei Bedarf die Webseite *http://www.dinkumware.com/refxc.html* empfohlen.

B.2.1 <iso646.h> – Zur Verwendung von Zeichensätze im ISO646-Format (NA1)

Die Headerdatei `<iso646.h>` wurde mit *Normative Amendment 1*, eine Erweiterung des C-Standards, 1995 hinzugefügt und enthält lesbare Alternativen (symbolische Konstanten) zu einigen Operatoren.

Konstante in <iso646.h>	Operator
and	&& (logisches UND)
or	|| (logisches ODER)
not	! (logisches NICHT)
bitand	& (bitweises UND)
bitor	| (bitweises ODER)
xor	^ (bitweises Exklusiv-ODER)
compl	~ (bitweises NICHT)
and_eq	&= (bitweises UND mit Zuweisung)
or_eq	|= (bitweises ODER mit Zuweisung)
xor_eq	^= (bitweises Exklusiv-ODER mit Zuweisung)
not_eq	!= (logisches NICHT mit Zuweisung)

Tabelle B.17 Alternative symbolische Konstanten für Operatoren

B.2.2 <wchar.h> – (NA1)

Die Headerdatei `<wchar.h>` wurde ebenfalls mit *Normative Amendment 1* 1995 hinzugefügt. In dieser Headerdatei sind folgende Funktionen enthalten:

- Umwandlung von Strings zu Zahlwerten für den erweiterten Zeichensatz
- String- und Speicherbearbeitung für den erweiterten Zeichensatz
- Ein- und Ausgabe für den erweiterten Zeichensatz

Eine genauere Erläuterung der einzelnen Funktionen würde an dieser Stelle zu weit gehen. Aber im Allgemeinen sind Ihnen diese Funktionen schon u. a. aus den `<stdio.h>`- und `<string.h>`-Headerdateien bekannt. Hier handelt es sich bei dem `...w...` im Funktionsnamen um dieselbe Funktion wie Sie diese bereits aus den eben aufgeführten Headerdateien kennen, nur, dass sich diese auf den erweiterten Zeichensatz beziehen. Also: `fgetwc()` ist die Alternative für den erweiterten Zeichensatz der Funktion `fgetc()` zum Einlesen einzelner Zeichen aus einem `FILE`-Stream.

B.2.3 <wctype.h> (NA1)

Die Headerdatei `<wctype.h>` wurde ebenfalls wie `<iso646.h>` und `<wchar.h>` mit *Normative Amendment 1* hinzugefügt. Diese Headerdatei enthält Zeichenklassifizierungen und Umwandlung für den erweiterten Zeichensatz (einfach, `ctype.h` für den erweiterten Zeichensatz ist `wctype.h`). Auch hier gilt dasselbe wie schon bei der Headerdatei `<wchar.h>`. Die Bedeutung der einzelnen Funktionen entspricht exakt der, die Sie aus der Headerdatei `<ctype.h>` bereits kennen – nur, dass sich diese Funktionen auf den erweiterten Zeichensatz beziehen und wieder den Buchstaben `...w...` (für *Wide-Char*) im Funktionsnamen enthalten. Also, anstatt `isalpha()` lautet das Gegenstück für den erweiterten Zeichensatz `iswalpha()`.

Jede Funktion erwartet als Argument einen Typ `win_t`, was ein Wert zwischen 0 und 32767 (oder `WEOF`) ist.

B.2.4 <complex.h> – Funktionen zur Manipulation komplexer Zahlen

In der Headerdatei `<complex.h>` finden Sie eine Reihe von Makros und Funktionen für die (ebenfalls) neu in C99 eingeführten arithmetischen Datentypen. Bei diesen Typen handelt es sich um weitere Gleitpunkttypen, welche zur Darstellung von komplexen und imaginären Zahlen eingeführt wurden. Die komplexe Zahl wird dabei mit dem Real- und Imaginärteil dargestellt, und zwar als `float`-, `double`- oder `long double`-Wert. Die Schreibweise dieser Gleitpunkttypen sieht wie folgt aus:

- komplexe Gleitpunkttypen: `float _Complex`, `double _Complex` und `long double _Complex`
- imaginäre Zahl: `float _Imaginary`, `double _Imaginary` und `long double _Imaginary`

B.2.5 <fenv.h> – Kontrolle der Gleitpunkzahlen-Umgebung

In der Headerdatei `<fenv.h>` (für Floating Environment = Gleitpunkt-Umgebung) wurden zwei neue Typen, mehrere Makros und einige Funktionen zum Testen auf Fehlersituationen beim Rechnen mit Gleitpunktzahlen implementiert. Diese Umgebung enthält die Systemvariable `fexept_t`, welche von Gleitpunkt-Exceptions-Funktionen gesetzt werden kann, und die Variable `fenv_t`, welche für den Kontroll-Modus (bspw. des Rundungsverhaltens) verwendet wird.

Gleitpunkt-Exceptions

Zum Behandeln von so genannten Gleitpunkt-Exceptions stehen Ihnen folgende Funktionen zur Verfügung:

```
#include <fenv.h>

int feclearexcept(int except);
int fegetexceptflag(fexcept_t *pflag, int except);
int feraiseexcept(int except);
int fesetexceptflag(const fexcept_t *pflag, int except);
int fetestexcept(int except);
```

Alle Funktionen enthalten als Argument `except`, womit Sie eine oder mehrere der folgenden Konstanten mithilfe des bitweisen ODER kombinieren können.

Makro	Bedeutung
FE_DIVBYZERO	Division durch 0
FE_INEXACT	Ergebniss der Operation nicht exakt
FE_INVALID	unzulässiger Wert(ebereich)
FE_ OVERFLOW	Überlauf
FE_UNDERFLOW	Unterlauf
FE_ALL_EXCEPT	alle Eben genannte Makros auf einmal verwenden

Tabelle B.18 Makros für Gleitpunkt-Exeptions

Mit der Funktion fetestexecept() prüfen Sie, welche der Gleitpunkt-Exceptions (siehe Tabelle B.18) gesetzt sind. Die Funktion feraiseexcept() löst die als Argument eingegebene Gleitpunkt-Exception aus. Mit feclearexcept() löschen Sie eine als Argument angegebene Gleitpunkt-Exception. Die Funktion fegetexceptflag() speichert den aktuellen Status, der angegebenen Exception (erstes Argument) in der Systemvariable pflag. Mit der Funktion fesetexceptflag() hingegen können Sie die Flags in pflag, welche Sie zuvor mit fegetexceptflag() gesichert haben, wieder herstellen.

Kontroll-Modus

Mit dem Kontroll-Modus können Sie bspw. angeben, wie eine Gleitpunktzahl gerundet werden soll. Die Rundungsart können Sie mit den folgenden beiden Funktionen setzen bzw. erfragen:

```
#include <fenv.h>

int fegetround(void);
int fesetround(int mode);
```

Welche Rundungsart Sie setzen bzw. ermitteln können, wird mit den folgenden symbolischen Konstanten festgelegt:

Makro	Bedeutung
FE_DOWNWARD	Abrunden zum nächstkleineren Wert
FE_TONEAREST	Runden zum nächsten Wert
FE_TOWARDZERO	Abschneiden
FE_UPWARD	Aufrunden zum nächstgrößeren Wert

Tabelle B.19 Kontroll-Modus für das Rundungsverhalten

Gleitpunkt-Umgebung

Wollen Sie die Gleitpunkt-Umgebung als Ganzes verwenden, stehen Ihnen mit dem Typ fenv_t folgende Funktionen zur Auswahl:

```
#include <fenv.h>

int fegetenv(fenv_t *penv);
int feholdexcept(fenv_t *penv);
int fesetenv(const fenv_t *penv);
int feupdateenv(const fenv_t *penv);
```

Mit fegetenv() können Sie die aktuelle Gleitpunkt-Umgebung in penv sichern und mit fsetenv() wiederherstellen bzw. setzen. Bei Verwendung von feholdexcept() wird trotzt einer Exception weitergerechnet. Diese Funktion sichert die aktuelle Gleitpunkt-Umgebung und setzt alle Status-Flags zurück. Bspw.:

```
...
fenv_t env;
/* Gleitpunkt-Umgebung speichern */
```

```
feholdexcept(&env);
...
/* Ein Exeception ist aufgetreten !!! bspw. Division durch 0 */
...
/* Exception löschen */
feclearexcept(FE_DIVIDBYZERO);
/* zuvor gesetzte Gleitpunkt -Umgebung wieder setzen */
feupdateenv(&env);
...
```

Wie im Code-Auschnitt eben gesehen, wird mit der Funktion `feuptdateenv()` die übergebene Gleitpunkt-Umgebung wieder gesetzt. Für die Funktionen `feudateenv()` und `fesetenv()` kann auch die symbolische Konstante `FE_DFL_ENV` verwendet werden, was ein Zeiger auf die Gleitpunkt-Umgebung darstellt, welcher beim Programmstart gesetzt wurde.

Um die Gleitpunkt-Umgebung überhaupt verwenden zu können, müssen Sie diese mit dem folgenden Pragma aktivieren:

```
#pragma STDC FENC_ACCESS ON
```

B.2.6 <inttypes.h> – Für genauere Integertypen

Diese Headerdatei beinhaltet weitere Typen, mehrere Funktionen und Makros, welche recht nützlich zur Verwendung von Integer sind. Das ANSI C-Komitee hat diese Headerdatei eingeführt, um endlich Integer-Typen zu unterstützen, die unabhängig von der Maschine und dem Betriebssystem sein sollen. Bspw. beträgt auf einem 16 Bit-System die Bitanzahl für `char`, `short`, `int` und `long` 8, 16, 16 und 32 Bits. Auf einem 32 Bit-System hingegeben 8, 16, 32 und 32 Bits. Hierbei wurden mit `typdef` Integertpyen verschiedenster Größe erstellt. Diese neue Definierung von Integertypen ist (wird) auf jeden Fall sinnvoll, gerade, da jetzt auch noch die Einführung der 64 Bit-Systeme auf dem Massenmarkt aktuell ist.

B.2.7 <stdbool.h> – Boolesche Datentypen in C

In der Headerdatei `<stdbool.h>` gibt es jetzt auch die booleschen Variablen als Makros implementiert für C.

Makro	Bedeutung
`Bool`	Boolescher Datentyp für Wahrheit
`false`	0/trifft nicht zu
`true`	1/trifft zu

Tabelle B.20 Boolescher Datentyp für C

B.2.8 <stdint.h> – Definiert verschiedene Integertypen

In der Headerdatei `<stdint.h>` befinden sich weitere Ganzzahl-Datentypen, die mit vorgegebener Breite verwendet werden. Mit vorgegebener Breite ist die Anzahl der Bits zur Darstellung des Werts gemeint, welche dieser Typ verwenden darf. Hier die Typen im Überblick:

Typ	Bedeutung
intN_t	Ein int-Wert mit einer Breite von **exakt** N Bits (erlaubte Werte für N: 8, 16, 32, 64)
int_leastN_t	Ein int-Wert mit einer Breite von **mindestens** N Bits (erlaubte Werte für N: 8, 16, 32, 64)
int_fastN_t	Der schnellste int-Typ mit mind. einer Breite von N Bits (erlaubte Werte für N: 8, 16, 32, 64)
intmax_t	Größtmöglicher ganzzahliger Typ (Wert ist in der Konstante INT64_MAX bzw. UINT64_MAX deklariert)
intptr_t	Max. Breite, um den Wert eines Zeigers zu speichern

Tabelle B.21 Neue ganzzahlige Typen vorgegebener Breite

Zu all diesen Ganzzahltypen gibt es jeweils einen unsigned-Bruder, der nur ein u vorangestellt hat (z. B. uintptr_t). Die maximalen und minimalen Limits dieser Ganzzahltypen sind ebenfalls in der Headerdatei <stdint.h> deklariert.

B.2.9 <math.h> – Neue Funktionen

Enorm erweitert wurde die Headerdatei <math.h>. Darin befinden sich jetzt noch mehr Funktionen und Makros als zuvor. Zu allen Funktionen, die Sie bereits kennen und denen, welche Sie in diesem Abschnitt noch kennen lernen, wurden Versionen herausgebracht, die jetzt auch für die Datentypen float und long double anwendbar sind. Bisher waren die Funktionen dieser Headerdatei ja nur mit double angegeben. Um die für den Datentyp passende Funktion zu verwenden, müssen Sie nur ein entsprechendes Suffix notieren. f steht für float, l für long double und keine Angabe steht – wie gehabt – für double-Gleitpunktzahlen. Als Beispiel die Funktion sqrt():

```
float sqrtf(float zahl);                /* float       */
double sqrt(double zahl);               /* double      */
long double sqrtl(long double zahl);    /* long double */
```

In der folgenden Tabelle finden Sie einige Funktionen, die neu in die Headerdatei <math.h> hinzugekommen sind. Zu all diesen Funktionen gibt es auch schon verschiedene Versionen. Es hängt davon ab, welches Suffix Sie verwenden.

Funktionen	Bedeutung
double round (double); double trunc (double); double rint (double)	Funktionen zum Runden von Zahlen
double fmax (double, double); double fmin (double, double);	Maximum, Minimum
double log2 (double); double logb (double);	Logarithmus
double copysign (double, double);	Vorzeichen kopieren

Tabelle B.22 Neue mathematische Funktionen

Funktionen	Bedeutung

`double scalb (double, long);`
`extern double fma (double,`
`double, double);`
	Laufzeitoptimierte Berechnungen

`double hypot (double, double);`	Wurzel

Tabelle B.22 Neue mathematische Funktionen (Forts.)

Sehr interessant dürften die Makros für den Vergleich von Gleitpunktzahlen sein, welche ebenfalls hinzugekommen sind:

Makro	Bedeutung
`isgreater(x, y)`	`x` größer als `y`
`isgreaterequal(x, y)`	`x` größer als oder gleich `y`
`isless(x, y)`	`x` kleiner als `y`
`islessequal(x, y)`	`x` kleiner als oder gleich `y`
`islessgreater(x, y)`	`x` kleiner als `y` ODER `x` größer als `y`
`isunordered(x, y)`	Sind `x` und `y` nicht miteinander vergleichbar, gibt dieses Makro 1 zurück, ansonsten 0

Tabelle B.23 Makros zum Vergleichen von Gleitpunktzahlen

Ein weiteres interessantes Feature sind Makros zu Bestimmung der Kategorie von Gleitpunktzahlen. In ANSI C werden die Gleitpunktzahlen in folgende fünf Kategorieren unterteilt (Konstanten aus der Headerdatei `<math.h>`):

Konstante	Kategorie
`FP_NAN`	`NAN` steht für *Not a Number* und bedeutet, dass es sich bei dem Wert um keine gültige Gleitpunktdarstellung handelt.
`FP_NORMAL`	Eine Gleitpunktzahl in normaler Darstellung
`FP_INFINITE`	Die Gleitpunktzahl wird als unendlicher Wert dargestellt.
`FP_ZERO`	Eine Gleitpunktzahl mit dem Wert 0
`FP_SUBNORMAL`	Eine Gleitpunktzahl, mit der besonders kleine Zahlen dargestellt werden können

Tabelle B.24 Bestimmung der Gleitpunktzahl-Kategorie

Abfragen, in welche Kategorie eine bestimmte Gleitpunktzahl fällt, können Sie mit den folgenden Makros vornehmen:

Makro	Bedeutung
`isnan(x)`	Ist die Zahl gleich `FP_NAN`, wird 1 zurückgegeben, ansonsten 0.
`isnormal(x)`	Ist die Zahl gleich `FP_NORMAL`, wird 1 zurückgegeben, ansonsten 0.
`isfinite(x)`	Ist die Zahl eine Unendliche, wird 1 zurückgegeben, ansonsten 0.
`isinf(x)`	Ist die Zahl gleich `FP_INFINITE`, wird 1 zurückgegeben, ansonsten 0.

Tabelle B.25 Makros zur Bestimmung der Gleitpunktzahl-Kategorie

Intern werden all diese Makros jedoch zum Teil mit Hilfe des Makros `fpclassify()` ausgewertet:

```
fpclassify(x) == FP_INFINITE //isinf(x)
fpclassify(x) == FP_NORMAL   //isnormal(x)
```

B.2.10 <tgmath.h> – Typengenerische Mathematik-Funktionen

In der Headerdatei `<tgmath.h>` befinden sich typengenerische Mathematik-Funktionen (bzw. Makros). Darunter versteht man, dass Sie verschieden mathematische Funktionen mit verschiedenen Argumenten wie reelle und/oder komplexe Gleitpunkttypen mit demselben Namen aufrufen können – es wird also immer die Funktion aufgerufen, welche dem Datentyp des Argumentes entspricht. Bspw.:

```
float _Complex fx;
long double lx;
/* gleich zu cos((double)1) */
cos(1) ;
 /* gleich zu cosl(lx) */
cos(lx) ;
/* gleich zu
   cpowl((long double _Complex)fx, (long double _Complex)lx) */
pow(fx, lx)  ;
```

Ist eine Funktion hingegen nur für reelle und/oder komplexe Gleitpunkttypen definiert, dann entspricht der Namen des typengenerierten Makros dem der Funktion, welche ursprünglich für `double` definiert ist.

B.3 Elementare E/A-Funktionen

Die hier vorgestellten Funktionen sind alle zum größten Teil schon im Buch behandelt worden, weshalb hierzu nur die jeweilige Syntax und deren Bedeutung aufgelistet wird. Alle elementare Funktionen sind ungepuffert in der Ein-/Ausgabe und entsprechen dem POSIX- und XPG4-Standard (nicht aber dem von ANSI C).

B.3.1 Limits-Konstanten

In der Headerdatei `<limits.h>` finden sich häufig noch weitere symbolische Konstanten, welche allerdings nicht vom ANSI C Standard vorgeschrieben – aber von POSIX benötigt werden. Die im Buch angegebenen Mindestwerte liegen gewöhnlich weit unter den Angaben im echten Leben. Die in der Tabelle aufgelisteten Konstanten stellen nur einen Überblick der gängigsten Konstanten da.

Konstante	Mindestwert	Bedeutung
MAX_INPUT	255	Maximaler Speicherplatz in der Warteschlange der Terminal-Eingabe
NGROUPS_MAX	0	Maximale Zusatz-Group-ID eines Prozesses
PASS_MAX	8	Maximale signifikante Anzahl von Bytes für die Passwort-Eingabe (ohne dem Terminierungszeichen)
PID_MAX	INT_MAX	Maximalwert für eine Prozess-ID (PID)
UID_MAX	ULONG_MAX	Maximalwert für Benutzer- oder Gruppen-ID (UID, GID)
ARG_MAX	4096	Maximale Länge (in den Bytes) der Argumente für die exec-Funktion
CHILD_MAX	6	Maximale Anzahl von Kindprozessen pro realer Benutzernummer (reale User-ID).
MAX_CANON		Maximaler Speicherplatz (in Bytes) in der Warteschlange der kanonischen Terminal-Eingabe
OPEN_MAX	16	Maximale Anzahl von Dateien, die pro Prozess geöffnet werden können
NAME_MAX	Unbestimmt	Maximale Bytezahl für Dateinamen
PATH_MAX	255	Maximale Bytezahl für Pfadnamen
LINK_MAX	8	Maximale Anzahl von Links auf eine Datei
PIPE_BUF	512	Maximale Bytezahl die in eine Pipe geschrieben werden können

Tabelle B.26 POSIX-Konstanten in »limits.h«

Weiterhin ist es manchmal nötig, etwas bei der Übersetzung abzufragen, ob etwas definiert ist oder nicht, um anschließend den Übersetzungslauf der Anwendung entsprechend anzupassen. Hierzu sind in der Headerdatei <unistd. h.> einige Konstanten definiert. Wenn eine dieser Konstanten vorhanden ist, bedeutet, dies, dass eine entsprechende Aktion (siehe in der Tabelle die Bedeutung) zutrifft.

Konstante	Bedeutung, wenn definiert
_POSIX_SAVED_IDS	saved Set-User- und Set-Group-ID wird unterstützt
_POSIX_NO_TRUNC	ist der Pfadnamen länger als PATH_MAX führt dies zu einem Fehler
_POSIX_CHOWN_RESTRICTED	chown ist nicht für alle Benutzer erlaubt
_POSIX_JOB_CONTROL	Jobkontrolle wird unterstützt
_POSIX_VERSION	Versionsnummer von POSIX.1
_POSIX_SOURCE	hiermit wird dem Compiler mitgeteilt, dass das Programm absolut POSIX-konform sein soll.
_XOPEN_VERSION	Versionsnummer von XPG

Tabelle B.27 Konstanten der Headerdatei unistd. h.

B.3.2 Elementare E/A-Funktionen

Gewöhnlich benötigen Sie zur Verwendung der gleich aufgelisteten Funktionen folgende Headerdateien:

```
/* Für die Funktionen */
#include <unistd.h.>
/* Für symbolische Konstanten */
#include <sys/types.h>
#include <sys/stat.h>
#include <fcntl.h>
```

Syntax	Bedeutung
`int open( const char *pfadname, int oflag, ... /* mode_t modus */ );`	Datei öffnen
`int close(int fd);`	Datei schließen
`ssize_t read( int fd, void *puffer, size_t bytes );`	Aus Datei lesen
`ssize_t write( int fd, void *puffer, size_t bytes );`	In Datei schreiben
`off_t lseek( int fd, off_t offset, int wie );`	Schreib-/Lesezeiger positionieren
`int dup(int fd);` `int dup2(int fd1, int fd2);`	Filedeskriptoren duplizieren
`int fcntl( int fd, int kommando, ... /* int arg */ );`	Verändern, abfragen oder Sperren eines offenen Filedeskriptors
`int fileno( FILE *fz );`	Aus FILE-Zeiger den Filedeskriptor ermitteln
`FILE *fdopen(int fd, const char *modus);`	Aus Filedeskriptor einen FILE-Zeiger erzeugen

Tabelle B.28 Elementare E/A-Funktionen mit Filedeskriptoren

B.4 Fortgeschrittene E/A-Funktionen

B.4.1 Multiplexing Ein-/Ausgabe – select()

Konform	ANSI C	POSIX.1	XPG	SVR4	BSD
	nein	nein	nein	ja	ja

Das Lesen und Schreiben von Filedeskriptoren erfolgt meistens über ein einfaches `read()` und `write()` wie im folgenden Code-Auschnitt demonstriert:

```
while(  (n = read(fd_r, buf, BUFSIZ) ) > 0 )
    if( write( fd_w, buf, n ) != n)
       /* Fehler bei write ... */
```

Sobald allerdings aus mehr als einem Filedeskriptor auf einmal gelesen werden soll, lässt sich diese Form nicht mehr sinnvoll einsetzen. Kommen hier bspw. Daten an einem Filedeskriptor an – aber es wird gerade von einem anderen gelesen, bei dem keine Daten anstehen – blockiert `read()`. Somit muss der Filedeskriptor, an dem Daten angekommen sind, so lange warten, bis bei dem anderen Filedeskriptor Daten anstehen. Das Blockieren ist die Standardeinstellung von `read()`.

Um dieses Problem zu umgehen, steht Ihnen in SVR4 und BSD (und somit auch unter Linux) eine Multiplexing Ein-/Ausgabe mit der Funktion `select()` zur Verfügung. Das Prinzip ist einfach: Man erstellt eine Liste (Menge) von Filedeskriptoren, die für den Prozess interessant sind und ruft die Funktion `select()` auf. Diese Funktion kehrt erst dann zurück, wenn einer der Filedeskriptoren in der Liste (Menge) etwas zu tun hat (spricht die Ein-/Ausgabe bereit ist). Als Rückgabewert erhält man von `select()` den Filedeskriptor, der für die Ein-/Ausgabe bereit ist.

```
int select(
  int maxfd,               /* Nr. des größten fd aus der Menge */
  fd_set *fd_read,         /* Deskriptor-Menge zum Lesen       */
  fd_set *fd_write,        /* Deskriptor-Menge zum Schreiben   */
  fd_set *fd_except,       /* Deskriptor-Menge für Exceptions  */
  struct timeval *timeout  /* wie lange soll select() warten   */
  );
```

Um auf die Deskriptoren-Menge (den einzelnen Bits) verschiedene Operationen auszuführen, stehen Ihnen folgende Makros zu Verfügung.

```
FD_ZERO(fd_set *fdptr);          /* Alle Bits in fdptr löschen */
FD_SET(int fd, fd_set *fdptr);   /* Bit fd in fdptr setzen     */
FD_CLR(int fd, fd_set *fdptr);   /* Bit fd in fdptr löschen    */
FD_ISSET(int fd, fd_set *fdptr); /* Testen, ob Bit fd gesetzt  */
```

Wie lange auf `select()` gewartet werden soll, geben Sie mit dem letzten Parameter an. Ein `timeout` von `NULL` bedeutet ewiges Warten. Werden den beiden Strukturvariablen `timeout->tv_sec` und `timeout->tv_usec` jeweils der Wert 0 übergeben, findet kein Warten statt und `select()` kehrt sofort wieder zurück. In der Praxis wird damit, in einer Schleife, das so genannte Polling (dauerndes Abfragen ohne blockieren) realisiert. Geben Sie hingegen für die Strukturvariablen `timeout->tv_sec` und `timeout->tv_usec` einen positiven Wert ungleich 0 an, wird entsprechend der Angabe(n) eine gewisse Zeit gewartet.

Der Rückgabewert von `select()` ist entweder die Anzahl der Filedeskriptoren, die bereit sind, oder 0, wenn die Zeitschaltuhr abgelaufen ist. Ansonsten wird bei einem Fehler -1 zurückgegeben.

B.4.2 Memory Mapped Ein-/Ausgabe

Konform	ANSI C	POSIX.1	XPG	SVR4	BSD
	nein	nein	nein	ja	ja

Neben den Standard-E/A und elementaren E/A-Funktionen stellt Ihnen SVR4 und BSD (somit auch Linux) das Memory Mapped zur Verfügung. Dabei handelt es sich um eine fortgeschrittene Methode, welche Ihnen das Abbilden von Dateien in dem Hauptspeicher ermöglicht. Der

Hauptvorteil dieser Methode ist, dass hierbei weniger Kernel-Aktionen wie bei den Systemaufrufen gemacht werden müssen – es muss viel weniger vom User- in den Kernel-Level gewechselt werden. Und das wirkt sich (richtig eingesetzt) positiv auf die Performance aus.

Natürlich sollte man mit Memory Mapped E/A im Auge behalten, dass man hierbei wirklich den Hauptspeicher verwendet (RAM) – was auch bedeutet, dass man diesen mit Memory Mapped falsch eingesetzt, komplett zumüllen kann. Es empfiehlt sich daher, eine sinnvolle Größe des Speicherbereichs zu verwenden. Bspw. beim Kopieren in ein oder zwei Megabyte-Schritten läuft Memory Mapped E/A erheblich schneller ab als bspw. `read()` und `write()`.

Mit Memory Mapped hat man quasi einen kompletten Dateiinhalt im Hauptspeicher und kann diesen bequem mittels Zeiger modifizieren – ähnlich wie mit den Funktionen `fseek()`/`lseek()`.

Das Einrichten eines solchen Memory Mapped Speicherbereichs wird mit der Funktion `mmap()` erledigt.

```
#include <sys/types.h>
#include <sys/mman.h>
void *mmap( void *addr, size_t len, int prot,
            int flags, int fd, off_t offset);
```

Mit `addr` wird der Anfangsbereich (Adresse) des gemappten Speicherbereichs festgelegt. Gewöhnlich wird hierbei 0 angegeben, was somit bedeutet, dass sich dass System für uns nach einem geeigneten Platz umschauen soll. Als Rückgabewert der Funktion `mmap()` erhalten Sie dann die Anfangsadresse dieses Bereiches. Mit `len` geben Sie die Anzahl von Bytes an, die der *mapped*-Speicherbereich umfassen soll (bspw. die komplette Größe (Vorsicht bei zu großen Dateien) einer Datei oder nur Stücke davon).

Mit `prot` legen Sie die Schutzart des *mapped*-Speicherbereichs fest. Hierzu können Sie einen oder mehrere (mit dem bitweisen ODER verknüpft) der folgenden Angaben verwenden:

Konstante	Bedeutung
PROT_READ	Bereich darf gelesen werden.
PROT_WRITE	Bereich darf beschrieben werden.
PROT_EXEC	Bereich darf ausgeführt werden.
PROT_NONE	Auf diesen Bereich darf nicht zugegriffen werden (nicht BSD).

Tabelle B.29 Schutzarten für einen Memory Mapped-Bereich

Natürlich muss auch hierbei die Schutzart mit den entsprechenden Optionen übereinstimmten, die beim Öffnen mit `open()` verwendet wurde – sprich, wurde die Datei zum Lesen geöffnet, kann kein Schreibschutz verwendet werden!

Mit den `flags` können Sie zusätzlich Anforderungen an den *mapped*-Speicherbereich angeben. Mögliche `flags` wären hierfür (wobei hier die Flags `MAP_SHARED` oder `MAP_PRIVATE` immer gesetzt sein müssen):

- `MAP_FIXED` – Die Anfangsadresse, die `mmap()` zurückgibt, muss mit der von `addr` übereinstimmen. Ohne diesem Flag gilt `addr` nur als Vorschlag und darf vom System auch ignoriert werden.

- MAP_SHARED – Jede Modifikation im mapped-Bereich wirkt sich auf die Orginal-Datei aus. Ohne diesem Flag würde erst an einer Kopie gearbeitet. Natürlich bedeutet dies auch, dass alle anderen Prozesse, die denselben mapped-Speicherbereich verwenden, ebenfalls diese Veränderung erkennen.
- MAP_PRIVATE – Das Gegenteil von MAP_SHARED. Alle Arbeiten finden auf einer Kopie statt und die anderen Prozesse erfahren nichts davon.
- MAP_ANONYMOUS – Damit kann ein anonymer Speicherbereich angelegt werden, der für keinen anderen Prozess sichtbar ist. Wenn Sie schon mal STRACE verwendet haben, wird Ihnen sicherlich aufgefallen sein, dass beim Reservieren eines Speichers mittels malloc() die Funktion mmap() und zum Freigeben mittels free(), munmap() verwendet wurde. Daraus können Sie schließen, dass malloc() mithilfe von mmap() realisiert wurde. Sie können damit auch Ihr eigenes malloc() implementieren. Das Argument fd wird mit dem Setzen dieses Flags ignoriert.
- MAP_DENYWRITE – Haben Sie bspw. beim Speicherschutz PROT_EXEC verwendet, so dass dieser Speicherbereich ausgeführt werden darf, können Sie mit diesem Flag dafür sorgen, dass dies weiterhin möglich ist – aber ein Schreiben von außerhalb in den mapped-Bereich wird untersagt (nur Linux).
- MAP_GROWSDOWN – Findet ein Zugriff außerhalb eines gemappten Speicherbereichs statt, wird durch das Setzen von diesem Flag nicht das Signal SIGSEGV gesendet und der Prozess somit auch nicht beendet. Stattdessen wird ein neuer anonymer Bereich alloziiert, worin der entsprechende Prozess seine Ausführung fortsetzt. Zwangsläufig wächst mit dieser Methode allerdings auch der Stack an! (nur Linux)
- MAP_LOCKED – Der mapped-Speicherbereich kann nicht ausgelagert werden. Dies wird unbedingt für Echtzeitanwendungen benötigt. Dieses Flag ist nur dem Superuser vorbehalten.

Mit dem Argument fd der Funktion mmap() geben Sie den Filedeskriptor der Datei an, die im *mapped*-Speicherbereich abgebildet werden soll. Logischerweise haben Sie diese Datei bis dato schon geöffnet! Mit offset geben Sie das Offset des Datenbereichs an. Das Offset ist der Bereich, der vom Anfang der Datei ausgelassen werden soll. Ist MAP_FIXED angegeben, müssen die Werte für offset und addr das Vielfache einer Page-Größe sein. Die Page-Größe können Sie mit der Funktion getpagesize(), welche in der Headerdatei <unistd.h.> definiert ist, ermitteln.

Hinweis

Der *mapped*-Bereich wird beim Erzeugen eines neuen Prozesses mittels fork() weitervererbt, da dieser Bereich Teil vom Adressraum des Prozesses ist.

Freigeben können Sie einen Speicherbereich wieder mit der Funktion munmap():

```
#include <sys/types.h>
#include <sys/mman.h>

int munmap(void *addr, size_t len);
```

Damit heben Sie den von `mmap()` zurückgegebenen Speicherbereich `addr` mit `len` Bytes wieder auf.

Jetzt könnten Sie bspw. mit der Funktion `memcpy()` einen zum Lesen und einen zum Schreiben angelegten *mapped*-Speicherbereich kopieren. Damit eine Veränderung im *mapped*-Speicherbereich jetzt auch in die dazugehörende Datei übertragen wird, benötigten Sie die Funktion `msync()`.

```
#include <sys/types.h>
#include <sys/mman.h>

int msync(void *addr, size_t len, int flags);
```

Die ersten beiden Argumente legen wieder den Speicherbereich fest, auf den die Aktion ausgeführt werden soll (Sie können also auch nur Teile synchronisieren). Die Art der Synchronisation legen Sie mit `flags` fest. Folgende Angaben, welche sich auch mit dem bitweisen ODER verknüpfen lassen, sind hierfür möglich:

- `MS_ASYNC` – Geänderter *mapped*-Bereich soll sobald wie möglich synchronisiert werden.
- `MS_SYNC` – Geänderter *mapped*-Bereich soll sofort synchronisiert werden (somit schließen sich `MS_ASYNC` und `MS_SYNC` gegenseitig aus).
- `MS_INVALIDATE` – Der Kernel soll selbst entscheiden, wann und ob überhaupt synchronisiert wird – dies eignet sich für Änderungen, die nicht zwingend in die Datei übernommen werden müssen.

Hierzu ein Beispiel, welches Ihnen mit der selbst geschriebenen `write3()`-Funktion zeigen soll, wie Sie das Kopieren einer ganzen Datei mithilfe von zwei eingerichteten *mapped*-Speicherbereichen realisieren können:

```
/* cpy_file_mmap.c */
#include <fcntl.h>
#include <stdio.h>
#include <sys/stat.h>
#include <sys/types.h>
#include <sys/mman.h>
#include <unistd.h.>
#include <stdlib.h>
#include <string.h>

static void write3 (int fd_quelle, int fd_ziel) {
   struct stat statptr;
   char *quelle, *ziel;

   /* Größe der Quelldatei ermitteln */
   if (fstat (fd_quelle, &statptr) < 0) {
      perror ("stat");
      exit (EXIT_FAILURE);
   }
   /* Dateigröße für Ziel */
   if (lseek (fd_ziel, statptr.st_size - 1, SEEK_SET) == -1) {
```

```
      perror ("lseek");
      exit (EXIT_FAILURE);
   }
    /* Am Ende der neuen Datei(größe) ein Byte schreiben */
   write (fd_ziel, " ", 1);
    /* mapped-Bereich für Quelldatei einrichten  */
   if ((quelle =
        mmap (0, statptr.st_size, PROT_READ, MAP_SHARED,
              fd_quelle, 0)) == -1) {
      perror ("mmap");
      exit (EXIT_FAILURE);
   }
    /* mapped-Bereich für Zieldatei einrichten */
   if ((ziel =
        mmap (0, statptr.st_size, PROT_READ | PROT_WRITE,
              MAP_SHARED, fd_ziel, 0)) == -1) {
      perror ("mmap");
      exit (EXIT_FAILURE);
   }
   /* Daten vom Hauptspeicherbereich quelle in den */
   /* Hauptspeicherbereich ziel kopieren           */
   memcpy (ziel, quelle, statptr.st_size);

   /* Denn neu kopierten mapped-Bereich auch für   */
   /* die Datei aktuallisieren                     */
   if ((msync (ziel, statptr.st_size, MS_ASYNC)) == -1) {
      perror ("msync");
      exit (EXIT_FAILURE);
   }
    /* mapped-Bereich wieder freigeben */
   munmap (quelle, statptr.st_size);
   munmap (ziel, statptr.st_size);
}

int main (int argc, char **argv) {
   int fd_r, fd_w;      /* Filedeskriptoren */
   /* Zugriffsrechte für die neue Datei: -rw-rw-r-- */
   mode_t mode = S_IRUSR | S_IWUSR | S_IRGRP | S_IWGRP | S_IROTH;
   char *read_file, *write_file;

   /* Alle Zugriffsrechte der Dateikreierungsmaske erlauben */
   umask (0);

   if (argc < 3) {
      fprintf (stderr, "Usage: %s quelle ziel\n", argv[0]);
      return EXIT_FAILURE;
   }
   read_file = argv[1];
   write_file = argv[2];
```

```
    fd_r = open (read_file, O_RDONLY);
    fd_w = open (write_file, O_RDWR | O_EXCL | O_CREAT, mode);

    if ((fd_r == -1) || (fd_w == -1)) {
       perror ("Fehler bei open : ");
       return EXIT_FAILURE;
    }
    write3 (fd_r, fd_w);
    close(fd_r);
    close(fd_w);
    return EXIT_SUCCESS;
}
```

Neben den eben gezeigten Funktionen sind dem Superuser auch *mapped*-Funktionen an die Hand gegeben, womit das Auslagern von Speicherbereichen, bei Ermangelung des Hauptspeichers, in einen so genannten Swap-Bereich auf die Festplatte verhindert werden kann. Damit können Sie bis max. `RLIMIT_MEMLOCK` Bytes (siehe Ressourcen-Limits) sperren. Folgende Funktionen sind dabei für das Sperren und wieder Aufheben von Speicherbereichen vorhanden.

```
#include <sys/mman.h>

int mlock(void *addr, size_t len);
int memlockall(int flags);
int munlock(void *addr, size_t len);
int munlockall(void);
```

Mit `mlock()` können Sie einen Speicherbereich der Adresse `addr` mit `len` Bytes Größe sperren. Wobei immer nur ganze Pages (Speicherseiten) gesperrt werden können. Bei Dateien unter der Page-Größe wird automatisch die komplette Datei gesperrt.

Mit `mlockall()` wird der gesamte Adressraum des Prozesses gesperrt. Als Flags können Sie zusätzlich `MCL_CURRENT` angeben, womit alle Seiten (Pages) gesperrt werden, die sich im Augenblick im Hauptspeicher befinden. Mit `MCL_FUTURE` werden alle Pages gesperrt, die in Zukunft noch zum Adressraum hinzugefügt werden. Beide Flags mit dem bitweisen ODER verknüpft garantieren Ihnen, dass die komplette Datei (auch bei Größenänderung) sich immer im Hauptspeicher befindet und niemals ausgelagert wird. Mit den beiden Funktionen `munlockall()` und `munlock()` heben Sie die jeweils mit `mlockall()` und `mlock()` gesetzten Sperren wieder auf.

B.5 Verzeichnisse

Für die Funktionen in der Tabelle B.30 sind folgende Headerdateien nötig:

```
#include <unistd.h.>
/* ... und nur für mkdir() ... */
#include <sys/types.h>
#include <sys/stat.h>
```

Syntax	Bedeutung
`int mkdir( const char * pfad, mode_t modus );`	Anlegen eines neuen Verzeichnisses
`int chdir(const char *pfad);` `int fchdir(int fd);`	In ein Verzeichnis wechseln
`int rmdir( const char *pfad ) ;`	Löschen eines (leeren) Verzeichnisses
`char *getcwd( char *puffer, size_t groesse );`	Pfadname des Arbeitsverzeichnisses ermitteln

Tabelle B.30 Funktionen zum Arbeiten mit Verzeichnissen

Um aus einem Verzeichnis zu lesen, schreibt POSIX die Struktur `dirent` vor, welche in der Headerdatei `<dirent.h>` definiert ist. Unter Linux finden Sie in dieser Struktur die folgenden Komponenten:

```
struct dirent {
   long  d_ino;              /* Inode (nicht in POSIX.1) */
   off_t d_off;              /* Offset zu diesem Eintrag */
   unsigned short d_reclen;  /* Länge des Namen */
   char  d_name[NAME_MAX+1]; /* Name */
};
```

Neben der Headerdatei `<dirent.h>` benötigen einige der folgenden Funktionen auch die Headerdatei `<sys/types.h>`.

Syntax	Bedeutung
`DIR* opendir (const char* name);`	Verzeichnis zum Lesen öffnen
`struct dirent* readdir( DIR* dir);`	Verzeichnis Eintrag um Eintrag schrittweise lesen
`void rewinddir(DIR *dir);`	`DIR`-Zeiger wieder auf den Anfang der Namensliste setzen
`int closedir (DIR* dir)`	Verzeichnis (`DIR`-Zeiger) wieder schließen
`long telldir(const DIR *dir);`	Position des Verzeichnis-Zeigers abfragen
`void seekdir( DIR *dirp, long loc );`	Zu einem mit `loc` angegebenen Verzeichnis-Eintrag springen

`int scandir (`
` const char* dir,`
` struct dirent ***namelist,`
` int (*select)`
`   (const struct dirent*),`
` int (*compar)`
`   (const struct dirent**,`
`    const struct dirent**))`
	Ein gesamtes Verzeichnis scannen (nur BSD – also auch Linux)

Tabelle B.31 Lesen von Verzeichnissen

Des Weiteren bieten SysV-Systeme in der Headerdatei `<ftw.h>` weitere Funktionen an, womit ein Verzeichnisbaum rekursiv durchlaufen werden kann.

Syntax	Bedeutung
`int ftw( const char *path, int (*fn) (const char *, const struct stat *, int), int depth );`	Durchläuft einen kompletten Verzeichnisbaum und ruft für jede Datei im Verzeichnisbaum eine Benutzerdefinierte Funktion auf.
`int nftw( const char *path, int (*fn) ( const char *, const struct stat *, int, struct FTW*), int depth, int flags);`	Wie `ftw()`, nur folgt `nftw()` stattdessen nicht den symbolischen Links

Tabelle B.32 Verzeichnisbaum rekursiv durchlaufen

B.6 Attribute von Dateien und Verzeichnissen

Die einzelnen Attribute zu einer Datei oder einem Verzeichnis können Sie aus der Struktur `stat` herauslesen. Die Struktur `stat` ist in der Headerdatei `<sys/stat.h>` definiert und besitzt gewöhnlich (wird nicht fest vorgeschrieben) die in der Tabelle aufgelisteten Strukturvariablen.

Variable	Bedeutung	POSIX
`st_dev`	Gerätenummer (Device-Nummer) des Dateisystems auf dem sich die Datei / das Verzeichnis befindet	ja
`st_ino`	Inode-Nummer	ja
`st_mode`	Dateimodus (Dateityp und Zugriffsrechte)	ja
`st_nlink`	Anzahl fester Links auf die Datei	ja
`st_uid`	UID des Dateieigentümers (ist logisch das UID/GID numerisch sind, sonst wären es ja nicht die UIDs)	ja
`st_gid`	Numerische GID des Dateieigentümers	ja
`st_rdev`	Geräte-ID (nur für Spezialdateien)	nein
`st_size`	Größe der Datei in Bytes	ja
`st_atime`	Datum des letzten Zugriffs	ja
`st_mtime`	Datum der letzten Veränderung	ja
`st_ctime`	Datum der Inode-Änderung	ja
`st_blksize`	Eingestellte Blockgröße	nein
`st_blocks`	Anzahl der verwendeten st_blksize-Blöcke	nein

Tabelle B.33 Strukturvariablen in struct stat und deren Bedeutung

B.6.1 Funktionen zum Erfragen der Dateiattribute

Syntax	Bedeutung
`int stat( const char *pfadname, struct stat *buf );`	Erfragen der Dateiattribute zu `pfadname`
`int fstat( int fd, struct stat *buf );`	Erfragen der Dateiattribute zum Filedeskriptor `fd`
`int lstat( const char *pfadname, struct stat *buf );`	Erfragen der Dateiattribute zu `pfadname` – ist `pfadname` ein symbolicher Link, wird dieser verfolgt

Tabelle B.34 Verschiedene Versionen zum Erfragen der Dateiattribute

Dateiarten – st_mode

Makro	Bedeutung
`S_ISREG()`	Reguläre Datei
`S_ISDIR()`	Verzeichnis
`S_ISCHR()`	Zeichenorientierte Gerätedatei
`S_ISBLK()`	Blockorientierte Gerätedatei
`S_ISFIFO()`	Pipe
`S_ISLINK()`	Symbolischer Link (nicht bei POSIX.1 oder SVR4)
`S_ISSOCK()`	Socket (nicht bei POSIX.1 oder SVR4)

Tabelle B.35 Makros in <sys/stat.h> für die Dateiart st_mode

Zugriffsrechte – st_mode

Konstante	Bedeutung	Benutzerklasse
`S_IRUSR`	read (Leserecht)	Dateieigentümer
`S_IWUSR`	write (Schreibrecht)	Dateieigentümer
`S_IXUSR`	execute (Ausführrecht)	Dateieigentümer
`S_IRGRP`	read (Leserecht)	Gruppe des Dateieigentümers
`S_IWGRP`	write (Schreibrecht)	Gruppe des Dateieigentümers
`S_IXGRP`	execute (Ausführrecht)	Gruppe des Dateieigentümers
`S_IROTH`	read (Leserecht)	Alle anderen Benutzer
`S_IWOTH`	write (Schreibrecht)	Alle anderen Benutzer
`S_IXOTH`	execute (Ausführrecht)	Alle anderen Benutzer

Tabelle B.36 Zugriffsrechte der drei Benutzerklassen in <sys/stat.h>

Größe einer Datei – st_size, st_blocks, st_blksize

Wenn Sie die Größe einer Datei mit `st_size` abfragen, hängt dies von der Art der Datei (`st_mode`) ab.

Dateiart	Größe in st_size
Verzeichnis	Abhängig vom Filesystem
Reguläre Datei	Bytezahl der entsprechenden Datei
symbolischer Link	Länge in Bytes des Dateinamens vom symbolischen Link (mit `\0`)
Pipes	Anzahl der Bytes, die zum Lesen zur Verfügung stehen

Tabelle B.37 Größe von Dateien

In SVR4 und BSD gibt es in der Struktur `stat` auch noch die Variablen `st_blksize` und `st_blocks`, mit denen die voreingestellte Blockgröße der Ein-/Ausgabe und die Anzahl der Blöcke, die eine Datei belegt, angegeben werden.

B.6.2 Funktionen zum Erfragen oder Setzen bestimmter Zugriffsrechte

Funktion	Bedeutung
`int chmod( const char *pfad, mode_t modus) ;` `int fchmod( int fd, mode_t modus) ;`	Zugriffsrechte für eine Datei ändern
`int access( const char *pfad, mode_t modus) ;`	Zugriffsrechte für reale User/Group-ID zu einer Datei erfragen

`int chown( const char *path, uid_t owner, gid_t group);`
`int fchown( int fd, uid_t owner, gid_t group);`
`int lchown( const char *path, uid_t owner, gid_t group );`
	Ändern der User- und Group-ID einer Datei

`mode_t umask( mode_t mask) ;`	Abfragen und Setzen einer Dateikreierungsmaske

Tabelle B.38 Erfragen und Setzen von Zugriffsrechten

B.7 Links

Syntax	Bedeutung
`int link( const char *name, const char *link);`	Einen Hard-Link auf eine Datei anlegen
`int symlink( const char *name, const char *link);`	Einen symbolischen Link anlegen
`int readlink(const char *link, char *puffer, int groesse_puffer);`	Namen ermitteln, auf den der symbolische Link zeigt
`int unlink(const char *name);`	Dateinamen aus einem Verzeichnis löschen

Tabelle B.39 Funktionen zur Bearbeitung von Links

B.8 Prozess und Prozessverwaltungsfunktionen

B.8.1 Umgebungsvariablen (Environment) eines Prozesses

Syntax	Bedeutung
`char *getenv(const char *name);`	Umgebungsvariablen eines Prozesses ermitteln
`int putenv(char *string);`	Umgebungsvariablen eines Prozesses hinzufügen
`int setenv( const char *name, const char *value, int overwrite);`	Umgebungsvariablen eines Prozesses verändern
`void unsetenv(const char *name);`	Umgebungsvariablen eines Prozesses löschen
`int clearenv(void);`	Alle Umgebungsvariablen löschen

Tabelle B.40 Funktionen zur Bearbeitung der Umgebungsvariablen

B.8.2 Ressourcen-Limits eines Prozesses abfragen oder setzen

Syntax	Bedeutung
`int getrlimit( int resource, struct rlimit *rlim);`	Ressourcen-Limits eines Prozesses erfragen
`int getrusage( int who, struct rusage *usage);`	Ressourcenbenutzung eines Prozesses erfragen
`int setrlimit( int resource, const struct rlimit *rlim);`	Ressourcen-Limits eines Prozesses setzen

Tabelle B.41 Ressouren-Limits und Benutzung erfragen bzw. setzen

B.8.3 Prozesserkennung erfragen bzw. setzen

Syntax	Erfragen der ...
`pid_t getpid(void);`	PID
`pid_t getppid(void);`	PPID
`uid_t getuid(void);`	reale User-ID
`uid_t geteuid(void);`	effektive User-ID
`gid_t getgid(void);`	reale Group-ID
`gid_t getegid(void);`	effektive Group-ID

Tabelle B.42 Prozesserkennungen erfragen

Syntax	Ändern der ...
`int setuid(uid_t uid);`	User-ID
`int setgid(gid_t gid);`	Group-ID

Tabelle B.43 Prozesserkennungen setzen

Syntax	Ändern der ...
int seteuid(uid_t euid);	effektiven User-ID
int setegid(gid_t egid);	effektiven Group-ID
int setreuid(uid_t ruid, uid_t euid);	tauschen der realen und effektiven User-ID
int setregid(gid_t rgid, gid_t egid);	tauschen der realen und effektiven Group-ID

Tabelle B.43 Prozesserkennungen setzen (Forts.)

B.8.4 Prozesssteuerung

Syntax	Bedeutung
pid_t fork(void);	Einen neuen Prozess erzeugen
pid_t wait(int *status);	Auf die Beendigung eines Prozesses warten
pid_t waitpid(pid_t pid, int *status, int options);	Auf die Beendigung eines bestimmten Prozesses warten
int execl(const char *path, const char *arg, ...);	Wird einer dieser exec*-Funktionen aufgerufen, wird der aktuelle Prozess, von dem in exec* angegebenen Programm vollständig überlagert. Das neue Programm beginnt mit seiner Ausführung dann in der main()-Funktion.
int execlp(const char *file, const char *arg,...);	
int execle(const char *path, const char *arg ,..., char * const envp[]);	
int execv(const char *path, char *const argv[]);	
int execvp(const char *file, char *const argv[]);	
int system(const char *string);	Shell-Kommandos ausführen

Tabelle B.44 Funktionen zur Erzeugung und Steuerung von Prozessen

B.9 Signale – Das neue Signalkonzept

B.9.1 Signalmengen

Syntax	Bedeutung
int sigemptyset(sigset_t *set);	Signale aus der Signalmenge entfernen auf die set zeigt
int sigfillset(sigset_t *set);	Signale zur Signalmenge hinzufügen auf die set zeigt
int sigaddset(sigset_t *set, int signum);	Ein einzelnes Signal zur Signalmenge hinzufügen
int sigdelset(sigset_t *set, int signum);	Ein einzelnes Signal aus der Signalmenge entfernen

Tabelle B.45 Manipulation von Signalmengen

Syntax	Bedeutung
`int sigismember( const sigset_t *set, int signum);`	Testen ob ein bestimmtes Signal in der Signalmenge vorkommt

Tabelle B.45 Manipulation von Signalmengen (Forts.)

B.9.2 (POSIX) Signalhandler-Funktionen

Syntax	Bedeutung
`int sigaction( int signum, const struct sigaction *act, struct sigaction *oldact);`	Erfragen und einrichten von Signalhandlern
`int sigprocmask( int how, const sigset_t *set, sigset_t *oldset);`	Erfragen oder ändern der Signalmaske
`int sigpending(sigset_t *set);`	Erfragen der Signale, die Blockieren (hängen)
`int sigsuspend( const sigset_t *mask);`	Suspendieren des Prozesses während der Änderung der Signalmaske

Tabelle B.46 Signalhandler-Funktionen

B.9.3 Übersicht zu den Signalen

Name	Nr.	Aktion	verfügbar	Bedeutung
SIGFPE	8	Core & Ende	POSIX	Problem bei einer Gleitkommaoperation (1.5/0)
SIGILL	4	Core & Ende	POSIX	Ungültige Instruktion wurde ausgeführt
SIGBUS	7	Core & Ende		Fehler auf dem System-Bus
SIGSYS	31	Core & Ende		ungültiges Argument bei System-Call
SIGEMT		Ende		Emulations-Trap
SIGTRAP	5	Core & Ende		Unterbrechung (Einzelschrittausführung)
SIGIOT		Core & Ende		wie SIGABRT
SIGABRT	6	Core & Ende	POSIX	Abnormale Beendigung
SIGSEGV	11	Core & Ende	POSIX	Speicherzugriff auf unerlaubten Speichersegment

Tabelle B.47 Signale, die meist bei Programmfehlern auftreten

Name	Nr.	Aktion	verfügbar	Bedeutung
SIGTERM	15	Ende	POSIX	Programmende. Programme die TERM abfangen heißt das meistens, dass man mit kill() einen »friedlichen Shutdown« erzwingt.
SIGINT	2	Ende	POSIX	Interrupt der Dialogstation (Strg+C)

Tabelle B.48 Signale, die den Prozess beenden

Name	Nr.	Aktion	verfügbar	Bedeutung
SIGHUP	1	Ende	POSIX	Abbruch einer Dialogstationsleitung, bzw. Konfiguration neuladen für Dämons
SIGKILL	9	Ende	POSIX	Das Signal kill
SIGQUIT	3	Core & Ende	POSIX	Das Signal quit von einer Dialogstation

Tabelle B.48 Signale, die den Prozess beenden (Forts.)

Name	Nr.	Aktion	verfügbar	Bedeutung
SIGALRM	14	Ende	POSIX	Zeituhr ist abgelaufen – alarm()
SIGVTALRM	26	Ende	BSD, SVR4	Der virtuelle Wecker ist abgelaufen
SIGPROF	27	Ende		Timer zur Profileinstellung ist abgelaufen

Tabelle B.49 Signale, die bei Beendigung eines Timers auftreten – Alarm

Name	Nr.	Aktion	verfügbar	Bedeutung
SIGIO	29	Ignoriert	BSD, SVR4	Socket E/A ist möglich
SIGURG	23	Ignoriert	BSD, SVR4	Dringender Socketstatus ist eingetreten
SIGPOLL		Ende	SVR4	Ein anstehendes Ereignis bei Streams wird signalisiert

Tabelle B.50 Asynchrone E/A-Signale

Name	Nr.	Aktion	verfügbar	Bedeutung
SIGCHLD	17	Ignoriert	POSIX	Der Kindprozess wurde beendet oder angehalten
SIGTTIN	21	Anhalten	POSIX	Prozess wollte aus einem Hintergrundprozess der Kontroll-Dialogstation lesen.
SIGTTOU	22	Anhalten	POSIX	Prozess wollte in einem Hintergrundprozess der Kontroll-Dialogstation schreiben.
SIGCLD		Ignoriert		wie SIGCHLD
SIGSTOP	19	Anhalten	POSIX	Der Prozess wurde angehalten
SIGTSTP	20	Anhalten	POSIX	Der Prozess wurde »von Hand« mit STOP anghalten
SIGCONT	18	Ignoriert	POSIX	Ein Angehaltener Prozess läuft weiter

Tabelle B.51 Signale zur Prozesskontrolle

Name	Nr.	Aktion	verfügbar	Bedeutung
SIGPIPE	13	Ende	POSIX	Es wurde in eine Pipe geschrieben, woraus niemand liest. Es wurde versucht in eine Pipe mit O_NONBLOCK zu schreiben, woraus keiner liest. Bei nicht-NONBLOCK hält das Öffnen/Schreiben der Pipe auf.
SIGLOST		Ende		Eine Dateisperre ging verloren
SIGXCPU	24	Core & Ende	BSD, SVR4	Maximale CPU-Zeit wurde überschritten
SIGXFSZ	25	Core & Ende	BSD, SVR4	Maximale Dateigröße wurde überschritten

Tabelle B.52 Signale, die bei Fehlern einer Operation ausgelöst werden

Name	Nr.	Aktion	verfügbar	Bedeutung
`SIGUSR1` `SIGUSR2`	10, 12	Ende	POSIX	frei zur eigenen Benutzung
`SIGWINCH`	28	Ignoriert	BSD	Window-Größe hat sich verändert

Tabelle B.53 Die restlichen Signale

B.9.4 Signale senden und Prozesse suspendieren

Syntax	Bedeutung
`int raise(int sig);`	Signal an den eigenen Prozess senden (ANSI C-konform). Gleichwertig zu `kill(getpid(), sig);`
`int kill(pid_t pid, int sig);`	Signal an den eigenen oder auch einen anderen Prozess mit der PID `pid` senden.
`unsigned int alarm(` `unsigned int seconds);`	Eine Alarm-Zeitschaltuhr einrichten, welche nach einer bestimmten Zeit (Sekunden) das Signal `SIGALRM` an den eigenen Prozess sendet.
`int pause(void);`	Prozess suspendieren, bis ein Signal eintrifft.
`unsigned int sleep(` `unsigned int sec);`	Prozess eine gewisse Zeit (**Sekunden**) supendieren oder bis ein Signal eintrifft.

`int select(`
`0, NULL, NULL, NULL,`
`struct timeval *timeout);`
	Prozess eine gewisse Zeit (**Sekunden und Mikrosekunden**) supendieren oder bis ein Signal eintrifft.

`int usleep(unsigned long usec);`	Prozess eine gewisse Zeit (**Mikrosekunden**) supendieren oder bis ein Signal eintrifft.

`int nanosleep(`
`const struct timespec *req,`
`struct timespec *rem);`
	Prozess eine gewisse Zeit (**Sekunden und Nanosekunden** eventuell möglich (Systemabhängig)) supendieren oder bis ein Signal eintrifft.

Tabelle B.54 Signale senden und Prozesse suspendieren

B.10 Interprozesskommunikationen

B.10.1 Pipes

Syntax	Bedeutung
`int pipe(int filedes[2]);`	Pipe einrichten

`FILE *popen(`
`const char *command,`
`const char *type);`
	Pipe zu einem anderem Programm einrichten

`int pclose(FILE *stream);`	Pipe schließen

Tabelle B.55 Funktionen für Pipes (<unistd. h.> und <stdio.h>)

B.10.2 FIFO (Benannte Pipe) erzeugen

Syntax	Bedeutung

int mkfifo(
  const char *pathname,
  mode_t mode);
	Eine benannte Pipe (FIFO) erzeugen

Tabelle B.56 Funktionen für benannte Pipes (<sys/stat.h> und <sys/types.h>)

B.11 Sys-V-Interprozesskommnunikationen

Die drei Interprozesskommunikations-Techniken (Semaphor, Message Queue und Shared Memory) von System V nutzen zwar unterschiedliche Konzepte, verwenden allerdings alle drei dieselben systemweiten Ressourcen, welche von mehreren Prozessen gemeinsam genutzt werden können. Somit ist hiermit eine Kommunikation zwischen nichtverwandten Prozessen möglich. Mehr zu den allgemeinen Gemeinsamkeiten entnehmen Sie bitte aus dem entsprechenden Kapitel zur Sys-V-Interprozesskommunikation.

B.11.1 Message Queue

Eine Message Queue setzt sich aus den folgenden drei Teilen zusammen:

- Message-Typ (`long`)
- Größe in Bytes des Message (`size_t`)
- der eigentlichen Message (Message-String)

Zur Verwendung der Funktionen einer Message Queue werden die Headerdateien `<sys/types.h>`, `<sys/ipc.h>` und `<sys/msg.h>` benötigt.

Syntax	Bedeutung
int msgget(key_t key, int msgflg);	Message Queue öffnen oder erzeugen

int msgsnd(int msqid,
    struct msgbuf *msgp,
    size_t msgsz,
    int msgflg);
	Nachrichten senden

ssize_t msgrcv(
    int msqid,
    struct msgbuf *msgp,
    size_t msgsz,
    long msgtyp,
    int msgflg);
	Nachrichten empfangen

int msgctl(
    int msqid,
    int cmd,
    struct msqid_ds *buf);
	Status einer Message Queue ändern oder abfragen

Tabelle B.57 Funktionen für Message Queues

B.11.2 Semaphor

Das Semaphor ist eine Variable vom Typ `unsigned short`, welche beim Eintritt in einen kritischen Codeausschnitt dekrementiert und beim Verlassen wieder inkrementiert wird. Zur Verwendung der Funktionen der Semaphore werden die Headerdateien `<sys/types.h>`, `<sys/ipc.h>` und `<sys/sem.h>` benötigt.

Syntax	Bedeutung

`int semget( key_t key,`
`int nsems,`
`int semflg);`
	Semaphor öffnen oder erzeugen

`int semctl( int semid,`
`int semnum,`
`int cmd, ...);`
	Status einer Semaphor-Menge abfragen/setzen oder löschen

`int semop( int semid,`
`struct sembuf *sops,`
`unsigned nsops);`
	Ausführen von Operationen auf Semaphor-Menge

Tabelle B.58 Funktionen für Semaphore

B.11.3 Shared Memory

Beim Shared Memory verwenden mehrere Prozesse einen bestimmten Speicherbereich gemeinsam. Somit ist ein aufwendiges Kopieren zwischen den Prozessen nicht mehr nötig, da jeder Prozess über denselben Inhalt verfügen kann, der sich in diesem Speicherbereich befindet. Wichtig dabei ist, dass niemals zwei Prozesse gleichzeitig in diesen Speicherbereich schreiben. Diese Synchronisation lässt sich am einfachsten mit dem Client/Server-Prinzip realisieren. Zur Verwendung der Funktionen von Shared Memory werden die Headerdateien `<sys/types.h>`, `<sys/ipc.h>` und `<sys/shm.h>` benötigt.

Syntax	Bedeutung

`int shmget( key_t key,`
`int size,`
`int shmflg);`
	Shared Memory öffnen oder erzeugen

`int shmctl(`
`int shmid,`
`int cmd,`
`struct shmid_ds *buf);`
	Status eines Shared Memorys abfragen/setzen oder löschen

`void *shmat(`
`int shmid,`
`const void *shmaddr,`
`int shmflg);`
	Shared Memory Segment an einen Prozess binden

`int shmdt(const void *shmaddr);`	Shared Memory Segment von einem Prozess lösen

Tabelle B.59 Funktionen für Shared Memories

B.12 Threadprogrammierung

Anhand des Präfix der *Pthread*-Funktionen lassen sich diese ordentlich in eine Gruppe einsortieren. Hier ein schneller Überblick dazu.

Präfix	Gruppe
`pthread_`	Threads selbst mit verschiedenen Unterfunktionen
`pthread_attr_`	Thread-Eigenschaften
`pthread_mutex_`	Mutexe
`pthread_mutexattr_`	Mutex-Eigenschaften
`pthread_cond_`	Condition Variablen
`pthread_condattr_`	Eigenschaften von Condition Variablen
`pthread_key_`	spezifische Thread-Daten-Schlüssel

Tabelle B.60 Verschieden Präfixe von Threadfunktionen

Insgesamt beinhaltet die Pthread-API über 60 Funktionen und zum Übersetzen müssen Sie die Headerdatei `<pthread. h.>` einbinden und die Bibliothek (`-lpthread`) hinzulinken.

B.12.1 Thread-Verwaltung

Syntax	Bedeutung
`int pthread_create( pthread_t * thread, pthread_attr_t * attr, void * (*start_routine) (void *), void * arg);`	Thread erzeugen
`void pthread_exit(void *retval);`	Thread beenden
`int pthread_join( pthread_t th, void **thread_return);`	Auf die Beendigung von Threads warten
`pthread_t pthread_self(void);`	Threads identifizieren
`int pthread_equal( pthread_t thread1, pthread_t thread2);`	Threads vergleichen
`int pthread_detach( pthread_t th);`	Einen Thread von den anderen Absondern in dem dieser anhand der Leistung und Performance ein wenig optimiert wird. Dies wird erreicht, indem dieser Thread bei Beendigung sofort terminiert und freigegeben wird. Allerdings kann dieser Thread nicht mehr mit `pthread_join()` synchronisiert werden.

Tabelle B.61 Funktionen zur gewöhnlichen Thread-Verwaltung

B.12.2 Attribute von Threads und das Scheduling erfragen

Syntax	Bedeutung
`int pthread_attr_init( pthread_attr_t *attr);`	Attributvariable initialisieren
`int pthread_attr_getdetachstate( const pthread_attr_t *attr, int *detachstate);`	Abfragen ob der Thread `PTHREAD_CREATE_DETACHED` ist, also b. Beendigung sofort freigegeben wird oder ob `PTHREAD_CREATE_JOINABLE` (Standard) gesetzt ist, womit sich der Thread besser synchronisieren lässt.
`int pthread_attr_getschedpolicy( const pthread_attr_t *attr, int *policy );`	Die Prioritäten eines Threads abfragen. Mögliche Werte: `SCHED_OTHER` (normal, keine Echtzeit), `SCHED_FIFO` (hoch, Echtzeit) und `SCHED_RR` (hoch, Echtzeit Round-Robin)
`int pthread_attr_getinheritsched( const pthread_attr_t *attr, int *inherit);`	Werden die Scheduling-Eigenschaften des Vaterthreads, beim Erzeugen eines neuen Threads übernommen (`PTHREAD_INHERIT_SCHED`) oder nicht (`PTHREAD_EXPLICIT_SCHED`).
`int pthread_attr_destroy( pthread_attr_t *attr);`	Attributvariable wieder freigeben

Tabelle B.62 Attribute und Scheduling von Threads ermitteln

B.12.3 Attribute und das Scheduling von Threads setzen

Syntax	Bedeutung
`int pthread_attr_init( pthread_attr_t *attr);`	Attributvariable initialisieren
`int pthread_attr_setdetachstate( pthread_attr_t *attr, int detachstate);`	Setzen der Eigenschaft `PTHREAD_CREATE_DETACHED` oder `PTHREAD_CREATE_JOINABLE` (Standard) für einen Thread.
`int pthread_attr_setschedpolicy( pthread_attr_t *attr, int policy);`	Prioritäten für einen Thread setzen. Mögliche Werte: `SCHED_OTHER` (normal, keine Echtzeit), `SCHED_FIFO` (hoch, Echtzeit) und `SCHED_RR` (hoch, Echtzeit Round-Robin)
`int pthread_attr_setinheritsched( pthread_attr_t *attr, int inherit);`	Einstellen, ob, die Scheduling-Eigenschaften vom Vaterthread an den Kindthread vererbt werden soll (`PTHREAD_INHERIT_SCHED`) oder nicht (`PTHREAD_EXPLICIT_SCHED`).
`int pthread_attr_destroy( pthread_attr_t *attr);`	Attributvariable wieder freigeben

Tabelle B.63 Attribute und Scheduling von Threads setzen

B.12.4 Mutex-Variablen

Syntax	Bedeutung
`int pthread_mutex_lock( pthread_mutex_t *mutex);`	Mutex anlegen (initialisieren)

Tabelle B.64 Funktionen zum Arbeiten mit Mutex

Syntax	Bedeutung
`int pthread_mutex_lock( pthread_mutex_t *mutex);`	Mutex sperren (blockiert ggf. bis Mutex frei wird – falls gesperrt)
`int pthread_mutex_trylock( pthread_mutex_t *mutex);`	Mutex sperren (ohne blockieren – ist Mutex nicht frei, wird Fehlercode `EBUSY` zurückgegeben)
`int pthread_mutex_unlock( pthread_mutex_t *mutex);`	gesperrten Mutex wieder freigeben
`int pthread_mutex_destroy( pthread_mutex_t *mutex);`	Mutex löschen (freigeben)

Tabelle B.64 Funktionen zum Arbeiten mit Mutex (Forts.)

B.12.5 Attribute von Mutexe

Syntax	Bedeutung
`int pthread_mutexattr_init( pthread_mutexattr_t *attr);`	Attributvariable für Mutexe initialisieren
`int pthread_mutexattr_setkind_np( pthread_mutexattr_t *attr, int kind );`	Attribute für Mutex setzen
`int pthread_mutexattr_getkind_np( pthread_mutexattr_t *attr, int *kind );`	Attribute für Mutex abfragen
`int pthread_mutexattr_destroy( pthread_mutexattr_t *attr);`	Attributvariable für Mutex wieder freigeben

Tabelle B.65 Attribute für Mutexe setzen oder abfragen

Hinweis

Die Funktionen `pthread_mutexattr_setkind_np()` und `pthread_mutexattr_getkind_np()` sind keine portablen POSIX-Funktionen. Das gilt auch für die drei Attribute `PTHREAD_MUTEX_FAST_NP`, `PTHREAD_MUTEX_ERRORCHECK_NP` und `PTHREAD_MUTEX_RECURSIVE_NP`, von denen Linux offiziell nur `PTHREAD_MUTEX_FAST_NP` untersützt – obwohl auch diese Konstanten nicht portable sind (Endung `_NP`).

Alternativ gibt es noch die Funktionen

```
int pthread_mutexattr_settype (
   pthread_mutexattr_t *attr, int kind );
int pthread_mutexattr_gettype (
   const pthread_mutexattr_t *attr, int *kind );
```

welche zwar keine `_np`-Endung besitzten. Wobei sich dies allerdings wieder aufhebt, weil die Attribute (symbolische Konstanten) wieder dieselben möglichen sind, wie die schon eben erwähnten `_NP`-Konstanten.

B.12.6 Condition Variablen

Syntax	Bedeutung
`int pthread_cond_init( pthread_cond_t *cond, pthread_condattr_t *cond_attr);`	Initialisieren einer Condition Variable
`int pthread_cond_wait( pthread_cond_t *cond, pthread_mutex_t *mutex);`	Wartet auf die Condition Variable
`int pthread_cond_timewait( pthread_cond_t *cond, pthread_mutex_t *mutex, const struct timespec *abstime);`	Wartet eine bestimmte Zeit auf die Condition Variable
`int pthread_cond_signal( pthread_cond_t *cond);`	Die Funktion weckt einen wartenden Thread auf. Bei mehreren wartenden Threads, liegt dies leider nicht in Ihrer Hand.
`int pthread_cond_broadcast( pthread_cond_t *cond);`	Die Funktion weckt alle wartende Threads auf.
`int pthread_cond_destroy( pthread_cond_t *cond);`	Freigeben einer Condition Variable

Tabelle B.66 Funktionen für Condition Variablen

B.12.7 Threads beenden

Syntax	Bedeutung
`int pthread_cancel( pthread_t thread);`	Thread mit der ID `thread` beenden
`int pthread_setcancelstate( int state, int *oldstate);`	Hiermit lässt sich einstellen, ob sich der Thread mit `pthread_cancel()` aus einem zweiten Thread beenden lässt (Standardeinstellung (`state=PTHREAD_CANCEL_ENABLE`)) oder nicht (`state=PTHREAD_CANCEL_DISABLE`)
`int pthread_setcanceltype( int type, int *oldtype);`	Soll ein Thread sofort nach einem Aufruf von `pthread_cancel()` beendet werden muss hier für `type` `PTHREAD_CANCEL_ASYNCHRONOUS` angegeben werden. Ansonsten mit `PTHREAD_CANCEL_DEFERRED` (Standardeinstellung) läuft der Thread noch bis zum Ende bzw. nächsten Abbruchpunkt weiter.

Tabelle B.67 Erweiterte Möglichkeiten, einen Thread zu beenden

B.13 Netzwerkprogrammierung

B.13.1 Grundlegende Socket-Funktionen

Die gleich folgenden Funktionen zur Socket-Programmierung benötigen alle die Headerdateien:

```
#include <sys/types.h>
#include <sys/socket.h>
```

Des-Weiteren wird eine Struktur namens `sockaddr` verwendet, die wie folgt definiert ist:

```
struct sockaddr {
    sa_family_t  sa_family;   /* address family, AF_xxx        */
    char         sa_data[14]; /* 14 bytes of protocol address */
 };
```

Diese Struktur lässt sich allerdings recht unbequem ausfüllen (gemeint sind damit Portnummer und Internet-Adresse in der Strukturvariable `sa_data`), weshalb es für IP-Anwendungen eine spezielle Struktur dafür gibt:

```
struct sockaddr_in {
    sa_family_t sin_family;          /* Address-Familie  */
    unsigned short int sin_port;     /* Portnummer       */
    struct in_addr sin_addr;         /* Internet-Adresse */
};
```

`sockaddr_in` ermöglicht es Ihnen, die IP-Adresse sowie die Portnummer getrennt einzutragen. Im Speicher sind diese beiden Strukturen kompatibel, es reicht also eine einfache Typumwandlung, um die gewünschten Informationen zu übergeben.

Syntax	Bedeutung
`int socket ( int domain, int type, int protocol );`	Einen Socket (Endpunkt) zur Kommunikation anlegen
`int bind ( int s, const struct sockaddr *name, int namelen );`	Ein Socket mit einer Adresse verknüpfen (Server)
`int listen(int s, int backlog);`	Am Socket horchen – auf eine Verbindung warten
`int accept ( int s, struct sockaddr *addr, int *addrlen );`	Eintreffende Verbindungswünsche bearbeiten
`int connect ( int s, const struct sockaddr *name, int namelen );`	Eine Verbindung zum Server herstellen (Client)
`ssize_t send ( int s, const void *msg, size_t len, int flags );`	Versenden von Daten über ein Socket

Tabelle B.68 Grundlegende Socket-Funktionen

Syntax	Bedeutung

`ssize_t sendto (`
`int s,`
`const void *msg,`
`size_t len,`
`int flags,`
`const struct sockaddr *to,`
`int tolen );`
	Versenden von Daten über ein Socket (wird vorwiegend mit dem UDP-Protokoll verwendet)

`ssize_t recv (`
`int s,`
`void *buf,`
`size_t len,`
`int flags );`
	Empfangen von Daten über ein Socket

`ssize_t recvfrom (`
`int s,`
`void *buf,`
`size_t len,`
`int flags,`
`struct sockaddr *from,`
`int *fromlen );`
	Empfangen von Daten über ein Socket (wird vorwiegend mit dem UDP-Protokoll verwendet)

`int getsockopt (`
`int s,`
`int level,`
`int optname,`
`void *optval,`
`int *optlen );`
	Erfragen von Optionen für Sockets

`int setsockopt (`
`int s,`
`int level,`
`int optname,`
`const void *optval,`
`int optlen );`
	Setzen von Optionen für Sockets

`int socketpair(`
`int d,`
`int type,`
`int protocol,`
`int sv[2]);`
	Der Aufruf `socketpair()` generiert zwei unbenannte, miteinander verbundene Sockets. `d` bezeichnet die Domain, `typ` den Typ der Sockets und `protocol` definiert das Protokoll, das nicht angegeben werden muss. Die Deskriptoren der Sockets werden in `sv[0]` und `sv[1]` zurückgegeben. Die beiden Sockets können nicht unterschieden werden. Die Sematik der Funktion entspricht dem Syscall `pipe()`.

`int shutdown(int s, int how);`	`shutdown()` beendet eine ganze Voll-Duplex-Verbindung oder einen Teil einer Voll-Duplex-Verbindung, die mit dem Socket `s` verbunden ist. Ist `how=0`, so werden weitere empfangene Nachrichten abgelehnt. Ist `how=1` , so werden weitere zu sendende Nachrichten abgelehnt. Ist `how=2` , so werden zu sendende und empfangene Nachrichten abgelehnt.

Tabelle B.68 Grundlegende Socket-Funktionen (Forts.)

Syntax	Bedeutung
`int getpeername( int s, struct sockaddr *name, int *namelen );`	getperrname() liefert zu einem gegebenen Socket s die Adresse des entfernten Endes. `name` ist ein Zeiger auf einen Speicherplatz, an dem das System die Adresse ablegen kann und `namelen` teilt dem System mit, wie viel Platz vorhanden ist. Daran erkennt es, welche Art von Adresse man erwartet. Da es sich um einen Wert/Ergebnis-Parameter handelt, muss er vorbelegt werden und unbedingt auf einen schreibbaren Speicherplatz zeigen.
`int getsockname( int s, struct sockaddr *name, int *namelen);`	`getsockname()` liefert zu einem gegebenen Socket `s` die Adresse des lokalen Endes. `name` ist ein Zeiger auf einen Speicherplatz, an dem das System die Adresse ablegen kann und `namelen` teilt dem System mit, wie viel Platz vorhanden ist. Daran erkennt es, welche Art von Adresse man erwartet. Da es sich um einen Wert/Ergebnis-Parameter handelt, muss er vorbelegt werden und unbedingt auf einen schreibbaren Speicherplatz zeigen.

Tabelle B.68 Grundlegende Socket-Funktionen (Forts.)

B.13.2 Konvertieren zur richtigen Byteanordnung

Es gibt verschiedene Architekturen, in denen sich die Anordnung der Bytereihenfolge beim Abspeichern einer Zahl unterscheiden. Generell wird dabei zwischen Big Endian und Little Endian unterschieden. Beim Big Endian wird das höchstwertige Byte an der niedrigsten Adresse gespeichert, das zweithöchste an der nächsten Adressen und so weiter. Bei der Anordnung von Little Endian ist dies genau umgekehrt. Dabei wird das niedrigstwertige Byte an der niedrigsten Stelle gespeichert, das zweitniedrigste an der nächsten Stelle usw.

Damit sich jetzt aber alle Rechner untereinander verstehen, hat man sich auf eine einheitliche Datenübertragung mit Big Endian (auch als *network-byte-order* bezeichnet) geeinigt. Um jetzt aus einer lokal verwendeten Byte-Reihenfolge (*host-byte-order*) eine *network-byte-order*-Reihenfolge und umgekehrt zu konvertieren, stehen Ihnen die folgenden Funktionen zur Verfügung, welche alle die Headerdatei `<netinet/in.h>` benötigen.

Syntax	Bedeutung
`uint32_t htonl(uint32_t);`	Konvertiert einen 32 Bit-Wert im *host-byte-order* zu einem 32 Bit-Wert im *network-byte-order*
`uint16_t htons(uint16_t);`	Konvertiert einen 16 Bit-Wert im *host-byte-order* zu einem 16 Bit-Wert im *network-byte-order*
`uint32_t ntohl(uint32_t);`	Konvertiert einen 32 Bit-Wert im *network-byte-order* zu einem 32 Bit-Wert im *host-byte-order*
`uint16_t ntohs(uint16_t);`	Konvertiert einen 32 Bit-Wert im *network-byte-order* zu einem 32 Bit-Wert im *host-byte-order*

Tabelle B.69 Funktionen zur Konvertieren der richtigen Byteanordnung

B.13.3 Abfragen von Netzwerknummern und Internetadressen

Zur Verwendung der folgenden Funktionen sind folgende Headerdateien nötig:

```
#include <netinet/in.h>
#include <sys/socket.h>
#include <arpa/inet.h>
```

Des Weiteren wird die Struktur `in_addr` verwendet, welche sich auch in der Headerdatei `sockaddr_in` wieder findet:

```
struct sockaddr_in {
  /* Adressfamilie normalerweise AF_INET  */
  short int          sin_family;
  /* Port der Verbindung                  */
  unsigned short int sin_port;
  /* Adresse zu der Verbunden werden soll */
  struct in_addr     sin_addr;
  /* Fuelldaten um auf 14 Bytes zu kommen */
  unsigned char      sin_zero[8];
};

struct in_addr{
     unsigned long int sin_addr;
}
```

Syntax	Bedeutung
`int inet_aton ( const char *name, struct in_addr *addr );`	Konvertiert den String in der Punktierten Dezimaldarstellung (bspw. 127.0.0.1) in eine 32 Bit-Internetadresse.
`uint32_t inet_network ( const char *name );`	Extrahiert aus der als punktierten Dezimaldarstellung die Netzwerknummer.
`char * inet_ntoa ( struct in_addr addr );`	Konvertiert die übergebene 32 Bit-Adresse, die im *network-byte-order* vorliegen muss, in eine punktierte Dezimaldarstellung als String.
`struct in_addr inet_makeaddr ( uint32_t net, uint32_t local );`	Generiert aus dem lokalen Teil eines Rechners und einer Netzwerknummer eine numerische IP-Adresse.
`uint32_t inet_lnaof ( struct in_addr addr );`	Ermittelt die Adresse des lokalen Teils (bspw. 127.0.0.1 -> der lokale Teil = 0.0.0.1) des Rechners. Die Funktion gibt diesen Wert in Form eines 32 Bit-Wertes im *host-byte-order* zurück.
`uint32_t inet_netof ( struct in_addr addr );`	Konvertiert eine numerische 32 –Bit-Darstellung der IP-Adresse, die als Parameter angegeben wird, in eine Netzwerknummer, die im *host-byte-order* zurückgegeben wird
`int inet_pton ( int af, const char *cp, void *buf );`	Wie `inet_aton()` nur werden damit neben IPv4- auch IPv6-Adressen unterstützt.

Tabelle B.70 Funktionen zum Abfragen von Netzwerknummern und Internetadressen

Syntax	Bedeutung
`const char * inet_ntop ( int af, const void *cp, char *buf, size_t len);`	Wie `inet_ntoa()` nur werden damit neben IPv4- auch IPv6-Adressen unterstützt.

Tabelle B.70 Funktionen zum Abfragen von Netzwerknummern und Internetadressen (Forts.)

B.13.4 Hostnamen aus der Host-Datenbank ermitteln

Die Funktionen in diesem Abschnitt benötigen die folgenden Headerdateien:

```
#include <sys/socket.h>
#include <netdb.h>
```

Die Struktur `hostent` ist ein Datentyp, der einen Eintrag in der Host-Datenbank repräsentiert und folgende Mitglieder besitzt:

```
struct hostent {
    char *  h_name;
    char ** h_aliases;
    short   h_addrtype;
    short   h_length;
    char ** h_addr_list;
};
```

Syntax	Bedeutung
`struct hostent * gethostbyname ( const char *name );`	Ermittelt die IP-Adresse (z. B. 192.0.34.72) passend zum angegebenen Internet-Host-Namen (z. B. www.example.com)
`struct hostent * gethostbyaddr ( const char *addr, size_t length, int format );`	Ermittelt den Internet-Host-Namen (z. B. www.example.com) passend zur angegebenen IP-Adresse (z. B. 192.0.34.72)
`struct hostent * gethostbyname2( const char *name, int af );`	Ermittelt die IP-Adresse (z. B. 192.0.34.72) passend zum angegebenen Internet-Host-Namen (z. B. www.example.com) – Der neu hinzugekommene Parameter af bezeichnet die gewünschte Adressfamilie `AF_INET` oder `AF_INET6`.

Tabelle B.71 Funktionen, um auf die Host-Datenbank zuzugreifen

B.13.5 Service-Datenbank

Die Funktionen in diesem Abschnitt benötigen die folgende Headerdatei:

```
#include <netdb.h>
```

Die Struktur `servent` ist ein Datentyp, der einen Eintrag in der Service-Datenbank repräsentiert und folgende Mitglieder besitzt:

```
struct    servent {
        char *s_name;       /* official name of service */
        char **s_aliases;   /* alias list               */
        int  s_port;        /* port service resides at  */
        char *s_proto;      /* protocol to use          */
    };
```

Syntax	Bedeutung
`struct servent * getservbyname ( const char *name, const char *proto );`	Ermittelt einen Port-Wert passend zu einem Internet-Dienst und Protokoll.
`struct servent * getservbyport ( int port, const char *proto );`	Ermittelt einen Internet-Dienst passend zu einem Port und Protokoll.

Tabelle B.72 Funktionen zum Zugriff auf die Service-Datenbank

B.14 MySQL C-API

B.14.1 Übersetzen einer Anwendung

Benötigte Headerdatei:

```
#include <mysql.h>
```

Compileraufruf (benötigt Pfad zum Include-Verzeichnis von MySQL API):

```
$ gcc -c -I/usr/include/mysql client_anwendung.c
```

Linkeraufruf (benötigt Pfadangaben zu den Bibliotheken von MySQL API):

```
$ gcc -o client_anwendung client_anwendung.o \
  -L/usr/lib/mysql -lmysqlclient
```

B.14.2 Die MySQL C-API

Funktion	Bedeutung
`my_ulonglong mysql_affected_rows( MYSQL *mysql);`	Gibt die Anzahl von Zeilen zurück, die durch die letzte `UPDATE`-, `DELETE`- oder `INSERT`-Anfrage geändert, gelöscht bzw. hinzugefügt wurden.
`void mysql_close( MYSQL *mysql);`	Schließt eine Serververbindung
`MYSQL *mysql_connect( MYSQL *mysql, const char *host, const char *user, const char *passwd);`	Stellt die Verbindung mit einem MySQL-Server her. Diese Funktion ist veraltet, benutzen Sie dafür `mysql_real_connect()`.

Tabelle B.73 Funktionsübersicht der MySQL C-API

Funktion	Bedeutung

`my_bool mysql_change_user(`
`MYSQL *mysql,`
`const char *user,`
`const char *passwd,`
`const char *db);`
	Ändert Benutzer und Datenbank bei einer geöffneten Verbindung.

`const char *`
`mysql_character_set_name(`
`MYSQL *mysql);`
	Gibt den Namen des vorgabemäßigen Zeichensatzes für die Verbindung zurück.

`int mysql_create_db(`
`MYSQL *mysql,`
`const char *db);`
	Erzeugt eine Datenbank. Diese Funktion ist veraltet, benutzen Sie stattdessen den SQL-Befehl `CREATE DATABASE`.

`void mysql_data_seek(`
`MYSQL_RES *result,`
`unsigned long long offse);`
	Sucht bis zu einer beliebigen Zeile in einer Anfrage-Ergebnismenge.

`void mysql_debug(` `char *debug);`	Macht ein `DBUG_PUSH` mit der angegebenen Zeichenkette.

`int mysql_drop_db(`
`MYSQL *mysql,`
`const char *db) ;`
	Löscht eine Datenbank. Diese Funktion ist veraltet, benutzen Sie stattdessen den SQL-Befehl `DROP DATABASE`.

`int mysql_dump_debug_info(` `MYSQL *mysql);`	Veranlasst den Server, Debug-Informationen in die Log-Datei zu schreiben.
`my_bool mysql_eof(` `MYSQL_RES *result);`	Stellt fest, ob die letzte Zeile der Ergebnismenge gelesen wurde oder nicht. Diese Funktion ist veraltet, benutzen Sie stattdessen `mysql_errno()` oder `mysql_error()`.
`unsigned int mysql_errno(` `MYSQL *mysql);`	Gibt die Fehlernummer der zuletzt aufgerufenen MySQL-Funktion zurück.
`char *mysql_error(` `MYSQL *mysql);`	Gibt die Fehlermeldung der zuletzt aufgerufenen MySQL-Funktion zurück.

`unsigned int`
`mysql_real_escape_string(`
`MYSQL *mysql,`
`char *nach,`
`const char *von,`
`unsigned int laenge);`
	Escape-Sonderzeichen in einer Zeichenkette, die für ein SQL-Statement benutzt wird, wobei der aktuelle Zeichensatz der Verbindung berücksichtigt wird.

`unsigned int`
`mysql_escape_string(`
`MYSQL *mysql,`
`char *nach,`
`const char *von,`
`unsigned int laenge);`
	Escape-Sonderzeichen in einer Zeichenkette, die für ein SQL-Statement benutzt wird.

`MYSQL_FIELD *`
`mysql_fetch_field(`
`MYSQL_RES *result);`
	Gibt den Typ des nächsten Tabellenfelds zurück.

Tabelle B.73 Funktionsübersicht der MySQL C-API (Forts.)

Funktion	Bedeutung
`MYSQL_FIELD * mysql_fetch_field_direct( MYSQL_RES *result, unsigned int fieldnr);`	Gibt den Typ eines Tabellenfelds zurück, angegeben durch eine Feldnummer.
`MYSQL_FIELD * mysql_fetch_fields( MYSQL_RES *result);`	Gibt ein Array aller Feldstrukturen zurück.
`unsigned lont * mysql_fetch_lengths( MYSQL_RES *result);`	Gibt die Länge aller Spalten in der aktuellen Zeile zurück.
`MYSQL_ROW mysql_fetch_row( MYSQL_RES *result);`	Holt die nächste Zeile aus der Ergebnismenge.
`MYSQL_FIELD_OFFSET mysql_field_seek( MYSQL_RES *result, MYSQL_FIELD_OFFSET offs);`	Setzt den Spaltencursor auf eine bestimmte Spalte.
`unsigned int mysql_field_count( MYSQL *mysql);`	Gibt die Anzahl der Ergebnisspalten für die letzte Anfrage zurück.
`MYSQL_FIELD_OFFSET mysql_field_tell( MYSQL_RES *result);`	Gibt die Position des Feldcursors zurück, der für das letzte `mysql_fetch_field()` benutzt wurde.
`void mysql_free_result( MYSQL_RES *result);`	Gibt Speicher frei, der von einer Ergebnismenge benutzt wird.
`char * mysql_get_client_info()`	Gibt Client-Versionsinformationen zurück.
`char * mysql_get_host_info( MYSQL *mysql);`	Gibt eine Zeichenkette zurück, welche die Verbindung beschreibt.
`unsigned int mysql_get_proto_info( MYSQL *mysql);`	Gibt die Protokollversion zurück, die von der Verbindung benutzt wird.
`char * mysql_get_server_info( MYSQL *mysql);`	Gibt die Server-Versionsnummer zurück.
`char *mysql_info( MYSQL *mysql);`	Gibt Informationen über die zuletzt ausgeführte Anfrage zurück.
`MYSQL *mysql_init( MYSQL *mysql);`	Holt oder initialisiert eine MySQL-Struktur.
`my_unlonglong mysql_insert_id( MYSQL *mysql);)`	Gibt die Kennung zurück, die für eine `AUTO_INCREMENT`-Spalte durch die letzte Anfrage erzeugt wurde.

Tabelle B.73 Funktionsübersicht der MySQL C-API (Forts.)

Funktion	Bedeutung
`int mysql_kill( MYSQL *mysql, unsigned long pid);`	Tötet einen angegebenen Thread.
`MYSQL_RES *mysql_list_dbs( MYSQL *mysql, const char *wild);`	Gibt die Datenbanknamen zurück, die mit einem einfachen regulären Ausdruck übereinstimmen.
`MYSQL_RES * mysql_list_fields( MYSQL *mysql, const char *table, const char *wild);`	Gibt die Feldnamen zurück, die mit einem einfachen regulären Ausdruck übereinstimmen.
`MYSQL_RES * mysql_list_processes( MYSQL *mysql);`	Gibt eine Liste der aktuellen Server-Threads zurück.
`MYSQL_RES * mysql_list_tables( MYSQL *mysql, const char *wild);`	Gibt Tabellenamen zurück, die mit einem einfachen regulären Ausdruck übereinstimmen.
`unsigned int mysql_num_fields( MYSQL_RES *result);`	Gibt die Anzahl von Spalten in einer Ergebnismenge zurück.
`my_ulonglong mysql_num_rows( MYSQL_RES *result);`	Gibt die Anzahl von Zeilen in einer Ergebnismenge zurück.
`int mysql_options( MYSQL *mysql, enum mysql_option option, const char *arg);`	Setzt Verbindungsoptionen für `mysql_connect()`.
`int mysql_ping( MYSQL *mysql);`	Prüft, ob die Verbindung zum Server funktioniert oder nicht, und verbindet sich erneut, falls notwendig.
`int mysql_query( MYSQL *mysql, const char *query);`	Führt eine SQL-Anfrage aus, die als `NULL`-begrenzte Zeichenkette angegeben wird.
`MYSQL * mysql_real_connect( MYSQL *mysql, const char *host, const char *user, const char *passwd, const char *db, unsigned int port, const char *unix_socket, unsigned int client_flag );`	Verbindet sich mit einem MySQL-Server.

Tabelle B.73 Funktionsübersicht der MySQL C-API (Forts.)

Funktion	Bedeutung
`mysql_real_query( MYSQL *mysql, const char *query, unsigned int len);`	Führt eine SQL-Anfrage aus, die als gezählte Zeichenkette angegeben wird.
`int mysql_reload( MYSQL *mysql);`	Weist den Server an, die Berechtigungstabellen erneut zu laden.
`MYSQL_ROW_OFFSET mysql_row_seek( MYSQL_RES *result, MYSQL_ROW_OFFSET off);`	Sucht bis zu einer Zeile in einer Ergebnismenge, indem sie den Wert benutzt, der von `mysql_row_tell()` zurückgegeben wird.
`MYSQL_ROW_OFFSET mysql_row_tell( MYSQL_RES *result);`	Gibt die Zeilencursorposition zurück.
`int mysql_select_db( MYSQL *mysql, const char *db);`	Wählt eine Datenbank aus.
`int mysql_shutdown( MYSQL *mysql);`	Fährt den Datenbankserver herunter.
`char *mysql_stat( MYSQL *mysql);`	Gibt den Serverstatus als Zeichenkette zurück.
`MYSQL_RES * mysql_store_result( MYSQL *mysql);`	Ruft eine vollständige Ergebnismenge zum Client ab.
`unsigned long mysql_thread_id( MYSQL *mysql);`	Gibt die aktuelle Thread-Kennung zurück.
`mysql_thread_safe()`	Gibt 1 zurück, wenn die Clients Thread-sicher kompiliert sind.
`MYSQL_RES * mysql_use_result( MYSQL *mysql);`	Initialisiert den zeilenweisen Abruf einer Ergebnismenge.

Tabelle B.73 Funktionsübersicht der MySQL C-API (Forts.)

B.14.3 Datentypenübersicht der C-API

Auch zu den eigenen Datentypen von MySQL und der C-API erfolgt hier ein kurzer Überblick.

Datentyp	Bedeutung
`MYSQL`	Handle einer Datenbankverbindung. Wird für fast alle MySQL-Funktionen verwendet.
`MYSQL_RES`	Ergebnis einer Anfrage, welche Zeilen zurückgibt (`SELECT`, `SHOW`, `DESCRIBE`, `EXPLAIN`).
`MYSQL_ROW`	Eine typensichere Darstellung eines Datensatzes (Zeile). Zeilen werden gewöhnlich mit der Funktion `mysql_fetch_row()` eingelesen.

Tabelle B.74 Datentypenübersicht der MySQL C-API

Datentyp	Bedeutung
MYSQL_FIELD	Eine Struktur mit Informationen über ein Feld, Feldnamen, Feldtyp und Feldgröße. Die einzelnen Werte dieser Struktur erhalten Sie durch die Funktion mysql_fetch_field().
MYSQL_FIELD_OFFSET	Eine typensichere Darstellung eines Offsets in einer MySQL-Feldliste. Offsets sind Feldnummern innerhalb einer Zeile.
my_ulonglong	Der Typ, der für die Anzahl von Zeilen und für mysql_affected_rows(), mysql_num_rows() und mysql_insert_id() benutzt wird.

Tabelle B.74 Datentypenübersicht der MySQL C-API (Forts.)

B.15 PostgreSQL C-API

B.15.1 Übersetzen einer Anwendung

Benötigte Headerdatei:

```
#include <libpq-fe.h>
```

Compileraufruf (benötigt Pfad zum Include-Verzeichnis von PostgreSQL API):

```
$ gcc -c -I/usr/include/pgsql client_anwendung.c
```

Linkeraufruf (benötigt Pfadangaben zu den Bibliotheken von PostgreSQL API):

```
$ gcc -o client_anwendung client_anwendung.o \
  -L/usr/lib/pgsql -lpq
```

B.15.2 Eine Verbindung zum PostgreSQL-Server herstellen

```
PGconn *PQconnectdb(const char *conninfo);
PGconn *PQsetdbLogin(const char *pghost,
                     const char *pgport,
                     const char *pgoptions,
                     const char *pgtty,
                     const char *dbName,
                     const char *login,
                     const char *pwd);
PGconn *PQsetdb(char *pghost,
                char *pgport,
                char *pgoptions,
                char *pgtty,
                char *dbName);
/* Nichtblockierende Funktionen */
PGconn *PQconnectStart(const char *conninfo);
PostgresPollingStatusType PQconnectPoll(PGconn *conn);
```

B.15.3 Status und Informationen zur Verbindung ermitteln

Funktion	Bedeutung
`ConnStatusType PQstatus( const PGconn *conn);`	Status des Verbindungsaufbaus überprüfen
`char *PQdb( const PGconn *conn);`	Gibt einen Zeiger zurück auf den Datenbanknamen der Verbindung.
`char *PQuser( const PGconn *conn);`	Gibt den Benutzernamen der Verbindung zurück.
`char *PQpass( const PGconn *conn);`	Gibt das Passwort der Verbindung zurück.
`char *PQhost( const PGconn *conn);`	Gibt den Serverhostnamen der Verbindung zurück.
`char *PQport( const PGconn *conn);`	Gibt den Port der Verbindung zurück.
`char *PQtty(const PGconn *conn);`	Gibt das TTY für die Debugausgaben der Verbindung zurück.
`char *PQoptions( const PGconn *conn);`	Gibt Konfigurationsoptionen die der Verbindungsanfrage übergeben wurden zurück.
`int PQsocket( const PGconn *conn);`	Gibt die Deskriptornummer des mit dem Server verbundenen Sockets zurück. Bei –1 wird angezeigt, dass keine Verbindung besteht.
`int PQbackendPID( const PGconn *conn);`	Gibt die Prozesskennung (PID) des Serverprozesses zurück, der mit dieser Verbindung arbeite zurück.
`SSL *PQgetssl( const PGconn *conn);`	Hier wird eine SSL-Struktur zurückgegeben. Wird SSL nicht verwendet wird NULL zurückgegeben. Mehr dazu entnehmen Sie ggf. aus der Anleitung von OpenSSL.

Tabelle B.75 Status und Informationen zur Verbindung ermitteln

B.15.4 Verbindung beenden oder wieder aufnehmen

Syntax	Bedeutung
`void PQfinish(PGconn *conn);`	Verbindung schließen und den Speicher für das `PGconn`-Objekt wieder freigegeben
`void PQreset(PGconn *conn);`	Schließt die Verbindung zum Server und versucht eine neue Verbindung zum selben Server mit den gleichen Parametern aufzubauen

`int PQresetStart(PGconn *conn);`
 	
`PostgresPollingStatusType PQresetPoll(PGconn *conn);`
	Für nicht blockierenden Verbindungen gibt es diese Funktionen die Versuchen eine Verbindung zu schließen und erneut mit demselben Server eine neue nicht blockierende Verbindung aufzubauen

Tabelle B.76 Verbindung beenden oder wieder aufnehmen

B.15.5 SQL-Anfragen an den Server machen und den Status auswerten

Syntax	Bedeutung
`PGresult *PQexec( PGconn *conn, const char *command);`	Anfragen an den Server
`ExecStatusType PQresultStatus( const PGresult *res);`	Rückgabe-Status der Anfrage
`char *PQresStatus( ExecStatusType status);`	Macht aus den von `PQresultStatus()` zurückgegebenen Wert eine aussagekräftige Stringkonstante
`char *PQresultErrorMessage( const PGresult *res);`	wie `PQresultStatus()` und `PqresStatus()` in einem Rutsch

Tabelle B.77 Anfrage an den Server und den Status auswerten

B.15.6 Ergebnis einer SQL-Anfrage auswerten

Funktion	Bedeutung
`int PQntuples( const PGresult *res);`	Gibt die Anzahl der Zeilen (Tuples) des Anfrageergebnisses zurück.
`int PQnfields( const PGresult *res);`	Gibt die Anzahl der Spalten in einer Zeile des Anfrageergebnisses zurück.
`char *PQfname( const PGresult *res, int spalten_nummer);`	Gibt den Namen der Spalte `spalten_nummer` – beginnend bei 0 – zurück.
`int PQfnumber( const PGresult *res, const char *field_name);`	Gibt die Nummer der Spalte zum angegebene Spaltennamen `field_name` zurück.
`Oid PQftype( const PGresult *res, int spalten_nummer);`	Hiermit können Sie den Datentypen der Spalte erfahren. Eine Übersicht der OIDs finden Sie in der Datei `pg_type.h` (meistens im Verzeichnis von libpq im Pfad `server/catalog/pg_type.h` zu finden).
`int PQfmod( const PGresult *res, int spalten_nummer);`	Gibt die typenspezifischen Modifikationsdaten der Spalte (beginnend mit 0) mit der angegebenen Nummer zurück.
`int PQfsize( const PGresult *res, int spalten_nummer);`	Gibt die Größe in Bytes der Spalte `spalten_nummer` zurück. Wird –1 zurückgegeben, handelt es sich um einen String variabler Länge.
`int PQbinaryTuples( const PGresult *res);`	Diese Funktion gibt 1 zurück, wenn `PGresult` binäre Zeilendaten enthält. Bei 0 handelt es sich um Texdaten.
`void PQclear(PQresult *res);`	Speicherplatz der Anfrage freigeben

Tabelle B.78 Funktionen, um das Ergebnis einer Anfrage auszuwerten

B.15.7 Rückgabe des Anfrageergebnisses auslesen

Syntax	Bedeutung
`char* PQgetvalue( const PGresult *res, int zeilen_nummer, int spalten_nummer);`	Einzelne Spaltenwerte auslesen
`int PQgetisnull( const PGresult *res, int zeilen_nummer, int spalten_nummer);`	Testet ob, der Wert einer Spalte gleich `NULL` ist
`int PQgetlength( const PGresult *res, int zeilen_nummer, int spalten_nummer);`	Länge des Datenwertes einer Spalte

Tabelle B.79 Rückgabe des Anfrageergebnisses auslesen

B.15.8 Ergebnisse anderer Befehle ermitteln

Syntax	Bedeutung
`char * PQcmdStatus( PGresult *res);`	Gibt eine Statuszeichenkette für einen Befehl (bspw.: `INSERT 16994 1`) zurück
`char * PQcmdTuples( PGresult *res);`	Gibt die Anzahl der Zeilen, die auf einen SQL-Befehl wie `INSERT`, `UPDATE` oder `DELETE` eine Auswirkung hatte, zurück
`Oid PQoidValue( const PGresult *res);`	Gibt entweder einen (ganzzahligen) Wert vom Typ `Oid` oder im Falle eines Fehlers `InvalidOid` zurück
`char * PQoidStatus( const PGresult *res);`	Gibt eine Zeichenkette mit der OID der eingefügten Zeile zurück, wenn die SQL-Anweisung ein `INSERT` war – ansonsten 0 wenn die Zieltabelle keine OIDs hatte. Wenn der SQL-Befehl kein `INSERT` war, wird ein leerer String zurückgegeben.

Tabelle B.80 Ergebnisse anderer Befehle ermitteln

B.16 Weitere Funktionsreferenzen auf der Buch-CD

Weitere Funktionsreferenzen, insbesondere zur GUI-Programmierung mit X11, GTK+ & Co. und SDL, finden Sie auf der Buch-CD. Da es sich hierbei allerdings um die Orginal-Referenzen handelt, bedeutet dies auch, dass Kenntnisse der englischen Sprache nötig sind.

C Linux-Unix-Kommandoreferenz

Zwar besitzen Sie nun sehr fundierte Kenntnisse rund um die Linux-Unix- und Shellprogrammierung, doch benötigt man für den Feinschliff auch noch die Möglichkeit, sein Wissen umzusetzen. Sie haben im Verlaufe des Buches viele Kommandos kennengelernt und verwendet, aber Linux/Unix hat in dieser Hinsicht noch eine Menge mehr zu bieten.

Wie Sie dieses Kapitel verwenden, bleibt zunächst Ihnen überlassen. Sie können entweder alle Kommandos hier durcharbeiten und am Besten selbst ein wenig damit herumexperimentieren, oder aber Sie kommen zur gegebenen Zeit (wenn Sie ein Kommando verwenden) hierauf zurück. Alle Kommandos sind nach Themengebiet sortiert und in alphabetischer Reihenfolge aufgelistet – ideal zum Nachschlagen eben.

Die Beschreibung der einzelnen Kommandos beschränkt sich auf das Nötigste bzw. Gängigste. Sofern es sinnvoll erscheint, finden Sie hier und da einige Beispiele zum entsprechenden Kommando. Die Beschreibung der einzelnen Tools stellt in keiner Weise einen Ersatz für die unzähligen Manual- und Info-Seiten dar, die sich auf jedem Linux/Unix-Rechner befinden. Für tiefgründige Recherchen sind die Manual- und Info-Seiten sowieso nicht wegzudenken. Besonders auf die vielen Optionen und Schalter der einzelnen Kommandos kann hier aus Platzgründen kaum eingegangen werden.

Des Weiteren muss man anmerken, dass viele Befehle zum Teil betriebssystem- bis zu distributionsspezifisch sind. Andere Kommandos wiederum unterscheiden sich hier und da geringfügig von der Funktionalität und der Verwendung der Optionen. Einzig unter Linux kann man behaupten, dass all die hier erwähnten Kommandos auf jeden Fall vorhanden sind und auch so funktionieren wie beschrieben.

C.1 Dateiorientierte Kommandos

C.1.1 bzcat – Ausgabe von bzip2-komprimierten Dateien

Mit `bzcat` können Sie die Inhalte von bzip2-komprimierten Dateien ausgeben, ohne dass Sie hierbei die komprimierte Datei dekomprimieren müssen. Dies ist z. B. auch ein Grund, warum Sie mit einem Dateibrowser den Inhalt einer Datei sehen und sogar lesen können, obwohl Sie diese noch gar nicht dekomprimiert haben. Ansonsten funktioniert `bzcat` wie `cat`.

C.1.2 cat – Datei(en) nacheinander ausgeben

`cat` wurde bereits mehrfach in diesem Buch verwendet und auch beschrieben. Mit diesem Kommando werden gewöhnlich Dateien ausgegeben. Geben Sie `cat` beim Aufruf keine

Dateien zum Lesen als Argument mit, liest `cat` so lange aus der Standardeingabe, bis [Strg]+[D] (EOF) betätigt wurde.

Verwendung	Bedeutung
`cat file`	Gibt den Inhalt von `file` aus
`cat file | kommando`	Gibt den Inhalt von `file` via Pipe an die Standardeingabe von `kommando` weiter
`cat file1 file2 > file_all`	Dateien aneinander hängen
`cat > file`	Schreibt alle Zeilen, die von der Tastatur eingegeben wurden, in die Datei `file`, bis [Strg]+[D] betätigt wurde

Tabelle C.1 Anwendungen von cat

C.1.3 chgrp – Gruppe von Dateien oder Verzeichnissen ändern

Mit `chgrp` ändern Sie die Gruppenzugehörigkeit einer Datei oder eines Verzeichnisses. Dieses Kommando bleibt somit nur dem Eigentümer einer Datei/Verzeichnis oder dem Superuser vorbehalten. Als Eigentümer können Sie außerdem nur diejenigen Dateien oder Verzeichnisse einer bestimmten Gruppe zuordnen, der Sie selbst auch angehören. Wollen Sie die Gruppenzugehörigkeit aller Dateien in einem Verzeichnis mit allen Unterverzeichnissen ändern, dann bietet sich hierzu die Option `-R` (für rekursiv) an.

C.1.4 cksum/md5sum/sum – eine Prüfsumme für eine Datei ermitteln

Mit diesen Funktionen errechnet man die CRC-(*cyclic redundancy check*)-Prüfsumme und die Anzahl Bytes (Anzahl Bytes gilt nur für `cksum`) für eine Datei. Wird keine Datei angegeben, liest `cksum` diejenige aus der Standardeingabe, bis [Strg]+[D] betätigt wurde, und berechnet hieraus die Prüfsumme.

Diese Kommandos werden häufig eingesetzt um festzustellen, ob zwei Daten identisch sind. So kann z. B. überprüft werden, ob eine Datei, die Sie aus dem Netz geladen haben, auch korrekt übertragen wurde. Voraussetzung hierfür ist natürlich, dass Sie die Prüfsumme der Quelle kennen. Häufig findet man dies beim Herunterladen von ISO-Distributionen. Ein anderer Anwendungsfall wäre das Überprüfen auf Virenbefall. Hiermit kann ermittelt werden, ob sich jemand an einer Datei zu schaffen gemacht hat, beispielsweise:

```
you@host > cksum data.conf
2935371588 51 data.conf
you@host > cksum data.conf
2935371588 51 data.conf
you@host > echo Hallo >> data.conf
you@host > cksum data.conf
966396470 57 data.conf
```

Hier eine Konfigurationsdatei *data.conf*, bei der zweimal mit `cksum` derselbe Wert berechnet wurde (nur zur Demonstration). Kurz darauf wurde am Ende dieser Datei ein Text angehängt und erneut `cksum` ausgeführt. Jetzt erhalten Sie eine andere Prüfsumme. Voraussetzung, dass dieses Prinzip funktioniert, ist natürlich auch eine Datei oder Datenbank, die solche Prüfsummen zu den entsprechenden Dateien speichert. Dabei können Sie auch zwei Dateien auf einmal eingeben, um die Prüfsummen zu vergleichen:

```
you@host > cksum data.conf data.conf~bak
966396470 57 data.conf
2131264154 10240 data.conf~bak
```

`cksum` ist gegenüber `sum` zu bevorzugen, da diese Version neuer ist und auch dem POSIX.2-Standard entspricht. Beachten Sie allerdings, dass alle drei Versionen zum Berechnen von Prüfsummen (`sum`, `cksum` und `md5sum`) untereinander inkompatibel sind und andere Prüfsummen als Ergebnis berechnen:

```
you@host > sum data.conf
20121     1
you@host > cksum data.conf
966396470 57 data.conf
you@host > md5sum data.conf
5a04a9d083bc0b0982002a2c8894e406  data.conf
```

Hinweis

`md5sum` gibt es unter FreeBSD nicht, hier heißt es `md5`.

Noch ein beliebter Anwendungsfall von `md5sum` (bzw. `md5`):

```
cd /bin; md5 `ls -R /bin` | md5
```

Wenn sich jetzt jemand am Verzeichnis */bin* zu schaffen gemacht hat, merkt man dies relativ schnell. Am besten lässt man hierbei einen `cron`-Job laufen und sich gegebenenfalls täglich per E-Mail benachrichtigen.

C.1.5 chmod – Zugriffsrechte von Dateien oder Verzeichnissen ändern

Mit `chmod` setzen oder verändern Sie die Zugriffsrechte auf Dateien oder Verzeichnisse. Die Benutzung von `chmod` ist selbstverständlich nur dem Dateieigentümer und dem Superuser gestattet. Die Bedienung von `chmod` muss eigentlich jedem Systemadministrator geläufig sein, weil es ein sehr häufig verwendetes Kommando ist. `chmod` kann zum Glück sehr flexibel eingesetzt werden. Man kann einen numerischen Wert wie folgt verwenden:

```
chmod 755 file
```

oder

```
chmod 0755 file
```

Einfacher anzuwenden ist `chmod` über eine symbolische Angabe wie:

```
chmode u+x file
```

Hier bekommt der User (`u`; Eigentümer) der Datei *file* das Ausführrecht (`+x`) erteilt.

```
chmod g-x file
```

Damit wurde der Gruppe (g) das Ausführrecht entzogen (-x). Wollen Sie hingegen allen Teilnehmern (a) ein Ausführrecht erteilen, dann geht dies so:

```
chmod a+x file
```

Mit chmod können Sie auch die Spezialbits setzen (SUID=4000; SGUID=2000 oder Sticky=1000). Wollen Sie z. B. für eine Datei das setuid-(*Set-User-ID*)-Bit setzen, funktioniert dies folgendermaßen:

```
chmod 4744 file
```

Das setgid-(*Set Group ID*)-Bit hingegen setzen Sie mit »2xxx«.

Zu erwähnen ist auch die Option -R, mit der Sie ein Verzeichnis rekursiv durchlaufen und alle Dateien, die sich darin befinden, entsprechend den neu angegebenen Rechten ändern.

C.1.6 chown – Eigentümer von Dateien oder Verzeichnissen ändern

Mit chown können Sie den Eigentümer von Dateien oder Verzeichnissen ändern. Als neuen Eigentümer kann man entweder den Login-Namen oder die User-ID angeben. Name oder Zahl müssen selbstverständlich in der Datei */etc/passwd* vorhanden sein. Dieses Kommando kann wiederum nur vom Eigentümer selbst oder dem Superuser aufgerufen und auf Dateien bzw. Verzeichnisse angewendet werden.

```
chown john file1 file2
```

Hier wird der User »john« Eigentümer der Datei *file1* und *file2*. Wollen Sie auch hier ein komplettes Verzeichnis mitsamt den Unterverzeichnissen erfassen, so kann auch hierbei die Option -R verwendet werden.

Wollen Sie sowohl den Eigentümer als auch die Gruppe einer Datei ändern, nutzen Sie folgende Syntax:

```
chown john:user file1 file2
```

C.1.7 cmp – Dateien miteinander vergleichen

Mit der Funktion cmp vergleichen Sie zwei Dateien Byte für Byte miteinander und erhalten die dezimale Position und Zeilennummer vom ersten Byte zurück, bei dem sich beide Dateien unterscheiden. cmp vergleicht auch Binärdateien. Sind beide Dateien identisch, erfolgt keine Ausgabe.

```
you@host > cmp out.txt textfile.txt
out.txt textfile.txt differieren: Byte 52, Zeile 3.
```

C.1.8 comm – zwei sortierte Textdateien miteinander vergleichen

Mit comm vergleichen Sie zwei sortierte Dateien und geben die gemeinsamen und die unterschiedlichen Zeilen jeweils in Spalten aus, indem die zweite und dritte Spalte von einem bzw. zwei Tabulatorenvorschüben angeführt werden.

```
comm [-123] file1 file2
```

Die erste Spalte enthält die Zeilen, die nur in der Datei *file1* enthalten sind. Die zweite Spalte hingegen beinhaltet die Zeilen, die in der zweiten Datei *file2* enthalten sind, und die dritte Spalte die Zeilen, die in beiden Dateien enthalten sind.

```
you@host > cat file1.txt
# wichtige Initialisierungsdatei
# noch eine Zeile
Hallo
you@host > cat file2.txt
# wichtige Initialisierungsdatei
# noch eine Zeile
Hallo
you@host > comm file1.txt file2.txt
                # wichtige Initialisierungsdatei
                # noch eine Zeile
                Hallo
you@host > echo "Neue Zeile" >> file2.txt
you@host > comm file1.txt file2.txt
                # wichtige Initialisierungsdatei
                # noch eine Zeile
                Hallo
        Neue Zeile
you@host > comm -3 file1.txt file2.txt
        Neue Zeile
```

In der letzten Zeile ist außerdem zu sehen, wie Sie mit dem Schalter `-3` die Ausgabe der dritten Spalte ganz abschalten, um nur die Differenzen beider Dateien zu erkennen. `comm` arbeitet zeilenweise, weshalb hier keine Vergleiche mit binären Dateien möglich sind. Weitere Schalterstellungen und ihre Bedeutung sind:

Verwendung	Bedeutung
`-23 file1 file2`	Es werden nur Zeilen ausgegeben, die in *file1* vorkommen.
`-123 file1 file2`	Es wird keine Ausgabe erzeugt.

Tabelle C.2 Optionen für comm

C.1.9 cp – Dateien kopieren

Den Befehl `cp` zum Kopieren von Dateien und Verzeichnissen haben Sie schon des Öfteren verwendet, daher hier nur noch eine Auflistung der gängigsten Verwendungen.

Verwendung	Bedeutung
`cp file newfile`	Es wird mit *newfile* eine Kopie von *file* erzeugt.
`cp -p file newfile`	*newfile* erhält dieselben Zugriffsrechte, Eigentümer und Zeitstempel.
`cp -r dir newdir`	Es wird ein komplettes Verzeichnis rekursiv (`-r`) kopiert.
`cp file1 file2 file3 dir`	Es werden mehrere Dateien in ein Verzeichnis kopiert.

Tabelle C.3 Anwendungen von cp

C.1.10 csplit – Zerteilen von Dateien (kontextabhängig)

Mit `csplit` können Sie eine Datei in mehrere Teile aufteilen. Als Trennstelle kann hierbei ein Suchmuster, also auch ein regulärer Ausdruck angegeben werden. Dabei werden aus einer Eingabedatei mehrere Ausgabedateien erzeugt, deren Inhalt vom Suchmuster abhängig gemacht werden kann. Ein Beispiel:

```
csplit Kapitel20.txt /Abschnitt 1/ /Abschnitt 2/ /Abschnitt 3/
```

Hier wird das *Kapitel20.txt* in vier Teile aufgeteilt. Zunächst vom Anfang bis zum »Abschnitt 1«, als Nächstes von »Abschnitt 1« bis »Abschnitt 2«, dann »Abschnitt 2« bis »Abschnitt 3« und zu guter Letzt »Abschnitt 3« bis »Abschnitt4«. Hier können Sie allerdings auch einzelne Zeilen angeben, ab denen Sie eine Datei teilen wollen:

```
csplit -f Abschnitt Kapitel20.txt 20 40
```

Hier haben Sie mit der Option `-f` veranlasst, dass statt eines Dateinamens wie »xx01«, »xx02« usw. dem darauf folgenden Namen eine Datei wie »Abschnitt01«, »Abschnitt02« usw. erzeugt wird. Hier zerteilen Sie die Datei *Kapitel20.txt* in drei Dateien: »Abschnitt01« (Zeile 1–20), »Abschnitt02« (Zeile 21–40) und »Abschnitt03« (Zeile 41 bis zum Ende). Sie können mit `{n}` am Ende auch angeben, dass ein bestimmter Ausdruck *n*-mal angewendet werden soll. Beispielsweise:

```
csplit -k /var/spool/mail/$LOGNAME /^From / {100}
```

Hier zerteilen Sie in Ihrer Mailbox die einzelnen E-Mails in die einzelnen Dateien »xx01«, »xx02« ... »xx99«. Jeder Brief einer E-Mail im mbox-Format beginnt mit »From«, weshalb dies als Trennzeichen für die einzelnen Dateien dient. Weil Sie wahrscheinlich nicht genau wissen, wie viele Mails in Ihrer Mailbox liegen, können Sie durch die Angabe einer relativ hohen Zahl zusammen mit der Option `-k` erreichen, dass alle Mails getrennt und nach einem eventuell vorzeitigen Scheitern die bereits erzeugten Dateien nicht wieder gelöscht werden.

C.1.11 cut – Zeichen oder Felder aus Dateien herausschneiden

Mit `cut` schneiden Sie bestimmte Teile aus einer Datei heraus. Dabei liest `cut` von der angegebenen Datei und gibt die Teile auf dem Bildschirm aus, die Sie als gewählte Option und per Wahl des Bereichs verwendet haben. Ein Bereich ist eine durch ein Komma getrennte Liste von einzelnen Zahlen bzw. Zahlenbereichen. Diese Zahlenbereiche werden in der Form »a-z« angegeben. Wird a oder z weggelassen, so wird hierzu der Anfang bzw. das Ende einer Zeile verwendet.

Hinweis

`cut` wurde bereits im Abschnitt »Stringverarbeitung – die Klassiker für alle Shells« in Kapitel 17.9.2 ausführlich beschrieben und demonstriert.

C.1.12 diff – Vergleichen zweier Dateien

`diff` vergleicht den Inhalt von zwei Dateien. Da `diff` zeilenweise vergleicht, sind keine binären Dateien erlaubt. Ein Beispiel:

```
you@host > diff file1.txt file2.txt
2a3
> neueZeile
```

Hier wurden die Dateien *file1.txt* und *file2.txt* miteinander verglichen. Die Ausgabe »2a3« besagt lediglich, dass Sie in der Datei *file1.txt* zwischen der Zeile 2 und 3 die Zeile »neueZeile« einfügen (`a` = *append*) müssten, damit die Datei exakt mit der Datei *file2.txt* übereinstimmt. Noch ein Beispiel:

```
you@host > diff file1.txt file2.txt
2c2
< zeile2
---
> zeile2 wurde verändert
```

Hier bekommen Sie mit »2c2« die Meldung, dass die zweite Zeile unterschiedlich (`c` = *change*) ist. Die darauf folgende Ausgabe zeigt auch den Unterschied dieser Zeile an. Eine sich öffnende spitze Klammer (<) zeigt *file1.txt* und die sich schließende spitze Klammer bezieht sich auf *file2.txt*. Und eine dritte Möglichkeit, die Ihnen `diff` meldet, wäre:

```
you@host > diff file1.txt file2.txt
2d1
< zeile2
```

Hier will Ihnen `diff` sagen, dass die zweite Zeile in *file2.txt* fehlt (`d` = *delete*) bzw. gelöscht wurde. Daraufhin wird die entsprechende Zeile auch ausgegeben. Natürlich beschränkt sich die Verwendung von `diff` nicht ausschließlich auf Dateien. Mit der Option `-r` können Sie ganze Verzeichnisse miteinander vergleichen:

```
diff -r dir1 dir2
```

C.1.13 diff3 – Vergleich von drei Dateien

Die Funktion entspricht etwa der von `diff`, nur dass Sie hierbei drei Dateien Zeile für Zeile miteinander vergleichen können. Folgendes besagt die Ausgabe von `diff3`:

```
diff file1 file2 file3
```

Ausgabe	Bedeutung
`====`	Alle drei Dateien sind unterschiedlich.
`====1`	`file1` ist unterschiedlich.
`====2`	`file2` ist unterschiedlich.
`====3`	`file3` ist unterschiedlich.

Tabelle C.4 Bedeutung der Ausgabe von diff3

C.1.14 dos2unix – Dateien vom DOS- in UNIX-Format umwandeln

Mit `dos2unix` können Sie Textdateien vom DOS- in das UNIX-Format umwandeln. Alternativ gibt es außerdem noch den Befehl `mac2unix`, mit dem Sie Textdateien vom MAC- in das UNIX-Format konvertieren können.

```
you@host > dos2unix file1.txt file2.txt
dos2unix: converting file file1.txt to UNIX format ...
dos2unix: converting file file2.txt to UNIX format ...
```

C.1.15 expand – Tabulatoren in Leerzeichen umwandeln

`expand` ersetzt alle Tabulatoren einer Datei durch eine Folge von Leerzeichen. Standardmäßig sind dies acht Leerzeichen, allerdings kann dieser Wert explizit mit einem Schalter verändert werden. Wollen Sie z. B., dass alle Tabulatorzeichen mit nur drei Leerzeichen ersetzt werden, erreichen Sie dies folgendermaßen:

```
you@host > expand -3 file
```

Allerdings erlaubt `expand` nicht das vollständige Entfernen von Tabulatorenzeichen – sprich ein Schalter mit `-0` gibt eine Fehlermeldung zurück. Hierzu können Sie alternativ z. B. das Kommando `tr` verwenden.

C.1.16 file – den Inhalt von Dateien analysieren

Das Kommando `file` versucht, die Art oder den Typ einer von Ihnen angegebenen Datei zu ermitteln. Hierzu führt `file` einen Dateisystemtest, einen Kennzahlentest und einen Sprachtest durch. Je nach Erfolg wird eine entsprechende Ausgabe des Tests vorgenommen. Der Dateisystemtest wird mithilfe des Systemaufrufes `stat(2)` ausgeführt. Dieser Aufruf erkennt viele Arten von Dateien. Der Kennzahlentest wird anhand von festgelegten Kennzahlen (der Datei */etc/magic* oder */etc/usr/share/magic*) durchgeführt. In dieser Datei steht beispielsweise geschrieben, welche Bytes einer Datei zu untersuchen sind und auf welches Muster man dann den Inhalt dieser Datei zurückführen kann. Am Ende erfolgt noch ein Sprachtest. Hier versucht *file*, eine Programmiersprache anhand von Schlüsselwörtern zu erkennen.

```
you@host > cat > hallo.c
#include <stdio.h>

int main(void) {
   printf("Hallo Welt\n");
   return 0;
}
[Strg]+[D]
you@host > file hallo.c
hallo.c: ASCII C program text
you@host > gcc -o hallo hallo.c
you@host > ./hallo
Hallo Welt
you@host > file hallo
hallo: ELF 32-bit LSB executable, Intel 80386, version 1 (SYSV), for GNU/
Linux 2.6.8, dynamically linked (uses shared libs), not stripped
you@host > file file1.txt
file1.txt: ASCII text
you@host > mkfifo abc
```

```
you@host > file abc
abc: fifo (named pipe)
...
```

C.1.17 find – Suchen nach Dateien

Zum Suchen nach Dateien wird häufig auf das Kommando `find` zurückgegriffen. `find` durchsucht eine oder mehrere Verzeichnisebenen nach Dateien mit einer bestimmten vorgegebenen Eigenschaft. Die Syntax zu `find`:

```
find [Verzeichnis] [-Option ...] [-Test ...] [-Aktion ...]
```

Die Optionen, Tests und Aktionen können Sie mit Operatoren zusammenfassen. Dabei wertet `find` jede Datei in den Verzeichnissen hinsichtlich der Optionen, Tests und Aktionen von links nach rechts aus, bis ein Wert unwahr ist oder die Kommandozeilenargumente zu Ende sind. Wenn kein Verzeichnis angegeben wird, wird das aktuelle Verzeichnis verwendet – allerdings gilt dies nur bei GNU-`find`. Von daher sollte man aus Kompatibilitätsgründen möglichst das Verzeichnis angeben. Wenn keine Aktion angegeben ist, wird meistens `-print` (abhängig von einer eventuell angegebene Option) für die Ausgabe auf dem Bildschirm verwendet. Hierzu einige Beispiele.

- Alle Verzeichnisse und Unterverzeichnisse ab dem Heimverzeichnis ausgeben:

  ```
  find $HOME -print
  ```

- Gibt alle Dateien mit dem Namen »kapitel« aus dem Verzeichnis (und dessen Unterverzeichnisse) */dokus* aus:

  ```
  find /dokus -name kapitel -print
  ```

- Gibt alle Dateien aus dem Verzeichnis (und dessen Unterverzeichnisse) *dokus* mit dem Namen »kap...«, bei denen »you« der Eigentümer ist, aus:

  ```
  find /dokus /usr -name 'kap*' -user you -print
  ```

- Damit durchsuchen Sie ab dem Wurzelverzeichnis nach einem Verzeichnis (`-type d` = *directory*) mit dem Namen »dok...« und geben dies auf dem Bildschirm aus:

  ```
  find / -type d -name 'dok*' -print
  ```

- Sucht leere Dateien (`size` = 0) und löscht diese nach einer Rückfrage (`-ok`):

  ```
  find / -size 0 -ok rm {} \;
  ```

- Gibt alle Dateien ab dem Wurzelverzeichnis aus, die in den letzten sieben Tagen verändert wurden:

  ```
  find / -mtime -7 -print
  ```

C.1.18 fold – einfaches Formatieren von Dateien

Mit `fold` können Sie Textdateien ab einer bestimmten Zeilenlänge umbrechen. Standardmäßig sind hierbei 80 Zeichen pro Zeile eingestellt. Da `fold` die Bildschirmspalten und nicht die Zeichen zählt, werden auch Tabulatorzeichen korrekt behandelt. Wollen Sie etwa eine Textdatei nach 50 Zeichen umbrechen, gehen Sie folgendermaßen vor:

```
you@host > fold -50 Kap003.txt
...
Sicherlich erscheint Ihnen das Ganze nicht sonderl
ich elegant oder sinnvoll, aber bspw. in Schleifen
 eingesetzt, können Sie hierbei hervorragend alle A
rgumente der Kommandozeile zur Verarbeitung von Op
tionen heranziehen. Als Beispiel ein kurzer theoreti
scher Code-Ausschnitt, wie so etwas in der Praxis
realisiert werden kann.
```

Allerdings kann man an der Ausgabe erkennen, dass einfach die Wörter abgeschnitten und in der nächsten Zeile fortgeführt werden. Wollen Sie dies unterbinden, können Sie die Option `-s` verwenden. Damit findet der Zeilenumbruch beim letzten Leerzeichen der Zeile statt, wenn in der Zeile ein Leerzeichen vorhanden ist.

```
you@host > fold -s -50 Kap003.txt
...
Sicherlich erscheint Ihnen das Ganze nicht
sonderlich elegant oder sinnvoll, aber bspw. in
Schleifen eingesetzt, können Sie hierbei
hervorragend alle Argumente der Kommandozeile zur
Verarbeitung von Optionen heranziehen. Als Beispiel
ein kurzer theoretischer Code-Ausschnitt, wie so
etwas in der Praxis realisiert werden kann.
```

Ein recht typischer Anwendungsfall ist es, Text für eine E-Mail zu formatieren:

```
you@host > fold -s -72 text.txt | mail -s "Betreff" name@host.de
```

C.1.19 head – Anfang einer Datei ausgeben

Mit der Funktion `head` geben Sie immer die ersten Zeilen einer Datei auf dem Bildschirm aus. Standardmäßig werden dabei die ersten zehn Zeilen ausgegeben. Wollen Sie selbst bestimmen, wie viele Zeilen vom Anfang der Datei ausgegeben werden sollen, können Sie dies explizit mit -*n* angeben:

```
you@host > head -5 file
```

Hier werden die ersten fünf Zeilen von *file* auf dem Bildschirm ausgegeben.

C.1.20 less – Datei(en) seitenweise ausgeben

Mit `less` geben Sie eine Datei seitenweise auf dem Bildschirm aus. Der Vorteil von `less` gegenüber `more` ist, dass Sie mit `less` auch zurückblättern können. Da `less` von der Standardeingabe liest, ist so auch eine Umleitung eines anderen Kommandos mit einer Pipe möglich. Mit der [Leertaste] blättern Sie eine Seite weiter und mit [B] können Sie jeweils eine Seite zurückblättern. Die meisten `less`-Versionen bieten außerdem das Scrollen nach unten bzw. oben mit den Pfeiltasten an. Mit [Q] wird `less` beendet. `less` bietet außerdem eine Unmenge von Optionen und weiterer Features an, über die Sie sich durch Drücken von [H] informieren können.

C.1.21 ln – Links auf eine Datei erzeugen

Wenn eine Datei erzeugt wird, werden im Verzeichnis der Name, ein Verweis auf eine Inode, die Zugriffsrechte, der Dateityp und gegebenenfalls die Anzahl der belegten Blöcke eingetragen. Mit `ln` wiederum wird ein neuer Eintrag im Verzeichnis abgelegt, der auf die Inode einer existierenden Datei zeigt. Man spricht dabei von einem Hardlink. Er wird standardmäßig ohne weitere Angaben angelegt. Es ist allerdings nicht möglich, diese Hardlinks über Dateisystemgrenzen hinweg anzulegen. Hierzu müssen Sie einen symbolischen Link mit der Option `-s` erzeugen.

```
ln -s filea fileb
```

Damit haben Sie einen symbolischen Link auf die bestehende Datei *filea* mit dem Namen *fileb* angelegt.

Wollen Sie hingegen einen Hardlink auf die bestehende Datei *filea* mit dem Namen *fileb* anlegen, so gehen Sie wie folgt vor:

```
ln filea fileb
```

Smalltalk

Mit den Hardlinks kann man unter BSD und Jails nette Sachen machen. Unter BSD gibt es ja das »imutable flag« für Dateien, das das Schreiben auch für root verbietet. Nur root kann das Flag verändern. Man kann aber mit »make world« ein Betriebssystem in einem Verzeichnis für eine Jail bauen. Das Verzeichnis kann man dann rekursiv mit dem »imutable flag« versehen und per Hardlink in die Jail verlinken. Das »imutable flag« kann nur root vom Hostsystem aus verändern, Nicht-root aus der Jail. Somit kann man das root-Passwort im Internet bekannt geben (wurde auch schon oft gemacht) und es hat bisher noch nie jemand geschafft, solch eine Jail zu knacken.

C.1.22 ls – Verzeichnisinhalt auflisten

Mit `ls` wird der Inhalt eines Verzeichnisses auf dem Dateisystem angezeigt. Da `ls` schon des Öfteren im Buch verwendet wurde, wird hier nicht mehr näher darauf eingegangen.

C.1.23 more – Datei(en) seitenweise ausgeben

`more` wird genauso eingesetzt wie `less`, und zwar zum seitenweisen Lesen von Dateien. Allerdings bietet `less` gegenüber `more` erheblich mehr Features und Funktionalitäten an.

C.1.24 mv – Datei(en) und Verzeichnisse verschieben oder umbenennen

Mit `mv` können Sie eine oder mehrere Dateien bzw. Verzeichnisse verschieben oder umbenennen.

Verwendung	Bedeutung
`mv file filenew`	Eine Datei umbenennen

Tabelle C.5 Anwendungen von mv

Verwendung	Bedeutung
mv file dir	Eine Datei in ein Verzeichnis verschieben
mv dir dirnew	Ein Verzeichnis in ein anderes Verzeichnis verschieben

Tabelle C.5 Anwendungen von mv (Forts.)

C.1.25 nl – Datei mit Zeilennummer ausgeben

Mit nl geben Sie die Zeilen einer Datei mit deren Nummer auf dem Bildschirm aus. Dabei ist nl nicht nur ein »dummer« Zeilenzähler, sondern kann die Zeilen einer Seite auch in einen Header, Body und einen Footer unterteilen und in unterschiedlichen Stilen nummerieren, zum Beispiel:

```
you@host > ls | nl -w3 -s') '
  1) abc
  2) bin
  3) cxoffice
  4) Desktop
  5) Documents
  6) file1.txt
 ...
```

Wenn Sie mehrere Dateien verwenden, beginnt die Nummerierung allerdings nicht mehr neu, dann werden mehrere Dateien wie eine behandelt. Die Zeilennummer wird nicht zurückgesetzt. Ein weiteres Beispiel:

```
you@host > nl hallo.c -s' : ' > hallo_line
you@host > cat hallo_line
     1 : #include <stdio.h>

     2 : int main(void) {
     3 :    printf("Hallo Welt\n");
     4 :    return 0;
     5 : }
```

Mit der Option -s (optional) geben Sie das Zeichen an, das zwischen der Zeilennummer und der eigentlichen Zeile stehen soll.

C.1.26 od – Datei(en) hexadezimal bzw. oktal ausgeben

od liest von der Standardeingabe eine Datei ein und gibt diese – Byte für Byte – formatiert und kodiert auf dem Bildschirm aus. Standardmäßig wird dabei die siebenstellige Oktalzahl in je acht Spalten zu zwei Bytes verwendet:

```
you@host > od file1.txt
0000000 064546 062554 035061 062572 066151 030545 063012 066151
0000020 030545 075072 064545 062554 005062 064546 062554 035062
0000040 062572 066151 031545 000012
0000047
```

Jede Zeile enthält in der ersten Spalte die Positionsnummer in Bytes vom Dateianfang an. Mit der Option -h erfolgt die Ausgabe in hexadezimaler und mit -c in ASCII-Form.

C.1.27 paste – Dateien spaltenweise verknüpfen

Mit paste führen Sie Zeilen von mehreren Dateien zusammen. Das Kommando wurde bereits in Abschnitt 2.3.1 behandelt, weshalb Sie gegebenenfalls hierhin zurückblättern sollten.

C.1.28 pcat – Ausgabe von pack-komprimierten Dateien

Mit pcat kann man den Inhalt von pack-komprimierten Dateien ausgeben, ohne dass man die komprimierte Datei dekomprimieren muss. Ansonsten funktioniert pcat wie cat.

C.1.29 rm – Dateien und Verzeichnisse löschen

Mit dem Kommando rm können Sie Dateien und Verzeichnisse löschen.

Verwendung	Bedeutung
rm datei	Löscht eine Datei
rm dir	Löscht ein leeres Verzeichnis
rm -r dir	Löscht ein Verzeichnis rekursiv
rm -rf dir	Erzwingt rekursives Löschen, ohne eine Warnung auszugeben

Tabelle C.6 Anwendungen von rm

C.1.30 sort – Dateien sortieren

Gewöhnlich wird sort zum Sortieren einzelner Zeilen einer Datei oder der Standardeingabe verwendet. sort kann aber auch Dateien überprüfen, ob diese sortiert sind und mehrere sortierte oder auch unsortierte Dateien zu einer sortierten zusammenfügen. Ohne Angabe einer Option sortiert sort eine Datei zeilenweise in alphabetischer Reihenfolge:

```
you@host > sort kommandos.txt
a2ps - Textdatei umwandeln nach Postscript
accept - Druckerwarteschlange auf empfangsbereit setzen
afio - Ein cpio mit zusätzlicher Komprimierung
alias - Kurznamen für Kommandos vergeben
...
you@host > ls | sort
abc
bin
cxoffice
Desktop
Documents
...
```

Häufig verwendete Optionen zum Sortieren, die mit `sort` benutzt werden:

Option	Bedeutung
-n	Sortiert eine Datei numerisch.
-f	Unterscheidet nicht zwischen Klein- und Großbuchstaben.
-r	Sortiert nach Alphabet in umgekehrter Reihenfolge.
-n -r	Sortiert numerisch in umgekehrter Reihenfolge.
-c	Überprüft, ob die Dateien bereits sortiert sind. Wenn nicht, wird mit einer Fehlermeldung und dem Rückgabewert 1 abgebrochen.
-u	Gibt keine doppelt vorkommenden Zeilen aus.

Tabelle C.7 Optionen für das Kommando sort

Alternativ gibt es hierzu noch das Kommando `tsort`, welches Dateien topologisch sortiert.

C.1.31 split – Dateien in mehrere Teile zerlegen

Mit `split` teilen Sie eine Datei in mehrere Teile auf. Ohne Angabe einer Option wird eine Datei in je 1000 Zeilen aufgeteilt. Die Ausgabe erfolgt in Dateien mit »x...« oder einem entsprechenden Präfix, wenn eines angegeben wurde:

```
you@host > split -50 kommandos.txt
you@host > ls x*
xaa  xab  xac  xad  xae
```

Die Datei können Sie folgendermaßen wieder zusammensetzen:

```
for file in `ls x* | sort`; do cat $file >> new.txt; done
```

Hier wurde z. B. die Textdatei *kommandos.txt* in je 50-zeilige Häppchen aufgeteilt. Wollen Sie den Namen der neu erzeugten Datei verändern, gehen Sie wie folgt vor:

```
you@host > split -50 kommandos.txt kommandos
you@host > ls komm*
kommandosaa  kommandosab  kommandosac
kommandosad  kommandosae  kommandos.txt
```

Das Kommando `split` wird häufig eingesetzt, um große Dateien zu splitten, die nicht auf ein einzelnes Speichermedium passen.

C.1.32 tac – Dateien rückwärts ausgeben

Vereinfacht ausgedrückt ist `tac` wie `cat` (daher auch der rückwärts geschriebene Kommandoname), nur dass `tac` die einzelnen Zeilen rückwärts ausgibt. Es wird somit zuerst die letzte Zeile ausgegeben, dann die vorletzte usw. bis zur ersten Zeile.

```
you@host > cat file1.txt
file1:zeile1
file1:zeile2
```

```
file2:zeile3
you@host > tac file1.txt
file2:zeile3
file1:zeile2
file1:zeile1
```

C.1.33 tail – Ende einer Datei ausgeben

`tail` gibt die letzten Zeilen (standardmäßig, ohne spezielle Angaben die letzten zehn) einer Datei aus.

```
you@host > tail -5 kommandos.txt
write - Nachrichten an andere Benutzer verschicken
zcat - Ausgabe von gunzip-komprimierten Dateien
zip/unzip - (De-) Komprimieren von Dateien
zless - gunzip-komprimierte Dateien seitenweise ausgeben
zmore - gunzip-komprimierte Dateien seitenweise ausgeben
```

Hier gibt `tail` die letzten fünf Zeilen der Datei *kommandos.txt* aus. Wollen Sie eine Datei ab einer bestimmten Zeile ausgeben lassen, gehen Sie wie folgt vor:

```
you@host > tail +100 kommandos.txt
```

Hier werden alle Zeilen ab Zeile 100 ausgegeben. Wollen Sie `tail` wie `tac` verwenden, können Sie die Option `-r` verwenden:

```
you@host > tail -r kommandos.txt
```

Hiermit wird die komplette Datei zeilenweise rückwärts, von der letzten zur ersten Zeile ausgegeben. Häufig verwendet wird auch die Option `-f` (*follow*), die immer wieder das Dateiende ausgibt. Dadurch kann man eine Datei beim Wachsen beobachten, da jede neu hinzugekommene Zeile angezeigt wird. Natürlich lässt sich diese Option nur auf eine Datei gleichzeitig anwenden.

C.1.34 tee – Ausgabe duplizieren

Mit `tee` lesen Sie von der Standardeingabe und verzweigen die Ausgabe auf die Standardausgabe und Datei. Da `tee` ein eigener Abschnitt (17.7.6) im Buch gewidmet ist, sei hier auf diesen verwiesen.

C.1.35 touch – Anlegen von Dateien oder Zeitstempel verändern

Mit `touch` verändern Sie die Zugriffs- und Änderungszeit einer Datei auf die aktuelle Zeit. Existiert eine solche Datei nicht, wird diese angelegt. In der folgenden Tabelle finden Sie einige gängige Optionen zum Kommando `touch`:

Option	Bedeutung
-a	Damit ändern Sie nur die Zugriffszeit.
-c	Falls eine Datei nicht existiert, wird diese trotzdem nicht erzeugt.
-m	Ändert nur die Änderungszeit

Tabelle C.8 Optionen für das Kommando touch

C.1.36 tr – Zeichen ersetzen bzw. Umformen von Dateien

Mit `tr` können Zeichen durch andere Zeichen ersetzt werden. Dies gilt auch für nicht druckbare Zeichen.

```
tr str1 str2 file
```

Wird in der Datei *file* ein Zeichen aus »str1« gefunden, wird es durch das entsprechende Zeichen in »str2« ersetzt.

Hinweis

`tr` wurde bereits im Abschnitt »Stringverarbeitung – die Klassiker für alle Shells« in Kapitel 17.9.2 behandelt.

C.1.37 type – Kommandos klassifizieren

Mit `type` können Sie klassifizieren, wie die Shell den angegebenen Namen interpretieren würde, wenn Sie diesen in der Kommandozeile verwenden. `type` unterscheidet hierbei zwischen einem Alias, einem Builtin (Shellfunktion), einer Datei oder einer Scriptfunktion. Kann `type` nichts mit dem Namen anfangen, wird auch nichts ausgegeben.

```
you@host > type ls echo ./hallo
ls is aliased to `/bin/ls $LS_OPTIONS'
echo is a shell builtin
./hallo is ./hallo
```

Hinweis

`type` selbst ist ein Builtin und daher nicht in jeder Shell verfügbar.

C.1.38 umask – Dateierstellungsmaske ändern bzw. ausgeben

Mit der Shell-Funktion `umask` setzen Sie eine Maske, mit der die Zugriffsrechte auf eine Datei bzw. auf Verzeichnisse direkt nach der Erzeugung durch einen von der Shell kontrollierten Prozess bestimmt wird. Die in der Maske gesetzten Bits werden bei den Zugriffsrechten für die neue Datei bzw. das Verzeichnis gelöscht (man spricht auch von: Sie werden maskiert). Mehr zu diesem Kommando entnehmen Sie bitte dem Abschnitt »Einschränkungsmaske setzen und abfragen« in Kapitel 2.3.1, wo es näher behandelt wurde.

C.1.39 uniq – doppelte Zeilen nur einmal ausgeben

Mit `uniq` können Sie doppelt vorhandene Zeilen löschen. Voraussetzung ist allerdings, dass die Datei sortiert ist und die doppelten Zeilen direkt hintereinander folgen. Beispielsweise:

```
you@host > cat file1.txt
file1:zeile1
file1:zeile2
file1:zeile2
file2:zeile3
you@host > uniq file1.txt
file1:zeile1
file1:zeile2
file2:zeile3
```

C.1.40 unix2dos – Dateien vom UNIX- in DOS-Format umwandeln

Das Gegenstück von `dos2unix`. Damit wandeln Sie eine Textdatei vom Unix-Format wieder zurück in das DOS-Format um.

```
unix2dos fileunix filedos
```

C.1.41 wc – Zeilen, Wörter und Zeichen einer Datei zählen

Mit `wc` können Sie die Zeichen, Wörter und/oder Zeilen einer Datei zählen. Ohne spezielle Optionen wird eine Zeile mit den folgenden Zahlen ausgegeben:

```
you@host > wc file1.txt
 4  4 52 file1.txt
```

Die erste Spalte enthält die Anzahl der Zeilen, gefolgt von der Anzahl der Worte und am Ende die Anzahl der Zeichen. Einzeln können Sie dies mit der Option `-l` (*lines* = Zeilen), `-w` (*words* = Wörter) und `-c` (*characters* = Zeichen) ermitteln.

C.1.42 whereis – Suche nach Dateien

Mit dem Kommando `whereis` wird vorwiegend in wichtigen Pfaden (meistens allen Einträge in `PATH`) nach Binärdateien oder `man`-Dateien gesucht. `whereis` ist nicht so flexibel wie `find`, aber dafür erheblich schneller.

```
you@host > whereis ls
/bin/ls /usr/share/man/man1/ls.1.gz /usr/share/man/man1p/ls.1p.gz
you@host > whereis -b ls
/bin/ls
you@host > whereis -m ls
/usr/share/man/man1/ls.1.gz /usr/share/man/man1p/ls.1p.gz
```

Zuerst wurde der Pfad zum Programm `ls` ermittelt. Hierbei werden allerdings auch gleich die Pfade zu den `man`-Seiten mit ausgegeben. Wollen Sie nur den Pfad zum Binärprogramm erhalten, müssen Sie die Option `-b` verwenden. Wünschen Sie nur den Pfad zu den `man`-Seiten, so verwenden Sie die Option `-m`, wie im Beispiel gesehen.

C.1.43 zcat, zless, zmore – (seitenweise) Ausgabe von gunzip-komprimierten Dateien

Alle drei Funktionen haben dieselbe Funktionsweise wie Ihre Gegenstücke ohne »z«, nur dass hiermit `gzip`- bzw. `gunzip`-komprimierte Dateien gelesen und ausgegeben werden können, ohne dass diese dekomprimiert werden müssen. Auf manchen Systemen gibt es mit `zgrep` auch noch eine entsprechende `grep`-Version.

C.2 Verzeichnisorientierte Kommandos

C.2.1 basename – gibt den Dateianteil eines Pfadnamens zurück

`basename` liefert den Dateiname ohne den Pfadnamen zurück, indem dieser abgeschnitten wird. Geben Sie ein Suffix an, wird auch die Dateiendung abgeschnitten.

C.2.2 cd – Verzeichnis wechseln

Das Shellkommando `cd` wird zum Wechseln des aktuellen Verzeichnisses verwendet. Wird kein Verzeichnis angegeben, wird in das Heimverzeichnis gewechselt.

C.2.3 dircmp – Verzeichnisse rekursiv vergleichen

Mit dem Kommando `dircmp` vergleichen Sie zwei Verzeichnisse mit allen ihren Dateien und Unterverzeichnissen auf Gleichheit.

```
dircmp dir1 dir2
```

Auf der ersten Seite gibt `dircmp` die Dateinamen aus, die nur in einem der Verzeichnisse vorkommen. Auf der zweiten Seite werden die Dateinamen aufgelistet, die zwar in beiden Verzeichnissen vorhanden sind, aber unterschiedliche Inhalte aufweisen. Auf der dritten Seite werden alle Dateien mit dem gleichen Inhalt aufgelistet. Die Namen der identischen Dateien können Sie mit der Option `-s` unterdrücken.

C.2.4 dirname – Verzeichnisanteil eines Pfadnamens zurückgeben

`dirname` ist das Gegenstück zu `basename` und gibt den Verzeichnisanteil zurück. Es wird hierbei also der Dateiname aus der absoluten Pfadangabe »ausgeschnitten«.

C.2.5 mkdir – ein Verzeichnis anlegen

Mit `mkdir` legen Sie ein leeres Verzeichnis an. Wollen Sie gleich beim Anlegen die Zugriffsrechte erteilen, können Sie dies mit der Option `-m` vornehmen:

```
you@host > mkdir -m 600 mydir
```

Wollen Sie ein neues Verzeichnis mitsamt Elternverzeichnissen anlegen, können Sie die Option `-p` verwenden:

```
you@host > mkdir doku/neu/buch
mkdir: kann Verzeichnis doku/neu/buch nicht anlegen:
       Datei oder Verzeichnis nicht gefunden
you@host > mkdir -p doku/neu/buch
```

C.2.6 pwd – Ausgeben des aktuellen Arbeitsverzeichnisses

Mit pwd lassen Sie das aktuelle Arbeitsverzeichnis ausgeben, in dem Sie sich gerade befinden.

C.2.7 rmdir – ein leeres Verzeichnis löschen

Mit der Funktion rmdir können Sie ein leeres Verzeichnis löschen. Nicht leere Verzeichnisse können Sie mit rm -r rekursiv löschen. Etwas, was rm -r allerdings nicht kann, ist Verzeichnisse zu löschen, für die kein Ausführrecht vorhanden ist. Irgendwie ist dies auch logisch, weil ja rm mit der Option -r im Verzeichnis enthalten sein muss. rmdir hingegen verrichtet hierbei seine Arbeit klaglos:

```
you@host > mkdir -m 600 mydir
you@host > rm -r mydir
rm: kann nicht aus Verzeichnis . in mydir wechseln:
    Keine Berechtigung
you@host > rmdir mydir
```

C.3 Verwaltung von Benutzern und Gruppe

C.3.1 exit, logout – eine Session (Sitzung) beenden

Mit beiden Befehlen beenden Sie eine Shellsitzung (eine Textkonsole bzw. ein Shell-Fenster). Gleiches würde man auch mit [Strg]+[D] erreichen.

C.3.2 finger – Informationen zu anderen Benutzern abfragen

Mit finger können Sie detaillierte Informationen zu momentan angemeldeten Benutzern abfragen (ähnlich wie mit who, nur dass die Terminals nicht einzeln aufgelistet werden):

```
you@host > finger
Login      Name               Tty      Idle  Login Time   Where
john       Jonathan Wolf      3           2   Thu 02:31
tot        J.Wolf             :0        14d   Wed 22:30   console
you        Dr.No              2           2   Thu 02:31
```

Ohne irgendwelche Optionen gibt finger zu allen aktiven Benutzern eine Informationszeile aus. Geben Sie einen Benutzernamen ein, bekommen Sie eine detailliertere Auskunft (im Langformat):

```
you@host > finger you
Login: you                              Name:
Directory: /home/you                    Shell: /bin/bash
```

```
On since Thu Apr 21 02:31 (CEST) on tty2, idle 0:04
Mail last read Fri Feb 25 04:21 2005 (CET)
No Plan.
```

Natürlich können Sie auch zu allen anderen aktiven Benutzern dieses Langformat mit der Option `-l` ausgeben lassen. Wollen Sie einen Benutzer auf einem entfernten System suchen, müssen Sie »benutzername@hostname« für den Benutzer angeben.

C.3.3 groupadd, groupmod, groupdel – Gruppenverwaltung (distributionsabhängig)

Eine neue Gruppe können Sie mit `groupadd` anlegen:

```
groupadd [-g GID] gruppenname
```

Die ID einer Gruppe (gid) können Sie mit `groupmod` verändern:

```
groupmod [-g neueGID] gruppenname
```

Eine Gruppe wieder löschen können Sie mit `groupdel`:

```
groupdel gruppenname
```

C.3.4 groups – Gruppenzugehörigkeit ausgeben

Um alle Gruppen eines Benutzers zu ermitteln, wird `groups` verwendet. Wird `groups` ohne Angabe eines bestimmten Benutzers ausgeführt, werden alle Gruppen des aktuellen Benutzers ausgegeben.

C.3.5 id – eigene Benutzer- und Gruppen-ID ermitteln

Mit `id` können Sie die User- und Gruppen-ID eines Benutzers ermitteln. Geben Sie keinen bestimmten Benutzer an, so wird die UID und GID des aktuellen Benutzers ermittelt und ausgegeben.

C.3.6 last – An- und Abmeldezeit eines Benutzers ermitteln

Einen Überblick zu den letzten An- und Abmeldezeiten von Benutzern können Sie mit `last` erhalten:

```
you@host > last
john     tty3                         Thu Apr 21 02:31   still logged in
you      tty2                         Thu Apr 21 02:31   still logged in
tot      :0    console                Wed Apr 20 22:30   still logged in
reboot   system boot  2.6.4-52-default Wed Apr 20 22:30  (04:42)
tot      :0    console                Wed Apr 20 06:40 - 07:42  (01:02)
reboot   system boot  2.6.4-52-default Wed Apr 20 06:39  (01:03)
wtmp begins Wed Apr 20 05:26:11 2005
```

Wollen Sie nur die Login-Zeiten eines einzelnen Users ermitteln, so müssen Sie diesen als Argument angeben.

C.3.7 logname – Name des aktuellen Benutzers anzeigen

Mit `logname` erhalten Sie den Benutzernamen, der von getty in der Datei */var/run/utmp* gespeichert wird. Hierzu muss man allerdings auch in einem echten Terminal mit `getty` angemeldet sein. Unter einem Konsolenfenster wie dem `xterm` werden Sie hier keinen Namen erhalten.

C.3.8 newgrp – Gruppenzugehörigkeit kurzzeitig wechseln (betriebssystemspezifisch)

Mit `newgrp` kann ein Benutzer während einer Sitzung in eine andere Gruppe wechseln (in der er ebenfalls Mitglied ist). Wird keine Gruppe als Argument verwendet, wird in eine Standardgruppe von */etc/passwd* gewechselt. Als Argument wird der Gruppenname – wie dieser in */etc/group* eingetragen ist – erwartet, nicht die Gruppen-ID.

C.3.9 passwd – Passwort ändern bzw. vergeben

Mit dem Kommando `passwd` können Sie die Passwörter aller Benutzer in der Datei */etc/passwd* ändern. Damit hierbei wenigstens der Benutzer selbst (nicht root) die Möglichkeit hat, sein eigenes Passwort zu ändern, läuft `passwd` als SUID root. Damit hat der Anwender für kurze Zeit root-Rechte und kann somit sein Passwort ändern und darf in die Datei schreiben. Alle Passwörter darf nur root verändern.

```
linux:/home/you # passwd john
Changing password for john.
New password:********
Re-enter new password:********
Password changed
```

Wenn Sie der allmächtige root auf dem Rechner sind, haben Sie noch folgende Optionen, einen Benutzer mit den Passworteinstellungen zu verwalten:

Verwendung	Bedeutung
`passwd -l benutzername`	Den Benutzer sperren (`-l` = *lock*)
`passwd -f benutzername`	Den Benutzer dazu zwingen, beim nächsten Anmelden das Passwort zu verändern
`passwd -d benutzername`	Passwort eines Benutzers löschen (dannach kann sich ein Benutzer ohne Passwort anmelden, bspw. für eingeschränkte Test-Accounts geeignet)

Tabelle C.9 Optionen für das Kommando passwd

Hinweis

Diese Erläuterungen gelten zumindest für Linux. Unter FreeBSD bedeutet der Schalter `-l` z. B., dass das Passwort in der lokalen Passwortdatei geändert wird, in der Kerberos DB aber erhalten bleibt. Somit scheinen die Optionen von `passwd` betriebssystem- bzw. distributionsspezifisch zu sein. Hier sollte ein Blick in die man-Page für Klarheit sorgen.

C.3.10 useradd/adduser, userdel, usermod – Benutzerverwaltung (distributionsabhängig)

Einen neuen Benutzer anlegen können Sie mit `useradd` bzw. `adduser`:

```
# useradd testuser
 # passwd testuser
Changing password for testuser.
New password:********
Re-enter new password:********
Password changed
```

Die Eigenschaften eines Users können Sie mit `usermod` modifizieren.

```
# usermod -u 1235 -c "Test User" \
> -s /bin/bash -d /home/testdir testuser
```

Hier haben Sie z. B. einem User die ID 1235, den Kommentar bzw. Namen »Test User«, die Bash als Shell und als Verzeichnis */home/testdir* zugewiesen. Hierzu gibt es noch eine Menge Optionen mehr, die Sie mit `usermod` einstellen können (siehe auch man-Seite zu `usermod`).

Wollen Sie einen Benutzer wieder entfernen, können Sie dies mit `userdel` erreichen:

```
# userdel testuser
```

Beim Löschen wird eventuell noch überprüft, ob sich in *crontab* ein Eintrag für diesen User befindet. Dies ist sinnvoll, da der `cron`-Daemon sonst unnötig ins Leere laufen würde.

C.3.11 who – eingeloggte Benutzer anzeigen

Mit dem Kommando `who` werden alle angemeldeten Benutzer mitsamt dem Namen, der Login-Zeit und dem Terminal ausgegeben.

```
you@host > who
you       tty2        Apr 21 22:41
john      tty3        Apr 21 22:42
tot       :0          Apr 21 22:38 (console)
```

C.3.12 whoami – Name des aktuellen Benutzers anzeigen

Mit `whoami` können Sie ermitteln, unter welchem Namen Sie gerade arbeiten. Dies wird oft verwendet, um zu überprüfen, ob man als root oder »normaler« User arbeitet.

```
you@host > su
Password:********
linux:/home/you # whoami
root
linux:/home/you # exit
exit
you@host > whoami
you
```

C.4 Programm- und Prozessverwaltung

C.4.1 at – Kommando zu einem bestimmten Zeitpunkt ausführen lassen

Mit dem Kommando `at` können Sie ein Kommando zum angegebenen Zeitpunkt ausführen lassen, auch wenn der Benutzer zu diesem Zeitpunkt nicht angemeldet ist. Beispielsweise können Sie mit

```
at 2130 -f myscript
```

das Script »myscript« um 21:30 Uhr ausführen lassen. Natürlich lassen sich mehrere solcher zeitgesteuerten Kommandos einrichten. Jeder dieser `at`-Aufrufe wird an die at-Queue (`atq`) angehängt. Natürlich funktioniert dies auch mit Datum:

```
at 2200 apr 21 -f myscript
```

So würde das Script »myscript« am 2. April um 22 Uhr ausgeführt. Wollen Sie sich alle Aufträge der `atq` auflisten lassen, müssen Sie die Option `-l` verwenden:

```
at -l
```

Wollen Sie den Status des Auftrags mit der Nummer 33 anzeigen lassen, geben Sie Folgendes ein:

```
at -l 33
```

Soll dieser Auftrag gelöscht werden, so kann die Option `-d` verwendet werden:

```
at -d 33
```

C.4.2 batch – Kommando irgendwann später ausführen lassen

Mit `batch` lesen Sie Kommandos von der Kommandozeile, welche zu einem späteren Zeitpunkt ausgeführt werden, sobald das System Zeit hat. Dies wird bei extrem belasteten Rechnern gern verwendet, wenn man das Kommando bzw. Script zu einer Zeit ausführen lassen will, in der die Systemlast definitiv niedrig ist, und dies nicht nur zu vermuten ist. Die angegebenen Kommandos werden auch dann ausgeführt, wenn der Benutzer nicht angemeldet ist. Um `batch` auszuführen, muss auch hier der `at`-Daemon, der auch für das Kommando `at` verantwortlich ist, laufen.

```
you@host > batch
warning: commands will be executed using /bin/sh
at> ls -l
at> ./myscript
at> sleep 1
at> [Strg]+[D]
job 1 at 2009-02-20 23:30
```

Das Ende der Kommandozeileneingabe von `batch` müssen Sie mit [Strg]+[D] angeben.

C.4.3 bg – einen angehaltenen Prozess im Hintergrund fortsetzen

Mit dem Kommando `bg` können Sie einen (z. B. mit [Strg]+[Z]) angehaltenen Prozess im Hintergrund fortsetzen.

C.4.4 cron/crontab – Programme in bestimmten Zeitintervallen ausführen lassen

Mit `cron` können Sie beliebig viele Kommandos automatisch in bestimmten Zeitintervallen ausführen lassen. Einmal pro Minute sieht dieser Dämon in einen Terminkalender (*crontab*) nach und führt gegebenenfalls darin enthaltene Kommandos aus. `cron` wurde bereits ausführlich in Abschnitt 7.13.3 behandelt.

C.4.5 fg – einen angehaltenen Prozess im Vordergrund fortsetzen

Mit dem Kommando `fg` können Sie einen (z. B. mit [Strg]+[Z]) angehaltenen Prozess im Vordergrund fortsetzen. `fg` wurde bereits in Abschnitt 17.16.3 behandelt.

C.4.6 jobs – Anzeigen angehaltener bzw. im Hintergrund laufender Prozesse

Mit `jobs` bekommen Sie eine Liste mit den aktuellen Jobs zurückgegeben. Neben der Jobnummer steht bei jedem Job der Kommandoname, der Status und eine Markierung. Die Markierung »+« steht für den aktuellen Job, »-« für den vorhergehenden Job. Das Kommando `job` wurde bereits in Abschnitt 17.16.3 behandelt.

C.4.7 kill – Signale an Prozesse mit einer Prozessnummer senden

Mit `kill` senden Sie den Prozessen durch Angabe der Prozessnummer ein Signal. Standardmäßig wird das Signal `SIGTERM` zum Beenden des Prozesses gesendet. Es lassen sich aber auch beliebige andere Signale senden. Das Signal wird dabei als Nummer oder als Name übermittelt. Einen Überblick zu den möglichen Signalnamen finden Sie mit der Option `-l`. Das Kommando `kill` wurde bereits ausführlicher in Abschnitt 17.15.1 beschrieben.

C.4.8 killall – Signale an Prozesse mit einem Prozessnamen senden

Der Name `killall` führt schnell in die Irre. Damit lassen sich nicht etwa alle Prozesse »killen«, sondern `killall` stellt eher eine Erleichterung für `kill` dar. Anstatt wie mit `kill` einen Prozess mit der Prozessnummer zu beenden bzw. ein Signal zu senden, kann mit `killall` der Prozessname verwendet werden. Was gerade bei unzählig vielen gleichzeitig laufenden Prozessen eine erhebliche Erleichterung darstellt, weil man hier nicht mühsam erst nach der Prozessnummer (z. B. mit dem Kommando `ps`) suchen muss. Ansonsten lässt sich `killall` ähnlich wie `kill` verwenden, nur dass der Signalname ohne das vorangestellte `SIG` angegeben wird. Eine Liste aller Signale erhalten Sie auch hier mit der Option `-l`.

```
you@host > sleep 60 &
[1] 5286
you@host > killall sleep
[1]+  Beendet                  sleep 60
```

C.4.9 nice – Prozesse mit anderer Priorität ausführen lassen

Mit `nice` können Sie veranlassen, dass ein Kommando mit einer niedrigeren Priorität ausgeführt wird.

```
nice [-n] kommando [argumente]
```

Für *n* können Sie dabei eine Ziffer angeben, um wie viel die Priorität verändert werden soll. Der Standardwert, falls keine Angabe erfolgt, lautet 10 (-20 ist die höchste und 19 die niedrigste Priorität). Prioritäten höher als 0 darf ohnehin nur root starten. Häufig wird man das Kommando mit `nice` im Hintergrund starten wollen.

```
nice find / -name document -print > /home/tmp/find.txt &
```

Hier wird mit `find` nach einer Datei »document« gesucht und die Ausgabe in die Datei *find.txt* geschrieben. Der Hintergrundprozess `find` wird dabei von `nice` mit einer niedrigen (10) Priorität gestartet. Dies stellt eine gängige Verwendung von `nice` dar.

C.4.10 nohup – Prozesse beim Beenden einer Sitzung weiterlaufen lassen

Mit `nohup` schützen Sie Prozesse vor dem HANGUP-Signal. Dadurch ist es möglich, dass ein Prozess im Hintergrund weiterlaufen kann, auch wenn sich ein Benutzer abmeldet. Ohne `nohup` würden sonst alle Prozesse einer Login-Shell des Anwenders durch das Signal `SIGHUP` beendet. Allerdings tritt dieses Verhalten nicht auf allen Systemen auf.

C.4.11 ps – Prozessinformationen anzeigen

Hinweis

`ps` ist eines dieser Kommandos, welches vollkommen unterschiedliche Optionen auf den unterschiedlichen Betriebssystemen bietet. Die folgenden Beschreibung bezieht sich daher auf Linux.

`ps` ist wohl das wichtigste Kommando für Systemadministratoren, um an Informationen zu aktiven Prozessen zu gelangen (neben `top`). Rufen Sie `ps` ohne irgendwelche Argumente auf, werden Ihnen die zum jeweiligen Terminal gestarteten Prozesse aufgelistet. Zu jedem Prozess erhalten Sie die Prozessnummer (PID), den Terminal-Namen (TTY), die verbrauchte Rechenzeit (TIME) und den Kommandonamen (COMMAND). Aber neben diesen Informationen lassen sich über Optionen noch viele weitere Informationen entlocken. Häufig verwendet wird dabei der Schalter `-e`, womit Informationen zu allen Prozessen zu gewinnen sind (also nicht nur zum jeweiligen Terminal), und ebenso der Schalter `-f`, womit Sie noch vollständigere Informationen bekommen:

```
you@host > ps -ef
UID        PID  PPID  C STIME TTY          TIME CMD
root         1     0  0 Apr21 ?        00:00:04 init [5]
root         2     1  0 Apr21 ?        00:00:00 [ksoftirqd/0]
root         3     1  0 Apr21 ?        00:00:00 [events/0]
root        23     3  0 Apr21 ?        00:00:00 [kblockd/0]
...
postfix   5942  2758  0 00:17 ?        00:00:00 pickup -l -t fifo -u
you       6270     1  0 00:26 ?        00:00:00 /opt/kde3/bin/kdesud
you       7256  3188  0 01:50 pts/36 00:00:00 ps -ef
```

Mittlerweile beinhaltet das Kommando ps unglaublich viele Optionen, die zum Teil systemabhängig sind, weshalb auf jeden Fall die man-Seite von ps zur Rate gezogen werden sollte. Häufig sucht man in der Liste von Prozessen nach einem bestimmten. Diesen können Sie folgendermaßen »herauspicken«:

```
you@host > ps -ef | grep kamix
tot        3171     1  0 Apr21 ?         00:00:00 kamix
```

Damit noch nicht zufrieden, will man gern auch gleich die Prozessnummer (PID) erhalten:

```
you@host > ps -ef | grep kamix | awk '{ print $2; exit }'
3171
```

Aber so umständlich muss dies nicht sein. Sie können hierzu auch pgrep (sofern vorhanden) verwenden.

C.4.12 pgrep – Prozesse über ihren Namen finden

Im Abschnitt zuvor wurde pgrep kurz angesprochen. Sofern Sie die Prozessnummer eines Prozessnamens benötigen, ist pgrep das Kommando der Wahl.

```
you@host > pgrep kamix
3171
```

pgrep liefert zu jedem Prozessnamen die Prozessnummer, sofern ein entsprechender Prozess gerade aktiv ist und in der Prozessliste (ps) auftaucht.

C.4.13 pstree – Prozesshierachie in Baumform ausgeben

Mit pstree können Sie die aktuelle Prozesshierarchie in Baumform ausgeben lassen. Ohne Angabe von Argumenten zeigt pstree alle Prozesse an, angefangen vom ersten Prozess *init* (PID=1). Geben Sie hingegen eine PID oder einen Loginnamen an, so werden nur die Prozesse des Benutzers oder der Prozessnummer hierarchisch angezeigt.

C.4.14 renice – Priorität laufender Prozesse verändern

Mit dem Kommando renice können Sie im Gegensatz zu nice die Priorität von bereits laufenden Prozessen verändern. Ansonsten gilt auch hier alles schon beim Kommando nice Gesagte.

Tipp für Linux

Komfortabler können Sie die Priorität laufender Prozesse mit dem Kommando `top` verändern. Ein Tastendruck [R] fragt Sie nach der Prozessnummer und dem `nice`-Wert, von welchem Prozess Sie die Priorität verändern wollen.

C.4.15 sleep – Prozesse suspendieren (schlafen legen)

Mit `sleep` legen Sie einen Prozess für *n* Sekunden schlafen. Voreingestellt sind zwar Sekunden, aber über Optionen können Sie hierbei auch Minuten, Stunden oder gar Tage verwenden.

C.4.16 su – Ändern der Benutzerkennung (ohne Neuanmeldung)

Dieses Kommando wird irrtümlicherweise immer als **S**uper**U**ser abgekürzt, heißt aber in Wirklichkeit **S**witch**U**ser. `su` hat also zunächst überhaupt nichts mit dem »Superuser« (alias root) zu tun. Dieses Missverständnis resultiert daraus, dass die meisten Anwender dieses Kommando dazu verwenden, sich kurz die Root-Rechte (sofern diese vorhanden sind) anzueignen. Durch die Angabe ohne Argumente wird hierbei gewöhnlich auch nach dem Passwort des Superusers gefragt.

```
you@host > whoami
you
you@host > su
Password:********
linux:/home/you # whoami
root
linux:/home/you # exit
exit
you@host > whoami
you
you@host > su john
Password:********
you@linux:/home/john> whoami
john
you@linux:/home/john> exit
exit
```

`su` startet immer eine neue Shell mit der neuen Benutzer- (UID) und Gruppenkennung (GID). Wie bei einem neuen Login wird nach einem Passwort gefragt. Geben Sie keinen Benutzernamen an, versucht `su` zu UID 0 zu wechseln, was ja der Superuser ist. Sofern Sie »Superuser« sind, können Sie auch die Identität eines jeden Benutzers annehmen, ohne ein entsprechendes Passwort zu kennen.

C.4.17 sudo – Programm als anderer Benutzer ausführen

sudo ist ein Kommando, womit ein bestimmter Benutzer ein Kommando ausführen kann, wozu er normalerweise nicht die Rechte hat (bspw. für administrative Aufgaben). Dazu legt root gewöhnlich in der Datei */etc/sudoers* folgenden Eintrag ab:

```
john ALL=/usr/bin/kommando
```

Jetzt kann der User »john« das Kommando mit folgendem Aufruf starten:

```
you@host > sudo /usr/bin/kommando
Passwort: *********
```

Nachdem »john« sein Passwort eingegeben hat, wird das entsprechende Kommando ausgeführt, wozu er normalerweise ohne den Eintrag in */etc/sudoers* nicht im Stande wäre. Der Eintrag wird gewöhnlich mit dem Editor vi mit dem Aufruf visudo vorgenommen.

Natürlich können Sie als normaler Benutzer auch mittels sudo Programme unter einem anderen Login-Namen ausführen. Dies erledigen Sie mit folgendem Aufruf (hier bspw. das Kommando whoami ausgeführt):

```
you@host > whoami
you
you@host > sudo -u john whoami
Password:********
john
you@host >
```

Das Kommando sudo hat bei mir bis vor kurzem eine Art Schattendasein geführt. Wenn ich ein Kommando benötigt habe, dass root-Rechte erfordert, habe ich mich schnell mit su befördert. Mittlerweile allerdings, seitdem ich das immer beliebter werdende »(k)ubuntu« verwende, bei dem es gar keinen root mehr gibt, sondern sudo für solche Zwecke verwendet wird, hat sich das Kommando einen »Stammplatz« erobert. Darauf wollte ich kurz hinweisen, bevor Sie auf die Idee kommen, »(k)ubuntu« nochmals zu installieren, weil Sie vielleicht vermuten, irgendwo das root-Passwort vergessen zu haben. »(k)ubuntu« ist da einfach anders als andere Distributionen.

C.4.18 time – Zeitmessung für Prozesse

Mit time führen Sie das in der Kommandozeile angegebene Kommando bzw. Script aus und bekommen die Zeit, die dafür benötigt wurde zurück. Diese Zeit wird dabei aufgeteilt in die tatsächlich benötigte Zeit (real), die Rechenzeit im Usermodus (user) und diejenige im Kernelmodus (sys).

C.4.19 top – Prozesse nach CPU-Auslastung anzeigen (betriebssystemspezifisch)

Mit top bekommen Sie eine Liste der gerade aktiven Prozesse angezeigt. Die Liste wird nach CPU-Belastung sortiert. Standardmäßig wird top alle fünf Sekunden aktualisiert; beendet wird top mit [Q]. top kann aber noch mehr, als die Auslastung der einzelnen Prozesse anzuzeigen, beispielsweise können Sie mit dem Tastendruck [K] (kill) einem bestimmten Prozess ein Signal senden oder mit `r` (renice) die Priorität eines laufenden Prozesses verändern. Ein Blick auf die man-Seite von `top` bringt außerdem noch einen gewaltigen Überblick zu diesem auf den ersten Blick einfachen Kommando zum Vorschein.

C.5 Speicherplatzinformationen

C.5.1 df – Abfrage des benötigten Speicherplatzes für die Dateisysteme

`df` zeigt Ihnen den freien Festplattenplatz für das Dateisystem an, wenn Sie einen Pfad als Verzeichnis angegeben haben. Wird kein Verzeichnis angegeben, dann wird der freie Plattenplatz für alle montierten Dateisysteme angezeigt.

```
you@host > df
Dateisystem      1K-Blöcke   Benutzt Verfügbar Ben% Eingehängt auf
/dev/hda6         15528224   2450788  13077436  16  % /
tmpfs               128256        16    128240   1  % /dev/shm
/dev/hda1         13261624   9631512   3630112  73  % /windows/C
```

Die erste Spalte stellt hierbei den Montierpunkt da, gefolgt von der Anzahl 1K-Blöcken, dann wie viel Speicherplatz benutzt wird und anschließend, wie viel noch verfügbar ist. Die Prozentangabe gibt den prozentualen Wert der Plattennutzung an. Am Ende finden Sie noch die Gerätedatei, über die die Platte im Dateisystem eingehängt ist.

C.5.2 du – Größe eines Verzeichnisbaums ermitteln

`du` zeigt die Belegung (Anzahl von KByte-Blöcken) durch die Dateien an. In Verzeichnissen wird dabei die Belegung der darin enthaltenen Dateibäume ausgegeben. Um den Wert der Ausgabe zu steuern, können folgende Optionen verwendet werden:

Option	Bedeutung
`-b`	Ausgabe in Bytes
`-k`	Ausgabe in Kilobytes
`-m`	Ausgabe in Megabytes
`-h`	(*human-readable*) vernünftige Ausgabe in Byte, KB, MB oder GB

Tabelle C.10 Optionen für das Kommando du

Häufig will man nicht, dass bei umfangreichen Verzeichnissen jede Datei einzeln ausgegeben wird, sondern nur die Gesamtzahl der Blöcke. Dann verwendet man den Schalter `-s` (man nutzt diesen praktisch immer).

```
you@host > du -s /home
582585  /home
you@host > du -sh /home
569M    /home
```

Wollen Sie nicht der kompletten Tiefe eines Verzeichnisses folgen, so können Sie sie auch mittels `--max-depth=`*n* festlegen:

```
you@host > du --max-depth=1 -m /home
519       /home/tot
25        /home/you
26        /home/john
569       /home
```

C.5.3 free – verfügbaren Speicherplatz (RAM und Swap) anzeigen (betriebssystemabhängig)

Den verfügbaren Speicherplatz (RAM und Swap-Speicher, also Arbeitsspeicher und Auslagerungsspeicher auf der Festplatte) können Sie sich mit `free` anzeigen lassen:

```
you@host > free
       total    used      free    shared   buffers    cached
Mem:  256516  253820      2696         0     38444     60940
Swap: 512024      24    512000
```

C.5.4 swap – Swap-Space anzeigen (nicht Linux)

Hiermit können Sie die Swap-Belegung (Auslagerungsspeicher) unter Nicht-Linux-Sytemen ermitteln.

C.6 Dateisystem-Kommandos

Bei den Kommandos zu den Dateisystemen handelt es sich häufig um Kommandos für Linux-Systeme, welche zumeist auch nur als root ausführbar sind. Aus Erfahrung weiß ich aber, dass man schnell gern mit root-Rechten spielt, um mit solchen Kommandos zu experimentieren. Hiervor möchte ich Sie aber warnen, sofern Sie nicht sicher sind, was Sie da tun. Mit zahlreichen dieser Kommandos verlieren Sie häufig nicht nur ein paar Daten, sondern können z. T. ein ganzes Dateisystem korrumpieren – was sich so weit auswirken kann, dass Ihr Betriebssystem nicht mehr startet.

C.6.1 badblocks – überprüft, ob ein Datenträger defekte Sektoren hat

Mit dem Kommando `badblocks` testen Sie den physischen Zustand eines Datenträgers. Dabei sucht `badblocks` auf einer Diskette oder Festplatte nach defekten Blöcken.

```
# badblocks -s -o block.log /dev/fd0 1440
```

Hier wird z. B. bei einer Diskette (1,44 MB) nach defekten Blöcken gesucht. Das Fortschreiten der Überprüfung wird durch die Option `-s` simuliert. Mit `-o` schreiben Sie das Ergebnis defekter Blöcke in die Datei *block.log*, welche wiederum von anderen Programmen verwendet werden kann, damit diese beschädigten Blöcke nicht mehr genutzt werden.

Die Syntax sieht somit wie folgt aus:

```
badblocks [-optionen] gerätedatei [startblock]
```

Die »gerätedatei« ist der Pfad zum entsprechenden Speichermedium (bspw. */dev/hda1* = erste Festplatte). Es kann außerdem auch optional der »startblock« festgelegt werden, von dem mit dem Testen angefangen werden soll. Die Ausführung dieses Kommandos bleibt selbstverständlich nur dem Superuser überlassen.

C.6.2 cfdisk – Partitionieren von Festplatten

Mit `cfdisk` teilen Sie eine formatierte Festplatte in verschiedene Partitionen ein. Natürlich kann man auch eine bestehende Partition löschen oder eine vorhandene verändern (bspw. eine andere Systemkennung geben). Man kann mit `cfdisk` allerdings auch eine »rohe«, ganze Festplatte bearbeiten (nicht nur einzelne Partitionen). Die Gerätedatei ist also */dev/hda* für die erste IDE-Festplatte, /dev/hdb für die zweite Festplatte, */dev/sda* für die erste SCSI-Festplatte, */dev/sdb* für die zweite SCSI-Festplatte ... usw.

Starten Sie `cfdisk`, werden alle gefundene Partitionen mitsamt deren Größe angezeigt. Mit den Pfeiltasten »nach-oben« und »nach-unten« können Sie sich hierbei eine Partition auswählen und mit den Pfeiltasten »nach-rechts« bzw. »nach-links« ein Kommando. Mit [Q] können Sie `cfdisk` beenden.

Achtung

Selbstverständlich ist `cfdisk` nur als root ausführbar. Sollten Sie solche Rechte haben und ohne Vorwissen mit `cfdisk` herumspielen, ist Ihnen mindestens ein Datenverlust sicher. Wenn Sie Ihre Festplatte wirklich »zerschneiden« wollen, so sollten Sie vor dem Partitionieren die alte Partitionstabelle sichern. Im Fall eines Missgeschicks kann so die alte Partitionstabelle wieder hergestellt werden, wodurch auf die Daten dann noch zugegriffen werden kann.

C.6.3 dd – Datenblöcke zwischen Device (Low Level) kopieren (und konvertieren)

Mit `dd` können Sie eine Datei lesen und den Inhalt in einer bestimmten Blockgröße mit verschiedenen Konvertierungen zwischen verschiedenen Speichermedien (Festplatte, Diskette usw.) übertragen. Damit lassen sich neben einfachen Dateien auch ganze Festplattenpartitionen kopieren. Ein komplettes Backup kann mit diesem Kommando realisiert werden. Ein Beispiel:

```
# dd if=/dev/hda bs=512 count=1
```

Damit geben Sie den Bootsektor (nur als root möglich) auf dem Bildschirm aus. Wollen Sie jetzt auch noch ein Backup des Bootsektors auf einer Diskette sichern, dann gehen Sie folgendermaßen vor:

```
# dd if=/dev/hda of=/dev/fd0 bs=512 count=1
```

Bevor Sie jetzt noch weitere Beispiele zum mächtigen Werkzeug `dd` sehen werden, müssen Sie sich zunächst mit den Optionen vertraut machen – im Beispiel mit `if`, `of`, `bs` und `count` verwendet.

Option	Bedeutung
`if=`*Datei*	(input file) Hier gibt man den Namen der Eingabedatei (Quelldatei) an – ohne Angaben wird die Standardeingabe verwendet.
`of=`*Datei*	(output file) Hier kommt der Name der Ausgabedatei (Zieldatei) hin – ohne Angabe wird hier die Standardausgabe verwendet.
`ibs=`*Schritt*	(input block size) Hier wird die Blockgröße der Eingabedatei angegeben.
`obs=`*Schritt*	(output block size) Hier wird die Blockgröße der Ausgabedatei angegeben.
`bs=`*Schritt*	(block size) Hier legt man die Blockgröße für Ein- und Ausgabedatei fest.
`cbs=`*Schritt*	(conversion block size) Die Blockgröße für die Konvertierung wird bestimmt.
`skip=`*Blocks*	Hier können Sie eine Anzahl Blocks angeben, die von der Eingabe zu Beginn ignoriert werden sollen.
`seek=`*Blocks*	Hier können Sie eine Anzahl Blocks angeben, die von der Ausgabe am Anfang ignoriert werden sollen; unterdrückt am Anfang die Ausgabe der angegebenen Anzahl *Blocks*.
`count=`*Blocks*	Hier wird angegeben, wie viele Blöcke kopiert werden sollen.

Tabelle C.11 Optionen zur Steuerung des Kommandos dd

Eine spezielle Option steht Ihnen mit `conv=`*Konvertierung* zur Verfügung. Folgende Konvertierungen sind dabei möglich:

Option	Konvertierung
`conv=ascii`	EBCDIC nach ASCII
`conv=ebcdic`	ASCII nach EBCDIC
`conv=ibm`	ASCII nach big blue special EBCDIC
`conv=block`	Es werden Zeilen in Felder mit der Größe `cbs` geschrieben und das Zeilenende wird durch Leerzeichen ersetzt. Der Rest des Feldes wird mit Leerzeichen aufgefüllt.
`conv=unblock`	Abschließende Leerzeichen eines Blocks der Größe `cbs` werden durch ein Zeilenende ersetzt.
`conv=lcase`	Großbuchstaben in Kleinbuchstaben
`conv=ucase`	Kleinbuchstaben in Großbuchstaben
`conv=swab`	Vertauscht je zwei Bytes der Eingabe. Ist die Anzahl der gelesenen Bytes ungerade, wird das letzte Byte einfach kopiert.
`conv=noerror`	Lesefehler werden ignoriert.
`conv=sync`	Füllt Eingabeblöcke bis zur Größe von `ibs` mit Nullen

Tabelle C.12 Spezielle Optionen für Konvertierungen mit dem Kommando dd

Jetzt noch einige interessante Beispiel zu `dd`:

```
# dd if=/vmlinuz of=/dev/fd0
```

Damit kopieren Sie den Kernel (hier in »vmlinuz« – bitte anpassen) in den ersten Sektor der Diskette, welche als Bootdiskette verwendet werden kann.

```
# dd if=/dev/hda of=/dev/hdc
```

Mächtig, hiermit klonen Sie praktisch in einem Schritt die erste Festplatte am Master IDE-Kontroller auf die Festplatte am zweiten Master-Anschluss. Somit haben Sie auf */dev/hdc* denselben Inhalt wie auf */dev/hda*. Natürlich kann die Ausgabedatei auch ganz woanders hingeschrieben werden, bspw. auf einen DVD-Brenner, eine Festplatte am USB-Anschluss oder in eine Datei.

Achtung

Zwar ist `dd` ein mächtigeres Werkzeug, als es hier vielleicht den Anschein hat, doch trotzdem sollten Sie gewarnt sein vor wirren `dd`-Aufrufen. Der Datensalat ist auch hier schneller entstanden als sonstwo. Daher benötigt man wieder die allmächtigen root-Rechte. Falls Sie größere Datenmengen mit `dd` kopieren, können Sie dem Programm von einer anderen Konsole aus mittels `kill` das Signal `SIGUSR1` senden, um `dd` zu veranlassen, den aktuellen Fortschritt auszugeben.

C.6.4 dd_rescue – fehlertolerantes Kopieren von Dateiblöcken

Falls Sie z. B. eine defekte Festplatte – oder eine Partition auf derselben – kopieren wollen, stößt `dd` schnell an seine Grenzen. Zudem ist beim Retten von Daten eines defekten Speichermediums die Geschwindigkeit wichtig, da das Medium weitere Fehler verursachen kann und somit weitere Dateien korrumpiert werden können. Ein Fehlversuch mit `dd` kann hier also fatale Folgen haben.

An dieser Stelle bietet sich `dd_rescue` an, welches inzwischen bei allen gängigen Linux-Distributionen mitgeliefert wird. Sie können damit – ähnlich wie mit `dd` – Dateiblöcke auf Low-Level-Basis auf ein anderes Medium kopieren. Als Zielort ist eine Datei auf einem anderen Speichermedium sinnvoll. Von diesem Abbild der defekten Festplatte können Sie eine Kopie erstellen, um das ursprüngliche Abbild nicht zu verändern, und in einem der Abbilder versuchen, das Dateisystem mittels `fsck` wieder zu reparieren. Ist dies gelungen, können Sie das Abbild wieder mit `dd_rescue` auf eine neue Festplatte kopieren.

Ein Beispiel:

```
# dd_rescue -v /dev/hda1 /mnt/rescue/hda1.img
```

In dem Beispiel wird die Partition */dev/hda1* in die Abbilddatei */mnt/rescue/hda1.img* kopiert.

C.6.5 dumpe2fs – zeigt Informationen über ein ext2/ext3-Dateisystem an

`dumpe2fs` gibt eine Menge interne Informationen zum Superblock und anderen Block-Gruppen zu einem ext2/ext3-Dateisystem aus (vorausgesetzt, dieses Dateisystem wird auch verwendet – logisch), zum Beispiel:

```
# dumpe2fs -b /dev/hda6
```

Mit der Option `-b` werden alle Blöcke von */dev/hda6* auf die Konsole ausgegeben, die als »schlecht« markiert wurden.

C.6.6 e2fsck – repariert ein ext2/ext3-Dateisystem

`e2fsck` überprüft ein ext2/ext3 Dateisystem und repariert den Fehler. Damit `e2fsck` verwendet werden kann, muss `fsck.ext2` installiert sein, welches das eigentliche Programm ist. `e2fsck` ist nur ein »Frontend« dafür.

```
e2fsck Gerätedatei
```

Mit der »Gerätedatei« geben Sie die Partition an, auf der das Dateisystem überprüft werden soll (was selbstverständlich wieder ein ext2/ext3-Dateisystem sein muss). Bei den Dateien, bei denen die Inodes in keinem Verzeichnis notiert sind, werden sie von `e2fsck` im Verzeichnis *lost+found* eingetragen und können so repariert werden. `e2fsck` gibt beim Überprüfen einen Exit-Code zurück, den Sie mit `echo $?` abfragen können. Folgende wichtigen Exit-Codes und deren Bedeutung können dabei zurückgegeben werden:

Exit-Code	Bedeutung
0	Kein Fehler im Dateisystem
1	Einen Fehler im Dateisystem gefunden und repariert
2	Schweren Fehler im Dateisystem gefunden und korregiert. Allerdings sollte das System neu gestartet werden.
4	Fehler im Dateisystem gefunden, aber nicht korregiert
8	Fehler bei der Kommandoausführung von `e2fsck`
16	Falsche Verwendung von `e2fsck`
128	Fehler in den Shared-Libraries

Tabelle C.13 Exit-Codes des Kommandos e2fsck

Wichtige Optionen, die Sie mit `e2fsck` angeben können, sind:

Option	Bedeutung
`-p`	Alle Fehler automatisch reparieren ohne Rückfragen
`-c`	Durchsucht das Dateisystem nach schlechten Blöcken
`-f`	Erzwingt eine Überprüfung des Dateisystems, auch wenn der Kernel das System für OK befunden hat (valid-Flag gesetzt)

Tabelle C.14 Optionen für das Kommando e2fsck

Hinweis

Einige `fsck`-Versionen fragen nach, ob das Kommando wirklich ausgeführt werden soll. Bei der Antwort genügt der Anfangsbuchstabe »j« oder »y« als Antwort nicht, sondern es muss »yes« oder »ja« (je nach Fragestellung) eingegeben werden. Ansonsten bricht `fsck` an dieser Stelle kommentarlos ab.

C.6.7 fdformat – formatiert eine Diskette

Auch wenn viele Rechner mittlerweile ohne Diskettenlaufwerk ausgeliefert werden, wird das Diskettenlaufwerk immer wieder einmal benötigt (bspw. für eine Rettungsdiskette mit einem

Mini-Linux). Mit dem Kommando `fdformat` formatieren Sie eine Diskette. Das Format wird dabei anhand vom Kernel gespeicherten Parametern erzeugt. Beachten Sie allerdings, dass die Diskette nur mit leeren Blöcken beschrieben wird und nicht mit einem Dateisystem. Zum Erstellen von Dateisystemen stehen Ihnen die Kommandos `mkfs`, `mk2fs` oder `mkreiserfs` für Linux-Systeme zur Verfügung.

```
fdformat Gerätedatei
```

C.6.8 fdisk – Partitionieren von Speichermedien

`fdisk` ist die etwas unkomfortablere Alternative gegenüber `cfdisk`, eine Festplatte in verschiedene Partitionen aufzuteilen, zu löschen oder gegebenenfalls zu ändern. Im Gegensatz zu `cfisk` können Sie hier nicht mit den Pfeiltasten navigieren und müssen einzelne Tastenkürzel verwenden. Allerdings hat `fdisk` den Vorteil, fast überall und immer präsent zu sein.

Noch ein Vorzug ist, dass `fdisk` nicht interaktiv läuft. Man kann es z. B. benutzen, um einen ganzen Schlag Festplatten automatisch zu formatieren. Das ist ganz praktisch, wenn man ein System identisch auf einer ganzen Anzahl Rechner installieren muss. Man installiert nur auf einem, erzeugt mit `dd` ein Image, erstellt sich ein kleines Script, bootet die anderen Rechner z. B. von »damnsmall-Linux« (eine Mini-Distribution für u. a. den USB-Stick) und führt das Script aus, das dann per `fdisk` formatiert und per `dd` das Image des Prototypen installiert. Danach muss man nur noch die IP-Adresse und den Hostname anpassen, was Sie auch scriptgesteuert vornehmen können.

Einen komfortablen Überblick zu allen Partitionen auf allen Festplatten können Sie sich mit der Option `-l` anzeigen lassen:

```
linux:/home/you # fdisk -l
Platte /dev/hda: 30.0 GByte, 30005821440 Byte
16 Köpfe, 63 Sektoren/Spuren, 58140 Zylinder
Einheiten = Zylinder von 1008 * 512 = 516096 Bytes

 Gerät Boot   Start         End      Blocks   Id  System
/dev/hda1         1       26313    13261626    7  HPFS/NTFS
/dev/hda2     26314       58140    16040808    f  W95 Ext'd (LBA)
/dev/hda5     26314       27329      512032+  82  Linux Swap
/dev/hda6     27330       58140    15528712+  83  Linux
```

Zum Partitionieren starten müssen Sie `fdisk` mit der Angabe der Gerätedatei:

```
# fdisk /dev/hda
```

Die wichtigsten Tastenkürzel zur Partitionierung selbst sind:

Taste	Bedeutung
B	»bsd disklabel« bearbeiten
D	Eine Partition löschen
L	Die bekannten Dateisystemtypen anzeigen (Sie benötigen die Nummer)

Tabelle C.15 Tastenkürzel zur Verwendung von fdisk

Taste	Bedeutung
M	Ein Menü mit allen Befehlen anzeigen
N	Eine neue Partition anlegen
P	Die Partitionstabelle anzeigen
Q	Ende ohne Speichern der Änderungen
S	Einen neuen leeren »Sun disklabel« anlegen
T	Den Dateisystemtyp einer Partition ändern
U	Die Einheit für die Anzeige/Eingabe ändern
V	Die Partitionstabelle überprüfen
W	Die Tabelle auf die Festplatte schreiben und das Programm beenden
X	Zusätzliche Funktionen (nur für Experten)

Tabelle C.15 Tastenkürzel zur Verwendung von fdisk (Forts.)

Ansonsten gilt auch hier, Finger weg, wenn Sie nicht sicher sind, was Sie hier genau tun, es sei denn, Sie probieren dies alles an einem Testsystem aus.

C.6.9 fsck – Reparieren und Überprüfen von Dateisystemen

`fsck` ist ein unabhängiges Frontend zum Prüfen und Reparieren der Dateisystem-Struktur. `fsck` ruft gewöhnlich je nach Dateisystem das entsprechende Programm auf. Bei ext2/ext3 ist dies bspw. `fsck.ext2`, bei einem Minix-System `fsck.minix`, bei ReiserFS `reiserfsck` usw. Die Zuordnung des entsprechenden Dateisystems nimmt `fsck` anhand der Partitionstabelle oder durch eine Kommandozeilenoption vor. Die meisten dieser Programme unterstützen die Optionen `-a`, `-A`, `-l`, `-r`, `-s` und `-v`. Meistens wird hierbei die Option `-a -A` verwendet. Mit `-a` veranlassen Sie eine automatische Reparatur, sofern dies möglich ist, und mit `-A` geben Sie an, alle Dateisysteme zu testen, die in */etc/fstab* eingetragen sind.

`fsck` gibt beim Überprüfen einen Exit-Code zurück, den Sie mit `echo $?` abfragen können. Folgende wichtigen Exit-Codes und deren Bedeutung können dabei zurückgegeben werden:

Exit-Code	Bedeutung
0	Kein Fehler im Dateisystem
1	Einen Fehler im Dateisystem gefunden und repariert
2	Schweren Fehler im Dateisystem gefunden und korregiert. Allerdings sollte das System neu gestartet werden.
4	Fehler im Dateisystem gefunden, aber nicht korregiert
8	Fehler bei der Kommandoausführung von `fsck`
16	Falsche Verwendung von `fsck`
128	Fehler in den Shared-Libraries

Tabelle C.16 Exit-Codes von fsck und ihre Bedeutung

Ganz wichtig ist es auch, `fsck` immer auf nicht eingebundene bzw. nur im readonly-Modus eingebundene Dateisysteme anzuwenden. Denn `fsck` kann sonst eventuell ein Dateisystem verändern (reparieren), ohne dass das System dies zu realisieren vermag. Ein Systemabsturz ist dann vorprogrammiert. Gewöhnlich wird `fsck` oder `reiserfsck` beim Systemstart automatisch ausgeführt, wenn eine Partition nicht sauber ausgebunden wurde oder nach jedem *n*-ten Booten. Wer mit einem ext2/ext3-Dateisystem arbeitet, kennt das wohl zu genüge, wenn `fsck` nach einem Systemabsturz beim Starten des Systems zunächst das komplette Dateisystem überprüft (Kaffee holen war angesagt).

C.6.10 mkfs – Dateisystem einrichten

Mit `mkfs` können Sie auf einer zuvor formatierten Festplatte bzw. Diskette ein Dateisystem anlegen. Wie schon `fsck` ist `mkfs` ein unabhängiges Frontend, das die Erzeugung des Dateisystems nicht selbst übernimmt, sondern auch hier das spezifische Programm zur Erzeugung des entsprechenden Dateisystems verwendet. Auch hierbei richtet sich `mkfs` wieder nach den Dateisystemen, die in der Partitionstabelle aufgelistet sind, oder gegebenenfalls nach der Kommandozeilenoption.

Abhängig vom Dateisystemtyp ruft `mkfs` dann das Kommando `mkfs.minix` (für Minix), `mk2fs` (für ext2/ext3), `mkreiserfs` (für ReiserFS) usw. auf.

```
mkfs [option] Gerätedatei [blöcke]
```

Für die »Gerätedatei« müssen Sie den entsprechenden Pfad angeben (bspw. */dev/hda1*). Es kann außerdem auch die Anzahl von Blöcken angegeben werden, die das Dateisystem belegen soll. Auch `mkfs` gibt einen Exit-Code über den Verlauf der Kommandoausführung zurück, den Sie mit `echo $?` auswerten können.

Exit-Code	Bedeutung
0	Alles erfolgreich durchgeführt
8	Ein Fehler bei der Programmausführung
16	Ein Fehler in der Kommandozeile

Tabelle C.17 Exit-Codes von mkfs und ihre Bedeutung

Interessant ist auch noch die Option `-t`, womit Sie den Dateisystemtyp des zu erzeugenden Dateisystems selbst festlegen können. Ohne `-t` würde hier wieder versucht, das Dateisystem anhand der Partitionstabelle zu bestimmen. So erzeugen Sie bspw. mit

```
mkfs -f xiafs /dev/hda7
```

auf der Partition */dev/hda7* ein Dateisystem `xiafs` (alternativ zu ext2).

C.6.11 mkswap – eine Swap-Partition einrichten

Mit `mkswap` legen Sie eine Swap-Partition an. Diese können Sie z. B. dazu verwenden, schlafende Prozesse, die auf das Ende von anderen Prozessen warten, in die Swap-Partition der Festplatte auszulagern. So halten Sie Platz im Arbeitsspeicher für andere laufende Prozesse frei. Sofern Sie nicht schon bei der Installation die (gewöhnlich) vorgeschlagene Swap-Partition eingerichtet haben (je nach Distribution), können Sie dies nachträglich mit dem Kommando mkswap vornehmen. Zum Aktivieren einer Swap-Partition müssen Sie das Kommando swapon aufrufen.

Ist Ihr Arbeitsspeicher wieder ausgelastet, können Sie auch kurzfristig solch einen Swap-Speicher einrichten. Ein Beispiel:

```
# dd bs=1024 if=/dev/zero of=/tmp/myswap count=4096
4096+0 Datensätze ein
4096+0 Datensätze aus
# mkswap -c /tmp/myswap 4096
Swapbereich Version 1 wird angelegt, Größe 4190 KBytes
# sync
# swapon /tmp/myswap
```

Zuerst legen Sie mit dd einen leere Swapdatei mit 4 Megabytes Größe mit Null-Bytes an. Anschließend verwenden Sie diesen Bereich als Swap-Datei. Nach einem Aufruf von sync müssen Sie nur noch den Swap-Speicher aktivieren. Wie dieser Swap-Bereich allerdings verwendet wird, haben Sie nicht in der Hand, sondern wird vom Kernel mit dem »Paging« gesteuert.

Hinweis

Eine Datei, die als Swap-Bereich eingebunden wird, sollte nur genutzt werden, wenn keine Partition dafür zur Verfügung steht, da die Methode erheblich langsamer ist als eine Swap-Partition.

C.6.12 mount, umount – An- bzw. Abhängen eines Dateisystems

mount hängt einzelne Dateisysteme mit den verschiedensten Medien (Festplatte, CD-ROM, Diskette ...) an einen einzigen Dateisystembaum an. Die einzelnen Partitionen werden dabei als Gerätedateien im Ordner */dev* angezeigt. Rufen Sie mount ohne irgendwelche Argumente auf, werden alle »gemounteten« Dateisysteme aus */etc/mtab* aufgelistet. Auch hier bleibt es wieder root überlassen, ob ein Benutzer ein bestimmtes Dateisystem einbinden kann oder nicht. Hierzu muss nur ein entsprechender Eintrag in */etc/fstab* vorgenommen werden.

Einige Beispiele, wie verschiedene Dateisysteme eingehängt werden können:

Verwendung	Bedeutung
mount /dev/fd0	Hängt das Diskettenlaufwerk ein
mount /dev/hda9 /home/you	Hier wird das Dateisystem */dev/hda9* an der Verzeichnis */home/you* gemountet.
mount goliath:/progs /home/progs	Mountet ein Dateisystem per NFS von einem Rechner namens »goliath« und hängt diesen an das lokale Verzeichnis */home/progs*

Tabelle C.18 Anwendungsbeispiele des Kommandos mount

Wollen Sie ein Dateisystem wieder aushängen, egal ob jetzt lokale oder entfernte Partitionen, dann nehmen Sie dies mit `umount` vor:

```
umount /dev/fd0
```

Hier wird das Diskettenlaufwerk aus dem Dateisystem ausgehängt.

Hinweis

Wenn ein Eintrag für ein Dateisystem in der */etc/fstab* besteht, reicht es aus, `mount` mit dem *Device* oder dem Mountpoint als Argument aufzurufen: »`mount /dev/fd0`«.

C.6.13 parted – Partitionen anlegen, verschieben, vergrößern oder verkleinern

Mit `parted` können Sie nicht nur – wie mit `fdisk` bzw. `cfdisk` – Partitionen anlegen oder löschen, sondern auch vergrößern, verkleinern, kopieren und verschieben. `parted` wird gern verwendet, wenn man Platz auf der Festplatte schaffen will für ein neues Betriebssystem oder alle Daten einer Festplatte auf eine neue kopieren will. Mehr hierzu entnehmen Sie bitte der Manual-Seite von `parted`.

C.6.14 prtvtoc – Partitionstabellen ausgeben

Mit `prtvtoc` können Sie ähnlich wie unter Linux mit `fdisk` die Partitionstabelle einer Festplatte ausgeben. Dieses Kommando ist bspw. unter Solaris vorhanden.

C.6.15 swapon, swapoff – Swap-Datei oder Partition (de)aktivieren

Wenn Sie auf dem System eine Swap-Partition eingerichtet haben (siehe `mkswap`), existiert diese zwar, muss aber noch mit dem Kommando `swapon` aktiviert werden. Den so aktivierten Bereich können Sie jederzeit mit `swapoff` wieder aus dem laufenden System deaktivieren.

C.6.16 sync – alle gepufferten Schreiboperationen ausführen

Normalerweise verwendet Linux einen Puffer (Cache) im Arbeitsspeicher, worin sich ganze Datenblöcke eines Massenspeichers befinden. So werden Daten häufig temporär erst im Arbeitsspeicher verwaltet, da sich ein dauernd schreibender Prozess äußerst negativ auf die Performance des Systems auswirken würde. Stellen Sie sich das einmal bei 100 Prozessen vor! Gewöhnlich übernimmt ein *Daemon* die Arbeit und entscheidet, wann die veränderten Datenblöcke auf die Festplatte geschrieben werden.

Mit dem Kommando `sync` können Sie nun veranlassen, dass veränderte Daten sofort auf die Festplatte (oder auch jeden anderen Massenspeicher) geschrieben werden. Dies kann häufig der letzte Rettungsanker sein, wenn das System sich nicht mehr richtig beenden lässt. Können Sie hierbei noch schnell ein `sync` ausführen, werden alle Daten zuvor nochmals gesichert und der Datenverlust kann eventuell ganz verhindert werden.

C.7 Archivierung und Backup

C.7.1 bzip2/bunzip2 – (De-)Komprimieren von Dateien

`bzip2` ist dem Kommando `gzip` nicht unähnlich, nur dass `bzip2` einen besseren Komprimierungsgrad als `gzip` erreicht. `bzip` arbeitet mit dem *Burrows-Wheeler Block-Sorting*-Algorithmus, der den Text zwar nicht komprimiert, aber leichter komprimierbar macht, sowie mit der Huffman-Kodierung. Allerdings ist die Kompression mit `bzip2` erheblich besser, aber dafür auch erheblich langsamer, sofern die Geschwindigkeit eine Rolle spielen sollte. Alle Dateien, die mit `bzip2` komprimiert werden, bekommen automatisch die Dateiendung ».bz2«. TAR-Dateien, die mit `bzip2` komprimiert werden, erhalten üblicherweise die Endung ».tbz«. Die »2« hinter `bzip2` bzw. `bunzip2` kam dadurch, dass der Vorgänger `bzip` lautete, der allerdings aus patentrechtlichen Gründen nicht mehr weiterentwickelt wurde. Komprimieren können Sie Dateien mit `bzip2` folgendermaßen:

```
you@host > bzip2 file.txt
```

Entpacken können Sie die komprimierte Datei wieder mit der Option `-d` und `bzip2` oder mit `bunzip2`.

```
you@host > bzip2 -d file.txt.bz2
```

oder

```
you@host > bunzip2 file.txt.bz2
```

Sie können gern `bzip2` mit der Option `-d` bevorzugen, weil `bunzip2` wieder nichts anderes ist als ein Link auf `bzip2`, wobei allerdings automatisch die Option `-d` verwendet wird:

```
you@host > which bunzip2
/usr/bin/bunzip2
you@host > ls -l /usr/bin/bunzip2
lrwxrwxrwx  1 root root 5  /usr/bin/bunzip2 -> bzip2
```

Interessant in diesem Zusammenhang ist auch das Kommando `bzcat`, womit Sie `bzip2`-komprimierte Dateien lesen können, ohne diese vorher zu dekomprimieren.

```
you@host > bzcat file.txt.bz2
...
```

C.7.2 compress/uncompress – (De-)Komprimieren von Dateien

`compress` zum Komprimieren und `uncompress` zum Dekomprimieren wird heute zwar kaum noch verwendet, aber man sollte beide aus Kompatibilitätsgründen hier doch erwähnen, falls Sie einmal auf ein Uralt-Archiv stoßen, bei dem die Dateien mit einem ».Z« enden. `compress` beruht auf einer älteren Version des *Lempel-Ziv*-Algorithmus.

C.7.3 cpio, afio – Dateien und Verzeichnisse archivieren

`cpio` (*copy in and out*) eignet sich hervorragend, um ganze Verzeichnisbäume zu archivieren. Etwas ungewöhnlich auf de ersten Blick ist, dass `cpio` die zu archivierenden Dateien nicht von der Kommandozeile, sondern von der Standardeingabe liest. Häufig wird daher cpio in Verbindung mit den Kommandos ls oder find und einer Pipe verwendet. Damit ist es möglich, ein spezielles Archiv zu erzeugen, das den Eigentümer, die Zugriffsrechte, die Erzeugungszeit, die Dateigröße usw. berücksichtigt. Gewöhnlich wird cpio in drei verschiedenen Arten aufgerufen.

copy out

Diese Art wird mit der Option -o bzw. --create verwendet. So werden die Pfadnamen der zu kopierenden Dateien von der Standardeingabe eingelesen und auf die Standardausgabe kopiert. Dabei können Dinge, wie etwa der Eigentümer, die Zugriffsrechte, die Dateigröße etc., berücksichtigt bzw. ausgegeben werden. Gewöhnlich verwendet man *copy out* mit einer Pipe und einer Umlenkung:

```
you@host > cd Shellbuch
you@host > ls
Kap003.txt   kap005.txt~  Kap008.txt   Kap010.txt~  Kap013.txt
Kap001.doc   Kap003.txt~  Kap006.txt   Kap008.txt~  Kap011.txt
Kap013.txt~  Kap001.sxw   kap004.txt   Kap006.txt~  Kap009.txt
Kap011.txt~  Kap014.txt   Kap002.doc   kap004.txt~  Kap007.txt
Kap009.txt~  Kap012.txt   Kap014.txt~  Kap002.sxw   kap005.txt
Kap007.txt~  Kap010.txt   Kap012.txt~  Planung_und_Bewerbung
chm_pdf
you@host > ls *.txt | cpio -o > Shellbuch.cpio
1243 blocks
```

Hier wurden z. B. alle Textdateien im Verzeichnis *Shellbuch* zu einem cpio-Archiv (*Shellbuch.cpio*) gepackt. Allerdings konnten hier nur bestimmte Dateien erfasst werden. Wollen Sie ganze Verzeichnisbäume archivieren, dann verwenden Sie das Kommando find:

```
you@host > find $HOME/Shellbuch -print | cpio
  -o > Shellbuch.cpio
cpio: ~/Shellbuch: truncating inode number
cpio: ~/Shellbuch/Planung_und_Bewerbung: truncating inode number
cpio: ~/Shellbuch/chm_pdf: truncating inode number
130806 blocks
```

Natürlich können Sie hierbei mit find-üblichen Anweisungen nur bestimmte Dateien archivieren. Ebenso lassen sich Dateien auch auf ein anderes Laufwerk archivieren:

```
you@host > ls -a | cpio -o > /dev/fd0
```

Hier wurden beispielsweise alle Dateien des aktuellen Verzeichnisses auf die Diskette kopiert. Dabei können Sie genauso gut einen Streamer, eine andere Festplatte oder gar einen anderen Rechner verwenden.

copy in

Wollen Sie das mit cpio -o erzeugte Archiv wieder entpacken bzw. zurückspielen, so wird cpio mit dem Schalter -i bzw. --extract verwendet. Damit liest cpio die archivierten

Dateien von der Standardeingabe ein. Es ist sogar möglich, hierbei reguläre Ausdrücke zu verwenden. Mit folgender Befehlsausführung entpacken Sie das Archiv wieder:

```
you@host > cpio -i < Shellbuch.cpio
```

Wollen Sie nicht das komplette Archiv entpacken, sondern nur bestimmte Dateien, können Sie dies mit einem regulären Ausdruck wie folgt angeben:

```
you@host > cpio -i "*.txt" < Shellbuch.cpio
```

Hier entpacken Sie nur Textdateien mit der Endung ».txt«. Natürlich funktioniert das Ganze auch mit den verschiedensten Speichermedien:

```
you@host > cpio -i "*.txt" < /dev/fd0
```

Hier werden alle Textdateien von einer Diskette entpackt. Allerdings werden die Dateien immer ins aktuelle Arbeitsverzeichnis zurückgespielt, sodass Sie den Zielort schon zuvor angeben müssen, zum Beispiel:

```
you@host > cd $HOME/Shellbuch/testdir ; \
> cpio -i < /archive/Shellbuch.cpio
```

Hier wechseln Sie zunächst in entsprechendes Verzeichnis, wo Sie anschließend das Archiv entpacken wollen. Wollen Sie außerdem erst wissen, was Sie entpacken, also was sich in einem `cpio`-Archiv für Dateien befinden, müssen Sie `cpio` nur mit der Option `-t` verwenden:

```
you@host > cpio -t < Shellbuch.cpio
...
```

copy pass

Mit *copy pass* werden die Dateien von der Standardeingabe gelesen und in ein entsprechendes Verzeichnis kopiert, ohne dass ein Archiv erzeugt wird. Hierzu wird die Option `-p` eingesetzt. Voraussetzung ist natürlich, dass ein entsprechendes Verzeichnis existiert. Wenn nicht, können Sie zusätzlich die Option `-d` verwenden, womit dann ein solches Verzeichnis erzeugt wird.

```
you@host > ls *.txt | cpio -pd /archive/testdir2
```

Hiermit werden aus dem aktuellen Verzeichnis alle Textdateien in das Verzeichnis *testdir2* kopiert. Der Aufruf entspricht demselben wie:

```
you@host > cp *.txt /archive/testdir2
```

Einen ganzen Verzeichnisbaum des aktuellen Arbeitsverzeichnisses könnten Sie somit mit folgendem Aufruf kopieren:

```
you@host > find . -print | cpio -pd /archiv/testdir3
```

afio

`afio` bietet im Gegensatz zu `cpio` die Möglichkeit, die einzelnen Dateien zu komprimieren. Somit stellt `afio` eine interessante `tar`-Alternative dar (für jeden, der `tar` mit seinen typischen Optionsparametern nicht mag). `afio` komprimiert die einzelnen Dateien noch, bevor Sie in ein Archiv zusammengefasst werden. Ein einfaches Beispiel:

```
you@host > ls *.txt | afio -o -Z Shellbook.afio
```

Sie komprimieren zunächst alle Textdateien im aktuellen Verzeichnis und fassen dies dann in das Archiv *Shellbook.afio* zusammen. Die Platzeinsparung im Vergleich zu cpio ist beachtlich:

```
you@host > ls -l Shellbook*
-rw-------  1 tot users 209920 2005-04-24 14:59 Shellbook.afio
-rw-------  1 tot users 640512 2005-04-24 15:01 Shellbook.cpio
```

Entpacken können Sie das Archiv wieder wie bei cpio mit dem Schalter -i:

```
you@host > afio -i -Z Shellbook.afio
```

C.7.4 crypt – Dateien verschlüsseln

Mit dem Kommando crypt wird ein ver-/entschlüsselnder Text von der Standardeingabe gelesen, um diesen wieder ver-/entschlüsselnd auf die Standardausgabe auszugeben.

```
crypt 32asdf32 < file.txt > file.txt.crypt
```

Hier wird beispielsweise die Datei *file.txt* eingelesen. Zum Verschlüsseln wurde das Passwort »32asdf32« verwendet. Der verschlüsselte, nicht mehr lesbare Text wird nun unter *file.txt.crypt* gespeichert. Jetzt sollte die Datei *file.txt* gelöscht werden.

Wenn es um wichtige Daten geht, sollte man auch dafür sorgen, dass diese nicht wieder sichtbar gemacht werden können. Zuerst mit Zufallsdaten überschreiben und dann löschen – natürlich ein Fall für awk:

```
you@host > dd if=/dev/urandom of=file.txt bs=1 \
> count=`wc -c file.txt | awk '{ print $1 }'`; rm file.txt
```

Die Datei *file.txt.crypt* können Sie mit

```
crypt 32asdf32 < file.txt.crypt > file.txt
```

wieder entschlüsseln. Wenn Sie das Passwort vergessen haben, dann werden Sie wohl ein großes Problem haben, die Verschlüsselung zu knacken.

Hinweis

Beachten Sie bitte die Gesetzeslage zur Verschlüsselung in Ihrem Heimatland. Kryptographie ist inzwischen in einigen Ländern verboten. So darf man in Frankreich zum Beispiel kein PGP einsetzen. crypt gilt übrigens nicht wirklich als »starke« Kryptographie, da gibt es »Härteres«. Was nicht heißen soll, dass das so einfach knackbar wäre. Ich wüsste noch nicht einmal, ob es überhaupt knackbar ist.

C.7.5 dump/restore bzw. ufsdump/ufsrestore – Vollsicherung bzw. Wiederherstellen eines Dateisystems

Mit dump und restore (unter Solaris als ufsdump und ufsrestore bekannt) werden nicht einzelne Dateien oder Verzeichnisse ausgelesen, sondern das komplette Dateisystem. Da hierbei blockweise ausgelesen und auch wieder zurückgeschrieben wird, entsteht ein ziemlicher Geschwindigkeitsvorteil. Nebenbei wird außerdem vor den eigentlichen Daten noch ein

Inhaltsverzeichnis erstellt, was Sie zum Wiederherstellen mit `restore` verwenden können, um einzelne Dateien auszuwählen, die wieder hergestellt werden sollen (sehr elegant diese interaktive Rücksicherung).

Hinweis

Da `dump` ein komplettes Dateisystem sichert, sollten Sie sicher sein, dass sich dieses in einem stabilen Zustand befindet. Denn ist das Dateisystem inkonsistent und Sie führen einen `dump` aus und wollen diesen `dump` irgendwann wieder einspielen, so spielen Sie auch sämtliche Instabiltäten mit ein. Daher empfiehlt sich als sicherster Weg der Single-User-Mode zum »Dumpen«.

Eine feine Sache sind auch die Dump-Levels, welche einfache inkrementelle Backups erlauben. Dazu verwendet man ein Backup-Level zwischen 0 bis 9. 0 steht hierbei für ein Full-Backup und alle anderen Zahlen sind inkrementelle Backups. Dabei werden immer nur die Dateien gesichert, die sich seit dem letzten Backup verändert haben – sprich dessen Level kleiner oder gleich dem aktuellen war. Geben Sie bspw. einen Level-2-Backup-Auftrag mit `dump` an, so werden alle Dateien gesichert, die sich seit dem Level 0, 1, 2 und 3 verändert haben.

Die Syntax zu `dump/usfdump`:

```
dump -[0-9][u]f Archiv Verzeichnis
```

In der Praxis schreiben Sie bspw. Folgendes:

```
dump -0uf /dev/rmt/1 /
```

Damit führen Sie ein komplettes Backup des Dateisystems durch. Alle Daten werden auf ein Band */dev/rmt/1* gesichert. Dieses Full-Backup müssen Sie zum Glück nur beim ersten Mal vornehmen (können es aber selbstverständlich immer durchführen), was gerade bei umfangreichen Dateisystemen Zeit raubend ist. Wollen Sie beim nächsten Mal jetzt immer die Dateien sichern, die sich seit dem letzten Dump-Level verändert haben, so müssen Sie nur den nächsten Level angeben:

```
dump -1uf /dev/rmt/1 /
```

Hierbei lassen sich richtige `dump`-Strategien einrichten, z. B. einmal in der Woche mit einem Shellscript einen Full-Backup-`dump` mit Level 0. In den darauf folgenden Tagen können Sie bspw. den Dump-Level jeweils um den Wert 1 erhöhen.

Damit die Dump-Levels auch tadellos funktionieren, wird die Datei */etc/dumpdates* benötigt, worin das Datum der letzten Sicherung gespeichert wird. Gewöhnlich müssen Sie diese Datei vor dem ersten inkrementellen Dump mittels »`touch /etc/dumdates`« anlegen. Damit dies auch mit dem `dump`-Aufruf klappt, wird die Option `-u` verwendet. Mit dieser Option wird das aktuelle Datum in der Datei */etc/dumpdates* vermerkt. Die Option `-u` ist also sehr wichtig, wenn ein inkrementelles »Dumpen« funktionieren soll. Außerdem wurde die Option `-f` *dateiname* für die Standardausgabe verwendet. Fehlt diese Option, dann wird auf die Umgebungsvariable `TAPE` und letztlich auf einen einkompilierten »Standard« zurückgegriffen. Zwangsläufig müssen Sie also einen `dump` nicht auf ein Tape vornehmen (auch wenn dies ein häufiger Einsatz ist), sondern können auch mit der Angabe von `-f` eine andere Archiv-Datei nutzen:

```
dump -0f /pfadzumArchiv/archiv_usr.121105 /usr
```

Hier wird bspw. das Verzeichnis */usr* in einer Archiv-Datei gesichert.

Zum Wiederherstellen bzw. Zurücklesen von mit `dump/ufsdump` gesicherten Daten wird `restore` verwendet. Die Syntax von `restore` ähnelt der des Gegenstücks `dump` – allerdings findet man hier weitere Optionen für den Arbeitsmodus:

Option	Bedeutung
i	Interaktives Rückspielen (*interactive*)
r	Wiederherstellen eines Dateisystems (*rebuild*)
t	Auflisten des Inhalts (*table*)
x	Extrahieren einzelner, als zusätzliche Argumente aufgeführter Dateien (*extract*). Verzeichnisse werden dabei rekursiv ausgepackt.

Tabelle C.19 Optionen für das Kommando restore/ufsrestore

So können Sie zum Beispiel das */usr*-Dateisystem folgendermaßen mit `restore` wieder zurücksichern:

```
# cd /usr
# restore rf /pfadzumArchiv/archiv_usr.121105
```

Wichtiges zu `dump` und `restore` noch zum Schluss. Da diese Werkzeuge auf einer Dateisystemebene arbeiten, ist die »Portabilität« der Archive recht unzuverlässig. Bedenken Sie, dass Sie unter Linux häufig einen `dump` auf ext2/ext3-Ebene durchführen und unter Solaris mit `ufsdump` eben auf UFS-Ebene. Sie können also nicht mal eben einen `dump` auf einem anderen Rechner vornehmen, bei dem bspw. als Dateisystem ext2 verwendet wurde, und diesen auf einen Rechner mit UFS als Dateisystem einspielen. Zwar klappt dies manchmal, wie bspw. zwischen Linux (ext2) und FreeBSD (UFS), doch leider kann man hierbei keine generelle Aussage treffen. Also sollten Sie sich mit den Dateisystemen schon sehr gut auskennen, um hier mit `dump` und `restore` zu experimentieren!

Des Weiteren benötigt `dump` zum Erstellen eines kompletten Indexes des Dateisystems eine Menge Arbeitsspeicher. Bei einem kleinen Hauptspeicher sollten Sie den Swap-Bereich erheblich vergrößern.

C.7.6 gzip/gunzip – (De-)Komprimieren von Dateien

`gzip` komprimiert Dateien und fügt am Ende des Dateinamen die Endung ».gz« an. Die Originaldatei wird hierbei durch die komprimierte Datei ersetzt. `gzip` basiert auf dem *deflate*-Algorithmus, der eine Kombination aus *LZ77* und *Huffman*-Kodierung ist. Der Zeitstempel einer Datei und auch die Zugriffsrechte bleiben beim Komprimieren und auch beim Entpacken mit `gunzip` erhalten.

Hinweis

Sofern Sie Software-Entwickler in bspw. C sind und Datenkompression verwenden wollen, sollten Sie sich die Bibliothek `zlib` ansehen. Diese Bibliothek unterstützt das `gzip`-Dateiformat.

Komprimieren können Sie eine oder mehrere Datei(en) ganz einfach mit:

```
you@host > gzip file1.txt
```

Und Dekomprimieren geht entweder mit `gzip` und der Option `-d`

```
you@host > gzip -d file1.txt.gz
```

oder mit `gunzip`:

```
you@host > gunzip file1.txt.gz
```

Wobei `gunzip` hier kein symbolischer Link ist, sondern ein echtes Kommando. `gunzip` kann neben `gzip`-Dateien auch Dateien dekomprimieren, die mit `zip` (*eine_Datei*), `compress` oder `pack` komprimiert wurden.

Wollen Sie, dass beim (De-)Komprimieren nicht die Originaldatei berührt wird, so müssen Sie die Option `-c` verwenden:

```
you@host > gzip -c file1.txt > file1.txt.gz
```

Dies können Sie ebenso mit `gunzip` anwenden:

```
you@host > gunzip -c file1.txt.gz > file1_neu.txt
```

Damit lassen Sie die `gzip`-komprimierte Datei *file1.txt.gz* unberührt und erzeugen eine neue dekomprimierte Datei *file1_neu.txt*. Selbiges können Sie auch mit `zcat` erledigen:

```
you@host > zcat file1.txt.gz > file1_neu.txt
```

C.7.7 mt – Streamer steuern

Mit `mt` können Magnetbänder vor- oder zurückgespult, positioniert und gelöscht werden. `mt` wird häufig in Shellscripts in Verbindung mit `tar`, `cpio` oder `afio` verwendet, weil jedes der Kommandos zwar auf Magnetbänder schreiben kann, aber diese nicht steuern können. So wird `mt` wie folgt in der Praxis verwendet:

```
mt -f tape befehl [nummer]
```

Mit »tape« geben Sie den Pfad zu Ihrem Bandlaufwerk an und mit »nummer«, wie oft »befehl« ausgeführt werden soll. Hierzu die gängigsten Befehle, die dabei eingesetzt werden:

Befehl	Bedeutung
`eom`	Band bis zum Ende der letzten Datei spulen. Ab hier kann mit `tar`, `cpio` und `afio` (oder gar `dump/ufsdump`) ein Backup aufgespielt werden.
`fsf` *Anzahl*	Das Band um »Anzahl« Archive (Dateiendemarken) vorspulen. Nicht gleichzusetzen mit der letzten Datei (`eom`).

Tabelle C.20 Befehle für das Kommando »mt«

Befehl	Bedeutung
`nbsf` *Anzahl*	Das Band um »Anzahl« Archive (Dateiendemarken) zurückspulen
`rewind`	Das Band an den Anfang zurückspulen
`status`	Statusinformationen vom Magnetlaufwerk ermitteln und ausgeben (bspw. ist ein Band eingelegt oder nicht)
`erase`	Das Band löschen und initialisieren
`retension`	Das Band einmal ans Ende spulen und wieder zum Anfang zurück, um es neu zu »spannen«
`offline`	Band zum Anfang zurückspulen und auswerfen

Tabelle C.20 Befehle für das Kommando »mt« (Forts.)

C.7.8 pack/unpack – (De-)Komprimieren von Dateien

Diese beiden Programme werden nur noch der Vollständigkeit erwähnt und sind mittlerweile von älteren Semestern. Eine mit `pack` komprimiert Datei hat die Endung ».z« und kann mit `unpack` (oder `gunzip`) wieder entpackt werden.

C.7.9 tar – Dateien und Verzeichnisse archivieren

`tar` (*tape archiver*) wurde ursprünglich zur Verwaltung von Bandarchiven verwendet. Mittlerweile aber wird `tar` auch auf Disketten oder normale Dateien oder Verzeichnisse angewendet. Das Kommando wird zur Erstellung von Sicherungen bzw. Archiven sowie zu ihrem Zurückladen genutzt.

```
tar funktion [optionen] [datei(en)]
```

Mit »funktion« geben Sie an, wie die Erstellung bzw. das Zurückladen von Archiven erfolgen soll. Mit »datei(en)« bestimmen Sie, welche Dateien oder Dateibäume herausgeschrieben oder wieder eingelesen werden sollen. Gibt man hierbei ein Verzeichnis an, so wird der gesamte darin enthaltene Dateibaum verwendet. Gewöhnlich werden Archive mittels `tar` nicht komprimiert, aber auch hier kann man mit `tar` die Ein- und Ausgabe durch einen Kompressor leiten. Neuere Versionen unterstützen sowohl `compress` als auch `gzip` und `bzip2`, das inzwischen einen recht hohen Stellenwert hat. Das gilt auch nicht nur für GNU-`tar`.

`tar` (besonders GNU-`tar`) ist gewaltig, was die Anzahl von Funktionen und Optionen betrifft. Da `tar` eigentlich zu einem sehr beliebten Archivierungswerkzeug gehört, sollen hierbei auch mehrere Optionen und Funktionen erwähnt werden.

Hinweis

Um mich hier nicht auf einen Glaubenskrieg von tar-Fanatikern einzulassen (die gibt es wirklich), sei erwähnt, dass es viele `tar`-Versionen gibt (GNU-`tar`, `star`, `bsdtar`, usw.). Gewöhnlich reicht für den Normalanwender GNU-`tar` aus – aber es gibt auch Anwender, die auf `star` schwören, was in puncto Funktionsumfang der »Overkill« ist. Ich mache es mir hier jetzt einfach, indem ich darauf hinweise, dass die Funktionen, die gleich folgen werden, nicht von allen `tar`-Versionen unterstützt werden (wohl aber von GNU-`tar`).

Hierzu die Optionen, womit Sie die Funktion von `tar` festlegen (es darf bei den 1-Zeichen-Funktionen auch das führende – weggelassen werden):

Option	Bedeutung
`-A`	Hängt ein komplettes Archiv an ein zweites vorhandenes Archiv an (oder fügt es auf dem Band hinten an)
`-c`	Erzeugt ein neues Archiv
`-d`	Vergleicht die im Archiv abgelegten Dateien mit den angegebenen Dateien
`--delete` *Datei(en)*	Löscht die angegebenen »Datei(en)« aus dem Archiv (nicht für Magnetbänder)
`-r`	Erwähnte Dateien werden ans Ende von einem bereits existierenden Archiv angehängt (nicht für Magnetbänder)
`-t`	Zeigt den Inhalt eines Archivs an
`-u`	Benannte Dateien werden nur dann ins Archiv aufgenommen, wenn diese neuer als die bereits archivierten Versionen oder noch überhaupt nicht im Archiv vorhanden sind (nicht für Magnetbänder).
`-x`	Bestimmte Dateien sollen aus einem Archiv gelesen werden; werden keine Dateien erwähnt, werden alle Dateien aus dem Archiv extrahiert.

Tabelle C.21 Optionen für das Kommando tar

Hierzu gibt es noch einige Zusatzoptionen. Die Gängigsten sind:

Option	Bedeutung
`-f` *Datei*	Benutzt »Datei« oder das damit verbundenen Gerät als Archiv; die Datei darf auch Teil von einem anderen Rechner sein.
`-l`	Geht beim Archivieren nicht über die Dateisystemgrenze hinaus
`-v`	`tar` gibt gewöhnlich keine speziellen Meldungen aus; mit dieser Option wird jede Aktion von tar gemeldet.
`-w`	Schaltet `tar` in einen interaktiven Modus, wo zu jeder Aktion eine Bestätigung erfolgen muss
`-y`	Komprimiert oder dekomrimiert die Dateien bei einer `tar`-Operation mit `bzip2`
`-z`	Komprimiert oder dekomprimiert die Dateien bei einer `tar`-Operation mit `gzip` bzw. `gunzip`
`-Z`	Komprimiert oder dekomprimiert die Dateien bei einer `tar`-Operation mit `compress` bzw. `uncompress`

Tabelle C.22 Zusatzoptionen für das Kommando tar

Neben diesen zusätzlichen Optionen bietet `tar` noch eine Menge Schalter mehr an. Weitere Informationen entnehmen Sie bei Bedarf der man-Seite zu `tar`. Allerdings dürften Sie mit den hier genannten Optionen recht weit kommen. Daher hierzu einige Beispiele.

Am häufigsten wird `tar` wohl in folgender Grundform verwendet:

```
tar cf Archiv_Name Verzeichnis
```

Damit wird aus dem Verzeichniszweig *Verzeichnis* ein Archiv mit dem Namen *Archiv_Name* erstellt. In der Praxis:

```
you@host > tar cf Shellbuch_mai05 Shellbuch
```

Aus dem kompletten Verzeichniszweig *Shellbuch* wird das Archiv *Shellbuch_mai05* erstellt. Damit Sie beim Zurückspielen der Daten flexibler sind, sollten Sie einen relativen Verzeichnispfad angeben:

```
cd Verzeichnis ; tar cf Archiv_Name .
```

Im Beispiel:

```
you@host > cd Shellbuch ; tar cf Shellbuch_mai05 .
```

Hierfür steht Ihnen für das relative Verzeichnis auch die Option `-C` *Verzeichnis* zur Verfügung:

```
tar cf Archiv_Name -C Verzeichnis .
```

Wollen Sie die Dateien und Verzeichnisse des Archivs wiederherstellen, lautet der gängige Befehl hierzu wie folgt:

```
tar xf Archiv_Name
```

Um auf unser Beispiel zurückzukommen:

```
you@host > tar xf Shellbuch_mai05
```

Wollen Sie einzelne Dateien aus einem Archiv wiederherstellen, so ist dies auch kein allzu großer Aufwand:

```
tar xf Shellbuch_mai05 datei1 datei2 ...
```

Beachten Sie allerdings, wie Sie die Datei ins Archiv gesichert haben (relativer oder absoluter Pfad). Wollen Sie bspw. die Datei *Shellbook.cpio* mit dem relativen Pfad wiederherstellen, so können Sie dies wie folgt tun:

```
you@host > tar xf Shellbuch_mai05 ./Shellbook.cpio
```

Hinweis

Ein häufiger Fehler, wenn etwas mit `tar` nicht klappt, ist eine falsche Pfadangabe. Man sollte daher immer überlegen, wo liegt das Archiv, wo soll rückgesichert werden und wie wurden die Dateien ins Archiv aufgenommen (absoluter oder relativer Pfad).

Wollen Sie außerdem mitverfolgen, was beim Erstellen oder Auspacken eines Archivs alles passiert, sollten Sie die Option `v` verwenden. Hierbei können Sie außerdem gleich erkennen, ob Sie die Dateien mit dem absoluten oder relativen Pfad gesichert haben.

```
# neues Archiv erzeugen mit Ausgabe aller Aktionen
tar cvf Archiv_Name Verzeichnis

# Archiv zurückspielen, mit Ausgabe aller Aktionen
tar xvf Archiv_Name
```

Den Inhalt eines Archivs können Sie mit der Option t ansehen:

```
tar tf Archiv_Name
```

In unserem Beispiel:

```
you@host > tar tf Shellbuch_mai05
./
./Planung_und_Bewerbung/
./Planung_und_Bewerbung/shellprogrammierung.doc
./Planung_und_Bewerbung/shellprogrammierung.sxw
./kap004.txt
./kap005.txt
./testdir2/
...
```

Hier wurde also der relative Pfadname verwendet. Wollen Sie ein ganzes Verzeichnis auf Diskette sichern, erledigen Sie dies folgendermaßen:

```
tar cf /dev/fd0 Shellbuch
```

Hier kopieren Sie das ganze Verzeichnis auf eine Diskette. Zurückspielen können Sie das Ganze wieder wie folgt:

```
tar xvf /dev/fd0 Shellbuch
```

Wollen Sie einen kompletten Verzeichnisbaum mit Kompression archivieren (bspw. mit gzip), gehen Sie so vor:

```
you@host > tar czvf Shellbuch_mai05.tgz Shellbuch
```

Dank der Option z wird jetzt das ganze Archiv auch noch komprimiert. Ansehen können Sie sich das komprimierte Archiv weiterhin mit der Option t:

```
you@host > tar tzf Shellbuch_mai05.tgz Shellbuch
Shellbuch/
Shellbuch/Planung_und_Bewerbung/
Shellbuch/Planung_und_Bewerbung/shellprogrammierung.doc
Shellbuch/Planung_und_Bewerbung/shellprogrammierung.sxw
Shellbuch/kap004.txt
Shellbuch/kap005.txt
Shellbuch/testdir2/
...
```

Hier wurde also der absolute Pfadname verwendet. Entpacken und wieder einspielen können Sie das komprimierte Archiv wieder mit (mit Meldungen):

```
you@host > tar xzvf Shellbuch_mai05.tgz Shellbuch
```

Wollen Sie allerdings nur Dateien mit der Endung ».txt« aus dem Archiv extrahieren, können Sie dies so vornehmen:

```
you@host > tar xzf Shellbuch_mai05.tgz '*.txt'
```

C.7.10 zip/unzip – (De-)Komprimieren von Dateien

Mit zip können Sie einzelne Dateien bis hin zu ganzen Verzeichnissen komprimieren und archivieren. Besonders gern werden zip und unzip allerdings verwendet, weil diese gänzlich mit den Versionen von Windows und DOS kompatibel sind. Wer sich also immer schon geärgert hat, dass sein Mail-Anhang wieder einmal etwas im ZIP-Format enthält, kann hier auf unzip zurückgreifen.

Ein ZIP-Archiv aus mehreren Dateien können Sie so erstellen:

```
you@host > zip files.zip file1.txt file2.txt file3.txt
  adding: file1.txt (deflated 56  %)
  adding: file2.txt (deflated 46  %)
  adding: file3.txt (deflated 24  %)
```

Hier packen und komprimieren Sie die Dateien zu einem Archiv namens *files.zip*. Wollen Sie eine neue Datei zum Archiv hinzufügen, nichts einfacher als das:

```
you@host > zip files.zip hallo.c
  adding: hallo.c (deflated 3  %)
```

Möchten Sie alle Dateien des Archivs in das aktuelle Arbeitsverzeichnis entpacken, dann tun Sie dies so:

```
you@host > unzip files.zip
Archive:  files.zip
  inflating: file1.txt
  inflating: file2.txt
  inflating: file3.txt
  inflating: hallo.c
```

Wenn Sie eine ganze Verzeichnishierarchie packen und komprimieren wollen, so müssen Sie die Option -r (*rekursive*) verwenden:

```
you@host > zip -r Shellbuch.zip $HOME/Shellbuch
...
```

Entpacken können Sie das Archiv allerdings wieder wie gewohnt mittels unzip.

C.7.11 Übersicht zu Dateiendungen und den Pack-Programmen

In der folgenden Tabelle wird eine kurze Übersicht zu den Dateiendungen und den zugehörigen (De-)Komprimierungsprogrammen gegeben.

Endung	gepackt mit	entpackt mit
*.bz und *.bz2	bzip2	bzip2
*.gz	gzip	gzip, gunzip oder zcat
*.zip	Info-Zip, PKZip, zip	Info-Unzip, PKUnzip, unzip, gunzip (*eineDatei*)
*.tar	tar	tar
*.tbz	tar und bzip2	tar und bzip2

Tabelle C.23 Gängige Endungen und deren (De-)Komprimierungs-Kommando

Endung	gepackt mit	entpackt mit
*.tgz; *.tar.gz	tar **und** gzip	tar **und** g(un)zip
*.Z	compress	uncompress; gunzip
*.tar.Z	tar **und** compress	tar **und** uncompress
*.pak	pack	unpack, gunzip

Tabelle C.23 Gängige Endungen und deren (De-)Komprimierungs-Kommando (Forts.)

C.8 Systeminformationen

C.8.1 cal – zeigt einen Kalender an

Das Kommando `cal` zeigt Ihnen einen Kalender wie folgt an:

```
you@host > cal
     April 2005
So Mo Di Mi Do Fr Sa
                1  2
 3  4  5  6  7  8  9
10 11 12 13 14 15 16
17 18 19 20 21 22 23
24 25 26 27 28 29 30
```

Ohne Angaben wird immer der aktuelle Monat aufgeführt. Wünschen Sie einen Kalender zu einem bestimmten Monat und Jahr, müssen Sie nur diese Syntax verwenden:

```
cal monat jahr
```

Wobei »monat« und »jahr« jeweils numerisch angegeben werden müssen. Den Kalender für April 2023 erhalten Sie so:

```
you@host > cal 4 2023
     April 2023
So Mo Di Mi Do Fr Sa
                   1
 2  3  4  5  6  7  8
 9 10 11 12 13 14 15
16 17 18 19 20 21 22
23 24 25 26 27 28 29
30
```

C.8.2 date – Datum und Uhrzeit

Mit `date` lesen bzw. setzen Sie die Linux Systemzeit. `date` wird weniger in der Kommandozeile als vielmehr in Shellscripts eingesetzt, wie Sie in diesem Buch bereits mehrmals gesehen haben. `date` ist im Grunde »nur« ein Frontend für die C-Bibliotheksfunktion `strftime(3)`. Dabei leitet man durch ein Pluszeichen einen Formatstring ein, welcher durch entsprechende Datumsangaben ergänzt wird. Die Ausgabe erfolgt anschließend auf die Standardausgabe. Ein Beispiel:

```
you@host > date +'%Y-%m-%d'
2005-04-26
```

Die Formatangaben zu `date` entsprechen denjenigen von `strftime`, was auch mit `awk` verwendet wurde. Zur genaueren Erläuterung können Sie die man-Seiten zu `date` oder `strftime(3)` lesen.

C.8.3 uname – Rechnername, Architektur und OS ausgeben

Mit `uname` können Sie das Betriebssystem, den Rechnernamen, OS-Releases, OS-Version, Plattform, Prozessortyp und Hardwareklasse des Rechners anzeigen lassen. Hierzu ruft man gewöhnlich `uname` mit der Option `-a` auf:

```
you@host > uname -a
Linux goliath.myhoster.de 2.6.10-1.770_FC3
#1 Thu Feb 24 14:00:06 EST 2005 i686 i686 i386 GNU/Linux
```

oder unter FreeBSD:

```
you@host > uname -a
FreeBSD juergen.penguin 4.11-RELEASE FreeBSD 4.11-RELEASE
#5: Mon Jan 31 14:06:17 CET 2005     root@server.penguin:/usr/obj/usr/src/sys/
SEMA  i386
```

C.8.4 uptime – Laufzeit des Rechners

Das Kommando `uptime` zeigt die Zeit an, wie lange der Rechner bereits läuft.

```
you@host > uptime
09:27:25 up 15 days, 15:44, 1 user, load average: 0.37,0.30,0.30
```

C.9 System-Kommandos

C.9.1 dmesg – letzte Boot-Meldung des Kernels anzeigen

Wollen Sie sich die Kernel-Meldung des letzten Bootvorgangs ansehen, können Sie sich dies mit dem Kommando `dmesg` anzeigen lassen. Dabei können Sie feststellen, welche Hardware beim Booten erkannt und initialisiert wurde. `dmesg` wird gern zur Diagnose verwendet, ob eine interne bzw. externe Hardware auch vom Betriebssystem korrekt erkannt wurde. Natürlich setzt dies auch entsprechende Kenntnisse zur Hardware auf dem Computer und ihrer Bezeichnungen voraus.

C.9.2 halt – alle laufenden Prozesse beenden

Mit dem Kommando `halt` beenden Sie alle laufenden Prozesse. Damit wird das System komplett angehalten und reagiert auf keine Eingabe mehr. Selbstverständlich ist solch ein Befehl nur vom root ausführbar. Meistens ist `halt` ein Verweis auf `shutdown`.

C.9.3 reboot – alle laufenden Prozesse beenden und System neu starten

Mit `reboot` werden alle noch laufenden Prozess auf dem System unverzüglich beendet und das System neu gestartet. Bei einem System im Runlevel 1 bis 5 wird hierzu ein `shutdown` aufgerufen. Selbstverständlich bleibt auch dieses Kommando dem root vorbehalten.

Hinweis

Runlevel 1 bis 5 trifft nicht auf alle Systeme zu. Die Debian-Distributionen haben z. B. meist als »default runlevel« 2. Auf sie trifft das Geschriebene aber ebenso zu. System-V-init würde es besser treffen, aber wäre auch unpräzise. BSD-style-init ruft auch einen `shutdown` auf. Bei vielen Desktop-Distributionen ist das »shutdown binary« auch mit dem »suid-bit« versehen, damit auch normale User den Rechner ausschalten dürfen.

C.9.4 shutdown – System herunterfahren

Mit `shutdown` können Sie (root-Rechte vorausgesetzt) das System herunterfahren. Mit den Optionen `-r` und `-h` kann man dabei zwischen einem »Halt« des Systems und einem »Reboot« auswählen. Damit das System auch ordentlich gestoppt wird, wird jedem Prozess zunächst das Signal `SIGTERM` gesendet, womit sich ein Prozess noch ordentlich beenden kann. Nach einer bestimmten Zeit (Standard ist zwei Sekunden oder einstellbar mit `-t` <*SEKUNDEN*>) wird das Signal `SIGKILL` an die Prozesse gesendet. Natürlich werden auch die Dateisysteme ordentlich abgehängt (`umount`), `sync` ausgeführt und in einen anderen Runlevel gewechselt (bei System-V-init). Die Syntax zu `shutdown` lautet:

```
shutdown [Optionen] Zeitpunkt [Nachricht]
```

Den Zeitpunkt zum Ausführen des `shutdown`-Kommandos können Sie entweder im Format *hh:mm* als Uhrzeit übergeben (bspw. 23:30) oder alternativ können Sie auch eine Angabe wie `+m` vornehmen, womit Sie die noch verbleibenden Minuten angeben (bspw. mit +5 wird in 5 Minuten der `shutdown`-Befehl ausgeführt). Ein sofortiger `shutdown` kann auch mit `now` bewirkt werden. Das Kommando `shutdown` benachrichtigt außerdem alle Benutzer, dass das System bald heruntergefahren wird, und lässt somit auch keine Neuanmeldungen zu. Hier können Sie gegebenenfalls auch eine eigene Nachricht an die Benutzer senden.

Folgende Optionen stehen Ihnen bei `shutdown` unter Linux zur Verfügung:

Option	Bedeutung
`-t` *Sekunden*	Zeit in »Sekunden«, die zwischen den `SIGTERM`- und `SIGKILL`-Signalen zum Beenden von Prozessen gewartet wird
`-k`	Hier wird kein Shutdown ausgeführt, sondern es werden nur Meldungen an alle anderen Benutzer gesendet.
`-r`	(*reboot*) Neustart nach dem Herunterfahren
`-h`	System anhalten nach dem Herunterfahren
`-f`	Beim nächsten Systemstart keinen Dateisystem-Check ausführen

Tabelle C.24 Optionen für das Kommando »shutdown«

Option	Bedeutung
-F	Beim nächsten Systemstart einen Dateisystem-Check ausführen
-c	Wenn möglich, wird der laufende Shutdown abgebrochen.

Tabelle C.24 Optionen für das Kommando »shutdown« (Forts.)

Hinweis

Die Optionen sind betriebssystemabhängig. Ein -h unter BSD fährt zwar den Rechner herunter, schaltet ihn aber nicht ab. Hier wird dann -p (power down) verwendet. Keine Angabe bringt den Rechner hier in den »Singleuser-Mode«.

C.10 Druckeradministration

Die Druckerbefehle werden aus Platzgründen nur mit Kommando und der jeweiligen Bedeutung beschrieben. Näheres müssen Sie hierbei den entsprechenden man-Seiten entnehmen.

Kommando	Bedeutung
accept	Druckerwarteschlange auf emfangsbereit setzen
cancel	Druckaufträge stornieren
disable	Drucker deaktivieren
enable	Drucker aktivieren
lp	Ausgabe auf dem Drucker mit dem Print-Spooler
lpadmin	Verwaltungsprogramm für das CUPS-Print-Spooler-System
lpc	Steuerung von Druckern
lphelp	Optionen eines Druckers ausgeben
lpmove	Druckerauftrag zu einem anderen Drucker verschieben
lpq	Druckerwarteschlange anzeigen
lpr	Dateien auf den Drucker ausgeben
lprm	Druckaufträge in der Warteschlange stornieren
lpstat	Status der Aufträge anzeigen
reject	Warteschlange für weitere Aufträge sperren

Tabelle C.25 Kommandos zur Druckeradministration

C.11 Netzwerkbefehle

Netzwerkbefehle erfordern ein tieferes Verständnis. Wenn Sie als Administrator mit Begriffen wie IP-Adresse, MAC-Adresse, DNS, FTP, SSH usw. nichts anfangen können, wäre eine fortführende Lektüre mehr als vonnöten. Leider kann ich aufgrund des eingeschränkten Umfangs nicht auf die Fachbegriffe der Netzwerktechnik eingehen. Nebenbei erwähnt, sind diese Themen zum Teil schon ein ganzes Buch wert, weshalb die Beschreibung hier wohl für die meisten eher enttäuschend ausfallen dürfte.

C.11.1 arp – Ausgeben von MAC-Adressen

Wenn Sie die Tabelle mit den MAC-Adressen der kontaktierten Rechner benötigen, können Sie das Kommandos `arp` verwenden. Ein Beispiel:

```
you@host > arp -a
...
juergen.penguin (192.168.0.xxx) at 00:30:84:7a:9e:0e on rl0
permanent [ethernet]
...
```

Die MAC-Adresse ist hierbei die sechsstellige Hexadezimalzahl »00:30:84:7a:9e:0e«. Benötigen Sie hingegen die MAC-Nummer Ihrer eigenen Netzwerkkarte, so können Sie diese mit `ifconfig` ermitteln:

```
# ifconfig -a
eth0      Protokoll:Ethernet  Hardware Adresse 00:00:39:2D:01:A1
...
```

In der Zeile »eth0« (unter Linux) finden Sie hierbei die entsprechende MAC-Adresse unter »Hardware Adresse«. Hier sind wieder systemspezifische Kenntnisse von Vorteil.

C.11.2 hostname – Rechnername ermitteln

Das Kommando `hostname` können Sie verwenden, um den Namen des lokalen Rechners anzuzeigen bzw. zu setzen oder zu verändern. So ein Name hat eigentlich erst im Netzwerkbetrieb seine echte Bedeutung. Im Netz besteht ein vollständiger Rechnername (*Fully Qualified Domain Name*) aus einem Eigennamen und einem Domainnamen. Der (DNS-)Domainname bezeichnet das lokale Netz, an dem der Rechner hängt.

```
you@host > hostname
goliath.myhoster.de
you@host > hostname -s
goliath
you@host > hostname -d
myhoster.de
```

Ohne Angabe einer Option wird der vollständige Rechnername ausgegeben. Mit der Option `-s` geben Sie nur den Eigennamen des Rechners aus und mit `-d` nur den (DNS-)Domainnamen des lokalen Netzes.

C.11.3 ifconfig – Netzwerkzugang konfigurieren

Mit dem Kommando `ifconfig` kann man die Einstellungen einer Netzwerk-Schnittstelle abfragen oder setzen. Alle Einstellungen können Sie sich mit der Option `-a` anzeigen lassen. Die Syntax zu `ifconfig`:

```
ifconfig schnittstelle [addresse [parameter]]
```

Dabei geben Sie den Namen der zu konfigurierenden Schnittstelle an. Befindet sich bspw. auf Ihrem Rechner eine Netzwerkkarte, so lautet unter Linux die Schnittstelle hierzu »eth0«, die zweite Netzwerkkarte im Rechner (sofern eine vorhanden ist) wird mit »eth1« angesprochen. Auf anderen Systemen lautet der Name der Schnittstelle zur Netzwerkkarte wiederum anders. Daher sollte man ja auch `ifconfig` mit der Option `-a` aufrufen, um mehr in Erfahrung darüber zu bringen. Die »adresse« ist die IP-Adresse, die der Schnittstelle zugewiesen werden soll. Hierbei kann man die Dezimalnotation (xxx.xxx.xxx.xxx) verwenden oder einen Namen, den `ifconfig` in */etc/host* nachschlägt.

Verwenden Sie `ifconfig` ohne die Option `-a`, um sich einen Überblick zu verschaffen, dann werden die inaktiven Schnittstellen nicht mit angezeigt.

Der Aufruf für die Schnittstelle zu Ethernetkarte »eth0« sieht beispielsweise wie folgt aus (Debian Sarge):

```
# ifconfig
eth0
   Link encap:Ethernet  HWaddr 00:02:2A:D4:2C:EB
   inet addr:192.168.1.1  Bcast:192.168.1.255  Mask:255.255.255.0
   UP BROADCAST RUNNING MULTICAST  MTU:1500  Metric:1
   RX packets:80 errors:0 dropped:0 overruns:0 frame:0
   TX packets:59 errors:0 dropped:0 overruns:0 carrier:0
   collisions:0 txqueuelen:100

   RX bytes:8656 (8.4 KiB)  TX bytes:8409 (8.2 KiB)
   Interrupt:11 Base address:0xa000

lo
   Link encap:Local Loopback
   inet addr:127.0.0.1 Mask:255.0.0.0
   UP LOOPBACK RUNNING  MTU:16436  Metric:1
   RX packets:8 errors:0 dropped:0 overruns:0 frame:0
   TX packets:8 errors:0 dropped:0 overruns:0 carrier:0
   collisions:0 txqueuelen:0
   RX bytes:560 (560.0 b)  TX bytes:560 (560.0 b)
```

Wenn IPv6 konfiguriert ist, kommt noch die IPv6-Adresse dazu.

Aus der Ausgabe kann man entnehmen, dass auf dieser Netzwerkkarte 59 Pakete gesendet (TX) und 80 empfangen (RX) wurden. Die maximale Größe einzelner Pakete beträgt 1500 bytes (MTU). Die MAC-Adresse (Hardware-Adresse), welche unsere Netzwerkkarte eindeutig identifiziert (außer diese wird manipuliert) lautet »00:02:2A:D4:2C:EB«.

Wollen Sie eine Schnittstelle ein- bzw. ausschalten, können Sie dies mit den zusätzlichen Parametern `up` (für Einschalten) und `down` (für Abschalten) vornehmen. Als Beispiel wieder die Netzwerkkarte mit dem Namen »eth0« als Schnittstelle:

```
ifconfig eth0 down
```

Hier haben Sie die Netzwerkkarte »eth0« abgeschaltet. Einschalten können Sie diese folgendermaßen:

```
ifconfig eth0 up
```

Eine IP-Adresse stellen Sie ein oder verändern Sie ebenfalls mit `ifconfig`:

```
ifconfig eth0 192.18.19.91
```

Wollen Sie bei der Schnittstelle die Netzmaske und Broadcast verändern, so ist dies mit `ifconfig` wenig Arbeit (unterlassen Sie es, wenn Sie nicht genau wissen, was die Netzmaske und Broadcast ist):

```
ifconfig eth0 10.25.38.41 netmask \
  255.255.255.0 broadcast 10.25.38.255
```

Damit weisen Sie der Netzwerkkarte die IP-Adresse 10.25.38.41 aus dem Netz 10.25.38.xxx zu. Mit »netmask« geben Sie an, wie groß das Netz ist (hier ein Netzwerk der Klasse C).

C.11.4 mail/mailx – E-Mails schreiben und empfangen (und auswerten)

Mit dem Kommando `mail` können Sie aus einem Shellscript heraus E-Mails versenden. Mithilfe der Option `-s` können Sie eine einfache Textmail mit Betreff (`-s` = *Subject*) an eine Adresse schicken, beispielsweise:

```
you@host > echo "Hallo" | mail -s "Betreff" pronix@t-online.de
```

Da nicht alle `mail`-Kommandos die Option `-s` für einen Betreff haben, können Sie gegebenenfalls auch auf `mailx` oder `Mail` (mit großen »M«) zurückgreifen, die auf einigen Systemen vorhanden sind. Mit `cat` können Sie natürlich auch den Inhalt einer ganzen Datei an die Mailadresse senden:

```
you@host > cat whoami.txt | mail -s "Ein Textdatei" \
> pronix@t-online.de
```

Dabei kann man allerlei Ausgaben eines Kommandos per `mail` an eine Adresse versenden:

```
you@host > ps -ef | mail -s "Prozesse 12Uhr" pronix@t-online.de
```

Sinnvoll kann dies z. B. sein, wenn auf einem System ein bestimmtes Limit überschritten wurde. Dann können Sie sich (oder einem anderen Benutzer) eine Nachricht zukommen lassen. Ebenso kann überprüft werden, ob ein Server dauerhaft verfügbar ist. Testen Sie etwa stündlich (bspw. mit `cron`) mittels `nmap` (hier kann man nicht nur nachsehen, ob die Netzwerkkarte das UDP-Paket zurückschickt, sondern kann direkt nachschauen, ob der Port des betreffenden Dienstes noch offen ist), ob der Server erreichbar ist, und ist er es einmal nicht, können Sie sich hierbei eine Nachricht zukommen lassen.

Zusätzliche Optionen, die Sie mit `mail` bzw. `mailx` verwenden können, sind:

Option	Bedeutung
`-s Betreff`	Hier können Sie den Betreff (*Subject*) der E-Mail angeben.
`-c adresse`	Diese Adresse bekommt eine Kopie der Mail.
`-b adresse`	Diese Adresse bekommt eine blind carbon copy der Mail.

Tabelle C.26 Optionen für das Kommando »mail/mailx«

C.11.5 uuencode/uudecode – Text- bzw. Binärdateien codieren

Mit den Kommandos `uuencode/uudecode` können Sie Textdateien in Binärdateien und wieder zurück umwandeln. Solche Umwandlungen werden zum Beispiel beim Datenaustausch über das Internet notwendig, weil sonst hierbei die Sonderzeichen (bspw. Umlaute bzw. alle ASCII-Zeichen über 127) auf manchen Rechnern nicht richtig dargestellt werden können. Was bei einer Textdatei nicht so wild ist, weil eben nicht darstellbare Zeichen »verhunzt« werden. Doch bei einer binären Datei bedeutet dies, dass diese schlicht nicht mehr funktioniert. Die meisten modernen E-Mail-Programme unterstützen MIME und erkennen solche codierten Dateien als Anhang automatisch, daher erfolgt hierbei die Umwandlung von selbst, ohne dass Sie als Benutzer etwas davon mitbekommen.

`uuencode` macht im Prinzip nichts anderes, als dass es jeweils drei 8-Bit-Zeichen zu vier 6-Bit-Zeichen umwandelt und für jedes Zeichen 32 addiert. Damit werden alle Zeichen in einen Satz von Standardzeichen umgewandelt, die relativ verlässlich übertragen werden.

Gewöhnlich werden Sie wohl `uuencode` verwenden, um Anhänge zu Ihren E-Mails mit dem Programm `mail`, `Mail` oder `mailx` hinzuzufügen. Wollen Sie einfach eine Datei namens *archiv.tgz* per Anhang mit `mail` versenden, gehen Sie wie folgt vor:

```
you@host > uuencode archiv.tgz archiv.tgz | \
> mail -s 'Anhang: archiv.tgz' user@host
```

Das hierbei zweimal *archiv.tgz* verwendet wurde, ist übrigens kein Fehler, sondern wird von `uuencode` erwartet.

C.11.6 netstat – Statusinformationen über das Netzwerk

Für die Anwendung von `netstat` gibt es viele Möglichkeiten. Mit einem einfachen Aufruf von `netstat` zeigen Sie den Zustand einer bestehenden Netzwerkverbindung an. Neben der Überprüfung von Netzwerkverbindungen können Sie mit `netstat` Routentabellen, Statistiken zu Schnittstellen, maskierte Verbindungen und noch vieles mehr anzeigen lassen. In der Praxis lässt sich somit ohne Problem die IP oder der Port eines ICQ-Users (Opfer) ermitteln oder ob ein Rechner mit einen Trojaner infiziert ist. Hier einige Beispiele:

```
you@host > netstat -nr
```

Hiermit lassen Sie die Routingtabelle (`-r`) des Kernels ausgeben.

```
you@host > netstat -i
```

Mit der Option `-i` erhalten Sie die Schnittstellenstatistik.

```
you@host > netstat -ta
```

Mit `-ta` erhalten Sie die Anzeige aller Verbindungen. Die Option `-t` steht dabei für TCP. Mit `-u`, `-w` bzw. `-x` zeigen Sie die UDP-, RAW bzw. UNIX-Sockets an. Mit `-a` werden dabei auch die Sockets angezeigt, die noch auf eine Verbindung warten.

C.11.7 nslookup (host/dig) – DNS-Server abfragen

Mit `nslookup` können Sie aus dem Domainnamen eine IP-Adresse bzw. die IP-Adresse zu einem Domainnamen ermitteln. Zur Auflösung des Namens wird gewöhnlich der DNS-Server verwendet.

Hinweis

Bei der Verwendung von `nslookup` werden Sie lesen, dass `nslookup` künftig von den Kommandos `host` oder `dig` abgelöst wird.

Hier `nslookup` und `host` bei der Ausführung:

```
you@host > nslookup pronix.de
Server:         217.237.150.141
Address:        217.237.150.141#53

Non-authoritative answer:
Name:   pronix.de
Address: 194.150.178.34

you@host > host pronix.de
pronix.de has address 194.150.178.34
you@host > host 194.150.178.34
34.178.150.194.in-addr.arpa domain name pointer goliath.myhoster.de.
```

C.11.8 ping – Verbindung zu anderem Rechner testen

Wollen Sie die Netzwerkverbindung zu einem anderen Rechner testen oder einfach nur den lokalen TCP/IP-Stack überprüfen, können Sie das Kommando `ping` (*Paket Internet Groper*) verwenden.

```
ping host
```

`ping` überprüft dabei, ob »host« (IP-Adresse oder Domainname) antwortet. `ping` bietet noch eine Menge Optionen an, die noch mehr Infos liefern, die allerdings hier nicht genauer erläutert werden. Zur Überprüfung sendet `ping` ein ICMP-Paket vom Type *ICMP Echo Request* an die Netzwerkstation. Hat die Netzwerkstation das Paket empfangen, sendet es ebenfalls ein ICMP-Paket, allerdings vom Typ *ICMP Echo Reply* zurück.

```
you@host > ping -c5 www.pronix.de
PING www.pronix.de (194.150.178.34) 56(84) bytes of data.
64 bytes from goliath.myhoster.de (194.150.178.34):
  icmp_seq=1 ttl=56 time=79.0 ms
64 bytes from goliath.myhoster.de (194.150.178.34):
  icmp_seq=2 ttl=56 time=76.8 ms
64 bytes from goliath.myhoster.de (194.150.178.34):
  icmp_seq=3 ttl=56 time=78.2 ms
64 bytes from goliath.myhoster.de (194.150.178.34):
  icmp_seq=4 ttl=56 time=76.8 ms
64 bytes from goliath.myhoster.de (194.150.178.34):
  icmp_seq=5 ttl=56 time=79.2 ms

--- www.pronix.de ping statistics ---
5 packets transmitted, 5 received, 0  % packet loss, time 4001ms
rtt min/avg/max/mdev = 76.855/78.058/79.228/1.061 ms
```

Hier wurden z. B. 5 Pakete (mit der Option `-c` kann die Anzahl der Pakete angegeben werden) an *www.pronix.de* gesendet und wieder erfolgreich empfangen, wie aus der Zusammenfassung am Ende zu entnehmen ist. Rufen Sie `ping` hingegen ohne eine Option auf

```
ping www.pronix.de
```

so müssen Sie selbst für eine Beendigung des Datenaustausches zwischen den Rechnern sorgen. Ein einfaches [Strg]+[C] tut da seinen Dienst und man erhält ebenfalls wieder eine Zusammenfassung. Neben der Möglichkeit, auf die Verfügbarkeit eines Rechners und des lokalen TCP/IP-Stacks zu prüfen (`ping localhost`), können Sie außerdem auch die Laufzeit von Paketen vom Sender zum Empfänger ermitteln. Hierzu wird die Zeit halbiert, bis das »Reply« eintrifft.

C.11.9 Die r-Kommandos von Berkeley (rcp, rlogin, rsh, rwho)

Aus Sicherheitsgründen sei empfohlen, diese Tools nicht mehr einzusetzen und stattdessen auf die mittlerweile sichereren Alternativen `ssh` und `scp` zu setzen. Es fängt schon damit an, dass hier das Passwort beim Einloggen im Klartext, ohne jede Verschlüsselung übertragen wird. Bedenken Sie, dass ein unverschlüsseltes Passwort, das zwischen zwei Rechnern im Internet übertragen wird, jederzeit (bspw. mit einem »Sniffer«) abgefangen und mitgelesen werden kann. Für Passwörter gilt im Allgemeinen, dass man diese niemals im Netz unverschlüsselt übertragen sollte. Da es mittlerweile zur Passwortübertragung mit Secure Shell (`ssh`), SecureRPC von SUN und Kerberos vom MIT sehr gute Lösungen gibt, haben die r-Kommandos eigentlich keine Berechtigung mehr.

Schlimmer noch, für die Befehle `rsh` und `rcp` war auf den Zielrechnern nicht einmal ein Passwort nötig. Eine Authentifizierung erfolgte hierbei über die Datei */etc/hosts.equiv* und *~/.rhosts*. Darin wurden einzelne Rechner eingetragen, die als vertrauenswürdig empfunden wurden und so die Passwort-Authentifizierung umgehen konnten.

C.11.10 ssh – sichere Shell auf anderem Rechner starten

ssh (*Sercure Shell*) zählt mittlerweile zu einem der wichtigsten Dienste überhaupt. Mit diesem Dienst ist es möglich, eine verschlüsselte Verbindung zwischen zwei Rechnern aufzubauen. ssh wurde aus der Motivation heraus entwickelt, sichere Alternativen zu telnet und den r-Kommandos von Berkeley zu schaffen.

Wenn Sie zum ersten Mal eine Verbindung zu einem anderen Rechner herstellen, bekommen Sie gewöhnlich eine Warnung, in der ssh nachfragt, ob Sie dem anderen Rechner vertrauen wollen. Wenn Sie mit »yes« antworten, speichert ssh den Namen und den RSA-Fingerprint (ein Code zur eindeutigen Identifizierung des anderen Rechners) in der Datei *~/.ssh/know_hosts*. Beim nächsten Starten von ssh erfolgt diese Abfrage dann nicht mehr.

Im nächsten Schritt erfolgt die Passwortabfrage, welche verschlüsselt übertragen wird. Bei korrekter Eingabe des Passworts beginnt die Sitzung am anderen Rechner (als würde man diesen Rechner vor sich haben). Die Syntax:

```
ssh -l loginname rechnername
```

In meinem Fall lautet der »loginname« bspw. »us10129« und der »rechnername« (mein Webhoster, auf dem sich *pronix.de* befindet) *myhoster.de*. Das Einloggen mit ssh verläuft hierbei wie folgt:

```
you@host > hostname
linux.home
you@host > ssh -l us10129 myhoster.de
us10129@myhoster.de's password:********
Last login:
Sat Apr 30 12:52:05 2005 from p549b6d72.dip.t-dialin.net
[us10129@goliath ~]$ hostname
goliath.myhoster.de
[us10129@goliath ~]$ exit
Connection to myhoster.de closed.
you@host >
```

Oder ein weiteres Beispiel – ein Login zu meinem Fachgutachter auf einer FreeBSD-Jail:

```
you@host > ssh -l juergen123 192.135.147.2
Password:********
Last login: Wed Apr 27 15:26:24 2005 from ftpmirror.speed
Copyright (c) 1980, 1983, 1986, 1988, 1990, 1991, 1993, 1994
FreeBSD 4.11-RELEASE (SEMA) #5: Mon Jan 31 14:06:17 CET 2005
juergen@juergen$ hostname
juergen123.penguin
juergen123@juergen$
```

Noch ein paar Zeilen für die ganz Ängstlichen. Für jede Verbindung über ssh wird zwischen den Rechnern immer ein neuer Sitzungsschlüssel ausgehandelt. Will man einen solchen Schlüssel knacken, benötigt der Angreifer unglaublich viel Zeit. Sobald Sie sich ausloggen, müsste der Angreifer erneut versuchen, den Schlüssel zu knacken. Dies natürlich nur rein theoretisch, denn hierbei handelt es sich immerhin um Schlüssel wie RSA, BLOWFISH, IDEA und TRIPLEDES, zwischen denen man hier wählen kann. Alle diese Schlüssel gelten als sehr sicher.

C.11.11 scp – Dateien kopieren zwischen unterschiedlichen Rechnern

Das Kommando `scp` ist Teil einer `ssh`-Installation, womit man Dateien sicher zwischen unterschiedlichen Rechnern kopieren kann. `scp` funktioniert genauso wie das lokale `cp`. Der einzige Unterschied ist natürlich die Angabe der Pfade auf den entfernten Rechnern. Dabei sieht die Verwendung des Rechnernamens wie folgt aus:

```
benutzer@rechner:/verzeichnis/zum/ziel
```

Um auf meinen Account zurückzukommen, mein Benutzername lautet »us10129« und der Rechner *myhoster.de*:

```
you@host > scp whoami.txt us10129@myhoster.de:~
us10129@myhoster.de's password:********
whoami.txt                          100  % 3231     3.2KB/s   00:00
you@host > scp us10129@myhoster.de:~/grafik/baum.gif $HOME
us10129@myhoster.de's password:********
baum.gif                            100  % 8583     8.4KB/s   00:00
you@host >
```

Zuerst wurde die Datei *whoami.txt* aus dem aktuellen lokalen Verzeichnis ins Heimverzeichnis von *pronix.de* kopiert (*/home/us10129*). Anschließend habe ich mir aus dem Verzeichnis */home/us10129/grafik* die GIF-Datei *baum.gif* auf meinen lokalen Rechner kopiert. `scp` ist in der Tat eine interessante Lösung, um Dateien auf mehreren Rechnern mit einem Script zu kopieren.

Was allerdings bei der Scriptausführung stören dürfte (besonders wenn es automatisch geschehen sollte), ist die Passwortabfrage (hierbei würde der Prozess angehalten). Hierzu bietet es sich an, sich mithilfe eines asymmetrischen Verschlüsselungsverfahrens ein Login ohne Passwort zu verschaffen. Dazu stellt man am besten auf dem Clientrechner mit dem Programm `ssh-keygen` ein entsprechendes Schlüsselpaar (hier mit einem RSA-Schlüssel) bereit:

```
you@host > ssh-keygen -t rsa
Generating public/private rsa key pair.
Enter file in which to save the key (/home/you/.ssh/id_rsa):[↵]
Enter passphrase (empty for no passphrase):[↵]
Enter same passphrase again:[↵]
Your identification has been saved in /home/you/.ssh/id_rsa.
Your public key has been saved in /home/you/.ssh/id_rsa.pub.
The key fingerprint is:
bb:d9:6b:b6:61:0e:46:e2:6a:8d:75:f5:b3:41:99:f9 you@linux
```

Hier wurden zwei RSA-Schlüssel ohne Passphrase erstellt. Jetzt haben Sie zwei Schlüssel, eine privaten (*id_rsa.*) und einen öffentlichen (*id_rsa.pub*). Damit Sie jetzt alle `ssh`-Aktionen ohne Passwort durchführen können, müssen Sie den öffentlichen Schlüssel nur noch auf den Benutzeraccount des Servers hochladen.

```
you@host > scp .ssh/id_rsa.pub us10129@myhoster.de:~/.ssh/
us10129@myhoster.de's password:********
id_rsa.pub                          100  % 219      0.2KB/s   00:00
you@host >
```

Jetzt nochmals einloggen und die Datei *id_rsa.pub* an die Datei *~/.ssh/ authorized_keys* hängen:

```
you@host > ssh us10129@myhoster.de
us10129@myhoster.de's password:********
Last login:
Sat Apr 30 13:25:22 2005 from p549b6d72.dip.t-dialin.net
[us10129@goliath ~]$ cd ~/.ssh
[us10129@goliath .ssh]$ ls
id_rsa.pub  known_hosts
[us10129@goliath .ssh]$ cat id_rsa.pub >> authorized_keys
```

Nach erneutem Einloggen über `ssh` oder dem Kopieren mit `scp` sollte die Passwortabfrage der Vergangenheit angehören.

C.11.12 rsync – Replizieren von Dateien und Verzeichnissen

`rsync` wird verwendet, um Dateien bzw. ganze Verzeichnis(bäume) zu synchronisieren. Hierbei kann sowohl eine lokale als auch eine entfernte Synchronisation vorgenommen werden. Der Ausdruck »synchronisieren« ist eigentlich rein syntaktisch nicht richtig. Man kann zwar bei einem Verzeichnisbaum »X« Daten hinzufügen, dass dieser exakt denselben Inhalt erhält wie der Verzeichnisbaum »Y«. Dies funktioniert allerdings umgekehrt gleichzeitig nicht. Man spricht hierbei vom Replizieren. Wollen Sie echtes bidirektionales Synchronisieren realisieren (bspw. Daten zwischen zwei PCs), müssen Sie auf `unision` zurückgreifen.

Die Syntax zu `rsync` lautet:

```
rsync [optionen] ziel quelle
```

Einige Beispiele:

```
rsync -avzb -e ssh pronix.de:/ /home/you/backups/
```

Damit wird meine Webseite im Internet *pronix.de* mit dem lokalen Verzeichnis */home/you/backups* synchronisiert. Mit `a` verwenden Sie den *archive*-Modus, mit `b` werden Backups erstellt und mit `v` (für *verbose*) wird `rsync` etwas gesprächiger. Durch die Option `z` werden die Daten komprimiert übertragen. Außerdem wird mit der Option `-e` und `ssh` eine verschlüsselte Datenübertragung verwendet.

Geben Sie bei der Quelle als letztes Zeichen einen Slash (`/`) an, wird dieses Verzeichnis nicht mitkopiert, sondern nur der darin enthaltene Inhalt, beispielsweise:

```
rsync -av /home/you/Shellbuch/ /home/you/backups
```

Hier wird der Inhalt von */home/you/Shellbuch* nach */home/you/backups* kopiert. Würden Sie hingegen Folgendes schreiben

```
rsync -av /home/you/Shellbuch /home/you/backups
```

so würde in */home/you/backups* das Verzeichnis *Shellbuch* angelegt (*/home/ you/backups/Shellbuch/*) und alles dorthin kopiert. Das hat schon vielen einige Nerven gekostet.

Es folgt nun ein Überblick zu einigen Optionen von `rsync`.

Option	Bedeutung
`-a`	(*archive mode*): Kopiert alle Unterverzeichnisse, mitsamt Attributen (Symlinks, Rechte, Dateidatum, Gruppe, Devices) und (wenn man root ist) den Eigentümer der Datei(en)
`-v`	(*verbose*): Gibt während der Übertragung eine Liste der übertragenen Dateien aus
`-n`	(*dry-run*): Nichts schreiben, sondern den Vorgang nur simulieren – ideal zum Testen
`-e` *Programm*	Wenn in der Quelle oder dem Ziel ein Doppelpunkt enthalten ist, interpretiert `rsync` den Teil vor dem Doppelpunkt als Hostnamen und kommuniziert über das mit `-e` spezifizierte *Programm*. Gewöhnlich wird hierbei als *Programm* `ssh` verwendet. Weitere Parameter können Sie diesem Programm in Anführungszeichen gesetzt übergeben.
`-z`	Der Parameter `-z` bewirkt, daß `rsync` die Daten komprimiert überträgt.
`--delete --force` `--delete-excluded`	Damit werden alle Einträge im Zielverzeichnis gelöscht, die im Quellverzeichnis nicht (mehr) vorhanden sind.
`--partial`	Wurde die Verbindung zwischen zwei Rechnern getrennt, wird die nicht vollständig empfangene Datei nicht gelöscht. So kann bei einem erneuten `rsync` die Datenübertragung fortgesetzt werden.
`--exclude=`*Pattern*	Hier kann man Dateien (mit *Pattern*) angeben, die man ignorieren möchte. Selbstverständlich sind hierbei reguläre Ausdrücke möglich.
`-x`	Damit werden alle Dateien auf einem Filesystem ausgeschlossen, die in ein Quellverzeichnis hineingemountet sind.

Tabelle C.27 Gängige Optionen von rsync

Noch mehr zu `rsync` finden Sie auf der entsprechenden Webseite von `rsync` (*http://rsync.samba.org/*) oder wie üblich auf der Manual-Seite.

C.11.13 traceroute – Route zu einem Rechner verfolgen

`traceroute` ist ein TCP/IP-Tool, mit dem Informationen darüber ermittelt werden können, welche Computer ein Datenpaket über ein Netzwerk passiert, bis es bei einem bestimmten Host ankommt. Beispielsweise:

```
you@host > traceroute www.microsoft.com
traceroute to www.microsoft.com.nsatc.net (207.46.199.30), 30
hops max, 38 byte packets
 1  164-138-193.gateway.dus1.myhoster.de (193.138.164.1)
    0.350 ms  0.218 ms  0.198 ms
 2  ddf-b1-geth3-2-11.telia.net (213.248.68.129)
    0.431 ms  0.185 ms  0.145 ms
 3  hbg-bb2-pos1-2-0.telia.net (213.248.65.109)
    5.775 ms  5.785 ms  5.786 ms
 4  adm-bb2-pos7-0-0.telia.net (213.248.65.161)
    11.949 ms  11.879 ms  11.874 ms
 5  ldn-bb2-pos7-2-0.telia.net (213.248.65.157)
    19.611 ms  19.598 ms  19.585 ms
...
```

C.12 Benutzerkommunikation

C.12.1 wall – Nachrichten an alle Benutzer verschicken

Mit dem Kommando `wall` senden Sie eine Nachricht an alle aktiven Benutzer auf dem Rechner. Damit ein Benutzer auch Nachrichten empfangen kann, muss dieser mit `mesg yes` diese Option einschalten. Natürlich kann ein Benutzer das Empfangen von Nachrichten auch mit `mesg no` abschalten. Nachrichten werden nach einem Aufruf von `wall` von der Standardeingabe eingelesen und mit der Tastenkombination [Strg]+[D] abgeschlossen und versendet. Gewöhnlich wird `wall` vom Systemadministrator verwendet, um den Benutzer auf bestimmte Ereignisse, wie etwa das Neustarten des Systems hinzuweisen.

C.12.2 write – Nachrichten an andere Benutzer verschicken

Ähnlich wie mit `wall` können Sie mit `write` eine Nachricht versenden, allerdings an einen bestimmten oder mehrere Benutzer.

```
wall Benutzer1 ...
```

Ansonsten gilt bei der Verwendung von `write` das Gleiche wie für `wall`. Auch hier wird die von der Standardeingabe eingelesene Nachricht mit [Strg]+[D] beendet und auf der Gegenstelle muss auch hier `mesg yes` gelten, damit der Benutzer die Nachricht empfangen kann. Natürlich ist es dem Benutzer root gestattet, jedem Benutzer eine Nachricht zu senden, auch wenn dieser das Empfangen von Nachrichten mit `mesg no«` abgeschaltet hat.

C.12.3 mesg – Nachrichten auf die Dialogstation zulassen oder unterbinden

Mit dem Kommando `mesg` können Sie einem anderen Benutzer erlauben, auf das Terminal (bspw. mittels `write` oder `wall`) zu schreiben oder eben dies zu sperren. Rufen Sie `mesg` ohne Optionen auf, wird so ausgegeben, wie die Zugriffsrechte gesetzt sind – `y` (für yes) und `n` (für no). Wollen Sie dem Benutzer erlauben, dass er auf Ihre Dialogstation schreiben darf, können Sie dies mit `mesg` folgendermaßen erreichen:

```
mesg yes
```

oder

```
mesg -y
```

Wollen Sie hingegeben unterbinden, dass jemand Nachrichten auf Ihre Dialogstation ausgibt, wird `mesg` so verwendet:

```
mesg no
```

oder

```
mesg -n
```

Beispielsweise:

```
you@host > mesg
is n
```

```
you@host > mesg yes
you@host > mesg
ist y
```

C.13 Bildschirm- und Terminalkommandos

C.13.1 clear – Löschen des Bildschirms

Mit dem Kommando `clear` löschen Sie den Bildschirm, sofern dies möglich ist. Das Kommando sucht in der Umgebung nach dem Terminaltyp und dann in der terminfo-Datenbank, um herauszufinden, wie der Bildschirm für das entsprechende Terminal gelöscht wird.

C.13.2 reset – Zeichensatz für ein Terminal wiederherstellen

Mit dem Kommando `reset` können Sie jedes virtuelle Terminal wieder in einen definierten Zustand (zurück) setzen. Gibt es kein Kommando mit diesem Namen, können Sie Selbiges auch mit `setterm -reset` erreichen.

C.13.3 setterm – Terminal-Einstellung verändern

Mit `setterm` können die Terminal-Einstellungen wie bspw. die Hintergrund- bzw. Vordergrundfarbe verändert werden. Ruft man `setterm` ohne Optionen auf, erhält man einen Überblick zu allen möglichen Optionen von `setterm`. Sie können `setterm` entweder interaktiv verwenden

```
you@host > setterm -bold on
```

(hier schalten Sie bspw. die Fettschrift an) oder aber Sie sichern die Einstellungen dauerhaft in der Datei *~/.profile*. Einige wichtige Einstellungen von `setterm` sind:

Verwendung	Bedeutung
`setterm -clear`	Löscht den Bildschirm
`setterm -reset`	Terminal wieder in einen defnierten Zustand zurückbringen
`setterm -blank` *n*	Bildschirm nach *n* Minuten Untätigkeit abschalten

Tabelle C.28 Einige häufig benötigte Optionen für setterm

C.13.4 stty – Terminal-Einstellung abfragen oder setzen

Mit `stty` können Sie die Terminal-Einstellung abfragen oder verändern. Rufen Sie `stty` ohne Argumente auf, wird die Leitungsgeschwindigkeit des aktuellen Terminals ausgegeben. Wenn Sie `stty` mit der Option `-a` aufrufen, erhalten Sie die aktuelle Terminal-Einstellung.

```
you@host > stty -a
speed 38400 baud; rows 23; columns 72; line = 0;
intr=^C; quit=^\; erase=^?; kill=^U; eof=^D; eol=<undef>;
eol2 = <undef>; start = ^Q; stop = ^S; susp = ^Z; rprnt = ^R;
```

```
werase = ^W; lnext = ^V; flush = ^O; min = 1; time = 0;
-parenb -parodd cs8 -hupcl -cstopb cread -clocal -crtscts
-ignbrk brkint ignpar -parmrk -inpck -istrip -inlcr
-igncr icrnl ixon -ixoff -iuclc -ixany imaxbel -iutf8 opost
-olcuc -ocrnl onlcr -onocr -onlret -ofill
-ofdel nl0 cr0 tab0 bs0 vt0 ff0
isig icanon iexten echo echoe echok -echonl -noflsh -xcase
-tostop -echoprt echoctl echoke
```

Die Einstellungen lassen sich häufig schwer beschreiben. Hierzu bedarf es schon einer intensiveren Befassung mit der Funktionsweise zeichenorientierter Gerätetreiber im Kernel und der seriellen Schnittstelle – was hier allerdings nicht zur Diskussion steht.

Alle Flags, die sich mit `stty` verändern lassen, können Sie sich mit `stty --help` auflisten lassen. Viele dieser Flags lassen Sie mit einem vorangestellten Minus abschalten und ohne ein Minus (wieder) aktivieren. Wenn Sie beim Probieren der verschiedenen Flags das Terminal nicht mehr vernünftig steuern können, hilft Ihnen das Kommando `reset` oder `setterm -reset`, um das Terminal wiederherzustellen. Über

```
you@host > stty -echo
```

beispielsweise schalten Sie die Ausgabe des Terminals ab und mit

```
you@host > stty echo
```

stellen Sie die Ausgabe auf dem Bildschirm wieder her. Allerdings müssen Sie hier recht sicher im Umgang mit der Tastatur sein, weil Sie ja zuvor die Ausgabe deaktiviert haben.

C.13.5 tty – Terminal-Name erfragen

Mit `tty` können Sie den Terminal-Namen inklusive Pfad erfragen, der die Standardeingabe entgegennimmt.

```
you@host > tty
/dev/pts/36
```

Verwenden Sie die Option `-s`, erfolgt keine Ausgabe, vielmehr wird nur der Status gesetzt. Dabei haben diese Wert folgende Bedeutung:

Status	Bedeutung
0	Standardeingabe ist ein Terminal
1	Standardeingabe ist kein Terminal
2	Unbekannter Fehler ist aufgetreten

Tabelle C.29 Rückgabestatus von tty mit der Option -s

```
Ein Beispiel:
you@host > tty -s
you@host > echo $?
0
```

Diese Abfrage wird bspw. gern in Scripts verwendet, um zu ermitteln, ob für die Standardeingabe ein Terminal zur Verfügung steht. Einem Hintergrundprozess zum Beispiel steht keine Standardeingabe zur Verfügung.

C.14 Online-Hilfen

C.14.1 apropos – nach Schlüsselwörtern in man-Seiten suchen

Die Syntax:

```
apropos keyword
```

Mit `apropos` werden alle man-Seiten aufgelistet, in denen sich das Wort »keyword« befindet. Selbiges kann auch mit dem Kommando `man` und der Option `-k` erreicht werden.

C.14.2 info – GNU-Online-Manual

`info` ist das Hilfe-System für die bei Linux mitgelieferte GNU-Software.

```
info [kommando]
```

Die wichtigsten Tasten zum Verwenden der Info-Seiten sind:

Taste	Bedeutung
[Leertaste]	Eine Seite nach unten blättern
[←]	Eine Seite nach oben blättern
[B]	Anfang des `info`-Textes
[E]	Ende des `info`-Textes
[Tab]	Zum nächsten Querverweis springen
[↵]	Querverweis folgen
[H]	Anleitung zur Bedienung von `info`
[?]	Kommandoübersicht von `info`
[Q]	`info` beenden

Tabelle C.30 Gängige Tasten zur Steuerung von info-Seiten

C.14.3 man – die traditionelle Online-Hilfe

Mit `man` geben Sie die Manual-Seiten zu einem entsprechenden Namen aus:

```
man Name
```

Die Anzeige der man-Seite erfolgt über einen Pager, was meistens `less` oder eventuell auch `more` ist. Zur Steuerung dieser Pager blättern Sie bitte zur gegebenen Seite zurück. Den Pager können Sie aber auch mit der Option `-P` oder der Umgebungsvariablen `PAGER` selbst bestimmen. Aufgeteilt werden die man-Seiten in verschiedene Kategorien:

1. Benutzerkommandos
2. Systemaufrufe
3. C-Bibliotheksfunktionen
4. Beschreibungen der Gerätedateien
5. Dateiformate
6. Spiele
7. Makropakete für die Textformatierer
8. Kommandos für die Systemverwalterin
9. Kernelroutinen

Die Reihenfolge, in der die Sektionen nach einer bestimmten Manual-Page durchsucht werden, ist in der Konfigurationsdatei */etc/man.config* festgelegt. In der `MANSEC`-Umgebungsvariablen kann jeder User für sich eine andere Reihenfolge bestimmen.

Ebenso sind die Verzeichnisse, in denen nach den man-Seiten gesucht werden soll, in */etc/man.config* festgeschrieben. Da die Datei */etc/man.config* nur von root bearbeitet werden darf, besteht auch hierbei die Möglichkeit, dass der Benutzer mit der Umgebungsvariablen `MANPATH` ein anderes Verzeichnis angeben kann.

Das Kommando `man` hat eine Reihe von Optionen, hier die wichtigsten:

- `-a` – häufig gibt es gleichnamige man-Seiten in verschiedenen Kategorien. Geben Sie bspw. `man sleep` ein, bekommen Sie die erste gefundene Sektion (abhängig von der Reihenfolge, die in */etc/man.config* oder `MANSEC` angegeben wurde) mit entsprechenden Namen ausgegeben. Wollen Sie alle man-Seiten zu einem bestimmten Namen bzw. Kommando lesen, so müssen Sie nur die Option `-a` verwenden. Mit `man -a sleep` erhalten Sie jetzt alle man-Seiten mit `sleep` (in meinen Fall waren es drei man-Seiten zu `sleep`).
- `-k` *keyword* – entspricht `apropos keyword`; damit werden alle man-Seiten ausgegeben, die das Wort *keyword* enthalten.
- `-f` *keyword* – entspricht `whatis keyword`; damit wird eine einzeilige Bedeutung von *keyword* ausgegeben.

C.14.4 whatis – Kurzbeschreibung zu einem Kommando

Die Syntax:

```
whatis keyword
```

Mit dem Kommando `whatis` wird die Bedeutung von »keyword« als ein einzeiliger Text ausgegeben. `whatis` entspricht einem Aufruf von `man -f keyword`.

C.15 Alles rund um PostScript-Kommandos

Die Befehle rund um das Postscript-Format werden aus Platzgründen nur mit Kommando und Bedeutung beschrieben. Näheres müssen Sie den entsprechenden man-Seiten entnehmen.

Kommando	Bedeutung
a2ps	Textdatei umwandeln nach Postscript
dvips	DVI-Dateien umwandeln nach Postscript
enscript	Textdatei umwandeln nach Postscript
gs	PostScript- und PDF-Dateien konvertieren
html2ps	Umwandeln von HTML-Dateien nach PostScript
pdf2ps	Umwandeln von PDF nach PostScript
ps2ascii	Umwandeln von PostScript nach ASCII
ps2pdf	Umwandeln von PostScript nach PDF
psutils	Paket zur Bearbeitung von PostScript-Dateien

Tabelle C.31 Postscript-Kommandos

C.16 Gemischte Kommandos

C.16.1 alias/unalias – Kurznamen für Kommandos vergeben bzw. löschen

Mit `alias` können Sie für einfache Kommandos benutzerdefinierte Namen anlegen.

C.16.2 bc – Taschenrechner

`bc` ist ein arithmetischer, sehr umfangreicher Taschenrechner für die Konsole mit vielen ausgereiften Funktionen. Dieser Taschenrechner wurde bereits im Abschnitt »Wissenschaftliches Rechnen mit bc« in Kapitel 17.9.1 kurz behandelt.

C.16.3 printenv bzw. env – Umgebungsvariablen anzeigen

Mit `printenv` können Sie Umgebungsvariablen für einen Prozess anzeigen lassen. Geben Sie kein Argument an, werden alle Variablen ausgegeben, ansonsten der entsprechende Wert der Umgebungsvariablen.

```
you@host > printenv PAGER
less
you@host > printenv MANPATH
/usr/local/man:/usr/share/man:/usr/X11R6/man:/opt/gnome/share/man
```

D Inhalt der Buch-CD

Neben den Quellcodes aus diesem Buch finden Sie auf der Buch-CD ein recht üppiges Bonus-Material für weitere und tiefere Recherchen zu vielen Kapiteln und Themen rund um Linux.

Es befinden sich dabei u. a. drei (!) weitere Online-Bücher auf der CD wieder:

- C von A bis Z (von Jürgen Wolf)
- Linux. Das distributionsunabhängige Handbuch (von Johannes Plötner, Steffen Wendzel)
- Wie werde ich Unix-Guru? (von Arnold Willemer)

Zu den weiteren Highlights gehören interessante Artikel der Zeitschrift *hackin9* und ein Manuskript zum Thema »Sicherheitsrelevante Programmierfehler« von Thomas Biege (SUSE LINUX AG, Security Support & Auditing). Natürlich nicht zu vergessen das Projekt »Self-Linux«, welches eine vollständige Dokumentation zu GNU/Linux beinhaltet. Eine weitere Perle auf dieser Buch-CD finden Sie in der IPv6-Übersicht, die in großen Teilen aus der Diplomarbeit von Herrn Uwe Toenjes entstand und von Mario Fürderer und Thomas Lange erweitert und überarbeitet wurde.

Aus Platzgründen und um den Buchpreis nicht unnötig in die Höhe zu treiben, finden Sie 126 weitere PDF-Seiten vom Buch ausgelagert auf der CD wieder. Und zwar handelt es sich hierbei um die Kapitel »Xlib – X Window-Programmierung« und »SDL«.

Natürlich waren dies noch lange nicht alle Extras, welche sich auf der Buch-CD tummeln – daher empfehle ich Ihnen, die CD selbst zu durchstöbern.

Zur optimalen Navigation der Buch-CD reicht ein Webbrowser bzw. ein Datei-Manager, der HTML-Dokumente darstellen kann, völlig aus. Ein einfacher »Klick« auf die Datei »index.htm« sollte hierbei genügen.

Index

A

D

E

F

G

H

I

J

K

L

M

N

Q

R

S

T

U